Woodcut, THE RESURRECTION OF CHRIST, 1510. Albrecht Dürer.

The Greek
New Testament

According to the Majority Text

Second Edition

Edited by
ZANE C. HODGES
ARTHUR L. FARSTAD

Assistant Editor
WILLIAM C. DUNKIN

Consulting Editors
JAKOB VAN BRUGGEN
ALFRED MARTIN
WILBUR N. PICKERING
HARRY A. STURZ

THOMAS NELSON PUBLISHERS
Nashville • Atlanta • London • Vancouver

PREFACE TO THE SECOND EDITION

The first edition of *The Greek New Testament According to the Majority Text* having been depleted, Thomas Nelson Publishers requested us to produce a second edition. Changes herein are few in the text and apparatus, and largely consist of correcting typographical errors, chiefly accent marks. We also thought it would be helpful to provide a brief preface to summarize the detailed introduction.

RECEPTION OF THE MAJORITY TEXT

The editors are gratified that several schools and classes are using our Testament as a text and that the demand is extensive enough to warrant a second edition.

Those who are friendly to the Majority Text viewpoint are pleased to have a compact and easy-to-read edition of a text that has only been discussed and written about heretofore. Those who are neutral have welcomed the edition as a contribution to the open market of ideas in a science that has not yet produced the final answer. Even those of an opposing viewpoint have largely agreed that it is useful to have such an edition. This is true because our text can help in making comparisons with other text forms. For example, it is much easier to sense the impact of the triple trisagion in Revelation 4:8 by seeing it in print than merely by reading the little Latin word *nonies* in the Nestle-Aland apparatus.

WHAT THE MAJORITY TEXT IS

The Majority Text is a text that employs the available evidence of the whole range of surviving manuscripts rather than relying chiefly on the evidence of a few. To us it is unscientific to practically ignore eighty to ninety percent of the evidence in any discipline.

For all intents and purposes since Westcott and Hort's time, the readings of the majority of manuscripts have been rejected as "late and secondary." Much of the support for this approach has been the theory that there was an official ecclesiastical recension thrust upon the church in the fourth century, thus explaining the preponderance of so-called Byzantine manuscripts thereafter. Another support was that no manuscript evidence before the fourth century apparently supported Byzantine readings. Further, a handful of alleged conflations was used to suggest that the traditional text was full of them. (Actually, all manuscripts have some.) History has not yielded any evidence of such a recension, and this aspect of the theory is now largely abandoned.

PREFACE TO THE SECOND EDITION

Second- and third-century papyri now support many readings that were once dismissed as "late." Furthermore, many of the "conflations" can be just the opposite: a fuller text from which part has dropped out by such things as homoioteleuton, stylistic or theological considerations, or sheer carelessness.

We hold that ultimately the history of the transmission of each book of the New Testament should be traced by means of a genealogical tree. This method failed under Westcott and Hort precisely because they refused to give the proper weight and role to the majority of the extant manuscripts. But when the whole range of evidence is properly used, genealogy becomes the most viable and promising option for determining which reading is original when the evidence is significantly divided. Unfortunately, this method is presently possible only in the Pericope Adulterae and in Revelation because a large percentage of the materials has never been fully collated in the rest of the New Testament. In these two places, through the extensive work of von Soden and Hoskier, most of the manuscript evidence has been minutely collated. In the rest of the New Testament we were forced to rely heavily on von Soden's work, augmented by Tischendorf (further augmented by Legg in Matthew and Mark). There is still much work to do in New Testament textual criticism, especially if one believes in carefully sifting all the evidence rather than in leaning so heavily on the small body of Egyptian manuscripts that happen to be our oldest extant copies.

HOW TO USE THIS EDITION

In most of the New Testament you will find two apparatuses. The first apparatus is the one of greatest interest to us, because it details divisions within the Majority Text tradition. Rather than listing the sigla of scores of individual manuscripts, we use a form of shorthand to indicate how much of the majority tradition supports a reading. For example, one that is supported overwhelmingly by the tradition, ordinarily eighty-five to ninety percent, is indicated by the large German $\mathfrak{M}$, the symbol chosen by Kurt Aland for the Majority Text as a whole. If the Majority Text is largely united but with defections in some strands, the boldfaced Roman **M** is used. When there is a real division, the M[pt] (pt = the Latin *partim*) indicates the divisions. Sometimes—because the individual uncials and papyri cited are on the side not chosen for the text—it appears, from a superficial reading of the symbols, that support for the chosen reading is weaker than for its rival. But it must be understood that the M[pt] on the left of the "vs" in any case represents more manuscripts than the uncials or papyri cited on the right. Because it has been traditional to put special weight on our oldest codices (א, B, and A) and more recently on the even older papyri, we decided to detail this material in the apparatus.

The Coptic $\mathfrak{G}$ stands for the Egyptian manuscripts which largely form the basis of most critical texts. Each book has a slightly different formula, indicated in the beginning of the apparatus of that book, of the manuscripts that support the Egyptian tradition. When all or nearly all are united, the letter 𝕲 is used. When there is significant division, they are listed individually.

The second apparatus is of special interest to those who prefer the Critical Text (Cr = found in Nestle-Aland[26] and UBS[3]) or are anxious to know how it compares with the Majority Text. Here the sigla so familiar to users of the Nestle tradition are utilized. These are explained in the full introduction. One new symbol that we have invented is a little black dot in front of a word to show that it is merely a spelling variation with no real difference in meaning. The second apparatus shows how often the textual evidence is divided between the vast majority on one side and the Egyptian manuscripts on the other. At times some of the latter also support the Majority Text.

In the passage about the adulterous woman, there is a single apparatus using numbered footnotes. Here the varied strands are divided into M[1] through M[7] (the same division von Soden uses, except that we substitute the M for his lower case *mu*). Though we heavily depend on his detailed work here, our interpretation of the evidence is quite different from his.

In Revelation the remarkably accurate work of Hoskier, augmented by the more recent work of Schmid, makes it possible to have much greater detail than anywhere else, all in one apparatus. Here the evidence is divided using the letters M[a] through M[e]. In this one book the Majority Text agrees with the Critical Text more than twice as often as it conforms to the Textus Receptus. This is no doubt partially due to the TR's being originally based on a very narrow manuscript foundation. It is interesting to note that some of the readings that are chosen as original are rougher Greek (more Semitic, for one thing), which is logical, considering the constraining circumstances of the author in exile.

Finally, it should be stressed that we consider our text to be a significant step forward for the discipline of New Testament textual criticism. But at the same time we recognize the large amount of work yet to be done. If our premises are correct, the development of genealogical histories for every New Testament book is a desideratum. It will take many minds and hands to accomplish the task, but if future researchers conclude that we have pointed them in the right direction, the editors will feel most gratified. We will also be grateful to God for granting the strength to do our part.

Arthur L. Farstad
Zane C. Hodges

INTRODUCTION

The New Testament was originally written by its inspired authors in the Greek language. Through many centuries, until the invention of printing (about A.D. 1450), it was handed down in handwritten copies. Of these there now survive approximately 5,000 complete or partial manuscripts. The available witnesses to the text of the New Testament are far more numerous than for any other ancient book.

The process of reconstructing the original wording of the Greek New Testament is known as textual criticism. The history of this discipline is long and complicated. But the most basic question that must be answered has always remained the same. That question is: How should the surviving materials be used in order to recover the exact wording of the autographs?

The two most popular editions of the Greek New Testament in use today are those produced by the United Bible Societies (Third Edition) and by the Deutsche Bibelstiftung (the Nestle-Aland Text, Twenty-sixth Edition). These two texts are nearly identical. Although eclectic, both rely heavily on a relatively small number of ancient manuscripts that derive mainly from Egypt. Among these, Codex Vaticanus (**B**) and Codex Sinaiticus (**א**) are the most famous uncial (large letter) manuscripts. The most important papyrus witnesses in this group of texts are the Chester Beatty papyri ($\mathfrak{p}^{45\ 46\ 47}$) and the Bodmer papyri ($\mathfrak{p}^{66\ 75}$). The text which results from dependence on such manuscripts as these may fairly be described as Egyptian. Its existence in early times outside of Egypt is unproved.

In contrast to this kind of text stands the form of text found in the vast majority of the remaining documents. This text is recognizably different from the Egyptian text and has been appropriately designated the Majority Text. It is true that the documents that contain it are on the whole substantially later than the earliest Egyptian witnesses. But this is hardly surprising. Egypt, almost alone, offers climatic conditions highly favorable to the preservation of very ancient manuscripts. On the other hand, the witnesses to the Majority Text come from all over the ancient world. Their very number suggests that they represent a long and widespread chain of manuscript tradition. It is necessary, therefore, to postulate that the surviving documents are descended from non-extant ancestral documents of the highest antiquity. These must have been in their own time as old or older than the surviving witnesses from Egypt. It follows from this that the Majority Text deserves the attention of the Christian world. When all the issues are properly weighed, it has a higher claim to represent the original text than does the Egyptian type. The latter is probably a local text which never had any significant currency except in that part of the ancient world. By contrast, the majority of manuscripts were widely diffused and their ancestral roots must reach back to the autographs themselves. In the light of this consideration, it is important for the Church to possess a critical edition of the majority form. It is precisely this need that the present edition is designed to fill.

The editors do not imagine that the text of this edition represents in all particulars the exact form of the originals. Desirable as such a text certainly is, much further work must be done before it can be produced. It should therefore be kept in mind that the present work, *The Greek New Testament According to the Majority Text*, is both preliminary and provisional. It represents a first step in the direction of recognizing the value and authority of the great mass of surviving Greek documents. The use made of those documents in this edition must be subjected to scrutiny and evaluation by competent scholars. Such scrutiny, if properly carried out, can result in further progress toward a Greek New Testament which most accurately reflects the inspired autographs.

THE WESTCOTT-HORT TRADITION

In modern times, the popularity that has been attained by the Egyptian form of text is due chiefly to the labors of B. F. Westcott and F. J. A. Hort. Their work on the Greek text of the New Testament was a watershed event in the history of textual criticism.

In 1881, Westcott and Hort published their two-volume work, *The New Testament in the Original Greek*. To produce this text they relied heavily on the witness of ℵ and **B**, but especially **B**. Both of these documents come from the fourth century and were the oldest available manuscripts in their day. The kind of text found in them was described as "neutral." By this term Westcott and Hort meant to indicate a kind of text largely untouched by editorial revision. In their view the Neutral Text had descended more or less directly from the autographs and was exhibited in its purest form in **B**.

A key element in the scheme presented by Westcott and Hort was their theory of a Syrian recension of the Greek New Testament.

It was their opinion that the great mass of surviving Greek manuscripts descended from an authoritative ecclesiastical revision of the text produced sometime about the fourth century. The locale where the revision might have been made was Syrian Antioch. As a result they held that the majority of the Greek manuscripts were of secondary character and should be accorded little weight in determining the original text.

Subsequent scholarship has wisely discarded the term "neutral" to describe the Egyptian group of texts. The theory of a Syrian recension has also been widely abandoned. In spite of this, the critical texts in current use differ relatively little from the text published by Westcott and Hort a hundred years ago. In fact, the discovery of the papyri has been thought by some to strengthen the claims of Westcott and Hort about the superiority of ℵ and **B**. This point has especially been urged in connection with $\mathfrak{P}^{75}$, a third-century text substantially similar to **B**. But actually $\mathfrak{P}^{75}$ proves nothing more than that the kind of text found in **B** is earlier than **B** itself.

Today scholars generally do not argue that the Majority Text stems from a revision of earlier texts. Instead it is often viewed as the result of a long-continued scribal process. But this view is usually presented in vague and general terms. This is not surprising, because it is virtually impossible to conceive of any kind of unguided process which could have resulted in the Majority Text. The relative uniformity within this text shows clearly that its transmissional history has been stable and regular to a very large degree.

It is often suggested that the intrinsic character of the Majority Text is inferior to the Egyptian. This too was one of Westcott and Hort's arguments. But this approach usually partakes of an unduly large element of subjectivity. The fact is that excellent reasons almost always can be given for the superiority of the majority readings over their rivals. In sum, therefore, the Westcott-Hort tradition in textual criticism has failed to advance convincing objections to the authenticity of the Majority Text.

A MAJORITY TEXT METHOD

The premises which underlie the present edition and determine its methodology are two. Both of these premises need to be clearly understood by the users of this text.

(1) Any reading overwhelmingly attested by the manuscript tradition is more likely to be original than its rival(s). This observation arises from the very nature of manuscript transmission. In any tradition where there are not major disruptions in the transmissional history, the individual reading which has the earliest beginning is the one most likely to survive in a majority of

documents. And the earliest reading of all is the original one. Unless an error is made in the very first stages of copying, the chances of survival of the error in extant copies in large numbers is significantly reduced. The later a reading originates, the less likely it is to be widely copied.

It should be kept in mind that by the time the major extant papyrus texts were copied, the New Testament was well over a century old. A reading attested by such a witness, and found only in a small number of other manuscripts, is not at all likely to be a survival from the autograph. On the contrary, it is probably only an idiosyncrasy of a narrow strand of the tradition. The only way in which the acceptance of a substantial number of minority readings could be justified is to reconstruct a plausible transmissional history for them. This was, of course, precisely what Westcott and Hort *tried* to do in defense of ℵ and **B**. But the collapse of their genealogical scheme under scholarly criticism has nullified their most essential argument. Nothing has replaced it.

In the present edition, wherever genealogical considerations could not be invoked, readings overwhelmingly attested among the manuscripts have been printed in the text. But this leads to a second premise.

(2) Final decisions about readings ought to be made on the basis of a reconstruction of their history in the manuscript tradition. This means that for each New Testament book a genealogy of the manuscripts ought to be constructed. The data available for this in the standard sources is presently inadequate, except for the Apocalypse. In this edition, therefore, a provisional stemma (family tree) of manuscripts is offered for that book only. Textual decisions in Revelation are made on the basis of this genealogical reconstruction. Also, a provisional stemma is offered for John 7:53—8:11; and here, too, decisions about the text are based on stemmatic factors.

It is true, of course, that most modern textual critics have despaired of the possibility of using the genealogical method. Nevertheless, this method remains the only logical one. If Westcott and Hort employed it poorly, it is not for that reason to be abandoned. In fact, the major impediment to this method in modern criticism has been the failure to recognize the claims of the Majority Text. Any text-form with exceedingly large numbers of extant representatives is very likely to be the result of a long transmissional chain. All genealogical reconstruction should take this factor into account. If persistent preference for a small minority of texts cannot be surrendered, then naturally genealogical work will prove impossible. Its impossibility, however, will rest on this preference and not on the intrinsic deficiencies of the method itself. The present edition is in no way fettered by a predilection for a small handful of manuscripts, whether very ancient or somewhat later. It seeks to track the original text in the vast body of the surviving documents. Where possible, this has been done stemmatically.

THE BASIC APPARATUS

Since for most of the New Testament stemmatic work is not yet feasible, the present edition operates within this reality. The apparatus for all but John 7:53—8:11 and the book of Revelation takes a basic form which must now be described.

(1) **The First Apparatus**. In all cases where the available sources indicate that there is a significant division within the surviving manuscripts, the problem is assigned to the first apparatus. This stands, wherever it is required, immediately below the text material. Also assigned to this apparatus is another class of variant. The 1825 Oxford edition of the Textus Receptus was employed as a working base against which the manuscript data were compared. Wherever our text differs from the Oxford Textus Receptus, the variation is noted in the first apparatus. Only in a few instances of typographical errors and in certain kinds of spelling variants is this not the case.

(2) **The Second Apparatus**. In the second apparatus are to be found all the places, not already included in the first apparatus, where this edition differs from the United Bible Societies and Nestle-Aland texts. Here, too, only some spelling variations are excluded from consideration, along with typographical errors in the other texts. When this apparatus is used in conjunction with the first one, the reader of this edition will have before him all the significant differences between the Majority Text and that found in the other two widely circulated editions.

(3) **Footnotes and Sigla**. If a variant reading is to be found in the first apparatus, this fact is indicated in the text by a footnote number placed after the last word affected by the variation. If a variant is found in the second apparatus, a different set of sigla is employed. These are as follows:

τ   signifies the addition of one or more words at the point indicated.

ο   signifies the omission of the word before which it is placed.

⸆\   signify the omission of the words enclosed by these two signs.

⸂⸃   signify the transposition of the words enclosed by the two signs.

⸀ signifies a change of form, or the substitution of another word for the one before which the sign is placed.

⸂⸃ signify an alteration of some kind involving the words enclosed by the two signs.

• signifies a spelling variation in the word before which it is placed.

If more than one variation of the same kind occurs in one verse, the appropriate siglum is followed by a number. Thus ⸆1 would be the first addition in the verse in question, ⸆2 the second, and so on.

21 ⸆1εν 𝔭45א, [Cr] vs 𝔐 𝔊A
21 ⸆2τω αγιω 𝔊 vs 𝔐 𝔭45vid A

In the case of double sigla (⸋⸌, ⸉⸊, ⸂⸃), only the first member is repeated in the note in the apparatus.

7 ⸂1λεγει 𝔭75B vs 𝔐; (λεγει δε א)
7 ⸂2τα γραμματα 𝔊 (h.C) vs 𝔐 A

In the first apparatus, the words in the text affected by the variation are written out, followed by the evidence supporting them. The sign vs (versus) introduces a rival reading and its evidence. If more than one rival reading must be cited, each is introduced by vs. In the second apparatus, the reading of the United Bible Societies and Nestle-Aland editions stands first, immediately after the appropriate siglum.

26 ⸀εν 𝔊 (h.C) vs 𝔐 A

Following the manuscript evidence for this reading, the sign vs introduces the evidence for the reading of the Majority Text.

10 ⸀εθηκα 𝔊 vs 𝔐

In the second apparatus this reading itself is not given.

If a reading found in either apparatus is overwhelmingly attested in the manuscript tradition, the siglum 𝔐 is used to indicate this.

3 ⸆τους 𝔊 vs 𝔐

If the majority is large, but somewhat reduced in size, the siglum is **M**.

4 ⸀αυτοι 𝔊 vs M

If there is a substantial division within the Majority Text tradition, this fact is signaled by placing the sign Mpt (pt for *partim*, in part) after each reading which finds extensive support.

•12 κραββατον Mpt, TR vs κραβαττον Mpt B*A

INTRODUCTION

For the evidence of the Majority Text, the present edition rests heavily upon the information furnished by Hermann von Soden in his *Die Schriften des Neuen Testaments* (I 1/2/3,1911; II,1913). Though this has been extensively checked with the Eighth Edition of Constantine Tischendorf, with the apparatus of S. C. E. Legg for Matthew and Mark, and with the apparatuses of UBS[3] and Nestle-Aland[26], only rarely can von Soden's data be corrected with confidence. When this has been done, or when von Soden's citations cannot confidently be interpreted, the appropriate Majority Text siglum is followed by a superscripted [vid] (*videtur*, apparently).

In order that the apparatus of this edition may more readily be compared with the material of von Soden, his nomenclature for subgroups within the majority tradition has basically been retained. It is undeniable that some of these subgroups merit further analysis. But the adoption of von Soden's groupings is simply a matter of convenience until they can adequately be revised. Where, however, von Soden employed **K** (his Koine text), this edition employs **M**. A comparison of our sigla with his is as follows:

> In the gospels: $K^1 = M^1$; $K^r = M^r$
> In the Acts and epistles: $K^c = M^c$; $K^r = M^r$

For the gospels, von Soden's **K**[i] is not considered, since it includes only four uncial manuscripts. In addition, von Soden's highly amorphous **I** text, for which he discerned numerous subgroups, is cited in the present work as **M**[I]. Von Soden was in error in considering his **I** text as a separate text-form in its own right. It is not sufficiently cohesive to justify such a conclusion. For the most part, **M**[I] adheres to the majority form, although with frequent defections by various portions of its constituent elements. Only rarely do a substantial majority of **M**[I] readings defect together from the Majority Text reading. Thus citations of **M**[I] in our apparatus are infrequent.

It should also be pointed out that von Soden's subgroup **K**[x] in the gospels never receives separate citation in this edition. Due to its very large size (more than 300 manuscripts), wherever it diverges from most of the remaining witnesses to the Majority Text, the reading is always treated as an **M**[pt] reading. The same thing is true in the Acts and epistles with regard to von Soden's **K** (when distinguished from **K**[c] and **K**[r]).

A number of important uncial and papyrus manuscripts are consistently cited wherever they give testimony in a variation included in the first or second apparatus. A complete list of these is as follows:

INTRODUCTION

Papyri:

- $\mathfrak{p}^{37}$, third or fourth century (Matthew 26:19-52)

- $\mathfrak{p}^{45}$, third century (extensive portions of the four gospels and Acts)

- $\mathfrak{p}^{46}$, ca. 200 (extensive portions of the Pauline corpus and Hebrews)

- $\mathfrak{p}^{47}$, third century (extensive portions of Revelation)

- $\mathfrak{p}^{66}$, ca. 200 (extensive portions of John)

- $\mathfrak{p}^{72}$, third or fourth century (1 Peter 1:1–5:14; 2 Peter 1:1–3:18; Jude)

- $\mathfrak{p}^{75}$, third century (extensive portions of Luke and John)

- $\mathfrak{p}^{88}$, fourth century (Mark 2:1-26)

Uncials:

- ℵ, Codex Sinaiticus, fourth century (New Testament)

- **A**, Codex Alexandrinus, fifth century (most of New Testament)

- **B**, Codex Vaticanus, fourth century (lacks I Timothy to Philemon, Hebrews 9:14 to end, and Revelation)

- **C**, Codex Ephraemi Rescriptus, fifth century (extensive portions of New Testament)

It will be observed from this list that each of the four gospels is represented by at least two papyrus texts, though $\mathfrak{p}^{37}$ (Matthew) and $\mathfrak{p}^{88}$ (Mark) are merely fragments. For the remaining sections of the New Testament, there is one papyrus representative. Since the purpose of this edition is the presentation of the Majority Text tradition, further citation of the papyri was not considered necessary. The major extensive papyrus texts of early date are included along with the four famous uncial manuscripts. With the citation of all these, the user of the Majority Text apparatuses can gain a reasonably good perspective of the Egyptian type of text. A deliberate decision was made not to include the readings of Codex Bezae Cantabrigiensis (D, fifth century) because its highly idiosyncratic text would have needlessly enlarged the apparatus. Yet, occasionally, when none of the regularly cited witnesses supports the variant found in the second apparatus, D is mentioned. So also, on the same basis, are the manuscripts L (eighth century), R (sixth century), W (fifth century), Θ (ninth century), Σ (sixth century), 074 (sixth century), and the minuscule families f^1 and f^{13}.

INTRODUCTION

Where a consensus of the manuscripts representing the Egyptian texts exists, they are cited corporately under the siglum Coptic **Ϭ**. But the composition of **Ϭ** varies from book to book and can be learned from the information given just before the first apparatus on the initial page of each book. If a regularly cited manuscript reflects the Egyptian texts, but is extremely fragmentary, it is normally excluded from **Ϭ** in the book in question. To do otherwise would have necessitated calling attention to its hiatus repeatedly. But if not included in **Ϭ**, the reader can assume that its nonappearance in the apparatus indicates its testimony was not available.

A summary of the value of **Ϭ** is:

Matthew, Mark	**ℵBC**
Luke	**𝔭⁷⁵ℵBC**
John	**𝔭⁶⁶ ⁷⁵ℵBC**
Acts	**𝔭⁴⁵ℵBAC**
Romans through 1 Thessalonians	**𝔭⁴⁶ℵBAC**
2 Thessalonians	**ℵBA**
1 Timothy through Philemon	**ℵAC**
Hebrews	**𝔭⁴⁶ℵBAC**
James	**ℵBAC**
1, 2 Peter	**𝔭⁷²ℵBAC**
1 John	**ℵBAC**
2 John	**ℵBA**
3 John	**ℵBAC**
Jude	**𝔭⁷²ℵBAC**
Revelation	**ℵAC**

In those books where **Ϭ** represents just three manuscripts, this siglum is only used when all three agree. Where **Ϭ** has four representatives, it is used where at least three agree. The reading of the other member is then given separately or cited in parentheses with a preceding **h.** (hiatus). Where there are five representatives of **Ϭ**, the siglum is only cited if four agree. The reading of the other witness is either given or a hiatus is indicated. If the reading of a manuscript at any point cannot be determined with certainty, it is either left uncited or is followed by a superscribed ^{vid}. If it is included within **G**, its reading should be regarded as certain.

The readings of the 1825 Oxford Textus Receptus are indicated by the siglum **TR**. The concurrence of United Bible Societies Third Edition and the Nestle-Aland Twenty-sixth Edition is represented by **Cr** (critical texts). If the two editions diverge, they are indicated by U and N respectively. In places where these editions employ brackets in their text, the presence of brackets is signaled by [**Cr**]. How many of the words in the variation unit are included within the brackets by these texts must be determined by examining one or the other of the texts. But if the variation unit includes only a single word, naturally that is the bracketed word.

The signs + and − indicate that the word or words following them are either added or omitted. But − may appear by itself to indicate that all of the words in the text involved in the variation are omitted by the witness(es) in question.

³6 εαν **MGA**, **Cr** vs +μεν M', **TR**
16 ᴦοστις 𝔭⁷⁵B vs 𝔐 A; (−μακαριος to αυτω in verse 16 א*)

Where there is a transposition involving more than two words, this may be represented in the apparatus by a series of numbers. Thus a variation like ᶴ2-41 shows that the first word of the text herein is placed after the fourth word by whatever witnesses are then mentioned. Numbers may also be used to indicate omissions. A variant like ᶴ241 would signal not only transposition, but the omission of the third word of the text.

As is usual in the citation of manuscripts, an * after the manuscript designation (e.g., 𝔭⁷⁵* or C*) indicates the manuscript has undergone correction at some point in the variation unit. The * indicates the reading before correction. In this edition the readings of correctors are not given. If a manuscript cited is enclosed by parentheses − as (א) or (B) − this means that the manuscript exhibits an orthographical variation of the reading with which it appears. This is to be distinguished from a citation like (− א) or (στηναι for σταθηναι B). The former represents an omission in א and the latter a substitution in **B**.

The present edition does not cite the testimony of the ancient versions or church fathers. Nor are the lectionary texts considered. This is not because such sources have no value for textual criticism. Rather, it is due to the specific aims of this edition, in which the primary goal has been the presentation of the Majority Text as this appears in the regular manuscript tradition.

(4) **Reading the Apparatus**. If the sigla just considered are kept in mind, the apparatus of this edition can be read easily.

In the first apparatus, the entry begins with a superscribed numeral indicating the number of the footnote in the text to which the cited material refers. This is followed by the number of the verse in which the variant is found. Next come the words in the text which are affected by the variation in question. After these words comes the Majority Text evidence followed by the evidence of any of the regularly cited manuscripts which support this text. After a comma, **TR** or **Cr** may be cited if either of these likewise supports the text. Following vs the next reading is given with the evidence cited in the same sequence as before. Additional variants, if any, have the same format.

In the second apparatus, the number of the verse appears first. This is followed by the variation siglum found in the text. Then comes the variant itself and the evidence for it. If one or more manuscripts have a minor variation from this reading, this variation is then added in parentheses along with the manuscript(s) containing it. If there is more than one such minor variation, any additional ones are added within the same parenthesis. Separate minor variations within a parenthesis are set apart by a semicolon. Following vs comes the evidence for the Majority Text reading. Minor variations of this reading are handled in the way just described. If, however, there is a third major variant, this also appears in parentheses, but the evidence for the Majority Text is separated from the parenthesis by a semicolon. Additional major variations also may appear within the parenthesis similarly set apart by a semicolon.

42 ⌜παρειναι 𝔓⁷⁵B* vs 𝔐 C; (αφειναι 𝔓⁴⁵ א*; παραφιεναι A)

Since it is the function of the second apparatus to give variants in which the United Bible Societies and Nestle-Aland texts differ from the Majority Text, it is normally unnecessary to employ the siglum **Cr** in this apparatus. The first cited reading is that of **Cr** unless otherwise noted. Exceptions may occur when the two editions diverge, in which case the sigla U and N are used. In order to alert the reader to the presence of brackets in the two editions being compared, the siglum [**Cr**] appears in the second apparatus where appropriate. This siglum may, in fact, appear on the same side as the evidence for the Majority Text reading if the other editions retain the words of the text within brackets. In that case, the evidence for omitting or altering them is what is given first.

It also should be understood that in both apparatuses, a parenthesis not set off from the preceding evidence by a semicolon will often contain only the portion of the preceding reading that is changed. For example, in Mark 3:25 the second apparatus entry is:

25 ⌜2-41 אC (στηναι for σταθηναι B) vs 𝔐 A

This means that in the transposition supported by אC, **B** alters the word σταθηναι to στηναι, but otherwise supports the word order of אC. When the text is consulted, it will show that σταθηναι is the word numbered **1**. Of course, 𝕸 and **A** support the text exactly. It will be noted that in a variation like this the siglum ⌐ is employed, rather than ⌐ᴸ. This is because **B**'s difference from the Majority Text reading involves more than a simple change of word order.

When the evidence supporting the Majority Text is set off by a semicolon from a following parenthesis, then the full reading of the manuscript(s) within the parenthesis is given. This is illustrated in Mark 11:2:

2 ⌐ουπω ανθρωπων **B** (ˢ **κC**) vs **M**; (πωποτε ανθρωπων **A**)

Here the siglum ⌐ has been used rather than ⌐, since the text contains only the word ανθρωπων. **B** has the lengthened reading ουπω ανθρωπων, which is also found in **κC** in the sequence ανθρωπων ουπω. **M** (a slightly reduced majority as compared to 𝕸) supports the text. The third major variant, set off from **M** by the semicolon, is that of **A** and is fully given.

Sometimes a Greek word appearing in the first or second apparatus will have one or more of its letters enclosed in parentheses. The parenthesis indicates that the manuscripts cited have a spelling variation at this point. The most common occurrence of such a parenthesis is in instances of *nu* moveable. The orthography of this edition follows the general practice of the mass of manuscripts in omitting this *nu* before consonants. But it was felt the reader should be reminded that when such a word is in question in the apparatus, the witnesses may or may not have the *nu*. Usually uncial and papyrus readings are cited with the *nu*, not enclosed in parentheses, since they normally write it. Whether they actually have it at any given point has not always been checked. But if an uncial or papyrus reading is cited without it, it may be assumed that it is lacking in this instance. Many very common itacisms in the manuscript witnesses specifically cited are totally disregarded, and no parentheses are used either to enclose the letters themselves or the manuscripts. It was felt wise, however, to regularly indicate the alternation in the ending -αι/ε by enclosing in parentheses the manuscript which itacised this ending. This was done because the form resulting from the itacism is often technically a different one, even if that form is impossible to construe in the context.

A number of very common spelling variations are intentionally excluded from the apparatus, since to include them would greatly enlarge the apparatus without much enhancing its value. The common variations Δαβιδ/Δαυιδ and Μωσης/Μωυσης are not treated. Δαβιδ (always) and Μωσης (usually) are printed in this edition. Also not treated are the alternations ουτω/ουτως, αλλ/αλλα, ερρεθη/ερρηθη, and ειπον/ειπαν (along with other such fluctuations between first and second aorist forms). Similarly left out are the orthographic fluctuations in εν(ν)ενηκοντα and in such a word as λη(μ)ψεται. The -σσ-/-ττ- variation is ignored.

Abbreviations in the manuscripts of the *nomina sacra* are not considered, nor are other abbreviations except in rare instances.

It often happens that in the first apparatus the siglum **TR** is given after a reading of the Oxford Textus Receptus with no manuscript data cited. This should not be construed to mean that the Textus Receptus has absolutely no manuscript evidence supporting it, though this occasionally can be true. Rather, it means that none of the regularly cited witnesses support the variant, including none of the subgroups of the Majority Text. A variant reading found in the second apparatus also may occasionally appear without any manuscript citation. This means that none of the materials regularly referred to in the apparatus support the reading of the United Bible Societies and Nestle-Aland texts. If, however, these editions are supported by significant uncial or papyrus evidence not regularly mentioned, this evidence is usually given.

(5) **Determination of the Text**. If no variant reading is cited in either apparatus, the reader may assume that the printed text is, to the best of the editors' knowledge, attested by $\mathfrak{M}$ or **M**. In either case the text thus qualifies as the Majority Text reading. The siglum $\mathfrak{M}$ indicates concurrence with all the Majority Text subgroups (so far as is known). That is to say, the Majority Text as a whole is essentially united in such cases, though naturally any or all of the subgroups may have some members that defect. It is important to note that when $\mathfrak{M}$ is printed, the consensus even includes von Soden's **I** texts (our M^{I}) which are to be understood to support the text by a substantial margin. When the support within M^{I} is not so great, insofar as determination of this is possible from von Soden's material, $\mathfrak{M}$ is reduced to **M**.

If **M** is printed, and no siglum indicates the defection of a specific subgroup, it may be assumed that the reason for **M** is to be found in the reduced margin of support for the text within M^{I}. But **M** is also printed whenever a specific Majority Text subgroup defects by itself. Such instances are included in the first apparatus in order that the reader may trace the data of von Soden on such matters more easily. Thus the user of this text may discover from the first apparatus the places in which (according to von Soden) a group like M^{r}, for example, has a distinctive reading as over against the rest of the majority tradition.

But **M** is not allowed to stand in the apparatus when a defecting subgroup is joined by substantial evidence from the rest of the majority representatives. Such readings are designated M^{pt}. M^{pt} readings (in the gospels) also appear wherever the Majority Text reading cannot claim the support of a strong consensus of von Soden's K^{x} texts along with a similar consensus from at least two of the other three groupings: M^{I}, M^{r}, and M^{I}. Thus a seriously divided K^{x} testimony suffices to produce M^{pt} even if the other three groups are united. But hardly ever do the other three present a cohesive testimony if **K**^x does not.

In choosing a text reading from among **M**^{pt} variations, a strong preference was normally accorded to the reading of **K**^x where this group was essentially united. Of all the groupings within the majority tradition, **K**^x seems the most likely not to be traceable to an archetype short of the original text itself. It remains possible, pending further analysis, that within **K**^x are to be found several strands going back independently to the autographs. By contrast it is probable, as von Soden thought, that the large group **M**^r (**K**^r) is traceable to a single source which is not the original text. The same is probably true of **M**^I if its unity holds up under investigation. **M**^I is hardly a group at all, and its actual connections with the rest of the majority tradition must be discovered by future genealogical study of its constituent elements.

Where **K**^x itself was sharply divided within an **M**^{pt} reading, the rival variations were weighed both in terms of their distribution within the majority tradition as a whole and with regard to intrinsic and transcriptional probabilities. Occasionally a transcriptional consideration outweighs even a preponderance of contradictory testimony from **K**^x. For example, in the **M**^{pt} reading found in Luke 22:30, the phrase εν τη βασιλεια μου was omitted in 10 of the 13 manuscripts from **K**^x which von Soden examined. Not only is this **K**^x sample much too small to be satisfactory, but the omission could be due to homoioteleuton in the light of the μου which follows τραπεζης. According to von Soden, **M**^r reads for inclusion as does a very large majority of **M**^I. It is clearly possible that an error of omission like this could have happened even more than once in the **K**^x texts. It is perhaps less likely that the phrase suggested itself to a scribe because of the βασιλειαν in verse 29. But the decision is difficult in the absence of a stemmatic reconstruction of the manuscripts' transmissional history.

It should be understood, therefore, that all decisions about **M**^{pt} readings are provisional and tentative. That the text may very well be improved with different choices in many cases is readily admitted by the editors. But choices had to be made and were made along the lines discussed above. Essentially the same procedure was followed in the Acts and the epistles, with preference going to von Soden's K (as over against his K^c and K^r) in much the same way as preference was given to **K**^x in the gospels. In the Acts and epistles, **M**^I again represents von Soden's I texts. In these sections of the New Testament as well as in the gospels, the texts are hardly to be distinguished from the majority tradition as a whole.

As all who are familiar with von Soden's materials will know, his presentation of the data leaves much to be desired. Particularly problematical to the editors of this edition was the extent to which his examination of the K materials appeared to lack consistency. As the specific statements show, at times only a few representatives of **K**ˣ in the gospels or of **K** in the Acts and epistles were examined by him. How often this was true where he gives no exact figures we are left only to guess. His other **K** subgroups suffer from the same shortcoming. That such procedures jeopardize the accuracy of any independently constructed apparatus is self-evident. But the generalized data of the other sources (such as Tischendorf or Legg) were of little value in correcting this deficiency. In the final analysis, if the present edition was to be produced at all, the statements of von Soden usually had to be accepted. However, where our text differs from what von Soden considered the common (Koine) reading, it should be assumed that it is due to further research, or to conflicting data within von Soden's volumes.

What is urgently needed is a new apparatus for the gospels, Acts, and epistles, covering the entire manuscript tradition. It should include complete collations of a very high percentage of the surviving Majority Text manuscripts. Such an apparatus could then be used to determine the actual distribution of rival variants within the majority tradition. Beyond this, it could provide the indispensable base from which definitive stemmatic work could be done.

THE APPARATUS FOR JOHN 7:53–8:11

The materials furnished by von Soden for the famous story of the woman caught in adultery are much more adequate than those he provides for the rest of the New Testament. Here, in fact, von Soden completely collated all available copies of this pericope, more than nine hundred altogether. Though the precise data of these collations must be painstakingly gathered from his discussions (and not from his apparatus alone), at least it is accessible. From it the editors of the present text have constructed a provisional stemma. This represents their understanding of the transmissional history of this narrative.

It is clear that the textual troubles which overtook the pericope began early. It is omitted by the most ancient witnesses for the Egyptian tradition, namely, $\mathfrak{p}^{66}$, $\mathfrak{p}^{75}$, ℵ, and **B**. It was also evidently absent from **C** and even from **A**, which in the gospels often sides with the Majority Text. But the joint testimony of these manuscripts, except perhaps for **A**, simply may point to a very ancient copy from which the passage was missing.

There is no compelling reason to doubt that the story is originally Johannine, despite the prevailing contrary opinion. Among the marks of Johannine style which it exhibits, none is clearer than the phrase in 8:6: τοῦτο δὲ ἔλεγον πειράζοντες αὐτόν. This is a pure and simple Johannism, which is evident by comparison with 6:6; 7:39; 11:51; 12:6, 33; and 21:19. Likewise the use of the vocative γύναι (8:10) by Jesus to address a woman is a Johannine characteristic (cf. 2:4; 4:21; 19:26; cf. also 20:13, 15). The phrase μηκέτι ἁμάρτανε (8:11) occurs nowhere else in the New Testament, except John 5:14, and the historic present of ἄγουσι (8:3) is consonant with John's frequent use of this idiom.

Nor is the narrative improperly suited to the place where it is found in the overwhelming majority of the nine hundred copies which contain it. On the contrary, a setting at the Feast of Tabernacles (cf. 7:2, 14) is ideal for the story. It was on just such an occasion, when Jerusalem was crowded with pilgrims, that strangers might be thrown together with the resulting sin around which the story centers. An interview with a woman in a court of the temple would likely have been in the Court of the Women. And that is evidently where Jesus was, as the reference to the "treasury" in 8:20 indicates. Moreover, the way in which the woman's accusers are driven to cover by the moral exposure which Jesus brings upon them furnishes a suggestive introduction to the initial Johannine reference to the Lord as the Light of the World (8:12). The setting of the incident at daybreak is likewise suitable (cf. 8:2) since the rising sun furnishes the natural backdrop for the same title. It is in fact to the sun (not the temple candelabra, as Hort thought) that the title Light of the World refers (cf. 9:4, 5; 11:9). Finally, as the Qumran finds have shown (cf. 1QS iii 6-7), the thought of forgiveness of sin experienced here by the woman is properly linked to the phrase "light of life" (8:12).

In view of the features of Johannine style that have been noted and the narrative's almost unique suitability to this context, the idea that the passage is not authentically Johannine must finally be dismissed. If it is not an original part of the Fourth Gospel, its writer would have to be viewed as a skilled Johannine imitator, and its placement in this context as the shrewdest piece of interpolation in literary history! Accordingly, the consideration of the narrative's text that follows assumes its Johannine authenticity.

Von Soden distinguished seven subgroups among the Greek manuscripts containing the pericope. These he designated with the siglum μ (for μοιχαλίς) and by a superscribed numeral. In the apparatus of the text presented herein von Soden's μ has been changed to M, but his superscribed numbers have been retained. Thus our M¹ = his μ¹, M² = his μ², and so on. (This M¹ is not to be confused with the M¹ cited elsewhere in the gospels.) In von Soden's own stemmatic reconstruction of the textual history of the pericope (cf. *Die Schriften*, I, Part 1:524), M¹ stands nearest the archetype, while M⁷ is the farthest removed. But von Soden's preference for M¹ is unjustifiably influenced by his high regard for δ5 (or D) and its close allies in this group. As usual, despite its age (fifth century), D is an idiosyncratic text, and M¹ as a whole is not very useful in reconstructing the original form of the story.

INTRODUCTION

While a brief introduction is not the medium for fully explaining how a stemma can be constructed, the general contours of the method can be stated. A valid stemma must have the power to explain the descent of the readings in a natural way. Each hypothesized intermediate archetype must show itself to be the starting point of more than one reading which appears below it on the stemma, but not above. Where there is mixture, as there always is, the stemma should be able to disclose the probable source of most of it. Moreover, the readings found high on the stemma should quite often easily be seen as the natural progenitors of readings lower down which developed from them. In particular there ought to be some readings treated as original which are noticeably superior to their rivals. When a stemmatic tree can pass all these tests at once, it has a high probability of being correct.

Below is given the projected family tree for the seven **M** groups containing the pericope. Some discussion of its justification will follow. A solid line indicates direct descent, while a broken line signifies mixture. The direction from which the mixture came is shown by the arrow. Greek letters designate the intermediate, but lost, connecting archetypes which the genealogy must necessarily presuppose. The stemma then is as follows:

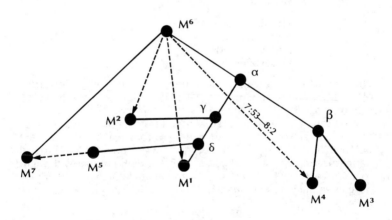

Stemma of John 7:53—8:11

From this diagram it can be seen that **M⁶** is viewed as the original form of the pericope from which all the other groups are descended. **M⁶** is a substantial group which includes approximately 250 manuscripts. Very many of these are associated with Johannine texts which von Soden identifies with K^x. But M^6 had its own stemmatic development, as its nearly even division on certain readings attests. Future investigators could profitably pursue the stemmatic analysis of M^6 itself.

Another large and influential group is found in M^5, comprising some 280 manuscripts. The large number of its representatives suggests that its origins are early. But the text it exhibits, over against M^6, shows marks of revision. M^7 is a grouping of approximately 260 texts, many of which are to be associated with von Soden's K^r family. It has only one distinctive reading of its own (at 8:7) and is otherwise a composite of M^6 and M^5. An examination of its variants suggests that M^5 is the source from which corrections were made on a base that was fundamentally M^6.

The remaining groups are much smaller and their fundamental texts a bit harder to determine. The largest group among these is M^2 which comprises only about forty manuscripts. All of these, along with M^5, show signs of derivation from a common archetype, which on the diagram is designated α.

The plausibility of the proposed stemma can be shown by a consideration of some of the variant readings, which, although not exhaustively discussed herein, will be sufficient to illustrate the general method by which stemmatic problems were resolved.

These are the variants to be considered:

(1) 7:53   ἀπῆλθεν $M^{4pt\ 6\ 7}$
         ἀπηλθον M^{4pt}
         επορευθη $M^{3\ 5}$
         επορευθησαν $M^{1\ 2}$

The original reading is the Johannine word απηλθεν, preserved by M^6 and M^7. As the stemma suggests, M^4 exhibits mixture from M^6, but only in 7:53—8:11 which (as von Soden has shown) was often treated separately by the documents. A portion of M^4 was revised to the plural απηλθον. The reading επορευθη of M^3 and M^5 belongs to the archetype α. It is an obvious contextual harmonization with the same verb in 8:2 and was probably thought to improve the style. The change to a plural in M^1 and M^2 either may have been made independently or is an evidence of mixture.

(2) 8:2   βαθεως ηλθεν ο Ιησους M^6
        παρεγενετο $M^{1\ 2\ 3\ 4\ 5\ 7}$

The word βαθεως, retained by M^6, is not used by John elsewhere. But its appearance in the phrase ὄρθρου βαθέως in Luke 24:1 does not mean it is a Lucan word. It is likely that the expression ὄρθρος βαθύς was as idiomatic as our own "early morning," and if so there is no reason why John should not use it in the one narrative where it is needed. On the other hand, the ηλθεν of M^6 is a typical

Johannine word, while John uses παραγινομαι elsewhere only in
3:23. The dropping of ο Ιησους by all but **M⁶** is suspicious, since the
long παρεγενετο covers approximately the same space as
ΗΛΘΕΝΟΙϹ would when the *nomen sacrum* is used. It appears as
though ΗΛΘΕΝΟΙϹ might have been illegible to the scribe of the
archetype α, or a precursor of that archetype. If so, παρεγενετο
would be the scribe's conjecture. This conjectural emendation also
could have led to the accidental omission of βαθεως. **M⁷**
introduced here the reading of **M⁵**.

    (3) 8:3   + προς αυτον   **M**¹ᵖᵗ ³ᵖᵗ ⁵ ⁶ᵖᵗ ⁷
               − προς αυτον   **M**¹ᵖᵗ ² ³ᵖᵗ ⁴ ⁶ᵖᵗ

This reading remains very questionable, with **M⁶** split almost evenly
between adding and omitting the phrase. Until **M⁶** is further
analyzed, it is hard to know what its original reading (and that of
the autograph) was. In any case, the widespread influence of the
numerous **M⁶** manuscripts has led to extreme fluctuation in the
tradition. Perhaps προς αυτον was regarded as redundant by some
scribes, coming so soon after the same phrase in verse 2. But the
decision here could go either way, in the light of available
knowledge.

    (4) 8:3   + τω   **M³ ⁴ ⁶**
            − τω   **M¹ ² ⁵ ⁷**

The stemma adequately accounts for this variant. The reading − τω
is a mere scribal omission made in archetype γ, which **M⁷** picks up
from **M⁵** , as usually happens.

    (5) 8:4   ειπον   **M³ ⁴ ⁶**
            λεγουσιν   **M¹ ² ⁵ ⁷**

John uses both the past and present tenses of the verb λεγω/ειπον
in his gospel. The stemma, however, suggests that λεγουσιν
originates with the archetype γ. The present tense is then a
contextual harmonization with the same tense of αγουσι in the
preceding verse, since αγουσι and λεγουσιν belong to the same
sentence. **M⁷** revises to **M⁵** here too.

    (6) 8:4   ταυτην ευρομεν   **M⁶ ⁷**
            αυτη η γυνη ειληπται   **M² ³ ⁴**
            αυτη η γυνη κατειληπται   **M¹**
            αυτη η γυνη κατεληφθη   **M⁵**

The ταυτην ευρομεν of **M⁶** and **M⁷** has an overwhelming claim to
originality. The scornful use of the demonstrative pronoun is a
clear Johannine trait (cf. 6:52; 7:15; 18:30; 21:21; but especially
9:29). The verb ευρισκω also is frequently used by John. Surely it is
not conceivable that a scribe originated a variant like this, while
the reading αυτη η γυνη ειληπται would easily be worked up from

the γυναικα . . . κατειλημμενην of verse 3. The stemma also is able to show how a further harmonization occurred in archetype δ with the addition of the prefixed κατ. M⁵ then changed to an aorist. The M⁷ editor left his basic text untouched here. Naturally, the subsequent μοιχευομενην of M⁶ and M⁷ had to become μοιχευομενη in M¹ ² ³ ⁴ ⁵, which it did.

(7) 8:5   εν δε τω νομω ημων M(ω)σης   M² ³ᵖᵗ ⁶ ⁷
         εν δε τω νομω ημιν M(ω)σης   M³ᵖᵗ ⁴
         εν δε τω νομω M(ω)σης ημιν   M¹ᵖᵗ ⁵

Another Johannine trait is the use of ημων after νομω. The Fourth Gospel is distinctive in its use of expressions like "our/your/their law." Stemmatically, it seems likely that the original reading retained by M⁶ and M⁷ was reintroduced via mixture into M² and a portion of M³. The reading of M³ᵖᵗ ⁴ would have been the reading of archetype α. M¹ᵖᵗ ⁵ represents the reading of archetype δ. It should be noted that whenever a *partim* reading is given only once in the apparatus (as here for M¹ᵖᵗ), this means that the remaining members of the group are too divided to cite.

(8) 8:5   λιθαζειν   M¹ᵖᵗ ² ³ ⁴ ⁶
         λιθοβολεισθαι   M¹ᵖᵗ ⁵ ⁷

Clearly the correct word and the only one used elsewhere by John (10:31, 32, 33; 11:8) is the verb λιθαζειν. The lugubrious-sounding λιθοβολεισθαι can perhaps be traced to the redactor of M⁵, from which group it touched M¹. Alternatively, λιθοβολεισθαι may belong to archetype δ, and a part of M¹ has then been revised from another source, likely M⁶.

(9) 8:5   + περι αυτης   M¹ᵖᵗ ² ³ ⁴ ⁶ᵖᵗ
         − περι αυτης   M¹ᵖᵗ ⁵ ⁶ᵖᵗ ⁷

The construction τι λεγεις περι is Johannine (cf. 1:22 and 9:17). Of 216 stable M⁶ manuscripts, von Soden reports a margin of 134 to 82 in favor of + περι αυτης. The omission can probably be traced to the archetype δ. But it is not certain whether this archetype was affected by a strand of M⁶ or has itself influenced a branch of the M⁶ texts. Probably the former is true. Once again, M⁷ appears to be influenced by M⁵, while a portion of M¹ reintroduces the words. Alternatively, the omission originates with M⁵ and affects a portion of M¹. A decision on this point is not important. But see variant (11).

(10) 8:6   κατηγοριαν κατ   M² ³ ⁴ ⁶ ⁷
         κατηγορειν   M¹ ⁵

Both κατηγορεω (5:45 twice) and κατηγορια κατα (18:29) are used by John. (The omission of κατα in 18:29 by ℵ*, B, and a few others is likely to be a mere scribal fault. It stands against 𝔭⁶⁶, A, C, and 𝔐.) Here stemmatic considerations permit a decisive choice.

Κατηγορειν belongs to archetype δ, where the redactor may have disliked the seeming harshness of κατ . . . κατ.

(11) 8:6 − μη προσποιουμενος   Μ¹ᵖᵗ ² ³ ⁴ ⁶ᵖᵗ
         + μη προσποιουμενος   Μ¹ᵖᵗ ⁵ ⁶ᵖᵗ ⁷

Of the 216 stable **M⁶** texts, von Soden gives 122 to 94 in favor of omission. The array of the families here strongly resembles that for variant(9). Here, too, the preferable explanation may be that archetype δ has been influenced by an ancient branch of **M⁶**. See discussion of variant(9). Μη προσποιουμενος looks like a scribal gloss.

(12) 8:7 επερωτωντες   Μ²ᵖᵗ ⁶
         ερωτωντες   Μ¹ ²ᵖᵗ ³ ⁴ ⁵ ⁷

John employs επερωταω twice elsewhere (18:7, 21), but uses ερωταω many times. Nevertheless, επερωτωντες is suitable in context, especially if it has intensive force. The omission of the prefixed επ would then be a simple case of haplography facilitated by the proximity of the two ε's. The error belongs to archetype α. A part of **M²** revises (from **M⁶**), as does **M⁷** (from **M⁵**).

(13) 8:7 αναβλεψας   Μ⁶
         ανεκυψε(ν) και   Μ² ³ ⁴
         ανακυψας   Μ¹ᵖᵗ ⁵ ⁷

A tendency of the scribe or editor of archetype α to internally harmonize the vocabulary of the passage has already been observed in variants (1) and (6). This happens here again when he replaces αναβλεψας by ανεκυψε(ν) και, suggested by the κατω κυψας of verse 6 and the κατακυψας of verse 10. The style is slightly enhanced by avoiding the participle. But the archetype δ, as in variant (6), has a more slavish harmonization which conforms precisely to ανακυψας in verse 10. As usual, **M⁷** follows **M⁵**.

(14) 8:9 οι δε ακουσαντες   Μ¹ ² ³ ⁶ᵖᵗ
         οι δε ακουσαντες υπο της συνειδησεως ελεγχομε-
            νοι   Μ⁵ ⁶ᵖᵗ ⁷
         και   Μ⁴

The apparent scribal gloss υπο της συνειδησεως ελεγχομενοι is found in 99 of von Soden's 216 stable **M⁶** texts. It may have entered **M⁵** from there, and from **M⁵** it could enter **M⁷**. Uniquely, **M⁴** shortens the original text, and an illegible exemplar might well be the reason for this.

(15) 8:9 + εως των εσχατων   Μ¹ᵖᵗ ² ³ ⁴ ⁶ ⁷
         − εως των εσχατων   Μ⁵

Omission of εως των εσχατων is nothing but an error of homoioteleuton in **M⁵**. It was occasioned by the -ων with which πρεσβυτερων terminated. The redactor of **M⁷**, who generally prefers the fuller reading, rejected this omission in M⁵ and adhered to his base text.

(16) 8:9   μονος ο Ιησους   M² ⁵ ⁶ᵖᵗ ⁷
ο Ιησους μονος   M¹ᵖᵗ ⁶ᵖᵗ
ο Ιησους   M³ ⁴

M⁶ is here divided 130 to 86 for the sequence ο Ιησους μονος, but the most reasonable stemmatic explanation would be to treat μονος ο Ιησους as original. In that case, the archetype β (M³ + M⁴) simply drops μονος, no doubt by accident. The agreement of M¹ᵖᵗ with M⁶ᵖᵗ could be either by mixture or by coincidence. A final decision on the variant must await further analysis of M⁶ in particular.

(17) 8:10   + ειδεν αυτην και   M³ ⁴ ⁶
− ειδεν αυτην και   M¹ ²
+ και μηδενα θεασαμενος πλην της γυναικος M⁵ ⁷

The stemma clearly accounts for this set of variants. The original ειδεν αυτην και is dropped in archetype γ through homoioarcton, in which the eye of the scribe passed from the initial ει of ειδεν to the initial ει of ειπεν resulting in the loss of ειδεν αυτην και. The deficiency thus created is compensated for by the special reading of M⁵, which the redactor himself may have invented. From M⁵ it passes to M⁷.

(18) 8:10   γυναι   M³ᵖᵗ ⁶
αυτη γυναι   M¹ᵖᵗ ² ³ᵖᵗ ⁴
αυτη   M⁵ ⁷

The addition of αυτη satisfies the need perceived by the redactor of archetype α (or a predecessor) to furnish ειπεν with a pronoun object. The word γυναι is dropped by M⁵, whether by accident or because of its imagined harshness of tone, and this procedure is also followed by M⁷. M³ᵖᵗ probably reflects the reintrusion of the M⁶ text, or an accidental omission of its own.

(19) 8:10   + οι κατηγοροι σου   M¹ ²ᵖᵗ ³ ⁴ ⁶ᵖᵗ
+ εκεινοι οι κατηγοροι σου   M⁵ ⁶ᵖᵗ ⁷
− οι κατηγοροι σου   M²ᵖᵗ

The stable M⁶ texts divide 142 to 74 for the omission of εκεινοι. Stemmatically, the shorter text has the strongest claim to originality. But the M⁶ division requires that a definitive decision must be deferred. Εκεινοι might be thought again to reflect the scornful Johannine demonstrative, but an addition here seems consonant with the redactional tendencies of M⁵. If the word is spurious, there is mixture between M⁵ and M⁶ᵖᵗ, which might have been in either direction. M⁷ goes its usual way with the longer text of M⁵.

s K by Schmid and, for purposes of the apparatus of the
xt, includes the witness of the tenth-century uncial 046
v-three minuscule manuscripts. (For a list of these with
andard designations and the numbers assigned to them
see p. xlv.) M^a is the largest group of texts, and its
ely twenty subgroups suggest a long transmissional
not, however, identical with the original text.

1ᵃ must derive from an archetype later than the
can be demonstrated by at least two obvious scribal
:25 the family reading is αχρις ου ανοιξω, instead of
ν ηξω. Not only is ανοιξω unintelligible here, but it is a
itacism οι for η. Also, at 15:2, the family reading is εκ
και εκ της θηριου αυτου instead of εκ της θηριου και εκ
αυτου. That an unintentional transposition is involved
ı. Yet, the error is not likely to be the product of a scribe
ıt read Greek, since in order for it to be made the scribe
'ing to write the entire phrase after a single glance at it.
nis scribe was, it is hard to convict him of very many
rs, and his text shows no demonstrable signs of
revision. There is much reason to think that the
of the M^a group stood within a copy or two of the
tself.

a small but important group which often supports the
f M^a. The ten manuscripts whose evidence constitutes
for the apparatus of this edition fall into two
:d subgroups.

250 - 424 - 616 - 2084
172 - 1828 - 1862 - 1888 - 2018 - (2032)

ır of these manuscripts are equipped with a shortened
e Andreas commentary. Those not so equipped are: 172,
and 2084. Manuscript 2032 is very fragmentary, and
s of the text of M^b in the apparatus often rests on the
. An M^{bpt} split will often (though not always) reflect the
s between the two subgroups, both of which probably
ental exemplar which went back independently to the
of the entire family.

es not share any of the M^a readings which can with high
v be assigned to scribal error. Instead, its base text seems
e Andreas and to anticipate readings later found in that
However, the more immediate parent of the M^b family
have circulated in Egypt, and the group is even called
ɔy Hoskier. Some of the family readings are probably
from a precursor of ℵ, but these variants are only
. On the whole, M^b evidently reflects a very ancient base,
ditors have not detected any convincing reason to reject
estimony of M^a and M^b when they concur.

M^{2pt} may reflect an attempted stylistic improvement in which the brief που εισι(ν) was thought to be more forceful. On the other hand its text could easily arise from a simple scribal lapse.

(20) 8:11 ειπε(ν) δε αυτη ο Ιησους $M^{1pt\,6\,7}$
           ο δε Ιησους ειπεν αυτη $M^{3\,4}$
           ειπε(ν) δε ο Ιησους $M^{2\,5}$

Simple scribal omission of αυτη by archetype γ explains the readings of M^2 and M^5. M^7 retained the longer text which its base already exhibited. In archetype β, however, a change of word sequence occurs. The data show that archetype α still had the original reading here. The uncited portion of M^1 is scattered between three readings, all of which lacked αυτη. This was to be expected if archetype γ is the source of the error. The M^{1pt} which concurs with M^6 exhibits correction toward the original reading.

(21) 8:11 +και απο του νυν $M^{1\,2\,3\,6\,7}$
           +και $M^{4pt\,5}$
           −και απο του νυν M^{4pt}

A pure scribal lapse is the most likely reason for the loss of απο του νυν in M^5, where the redactor has no predilection for shortening the text. The extensive circulation of M^5 texts may be expected to have had influence elsewhere, as it evidently did with M^{4pt}. A portion of M^4 proceeds to drop the και as well. M^7 naturally avoids the omission in preference for its own Ur-text.

From the twenty-one readings considered, it should appear that the proposed stemma adequately accounts for the data of the manuscripts. The application of internal and transcriptional criteria to the variants themselves is safeguarded from undue subjectivity because it must be carried on within the constraints of a stemmatic outline of the textual history. How difficult it is to discover a viable stemmatic scheme within which the intrinsic qualities of the readings cohere naturally, only those who have attempted the process will know! But though the procedure is difficult, it is far from impossible. The resulting text of John 7:53—8:11, which is printed in this edition, contains a more evident Johannine stylistic cast than either the form represented in the Textus Receptus or that offered by the United Bible Societies and Nestle-Aland texts. This result speaks for itself.

Unlike the basic apparatus for most of the New Testament, the apparatus for John 7:53—8:11 is not divided into two parts. The obvious reason for this is that most of the variations considered would have qualified for first apparatus treatment anyway. Only in three places does the **TR** or **Cr** text stand against 𝕸 or **M**. The siglum 𝕸 requires the concurrence of $M^{5\,6\,7}$, groups which together include approximately eight hundred of the more than nine hundred manuscripts containing the pericope. Of course the use of this siglum does not imply that all eight hundred agree with the text, but the bulk of them do so. If M^5 secedes from this consensus, but does not carry any other family with it, the siglum becomes **M**. All combinations of witnesses other than those just mentioned are treated as equivalent to an M^{pt} reading and are included in the apparatus. But instead of the generalized M^{pt} designation used elsewhere, the individual family groups are specifically mentioned. If no entry is found in the apparatus at any point, the reader may conclude that the printed text has the value of either 𝔐 or **M**.

The editors encourage all serious students of the text of the New Testament to analyze the data offered in the apparatus, which also may be supplemented by consulting von Soden (*Die Schriften*, I, Part 1:486-524; Part 2:717-765). Only if the stemmatic reconstruction is searchingly evaluated can its provisional nature be advanced to the level of practical certainty. This calls for the cooperation of many minds.

THE APPARATUS FOR THE APOCALYPSE

In the book of Revelation the student of the text no longer depends on the work of von Soden. Replacing von Soden's apparatus is H. C. Hoskier's two volume study of the manuscripts, *Concerning the Text of the Apocalypse* (1929). In what remains an impressive model for all future work of this kind, Hoskier assembled a detailed presentation of the variant readings found in all of the Greek manuscripts accessible to him. There is a total of 256 minuscules (small letters) in his list. When the manuscripts not collated by him are subtracted from this list, and certain other adjustments are made, there remain 215 texts. Of these, only 11 can be identified as copies of surviving manuscripts, so that, if they too are left out of consideration, the valuable minuscule witnesses amount to 204. Since Hoskier's time, fresh manuscript accessions have increased this total somewhat, but for the purposes of this edition Hoskier's materials are sufficient. Of course $\mathfrak{p}^{47}$ was unknown to Hoskier, and its readings have been added to those of ℵ, **B**, **A**, and **C** for the apparatus of this text.

The other modern investigator whose work on the Apocalypse was indispensable to the editors is Josef Schmid. Schmid's study of the text of Revelation builds heavily upon the data furnished by Hoskier, and his conclusions appear in his *Studien zur Geschichte des Griechischen Apokalypse-Textes* (I 1/2, II, 1955-56). Schmid found the manuscripts of the Apocalypse to divide into four fundamental text-forms which he calls Andreas, K (the Koine), $\mathfrak{p}^{47}$-ℵ, and **A** and **C**. Of these, he accords the highest status to **A** and **C** as the best representatives of the original text. But Schmid

abandons any thought of an ec[...] text in Revelation, such as Hort pr[...] a whole, and regards all four text-f[...] fourth century. The extensive dat[...] left as his legacy to all researchers i[...] valuable. The editors acknowledg[...] their conclusions differ from his ov[...]

In editing the text of Revel[...] the same as that employed in Joh[...] of the material makes it impracti[...] extensively as was done for that pe[...] passage, the results are presented [...] discussion to follow will give the g[...] approach, but the data must chie[...] itself. It remains for the communit[...] weigh these data in the light of the[...]

The genealogical history which[...] this edition is diagrammatically re[...] again reflect some of the principal r[...]

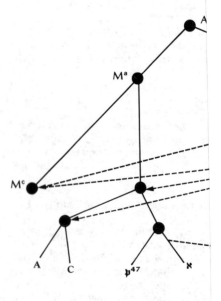

Stemma of the A[...]

It will be observed from the pro[...] the group M^a stands closest to the[...]

identified [...] Majority T[...] and seven[...] both the s[...] by Hoskie[...] approxima[...] history. It i[...]

That [...] autograph [...] errors. At [...] αχρις ου ο[...] transparer[...] της εικονο[...] της εικονο[...] here is pla[...] who did n[...] must be t[...] Whoever [...] other err[...] deliberate[...] prototype [...] autograph[...]

M^b is [...] readings [...] the fami[...] well-defir[...] These are:[...]

All but fo[...] form of th[...] 616, 182[...] the witne[...] other nin[...] differenc[...] had a pa[...] archetype[...]

M^b d[...] probabili[...] to anteda[...] text-form[...] appears t[...] "Coptic" [...] intrusion[...] occasion[...] and the e[...] the joint [...]

INTRODUCTION

M^c comprises a large group of manuscripts which, in the present apparatus, includes the witness of 29 documents. The text of M^c is essentially a closed entity in which only a small amount of significant variation occurs among the family members. Very many, but by no means all, of the manuscripts reflecting M^c are to be found at Athos. It seems not unlikely that they reproduce an ancient and respected exemplar which was once the possession of that monastic center.

Both Hoskier and Schmid refer to this group as "Complutensian" since it is clearly the text of M^c that was represented in the famous Complutensian Polyglot, the New Testament of which was printed in 1514, though not actually circulated until some years later. In Schmid's view, M^c is a mixture of Andreas and K (M^a), and in this he is no doubt correct. The problem for stemmatology is to determine which of these constituent elements constitutes the base and which the intrusive element. The conclusion seems inescapable that the M^c base was in fact M^a. This appears from a number of considerations.

To begin with, M^c shares two readings of M^a that are probably scribal faults. At 22:15 M^c joins M^a to read πας φιλων for πας ο φιλων. The article would very easily be dropped by a scribe, and the resulting phrase is contrary to the author's usage. The same error is shared also by ℵ and A, with significant stemmatic implications for them as well. Correctors easily overlook a small failing like this. Additionally, M^c joins M^a again in the omission of και το τειχος αυτης (21:15) by homoioteleuton. Naturally both of these instances, if viewed in isolation, might be credited to coincidence. But the additional consideration must be taken into account that if M^a is the correcting element, some of the choices made by the redactor of M^c are very peculiar. Thus at 3:7, M^c goes with M^a in the remarkable reading, ο ανοιγων και ουδεις κλεισει αυτην ει μη ο ανοιγων και ουδεις ανοιξει. When compared with the major Andreas versions of this, it is hard to see why a redactor would have selected the M^a text if it did not already stand in his exemplar (see the apparatus for the data). The same might be said of the peculiar order of words in 13:13, where M^a and M^c have και πυρ ινα εκ του ουρανου καταβαινη επι την γην. If one of the smoother Andreas readings had stood in the text of M^c already, the redactor's preference here for M^a would be strange. A similar observation is pertinent to the variant + τους εμους at 13:14, the choice of which by a reviser is hardly explicable.

By contrast, the readings in which M^c joins Andreas normally appear to be just such readings as a redactor would naturally pick up. The balance of the data (which, of course, this discussion only briefly considers) strongly favors the conclusion that M^c is fundamentally an M^a text heavily reworked in the direction of

Andreas. If this is so, M^c can add nothing to the resolution of the textual problems of the Apocalypse. This conclusion has already been reached by Schmid.

M^d and M^e are subgroups of the family of manuscripts associated with the commentary of Andrew, bishop of Caesarea, in Cappadocia. The life and work of Andrew are usually assigned to the late sixth and early seventh centuries. This may well be too late, but in any event the text-form which Andrew used is much older. The conclusion of a fourth-century date for the Andreas type is necessitated by the observation (made by both Schmid and Bousset) that many of the corrections of ℵ by ℵ^a are from this type. Since ℵ^a is the siglum assigned to the nearly contemporaneous correctors of ℵ's text, the exemplar they employed must be at least as old as ℵ itself. That it was, in fact, much older is not improbable. In any case, Andrew himself was likely enough to have utilized the most respected manuscript available to him as the text on which he commented. There is no reason why the parental exemplar of the Andreas text-type could not go back well into the second century.

But, as Schmid has also concluded, the Andreas text-form is a recension in which many of its readings are gratuitous revisions of the original text. These revisions often reflect either a stylistic improvement or a reverential embellishment. Thus at 1:11, Andreas has the addition, εγω ειμι το Α και το Ω ο Πρωτος και ο Εσχατος, drawn from 22:13 (cf. 21:6). The repeated addition of αγγελος in chapter 16 is another example of the reviser(s) at work. The original text reads αγγελος in 16:3 only, but the Andreas redactor added it in 16:4, 8, 10, 12, and 17. M^d completes the process by adding it also at 16:2 (as does M^b). The reverse process appears in 𝔓^{47}, A, C, and ℵ^a, where the αγγελος of 16:3 is deleted in conformity to the other locations. Only M^a has a reading not readily explicable as a scribal correction, for what scribe would be likely to add αγγελος for the second instance only? Yet the resulting text is stylistically good: "the first . . ., the second angel . . ., the third . . ., the fourth . . ., and so on. This is where we meet the work of the original author.

There is no substantial reason to believe that Andreas and M^a have any stemmatic relationship to each other except in the original itself. In the present editors' view, the readings in which Andreas and M^a concur are to be treated as original. M^d and M^e are cited separately to exhibit the fact that their mutual prototype was closer to M^a than either of them is individually. For the purposes of the apparatus of this edition, the text of M^d was determined by the witness of thirteen manuscripts, and the text of M^e by the witness of twenty-four (see Tables, p. xlv f.). The reconstruction of the text of Andreas which Schmid has published (*Studien*, I, Part 1) more nearly reflects M^e. But it is probable that M^d at times preserves the original Andreas text as at 2:21, which reads, και ου θελει μετανοησαι with Mᵃ ᵇ ᶜ. Mᵉ has lost the phrase, but the comment of Andrew here suggests he knew it.

Finally, it is necessary to consider the character of the Egyptian witnesses 𝔭⁴⁷, ℵ, A, and C. That these texts pair off in the way Schmid suggests need not be disputed. 𝔭⁴⁷ and ℵ are one branch of the family, and A and C are another. But Schmid's judgment that A and C represent a kind of "neutral text" for the Apocalypse must be rejected. In fact, all four of these witnesses are in reality mixed texts of Andreas and Mᵃ. A number of minuscules of the same character augment the representatives of this text-form. Those which Hoskier investigated are the following (related manuscripts are linked by hyphens): 1006-1841-2040, 1678-1778-2020-2080, 2053-2062, 1611, 1854, 2050, and 2329. Schmid claims 2344 as a valuable addition to the minuscule allies of the Egyptian texts.

Schmid's evidence that both Andreas and K are older than ℵ need not be repeated here (cf. *Studien*, I, Part 2: 121-135). His arguments are persuasive. It remains only to observe that if these text-forms already antedate and influence ℵ, it is even more probable that they would likewise influence the texts of A and C which are later than ℵ by perhaps a century. That A and C could somehow be the repositories of a relatively "neutral" text over against the remainder of the Greek tradition is improbable on its face. A few examples of the inferiority of the text represented in the Egyptian witnesses must suffice to illustrate their secondary character.

Of considerable interest are three variants of a similar nature. The reading adopted in the text of this edition is given first.

5:12 την δυναμιν και <u>τον</u> πλουτον και σοφιαν και ισχυν etc. Mᵃ ᵇ

την δυναμιν και πλουτον etc.   Mᶜ ᵈ ᵉ ℵA, **TR Cr**

9:15 εις την ωραν και <u>εις την</u> ημεραν και μηνα και ενιαυτον   Mᵃ ᵇ

εις την ωραν και <u>την</u> ημεραν etc.   Mᶜ ᵈ
εις την ωραν και ημεραν etc.   Mᵉ 𝔭⁴⁷A, **TR Cr**
−και εις την ημεραν   ℵ

10:11 επι λαοις και <u>επι</u> εθνεσι και γλωσσαις και βασιλευσι πολλοις   Mᵃ ᵇ ᶜ ᵈ
επι λαοις και εθνεσι etc.   Mᵉ 𝔭⁴⁷ℵAC, **TR Cr**

It will be observed in the texts of Mᵃ and Mᵇ that the article or the preposition, or both, is repeated before the second member of the series, but not before subsequent ones. The Egyptian witnesses, along with Mᵉ, have smoothed what appears to be a stylistic irregularity, and the words in question are allowed to stand at the beginning of the series only. In an exactly analogous variant at 3:17, A retains the article before ελεεινος along with Mᵃ ᵇ ᶜ ᵉᵖᵗ, while it is deleted in M^{ept} אC. The proposition that the repeated word or phrase was added in all these places by a redactor can hardly be taken seriously. This kind of addition is without parallel. It is clear that the usual scribal predilection for smoothness and consistency is at work in the elimination of the word. In M^c and M^d, as the cited evidence shows, this smoothing process has only been partially carried through. It seems clear that M^a and M^b consistently preserve a stylistic trait of the author that in other texts had a tendency to disappear under scribal correction. The Egyptian texts do not perform well in these instances.

Though it is not possible to offer more than a random selection of examples, the inferiority of the Egyptian witnesses is not hard to see in other places as well. The following list of variations is worth noticing in this connection:

1:6 βασιλειαν ιερεις   M^{a b c} אAC, Cr
βασιλεις και ιερεις   M^{d e}, TR

5:10 βασιλεις και ιερεις   M^{a b c d e}, TR
βασιλειαν και ιερεις   A, Cr
βασιλιαν και ιερατειαν   א

In these passages only M^{a b c} have escaped the scribal tendency toward assimilation. (C is lacking at 5:10.) In M^{d e}, 1:6 is assimilated to 5:10. In A the reverse has taken place, while on the other hand א assimilated ιερεις to βασιλειαν by altering it to ιερατειαν.

13:14 τους εμους τους κατοικουντας   M^{a c}
τους κατοικουντας   M^{b d e} 𝔭⁴⁷אAC, TR Cr

It is almost impossible to imagine a scribe inventing the reading of M^a and M^c. Yet its meaning, upon reflection, is simple. The author foresees that the second "beast" will delude "my own people who dwell on the earth." The original omission of τους εμους was easily made by homoioteleuton (τους — τους), and thereafter the shorter text would no doubt appeal to correctors who tended to suspect interpolations.

18:24 αιματα προφητων και αγιων   M^{a b c e}
αιμα προφητων και αγιων   M^d אAC, TR Cr

Here the Semitic plural αιματα in the vast bulk of the documents is altered to the more normal singular by M^d, א, A, and C.

20:12a ηνοιξαν   M^a
ηνοιχθησαν   M^{b d} A, Cr
ανεωχθησαν   M^c
ηνεωχθησαν   M^e, TR
ηνεωχθη   א

The impersonal third plural ηνοιξαν, employed as a Semitizing passive equivalent, disappears everywhere but in M^a. Assimilation to the following ην(εω)χθη, a regular passive, has occurred.

21:4 και εξαλειψει απ αυτων παν δακρυον απο των
οφθαλμων αυτων   Mᵃ ᵇᵖᵗ
και εξαλειψει παν δακρυον απο των οφθαλμων
αυτων   Mᵇᵖᵗ ᶜ ᵈ ᵉᵖᵗ (εκ for απο ℵ, Cr)
και εξαλειψει ο Θεος παν δακρυον απο των
οφθαλμων αυτων   Mᵉᵖᵗ (εκ for απο A), TR

The pronominal redundancy involved in απ αυτων . . . αυτων is
again redolent of Semitic speech. Its correction by scribes was to be
anticipated, as was also the reverential addition of ο Θεος. If απ
αυτων did not stand in the original text, it is hard to imagine
anyone wishing to add it. Clearly, the scribes' proclivity for
eliminating seeming roughness in the author's style is once again at
work.

The question remains, however, on which side of the stemma
the Egyptian texts should be placed. The solution to this problem is
aided by the group 1006-1841-2040 which, as Schmid also saw,
belongs among the witnesses to the text found in the old
manuscripts. Significantly, at 15:2 the family reads the erroneous
transposition of Mᵃ mentioned earlier, εκ της εικονος και εκ της
θηριου αυτου. (The manuscripts 1006-1841, however, drop the
awkward αυτου.) This suggests that the Egyptian family of texts is
descended from Mᵃ, though naturally the offending transposition
has been corrected in most of them. Nevertheless, the many
agreements which 𝔓⁴⁷, ℵ, A, and C share with Mᵃ against Andreas
can then be explained as survivals of their base text. Thus an
agreement like the one at 22:15, where the article after πας is
dropped by Mᵃ ᶜ, ℵ, and A (though ℵ also transposes φιλων και
ποιων), sharply sets one side of the family tree of the Apocalypse
against the other. In the same way the agreement of 𝔓⁴⁷ with Mᵃ ᵇ,
in reading the Semitizing construction εκ του καπνου at 15:8, is
again the survival in one Egyptian manuscript of the Mᵃ base
reading lost by the others. The scribal correctors could not resist
improving this to render it as the regular genitive (− εκ του) after
εγεμισθη.
Further analysis of the textual problems of the Apocalypse
cannot be undertaken here except to mention three famous
spurious readings that have found favor at one time or another.
Thus the reading λιθον for λινον at 15:6, supported by A, C, and
others, is clearly a scribal blunder, despite its defense by Hort (cf.
A's την αγαπην for την γην at 12:12!). The singular reading of A at
5:9 (− ημας) cannot possibly be correct. The loss of individual
words in the manuscripts is the most common of all scribal faults.
The possibility that a fifth-century text here preserves the original
against the rest of the Greek tradition is infinitesimally small.
Finally, the reading απο ο ων και ο ην . . . is an error of the same
kind in which the *nomen sacrum* form Θ̄Ῡ was particularly

susceptible to accidental omission. Comparison with the following constructions in verses 4b and 5 will show that the nominative is used for the apposition with a word in the oblique case (cf. *Studien*, I, Part 2:239-40). The author originally wrote: απο Θεου ο ων και ο ην και ο ερχομενος.

In the apparatus of the Revelation text, the siglum **M** stands for the consensus of **M**ᵃ ᵇ ᶜ, while 𝕸 represents **M**ᵃ plus any three of the remaining four groups. Often 𝕸 represents all five groups. But the constituents of **M** remain always the same whenever three groups divide against the two others. The defection of either **M**ᵇ or **M**ᶜ effectively negates the use of this siglum. This was true of **M**ᵇ, despite its small size numerically, because it stood at the top of the stemma on the branch opposite that of **M**ᵃ. But also **M**ᶜ, notwithstanding its secondary character, is a witness to the **M**ᵃ type of text whenever they agree. The concurrence of all three produced both numerically and stemmatically a Majority Text reading in the truest sense.

As was the case with John 7:53—8:11, the Apocalypse apparatus was not divided into two parts. To have done so would have complicated the reader's efforts to compare the data with the proposed stemmatic reconstruction. Additionally, the number of disagreements with the Oxford Textus Receptus was much greater than in the other books of the New Testament. Thus the size of the first level of apparatus would have been much enlarged in any event. The inclusion of everything in a single apparatus, despite its fullness, seemed the only sensible procedure.

As with John 7:53—8:11, when a family group is cited, it may be inferred that a substantial majority of its representatives concur. A *partim* designation indicates a significant split. If only one *partim* citation appears for the group in question, the remainder of its members may be too divided to cite for another reading. Alternatively, where 𝕸 or **M** appear, the remainder of the group (or most of it) might be comprehended within these sigla.

Due to the more precise information furnished by Hoskier, it was possible to include a larger number of spelling variations in the Apocalypse apparatus. But even here the variations on the movable *nu* are treated as they were in the other parts of the New Testament.

A few smaller families of texts are ignored in the apparatus of this edition, along with the minuscule allies of the older Egyptian witnesses, and some isolated texts not easily identified with one of the main groupings. It was not felt that any of the excluded witnesses would alter the basic shape of the stemmatic reconstruction of the Apocalypse. For the convenience of the reader, the manuscripts whose testimony was taken into account for the five **M** groups are listed in the Table of Manuscript Families (p. xlv f.). In the list, the standard New Gregory numbers are given first and are followed by the numerical identifications used by Hoskier.

STYLE CONSIDERATIONS

The format, typography, and punctuation of the *Greek New Testament According to the Majority Text* were chosen to produce the greatest possible clarity and beauty, as well as to promote ease of reading, especially for new students of Greek. The typeface selected is noted for its readability, and since it is not italicized like many Greek typefaces, it is especially appealing to those accustomed to languages in the Roman alphabet. For easy reference the verse numbers in the present work are located at beginnings of verses, rather than in the margin.

English Subtitles. Studies in psychology of learning demonstrate that the classical languages, being highly inflected and difficult for most moderns, are more easily learned when the paragraphs are introduced with suggestive titles in a living language. The quickly understood English titles trigger the brain to expect the vocabulary one is likely to encounter in such a paragraph. Care has been taken to make the titles objective and factual rather than interpretive. Chiefly in the gospels the reader will also find cross-references underneath many paragraph titles. These give parallel or related paragraphs in the other gospels and occasionally elsewhere. It should not be assumed that the cross-reference is necessarily to the same incident or occasion, although it often is.

Punctuation. As is generally known, the most ancient New Testament manuscripts had virtually no punctuation, and only gradually were various breaks indicated. The period and the comma are used in Greek as in other languages of the world, but the little dot above the line is used for both a colon and a semicolon. These three marks of punctuation have been retained.

One punctuation mark has been changed and one has been added. It was decided that since the Greek question mark (;) is so widely used for a major break in most languages, it would be helpful to replace it by the almost universally used question mark. Today even Hebrew uses this question mark. While a student eventually comes to associate what to him looks like a semicolon with the idea of a question, it never achieves the impact of the universal modern question mark.

It was also considered that in a modern edition of the New Testament there should be at least some sentences ending with an exclamation mark. While widespread use of this symbol would be foolish, a careful and judicious employment of it seems helpful. It is here used less than in the German tradition and more than in the British. Certainly there are some sentences, especially in the

INTRODUCTION

Apostle Paul, that are exciting enough for an exclamation mark. As the English writer, Dorothy L. Sayers, expressed it, referring to the Incarnation, "If this isn't exciting, for heaven's sake, what is?"

Quotation Marks. It has not been traditional to use quotation marks in the Greek Testament except, in some editions, for quotations from the Old Testament. Experience has shown that Greek and Latin classics are easier for students to read when quoted material and conversations are indicated by some sort of quotation marks. Surely in the classic of classics of Christendom, the Greek New Testament, advantage should be taken of this helpful device.

Not only have quotation marks been used, but in a conversation of two or more speakers, each new speaker's words are indented. In such dialogues as those of our Lord with Nicodemus in John 3, and with the Samaritan woman in John 4, the frequent clear indication of change of speaker adds clarity and interest to the reading. Because Semitic style tends to be very clear in introducing speakers, or even redundant from a western viewpoint, when there is no indication of a new speaker it has been assumed that the quotation continues until there is a clear break.

While English quotation marks are used for ordinary quotations, French quotation marks, called *guillemets*, are implemented to distinguish Old Testament quotations in this New Testament.

Old Testament Quotations. Complete agreement as to what constitutes an Old Testament quotation is impossible, since many of the quotations are not word for word, and others are from a translation of the Old Testament. Many, however, are quite obviously direct quotations rather than allusions or merely the use of Old Testament language. The references for Old Testament quotations are given at the bottom of the page, below the second apparatus.

Capitalization. The most ancient manuscripts of the New Testament were written in all-capital letters (uncials), and these later were replaced by the so-called minuscule script in which everything was written in what today might be called lower-case letters. In minuscule texts the beginnings of sections were often marked by larger letters, a practice reflected in most current printed Greek texts by capitals. It has become fashionable in recent decades to capitalize less and less, and so even the word for *God* is not capitalized in most modern Greek Testaments. A common practice is to capitalize the first sentence in a paragraph and certain sentences within the paragraph. The editors decided that it is very arbitrary to capitalize the opening words of some sentences and not others; so all sentences in this edition begin with a capital letter. It was also decided that the Christian tradition of capitalizing the names of the persons of the Trinity would be followed in the present work. Also capitalized are most of the titles of our Lord, such as "Alpha and Omega", "Son of Man", and several more. The ancient manuscripts indicated so-called holy names (*nomina sacra*) in a special way, and it was considered that honorific capitalization was a suitable counterpart to this ancient tradition.

Poetic Form. Quotations from the Psalms and other poetic portions of the Old Testament, as well as a few New Testament selections that are cast in high literary language, such as the Beatitudes, are identified by contemporary poetic structure, generally with the left margin indented and justified. Quotations shorter than two lines as a rule are not indented, except where they occur in a series with longer quotations (see the quotations of Christ at His temptation).

Titles. The titles of the books of the New Testament are those in general modern use. No effort was made to consult the textual tradition, either for these or for the subscriptions which so often appear in the manuscripts at the ends of books. It cannot be assumed that the superscriptions and subscriptions found in the Greek manuscripts have the same transmissional history as the manuscripts themselves. Their use could too easily be influenced by local tradition and practice in the period when the manuscripts were copied. Nevertheless they are worthy of special study for the light they may shed on the history of the text. But such a study lies beyond the scope of the present edition.

CONCLUSION

The Greek New Testament According to the Majority Text is presented as a further contribution to the history of the textual criticism of the New Testament. We join all who have labored in this demanding discipline in admitting that the history is by no means complete. The work can never be final until we are assured of holding a replica of the autographs of the New Testament in our hands.

The present volume embodies over twenty-five years of study in the field of textual criticism. Aided by the resources of other scholars named herein, and the industry of many dedicated minds and hands, the editors have examined and organized the evidence which persuades them of the validity of the majority approach to resolving the textual issues of the New Testament. We believe that serious and open-minded consideration of the data by others entrusted with the task of New Testament textual criticism will confirm our conclusions.

INTRODUCTION

In the meantime the words of Isaiah, as quoted by the Apostle Peter, are a source of encouragement to all who pursue a precise text of the Holy Scriptures:

«Πᾶσα σὰρξ ὡς χόρτος,
Καὶ πᾶσα δόξα ἀνθρώπου ὡς ἄνθος χόρτου.
Ἐξηράνθη ὁ χόρτος,
Καὶ τὸ ἄνθος αὐτοῦ ἐξέπεσε·
Τὸ δὲ ῥῆμα Κυρίου μένει εἰς τὸν αἰῶνα.»

TABLE OF MANUSCRIPT FAMILIES OF THE APOCALYPSE

M^a (represented by 74 manuscripts)		M^a (continued)	
New Gregory	**Hoskier**	**New Gregory**	**Hoskier**
046	B	919	125
18	51	920	126
42	13	935	153
82	2	1094	106
91	4	1352	194
93	19	1597	207
110	8	1626	226
141	40	1704	214
149	25	1719	210
175	20	1728	211
177	82	1734	222
180	44	1849	128
201	94	1859	219
203	107	1893	186
218	33	1934	64
242	48	1948	78
314	6	1955	93
325	9	2004	142
337	52	2016	31
367	23	2021	41
368	84	2024	50
385	29	2025	58
386	70	2027	61
429	30	2039	90
452	42	2048	140
456	75	2058	122
467	53	2070	164
468	55	2075	171
498	97	2076	172
506	26	2077	174
517	27	2079	177
522	98	2138	246
617	74	2200	245
627	24	2256	218
632	22	2258	217
664	106	2305	166
808	149	2349	129

M^b (represented by 10 manuscripts)	
New Gregory	**Hoskier**
172	87
250	165
424	34
616	156
1828	124
1862	132
1888	181
2018	35
2032	68
2084	188

M^c (represented by 29 manuscripts)	
New Gregory	**Hoskier**
35	17
60	10
432	37
757	150
824	110
986	157
1072	160
1075	161
1248	250
1328	190
1503	192
1551	212
1617	223
1637	230
1733	221
1740	229
1745	227
1746	228
1771	224
1864	242
1865	244
1894	187
1957	91
2023	49
2035	77
2041	96
2061	154
2196	233
2352	202

M^d (represented by 13 manuscripts)	
New Gregory	**Hoskier**
1384	191
1732	220
1876	135
2014	21
2015	28
2034	73
2036	79
2037	80
2043	103
2046	138
2047	139
2074	170
2082	112

M^e (represented by 24 manuscripts)	
New Gregory	**Hoskier**
1	1
181	12
598	204
2026	59
2028	62
2029	63
2031	67
2033	72
2038	81
2044	136
2052	145
2054	147
2056	120
2057	121
2059	152
2060	114
2065	159
2068	162
2069	163
2081	179
2083	184
2186	208
2286	241
2302	193

TABLE OF CONTENTS

THE GREEK
NEW TESTAMENT

ΚΑΤΑ ΜΑΤΘΑΙΟΝ

 ΙΒΛΟΣ γενέσεως Ἰησοῦ Χριστοῦ, υἱοῦ Δαβίδ, υἱοῦ Ἀβραάμ.

The Genealogy of Jesus Christ
(Cf. Lk. 3:23-38)

2 Ἀβραὰμ ἐγέννησε τὸν Ἰσαάκ,

Ἰσαὰκ δὲ ἐγέννησε τὸν Ἰακώβ,
Ἰακὼβ δὲ ἐγέννησε τὸν Ἰούδαν καὶ τοὺς ἀδελφοὺς αὐτοῦ,
3 Ἰούδας δὲ ἐγέννησε τὸν Φάρες καὶ τὸν Ζάρα ἐκ τῆς Θαμάρ,
Φάρες δὲ ἐγέννησε τὸν Ἐσρώμ,
Ἐσρὼμ δὲ ἐγέννησε τὸν Ἀράμ,
4 Ἀρὰμ δὲ ἐγέννησε τὸν Ἀμιναδάβ,
Ἀμιναδὰβ δὲ ἐγέννησε τὸν Ναασσών,
Ναασσὼν δὲ ἐγέννησε τὸν Σαλμών,
5 Σαλμὼν δὲ ἐγέννησε τὸν •¹Βόοζ ἐκ τῆς Ῥαχάβ,
•²Βόοζ δὲ ἐγέννησε τὸν •³Ὠβὴδ ἐκ τῆς Ῥούθ,
•⁴Ὠβὴδ δὲ ἐγέννησε τὸν Ἰεσσαί,
6 Ἰεσσαὶ δὲ ἐγέννησε τὸν Δαβὶδ τὸν βασιλέα.

Δαβὶδ δὲ □ὁ βασιλεὺς‛ ἐγέννησε τὸν Σολομῶνα¹ ἐκ τῆς τοῦ Οὐρίου,

---

In Matthew 𝕲 = אBC
¹6 Σολομωνα 𝕸 BC, Cr vs Σολομωντα TR vs Σαλομων א*

5 •¹ ² Βοες אB vs 𝕸 ; (Βοος C)   5 •³ ⁴ Ιωβηδ 𝕲 vs 𝕸   6 □אB vs 𝕸 C

7   Σολομὼν δὲ ἐγέννησε τὸν Ῥοβοάμ,
     Ῥοβοὰμ δὲ ἐγέννησε τὸν Ἀβιά,
     Ἀβιὰ δὲ ἐγέννησε τὸν •Ἀσά,
8   •Ἀσὰ δὲ ἐγέννησε τὸν Ἰωσαφάτ,
     Ἰωσαφὰτ δὲ ἐγέννησε τὸν Ἰωράμ,
     Ἰωρὰμ δὲ ἐγέννησε τὸν Ὀζίαν,
9   Ὀζίας δὲ ἐγέννησε τὸν Ἰωαθάμ,
     Ἰωαθὰμ δὲ ἐγέννησε τὸν Ἀχάζ,
     Ἀχὰζ δὲ ἐγέννησε τὸν Ἑζεκίαν,
10   Ἑζεκίας δὲ ἐγέννησε τὸν Μανασσῆ,[1]
     Μανασσῆς δὲ ἐγέννησε τὸν •[1]Ἀμών,
     •[2]Ἀμὼν δὲ ἐγέννησε τὸν Ἰωσίαν,
11   Ἰωσίας δὲ ἐγέννησε τὸν Ἰεχονίαν καὶ τοὺς ἀδελφοὺς
     αὐτοῦ ἐπὶ τῆς μετοικεσίας[2] Βαβυλῶνος.

12   Μετὰ δὲ τὴν μετοικεσίαν[3] Βαβυλῶνος
     Ἰεχονίας ἐγέννησε τὸν Σαλαθιήλ,
     Σαλαθιὴλ δὲ ἐγέννησε τὸν Ζοροβαβέλ,
13   Ζοροβαβὲλ δὲ ἐγέννησε τὸν Ἀβιούδ,
     Ἀβιοὺδ δὲ ἐγέννησε τὸν Ἐλιακείμ,
     Ἐλιακεὶμ δὲ ἐγέννησε τὸν Ἀζώρ,
14   Ἀζὼρ δὲ ἐγέννησε τὸν Σαδώκ,
     Σαδὼκ δὲ ἐγέννησε τὸν Ἀχείμ,
     Ἀχεὶμ δὲ ἐγέννησε τὸν Ἐλιούδ,
15   Ἐλιοὺδ δὲ ἐγέννησε τὸν Ἐλεάζαρ,
     Ἐλεάζαρ δὲ ἐγέννησε τὸν Ματθάν,
     Ματθὰν δὲ ἐγέννησε τὸν Ἰακώβ,
16   Ἰακὼβ δὲ ἐγέννησε τὸν Ἰωσὴφ τὸν ἄνδρα Μαρίας,
     ἐξ ἧς ἐγεννήθη Ἰησοῦς ὁ λεγόμενος Χριστός.

---

[1]10 Μανασση MG, TR Cr vs Μανασσην Mʳ
[2]11 μετοικεσιας MG, TR Cr vs μετοικησιας M¹
[3]12 μετοικεσιαν MG, TR Cr vs μετοικησιαν M¹

---

7 •Ασαφ G vs 𝔐   8 •Ασαφ G vs 𝔐   10 •¹ ² Αμως G vs 𝔐

17 Πᾶσαι οὖν αἱ γενεαὶ ἀπὸ Ἀβραὰμ ἕως Δαβὶδ γενεαὶ δεκατέσσαρες, καὶ ἀπὸ Δαβὶδ ἕως τῆς μετοικεσίας[1] Βαβυλῶνος γενεαὶ δεκατέσσαρες, καὶ ἀπὸ τῆς μετοικεσίας[2] Βαβυλῶνος ἕως τοῦ Χριστοῦ γενεαὶ δεκατέσσαρες.

Jesus Christ Is Born of Mary
(Lk. 2:1-7)

18 Τοῦ δὲ Ἰησοῦ Χριστοῦ ἡ ʳγέννησις οὕτως ἦν. Μνηστευθείσης °γὰρ τῆς μητρὸς αὐτοῦ Μαρίας τῷ Ἰωσήφ, πρὶν ἢ συνελθεῖν αὐτούς, εὑρέθη ἐν γαστρὶ ἔχουσα ἐκ Πνεύματος Ἁγίου. **19** Ἰωσὴφ δὲ ὁ ἀνὴρ αὐτῆς, δίκαιος ὢν καὶ μὴ θέλων αὐτὴν ʳπαραδειγματίσαι, ἐβουλήθη λάθρᾳ ἀπολῦσαι αὐτήν.

20 Ταῦτα δὲ αὐτοῦ ἐνθυμηθέντος, ἰδού, ἄγγελος Κυρίου κατ᾽ ὄναρ ἐφάνη αὐτῷ, λέγων, "Ἰωσὴφ υἱὸς Δαβίδ, μὴ φοβηθῇς παραλαβεῖν •Μαριὰμ τὴν γυναῖκά σου, τὸ γὰρ ἐν αὐτῇ γεννηθὲν ἐκ Πνεύματός ἐστιν Ἁγίου. **21** Τέξεται δὲ υἱὸν καὶ καλέσεις τὸ ὄνομα αὐτοῦ Ἰησοῦν, αὐτὸς γὰρ σώσει τὸν λαὸν αὐτοῦ ἀπὸ τῶν ἁμαρτιῶν αὐτῶν." **22** Τοῦτο δὲ ὅλον γέγονεν ἵνα πληρωθῇ τὸ ῥηθὲν ὑπὸ °τοῦ Κυρίου διὰ τοῦ προφήτου, λέγοντος,

23 «Ἰδού, ἡ παρθένος ἐν γαστρὶ ἕξει καὶ τέξεται υἱόν,
Καὶ καλέσουσι τὸ ὄνομα αὐτοῦ Ἐμμανουήλ,»

ὅ ἐστι μεθερμηνευόμενον, «Μεθ᾽ ἡμῶν ὁ Θεός.»

24 ʳΔιεγερθεὶς δὲ ὁ Ἰωσὴφ ἀπὸ τοῦ ὕπνου ἐποίησεν ὡς προσέταξεν αὐτῷ ὁ ἄγγελος Κυρίου καὶ παρέλαβε τὴν γυναῖκα αὐτοῦ, **25** καὶ οὐκ ἐγίνωσκεν αὐτὴν ἕως οὗ ἔτεκε ʳτὸν υἱὸν αὐτῆς τὸν πρωτότοκον.᾽ Καὶ ἐκάλεσε τὸ ὄνομα αὐτοῦ ἸΗΣΟΥΝ.

---

¹ ² **17** μετοικεσιας 𝕸 𝕲, **TR** **Cr** vs μετοικησιας 𝕸¹

18 ʳγενεσις 𝕲 vs 𝕸   **18** °𝕲 vs 𝕸   **19** ʳδειγματισαι Β vs 𝕸 ℵ*C
20 •Μαριαν Β vs 𝕸 ℵC   **22** °𝕲 vs 𝕸   **24** ʳεγερθεις 𝕲 vs 𝕸
25 ʳυιον ℵΒ vs 𝕸 C

23 Is. 7:14

Wise Men Come to Worship the King

2 Τοῦ δὲ Ἰησοῦ γεννηθέντος ἐν Βηθλέεμ τῆς Ἰουδαίας ἐν ἡμέραις Ἡρῴδου τοῦ βασιλέως, ἰδού, μάγοι ἀπὸ ἀνατολῶν παρεγένοντο εἰς Ἱεροσόλυμα,[1] 2 λέγοντες, "Ποῦ ἐστιν ὁ τεχθεὶς Βασιλεὺς τῶν Ἰουδαίων? Εἴδομεν γὰρ αὐτοῦ τὸν ἀστέρα ἐν τῇ ἀνατολῇ καὶ ἤλθομεν προσκυνῆσαι αὐτῷ." 3 Ἀκούσας δὲ ˢ Ἡρῴδης ὁ βασιλεὺς[2] ἐταράχθη καὶ πᾶσα Ἱεροσόλυμα μετ' αὐτοῦ. 4 Καὶ συναγαγὼν πάντας τοὺς ἀρχιερεῖς καὶ γραμματεῖς τοῦ λαοῦ, ἐπυνθάνετο παρ' αὐτῶν ποῦ ὁ Χριστὸς γεννᾶται. 5 Οἱ δὲ εἶπον αὐτῷ, "Ἐν Βηθλέεμ τῆς Ἰουδαίας· οὕτω γὰρ γέγραπται διὰ τοῦ προφήτου,

6 «Καὶ σύ, Βηθλέεμ, γῆ Ἰούδα,
 Οὐδαμῶς ἐλαχίστη εἶ ἐν τοῖς ἡγεμόσιν Ἰούδα·
 Ἐκ σοῦ γὰρ ἐξελεύσεται ἡγούμενος,
 Ὅστις ποιμανεῖ τὸν λαόν μου τὸν Ἰσραήλ.»"

7 Τότε Ἡρῴδης, λάθρα καλέσας τοὺς μάγους, ἠκρίβωσε παρ' αὐτῶν τὸν χρόνον τοῦ φαινομένου ἀστέρος. 8 Καὶ πέμψας αὐτοὺς εἰς Βηθλέεμ εἶπε, "Πορευθέντες ˢ ἀκριβῶς ἐξετάσατε[2] περὶ τοῦ παιδίου· ἐπὰν δὲ εὕρητε, ἀπαγγείλατέ μοι, ὅπως κἀγὼ ἐλθὼν προσκυνήσω αὐτῷ." 9 Οἱ δὲ ἀκούσαντες τοῦ βασιλέως ἐπορεύθησαν, καὶ ἰδού, ὁ ἀστὴρ ὃν εἶδον ἐν τῇ ἀνατολῇ προῆγεν αὐτοὺς ἕως ἐλθὼν ʳἔστη ἐπάνω οὗ ἦν τὸ παιδίον. 10 Ἰδόντες δὲ τὸν ἀστέρα, ἐχάρησαν χαρὰν μεγάλην σφόδρα. 11 Καὶ ἐλθόντες εἰς τὴν οἰκίαν εἶδον[2] τὸ παιδίον μετὰ Μαρίας τῆς μητρὸς αὐτοῦ, καὶ πεσόντες προσεκύνησαν αὐτῷ, καὶ ἀνοίξαντες τοὺς θησαυροὺς αὐτῶν προσήνεγκαν αὐτῷ δῶρα, χρυσὸν καὶ λίβανον καὶ σμύρναν. 12 Καὶ

---

[1] Ιεροσολυμα 𝕸 אB, TR Cr vs Ιερουσαλημ 𝕸ᴵC*
[2]11 ειδον 𝕸 G, Cr vs ευρον TR

---

3 ˢ231 אB vs 𝕸C   8 ˢG vs 𝕸   9 ʳεσταθη G vs 𝕸

6 Mic. 5:2

χρηματισθέντες κατ' ὄναρ μὴ ἀνακάμψαι πρὸς Ἡρῴδην, δι' ἄλλης ὁδοῦ ἀνεχώρησαν εἰς τὴν χώραν αὐτῶν.

Joseph, Mary, and Jesus Flee to Egypt

13 Ἀναχωρησάντων δὲ αὐτῶν, ἰδού, ἄγγελος Κυρίου φαίνεται κατ' ὄναρ τῷ Ἰωσήφ, λέγων, "Ἐγερθεὶς παράλαβε τὸ παιδίον καὶ τὴν μητέρα αὐτοῦ καὶ φεῦγε εἰς Αἴγυπτον καὶ ἴσθι ἐκεῖ ἕως ἂν εἴπω σοι· μέλλει γὰρ Ἡρῴδης ζητεῖν τὸ παιδίον τοῦ ἀπολέσαι αὐτό." **14** Ὁ δὲ ἐγερθεὶς παρέλαβε τὸ Παιδίον καὶ τὴν μητέρα αὐτοῦ νυκτὸς καὶ ἀνεχώρησεν εἰς Αἴγυπτον, **15** καὶ ἦν ἐκεῖ ἕως τῆς τελευτῆς Ἡρῴδου· ἵνα πληρωθῇ τὸ ῥηθὲν ὑπὸ °τοῦ Κυρίου διὰ τοῦ προφήτου, λέγοντος, «Ἐξ Αἰγύπτου ἐκάλεσα τὸν Υἱόν μου.»

Herod Massacres the Babies of Bethlehem

16 Τότε Ἡρῴδης, ἰδὼν ὅτι ἐνεπαίχθη ὑπὸ τῶν μάγων, ἐθυμώθη λίαν, καὶ ἀποστείλας ἀνεῖλε πάντας τοὺς παῖδας τοὺς ἐν Βηθλέεμ καὶ ἐν πᾶσι τοῖς ὁρίοις αὐτῆς ἀπὸ διετοῦς καὶ κατωτέρω, κατὰ τὸν χρόνον ὃν ἠκρίβωσε παρὰ τῶν μάγων. **17** Τότε ἐπληρώθη τὸ ῥηθὲν ʳὑπὸ Ἰερεμίου τοῦ προφήτου, λέγοντος,

18 «Φωνὴ ἐν Ῥαμὰ ἠκούσθη,
□Θρῆνος καὶˋ κλαυθμὸς καὶ ὀδυρμὸς πολύς,
Ῥαχὴλ κλαίουσα τὰ τέκνα αὐτῆς,
Καὶ οὐκ ἤθελε παρακληθῆναι, ὅτι οὐκ εἰσί.»

Joseph, Mary, and Jesus Settle in Nazareth

19 Τελευτήσαντος δὲ τοῦ Ἡρῴδου, ἰδού, ἄγγελος Κυρίου ˢκατ' ὄναρ φαίνεταιˋ τῷ Ἰωσὴφ ἐν Αἰγύπτῳ, **20** λέγων, "Ἐγερθεὶς παράλαβε τὸ Παιδίον καὶ τὴν μητέρα αὐτοῦ καὶ πορεύου εἰς γῆν Ἰσραήλ, τεθνήκασι γὰρ οἱ

---

15 °𝔊 vs 𝔐   17 ʳδια 𝔊 vs 𝔐   18 □אB vs 𝔐 C
19 ˢ312 אB vs 𝔐 C

15 Hos. 11:1   18 Jer. 31:15

ζητοῦντες τὴν ψυχὴν τοῦ Παιδίου." 21 Ὁ δὲ ἐγερθεὶς παρέλαβε τὸ Παιδίον καὶ τὴν μητέρα αὐτοῦ καὶ ʳἦλθεν εἰς γῆν Ἰσραήλ. 22 Ἀκούσας δὲ ὅτι Ἀρχέλαος βασιλεύει °ἐπὶ τῆς Ἰουδαίας ἀντὶ ˢ Ἡρώδου τοῦ πατρὸς αὐτοῦ,ᶻ ἐφοβήθη ἐκεῖ ἀπελθεῖν. Χρηματισθεὶς δὲ κατ᾽ ὄναρ, ἀνεχώρησεν εἰς τὰ μέρη τῆς Γαλιλαίας, 23 καὶ ἐλθὼν κατῴκησεν εἰς πόλιν λεγομένην Ναζαρέτ,¹ ὅπως πληρωθῇ τὸ ῥηθὲν διὰ τῶν προφητῶν ὅτι Ναζωραῖος κληθήσεται.

John the Baptist Prepares the Way
(Mk. 1:1-8; Lk. 3:1-7; Jn. 1:19-28)

3 Ἐν δὲ² ταῖς ἡμέραις ἐκείναις παραγίνεται Ἰωάννης ὁ Βαπτιστὴς κηρύσσων ἐν τῇ ἐρήμῳ τῆς Ἰουδαίας 2 °καὶ λέγων, "Μετανοεῖτε, ἤγγικε γὰρ ἡ βασιλεία τῶν οὐρανῶν!" 3 Οὗτος γάρ ἐστιν ὁ ῥηθεὶς ʳὑπὸ Ἡσαΐου τοῦ προφήτου, λέγοντος,

«Φωνὴ βοῶντος·
  ΄Ἐν τῇ ἐρήμῳ ἑτοιμάσατε τὴν ὁδὸν Κυρίου,
  Εὐθείας ποιεῖτε τὰς τρίβους αὐτοῦ.΄»

4 Αὐτὸς δὲ ὁ Ἰωάννης εἶχε τὸ ἔνδυμα αὐτοῦ ἀπὸ τριχῶν καμήλου καὶ ζώνην δερματίνην περὶ τὴν ὀσφὺν αὐτοῦ, ἡ δὲ τροφὴ ˢαὐτοῦ ἦνᶻ ἀκρίδες καὶ μέλι ἄγριον. 5 Τότε ἐξεπορεύετο πρὸς αὐτὸν Ἱεροσόλυμα καὶ πᾶσα ἡ Ἰουδαία καὶ πᾶσα ἡ περίχωρος τοῦ Ἰορδάνου 6 καὶ ἐβαπτίζοντο ἐν τῷ Ἰορδάνῃ ᵀ ὑπ᾽ αὐτοῦ ἐξομολογούμενοι τὰς ἁμαρτίας αὐτῶν.

7 Ἰδὼν δὲ πολλοὺς τῶν Φαρισαίων καὶ Σαδδουκαίων ἐρχομένους ἐπὶ τὸ βάπτισμα αὐτοῦ, εἶπεν αὐτοῖς, "Γεννήματα ἐχιδνῶν! Τίς ὑπέδειξεν ὑμῖν φυγεῖν ἀπὸ τῆς

---

¹23 Ναζαρετ 𝕸אB, TR Cr vs Ναζαρεθ M¹C
²1 δε M^pt𝕮, TR Cr vs −M^pt

---

21 ʳεισηλθεν 𝕮 vs 𝕸   22 °אB vs 𝕸C   22 ˢ2-41 𝕮 vs 𝕸
2 °אB vs 𝕸C, [Cr]   3 ʳδια 𝕮 vs 𝕸   4 ˢ𝕮 vs 𝕸
6 ᵀποταμω 𝕮 vs M

---

3 Is. 40:3

μελλούσης ὀργῆς? **8** Ποιήσατε οὖν καρπὸν ἄξιον¹ τῆς μετανοίας, **9** καὶ μὴ δόξητε λέγειν ἐν ἑαυτοῖς, 'Πατέρα ἔχομεν τὸν Ἀβραάμ.' Λέγω γὰρ ὑμῖν ὅτι δύναται ὁ Θεὸς ἐκ τῶν λίθων τούτων ἐγεῖραι τέκνα τῷ Ἀβραάμ. **10** Ἤδη δὲ °καὶ ἡ ἀξίνη πρὸς τὴν ῥίζαν τῶν δένδρων κεῖται. Πᾶν οὖν δένδρον μὴ ποιοῦν καρπὸν καλὸν ἐκκόπτεται καὶ εἰς πῦρ βάλλεται.

11 "Ἐγὼ μὲν ʳβαπτίζω ὑμᾶςˎ ἐν ὕδατι εἰς μετάνοιαν· ὁ δὲ ὀπίσω μου ἐρχόμενος ἰσχυρότερός μού ἐστιν, οὗ οὐκ εἰμὶ ἱκανὸς τὰ ὑποδήματα βαστάσαι. Αὐτὸς ὑμᾶς βαπτίσει ἐν Πνεύματι Ἁγίῳ², **12** οὗ τὸ πτύον ἐν τῇ χειρὶ αὐτοῦ, καὶ διακαθαριεῖ τὴν ἅλωνα αὐτοῦ, καὶ συνάξει τὸν σῖτον αὐτοῦ εἰς τὴν ἀποθήκην, τὸ δὲ ἄχυρον κατακαύσει πυρὶ ἀσβέστῳ."

John Baptizes Jesus
(Mk. 1:9-11; Lk. 3:21, 22)

13 Τότε παραγίνεται ὁ Ἰησοῦς ἀπὸ τῆς Γαλιλαίας ἐπὶ τὸν Ἰορδάνην πρὸς τὸν Ἰωάννην τοῦ βαπτισθῆναι ὑπ' αὐτοῦ. **14** Ὁ δὲ Ἰωάννης διεκώλυεν αὐτόν, λέγων, "Ἐγὼ χρείαν ἔχω ὑπὸ σοῦ βαπτισθῆναι, καὶ σὺ ἔρχῃ πρός με?"

15 Ἀποκριθεὶς δὲ ὁ Ἰησοῦς εἶπε πρὸς αὐτόν, "Ἄφες ἄρτι, οὕτω γὰρ πρέπον ἐστὶν ἡμῖν πληρῶσαι πᾶσαν δικαιοσύνην." Τότε ἀφίησιν αὐτόν. **16** ʿΚαὶ βαπτισθεὶςˋ ὁ Ἰησοῦς ʳἀνέβη εὐθὺςˎ ἀπὸ τοῦ ὕδατος· καὶ ἰδού, •ἀνεῴχθησαν °¹αὐτῷ οἱ οὐρανοί, καὶ εἶδε °²τὸ Πνεῦμα °³τοῦ Θεοῦ καταβαῖνον ὡσεὶ περιστερὰν °⁴καὶ ἐρχόμενον ἐπ' αὐτόν.

17 Καὶ ἰδού, φωνὴ ἐκ τῶν οὐρανῶν, λέγουσα, "Οὗτός ἐστιν ὁ Υἱός μου ὁ ἀγαπητός, ἐν ᾧ εὐδόκησα."

---

¹8 καρπον αξιον 𝔐 𝕲, Cr vs καρπους αξιους TR
²11 Αγιω M vs +και πυρι 𝕲, TR Cr

10 °𝕲 vs 𝔐   11 ʳא*B vs 𝔐C   16 ʿβαπτισθεις δε 𝕲 vs 𝔐
16 ʳאB vs 𝔐C   16 •ηνεωχθησαν B vs 𝔐אC
16 °¹א*B vs 𝔐C, [Cr]   16 °²אB vs 𝔐C, [Cr]
16 °³אB vs 𝔐C, [Cr]   16 °⁴א*B vs 𝔐C, [Cr]

4:1-10 ΚΑΤΑ ΜΑΤΘΑΙΟΝ 8

Satan Tempts Jesus
(Mk. 1:12,13; Lk. 4:1-13)

4 Τότε ὁ Ἰησοῦς ἀνήχθη εἰς τὴν ἔρημον ὑπὸ τοῦ Πνεύματος πειρασθῆναι ὑπὸ τοῦ διαβόλου. **2** Καὶ νηστεύσας ἡμέρας ·¹τεσσαράκοντα καὶ νύκτας ·²τεσσαράκοντα, ὕστερον ἐπείνασε. **3** Καὶ προσελθὼν ˢαὐτῷ ὁ πειράζων εἶπεν,ˣ "Εἰ Υἱὸς εἶ τοῦ Θεοῦ, εἰπὲ ἵνα οἱ λίθοι οὗτοι ἄρτοι γένωνται."

4 Ὁ δὲ ἀποκριθεὶς εἶπε, "Γέγραπται,

«Οὐκ ἐπ᾽ ἄρτῳ μόνῳ ζήσεται¹ ἄνθρωπος,
Ἀλλ᾽ ἐπὶ παντὶ ῥήματι ἐκπορευομένῳ διὰ στόματος Θεοῦ.»"

5 Τότε παραλαμβάνει αὐτὸν ὁ διάβολος εἰς τὴν ἁγίαν πόλιν, καὶ ʳἵστησιν αὐτὸν ἐπὶ τὸ πτερύγιον τοῦ ἱεροῦ, **6** καὶ λέγει αὐτῷ, "Εἰ Υἱὸς εἶ τοῦ Θεοῦ, βάλε σεαυτὸν κάτω. Γέγραπται γὰρ ὅτι

«Τοῖς ἀγγέλοις αὐτοῦ ἐντελεῖται περὶ σοῦ,
Καὶ ἐπὶ χειρῶν ἀροῦσί σε,
Μήποτε προσκόψῃς πρὸς λίθον τὸν πόδα σου.»"

7 Ἔφη αὐτῷ ὁ Ἰησοῦς, "Πάλιν γέγραπται,

«Οὐκ ἐκπειράσεις Κύριον τὸν Θεόν σου.»"

8 Πάλιν παραλαμβάνει αὐτὸν ὁ διάβολος εἰς ὄρος ὑψηλὸν λίαν καὶ δείκνυσιν αὐτῷ πάσας τὰς βασιλείας τοῦ κόσμου καὶ τὴν δόξαν αὐτῶν. **9** Καὶ ʳλέγει αὐτῷ, "Ταῦτα ˢπάντα σοιˣ δώσω ἐὰν πεσὼν προσκυνήσῃς μοι." **10** Τότε λέγει αὐτῷ ὁ Ἰησοῦς, "Ὕπαγε ὀπίσω μου,² Σατανᾶ! Γέγραπται γάρ,

---

¹4 ζησεται **M**, **TR** vs +ο **M¹ G**, **Cr**
²10 οπισω μου **M** vs − **אBC*ᵛⁱᵈ**, **TR Cr**

---

2 ·¹ ² τεσσερακοντα **G** vs 𝔐   3 ˢ2-41 אB vs 𝔐C
5 ʳεστησεν **G** vs 𝔐   9 ʳειπεν **G** vs 𝔐   9 ˢG vs 𝔐

---

4 Deut. 8:3   6 Ps. 91:11,12   7 Deut. 6:16

«Κύριον τὸν Θεόν σου προσκυνήσεις
Καὶ αὐτῷ μόνῳ λατρεύσεις.»″

11 Τότε ἀφίησιν αὐτὸν ὁ διάβολος, καὶ ἰδού, ἄγγελοι προσῆλθον καὶ διηκόνουν αὐτῷ.

Jesus Begins His Galilean Ministry
(Mk. 1:14, 15; Lk. 4:14, 15)

12 Ἀκούσας δὲ ᵒὁ Ἰησοῦς` ὅτι Ἰωάννης παρεδόθη, ἀνεχώρησεν εἰς τὴν Γαλιλαίαν. 13 Καὶ καταλιπὼν τὴν Ναζαρέτ,¹ ἐλθὼν κατῴκησεν εἰς ·Καπερναοὺμ τὴν παραθαλασσίαν ἐν ὁρίοις Ζαβουλὼν καὶ Νεφθαλείμ· 14 ἵνα πληρωθῇ τὸ ῥηθὲν διὰ Ἡσαΐου τοῦ προφήτου, λέγοντος,

15 «Γῆ Ζαβουλὼν καὶ γῆ Νεφθαλείμ,
 Ὁδὸν θαλάσσης, πέραν τοῦ Ἰορδάνου,
 Γαλιλαία τῶν ἐθνῶν,
16 Ὁ λαὸς ὁ καθήμενος ἐν σκότει
 ʿΕἶδεν φῶς` μέγα,
 Καὶ τοῖς καθημένοις ἐν χώρᾳ καὶ σκιᾷ θανάτου
 Φῶς ἀνέτειλεν αὐτοῖς.»

17 Ἀπὸ τότε ἤρξατο ὁ Ἰησοῦς κηρύσσειν καὶ λέγειν, ″Μετανοεῖτε, ἤγγικε γὰρ ἡ βασιλεία τῶν οὐρανῶν.″

Jesus Calls Four Fishermen
(Mk. 1:16-20; Lk. 5:1-11)

18 Περιπατῶν δὲ² παρὰ τὴν θάλασσαν τῆς Γαλιλαίας εἶδε δύο ἀδελφούς, Σίμωνα τὸν λεγόμενον Πέτρον καὶ Ἀνδρέαν τὸν ἀδελφὸν αὐτοῦ, βάλλοντας ἀμφίβληστρον εἰς τὴν θάλασσαν, ἦσαν γὰρ ἁλιεῖς. 19 Καὶ λέγει αὐτοῖς,

---

¹13 Ναζαρετ M^pt, TR vs Ναζαρεθ M^pt א* vs Ναζαρα B*, Cr vs Ναζαραθ C
²18 δε 𝕸 G, Cr vs +ο Ιησους TR

---

12 ᵒאBC*ᵛⁱᵈ vs 𝕸   13 ·Καφαρναουμ אB vs 𝕸 C   16 ʿG vs 𝕸

---

10 Deut. 6:13   15,16 Is. 9:1,2

"Δεῦτε ὀπίσω μου, καὶ ποιήσω ὑμᾶς ἁλιεῖς ἀνθρώπων." 20 Οἱ δὲ εὐθέως ἀφέντες τὰ δίκτυα ἠκολούθησαν αὐτῷ. 21 Καὶ προβὰς ἐκεῖθεν, εἶδεν ἄλλους δύο ἀδελφούς, Ἰάκωβον τὸν τοῦ Ζεβεδαίου καὶ Ἰωάννην τὸν ἀδελφὸν αὐτοῦ, ἐν τῷ πλοίῳ μετὰ Ζεβεδαίου τοῦ πατρὸς αὐτῶν καταρτίζοντας τὰ δίκτυα αὐτῶν. Καὶ ἐκάλεσεν αὐτούς. 22 Οἱ δὲ εὐθέως ἀφέντες τὸ πλοῖον καὶ τὸν πατέρα αὐτῶν ἠκολούθησαν αὐτῷ.

Jesus Heals a Great Multitude
(Lk. 6:17-19)

23 Καὶ περιῆγεν ⸂ὅλην τὴν Γαλιλαίαν ὁ Ἰησοῦς⸃ διδάσκων ἐν ταῖς συναγωγαῖς αὐτῶν καὶ κηρύσσων τὸ εὐαγγέλιον τῆς βασιλείας καὶ θεραπεύων πᾶσαν νόσον καὶ πᾶσαν μαλακίαν ἐν τῷ λαῷ. 24 Καὶ ἀπῆλθεν ἡ ἀκοὴ αὐτοῦ εἰς ὅλην τὴν Συρίαν. Καὶ προσήνεγκαν αὐτῷ πάντας τοὺς κακῶς ἔχοντας, ποικίλαις νόσοις καὶ βασάνοις συνεχομένους, °καὶ δαιμονιζομένους καὶ σεληνιαζομένους καὶ παραλυτικούς. Καὶ ἐθεράπευσεν αὐτούς. 25 Καὶ ἠκολούθησαν αὐτῷ ὄχλοι πολλοὶ ἀπὸ τῆς Γαλιλαίας καὶ Δεκαπόλεως καὶ Ἱεροσολύμων καὶ Ἰουδαίας καὶ πέραν τοῦ Ἰορδάνου.

The Beatitudes
(Lk. 6:20-23)

5 Ἰδὼν δὲ τοὺς ὄχλους ἀνέβη εἰς τὸ ὄρος καί, καθίσαντος αὐτοῦ, προσῆλθον αὐτῷ οἱ μαθηταὶ αὐτοῦ. 2 Καὶ ἀνοίξας τὸ στόμα αὐτοῦ ἐδίδασκεν αὐτούς, λέγων,

3   "Μακάριοι οἱ πτωχοὶ τῷ πνεύματι,
      Ὅτι αὐτῶν ἐστιν ἡ βασιλεία τῶν οὐρανῶν.
4   Μακάριοι οἱ πενθοῦντες,
      Ὅτι αὐτοὶ παρακληθήσονται.

---

23 ⸂ἐν ὅλῃ τῇ Γαλιλαίᾳ B vs 𝔐 ; (ὁ Ιησους εν ολη τη Γαλιλαια C*; ὁ Ιησους εν τη Γαλιλαια ℵ*)   24 °BC* vs 𝔐 ℵ, [Cr]

5 Μακάριοι οἱ πραεῖς,
   Ὅτι αὐτοὶ κληρονομήσουσι τὴν γῆν.
6 Μακάριοι οἱ πεινῶντες καὶ διψῶντες τὴν δικαιοσύνην,
   Ὅτι αὐτοὶ χορτασθήσονται.
7 Μακάριοι οἱ ἐλεήμονες,
   Ὅτι αὐτοὶ ἐλεηθήσονται.
8 Μακάριοι οἱ καθαροὶ τῇ καρδίᾳ,
   Ὅτι αὐτοὶ τὸν Θεὸν ὄψονται.
9 Μακάριοι οἱ εἰρηνοποιοί,
   Ὅτι αὐτοὶ υἱοὶ Θεοῦ κληθήσονται.
10 Μακάριοι οἱ δεδιωγμένοι ἕνεκεν δικαιοσύνης,
   Ὅτι αὐτῶν ἐστιν ἡ βασιλεία τῶν οὐρανῶν.

11 Μακάριοί ἐστε ὅταν ὀνειδίσωσιν ὑμᾶς καὶ διώξωσι καὶ εἴπωσι πᾶν πονηρὸν °¹ῥῆμα καθ᾽ ὑμῶν °²ψευδόμενοι ἕνεκεν ἐμοῦ. 12 Χαίρετε καὶ ἀγαλλιᾶσθε, ὅτι ὁ μισθὸς ὑμῶν πολὺς ἐν τοῖς οὐρανοῖς· οὕτω γὰρ ἐδίωξαν τοὺς προφήτας τοὺς πρὸ ὑμῶν.

Believers Are Salt and Light
(Mk. 9:50; Lk. 14:34, 35)

13 ῾Υμεῖς ἐστε τὸ ἅλας τῆς γῆς· ἐὰν δὲ τὸ ἅλας μωρανθῇ, ἐν τίνι ἁλισθήσεται; Εἰς οὐδὲν ἰσχύει ἔτι εἰ μὴ ῾βληθῆναι ἔξω καὶ᾽ καταπατεῖσθαι ὑπὸ τῶν ἀνθρώπων. 14 ῾Υμεῖς ἐστε τὸ φῶς τοῦ κόσμου. Οὐ δύναται πόλις κρυβῆναι ἐπάνω ὄρους κειμένη. 15 Οὐδὲ καίουσι λύχνον καὶ τιθέασιν αὐτὸν ὑπὸ τὸν μόδιον, ἀλλ᾽ ἐπὶ τὴν λυχνίαν, καὶ λάμπει πᾶσι τοῖς ἐν τῇ οἰκίᾳ. 16 Οὕτω λαμψάτω τὸ φῶς ὑμῶν ἔμπροσθεν τῶν ἀνθρώπων, ὅπως ἴδωσιν ὑμῶν τὰ καλὰ ἔργα καὶ δοξάσωσι τὸν Πατέρα ὑμῶν τὸν ἐν τοῖς οὐρανοῖς.

Christ Fulfills the Law

17 Μὴ νομίσητε ὅτι ἦλθον καταλῦσαι τὸν Νόμον ἢ τοὺς Προφήτας· οὐκ ἦλθον καταλῦσαι ἀλλὰ πληρῶσαι. 18 ᾽Αμὴν

---

11 °¹ℵB vs 𝔐C   11 °²D vs 𝔐 𝔊, [Cr]   13 ῾βληθεν εξω 𝔊 vs 𝔐

γὰρ λέγω ὑμῖν, ἕως ἂν παρέλθῃ ὁ οὐρανὸς καὶ ἡ γῆ, ἰῶτα
ἓν ἢ μία κεραία οὐ μὴ παρέλθῃ ἀπὸ τοῦ νόμου ἕως ἂν
πάντα γένηται. **19** ῞Ος ἐὰν οὖν λύσῃ μίαν τῶν ἐντολῶν
τούτων τῶν ἐλαχίστων καὶ διδάξῃ οὕτω τοὺς ἀνθρώπους,
ἐλάχιστος κληθήσεται ἐν τῇ βασιλείᾳ τῶν οὐρανῶν· ὃς δ᾽
ἂν ποιήσῃ καὶ διδάξῃ, οὗτος μέγας κληθήσεται ἐν τῇ
βασιλείᾳ τῶν οὐρανῶν. **20** Λέγω γὰρ ὑμῖν ὅτι ἐὰν μὴ
περισσεύσῃ ἡ δικαιοσύνη ὑμῶν[1] πλεῖον τῶν γραμματέων
καὶ Φαρισαίων, οὐ μὴ εἰσέλθητε εἰς τὴν βασιλείαν τῶν
οὐρανῶν.

Jesus Warns Against Anger

21 "᾽Ηκούσατε ὅτι ἐρρέθη τοῖς ἀρχαίοις, «Οὐ φο-
νεύσεις,» ὃς δ᾽ ἂν φονεύσῃ, ἔνοχος ἔσται τῇ κρίσει.
22 ᾽Εγὼ δὲ λέγω ὑμῖν ὅτι πᾶς ὁ ὀργιζόμενος τῷ ἀδελφῷ
αὐτοῦ °εἰκῇ ἔνοχος ἔσται τῇ κρίσει. ῞Ος δ᾽ ἂν εἴπῃ τῷ
ἀδελφῷ αὐτοῦ, '῾Ρακά,' ἔνοχος ἔσται τῷ συνεδρίῳ. ῞Ος δ᾽
ἂν εἴπῃ, '῾Μωρέ,' ἔνοχος ἔσται εἰς τὴν Γέενναν τοῦ πυρός.
23 ᾽Εὰν οὖν προσφέρῃς τὸ δῶρόν σου ἐπὶ τὸ θυσιαστήριον
καὶ ἐκεῖ[2] μνησθῇς ὅτι ὁ ἀδελφός σου ἔχει τι κατὰ σοῦ,
24 ἄφες ἐκεῖ τὸ δῶρόν σου ἔμπροσθεν τοῦ θυσιαστηρίου,
καὶ ὕπαγε, πρῶτον διαλλάγηθι τῷ ἀδελφῷ σου, καὶ τότε
ἐλθὼν πρόσφερε τὸ δῶρόν σου. **25** ῎Ισθι εὐνοῶν τῷ
ἀντιδίκῳ σου ταχὺ ἕως ὅτου εἶ ˒ἐν τῇ ὁδῷ μετ᾽ αὐτοῦ,˒
μήποτέ σε παραδῷ ὁ ἀντίδικος τῷ κριτῇ, καὶ ὁ κριτής □σε
παραδῷ˒ τῷ ὑπηρέτῃ, καὶ εἰς φυλακὴν βληθήσῃ. **26** ᾽Αμὴν
λέγω σοι, οὐ μὴ ἐξέλθῃς ἐκεῖθεν ἕως ἂν ἀποδῷς τὸν
ἔσχατον κοδράντην!

---

[1]**20** η δικαιοσυνη υμων M^{pt}, TR vs υμων η δικαιοσυνη M^{pt}אB, Cr
[2]**23** και εκει M vs κακει אB, TR Cr

---

22 °א*B vs 𝔐   **25** ˒451-3 אB vs 𝔐   **25** □אB vs 𝔐

21 Ex. 20:13; Deut. 5:17

Jesus Condemns Adultery

27 “᾿Ηκούσατε ὅτι ἐρρέθη,[1] «Οὐ μοιχεύσεις.» **28** ᾿Εγὼ δὲ
λέγω ὑμῖν ὅτι πᾶς ὁ βλέπων γυναῖκα πρὸς τὸ ἐπιθυμῆσαι
αὐτὴν[2] ἤδη ἐμοίχευσεν αὐτὴν ἐν τῇ καρδίᾳ αὐτοῦ. **29** Εἰ δὲ
ὁ ὀφθαλμός σου ὁ δεξιὸς σκανδαλίζει σε, ἔξελε αὐτὸν καὶ
βάλε ἀπὸ σοῦ· συμφέρει γάρ σοι ἵνα ἀπόληται ἓν τῶν
μελῶν σου καὶ μὴ ὅλον τὸ σῶμά σου βληθῇ εἰς Γέενναν.
30 Καὶ εἰ ἡ δεξιά σου χεὶρ σκανδαλίζει σε, ἔκκοψον αὐτὴν
καὶ βάλε ἀπὸ σοῦ· συμφέρει γάρ σοι ἵνα ἀπόληται ἓν τῶν
μελῶν σου καὶ μὴ ὅλον τὸ σῶμά σου ⸂βληθῇ εἰς Γέενναν.⸃

Jesus Censures Divorce
(Mt. 19:9; Mk. 10:11, 12; Lk. 16:18)

31 “᾿Ερρέθη δὲ[3] °ὅτι ῝Ος ἂν ἀπολύσῃ τὴν γυναῖκα
αὐτοῦ, δότω αὐτῇ ἀποστάσιον. **32** ᾿Εγὼ δὲ λέγω ὑμῖν ὅτι
⸂ὃς ἂν ἀπολύσῃ⸃ τὴν γυναῖκα αὐτοῦ, παρεκτὸς λόγου
πορνείας, ποιεῖ αὐτὴν ⸀μοιχᾶσθαι, καὶ ὃς ἐὰν ἀπο-
λελυμένην γαμήσῃ μοιχᾶται.

Jesus Condemns Oaths

33 “Πάλιν ἠκούσατε ὅτι ἐρρέθη τοῖς ἀρχαίοις, «Οὐκ
ἐπιορκήσεις, ἀποδώσεις δὲ τῷ Κυρίῳ τοὺς ὅρκους σου.»
34 ᾿Εγὼ δὲ λέγω ὑμῖν μὴ ὀμόσαι ὅλως· μήτε ἐν τῷ οὐρανῷ,
ὅτι θρόνος ἐστὶ τοῦ Θεοῦ· **35** μήτε ἐν τῇ γῇ, ὅτι ὑποπόδιόν
ἐστι τῶν ποδῶν αὐτοῦ· μήτε εἰς ῾Ιεροσόλυμα, ὅτι πόλις
ἐστὶ τοῦ μεγάλου βασιλέως· **36** μήτε ἐν τῇ κεφαλῇ σου
ὀμόσῃς, ὅτι οὐ δύνασαι μίαν τρίχα λευκὴν ⸉ἢ μέλαιναν
ποιῆσαι.⸊ **37** ῎Εστω δὲ ὁ λόγος ὑμῶν ναὶ ναί, οὒ οὔ· τὸ δὲ
περισσὸν τούτων ἐκ τοῦ πονηροῦ ἐστιν.

---

[1]**27** ερρεθη **M**ℵ**B**, **Cr** vs + τοις αρχαιοις **TR**
[2]**28** αυτην **𝔐B**, **Cr** vs αυτης **TR** vs − ℵ*
[3]**31** δε **MB**, **TR Cr** vs − **M**[r]ℵ*

---

30 ⸂εις Γεενναν απελθη ℵ**B** vs **𝔐**   **31** °ℵ**B** vs **𝔐**
32 ⸂πας ο απολυων ℵ**B** vs **M**   **32** ⸀μοιχευθηναι ℵ**B** vs **𝔐**
36 ⸉312 ℵ**B** vs **𝔐**

---

27 Ex. 20:14; Deut. 5:18   31 Deut. 24:1   33 Lev. 19:12; Num. 30:2; Deut. 23:21

Going the Second Mile
(Lk. 6:29, 30)

38 "᾽Ηκούσατε ὅτι ἐρρέθη, «᾽Οφθαλμὸν ἀντὶ ὀφθαλμοῦ» καὶ «ὀδόντα ἀντὶ ὀδόντος.» **39** ᾽Εγὼ δὲ λέγω ὑμῖν μὴ ἀντιστῆναι τῷ πονηρῷ. ᾽Αλλ᾽ ὅστις σε ᶜ¹ῥαπίσει ᶜ²ἐπὶ τὴν δεξιάν σου σιαγόνα,¹ στρέψον αὐτῷ καὶ τὴν ἄλλην. **40** Καὶ τῷ θέλοντί σοι κριθῆναι καὶ τὸν χιτῶνά σου λαβεῖν, ἄφες αὐτῷ καὶ τὸ ἱμάτιον. **41** Καὶ ὅστις σε ἀγγαρεύσει μίλιον ἕν, ὕπαγε μετ᾽ αὐτοῦ δύο. **42** Τῷ αἰτοῦντί σε ᶠδίδου, καὶ τὸν θέλοντα ἀπὸ σοῦ δανείσασθαι μὴ ἀποστραφῇς.

Love Your Enemies
(Lk. 6:27, 28, 32-36)

43 "᾽Ηκούσατε ὅτι ἐρρέθη, «᾽Αγαπήσεις τὸν πλησίον σου» καὶ μισήσεις τὸν ἐχθρόν σου. **44** ᾽Εγὼ δὲ λέγω ὑμῖν, ἀγαπᾶτε τοὺς ἐχθροὺς ὑμῶν, εὐλογεῖτε τοὺς κατα-ρωμένους ὑμᾶς, καλῶς ποιεῖτε τοῖς μισοῦσιν² ὑμᾶς, καὶ προσεύχεσθε ὑπὲρ τῶν □ἐπηρεαζόντων ὑμᾶς καὶˋ διωκόντων ὑμᾶς, **45** ὅπως γένησθε υἱοὶ τοῦ Πατρὸς ὑμῶν τοῦ ἐν τοῖς³ οὐρανοῖς, ὅτι τὸν ἥλιον αὐτοῦ ἀνατέλλει ἐπὶ πονηροὺς καὶ ἀγαθούς, καὶ βρέχει ἐπὶ δικαίους καὶ ἀδίκους. **46** ᾽Εὰν γὰρ ἀγαπήσητε τοὺς ἀγαπῶντας ὑμᾶς, τίνα μισθὸν ἔχετε; Οὐχὶ καὶ οἱ τελῶναι τὸ αὐτὸ ποιοῦσι; **47** Καὶ ἐὰν ἀσπάσησθε τοὺς φίλους⁴ ὑμῶν μόνον, τί περισσὸν ποιεῖτε; Οὐχὶ καὶ οἱ ᶜ¹τελῶναι ᶜ²οὕτω ποιοῦσιν; **48** ῎Εσεσθε οὖν ὑμεῖς τέλειοι ᶠὥσπερ ὁ Πατὴρ ὑμῶν ὁ ᶠἐν τοῖς οὐρανοῖςˋ τέλειός ἐστι.

---

¹39 σου σιαγονα M^pt, TR vs σιαγονα M^pt א vs σιαγονα σου B, [Cr]
²44 τοις μισουσιν 𝔐 vs — ευλογειτε το μισουσιν υμας אB, Cr vs τους μισουντας TR
³45 τοις M^pt vs — M^pt אB, TR Cr
⁴47 φιλους 𝔐 vs αδελφους אB, TR Cr

---

39 ᶜ¹ραπιζει אB vs 𝔐   39 ᶜ²εις א*B vs 𝔐   42 ᶠδος אB vs 𝔐
44 □אB vs 𝔐   47 ᶜ¹εθνικοι אB vs 𝔐   47 ᶜ²το αυτο אB vs M
48 ᶠως אB vs 𝔐   48 ᶠουρανιος אB vs M

---

38 Ex. 21:24; Lev. 24:20; Deut. 19:21   43 Lev. 19:18

Give with Sincerity

6 "Προσέχετε ᵀ τὴν ⌐ἐλεημοσύνην⌐ ὑμῶν μὴ ποιεῖν ἔμπροσθεν τῶν ἀνθρώπων πρὸς τὸ θεαθῆναι αὐτοῖς. Εἰ δὲ μή γε, μισθὸν οὐκ ἔχετε παρὰ τῷ Πατρὶ ὑμῶν τῷ ἐν τοῖς οὐρανοῖς. **2** Ὅταν οὖν ποιῇς ἐλεημοσύνην, μὴ σαλπίσῃς ἔμπροσθέν σου, ὥσπερ οἱ ὑποκριταὶ ποιοῦσιν ἐν ταῖς συναγωγαῖς καὶ ἐν ταῖς ῥύμαις, ὅπως δοξασθῶσιν ὑπὸ τῶν ἀνθρώπων. Ἀμὴν λέγω ὑμῖν, ἀπέχουσι τὸν μισθὸν αὐτῶν. **3** Σοῦ δὲ ποιοῦντος ἐλεημοσύνην, μὴ γνώτω ἡ ἀριστερά σου τί ποιεῖ ἡ δεξιά σου, **4** ὅπως ᾖ σου ἡ ἐλεημοσύνη ἐν τῷ κρυπτῷ. Καὶ ὁ Πατήρ σου ὁ βλέπων ἐν τῷ κρυπτῷ °αὐτὸς ἀποδώσει σοι ▫ἐν τῷ φανερῷ.`

Pray with Sincerity

5 "Καὶ ὅταν ⌐¹προσεύχῃ, οὐκ ⌐²ἔσῃ ⌐³ὥσπερ οἱ ὑποκριταί, ὅτι φιλοῦσιν ἐν ταῖς συναγωγαῖς καὶ ἐν ταῖς γωνίαις τῶν πλατειῶν ἑστῶτες προσεύχεσθαι, ὅπως °¹ἂν φανῶσι τοῖς ἀνθρώποις. Ἀμὴν λέγω ὑμῖν °²ὅτι ἀπέχουσι τὸν μισθὸν αὐτῶν. **6** Σὺ δέ, ὅταν προσεύχῃ, εἴσελθε εἰς τὸ ταμιεῖόν¹ σου, καὶ κλείσας τὴν θύραν σου, πρόσευξαι τῷ Πατρί σου τῷ ἐν τῷ κρυπτῷ. Καὶ ὁ Πατήρ σου ὁ βλέπων ἐν τῷ κρυπτῷ ἀποδώσει σοι ▫ἐν τῷ φανερῷ.` **7** Προσευχόμενοι δὲ μὴ ·βαττολογήσητε ὥσπερ οἱ ἐθνικοί, δοκοῦσι γὰρ ὅτι ἐν τῇ πολυλογίᾳ αὐτῶν εἰσακουσθήσονται. **8** Μὴ οὖν ὁμοιωθῆτε αὐτοῖς, οἶδε γὰρ ὁ Πατὴρ ὑμῶν ὧν χρείαν ἔχετε πρὸ τοῦ ὑμᾶς αἰτῆσαι αὐτόν.

---

¹6 ταμιειον **M**, **TR** vs ταμειον **M**'אB, **Cr**

---

1 ᵀδε א, [**Cr**] vs 𝔐 B   1 ⌐δικαιοσυνην א*B vs 𝔐   4 °אB vs **M**
4 ▫אB vs 𝔐   5 ⌐¹προσευχησθε אB vs 𝔐   5 ⌐²εσεσθε B vs 𝔐,
(− ουκ εσεσθε א*)   5 ⌐³ως אB vs 𝔐   5 °¹אB vs **M**   5 °²אB vs 𝔐
6 ▫אB vs 𝔐   7 ·βατταλογησητε (א) B vs 𝔐

Jesus Teaches the Model Prayer
(Lk. 11:2-4)

9″ Οὕτως οὖν προσεύχεσθε ὑμεῖς·

Πάτερ ἡμῶν ὁ ἐν τοῖς οὐρανοῖς,
᾽Αγιασθήτω τὸ ὄνομά σου,
10 ᾽Ελθέτω ἡ βασιλεία σου,
Γενηθήτω τὸ θέλημά σου,
῾Ως ἐν οὐρανῷ καὶ ἐπὶ °τῆς γῆς.
11 Τὸν ἄρτον ἡμῶν τὸν ἐπιούσιον δὸς ἡμῖν σήμερον.
12 Καὶ ἄφες ἡμῖν τὰ ὀφειλήματα ἡμῶν,
῾Ως καὶ ἡμεῖς ˹ἀφίεμεν τοῖς ὀφειλέταις ἡμῶν.
13 Καὶ μὴ εἰσενέγκῃς ἡμᾶς εἰς πειρασμόν,
᾽Αλλὰ ῥῦσαι ἡμᾶς ἀπὸ τοῦ πονηροῦ·
□῝Οτι σοῦ ἐστιν ἡ βασιλεία καὶ ἡ δύναμις καὶ ἡ δόξα
εἰς τοὺς αἰῶνας. ᾽Αμήν.˺

14″ ᾽Εὰν γὰρ ἀφῆτε τοῖς ἀνθρώποις τὰ παραπτώματα αὐτῶν, ἀφήσει καὶ ὑμῖν ὁ Πατὴρ ὑμῶν ὁ οὐράνιος. 15 ᾽Εὰν δὲ μὴ ἀφῆτε τοῖς ἀνθρώποις □τὰ παραπτώματα αὐτῶν,˺ οὐδὲ ὁ Πατὴρ ὑμῶν ἀφήσει τὰ παραπτώματα ὑμῶν.

Jesus Teaches How to Fast

16″ ῝Οταν δὲ νηστεύητε, μὴ γίνεσθε ˹ὥσπερ οἱ ὑποκριταὶ σκυθρωποί, ἀφανίζουσι γὰρ τὰ πρόσωπα αὐτῶν ὅπως φανῶσι τοῖς ἀνθρώποις νηστεύοντες. ᾽Αμὴν λέγω ὑμῖν °ὅτι ἀπέχουσι τὸν μισθὸν αὐτῶν. 17 Σὺ δὲ νηστεύων ἄλειψαί σου τὴν κεφαλήν, καὶ τὸ πρόσωπόν σου νίψαι, 18 ὅπως μὴ φανῇς τοῖς ἀνθρώποις νηστεύων ἀλλὰ τῷ Πατρί σου τῷ ἐν τῷ ˹¹κρυπτῷ. Καὶ ὁ Πατήρ σου ὁ βλέπων ἐν τῷ ˹²κρυπτῷ ἀποδώσει σοι.¹

---

¹18 σοι 𝔐 אB, Cr vs +εν τω φανερω TR

---

10 °אB vs 𝔐   12 ˹αφηκαμεν א*B vs 𝔐   13 □אB vs 𝔐
15 □א vs 𝔐 B   16 ˹ως אB vs 𝔐   16 °אB vs 𝔐
18 ˹¹ ² κρυφαιω (א) B vs 𝔐

Lay Up Treasures in Heaven
(Lk. 12:33-34)

19 "Μὴ θησαυρίζετε ὑμῖν θησαυροὺς ἐπὶ τῆς γῆς, ὅπου σὴς καὶ βρῶσις ἀφανίζει καὶ ὅπου κλέπται διορύσσουσι καὶ κλέπτουσι· **20** θησαυρίζετε δὲ ὑμῖν θησαυροὺς ἐν οὐρανῷ, ὅπου οὔτε σὴς οὔτε βρῶσις ἀφανίζει καὶ ὅπου κλέπται οὐ διορύσσουσιν οὐδὲ κλέπτουσιν· **21** ὅπου γάρ ἐστιν ὁ θησαυρὸς ᵣ¹ὑμῶν, ἐκεῖ ἔσται καὶ ἡ καρδία ᵣ²ὑμῶν.

The Lamp of the Body

22 " Ὁ λύχνος τοῦ σώματός ἐστιν ὁ ὀφθαλμός. Ἐὰν οὖν ˢὁ ὀφθαλμός σου ἁπλοῦς ᾖ,˒ ὅλον τὸ σῶμά σου φωτεινὸν ἔσται. **23** Ἐὰν δὲ ὁ ὀφθαλμός σου πονηρὸς ᾖ, ὅλον τὸ σῶμά σου σκοτεινὸν ἔσται. Εἰ οὖν τὸ φῶς τὸ ἐν σοὶ σκότος ἐστί, τὸ σκότος πόσον!

You Cannot Serve God and Mammon
(Lk. 16:13)

24 "Οὐδεὶς δύναται δυσὶ κυρίοις δουλεύειν· ἢ γὰρ τὸν ἕνα μισήσει καὶ τὸν ἕτερον ἀγαπήσει, ἢ ἑνὸς ἀνθέξεται καὶ τοῦ ἑτέρου καταφρονήσει. Οὐ δύνασθε Θεῷ δουλεύειν καὶ μαμωνᾷ¹.

Do Not Worry
(Lk. 12:22-34)

25 "Διὰ τοῦτο λέγω ὑμῖν, μὴ μεριμνᾶτε τῇ ψυχῇ ὑμῶν, τί φάγητε ⸌καὶ τί πίητε,⸍ μηδὲ τῷ σώματι ὑμῶν, τί ἐνδύσησθε.² Οὐχὶ ἡ ψυχὴ πλεῖόν³ ἐστι τῆς τροφῆς καὶ τὸ σῶμα τοῦ ἐνδύματος? **26** Ἐμβλέψατε εἰς τὰ πετεινὰ τοῦ οὐρανοῦ,

---

¹24 μαμωνα 𝔐 κB, Cr vs μαμμωνα TR
²25 ενδυσησθε MκB, TR Cr vs ενδυσεσθε Mʳ
³25 πλειον MκB, TR Cr vs πλειων Mʳ

---

21 ᵣ¹˒² σου κB vs 𝔐   22 ˢ51-4 κB vs 𝔐
25 ⸌η τι πιητε B, [Cr] vs 𝔐; (− κ)

ὅτι οὐ σπείρουσιν οὐδὲ θερίζουσιν οὐδὲ συνάγουσιν εἰς ἀποθήκας, καὶ ὁ Πατὴρ ὑμῶν ὁ οὐράνιος τρέφει αὐτά. Οὐχ ὑμεῖς μᾶλλον διαφέρετε αὐτῶν? 27 Τίς δὲ ἐξ ὑμῶν μεριμνῶν δύναται προσθεῖναι ἐπὶ τὴν ἡλικίαν αὐτοῦ πῆχυν ἕνα? 28 Καὶ περὶ ἐνδύματος τί μεριμνᾶτε? Καταμάθετε τὰ κρίνα τοῦ ἀγροῦ, πῶς ⌐αὐξάνει· ⌐οὐ κοπιᾷ οὐδὲ νήθει.⌐ 29 Λέγω δὲ ὑμῖν ὅτι οὐδὲ Σολομὼν ἐν πάσῃ τῇ δόξῃ αὐτοῦ περιεβάλετο ὡς ἓν τούτων. 30 Εἰ δὲ τὸν χόρτον τοῦ ἀγροῦ, σήμερον ὄντα καὶ αὔριον εἰς κλίβανον βαλλόμενον, ὁ Θεὸς οὕτως ἀμφιέννυσιν, οὐ πολλῷ μᾶλλον ὑμᾶς, ὀλιγόπιστοι? 31 Μὴ οὖν μεριμνήσητε λέγοντες, 'Τί φάγωμεν?' ἢ 'Τί πίωμεν?' ἢ 'Τί περιβαλώμεθα?' 32 Πάντα γὰρ ταῦτα τὰ ἔθνη ⌐ἐπιζητεῖ. Οἶδε γὰρ ὁ Πατὴρ ὑμῶν ὁ οὐράνιος ὅτι χρῄζετε τούτων ἁπάντων. 33 Ζητεῖτε δὲ πρῶτον τὴν βασιλείαν ⌐τοῦ Θεοῦ⌐ καὶ τὴν δικαιοσύνην αὐτοῦ, καὶ ταῦτα πάντα προστεθήσεται ὑμῖν. 34 Μὴ οὖν μεριμνήσητε εἰς τὴν αὔριον, ἡ γὰρ αὔριον μεριμνήσει τὰ¹ ἑαυτῆς. Ἀρκετὸν τῇ ἡμέρᾳ ἡ κακία αὐτῆς.

Do Not Judge
(Lk. 6:37, 38, 41, 42)

7 "Μὴ κρίνετε, ἵνα μὴ κριθῆτε. 2 Ἐν ᾧ γὰρ κρίματι κρίνετε, κριθήσεσθε, καὶ ἐν ᾧ μέτρῳ μετρεῖτε, μετρηθήσεται² ὑμῖν. 3 Τί δὲ βλέπεις τὸ κάρφος τὸ ἐν τῷ ὀφθαλμῷ τοῦ ἀδελφοῦ σου, τὴν δὲ ἐν τῷ σῷ ὀφθαλμῷ δοκὸν οὐ κατανοεῖς? 4 Ἢ πῶς ἐρεῖς τῷ ἀδελφῷ σου, '˝Αφες ἐκβάλω τὸ κάρφος ⌐ἀπὸ τοῦ ὀφθαλμοῦ σου,' καὶ ἰδού, ἡ δοκὸς ἐν τῷ ὀφθαλμῷ σοῦ? 5 Ὑποκριτά! Ἔκβαλε

¹34 τα M, TR vs — Μ¹אB, Cr
²2 μετρηθησεται ΜאB, Cr vs αντιμετρηθησεται TR

28 ⌐αυξανουσιν B vs 𝔐; (ου ξενουσιν א*)
28 ⌐ου κοπιωσιν ουδε νηθουσιν (κοπιουσιν for κοπιωσιν B) vs 𝔐; (ουδε νηθουσιν ουδε κοπιωσιν א*) 32 ⌐επιζητουσιν אB vs 𝔐
33 ⌐אB vs 𝔐, [Cr]   4 ⌐εκ אB vs 𝔐

πρῶτον ᶠτὴν δοκὸν ἐκ τοῦ ὀφθαλμοῦ σου,ᶻ καὶ τότε διαβλέψεις ἐκβαλεῖν τὸ κάρφος ἐκ τοῦ ὀφθαλμοῦ τοῦ ἀδελφοῦ σου.

6 "Μὴ δῶτε τὸ ἅγιον τοῖς κυσί, μηδὲ βάλητε τοὺς μαργαρίτας ὑμῶν ἔμπροσθεν τῶν χοίρων, μήποτε ᶠκαταπατήσωσιν αὐτοὺς ἐν τοῖς ποσὶν αὐτῶν καὶ στραφέντες ῥήξωσιν ὑμᾶς.

Keep Asking, Seeking, Knocking
(Lk. 11:9-13)

7 "Αἰτεῖτε, καὶ δοθήσεται ὑμῖν· ζητεῖτε, καὶ εὑρήσετε· κρούετε, καὶ ἀνοιγήσεται ὑμῖν. 8 Πᾶς γὰρ ὁ αἰτῶν λαμβάνει καὶ ὁ ζητῶν εὑρίσκει καὶ τῷ κρούοντι ἀνοιγήσεται. 9 Ἢ τίς ἐστιν ἐξ ὑμῶν ἄνθρωπος, ὃν °ἐὰν ᶠαἰτήσῃ ὁ υἱὸς αὐτοῦ ἄρτον, μὴ λίθον ἐπιδώσει αὐτῷ? 10 ᵀΚαὶ °ἐὰν ἰχθὺν ᶠαἰτήσῃ, μὴ ὄφιν ἐπιδώσει αὐτῷ? 11 Εἰ οὖν ὑμεῖς, πονηροὶ ὄντες, οἴδατε δόματα ἀγαθὰ διδόναι τοῖς τέκνοις ὑμῶν, πόσῳ μᾶλλον ὁ Πατὴρ ὑμῶν ὁ ἐν τοῖς οὐρανοῖς δώσει ἀγαθὰ τοῖς αἰτοῦσιν αὐτόν? 12 Πάντα οὖν ὅσα ᶠἂν θέλητε ἵνα ποιῶσιν ὑμῖν οἱ ἄνθρωποι, οὕτω καὶ ὑμεῖς ποιεῖτε αὐτοῖς· οὗτος γάρ ἐστιν ὁ Νόμος καὶ οἱ Προφῆται.

The Narrow Way
(Lk. 13:24)

13 "Εἰσέλθετε διὰ τῆς στενῆς πύλης· ὅτι πλατεῖα ἡ πύλη καὶ εὐρύχωρος ἡ ὁδὸς ἡ ἀπάγουσα εἰς τὴν ἀπώλειαν, καὶ πολλοί εἰσιν οἱ εἰσερχόμενοι δι᾽ αὐτῆς. 14 Τί¹ στενὴ ἡ πύλη καὶ τεθλιμμένη ἡ ὁδὸς ἡ ἀπάγουσα εἰς τὴν ζωήν, καὶ ὀλίγοι εἰσὶν οἱ εὑρίσκοντες αὐτήν!

---

¹14 τι 𝔐C, Cr vs οτι ℵ*, TR vs οτι δε B*

---

5 ᶠˢ3-612 ℵBCᵛⁱᵈ vs 𝔐   6 ᶠκαταπατησουσιν BC vs 𝔐ℵ
9 °𝔊 vs 𝔐   9 ᶠαιτησει ℵB vs 𝔐; (αιτησεις C*)   10 ᵀη 𝔊 vs M
10 °𝔊 vs 𝔐   10 ᶠαιτησει 𝔊 vs 𝔐   12 ᶠεαν ℵC vs 𝔐B

By Their Fruits You Shall Know Them
(Lk. 6:43, 44)

15 "Προσέχετε °δὲ ἀπὸ τῶν ψευδοπροφητῶν, οἵτινες ἔρχονται πρὸς ὑμᾶς ἐν ἐνδύμασι προβάτων, ἔσωθεν δέ εἰσι λύκοι ἅρπαγες. **16** Ἀπὸ τῶν καρπῶν αὐτῶν ἐπιγνώσεσθε αὐτούς. Μήτι συλλέγουσιν ἀπὸ ἀκανθῶν ʳσταφυλὴν ἢ ἀπὸ τριβόλων σῦκα? **17** Οὕτω πᾶν δένδρον ἀγαθὸν καρποὺς καλοὺς ποιεῖ, τὸ δὲ σαπρὸν δένδρον καρποὺς πονηροὺς ποιεῖ. **18** Οὐ δύναται δένδρον ἀγαθὸν καρποὺς πονηροὺς ποιεῖν, οὐδὲ δένδρον σαπρὸν καρποὺς καλοὺς ποιεῖν. **19** Πᾶν¹ δένδρον μὴ ποιοῦν καρπὸν καλὸν ἐκκόπτεται καὶ εἰς πῦρ βάλλεται. **20** Ἄρα γε ἀπὸ τῶν καρπῶν αὐτῶν ἐπιγνώσεσθε αὐτούς.

I Never Knew You
(Lk. 13:25-27)

21 "Οὐ πᾶς ὁ λέγων μοι, 'Κύριε, Κύριε,' εἰσελεύσεται εἰς τὴν βασιλείαν τῶν οὐρανῶν, ἀλλ᾽ ὁ ποιῶν τὸ θέλημα τοῦ Πατρός μου τοῦ ἐν ᵀ οὐρανοῖς. **22** Πολλοὶ ἐροῦσί μοι ἐν ἐκείνῃ τῇ ἡμέρᾳ, 'Κύριε, Κύριε, οὐ τῷ σῷ ὀνόματι •προεφητεύσαμεν, καὶ τῷ σῷ ὀνόματι δαιμόνια ἐξεβάλομεν, καὶ τῷ σῷ ὀνόματι δυνάμεις πολλὰς ἐποιήσαμεν ?ʹ **23** Καὶ τότε ὁμολογήσω αὐτοῖς ὅτι 'Οὐδέποτε ἔγνων ὑμᾶς! Ἀποχωρεῖτε ἀπ᾽ ἐμοῦ οἱ ἐργαζόμενοι τὴν ἀνομίαν.ʹ

Build on the Rock
(Lk. 6:47-49)

24 "Πᾶς οὖν ὅστις ἀκούει μου τοὺς λόγους τούτους καὶ ποιεῖ αὐτούς, ʳὁμοιώσω αὐτὸνˋ ἀνδρὶ φρονίμῳ, ὅστις ᾠκοδόμησε ˢτὴν οἰκίαν αὐτοῦˎ ἐπὶ τὴν πέτραν. **25** Καὶ

---

¹19 παν **M𝕏BC**ᵛⁱᵈ, TR Cr vs + ουν Mʳ

---

15 °𝕏B vs 𝕸C   **16** ʳσταφυλας 𝕏B vs 𝕸 ; (σταφυληνας C*)
21 ᵀτοις 𝕲 vs 𝕸   **22** •επροφητευσαμεν 𝕲 vs 𝕸
24 ʳομοιωθησεται 𝕏B vs 𝕸C   **24** ˢ312 𝕲 vs 𝕸

κατέβη ἡ βροχὴ καὶ ἦλθον οἱ ποταμοὶ καὶ ἔπνευσαν οἱ ἄνεμοι καὶ προσέπεσον τῇ οἰκίᾳ ἐκείνῃ, καὶ οὐκ ἔπεσε, τεθεμελίωτο γὰρ ἐπὶ τὴν πέτραν. **26** Καὶ πᾶς ὁ ἀκούων μου τοὺς λόγους τούτους καὶ μὴ ποιῶν αὐτοὺς ὁμοιωθήσεται ἀνδρὶ μωρῷ, ὅστις ᾠκοδόμησε ˢτὴν οἰκίαν αὐτοῦˡ ἐπὶ τὴν ἄμμον. **27** Καὶ κατέβη ἡ βροχὴ καὶ ἦλθον οἱ ποταμοὶ καὶ ἔπνευσαν οἱ ἄνεμοι καὶ προσέκοψαν τῇ οἰκίᾳ ἐκείνῃ, καὶ ἔπεσε. Καὶ ἦν ἡ πτῶσις αὐτῆς μεγάλη."

28 Καὶ ἐγένετο ὅτε ˥συνετέλεσεν ὁ Ἰησοῦς τοὺς λόγους τούτους, ἐξεπλήσσοντο οἱ ὄχλοι ἐπὶ τῇ διδαχῇ αὐτοῦ, **29** ἦν γὰρ διδάσκων αὐτοὺς ὡς ἐξουσίαν ἔχων καὶ οὐχ ὡς οἱ γραμματεῖς. ᵀ

Jesus Cleanses a Leper
(Mk. 1:40-45; Lk. 5:12-16)

8 ˥Καταβάντι δὲ αὐτῷˡ ἀπὸ τοῦ ὄρους, ἠκολούθησαν αὐτῷ ὄχλοι πολλοί. **2** Καὶ ἰδού, λεπρὸς ˥ἐλθὼν προσεκύνει αὐτῷ, λέγων, "Κύριε, ἐὰν θέλῃς, δύνασαί με καθαρίσαι."

3 Καὶ ἐκτείνας τὴν χεῖρα ἥψατο αὐτοῦ ᵒὁ Ἰησοῦς,ˎ λέγων, "Θέλω, καθαρίσθητι." Καὶ εὐθέως ἐκαθαρίσθη αὐτοῦ ἡ λέπρα. **4** Καὶ λέγει αὐτῷ ὁ Ἰησοῦς, ""Ὅρα μηδενὶ εἴπῃς, ἀλλ᾽ ὕπαγε, σεαυτὸν δεῖξον τῷ ἱερεῖ, καὶ προσένεγκε¹ τὸ δῶρον ὃ προσέταξε Μωσῆς, εἰς μαρτύριον αὐτοῖς."

---

¹4 προσενεγκε **Μℵ**, TR vs προσενεγκαι **Μʳ** vs προσενεγκον BC, Cr

---

26 ˢ312 ℵB vs 𝔐 C   **28** ˥ετελεσεν 𝕲 vs 𝔐
29 ᵀαυτων ℵB vs 𝔐 C*
1 ˥καταβαντος δε αυτου BC vs 𝔐 ; (καταβαντι δε αυτου ℵ*)
2 ˥προσελθων ℵB vs Mc   **3** ᵒℵBC*ᵛⁱᵈ vs 𝔐

Jesus Heals a Centurion's Servant
(Lk. 7:1-10)

5 ⸂Εἰσελθόντι δὲ αὐτῷ¹ εἰς ⸀Καπερναούμ, προσῆλθεν αὐτῷ ἑκατόνταρχος παρακαλῶν αὐτὸν 6 καὶ λέγων, "Κύριε, ὁ παῖς μου βέβληται ἐν τῇ οἰκίᾳ παραλυτικός, δεινῶς βασανιζόμενος." 7 Καὶ λέγει αὐτῷ ⸀ὁ Ἰησοῦς,⸃ "'Εγὼ ἐλθὼν θεραπεύσω αὐτόν." 8 Καὶ ἀποκριθεὶς ὁ ἑκατόνταρχος ἔφη, "Κύριε, οὐκ εἰμὶ ἱκανὸς ἵνα μου ὑπὸ τὴν στέγην εἰσέλθῃς, ἀλλὰ μόνον εἰπὲ λόγῳ,² καὶ ἰαθήσεται ὁ παῖς μου. 9 Καὶ γὰρ ἐγὼ ἄνθρωπός εἰμι ὑπὸ ἐξουσίαν, ἔχων ὑπ᾽ ἐμαυτὸν στρατιώτας. Καὶ λέγω τούτῳ, 'Πορεύθητι,' καὶ πορεύεται, καὶ ἄλλῳ, '"Ερχου,' καὶ ἔρχεται, καὶ τῷ δούλῳ μου, 'Ποίησον τοῦτο,' καὶ ποιεῖ." 10 'Ακούσας δὲ ὁ Ἰησοῦς ἐθαύμασε καὶ εἶπε τοῖς ἀκολουθοῦσιν, "'Αμὴν λέγω ὑμῖν, ⸂οὐδὲ ἐν τῷ Ἰσραὴλ τοσαύτην πίστιν⸃ εὗρον! 11 Λέγω δὲ ὑμῖν ὅτι πολλοὶ ἀπὸ ἀνατολῶν καὶ δυσμῶν ἥξουσι καὶ ἀνακλιθήσονται μετὰ 'Αβραὰμ καὶ Ἰσαὰκ καὶ Ἰακὼβ ἐν τῇ βασιλείᾳ τῶν οὐρανῶν· 12 οἱ δὲ υἱοὶ τῆς βασιλείας ἐκβληθήσονται εἰς τὸ σκότος τὸ ἐξώτερον. 'Εκεῖ ἔσται ὁ κλαυθμὸς καὶ ὁ βρυγμὸς τῶν ὀδόντων." 13 Καὶ εἶπεν ὁ Ἰησοῦς τῷ ἑκατοντάρχῃ,³ "'Υπαγε, ⸆καὶ ὡς ἐπίστευσας γενηθήτω σοι." Καὶ ἰάθη ὁ παῖς ⸆αὐτοῦ ἐν τῇ ὥρᾳ ἐκείνῃ.

Jesus Heals Peter's Mother-in-Law
(Mk. 1:29-31; Lk. 4:38, 39)

14 Καὶ ἐλθὼν ὁ Ἰησοῦς εἰς τὴν οἰκίαν Πέτρου εἶδε τὴν πενθερὰν αὐτοῦ βεβλημένην καὶ πυρέσσουσαν. 15 Καὶ

---

¹5 αυτω 𝔐 vs αυτου 𝕲, Cr vs τω Ιησου TR
²8 λογω 𝔐𝕲, Cr vs λογον TR
³13 εκατονταρχη 𝐌𝕲, Cr vs εκατονταρχω 𝐌ʳ, TR

5 ⸂εισελθοντος 𝕲 vs 𝔐   5 ⸀Καφαρναουμ אB vs 𝔐𝕮   7 ⸀אB vs 𝔐𝕮
10 ⸂παρ ουδενι τοσαυτην πιστιν εν τω Ισραηλ B vs 𝔐אC
13 ⸆¹אB vs 𝔐𝕮   13 ⸆²אB vs 𝔐𝕮, [Cr]

ἥψατο τῆς χειρὸς αὐτῆς, καὶ ἀφῆκεν αὐτὴν ὁ πυρετός· καὶ ἠγέρθη καὶ διηκόνει αὐτῷ.[1]

Jesus Heals Many People
(Mk. 1:32-34; Lk. 4:40, 41)

16 Ὀψίας δὲ γενομένης, προσήνεγκαν αὐτῷ δαιμονιζομένους πολλούς. Καὶ ἐξέβαλε τὰ πνεύματα λόγῳ, καὶ πάντας τοὺς κακῶς ἔχοντας ἐθεράπευσεν, **17** ὅπως πληρωθῇ τὸ ῥηθὲν διὰ Ἡσαΐου τοῦ προφήτου, λέγοντος,

«Αὐτὸς τὰς ἀσθενείας ἡμῶν ἔλαβε
Καὶ τὰς νόσους ἐβάστασεν.»

The Cost of Discipleship
(Lk. 9:57-62)

18 Ἰδὼν δὲ ὁ Ἰησοῦς °πολλοὺς ʳὄχλους περὶ αὐτὸν ἐκέλευσεν ἀπελθεῖν εἰς τὸ πέραν. **19** Καὶ προσελθὼν εἷς γραμματεὺς εἶπεν αὐτῷ, "Διδάσκαλε, ἀκολουθήσω σοι ὅπου ἐὰν ἀπέρχῃ."

20 Καὶ λέγει αὐτῷ ὁ Ἰησοῦς, "Αἱ ἀλώπεκες φωλεοὺς ἔχουσι καὶ τὰ πετεινὰ τοῦ οὐρανοῦ κατασκηνώσεις, ὁ δὲ Υἱὸς τοῦ Ἀνθρώπου οὐκ ἔχει ποῦ τὴν κεφαλὴν κλίνῃ."

21 Ἕτερος δὲ τῶν μαθητῶν °αὐτοῦ εἶπεν αὐτῷ, "Κύριε, ἐπίτρεψόν μοι πρῶτον ἀπελθεῖν καὶ θάψαι τὸν πατέρα μου."

22 Ὁ δὲ Ἰησοῦς ʳεἶπεν αὐτῷ, "Ἀκολούθει μοι, καὶ ἄφες τοὺς νεκροὺς θάψαι τοὺς ἑαυτῶν νεκρούς."

Wind and Wave Obey Jesus
(Mk. 4:35-41; Lk. 8:22-25)

23 Καὶ ἐμβάντι αὐτῷ εἰς τὸ πλοῖον, ἠκολούθησαν αὐτῷ οἱ μαθηταὶ αὐτοῦ. **24** Καὶ ἰδού, σεισμὸς μέγας ἐγένετο ἐν τῇ

---

[1]15 αυτω **MBC, Cr** vs αυτοις ℵ^vid, **TR**

18 °ℵ*B vs 𝔐 C   18 ʳοχλον B vs 𝔐 ℵC
21 °ℵB vs 𝔐 C, [Cr]   22 ʳλεγει 𝕲 vs 𝔐

17 Is. 53:4

θαλάσσῃ, ὥστε τὸ πλοῖον καλύπτεσθαι ὑπὸ τῶν κυμάτων. Αὐτὸς δὲ ἐκάθευδε. **25** Καὶ προσελθόντες οἱ μαθηταὶ[1] ἤγειραν αὐτὸν λέγοντες, "Κύριε, σῶσον °ἡμᾶς! Ἀπολλύμεθα!"
26 Καὶ λέγει αὐτοῖς, "Τί δειλοί ἐστε, ὀλιγόπιστοι?" Τότε ἐγερθεὶς ἐπετίμησε τοῖς ἀνέμοις καὶ τῇ θαλάσσῃ, καὶ ἐγένετο γαλήνη μεγάλη.
27 Οἱ δὲ ἄνθρωποι ἐθαύμασαν, λέγοντες, "Ποταπός ἐστιν οὗτος ὅτι καὶ οἱ ἄνεμοι καὶ ἡ θάλασσα ˢὑπακούουσιν αὐτῷ˘?"

Jesus Heals Two Demon-Possessed Men
(Mk. 5:1-20; Lk. 8:26-39)

28 Καὶ ⸀ἐλθόντι αὐτῷ⸀ εἰς τὸ πέραν εἰς τὴν χώραν τῶν Γεργεσηνῶν, ὑπήντησαν αὐτῷ δύο δαιμονιζόμενοι ἐκ τῶν μνημείων ἐξερχόμενοι, χαλεποὶ λίαν, ὥστε μὴ ἰσχύειν τινὰ παρελθεῖν διὰ τῆς ὁδοῦ ἐκείνης. **29** Καὶ ἰδού, ἔκραξαν λέγοντες, "Τί ἡμῖν καὶ σοί, ° Ἰησοῦ, Υἱὲ τοῦ Θεοῦ? ˀἮλθες ὧδε πρὸ καιροῦ βασανίσαι ἡμᾶς?" **30** ˀἮν δὲ μακρὰν ἀπ᾽ αὐτῶν ἀγέλη χοίρων πολλῶν βοσκομένη. **31** Οἱ δὲ δαίμονες παρεκάλουν αὐτόν, λέγοντες, "Εἰ ἐκβάλλεις ἡμᾶς, ⸀ἐπίτρεψον ἡμῖν ἀπελθεῖν⸀ εἰς τὴν ἀγέλην τῶν χοίρων."
32 Καὶ εἶπεν αὐτοῖς, "Ὑπάγετε." Οἱ δὲ ἐξελθόντες ἀπῆλθον εἰς ⸀τὴν ἀγέλην τῶν χοίρων.⸀ Καὶ ἰδού, ὥρμησε πᾶσα ἡ ἀγέλη ⸀τῶν χοίρων⸀ κατὰ τοῦ κρημνοῦ εἰς τὴν θάλασσαν καὶ ἀπέθανον ἐν τοῖς ὕδασιν. **33** Οἱ δὲ βόσκοντες ἔφυγον, καὶ ἀπελθόντες εἰς τὴν πόλιν ἀπήγγειλαν πάντα καὶ τὰ τῶν δαιμονιζομένων. **34** Καὶ ἰδού,

---

[1]25 οι μαθηται 𝔐 vs οι μαθηται αυτου **TR** vs αυτω οι μαθηται αυτου C*ᵛⁱᵈ vs — **אB, Cr**

---

25 °𝔊 vs 𝔐   27 ˢאB vs 𝔐 C
28 ⸀ελθοντος αυτου BC vs 𝔐; (ελθοντων αυτων א*)
28 ⸀Γαδαρηνων BC* (Γαζαρηνων א*) vs 𝔐   29 °𝔊 vs 𝔐
31 ⸀αποστειλον ημας אB vs 𝔐 C   32 ⸀τους χοιρους 𝔊 vs 𝔐
32 ⸀𝔊 vs 𝔐

πᾶσα ἡ πόλις ἐξῆλθεν εἰς ʳσυνάντησιν τῷ Ἰησοῦ. Καὶ ἰδόντες αὐτὸν παρεκάλεσαν ὅπως μεταβῇ ἀπὸ τῶν ὁρίων αὐτῶν.

Jesus Forgives and Heals a Paralytic
(Mk. 2:1-12; Lk. 5:17-26)

9 Καὶ ἐμβὰς εἰς °τὸ πλοῖον διεπέρασε καὶ ἦλθεν εἰς τὴν ἰδίαν πόλιν. **2** Καὶ ἰδού, προσέφερον αὐτῷ παραλυτικὸν ἐπὶ κλίνης βεβλημένον. Καὶ ἰδὼν ὁ Ἰησοῦς τὴν πίστιν αὐτῶν εἶπε τῷ παραλυτικῷ, "Θάρσει, τέκνον· ʳἀφέωνταί ʳσοι αἱ ἁμαρτίαι σου.ᵛ"
3 Καὶ ἰδού, τινὲς τῶν γραμματέων εἶπον ἐν ἑαυτοῖς, "Οὗτος βλασφημεῖ!"
4 Καὶ ἰδὼν¹ ὁ Ἰησοῦς τὰς ἐνθυμήσεις αὐτῶν εἶπεν, "Ἱνατί °ὑμεῖς ἐνθυμεῖσθε πονηρὰ ἐν ταῖς καρδίαις ὑμῶν? **5** Τί γάρ ἐστιν εὐκοπώτερον, εἰπεῖν, 'ʳἈφέωνταί σου² αἱ ἁμαρτίαι,' ἢ εἰπεῖν, 'Ἔγειραι³ καὶ περιπάτει'? **6** Ἵνα δὲ εἰδῆτε ὅτι ἐξουσίαν ἔχει ὁ Υἱὸς τοῦ Ἀνθρώπου ἐπὶ τῆς γῆς ἀφιέναι ἁμαρτίας"– τότε λέγει τῷ παραλυτικῷ, "Ἐγερθεὶς ἆρόν σου τὴν κλίνην καὶ ὕπαγε εἰς τὸν οἶκόν σου." **7** Καὶ ἐγερθεὶς ἀπῆλθεν εἰς τὸν οἶκον αὐτοῦ. **8** Ἰδόντες δὲ οἱ ὄχλοι ʳἐθαύμασαν καὶ ἐδόξασαν τὸν Θεόν, τὸν δόντα ἐξουσίαν τοιαύτην τοῖς ἀνθρώποις.

Jesus Calls Matthew the Publican
(Mk. 2:13-17; Lk. 5:27-32)

9 Καὶ παράγων ὁ Ἰησοῦς ἐκεῖθεν εἶδεν ἄνθρωπον καθήμενον ἐπὶ τὸ τελώνιον, •Ματθαῖυν λεγόμενον, καὶ

---

¹4 ιδων MᵖᵗאC, **TR Cr** vs ειδως MᵖᵗB
²5 σου MᵖᵗϬ, **Cr** vs σοι Mᵖᵗ, **TR**
³5 εγειραι MᵖᵗB, **TR** vs εγειρε MᵖᵗאC, **Cr**

---

34 ʳυπαντησιν אB vs 𝔐 C 1 °אB vs 𝔐C*
2 ʳαφιενται אB vs 𝔐 C 2 ʳ423 Ϭ vs 𝔐 4 °Ϭ vs 𝔐
5 ʳαφιενται B (αφιονται א*) vs 𝔐 (C)
8 ʳεφοβηθησαν אB vs 𝔐 C 9 •Μαθθαιον אB* vs 𝔐

λέγει αὐτῷ, "'Ακολούθει μοι." Καὶ ἀναστὰς ἠκολούθησεν αὐτῷ.

10 Καὶ ἐγένετο αὐτοῦ ἀνακειμένου ἐν τῇ οἰκίᾳ, καὶ ἰδού, πολλοὶ τελῶναι καὶ ἁμαρτωλοὶ ἐλθόντες συνανέκειντο τῷ 'Ιησοῦ καὶ τοῖς μαθηταῖς αὐτοῦ. **11** Καὶ ἰδόντες οἱ Φαρισαῖοι ⌐εἶπον τοῖς μαθηταῖς αὐτοῦ, "Διὰ τί μετὰ τῶν τελωνῶν καὶ ἁμαρτωλῶν ἐσθίει ὁ¹ διδάσκαλος ὑμῶν?"

12 'Ο δὲ ᵒ¹'Ιησοῦς ἀκούσας εἶπεν ᵒ²αὐτοῖς, "Οὐ χρείαν ἔχουσιν οἱ ἰσχύοντες ἰατροῦ ἀλλ᾿ οἱ κακῶς ἔχοντες. **13** Πορευθέντες δὲ μάθετε τί ἐστιν, «⌐"Ελεον θέλω καὶ οὐ θυσίαν.» Οὐ γὰρ ἦλθον καλέσαι δικαίους ἀλλὰ ἁμαρτωλοὺς εἰς μετάνοιαν."²

Jesus Is Questioned About Fasting
(Mk. 2:18-22; Lk. 5:33-39)

14 Τότε προσέρχονται αὐτῷ οἱ μαθηταὶ 'Ιωάννου, λέγοντες, "Διὰ τί ἡμεῖς καὶ οἱ Φαρισαῖοι νηστεύομεν ᵒπολλά, οἱ δὲ μαθηταί σου οὐ νηστεύουσι?"

15 Καὶ εἶπεν αὐτοῖς ὁ 'Ιησοῦς, "Μὴ δύνανται οἱ υἱοὶ τοῦ νυμφῶνος πενθεῖν ἐφ᾿ ὅσον³ μετ᾿ αὐτῶν ἐστιν ὁ νυμφίος? 'Ελεύσονται δὲ ἡμέραι ὅταν ἀπαρθῇ ἀπ᾿ αὐτῶν ὁ νυμφίος, καὶ τότε νηστεύσουσιν. **16** Οὐδεὶς δὲ ἐπιβάλλει ἐπίβλημα ῥάκους ἀγνάφου ἐπὶ ἱματίῳ παλαιῷ· αἴρει γὰρ τὸ πλήρωμα αὐτοῦ ἀπὸ τοῦ ἱματίου, καὶ χεῖρον σχίσμα γίνεται. **17** Οὐδὲ βάλλουσιν οἶνον νέον εἰς ἀσκοὺς παλαιούς· εἰ δὲ μή γε, ῥήγνυνται οἱ ἀσκοί, καὶ ὁ οἶνος ἐκχεῖται καὶ οἱ ἀσκοὶ ⌐ἀπολοῦνται. 'Αλλὰ βάλλουσιν οἶνον νέον εἰς ἀσκοὺς καινούς, καὶ ἀμφότεροι⁴ συντηροῦνται."

---

¹11 ο 𝕸𝕲, TR Cr vs και πινει ο M⌐

²13 εις μετανοιαν MC, TR vs — M¹𝐱B, Cr

³15 οσον 𝕸𝕲, TR Cr vs +χρονον M⌐

⁴17 αμφοτεροι 𝕸𝕲, Cr vs αμφοτερα TR

11 ⌐ελεγον 𝕲 vs 𝕸　　　12 ᵒ¹𝐱B vs 𝕸C　　　12 ᵒ²𝕲 vs 𝕸

13 ⌐ελεος 𝕲 vs 𝕸　　　14 ᵒ𝐱*B vs 𝕸C, [Cr]

17 ⌐απολλυνται 𝐱B vs 𝕸C

13 Hos. 6:6

Jesus Restores a Girl and Heals a Woman
(Mk. 5:21-43; Lk. 8:40-56)

18 Ταῦτα αὐτοῦ λαλοῦντος αὐτοῖς, ἰδού, ἄρχων εἷς ἐλθὼν¹ προσεκύνει αὐτῷ, λέγων ὅτι " Ἡ θυγάτηρ μου ἄρτι ἐτελεύτησεν· ἀλλὰ ἐλθὼν ἐπίθες τὴν χεῖρά σου ἐπ᾿ αὐτὴν καὶ ζήσεται." **19** Καὶ ἐγερθεὶς ὁ Ἰησοῦς ἠκολούθησεν αὐτῷ καὶ οἱ μαθηταὶ αὐτοῦ.

20 Καὶ ἰδού, γυνὴ αἱμορροοῦσα δώδεκα ἔτη προσελθοῦσα ὄπισθεν ἥψατο τοῦ κρασπέδου τοῦ ἱματίου αὐτοῦ. **21** Ἔλεγε γὰρ ἐν ἑαυτῇ, " Ἐὰν μόνον ἅψωμαι τοῦ ἱματίου αὐτοῦ σωθήσομαι." **22** Ὁ δὲ Ἰησοῦς ⌜ἐπιστραφεὶς⌝ καὶ ἰδὼν αὐτὴν εἶπε, "Θάρσει, θύγατερ· ἡ πίστις σου σέσωκέ σε." Καὶ ἐσώθη ἡ γυνὴ ἀπὸ τῆς ὥρας ἐκείνης.

23 Καὶ ἐλθὼν ὁ Ἰησοῦς εἰς τὴν οἰκίαν τοῦ ἄρχοντος καὶ ἰδὼν τοὺς αὐλητὰς καὶ τὸν ὄχλον θορυβούμενον, **24** ⌜λέγει αὐτοῖς⌝, " Ἀναχωρεῖτε, οὐ γὰρ ἀπέθανε τὸ κοράσιον ἀλλὰ καθεύδει." Καὶ κατεγέλων αὐτοῦ. **25** Ὅτε δὲ ἐξεβλήθη ὁ ὄχλος, εἰσελθὼν ἐκράτησε τῆς χειρὸς αὐτῆς, καὶ ἠγέρθη τὸ κοράσιον. **26** Καὶ ἐξῆλθεν ἡ φήμη αὕτη εἰς ὅλην τὴν γῆν ἐκείνην.

Jesus Heals Two Blind Men

27 Καὶ παράγοντι ἐκεῖθεν τῷ Ἰησοῦ, ἠκολούθησαν °αὐτῷ δύο τυφλοί, κράζοντες καὶ λέγοντες, " Ἐλέησον ἡμᾶς, Υἱὸς² Δαβίδ!" **28** Ἐλθόντι δὲ εἰς τὴν οἰκίαν, προσῆλθον αὐτῷ οἱ τυφλοί, καὶ λέγει αὐτοῖς ὁ Ἰησοῦς³, "Πιστεύετε ὅτι δύναμαι τοῦτο ποιῆσαι?"

---

¹18 εις ελθων (or εισελθων) **MC*,Cr** vs τις ελθων **M**ʳ vs εις προσελθων **B** vs ελθων **TR** vs προσελθων **ℵ***
²27 υιος **M**ᵖᵗ**B**, **Cr** vs υιε **M**ᵖᵗ**ℵ***, **TR**
³28 ο Ιησους **MBC**, **TR Cr** vs — **M**ʳ vs Ιησους **ℵ***

---

22 ⌜στραφεις **ℵB** vs 𝔐 **C**   24 ⌜ελεγεν **ℵB** vs 𝔐 **C**
27 °**B** vs 𝔐 **ℵC**, [**Cr**]

Λέγουσιν αὐτῷ, "Ναί, Κύριε."
29 Τότε ἥψατο τῶν ὀφθαλμῶν αὐτῶν, λέγων, "Κατὰ τὴν πίστιν ὑμῶν γενηθήτω ὑμῖν." **30** Καὶ ·ἀνεῴχθησαν αὐτῶν οἱ ὀφθαλμοί. Καὶ ⌐ἐνεβριμήσατο αὐτοῖς ὁ Ἰησοῦς, λέγων, "Ὁρᾶτε μηδεὶς γινωσκέτω." **31** Οἱ δὲ ἐξελθόντες διεφήμισαν αὐτὸν ἐν ὅλῃ τῇ γῇ ἐκείνῃ.

Jesus Casts Out a Demon

32 Αὐτῶν δὲ ἐξερχομένων, ἰδού, προσήνεγκαν αὐτῷ ἄνθρωπον κωφὸν δαιμονιζόμενον. **33** Καὶ ἐκβληθέντος τοῦ δαιμονίου, ἐλάλησεν ὁ κωφός.
Καὶ ἐθαύμασαν οἱ ὄχλοι, λέγοντες,[1] "Οὐδέποτε ἐφάνη οὕτως ἐν τῷ Ἰσραήλ!"
34 Οἱ δὲ Φαρισαῖοι ἔλεγον, "Ἐν τῷ ἄρχοντι τῶν δαιμονίων ἐκβάλλει τὰ δαιμόνια."

Jesus And the Great Harvest

35 Καὶ περιῆγεν ὁ Ἰησοῦς τὰς πόλεις πάσας καὶ τὰς κώμας διδάσκων ἐν ταῖς συναγωγαῖς αὐτῶν καὶ κηρύσσων τὸ εὐαγγέλιον τῆς βασιλείας καὶ θεραπεύων πᾶσαν νόσον καὶ πᾶσαν μαλακίαν ἐν τῷ λαῷ[2]. **36** Ἰδὼν δὲ τοὺς ὄχλους ἐσπλαγχνίσθη περὶ αὐτῶν ὅτι ἦσαν ἐσκυλμένοι[3] καὶ ἐρριμμένοι ὡσεὶ[4] πρόβατα μὴ ἔχοντα ποιμένα. **37** Τότε λέγει τοῖς μαθηταῖς αὐτοῦ, "Ὁ μὲν θερισμὸς πολύς, οἱ δὲ ἐργάται ὀλίγοι. **38** Δεήθητε οὖν τοῦ Κυρίου τοῦ θερισμοῦ ὅπως ἐκβάλῃ ἐργάτας εἰς τὸν θερισμὸν αὐτοῦ."

The Twelve Receive Authority
(Mk. 3:13-19; Lk. 9:1-6)

10 Καὶ προσκαλεσάμενος τοὺς δώδεκα μαθητὰς αὐτοῦ ἔδωκεν αὐτοῖς ἐξουσίαν πνευμάτων ἀκαθάρτων

---

[1]33 λεγοντες **MG**, TR Cr vs + οτι M′
[2]35 εν τω λαω **Mℵ***, TR vs − M¹BC*, Cr
[3]36 εσκυλμενοι **𝔐G**, Cr vs εκλελυμενοι TR
[4]36 ωσει MᵖᵗℵB, TR Cr vs ως MᵖᵗC

30 ·ηνεωχθησαν B vs 𝔐ℵ; (ηνοιχθησαν C*)
30 ⌐ενεβριμηθη ℵB* vs 𝔐C

ὥστε ἐκβάλλειν αὐτὰ καὶ θεραπεύειν πᾶσαν νόσον καὶ πᾶσαν μαλακίαν.

2 Τῶν δὲ δώδεκα ἀποστόλων τὰ ὀνόματά ἐστι¹ ταῦτα· πρῶτος Σίμων ὁ λεγόμενος Πέτρος καὶ Ἀνδρέας ὁ ἀδελφὸς αὐτοῦ, ᵀ Ἰάκωβος ὁ τοῦ Ζεβεδαίου καὶ Ἰωάννης ὁ ἀδελφὸς αὐτοῦ, 3 Φίλιππος καὶ Βαρθολομαῖος, Θωμᾶς καὶ ·Ματθαῖος ὁ τελώνης, Ἰάκωβος ὁ τοῦ Ἀλφαίου καὶ □Λεββαῖος ὁ ἐπικληθεὶς` Θαδδαῖος, 4 Σίμων ὁ ʳΚανανίτης καὶ Ἰούδας ᵀ Ἰσκαριώτης ὁ καὶ παραδοὺς αὐτόν.

Jesus Commissions the Twelve
(Mk. 6:7-13; Lk. 9:1-6)

5 Τούτους τοὺς δώδεκα ἀπέστειλεν ὁ Ἰησοῦς, παραγγείλας αὐτοῖς, λέγων, "Εἰς ὁδὸν ἐθνῶν μὴ ἀπέλθητε, καὶ εἰς πόλιν Σαμαρειτῶν μὴ εἰσέλθητε. 6 Πορεύεσθε δὲ μᾶλλον πρὸς τὰ πρόβατα τὰ ἀπολωλότα οἴκου Ἰσραήλ. 7 Πορευόμενοι δὲ κηρύσσετε, λέγοντες ὅτι ʹ Ἤγγικεν ἡ βασιλεία τῶν οὐρανῶν.ʹ 8 Ἀσθενοῦντας θεραπεύετε, λεπροὺς καθαρίζετε,² δαιμόνια ἐκβάλλετε. Δωρεὰν ἐλάβετε, δωρεὰν δότε. 9 Μὴ κτήσησθε χρυσὸν μηδὲ ἄργυρον μηδὲ χαλκὸν εἰς τὰς ζώνας ὑμῶν, 10 μὴ πήραν εἰς ὁδὸν μηδὲ δύο χιτῶνας μηδὲ ὑποδήματα μηδὲ ῥάβδους·³ ἄξιος γὰρ ὁ ἐργάτης τῆς τροφῆς αὐτοῦ °ἐστιν.

11 "Εἰς ἣν δʹ ἂν πόλιν ἢ κώμην εἰσέλθητε, ἐξετάσατε τίς ἐν αὐτῇ ἄξιός ἐστι· κἀκεῖ μείνατε ἕως ἂν ἐξέλθητε. 12 Εἰσερχόμενοι δὲ εἰς τὴν οἰκίαν, ἀσπάσασθε αὐτήν. 13 Καὶ ἐὰν μὲν ᾖ ἡ οἰκία ἀξία, ἐλθέτω⁴ ἡ εἰρήνη ὑμῶν ἐπʹ αὐτήν· ἐὰν δὲ μὴ ᾖ ἀξία, ἡ εἰρήνη ὑμῶν πρὸς ὑμᾶς ἐπιστραφήτω.

---

¹2 εστι(ν) ΜG, TR Cr vs εισιν Μʳ
²8 λεπρους καθαριζετε Μ vs νεκρους εγειρετε λεπρους καθαριζετε (ℵ*) BC*, Cr vs λεπρους καθαριζετε νεκρους εγειρετε TR
³10 ραβδους ΜC vs ραβδον ℵB, TR Cr
⁴13 ελθετω ΜG, TR Cr vs εισελθετω Μ¹

---

2 ᵀκαι Β vs 𝔐 ℵC   3 ·Μαθθαιος (ℵ) Β* vs 𝔐 C   3 □ℵΒ vs 𝔐
4 ʳΚαναναιος ΒC vs 𝔐 ℵ   4 ᵀο ℵ*Β vs Μ C   10 °G vs 𝔐

14 Καὶ ὃς ⌜ἐὰν μὴ δέξηται ὑμᾶς μηδὲ ἀκούσῃ τοὺς λόγους ὑμῶν, ἐξερχόμενοι ᵀ τῆς οἰκίας ἢ τῆς πόλεως ἐκείνης, ἐκτινάξατε τὸν κονιορτὸν τῶν ποδῶν ὑμῶν. **15** Ἀμὴν λέγω ὑμῖν, ἀνεκτότερον ἔσται γῇ Σοδόμων καὶ Γομόρρων ἐν ἡμέρᾳ κρίσεως ἢ τῇ πόλει ἐκείνῃ!

Persecutions Are Coming
(Mk. 13:9-13; Lk. 21:12-17)

16 "Ἰδού, ἐγὼ ἀποστέλλω ὑμᾶς ὡς πρόβατα ἐν μέσῳ λύκων. Γίνεσθε οὖν φρόνιμοι ὡς οἱ ὄφεις καὶ ἀκέραιοι ὡς αἱ περιστεραί. **17** Προσέχετε δὲ ἀπὸ τῶν ἀνθρώπων· παραδώσουσι γὰρ ὑμᾶς εἰς συνέδρια, καὶ ἐν ταῖς συναγωγαῖς αὐτῶν μαστιγώσουσιν ὑμᾶς. **18** Καὶ ἐπὶ ἡγεμόνας δὲ καὶ βασιλεῖς ἀχθήσεσθε ἕνεκεν ἐμοῦ εἰς μαρτύριον αὐτοῖς καὶ τοῖς ἔθνεσιν. **19** Ὅταν δὲ ⌜¹παραδιδῶσιν ὑμᾶς, μὴ μεριμνήσητε πῶς ἢ τί λαλήσητε.¹ Δοθήσεται γὰρ ὑμῖν ἐν ἐκείνῃ τῇ ὥρᾳ τί ⌜²λαλήσετε· **20** οὐ γὰρ ὑμεῖς ἐστε οἱ λαλοῦντες ἀλλὰ τὸ Πνεῦμα τοῦ Πατρὸς ὑμῶν τὸ λαλοῦν ἐν ὑμῖν.

21 "Παραδώσει δὲ ἀδελφὸς ἀδελφὸν εἰς θάνατον καὶ πατὴρ τέκνον, καὶ ἐπαναστήσονται τέκνα ἐπὶ γονεῖς καὶ θανατώσουσιν αὐτούς. **22** Καὶ ἔσεσθε μισούμενοι ὑπὸ πάντων διὰ τὸ ὄνομά μου. Ὁ δὲ ὑπομείνας εἰς τέλος, οὗτος σωθήσεται. **23** Ὅταν δὲ διώκωσιν ὑμᾶς ἐν τῇ πόλει ταύτῃ, φεύγετε εἰς τὴν ⌜ἄλλην. Ἀμὴν γὰρ λέγω ὑμῖν, οὐ μὴ τελέσητε τὰς πόλεις τοῦ Ἰσραὴλ ἕως ἂν ἔλθῃ ὁ Υἱὸς τοῦ Ἀνθρώπου. **24** Οὐκ ἔστι μαθητὴς ὑπὲρ τὸν διδάσκαλον οὐδὲ δοῦλος ὑπὲρ τὸν κύριον αὐτοῦ. **25** Ἀρκετὸν τῷ μαθητῇ ἵνα γένηται ὡς ὁ διδάσκαλος αὐτοῦ, καὶ ὁ δοῦλος ὡς ὁ κύριος αὐτοῦ. Εἰ τὸν οἰκοδεσπότην Βεελζεβοὺλ ἐπεκάλεσαν², πόσῳ μᾶλλον τοὺς οἰκειακοὺς αὐτοῦ!

---

¹19 λαλησητε **MG**, **TR Cr** vs λαλησετε M⌐
²25 επεκαλεσαν Mᵖᵗ**BC**, **Cr** vs απεκαλεσαν Mᵖᵗ vs εκαλεσαν Mᵖᵗ, **TR** vs επεκαλεσαντο ℵ*

14 ⌜αν ℵ**B** vs 𝔐**C**   14 ᵀεξω ℵ**B** vs 𝔐**C**
19 ⌜¹παραδωσιν ℵ**B** vs **MC**
19 ⌜²λαλησητε **G** vs **M**   23 ⌜ετεραν ℵ**B** vs 𝔐**C**

Fear God, Not Men
(Lk. 12:2-7)

26 "Μὴ οὖν φοβηθῆτε αὐτούς. Οὐδὲν γάρ ἐστι κεκαλυμμένον ὃ οὐκ ἀποκαλυφθήσεται, καὶ κρυπτὸν ὃ οὐ γνωσθήσεται. 27 Ὃ λέγω ὑμῖν ἐν τῇ σκοτίᾳ, εἴπατε ἐν τῷ φωτί· καὶ ὃ εἰς τὸ οὖς ἀκούετε, κηρύξατε ἐπὶ τῶν δωμάτων. 28 Καὶ μὴ φοβεῖσθε¹ ἀπὸ τῶν ἀποκτενόντων² τὸ σῶμα, τὴν δὲ ψυχὴν μὴ δυναμένων ἀποκτεῖναι. ʳΦοβήθητε δὲ μᾶλλον τὸν δυνάμενον καὶ τὴν³ ψυχὴν καὶ τὸ⁴ σῶμα ἀπολέσαι ἐν Γεέννῃ. 29 Οὐχὶ δύο στρουθία ἀσσαρίου πωλεῖται; Καὶ ἓν ἐξ αὐτῶν οὐ πεσεῖται ἐπὶ τὴν γῆν ἄνευ τοῦ Πατρὸς ὑμῶν. 30 Ὑμῶν δὲ καὶ αἱ τρίχες τῆς κεφαλῆς πᾶσαι ἠριθμημέναι εἰσί. 31 Μὴ οὖν ʳφοβηθῆτε· πολλῶν στρουθίων διαφέρετε ὑμεῖς.

Confess Christ Before Men
(Lk. 12:8,9)

32 "Πᾶς οὖν ὅστις ὁμολογήσει ἐν ἐμοὶ ἔμπροσθεν τῶν ἀνθρώπων, ὁμολογήσω κἀγὼ ἐν αὐτῷ ἔμπροσθεν τοῦ Πατρός μου τοῦ ἐν ᵀ οὐρανοῖς. 33 Ὅστις δ᾽ ἂν ἀρνήσηταί με ἔμπροσθεν τῶν ἀνθρώπων, ἀρνήσομαι ˢαὐτὸν κἀγὼˡ ἔμπροσθεν τοῦ Πατρός μου τοῦ ἐν ᵀ οὐρανοῖς.

Christ Brings a Sword
(Lk. 12:51-53; 14:26-27)

34 "Μὴ νομίσητε ὅτι ἦλθον βαλεῖν εἰρήνην ἐπὶ τὴν γῆν. Οὐκ ἦλθον βαλεῖν εἰρήνην ἀλλὰ μάχαιραν. 35 ᵀἮλθον γὰρ διχάσαι ἄνθρωπον

---

¹28 φοβεισθε 𝔐 א (C), Cr vs φοβηθητε B, TR
²28 αποκτενοντων 𝔐 vs αποκτεννοντων אC, Cr vs αποκτεινον-των B, TR
³28 την Mᵖᵗ vs −MᵖᵗϬ, TR Cr
⁴28 το Mᵖᵗא vs −MᵖᵗBC, TR Cr

---

28 ʳφοβεισθε אB (C) vs 𝔐   31 ʳφοβεισθε אB vs 𝔐C
32 ᵀτοις BC, [Cr] vs 𝔐 א   33 ˢאB vs 𝔐C   33 ᵀτοις B, [Cr] vs 𝔐אC

36 «Κατὰ τοῦ πατρὸς αὐτοῦ
Καὶ θυγατέρα κατὰ τῆς μητρὸς αὐτῆς
Καὶ νύμφην κατὰ τῆς πενθερᾶς αὐτῆς,»
Καὶ «ἐχθροὶ τοῦ ἀνθρώπου οἱ οἰκειακοὶ αὐτοῦ.»

37 "Ὁ φιλῶν πατέρα ἢ μητέρα ὑπὲρ ἐμὲ οὐκ ἔστι μου
ἄξιος· καὶ ὁ φιλῶν υἱὸν ἢ θυγατέρα ὑπὲρ ἐμὲ οὐκ ἔστι μου
ἄξιος· **38** καὶ ὃς οὐ λαμβάνει τὸν σταυρὸν αὐτοῦ καὶ
ἀκολουθεῖ ὀπίσω μου οὐκ ἔστι μου ἄξιος. **39** Ὁ εὑρὼν τὴν
ψυχὴν αὐτοῦ ἀπολέσει αὐτήν, καὶ ὁ ἀπολέσας τὴν ψυχὴν
αὐτοῦ ἕνεκεν ἐμοῦ εὑρήσει αὐτήν.

A Cup of Cold Water
(Mk. 9:41)

40 "Ὁ δεχόμενος ὑμᾶς ἐμὲ δέχεται, καὶ ὁ ἐμὲ δεχόμενος
δέχεται τὸν ἀποστείλαντά με. **41** Ὁ δεχόμενος προφήτην
εἰς ὄνομα προφήτου μισθὸν προφήτου λήψεται, καὶ ὁ
δεχόμενος δίκαιον εἰς ὄνομα δικαίου μισθὸν δικαίου λήψεται.
42 Καὶ ὃς ῥἐὰν ποτίσῃ ἕνα τῶν μικρῶν τούτων ποτήριον
ψυχροῦ μόνον εἰς ὄνομα μαθητοῦ, ἀμὴν λέγω ὑμῖν, οὐ μὴ
ἀπολέσῃ τὸν μισθὸν αὐτοῦ."

11 Καὶ ἐγένετο ὅτε ἐτέλεσεν ὁ Ἰησοῦς διατάσσων τοῖς
δώδεκα μαθηταῖς αὐτοῦ, μετέβη ἐκεῖθεν τοῦ διδάσκειν
καὶ κηρύσσειν ἐν ταῖς πόλεσιν αὐτῶν.

John the Baptist Sends Messengers to Jesus
(Lk. 7:18-35)

2 Ὁ δὲ Ἰωάννης ἀκούσας ἐν τῷ δεσμωτηρίῳ τὰ ἔργα
τοῦ Χριστοῦ, πέμψας ῥδύο τῶν μαθητῶν αὐτοῦ **3** εἶπεν
αὐτῷ, "Σὺ εἶ ὁ ἐρχόμενος ἢ ἕτερον προσδοκῶμεν;"
4 Καὶ ἀποκριθεὶς ὁ Ἰησοῦς εἶπεν αὐτοῖς, "Πορευθέντες
ἀπαγγείλατε Ἰωάννῃ ἃ ἀκούετε καὶ βλέπετε· **5** τυφλοὶ
ἀναβλέπουσι καὶ χωλοὶ περιπατοῦσι, λεπροὶ καθαρίζονται

---

42 ῥαν Β vs 𝔐 ℵC   **2** ῥδια 𝕲 vs 𝔐

---

36 Mic. 7:6

καὶ κωφοὶ ἀκούουσι, ᵀ νεκροὶ ἐγείρονται καὶ πτωχοὶ εὐαγγελίζονται. 6 Καὶ μακάριός ἐστιν ὃς ἐὰν μὴ σκανδαλισθῇ ἐν ἐμοί." 7 Τούτων δὲ πορευομένων, ἤρξατο ὁ Ἰησοῦς λέγειν τοῖς ὄχλοις περὶ Ἰωάννου, "Τί ἐξήλθετε εἰς τὴν ἔρημον θεάσασθαι? Κάλαμον ὑπὸ ἀνέμου σαλευόμενον? 8 Ἀλλὰ τί ἐξήλθετε ἰδεῖν? Ἄνθρωπον ἐν μαλακοῖς °ἱματίοις ἠμφιεσμένον? Ἰδού, οἱ τὰ μαλακὰ φοροῦντες ἐν τοῖς οἴκοις τῶν βασιλείων¹ εἰσίν. 9 Ἀλλὰ τί ἐξήλθετε ἰδεῖν? Προφήτην? Ναί, λέγω ὑμῖν, καὶ περισσότερον προφήτου. 10 Οὗτος °γάρ ἐστι περὶ οὗ γέγραπται,

«Ἰδού, ἐγὼ ἀποστέλλω τὸν ἄγγελόν μου
    πρὸ προσώπου σου,
Ὃς κατασκευάσει τὴν ὁδόν σου ἔμπροσθέν σου.»

11 Ἀμὴν λέγω ὑμῖν, οὐκ ἐγήγερται ἐν γεννητοῖς γυναικῶν μείζων Ἰωάννου τοῦ Βαπτιστοῦ· ὁ δὲ μικρότερος ἐν τῇ βασιλείᾳ τῶν οὐρανῶν μείζων αὐτοῦ ἐστιν. 12 Ἀπὸ δὲ τῶν ἡμερῶν Ἰωάννου τοῦ Βαπτιστοῦ ἕως ἄρτι ἡ βασιλεία τῶν οὐρανῶν βιάζεται, καὶ βιασταὶ ἁρπάζουσιν αὐτήν. 13 Πάντες γὰρ οἱ προφῆται καὶ ὁ νόμος ἕως Ἰωάννου •προεφήτευσαν. 14 Καὶ εἰ θέλετε δέξασθαι, αὐτός ἐστιν Ἠλίας ὁ μέλλων ἔρχεσθαι. 15 Ὁ ἔχων ὦτα °ἀκούειν ἀκουέτω.

16 "Τίνι δὲ ὁμοιώσω τὴν γενεὰν ταύτην? Ὁμοία ἐστὶ παιδίοις² ἐν ἀγοραῖς καθημένοις³, ⸂καὶ προσφωνοῦσι⸃ τοῖς ἑτέροις⁴ °αὐτῶν 17 °¹καὶ λέγουσιν,

---

¹8 βασιλειων M vs βασιλεων G, TR Cr
²16 παιδιοις 𝔐 G, Cr vs παιδαριοις TR
³16 εν αγοραις καθημενοις Mᵖᵗ, TR vs εν αγορα καθημενοις Mᵖᵗ vs καθημενοις εν αγοραις C vs καθημενοις εν ταις αγοραις (אּ*) B, Cr
⁴16 ετεροις Mᵖᵗ G, Cr vs εταιροις Mᵖᵗ, TR

---

5 ᵀκαι אB vs 𝔐 C   8 °אB vs 𝔐 C   10 °אB vs 𝔐 C
13 •επροφητευσαν G vs 𝔐   15 °B vs 𝔐 אC
16 ⸂α προσφωνουντα אB vs 𝔐 ; (α προσφωνουσιν C)
16 °אB vs 𝔐 C   17 °¹אB vs 𝔐 C

---

10 Mal. 3:1

Ἠὐλήσαμεν ὑμῖν καὶ οὐκ ὠρχήσασθε,
᾿Εθρηνήσαμεν º²ὑμῖν καὶ οὐκ ἐκόψασθε.᾿

18 ῏Ηλθε γὰρ ᾿Ιωάννης μήτε ἐσθίων μήτε πίνων, καὶ λέγουσι, ᾿Δαιμόνιον ἔχει.᾿ **19** ῏Ηλθεν ὁ Υἱὸς τοῦ ᾿Ανθρώπου ἐσθίων καὶ πίνων, καὶ λέγουσιν, ᾿᾿Ιδού, ἄνθρωπος φάγος καὶ οἰνοπότης, τελωνῶν φίλος καὶ ἁμαρτωλῶν.᾿ Καὶ ἐδικαιώθη ἡ σοφία ἀπὸ τῶν ⸆τέκνων αὐτῆς.᾿᾿

Jesus Pronounces Woes on Unrepentant Cities
(Lk. 10:13-15)

20 Τότε ἤρξατο¹ ὀνειδίζειν τὰς πόλεις ἐν αἷς ἐγένοντο αἱ πλεῖσται δυνάμεις αὐτοῦ, ὅτι οὐ μετενόησαν. **21** ῾᾿Ουαί σοι, Χοραζίν,² οὐαί σοι, Βηθσαϊδά,³ ὅτι εἰ ἐν Τύρῳ καὶ Σιδῶνι ἐγένοντο αἱ δυνάμεις αἱ γενόμεναι ἐν ὑμῖν, πάλαι ἂν ἐν σάκκῳ καὶ σποδῷ μετενόησαν. **22** Πλὴν λέγω ὑμῖν, Τύρῳ καὶ Σιδῶνι ἀνεκτότερον ἔσται ἐν ἡμέρᾳ κρίσεως ἢ ὑμῖν. **23** Καὶ σύ, · Καπερναούμ, ⸋ἡ ἕως ºτοῦ οὐρανοῦ ὑψωθεῖσα,⁴ ἕως ῞Αιδου ⸋²καταβιβασθήσῃ· ὅτι εἰ ἐν Σοδόμοις ⸋³ἐγένοντο αἱ δυνάμεις αἱ γενόμεναι ἐν σοί, ⸋⁴ἔμειναν ἂν μέχρι τῆς σήμερον. **24** Πλὴν λέγω ὑμῖν ὅτι γῇ Σοδόμων ἀνεκτότερον ἔσται ἐν ἡμέρᾳ κρίσεως ἢ σοί.᾿᾿

Jesus Offers Rest
(Lk. 10:21, 22)

25 ᾿Εν ἐκείνῳ τῷ καιρῷ ἀποκριθεὶς ὁ ᾿Ιησοῦς εἶπεν, ᾿᾿᾿Εξομολογοῦμαί σοι, Πάτερ, Κύριε τοῦ οὐρανοῦ καὶ τῆς γῆς,

---

¹20 ηρξατο MᵖᵗℵB, **TR Cr** vs +ο Ιησους MᵖᵗC
²21 Χοραζιν Mᵖᵗ, **TR Cr** vs Χωραζιν Mᵖᵗ vs Χοραζειν Mᵖᵗ𝕲
³21 Βηθσαιδα **MC, Cr** vs Βηθσαιδαν B, **TR** vs Βηδσαιδαν ℵ*
⁴23 υψωθεισα Mᵖᵗ, **TR** vs υψωθης Mᵖᵗ vs υψωθηση 𝕲, **Cr**

---

17 º²ℵB vs 𝕸C   19 ⸆εργων ℵB* vs 𝕸C
23 ·Καφαρναουμ ℵB vs 𝕸C   23 ⸋¹μη 𝕲 vs 𝕸
23 ºℵB vs 𝕸C   23 ⸋²καταβηση B vs 𝕸 ℵC
23 ⸋³εγενηθησαν 𝕲 vs 𝕸   23 ⸋⁴εμεινεν 𝕲 vs 𝕸

ὅτι ⌜ἀπέκρυψας ταῦτα ἀπὸ σοφῶν καὶ συνετῶν καὶ ἀπεκάλυψας αὐτὰ νηπίοις. **26** Ναί, ὁ Πατήρ, ὅτι οὕτως ˢἐγένετο εὐδοκία˨ ἔμπροσθέν σου. **27** Πάντα μοι παρεδόθη ὑπὸ τοῦ Πατρός μου, καὶ οὐδεὶς ἐπιγινώσκει τὸν Υἱὸν εἰ μὴ ὁ Πατήρ, οὐδὲ τὸν Πατέρα τις ἐπιγινώσκει εἰ μὴ ὁ Υἱὸς καὶ ᾧ ἐὰν βούληται ὁ Υἱὸς ἀποκαλύψαι. **28** Δεῦτε πρός με πάντες οἱ κοπιῶντες καὶ πεφορτισμένοι, κἀγὼ ἀναπαύσω ὑμᾶς. **29** Ἄρατε τὸν ζυγόν μου ἐφ᾽ ὑμᾶς καὶ μάθετε ἀπ᾽ ἐμοῦ, ὅτι ⸱πρᾶός εἰμι καὶ ταπεινὸς τῇ καρδίᾳ, καὶ εὑρήσετε ἀνάπαυσιν ταῖς ψυχαῖς ὑμῶν. **30** Ὁ γὰρ ζυγός μου χρηστὸς καὶ τὸ φορτίον μου ἐλαφρόν ἐστιν."

Jesus Is Lord of the Sabbath
(Mk. 2:23-28; Lk. 6:1-5)

12 Ἐν ἐκείνῳ τῷ καιρῷ ἐπορεύθη ὁ Ἰησοῦς τοῖς σάββασι διὰ τῶν σπορίμων. Οἱ δὲ μαθηταὶ αὐτοῦ ἐπείνασαν, καὶ ἤρξαντο τίλλειν στάχυας καὶ ἐσθίειν. **2** Οἱ δὲ Φαρισαῖοι ἰδόντες εἶπον αὐτῷ, "Ἰδού, οἱ μαθηταί σου ποιοῦσιν ὃ οὐκ ἔξεστι ποιεῖν ἐν σαββάτῳ." **3** Ὁ δὲ εἶπεν αὐτοῖς, "Οὐκ ἀνέγνωτε τί ἐποίησε Δαβὶδ ὅτε ἐπείνασεν αὐτὸς¹ καὶ οἱ μετ᾽ αὐτοῦ, **4** πῶς εἰσῆλθεν εἰς τὸν οἶκον τοῦ Θεοῦ καὶ τοὺς ἄρτους τῆς προθέσεως ⌜¹ἔφαγεν, ⌜²οὓς οὐκ ἐξὸν ἦν αὐτῷ φαγεῖν οὐδὲ τοῖς μετ᾽ αὐτοῦ, εἰ μὴ τοῖς ἱερεῦσι μόνοις? **5** Ἢ οὐκ ἀνέγνωτε ἐν τῷ νόμῳ ὅτι τοῖς σάββασιν οἱ ἱερεῖς ἐν τῷ ἱερῷ τὸ σάββατον βεβηλοῦσι καὶ ἀναίτιοί εἰσι? **6** Λέγω δὲ ὑμῖν ὅτι τοῦ ἱεροῦ μεῖζόν² ἐστιν ὧδε. **7** Εἰ δὲ ἐγνώκειτε τί ἐστιν, «⌜Ἔλεον θέλω καὶ οὐ θυσίαν,» οὐκ ἂν κατεδικάσατε τοὺς ἀναιτίους. **8** Κύριος γάρ ἐστι³ τοῦ σαββάτου ὁ Υἱὸς τοῦ Ἀνθρώπου."

---

¹3 αυτος Mᵖᵗ, TR vs −MᵖᵗG, Cr
²6 μειζον 𝔐 אB, Cr vs μειζων TR vs μειζοων C*
³8 εστι(ν) 𝔐 G, Cr vs +και TR

---

25 ⌜εκρυψας אB vs 𝔐 C   26 ˢאB vs 𝔐 C
29 ⸱πραυς G vs 𝔐   4 ⌜¹εφαγον אB vs 𝔐 C
4 ⌜²ο B vs 𝔐 אC   7 ⌜ελεος G vs 𝔐

7 Hos. 6:6

Jesus Heals a Man with
a Withered Hand on the Sabbath
(Mk. 3:1-6; Lk. 6:6-11)

9 Καὶ μεταβὰς ἐκεῖθεν ἦλθεν εἰς τὴν συναγωγὴν αὐτῶν. **10** Καὶ ἰδού, ἄνθρωπος °¹ἦν °²τὴν χεῖρα ἔχων ξηράν. Καὶ ἐπηρώτησαν αὐτόν, λέγοντες, "Εἰ ἔξεστι τοῖς σάββασι ⌐θεραπεύειν?" – ἵνα κατηγορήσωσιν αὐτοῦ. **11** Ὁ δὲ εἶπεν αὐτοῖς, "Τίς ἔσται ἐξ ὑμῶν ἄνθρωπος ὃς ἔξει πρόβατον ἕν, καὶ ἐὰν ἐμπέσῃ τοῦτο τοῖς σάββασιν εἰς βόθυνον, οὐχὶ κρατήσει αὐτὸ καὶ ἐγερεῖ? **12** Πόσῳ οὖν διαφέρει ἄνθρωπος προβάτου! Ὥστε ἔξεστι τοῖς σάββασι καλῶς ποιεῖν." **13** Τότε λέγει τῷ ἀνθρώπῳ, " Ἔκτεινον ⌐τὴν χεῖρά σου.˟" Καὶ ἐξέτεινε, καὶ ἀποκατεστάθη¹ ὑγιὴς ὡς ἡ ἄλλη. **14** ⌐Οἱ δε Φαρισαῖοι συμβούλιον ἔλαβον κατ᾽ αὐτοῦ ἐξελθόντες,˟ ὅπως αὐτὸν ἀπολέσωσιν.

Behold My Servant

15 Ὁ δὲ Ἰησοῦς γνοὺς ἀνεχώρησεν ἐκεῖθεν. Καὶ ἠκολούθησαν αὐτῷ °ὄχλοι πολλοί, καὶ ἐθεράπευσεν αὐτοὺς πάντας². **16** Καὶ ἐπετίμησεν αὐτοῖς ἵνα μὴ φανερὸν αὐτὸν ποιήσωσιν, **17** ⌐ὅπως πληρωθῇ τὸ ῥηθὲν διὰ Ἠσαΐου τοῦ προφήτου, λέγοντος,

18 «Ἰδού, ὁ παῖς μου ὃν ᾑρέτισα,
Ὁ ἀγαπητός μου εἰς ὃν εὐδόκησεν ἡ ψυχή μου·
Θήσω τὸ Πνεῦμά μου ἐπ᾽ αὐτόν,
Καὶ κρίσιν τοῖς ἔθνεσιν ἀπαγγελεῖ.
19 Οὐκ ἐρίσει οὐδὲ κραυγάσει,
Οὐδὲ ἀκούσει τις ἐν ταῖς πλατείαις τὴν φωνὴν αὐτοῦ.
20 Κάλαμον συντετριμμένον οὐ κατεάξει,

---

¹13 αποκατεσταθη Mᵖᵗ, **TR** vs απεκατεσταθη MᵖᵗℵB, **Cr**
²15 παντας **MG**, **TR Cr** vs απαντας Mʳ

---

10 °¹ ² **G** vs 𝕸   10 ⌐θεραπευσαι (ℵ) vs 𝕸BC
13 ⌐312 ℵ*B vs 𝕸C   14 ⌐8213-7 **G** vs 𝕸
15 °ℵB vs 𝕸C, [Cr]   17 ⌐ινα **G** vs 𝕸

Καὶ λίνον τυφόμενον οὐ σβέσει,
Ἕως ἂν ἐκβάλῃ εἰς νῖκος τὴν κρίσιν.
21 Καὶ¹ τῷ ὀνόματι αὐτοῦ ἔθνη ἐλπιοῦσι.»

A House Divided Cannot Stand
(Mk. 3:20-27; Lk. 11:14-23)

22 Τότε προσηνέχθη αὐτῷ δαιμονιζόμενος τυφλὸς καὶ κωφός· καὶ ἐθεράπευσεν αὐτόν, ὥστε τὸν ᵔτυφλὸν καὶ˅ κωφὸν καὶ²λαλεῖν καὶ βλέπειν. 23 Καὶ ἐξίσταντο πάντες οἱ ὄχλοι καὶ ἔλεγον, "Μήτι οὗτός ἐστιν³ ὁ Υἱὸς Δαβίδ?"
24 Οἱ δὲ Φαρισαῖοι ἀκούσαντες εἶπον, "Οὗτος οὐκ ἐκβάλλει τὰ δαιμόνια εἰ μὴ ἐν τῷ⁴ Βεελζεβοὺλ ἄρχοντι τῶν δαιμονίων."
25 Εἰδὼς δὲ ᵔὁ Ἰησοῦς˅ τὰς ἐνθυμήσεις αὐτῶν εἶπεν αὐτοῖς, "Πᾶσα βασιλεία μερισθεῖσα καθ᾽ ἑαυτῆς ἐρημοῦται, καὶ πᾶσα πόλις ἢ οἰκία μερισθεῖσα καθ᾽ ἑαυτῆς οὐ σταθήσεται. 26 Καὶ εἰ ὁ Σατανᾶς τὸν Σατανᾶν ἐκβάλλει, ἐφ᾽ ἑαυτὸν ἐμερίσθη. Πῶς οὖν σταθήσεται ἡ βασιλεία αὐτοῦ? 27 Καὶ εἰ ἐγὼ ἐν Βεελζεβοὺλ ἐκβάλλω τὰ δαιμόνια, οἱ υἱοὶ ὑμῶν ἐν τίνι ἐκβάλλουσι? Διὰ τοῦτο αὐτοὶ ˹ὑμῶν ἔσονται κριταί.˺ 28 Εἰ δὲ ἐν Πνεύματι Θεοῦ ἐγὼ⁵ ἐκβάλλω τὰ δαιμόνια, ἄρα ἔφθασεν ἐφ᾽ ὑμᾶς ἡ βασιλεία τοῦ Θεοῦ. 29 Ἢ πῶς δύναταί τις εἰσελθεῖν εἰς τὴν οἰκίαν τοῦ ἰσχυροῦ καὶ τὰ σκεύη αὐτοῦ ᵔδιαρπάσαι, ἐὰν μὴ πρῶτον δήσῃ τὸν ἰσχυρόν? Καὶ τότε τὴν οἰκίαν αὐτοῦ διαρπάσει.⁶ 30 Ὁ μὴ ὢν μετ᾽ ἐμοῦ κατ᾽ ἐμοῦ ἐστι, καὶ ὁ μὴ συνάγων μετ᾽ ἐμοῦ σκορπίζει.

---

¹21 και 𝕸 G, Cr vs +εν TR
²22 και MC, TR vs −M′א*B, Cr
³23 εστιν M G, TR Cr vs +ο Χριστος Mʳ
⁴24 τω M G, TR Cr vs −Mʳ
⁵28 εν Πνευματι Θεου εγω M G, Cr vs εγω εν Πνευματι Θεου Mʳ, TR
⁶29 διαρπασει MᵖᵗBC, TR Cr vs διαρπαση Mᵖᵗא

---

22 ᵔא B vs 𝕸 C   25 ᵔא B vs 𝕸 C   27 ˹321א B vs 𝕸 C
29 ᵔαρπασαι BC*ᵛⁱᵈ vs 𝕸 א

18-21 Is. 42:1-4

Jesus Warns of the Unpardonable Sin
(Mk. 3:28-30; Lk. 12:10)

31 "Διὰ τοῦτο λέγω ὑμῖν, πᾶσα ἁμαρτία καὶ βλασφημία ἀφεθήσεται τοῖς ἀνθρώποις, ἡ δὲ τοῦ Πνεύματος βλασφημία οὐκ ἀφεθήσεται [□]τοῖς ἀνθρώποις.` **32** Καὶ ὃς ἐὰν¹ εἴπῃ λόγον κατὰ τοῦ Υἱοῦ τοῦ Ἀνθρώπου, ἀφεθήσεται αὐτῷ· ὃς δ᾽ ἂν εἴπῃ κατὰ τοῦ Πνεύματος τοῦ Ἁγίου, οὐκ ἀφεθήσεται αὐτῷ οὔτε ἐν τῷ νῦν² αἰῶνι οὔτε ἐν τῷ μέλλοντι.

A Tree Is Known by Its Fruit
(Lk. 6:43-45)

33 " Ἢ ποιήσατε τὸ δένδρον καλὸν καὶ τὸν καρπὸν αὐτοῦ καλόν, ἢ ποιήσατε τὸ δένδρον σαπρὸν καὶ τὸν καρπὸν αὐτοῦ σαπρόν· ἐκ γὰρ τοῦ καρποῦ τὸ δένδρον γινώσκεται. **34** Γεννήματα ἐχιδνῶν! Πῶς δύνασθε ἀγαθὰ λαλεῖν, πονηροὶ ὄντες; Ἐκ γὰρ τοῦ περισσεύματος τῆς καρδίας τὸ στόμα λαλεῖ. **35** Ὁ ἀγαθὸς ἄνθρωπος ἐκ τοῦ ἀγαθοῦ θησαυροῦ³ ἐκβάλλει⁴ ἀγαθά, καὶ ὁ πονηρὸς ἄνθρωπος ἐκ τοῦ πονηροῦ θησαυροῦ ἐκβάλλει πονηρά. **36** Λέγω δὲ ὑμῖν ὅτι πᾶν ῥῆμα ἀργὸν ὃ ^οἐὰν ^ρλαλήσωσιν οἱ ἄνθρωποι, ἀποδώσουσι περὶ αὐτοῦ λόγον ἐν ἡμέρᾳ κρίσεως. **37** Ἐκ γὰρ τῶν λόγων σου δικαιωθήσῃ, καὶ ἐκ τῶν λόγων σου καταδικασθήσῃ."

The Sign of Jonah
(Mk. 8:11, 12; Lk. 11:29-32)

38 Τότε ἀπεκρίθησάν ^τ τινες τῶν γραμματέων καὶ Φαρισαίων, λέγοντες, "Διδάσκαλε, θέλομεν ἀπὸ σοῦ σημεῖον ἰδεῖν."

---

¹32 εαν 𝔐 G, Cr vs αν TR
²32 τω νυν M vs τουτω τω G, TR Cr
³35 θησαυρου 𝔐 G, Cr vs + της καρδιας TR
⁴35 εκβαλλει MB, Cr vs + τα אC, TR

---

31 [□]אB vs 𝔐C   36 ^οאB vs 𝔐C   36 ^ρλαλησουσιν G vs 𝔐
38 ^ταυτω G vs 𝔐

39 Ὁ δὲ ἀποκριθεὶς εἶπεν αὐτοῖς, "Γενεὰ πονηρὰ καὶ μοιχαλὶς σημεῖον ἐπιζητεῖ, καὶ σημεῖον οὐ δοθήσεται αὐτῇ εἰ μὴ τὸ σημεῖον Ἰωνᾶ τοῦ προφήτου. **40** Ὥσπερ γὰρ ἦν Ἰωνᾶς ἐν τῇ κοιλίᾳ τοῦ κήτους τρεῖς ἡμέρας καὶ τρεῖς νύκτας, οὕτως ἔσται[1] ὁ Υἱὸς τοῦ Ἀνθρώπου ἐν τῇ καρδίᾳ τῆς γῆς τρεῖς ἡμέρας καὶ τρεῖς νύκτας. **41** Ἄνδρες Νινευῖται ἀναστήσονται ἐν τῇ κρίσει μετὰ τῆς γενεᾶς ταύτης καὶ κατακρινοῦσιν αὐτήν, ὅτι μετενόησαν εἰς τὸ κήρυγμα Ἰωνᾶ, καὶ ἰδού, πλεῖον Ἰωνᾶ ὧδε. **42** Βασίλισσα νότου ἐγερθήσεται ἐν τῇ κρίσει μετὰ τῆς γενεᾶς ταύτης καὶ κατακρινεῖ αὐτήν, ὅτι ἦλθεν ἐκ τῶν περάτων τῆς γῆς ἀκοῦσαι τὴν σοφίαν Σολομῶνος,[2] καὶ ἰδού, πλεῖον Σολομῶνος[3] ὧδε.

An Unclean Spirit Returns
(Lk. 11:24-26)

43 "Ὅταν δὲ τὸ ἀκάθαρτον πνεῦμα ἐξέλθῃ ἀπὸ τοῦ ἀνθρώπου, διέρχεται δι᾽ ἀνύδρων τόπων ζητοῦν ἀνάπαυσιν, καὶ οὐχ εὑρίσκει. **44** Τότε λέγει, 'Ἐπιστρέψω εἰς τὸν οἶκόν μου[2] ὅθεν ἐξῆλθον.' Καὶ ἐλθὸν εὑρίσκει σχολάζοντα, σεσαρωμένον, καὶ κεκοσμημένον. **45** Τότε πορεύεται καὶ παραλαμβάνει μεθ᾽ ἑαυτοῦ ἑπτὰ ἕτερα πνεύματα πονηρότερα ἑαυτοῦ, καὶ εἰσελθόντα κατοικεῖ ἐκεῖ· καὶ γίνεται τὰ ἔσχατα τοῦ ἀνθρώπου ἐκείνου χείρονα τῶν πρώτων. Οὕτως ἔσται καὶ τῇ γενεᾷ ταύτῃ τῇ πονηρᾷ."

The Mother and Brethren of Jesus
(Mk. 3:31-35; Lk. 8:19-21)

46 Ἔτι δὲ αὐτοῦ λαλοῦντος τοῖς ὄχλοις, ἰδού, ἡ μήτηρ καὶ οἱ ἀδελφοὶ αὐτοῦ εἱστήκεισαν ἔξω ζητοῦντες αὐτῷ λαλῆσαι. **47** Εἶπε δέ τις αὐτῷ, "Ἰδού, ἡ μήτηρ σου καὶ οἱ ἀδελφοί σου ἔξω ἑστήκασι ζητοῦντές σοι λαλῆσαι."

---

[1]40 εσται M^pt𝕲, TR Cr vs +και M^pt
[2] [3]42 Σολομωνος 𝔐 אB, Cr vs Σολομωντος C, TR

---

44 ʄ2-51 אB vs 𝔐C   **46** °אB vs 𝔐C   **47** ▫א*B vs 𝔐C, [Cr]

48 Ὁ δὲ ἀποκριθεὶς εἶπε τῷ ⸆εἰπόντι αὐτῷ, "Τίς ἐστιν ἡ μήτηρ μου? Καὶ τίνες εἰσὶν οἱ ἀδελφοί μου?" **49** Καὶ ἐκτείνας τὴν χεῖρα αὐτοῦ ἐπὶ τοὺς μαθητὰς αὐτοῦ εἶπεν, "Ἰδού, ἡ μήτηρ μου καὶ οἱ ἀδελφοί μου! **50** Ὅστις γὰρ ἂν ποιήσῃ τὸ θέλημα τοῦ Πατρός μου τοῦ ἐν οὐρανοῖς, αὐτός μου ἀδελφὸς καὶ ἀδελφὴ καὶ μήτηρ ἐστίν."

The Parable of the Sower
(Mk. 4:1-9; Lk. 8:4-8)

13 Ἐν ᵒ¹δὲ τῇ ἡμέρᾳ ἐκείνῃ ἐξελθὼν ὁ Ἰησοῦς ᵒ²ἀπὸ τῆς οἰκίας ἐκάθητο παρὰ τὴν θάλασσαν. **2** Καὶ συνήχθησαν πρὸς αὐτὸν ὄχλοι πολλοί, ὥστε αὐτὸν εἰς τὸ¹ πλοῖον ἐμβάντα καθῆσθαι, καὶ πᾶς ὁ ὄχλος ἐπὶ τὸν αἰγιαλὸν εἱστήκει. **3** Καὶ ἐλάλησεν αὐτοῖς πολλὰ ἐν παραβολαῖς,² λέγων, "Ἰδού, ἐξῆλθεν ὁ σπείρων τοῦ σπείρειν.³ **4** Καὶ ἐν τῷ σπείρειν αὐτόν, ἃ μὲν ἔπεσε παρὰ τὴν ὁδόν· καὶ ⸆ἦλθε τὰ πετεινὰ καὶ⸃ κατέφαγεν αὐτά. **5** Ἄλλα δὲ ἔπεσεν ἐπὶ τὰ πετρώδη, ὅπου οὐκ εἶχε γῆν πολλήν· καὶ εὐθέως ἐξανέτειλε διὰ τὸ μὴ ἔχειν βάθος γῆς. **6** Ἡλίου δὲ ἀνατείλαντος, ἐκαυματίσθη, καὶ διὰ τὸ μὴ ἔχειν ῥίζαν, ἐξηράνθη. **7** Ἄλλα δὲ ἔπεσεν ἐπὶ τὰς ἀκάνθας, καὶ ἀνέβησαν αἱ ἄκανθαι καὶ ⸆ἀπέπνιξαν αὐτά. **8** Ἄλλα δὲ ἔπεσεν ἐπὶ τὴν γῆν τὴν καλὴν καὶ ἐδίδου καρπόν, ὃ μὲν ἑκατόν, ὃ δὲ ἑξήκοντα, ὃ δὲ τριάκοντα. **9** Ὁ ἔχων ὦτα ᵒἀκούειν ἀκουέτω."

Jesus Explains the Purpose of Parables
(Mk. 4:10-12; Lk. 8:9, 10)

10 Καὶ προσελθόντες οἱ μαθηταὶ εἶπον αὐτῷ, "Διὰ τί ἐν παραβολαῖς λαλεῖς αὐτοῖς?"

---

¹2 το **M**, TR vs − **Mʳ᏶**, Cr
²3 πολλα εν παραβολαις **MℵB**, TR Cr vs εν παραβολαις πολλα **MʳᏟ**
³3 σπειρειν **MᵖᵗBC**, TR Cr vs σπειραι **Mᵖᵗ (ℵ)**

48 ⸆λεγοντι ℵB vs 𝔐 Ꮯ   1 ᵒ¹ℵB vs 𝔐 Ꮯ   1 ᵒ²B vs 𝔐 Ꮯ (εκ ℵ)
4 ⸃ελθοντα τα πετεινα B vs 𝔐 ℵᏟ   7 ⸆επνιξαν ℵ vs 𝔐 BᏟ
9 ᵒℵ*B vs 𝔐 Ꮯ

11 Ὁ δὲ ἀποκριθεὶς εἶπεν αὐτοῖς ὅτι "Ὑμῖν δέδοται γνῶναι τὰ μυστήρια τῆς βασιλείας τῶν οὐρανῶν, ἐκείνοις δὲ οὐ δέδοται. 12 Ὅστις γὰρ ἔχει, δοθήσεται αὐτῷ καὶ περισσευθήσεται· ὅστις δὲ οὐκ ἔχει, καὶ ὃ ἔχει ἀρθήσεται ἀπ᾽ αὐτοῦ. 13 Διὰ τοῦτο ἐν παραβολαῖς αὐτοῖς λαλῶ, ὅτι βλέποντες οὐ βλέπουσι καὶ ἀκούοντες οὐκ ἀκούουσιν οὐδὲ συνιοῦσι. 14 Καὶ ἀναπληροῦται¹ αὐτοῖς ἡ προφητεία Ἡσαΐου ἡ λέγουσα,

« Ἀκοῇ ἀκούσετε² καὶ οὐ μὴ συνῆτε,
Καὶ βλέποντες βλέψετε³ καὶ οὐ μὴ ἴδητε.
15 Ἐπαχύνθη γὰρ ἡ καρδία τοῦ λαοῦ τούτου,
Καὶ τοῖς ὠσὶ βαρέως ἤκουσαν,
Καὶ τοὺς ὀφθαλμοὺς αὐτῶν ἐκάμμυσαν,
Μήποτε ἴδωσι τοῖς ὀφθαλμοῖς
Καὶ τοῖς ὠσὶν ἀκούσωσι
Καὶ τῇ καρδίᾳ συνῶσι, καὶ ἐπιστρέψωσι,⁴
Καὶ ἰάσομαι⁵ αὐτούς.»

16 Ὑμῶν δὲ μακάριοι οἱ ὀφθαλμοὶ ὅτι βλέπουσι, καὶ τὰ ὦτα ὑμῶν ὅτι ʳἀκούει. 17 Ἀμὴν γὰρ λέγω ὑμῖν ὅτι πολλοὶ προφῆται καὶ δίκαιοι ἐπεθύμησαν ἰδεῖν ἃ βλέπετε καὶ οὐκ εἶδον, καὶ ἀκοῦσαι ἃ ἀκούετε καὶ οὐκ ἤκουσαν.

Jesus Explains the Parable of the Sower
(Mk. 4:13-20; Lk. 8:11-15)

18 "Ὑμεῖς οὖν ἀκούσατε τὴν παραβολὴν τοῦ ʳσπείροντος. 19 Παντὸς ἀκούοντος τὸν λόγον τῆς βασιλείας καὶ μὴ συνιέντος, ἔρχεται ὁ πονηρὸς καὶ ἁρπάζει τὸ ἐσπαρμένον ἐν τῇ καρδίᾳ αὐτοῦ. Οὗτός ἐστιν ὁ παρὰ

---

¹14 αναπληρουται 𝕸 𝕲, Cr vs + επ TR
²14 ακουσετε Mᵖᵗא C, TR Cr vs ακουσητε Mᵖᵗ vs ακουσατε B*
³14 βλεψετε MBC, TR Cr vs βλεψητε Mⁱא
⁴15 επιστρεψωσι(ν) M𝕲, TR Cr vs επιστρεψουσι(ν) Mⁱ
⁵15 ιασομαι Mᵖᵗ (א) BC, Cr vs ιασωμαι Mᵖᵗ, TR

---

16 ʳακουουσιν 𝕲 vs M   18 ʳσπειραντος א*B vs 𝕸 C

14,15 Is. 6:9,10

τὴν ὁδὸν σπαρείς. **20** Ὁ δὲ ἐπὶ τὰ πετρώδη σπαρείς, οὗτός ἐστιν ὁ τὸν λόγον ἀκούων καὶ εὐθὺς μετὰ χαρᾶς λαμβάνων αὐτόν· **21** οὐκ ἔχει δὲ ῥίζαν ἐν ἑαυτῷ ἀλλὰ πρόσκαιρός ἐστι. Γενομένης δὲ θλίψεως ἢ διωγμοῦ διὰ τὸν λόγον, εὐθὺς σκανδαλίζεται. **22** Ὁ δὲ εἰς τὰς ἀκάνθας σπαρείς, οὗτός ἐστιν ὁ τὸν λόγον ἀκούων, καὶ ἡ μέριμνα τοῦ αἰῶνος °τούτου καὶ ἡ ἀπάτη τοῦ πλούτου συμπνίγει τὸν λόγον, καὶ ἄκαρπος γίνεται. **23** Ὁ δὲ ἐπὶ τὴν ʼγῆν τὴν καλὴνʼ σπαρείς, οὗτός ἐστιν ὁ τὸν λόγον ἀκούων καὶ ʼσυνιών, ὃς δὴ καρποφορεῖ καὶ ποιεῖ ὁ μὲν ἑκατόν, ὁ δὲ ἑξήκοντα, ὁ δὲ τριάκοντα."

The Parable of the Wheat and the Tares

24 Ἄλλην παραβολὴν παρέθηκεν αὐτοῖς, λέγων, "'Ωμοιώθη ἡ βασιλεία τῶν οὐρανῶν ἀνθρώπῳ σπείροντι¹ καλὸν σπέρμα ἐν τῷ ἀγρῷ αὐτοῦ. **25** Ἐν δὲ τῷ καθεύδειν τοὺς ἀνθρώπους, ἦλθεν αὐτοῦ ὁ ἐχθρὸς καὶ ʼἔσπειρε ζιζάνια ἀνὰ μέσον τοῦ σίτου καὶ ἀπῆλθεν. **26** Ὅτε δὲ ἐβλάστησεν ὁ χόρτος καὶ καρπὸν ἐποίησε, τότε ἐφάνη καὶ τὰ ζιζάνια. **27** Προσελθόντες δὲ οἱ δοῦλοι τοῦ οἰκοδεσπότου εἶπον αὐτῷ, Κύριε, οὐχὶ καλὸν σπέρμα ἔσπειρας ἐν τῷ σῷ ἀγρῷ? Πόθεν οὖν ἔχει² ζιζάνια?' **28** Ὁ δὲ ἔφη αὐτοῖς, ''Εχθρὸς ἄνθρωπος τοῦτο ἐποίησεν.' Οἱ δὲ δοῦλοι ʼεἶπον αὐτῷ,ʼ Θέλεις οὖν ἀπελθόντες συλλέξομεν³ αὐτά?' **29** Ὁ δὲ ʼ ἔφη, 'Οὔ, μήποτε συλλέγοντες τὰ ζιζάνια, ἐκριζώσητε ἅμα αὐτοῖς τὸν σῖτον. **30** Ἄφετε συναυξάνεσθαι ἀμφότερα ʼμέχρι τοῦ θερισμοῦ· καὶ ἐν⁴ καιρῷ τοῦ θερισμοῦ ἐρῶ τοῖς θερισταῖς, "Συλλέξατε πρῶτον τὰ ζιζάνια καὶ

¹24 σπειροντι M^pt C, TR vs σπειραντι M^pt אB, Cr
²27 εχει 𝔐 BC, Cr vs +τα א*, TR
³28 συλλεξομεν M vs συλλεξωμεν 𝕲, TR Cr
⁴30 εν 𝔐 B, Cr vs +τω א*C, TR

22 °א*B vs 𝔐C   23 ʼκαλην γην 𝕲 vs 𝔐   23 ʼσυνιεις אB vs 𝔐C
25 ʼεπεσπειρεν B vs 𝔐C; (επεσπαρκεν א*)
28 ʼλεγουσιν αυτω א (ʼBC) vs 𝔐   29 ʼφησιν 𝕲 vs 𝔐
30 ʼεως B vs 𝔐C; (αχρι א*)

δήσατε αὐτὰ εἰς δέσμας πρὸς τὸ κατακαῦσαι αὐτά, τὸν δὲ σῖτον συναγάγετε εἰς τὴν ἀποθήκην μου." ' "

The Parable of the Mustard Seed
(Mk. 4:30-32; Lk. 13:18, 19)

31 ″Ἄλλην παραβολὴν παρέθηκεν αὐτοῖς, λέγων, "'Ὁμοία ἐστὶν ἡ βασιλεία τῶν οὐρανῶν κόκκῳ σινάπεως, ὃν λαβὼν ἄνθρωπος ἔσπειρεν ἐν τῷ ἀγρῷ αὐτοῦ· **32** ὃ μικρότερον μέν ἐστι πάντων τῶν σπερμάτων, ὅταν δὲ αὐξηθῇ, μεῖζον[1] τῶν λαχάνων ἐστὶ καὶ γίνεται δένδρον, ὥστε ἐλθεῖν τὰ πετεινὰ τοῦ οὐρανοῦ καὶ κατασκηνοῦν ἐν τοῖς κλάδοις αὐτοῦ."

The Parable of the Leaven
(Lk. 13:20, 21)

33 ″Ἄλλην παραβολὴν ἐλάλησεν αὐτοῖς· "'Ὁμοία ἐστὶν ἡ βασιλεία τῶν οὐρανῶν ζύμῃ, ἣν λαβοῦσα γυνὴ ἔκρυψεν[2] εἰς ἀλεύρου σάτα τρία ἕως οὗ ἐζυμώθη ὅλον."

The Use of Parables Fulfills Prophecy
(Mk. 4:33, 34)

34 Ταῦτα πάντα ἐλάλησεν ὁ Ἰησοῦς ἐν παραβολαῖς τοῖς ὄχλοις, καὶ χωρὶς παραβολῆς ⌐οὐκ ἐλάλει αὐτοῖς, **35** ὅπως πληρωθῇ τὸ ῥηθὲν διὰ τοῦ προφήτου, λέγοντος,

«Ἀνοίξω ἐν παραβολαῖς τὸ στόμα μου,
Ἐρεύξομαι κεκρυμμένα ἀπὸ καταβολῆς °κόσμου.»

Jesus Explains the Parable of the Tares

36 Τότε ἀφεὶς τοὺς ὄχλους ἦλθεν εἰς τὴν οἰκίαν ⌐ὁ Ἰησοῦς.` Καὶ προσῆλθον αὐτῷ οἱ μαθηταὶ αὐτοῦ, λέγοντες, "⌐Φράσον ἡμῖν τὴν παραβολὴν τῶν ζιζανίων τοῦ ἀγροῦ."

---

[1]32 μειζον **MG**, **TR Cr** vs +παντων **M**ʳ
[2]33 εκρυψεν **M** vs ενεκρυψεν **M**¹**G**, **TR Cr**

---

34 ⌐ουδεν **G** vs 𝔐   35 °B vs 𝔐 א*C, [Cr]   36 ⌐אB vs 𝔐C
36 ⌐διασαφησον א*B vs 𝔐 C

---

35 Ps. 78:2

37 Ὁ δὲ ἀποκριθεὶς εἶπεν °αὐτοῖς, "Ὁ σπείρων τὸ καλὸν σπέρμα ἐστὶν ὁ Υἱὸς τοῦ Ἀνθρώπου. 38 Ὁ δὲ ἀγρός ἐστιν ὁ κόσμος, τὸ δὲ καλὸν σπέρμα, οὗτοί εἰσιν οἱ υἱοὶ τῆς βασιλείας· τὰ δὲ ζιζάνιά εἰσιν οἱ υἱοὶ τοῦ πονηροῦ, 39 ὁ δὲ ἐχθρὸς ὁ σπείρας αὐτά ἐστιν ὁ διάβολος· ὁ δὲ θερισμὸς συντέλεια °τοῦ αἰῶνός ἐστιν, οἱ δὲ θερισταὶ ἄγγελοί εἰσιν. 40 Ὥσπερ οὖν συλλέγεται τὰ ζιζάνια καὶ πυρὶ καίεται,[1] οὕτως ἔσται ἐν τῇ συντελείᾳ τοῦ αἰῶνος °τούτου. 41 Ἀποστελεῖ ὁ Υἱὸς τοῦ Ἀνθρώπου τοὺς ἀγγέλους αὐτοῦ, καὶ συλλέξουσιν ἐκ τῆς βασιλείας αὐτοῦ πάντα τὰ σκάνδαλα καὶ τοὺς ποιοῦντας τὴν ἀνομίαν, 42 καὶ βαλοῦσιν αὐτοὺς εἰς τὴν κάμινον τοῦ πυρός. Ἐκεῖ ἔσται ὁ κλαυθμὸς καὶ ὁ βρυγμὸς τῶν ὀδόντων. 43 Τότε οἱ δίκαιοι ἐκλάμψουσιν ὡς ὁ ἥλιος ἐν τῇ βασιλείᾳ τοῦ Πατρὸς αὐτῶν. Ὁ ἔχων ὦτα °ἀκούειν ἀκουέτω.

The Parable of the Hidden Treasure

44 °Πάλιν ὁμοία ἐστὶν ἡ βασιλεία τῶν οὐρανῶν θησαυρῷ κεκρυμμένῳ ἐν τῷ ἀγρῷ,[2] ὃν εὑρὼν ἄνθρωπος ἔκρυψε, καὶ ἀπὸ τῆς χαρᾶς αὐτοῦ ὑπάγει καὶ ʿπάντα ὅσα ἔχει πωλεῖʾ καὶ ἀγοράζει τὸν ἀγρὸν ἐκεῖνον.

The Parable of the Pearl of Great Price

45 ʺΠάλιν ὁμοία ἐστὶν ἡ βασιλεία τῶν οὐρανῶν ἀνθρώπῳ ἐμπόρῳ ζητοῦντι καλοὺς μαργαρίτας, 46 ʿὃς εὑρὼνʾ ἕνα πολύτιμον μαργαρίτην, ἀπελθὼν πέπρακε πάντα ὅσα εἶχε καὶ ἠγόρασεν αὐτόν.

---

[1]40 καιεται 𝔐C vs κατακαιεται אB, TR [Cr]
[2]44 εν τω αγρω MBC, TR Cr vs εν αγρω Mʳ vs — א*

37 °אB vs 𝔐C   39 °B vs 𝔐C; (−ο δε το εστιν א*)
40 °אB vs 𝔐C   43 °א*B vs 𝔐C   44 °אB vs 𝔐C
44 ʿ41-3 א vs 𝔐C; (423 B)   46 ʿευρων δε אB vs 𝔐C

The Parable of the Dragnet

47 "Πάλιν ὁμοία ἐστὶν ἡ βασιλεία τῶν οὐρανῶν σαγήνῃ βληθείσῃ εἰς τὴν θάλασσαν, καὶ ἐκ παντὸς γένους συναγαγούσῃ, **48** ἣν ὅτε ἐπληρώθη, ἀναβιβάσαντες ἐπὶ τὸν αἰγιαλὸν καὶ καθίσαντες, συνέλεξαν τὰ καλὰ εἰς ʳἀγγεῖα, τὰ δὲ σαπρὰ ἔξω ἔβαλον. **49** Οὕτως ἔσται ἐν τῇ συντελείᾳ τοῦ αἰῶνος. Ἐξελεύσονται οἱ ἄγγελοι καὶ ἀφοριοῦσι τοὺς πονηροὺς ἐκ μέσου τῶν δικαίων **50** καὶ βαλοῦσιν αὐτοὺς εἰς τὴν κάμινον τοῦ πυρός. Ἐκεῖ ἔσται ὁ κλαυθμὸς καὶ ὁ βρυγμὸς τῶν ὀδόντων."

The Treasury of Truth

51 □Λέγει αὐτοῖς ὁ Ἰησοῦς,˺ "Συνήκατε ταῦτα πάντα?" Λέγουσιν αὐτῷ, "Ναί, °Κύριε."

52 Ὁ δὲ εἶπεν αὐτοῖς, "Διὰ τοῦτο πᾶς γραμματεὺς μαθητευθεὶς εἰς τὴν βασιλείαν¹ τῶν οὐρανῶν ὅμοιός ἐστιν ἀνθρώπῳ οἰκοδεσπότῃ ὅστις ἐκβάλλει ἐκ τοῦ θησαυροῦ αὐτοῦ καινὰ καὶ παλαιά."

53 Καὶ ἐγένετο ὅτε ἐτέλεσεν ὁ Ἰησοῦς τὰς παραβολὰς ταύτας, μετῆρεν ἐκεῖθεν.

Jesus Is Rejected At Nazareth
(Mk. 6:1-6)

54 Καὶ ἐλθὼν εἰς τὴν πατρίδα αὐτοῦ ἐδίδασκεν αὐτοὺς ἐν τῇ συναγωγῇ αὐτῶν, ὥστε ἐκπλήττεσθαι αὐτοὺς καὶ λέγειν, "Πόθεν τούτῳ ἡ σοφία αὕτη καὶ αἱ δυνάμεις? **55** Οὐχ οὗτός ἐστιν ὁ τοῦ τέκτονος υἱός? ʳΟὐχὶ ἡ μήτηρ αὐτοῦ λέγεται Μαριὰμ καὶ οἱ ἀδελφοὶ αὐτοῦ Ἰάκωβος καὶ Ἰωσῆς² καὶ Σίμων καὶ Ἰούδας? **56** Καὶ αἱ ἀδελφαὶ αὐτοῦ οὐχὶ πᾶσαι

---

¹52 εις την βασιλειαν M**pt**, **TR** vs τη βασιλεια M**pt**G, **Cr**
²55 Ιωσης **M**, **TR** vs Ιωαννης M¹ א*ᵛⁱᵈ vs Ιωσηφ BC, **Cr**

---

48 ʳαγγη G vs 𝔐   **51** □אB vs 𝔐C   **51** °אB vs 𝔐C
55 ʳουχ G vs 𝔐

πρὸς ἡμᾶς εἰσι? Πόθεν οὖν τούτῳ ταῦτα πάντα?" 57 Καὶ
ἐσκανδαλίζοντο ἐν αὐτῷ.
ʹΟ δὲ ʹΙησοῦς εἶπεν αὐτοῖς, "Οὐκ ἔστι προφήτης ἄτιμος
εἰ μὴ ἐν τῇ ʽπατρίδι αὐτοῦʼ καὶ ἐν τῇ οἰκίᾳ αὐτοῦ." 58 Καὶ
οὐκ ἐποίησεν ἐκεῖ δυνάμεις πολλὰς διὰ τὴν ἀπιστίαν
αὐτῶν.

John the Baptist Is Beheaded
(Mk. 6:14-29; Lk. 9:7-9)

14 ʹΕν ἐκείνῳ τῷ καιρῷ ἤκουσεν ʹΗρώδης ὁ •τετράρχης
τὴν ἀκοὴν ʹΙησοῦ, 2 καὶ εἶπε τοῖς παισὶν αὐτοῦ,
"Οὗτός ἐστιν ʹΙωάννης ὁ Βαπτιστής· αὐτὸς ἠγέρθη ἀπὸ
τῶν νεκρῶν, καὶ διὰ τοῦτο αἱ δυνάμεις ἐνεργοῦσιν ἐν
αὐτῷ." 3 ʹΟ γὰρ ʹΗρώδης κρατήσας τὸν ʹΙωάννην ἔδησεν
°αὐτὸν καὶ ʽἔθετο ἐν φυλακῇʼ διὰ ʹΗρωδιάδα τὴν γυναῖκα
Φιλίππου τοῦ ἀδελφοῦ αὐτοῦ.
4 ʺΕλεγε γὰρ ʽαὐτῷ ὁ ʹΙωάννης,ʼ "Οὐκ ἔξεστί σοι ἔχειν
αὐτήν." 5 Καὶ θέλων αὐτὸν ἀποκτεῖναι, ἐφοβήθηʹ τὸν
ὄχλον, ὅτι ὡς προφήτην αὐτὸν εἶχον. 6 ⌐¹Γενεσίων δὲ
⌐²ἀγομένων τοῦ ʹΗρώδου, ὠρχήσατο ἡ θυγάτηρ τῆς
ʹΗρωδιάδος ἐν τῷ μέσῳ καὶ ἤρεσε τῷ ʹΗρώδῃ. 7 ʺΟθεν
μεθ᾽ ὅρκου ὡμολόγησεν αὐτῇ δοῦναι ὃ ἐὰν αἰτήσηται.
8 ʹΗ δέ, προβιβασθεῖσα ὑπὸ τῆς μητρὸς αὐτῆς, "Δός
μοι," φησίν, "ὧδε ἐπὶ πίνακι τὴν κεφαλὴν ʹΙωάννου τοῦ
Βαπτιστοῦ." 9 Καὶ ʽἐλυπήθη ὁ βασιλεύς, διὰ °δὲ τοὺς
ὅρκους καὶ τοὺς συνανακειμένους ἐκέλευσε δοθῆναι. 10 Καὶ
πέμψας ἀπεκεφάλισε °τὸν ʹΙωάννην ἐν τῇ φυλακῇ. 11 Καὶ
ἠνέχθη ἡ κεφαλὴ αὐτοῦ ἐπὶ πίνακι καὶ ἐδόθη τῷ κορασίῳ,

---

⁵5 εφοβηθη 𝕸𝕲, TR Cr vs εφοβειτο 𝕸ʳ

57 ʽπατριδι B vs 𝕸 ; (ιδια πατριδι א; ιδια πατριδι αυτου C)
1 •τετρααρχης אC vs 𝕸 B   3 °א*B vs 𝕸 C, [Cr]
3 ʽεν φυλακη απεθετο א*B* vs 𝕸C   4 ʽ231 (B) vs 𝕸C; (3 א*)
6 ⌐¹γενεσιοις אB vs 𝕸 C   6 ⌐²γενομενοις אB vs 𝕸 ; (γενομενων C)
9 ʽλυπηθεις B vs 𝕸 אC   9 °B vs 𝕸 אC   10 °א*B vs 𝕸 C, [Cr]

καὶ ἤνεγκε τῇ μητρὶ αὐτῆς. **12** Καὶ προσελθόντες οἱ μαθηταὶ
αὐτοῦ ἦραν τὸ ⸀1σῶμα καὶ ἔθαψαν ⸀2αὐτό, καὶ ἐλθόντες
ἀπήγγειλαν τῷ Ἰησοῦ.

Jesus Feeds the Five Thousand
(Mk. 6:30-44; Lk. 9:10-17; Jn. 6:1-14)

13 ⸂Καὶ ἀκούσας⸃ ὁ Ἰησοῦς ἀνεχώρησεν ἐκεῖθεν ἐν
πλοίῳ εἰς ἔρημον τόπον κατ᾽ ἰδίαν. Καὶ ἀκούσαντες οἱ ὄχλοι
ἠκολούθησαν αὐτῷ πεζῇ ἀπὸ τῶν πόλεων. **14** Καὶ ἐξελθὼν
⸋ὁ Ἰησοῦς⸌ εἶδε πολὺν ὄχλον καὶ ἐσπλαγχνίσθη ἐπ᾽
αὐτοῖς[1] καὶ ἐθεράπευσε τοὺς ἀρρώστους αὐτῶν.
15 Ὀψίας δὲ γενομένης, προσῆλθον αὐτῷ οἱ μαθηταὶ
°αὐτοῦ, λέγοντες, "Ἔρημός ἐστιν ὁ τόπος καὶ ἡ ὥρα ἤδη
παρῆλθεν. Ἀπόλυσον τοὺς ὄχλους, ἵνα ἀπελθόντες εἰς
τὰς κώμας ἀγοράσωσιν ἑαυτοῖς βρώματα."
16 Ὁ δὲ °Ἰησοῦς εἶπεν αὐτοῖς, "Οὐ χρείαν ἔχουσιν
ἀπελθεῖν. Δότε αὐτοῖς ὑμεῖς φαγεῖν."
17 Οἱ δὲ λέγουσιν αὐτῷ, "Οὐκ ἔχομεν ὧδε εἰ μὴ πέντε
ἄρτους καὶ δύο ἰχθύας."
18 Ὁ δὲ εἶπε, "Φέρετέ μοι ⸉αὐτοὺς ὧδε.⸊" **19** Καὶ
κελεύσας τοὺς ὄχλους ἀνακλιθῆναι ἐπὶ ⸂τοὺς χόρτους,⸃
λαβὼν[2] τοὺς πέντε ἄρτους καὶ τοὺς δύο ἰχθύας,
ἀναβλέψας εἰς τὸν οὐρανὸν εὐλόγησε, καὶ κλάσας ἔδωκε
τοῖς μαθηταῖς τοὺς ἄρτους, οἱ δὲ μαθηταὶ τοῖς ὄχλοις.
20 Καὶ ἔφαγον πάντες καὶ ἐχορτάσθησαν, καὶ ἦραν τὸ
περισσεῦον τῶν κλασμάτων, δώδεκα κοφίνους πλήρεις.
21 Οἱ δὲ ἐσθίοντες ἦσαν ἄνδρες ὡσεὶ πεντακισχίλιοι, χωρὶς
γυναικῶν καὶ παιδίων.

---

[1]**14** αυτοις **𝔐 Є**, **Cr** vs αυτους **TR**
[2]**19** λαβων **𝔐 B**, **Cr** vs και λαβων **ℵC***, **TR**

---

12 ⸀1πτωμα **Є** vs **𝔐** **12** ⸀2αυτον **ℵ*B**, [**Cr**] vs **𝔐C**
13 ⸂ακουσας δε **ℵB** vs **𝔐C** **14** ⸋**ℵB** vs **𝔐C** **15** °**ℵB** vs **𝔐C**
16 °**ℵ*** vs **𝔐BC**, [**Cr**] **18** ⸉**ℵB** vs **𝔐C**
19 ⸂του χορτου **Є** vs **M**

Jesus Walks on the Sea
(Mk. 6:45-52; Jn. 6:15-21)

22 Καὶ εὐθέως ἠνάγκασεν □ὁ Ἰησοῦς᾿ τοὺς μαθητὰς¹ ἐμβῆναι εἰς τὸ πλοῖον καὶ προάγειν αὐτὸν εἰς τὸ πέραν, ἕως οὗ ἀπολύσῃ τοὺς ὄχλους. 23 Καὶ ἀπολύσας τοὺς ὄχλους ἀνέβη εἰς τὸ ὄρος κατ᾿ ἰδίαν προσεύξασθαι. Ὀψίας δὲ γενομένης, μόνος ἦν ἐκεῖ. 24 Τὸ δὲ πλοῖον ἤδη ⸀μέσον τῆς θαλάσσης ἦν,᾿ βασανιζόμενον ὑπὸ τῶν κυμάτων, ἦν γὰρ ἐναντίος ὁ ἄνεμος.

25 Τετάρτῃ δὲ φυλακῇ τῆς νυκτὸς ⸀ἀπῆλθε πρὸς αὐτοὺς □ὁ Ἰησοῦς,᾿ περιπατῶν ἐπὶ ⸀τῆς θαλάσσης.᾿ 26 ⸀¹Καὶ ἰδόντες αὐτὸν οἱ μαθηταὶ᾿ ἐπὶ ⸀²τὴν θάλασσαν᾿ περιπατοῦντα ἐταράχθησαν, λέγοντες ὅτι "Φάντασμά ἐστι!" Καὶ ἀπὸ τοῦ φόβου ἔκραξαν.

27 ⸀Εὐθέως δὲ ἐλάλησεν ⸀αὐτοῖς ὁ Ἰησοῦς,᾿ λέγων, "Θαρσεῖτε! Ἐγώ εἰμι, μὴ φοβεῖσθε."

28 Ἀποκριθεὶς δὲ αὐτῷ ὁ Πέτρος εἶπε,² "Κύριε, εἰ σὺ εἶ, κέλευσόν με ⸀πρός σε ἐλθεῖνˣ ἐπὶ τὰ ὕδατα."

29 Ὁ δὲ εἶπεν, "Ἐλθέ." Καὶ καταβὰς ἀπὸ τοῦ πλοίου °ὁ Πέτρος περιεπάτησεν ἐπὶ τὰ ὕδατα ⸀ἐλθεῖν πρὸς τὸν Ἰησοῦν.

30 Βλέπων δὲ τὸν ἄνεμον °ἰσχυρὸν ἐφοβήθη, καὶ ἀρξάμενος καταποντίζεσθαι ἔκραξε, λέγων, "Κύριε, σῶσόν με!"

---

¹22 μαθητας M^pt ℵC, Cr vs + αυτου M^pt B, TR
²28 αυτω ο Πετρος ειπε MℵC, TR Cr vs ο Πετρος ειπε M^r vs ο Πετρος ειπε αυτω B

---

22 □𝕲 vs M
24 ⸀σταδιους πολλους απο της γης απειχεν B vs 𝕸 ℵC
25 ⸀ηλθεν ℵB vs MC*^vid   25 □𝕲 vs 𝕸
25 ⸀την θαλασσαν ℵB vs 𝕸C
26 ⸀¹οι δε μαθηται ιδοντες αυτον B vs 𝕸C; (ιδοντες δε αυτον ℵ*)
26 ⸀²της θαλασσης 𝕲 vs 𝕸   27 ⸀ευθυς ℵB vs 𝕸C
27 ⸀231 B, [Cr] vs 𝕸C; (1 ℵ*)   28 ⸀312 𝕲 vs M
29 °ℵB vs 𝕸C, [Cr]   29 ⸀και ηλθεν B vs 𝕸; (ελθειν ηλθεν ουν ℵ*)
30 °ℵB* vs 𝕸C, [Cr]

31 Εὐθέως δὲ¹ ὁ Ἰησοῦς ἐκτείνας τὴν χεῖρα ἐπελάβετο αὐτοῦ καὶ λέγει αὐτῷ, "Ὀλιγόπιστε, εἰς τί ἐδίστασας?"
32 Καὶ ⌜ἐμβάντων αὐτῶν εἰς τὸ πλοῖον, ἐκόπασεν ὁ ἄνεμος. 33 Οἱ δὲ ἐν τῷ πλοίῳ ᵒἐλθόντες προσεκύνησαν αὐτῷ, λέγοντες, "Ἀληθῶς Θεοῦ Υἱὸς εἶ!"

Many Touch Jesus and Are Made Whole
(Mk. 6:53-56)

34 Καὶ διαπεράσαντες ἦλθον ⌜εἰς τὴν γῆν ᵀ Γεννησαρέτ.²
35 Καὶ ἐπιγνόντες αὐτὸν οἱ ἄνδρες τοῦ τόπου ἐκείνου ἀπέστειλαν εἰς ὅλην τὴν περίχωρον ἐκείνην, καὶ προσήνεγκαν αὐτῷ πάντας τοὺς κακῶς ἔχοντας, 36 καὶ παρεκάλουν αὐτὸν ἵνα³ μόνον ἅψωνται τοῦ κρασπέδου τοῦ ἱματίου αὐτοῦ. Καὶ ὅσοι ἥψαντο διεσώθησαν.

Defilement Comes from Within
(Mk. 7:1-23)

15 Τότε προσέρχονται τῷ Ἰησοῦ ᵒοἱ ἀπὸ Ἱεροσολύμων ˢγραμματεῖς καὶ Φαρισαῖοι,ᶻ λέγοντες, 2 "Διὰ τί οἱ μαθηταί σου παραβαίνουσι τὴν παράδοσιν τῶν πρεσβυτέρων? Οὐ γὰρ νίπτονται τὰς χεῖρας ᵒαὐτῶν ὅταν ἄρτον ἐσθίωσιν."
3 Ὁ δὲ ἀποκριθεὶς εἶπεν αὐτοῖς, "Διὰ τί καὶ ὑμεῖς παραβαίνετε τὴν ἐντολὴν τοῦ Θεοῦ διὰ τὴν παράδοσιν ὑμῶν? 4 Ὁ γὰρ Θεὸς ⌜ἐνετείλατο, λέγων,⌝ «Τίμα τὸν πατέρα⁴ καὶ τὴν μητέρα,» καί, «Ὁ κακολογῶν πατέρα ἢ μητέρα θανάτῳ τελευτάτω.» 5 Ὑμεῖς δὲ λέγετε, "Ὃς ἂν εἴπῃ τῷ πατρὶ ἢ τῇ μητρί, "Δῶρον, ὃ ἐὰν ἐξ ἐμοῦ

---

¹31 ευθεως δε **M** (ευθυς **א**) BC, **TR Cr** vs και ευθεως Mʳ
²34 Γεννησαρετ Mᵖᵗ**G**, **TR Cr** vs Γενησαρετ Mᵖᵗ vs Γεννησαρεθ Mᵖᵗ
³36 ινα M**G**, **TR Cr** vs +καν Mʳ
⁴4 πατερα M**G**, **Cr** vs +σου **TR**

---

32 ⌜αναβαντων **א**B vs 𝔐 C   33 ᵒ**א**B vs 𝔐   34 ⌜επι **G** vs 𝔐
34 ᵀεις **א**B vs 𝔐 C   1 ᵒ**א**B vs 𝔐 C   1 ˢ321 **א**B vs 𝔐 C
2 ᵒ**א**B vs 𝔐 C, [**Cr**]   4 ⌜ειπεν B vs 𝔐**א**C

4a Ex. 20:12; Deut. 5:16   4b Ex. 21:17

ὠφεληθῇς,"' 6 °καὶ οὐ μὴ ᵣτιμήσῃ τὸν πατέρα αὐτοῦ ἢ
τὴν μητέρα αὐτοῦ.¹ Καὶ ἠκυρώσατε ᶜτὴν ἐντολὴνˀ τοῦ
Θεοῦ διὰ τὴν παράδοσιν ὑμῶν. 7 Ὑποκριταί! Καλῶς •προ-
εφήτευσε περὶ ὑμῶν Ἠσαΐας, λέγων,

8 « ᵒ¹Ἐγγίζει μοιˋ ὁ λαὸς οὗτος ᵒ²τῷ στόματι αὐτῶν,
    Καὶˋ τοῖς χείλεσί με τιμᾷ,
    Ἡ δὲ καρδία αὐτῶν πόρρω ἀπέχει ἀπ' ἐμοῦ.
9   Μάτην δὲ σέβονταί με,
    Διδάσκοντες διδασκαλίας ἐντάλματα ἀνθρώπων.»

10 Καὶ προσκαλεσάμενος τὸν ὄχλον εἶπεν αὐτοῖς,
"Ἀκούετε καὶ συνίετε. 11 Οὐ τὸ εἰσερχόμενον εἰς τὸ στόμα
κοινοῖ τὸν ἄνθρωπον, ἀλλὰ τὸ ἐκπορευόμενον ἐκ τοῦ
στόματος, τοῦτο κοινοῖ τὸν ἄνθρωπον."
12 Τότε προσελθόντες οἱ μαθηταὶ °αὐτοῦ ᶜεἶπον αὐτῷ,
"Οἶδας ὅτι οἱ Φαρισαῖοι ἀκούσαντες τὸν λόγον ἐσκαν-
δαλίσθησαν?"
13 Ὁ δὲ ἀποκριθεὶς εἶπε, "Πᾶσα φυτεία ἣν οὐκ
ἐφύτευσεν ὁ Πατήρ μου ὁ οὐράνιος ἐκριζωθήσεται.
14 Ἄφετε αὐτούς. ˢ Ὁδηγοί εἰσι τυφλοὶˀ °τυφλῶν. Τυφλὸς
δὲ τυφλὸν ἐὰν ὁδηγῇ, ἀμφότεροι εἰς βόθυνον πεσοῦνται."²
15 Ἀποκριθεὶς δὲ ὁ Πέτρος εἶπεν αὐτῷ, "Φράσον ἡμῖν
τὴν παραβολὴν °ταύτην."
16 Ὁ δὲ ᵒἸησοῦς εἶπεν, "Ἀκμὴν καὶ ὑμεῖς ἀσύνετοί
ἐστε? 17 ᶜΟὔπω νοεῖτε ὅτι πᾶν τὸ εἰσπορευόμενον εἰς τὸ
στόμα εἰς τὴν κοιλίαν χωρεῖ καὶ εἰς ἀφεδρῶνα ἐκβάλλεται?
18 Τὰ δὲ ἐκπορευόμενα ἐκ τοῦ στόματος ἐκ τῆς καρδίας
ἐξέρχεται, κἀκεῖνα κοινοῖ τὸν ἄνθρωπον. 19 Ἐκ γὰρ τῆς

¹6 η την μητερα αυτου MC, TR vs η την μητερα Mʳ vs − אB, Cr
²14 πεσουνται MG, TR Cr vs εμπεσουνται Mʳ

6 °G vs 𝔐   6 ᶜτιμησει BC vs Mא
6 ᶜτον λογον B vs 𝔐; (τον νομον א*C)   7 •επροφητευσε G vs 𝔐
8 ᵒ¹²אB vs 𝔐C   12 °אB vs 𝔐C   12 ᶜλεγουσιν B vs 𝔐אC
14 ˢ321 B vs 𝔐א*C   14 °א*B vs 𝔐C, [Cr]   15 °אB vs 𝔐C, [Cr]
16 °אB vs 𝔐C   17 ᶜου B vs 𝔐אC

8,9 Is. 29:13 LXX

καρδίας ἐξέρχονται διαλογισμοὶ πονηροί, φόνοι, μοιχεῖαι, πορνεῖαι, κλοπαί, ψευδομαρτυρίαι, βλασφημίαι. **20** Ταῦτά ἐστι τὰ κοινοῦντα τὸν ἄνθρωπον, τὸ δὲ ἀνίπτοις χερσὶ φαγεῖν οὐ κοινοῖ τὸν ἄνθρωπον."

A Gentile Is Blessed for Her Faith
(Mk. 7:24-30)

21 Καὶ ἐξελθὼν ἐκεῖθεν ὁ Ἰησοῦς ἀνεχώρησεν εἰς τὰ μέρη Τύρου καὶ Σιδῶνος. **22** Καὶ ἰδού, γυνὴ Χαναναία ἀπὸ τῶν ὁρίων ἐκείνων ἐξελθοῦσα ⌐¹ἐκραύγασεν °αὐτῷ, λέγουσα, "Ἐλέησόν με, Κύριε, ⌐²Υἱὲ Δαβίδ! Ἡ θυγάτηρ μου κακῶς δαιμονίζεται." **23** Ὁ δὲ οὐκ ἀπεκρίθη αὐτῇ λόγον.

Καὶ προσελθόντες οἱ μαθηταὶ αὐτοῦ ⌐ἠρώτων αὐτόν, λέγοντες, "Ἀπόλυσον αὐτήν, ὅτι κράζει ὄπισθεν ἡμῶν."

24 Ὁ δὲ ἀποκριθεὶς εἶπεν, "Οὐκ ἀπεστάλην εἰ μὴ εἰς τὰ πρόβατα τὰ ἀπολωλότα οἴκου Ἰσραήλ."

25 Ἡ δὲ ἐλθοῦσα¹ προσεκύνησεν² αὐτῷ λέγουσα, "Κύριε, βοήθει μοι!"

26 Ὁ δὲ ἀποκριθεὶς εἶπεν, "Οὐκ ἔστι καλὸν λαβεῖν τὸν ἄρτον τῶν τέκνων καὶ βαλεῖν τοῖς κυναρίοις."

27 Ἡ δὲ εἶπε, "Ναί, Κύριε, καὶ γὰρ τὰ κυνάρια ἐσθίει ἀπὸ τῶν ψιχίων τῶν πιπτόντων ἀπὸ τῆς τραπέζης τῶν κυρίων αὐτῶν."

28 Τότε ἀποκριθεὶς ὁ Ἰησοῦς εἶπεν αὐτῇ, "Ὦ γύναι, μεγάλη σου ἡ πίστις! Γενηθήτω σοι ὡς θέλεις." Καὶ ἰάθη ἡ θυγάτηρ αὐτῆς ἀπὸ τῆς ὥρας ἐκείνης.

Jesus Heals Great Multitudes

29 Καὶ μεταβὰς ἐκεῖθεν ὁ Ἰησοῦς ἦλθε παρὰ τὴν θάλασσαν τῆς Γαλιλαίας, καὶ ἀναβὰς εἰς τὸ ὄρος ἐκάθητο

---

¹25 ελθουσα 𝔐𝕲, TR Cr vs απελθουσα 𝔐¹
²25 προσεκυνησεν 𝔐C vs προσεκυνει ℵ*B, TR Cr

---

22 ⌐¹εκραζεν B (εκραξεν ℵ*) vs 𝔐 C   22 °𝕲 vs 𝔐
22 ⌐²Υιος B vs 𝔐 ℵC   23 ⌐ηρωτουν 𝕲 vs 𝔐

ἐκεῖ. **30** Καὶ προσῆλθον αὐτῷ ὄχλοι πολλοί, ἔχοντες μεθ᾽ ἑαυτῶν χωλούς, ⸋τυφλούς, κωφούς, κυλλούς,⸌ καὶ ἑτέρους πολλούς, καὶ ἔρριψαν αὐτοὺς παρὰ τοὺς πόδας ⸀τοῦ Ἰησοῦ,⸌ καὶ ἐθεράπευσεν αὐτούς· **31** ὥστε ⸀τοὺς ὄχλους⸌ θαυμάσαι βλέποντας κωφοὺς λαλοῦντας, κυλλοὺς ὑγιεῖς, ᵀχωλοὺς περιπατοῦντας, καὶ τυφλοὺς βλέποντας· καὶ ἐδόξασαν¹ τὸν Θεὸν Ἰσραήλ.

Jesus Feeds the Four Thousand
(Mk. 8:1-10)

32 Ὁ δὲ Ἰησοῦς προσκαλεσάμενος τοὺς μαθητὰς αὐτοῦ εἶπε, "Σπλαγχνίζομαι ἐπὶ τὸν ὄχλον, ὅτι ἤδη ἡμέραι² τρεῖς προσμένουσί μοι καὶ οὐκ ἔχουσι τί φάγωσι. Καὶ ἀπολῦσαι αὐτοὺς νήστεις³ οὐ θέλω, μήποτε ἐκλυθῶσιν ἐν τῇ ὁδῷ."

33 Καὶ λέγουσιν αὐτῷ οἱ μαθηταὶ °αὐτοῦ, "Πόθεν ἡμῖν ἐν ἐρημίᾳ ἄρτοι τοσοῦτοι, ὥστε χορτάσαι ὄχλον τοσοῦτον?"

34 Καὶ λέγει αὐτοῖς ὁ Ἰησοῦς, "Πόσους ἄρτους ἔχετε?"

Οἱ δὲ εἶπον, "Ἑπτά, καὶ ὀλίγα ἰχθύδια."

35 Καὶ ⸀ἐκέλευσε ⸀τοῖς ὄχλοις⸌ ἀναπεσεῖν ἐπὶ τὴν γῆν. **36** ⸀Καὶ λαβὼν⸌ τοὺς ἑπτὰ ἄρτους καὶ τοὺς ἰχθύας, ᵀεὐχαριστήσας ἔκλασε, καὶ ⸀ἔδωκε τοῖς μαθηταῖς °αὐτοῦ, οἱ δὲ μαθηταὶ ⸀τῷ ὄχλῳ.⸌ **37** Καὶ ἔφαγον πάντες καὶ ἐχορτάσθησαν. Καὶ ⸋ἦραν τὸ περισσεῦον τῶν κλασμάτων,⸌ ἑπτὰ σπυρίδας πλήρεις. **38** Οἱ δὲ ἐσθίοντες ἦσαν τετρακισχίλιοι ἄνδρες, χωρὶς γυναικῶν καὶ παιδίων. **39** Καὶ

---

¹31 εδοξασαν **MBC**, **TR** **Cr** vs εδοξαζον M⸍א
²32 ημεραι M^{pt}**BC**, **Cr** vs ημερας M^{pt}א, **TR**
³32 νηστεις **MBC**, **TR** **Cr** vs νηστις M⸍א

---

30 ⸌132 א vs **M**; (213 **C**; 312 **B**)   30 ⸀αυτου אB vs 𝔐 **C**
31 ⸀τον οχλον אC vs 𝔐 B   31 ᵀκαι 𝕲 vs **M**
33 °אB vs 𝔐 **C**   35 ⸀παραγγειλας אB vs 𝔐 **C**
35 ⸀τω οχλω אB vs **M** (τους οχλους C)   36 ⸀ελαβεν אB vs 𝔐 **C**
36 ᵀκαι אB vs 𝔐   36 ⸀εδιδου אB vs 𝔐 **C**   36 °אB vs 𝔐 **C**
36 ⸀τοις οχλοις אB vs 𝔐 **C**   37 ⸌2-51 B vs 𝔐 א**C**

ἀπολύσας τοὺς ὄχλους ἀνέβη¹ εἰς τὸ πλοῖον καὶ ἦλθεν εἰς
τὰ ὅρια ⸀Μαγδαλά.

Discerning the Signs of the Times
(Mk. 8:11-13; Lk. 12:54-56)

16 Καὶ προσελθόντες οἱ Φαρισαῖοι καὶ Σαδδουκαῖοι
πειράζοντες ἐπηρώτησαν αὐτὸν σημεῖον ἐκ τοῦ
οὐρανοῦ ἐπιδεῖξαι αὐτοῖς. 2 Ὁ δὲ ἀποκριθεὶς εἶπεν
αὐτοῖς, "Ὀψίας γενομένης λέγετε, Εὐδία, πυρράζει γὰρ ὁ
οὐρανός.· 3 Καὶ πρωΐ, Σήμερον χειμών, πυρράζει γὰρ
στυγνάζων ὁ οὐρανός.· ° Ὑποκριταί! Τὸ μὲν πρόσωπον τοῦ
οὐρανοῦ γινώσκετε διακρίνειν, τὰ δὲ σημεῖα τῶν καιρῶν οὐ
δύνασθε. 4 Γενεὰ πονηρὰ καὶ μοιχαλὶς σημεῖον ἐπιζητεῖ, καὶ
σημεῖον οὐ δοθήσεται αὐτῇ εἰ μὴ τὸ σημεῖον Ἰωνᾶ ᵒτοῦ
προφήτου.⸜" Καὶ καταλιπὼν αὐτοὺς ἀπῆλθε.

Beware of the Leaven
of the Pharisees and Sadducees
(Mk. 8:14-21)

5 Καὶ ἐλθόντες οἱ μαθηταὶ ᵒαὐτοῦ εἰς τὸ πέραν
ἐπελάθοντο ἄρτους λαβεῖν. 6 Ὁ δὲ Ἰησοῦς εἶπεν αὐτοῖς,
"Ὁρᾶτε καὶ προσέχετε ἀπὸ τῆς ζύμης τῶν Φαρισαίων καὶ
Σαδδουκαίων."
7 Οἱ δὲ διελογίζοντο ἐν ἑαυτοῖς, λέγοντες ὅτι "Ἄρτους
οὐκ ἐλάβομεν."
8 Γνοὺς δὲ ὁ Ἰησοῦς εἶπεν ᵒαὐτοῖς, "Τί διαλογίζεσθε ἐν
ἑαυτοῖς, ὀλιγόπιστοι, ὅτι ἄρτους οὐκ ⸀ἐλάβετε? 9 Οὔπω
νοεῖτε, οὐδὲ μνημονεύετε τοὺς πέντε ἄρτους τῶν
πεντακισχιλίων καὶ πόσους κοφίνους ἐλάβετε? 10 Οὐδὲ

---

¹39 ανεβη MᵖᵗC vs ενεβη MᵖᵗℵB, TR Cr

---

39 ⸀Μαγαδαν ℵ*B vs 𝔐; (Μαγδαλαν C)
3 ᵒC* vs 𝔐; (− οψιας, verse 2, to δυνασθε, verse 3 ℵB, [Cr])
4 ᵒℵB vs 𝔐C   5 ᵒ𝕲 vs 𝔐   8 ᵒℵB vs MC
8 ⸀εχετε ℵB vs 𝔐C

τοὺς ἑπτὰ ἄρτους τῶν τετρακισχιλίων καὶ πόσας σπυρίδας ἐλάβετε? **11** Πῶς οὐ νοεῖτε ὅτι οὐ περὶ ⌐¹ἄρτου εἶπον ὑμῖν ⌐²προσέχειν ᵀ ἀπὸ τῆς ζύμης τῶν Φαρισαίων καὶ Σαδδουκαίων?" **12** Τότε συνῆκαν ὅτι οὐκ εἶπε προσέχειν ἀπὸ τῆς ζύμης ⌐τοῦ ἄρτου,⌐ ἀλλὰ ἀπὸ τῆς διδαχῆς τῶν Φαρισαίων καὶ Σαδδουκαίων.

Peter Confesses Jesus as the Christ
(Mk. 8:27-30; Lk. 9:18-20)

13 Ἐλθὼν δὲ ὁ Ἰησοῦς εἰς τὰ μέρη Καισαρείας τῆς Φιλίππου ἠρώτα τοὺς μαθητὰς αὐτοῦ, λέγων, "⌐Τίνα με λέγουσιν οἱ ἄνθρωποι εἶναι,⌐ τὸν Υἱὸν τοῦ Ἀνθρώπου?"

14 Οἱ δὲ εἶπον, "Οἱ μὲν Ἰωάννην τὸν Βαπτιστήν, ἄλλοι δὲ Ἠλίαν, ἕτεροι δὲ Ἰερεμίαν ἢ ἕνα τῶν προφητῶν."

15 Λέγει αὐτοῖς, "Ὑμεῖς δὲ τίνα με λέγετε εἶναι?"

16 Ἀποκριθεὶς δὲ Σίμων Πέτρος εἶπε, "Σὺ εἶ ὁ Χριστός, ὁ Υἱὸς τοῦ Θεοῦ τοῦ ζῶντος."

17 ⌐Καὶ ἀποκριθεὶς⌐ ὁ Ἰησοῦς εἶπεν αὐτῷ, "Μακάριος εἶ, Σίμων Βαριωνᾶ, ὅτι σὰρξ καὶ αἷμα οὐκ ἀπεκάλυψέ σοι, ἀλλ' ὁ Πατήρ μου ὁ ἐν τοῖς οὐρανοῖς. **18** Κἀγὼ δέ σοι λέγω ὅτι σὺ εἶ Πέτρος, καὶ ἐπὶ ταύτῃ τῇ πέτρᾳ οἰκοδομήσω μου τὴν ἐκκλησίαν, καὶ πύλαι ῞Αιδου οὐ κατισχύσουσιν αὐτῆς. **19** °Καὶ δώσω σοι τὰς ⌐κλεῖς τῆς βασιλείας τῶν οὐρανῶν, καὶ ὃ ἐὰν δήσῃς ἐπὶ τῆς γῆς ἔσται δεδεμένον ἐν τοῖς οὐρανοῖς, καὶ ὃ ἐὰν λύσῃς ἐπὶ τῆς γῆς ἔσται λελυμένον ἐν τοῖς οὐρανοῖς." **20** Τότε διεστείλατο τοῖς μαθηταῖς °αὐτοῦ ἵνα μηδενὶ εἴπωσιν ὅτι αὐτός ἐστιν Ἰησοῦς¹ ὁ Χριστός.

---

¹20 Ιησους MᵖᵗC, **TR** vs − Mᵖᵗℵ*B, **Cr**

---

11 ⌐¹αρτων 𝕲 vs 𝕸   11 ⌐²προσεχετε 𝕲 vs 𝕸   11 ᵀδε 𝕲 vs 𝕸
12 ⌐των αρτων B vs 𝕸C; (των Φαρισαιων και Σαδδουκαιων ℵ*)
13 ⌐13-6 B vs 𝕸 ; (1324-6 C; 14-63 ℵ*)
17 ⌐αποκριθεις δε ℵB vs 𝕸C   19 °ℵB* vs 𝕸C*
19 ⌐κλειδας ℵ*B* vs 𝕸C   20 °𝕲 vs 𝕸

Jesus Predicts His Death and Resurrection
(Mk. 8:31-33; Lk. 9:21,22)

21 Ἀπὸ τότε ἤρξατο ὁ Ἰησοῦς δεικνύειν τοῖς μαθηταῖς αὐτοῦ ὅτι δεῖ αὐτὸν ͚ἀπελθεῖν εἰς Ἰεροσόλυμα᷅ καὶ πολλὰ παθεῖν ἀπὸ τῶν πρεσβυτέρων καὶ ἀρχιερέων καὶ γραμματέων καὶ ἀποκτανθῆναι καὶ τῇ τρίτῃ ἡμέρᾳ ἐγερθῆναι. **22** Καὶ προσλαβόμενος αὐτὸν ὁ Πέτρος ἤρξατο ἐπιτιμᾶν αὐτῷ, λέγων, "Ἵλεώς σοι, Κύριε! Οὐ μὴ ἔσται σοι τοῦτο." **23** Ὁ δὲ στραφεὶς εἶπε τῷ Πέτρῳ, "Ὕπαγε ὀπίσω μου, Σατανᾶ! Σκάνδαλόν ᷈μου εἶ᷆, ὅτι οὐ φρονεῖς τὰ τοῦ Θεοῦ, ἀλλὰ τὰ τῶν ἀνθρώπων."

Taking Up the Cross
(Mk. 8:34-9:1; Lk. 9:23-27)

24 Τότε ὁ Ἰησοῦς εἶπε τοῖς μαθηταῖς αὐτοῦ, "Εἴ τις θέλει ὀπίσω μου ἐλθεῖν, ἀπαρνησάσθω ἑαυτὸν καὶ ἀράτω τὸν σταυρὸν αὐτοῦ καὶ ἀκολουθείτω μοι. **25** Ὃς γὰρ ͬἂν θέλῃ τὴν ψυχὴν αὐτοῦ σῶσαι ἀπολέσει αὐτήν, ὃς δ᾽ ἂν ἀπολέσῃ τὴν ψυχὴν αὐτοῦ ἕνεκεν ἐμοῦ εὑρήσει αὐτήν. **26** Τί γὰρ ͬὠφελεῖται ἄνθρωπος ἐὰν τὸν κόσμον ὅλον κερδήσῃ, τὴν δὲ ψυχὴν αὐτοῦ ζημιωθῇ; Ἢ τί δώσει ἄνθρωπος ἀντάλλαγμα τῆς ψυχῆς αὐτοῦ; **27** Μέλλει γὰρ ὁ Υἱὸς τοῦ Ἀνθρώπου ἔρχεσθαι ἐν τῇ δόξῃ τοῦ Πατρὸς αὐτοῦ μετὰ τῶν ἀγγέλων αὐτοῦ, καὶ τότε ἀποδώσει ἑκάστῳ κατὰ τὴν πρᾶξιν αὐτοῦ. **28** Ἀμὴν λέγω ὑμῖν, ͭεἰσί τινες ὧδε ἑστῶτες¹ οἵτινες οὐ μὴ γεύσωνται θανάτου ἕως ἂν ἴδωσι τὸν Υἱὸν τοῦ Ἀνθρώπου ἐρχόμενον ἐν τῇ βασιλείᾳ αὐτοῦ."

---

¹28 ωδε εστωτες **M** vs των ωδε εστωτων **G**, **Cr** vs των ωδε εστηκοτων **TR**

---

21 ⸆231 אB vs 𝔐c   23 ⸀ει εμου א*B vs 𝔐; (ει μου C)
25 ⸀εαν **G** vs 𝔐   26 ⸀ωφεληθησεται אB vs 𝔐c
28 ᵀοτι אB vs 𝔐c

Jesus Is Transfigured on the Mount
(Mk. 9:2-13; Lk. 9:28-36)

17 Καὶ μεθ᾽ ἡμέρας ἓξ παραλαμβάνει ὁ Ἰησοῦς τὸν Πέτρον καὶ Ἰάκωβον καὶ Ἰωάννην τὸν ἀδελφὸν αὐτοῦ, καὶ ἀναφέρει αὐτοὺς εἰς ὄρος ὑψηλὸν κατ᾽ ἰδίαν. 2 Καὶ μετεμορφώθη ἔμπροσθεν αὐτῶν, καὶ ἔλαμψε τὸ πρόσωπον αὐτοῦ ὡς ὁ ἥλιος, τὰ δὲ ἱμάτια αὐτοῦ ἐγένοντο¹ λευκὰ ὡς τὸ φῶς. 3 Καὶ ἰδού, ⌜ὤφθησαν αὐτοῖς Μωσῆς καὶ Ἠλίας ˢμετ᾽ αὐτοῦ συλλαλοῦντες.`

4 Ἀποκριθεὶς δὲ ὁ Πέτρος εἶπε τῷ Ἰησοῦ, "Κύριε, καλόν ἐστιν ἡμᾶς ὧδε εἶναι· εἰ θέλεις, ⌜ποιήσωμεν ὧδε τρεῖς σκηνάς, σοὶ μίαν καὶ Μωσῇ μίαν καὶ ˢμίαν Ἠλίᾳ.`"

5 Ἔτι αὐτοῦ λαλοῦντος, ἰδού, νεφέλη φωτεινὴ ἐπεσκίασεν αὐτούς· καὶ ἰδού, φωνὴ ἐκ τῆς νεφέλης, λέγουσα, "Οὗτός ἐστιν ὁ Υἱός μου ὁ ἀγαπητός, ἐν ᾧ εὐδόκησα. ˢΑὐτοῦ ἀκούετε.`!"

6 Καὶ ἀκούσαντες οἱ μαθηταὶ ἔπεσον ἐπὶ πρόσωπον αὐτῶν καὶ ἐφοβήθησαν σφόδρα. 7 Καὶ ⌜προσελθὼν ὁ Ἰησοῦς ἥψατο αὐτῶν καὶ⌝ εἶπεν, "Ἐγέρθητε καὶ μὴ φοβεῖσθε." 8 Ἐπάραντες δὲ τοὺς ὀφθαλμοὺς αὐτῶν, οὐδένα εἶδον εἰ μὴ ⌜τὸν Ἰησοῦν⌝ μόνον.

9 Καὶ καταβαινόντων αὐτῶν ἐκ² τοῦ ὄρους, ἐνετείλατο αὐτοῖς ὁ Ἰησοῦς, λέγων, "Μηδενὶ εἴπητε τὸ ὅραμα ἕως οὗ ὁ Υἱὸς τοῦ Ἀνθρώπου ἐκ νεκρῶν ⌜ἀναστῇ."

10 Καὶ ἐπηρώτησαν αὐτὸν οἱ μαθηταὶ °αὐτοῦ, λέγοντες, "Τί οὖν οἱ γραμματεῖς λέγουσιν ὅτι Ἠλίαν δεῖ ἐλθεῖν πρῶτον;"

---

¹2 εγενοντο Mᵖᵗ vs εγενετο MᵖᵗG, TR Cr
²9 εκ 𝔐G, Cr vs απο TR

---

3 ⌜ωφθη אB vs 𝔐 C   3 ˢ312 (א)(B) vs 𝔐 C
4 ⌜ποιησω G vs 𝔐   4 ˢאC vs MB   5 ˢאB vs 𝔐 C
7 ⌜προσηλθεν ο Ιησους και αψαμενος αυτων אB vs 𝔐 C
8 ⌜αυτον Ιησουν B* (ˢא) vs 𝔐 C   9 ⌜εγερθη B vs 𝔐 אC
10 °א vs 𝔐 BC

11 Ὁ δὲ °¹Ἰησοῦς ἀποκριθεὶς εἶπεν °²αὐτοῖς, "Ἡλίας μὲν ἔρχεται °³πρῶτον καὶ ἀποκαταστήσει πάντα. 12 Λέγω δὲ ὑμῖν ὅτι Ἡλίας ἤδη ἦλθε, καὶ οὐκ ἐπέγνωσαν αὐτόν, ἀλλὰ ἐποίησαν ἐν αὐτῷ ὅσα ἠθέλησαν. Οὕτω καὶ ὁ Υἱὸς τοῦ Ἀνθρώπου μέλλει πάσχειν ὑπ᾽ αὐτῶν." 13 Τότε συνῆκαν οἱ μαθηταὶ ὅτι περὶ Ἰωάννου τοῦ Βαπτιστοῦ εἶπεν αὐτοῖς.

Jesus Heals a Boy with an Unclean Spirit
(Mk. 9:14-29; Lk. 9:37-43a)

14 Καὶ ἐλθόντων °αὐτῶν πρὸς τὸν ὄχλον, προσῆλθεν αὐτῷ ἄνθρωπος γονυπετῶν αὐτὸν¹ καὶ λέγων, 15 "Κύριε, ἐλέησόν μου τὸν υἱόν, ὅτι σεληνιάζεται καὶ κακῶς πάσχει· πολλάκις γὰρ πίπτει εἰς τὸ πῦρ καὶ πολλάκις εἰς τὸ ὕδωρ. 16 Καὶ προσήνεγκα αὐτὸν τοῖς μαθηταῖς σου, καὶ οὐκ ἠδυνήθησαν αὐτὸν θεραπεῦσαι."

17 Ἀποκριθεὶς δὲ ὁ Ἰησοῦς εἶπεν, "Ὦ γενεὰ ἄπιστος καὶ διεστραμμένη, ἕως πότε ˢἔσομαι μεθ᾽ ὑμῶνˑ? Ἕως πότε ἀνέξομαι ὑμῶν; Φέρετέ μοι αὐτὸν ὧδε." 18 Καὶ ἐπετίμησεν αὐτῷ ὁ Ἰησοῦς, καὶ ἐξῆλθεν ἀπ᾽ αὐτοῦ τὸ δαιμόνιον· καὶ ἐθεραπεύθη² ὁ παῖς ἀπὸ τῆς ὥρας ἐκείνης.

19 Τότε προσελθόντες οἱ μαθηταὶ τῷ Ἰησοῦ κατ᾽ ἰδίαν εἶπον, "Διὰ τί ἡμεῖς οὐκ ἠδυνήθημεν ἐκβαλεῖν αὐτό;"

20 Ὁ δὲ ⌐¹Ἰησοῦς εἶπεν⌐ αὐτοῖς, "Διὰ τὴν ⌐ἀπιστίαν ὑμῶν. Ἀμὴν γὰρ λέγω ὑμῖν, ἐὰν ἔχητε πίστιν ὡς κόκκον σινάπεως, ἐρεῖτε τῷ ὄρει τούτῳ, ⌐²Μετάβηθι ἐντεῦθεν⌐ ἐκεῖ,᾽ καὶ μεταβήσεται· καὶ οὐδὲν ἀδυνατήσει ὑμῖν. 21 □Τοῦτο δὲ τὸ γένος οὐκ ἐκπορεύεται εἰ μὴ ἐν προσευχῇ καὶ νηστείᾳ.\"

---

¹14 αυτον 𝕸 G, Cr vs αυτω TR
²18 εθεραπευθη M G, TR Cr vs ιαθη Mʳ

---

11 °¹אB vs 𝕸 C   11 °²B vs 𝕸 אC   11 °³אB vs 𝕸 C
14 °אB vs 𝕸 C   17 ˢ231 G vs 𝕸
20 ⌐¹λεγει אB vs 𝕸 C   20 ⌐ολιγοπιστιαν אB vs 𝕸 C
20 ⌐²μεταβα ενθεν אB vs 𝕸 C   21 □א*B vs 𝕸 C

Jesus Again Predicts His Death and Resurrection
(Mk. 9:30-32; Lk. 9:43b-45)

22 ᵣ Ἀναστρεφομένων δὲ αὐτῶν ἐν τῇ Γαλιλαίᾳ, εἶπεν αὐτοῖς ὁ Ἰησοῦς, "Μέλλει ὁ Υἱὸς τοῦ Ἀνθρώπου παραδίδοσθαι εἰς χεῖρας ἀνθρώπων, 23 καὶ ἀποκτενοῦσιν αὐτόν, καὶ τῇ τρίτῃ ἡμέρᾳ ἐγερθήσεται." Καὶ ἐλυπήθησαν σφόδρα.

Peter and His Master Pay their Taxes

24 Ἐλθόντων δὲ αὐτῶν εἰς ⋅Καπερναούμ, προσῆλθον οἱ τὰ δίδραχμα λαμβάνοντες τῷ Πέτρῳ καὶ εἶπον, "Ὁ διδάσκαλος ὑμῶν οὐ τελεῖ °τὰ δίδραχμα?"
25 Λέγει, "Ναί."
Καὶ ὅτε εἰσῆλθεν¹ εἰς τὴν οἰκίαν, προέφθασεν αὐτὸν ὁ Ἰησοῦς, λέγων, "Τί σοι δοκεῖ, Σίμων? Οἱ βασιλεῖς τῆς γῆς ἀπὸ τίνων λαμβάνουσι τέλη ἢ κῆνσον? Ἀπὸ τῶν υἱῶν αὐτῶν ἢ ἀπὸ τῶν ἀλλοτρίων?"
26 ʳΛέγει αὐτῷ ὁ Πέτρος,ᵌ "Ἀπὸ τῶν ἀλλοτρίων."
Ἔφη αὐτῷ ὁ Ἰησοῦς, "Ἄρα γε ἐλεύθεροί εἰσιν οἱ υἱοί.
27 Ἵνα δὲ μὴ σκανδαλίσωμεν αὐτούς, πορευθεὶς εἰς τὴν² θάλασσαν βάλε ἄγκιστρον, καὶ τὸν ἀναβαίνοντα³ πρῶτον ἰχθὺν ἆρον. Καὶ ἀνοίξας τὸ στόμα αὐτοῦ εὑρήσεις στατῆρα· ἐκεῖνον λαβὼν δὸς αὐτοῖς ἀντὶ ἐμοῦ καὶ σοῦ."

Greatness in the Kingdom
(Mk. 9:33-37; Lk. 9:46-48)

18 Ἐν ἐκείνῃ τῇ ὥρᾳ προσῆλθον οἱ μαθηταὶ τῷ Ἰησοῦ, λέγοντες, "Τίς ἄρα μείζων ἐστὶν ἐν τῇ βασιλείᾳ τῶν οὐρανῶν?"

---

¹25 οτε εισηλθεν **M**, **TR** vs οτε εισηλθον **Mʳ** vs ελθοντα **B**, **Cr** vs οτε ηλθον **C** vs εισελθοντα **ℵ***
²27 την **M**, **TR** vs — **MʳℵB**, **Cr**
³27 αναβαινοντα **Mᵖᵗ** vs αναβαντα **MᵖᵗℵB**, **TR Cr**

---

22 ʳσυστρεφομενων **ℵB** vs 𝔐 **C**
24 ⋅Καφαρναουμ **ℵB** vs 𝔐 **C**   24 °ℵ* vs 𝔐 **BC**, [**Cr**]
26 ʳ ειποντος δε **B** vs 𝔐; (λεγει αυτω ο Πετρος απο των αλλοτριων ειποντος δε αυτου **C**; ο δε εφη απο των αλλοτριων ειποντος δε **ℵ**)

2 Καὶ προσκαλεσάμενος ᵒὁ Ἰησοῦςˋ παιδίον ἔστησεν αὐτὸ ἐν μέσῳ αὐτῶν, 3 καὶ εἶπεν, "ʼΑμὴν λέγω ὑμῖν, ἐὰν μὴ στραφῆτε καὶ γένησθε ὡς τὰ παιδία, οὐ μὴ εἰσέλθητε εἰς τὴν βασιλείαν τῶν οὐρανῶν. 4 ῞Οστις οὖν ταπεινώσει¹ ἑαυτὸν ὡς τὸ παιδίον τοῦτο, οὗτός ἐστιν ὁ μείζων ἐν τῇ βασιλείᾳ τῶν οὐρανῶν. 5 Καὶ ὃς ἐὰν δέξηται ῾παιδίον τοιοῦτον ἕνˋ ἐπὶ τῷ ὀνόματί μου, ἐμὲ δέχεται.

Jesus Warns of Offenses
(Mk. 9:42-48; Lk. 17:1, 2)

6 "῞Ος δʼ ἂν σκανδαλίσῃ ἕνα τῶν μικρῶν τούτων τῶν πιστευόντων εἰς ἐμέ, συμφέρει αὐτῷ ἵνα κρεμασθῇ μύλος ὀνικὸς εἰς² τὸν τράχηλον αὐτοῦ καὶ καταποντισθῇ ἐν τῷ πελάγει τῆς θαλάσσης. 7 Οὐαὶ τῷ κόσμῳ ἀπὸ τῶν σκανδάλων! ʼΑνάγκη γάρ ᵒ¹ἐστιν ἐλθεῖν τὰ σκάνδαλα, πλὴν οὐαὶ τῷ ἀνθρώπῳ ᵒ²ἐκείνῳ διʼ οὗ τὸ σκάνδαλον ἔρχεται! 8 Εἰ δὲ ἡ χείρ σου ἢ ὁ πούς σου σκανδαλίζει σε, ἔκκοψον ῾αὐτὰ καὶ βάλε ἀπὸ σοῦ. Καλόν σοί ἐστιν εἰσελθεῖν εἰς τὴν ζωὴν ˢχωλὸν ἢ κυλλόν,ˋ ἢ δύο χεῖρας ἢ δύο πόδας ἔχοντα βληθῆναι εἰς τὸ πῦρ τὸ αἰώνιον. 9 Καὶ εἰ ὁ ὀφθαλμός σου σκανδαλίζει σε, ἔξελε αὐτὸν καὶ βάλε ἀπὸ σοῦ. Καλόν σοί ἐστι μονόφθαλμον εἰς τὴν ζωὴν εἰσελθεῖν, ἢ δύο ὀφθαλμοὺς ἔχοντα βληθῆναι εἰς τὴν Γέενναν τοῦ πυρός.

The Parable of the Lost Sheep
(Lk. 15:3-7)

10 "῾Ορᾶτε μὴ καταφρονήσητε ἑνὸς τῶν μικρῶν τούτων, λέγω γὰρ ὑμῖν ὅτι οἱ ἄγγελοι αὐτῶν ἐν οὐρανοῖς διὰ παντὸς βλέπουσι τὸ πρόσωπον τοῦ Πατρός μου τοῦ ἐν

---

¹4 ταπεινωσει 𝔐 אB, Cr vs ταπεινωση TR
²6 εις 𝔐 vs περι אB, Cr vs επι TR

---

2 ᵒאB vs 𝔐
5 ῾εν παιδιον τοιουτο B vs 𝕸; (παιδιον εν τοιουτο א)
7 ᵒ¹B vs 𝔐א   7 ᵒ²א vs 𝔐B   8 ῾αυτον אB vs 𝔐
8 ˢ321 אB vs 𝔐

οὐρανοῖς. 11 □'Ἦλθε γὰρ ὁ Υἱὸς τοῦ Ἀνθρώπου σῶσαι τὸ ἀπολωλός.` 12 Τί ὑμῖν δοκεῖ; Ἐὰν γένηταί τινι ἀνθρώπῳ ἑκατὸν πρόβατα, καὶ πλανηθῇ ἓν ἐξ αὐτῶν, οὐχὶ ᴿἀφεὶς τὰ ἐνενήκοντα ἐννέα ἐπὶ τὰ ὄρη ᵀ πορευθεὶς ζητεῖ τὸ πλανώμενον; 13 Καὶ ἐὰν γένηται εὑρεῖν αὐτό, ἀμὴν λέγω ὑμῖν ὅτι χαίρει ἐπ' αὐτῷ μᾶλλον ἢ ἐπὶ τοῖς ἐνενήκοντα ἐννέα τοῖς μὴ πεπλανημένοις. 14 Οὕτως οὐκ ἔστι θέλημα ἔμπροσθεν τοῦ Πατρὸς ὑμῶν τοῦ ἐν οὐρανοῖς ἵνα ἀπόληται ᴿεἷς τῶν μικρῶν τούτων.

Restoration of a Brother
(Lk. 17:3, 4)

15 "Ἐὰν δὲ ἁμαρτήσῃ¹ □εἰς σὲ` ὁ ἀδελφός σου, ὕπαγε καὶ² ἔλεγξον αὐτὸν μεταξὺ σοῦ καὶ αὐτοῦ μόνου. Ἐάν σου ἀκούσῃ, ἐκέρδησας τὸν ἀδελφόν σου. 16 Ἐὰν δὲ μὴ ἀκούσῃ, παράλαβε μετὰ σοῦ ἔτι ἕνα ἢ δύο, ἵνα «ἐπὶ στόματος δύο μαρτύρων ἢ τριῶν σταθῇ πᾶν ῥῆμα.» 17 Ἐὰν δὲ παρακούσῃ αὐτῶν, εἰπὲ τῇ ἐκκλησίᾳ. Ἐὰν δὲ καὶ τῆς ἐκκλησίας παρακούσῃ, ἔστω σοι ὥσπερ ὁ ἐθνικὸς καὶ ὁ τελώνης. 18 Ἀμὴν λέγω ὑμῖν, ὅσα ἐὰν δήσητε ἐπὶ τῆς γῆς ἔσται δεδεμένα ἐν ᴿτῷ οὐρανῷ,` καὶ ὅσα ἐὰν λύσητε ἐπὶ τῆς γῆς ἔσται λελυμένα ἐν °τῷ οὐρανῷ. 19 Πάλιν ἀμὴν³ λέγω ὑμῖν ὅτι ἐὰν δύο ᴿὑμῶν συμφωνήσωσιν` ἐπὶ τῆς γῆς περὶ παντὸς πράγματος οὗ ἐὰν αἰτήσωνται, γενήσεται αὐταῖς παρὰ τοῦ Πατρός μου τοῦ ἐν οὐρανοῖς. 20 Οὐ γάρ εἰσι δύο ἢ τρεῖς συνηγμένοι εἰς τὸ ἐμὸν ὄνομα, ἐκεῖ εἰμι ἐν μέσῳ αὐτῶν."

---

¹15 αμαρτηση 𝕸אB, TR Cr vs αμαρτη Mʳ
²15 και Mᵖᵗ, TR vs − MᵖᵗאB, Cr
³19 αμην 𝕸 B, [Cr] vs − א, TR

---

11 □אB vs 𝕸   12 ᴿαφησει B vs 𝕸 א   12 ᵀκαι B vs 𝕸 א
14 ᴿεν אB vs 𝕸   15 □אB vs 𝕸, [Cr]
18 ᴿουρανω B vs 𝕸; (τοις ουρανοις א)   18 °אB vs 𝕸
19 ᴿσυμφωνησωσιν εξ υμων (συμφωνησουσιν א) B vs 𝕸

---

16 Deut. 19:15

The Parable of the Unforgiving Servant

21 Τότε προσελθὼν ⸆αὐτῷ ὁ Πέτρος εἶπε,⸃ "Κύριε, ποσάκις ἁμαρτήσει εἰς ἐμὲ ὁ ἀδελφός μου, καὶ ἀφήσω αὐτῷ? Ἕως ἑπτάκις?" **22** Λέγει αὐτῷ ὁ Ἰησοῦς, "Οὐ λέγω σοι ἕως ἑπτάκις, ἀλλ' ἕως ἑβδομηκοντάκις ἑπτά. **23** Διὰ τοῦτο ὡμοιώθη ἡ βασιλεία τῶν οὐρανῶν ἀνθρώπῳ βασιλεῖ ὃς ἠθέλησε συνᾶραι λόγον μετὰ τῶν δούλων αὐτοῦ. **24** Ἀρξαμένου δὲ αὐτοῦ συναίρειν, προσηνέχθη αὐτῷ εἷς ὀφειλέτης μυρίων ταλάντων. **25** Μὴ ἔχοντος δὲ αὐτοῦ ἀποδοῦναι, ἐκέλευσεν αὐτὸν ὁ κύριος °¹αὐτοῦ πραθῆναι, καὶ τὴν γυναῖκα °²αὐτοῦ καὶ τὰ τέκνα καὶ πάντα ὅσα ⸀εἶχε, καὶ ἀποδοθῆναι. **26** Πεσὼν οὖν ὁ δοῦλος προσεκύνει αὐτῷ, λέγων °Κύριε, μακροθύμησον ἐπ' ἐμοί, καὶ πάντα ⸋σοι ἀποδώσω.⸌ **27** Σπλαγχνισθεὶς δὲ ὁ κύριος τοῦ δούλου ἐκείνου ἀπέλυσεν αὐτόν, καὶ τὸ δάνειον ἀφῆκεν αὐτῷ.

28 "Ἐξελθὼν δὲ ὁ δοῦλος ἐκεῖνος εὗρεν ἕνα τῶν συνδούλων αὐτοῦ ὃς ὤφειλεν αὐτῷ ἑκατὸν δηνάρια. Καὶ κρατήσας αὐτὸν ἔπνιγε, λέγων, 'Ἀπόδος °μοι εἴ¹ τι ὀφείλεις!' **29** Πεσὼν οὖν ὁ σύνδουλος αὐτοῦ ⸂εἰς τοὺς πόδας αὐτοῦ⸃ παρεκάλει αὐτόν, λέγων, 'Μακροθύμησον ἐπ' ἐμοί, καὶ² ἀποδώσω σοι.' **30** Ὁ δὲ οὐκ ἤθελεν, ἀλλὰ ἀπελθὼν ἔβαλεν αὐτὸν εἰς φυλακὴν ἕως °οὗ ἀποδῷ τὸ ὀφειλόμενον. **31** Ἰδόντες ⸀δὲ οἱ σύνδουλοι αὐτοῦ τὰ γενόμενα ἐλυπήθησαν σφόδρα, καὶ ἐλθόντες διεσάφησαν τῷ κυρίῳ ἑαυτῶν³ πάντα τὰ γενόμενα.

32 "Τότε προσκαλεσάμενος αὐτὸν ὁ κύριος αὐτοῦ λέγει αὐτῷ, 'Δοῦλε πονηρέ, πᾶσαν τὴν ὀφειλὴν ἐκείνην ἀφῆκά

---

¹28 ει 𝕸 𝕲, Cr vs ο TR
²29 και 𝕸𝕲, Cr vs +παντα TR
³31 εαυτων 𝕸𝕲, Cr vs αυτων TR

---

21 ⸂2-41 B vs 𝕸; (2-4 ℵ*)
25 °¹ ²ℵB vs 𝕸   25 ⸀εχει B vs 𝕸ℵ   26 °B vs 𝕸ℵ
26 ⸌ℵB vs 𝕸   28 °ℵB vs 𝕸C   29 ▫𝕲 vs 𝕸
30 °𝕲 vs 𝕸   31 ⸀ουν ℵ*B vs 𝕸C

σοι, ἐπεὶ παρεκάλεσάς με. **33** Οὐκ ἔδει καὶ σὲ ἐλεῆσαι τὸν σύνδουλόν σου, ὡς ⸀καὶ ἐγώ⸃ σε ἠλέησα?⸃ **34** Καὶ ὀργισθεὶς ὁ κύριος αὐτοῦ παρέδωκεν αὐτὸν τοῖς βασανισταῖς ἕως οὗ ἀποδῷ πᾶν τὸ ὀφειλόμενον °αὐτῷ. **35** Οὕτω καὶ ὁ Πατήρ μου ὁ ⸀ἐπουράνιος ποιήσει ὑμῖν ἐὰν μὴ ἀφῆτε ἕκαστος τῷ ἀδελφῷ αὐτοῦ ἀπὸ τῶν καρδιῶν ὑμῶν ⸀τὰ παραπτώματα αὐτῶν.⸃⸃

19 Καὶ ἐγένετο ὅτε ἐτέλεσεν ὁ Ἰησοῦς τοὺς λόγους τούτους, μετῆρεν ἀπὸ τῆς Γαλιλαίας καὶ ἦλθεν εἰς τὰ ὅρια τῆς Ἰουδαίας πέραν τοῦ Ἰορδάνου. **2** Καὶ ἠκολούθησαν αὐτῷ ὄχλοι πολλοί, καὶ ἐθεράπευσεν αὐτοὺς ἐκεῖ.

Jesus Teaches on Divorce
(Mk. 10:1-12)

3 Καὶ προσῆλθον αὐτῷ °¹οἱ Φαρισαῖοι πειράζοντες αὐτόν, καὶ λέγοντες °²αὐτῷ, "Εἰ ἔξεστιν ἀνθρώπῳ ἀπολῦσαι τὴν γυναῖκα αὐτοῦ κατὰ πᾶσαν αἰτίαν?"

4 Ὁ δὲ ἀποκριθεὶς εἶπεν °αὐτοῖς, "Οὐκ ἀνέγνωτε ὅτι ὁ ⸀ποιήσας ἀπ᾽ ἀρχῆς «ἄρσεν καὶ θῆλυ ἐποίησεν αὐτούς»?
5 Καὶ εἶπεν,

"«•‧Ἕνεκεν τούτου καταλείψει ἄνθρωπος τὸν πατέρα¹
   καὶ τὴν μητέρα
Καὶ προσκολληθήσεται² τῇ γυναικὶ³ αὐτοῦ,
Καὶ ἔσονται οἱ δύο εἰς σάρκα μίαν.»

---

¹5 πατερα M^{pt}אB, TR Cr vs + αυτου M^{pt}C
²5 προσκολληθησεται M^{pt} (א) C, TR vs κολληθησεται M^{pt}B, Cr
³5 τη γυναικι M (א) BC, TR Cr vs προς την γυναικα M^r

---

33 ⸀καγω אB vs 𝔐C   **34** °B vs 𝔐א*C
35 ⸀ουρανιος אB vs MC*^{vid}   **35** ⸀אB vs 𝔐C   **3** °¹BC vs 𝔐א
3 °²𝔊 vs M   **4** °אB vs 𝔐C   **4** ⸀κτισας B vs 𝔐אC
5 •ενεκα אB vs 𝔐C

---

4 Gen. 1:27; 5:2   5 Gen. 2:24

6 Ὥστε οὐκέτι εἰσὶ δύο, ἀλλὰ σὰρξ μία. Ὃ οὖν ὁ Θεὸς συνέζευξεν, ἄνθρωπος μὴ χωριζέτω."

7 Λέγουσιν αὐτῷ, "Τί οὖν Μωσῆς ἐνετείλατο δοῦναι βιβλίον ἀποστασίου καὶ ἀπολῦσαι °αὐτήν?"

8 Λέγει αὐτοῖς ὅτι "Μωσῆς πρὸς τὴν σκληροκαρδίαν ὑμῶν ἐπέτρεψεν ὑμῖν ἀπολῦσαι τὰς γυναῖκας ὑμῶν, ἀπ' ἀρχῆς δὲ οὐ γέγονεν οὕτω. **9** Λέγω δὲ ὑμῖν ὅτι ὃς ἂν ἀπολύσῃ τὴν γυναῖκα αὐτοῦ μὴ ἐπὶ πορνείᾳ¹ καὶ γαμήσῃ ἄλλην ʿμοιχᾶται· καὶ ὁ ἀπολελυμένην γαμήσας μοιχᾶται.\"

10 Λέγουσιν αὐτῷ οἱ μαθηταὶ °αὐτοῦ, "Εἰ οὕτως ἐστὶν ἡ αἰτία τοῦ ἀνθρώπου μετὰ τῆς γυναικός, οὐ συμφέρει γαμῆσαι."

Jesus Teaches on Celibacy

11 Ὁ δὲ εἶπεν αὐτοῖς, "Οὐ πάντες χωροῦσι τὸν λόγον °τοῦτον, ἀλλ' οἷς δέδοται. **12** Εἰσὶ γὰρ εὐνοῦχοι οἵτινες ἐκ κοιλίας μητρὸς ἐγεννήθησαν οὕτω, καὶ εἰσὶν εὐνοῦχοι οἵτινες εὐνουχίσθησαν ὑπὸ τῶν ἀνθρώπων, καὶ εἰσὶν εὐνοῦχοι οἵτινες εὐνούχισαν ἑαυτοὺς διὰ τὴν βασιλείαν τῶν οὐρανῶν. Ὁ δυνάμενος χωρεῖν χωρείτω."

Jesus Blesses Little Children
(Mk. 10:13-16; Lk. 18:15-17)

13 Τότε ʿπροσηνέχθη αὐτῷ παιδία, ἵνα τὰς χεῖρας ἐπιθῇ αὐτοῖς καὶ προσεύξηται· οἱ δὲ μαθηταὶ ἐπετίμησαν αὐτοῖς. **14** Ὁ δὲ Ἰησοῦς εἶπεν, "Ἄφετε τὰ παιδία, καὶ μὴ κωλύετε αὐτὰ ἐλθεῖν πρός με· τῶν γὰρ τοιούτων ἐστὶν ἡ βασιλεία

---

¹9 μη επι πορνεια 𝔐 ℵC, Cr vs παρεκτος λογου πορνειας B vs ει μη επι πορνεια TR

---

7 °ℵ vs 𝔐 BC, [Cr]
9 ʿμοιχαται (ℵ) vs 𝔐 ;(ποιει αυτην μοιχευθηναι και ο απολελυμενη γαμησας μοιχαται B [γαμων for γαμησας C*])
10 °ℵB vs 𝔐, [Cr]   11 °B vs 𝔐 ℵC, [Cr]
13 ʿπροσηνεχθησαν 𝔊 vs 𝔐

τῶν οὐρανῶν." 15 Καὶ ἐπιθεὶς ⸃αὐτοῖς τὰς χεῖρας⸂ ἐπορεύθη ἐκεῖθεν.

The Rich Young Ruler
(Mk. 10:17-22; Lk. 18:18-23)

16 Καὶ ἰδού, εἷς¹ προσελθὼν ⸆εἶπεν αὐτῷ,⸊ "Διδάσκαλε °ἀγαθέ, τί ἀγαθὸν ⸆ποιήσω ἵνα ἔχω ζωὴν αἰώνιον⸃?"
17 Ὁ δὲ εἶπεν αὐτῷ, "Τί με ⸂¹λέγεις ἀγαθόν⸃? ⸂²Οὐδεὶς ἀγαθὸς εἰ μὴ εἷς, ὁ Θεός.⸃ Εἰ δὲ θέλεις ⸆εἰσελθεῖν εἰς τὴν ζωήν,⸊ τήρησον τὰς ἐντολάς."
18 Λέγει αὐτῷ, "Ποίας?"
Ὁ δὲ Ἰησοῦς εἶπε, "Τὸ «Οὐ φονεύσεις, Οὐ μοιχεύσεις, Οὐ κλέψεις, Οὐ ψευδομαρτυρήσεις, 19 Τίμα τὸν πατέρα² καὶ τὴν μητέρα,» καὶ «Ἀγαπήσεις τὸν πλησίον σου ὡς σεαυτόν.»"
20 Λέγει αὐτῷ ὁ νεανίσκος, "Πάντα ταῦτα ⸀ἐφυλαξάμην ⸂ἐκ νεότητός μου.⸃ Τί ἔτι ὑστερῶ?"
21 Ἔφη αὐτῷ ὁ Ἰησοῦς, "Εἰ θέλεις τέλειος εἶναι, ὕπαγε πώλησόν σου τὰ ὑπάρχοντα καὶ δὸς ⸆πτωχοῖς, καὶ ἕξεις θησαυρὸν ἐν ⸀οὐρανῷ, καὶ δεῦρο ἀκολούθει μοι."
22 Ἀκούσας δὲ ὁ νεανίσκος τὸν λόγον ἀπῆλθε λυπούμενος, ἦν γὰρ ἔχων κτήματα πολλά.

---

¹16 εις 𝕸𝕲, TR Cr vs + τις 𝕸ʳ
²19 πατερα 𝕸𝕲, Cr vs + σου TR

---

15 ⸃τας χειρας αυτοις B vs 𝕸𝕮; (τας χειρας επ αυτους ℵ)
16 ⸆ℵB vs 𝕸𝕮   16 °ℵB vs 𝕸𝕮
16 ⸃ποιησω ινα σχω ζωην αιωνιον BC*ᵛⁱᵈ vs 𝕸; (ποιησας ζωην αιωνιον κληρονομησω ℵ)
17 ⸂¹ερωτας περι του αγαθου ℵB vs 𝕸𝕮
17 ⸂²εις εστιν ο αγαθος ℵ (− εις B*) vs 𝕸𝕮   17 ⸊2-41 𝕲 vs 𝕸
20 ⸀εφυλαξα ℵB vs 𝕸𝕮   20 ⸂ℵ*B vs 𝕸𝕮
21 ⸆τοις B[Cr] vs 𝕸 ℵC   21 ⸀ουρανοις BC vs 𝕸 ℵ

18,19a Ex. 20:12-16; Deut. 5:16-20   19b Lev. 19:18

Possessions and the Kingdom of God
(Mk. 10:23-31; Lk. 18:24-30)

23 Ὁ δὲ Ἰησοῦς εἶπε τοῖς μαθηταῖς αὐτοῦ, "'Ἀμὴν λέγω ὑμῖν ὅτι ⸆δυσκόλως πλούσιος⸃ εἰσελεύσεται εἰς τὴν βασιλείαν τῶν οὐρανῶν. 24 Πάλιν δὲ λέγω ὑμῖν, εὐκοπώτερόν ἐστι κάμηλον διὰ τρυπήματος ῥαφίδος διελθεῖν¹ ἢ πλούσιον ⸀εἰς τὴν βασιλείαν τοῦ Θεοῦ εἰσελθεῖν.⸃"
25 Ἀκούσαντες δὲ οἱ μαθηταὶ °αὐτοῦ ἐξεπλήσσοντο σφόδρα, λέγοντες, "Τίς ἄρα δύναται σωθῆναι?"
26 Ἐμβλέψας δὲ ὁ Ἰησοῦς εἶπεν αὐτοῖς, "Παρὰ ἀνθρώποις τοῦτο ἀδύνατόν ἐστιν, παρὰ δὲ Θεῷ πάντα δυνατά."²
27 Τότε ἀποκριθεὶς ὁ Πέτρος εἶπεν αὐτῷ, "'Ἰδού, ἡμεῖς ἀφήκαμεν πάντα καὶ ἠκολουθήσαμέν σοι. Τί ἄρα ἔσται ἡμῖν?"
28 Ὁ δὲ Ἰησοῦς εἶπεν αὐτοῖς, "'Ἀμὴν λέγω ὑμῖν ὅτι ὑμεῖς οἱ ἀκολουθήσαντές μοι, ἐν τῇ Παλιγγενεσίᾳ ὅταν καθίσῃ ὁ Υἱὸς τοῦ Ἀνθρώπου ἐπὶ θρόνου δόξης αὐτοῦ, ⸂καθίσεσθε καὶ ὑμεῖς ἐπὶ δώδεκα θρόνους, κρίνοντες τὰς δώδεκα φυλὰς τοῦ Ἰσραήλ. 29 Καὶ πᾶς ⸂ὃς ἀφῆκεν οἰκίας ἢ ἀδελφοὺς ἢ ἀδελφὰς ἢ πατέρα ἢ μητέρα ἢ γυναῖκα ἢ τέκνα ἢ ἀγροὺς³ ἕνεκεν τοῦ ὀνόματός μου ἑκατονταπλασίονα λήψεται καὶ ζωὴν αἰώνιον κληρονομήσει. 30 Πολλοὶ δὲ ἔσονται πρῶτοι ἔσχατοι, καὶ ἔσχατοι πρῶτοι.

---

¹24 διελθειν **MB**, TR Cr vs εισελθειν **M'אC**
²26 παντα δυνατα M (⸆א) BC*, Cr vs +εστι TR
³29 οικιας η αδελφους η αδελφας η πατερα η μητερα η γυναικα η τεκνα η αγρους **M**, **TR** vs οικιαν η αδ. η αδ. η πατ. η μητ. η γυν. η τεκ. η αγ. **M'** vs οικιας η αδ. η αδ. η πατ. η μητ. η τεκ. η αγ. **B**, **Cr** vs αδ. η αδ. η πατ. η μητ. η γυν. η τεκ. η αγ. **א*** vs αδ. η αδ. η πατ. η μητ. η γυν. η τεκ. η αγ. η οικιας **C***

---

23 ⸆**G** vs 𝔐   24 ⸂61-5 B vs 𝔐C; (1-5 א)
25 °**G** vs M   28 ⸂καθησεσθε **G** vs 𝔐   29 ⸂οστις **G** vs M

The Parable of the Workers in the Vineyard

20 “Ὁμοία γάρ ἐστιν ἡ βασιλεία τῶν οὐρανῶν ἀνθρώπῳ
οἰκοδεσπότῃ ὅστις ἐξῆλθεν ἅμα πρωῒ μισθώσασθαι
ἐργάτας εἰς τὸν ἀμπελῶνα αὐτοῦ. **2** Καὶ συμφωνήσας[1]
μετὰ τῶν ἐργατῶν ἐκ δηναρίου τὴν ἡμέραν, ἀπέστειλεν
αὐτοὺς εἰς τὸν ἀμπελῶνα αὐτοῦ. **3** Καὶ ἐξελθὼν περὶ[2]
τρίτην ὥραν εἶδεν ἄλλους ἑστῶτας ἐν τῇ ἀγορᾷ ἀργούς.
4 Καὶ ἐκείνοις[3] εἶπεν, ‘Ὑπάγετε καὶ ὑμεῖς εἰς τὸν
ἀμπελῶνα, καὶ ὃ ἐὰν ᾖ δίκαιον δώσω ὑμῖν.’ Οἱ δὲ ἀπῆλθον.
5 Πάλιν ⸆ ἐξελθὼν περὶ ἕκτην καὶ ἐνάτην ὥραν ἐποίησεν
ὡσαύτως. **6** Περὶ δὲ τὴν ἑνδεκάτην °1ὥραν ἐξελθὼν εὗρεν
ἄλλους ἑστῶτας °2ἀργούς, καὶ λέγει αὐτοῖς, ‘Τί ὧδε
ἑστήκατε ὅλην τὴν ἡμέραν ἀργοί?’ **7** Λέγουσιν αὐτῷ, ‘Ὅτι
οὐδεὶς ἡμᾶς ἐμισθώσατο.’ Λέγει αὐτοῖς, ‘Ὑπάγετε καὶ
ὑμεῖς εἰς τὸν ἀμπελῶνα, □καὶ ὃ ἐὰν ᾖ δίκαιον λήψεσθε.\’
8 Ὀψίας δὲ γενομένης, λέγει ὁ κύριος τοῦ ἀμπελῶνος τῷ
ἐπιτρόπῳ αὐτοῦ, ‘Κάλεσον τοὺς ἐργάτας καὶ ἀπόδος
αὐτοῖς τὸν μισθόν, ἀρξάμενος ἀπὸ τῶν ἐσχάτων ἕως τῶν
πρώτων.’

9 “Καὶ ἐλθόντες οἱ περὶ τὴν ἑνδεκάτην ὥραν ἔλαβον ἀνὰ
δηνάριον. **10** ⸂1Ἐλθόντες δὲ⸃ οἱ πρῶτοι ἐνόμισαν ὅτι
⸀πλείονα λήψονται· καὶ ἔλαβον ⸂2καὶ αὐτοὶ ἀνὰ δηνάριον.⸃
11 Λαβόντες δὲ ἐγόγγυζον κατὰ τοῦ οἰκοδεσπότου,
12 λέγοντες °ὅτι ‘Οὗτοι οἱ ἔσχατοι μίαν ὥραν ἐποίησαν, καὶ
ἴσους ἡμῖν αὐτοὺς ἐποίησας τοῖς βαστάσασι τὸ βάρος τῆς
ἡμέρας καὶ τὸν καύσωνα.’ **13** Ὁ δὲ ἀποκριθεὶς ⸉εἶπεν
ἑνὶ αὐτῶν,⸊ ‘Ἑταῖρε, οὐκ ἀδικῶ σε. Οὐχὶ δηναρίου

---

[1]2 και συμφωνησας **M** vs συμφωνησας δε **Ͼ**, **TR Cr**

[2]3 περι **𝔐 Ͼ**, **Cr** vs + την **TR**

[3]4 και εκεινοις **M**א**B**, **Cr** vs κακεινοις **C**, **TR**

---

5 ⸆[δε]א**C** vs **𝔐 B** **6** °1א**B** vs **𝔐 C** **6** °2א**B** vs **𝔐 C***

7 □א**B** vs **𝔐 C** **10** ⸂1και ελθοντες **BC** vs **𝔐** א

10 ⸀πλειον **BC*** vs **𝔐** א

10 ⸂2το ανα δηναριον και αυτοι א (− το **B**), [**Cr**] vs **𝔐**; (και αυτοι το ανα δηναριον **C**)

12 °א**B** vs **𝔐 C*** **13** ⸉231 א vs **𝔐 C**; (321 **B**)

συνεφώνησάς μοι? **14** Ἆρον τὸ σὸν καὶ ὕπαγε. Θέλω δὲ
τούτῳ τῷ ἐσχάτῳ δοῦναι ὡς καὶ σοί. **15** °Ἢ οὐκ ἔξεστί μοι
ʃποιῆσαι ὃ θέλωˀ ἐν τοῖς ἐμοῖς? Εἰ[1] ὁ ὀφθαλμός σου
πονηρός ἐστιν ὅτι ἐγὼ ἀγαθός εἰμι?' **16** Οὕτως ἔσονται οἱ
ἔσχατοι πρῶτοι, καὶ οἱ πρῶτοι ἔσχατοι. □Πολλοὶ γάρ εἰσι
κλητοί, ὀλίγοι δὲ ἐκλεκτοί.\"

Jesus a Third Time Predicts His Death and Resurrection (Mk. 10:32-34; Lk. 18:31-34)

17 Καὶ ἀναβαίνων ὁ Ἰησοῦς εἰς Ἱεροσόλυμα παρέλαβε
τοὺς δώδεκα °μαθητὰς κατ' ἰδίαν ʃἐν τῇ ὁδῷ καὶˀ εἶπεν
αὐτοῖς, **18** "Ἰδού, ἀναβαίνομεν εἰς Ἱεροσόλυμα, καὶ ὁ Υἱὸς
τοῦ Ἀνθρώπου παραδοθήσεται τοῖς ἀρχιερεῦσι καὶ
γραμματεῦσι, καὶ κατακρινοῦσιν αὐτὸν θανάτῳ, **19** καὶ
παραδώσουσιν αὐτὸν τοῖς ἔθνεσιν εἰς τὸ ἐμπαῖξαι καὶ
μαστιγῶσαι καὶ σταυρῶσαι. Καὶ τῇ τρίτῃ ἡμέρᾳ ʳἀνα-
στήσεται."

Greatness Through Suffering and Service (Mk. 10:35-45)

20 Τότε προσῆλθεν αὐτῷ ἡ μήτηρ τῶν υἱῶν Ζεβεδαίου
μετὰ τῶν υἱῶν αὐτῆς, προσκυνοῦσα καὶ αἰτοῦσά τι ʳπαρ'
αὐτοῦ. **21** Ὁ δὲ εἶπεν αὐτῇ, "Τί θέλεις?"

Λέγει αὐτῷ, "Εἰπὲ ἵνα καθίσωσιν οὗτοι οἱ δύο υἱοί μου εἷς
ἐκ δεξιῶν σου καὶ εἷς ἐξ εὐωνύμων σου[2] ἐν τῇ βασιλείᾳ
σου."

22 Ἀποκριθεὶς δὲ ὁ Ἰησοῦς εἶπεν, "Οὐκ οἴδατε τί
αἰτεῖσθε. Δύνασθε πιεῖν τὸ ποτήριον ὃ ἐγὼ μέλλω πίνειν
ἢ[3] □τὸ βάπτισμα ὃ ἐγὼ βαπτίζομαι βαπτισθῆναι\?"

---

[1]15 ει M^pt vs η M^pt 𝔈, **TR Cr**
[2]21 σου 𝔐 𝔈, **Cr** vs – **TR**
[3]22 η 𝔐 C vs και **TR** vs – ℵB, **Cr**

---

15 °B vs 𝔐 ℵC, [**Cr**] **15** ʃ231 ℵB vs 𝔐 C **16** □ℵB vs 𝔐 C
17 °ℵ vs 𝔐 BC, [**Cr**] **17** ʃ41-3 ℵB vs 𝔐 C
19 ʳεγερθησεται (ℵ) C* vs 𝔐 B **20** ʳαπ B vs 𝔐 ℵC
22 □ℵB vs 𝔐 C

Λέγουσιν αὐτῷ, "Δυνάμεθα."

23 °ⁱΚαὶ λέγει αὐτοῖς, "Τὸ μὲν ποτήριόν μου πίεσθε □καὶ τὸ βάπτισμα ὃ ἐγὼ βαπτίζομαι βαπτισθήσεσθε·᾽ τὸ δὲ καθίσαι ἐκ δεξιῶν μου καὶ ἐξ εὐωνύμων °²μου οὐκ ἔστιν ἐμὸν ᵀ δοῦναι, ἀλλ᾽ οἷς ἡτοίμασται ὑπὸ τοῦ Πατρός μου."

24 Καὶ ἀκούσαντες οἱ δέκα ἠγανάκτησαν περὶ τῶν δύο ἀδελφῶν. 25 Ὁ δὲ Ἰησοῦς προσκαλεσάμενος αὐτοὺς εἶπεν, "Οἴδατε ὅτι οἱ ἄρχοντες τῶν ἐθνῶν κατακυριεύουσιν αὐτῶν, καὶ οἱ μεγάλοι κατεξουσιάζουσιν αὐτῶν. 26 Οὐχ οὕτως δὲ¹ ἔσται ἐν² ὑμῖν· ἀλλ᾽ ὃς ἐὰν θέλῃ ἐν ὑμῖν μέγας γενέσθαι ἔσται³ ὑμῶν διάκονος. 27 Καὶ ὃς ᵀἐὰν θέλῃ ἐν ὑμῖν εἶναι πρῶτος ἔστω⁴ ὑμῶν δοῦλος· 28 ὥσπερ ὁ Υἱὸς τοῦ Ἀνθρώπου οὐκ ἦλθε διακονηθῆναι, ἀλλὰ διακονῆσαι, καὶ δοῦναι τὴν ψυχὴν αὐτοῦ λύτρον ἀντὶ πολλῶν."

Two Blind Men Receive Their Sight
(Mk. 10:46-52; Lk. 18:35-43)

29 Καὶ ἐκπορευομένων αὐτῶν ἀπὸ Ἰεριχώ, ἠκολούθησεν αὐτῷ ὄχλος πολύς. 30 Καὶ ἰδού, δύο τυφλοὶ καθήμενοι παρὰ τὴν ὁδόν, ἀκούσαντες ὅτι Ἰησοῦς παράγει, ἔκραξαν, λέγοντες, "ᵀἘλέησον ἡμᾶς, Κύριε,᾽ Υἱὸς Δαβίδ!" 31 Ὁ δὲ ὄχλος ἐπετίμησεν αὐτοῖς ἵνα σιωπήσωσιν. Οἱ δὲ μεῖζον ᵀἔκραζον, λέγοντες, "Ἐλέησον ἡμᾶς, Κύριε, Υἱὸς Δαβίδ!"

32 Καὶ στὰς ὁ Ἰησοῦς ἐφώνησεν αὐτοὺς καὶ εἶπε, "Τί θέλετε ποιήσω ὑμῖν;"

33 Λέγουσιν αὐτῷ, "Κύριε, ἵνα ᵀἀνοιχθῶσιν ᶠἡμῶν οἱ ὀφθαλμοί.᾽" 34 Σπλαγχνισθεὶς δὲ ὁ Ἰησοῦς ἥψατο ᶠτῶν

---

¹26 δε MᵖᵗC, TR vs −MᵖᵗאB, Cr
²26 εν MԐ, TR Cr vs −Mʳ
³26 εσται MBC, Cr vs εστε א* vs εστω TR
⁴27 εστω MᵖᵗB, TR vs εσται Mᵖᵗψ⁴⁵ (א) C, Cr

---

23 °ⁱאB vs 𝕸C   23 □אB vs 𝕸 (C)   23 °²Ԑ vs M
23 ᵀτουτο C, [Cr] vs 𝕸אB   27 ᵀαν אB vs 𝕸C
30 ᶠελεησον ημας Κυριε 𝕸C, [Cr] vs Κυριε ελεησον ημας B
(ελεησον ημας Ιησου א)
31 ᵀεκραξαν אB vs 𝕸C; (εκραυγασαν ψ⁴⁵)
33 ᵀανοιγωσιν B (ανυγωσιν א) vs 𝕸C
33 ᶠοι οφθαλμοι ημων (υμων א*) B vs 𝕸C

ὀφθαλμῶν αὐτῶν`, καὶ εὐθέως ἀνέβλεψαν ᵒαὐτῶν οἱ ὀφθαλμοί,` καὶ ἠκολούθησαν αὐτῷ.

Jesus Enters Jerusalem in Triumph
(Mk. 11:1-11; Lk. 19:28-40; Jn. 12:12-19)

21 Καὶ ὅτε ἤγγισαν εἰς ῾Ιεροσόλυμα καὶ ἦλθον εἰς Βηθσφαγὴ¹ ᶜπρὸς τὸ ῎Ορος τῶν ᾿Ελαιῶν, τότε ᵒὁ ᾿Ιησοῦς ἀπέστειλε δύο μαθητάς, **2** λέγων αὐτοῖς, ᶜ¹Πορεύθητε εἰς τὴν κώμην τὴν ᶜ²ἀπέναντι ὑμῶν, καὶ εὐθέως εὑρήσετε ὄνον δεδεμένην καὶ πῶλον μετ᾿ αὐτῆς. Λύσαντες ἀγάγετέ μοι. **3** Καὶ ἐάν τις ὑμῖν εἴπῃ τι, ἐρεῖτε ὅτι ῾Ο Κύριος αὐτῶν χρείαν ἔχει.᾿ ·Εὐθέως δὲ ἀποστέλλει² αὐτούς.᾿᾿ **4** Τοῦτο δὲ ᵒὅλον γέγονεν ἵνα πληρωθῇ τὸ ῥηθὲν διὰ τοῦ προφήτου, λέγοντος,

5   «Εἴπατε τῇ θυγατρὶ Σιών,»
   «᾿Ιδού, ὁ βασιλεύς σου ἔρχεταί σοι
     Πραῢς καὶ ἐπιβεβηκὼς ἐπὶ ὄνον
     Καὶ ᵀ πῶλον υἱὸν ὑποζυγίου.᾿»

6 Πορευθέντες δὲ οἱ μαθηταὶ καὶ ποιήσαντες καθὼς ᶜπροσέταξεν αὐτοῖς ὁ ᾿Ιησοῦς **7** ἤγαγον τὴν ὄνον καὶ τὸν πῶλον. Καὶ ἐπέθηκαν ᶜἐπάνω αὐτῶν τὰ ἱμάτια ᵒαὐτῶν, καὶ ἐπεκάθισεν ἐπάνω αὐτῶν. **8** ῾Ο δὲ πλεῖστος ὄχλος ἔστρωσαν ἑαυτῶν³ τὰ ἱμάτια ἐν τῇ ὁδῷ, ἄλλοι δὲ ἔκοπτον κλάδους ἀπὸ τῶν δένδρων καὶ ἐστρώννυον ἐν τῇ ὁδῷ. **9** Οἱ δὲ ὄχλοι οἱ προάγοντες ᵀ καὶ οἱ ἀκολουθοῦντες ἔκραζον, λέγοντες,

---

¹1 Βηθσφαγη **M** vs Βηθφαγη **M¹אB***, TR Cr
²3 αποστελλει 𝔐C vs αποστελει א B, TR Cr
³8 εαυτων **M𝕲, TR Cr** vs αυτων **Mʳ**

---

34 ᶜτων ομματων αυτων (αυτων των ομματων **B**) vs 𝔐 C (αυτου for αυτων **א***)   **34** ᵒאB vs 𝔐C
1 ᶜεις **B** vs 𝔐 א   **1** ᵒ**B** vs 𝔐 א   **2** ᶜ¹πορευεσθε אB vs 𝔐C
2 ᶜ²κατεναντι **𝕲** vs 𝔐   **3** ·ευθυς אB vs 𝔐C   **4** ᵒאC* vs 𝔐 B
5 ᵀεπι אB vs 𝔐C   **6** ᶜσυνεταξεν BC vs 𝔐 א
7 ᶜεπ אB vs 𝔐C   **7** ᵒא*B vs 𝔐C   **9** ᵀαυτον **𝕲** vs 𝔐

5a Is. 62:11   5b Zech. 9:9

''«Ὡσαννὰ» τῷ Υἱῷ Δαβίδ!
«Εὐλογημένος ὁ ἐρχόμενος ἐν ὀνόματι Κυρίου!»
«Ὡσαννὰ» ἐν τοῖς ὑψίστοις!''

10 Καὶ εἰσελθόντος αὐτοῦ εἰς Ἱεροσόλυμα, ἐσείσθη πᾶσα ἡ πόλις, λέγουσα, ''Τίς ἐστιν οὗτος?'' 11 Οἱ δὲ ὄχλοι ἔλεγον, ''Οὗτός ἐστιν ˢ Ἰησοῦς ὁ προφήτηςˎ ὁ ἀπὸ Ναζαρὲτ¹ τῆς Γαλιλαίας.''

Jesus Cleanses the Temple
(Mk. 11:15-19; Lk. 19:45-48)

12 Καὶ εἰσῆλθεν ὁ² Ἰησοῦς εἰς τὸ ἱερὸν ᐤτοῦ Θεοῦˏ καὶ ἐξέβαλε πάντας τοὺς πωλοῦντας καὶ ἀγοράζοντας ἐν τῷ ἱερῷ, καὶ τὰς τραπέζας τῶν κολλυβιστῶν κατέστρεψε καὶ τὰς καθέδρας τῶν πωλούντων τὰς περιστεράς. 13 Καὶ λέγει αὐτοῖς, ''Γέγραπται,

«Ὁ οἶκός μου οἶκος προσευχῆς κληθήσεται.»

Ὑμεῖς δὲ αὐτὸν ʳἐποιήσατε «σπήλαιον λῃστῶν.»''
14 Καὶ προσῆλθον αὐτῷ χωλοὶ καὶ τυφλοὶ³ ἐν τῷ ἱερῷ, καὶ ἐθεράπευσεν αὐτούς. 15 Ἰδόντες δὲ οἱ ἀρχιερεῖς καὶ οἱ γραμματεῖς τὰ θαυμάσια ἃ ἐποίησε καὶ τοὺς παῖδας ᵀκράζοντας ἐν τῷ ἱερῷ καὶ λέγοντας, ''Ὡσαννὰ τῷ Υἱῷ Δαβίδ,'' ἠγανάκτησαν 16 καὶ εἶπον αὐτῷ, ''Ἀκούεις τί οὗτοι λέγουσιν?''

Ὁ δὲ Ἰησοῦς λέγει αὐτοῖς, ''Ναί. Οὐδέποτε ἀνέγνωτε ὅτι «Ἐκ στόματος νηπίων καὶ θηλαζόντων κατηρτίσω αἶνον»?'' 17 Καὶ καταλιπὼν αὐτοὺς ἐξῆλθεν ἔξω τῆς πόλεως εἰς Βηθανίαν καὶ ηὐλίσθη ἐκεῖ.

---

¹11 Ναζαρετ **M**, **TR** vs Ναζαρεθ **M¹𝕲**, **Cr**
²12 ο **M**, **TR** vs − **M¹𝕲**, **Cr**
³14 χωλοι και τυφλοι 𝔐 C vs τυφλοι και χωλοι ℵB, **TR Cr**

---

11 ˢ231 ℵB vs 𝔐 C   12 ᐤℵB vs 𝔐 C   13 ʳποιειτε ℵB vs 𝔐 C
15 ᵀτους ℵB vs 𝔐 C

9 Ps. 118:25,26   13 Is. 56:7; Jer. 7:11   16 Ps. 8:3 LXX

The Barren Fig Tree
(Mk. 11:12-14, 20-24)

18 Πρωΐας δὲ ἐπανάγων εἰς τὴν πόλιν, ἐπείνασε. **19** Καὶ ἰδὼν συκῆν μίαν ἐπὶ τῆς ὁδοῦ, ἦλθεν ἐπ᾽ αὐτὴν καὶ οὐδὲν εὗρεν ἐν αὐτῇ εἰ μὴ φύλλα μόνον. Καὶ λέγει αὐτῇ, "Μηκέτι ἐκ σοῦ καρπὸς γένηται εἰς τὸν αἰῶνα." Καὶ ἐξηράνθη παραχρῆμα ἡ συκῆ.
20 Καὶ ἰδόντες οἱ μαθηταὶ ἐθαύμασαν, λέγοντες, "Πῶς παραχρῆμα ἐξηράνθη ἡ συκῆ!"
21 Ἀποκριθεὶς δὲ ὁ Ἰησοῦς εἶπεν αὐτοῖς, "Ἀμὴν λέγω ὑμῖν, ἐὰν ἔχητε πίστιν καὶ μὴ διακριθῆτε, οὐ μόνον τὸ τῆς συκῆς ποιήσετε, ἀλλὰ κἂν τῷ ὄρει τούτῳ εἴπητε, 'Ἄρθητι καὶ βλήθητι εἰς τὴν θάλασσαν,' γενήσεται. **22** Καὶ πάντα ὅσα ἐὰν¹ αἰτήσητε ἐν τῇ προσευχῇ πιστεύοντες λήψεσθε.

The Authority of Jesus Is Questioned
(Mk. 11:27-33; Lk. 20:1-8)

23 Καὶ ⸀ἐλθόντι αὐτῷ⸀ εἰς τὸ ἱερόν, προσῆλθον αὐτῷ διδάσκοντι οἱ ἀρχιερεῖς καὶ οἱ πρεσβύτεροι τοῦ λαοῦ, λέγοντες, "Ἐν ποίᾳ ἐξουσίᾳ ταῦτα ποιεῖς; Καὶ τίς σοι ἔδωκε τὴν ἐξουσίαν ταύτην;"
24 Ἀποκριθεὶς δὲ ὁ Ἰησοῦς εἶπεν αὐτοῖς, "Ἐρωτήσω ὑμᾶς κἀγὼ λόγον ἕνα, ὃν ἐὰν εἴπητέ μοι, κἀγὼ ὑμῖν ἐρῶ ἐν ποίᾳ ἐξουσίᾳ ταῦτα ποιῶ. **25** Τὸ βάπτισμα ᵀ Ἰωάννου πόθεν ἦν; Ἐξ οὐρανοῦ ἢ ἐξ ἀνθρώπων;"
Οἱ δὲ διελογίζοντο ⸀παρ᾽ ἑαυτοῖς, λέγοντες, "Ἐὰν εἴπωμεν, 'Ἐξ οὐρανοῦ,' ἐρεῖ ἡμῖν, 'Διὰ τί οὖν οὐκ ἐπιστεύσατε αὐτῷ;' **26** Ἐὰν δὲ εἴπωμεν, 'Ἐξ ἀνθρώπων,' φοβούμεθα τὸν ὄχλον, πάντες γὰρ ⸀ἔχουσι τὸν Ἰωάννην ὡς προφήτην⸀."
27 Καὶ ἀποκριθέντες τῷ Ἰησοῦ εἶπον, "Οὐκ οἴδαμεν."

---

¹22 εαν MC vs αν אB, TR Cr

---

18 ⸀πρωι א*B vs 𝔐 C
23 ⸀ελθοντος αυτου אB (ελθοντες C) vs 𝔐
25 ᵀτο 𝕲 vs 𝔐   25 ⸀εν B vs 𝔐 אC   26 ⸀451-3 𝕲 vs 𝔐

Ἔφη αὐτοῖς καὶ αὐτός, "Οὐδὲ ἐγὼ λέγω ὑμῖν ἐν ποίᾳ ἐξουσίᾳ ταῦτα ποιῶ.

The Parable of the Two Sons

28 "Τί δὲ ὑμῖν δοκεῖ? Ἄνθρωπος[1] εἶχε τέκνα δύο. Καὶ προσελθὼν τῷ πρώτῳ εἶπε, Τέκνον, ὕπαγε σήμερον ἐργάζου ἐν τῷ ἀμπελῶνί °μου.᾿ **29** Ὁ δὲ ἀποκριθεὶς εἶπεν, Οὐ θέλω.᾿ Ὕστερον δὲ μεταμεληθεὶς ἀπῆλθε. **30** ʿΚαὶ προσελθὼν˺ τῷ ἑτέρῳ[2] εἶπεν ὡσαύτως. Ὁ δὲ ἀποκριθεὶς εἶπεν, ʾʾἘγώ, κύριε·᾿ καὶ οὐκ ἀπῆλθε. **31** Τίς ἐκ τῶν δύο ἐποίησε τὸ θέλημα τοῦ πατρός?"

Λέγουσιν °αὐτῷ, "Ὁ πρῶτος."

Λέγει αὐτοῖς ὁ Ἰησοῦς, "ʾΑμὴν λέγω ὑμῖν ὅτι οἱ τελῶναι καὶ αἱ πόρναι προάγουσιν ὑμᾶς εἰς τὴν βασιλείαν τοῦ Θεοῦ. **32** Ἦλθε γὰρ ˢπρὸς ὑμᾶς Ἰωάννης˺ ἐν ὁδῷ δικαιοσύνης, καὶ οὐκ ἐπιστεύσατε αὐτῷ· οἱ δὲ τελῶναι καὶ αἱ πόρναι ἐπίστευσαν αὐτῷ· ὑμεῖς δὲ ἰδόντες ʿοὐ μετεμελήθητε ὕστερον τοῦ πιστεῦσαι αὐτῷ.

The Parable of the Wicked Vinedressers
(Mk. 12:1-12; Lk. 20:9-19)

33 "ʾʾΑλλην παραβολὴν ἀκούσατε. Ἄνθρωπός τις[3] ἦν οἰκοδεσπότης ὅστις ἐφύτευσεν ἀμπελῶνα καὶ φραγμὸν αὐτῷ περιέθηκε καὶ ὤρυξεν ἐν αὐτῷ ληνὸν καὶ ᾠκοδόμησε πύργον. Καὶ ʿἐξέδοτο αὐτὸν γεωργοῖς καὶ ἀπεδήμησεν. **34** Ὅτε δὲ ἤγγισεν ὁ καιρὸς τῶν καρπῶν, ἀπέστειλε τοὺς δούλους αὐτοῦ πρὸς τοὺς γεωργοὺς λαβεῖν τοὺς καρποὺς αὐτοῦ. **35** Καὶ λαβόντες οἱ γεωργοὶ τοὺς δούλους αὐτοῦ, ὃν μὲν ἔδειραν,[4] ὃν δὲ ἀπέκτειναν, ὃν δὲ ἐλιθοβόλησαν. **36** Πάλιν ἀπέστειλεν ἄλλους δούλους πλείονας τῶν πρώτων, καὶ ἐποίησαν αὐτοῖς ὡσαύτως. **37** Ὕστερον

---

[1]28 ανθρωπος MᵖᵗאB, TR Cr vs + τις MᵖᵗC
[2]30 ετερω Mᵖᵗא*C*, Cr vs δευτερω MᵖᵗB, TR
[3]33 τις Mᵖᵗ, TR vs − MᵖᵗϬ, Cr
[4]35 εδειραν MϬ, TR Cr vs εδηραν Mʳ

---

28 °אC* vs MB 30 ʿπροσελθων δε אB vs 𝔐 C
31 °אB vs 𝔐 C 32 ˢ312 Ϭ vs 𝔐 32 ʿουδε B vs 𝔐 אC
33 ʿεξεδετο א*C vs 𝔐; (εξεδετε B*)

δὲ ἀπέστειλε πρὸς αὐτοὺς τὸν υἱὸν αὐτοῦ, λέγων,
''Ἐντραπήσονται τὸν υἱόν μου.' **38** Οἱ δὲ γεωργοὶ ἰδόντες
τὸν υἱὸν εἶπον ἐν ἑαυτοῖς, 'Οὗτός ἐστιν ὁ κληρονόμος.
Δεῦτε, ἀποκτείνωμεν αὐτὸν καὶ ⸀κατάσχωμεν τὴν κλη-
ρονομίαν αὐτοῦ.' **39** Καὶ λαβόντες αὐτὸν ἐξέβαλον ἔξω
τοῦ ἀμπελῶνος καὶ ἀπέκτειναν. **40** Ὅταν οὖν ἔλθῃ ὁ
κύριος τοῦ ἀμπελῶνος, τί ποιήσει τοῖς γεωργοῖς ἐκείνοις?"

41 Λέγουσιν αὐτῷ, "Κακοὺς κακῶς ἀπολέσει αὐτούς, καὶ
τὸν ἀμπελῶνα ἐκδώσεται[1] ἄλλοις γεωργοῖς, οἵτινες
ἀποδώσουσιν αὐτῷ τοὺς καρποὺς ἐν τοῖς καιροῖς αὐτῶν."

42 Λέγει αὐτοῖς ὁ Ἰησοῦς, "Οὐδέποτε ἀνέγνωτε ἐν ταῖς
Γραφαῖς,

> «Λίθον ὃν ἀπεδοκίμασαν οἱ οἰκοδομοῦντες,
> Οὗτος ἐγενήθη εἰς κεφαλὴν γωνίας·
> Παρὰ Κυρίου ἐγένετο αὕτη
> Καὶ ἔστι θαυμαστὴ ἐν ὀφθαλμοῖς ἡμῶν[2]»?

43 Διὰ τοῦτο λέγω ὑμῖν ὅτι ἀρθήσεται ἀφ᾽ ὑμῶν ἡ
βασιλεία τοῦ Θεοῦ καὶ δοθήσεται ἔθνει ποιοῦντι τοὺς
καρποὺς αὐτῆς. **44** ⸋Καὶ ὁ πεσὼν ἐπὶ τὸν λίθον τοῦτον
συνθλασθήσεται· ἐφ᾽ ὃν δ᾽ ἂν πέσῃ, λικμήσει αὐτόν.⸌"

45 Καὶ ἀκούσαντες οἱ ἀρχιερεῖς καὶ οἱ Φαρισαῖοι τὰς
παραβολὰς αὐτοῦ ἔγνωσαν ὅτι περὶ αὐτῶν λέγει. **46** Καὶ
ζητοῦντες αὐτὸν κρατῆσαι, ἐφοβήθησαν τοὺς ὄχλους,
⸂ἐπειδὴ ὡς⸃ προφήτην αὐτὸν εἶχον.

The Parable of the Marriage Supper
(Lk. 14:15-24)

22 Καὶ ἀποκριθεὶς ὁ Ἰησοῦς πάλιν εἶπεν ⸂αὐτοῖς ἐν
παραβολαῖς,⸃ λέγων, **2** "Ὡμοιώθη ἡ βασιλεία τῶν
οὐρανῶν ἀνθρώπῳ βασιλεῖ ὅστις ἐποίησε γάμους τῷ υἱῷ
αὐτοῦ. **3** Καὶ ἀπέστειλε τοὺς δούλους αὐτοῦ καλέσαι τοὺς

---

[1] 41 εκδωσεται 𝔐 (א) B, Cr vs εκδωσει C vs εκδοσεται TR
[2] 42 ημων MЄ, TR Cr vs υμων M^r

---

38 ⸀σχωμεν אB vs 𝔐C
46 ⸂επει εις אB vs 𝔐C
44 ⸋D vs 𝔐Є, [Cr]
1 ⸂231 B vs 𝔐C; (31 א*)

---

42 Ps. 118:22,23

κεκλημένους εἰς τοὺς γάμους, καὶ οὐκ ἤθελον ἐλθεῖν. 4 Πάλιν ἀπέστειλεν ἄλλους δούλους, λέγων, Εἴπατε τοῖς κεκλημένοις, "Ἰδού, τὸ ἄριστόν μου ʳἡτοίμασα, οἱ ταῦροί μου καὶ τὰ σιτιστὰ τεθυμένα, καὶ πάντα ἕτοιμα. Δεῦτε εἰς τοὺς γάμους." ' 5 Οἱ δὲ ἀμελήσαντες ἀπῆλθον, ʳ¹ὃ μὲν εἰς τὸν ἴδιον ἀγρόν, ʳ²ὃ δὲ ʳ³εἰς τὴν ἐμπορίαν αὐτοῦ. 6 Οἱ δὲ λοιποὶ κρατήσαντες τοὺς δούλους αὐτοῦ ὕβρισαν καὶ ἀπέκτειναν. 7 Καὶ ἀκούσας ὁ βασιλεὺς ἐκεῖνος¹ ὠργίσθη, καὶ πέμψας τὰ στρατεύματα αὐτοῦ ἀπώλεσε τοὺς φονεῖς ἐκείνους καὶ τὴν πόλιν αὐτῶν ἐνέπρησε.

8 "Τότε λέγει τοῖς δούλοις αὐτοῦ, 'Ὁ μὲν γάμος ἕτοιμός ἐστιν, οἱ δὲ κεκλημένοι οὐκ ἦσαν ἄξιοι. 9 Πορεύεσθε οὖν ἐπὶ τὰς διεξόδους τῶν ὁδῶν, καὶ ὅσους ἂν² εὕρητε καλέσατε εἰς τοὺς γάμους.' 10 Καὶ ἐξελθόντες οἱ δοῦλοι ἐκεῖνοι εἰς τὰς ὁδοὺς συνήγαγον πάντας ʳὅσους εὗρον, πονηρούς τε καὶ ἀγαθούς. Καὶ ἐπλήσθη ὁ γάμος ἀνακειμένων. 11 Εἰσελθὼν δὲ ὁ βασιλεὺς θεάσασθαι τοὺς ἀνακειμένους εἶδεν ἐκεῖ ἄνθρωπον οὐκ ἐνδεδυμένον ἔνδυμα γάμου. 12 Καὶ λέγει αὐτῷ, 'Ἑταῖρε, πῶς εἰσῆλθες ὧδε μὴ ἔχων ἔνδυμα γάμου?' Ὁ δὲ ἐφιμώθη.

13 "Τότε ˢεἶπεν ὁ βασιλεὺςˡ τοῖς διακόνοις, 'Δήσαντες αὐτοῦ πόδας καὶ χεῖρας,³ ᵈἄρατε αὐτὸν καὶˋ ἐκβάλετε ᵀ εἰς τὸ σκότος τὸ ἐξώτερον. Ἐκεῖ ἔσται ὁ κλαυθμὸς καὶ ὁ βρυγμὸς τῶν ὀδόντων.' 14 Πολλοὶ γάρ εἰσι κλητοί, ὀλίγοι δὲ ἐκλεκτοί."

Render unto Caesar
(Mk. 12:13-17; Lk. 20:20-26)

15 Τότε πορευθέντες οἱ Φαρισαῖοι συμβούλιον ἔλαβον ὅπως αὐτὸν παγιδεύσωσιν ἐν λόγῳ. 16 Καὶ ἀποστέλλουσιν

---

¹7 και ακουσας ο βασιλευς εκεινος 𝔐 C vs ο δε βασιλευς ℵB, Cr vs ακουσας δε ο βασιλευς TR
²9 αν Mᵖᵗ, TR vs εαν Mᵖᵗ𝕲, Cr
³13 ποδας και χειρας Mᵖᵗ𝕲, TR Cr vs χειρας και ποδας Mᵖᵗ

4 ʳητοιμακα 𝕲 vs 𝔐   5 ʳ¹ος B vs 𝔐 ℵC   5 ʳ²ος 𝕲 vs 𝔐
5 ʳ³επι 𝕲 vs 𝔐   10 ʳους ℵB* vs 𝔐 C   13 ˢ231 ℵB vs 𝔐 C
13 ᵈℵB vs 𝔐 C   13 ᵀαυτον ℵB vs 𝔐 C

αὐτῷ τοὺς μαθητὰς αὐτῶν μετὰ τῶν Ἡρῳδιανῶν,
λέγοντες, "Διδάσκαλε, οἴδαμεν ὅτι ἀληθὴς εἶ καὶ τὴν ὁδὸν
τοῦ Θεοῦ ἐν ἀληθείᾳ διδάσκεις, καὶ οὐ μέλει σοι περὶ
οὐδενός, οὐ γὰρ βλέπεις εἰς πρόσωπον ἀνθρώπων.
17 Εἰπὲ οὖν ἡμῖν τί σοι δοκεῖ? Ἔξεστι δοῦναι κῆνσον Καίσαρι
ἢ οὔ?"

18 Γνοὺς δὲ ὁ Ἰησοῦς τὴν πονηρίαν αὐτῶν εἶπε, "Τί με
πειράζετε, ὑποκριταί? **19** Ἐπιδείξατέ μοι τὸ νόμισμα τοῦ
κήνσου." Οἱ δὲ προσήνεγκαν αὐτῷ δηνάριον. **20** Καὶ λέγει
αὐτοῖς, "Τίνος ἡ εἰκὼν αὕτη καὶ ἡ ἐπιγραφή?"

21 Λέγουσιν αὐτῷ, "Καίσαρος."

Τότε λέγει αὐτοῖς, "Ἀπόδοτε οὖν τὰ Καίσαρος Καίσαρι
καὶ τὰ τοῦ Θεοῦ τῷ Θεῷ." **22** Καὶ ἀκούσαντες ἐθαύμασαν,
καὶ ἀφέντες αὐτὸν ἀπῆλθον.

The Sadducees Question the Resurrection
(Mk. 12:18-27; Lk. 20:27-40)

23 Ἐν ἐκείνῃ τῇ ἡμέρᾳ προσῆλθον αὐτῷ Σαδδουκαῖοι, οἱ[1]
λέγοντες μὴ εἶναι ἀνάστασιν, καὶ ἐπηρώτησαν αὐτόν,
24 λέγοντες, "Διδάσκαλε, Μωσῆς εἶπεν, ἐάν τις ἀποθάνῃ
μὴ ἔχων τέκνα, ἐπιγαμβρεύσει ὁ ἀδελφὸς αὐτοῦ τὴν
γυναῖκα αὐτοῦ καὶ ἀναστήσει σπέρμα τῷ ἀδελφῷ αὐτοῦ.
25 Ἦσαν δὲ παρ' ἡμῖν ἑπτὰ ἀδελφοί. Καὶ ὁ πρῶτος
⸀γαμήσας ἐτελεύτησε, καὶ μὴ ἔχων σπέρμα ἀφῆκε τὴν
γυναῖκα αὐτοῦ τῷ ἀδελφῷ αὐτοῦ. **26** Ὁμοίως καὶ ὁ
δεύτερος καὶ ὁ τρίτος, ἕως τῶν ἑπτά. **27** Ὕστερον δὲ
πάντων ἀπέθανε °καὶ ἡ γυνή. **28** Ἐν τῇ ⸉οὖν ἀναστάσει⸊
τίνος τῶν ἑπτὰ ἔσται γυνή? Πάντες γὰρ ἔσχον αὐτήν."

29 Ἀποκριθεὶς δὲ ὁ Ἰησοῦς εἶπεν αὐτοῖς, "Πλανᾶσθε, μὴ
εἰδότες τὰς Γραφὰς μηδὲ τὴν δύναμιν τοῦ Θεοῦ. **30** Ἐν γὰρ
τῇ ἀναστάσει οὔτε γαμοῦσιν οὔτε ⸀ἐκγαμίζονται, ἀλλ' ὡς
ἄγγελοι ⸋τοῦ Θεοῦ⸌ ἐν ⸆ οὐρανῷ εἰσι. **31** Περὶ δὲ τῆς

---

[1]**23** οι M^{pt}, **TR** vs $-M^{pt}$**א*B**, **Cr**

---

25 ⸀γημας **אB** vs 𝔐 **27** °**אB** vs 𝔐 **28** ⸉**אB** vs 𝔐
30 ⸀γαμιζονται **אB** vs 𝔐 **30** ⸋**B** vs 𝔐 (− του **א**)
30 ⸆τω **אB** vs 𝔐

---

24 Deut. 25:5; Gen. 38:8

ἀναστάσεως τῶν νεκρῶν, οὐκ ἀνέγνωτε τὸ ῥηθὲν ὑμῖν ὑπὸ τοῦ Θεοῦ, λέγοντος, **32** «Ἐγώ εἰμι ὁ Θεὸς Ἀβραὰμ καὶ ὁ Θεὸς Ἰσαὰκ καὶ ὁ Θεὸς Ἰακώβ»? Οὐκ ἔστιν ⌐ὁ Θεὸς Θεὸς⌐ νεκρῶν ἀλλὰ ζώντων." **33** Καὶ ἀκούσαντες οἱ ὄχλοι ἐξεπλήσσοντο ἐπὶ τῇ διδαχῇ αὐτοῦ.

The Two Greatest Commandments
(Mk. 12:28-34)

34 Οἱ δὲ Φαρισαῖοι, ἀκούσαντες ὅτι ἐφίμωσε τοὺς Σαδδουκαίους, συνήχθησαν ἐπὶ τὸ αὐτό. **35** Καὶ ἐπηρώτησεν εἷς ἐξ αὐτῶν °νομικός, πειράζων αὐτὸν, □καὶ λέγων`, **36** "Διδάσκαλε, ποία ἐντολὴ μεγάλη ἐν τῷ νόμῳ?"

37 ⌐Ὁ δὲ °Ἰησοῦς ἔφη¹ αὐτῷ, "«Ἀγαπήσεις Κύριον τὸν Θεόν σου ἐν ὅλῃ καρδίᾳ² σου καὶ ἐν ὅλῃ ψυχῇ³ σου» καὶ ἐν ὅλῃ τῇ διανοίᾳ σου. **38** Αὕτη ἐστὶ ⌐πρώτη καὶ μεγάλη⌐ ἐντολή. **39** Δευτέρα δὲ ὁμοία αὐτῇ, «Ἀγαπήσεις τὸν πλησίον σου ὡς σεαυτόν.» **40** Ἐν ταύταις ταῖς δυσὶν ἐντολαῖς ὅλος ὁ Νόμος ⌐καὶ οἱ Προφῆται κρέμανται.⌐"

What Think Ye of Christ?
(Mk. 12:35-37; Lk. 20:41-44)

41 Συνηγμένων δὲ τῶν Φαρισαίων, ἐπηρώτησεν αὐτοὺς ὁ Ἰησοῦς, **42** λέγων, "Τί ὑμῖν δοκεῖ περὶ τοῦ Χριστοῦ? Τίνος υἱός ἐστι?"

Λέγουσιν αὐτῷ, "Τοῦ Δαβίδ."

43 Λέγει αὐτοῖς, "Πῶς οὖν Δαβὶδ ἐν Πνεύματι ⌐Κύριον⌐ αὐτὸν καλεῖ,` λέγων,

---

¹37 εφη 𝔐 אB, Cr vs ειπεν TR
²37 καρδια Mᵖᵗא*B vs τη καρδια Mᵖᵗ, TR Cr
³37 ψυχη MᵖᵗB vs τη ψυχη Mᵖᵗא, TR Cr

---

32 ⌐ὁ Θεος B, [Cr] vs 𝔐; (Θεος א)   **35** °f¹ vs 𝔐 אB, [Cr]
35 □אB vs 𝔐   **37** °אB vs 𝔐
38 ⌐η μεγαλη και πρωτη אB vs 𝔐
40 ⌐κρεμαται και οι προφηται (א) B vs 𝔐
43 ⌐321 (3221 B*) vs 𝔐; (312 א)

---

32 Ex. 3:6,15,16   37 Deut. 6:5   39 Lev. 19:18

44 «Εἶπεν °ὁ Κύριος τῷ Κυρίῳ μου,
ʹΚάθου ἐκ δεξιῶν μου
῞Εως ἂν θῶ τοὺς ἐχθρούς σου ʹὑποπόδιον τῶν
ποδῶν σουʹ»?

45 Εἰ οὖν Δαβὶδ καλεῖ αὐτὸν ʹΚύριον,ʹ πῶς υἱὸς αὐτοῦ ἐστι?ʹʹ **46** Καὶ οὐδεὶς ἐδύνατο αὐτῷ ἀποκριθῆναι¹ λόγον, οὐδὲ ἐτόλμησέ τις ἀπʹ ἐκείνης τῆς ἡμέρας ἐπερωτῆσαι αὐτὸν οὐκέτι.

Religious Hypocrites Are Denounced
(Mk. 12:38-40; Lk. 11:37-52, 20:45-47)

23 Τότε ὁ Ἰησοῦς ἐλάλησε τοῖς ὄχλοις καὶ τοῖς μαθηταῖς αὐτοῦ, **2** λέγων, "Ἐπὶ τῆς Μωσέως καθέδρας ἐκάθισαν οἱ γραμματεῖς καὶ οἱ Φαρισαῖοι. **3** Πάντα οὖν ὅσα ἐὰν² εἴπωσιν ὑμῖν °τηρεῖν, ʹτηρεῖτε καὶ ποιεῖτεʹ, κατὰ δὲ τὰ ἔργα αὐτῶν μὴ ποιεῖτε· λέγουσι γὰρ καὶ οὐ ποιοῦσι. **4** Δεσμεύουσι ʹγὰρ φορτία βαρέα □καὶ δυσβάστακταʹ καὶ ἐπιτιθέασιν ἐπὶ τοὺς ὤμους τῶν ἀνθρώπων, ʹτῷ δὲʹ δακτύλῳ αὐτῶν οὐ θέλουσι κινῆσαι αὐτά.

5 "Πάντα δὲ τὰ ἔργα αὐτῶν ποιοῦσι πρὸς τὸ θεαθῆναι τοῖς ἀνθρώποις. Πλατύνουσι ʹδὲ τὰ φυλακτήρια αὐτῶν καὶ μεγαλύνουσι τὰ κράσπεδα □τῶν ἱματίων αὐτῶνʹ, **6** φιλοῦσί ʹτε τὴν πρωτοκλισίαν ἐν τοῖς δείπνοις καὶ τὰς πρωτοκαθεδρίας ἐν ταῖς συναγωγαῖς **7** καὶ τοὺς ἀσπασμοὺς ἐν ταῖς ἀγοραῖς καὶ καλεῖσθαι ὑπὸ τῶν ἀνθρώπων, ʹῬαββί, °ʹῬαββί.ʹ

---

¹46 αυτω αποκριθηναι Mᵖᵗ, TR vs αποκριθηναι αυτω Mᵖᵗ (‭א‬) B, Cr
²3 εαν 𝔐 ‭א‬, Cr vs αν B, TR

---

44 °‭א‬B vs 𝔐   **44** ʹυποκατω ‭א‬B vs 𝔐   **3** °‭א‬B vs 𝔐
3 ʹποιησατε και τηρειτε B vs 𝔐; (ποιησατε ‭א‬*)
4 ʹδε ‭א‬B vs M   **4** □‭א‬ vs 𝔐 B, [Cr]   **4** ʹαυτοι δε τω ‭א‬B vs 𝔐
5 ʹγαρ ‭א‬B vs 𝔐   **5** □‭א‬B vs 𝔐   **6** ʹδε ‭א‬B vs M
7 °‭א‬B vs 𝔐

44 Ps. 110:1

8 "'Υμεῖς δὲ μὴ κληθῆτε ''Ραββί'· εἷς γάρ ἐστιν ὑμῶν ὁ καθηγητής,¹ □ὁ Χριστός,ᐟ πάντες δὲ ὑμεῖς ἀδελφοί ἐστε. 9 Καὶ 'πατέρα' μὴ καλέσητε ὑμῶν ἐπὶ τῆς γῆς· εἷς γάρ ἐστιν ⌐ὁ Πατὴρ ὑμῶν,ᐣ ὁ 'ἐν τοῖς οὐρανοῖς.ᐟ 10 Μηδὲ κληθῆτε καθηγηταί· εἷς γὰρ ὑμῶν ἐστιν ὁ καθηγητής,² ὁ Χριστός. 11 Ὁ δὲ μείζων ὑμῶν ἔσται³ ὑμῶν διάκονος. 12 Ὅστις δὲ ὑψώσει ἑαυτὸν ταπεινωθήσεται, καὶ ὅστις ταπεινώσει ἑαυτὸν ὑψωθήσεται.

13 "Οὐαὶ δὲ⁴ ὑμῖν, γραμματεῖς καὶ Φαρισαῖοι, ὑποκριταί! "Οτι κατεσθίετε τὰς οἰκίας τῶν χηρῶν καὶ προφάσει μακρὰ προσευχόμενοι. Διὰ τοῦτο λήψεσθε περισσότερον κρίμα. 14 "Οὐαὶ⁵ ὑμῖν, γραμματεῖς καὶ Φαρισαῖοι, ὑποκριταὶ! "Οτι κλείετε τὴν βασιλείαν τῶν οὐρανῶν ἔμπροσθεν τῶν ἀνθρώπων· ὑμεῖς γὰρ οὐκ εἰσέρχεσθε, οὐδὲ τοὺς εἰσ-ερχομένους ἀφίετε εἰσελθεῖν. 15 "Οὐαὶ ὑμῖν, γραμματεῖς καὶ Φαρισαῖοι, ὑποκριταί! "Οτι περιάγετε τὴν θάλασσαν καὶ τὴν ξηρὰν ποιῆσαι ἕνα προσήλυτον, καὶ ὅταν γένηται, ποιεῖτε αὐτὸν υἱὸν Γεέννης διπλότερον ὑμῶν. 16 "Οὐαὶ ὑμῖν, ὁδηγοὶ τυφλοί, οἱ λέγοντες, '"Ος ἂν ὀμόσῃ ἐν τῷ ναῷ, οὐδέν ἐστιν· ὃς δ᾽ ἂν ὀμόσῃ ἐν τῷ χρυσῷ τοῦ ναοῦ ὀφείλει.' 17 Μωροὶ καὶ τυφλοί! Τίς γὰρ μείζων ἐστίν, ὁ χρυσὸς ἢ ὁ ναὸς ὁ ⌐ἁγιάζων τὸν χρυσόν? 18 Καί, '"Ος ⌐ἐὰν ὀμόσῃ ἐν τῷ θυσιαστηρίῳ, οὐδέν ἐστιν· ὃς δ᾽ ἂν ὀμόσῃ ἐν τῷ δώρῳ τῷ ἐπάνω αὐτοῦ ὀφείλει.' 19 □Μωροὶ καὶᐟ τυφλοί! Τί γὰρ μεῖζον, τὸ δῶρον ἢ τὸ θυσιαστήριον τὸ ἁγιάζον τὸ δῶρον? 20 Ὁ οὖν ὀμόσας ἐν τῷ θυσιαστηρίῳ ὀμνύει ἐν αὐτῷ καὶ ἐν πᾶσι τοῖς ἐπάνω αὐτοῦ. 21 Καὶ ὁ

---

¹8 καθηγητης **Μℵ***, **TR** vs διδασκαλος **Μ'Β**, **Cr**
²10 εις γαρ υμων εστιν ο καθηγητης **Μ**ᵖᵗ, **TR** vs εις γαρ εστιν υμων ο καθηγητης **Μ**ᵖᵗ**ℵ** vs οτι καθηγητης υμων εστιν εις **Β**, **Cr**
³11 εσται **ΜℵΒ**, **TR** **Cr** vs εστω **Μ'**
⁴13 ουαι δε **𝔐** vs ουαι **TR** vs − ουαι το κριμα **ℵΒ**, **Cr**
⁵14 ουαι **Μ**ᵖᵗ**ℵ*** vs + δε **Μ**ᵖᵗ**Β**, **TR** **Cr**

---

8 □**ℵΒ** vs **𝔐**   9 ⌐312 **ℵΒ** vs **𝔐**   9 ⌐ουρανιος **ℵΒ** vs **𝔐**
17 ⌐αγιασας **ℵΒ** vs **𝔐C**   18 ⌐αν **𝕲** vs **Μ**   19 □**ℵ** vs **𝔐ΒC**

ὀμόσας ἐν τῷ ναῷ ὀμνύει ἐν αὐτῷ καὶ ἐν τῷ κατοικήσαντι¹ αὐτόν. 22 Καὶ ὁ ὀμόσας ἐν τῷ οὐρανῷ ὀμνύει ἐν τῷ θρόνῳ τοῦ Θεοῦ καὶ ἐν τῷ καθημένῳ ἐπάνω αὐτοῦ. 23 "Οὐαὶ ὑμῖν, γραμματεῖς καὶ Φαρισαῖοι, ὑποκριταί! "Ὅτι ἀποδεκατοῦτε τὸ ἡδύοσμον καὶ τὸ ἄνηθον καὶ τὸ κύμινον, καὶ ἀφήκατε τὰ βαρύτερα τοῦ νόμου, τὴν κρίσιν καὶ ῾τὸν ἔλεον᾽ καὶ τὴν πίστιν. Ταῦτα ᵀ ἔδει ποιῆσαι κἀκεῖνα μὴ ἀφιέναι. 24 ῾Οδηγοὶ τυφλοί, οἱ διϋλίζοντες τὸν κώνωπα, τὴν δὲ κάμηλον καταπίνοντες! 25 "Οὐαὶ ὑμῖν, γραμματεῖς καὶ Φαρισαῖοι, ὑποκριταί! "Ὅτι καθαρίζετε τὸ ἔξωθεν τοῦ ποτηρίου καὶ τῆς παροψίδος, ἔσωθεν δὲ γέμουσιν ἐξ ἁρπαγῆς καὶ ἀδικίας.² 26 Φαρισαῖε τυφλέ! Καθάρισον πρῶτον τὸ ἐντὸς τοῦ ποτηρίου □καὶ τῆς παροψίδος,᾽ ἵνα γένηται καὶ τὸ ἐκτὸς ῾αὐτῶν καθαρόν. 27 "Οὐαὶ ὑμῖν, γραμματεῖς καὶ Φαρισαῖοι, ὑποκριταί! "Ὅτι παρομοιάζετε τάφοις κεκονιαμένοις, οἵτινες ἔξωθεν μὲν φαίνονται ὡραῖοι, ἔσωθεν δὲ γέμουσιν ὀστέων νεκρῶν καὶ πάσης ἀκαθαρσίας. 28 Οὕτω καὶ ὑμεῖς ἔξωθεν μὲν φαίνεσθε τοῖς ἀνθρώποις δίκαιοι, ἔσωθεν δὲ ˢμεστοί ἐστε˩ ὑποκρίσεως καὶ ἀνομίας. 29 "Οὐαὶ ὑμῖν, γραμματεῖς καὶ Φαρισαῖοι, ὑποκριταί! "Ὅτι οἰκοδομεῖτε τοὺς τάφους τῶν προφητῶν καὶ κοσμεῖτε τὰ μνημεῖα τῶν δικαίων, 30 καὶ λέγετε, Εἰ ᴵ¹ἦμεν ἐν ταῖς ἡμέραις τῶν πατέρων ἡμῶν, οὐκ ἂν ᴵ²ἦμεν ˢκοινωνοὶ αὐτῶν˩ ἐν τῷ αἵματι τῶν προφητῶν.᾽ 31 "Ωστε μαρτυρεῖτε ἑαυτοῖς ὅτι υἱοί ἐστε τῶν φονευσάντων τοὺς προφήτας. 32 Καὶ ὑμεῖς πληρώσατε τὸ μέτρον τῶν πατέρων ὑμῶν. 33 "Ὄφεις! Γεννήματα ἐχιδνῶν! Πῶς φύγητε ἀπὸ τῆς κρίσεως τῆς Γεέννης? 34 Διὰ τοῦτο, ἰδού, ἐγὼ ἀποστέλλω πρὸς ὑμᾶς προφήτας καὶ σοφοὺς καὶ γραμματεῖς· ᵒκαὶ ἐξ αὐτῶν ἀποκτενεῖτε καὶ σταυρώσετε, καὶ ἐξ αὐτῶν

---

¹21 κατοικησαντι MC vs κατοικουντι MᴵℵB, TR Cr
²25 αδικιας MC vs ακρασιας ℵB, TR Cr

---

23 ῾το ελεος ℵB vs 𝔐C   23 ᵀδε BC, [Cr] vs 𝔐ℵ
26 □D Θfᴵ vs 𝔐Ϭ   26 ῾αυτου B* vs 𝔐ℵC   28 ˢϬ vs 𝔐
30 ᴵ¹ ²ημεθα Ϭ vs M   30 ˢB vs 𝔐ℵC   34 ᵒℵB vs 𝔐C

μαστιγώσετε ἐν ταῖς συναγωγαῖς ὑμῶν καὶ διώξετε ἀπὸ
πόλεως εἰς πόλιν, 35 ὅπως ἔλθη ἐφ᾽ ὑμᾶς πᾶν αἷμα
δίκαιον •ἐκχυνόμενον ἐπὶ τῆς γῆς ἀπὸ τοῦ αἵματος Ἅβελ
τοῦ δικαίου ἕως τοῦ αἵματος Ζαχαρίου υἱοῦ Βαραχίου, ὃν
ἐφονεύσατε μεταξὺ τοῦ ναοῦ καὶ τοῦ θυσιαστηρίου.
36 Ἀμὴν λέγω ὑμῖν ὅτι¹ ἥξει πάντα ταῦτα² ἐπὶ τὴν γενεὰν
ταύτην.

Jesus Laments over Jerusalem
(Lk. 13:34, 35)

37 "Ἰερουσαλήμ, Ἰερουσαλήμ, ἡ ἀποκτένουσα τοὺς
προφήτας³ καὶ λιθοβολοῦσα τοὺς ἀπεσταλμένους πρὸς
αὐτήν! Ποσάκις ἠθέλησα ἐπισυναγαγεῖν τὰ τέκνα σου, ὃν
τρόπον ᶠἐπισυνάγει ὄρνιςˡ τὰ νοσσία ᶜἑαυτῆς ὑπὸ τὰς
πτέρυγας, καὶ οὐκ ἠθελήσατε! 38 Ἰδού, ἀφίεται ὑμῖν ὁ
οἶκος ὑμῶν ἔρημος. 39 Λέγω γὰρ ὑμῖν, οὐ μή με ἴδητε ἀπ᾽
ἄρτι ἕως ἂν εἴπητε, «Εὐλογημένος ὁ ἐρχόμενος ἐν ὀνόματι
Κυρίου.»"

Jesus Predicts the Destruction of the Temple
(Mk. 13:1, 2; Lk. 21:5, 6)

24 Καὶ ἐξελθὼν ὁ Ἰησοῦς ᶜἐπορεύετο ἀπὸ τοῦ ἱεροῦ,ˡ καὶ
προσῆλθον⁴ οἱ μαθηταὶ αὐτοῦ ἐπιδεῖξαι αὐτῷ τὰς
οἰκοδομὰς τοῦ ἱεροῦ. 2 Ὁ δὲ ᶠ Ἰησοῦς εἶπεν αὐτοῖς, "Οὐ
βλέπετε πάντα ταῦτα?⁵ Ἀμὴν λέγω ὑμῖν, οὐ μὴ ἀφεθῇ
ὧδε λίθος ἐπὶ λίθον ὃς οὐ⁶ καταλυθήσεται."

---

¹36 οτι 𝔐C vs — אB, TR Cr
²36 παντα ταυτα MᵖᵗB vs ταυτα παντα MᵖᵗאC, TR Cr
³37 αποκτενουσα τους προφητας Mᵖᵗ vs αποκτεινουσα τους
προφητας MᵖᵗB, TR Cr vs αποκτεννουσα τους προφητας C vs
τους προφητας αποκτενουσα א*
⁴1 προσηλθον M𝔊, TR Cr vs +αυτω Mʳ
⁵2 παντα ταυτα Mᵖᵗ, TR vs ταυτα παντα MᵖᵗBC, Cr vs ταυτα א*ᵛⁱᵈ
⁶2 ου M𝔊, Cr vs +μη TR

---

35 •εκχυννομενον 𝔊 vs 𝔐   37 ᶠאB vs 𝔐C   37 ᶜαυτης א* vs
𝔐C; (— B*)   1 ᶜαπο του ιερου επορευετο א (εκ for απο B) vs 𝔐C
2 ᶠαποκριθεις אB vs 𝔐C

39 Ps. 118:26

Jesus Describes the End of the Age
(Mk. 13:3-13; Lk. 21:7-19)

3 Καθημένου δὲ αὐτοῦ ἐπὶ τοῦ Ὄρους τῶν Ἐλαιῶν, προσῆλθον αὐτῷ οἱ μαθηταὶ κατ᾽ ἰδίαν, λέγοντες, "Εἰπὲ ἡμῖν, πότε ταῦτα ἔσται, καὶ τί τὸ σημεῖον τῆς σῆς παρουσίας καὶ °τῆς συντελείας τοῦ αἰῶνος?"
4 Καὶ ἀποκριθεὶς ὁ Ἰησοῦς εἶπεν αὐτοῖς, "Βλέπετε μή τις ὑμᾶς πλανήσῃ. **5** Πολλοὶ γὰρ ἐλεύσονται ἐπὶ τῷ ὀνόματί μου, λέγοντες, 'Ἐγώ εἰμι ὁ Χριστός,' καὶ πολλοὺς πλανήσουσι. **6** Μελλήσετε¹ δὲ ἀκούειν πολέμους καὶ ἀκοὰς πολέμων. Ὁρᾶτε, μὴ θροεῖσθε· δεῖ γὰρ °πάντα γενέσθαι, ἀλλ᾽ οὔπω ἐστὶ τὸ τέλος. **7** Ἐγερθήσεται γὰρ ἔθνος ἐπὶ ἔθνος καὶ βασιλεία ἐπὶ βασιλείαν, καὶ ἔσονται λιμοὶ □καὶ λοιμοὶ˘ καὶ σεισμοὶ κατὰ τόπους. **8** Πάντα δὲ ταῦτα ἀρχὴ ὠδίνων.

9 "Τότε παραδώσουσιν ὑμᾶς εἰς θλῖψιν καὶ ἀποκτενοῦσιν ὑμᾶς, καὶ ἔσεσθε μισούμενοι ὑπὸ πάντων τῶν ἐθνῶν διὰ τὸ ὄνομά μου. **10** Καὶ τότε σκανδαλισθήσονται πολλοὶ καὶ ἀλλήλους παραδώσουσι καὶ μισήσουσιν ἀλλήλους. **11** Καὶ πολλοὶ ψευδοπροφῆται ἐγερθήσονται καὶ πλανήσουσι πολλούς. **12** Καὶ διὰ τὸ πληθυνθῆναι τὴν ἀνομίαν, ψυγήσεται ἡ ἀγάπη τῶν πολλῶν. **13** Ὁ δὲ ὑπομείνας εἰς τέλος, οὗτος σωθήσεται. **14** Καὶ κηρυχθήσεται τοῦτο τὸ εὐαγγέλιον τῆς βασιλείας ἐν ὅλῃ τῇ οἰκουμένῃ εἰς μαρτύριον πᾶσι τοῖς ἔθνεσι, καὶ τότε ἥξει τὸ τέλος.

The Great Tribulation
(Mk. 13:14-23; Lk. 21:20-24)

15 "Ὅταν οὖν ἴδητε τὸ βδέλυγμα τῆς ἐρημώσεως τὸ ῥηθὲν διὰ Δανιὴλ τοῦ προφήτου ⌜ἑστὼς ἐν τόπῳ ἁγίῳ⌝ (ὁ ἀναγινώσκων νοείτω), **16** "τότε οἱ ἐν τῇ Ἰουδαίᾳ φευγέτωσαν ⌜ἐπὶ τὰ ὄρη, **17** ὁ ἐπὶ τοῦ δώματος μὴ

---

¹6 μελλησετε M𝑁(B)C, **TR Cr** vs μελησετε Mʳ

---

3 °𝕲 vs 𝔐   6 °𝑁B vs 𝔐 C   7 □𝑁B vs 𝔐 C
15 ⌜εστος 𝑁B* vs 𝔐   16 ⌜εις B vs 𝔐 𝑁

⌐καταβαινέτω ἆραι τὰ¹ ἐκ τῆς οἰκίας αὐτοῦ, **18** καὶ ὁ ἐν τῷ ἀγρῷ μὴ ἐπιστρεψάτω ὀπίσω ἆραι τὰ ἱμάτια² αὐτοῦ. **19** Οὐαὶ δὲ ταῖς ἐν γαστρὶ ἐχούσαις καὶ ταῖς θηλαζούσαις ἐν ἐκείναις ταῖς ἡμέραις! **20** Προσεύχεσθε δὲ ἵνα μὴ γένηται ἡ φυγὴ ὑμῶν χειμῶνος μηδὲ³ σαββάτῳ. **21** Ἔσται γὰρ τότε θλῖψις μεγάλη οἵα οὐ γέγονεν ἀπ᾽ ἀρχῆς κόσμου ἕως τοῦ νῦν, οὐδ᾽ οὐ μὴ γένηται. **22** Καὶ εἰ μὴ ἐκολοβώθησαν αἱ ἡμέραι ἐκεῖναι, οὐκ ἂν ἐσώθη πᾶσα σάρξ· διὰ δὲ τοὺς ἐκλεκτοὺς κολοβωθήσονται αἱ ἡμέραι ἐκεῖναι. **23** Τότε ἐάν τις ὑμῖν εἴπῃ, ῾Ἰδού, ὧδε ὁ Χριστός!᾽ ἢ ῾Ὧδε!᾽ μὴ πιστεύσητε. **24** Ἐγερθήσονται γὰρ ψευδόχριστοι καὶ ψευδοπροφῆται, καὶ δώσουσι σημεῖα μεγάλα καὶ τέρατα ὥστε πλανῆσαι, εἰ δυνατόν, καὶ τοὺς ἐκλεκτούς. **25** Ἰδού, προείρηκα ὑμῖν. **26** Ἐὰν οὖν εἴπωσιν ὑμῖν, ῾Ἰδού, ἐν τῇ ἐρήμῳ ἐστί!᾽ μὴ ἐξέλθητε· ῾Ἰδού, ἐν τοῖς ταμείοις!᾽ μὴ πιστεύσητε. **27** Ὥσπερ γὰρ ἡ ἀστραπὴ ἐξέρχεται ἀπὸ ἀνατολῶν καὶ φαίνεται ἕως δυσμῶν, οὕτως ἔσται⁴ ἡ παρουσία τοῦ Υἱοῦ τοῦ Ἀνθρώπου. **28** Ὅπου °γὰρ ἐὰν ᾖ τὸ πτῶμα, ἐκεῖ συναχθήσονται οἱ ἀετοί.

The Coming of the Son of Man
(Mk. 13:24-27; Lk. 21:25-28)

29 Εὐθέως δὲ μετὰ τὴν θλῖψιν τῶν ἡμερῶν ἐκείνων,

Ὁ ἥλιος σκοτισθήσεται,
Καὶ ἡ σελήνη οὐ δώσει τὸ φέγγος αὐτῆς,
Καὶ οἱ ἀστέρες πεσοῦνται ἀπὸ τοῦ οὐρανοῦ,
Καὶ αἱ δυνάμεις τῶν οὐρανῶν σαλευθήσονται.

30 Καὶ τότε φανήσεται τὸ σημεῖον τοῦ Υἱοῦ τοῦ Ἀνθρώπου ἐν °τῷ οὐρανῷ, καὶ τότε κόψονται πᾶσαι αἱ φυλαὶ τῆς γῆς καὶ ὄψονται τὸν Υἱὸν τοῦ Ἀνθρώπου ἐρχόμενον ἐπὶ τῶν νεφελῶν τοῦ οὐρανοῦ μετὰ δυνάμεως καὶ δόξης πολλῆς.

---

¹17 τα 𝔐 B, Cr vs τι TR vs το ℵ*
²18 τα ιματια Mᵖᵗ, TR vs το ιματιον MᵖᵗℵB, Cr
³20 μηδε 𝔐 ℵB, Cr vs +εν TR
⁴27 εσται Mᵖᵗ (ℵ) B, Cr vs +και Mᵖᵗ, TR

17 ⌐καταβατω ℵ*ᵛⁱᵈB vs 𝔐   28 °ℵB vs 𝔐   30 °ℵB vs 𝔐

31 Καὶ ἀποστελεῖ τοὺς ἀγγέλους αὐτοῦ μετὰ σάλπιγγος
°φωνῆς μεγάλης, καὶ ἐπισυνάξουσι τοὺς ἐκλεκτοὺς αὐτοῦ
ἐκ τῶν τεσσάρων ἀνέμων, ἀπ᾽ ἄκρων οὐρανῶν ἕως
ᵀἄκρων αὐτῶν.

The Parable of the Fig Tree
(Mk. 13:28-31; Lk. 21:29-33)

32 "᾽Απὸ δὲ τῆς συκῆς μάθετε τὴν παραβολήν· ὅταν ἤδη
ὁ κλάδος αὐτῆς γένηται ἀπαλὸς καὶ τὰ φύλλα ἐκφύῃ,
γινώσκετε¹ ὅτι ἐγγὺς τὸ θέρος. 33 Οὕτω καὶ ὑμεῖς, ὅταν
ἴδητε ταῦτα πάντα,² γινώσκετε ὅτι ἐγγύς ἐστιν ἐπὶ θύραις.
34 ᾽Αμὴν λέγω ὑμῖν, ᵀοὐ μὴ παρέλθῃ ἡ γενεὰ αὕτη ἕως ἂν
πάντα ταῦτα γένηται. 35 Ὁ οὐρανὸς καὶ ἡ γῆ ʳπαρε-
λεύσονται, οἱ δὲ λόγοι μου οὐ μὴ παρέλθωσι.

No One Knows the Day or Hour
(Mk. 13:32-37; Lk. 17:26-30, 34-36)

36 "Περὶ δὲ τῆς ἡμέρας ἐκείνης καὶ³ ὥρας οὐδεὶς οἶδεν,
οὐδὲ οἱ ἄγγελοι τῶν οὐρανῶν, ᵀεἰ μὴ ὁ Πατήρ °μου μόνος.
37 Ὥσπερ ʳδὲ αἱ ἡμέραι τοῦ Νῶε, οὕτως ἔσται °καὶ ἡ
παρουσία τοῦ Υἱοῦ τοῦ ᾽Ανθρώπου. 38 ʳ¹"Ὥσπερ γὰρ ἦσαν
ἐν ταῖς ἡμέραις ᵀταῖς πρὸ τοῦ κατακλυσμοῦ τρώγοντες καὶ
πίνοντες, γαμοῦντες καὶ ʳ²ἐκγαμίζοντες, ἄχρι ἧς ἡμέρας
εἰσῆλθε Νῶε εἰς τὴν κιβωτόν, 39 καὶ οὐκ ἔγνωσαν ἕως
ἦλθεν ὁ κατακλυσμὸς καὶ ἦρεν ἅπαντας, οὕτως ἔσται °καὶ
ἡ παρουσία τοῦ Υἱοῦ τοῦ ᾽Ανθρώπου. 40 Τότε δύο ἔσονται
ἐν τῷ ἀγρῷ· °¹ὁ εἷς παραλαμβάνεται καὶ °²ὁ εἷς ἀφίεται.

---

¹32 γινωσκετε 𝕸ℵB*, TR Cr vs γινωσκεται 𝕸ʳ
²33 ταυτα παντα 𝕸ᵖᵗℵ vs παντα ταυτα 𝕸ᵖᵗB, TR Cr
³36 και 𝕸ℵB, Cr vs + της TR

31 °ℵ vs 𝕸 B   31 ᵀτων B, [Cr] vs 𝕸 ℵ   34 ᵀοτι B vs 𝕸 ℵ
35 ʳπαρελευσεται B vs 𝕸; (− ο ουρανος to παρελθωσιν ℵ*)
36 ᵀουδε ο υιος ℵ*B vs 𝕸   36 °ℵB vs M   37 ʳγαρ B vs 𝕸 ℵ
37 °ℵB vs 𝕸   38 ʳ¹ως ℵB vs 𝕸   38 ᵀεκειναις B, [Cr] vs 𝕸 ℵ
38 ʳ²γαμιζοντες ℵ vs 𝕸; (γαμισκοντες B)   39 °B vs 𝕸 ℵ, [Cr]
40 °¹ ²ℵB vs 𝕸

41 Δύο ἀλήθουσαι ἐν τῷ μύλωνι·¹ μία παραλαμβάνεται καὶ μία ἀφίεται. **42** Γρηγορεῖτε οὖν, ὅτι οὐκ οἴδατε ποίᾳ ʳὥρᾳ ὁ Κύριος ὑμῶν ἔρχεται. **43** Ἐκεῖνο δὲ γινώσκετε, ὅτι εἰ ᾔδει ὁ οἰκοδεσπότης ποίᾳ φυλακῇ ὁ κλέπτης ἔρχεται, ἐγρηγόρησεν ἂν καὶ οὐκ ἂν εἴασε ʳδιορυγῆναι τὴν οἰκίαν αὐτοῦ. **44** Διὰ τοῦτο καὶ ὑμεῖς γίνεσθε ἕτοιμοι, ὅτι ᾗ ˢὥρᾳ οὐ δοκεῖτεˋ ὁ Υἱὸς τοῦ Ἀνθρώπου ἔρχεται.

The Challenge to Faithful Service
(Lk. 12:41-48)

45 Τίς ἄρα ἐστὶν ὁ πιστὸς δοῦλος καὶ φρόνιμος ὃν κατέστησεν ὁ κύριος °αὐτοῦ ἐπὶ τῆς ʳθεραπείας αὐτοῦ τοῦ ʳ²διδόναι αὐτοῖς τὴν τροφὴν ἐν καιρῷ? **46** Μακάριος ὁ δοῦλος ἐκεῖνος ὃν ἐλθὼν ὁ κύριος αὐτοῦ εὑρήσει ˢποιοῦντα οὕτως.ˋ **47** Ἀμὴν λέγω ὑμῖν ὅτι ἐπὶ πᾶσι τοῖς ὑπάρχουσιν αὐτοῦ καταστήσει αὐτόν. **48** Ἐὰν δὲ εἴπῃ ὁ κακὸς δοῦλος ἐκεῖνος ἐν τῇ καρδίᾳ αὐτοῦ, 'Χρονίζει ˢὁ κύριός μουˋ °ἐλθεῖν,' **49** καὶ ἄρξηται τύπτειν τοὺς συνδούλουςᵀ, ἐσθίειν² δὲ³ καὶ πίνειν⁴ μετὰ τῶν μεθυόντων, **50** ἥξει ὁ κύριος τοῦ δούλου ἐκείνου ἐν ἡμέρᾳ ᾗ οὐ προσδοκᾷ καὶ ἐν ὥρᾳ ᾗ οὐ γινώσκει, **51** καὶ διχοτομήσει αὐτόν, καὶ τὸ μέρος αὐτοῦ μετὰ τῶν ὑποκριτῶν θήσει. Ἐκεῖ ᾽ἔσται ὁ κλαυθμὸς καὶ ὁ βρυγμὸς τῶν ὀδόντων.

The Parable of the Wise and Foolish Virgins

25 Τότε ὁμοιωθήσεται ἡ βασιλεία τῶν οὐρανῶν δέκα παρθένοις, αἵτινες λαβοῦσαι τὰς λαμπάδας ʳ¹αὐτῶν ἐξῆλθον εἰς ʳ²ἀπάντησιν τοῦ νυμφίου. **2** Πέντε δὲ ˢἦσαν ἐξ

---

¹41 μυλωνι M, TR vs μυλω MᴵℵB, Cr
²49 εσθιειν Mᵖᵗ, TR vs εσθιη MᵖᵗG, Cr
³49 δε MℵB, TR Cr vs τε MᴵC
⁴49 πινειν Mᵖᵗ, TR vs πινη MᵖᵗG, Cr

---

42 ʳημερα ℵB vs 𝔐   43 ʳδιορυχθηναι ℵ vs 𝔐 B
44 ˢ231 ℵB vs 𝔐   45 °ℵB vs 𝔐
45 ʳ¹οικετειας B vs M; (οικιας ℵ)   45 ʳ²δουναι G vs M
46 ˢG vs 𝔐   48 ˢ312 G vs 𝔐   48 °ℵB vs 𝔐C
49 ᵀαυτου (εαυτου ℵ) BC vs M   1 ʳ¹εαυτων B vs 𝔐ℵC
1 ʳ²υπαντησιν G vs 𝔐   2 ˢ231 G vs 𝔐

αὐτῶν᾽ ʳφρόνιμοι καὶ αἱ πέντε μωραί.᾽ 3 ʳΑἵτινες μωραί, λαβοῦσαι τὰς λαμπάδας αὐτῶν,¹ οὐκ ἔλαβον μεθ᾽ ἑαυτῶν ἔλαιον· 4 αἱ δὲ φρόνιμοι ἔλαβον ἔλαιον ἐν τοῖς ἀγγείοις °αὐτῶν μετὰ τῶν λαμπάδων ʳαὐτῶν. 5 Χρονίζοντος δὲ τοῦ νυμφίου, ἐνύσταξαν πᾶσαι καὶ ἐκάθευδον.

6 "Μέσης δὲ νυκτὸς κραυγὴ γέγονεν, ''Ιδού, ὁ νυμφίος °¹ἔρχεται! 'Εξέρχεσθε εἰς ἀπάντησιν °²αὐτοῦ.᾽ 7 Τότε ἠγέρθησαν πᾶσαι αἱ παρθένοι ἐκεῖναι καὶ ἐκόσμησαν τὰς λαμπάδας ʳαὐτῶν. 8 Αἱ δὲ μωραὶ ταῖς φρονίμοις εἶπον, 'Δότε ἡμῖν ἐκ τοῦ ἐλαίου ὑμῶν, ὅτι αἱ λαμπάδες ἡμῶν σβέννυνται.᾽ 9 'Απεκρίθησαν δὲ αἱ φρόνιμοι, λέγουσαι, 'Μήποτε οὐκ² ἀρκέσῃ ἡμῖν καὶ ὑμῖν· πορεύεσθε °δὲ μᾶλλον πρὸς τοὺς πωλοῦντας καὶ ἀγοράσατε ἑαυταῖς.᾽ 10 'Απερχομένων δὲ αὐτῶν ἀγοράσαι, ἦλθεν ὁ νυμφίος, καὶ αἱ ἕτοιμοι εἰσῆλθον μετ᾽ αὐτοῦ εἰς τοὺς γάμους, καὶ ἐκλείσθη ἡ θύρα.

11 "Ὕστερον δὲ ἔρχονται καὶ αἱ λοιπαὶ παρθένοι, λέγουσαι, 'Κύριε, κύριε, ἄνοιξον ἡμῖν.᾽ 12 Ὁ δὲ ἀποκριθεὶς εἶπεν, ''Αμὴν λέγω ὑμῖν, οὐκ οἶδα ὑμᾶς.᾽ 13 Γρηγορεῖτε οὖν, ὅτι οὐκ οἴδατε τὴν ἡμέραν οὐδὲ τὴν ὥραν ᵈἐν ᾗ ὁ Υἱὸς τοῦ 'Ανθρώπου ἔρχεται.᾽

The Parable of the Talents
(Lk. 19:11-27)

14 "Ὥσπερ γὰρ ἄνθρωπος ἀποδημῶν ἐκάλεσε τοὺς ἰδίους δούλους καὶ παρέδωκεν αὐτοῖς τὰ ὑπάρχοντα αὐτοῦ. 15 Καὶ ᾧ μὲν ἔδωκε πέντε τάλαντα, ᾧ δὲ δύο, ᾧ δὲ ἕν, ἑκάστῳ κατὰ τὴν ἰδίαν δύναμιν, καὶ ἀπεδήμησεν εὐθέως. 16 Πορευθεὶς °¹δὲ ὁ τὰ πέντε τάλαντα λαβὼν ·εἰργάσατο

---

¹3 αυτων 𝕸 BC, Cr vs εαυτων TR vs — ℵ
²9 ουκ MᵖᵗℵA, TR vs ου μη MᵖᵗBC, Cr

---

2 ʳ5241 𝕲 vs M   3 ʳαι γαρ 𝕲 vs 𝕸   4 °ℵB vs 𝕸C
4 ʳεαυτων ℵB vs 𝕸 ; (−C)   6 °¹𝕲 vs 𝕸
6 °²ℵB vs 𝕸 A (αυτω C), [Cr]   7 ʳεαυτων ℵBA vs 𝕸C
9 °ℵBA vs 𝕸C   13 ᵈ𝕲A vs 𝕸   16 °¹ℵ*B vs 𝕸AC
16 ·ηργασατο ℵ*B* vs 𝕸AC

ἐν αὐτοῖς καὶ ⌜ἐποίησεν ἄλλα πέντε °²τάλαντα.
17 ὡσαύτως °καὶ ὁ τὰ δύο ἐκέρδησε □καὶ αὐτὸς⸌ ἄλλα
δύο. **18** Ὁ δὲ τὸ ἓν λαβὼν ἀπελθὼν ὤρυξεν ⌜ἐν τῇ γῇ⸌ καὶ
⌜ἀπέκρυψε τὸ ἀργύριον τοῦ κυρίου αὐτοῦ.

19 Μετὰ δὲ ⸋χρόνον πολὺν⸌ ἔρχεται ὁ κύριος τῶν
δούλων ἐκείνων καὶ συναίρει ⸋μετ᾽ αὐτῶν λόγον.⸌ **20** Καὶ
προσελθὼν ὁ τὰ πέντε τάλαντα λαβὼν προσήνεγκεν
ἄλλα πέντε τάλαντα, λέγων, Κύριε, πέντε τάλαντά μοι
παρέδωκας· ἴδε, ἄλλα πέντε τάλαντα ἐκέρδησα □ἐπ᾽
αὐτοῖς.⸌ **21** Ἔφη °δὲ αὐτῷ ὁ κύριος αὐτοῦ, Εὖ, δοῦλε
ἀγαθὲ καὶ πιστέ, ἐπὶ ὀλίγα ἧς πιστός, ἐπὶ πολλῶν σε
καταστήσω. Εἴσελθε εἰς τὴν χαρὰν τοῦ κυρίου σου.⸌
22 Προσελθὼν °¹δὲ καὶ ὁ τὰ δύο τάλαντα °²λαβὼν
εἶπε, Κύριε, δύο τάλαντά μοι παρέδωκας· ἴδε, ἄλλα δύο
τάλαντα ἐκέρδησα □ἐπ᾽ αὐτοῖς.⸌ **23** Ἔφη αὐτῷ ὁ κύριος
αὐτοῦ, Εὖ, δοῦλε ἀγαθὲ καὶ πιστέ, ἐπὶ ὀλίγα ἧς πιστός, ἐπὶ
πολλῶν σε καταστήσω. Εἴσελθε εἰς τὴν χαρὰν τοῦ κυρίου
σου.⸌
24 Προσελθὼν δὲ καὶ ὁ τὸ ἓν τάλαντον εἰληφὼς εἶπε,
Κύριε, ἔγνων σε ὅτι σκληρὸς εἶ ἄνθρωπος, θερίζων ὅπου
οὐκ ἔσπειρας καὶ συνάγων ὅθεν οὐ διεσκόρπισας. **25** Καὶ
φοβηθεὶς ἀπελθὼν ἔκρυψα τὸ τάλαντόν σου ἐν τῇ γῇ· ἴδε,
ἔχεις τὸ σόν.⸌ **26** Ἀποκριθεὶς δὲ ὁ κύριος αὐτοῦ εἶπεν
αὐτῷ, Πονηρὲ δοῦλε καὶ ὀκνηρέ, ᾔδεις ὅτι θερίζω ὅπου οὐκ
ἔσπειρα καὶ συνάγω ὅθεν οὐ διεσκόρπισα. **27** Ἔδει ⸋οὖν
σε⸌ βαλεῖν ⌜τὸ ἀργύριόν⸌ μου τοῖς τραπεζίταις, καὶ ἐλθὼν
ἐγὼ ἐκομισάμην ἂν τὸ ἐμὸν σὺν τόκῳ. **28** Ἄρατε οὖν ἀπ᾽
αὐτοῦ τὸ τάλαντον καὶ δότε τῷ ἔχοντι τὰ δέκα τάλαντα.
29 Τῷ γὰρ ἔχοντι παντὶ δοθήσεται καὶ περισσευθήσεται·
⌜ἀπὸ δὲ τοῦ⸌ μὴ ἔχοντος, καὶ ὃ ἔχει¹ ἀρθήσεται ἀπ᾽ αὐτοῦ.

---

¹29 εχει **M𝕲**A, TR Cr vs δοκει εχειν M⌜

---

16 ⌜εκερδησεν BC vs M𝐍*A*ᵛⁱᵈ   16 °²B vs 𝕸𝐍AC
17 °𝐍*C* vs 𝕸 B (δε και A)   17 □𝕲 vs 𝕸 A
18 ⌜γην 𝐍B (την γην C*) vs 𝕸 A   18 ⌜εκρυψεν 𝕲A vs 𝕸
19 ⸋𝕲 vs 𝕸 A   19 ⸋312 𝕲 vs 𝕸 A   20 □𝐍B vs 𝕸 AC
21 °𝕲 vs 𝕸 A   22 °¹𝐍*B vs 𝕸 AC, [Cr]   22 °²BAC vs 𝕸 𝐍
22 □𝐍B vs 𝕸 AC   27 ⸋𝕲 vs 𝕸 A   27 ⌜τα αργυρια 𝐍*B vs 𝕸 AC
29 ⌜του δε 𝐍B vs 𝕸 AC

30 Καὶ τὸν ἀχρεῖον δοῦλον ἐκβάλετε¹ εἰς τὸ σκότος τὸ ἐξώτερον. Ἐκεῖ ἔσται ὁ κλαυθμὸς καὶ ὁ βρυγμὸς τῶν ὀδόντων.

The Son of Man Will Judge the Nations

31 "Ὅταν δὲ ἔλθῃ ὁ Υἱὸς τοῦ Ἀνθρώπου ἐν τῇ δόξῃ αὐτοῦ καὶ πάντες οἱ °ἅγιοι ἄγγελοι μετ᾽ αὐτοῦ, τότε καθίσει ἐπὶ θρόνου δόξης αὐτοῦ. 32 Καὶ συναχθήσεται² ἔμπροσθεν αὐτοῦ πάντα τὰ ἔθνη, καὶ ⌐ἀφοριεῖ αὐτοὺς ἀπ᾽ ἀλλήλων, ὥσπερ ὁ ποιμὴν ἀφορίζει τὰ πρόβατα ἀπὸ τῶν ἐρίφων. 33 Καὶ στήσει τὰ μὲν πρόβατα ἐκ δεξιῶν αὐτοῦ, τὰ δὲ ἐρίφια ἐξ εὐωνύμων.

34 "Τότε ἐρεῖ ὁ βασιλεὺς τοῖς ἐκ δεξιῶν αὐτοῦ, Δεῦτε, οἱ εὐλογημένοι τοῦ Πατρός μου, κληρονομήσατε τὴν ἡτοιμασμένην ὑμῖν βασιλείαν ἀπὸ καταβολῆς κόσμου. 35 Ἐπείνασα γὰρ καὶ ἐδώκατέ μοι φαγεῖν, ἐδίψησα καὶ ἐποτίσατέ με, ξένος ἤμην καὶ συνηγάγετέ με, 36 γυμνὸς καὶ περιεβάλετέ με, ἠσθένησα καὶ ἐπεσκέψασθέ με, ἐν φυλακῇ ἤμην καὶ ἤλθετε πρός με. 37 Τότε ἀποκριθήσονται αὐτῷ οἱ δίκαιοι, λέγοντες, Κύριε, πότε σε εἴδομεν πεινῶντα καὶ ἐθρέψαμεν, ἢ διψῶντα καὶ ἐποτίσαμεν? 38 Πότε δέ σε εἴδομεν ξένον καὶ συνηγάγομεν, ἢ γυμνὸν καὶ περι-εβάλομεν? 39 Πότε δέ σε εἴδομεν ⌐ἀσθενῆ ἢ ἐν φυλακῇ καὶ ἤλθομεν πρός σε?᾽ 40 Καὶ ἀποκριθεὶς ὁ βασιλεὺς ἐρεῖ αὐτοῖς, ᾽Ἀμὴν λέγω ὑμῖν, ἐφ᾽ ὅσον ἐποιήσατε ἑνὶ τούτων τῶν ἀδελφῶν μου τῶν ἐλαχίστων, ἐμοὶ ἐποιήσατε.

41 "Τότε ἐρεῖ καὶ τοῖς ἐξ εὐωνύμων, Πορεύεσθε ἀπ᾽ ἐμοῦ, °οἱ κατηραμένοι, εἰς τὸ πῦρ τὸ αἰώνιον τὸ ἡτοιμασμένον τῷ διαβόλῳ καὶ τοῖς ἀγγέλοις αὐτοῦ. 42 Ἐπείνασα γὰρ καὶ οὐκ ἐδώκατέ μοι φαγεῖν, ἐδίψησα καὶ οὐκ ἐποτίσατέ με, 43 ξένος ἤμην καὶ οὐ συνηγάγετέ με, γυμνὸς καὶ οὐ περιεβάλετέ με, ἀσθενὴς καὶ ἐν φυλακῇ καὶ

---

¹30 εκβαλετε 𝔐 אBA (C), Cr vs εκβαλλετε TR
²32 συναχθησεται MᵖᵗA, TR vs συναχθησονται MᵖᵗאB, Cr

---

31 °אB vs 𝔐 A　　32 ⌐αφοριει א* vs 𝔐 BA
39 ⌐ασθενουντα B vs 𝔐 אA　　41 °אB vs 𝔐 A, [Cr]

οὐκ ἐπεσκέψασθέ με.' **44** Τότε ἀποκριθήσονται καὶ αὐτοί,¹ λέγοντες, Κύριε, πότε σε εἴδομεν πεινῶντα ἢ διψῶντα ἢ ξένον ἢ γυμνὸν ἢ ἀσθενῆ ἢ ἐν φυλακῇ καὶ οὐ διηκονήσαμέν σοι?' **45** Τότε ἀποκριθήσεται αὐτοῖς, λέγων, ''Ἀμὴν λέγω ὑμῖν, ἐφ' ὅσον οὐκ ἐποιήσατε ἑνὶ τούτων τῶν ἐλαχίστων, οὐδὲ ἐμοὶ ἐποιήσατε.' **46** Καὶ ἀπελεύσονται οὗτοι εἰς κόλασιν αἰώνιον, οἱ δὲ δίκαιοι εἰς ζωὴν αἰώνιον.''

26 Καὶ ἐγένετο ὅτε ἐτέλεσεν ὁ Ἰησοῦς πάντας² τοὺς λόγους τούτους, εἶπε τοῖς μαθηταῖς αὐτοῦ, **2** ''Οἴδατε ὅτι μετὰ δύο ἡμέρας τὸ Πάσχα γίνεται, καὶ ὁ Υἱὸς τοῦ Ἀνθρώπου παραδίδοται εἰς τὸ σταυρωθῆναι.''

The Chief Priests and Elders Plot to Kill Jesus
(Mk. 14:1, 2; Lk. 22:1, 2; Jn. 11:45-53)

3 Τότε συνήχθησαν οἱ ἀρχιερεῖς □καὶ οἱ γραμματεῖςˋ καὶ οἱ πρεσβύτεροι τοῦ λαοῦ εἰς τὴν αὐλὴν τοῦ ἀρχιερέως τοῦ λεγομένου **Καϊάφα 4** καὶ συνεβουλεύσαντο ἵνα τὸν Ἰησοῦν δόλῳ κρατήσωσι³ καὶ ἀποκτείνωσιν. **5** Ἔλεγον δέ, ''Μὴ ἐν τῇ ἑορτῇ, ἵνα μὴ θόρυβος γένηται ἐν τῷ λαῷ.''

Jesus Is Anointed at Bethany
(Mk. 14:3-9; Jn. 12:1-8)

6 Τοῦ δὲ Ἰησοῦ γενομένου ἐν Βηθανίᾳ ἐν οἰκίᾳ Σίμωνος τοῦ λεπροῦ, **7** προσῆλθεν αὐτῷ γυνὴ ˢἀλάβαστρον μύρου ἔχουσαˑ βαρυτίμου καὶ κατέχεεν ἐπὶ ˊτὴν κεφαλὴνˋ αὐτοῦ ἀνακειμένου.

---

¹4 4 και αυτοι 𝔐 BA (και h.𝔭⁴⁵), Cr vs αυτω ℵ*ᵛⁱᵈ vs αυτω και αυτοι TR
²1 παντας Μℵ BA, TR Cr vs — Μʳ
³4 δολω κρατησωσι 𝔐 ℵ BA, Cr vs κρατησωσι δολω TR

---

3 □𝔭⁴⁵ᵛⁱᵈ ℵ BA vs 𝔐   7 ˢ312 ℵ B vs 𝔐 A; (132 𝔭⁴⁵)
7 ˊτης κεφαλης ℵ B vs 𝔐 𝔭⁴⁵A

8 Ἰδόντες δὲ οἱ μαθηταὶ °αὐτοῦ ἠγανάκτησαν, λέγοντες, "Εἰς τί ἡ ἀπώλεια αὕτη? **9** Ἠδύνατο γὰρ τοῦτο ▫τὸ μύρον﹨ πραθῆναι πολλοῦ καὶ δοθῆναι¹ πτωχοῖς." **10** Γνοὺς δὲ ὁ Ἰησοῦς εἶπεν αὐτοῖς, "Τί κόπους παρέχετε τῇ γυναικί? Ἔργον γὰρ καλὸν •εἰργάσατο εἰς ἐμέ. **11** Τοὺς πτωχοὺς γὰρ πάντοτε² ἔχετε μεθ᾽ ἑαυτῶν, ἐμὲ δὲ οὐ πάντοτε ἔχετε. **12** Βαλοῦσα γὰρ αὕτη τὸ μύρον τοῦτο ἐπὶ τοῦ σώματός μου πρὸς τὸ ἐνταφιάσαι με ἐποίησεν. **13** Ἀμὴν λέγω ὑμῖν, ὅπου ἐὰν κηρυχθῇ τὸ εὐαγγέλιον τοῦτο ἐν ὅλῳ τῷ κόσμῳ, λαληθήσεται καὶ ὃ ἐποίησεν αὕτη εἰς μνημόσυνον αὐτῆς."

Judas Agrees to Betray Jesus for Money
(Mk. 14:10,11; Lk. 22:3-6)

14 Τότε πορευθεὶς εἷς τῶν δώδεκα, ὁ λεγόμενος Ἰούδας Ἰσκαριώτης, πρὸς τοὺς ἀρχιερεῖς, **15** εἶπε, "Τί θέλετέ μοι δοῦναι κἀγὼ³ ὑμῖν παραδώσω αὐτόν?" Οἱ δὲ ἔστησαν αὐτῷ τριάκοντα ἀργύρια. **16** Καὶ ἀπὸ τότε ἐζήτει εὐκαιρίαν ἵνα αὐτὸν παραδῷ.

Jesus Celebrates Passover with His Disciples
(Mk. 14:12-21; Lk. 22:7-13, 21-23; Jn. 13:21-30)

17 Τῇ δὲ πρώτῃ τῶν ἀζύμων προσῆλθον οἱ μαθηταὶ τῷ Ἰησοῦ, λέγοντες °αὐτῷ, "Ποῦ θέλεις ἑτοιμάσομέν⁴ σοι φαγεῖν τὸ Πάσχα?"
18 Ὁ δὲ εἶπεν, "Ὑπάγετε εἰς τὴν πόλιν πρὸς τὸν δεῖνα καὶ εἴπατε αὐτῷ, 'Ὁ διδάσκαλος λέγει, 'Ὁ καιρός μου ἐγγύς ἐστι· πρὸς σὲ ποιῶ τὸ Πάσχα μετὰ τῶν μαθητῶν

---

¹9 δοθηναι MᵖᵗℵB, Cr vs +τοις MᵖᵗA, TR
²11 τους πτωχους γαρ παντοτε Mᵖᵗ vs παντοτε γαρ τους πτωχους Mᵖᵗ𝔭⁴⁵ℵBA, TR Cr
³15 καγω MᵖᵗBA, TR Cr vs και εγω Mᵖᵗℵ
⁴17 ετοιμασομεν Mᵖᵗ vs ετοιμασωμεν MᵖᵗℵBA, TR Cr

8 °𝔭⁴⁵ᵛⁱᵈℵB vs 𝔐 A   9 •εδυνατο 𝔭⁴⁵ᵛⁱᵈℵB* vs 𝔐 A
9 ▫𝔭⁴⁵ᵛⁱᵈℵBA vs 𝔐   10 •ηργασατο ℵ*B* vs 𝔐 A
17 °ℵB vs MA

μου."' '" 19 Καὶ ἐποίησαν οἱ μαθηταὶ ὡς συνέταξεν αὐτοῖς ὁ
Ἰησοῦς, καὶ ἡτοίμασαν τὸ Πάσχα.
20 Ὀψίας δὲ γενομένης, ἀνέκειτο μετὰ τῶν δώδεκα.
21 Καὶ ἐσθιόντων αὐτῶν, εἶπεν, "'Ἀμὴν λέγω ὑμῖν ὅτι εἷς
ἐξ ὑμῶν παραδώσει με."
22 Καὶ λυπούμενοι σφόδρα ἤρξαντο λέγειν αὐτῷ
ʿἕκαστος αὐτῶν,ʾ "Μήτι ἐγώ εἰμι, Κύριε?"
23 Ὁ δὲ ἀποκριθεὶς εἶπεν, "'Ὁ ἐμβάψας ʿμετʾ ἐμοῦ ἐν
τῷ τρυβλίῳ τὴν χεῖρα,ᵗ οὗτός με παραδώσει. 24 Ὁ μὲν
Υἱὸς τοῦ Ἀνθρώπου ὑπάγει καθὼς γέγραπται περὶ αὐτοῦ,
οὐαὶ δὲ τῷ ἀνθρώπῳ ἐκείνῳ δι' οὗ ὁ Υἱὸς τοῦ Ἀνθρώπου
παραδίδοται! Καλὸν ἦν αὐτῷ εἰ οὐκ ἐγεννήθη ὁ ἄνθρωπος
ἐκεῖνος."
25 Ἀποκριθεὶς δὲ Ἰούδας ὁ παραδιδοὺς αὐτὸν εἶπε,
"Μήτι ἐγώ εἰμι, Ῥαββί?" Λέγει αὐτῷ, "Σὺ εἶπας."

Jesus Institutes the Lord's Supper
(Mk. 14:22-26; Lk. 22:14-20; I Cor. 11:23-25)

26 Ἐσθιόντων δὲ αὐτῶν, λαβὼν ὁ Ἰησοῦς °¹τὸν ἄρτον
καὶ εὐχαριστήσας¹, ἔκλασε καὶ ʿἐδίδου τοῖς μαθηταῖς °²καὶ
εἶπε, "Λάβετε, φάγετε, τοῦτό ἐστι τὸ σῶμά μου."
27 Καὶ λαβὼν °τὸ ποτήριον καὶ εὐχαριστήσας, ἔδωκεν
αὐτοῖς, λέγων, "Πίετε ἐξ αὐτοῦ πάντες, 28 τοῦτο γάρ ἐστι
τὸ αἷμά μου ʿτὸ τῆς καινῆςʾ διαθήκης τὸ περὶ πολλῶν
ἐκχυνόμενον² εἰς ἄφεσιν ἁμαρτιῶν. 29 Λέγω δὲ ὑμῖν °ὅτι
οὐ μὴ πίω ἀπ' ἄρτι ἐκ τούτου τοῦ γεννήματος³ τῆς
ἀμπέλου ἕως τῆς ἡμέρας ἐκείνης ὅταν αὐτὸ πίνω μεθ'
ὑμῶν καινὸν ἐν τῇ βασιλείᾳ τοῦ Πατρός μου."
30 Καὶ ὑμνήσαντες ἐξῆλθον εἰς τὸ Ὄρος τῶν Ἐλαιῶν.

---

¹26 ευχαριστησας **MA** vs ευλογησας M ʳ𝔭⁴⁵**G**, TR Cr
²28 εκχυνομενον **M𝔭³⁷***, TR vs εκχυννομενον M ʳ**GA**, Cr
³29 γεννηματος M ᵖᵗ𝔭³⁷, TR vs γενηματος M ᵖᵗ**GA**, Cr

---

22 ʿεις εκαστος **G** vs 𝔐 A; (εις εκαστος αυτων 𝔭⁴⁵ᵛⁱᵈ)
23 ʄ12673-5 **אBA** vs 𝔐 C; (671-5 𝔭³⁷ ⁴⁵ᵛⁱᵈ)
26 °¹𝔭⁴⁵**G** vs 𝔐 A   26 ʿδους 𝔭³⁷**B** vs 𝔐 א*AC
26 °²𝔭³⁷ ⁴⁵**אB** vs 𝔐 AC   27 °**אB** vs 𝔐 𝔭⁴⁵AC
28 ʿτης 𝔭³⁷**אB** vs 𝔐 AC   29 °𝔭⁴⁵**אB** vs 𝔐 AC

Jesus Predicts Peter's Denial
(Mk. 14:27-31; Lk. 22:31-34; Jn. 13:36-38)

31 Τότε λέγει αὐτοῖς ὁ Ἰησοῦς, "Πάντες ὑμεῖς σκανδαλισθήσεσθε ἐν ἐμοὶ ἐν τῇ νυκτὶ ταύτῃ, γέγραπται γάρ,

«Πατάξω τὸν Ποιμένα,

Καὶ ⌐διασκορπισθήσεται τὰ πρόβατα τῆς ποίμνης.»

32 Μετὰ δὲ τὸ ἐγερθῆναί με προάξω ὑμᾶς εἰς τὴν Γαλιλαίαν."

33 Ἀποκριθεὶς δὲ ὁ Πέτρος εἶπεν αὐτῷ, "Εἰ[1] πάντες σκανδαλισθήσονται ἐν σοί, ἐγὼ δὲ[2] οὐδέποτε σκανδαλισθήσομαι."

34 Ἔφη αὐτῷ ὁ Ἰησοῦς, "Ἀμὴν λέγω σοι ὅτι ἐν ταύτῃ τῇ νυκτί, πρὶν ἀλέκτορα φωνῆσαι, τρὶς ἀπαρνήσῃ με."

35 Λέγει αὐτῷ ὁ Πέτρος, "Κἂν δέῃ με σὺν σοὶ ἀποθανεῖν, οὐ μή σε ἀπαρνήσωμαι."[3] Ὁμοίως δὲ[4] καὶ πάντες οἱ μαθηταὶ εἶπον.

Jesus Prays in the Garden of Gethsemane
(Mk. 14:32-42; Lk. 22:39-46)

36 Τότε ἔρχεται μετ᾽ αὐτῶν ὁ Ἰησοῦς εἰς χωρίον λεγόμενον ∙Γεθσημανῆ, καὶ λέγει τοῖς μαθηταῖς, "Καθίσατε αὐτοῦ ἕως °οὗ ἀπελθὼν προσεύξωμαι ἐκεῖ."[5] **37** Καὶ παραλαβὼν τὸν Πέτρον καὶ τοὺς δύο υἱοὺς Ζεβεδαίου ἤρξατο λυπεῖσθαι καὶ ἀδημονεῖν. **38** Τότε λέγει αὐτοῖς ὁ Ἰησοῦς[6], "Περίλυπός ἐστιν ἡ ψυχή μου ἕως θανάτου. Μείνατε ὧδε καὶ γρηγορεῖτε μετ᾽ ἐμοῦ." **39** Καὶ προσελθὼν[7]

---

[1]33 ει M𝔭³⁷BAC, Cr vs +και Mʳ, TR vs − ℵ*
[2]33 δε Mᵖᵗ vs −Mᵖᵗ𝔭³⁷𝔊A, TR Cr
[3]35 απαρνησωμαι MᵖᵗA vs απαρνησομαι Mᵖᵗ𝔭³⁷𝔊, TR Cr
[4]35 δε 𝔐A vs −𝔊, TR Cr
[5]36 προσευξωμαι εκει MAC, TR vs προσευξομαι εκει M¹ vs εκει προσευξωμαι (ℵ) B, Cr vs εκει h.𝔭⁴⁵
[6]38 ο Ιησους 𝔐 vs −𝔭³⁷𝔊A, TR Cr
[7]39 προσελθων MℵAC vs προελθων Mʳ𝔭³⁷B, TR Cr

---

31 ⌐διασκορπισθησονται (ℵ) BAC vs M𝔭³⁷ ⁴⁵ᵛⁱᵈ
36 ∙Γεθσημανι ℵ (Γεθσημανει 𝔭³⁷BAC) vs M; (Γεσσαμ h.𝔭⁴⁵)
36 °ℵC vs 𝔐BA, [Cr]

---

31 Zech. 13:7

μικρὸν ἔπεσεν ἐπὶ πρόσωπον αὐτοῦ προσευχόμενος καὶ λέγων, "Πάτερ μου, εἰ δυνατόν ἐστι, παρελθέτω ἀπ᾽ ἐμοῦ τὸ ποτήριον τοῦτο· πλὴν οὐχ ὡς ἐγὼ θέλω ἀλλ᾽ ὡς σύ." 40 Καὶ ἔρχεται πρὸς τοὺς μαθητὰς καὶ εὑρίσκει αὐτοὺς καθεύδοντας, καὶ λέγει τῷ Πέτρῳ, "Οὕτως οὐκ ἰσχύσατε μίαν ὥραν γρηγορῆσαι μετ᾽ ἐμοῦ? 41 Γρηγορεῖτε καὶ προσεύχεσθε, ἵνα μὴ εἰσέλθητε εἰς πειρασμόν. Τὸ μὲν πνεῦμα πρόθυμον, ἡ δὲ σὰρξ ἀσθενής."

42 Πάλιν ἐκ δευτέρου ἀπελθὼν προσηύξατο, λέγων, "Πάτερ μου, εἰ οὐ δύναται τοῦτο □¹τὸ ποτήριον` παρελθεῖν □²ἀπ᾽ ἐμοῦ` ἐὰν μὴ αὐτὸ πίω, γενηθήτω τὸ θέλημά σου." 43 Καὶ ἐλθὼν εὑρίσκει αὐτοὺς πάλιν¹ καθεύδοντας, ἦσαν γὰρ αὐτῶν οἱ ὀφθαλμοὶ βεβαρημένοι. 44 Καὶ ἀφεὶς αὐτοὺς ⌜ἀπελθὼν πάλιν προσηύξατο` ἐκ τρίτου, τὸν αὐτὸν λόγον εἰπών.ᵀ 45 Τότε ἔρχεται πρὸς τοὺς μαθητὰς °¹αὐτοῦ καὶ λέγει αὐτοῖς, "Καθεύδετε °²τὸ λοιπὸν καὶ ἀναπαύεσθε. Ἰδού, ἤγγικεν ἡ ὥρα καὶ ὁ Υἱὸς τοῦ Ἀνθρώπου παραδίδοται εἰς χεῖρας ἁμαρτωλῶν. 46 Ἐγείρεσθε, ἄγωμεν. Ἰδού, ἤγγικεν² ὁ παραδιδούς με."

Jesus Is Betrayed and Arrested in Gethsemane
(Mk. 14:43-50; Lk. 22:47-53; Jn. 18:3-12)

47 Καὶ ἔτι αὐτοῦ λαλοῦντος, ἰδού, Ἰούδας εἷς τῶν δώδεκα ἦλθε, καὶ μετ᾽ αὐτοῦ ὄχλος πολὺς μετὰ μαχαιρῶν καὶ ξύλων ἀπὸ τῶν ἀρχιερέων καὶ πρεσβυτέρων τοῦ λαοῦ. 48 Ὁ δὲ παραδιδοὺς αὐτὸν ἔδωκεν αὐτοῖς σημεῖον, λέγων, "Ὃν ἂν³ φιλήσω, αὐτός ἐστι· κρατήσατε αὐτόν." 49 Καὶ εὐθέως προσελθὼν τῷ Ἰησοῦ εἶπε, "Χαῖρε, Ῥαββί!" Καὶ κατεφίλησεν αὐτόν.

---

¹43 ευρισκει αυτους παλιν M^pt, TR vs ευρεν αυτους παλιν M^ptA vs παλιν ευρεν αυτους 𝕲, Cr vs h. αυτους 𝔭³⁷
²46 ηγγικεν M𝕲A, TR Cr vs — M^r
³48 αν M^ptBC, TR Cr vs εαν M^pt𝔭³⁷ℵA

---

42 □¹𝔭³⁷𝕲A vs 𝔐   42 □²𝔭³⁷ᵛⁱᵈℵB vs 𝔐AC
44 ⌜213 𝕲 vs M; (132 A; 13 𝔭³⁷ᵛⁱᵈ)   44 ᵀπαλιν 𝔭³⁷ℵB vs 𝔐AC
45 °¹𝔭³⁷𝕲A vs M   45 °²BC vs 𝔐𝔭³⁷ℵA, [Cr]

50 Ὁ δὲ Ἰησοῦς εἶπεν αὐτῷ, "Ἑταῖρε, ἐφ' ᾧ¹ πάρει?" Τότε προσελθόντες ἐπέβαλον τὰς χεῖρας ἐπὶ τὸν Ἰησοῦν καὶ ἐκράτησαν αὐτόν. 51 Καὶ ἰδού, εἷς τῶν μετὰ Ἰησοῦ, ἐκτείνας τὴν χεῖρα, ἀπέσπασε τὴν μάχαιραν αὐτοῦ, καὶ πατάξας τὸν δοῦλον τοῦ ἀρχιερέως ἀφεῖλεν αὐτοῦ τὸ ὠτίον. 52 Τότε λέγει αὐτῷ ὁ Ἰησοῦς, "Ἀπόστρεψόν ⸀σου τὴν μάχαιραν⸀ εἰς τὸν τόπον αὐτῆς, πάντες γὰρ οἱ λαβόντες μάχαιραν ἐν ⸀μαχαίρᾳ ἀποθανοῦνται.² 53 Ἢ δοκεῖς ὅτι οὐ δύναμαι ⸀ἄρτι παρακαλέσαι τὸν Πατέρα μου, καὶ παραστήσει μοι⸀ ⸀πλείους °ἢ δώδεκα •λεγεῶνας ἀγγέλων? 54 Πῶς οὖν πληρωθῶσιν αἱ Γραφαὶ ὅτι οὕτω δεῖ γενέσθαι?" 55 Ἐν ἐκείνῃ τῇ ὥρᾳ εἶπεν ὁ Ἰησοῦς τοῖς ὄχλοις, "Ὡς ἐπὶ λῃστὴν ἐξήλθετε μετὰ μαχαιρῶν καὶ ξύλων συλλαβεῖν με? Καθ' ἡμέραν πρὸς ὑμᾶς ἐκαθεζόμην διδάσκων ἐν τῷ ἱερῷ³ καὶ οὐκ ἐκρατήσατέ με. 56 Τοῦτο δὲ ὅλον γέγονεν ἵνα πληρωθῶσιν αἱ Γραφαὶ τῶν προφητῶν." Τότε οἱ μαθηταὶ πάντες ἀφέντες αὐτὸν ἔφυγον.

Jesus Before the Sanhedrin
(Mk. 14:53-65; Lk. 22:54, 55, 63-71; Jn. 18:13, 14, 19-24)

57 Οἱ δὲ κρατήσαντες τὸν Ἰησοῦν ἀπήγαγον πρὸς Καϊάφαν τὸν ἀρχιερέα, ὅπου οἱ γραμματεῖς καὶ οἱ πρεσβύτεροι συνήχθησαν. 58 Ὁ δὲ Πέτρος ἠκολούθει αὐτῷ ἀπὸ μακρόθεν ἕως τῆς αὐλῆς τοῦ ἀρχιερέως. Καὶ εἰσελθὼν ἔσω ἐκάθητο μετὰ τῶν ὑπηρετῶν ἰδεῖν τὸ τέλος. 59 Οἱ δὲ ἀρχιερεῖς ⸀καὶ οἱ πρεσβύτεροι⸀ καὶ τὸ συνέδριον ὅλον ἐζήτουν ψευδομαρτυρίαν κατὰ τοῦ Ἰησοῦ ὅπως

¹50 ω Mᵖᵗ, TR vs ο Mᵖᵗ𝔭³⁷𝔊A, Cr
²52 αποθανουνται M vs απολουνται 𝔭³⁷ (א) BAC, TR Cr
³55 προς υμας εκαθεζομην διδασκων εν τω ιερω M, TR vs πρ. υμ. εκαθ. εν τω ιε. διδ. M𝖢 vs εν τω ιε. εκαθ. διδ. אB, Cr vs εκαθ. πρ. υμ. διδ. εν τω ιε. A

52 ⸀231 אB vs 𝔐 AC   52 •μαχαιρη 𝔭³⁷𝔊A vs 𝔐
53 ⸀2-81 B vs 𝔐 AC; (2-8 ωδε 1 א*)
53 ⸀πλειω א*B vs 𝔐 AC   53 °אB vs 𝔐 AC
53 •λεγιωνας B* vs 𝔐; (λεγιωνων א*; λεγεωνων C; λεγεονων A)
59 ⸀אB vs 𝔐 AC

θανατώσωσιν αὐτόν,¹ 60 καὶ οὐχ εὗρον. °ᴵΚαὶ πολλῶν
ˢψευδομαρτύρων προσελθόντων,ᴸ °οὐχ εὗρον.ˏ

Ὕστερον δὲ προσελθόντες δύο °²ψευδομάρτυρες
61 εἶπον, "Οὗτος ἔφη, 'Δύναμαι καταλῦσαι τὸν ναὸν τοῦ
Θεοῦ καὶ διὰ τριῶν ἡμερῶν ᶜοἰκοδομῆσαι αὐτόν.ˏ "
62 Καὶ ἀναστὰς ὁ ἀρχιερεὺς εἶπεν αὐτῷ, "Οὐδὲν
ἀποκρίνῃ? Τί οὗτοί σου καταμαρτυροῦσιν?"
63 Ὁ δὲ Ἰησοῦς ἐσιώπα.

Καὶ °ἀποκριθεὶς ὁ ἀρχιερεὺς εἶπεν αὐτῷ, "'Εξορκίζω σε
κατὰ τοῦ Θεοῦ τοῦ ζῶντος ἵνα ἡμῖν εἴπῃς εἰ σὺ εἶ ὁ Χριστὸς
ὁ Υἱὸς τοῦ Θεοῦ."
64 Λέγει αὐτῷ ὁ Ἰησοῦς, "Σὺ εἶπας. Πλὴν λέγω ὑμῖν,
ἀπ' ἄρτι ὄψεσθε τὸν Υἱὸν τοῦ Ἀνθρώπου καθήμενον ἐκ
δεξιῶν τῆς Δυνάμεως καὶ ἐρχόμενον ἐπὶ τῶν νεφελῶν τοῦ
οὐρανοῦ."
65 Τότε ὁ ἀρχιερεὺς διέρρηξε τὰ ἱμάτια αὐτοῦ, ᶜλέγων
ὅτιˏ "'Εβλασφήμησε! Τί ἔτι χρείαν ἔχομεν μαρτύρων? Ἴδε,
νῦν ἠκούσατε τὴν βλασφημίαν °αὐτοῦ! 66 Τί ὑμῖν δοκεῖ?"
Οἱ δὲ ἀποκριθέντες εἶπον, "Ἔνοχος θανάτου ἐστί."
67 Τότε ἐνέπτυσαν εἰς τὸ πρόσωπον αὐτοῦ καὶ ἐκολά-
φισαν αὐτόν· οἱ δὲ ·ἐρράπισαν, 68 λέγοντες, "Προφήτευ-
σον ἡμῖν, Χριστέ! Τίς ἐστιν ὁ παίσας σε?"

Peter Denies Jesus—and Weeps Bitterly
(Mk. 14:66-72; Lk. 22:54-62; Jn. 18:15-18, 25-27)

69 Ὁ δὲ Πέτρος ˢἔξω ἐκάθητοᴸ ἐν τῇ αὐλῇ. Καὶ
προσῆλθεν αὐτῷ μία παιδίσκη, λέγουσα, "Καὶ σὺ ἦσθα μετὰ
Ἰησοῦ τοῦ Γαλιλαίου."

---

¹59 θανατωσωσιν αυτον **M** vs αυτον θανατωσωσιν **אBC*vid**, **TR Cr**
vs θανατωσουσιν αυτον **A**

---

60 °ᴵ𝕲 vs 𝔐 A   60 ˢאBA vs 𝔐 C   60 □𝕲 vs 𝔐 A
60 °²אB vs 𝔐 C   61 ᶜοικοδομησαι B vs 𝔐 A (ˢ אC)
63 °B vs 𝔐 AC; (−ουδεν αποκρινη, verse 62, to ειπεν αυτω, verse
63 א*)
65 ᶜλεγων B vs 𝔐 AC*vid · (λεγων ιδε א*)
65 °אB vs 𝔐 AC   67 ·εραπισαν 𝕲A vs 𝔐   69 ˢאB vs 𝔐 AC

70 Ὁ δὲ ἠρνήσατο ἔμπροσθεν αὐτῶν[1] πάντων, λέγων, "Οὐκ οἶδα τί λέγεις."

71 Ἐξελθόντα δὲ [o1]αὐτὸν εἰς τὸν πυλῶνα, εἶδεν αὐτὸν ἄλλη καὶ λέγει αὐτοῖς[2] ἐκεῖ, "[o2]Καὶ οὗτος ἦν μετὰ Ἰησοῦ τοῦ Ναζωραίου."

72 Καὶ πάλιν ἠρνήσατο ·μεθ᾽ ὅρκου ὅτι "Οὐκ οἶδα τὸν ἄνθρωπον!"

73 Μετὰ μικρὸν δὲ προσελθόντες οἱ ἑστῶτες εἶπον τῷ Πέτρῳ, "Ἀληθῶς καὶ σὺ ἐξ αὐτῶν εἶ, καὶ γὰρ ἡ λαλιά σου δῆλόν σε ποιεῖ."

74 Τότε ἤρξατο καταθεματίζειν[3] καὶ ὀμνύειν ὅτι "Οὐκ οἶδα τὸν ἄνθρωπον!" Καὶ εὐθέως ἀλέκτωρ ἐφώνησε.

75 Καὶ ἐμνήσθη ὁ Πέτρος τοῦ ῥήματος τοῦ[4] Ἰησοῦ εἰρηκότος [o]αὐτῷ ὅτι "Πρὶν ἀλέκτορα φωνῆσαι, τρὶς ἀπαρνήσῃ με." Καὶ ἐξελθὼν ἔξω ἔκλαυσε πικρῶς.

Jesus Is Delivered to Pontius Pilate
(Mk. 15:1; Lk. 23:1, 2; Jn. 18:28-32)

27 Πρωΐας δὲ γενομένης, συμβούλιον ἔλαβον πάντες οἱ ἀρχιερεῖς καὶ οἱ πρεσβύτεροι τοῦ λαοῦ[5] κατὰ τοῦ Ἰησοῦ, ὥστε θανατῶσαι αὐτόν. **2** Καὶ δήσαντες αὐτὸν ἀπήγαγον καὶ παρέδωκαν [o1]αὐτὸν [o2]Ποντίῳ Πιλάτῳ τῷ ἡγεμόνι.

Judas Hangs Himself
(Acts 1:18, 19)

3 Τότε ἰδὼν Ἰούδας ὁ παραδιδοὺς αὐτὸν ὅτι κατεκρίθη, μεταμεληθεὶς ⌐ἀπέστρεψε τὰ τριάκοντα ἀργύρια τοῖς

---

[1]70 αυτων **MAC** vs − אB, TR Cr
[2]71 αυτοις **MAC** vs τοις אB, TR Cr
[3]74 καταθεματιζειν 𝔐GA, Cr vs καταναθεματιζειν TR
[4]75 του M[pt], TR vs −M[pt]GA, Cr
[5]1 του λαου M GA, TR Cr vs −M[r]

---

71 [o1 2] אB vs 𝔐AC   72 ·μετα GA vs 𝔐   75 [o]אB vs 𝔐AC
2 [o1]G vs 𝔐A   2 [o2]אB vs 𝔐AC   3 ⌐εστρεψεν א[*vid]B vs 𝔐AC

ἀρχιερεῦσι καὶ °τοῖς πρεσβυτέροις, **4** λέγων, "Ἥμαρτον
παραδοὺς αἷμα ἀθῷον."
Οἱ δὲ εἶπον, "Τί πρὸς ἡμᾶς? Σὺ ὄψει!"[1] **5** Καὶ ῥίψας τὰ
ἀργύρια ⸀ἐν τῷ ναῷ,⸌ ἀνεχώρησε· καὶ ἀπελθὼν ἀπήγξατο.
6 Οἱ δὲ ἀρχιερεῖς λαβόντες τὰ ἀργύρια εἶπον, "Οὐκ
ἔξεστι βαλεῖν αὐτὰ εἰς τὸν κορβανᾶν, ἐπεὶ τιμὴ αἵματός
ἐστι." **7** Συμβούλιον δὲ λαβόντες ἠγόρασαν ἐξ αὐτῶν τὸν
ἀγρὸν τοῦ κεραμέως, εἰς ταφὴν τοῖς ξένοις. **8** Διὸ ἐκλήθη ὁ
ἀγρὸς ἐκεῖνος Ἀγρὸς Αἵματος ἕως τῆς σήμερον. **9** Τότε
ἐπληρώθη τὸ ῥηθὲν διὰ Ἰερεμίου τοῦ προφήτου, λέγοντος,

> «Καὶ ἔλαβον τὰ τριάκοντα ἀργύρια, τὴν τιμὴν τοῦ
> τετιμημένου, ὃν ἐτιμήσαντο ἀπὸ υἱῶν Ἰσραήλ, **10** καὶ
> ἔδωκαν αὐτὰ εἰς τὸν ἀγρὸν τοῦ κεραμέως, καθὰ
> συνέταξέ μοι Κύριος.»

Jesus Before Pilate
(Mk. 15:2-5; Lk. 23:3-5; Jn. 18:33-38)

11 Ὁ δὲ Ἰησοῦς ⸀ἔστη ἔμπροσθεν τοῦ ἡγεμόνος. Καὶ
ἐπηρώτησεν αὐτὸν ὁ ἡγεμών, λέγων, "Σὺ εἶ ὁ Βασιλεὺς
τῶν Ἰουδαίων?"
Ὁ δὲ Ἰησοῦς ἔφη °αὐτῷ, "Σὺ λέγεις." **12** Καὶ ἐν τῷ
κατηγορεῖσθαι αὐτὸν ὑπὸ τῶν ἀρχιερέων καὶ τῶν[2] πρεσ-
βυτέρων οὐδὲν ἀπεκρίνατο.
13 Τότε λέγει αὐτῷ ὁ Πιλᾶτος, "Οὐκ ἀκούεις πόσα σου
καταμαρτυροῦσι?" **14** Καὶ οὐκ ἀπεκρίθη αὐτῷ πρὸς οὐδὲ ἓν
ῥῆμα, ὥστε θαυμάζειν τὸν ἡγεμόνα λίαν.

Give Us Barabbas
(Mk. 15:6-15; Lk. 23:13-25; Jn. 18:39-19:16)

15 Κατὰ δὲ ἑορτὴν εἰώθει ὁ ἡγεμὼν ἀπολύειν ἕνα τῷ
ὄχλῳ δέσμιον ὃν ἤθελον. **16** Εἶχον δὲ τότε δέσμιον

---

[1] **4** οψει M[pt], **TR** vs οψη M[pt]**𝔊A**, **Cr**
[2] **12** των M[pt]**A**, **TR** vs − M[pt]**אB***, **Cr**

---

3 °**𝔊** vs **𝔐A** **5** ⸀εις τον ναον **אB** vs **𝔐AC**
11 ⸀εσταθη **𝔊** vs **𝔐A** **11** °**א** vs **𝔐BA**

9,10 Jer. 32:6-9; cf. Zech. 11:12,13

ἐπίσημον λεγόμενον ᵀ Βαραββᾶν. **17** Συνηγμένων οὖν αὐτῶν, εἶπεν αὐτοῖς ὁ Πιλᾶτος, "Τίνα θέλετε ἀπολύσω ὑμῖν, ᵀ Βαραββᾶν ἢ Ἰησοῦν τὸν λεγόμενον Χριστόν?" **18** Ἤδει γὰρ ὅτι διὰ φθόνον παρέδωκαν αὐτόν.

19 Καθημένου δὲ αὐτοῦ ἐπὶ τοῦ βήματος, ἀπέστειλε πρὸς αὐτὸν ἡ γυνὴ αὐτοῦ, λέγουσα, "Μηδὲν σοὶ καὶ τῷ δικαίῳ ἐκείνῳ, πολλὰ γὰρ ἔπαθον σήμερον κατ᾽ ὄναρ δι᾽ αὐτόν." **20** Οἱ δὲ ἀρχιερεῖς καὶ οἱ πρεσβύτεροι ἔπεισαν τοὺς ὄχλους ἵνα αἰτήσωνται τὸν Βαραββᾶν, τὸν δὲ Ἰησοῦν ἀπολέσωσιν.

21 Ἀποκριθεὶς δὲ ὁ ἡγεμὼν εἶπεν αὐτοῖς, "Τίνα θέλετε ἀπὸ τῶν δύο ἀπολύσω ὑμῖν?"

Οἱ δὲ εἶπον, "ᵀ Βαραββᾶν."

22 Λέγει αὐτοῖς ὁ Πιλᾶτος, "Τί οὖν ποιήσω Ἰησοῦν τὸν λεγόμενον Χριστόν?"

Λέγουσιν °αὐτῷ πάντες, "Σταυρωθήτω!"

23 Ὁ δὲ °ἡγεμὼν ἔφη, "Τί γὰρ κακὸν ἐποίησεν?"

Οἱ δὲ περισσῶς ἔκραζον, λέγοντες, "Σταυρωθήτω!"

24 Ἰδὼν δὲ ὁ Πιλᾶτος ὅτι οὐδὲν ὠφελεῖ ἀλλὰ μᾶλλον θόρυβος γίνεται, λαβὼν ὕδωρ ἀπενίψατο τὰς χεῖρας ἀπέναντι τοῦ ὄχλου, λέγων, "Ἀθῷός εἰμι ἀπὸ τοῦ αἵματος ᶠτοῦ δικαίου τούτου.᾽ Ὑμεῖς ὄψεσθε."

25 Καὶ ἀποκριθεὶς πᾶς ὁ λαὸς εἶπε, "Τὸ αἷμα αὐτοῦ ἐφ᾽ ἡμᾶς καὶ ἐπὶ τὰ τέκνα ἡμῶν." **26** Τότε ἀπέλυσεν αὐτοῖς τὸν Βαραββᾶν, τὸν δὲ Ἰησοῦν φραγελλώσας παρέδωκεν ἵνα σταυρωθῇ.

The Soldiers Mock Jesus
(Mk. 15:16-20; Jn. 19:2, 3)

27 Τότε οἱ στρατιῶται τοῦ ἡγεμόνος, παραλαβόντες τὸν Ἰησοῦν εἰς τὸ πραιτώριον, συνήγαγον ἐπ᾽ αὐτὸν ὅλην τὴν σπεῖραν. **28** Καὶ ἐκδύσαντες αὐτὸν ᶠπεριέθηκαν αὐτῷ

---

16 ᵀΙησουν Θfⁱ, [Cr] vs 𝕸 ℵΒΑ
17 ᵀΙησουν τον fⁱ, [Cr] vs 𝕸 ℵΑ; (+ τον Β)
21 ᵀτον ℵΒ vs 𝕸 Α   22 °ℵΒΑ vs Μ   23 °ℵΒ vs 𝕸 Α
24 ᶠ3 Β vs 𝕸 ℵ; (312 Α)   28 ᶠ3412 ℵΒ vs 𝕸 Α

χλαμύδα κοκκίνην.ᵡ 29 Καὶ πλέξαντες στέφανον ἐξ ἀκανθῶν ἐπέθηκαν ἐπὶ ⌐¹τὴν κεφαλὴν˥ αὐτοῦ καὶ κάλαμον ⌐²ἐπὶ τὴν δεξιὰν˥ αὐτοῦ, καὶ γονυπετήσαντες ἔμπροσθεν αὐτοῦ ⌐ἐνέπαιζον αὐτῷ, λέγοντες, "Χαῖρε, ⌐³ὁ Βασιλεὺς˥ τῶν Ἰουδαίων!" 30 Καὶ ἐμπτύσαντες εἰς αὐτὸν ἔλαβον τὸν κάλαμον καὶ ἔτυπτον εἰς τὴν κεφαλὴν αὐτοῦ. 31 Καὶ ὅτε ἐνέπαιξαν αὐτῷ, ἐξέδυσαν αὐτὸν τὴν χλαμύδα καὶ ἐνέδυσαν αὐτὸν τὰ ἱμάτια αὐτοῦ, καὶ ἀπήγαγον αὐτὸν εἰς τὸ σταυρῶσαι.

Jesus Is Crucified
(Mk. 15:21-32; Lk. 23:26-43; Jn. 19:17-27)

32 Ἐξερχόμενοι δὲ εὗρον ἄνθρωπον Κυρηναῖον ὀνόματι Σίμωνα. Τοῦτον ἠγγάρευσαν ἵνα ἄρῃ τὸν σταυρὸν αὐτοῦ. 33 Καὶ ἐλθόντες εἰς τόπον λεγόμενον Γολγοθᾶ, ὅ ἐστι λεγόμενος Κρανίου Τόπος,² 34 ἔδωκαν αὐτῷ πιεῖν ⌐¹ὄξος μετὰ χολῆς μεμιγμένον. Καὶ γευσάμενος οὐκ ⌐²ἤθελε πιεῖν. 35 Σταυρώσαντες δὲ αὐτὸν διεμερίσαντο τὰ ἱμάτια αὐτοῦ βάλλοντες³ κλῆρον.⁴ 36 Καὶ καθήμενοι ἐτήρουν αὐτὸν ἐκεῖ. 37 Καὶ ἐπέθηκαν ἐπάνω τῆς κεφαλῆς αὐτοῦ τὴν αἰτίαν αὐτοῦ γεγραμμένην·

ΟΥΤΟΣ ΕΣΤΙΝ ΙΗΣΟΥΣ Ο ΒΑΣΙΛΕΥΣ ΤΩΝ ΙΟΥΔΑΙΩΝ

38 Τότε σταυροῦνται σὺν αὐτῷ δύο λῃσταί, εἷς ἐκ δεξιῶν καὶ εἷς ἐξ εὐωνύμων. 39 Οἱ δὲ παραπορευόμενοι ἐβλασφήμουν αὐτόν, κινοῦντες τὰς κεφαλὰς αὐτῶν 40 καὶ

---

¹33 ο 𝔐 אB, Cr vs ος A, TR
²33 λεγομενος κρανιου τοπος ΜΑ, TR vs λεγομενον κρανιον τοπος Μʳ vs κρανιου τοπος λεγομενος א*B, Cr
³35 βαλλοντες ΜΒ, TR Cr vs βαλοντες ΜʳᵛⁱᵈאΑ
⁴35 κληρον 𝔐 אΒΑ, Cr vs +ινα πληρωθη το ρηθεν υπο του προφητου διεμερισαντο τα ιματια μου εαυτοις, και επι τον ιματισμον μου εβαλον κληρον TR

---

29 ⌐¹της κεφαλης אB vs 𝔐 Α
29 ⌐²εν τη δεξια אΒΑ vs 𝔐   29 ⌐ενεπαιξαν (א) B vs 𝔐 Α
29 ⌐³βασιλευ B vs 𝔐 אΑ   34 ⌐¹οινον אB vs 𝔐 Α
34 ⌐²ηθελησεν א*B vs 𝔐 Α

λέγοντες, "'Ο καταλύων τὸν ναὸν καὶ ἐν τρισὶν ἡμέραις
οἰκοδομῶν, σῶσον σεαυτόν! Εἰ Υἱὸς εἶ τοῦ Θεοῦ, ᵀ κατάβηθι
ἀπὸ τοῦ σταυροῦ."

41 Ὁμοίως ᶜδὲ καὶˋ οἱ ἀρχιερεῖς ἐμπαίζοντες μετὰ τῶν
γραμματέων καὶ πρεσβυτέρων καὶ Φαρισαίωνˡ ἔλεγον,
42 "Ἄλλους ἔσωσεν, ἑαυτὸν οὐ δύναται σῶσαι. ᴼΕἰ
βασιλεὺς Ἰσραήλ ἐστι, καταβάτω νῦν ἀπὸ τοῦ σταυροῦ καὶ
πιστεύσομεν ἐπ᾽ αὐτῷ.² **43** Πέποιθεν ἐπὶ τὸν Θεόν,
ῥυσάσθω νῦν ᴼαὐτὸν εἰ θέλει αὐτόν. Εἶπε γὰρ ὅτι Θεοῦ
εἰμι Υἱός.' " **44** Τὸ δ᾽ αὐτὸ καὶ οἱ λῃσταὶ οἱ συσταυρωθέντες
ᵀαὐτῷ ὠνείδιζον αὐτόν.³

Jesus Dies on the Cross
(Mk. 15:33-41; Lk. 23:44-49; Jn. 19:28-30)

45 Ἀπὸ δὲ ἕκτης ὥρας σκότος ἐγένετο ἐπὶ πᾶσαν τὴν
γῆν ἕως ὥρας ἐνάτης. **46** Περὶ δὲ τὴν ἐνάτην ὥραν
ἀνεβόησεν ὁ Ἰησοῦς φωνῇ μεγάλῃ, λέγων, "«Ἠλί, Ἠλί,
λιμὰ⁴ σαβαχθάνι?»" τοῦτ᾽ ἔστι, «Θεέ μου, Θεέ μου, ἱνατί με
ἐγκατέλιπες?»

47 Τινὲς δὲ τῶν ἐκεῖ ᶜἑστώτων ἀκούσαντες ἔλεγον ὅτι
"'Ηλίαν φωνεῖ οὗτος."

48 Καὶ εὐθέως δραμὼν εἷς ἐξ αὐτῶν καὶ λαβὼν σπόγγον,
πλήσας τε ὄξους καὶ περιθεὶς καλάμῳ, ἐπότιζεν αὐτόν.
49 Οἱ δὲ λοιποὶ ἔλεγον, "Ἄφες, ἴδωμεν εἰ ἔρχεται Ἠλίας
σώσων αὐτόν."

50 Ὁ δὲ Ἰησοῦς πάλιν κράξας φωνῇ μεγάλῃ ἀφῆκε τὸ
πνεῦμα. **51** Καὶ ἰδού, τὸ καταπέτασμα τοῦ ναοῦ ἐσχίσθη
ᶜεἰς δύο ἀπὸ ἄνωθεν ἕως κάτω,ˋ καὶ ἡ γῆ ἐσείσθη, καὶ αἱ
πέτραι ἐσχίσθησαν, **52** καὶ τὰ μνημεῖα ἀνεῴχθησαν καὶ

---

¹41 και Φαρισαιων 𝔐 vs − ℵBA, TR Cr
²42 επ αυτω M vs αυτω A, TR vs επ αυτον ℵB, Cr
³44 αυτον 𝔐 ℵBA, Cr vs αυτω TR
⁴46 λ(ε)ιμα 𝔐 A vs λεμα ℵB, Cr vs λαμα TR

---

40 ᵀκαι ℵ*A, [Cr] vs 𝔐 B   **41** ᶜκαι B vs 𝔐 ; (− ℵA)   **42** ᴼℵB vs 𝔐 A
43 ᴼℵB vs 𝔐 A   **44** ᵀσυν ℵB vs 𝔐 A   **47** ᶜεστηκοτων 𝔊 vs 𝔐 A
51 ᶜαπ ανωθεν εως κατω εις δυο BC* vs 𝔐 A (− απο ℵ)

πολλὰ σώματα τῶν κεκοιμημένων ἁγίων ʳἠγέρθη, 53 καὶ ἐξελθόντες ἐκ τῶν μνημείων μετὰ τὴν ἔγερσιν αὐτοῦ εἰσῆλθον εἰς τὴν ἁγίαν πόλιν καὶ ἐνεφανίσθησαν πολλοῖς. 54 Ὁ δὲ ἑκατόνταρχος καὶ οἱ μετ᾽ αὐτοῦ τηροῦντες τὸν Ἰησοῦν, ἰδόντες τὸν σεισμὸν καὶ τὰ γενόμενα, ἐφοβήθησαν σφόδρα, λέγοντες, "᾽Αληθῶς Θεοῦ Υἱὸς ἦν οὗτος!" 55 Ἦσαν δὲ ἐκεῖ¹ γυναῖκες πολλαὶ ἀπὸ μακρόθεν θεωροῦσαι, αἵτινες ἠκολούθησαν τῷ Ἰησοῦ ἀπὸ τῆς Γαλιλαίας διακονοῦσαι αὐτῷ· 56 ἐν αἷς ἦν Μαρία ἡ Μαγδαληνὴ καὶ Μαρία ἡ τοῦ Ἰακώβου καὶ ʳ Ἰωσῆ μήτηρ καὶ ἡ μήτηρʾ τῶν υἱῶν Ζεβεδαίου.

Jesus Is Buried in Joseph's Tomb
(Mk. 15:42-47; Lk. 23:50-56; Jn. 19:38-42)

57 Ὀψίας δὲ γενομένης, ἦλθεν ἄνθρωπος πλούσιος ἀπὸ Ἀριμαθαίας, τοὔνομα Ἰωσήφ, ὃς καὶ αὐτὸς ʳἐμαθήτευσε τῷ Ἰησοῦ. 58 Οὗτος προσελθὼν τῷ Πιλάτῳ ᾐτήσατο τὸ σῶμα τοῦ Ἰησοῦ. Τότε ὁ Πιλᾶτος ἐκέλευσεν ἀποδοθῆναι ᵒτὸ σῶμα.ˋ 59 Καὶ λαβὼν τὸ σῶμα ὁ Ἰωσὴφ ἐνετύλιξεν αὐτὸ ᵀσινδόνι καθαρᾷ 60 καὶ ἔθηκεν αὐτὸ ἐν τῷ καινῷ αὐτοῦ μνημείῳ ὃ ἐλατόμησεν ἐν τῇ πέτρᾳ. Καὶ προσκυλίσας λίθον μέγαν τῇ θύρᾳ τοῦ μνημείου ἀπῆλθεν. 61 Ἦν δὲ ἐκεῖ •Μαρία ἡ Μαγδαληνὴ καὶ ἡ ἄλλη Μαρία καθήμεναι ἀπέναντι τοῦ τάφου.

Pilate Sets a Guard by the Tomb

62 Τῇ δὲ ἐπαύριον, ἥτις ἐστὶ μετὰ τὴν Παρασκευήν, συνήχθησαν οἱ ἀρχιερεῖς καὶ οἱ Φαρισαῖοι πρὸς Πιλᾶτον, 63 λέγοντες, "Κύριε, ἐμνήσθημεν ὅτι ἐκεῖνος ὁ πλάνος εἶπεν ἔτι ζῶν, ᾽Μετὰ τρεῖς ἡμέρας ἐγείρομαι.᾽ 64 Κέλευσον οὖν ἀσφαλισθῆναι τὸν τάφον ἕως τῆς τρίτης ἡμέρας,

---

¹55 εκει 𝔐 BAC, TR Cr vs εκει και Mʳ vs κακει ℵ

---

52 ʳηγερθησαν ℵB vs 𝔐 AC
56 ᶠΙωσηφ μητηρ και η μητηρ D* vs 𝔐 BAC; (η Μαρια η Ιωσηφ και η Μαρια η ℵ*)
57 ʳεμαθητευθη ℵC vs 𝔐 BA   58 ᵒℵB vs 𝔐 AC
59 ᵀεν B, [Cr] vs 𝔐 ℵAC   61 •Μαριαμ 𝔊 vs 𝔐 A

μήποτε ἐλθόντες οἱ μαθηταὶ αὐτοῦ νυκτὸς κλέψωσιν αὐτὸν¹ καὶ εἴπωσι τῷ λαῷ,² ''Ηγέρθη ἀπὸ τῶν νεκρῶν,' καὶ ἔσται ἡ ἐσχάτη πλάνη χείρων τῆς πρώτης.''
65 Ἔφη δὲ³ αὐτοῖς ὁ Πιλᾶτος, '''Εχετε κουστωδίαν· ὑπάγετε ἀσφαλίσασθε ὡς οἴδατε.'' **66** Οἱ δὲ πορευθέντες ἠσφαλίσαντο τὸν τάφον, σφραγίσαντες τὸν λίθον, μετὰ τῆς κουστωδίας.

He Is Not Here for He Is Risen
(Mk. 16:1-8; Lk. 24:1-12; Jn. 20:1-10)

28 Ὀψὲ δὲ σαββάτων, τῇ ἐπιφωσκούσῃ εἰς μίαν σαββάτων, ἦλθε •Μαρία ἡ Μαγδαληνὴ καὶ ἡ ἄλλη Μαρία θεωρῆσαι τὸν τάφον. **2** Καὶ ἰδού, σεισμὸς ἐγένετο μέγας· ἄγγελος γὰρ Κυρίου καταβὰς ἐξ οὐρανοῦ, ᵀπροσελθὼν ἀπεκύλισε τὸν λίθον □ἀπὸ τῆς θύρας˅ καὶ ἐκάθητο ἐπάνω αὐτοῦ. **3** Ἦν δὲ ἡ ἰδέα⁴ αὐτοῦ ὡς ἀστραπὴ καὶ τὸ ἔνδυμα αὐτοῦ λευκὸν ʳὡσεὶ χιών. **4** Ἀπὸ δὲ τοῦ φόβου αὐτοῦ ἐσείσθησαν οἱ τηροῦντες καὶ ʳ¹ἐγένοντο ʳ²ὡσεὶ νεκροί.
5 Ἀποκριθεὶς δὲ ὁ ἄγγελος εἶπε ταῖς γυναιξί, ''Μὴ φοβεῖσθε ὑμεῖς, οἶδα γὰρ ὅτι Ἰησοῦν τὸν ἐσταυρωμένον ζητεῖτε. **6** Οὐκ ἔστιν ὧδε! Ἠγέρθη γάρ, καθὼς εἶπε. Δεῦτε ἴδετε τὸν τόπον ὅπου ἔκειτο □ὁ Κύριος.˅ **7** Καὶ ταχὺ πορευθεῖσαι εἴπατε τοῖς μαθηταῖς αὐτοῦ ὅτι ''Ηγέρθη ἀπὸ τῶν νεκρῶν,' καὶ ἰδού, προάγει ὑμᾶς εἰς τὴν Γαλιλαίαν, ἐκεῖ αὐτὸν ὄψεσθε. Ἰδού, εἶπον ὑμῖν.'' **8** Καὶ ʳἐξελθοῦσαι ταχὺ

¹64 νυκτος κλεψωσιν αυτον Mᵖᵗ, TR vs κλεψωσιν αυτον Mᵖᵗ (κλεψουσιν ℵ)BAC*, Cr vs κλεψωσιν αυτον νυκτος Mᵖᵗ
²64 λαω MGA, TR Cr vs +οτι Mʳ
³65 δε MᵖᵗℵAC, TR vs −MᵖᵗB, Cr
⁴3 ιδεα M, TR vs ειδεα M¹BAC, Cr vs −ην το αυτου ℵ*

1 •Μαριαμ ℵC vs 𝔐 BA   2 ᵀκαι G vs 𝔐 A   2 □ℵB vs 𝔐 AC
3 ʳως ℵB vs 𝔐 AC   4 ʳ¹εγενηθησαν G vs 𝔐 A
4 ʳ²ως ℵBA vs 𝔐 C   6 □ℵB vs 𝔐 AC
8 ʳαπελθουσαι G vs 𝔐 A

ἀπὸ τοῦ μνημείου μετὰ φόβου καὶ χαρᾶς μεγάλης ἔδραμον ἀπαγγεῖλαι τοῖς μαθηταῖς αὐτοῦ.

The Women Worship the Risen Lord

9 □ Ὡς δὲ ἐπορεύοντο ἀπαγγεῖλαι τοῖς μαθηταῖς αὐτοῦ,ˋ καὶ ἰδού,¹ Ἰησοῦς ˹ἀπήντησεν αὐταῖς, λέγων, "Χαίρετε!" Αἱ δὲ προσελθοῦσαι ἐκράτησαν αὐτοῦ τοὺς πόδας καὶ προσεκύνησαν αὐτῷ. 10 Τότε λέγει αὐταῖς ὁ Ἰησοῦς· "Μὴ φοβεῖσθε. Ὑπάγετε ἀπαγγείλατε τοῖς ἀδελφοῖς μου ἵνα ἀπέλθωσιν εἰς τὴν Γαλιλαίαν, καὶ ἐκεῖ²με ὄψονται."

The Soldiers Are Bribed to Lie

11 Πορευομένων δὲ αὐτῶν, ἰδού, τινὲς τῆς κουστωδίας ἐλθόντες εἰς τὴν πόλιν ἀπήγγειλαν τοῖς ἀρχιερεῦσιν ἅπαντα τὰ γενόμενα. 12 Καὶ συναχθέντες μετὰ τῶν πρεσβυτέρων, συμβούλιόν τε λαβόντες, ἀργύρια ἱκανὰ ἔδωκαν τοῖς στρατιώταις, 13 λέγοντες, "Εἴπατε ὅτι Οἱ μαθηταὶ αὐτοῦ νυκτὸς ἐλθόντες ἔκλεψαν αὐτὸν ἡμῶν κοιμωμένων.' 14 Καὶ ἐὰν ἀκουσθῇ τοῦτο ἐπὶ τοῦ ἡγεμόνος, ἡμεῖς πείσομεν °αὐτὸν καὶ ὑμᾶς ἀμερίμνους ποιήσομεν." 15 Οἱ δὲ λαβόντες τὰ ἀργύρια ἐποίησαν ὡς ἐδιδάχθησαν. Καὶ διεφημίσθη ὁ λόγος οὗτος παρὰ Ἰουδαίοις μέχρι τῆς σήμερον.ᵀ

The Great Commission
(Mk. 16:14-18; Lk. 24:36-49; Jn. 20:19-23; Ac. 1:6-8)

16 Οἱ δὲ ἕνδεκα μαθηταὶ ἐπορεύθησαν εἰς τὴν Γαλιλαίαν εἰς τὸ ὄρος οὗ ἐτάξατο αὐτοῖς ὁ Ἰησοῦς. 17 Καὶ ἰδόντες αὐτὸν προσεκύνησαν °αὐτῷ, οἱ δὲ ἐδίστασαν. 18 Καὶ προσελθὼν ὁ Ἰησοῦς ἐλάλησεν αὐτοῖς, λέγων, "'Εδόθη μοι

---

¹9 ιδου MGA, Cr vs +o TR
²10 και εκει MᵖᵗℵA vs κακει MᵖᵗB, TR Cr

9 □ℵB vs 𝔐 AC   9 ˹υπηντησεν G vs 𝔐 A
14 °ℵB vs 𝔐 AC, [Cr]   15 ᵀημερας B, [Cr] vs 𝔐 ℵA
17 °ℵB vs 𝔐 A

πᾶσα ἐξουσία ἐν οὐρανῷ καὶ ἐπὶ ᵀ γῆς. **19** Πορευθέντες¹
μαθητεύσατε πάντα τὰ ἔθνη, βαπτίζοντες αὐτοὺς εἰς τὸ
ὄνομα τοῦ Πατρὸς καὶ τοῦ Υἱοῦ καὶ τοῦ ʿΑγίου Πνεύματος,
20 διδάσκοντες αὐτοὺς τηρεῖν πάντα ὅσα ἐνετειλάμην
ὑμῖν· καὶ ἰδού, ἐγὼ μεθ᾽ ὑμῶν εἰμι πάσας τὰς ἡμέρας ἕως
τῆς συντελείας τοῦ αἰῶνος. ᵒʾΑμήν.″

---

¹**19** πορευθεντες 𝔐 ℵA vs + ουν B, TR Cr

---

18 ᵀτης B, [Cr] vs 𝔐 ℵA   **20** ᵒℵBA* vs 𝔐

ΚΑΤΑ ΜΑΡΚΟΝ

ΡΧΗ ΤΟΥ ΕΥΑΓΓΕΛΙΟΥ ΙΗΣΟΥ ΧΡΙΣΤΟΥ, ῾ΥΙΟΥ ΤΟΥ
ΘΕΟΥ.᾽

John the Baptist Prepares the Way
(Mt. 3:1-12; Lk. 3:1-17; Jn. 1:19-28)

2 ⌜῾Ως γέγραπται ἐν ῾τοῖς προφήταις,᾽

«᾽Ιδού, °ἐγὼ ἀποστέλλω τὸν ἄγγελόν μου
πρὸ προσώπου σου,
῭Ος κατασκευάσει τὴν ὁδόν σου □ἔμπροσθέν σου.␆»
3 «Φωνὴ βοῶντος·
῾᾽Εν τῇ ἐρήμῳ ἑτοιμάσατε τὴν ὁδὸν Κυρίου,
Εὐθείας ποιεῖτε τὰς τρίβους αὐτοῦ.᾽»

4 ᾽Εγένετο ᾽Ιωάννης ᵀ βαπτίζων ἐν τῇ ἐρήμῳ καὶ κηρύσ-
σων βάπτισμα μετανοίας εἰς ἄφεσιν ἁμαρτιῶν. 5 Καὶ
ἐξεπορεύετο¹ πρὸς αὐτὸν πᾶσα ἡ ᾽Ιουδαία χώρα καὶ οἱ
῾Ιεροσολυμῖται, ῾καὶ ἐβαπτίζοντο πάντες᾽ ᶠἐν τῷ ᾽Ιορδάνῃ
ποταμῷ ὑπ᾽ αὐτοῦ,᚜ ἐξομολογούμενοι τὰς ἁμαρτίας
αὐτῶν. 6 ῾῭Ην δὲ᾽ ὁ² ᾽Ιωάννης ἐνδεδυμένος τρίχας καμή-
λου καὶ ζώνην δερματίνην περὶ τὴν ὀσφὺν αὐτοῦ, καὶ

In Mark **G** = אBC
¹5 εξεπορευετο MᵖᵗאBA, TR Cr vs εξεπορευοντο Mᵖᵗ
²6 ο 𝔐 אB, Cr vs − A, TR

1 ῾Υιου Θεου B, [Cr] vs 𝔐 A; (− א*)   2 ⌜καθως אB vs 𝔐 A
2 ῾τω Ησαια τω προφητη אB vs 𝔐 A   2 °B vs 𝔐 אA
2 □אB vs 𝔐 A   4 ᵀο אB, [Cr] vs 𝔐 A   5 ῾312 B vs 𝔐 A; (32 א*)
5 ᶠ561-4 אB vs 𝔐 A   6 ῾και ην אB vs 𝔐 A

2 Ex. 23:20; Mal. 3:1   3 Is. 40:3

ἐσθίων ἀκρίδας καὶ μέλι ἄγριον. 7 Καὶ ἐκήρυσσε, λέγων,
"῍Ερχεται ὁ ἰσχυρότερός μου ὀπίσω μου, οὐ οὐκ εἰμὶ ἱκανὸς
κύψας λῦσαι τὸν ἱμάντα τῶν ὑποδημάτων αὐτοῦ. 8 Ἐγὼ
°¹μὲν ἐβάπτισα ὑμᾶς °²ἐν ὕδατι, αὐτὸς δὲ βαπτίσει ὑμᾶς
ἐν Πνεύματι Ἁγίῳ."

John Baptizes Jesus
(Mt. 3:13-17; Lk. 3:21, 22)

9 Καὶ ἐγένετο ἐν ἐκείναις ταῖς ἡμέραις, ἦλθεν¹ Ἰησοῦς
ἀπὸ Ναζαρὲτ² τῆς Γαλιλαίας καὶ ἐβαπτίσθη ˢὑπὸ Ἰωάννου
εἰς τὸν Ἰορδάνην.ᵕ 10 Καὶ ˙εὐθέως ἀναβαίνων ⌐¹ἀπὸ τοῦ
ὕδατος, εἶδε σχιζομένους τοὺς οὐρανοὺς καὶ τὸ Πνεῦμα
ὡσεὶ³ περιστερὰν καταβαῖνον ⌐²ἐπ᾽ αὐτόν. 11 Καὶ φωνὴ
ἐγένετο ἐκ τῶν οὐρανῶν, "Σὺ εἶ ὁ Υἱός μου ὁ ἀγαπητός, ἐν
⌐ῷ εὐδόκησα."

Jesus Is Tempted by Satan
(Mt. 4:1-11; Lk. 4:1-13)

12 Καὶ εὐθὺς τὸ Πνεῦμα αὐτὸν ἐκβάλλει εἰς τὴν ἔρημον.
13 Καὶ ἦν °ἐκεῖ ἐν τῇ ἐρήμῳ ⌐ἡμέρας τεσσαράκοντα⌐
πειραζόμενος ὑπὸ τοῦ Σατανᾶ καὶ ἦν μετὰ τῶν θηρίων, καὶ
οἱ ἄγγελοι διηκόνουν αὐτῷ.

Jesus Begins His Galilean Ministry
(Mt. 4:12-17; Lk. 4:14, 15)

14 Μετὰ δὲ τὸ παραδοθῆναι τὸν⁴ Ἰωάννην ἦλθεν ὁ⁵
Ἰησοῦς εἰς τὴν Γαλιλαίαν κηρύσσων τὸ εὐαγγέλιον ⌐τῆς

---

¹9 ἦλθεν MᵖᵗℵBA, TR Cr vs +ο Mᵖᵗ
²9 Ναζαρετ MᵖᵗℵB, TR Cr vs Ναζαρεθ Mᵖᵗ vs Ναζαρατ A
³10 ωσει Mᵖᵗ, TR vs ως MᵖᵗℵBA, Cr
⁴14 τον MᵖᵗℵB, TR Cr vs −MᵖᵗA
⁵14 ο MᵖᵗℵB, TR Cr vs −MᵖᵗA

---

8 °¹ ²ℵB vs 𝔐A   9 ˢ3-512 ℵ (B) vs 𝔐A
10 ˙ευθυς ℵB vs 𝔐A   10 ⌐¹εκ ℵB vs 𝔐A   10 ⌐²εις B vs 𝔐ℵA
11 ⌐σοι ℵB vs 𝔐A   13 °ℵBA vs M
13 ⌐τεσσερακοντα ημερας B* (μ for τεσσ. ℵ) vs 𝔐 (τεσσαρακοντα
A)   14 ⌐ℵB vs 𝔐A

βασιλείας` τοῦ Θεοῦ **15** καὶ λέγων ὅτι ''Πεπλήρωται ὁ καιρὸς καὶ ἤγγικεν ἡ βασιλεία τοῦ Θεοῦ. Μετανοεῖτε καὶ πιστεύετε ἐν τῷ εὐαγγελίῳ.''

Jesus Calls Four Fishermen
(Mt. 4:18-22; Lk. 5:1-11)

16 ⸆¹Περιπατῶν δὲ` παρὰ τὴν θάλασσαν τῆς Γαλιλαίας εἶδε Σίμωνα καὶ ᾽Ανδρέαν τὸν ἀδελφὸν αὐτοῦ τοῦ Σίμωνος¹ ⸆²βάλλοντας ἀμφίβληστρον` ἐν τῇ θαλάσσῃ· ἦσαν γὰρ ἁλιεῖς. **17** Καὶ εἶπεν αὐτοῖς ὁ ᾽Ιησοῦς, ''Δεῦτε ὀπίσω μου, καὶ ποιήσω ὑμᾶς γενέσθαι ἁλιεῖς ἀνθρώπων.'' **18** Καὶ •εὐθέως ἀφέντες τὰ δίκτυα °αὐτῶν ἠκολούθησαν αὐτῷ. **19** Καὶ προβὰς °ἐκεῖθεν ὀλίγον εἶδεν ᾽Ιάκωβον τὸν τοῦ Ζεβεδαίου καὶ ᾽Ιωάννην τὸν ἀδελφὸν αὐτοῦ, καὶ αὐτοὺς ἐν τῷ πλοίῳ καταρτίζοντας τὰ δίκτυα. **20** Καὶ •εὐθέως ἐκάλεσεν αὐτούς. Καὶ ἀφέντες τὸν πατέρα αὐτῶν Ζεβεδαῖον ἐν τῷ πλοίῳ μετὰ τῶν μισθωτῶν ἀπῆλθον ὀπίσω αὐτοῦ.

Jesus Casts Out an Unclean Spirit
(Lk. 4:31-37)

21 Καὶ εἰσπορεύονται εἰς •¹Καπερναούμ. Καὶ •²εὐθέως τοῖς σάββασιν εἰσελθὼν εἰς τὴν συναγωγὴν ἐδίδασκε. **22** Καὶ ἐξεπλήσσοντο ἐπὶ τῇ διδαχῇ αὐτοῦ, ἦν γὰρ διδάσκων αὐτοὺς ὡς ἐξουσίαν ἔχων καὶ οὐχ ὡς οἱ γραμματεῖς. **23** Καὶ ᵀ ἦν ἐν τῇ συναγωγῇ αὐτῶν ἄνθρωπος ἐν πνεύματι ἀκαθάρτῳ, καὶ ἀνέκραξε, **24** λέγων, ''°῎Εα, τί ἡμῖν καὶ σοί, ᾽Ιησοῦ Ναζαρηνέ; ῏Ηλθες ἀπολέσαι ἡμᾶς; Οἶδά σε τίς εἶ, ὁ ἅγιος τοῦ Θεοῦ!''

---

¹**16** αυτου του Σιμωνος **M** vs Σιμωνος אB, **Cr** vs του Σιμωνος A vs αυτου **TR**

---

16 ⸆¹και παραγων אB vs 𝔐 A
16 ⸆²αμφιβαλλοντας אB vs M; (αμφιβαλλοντας αμφιβληστρον A*)
18 •ευθυς א vs 𝔐 BAC   **18** °𝖦 vs 𝔐 A   **19** °B vs 𝔐 אAC
20 •ευθυς אB vs 𝔐 AC   **21** •¹Καφαρναουμ אB vs 𝔐 AC
21 •²ευθυς א vs 𝔐 BAC   **23** ᵀευθυς אB vs 𝔐 AC
24 °א*B vs 𝔐 (A) C

25 Καὶ ἐπετίμησεν αὐτῷ ὁ Ἰησοῦς, λέγων, "Φιμώθητι καὶ ἔξελθε ἐξ αὐτοῦ!" 26 Καὶ σπαράξαν αὐτὸν τὸ πνεῦμα τὸ ἀκάθαρτον καὶ ᵣκράξαν φωνῇ μεγάλῃ ἐξῆλθεν ἐξ αὐτοῦ.

27 Καὶ ἐθαμβήθησαν ᵣπάντες, ὥστε συζητεῖν πρὸς ἑαυτούς,¹ λέγοντας, "Τί ἐστι τοῦτο? ᵣΤίς ἡ διδαχὴ ἡ καινὴ αὕτη, ὅτιᵣ κατ᾽ ἐξουσίαν καὶ τοῖς πνεύμασι τοῖς ἀκαθάρτοις ἐπιτάσσει, καὶ ὑπακούουσιν αὐτῷ?" 28 ᵣἘξῆλθε δὲᵣ ἡ ἀκοὴ αὐτοῦ εὐθὺς ᵀεἰς ὅλην τὴν περίχωρον τῆς Γαλιλαίας.

Jesus Heals Peter's Mother-in-Law
(Mt. 8:14, 15; Lk. 4:38, 39)

29 Καὶ ·εὐθέως ἐκ τῆς συναγωγῆς ἐξελθόντες ἦλθον εἰς τὴν οἰκίαν Σίμωνος καὶ Ἀνδρέου μετὰ Ἰακώβου καὶ Ἰωάννου. 30 Ἡ δὲ πενθερὰ² Σίμωνος κατέκειτο πυρέσσουσα, καὶ ·εὐθέως λέγουσιν αὐτῷ περὶ αὐτῆς. 31 Καὶ προσελθὼν ἤγειρεν αὐτήν, κρατήσας τῆς χειρὸς º¹αὐτῆς· καὶ ἀφῆκεν αὐτὴν ὁ πυρετὸς º²εὐθέως, καὶ διηκόνει αὐτοῖς.

Jesus Heals Many People
(Mt. 8:16, 17; Lk. 8:40, 41)

32 Ὀψίας δὲ γενομένης, ὅτε ἔδυ ὁ ἥλιος, ἔφερον πρὸς αὐτὸν πάντας τοὺς κακῶς ἔχοντας καὶ τοὺς δαιμονιζομένους. 33 Καὶ ᶠἡ πόλις ὅλη ἐπισυνηγμένη ἦνᵣ πρὸς τὴν θύραν. 34 Καὶ ἐθεράπευσε πολλοὺς κακῶς ἔχοντας ποικίλαις νόσοις, καὶ δαιμόνια πολλὰ ἐξέβαλε, καὶ οὐκ ἤφιε λαλεῖν τὰ δαιμόνια, ὅτι ᾔδεισαν αὐτόν.

---

¹27 προς εαυτους 𝔐 AC, Cr vs προς αυτους TR vs αυτους אB
²30 πενθερα MϬA, TR Cr vs + του Mʳ

---

26 ᶠφωνησαν אB vs 𝔐 AC   27 ᶠαπαντες אB vs 𝔐 AC
27 ᶠδιδαχη καινη אB vs 𝔐 C; (τις η καινη αυτη διδαχη οτι A)
28 ᶠκαι εξηλθεν Ϭ vs 𝔐 A
28 ᵀευθυς πανταχου BC vs 𝔐 A; (−א*)   29 ·ευθυς אB vs 𝔐 AC
30 ·ευθυς אB vs 𝔐 AC   31 º¹אB vs 𝔐 AC   31 º²Ϭ vs 𝔐 A
33 ᶠ53124 BC vs 𝔐 A; (−και, verse 32 to νοσοις, verse 34 א*)

Jesus Preaches Throughout Galilee
(Lk. 4:42-44)

35 Καὶ πρωῒ ⌜ἔννυχον λίαν ἀναστὰς ἐξῆλθε καὶ ἀπῆλθεν εἰς ἔρημον τόπον κἀκεῖ προσηύχετο. **36** Καὶ ⌜κατεδίωξαν αὐτὸν ᴼὁ Σίμων καὶ οἱ μετ᾽ αὐτοῦ, **37** καὶ ⌜εὑρόντες αὐτὸν ᵀ λέγουσιν αὐτῷ ὅτι "Πάντες σε ζητοῦσιν."[1] **38** Καὶ λέγει αὐτοῖς, "῍Αγωμεν ᵀ εἰς τὰς ἐχομένας κωμοπόλεις, ἵνα καὶ ἐκεῖ[2] κηρύξω· εἰς τοῦτο γὰρ ἐξελήλυθα."[3] **39** Καὶ ⌜ἦν κηρύσσων ⌜ἐν ταῖς συναγωγαῖς⌝ αὐτῶν εἰς ὅλην τὴν Γαλιλαίαν καὶ τὰ δαιμόνια ἐκβάλλων.

Jesus Cleanses a Leper
(Mt. 8:1-4; Lk. 5:12-16)

40 Καὶ ἔρχεται πρὸς αὐτὸν λεπρὸς παρακαλῶν αὐτὸν ᴼκαὶ γονυπετῶν⌝ ᴼαὐτὸν καὶ λέγων αὐτῷ ὅτι "᾽Εὰν θέλῃς, δύνασαί με καθαρίσαι." **41** ⌜῾Ο δὲ ᾽Ιησοῦς⌝ σπλαγχνισθείς, ἐκτείνας τὴν χεῖρα ἥψατο αὐτοῦ[4] καὶ λέγει αὐτῷ, "Θέλω, καθαρίσθητι." **42** Καὶ ᴼεἰπόντος αὐτοῦ,⌝ ·εὐθέως ἀπῆλθεν ἀπ᾽ αὐτοῦ ἡ λέπρα, καὶ ἐκαθαρίσθη. **43** Καὶ ἐμβριμησάμενος αὐτῷ, ⌜εὐθέως ἐξέβαλεν αὐτόν,⌝ **44** καὶ λέγει αὐτῷ, "῍Ορα μηδενὶ μηδὲν εἴπῃς, ἀλλ᾽ ὕπαγε, σεαυτὸν δεῖξον τῷ ἱερεῖ καὶ προσένεγκε[5] περὶ τοῦ καθαρισμοῦ σου ἃ προσέταξε Μωσῆς, εἰς μαρτύριον αὐτοῖς." **45** ῾Ο δὲ ἐξελθὼν ἤρξατο κηρύσσειν πολλὰ καὶ διαφημίζειν τὸν λόγον, ὥστε μηκέτι

---

[1]37 σε ζητουσιν 𝔐 A vs ζητουσιν σε 𝐆, TR Cr
[2]38 και εκει 𝔐 BAC, Cr vs κακει ℵ, TR
[3]38 εξεληλυθα MᵖᵗA, TR vs εληλυθα Mᵖᵗ vs εξηλθον 𝐆, Cr
[4]41 ηψατο αυτου 𝔐 AC, TR vs αυτου ηψατο Mʳ ᵛⁱᵈℵB, Cr
[5]44 προσενεγκε MℵBA, TR Cr vs προσενεγκαι MʳC

---

35 ⌜εννυχα 𝐆 vs 𝔐 A   36 ⌜κατεδιωξεν ℵB vs 𝔐 AC
36 ᴼℵB vs 𝔐 AC   37 ⌜ευρον ℵB vs 𝔐 AC   37 ᵀκαι ℵB vs 𝔐 AC
38 ᵀαλλαχου 𝐆 vs 𝔐 A   39 ⌜ηλθεν ℵB vs 𝔐 AC
39 ⌜εις τας συναγωγας 𝐆A vs M   40 ᴼB vs 𝔐 ℵAC, [Cr]
40 ᴼℵB vs 𝔐 AC   41 ⌜και ℵB vs 𝔐 AC
42 ᴼℵB vs 𝔐 AC   42 ·ευθυς ℵB vs 𝔐 AC
43 ⌜ευθυς εξεβαλεν αυτον ℵB vs 𝔐 C; (εξεβαλεν αυτον ευθεως A)

αὐτὸν δύνασθαι φανερῶς εἰς πόλιν εἰσελθεῖν, ἀλλ᾽ ἔξω ⌜¹ἐν ἐρήμοις τόποις ἦν· καὶ ἤρχοντο πρὸς αὐτὸν ⌜²πανταχόθεν.

Jesus Forgives and Heals a Paralytic
(Mt. 9:1-8; Lk. 5:17-26)

2 Καὶ εἰσῆλθεν πάλιν¹ εἰς ·Καπερναοὺμ δι᾽ ἡμερῶν °καὶ ἠκούσθη ὅτι ⌜εἰς οἶκόν⌝ ἐστι. **2** Καὶ °εὐθέως συνήχθησαν πολλοὶ ὥστε μηκέτι χωρεῖν μηδὲ τὰ πρὸς τὴν θύραν, καὶ ἐλάλει αὐτοῖς τὸν λόγον. **3** Καὶ ἔρχονται ⌐πρὸς αὐτὸν παραλυτικὸν φέροντες,⌐ αἰρόμενον ὑπὸ τεσσάρων. **4** Καὶ μὴ δυνάμενοι ⌜προσεγγίσαι αὐτῷ διὰ τὸν ὄχλον, ἀπεστέγασαν τὴν στέγην ὅπου ἦν, καὶ ἐξορύξαντες χαλῶσι τὸν κράββατον² ⌜ἐφ᾽ ᾧ⌝ ὁ παραλυτικὸς κατέκειτο. **5** ⌜Ἰδὼν δὲ⌝ ὁ Ἰησοῦς τὴν πίστιν αὐτῶν λέγει τῷ παραλυτικῷ, "Τέκνον, ⌜¹ἀφέωνταί ⌜²σοι αἱ ἁμαρτίαι °σου."

6 Ἦσαν δέ τινες τῶν γραμματέων ἐκεῖ καθήμενοι καὶ διαλογιζόμενοι ἐν ταῖς καρδίαις αὐτῶν, **7** "Τί οὗτος οὕτω λαλεῖ ⌜βλασφημίας; Τίς δύναται ἀφιέναι ἁμαρτίας εἰ μὴ εἷς, ὁ Θεός?"

8 Καὶ ·εὐθέως ἐπιγνοὺς ὁ Ἰησοῦς τῷ πνεύματι αὐτοῦ ὅτι οὕτως αὐτοὶ³ διαλογίζονται ἐν ἑαυτοῖς ⌜εἶπεν αὐτοῖς, "Τί ταῦτα διαλογίζεσθε ἐν ταῖς καρδίαις ὑμῶν? **9** Τί ἐστιν εὐκοπώτερον, εἰπεῖν τῷ παραλυτικῷ, ⌐Ἀφέωνταί σου⁴

---

¹1 εισηλθεν παλιν 𝔐 AC vs εισελθων παλιν ℵB, Cr vs παλιν εισηλθεν TR
²4 κραββατον Mᵖᵗ, TR vs κραβαττον MᵖᵗB*AC, Cr vs κραβακτον ℵ
³8 αυτοι 𝔐 AC vs − 𝔭⁸⁸ᵛⁱᵈℵB, TR Cr
⁴9 σου 𝔐 𝔭⁸⁸ℵB, Cr vs σοι AC, TR

45 ⌜¹επ ℵB vs 𝔐 AC   45 ⌜²παντοθεν 𝔊A vs M
1 ·Καφαρναουμ ℵB vs 𝔐 AC   1 °ℵB vs 𝔐 AC
1 ⌜εν οικω 𝔭⁸⁸ℵB vs 𝔐 AC   2 °ℵB vs 𝔐 AC
3 ⌐41-3 𝔭⁸⁸ℵB vs 𝔐 A; (1243 C*)
4 ⌜προσενεγκαι 𝔭⁸⁸ᵛⁱᵈB (προσσενεγκαι ℵ*) vs 𝔐 AC
4 ⌜οπου ℵB vs 𝔐 AC   5 ⌜και ιδων 𝔭⁸⁸𝔊 vs 𝔐 A
5 ⌜¹αφιενται B vs 𝔐 𝔭⁸⁸ℵAC   5 ⌜²σου 𝔭⁸⁸ᵛⁱᵈℵB vs 𝔐 AC
5 °𝔭⁸⁸𝔊 vs 𝔐 A   7 ⌜βλασφημει 𝔭⁸⁸ℵB vs 𝔐 AC
8 ·ευθυς 𝔭⁸⁸ᵛⁱᵈℵB vs 𝔐 AC   8 ⌜λεγει ℵB vs 𝔐 AC
9 ⌐αφιενται ℵB vs 𝔐 AC

αἱ ἁμαρτίαι,' ἢ εἰπεῖν, '῎Εγειραι¹ καὶ ἆρόν σου τὸν κράββατον² ³ καὶ περιπάτει'? **10** ῞Ινα δὲ εἰδῆτε ὅτι ἐξουσίαν ἔχει ὁ Υἱὸς τοῦ ᾽Ανθρώπου ἀφιέναι ἐπὶ τῆς γῆς ἁμαρτίας''⁴ – λέγει τῷ παραλυτικῷ, **11** ῾Σοὶ λέγω, ἔγειραι⁵ ⁰καὶ ἆρον τὸν κράββατόν² σου καὶ ὕπαγε εἰς τὸν οἶκόν σου.'' **12** Καὶ ἠγέρθη ῾εὐθέως καὶ' ἄρας τὸν κράββατον² ἐξῆλθεν ┌ἐναντίον πάντων, ὥστε ἐξίστασθαι πάντας καὶ δοξάζειν τὸν Θεόν, λέγοντας ὅτι ''ʃΟὐδέποτε οὕτωςˋ εἴδομεν!''

Jesus Calls Sinners to Repentance
(Mt. 9:9-13; Lk. 5:27-32)

13 Καὶ ἐξῆλθε πάλιν παρὰ τὴν θάλασσαν· καὶ πᾶς ὁ ὄχλος ἤρχετο πρὸς αὐτόν, καὶ ἐδίδασκεν αὐτούς. **14** Καὶ παράγων εἶδε Λευὶν τὸν τοῦ ᾽Αλφαίου καθήμενον ἐπὶ τὸ τελώνιον, καὶ λέγει αὐτῷ, ''᾽Ακολούθει μοι.'' Καὶ ἀναστὰς ἠκολούθησεν αὐτῷ.

15 Καὶ ┌¹ἐγένετο ⁰ἐν τῷˋ κατακεῖσθαι αὐτὸν ἐν τῇ οἰκίᾳ αὐτοῦ, καὶ πολλοὶ τελῶναι καὶ ἁμαρτωλοὶ συνανέκειντο τῷ ᾽Ιησοῦ καὶ τοῖς μαθηταῖς αὐτοῦ· ἦσαν γὰρ πολλοὶ καὶ ┌²ἠκολούθησαν αὐτῷ. **16** Καὶ οἱ γραμματεῖς ┌¹καὶ οἱ Φαρισαῖοι,ˋ ἰδόντες ┌²αὐτὸν ἐσθίοντα μετὰ τῶν τελωνῶν

---

¹9 εγειραι M^pt, TR vs εγειρε M^pt אAC, Cr vs εγειρου B
²9 11 12 κραββατον M^pt, TR vs κραβαττον M^ptB*AC, Cr vs κρα-βακτον 𝔭⁸⁸א
³9 σου τον κραβ. M^pt, TR vs τον κραβ. σου M^pt𝔭⁸⁸GA, Cr
⁴10 αφιεναι επι της γης αμαρτιας M^ptA, TR vs επι της γης αφιεναι αμαρτιας M^pt𝔭⁸⁸אC vs αφιεναι αμαρτιας επι της γης B, Cr
⁵11 σοι λεγω εγειραι M^pt, TR vs σοι λεγω εγειρε M^ptBAC, Cr vs εγειρε σοι λεγω 𝔭⁸⁸ᵛⁱᵈא

---

11 ⁰𝔭⁸⁸G vs 𝔐A   12 ῾και ευθυς 𝔭⁸⁸אB (κ. ευθεως C*) vs 𝔐A
12 ┌εμπροσθεν 𝔭⁸⁸אB vs 𝔐AC   12 ʃ𝔭⁸⁸אB vs 𝔐AC
15 ┌¹γινεται 𝔭⁸⁸אB vs 𝔐AC   15 ⁰𝔭⁸⁸אB vs 𝔐AC
15 ┌²ηκολουθουν אB vs 𝔐AC
16 ┌¹των Φαρισαιων B vs 𝔐AC; (των Φαρισαιων και 𝔭⁸⁸א)
16 ┌²οτι εσθιει μετα των αμαρτωλων και τελωνων B* vs 𝔐C; (αυτον μετα των τελωνων και αμαρτωλων εσθιοντα A; οτι ησθιεν

καὶ ἁμαρτωλῶν,⸁ ἔλεγον τοῖς μαθηταῖς αὐτοῦ, "⸀3Τί ὅτι⸁ μετὰ τῶν τελωνῶν καὶ ἁμαρτωλῶν ⸀4ἐσθίει καὶ πίνει⸁?"

17 Καὶ ἀκούσας ὁ Ἰησοῦς λέγει αὐτοῖς, ᵀ"Οὐ χρείαν ἔχουσιν οἱ ἰσχύοντες ἰατροῦ ἀλλ᾽ οἱ κακῶς ἔχοντες. Οὐκ ἦλθον καλέσαι δικαίους ἀλλὰ ἁμαρτωλοὺς ▫εἰς μετάνοιαν.↘"

Jesus Is Questioned About Fasting
(Mt. 9:14-17; Lk. 5:33-39)

18 Καὶ ἦσαν οἱ μαθηταὶ Ἰωάννου καὶ οἱ ⸀τῶν Φαρισαίων⸁ νηστεύοντες. Καὶ ἔρχονται καὶ λέγουσιν αὐτῷ, "Διὰ τί οἱ μαθηταὶ Ἰωάννου καὶ οἱ ᵀτῶν Φαρισαίων νηστεύουσιν, οἱ δὲ σοὶ μαθηταὶ οὐ νηστεύουσι?"

19 Καὶ εἶπεν αὐτοῖς ὁ Ἰησοῦς, "Μὴ δύνανται οἱ υἱοὶ τοῦ νυμφῶνος, ἐν ᾧ ὁ νυμφίος μετ᾽ αὐτῶν ἐστι, νηστεύειν? Ὅσον χρόνον ⸀μεθ᾽ ἑαυτῶν ἔχουσι τὸν νυμφίον⸁ οὐ δύνανται νηστεύειν. **20** Ἐλεύσονται δὲ ἡμέραι ὅταν ἀπαρθῇ ἀπ᾽ αὐτῶν ὁ νυμφίος, καὶ τότε νηστεύσουσιν ἐν ⸀ἐκείναις ταῖς ἡμέραις.⸁"

21 °Καὶ οὐδεὶς ἐπίβλημα ῥάκους ἀγνάφου ἐπιρράπτει[1] ἐπὶ ⸀1ἱματίῳ παλαιῷ·⸁ εἰ δὲ μή, αἴρει ⸀2τὸ πλήρωμα αὐτοῦ⸁ τὸ καινὸν τοῦ παλαιοῦ, καὶ χεῖρον σχίσμα γίνεται. **22** Καὶ οὐδεὶς βάλλει οἶνον νέον εἰς ἀσκοὺς παλαιούς· εἰ δὲ μή,

---

[1]**21** επιρραπτει M^pt, **TR** vs επιραπτει M^pt ЄA, **Cr**

μετα των τελωνων και αμαρτωλων ℵ; οτι ησθιεν μετα των αμαρτωλων και των τελωνων 𝔭^88vid)
16 ⸀3οτι BC^vid vs 𝔐A; (δια τι ℵ)
16 ⸀4εσθιει B vs 𝔐𝔭^88A; (εσθιει ο διδασκαλος υμων ℵ; ο διδασκαλος υμων εσθιει και πινει C) **17** ᵀοτι 𝔭^88B, [Cr] vs 𝔐ℵAC
17 ▫𝔭^88ℵBA vs MC **18** ⸀Φαρισαιοι (𝔭^88) ЄA vs 𝔐
18 ᵀμαθηται 𝔭^88ℵBC*^vid vs 𝔐; (−και^5 το Φαρισαιων A)
19 ⸀εχουσιν τον νυμφιον μετ αυτων Є vs 𝔐A; (εχουσιν τον νυμφιον μεθ εαυτων 𝔭^88)
20 ⸀εκεινη τη ημερα ЄA vs M **21** °ЄA vs M
21 ⸀1ιματιον παλαιον 𝔭^88Є vs 𝔐A
21 ⸀2το πληρωμα απ αυτου 074 Σ vs MC; (απ αυτου το πληρωμα A; το πληρωμα αφ εαυτου B; πληρωμα απ αυτου ℵ)

ʳῥήσσει ὁ οἶνος ᵈὸ νέοςˋ τοὺς ἀσκούς, καὶ ὁ οἶνος ʳἐκχεῖται καὶ οἱ ἀσκοὶ ἀπολοῦνται.ˋ Ἀλλὰ οἶνον νέον εἰς ἀσκοὺς καινοὺς ᵒβλητέον."

Jesus Is Lord of the Sabbath
(Mt. 12:1-8; Lk. 6:1-5)

23 Καὶ ἐγένετο ʳπαραπορεύεσθαι αὐτὸν ἐν τοῖς σάββασιˋ διὰ τῶν σπορίμων, καὶ ˢἤρξαντο οἱ μαθηταὶ αὐτοῦˋ ὁδὸν ποιεῖν τίλλοντες τοὺς στάχυας. **24** Καὶ οἱ Φαρισαῖοι ἔλεγον αὐτῷ, "Ἴδε τί ποιοῦσιν ᵒἐν τοῖς σάββασιν ὃ οὐκ ἔξεστι?"
25 Καὶ ᵒαὐτὸς ʳἔλεγεν αὐτοῖς, "Οὐδέποτε ἀνέγνωτε τί ἐποίησε Δαβίδ, ὅτε χρείαν ἔσχε καὶ ἐπείνασεν, αὐτὸς καὶ οἱ μετ᾽ αὐτοῦ? **26** Πῶς εἰσῆλθεν εἰς τὸν οἶκον τοῦ Θεοῦ ἐπὶ Ἀβιάθαρ¹ ἀρχιερέως, καὶ τοὺς ἄρτους τῆς προθέσεως ἔφαγεν, οὓς οὐκ ἔξεστι φαγεῖν εἰ μὴ ʳτοῖς ἱερεῦσι,ˋ καὶ ἔδωκε καὶ τοῖς σὺν αὐτῷ οὖσι?" **27** Καὶ ἔλεγεν αὐτοῖς, "Τὸ σάββατον διὰ τὸν ἄνθρωπον ἐγένετο, ᵀ οὐχ ὁ ἄνθρωπος διὰ τὸ σάββατον. **28** Ὥστε Κύριός ἐστιν ὁ Υἱὸς τοῦ Ἀνθρώπου καὶ τοῦ σαββάτου."

Jesus Heals a Man with a Withered Hand on the Sabbath
(Mt. 12:9-14; Lk. 6:6-11)

3 Καὶ εἰσῆλθε πάλιν εἰς τὴν συναγωγήν. Καὶ ἦν ἐκεῖ ἄνθρωπος ἐξηραμμένην ἔχων τὴν χεῖρα. **2** Καὶ παρετήρουν αὐτὸν εἰ τοῖς σάββασι θεραπεύσει αὐτόν, ἵνα κατηγορήσωσιν αὐτοῦ. **3** Καὶ λέγει τῷ ἀνθρώπῳ τῷ

---

¹26 Αβιαθαρ **ΜℵB, Cr** vs +του **AC, TR**

22 ʳρηξει 𝔭⁸⁸𝔊 vs 𝔐 A   22 ᵈ𝔭⁸⁸𝔊 vs 𝔐 A
22 ʳαπολλυται και οι ασκοι 𝔭⁸⁸B vs 𝔐 ℵAC
22 ᵒℵ*B vs 𝔐 𝔭⁸⁸AC
23 ʳαυτον εν τοις σαββασιν παραπορευεσθαι 𝔭⁸⁸ (ℵ) (δια-πορευεσθαι B) vs **ΜA**; (τοις σαββασιν διαπορευεσθαι αυτον C)
23 ˢ2-41 𝔭⁸⁸𝔊 vs 𝔐 A   24 ᵒ𝔊A vs M   25 ᵒ𝔭⁸⁸𝔊 vs 𝔐 A
25 ʳλεγει 𝔭⁸⁸ℵC vs 𝔐 BA   26 ʳτους ιερεις ℵB vs 𝔐 AC
27 ᵀκαι 𝔊 vs 𝔐 A

⸂ἐξηραμμένην ἔχοντι τὴν χεῖρα,⸃ "Ἔγειραι[1] εἰς τὸ μέσον."
4 Καὶ λέγει αὐτοῖς, "Ἔξεστι τοῖς σάββασιν ⸀ἀγαθοποιῆσαι ἢ
κακοποιῆσαι, ψυχὴν σῶσαι ἢ ἀποκτεῖναι?" Οἱ δὲ ἐσιώπων.
5 Καὶ περιβλεψάμενος αὐτοὺς μετ᾽ ὀργῆς, συλλυπούμενος
ἐπὶ τῇ πωρώσει τῆς καρδίας αὐτῶν, λέγει τῷ ἀνθρώπῳ,
"Ἔκτεινον τὴν χεῖρά σου.[2]" Καὶ ἐξέτεινε, καὶ ἀπο-
κατεστάθη[3] ἡ χεὶρ αὐτοῦ □ὑγιὴς ὡς ἡ ἄλλη.⸌ 6 Καὶ
ἐξελθόντες οἱ Φαρισαῖοι •εὐθέως μετὰ τῶν Ἡρῳδιανῶν
συμβούλιον ⸀ἐποίουν κατ᾽ αὐτοῦ ὅπως αὐτὸν ἀπολέσωσι.

A Great Multitude Follows Jesus

7 Καὶ ὁ Ἰησοῦς ⸂ἀνεχώρησε μετὰ τῶν μαθητῶν αὐτοῦ⸃
πρὸς τὴν θάλασσαν· καὶ πολὺ πλῆθος ἀπὸ τῆς Γαλιλαίας
ἠκολούθησαν[4] °αὐτῷ καὶ ἀπὸ τῆς Ἰουδαίας 8 καὶ ἀπὸ
Ἱεροσολύμων καὶ ἀπὸ τῆς Ἰδουμαίας καὶ πέραν τοῦ
Ἰορδάνου καὶ °οἱ περὶ Τύρον καὶ Σιδῶνα, πλῆθος πολύ,
⸀ἀκούσαντες ὅσα ἐποίει ἦλθον πρὸς αὐτόν. 9 Καὶ εἶπε τοῖς
μαθηταῖς αὐτοῦ ἵνα πλοιάριον προσκαρτερῇ αὐτῷ διὰ
τὸν ὄχλον ἵνα μὴ θλίβωσιν αὐτόν. 10 Πολλοὺς γὰρ
ἐθεράπευσεν, ὥστε ἐπιπίπτειν αὐτῷ ἵνα αὐτοῦ ἅψωνται,
ὅσοι εἶχον μάστιγας. 11 Καὶ τὰ πνεύματα τὰ ἀκάθαρτα,
ὅταν αὐτὸν ⸀[1]ἐθεώρει, ⸀[2]προσέπιπτεν αὐτῷ καὶ ἔκραζε[5],
⸀[3]λέγοντα ὅτι "Σὺ εἶ ὁ Υἱὸς τοῦ Θεοῦ." 12 Καὶ πολλὰ
ἐπετίμα αὐτοῖς ἵνα μὴ φανερὸν αὐτὸν[6] ποιήσωσι.

---

[1]3 εγειραι M^{pt}, TR vs εγειρε M^{pt}ЄA, Cr
[2]5 σου MאAC, TR vs –M^{I}B, Cr
[3]5 αποκατεσταθη M^{pt}, TR vs απεκατεσταθη M^{pt}אBA, Cr vs απεκατεστη C^{vid}
[4]7 ηκολουθησαν M^{pt} (transpose after Ιουδαιας אC), TR vs ηκολουθησεν M^{pt}BA, [Cr]
[5]11 εκραζε M, TR vs εκραζον M^{I}ЄA, Cr
[6]12 φανερον αυτον 𝔐A vs αυτον φανερον Є, TR Cr

---

3 ⸂την ξηραν χειρα εχοντι אC* vs 𝔐A; (την χειραν εχοντι ξηραν B*) 4 ⸀αγαθον ποιησαι א vs 𝔐BAC 5 □ЄA vs 𝔐
6 •ευθυς Є vs 𝔐A 6 ⸀εδιδουν B vs 𝔐A (εποιησαν אC)
7 ⸂2-5 1 Є vs 𝔐A 7 °Є vs 𝔐A 8 °Є vs 𝔐A
8 ⸀ακουοντες אB vs 𝔐AC 11 ⸀[1]εθεωρουν Є vs MA
11 ⸀[2]προσεπιπτον ЄA vs M 11 ⸀[3]λεγοντες א vs 𝔐BAC

Jesus Chooses the Twelve
(Mt. 10:1-4; Lk. 6:12-16)

13 Καὶ ἀναβαίνει εἰς τὸ ὄρος καὶ προσκαλεῖται οὓς ἤθελεν αὐτός, καὶ ἀπῆλθον πρὸς αὐτόν. **14** Καὶ ἐποίησε ⌜δώδεκα ἵνα ὦσι μετ᾽ αὐτοῦ καὶ ἵνα ἀποστέλλῃ αὐτοὺς κηρύσσειν **15** καὶ ἔχειν ἐξουσίαν □θεραπεύειν τὰς νόσους καὶˋ ἐκβάλλειν τὰ δαιμόνια. **16** ᵀΚαὶ ἐπέθηκε ˢτῷ Σίμωνι ὄνομαˡ Πέτρον, **17** καὶ Ἰάκωβον τὸν τοῦ Ζεβεδαίου καὶ Ἰωάννην τὸν ἀδελφὸν τοῦ Ἰακώβου, καὶ ἐπέθηκεν αὐτοῖς ⌜ὀνόματα "·Βοανεργές," ὅ ἐστιν "Υἱοὶ βροντῆς"· **18** καὶ Ἀνδρέαν καὶ Φίλιππον καὶ Βαρθολομαῖον καὶ ·¹Ματθαῖον καὶ Θωμᾶν καὶ Ἰάκωβον τὸν τοῦ Ἀλφαίου καὶ Θαδδαῖον καὶ Σίμωνα τὸν ·²Κανανίτην **19** καὶ Ἰούδαν · Ἰσκαριώτην, ὃς καὶ παρέδωκεν αὐτόν.

A House Divided Cannot Stand
(Mt. 12:22-30; Lk. 11:14-23)

20 Καὶ ⌜ἔρχονται εἰς οἶκον. Καὶ συνέρχεται πάλιν ᵀ ὄχλος, ὥστε μὴ δύνασθαι αὐτοὺς μήτε¹ ἄρτον φαγεῖν. **21** Καὶ ἀκούσαντες οἱ παρ᾽ αὐτοῦ ἐξῆλθον κρατῆσαι αὐτόν, ἔλεγον γὰρ ὅτι "Ἐξέστη."

22 Καὶ οἱ γραμματεῖς οἱ ἀπὸ Ἱεροσολύμων καταβάντες ἔλεγον ὅτι "Βεελζεβοὺλ ἔχει," καὶ ὅτι "Ἐν τῷ ἄρχοντι τῶν δαιμονίων ἐκβάλλει τὰ δαιμόνια."

23 Καὶ προσκαλεσάμενος αὐτοὺς ἐν παραβολαῖς ἔλεγεν αὐτοῖς, "Πῶς δύναται Σατανᾶς Σατανᾶν ἐκβάλλειν? **24** Καὶ ἐὰν βασιλεία ἐφ᾽ ἑαυτὴν μερισθῇ, οὐ δύναται σταθῆναι ἡ

---

¹20 μητε MᵖᵗℵC, TR vs μηδε MᵖᵗBA, Cr

---

14 ⌜δωδεκα ους και αποστολους ωνομασεν ℵB (ους και αποστολους ωνομασεν δωδεκα C*ᵛⁱᵈ) [Cr] vs 𝔐A
15 □G vs 𝔐A   16 ᵀκαι εποιησεν τους δωδεκα G, [Cr] vs 𝔐A
16 ˢ312 G vs 𝔐A   17 ⌜ονομα B vs 𝔐ℵAC, [Cr]
17 ·Βοανηργες GA vs 𝔐   18 ·¹Μαθθαιον B* vs 𝔐ℵAC
18 ·²Καναναιον G vs 𝔐A   19 ·Ισκαριωθ G vs 𝔐A
20 ⌜ερχεται ℵ*B vs 𝔐AC   20 ᵀο BA, [Cr] vs 𝔐ℵ*C

βασιλεία ἐκείνη. 25 Καὶ ἐὰν οἰκία ἐφ᾿ ἑαυτὴν μερισθῇ, οὐ
ʳδύναταιʳ ʳσταθῆναιʳ ἡ οἰκία ἐκείνη.` 26 Καὶ εἰ ὁ Σατανᾶς
ἀνέστη ἐφ᾿ ἑαυτὸν ʳκαὶ μεμέρισται,` οὐ δύναται ʳσταθῆναι
ἀλλὰ τέλος ἔχει. 27 ᵀΟὐδεὶς δύναταιᵀ ˢτὰ σκεύη τοῦ
ἰσχυροῦ, εἰσελθὼν εἰς τὴν οἰκίανˣ αὐτοῦ, διαρπάσαι ἐὰν μὴ
πρῶτον τὸν ἰσχυρὸν δήσῃ, καὶ τότε τὴν οἰκίαν αὐτοῦ
διαρπάσῃ.²

Jesus Warns of the Unpardonable Sin
(Mt. 12:31, 32; Lk. 12:10)

28 "᾿Αμὴν λέγω ὑμῖν ὅτι πάντα ἀφεθήσεται ˢτὰ
ἁμαρτήματα τοῖς υἱοῖς τῶν ἀνθρώπων,ˣ καὶ ᵀ βλασφημίαι
ʳ¹ὅσας ʳ²ἂν βλασφημήσωσιν· 29 ὃς δ᾿ ἂν βλασφημήσῃ εἰς
τὸ Πνεῦμα τὸ ῞Αγιον οὐκ ἔχει ἄφεσιν εἰς τὸν αἰῶνα, ἀλλ᾿
ἔνοχός ἐστιν αἰωνίου ʳκρίσεωςʳ " − 30 ὅτι ἔλεγον, "Πνεῦμα
ἀκάθαρτον ἔχει."

The Mother and Brethren of Jesus
(Mt. 12:46-50; Lk. 8:19-21)

31 ʳ¹῎Ερχονται οὖν` ʳ²οἱ ἀδελφοὶ καὶ ἡ μήτηρ αὐτοῦ` καὶ
ἔξω ʳ¹ἑστῶτες ἀπέστειλαν πρὸς αὐτόν, ʳ²φωνοῦντες
αὐτόν. 32 Καὶ ἐκάθητο ὄχλος περὶ αὐτόν·³ ʳεἶπον δὲ` αὐτῷ,

---

¹27 ουδεις δυναται 𝔐 A vs ου δυναται ουδεις 𝕲, TR Cr
²27 διαρπαση Mᵖᵗ A vs διαρπασει Mᵖᵗ𝕲, TR Cr
³32 οχλος περι αυτον M, TR vs περι αυτον οχλος Mⁱ AC, Cr vs
προς αυτον οχλος ℵ*

---

25 ʳδυνησεται 𝕲 vs 𝔐 A
25 ʳ2-41 ℵC (στηναι for σταθηναι B) vs 𝔐 A
26 ʳκαι εμερισθη B vs 𝔐 A; (εμερισθη και ℵ* C*ᵛⁱᵈ)
26 ʳστηναι 𝕲 vs 𝔐 A   27 ᵀαλλ ℵB vs 𝔐 A
27 ˢ6-83-512 BC vs 𝔐 A; (5-83412 ℵ)   28 ˢ3-612 𝕲A vs 𝔐
28 ᵀαι 𝕲A vs M   28 ʳ¹οσα ℵB vs 𝔐 AC   28 ʳ²εαν BC vs 𝔐 ℵA
29 ʳαμαρτηματος ℵB vs 𝔐 A; (αμαρτιας C*ᵛⁱᵈ)
31 ʳ¹και ερχεται ℵ vs 𝔐 A; (και ερχονται BC)
31 ʳ² 4-63126 𝕲 vs 𝔐; (1263-6 A)
31 ʳ¹στηκοντες BC* vs 𝔐 A; (σταντες ℵ)
31 ʳ²καλουντες 𝕲 vs 𝔐; (ζητουντες A)
32 ʳκαι λεγουσιν 𝕲 vs 𝔐 A

"᾽Ιδού, ἡ μήτηρ σου καὶ οἱ ἀδελφοί σου καὶ αἱ ἀδελφαί σου¹ ἔξω ζητοῦσί σε."

33 Καὶ ⌐ἀπεκρίθη ⌐αὐτοῖς λέγων,⌐ "Τίς ἐστιν ἡ μήτηρ μου ἢ² οἱ ἀδελφοί °μου;" **34** Καὶ περιβλεψάμενος ⌐κύκλῳ τοὺς περὶ αὐτὸν⌐ καθημένους λέγει, "῏Ιδε³ ἡ μήτηρ μου καὶ οἱ ἀδελφοί μου! **35** ῝Ος °¹γὰρ ἂν ποιήσῃ τὸ θέλημα τοῦ Θεοῦ, οὗτος ἀδελφός μου καὶ ἀδελφή °²μου καὶ μήτηρ⁴ ἐστί."

The Parable of the Sower
(Mt. 13:1-9; Lk. 8:4-8)

4 Καὶ πάλιν ἤρξατο διδάσκειν παρὰ τὴν θάλασσαν. Καὶ ⌐¹συνήχθη πρὸς αὐτὸν ὄχλος ⌐²πολύς, ὥστε αὐτὸν ⌐ἐμβάντα εἰς τὸ πλοῖον⌐ καθῆσθαι ἐν τῇ θαλάσσῃ, καὶ πᾶς ὁ ὄχλος πρὸς τὴν θάλασσαν ἐπὶ τῆς γῆς ⌐³ἦν. **2** Καὶ ἐδίδασκεν αὐτοὺς ἐν παραβολαῖς πολλά, καὶ ἔλεγεν αὐτοῖς ἐν τῇ διδαχῇ αὐτοῦ, **3** "᾽Ακούετε. ᾽Ιδού, ἐξῆλθεν ὁ σπείρων °τοῦ σπεῖραι. **4** Καὶ ἐγένετο ἐν τῷ σπείρειν ὃ μὲν ἔπεσε παρὰ τὴν ὁδόν, καὶ ἦλθε τὰ πετεινὰ⁵ καὶ κατέφαγεν αὐτό. **5** ⌐῎Αλλο δὲ⌐ ἔπεσεν ἐπὶ τὸ πετρῶδες ὅπου οὐκ εἶχε γῆν πολλήν, καὶ ·εὐθέως ἐξανέτειλε διὰ τὸ μὴ ἔχειν βάθος γῆς. **6** ⌐῾Ηλίου δὲ ἀνατείλαντος,⌐ ἐκαυματίσθη, καὶ διὰ τὸ μὴ ἔχειν ρίζαν ἐξηράνθη. **7** Καὶ ἄλλο ἔπεσεν εἰς τὰς ἀκάνθας, καὶ ἀνέβησαν αἱ ἄκανθαι καὶ συνέπνιξαν αὐτό, καὶ καρπὸν οὐκ ἔδωκε. **8** Καὶ ⌐¹ἄλλο ἔπεσεν εἰς τὴν γῆν τὴν καλήν, καὶ

---

¹32 και αι αδελφαι σου **MA**, [**Cr**] vs − **G**, **TR**
²33 η M^pt**A**, **TR** vs και M^pt**G**, **Cr**
³34 ιδε M^pt**BC** (ειδε ℵ), **TR Cr** vs ιδου M^pt**A**
⁴35 μητηρ **MGA**, **TR Cr** vs +μουM^r
⁵4 πετεινα 𝕸**GA**, **Cr** vs + του ουρανου **TR**

---

33 ⌐αποκριθεις **G** vs 𝕸**A**   33 ⌐αυτοις λεγει ℵ**B** (⌐**C**) vs 𝕸**A**
33 °**B** vs 𝕸ℵ**AC**, [**Cr**]   34 ⌐2-41 **G** vs 𝕸**A**
35 °¹**B** vs 𝕸ℵ**AC**, [**Cr**]   35 °²ℵ**BA** vs 𝕸**C**
1 ⌐¹συναγεται **BC** (συνναγεται ℵ*) vs 𝕸 ; (συνηχθησαν **A**)
1 ⌐²πλειστος **G** vs 𝕸**A**   1 ⌐εις πλοιον εμβαντα **G** vs **MA**
1 ⌐³ησαν **G** vs 𝕸**A**   3 °ℵ***B** vs 𝕸**AC**   5 ⌐και αλλο **G** vs 𝕸**A**
5 ·ευθυς **G** vs 𝕸**A**   6 ⌐και οτε ανετειλεν ο ηλιος **G** vs 𝕸**A**
8 ⌐¹αλλα **G** vs 𝕸**A**

ἐδίδου καρπὸν ἀναβαίνοντα καὶ ⌐²αὐξάνοντα, καὶ ἔφερεν
ἐν τριάκοντα καὶ ἐν ἑξήκοντα καὶ ἐν ἑκατόν." 9 Καὶ
ἔλεγεν,¹ "⸆῾Ο ἔχων⸌ ὦτα ἀκούειν ἀκουέτω."

Jesus Explains The Purpose of Parables
(Mt. 13:10-17; Lk. 8:9, 10)

10 ⸂῞Οτε δὲ⸃ ἐγένετο κατὰ μόνας, ⸆ἠρώτησαν αὐτὸν οἱ
περὶ αὐτὸν σὺν τοῖς δώδεκα ⌐²τὴν παραβολήν.⸌ 11 Καὶ
ἔλεγεν αὐτοῖς, "῾Υμῖν ⸀δέδοται γνῶναι τὸ μυστήριον⸌ τῆς
βασιλείας τοῦ Θεοῦ· ἐκείνοις δὲ τοῖς ἔξω ἐν παραβολαῖς τὰ
πάντα γίνεται, 12 ἵνα

«Βλέποντες βλέπωσι καὶ μὴ ἴδωσι,
Καὶ ἀκούοντες ἀκούωσι καὶ μὴ συνιῶσι,
Μήποτε ἐπιστρέψωσι καὶ ἀφεθῇ αὐτοῖς
□τὰ ἁμαρτήματα.⸌»

Jesus Explains the Parable of the Sower
(Mt. 13:18-23; Lk. 8:11-15)

13 Καὶ λέγει αὐτοῖς, "Οὐκ οἴδατε τὴν παραβολὴν ταύ-
την? Καὶ πῶς πάσας τὰς παραβολὰς γνώσεσθε? 14 ῾Ο
σπείρων τὸν λόγον σπείρει. 15 Οὗτοι δέ εἰσιν οἱ παρὰ τὴν
ὁδὸν ὅπου σπείρεται ὁ λόγος, καὶ ὅταν ἀκούσωσιν •εὐθέως
ἔρχεται ὁ Σατανᾶς καὶ αἴρει τὸν λόγον τὸν ἐσπαρμένον
⸀ἐν ταῖς καρδίαις αὐτῶν.⸌ 16 Καὶ οὗτοί ⸀εἰσιν ὁμοίως⸌ οἱ ἐπὶ
τὰ πετρώδη σπειρόμενοι, οἵ, ὅταν ἀκούσωσι τὸν λόγον
•εὐθέως μετὰ χαρᾶς λαμβάνουσιν αὐτόν, 17 καὶ οὐκ ἔχουσι
ρίζαν ἐν ἑαυτοῖς ἀλλὰ πρόσκαιροί εἰσιν. Εἶτα γενομένης

¹9 ελεγεν 𝕸 GA, Cr vs + αυτοις TR

8 ⌐²αυξανομενα אB vs 𝕸 C; (αυξανομενον A)
9 ῾ος εχει G vs 𝕸 A
10 ⸂ικαι οτε G vs 𝕸 A   10 ⸆ηρωτων BA (ηρωτουν אC) vs 𝕸
10 ⌐²τας παραβολας G vs 𝕸 A
11 ⸀341 אBC*ᵛⁱᵈ vs 𝕸 ; (134 A)   12 □G vs 𝕸 A
15 •ευθυς G vs 𝕸 A
15 ῾εις αυτους B vs 𝕸 ; (εν αυτοις אC; απο της καρδιας αυτων A)
16 ῾εισιν DWΘ vs 𝕸 BA (⸌אC)   16 •ευθυς G vs 𝕸 A

12 Is. 6:9,10

θλίψεως ἢ διωγμοῦ διὰ τὸν λόγον, ·εὐθέως σκανδαλίζονται.
18 Καὶ ⸀οὗτοί εἰσιν οἱ εἰς τὰς ἀκάνθας σπειρόμενοι,¹ οἱ ⸀τὸν
λόγον ἀκούοντες,⸃ **19** καὶ αἱ μέριμναι τοῦ αἰῶνος °τούτου
καὶ ἡ ἀπάτη τοῦ πλούτου καὶ αἱ περὶ τὰ λοιπὰ ἐπιθυμίαι
εἰσπορευόμεναι συμπνίγουσι τὸν λόγον, καὶ ἄκαρπος
γίνεται. **20** Καὶ ⸀οὗτοί εἰσιν οἱ ἐπὶ τὴν γῆν τὴν καλὴν
σπαρέντες, οἵτινες ἀκούουσι τὸν λόγον καὶ παραδέχονται
καὶ καρποφοροῦσιν, ἓν τριάκοντα καὶ ἓν ἑξήκοντα καὶ ἓν
ἑκατόν."

Light Under a Bushel
(Lk. 8:16-18)

21 Καὶ ἔλεγεν αὐτοῖς, "Μήτι ⸀ὁ λύχνος ἔρχεται⸃ ἵνα ὑπὸ
τὸν μόδιον τεθῇ ἢ ὑπὸ τὴν κλίνην; Οὐχ ἵνα ἐπὶ τὴν λυχνίαν
⸀ἐπιτεθῇ; **22** Οὐ γάρ ἐστί τι² κρυπτὸν °ὃ ἐὰν μὴ
⸀φανερωθῇ, οὐδὲ ἐγένετο ἀπόκρυφον ἀλλ᾽ ἵνα ⸀εἰς
φανερὸν ἔλθῃ⸃. **23** Εἴ τις ἔχει ὦτα ἀκούειν ἀκουέτω."
24 Καὶ ἔλεγεν αὐτοῖς, "Βλέπετε τί ἀκούετε. Ἐν ᾧ μέτρῳ
μετρεῖτε μετρηθήσεται³ ὑμῖν καὶ προστεθήσεται ὑμῖν ⸀τοῖς
ἀκούουσιν.⸃ **25** Ὃς γὰρ ⸀ἂν ἔχῃ,⸃ δοθήσεται αὐτῷ, καὶ ὃς
οὐκ ἔχει, καὶ ὃ ἔχει ἀρθήσεται ἀπ᾽ αὐτοῦ."

The Parable of the Growing Seed

26 Καὶ ἔλεγεν, "Οὕτως ἐστὶν ἡ βασιλεία τοῦ Θεοῦ ὡς
°ἐὰν ἄνθρωπος βάλῃ τὸν σπόρον ἐπὶ τῆς γῆς **27** καὶ
καθεύδῃ καὶ ἐγείρηται νύκτα καὶ ἡμέραν, καὶ ὁ σπόρος
⸀βλαστάνῃ καὶ μηκύνηται ὡς οὐκ οἶδεν αὐτός. **28** Αὐτομάτη

¹18 σπειρομενοι 𝔐A vs +ουτοι εισιν 𝕲, TR Cr
²22 τι MᵖᵗℵAC, TR vs – MᵖᵗB, Cr
³24 μετρηθησεται MGA, TR Cr vs αντιμετρηθησεται Mʳ

17 ·ευθυς 𝕲 vs 𝔐A   18 ⸀αλλοι 𝕲 vs 𝔐A
18 ⸀τον λογον ακουσαντες BC (ακουσαντες τον λογον ℵ) vs 𝔐A
19 °𝕲 vs 𝔐A   20 ⸀εκεινοι 𝕲 vs 𝔐A   21 ⸀312 𝕲 vs 𝔐A
21 ⸀τεθη 𝕲 vs MA   22 °𝕲A vs M   22 ⸀ινα ℵB Cr 𝔐AC
22 ⸀312 ℵC vs 𝔐A; (φανερωθη B)   24 ⸀𝕲 vs 𝔐A
25 ⸀εχει 𝕲 vs 𝔐A   26 °ℵB vs 𝔐A (αν C)
27 ⸀βλαστα BC* vs 𝔐ℵA

°γὰρ ἡ γῆ καρποφορεῖ, πρῶτον χόρτον, εἶτα στάχυν, εἶτα ⸀πλήρη σῖτον⸅ ἐν τῷ στάχυϊ. 29 ῞Οταν δὲ ⸀παραδῷ ὁ καρπός, •εὐθέως ἀποστέλλει τὸ δρέπανον, ὅτι παρέστηκεν ὁ θερισμός.″

The Parable of the Mustard Seed
(Mt. 13:31, 32; Lk. 13:18, 19)

30 Καὶ ἔλεγε, ″⸀Τίνι ὁμοιώσομεν¹ τὴν βασιλείαν τοῦ Θεοῦ, ἢ ἐν ⸀ποίᾳ παραβολῇ παραβάλωμεν αὐτήν⸅? 31 ῾Ως κόκκον² σινάπεως, ὃς ὅταν σπαρῇ ἐπὶ τῆς γῆς, ⸀μικρότερος πάντων τῶν σπερμάτων ἐστὶ τῶν ἐπὶ τῆς γῆς⸅, 32 καὶ ὅταν σπαρῇ, ἀναβαίνει καὶ γίνεται ⸀πάντων τῶν λαχάνων μείζων⸅ καὶ ποιεῖ κλάδους μεγάλους, ὥστε δύνασθαι ὑπὸ τὴν σκιὰν αὐτοῦ τὰ πετεινὰ τοῦ οὐρανοῦ κατασκηνοῦν.″

Jesus Tells Many Parables
(Mt. 13:34, 35)

33 Καὶ τοιαύταις παραβολαῖς πολλαῖς ἐλάλει αὐτοῖς τὸν λόγον, καθὼς ἐδύναντο³ ἀκούειν. 34 Χωρὶς δὲ παραβολῆς οὐκ ἐλάλει αὐτοῖς, κατ᾽ ἰδίαν δὲ τοῖς ⸀μαθηταῖς αὐτοῦ⸅ ἐπέλυε πάντα.

Wind and Wave Obey Jesus
(Mt. 8:23-27; Lk. 8:22-25)

35 Καὶ λέγει αὐτοῖς ἐν ἐκείνῃ τῇ ἡμέρᾳ, ὀψίας γενομένης, ″Διέλθωμεν εἰς τὸ πέραν.″ 36 Καὶ ἀφέντες τὸν ὄχλον

---

¹30 ομοιωσομεν MᵖᵗC vs ομοιωσωμεν MᵖᵗℵBA, TR Cr
²31 κοκκον 𝔐A vs κοκκω ℵBCᵛⁱᵈ, TR Cr
³33 εδυναντο 𝔐A vs ηδυναντο G, TR Cr

---

28 °GA vs 𝔐
28 ⸀πληρης σιτον C*ᵛⁱᵈ[Cr] vs 𝔐ℵA; (πληρες σιτος B)
29 ⸀παραδοι ℵ*B vs 𝔐AC   29 •ευθυς G vs 𝔐A
30 ⸀πως G vs 𝔐A
30 ⸀τινι αυτην παραβολη θωμεν ℵBC*ᵛⁱᵈ vs 𝔐A
31 ⸀μικροτερον ον παντων των σπερματων των επι της γης B; (+ο before μικροτερον ℵ*) vs 𝔐C; (⸋ εστιν after της γης A)
32 ⸀μειζον παντων των λαχανων G vs 𝔐; (παντων των λαχανων μειζον A)   34 ⸀ιδιοις μαθηταις G vs 𝔐A

παραλαμβάνουσιν αὐτὸν ὡς ἦν ἐν τῷ πλοίῳ. Καὶ ἄλλα °δὲ
ᶜπλοιάρια ἦν μετ᾽ αὐτοῦ. 37 Καὶ γίνεται λαῖλαψ ᶜ¹ἀνέμου
μεγάλη,᾽ ᶜ²τὰ δὲᶜ κύματα ἐπέβαλεν᾽ εἰς τὸ πλοῖον, ᶜ³ὥστε
αὐτὸ ἤδη γεμίζεσθαι.᾽ 38 Καὶ ˢἦν αὐτὸςˑ ᶜ¹ἐπὶ τῇ πρύμνῃ
ἐπὶ τὸ προσκεφάλαιον καθεύδων· καὶ ᶜ²διεγείρουσιν αὐτὸν
καὶ λέγουσιν αὐτῷ, "Διδάσκαλε! Οὐ μέλει σοι ὅτι
ἀπολλύμεθα?"

39 Καὶ διεγερθεὶς ἐπετίμησε τῷ ἀνέμῳ καὶ εἶπε τῇ
θαλάσσῃ, "Σιώπα, πεφίμωσο!" Καὶ ἐκόπασεν ὁ ἄνεμος, καὶ
ἐγένετο γαλήνη μεγάλη. 40 Καὶ εἶπεν αὐτοῖς, "Τί δειλοί
ἐστε ᶜοὕτως? Πῶς οὐκ᾽ ἔχετε πίστιν?"

41 Καὶ ἐφοβήθησαν φόβον μέγαν, καὶ ἔλεγον πρὸς
ἀλλήλους, "Τίς ἄρα οὗτός ἐστιν ὅτι καὶ ὁ ἄνεμος καὶ ἡ
θάλασσα ᶜὑπακούουσιν αὐτῷ᾽?"

Jesus Heals a Demon-Possessed Man
(Mt. 8:28-34; Lk. 8:26-39)

5 Καὶ ἦλθον εἰς τὸ πέραν τῆς θαλάσσης εἰς τὴν χώραν
τῶν ᶜΓαδαρηνῶν. 2 Καὶ ᶜἐξελθόντι αὐτῷ᾽ ἐκ τοῦ
πλοίου, •εὐθέως ᶜἀπήντησεν αὐτῷ ἐκ τῶν μνημείων
ἄνθρωπος ἐν πνεύματι ἀκαθάρτῳ, 3 ὃς τὴν κατοίκησιν²
εἶχεν ἐν τοῖς μνήμασιν.³ Καὶ ᶜ¹οὔτε ᶜ²ἀλύσεσιν οὐδεὶς
ἐδύνατο⁴ αὐτὸν δῆσαι, 4 διὰ τὸ αὐτὸν πολλάκις πέδαις καὶ
ἀλύσεσι δεδέσθαι καὶ διεσπάσθαι ὑπ᾽ αὐτοῦ τὰς ἀλύσεις,

---

¹37 επεβαλεν Mᵖᵗℵ vs επεβαλλεν MᵖᵗBAC, TR Cr
²3 κατοικησιν MGA, TR Cr vs οικησιν Mʳ
³3 μνημασιν 𝔐GA, Cr vs μνημειοις TR
⁴3 εδυνατο MGA, Cr vs ηδυνατο Mʳ, TR

---

36 °G vs 𝔐A   36 ᶜπλοια GA vs M
37 ᶜ¹μεγαλη ανεμου 𝔭⁴⁵ᵛⁱᵈB (μεγας αν. ℵ*) vs 𝔐A (αν. μεγαλου C)
37 ᶜ²και τα G vs 𝔐A
37 ᶜ³ωστε ηδη γεμιζεσθαι το πλοιον BC vs 𝔐A; (− ℵ*)
38 ˢG vs 𝔐A   38 ᶜ¹εν GA vs 𝔐   38 ᶜ²εγειρουσιν G vs 𝔐A
40 ᶜουπω ℵB vs 𝔐AC   41 ᶜυπακουει αυτω B (ˢℵ*C) vs 𝔐A
1 ᶜΓερασηνων ℵ*B vs 𝔐AC
2 ᶜεξελθοντος αυτου G vs 𝔐A   2 •ευθυς ℵC vs 𝔐A; (− B)
2 ᶜυπηντησιν G vs MA   3 ᶜ¹ουδε G vs 𝔐A
3 ᶜ²αλυσει ουκετι BC* vs 𝔐A; (αλυσεσιν ουκετι ℵ)

καὶ τὰς πέδας συντετρίφθαι, καὶ οὐδεὶς αὐτὸν ἴσχυε[1] δαμάσαι. 5 Καὶ διὰ παντός, νυκτὸς καὶ ἡμέρας, ἐν τοῖς ὄρεσι καὶ ἐν τοῖς μνήμασιν[2] ἦν κράζων καὶ κατακόπτων ἑαυτὸν λίθοις. 6 ῾Ἰδὼν δὲ᾿ τὸν Ἰησοῦν ἀπὸ μακρόθεν ἔδραμε καὶ προσεκύνησεν αὐτῷ 7 καὶ κράξας φωνῇ μεγάλῃ ῾εἶπε, "Τί ἐμοὶ καὶ σοί, Ἰησοῦ, Υἱὲ τοῦ Θεοῦ τοῦ ὑψίστου; ῾Ορκίζω σε τὸν Θεόν, μή με βασανίσῃς!"

8 Ἔλεγε γὰρ αὐτῷ, "Ἔξελθε, τὸ πνεῦμα τὸ ἀκάθαρτον, ἐκ τοῦ ἀνθρώπου." 9 Καὶ ἐπηρώτα αὐτόν, "Τί ῾σοι ὄνομα᾿?"

Καὶ ῾ἀπεκρίθη, λέγων᾿, "·Λεγεὼν ὄνομά μοι, ὅτι πολλοί ἐσμεν." 10 Καὶ παρεκάλει αὐτὸν πολλὰ ἵνα μὴ ῾αὐτοὺς ἀποστείλῃ᾿ ἔξω τῆς χώρας.

11 Ἦν δὲ ἐκεῖ πρὸς τῷ ὄρει ἀγέλη χοίρων μεγάλη βοσκομένη.[3] 12 Καὶ παρεκάλεσαν αὐτὸν □πάντες οἱ δαίμονες,᾿ λέγοντες, "Πέμψον ἡμᾶς εἰς τοὺς χοίρους, ἵνα εἰς αὐτοὺς εἰσέλθωμεν." 13 Καὶ ἐπέτρεψεν αὐτοῖς □1εὐθέως ὁ Ἰησοῦς.᾿ Καὶ ἐξελθόντα τὰ πνεύματα τὰ ἀκάθαρτα εἰσῆλθον εἰς τοὺς χοίρους, καὶ ὥρμησεν ἡ ἀγέλη κατὰ τοῦ κρημνοῦ εἰς τὴν θάλασσαν (□2ἦσαν δὲ᾿ ὡς δισχίλιοι) καὶ ἐπνίγοντο ἐν τῇ θαλάσσῃ. 14 ῾1Οἱ δὲ᾿ βόσκοντες ῾2τοὺς χοίρους᾿ ἔφυγον, καὶ ῾1ἀνήγγειλαν εἰς τὴν πόλιν καὶ εἰς τοὺς ἀγρούς. Καὶ ῾2ἐξῆλθον ἰδεῖν τί ἐστι τὸ γεγονός. 15 Καὶ ἔρχονται πρὸς τὸν Ἰησοῦν καὶ θεωροῦσι τὸν δαιμονιζόμενον καθήμενον °καὶ ἱματισμένον καὶ σωφρονοῦντα,

---

[1]4 αυτον ισχυε(ν) M^pt, TR vs αυτον ισχυσε(ν) M^pt vs ισχυε(ν) αυτον M^pt BAC, Cr vs ισχυσεν αυτον ℵ

[2]5 εν τοις ορεσι και εν τοις μνημασιν M^pt, TR vs εν τοις μνημασιν και εν τοις ορεσιν M^pt 𝕲A, Cr

[3]11 προς τω ορει αγελη χοιρων μεγαλη βοσκομενη 𝕸 BC (− ορει ℵ*), Cr vs προς τα ορη αγελη χοιρων μεγαλη βοσκομενη TR vs αγελη χοιρων μεγαλη βοσκομενων προς τω ορει A

6 ῾και ιδων 𝕲 vs 𝕸A   7 ῾λεγει 𝕲A vs M   9 ῾𝕲A vs M
9 ῾λεγει αυτω 𝕲A vs M   9 ·Λεγιων ℵ*B* vs 𝕸AC
10 ῾αυτα αποστειλη BC vs 𝕸; (αποστειλη αυτους A; αυτον αποστειλη ℵ)   12 □𝕲 vs MA   13 □1𝕲 vs 𝕸A
13 □2𝕲 vs 𝕸A   14 ῾1και οι 𝕲A vs M   14 ῾2αυτους 𝕲 vs 𝕸A
14 ῾1απηγγειλαν 𝕲A vs M 14 ῾2ηλθον BA vs Mℵ*C 15 °ℵB vs 𝕸AC

τὸν ἐσχηκότα τὸν •λεγεῶνα, καὶ ἐφοβήθησαν.
16 Διηγήσαντο δὲ¹ αὐτοῖς οἱ ἰδόντες πῶς ἐγένετο τῷ
δαιμονιζομένῳ καὶ περὶ τῶν χοίρων. 17 Καὶ ἤρξαντο
παρακαλεῖν αὐτὸν ἀπελθεῖν ἀπὸ τῶν ὁρίων αὐτῶν.
18 Καὶ ⌐ἐμβάντος αὐτοῦ εἰς τὸ πλοῖον, παρεκάλει αὐτὸν
ὁ δαιμονισθεὶς ἵνα ⌐ᾖ μετ᾿ αὐτοῦ.⌐ 19 ⌐⌐Ὁ δὲ Ἰησοῦς⌐ οὐκ
ἀφῆκεν αὐτόν, ἀλλὰ λέγει αὐτῷ, "⌐Ὕπαγε εἰς τὸν οἶκόν
σου πρὸς τοὺς σούς, καὶ ⌐ἀνάγγειλον αὐτοῖς ὅσα σοι ὁ
Κύριος πεποίηκε² καὶ ἠλέησέ σε." 20 Καὶ ἀπῆλθε καὶ
ἤρξατο κηρύσσειν ἐν τῇ Δεκαπόλει ὅσα ἐποίησεν αὐτῷ ὁ
Ἰησοῦς, καὶ πάντες ἐθαύμαζον.

Jesus Restores a Girl and Heals a Woman
(Mt. 9:18-26; Lk. 8:40-56)

21 Καὶ διαπεράσαντος τοῦ Ἰησοῦ □ἐν τῷ πλοίῳ⌐ πάλιν
εἰς τὸ πέραν, συνήχθη ὄχλος πολὺς ἐπ᾿ αὐτόν, καὶ ἦν
παρὰ τὴν θάλασσαν. 22 Καὶ °ἰδού, ἔρχεται εἷς τῶν
ἀρχισυναγώγων, ὀνόματι Ἰάειρος, καὶ ἰδὼν αὐτὸν πίπτει
πρὸς τοὺς πόδας αὐτοῦ 23 καὶ ⌐¹παρεκάλει αὐτὸν πολλά,
λέγων ὅτι "Τὸ θυγάτριόν μου ἐσχάτως ἔχει, ἵνα ἐλθὼν
ἐπιθῇς ⌐αὐτῇ τὰς χεῖρας⌐ ⌐²ὅπως σωθῇ καὶ ⌐³ζήσεται."
24 Καὶ ἀπῆλθε μετ᾿ αὐτοῦ. Καὶ ἠκολούθει αὐτῷ ὄχλος
πολύς, καὶ συνέθλιβον αὐτόν.

25 Καὶ γυνή °τις οὖσα ἐν ῥύσει αἵματος ⌐ἔτη δώδεκα⌐
26 καὶ πολλὰ παθοῦσα ὑπὸ πολλῶν ἰατρῶν καὶ

---

¹16 διηγησαντο δε **M** vs και διηγησαντο M¹𝔓⁴⁵ᵛⁱᵈ𝕲A, TR Cr
²19 σοι ο Κυριος πεποιηκεν 𝔐 A vs ο Κυριος σοι πεποιηκεν BC, Cr
vs σοι ο Κυριος εποιησεν TR vs ο Κυριος πεποιηκεν σοι ℵ

---

15 •λεγιωνα ℵ* vs 𝔐BAC   18 ⌐εμβαινοντος 𝕲A vs **M**
18 ⌐μετ αυτου η ℵAC (ην for η B*) vs **M**
19 ⌐και 𝕲A vs **M**   19 ⌐απαγγειλον 𝕲 vs 𝔐A; (διαγγειλον 𝔓⁴⁵ᵛⁱᵈ)
21 □𝔓⁴⁵ᵛⁱᵈ vs 𝔐ℵAC, [Cr]; (εν πλοιω B)   22 °ℵB vs 𝔐AC
23 ⌐¹παρακαλει ℵAC vs 𝔐 B   23 ⌐τας χειρας αυτη 𝕲 vs 𝔐;
(αυτω τας χειρας A)   23 ⌐²ινα 𝕲 vs 𝔐A
23 ⌐³ζηση 𝕲 vs 𝔐A   25 °𝕲A vs 𝔐   25 ⌐𝕲 vs 𝔐A

δαπανήσασα τὰ παρ᾽ αὐτῆς¹ πάντα καὶ μηδὲν ὠφεληθεῖσα ἀλλὰ μᾶλλον εἰς τὸ χεῖρον ἐλθοῦσα, 27 ἀκούσασα περὶ τοῦ Ἰησοῦ, ἐλθοῦσα ἐν τῷ ὄχλῳ ὄπισθεν ἥψατο τοῦ ἱματίου αὐτοῦ. 28 Ἔλεγε γὰρ² ὅτι "᾽Κἂν τῶν ἱματίων αὐτοῦ ἅψωμαι,᾽ σωθήσομαι." 29 Καὶ ·εὐθέως ἐξηράνθη ἡ πηγὴ τοῦ αἵματος αὐτῆς, καὶ ἔγνω τῷ σώματι ὅτι ἴαται ἀπὸ τῆς μάστιγος.

30 Καὶ ·εὐθέως ὁ Ἰησοῦς ἐπιγνοὺς ἐν ἑαυτῷ τὴν ἐξ αὐτοῦ δύναμιν ἐξελθοῦσαν ἐπιστραφεὶς ἐν τῷ ὄχλῳ ἔλεγε, "Τίς μου ἥψατο τῶν ἱματίων?"

31 Καὶ ἔλεγον αὐτῷ οἱ μαθηταὶ αὐτοῦ, "Βλέπεις τὸν ὄχλον συνθλίβοντά σε, καὶ λέγεις, 'Τίς μου ἥψατο?' "

32 Καὶ περιεβλέπετο ἰδεῖν τὴν τοῦτο ποιήσασαν. 33 Ἡ δὲ γυνὴ φοβηθεῖσα καὶ τρέμουσα, εἰδυῖα ὃ γέγονεν °ἐπ᾽ αὐτῇ, ἦλθε καὶ προσέπεσεν αὐτῷ καὶ εἶπεν αὐτῷ πᾶσαν τὴν ἀλήθειαν. 34 Ὁ δὲ εἶπεν αὐτῇ, "·Θύγατερ, ἡ πίστις σου σέσωκέ σε. Ὕπαγε εἰς εἰρήνην καὶ ἴσθι ὑγιὴς ἀπὸ τῆς μάστιγός σου."

35 Ἔτι αὐτοῦ λαλοῦντος, ἔρχονται ἀπὸ τοῦ ἀρχισυναγώγου, λέγοντες ὅτι "Ἡ θυγάτηρ σου ἀπέθανε. Τί ἔτι σκύλλεις τὸν διδάσκαλον?"

36 Ὁ δὲ Ἰησοῦς °εὐθέως ᾽ἀκούσας τὸν λόγον λαλούμενον λέγει τῷ ἀρχισυναγώγῳ, "Μὴ φοβοῦ, μόνον πίστευε." 37 Καὶ οὐκ ἀφῆκεν οὐδένα ᾽αὐτῷ συνακολουθῆσαι εἰ μὴ ᵀ Πέτρον καὶ Ἰάκωβον καὶ Ἰωάννην τὸν ἀδελφὸν Ἰακώβου. 38 Καὶ ᵀἔρχεται εἰς τὸν οἶκον τοῦ

¹26 αυτης ΜΒΑ, Cr vs εαυτης ℵC, TR
²28 γαρ MᵖᵗϾΑ, TR Cr vs +εν εαυτη Mᵖᵗ

28 ᵀεαν αψωμαι καν των ιματιων αυτου C (−καν Β*; του ιματιου for των ιματιων ℵ) vs 𝕸Α   29 ·ευθυς Ͼ vs 𝕸Α
30 ·ευθυς Ͼ vs 𝕸Α   33 °Ͼ vs 𝕸Α   34 ·θυγατηρ Β vs 𝕸ℵΑ
36 °ℵΒ vs 𝕸ΑC   36 ᵀπαρακουσας Β (παρακαουσας ℵ*) vs 𝕸ΑC
37 ᵀμετ αυτου Ͼ vs 𝕸Α   37 ᵀτον Ͼ vs 𝕸Α
38 ᵀερχονται ϾΑ vs 𝕸

ἀρχισυναγώγου καὶ θεωρεῖ θόρυβον, ᵀ κλαίοντας καὶ
ἀλαλάζοντας πολλά. **39** Καὶ εἰσελθὼν λέγει αὐτοῖς, "Τί
θορυβεῖσθε καὶ κλαίετε? Τὸ παιδίον οὐκ ἀπέθανεν ἀλλὰ
καθεύδει." **40** Καὶ κατεγέλων αὐτοῦ. ⌜Ὁ δὲ ἐκβαλὼν
πάντας¹ παραλαμβάνει τὸν πατέρα τοῦ παιδίου καὶ τὴν
μητέρα καὶ τοὺς μετ᾽ αὐτοῦ, καὶ εἰσπορεύεται ὅπου ἦν τὸ
παιδίον °ἀνακείμενον. **41** Καὶ κρατήσας τῆς χειρὸς τοῦ
παιδίου λέγει αὐτῇ, "Ταλιθά, κοῦμι,²" ὅ ἐστι μεθερ-
μηνευόμενον, "Τὸ κοράσιον, σοὶ λέγω, ἔγειραι³." **42** Καὶ
•εὐθέως ἀνέστη τὸ κοράσιον καὶ περιεπάτει, ἦν γὰρ
ἐτῶν δώδεκα. Καὶ ἐξέστησαν ᵀ ἐκστάσει μεγάλη. **43** Καὶ
διεστείλατο αὐτοῖς πολλὰ ἵνα μηδεὶς ⌜γνῷ τοῦτο, καὶ εἶπε
δοθῆναι αὐτῇ φαγεῖν.

Jesus Is Rejected at Nazareth
(Mt. 13:54-58)

6 Καὶ ἐξῆλθεν ἐκεῖθεν καὶ ⌜ἦλθεν εἰς τὴν πατρίδα αὐτοῦ,
καὶ ἀκολουθοῦσιν αὐτῷ οἱ μαθηταὶ αὐτοῦ. **2** Καὶ
γενομένου σαββάτου, ἤρξατο ⌐ἐν τῇ συναγωγῇ διδάσκειν.⌐
Καὶ πολλοὶ ἀκούοντες ἐξεπλήσσοντο, λέγοντες, "Πόθεν
τούτῳ ταῦτα? Καὶ τίς ἡ σοφία ἡ δοθεῖσα αὐτῷ⁴ καὶ
ᵀδυνάμεις τοιαῦται διὰ τῶν χειρῶν αὐτοῦ ⌜γίνονται? **3** Οὐχ
οὗτός ἐστιν ὁ τέκτων, ὁ υἱὸς ᵀ Μαρίας, ⌐ἀδελφὸς δὲ⌐
Ἰακώβου καὶ ⌜Ἰωσῆ καὶ Ἰούδα καὶ Σίμωνος? Καὶ οὐκ εἰσὶν αἱ
ἀδελφαὶ αὐτοῦ ὧδε πρὸς ἡμᾶς?" Καὶ ἐσκανδαλίζοντο ἐν
αὐτῷ.

---

¹**40** παντας 𝔐ᴳA, Cr vs απαντας TR
²**41** κουμι MA, TR vs κουμ M⁀Ꮐ, Cr
³**41** εγειραι Mᵖᵗ, TR vs εγειρε MᵖᵗᎶA, Cr
⁴**2** αυτω 𝔐A vs τουτω אB, Cr vs τουτω ινα C* vs αυτω οτι TR

38 ᵀκαι ᎶA vs M   **40** ⌜αυτος Ꮐ vs 𝔐A   **40** °אB vs 𝔐AC
42 •ευθυς אB vs 𝔐AC   **42** ᵀευθυς Ꮐ, [Cr] vs 𝔐𝔭⁴⁵A
43 ⌜γνοι 𝔭⁴⁵BA vs 𝔐אC
1 ⌜ερχεται Ꮐ vs 𝔐A   **2** ⌐41-3 Ꮐ vs 𝔐𝔭⁴⁵ᵛⁱᵈA
2 ᵀαι אB vs 𝔐AC   **2** ⌜γινομεναι אB vs 𝔐AC
3 ᵀτης Ꮐ vs 𝔐A   **3** ⌜και αδελφος BC (κ. ο. αδ. א) vs 𝔐A
3 ⌜Ιωσητος B vs 𝔐AC; (Ιωσηφ א)

4 ⸂Ἔλεγε δὲ⸃ αὐτοῖς ὁ Ἰησοῦς ὅτι "Οὐκ ἔστι προφήτης
ἄτιμος εἰ μὴ ἐν τῇ πατρίδι αὐτοῦ καὶ ἐν τοῖς συγγενέσι[1] καὶ
ἐν τῇ οἰκίᾳ αὐτοῦ." **5** Καὶ οὐκ ἠδύνατο[2] ἐκεῖ ⸉οὐδεμίαν
δύναμιν ποιῆσαι,⸊ εἰ μὴ ὀλίγοις ἀρρώστοις ἐπιθεὶς τὰς
χεῖρας ἐθεράπευσε. **6** Καὶ ἐθαύμαζε διὰ τὴν ἀπιστίαν
αὐτῶν. Καὶ περιῆγε τὰς κώμας κύκλῳ διδάσκων.

Jesus Commissions the Twelve
(Mt. 10:1, 5-15; Lk. 9:1-6)

7 Καὶ προσκαλεῖται τοὺς δώδεκα καὶ ἤρξατο αὐτοὺς
ἀποστέλλειν δύο δύο, καὶ ἐδίδου αὐτοῖς ἐξουσίαν τῶν
πνευμάτων τῶν ἀκαθάρτων. **8** Καὶ παρήγγειλεν αὐτοῖς ἵνα
μηδὲν αἴρωσιν εἰς ὁδὸν εἰ μὴ ῥάβδον μόνον, μὴ ⸉πήραν, μὴ
ἄρτον,⸊ μὴ εἰς τὴν ζώνην χαλκόν, **9** ἀλλ᾽ ὑποδεδεμένους
σανδάλια καὶ μὴ ἐνδύσησθε δύο χιτῶνας. **10** Καὶ ἔλεγεν
αὐτοῖς, "Ὅπου ἐὰν εἰσέλθητε εἰς οἰκίαν, ἐκεῖ μένετε ἕως
ἂν ἐξέλθητε ἐκεῖθεν. **11** Καὶ ⸀¹ὅσοι ἂν[3] ⸆ μὴ ⸀²δέξωνται
ὑμᾶς μηδὲ ἀκούσωσιν ὑμῶν, ἐκπορευόμενοι ἐκεῖθεν
ἐκτινάξατε τὸν χοῦν τὸν ὑποκάτω τῶν ποδῶν ὑμῶν εἰς
μαρτύριον αὐτοῖς. ⸋Ἀμὴν λέγω ὑμῖν, ἀνεκτότερον ἔσται
Σοδόμοις ἢ Γομόρροις ἐν ἡμέρᾳ κρίσεως ἢ τῇ πόλει
ἐκείνῃ.⸌"
12 Καὶ ἐξελθόντες ⸀¹ἐκήρυσσον ἵνα ⸀²μετανοήσωσι, **13** καὶ
δαιμόνια πολλὰ ἐξέβαλλον, καὶ ἤλειφον ἐλαίῳ πολλοὺς
ἀρρώστους καὶ ἐθεράπευον.

---

[1]**4** και εν τοις συγγενεσι(ν) **𝔐A, TR** vs και εν τοις συγγενευσιν αυτου **B* Cr** vs και εν τοις συγγενεσιν αυτου **C*** vs — **א***

[2]**5** ηδυνατο **M^{pt}א, TR** vs εδυνατο **M^{pt}B*AC, Cr**

[3]**11** αν **M^{pt}אBC*^{vid}, TR Cr** vs εαν **M^{pt}A**

---

4 ⸂και ελεγεν **Є** vs **𝔐A** **5** ⸉**312 Є** vs **𝔐A**
8 ⸉**321 Є** vs **𝔐A** **11** ⸀¹ος **אBC*^{vid}** vs **𝔐A**
11 ⸆τοπος **אB** vs **𝔐AC*^{vid}** **11** ⸀²δεξηται **אBC*^{vid}** vs **𝔐A**
11 ⸋**Є** vs **𝔐A** **12** ⸀¹εκηρυξαν **Є** vs **𝔐A**
12 ⸀²μετανοωσιν **B** vs **𝔐אAC**

John the Baptist Is Beheaded
(Mt. 14:1-12; Lk. 9:7-9)

14 Καὶ ἤκουσεν ὁ βασιλεὺς Ἡρῴδης, φανερὸν γὰρ ἐγένετο τὸ ὄνομα αὐτοῦ, καὶ ⌜ἔλεγεν ὅτι "΄Ιωάννης ὁ βαπτίζων ⌜ἐκ νεκρῶν ἠγέρθη,⌝ καὶ διὰ τοῦτο ἐνεργοῦσιν αἱ δυνάμεις ἐν αὐτῷ." **15** ῎Αλλοι¹ ἔλεγον ὅτι "΄Ηλίας ἐστίν." ῎Αλλοι δὲ ἔλεγον ὅτι "Προφήτης ἐστὶν ὡς² εἷς τῶν προφητῶν." **16** ᾿Ακούσας δὲ³ Ἡρῴδης ⌜εἶπεν °ὅτι "῍Ον ἐγὼ ἀπεκεφάλισα ᾿Ιωάννην, οὗτός □¹ἐστιν· αὐτὸς⌝ ἠγέρθη □²ἐκ νεκρῶν!⌝" **17** Αὐτὸς γὰρ ὁ Ἡρῴδης ἀποστείλας ἐκράτησε τὸν ᾿Ιωάννην καὶ ἔδησεν αὐτὸν ἐν φυλακῇ⁴ διὰ Ἡρωδιάδα τὴν γυναῖκα Φιλίππου τοῦ ἀδελφοῦ αὐτοῦ, ὅτι αὐτὴν ἐγάμησεν. **18** ῎Ελεγε γὰρ ὁ ᾿Ιωάννης τῷ Ἡρῴδῃ ὅτι "Οὐκ ἔξεστί σοι ἔχειν τὴν γυναῖκα τοῦ ἀδελφοῦ σου." **19** Ἡ δὲ Ἡρῳδιὰς ἐνεῖχεν αὐτῷ καὶ ἤθελεν αὐτὸν ἀποκτεῖναι, καὶ οὐκ ἠδύνατο· **20** ὁ γὰρ Ἡρῴδης ἐφοβεῖτο τὸν ᾿Ιωάννην, εἰδὼς αὐτὸν ἄνδρα δίκαιον καὶ ἅγιον, καὶ συνετήρει αὐτόν. Καὶ ἀκούσας⁵ αὐτοῦ πολλὰ ⌜ἐποίει, καὶ ἡδέως αὐτοῦ ἤκουε.

21 Καὶ γενομένης ἡμέρας εὐκαίρου, ὅτε Ἡρῴδης τοῖς γενεσίοις αὐτοῦ δεῖπνον ⌜ἐποίει τοῖς μεγιστᾶσιν αὐτοῦ καὶ τοῖς χιλιάρχοις καὶ τοῖς πρώτοις τῆς Γαλιλαίας, **22** καὶ εἰσελθούσης τῆς θυγατρὸς ⌜¹αὐτῆς τῆς⌝ Ἡρωδιάδος καὶ ὀρχησαμένης ⌜²καὶ ἀρεσάσης⌝ τῷ Ἡρῴδῃ καὶ τοῖς

---

¹15 αλλοι Mᵖᵗ, TR vs +δε MᵖᵗGA, Cr
²15 εστιν ως 𝕸A vs ως G, Cr vs εστιν η ως TR
³16 δε MᵖᵗC vs +o MᵖᵗℵBA, TR Cr
⁴17 εν φυλακη 𝕸G (ˢ before και A), Cr vs εν τη φυλακη TR
⁵20 ακουσας MGA, TR Cr vs ακουων Mʳ

---

14 ⌜ελεγον B vs 𝕸ℵAC
14 ⌜εγηγερται εκ νεκρων ℵB vs 𝕸; (ηγερθη εκ νεκρων C; εκ νεκρων ανεστη A)   16 ⌜ελεγεν G vs 𝕸A   16 °ℵB vs 𝕸AC
16 □¹ℵB vs 𝕸AC   16 □²ℵB vs 𝕸A (απο των νεκρων C)
20 ⌜ηπορει ℵB vs 𝕸AC   21 ⌜εποιησεν G vs 𝕸A
22 ⌜¹αυτου ℵB vs 𝕸AC   22 ⌜²ηρεσεν G vs 𝕸𝔭⁴⁵A

συνανακειμένοις, εἶπεν ὁ βασιλεὺς τῷ κορασίῳ, "Αἴτησόν με ὃ ἐὰν θέλῃς, καὶ δώσω σοί." 23 Καὶ ὤμοσεν αὐτῇ ᵀ ⸀ὅτι ⸂"Ὅ⸃ ἐάν με αἰτήσῃς δώσω σοι ἕως ἡμίσους τῆς βασιλείας μου." 24 ⸄Ἡ δὲ⸅ ἐξελθοῦσα εἶπε τῇ μητρὶ αὐτῆς, "Τί ⸆¹αἰτήσομαι?" Ἡ δὲ εἶπε, "Τὴν κεφαλὴν Ἰωάννου τοῦ ⸆²Βαπτιστοῦ!" 25 Καὶ εἰσελθοῦσα ⸱εὐθέως μετὰ σπουδῆς πρὸς τὸν βασιλέα ᾐτήσατο, λέγουσα, "Θέλω ἵνα ⸌μοι δῷς ἐξαυτῆς⸍ ἐπὶ πίνακι τὴν κεφαλὴν Ἰωάννου τοῦ Βαπτιστοῦ." 26 Καὶ περίλυπος γενόμενος ὁ βασιλεύς, διὰ τοὺς ὅρκους καὶ τοὺς ⸆συνανακειμένους οὐκ ἠθέλησεν ⸌αὐτὴν ἀθετῆσαι.⸍ 27 Καὶ ⸱εὐθέως ἀποστείλας ὁ βασιλεὺς σπεκουλάτορα¹ ἐπέταξεν ⸆ἐνεχθῆναι τὴν κεφαλὴν αὐτοῦ. ⸄Ὁ δὲ⸅ ἀπελθὼν ἀπεκεφάλισεν αὐτὸν ἐν τῇ φυλακῇ 28 καὶ ἤνεγκε τὴν κεφαλὴν αὐτοῦ ἐπὶ πίνακι καὶ ἔδωκεν αὐτὴν τῷ κορασίῳ, καὶ τὸ κοράσιον ἔδωκεν αὐτὴν τῇ μητρὶ αὐτῆς. 29 Καὶ ἀκούσαντες οἱ μαθηταὶ αὐτοῦ ἦλθον καὶ ἦραν τὸ πτῶμα αὐτοῦ καὶ ἔθηκαν αὐτὸ ἐν² μνημείῳ.

Jesus Feeds the Five Thousand
(Mt. 14:13-21; Lk. 9:10-17; Jn. 6:1-14)

30 Καὶ συνάγονται οἱ ἀπόστολοι πρὸς τὸν Ἰησοῦν, καὶ ἀπήγγειλαν αὐτῷ πάντα, ⸰καὶ ὅσα ἐποίησαν καὶ ὅσα ἐδίδαξαν. 31 Καὶ ⸆¹εἶπεν αὐτοῖς, "Δεῦτε ὑμεῖς αὐτοὶ κατ᾽ ἰδίαν εἰς ἔρημον τόπον καὶ ⸆²ἀναπαύεσθε ὀλίγον." Ἦσαν γὰρ οἱ ἐρχόμενοι καὶ οἱ ὑπάγοντες πολλοί, καὶ οὐδὲ φαγεῖν

---

¹27 σπεκουλατορα 𝕸BA, Cr vs σπεκουλατωρα 𝕸ᵣ, TR
²29 εν 𝕸GA Cr vs +τω TR

23 ᵀπολλα 𝔭⁴⁵, [Cr] vs 𝕸 ℵBA   23 ⸀ο τι (or οτι) 𝔭⁴⁵B vs 𝕸 ℵA
24 ⸄και ℵB vs 𝕸 AC   24 ⸆¹αιτησωμαι GA vs 𝕸
24 ⸆²βαπτιζοντος ℵB vs 𝕸 AC
25 ⸱ευθυς 𝔭⁴⁵ᵛⁱᵈ G vs 𝕸 A   25 ⸌321 G vs 𝕸 A
26 ⸆ανακειμενους B vs 𝕸 ℵAC*ᵛⁱᵈ   26 ⸌G vs 𝕸 A
27 ⸱ευθυς G vs 𝕸 A   27 ⸆ενεγκαι (ℵ)BC vs 𝕸 A
27 ⸄και BC vs 𝕸 A; (− ο δε, verse 27, to την κεφαλην αυτου, verse 28 ℵ)   30 ⸰G vs MA   31 ⸆¹λεγει G vs 𝕸 A
31 ⸆²αναπαυσασθε BA (C) vs 𝕸 (ℵ)

εὐκαίρουν.¹ 32 Καὶ ἀπῆλθον² ⸀εἰς ἔρημον τόπον τῷ πλοίῳ⸃ κατ᾽ ἰδίαν. 33 Καὶ εἶδον αὐτοὺς ὑπάγοντας³, καὶ ἐπέγνωσαν °αὐτὸν πολλοί, καὶ πεζῇ ἀπὸ πασῶν τῶν πόλεων συνέδραμον ἐκεῖ καὶ προῆλθον αὐτοὺς ⁰καὶ συνῆλθον πρὸς αὐτόν.⸗ 34 Καὶ ἐξελθὼν ⸀εἶδεν ὁ Ἰησοῦς⸃ πολὺν ὄχλον, καὶ ἐσπλαγχνίσθη ἐπ᾽ ⸀αὐτοῖς ὅτι ἦσαν ὡς πρόβατα μὴ ἔχοντα ποιμένα, καὶ ἤρξατο διδάσκειν αὐτοὺς πολλά.

35 Καὶ ἤδη ὥρας πολλῆς γενομένης, προσελθόντες αὐτῷ οἱ μαθηταὶ αὐτοῦ ⸀λέγουσιν ὅτι ⸂Ἔρημός ἐστιν ὁ τόπος καὶ ἤδη ὥρα πολλή. 36 Ἀπόλυσον αὐτούς, ἵνα ἀπελθόντες εἰς τοὺς κύκλῳ ἀγροὺς καὶ κώμας ἀγοράσωσιν ἑαυτοῖς ⸀ἄρτους. Τί γὰρ φάγωσιν οὐκ ἔχουσιν.⸃⸃

37 Ὁ δὲ ἀποκριθεὶς εἶπεν αὐτοῖς, "Δότε αὐτοῖς ὑμεῖς φαγεῖν."

Καὶ λέγουσιν αὐτῷ, "Ἀπελθόντες ἀγοράσωμεν δηναρίων διακοσίων⁴ ἄρτους καὶ ⸀δῶμεν αὐτοῖς φαγεῖν?"

38 Ὁ δὲ λέγει αὐτοῖς, "Πόσους ἄρτους ἔχετε? Ὑπάγετε °καὶ ἴδετε."

Καὶ γνόντες λέγουσι, "Πέντε, καὶ δύο ἰχθύας." 39 Καὶ ἐπέταξεν αὐτοῖς ἀνακλῖναι πάντας συμπόσια συμπόσια ἐπὶ τῷ χλωρῷ χόρτῳ. 40 Καὶ ἀνέπεσον πρασιαὶ πρασιαὶ ⸂¹ἀνὰ ἑκατὸν καὶ ⸂²ἀνὰ πεντήκοντα. 41 Καὶ λαβὼν τοὺς πέντε ἄρτους καὶ τοὺς δύο ἰχθύας, ἀναβλέψας εἰς τὸν οὐρανὸν εὐλόγησε καὶ κατέκλασε τοὺς ἄρτους καὶ ἐδίδου τοῖς μαθηταῖς °αὐτοῦ ἵνα ⸀παραθῶσιν αὐτοῖς, καὶ τοὺς δύο

---

¹31 ευκαιρουν 𝕸×BA, Cr vs ηυκαιρουν C, TR
²32 απηλθον 𝕸×BA, TR Cr vs απηλθεν M¹
³33 υπαγοντας 𝕸×BA, Cr vs +οι οχλοι TR
⁴37 δηναριων διακοσιων 𝕸×BA, Cr vs διακοσιων δηναριων TR

32 ⸀εν τω πλοιω εις ερημον τοπον B (−τω ×) vs 𝕸A
33 °B vs M (αυτους ×A)
33 ⁰×B vs 𝕸 (και συνεδραμον προς αυτον A)
34 ⸀1 ×B vs M (231 A)   34 ⸀αυτους ×B vs 𝕸A
35 ⸀ελεγον ×B vs 𝕸A
36 ⸀τι φαγωσιν 𝕻⁴⁵B (+βρωματα before τι ×) vs 𝕸A
37 ⸀δωσωμεν 𝕻⁴⁵BA vs 𝕸; (δωσωμεν ×)   38 °×B vs 𝕸A
40 ⸂¹²κατα ×B vs 𝕸A; (−ανα¹ to πεντηκοντα 𝕻⁴⁵)
41 °×B vs 𝕸 𝕻⁴⁵A, [Cr]   41 ⸀παρατιθωσιν ×*B vs 𝕸 𝕻⁴⁵A

ἰχθύας ἐμέρισε πᾶσι. **42** Καὶ ἔφαγον πάντες καὶ ἐχορτάσθησαν. **43** Καὶ ἦραν ⌜κλασμάτων δώδεκα ⌐κοφίνους πλήρεις⌐ καὶ ἀπὸ τῶν ἰχθύων. **44** Καὶ ἦσαν οἱ φαγόντες τοὺς ἄρτους¹ πεντακισχίλιοι ἄνδρες.

Jesus Walks on the Sea
(Mt. 14:22-33; Jn. 6:15-21)

45 Καὶ •εὐθέως ἠνάγκασε τοὺς μαθητὰς αὐτοῦ ἐμβῆναι εἰς τὸ πλοῖον καὶ προάγειν εἰς τὸ πέραν πρὸς Βηθσαϊδάν, ἕως αὐτὸς ἀπολύσῃ² τὸν ὄχλον. **46** Καὶ ἀποταξάμενος αὐτοῖς ἀπῆλθεν εἰς τὸ ὄρος προσεύξασθαι. **47** Καὶ ὀψίας γενομένης, ἦν τὸ πλοῖον ἐν μέσῳ τῆς θαλάσσης, καὶ αὐτὸς μόνος ἐπὶ τῆς γῆς. **48** Καὶ ⌜εἶδεν αὐτοὺς βασανιζομένους ἐν τῷ ἐλαύνειν, ἦν γὰρ ὁ ἄνεμος ἐναντίος αὐτοῖς. °Καὶ περὶ τετάρτην φυλακὴν τῆς νυκτὸς ἔρχεται πρὸς αὐτοὺς περιπατῶν ἐπὶ τῆς θαλάσσης, καὶ ἤθελε παρελθεῖν αὐτούς. **49** Οἱ δέ, ἰδόντες αὐτὸν ⌐περιπατοῦντα ἐπὶ τῆς θαλάσσης,⌐ ἔδοξαν ⌐φάντασμα εἶναι⌐, καὶ ἀνέκραξαν· **50** πάντες γὰρ αὐτὸν εἶδον καὶ ἐταράχθησαν. ⌐Καὶ εὐθέως⌐ ἐλάλησε μετ᾽ αὐτῶν, καὶ λέγει αὐτοῖς, "Θαρσεῖτε! Ἐγώ εἰμι· μὴ φοβεῖσθε." **51** Καὶ ἀνέβη πρὸς αὐτοὺς εἰς τὸ πλοῖον, καὶ ἐκόπασεν ὁ ἄνεμος. Καὶ λίαν □¹ἐκ περισσοῦ⌐ ἐν ἑαυτοῖς ἐξίσταντο □²καὶ ἐθαύμαζον.⌐ **52** Οὐ γὰρ συνῆκαν ἐπὶ τοῖς ἄρτοις, ⌐ἦν γὰρ⌐ αὐτῶν ἡ καρδία³ πεπωρωμένη.

---

¹44 τους αρτους 𝕸 BA, [Cr] vs τους αρτους ωσει TR vs ως ℵ vs — 𝔭⁴⁵
²45 απολυση MA, TR vs απολυσει Mʳ vs απολυει ℵB, Cr
³52 αυτων η καρδια 𝕸 ℵBA Cr vs η καρδια αυτων TR

---

43 ⌜κλασματα 𝔭⁴⁵B vs 𝕸 ℵA
43 ⌐κοφινων πληρωματα 𝔭⁴⁵ℵB vs 𝕸 A
45 •ευθυς ℵB vs 𝕸 A   **48** ⌜ιδων ℵB vs 𝕸 𝔭⁴⁵ᵛⁱᵈ A   **48** °ℵB vs 𝕸 A
49 ⌐2-41 ℵB vs 𝕸 A   **49** ⌐οτι φαντασμα εστιν ℵB vs 𝕸 A
50 ⌐ο δε ευθυς ℵB vs 𝕸 A   **51** □¹ℵB vs 𝕸 A, [Cr]
51 □²ℵB vs 𝕸 A   **52** ⌐αλλ ην ℵB vs 𝕸 A

Many Touch Jesus and Are Made Whole
(Mt. 14:34-36)

53 Καὶ διαπεράσαντες ⸆ἦλθον ἐπὶ τὴν γῆν⸂ ⸀ Γεννησαρὲτ¹ καὶ προσωρμίσθησαν. 54 Καὶ ἐξελθόντων αὐτῶν ἐκ τοῦ πλοίου, •εὐθέως ἐπιγνόντες αὐτόν, 55 ⸀¹περιδραμόντες ὅλην τὴν ⸀²περίχωρον ἐκείνην ⸆ἤρξαντο ἐπὶ τοῖς κραββάτοις² τοὺς κακῶς ἔχοντας περιφέρειν ὅπου ἤκουον ὅτι °ἐκεῖ ἐστι. 56 Καὶ ὅπου ἂν εἰσεπορεύετο εἰς κώμας ἢ ⸆¹πόλεις ἢ ⸆² ἀγρούς, ἐν ταῖς ἀγοραῖς ⸀¹ἐτίθουν τοὺς ἀσθενοῦντας, καὶ παρεκάλουν αὐτὸν ἵνα κἂν τοῦ κρασπέδου τοῦ ἱματίου αὐτοῦ ἅψωνται. Καὶ ὅσοι ἂν ⸀²ἥπτοντο αὐτοῦ ἐσῴζοντο.

Defilement Comes from Within
(Mt. 15:1-20)

7 Καὶ συνάγονται πρὸς αὐτὸν οἱ Φαρισαῖοι καί τινες τῶν γραμματέων, ἐλθόντες ἀπὸ Ἱεροσολύμων. 2 Καὶ ἰδόντες τινὰς τῶν μαθητῶν αὐτοῦ ⸆κοιναῖς χερσί, τοῦτ᾽ ἔστιν ἀνίπτοις, ⸀¹ἐσθίοντας ⸀²ἄρτους ἐμέμψαντο³. 3 Οἱ γὰρ Φαρισαῖοι καὶ πάντες οἱ Ἰουδαῖοι, ἐὰν μὴ πυγμῇ νίψωνται τὰς χεῖρας, οὐκ ἐσθίουσι, κρατοῦντες τὴν παράδοσιν τῶν πρεσβυτέρων. 4 Καὶ •ἀπὸ ἀγορᾶς, ἐὰν μὴ βαπτίσωνται, οὐκ ἐσθίουσι. Καὶ ἄλλα πολλά ἐστιν ἃ παρέλαβον κρατεῖν, βαπτισμοὺς ποτηρίων καὶ ξεστῶν καὶ χαλκίων ⸋καὶ κλινῶν.⸌

---

¹53 Γεννησαρετ M^ptℵA, TR Cr vs Γενησαρετ M^pt vs Γεννησαρεθ M^ptB*
²55 κραββατοις M^pt, TR vs κραβαττοις M^ptB*A, Cr vs κραβακτοις ℵ
³2 εμεμψαντο M^pt, TR vs − M^ptℵBA, Cr

---

53 ⸂2-41 ℵB vs 𝔐A　　53 ⸆εις ℵB vs 𝔐A　　54 •ευθυς ℵB vs 𝔐A
55 ⸀¹περιεδραμον ℵB vs 𝔐A　　55 ⸀²χωραν ℵB vs 𝔐A
55 ⸆και ℵB vs 𝔐A　　55 °ℵB vs 𝔐A　　56 ⸆¹²εις ℵB vs 𝔐A
56 ⸀¹ετιθεσαν ℵB vs 𝔐A　　56 ⸀²ηψαντο ℵB vs 𝔐A
2 ⸆οτι ℵB vs 𝔐A　　2 ⸀¹εσθιουσιν ℵB vs 𝔐A
2 ⸀²τους αρτους B vs 𝔐A; (αρτον ℵ)　　4 •απ BA vs 𝔐ℵ
4 ⸋ℵB vs 𝔐A, [Cr]

5 ⌐¹˝Επειτα ἐπερωτῶσιν αὐτὸν οἱ Φαρισαῖοι καὶ οἱ γραμματεῖς, "Διὰ τί ˢοἱ μαθηταί σου οὐ περιπατοῦσι˺ κατὰ τὴν παράδοσιν τῶν πρεσβυτέρων, ἀλλὰ ⌐²ἀνίπτοις χερσὶν ἐσθίουσι τὸν ἄρτον?˝
6 Ὁ δὲ °¹ἀποκριθεὶς εἶπεν αὐτοῖς °²ὅτι "Καλῶς •προεφήτευσεν Ἠσαΐας περὶ ὑμῶν τῶν ὑποκριτῶν, ὡς γέγραπται,ᵀ

«Οὗτος ὁ λαὸς τοῖς χείλεσί με τιμᾷ,
Ἡ δὲ καρδία αὐτῶν πόρρω ἀπέχει ἀπ᾽ ἐμοῦ.
7 Μάτην δὲ σέβονταί με,
Διδάσκοντες διδασκαλίας ἐντάλματα ἀνθρώπων.»

8 Ἀφέντες °γὰρ τὴν ἐντολὴν τοῦ Θεοῦ κρατεῖτε τὴν παράδοσιν τῶν ἀνθρώπων, ▫βαπτισμοὺς ξεστῶν καὶ ποτηρίων, καὶ ἄλλα παρόμοια τοιαῦτα πολλὰ ποιεῖτε.ˎ˝
9 Καὶ ἔλεγεν αὐτοῖς, "Καλῶς ἀθετεῖτε τὴν ἐντολὴν τοῦ Θεοῦ, ἵνα τὴν παράδοσιν ὑμῶν ⌐τηρήσητε. 10 Μωσῆς γὰρ εἶπε, «Τίμα τὸν πατέρα σου καὶ τὴν μητέρα σου,» καί, «Ὁ κακολογῶν πατέρα ἢ μητέρα θανάτῳ τελευτάτω.» 11 Ὑμεῖς δὲ λέγετε, 'Ἐὰν εἴπῃ ἄνθρωπος τῷ πατρὶ ἢ τῇ μητρί, "Κορβᾶν" (ὅ ἐστι, δῶρον) "ὃ ἐὰν ἐξ ἐμοῦ ὠφεληθῇς"'· 12 °¹καὶ οὐκέτι ἀφίετε αὐτὸν οὐδὲν ποιῆσαι τῷ πατρὶ °²αὐτοῦ ἢ τῇ μητρὶ °³αὐτοῦ, 13 ἀκυροῦντες τὸν λόγον τοῦ Θεοῦ τῇ παραδόσει ὑμῶν ᾗ παρεδώκατε. Καὶ παρόμοια τοιαῦτα πολλὰ ποιεῖτε.˝

14 Καὶ προσκαλεσάμενος ⌐¹πάντα τὸν ὄχλον ἔλεγεν αὐτοῖς, "⌐²Ἀκούετέ μου πάντες καὶ ⌐³συνίετε. 15 Οὐδέν ἐστιν ἔξωθεν τοῦ ἀνθρώπου εἰσπορευόμενον εἰς αὐτὸν ὃ

---

5 ⌐¹και אB vs 𝔐 A   5 ˢ451-3 אB vs 𝔐 𝔭⁴⁵A
5 ⌐²κοιναις 𝔭⁴⁵א* (κοναις B*) vs 𝔐 A
6 °¹ ²אB vs 𝔐 𝔭⁴⁵A   6 •επροφητευσεν אB* vs 𝔐 A
6 ᵀοτι אB, [Cr] vs 𝔐 A   8 °𝔭⁴⁵אB vs 𝔐 A
8 ▫𝔭⁴⁵אB vs 𝔐 (βαπτισμου for βαπτισμους, −αλλα A)
9 ⌐στησητε vs 𝔐 אA; (τηρητε B)   12 °¹אB vs 𝔐 𝔭⁴⁵A
12 °² ³אB vs 𝔐 A   14 ⌐¹παλιν אB vs 𝔐 A
14 ⌐²ακουσατε B vs 𝔐 א (A)   14 ⌐³συνετε B vs 𝔐 א (A)

6,7 Is. 29:13 LXX   10 Ex. 20:12; 21:17; Deut. 5:16

δύναται ⸂αὐτὸν κοινῶσαι⸃· ἀλλὰ τὰ ⸂²ἐκπορευόμενα ἀπ᾽ αὐτοῦ, ἐκεῖνά⸃ ἐστι τὰ κοινοῦντα τὸν ἄνθρωπον. 16 ᴼΕἴ τις ἔχει ὦτα ἀκούειν ἀκουέτω.\" 17 Καὶ ὅτε εἰσῆλθεν εἰς οἶκον ἀπὸ τοῦ ὄχλου, ἐπηρώτων αὐτὸν οἱ μαθηταὶ αὐτοῦ ⸂περὶ τῆς παραβολῆς.⸃ 18 Καὶ λέγει αὐτοῖς, "Οὕτω καὶ ὑμεῖς ἀσύνετοί ἐστε? Οὐ νοεῖτε ὅτι πᾶν τὸ ἔξωθεν εἰσπορευόμενον εἰς τὸν ἄνθρωπον οὐ δύναται αὐτὸν κοινῶσαι, 19 ὅτι οὐκ εἰσπορεύεται αὐτοῦ εἰς τὴν καρδίαν ἀλλ᾽ εἰς τὴν κοιλίαν, καὶ εἰς τὸν ἀφεδρῶνα ἐκπορεύεται, ⸂καθαρίζον πάντα τὰ βρώματα?" 20 Ἔλεγε δὲ ὅτι "Τὸ ἐκ τοῦ ἀνθρώπου ἐκπορευόμενον, ἐκεῖνο κοινοῖ τὸν ἄνθρωπον. 21 Ἔσωθεν γάρ, ἐκ τῆς καρδίας τῶν ἀνθρώπων, οἱ διαλογισμοὶ οἱ κακοὶ ἐκπορεύονται, ⸂μοιχεῖαι, πορνεῖαι, φόνοι, 22 κλοπαί,⸲ πλεονεξίαι, πονηρίαι, δόλος, ἀσέλγεια, ὀφθαλμὸς πονηρός, βλασφημία, ὑπερηφανία, ἀφροσύνη. 23 Πάντα ταῦτα τὰ πονηρὰ ἔσωθεν ἐκπορεύεται καὶ κοινοῖ τὸν ἄνθρωπον."

A Gentile Is Blessed for Her Faith
(Mt. 15:21-28)

24 ⸂Καὶ ἐκεῖθεν⸃ ἀναστὰς ἀπῆλθεν εἰς τὰ ⸂μεθόρια Τύρου ᴼκαὶ Σιδῶνος.⸃ Καὶ εἰσελθὼν εἰς¹ οἰκίαν οὐδένα ἤθελε γνῶναι, καὶ οὐκ ἠδυνήθη λαθεῖν. 25 ⸂Ἀκούσασα γὰρ⸃ γυνὴ περὶ αὐτοῦ, ἧς εἶχε τὸ θυγάτριον αὐτῆς πνεῦμα ἀκάθαρτον, ἐλθοῦσα προσέπεσε πρὸς τοὺς πόδας αὐτοῦ. 26 ⸂Ἦν δὲ ἡ γυνὴ⸲ Ἑλληνίς, Συραφοινίκισσα² τῷ γένει, καὶ ἠρώτα αὐτὸν ἵνα τὸ δαιμόνιον ἐκβάλῃ³ ἐκ τῆς θυγατρὸς αὐτῆς.

---

¹24 εἰς 𝔐 ℵBA, Cr vs + την TR
²26 Συραφοινικισσα MB vs Συροφοινικισσα 𝔓⁴⁵ᵛⁱᵈℵA, Cr vs Συρο-φοινισσα TR
³26 εκβαλη 𝔐 𝔓⁴⁵ℵBA, Cr vs εκβαλλη TR

---

15 ⸂¹κοινωσαι αυτον ℵ vs 𝔐A; (το κοινουν αυτον B)
15 ⸂²εκ του ανθρωπου εκπορευομενα ℵB vs 𝔐A
16 ᴼℵB vs 𝔐A   17 ⸂την παραβολην ℵB vs 𝔐A
19 ⸂καθαριζων ℵBA vs M   21,22 ⸲2431 ℵB vs 𝔐A
24 ⸂εκειθεν ℵ (εκειθε δε B*) vs 𝔐A   24 ⸂ορια ℵB vs 𝔐A
24 ᴼDWΘ vs 𝔐ℵBA   25 ⸂αλλ ευθυς ακουσασα (ℵ) B vs 𝔐A
26 ⸲3241 𝔓⁴⁵ℵB vs 𝔐A

27 ⸆ Ὁ δὲ Ἰησοῦς εἶπεν⸃ αὐτῇ, "⸄Ἄφες πρῶτον χορτασθῆναι τὰ τέκνα, οὐ γὰρ ⸂¹καλόν ἐστι⸃² λαβεῖν τὸν ἄρτον τῶν τέκνων καὶ ⸂²βαλεῖν τοῖς κυναρίοις.⸃⸃" **28** Ἡ δὲ ἀπεκρίθη καὶ λέγει αὐτῷ, "ᵒ¹Ναί, Κύριε, καὶ ᵒ²γὰρ τὰ κυνάρια ⸄ὑποκάτω τῆς τραπέζης ἐσθίει⸃ ἀπὸ τῶν ψιχίων τῶν παιδίων." **29** Καὶ εἶπεν αὐτῇ, "Διὰ τοῦτον τὸν λόγον ὕπαγε, ἐξελήλυθε ⸂τὸ δαιμόνιον ἐκ τῆς θυγατρός σου.⸃" **30** Καὶ ἀπελθοῦσα εἰς τὸν οἶκον αὐτῆς εὗρε ⸄τὸ δαιμόνιον ἐξεληλυθὸς καὶ τὴν θυγατέρα βεβλημένην ἐπὶ τῆς κλίνης.⸃

Jesus Heals a Deaf Mute

31 Καὶ πάλιν ἐξελθὼν¹ ἐκ τῶν ὁρίων Τύρου ⸄καὶ Σιδῶνος ἦλθε⸃ ⸂πρὸς τὴν θάλασσαν τῆς Γαλιλαίας ἀνὰ μέσον τῶν ὁρίων Δεκαπόλεως. **32** Καὶ φέρουσιν αὐτῷ κωφὸν ⸆μογγιλάλον² καὶ παρακαλοῦσιν αὐτὸν ἵνα ἐπιθῇ αὐτῷ τὴν χεῖρα. **33** Καὶ ἀπολαβόμενος αὐτὸν ἀπὸ τοῦ ὄχλου κατ᾽ ἰδίαν ἔβαλε τοὺς δακτύλους αὐτοῦ εἰς τὰ ὦτα αὐτοῦ καὶ πτύσας ἥψατο τῆς γλώσσης αὐτοῦ. **34** Καὶ ἀναβλέψας εἰς τὸν οὐρανὸν ἐστέναξε, καὶ λέγει αὐτῷ, "Ἐφφαθά," ὅ ἐστι, "Διανοίχθητι." **35** Καὶ ᵒεὐθέως ⸂διηνοίχθησαν αὐτοῦ αἱ ἀκοαί, καὶ ἐλύθη ὁ δεσμὸς τῆς γλώσσης αὐτοῦ, καὶ ἐλάλει ὀρθῶς. **36** Καὶ διεστείλατο αὐτοῖς ἵνα μηδενὶ ⸂εἴπωσιν· ὅσον δὲ ᵒαὐτὸς αὐτοῖς διεστέλλετο, ⸆ μᾶλλον περισσότερον ἐκήρυσσον.

37 Καὶ ὑπερπερισσῶς ἐξεπλήσσοντο, λέγοντες, "Καλῶς πάντα πεποίηκε. Καὶ τοὺς κωφοὺς ποιεῖ ἀκούειν καὶ ᵒτοὺς ἀλάλους λαλεῖν."

---

¹31 εξελθων MᵖᵗℵBA, TR Cr vs +ο Ιησους Mᵖᵗ
²32 μογγιλαλον Mᵖᵗ vs μογιλαλον Mᵖᵗ𝔭⁴⁵ℵB*A, TR Cr

27 ⸄και ελεγεν ℵB vs 𝔐 A   27 ⸂¹ℵB vs 𝔐 A
27 ⸂²231 𝔭⁴⁵ᵛⁱᵈℵB vs 𝔐 A   28 ᵒ¹𝔭⁴⁵ vs 𝔐 ℵBA
28 ᵒ²𝔭⁴⁵ℵB vs 𝔐 A
28 ⸄υποκατω της τραπεζης εσθιουσιν B vs 𝔐 A; (εσθιουσιν αποκατω της τραπεζης ℵ*)   29 ⸂3-612 (ℵ) B vs 𝔐 𝔭⁴⁵ᵛⁱᵈ A
30 ⸄το παιδιον βεβλημενον επι την κλινην και το δαιμονιον εξεληλυθος ℵB vs 𝔐 𝔭⁴⁵ᵛⁱᵈ A   31 ⸄ηλθεν δια Σιδωνος ℵB vs 𝔐 𝔭⁴⁵ A
31 ⸂εις ℵB vs 𝔐 A   32 ⸆και ℵB vs 𝔐 𝔭⁴⁵ A   35 ᵒℵB vs 𝔐 𝔭⁴⁵ A, [Cr]
35 ⸂ηνοιγησαν (ηνυγησαν ℵ) B vs 𝔐 A   36 ⸂λεγωσιν 𝔭⁴⁵ᵛⁱᵈℵB vs 𝔐 A
36 ᵒℵBA vs M   36 ⸆αυτοι ℵB vs 𝔐 𝔭⁴⁵ A   37 ᵒℵB vs 𝔐 A, [Cr]

Jesus Feeds the Four Thousand
(Mt. 15:32-39)

8 Ἐν ἐκείναις ταῖς ἡμέραις ⌐παμπόλλου ὄχλου ὄντος καὶ
μὴ ἐχόντων τί φάγωσι, προσκαλεσάμενος □ὁ Ἰησοῦς⌐
τοὺς μαθητὰς °αὐτοῦ λέγει αὐτοῖς, 2 "Σπλαγχνίζομαι ἐπὶ
τὸν ὄχλον ὅτι ἤδη ἡμέραι τρεῖς¹ προσμένουσί μοι καὶ οὐκ
ἔχουσι τί φάγωσι. 3 Καὶ ἐὰν ἀπολύσω αὐτοὺς νήστεις² εἰς
οἶκον αὐτῶν ἐκλυθήσονται ἐν τῇ ὁδῷ, ⌐τινὲς γὰρ⌐ αὐτῶν
ᵀμακρόθεν ἥκουσι."³
4 Καὶ ἀπεκρίθησαν αὐτῷ οἱ μαθηταὶ αὐτοῦ, "ᵀΠόθεν
τούτους δυνήσεταί τις ὧδε χορτάσαι ἄρτων ἐπ᾽ ἐρημίας?"
5 Καὶ ⌐ἐπηρώτα αὐτούς, "Πόσους ἔχετε ἄρτους?"
Οἱ δὲ εἶπον, "Ἑπτά." 6 Καὶ ⌐¹παρήγγειλε τῷ ὄχλῳ
ἀναπεσεῖν ἐπὶ τῆς γῆς. Καὶ λαβὼν τοὺς ἑπτὰ ἄρτους⁴
εὐχαριστήσας ἔκλασε καὶ ἐδίδου τοῖς μαθηταῖς αὐτοῦ ἵνα
⌐²παραθῶσι, καὶ παρέθηκαν τῷ ὄχλῳ. 7 Καὶ εἶχον ἰχθύδια
ὀλίγα· καὶ ⌐εὐλογήσας εἶπε παραθεῖναι καὶ αὐτά.⁵
8 ⌐Ἔφαγον δὲ⌐ καὶ ἐχορτάσθησαν, καὶ ἦραν περισσεύματα
κλασμάτων ἑπτὰ σπυρίδας. 9 Ἦσαν δὲ □οἱ φαγόντες⌐ ὡς
τετρακισχίλιοι. Καὶ ἀπέλυσεν αὐτούς. 10 Καὶ ⌐εὐθέως
ἐμβὰς⌐ εἰς τὸ πλοῖον μετὰ τῶν μαθητῶν αὐτοῦ ἦλθεν εἰς
τὰ μέρη Δαλμανουθά.

---

¹2 ημεραι τρεις MᵖᵗℵA, Cr vs ημερας τρεις Mᵖᵗ, TR vs ημεραις
τρισιν B
²3 νηστεις MBA, TR Cr vs νηστις M⌐ℵ
³3 ηκουσι(ν) M vs ηκασι(ν) ℵA, TR Cr vs εισιν B
⁴6 αρτους MᵖᵗℵBA, TR Cr vs +και MᵖᵗC
⁵7 παραθειναι και αυτα Mᵖᵗ, TR vs παραθηναι και αυτα Mᵖᵗ vs και
ταυτα παρατιθεναι B, Cr vs και ταυτα παραθετε C vs
παρατεθηναι και αυτα A vs παρεθηκεν ℵ*

---

1 ⌐παλιν πολλου ℵB vs 𝔐A   1 □ℵBA vs M   1 °ℵ vs 𝔐BA
3 ⌐και τινες ℵB vs 𝔐A   3 ᵀαπο ℵB vs 𝔐A
4 ⌐οτι ποθεν B vs 𝔐A; (και ειπαν ποθεν ℵ)
5 ⌐ηρωτα ℵB vs 𝔐A
6 ⌐¹παραγγελλει ℵB vs 𝔐AC   6 ⌐²παρατιθωσι(ν) 𝕲 vs 𝔐A
7 ⌐ευλογησας αυτα 𝕲 vs M; (ταυτα ευλογησας A)
8 ⌐και εφαγον 𝕲 vs 𝔐A   9 □ℵB vs 𝔐AC
10 ⌐ευθυς εμβας 𝕲 vs 𝔐 (⌐A)

The Pharisees Seek A Sign
(Mt. 16:1-4)

11 Καὶ ἐξῆλθον οἱ Φαρισαῖοι καὶ ἤρξαντο συζητεῖν αὐτῷ, ζητοῦντες παρ᾽ αὐτοῦ σημεῖον ἀπὸ τοῦ οὐρανοῦ, πειράζοντες αὐτόν. **12** Καὶ ἀναστενάξας τῷ πνεύματι αὐτοῦ λέγει, "Τί ἡ γενεὰ αὕτη ⸀σημεῖον ἐπιζητεῖ⸃? Ἀμὴν λέγω ὑμῖν, εἰ δοθήσεται τῇ γενεᾷ ταύτῃ σημεῖον!"

Beware of the Leaven of the Pharisees and Herod
(Mt. 16:5-12)

13 Καὶ ἀφεὶς αὐτούς, ⸀ἐμβὰς πάλιν⸃ εἰς πλοῖον¹ ἀπῆλθεν εἰς τὸ πέραν. **14** Καὶ ἐπελάθοντο² λαβεῖν ἄρτους, καὶ εἰ μὴ ἕνα ἄρτον οὐκ εἶχον μεθ᾽ ἑαυτῶν ἐν τῷ πλοίῳ. **15** Καὶ διεστέλλετο αὐτοῖς, λέγων, "Ὁρᾶτε, βλέπετε ἀπὸ τῆς ζύμης τῶν Φαρισαίων καὶ τῆς ζύμης Ἡρῴδου." **16** Καὶ διελογίζοντο πρὸς ἀλλήλους, °λέγοντες ὅτι "Ἄρτους οὐκ ⸀ἔχομεν." **17** Καὶ γνοὺς ⸀ὁ Ἰησοῦς⸃ λέγει αὐτοῖς, "Τί διαλογίζεσθε ὅτι ἄρτους οὐκ ἔχετε? Οὔπω νοεῖτε οὐδὲ συνίετε? °Ἔτι πεπωρωμένην ἔχετε τὴν καρδίαν ὑμῶν? **18** Ὀφθαλμοὺς ἔχοντες οὐ βλέπετε καὶ ὦτα ἔχοντες οὐκ ἀκούετε? Καὶ οὐ μνημονεύετε? **19** Ὅτε τοὺς πέντε ἄρτους ἔκλασα εἰς τοὺς πεντακισχιλίους, πόσους κοφίνους ⸀πλήρεις κλασμάτων⸃ ἤρατε?"

Λέγουσιν αὐτῷ, "Δώδεκα."

20 "⸀¹Ὅτε δὲ⸃ τοὺς ἑπτὰ εἰς τοὺς τετρακισχιλίους, πόσων σπυρίδων πληρώματα κλασμάτων ἤρατε?"

⸀²Οἱ δὲ εἶπον,⸃ "Ἑπτά."

---

¹13 εις πλοιον **M A** vs εις το πλοιον M'𝔭⁴⁵, **TR** vs − **G, Cr**
²14 επελαθοντο Mᵖᵗ**AC**, **TR Cr** vs επελαθοντο οι μαθηται αυτου Mᵖᵗ𝔭⁴⁵ vs επελαθεντο **B***

---

12 ⸀ζητει σημειον **G** vs 𝔐 **A**; (σημειον αιτει 𝔭⁴⁵)   13 ⸀𝔭⁴⁵**G** vs 𝔐 **A**
16 °𝔭⁴⁵**אB** vs 𝔐**AC**   16 ⸀εχουσιν 𝔭⁴⁵**B** vs 𝔐**אAC**
17 ⸀**B** vs 𝔐**א*AC**   17 °𝔭⁴⁵**G** vs 𝔐 **A**
19 ⸀κλασματων πληρεις **G** vs 𝔐 (πληρης κλασματων **A**)
20 ⸀¹οτε **B** vs 𝔐 **A**; (οτε δε και **C**; οτε και **א**)
20 ⸀²και λεγουσιν αυτω **BC** (− αυτω **א**), [**Cr**] vs 𝔐 𝔭⁴⁵ᵛⁱᵈ**A**

21 Καὶ ἔλεγεν¹ αὐτοῖς, "Πῶς οὐ² συνίετε?"

Jesus Heals a Blind Man at Bethsaida

22 Καὶ ʳἔρχεται εἰς Βηθσαϊδάν. Καὶ φέρουσιν αὐτῷ τυφλὸν καὶ παρακαλοῦσιν αὐτὸν ἵνα αὐτοῦ ἅψηται. 23 Καὶ ἐπιλαβόμενος τῆς χειρὸς τοῦ τυφλοῦ ʳ¹ἐξήγαγεν αὐτὸν ἔξω τῆς κώμης, καὶ πτύσας εἰς τὰ ὄμματα αὐτοῦ, ἐπιθεὶς τὰς χεῖρας αὐτῷ, ἐπηρώτα αὐτὸν εἴ τι ʳ²βλέπει. 24 Καὶ ἀναβλέψας ἔλεγε, "Βλέπω τοὺς ἀνθρώπους ὅτι ὡς δένδρα ὁρῶ περιπατοῦντας." 25 Εἶτα πάλιν ἐπέθηκε τὰς χεῖρας ἐπὶ τοὺς ὀφθαλμοὺς αὐτοῦ καὶ ʳἐποίησεν αὐτὸν ἀναβλέψαι.⌐ Καὶ ἀποκατεστάθη³ καὶ ἀνέβλεψε⁴ τηλαυγῶς ʳἅπαντας. 26 Καὶ ἀπέστειλεν αὐτὸν εἰς τὸν⁵ οἶκον αὐτοῦ, λέγων, "Μηδὲ εἰς τὴν κώμην εἰσέλθῃς ᵒμηδὲ εἴπῃς τινὶ ἐν τῇ κώμῃ.⌐"

Peter Confesses Jesus as the Christ
(Mt. 16:13-20; Lk. 9:18-20)

27 Καὶ ἐξῆλθεν ὁ Ἰησοῦς καὶ οἱ μαθηταὶ αὐτοῦ εἰς τὰς κώμας Καισαρείας τῆς Φιλίππου· καὶ ἐν τῇ ὁδῷ ἐπηρώτα τοὺς μαθητὰς αὐτοῦ, λέγων αὐτοῖς, "Τίνα με λέγουσιν οἱ ἄνθρωποι εἶναι?" 28 Οἱ δὲ ʳ¹ἀπεκρίθησαν, "Ἰωάννην τὸν Βαπτιστήν, καὶ ἄλλοι Ἠλίαν, ἄλλοι δὲ ʳ²ἕνα τῶν προφητῶν."

---

¹21 ελεγεν 𝔐 𝕲A, TR Cr vs λεγει Mʳ
²21 πως ου MᵖᵗB, TR vs πως ουπω MᵖᵗA vs ουπω ℵC, Cr
³25 αποκατεσταθη Mᵖᵗ, TR vs απεκατεσταθη MᵖᵗA vs απεκατεστη ℵC, Cr vs αποκατεστη B
⁴25 ανεβλεψε Mᵖᵗ vs ενεβλεψε(ν) MᵖᵗAC, TR vs ενεβλεπεν B, Cr vs εβλεψεν ℵ*
⁵26 τον Mᵖᵗ, TR vs − Mᵖᵗ𝕲A, Cr

---

22 ʳερχονται BC vs 𝔐 ℵ*A   23 ʳ¹εξηνεγκεν 𝕲 vs 𝔐 A
23 ʳ²βλεπεις BC vs 𝔐 ℵA   25 ʳδιεβλεψεν 𝕲 vs 𝔐 A
25 ʳαπαντα 𝕲 vs 𝔐 A   26 ᵒℵB vs 𝔐 AC
28 ʳ¹ειπαν αυτω λεγοντες οτι ℵ*BC*ᵛⁱᵈ, [Cr] vs 𝔐 A
28 ʳ²οτι εις 𝕲 vs 𝔐 A

29 Καὶ αὐτὸς ⌜¹λέγει αὐτοῖς,⌝ "'Υμεῖς δὲ τίνα με λέγετε εἶναι;"

⌜²'Αποκριθεὶς δὲ⌝ ὁ Πέτρος λέγει αὐτῷ, "Σὺ εἶ ὁ Χριστός." **30** Καὶ ἐπετίμησεν αὐτοῖς ἵνα μηδενὶ λέγωσι περὶ αὐτοῦ.

Jesus Predicts His Death and Resurrection
(Mt. 16:21-23; Lk. 9:21, 22)

31 Καὶ ἤρξατο διδάσκειν αὐτοὺς ὅτι δεῖ τὸν Υἱὸν τοῦ 'Ανθρώπου πολλὰ παθεῖν καὶ ἀποδοκιμασθῆναι ⌜ἀπὸ τῶν πρεσβυτέρων καὶ τῶν¹ ἀρχιερέων καὶ τῶν² γραμματέων καὶ ἀποκτανθῆναι καὶ μετὰ τρεῖς ἡμέρας ἀναστῆναι. **32** Καὶ παρρησίᾳ τὸν λόγον ἐλάλει. Καὶ προσλαβόμενος ⌐αὐτὸν ὁ Πέτρος⌐ ἤρξατο ἐπιτιμᾶν αὐτῷ.

33 'Ο δὲ ἐπιστραφεὶς καὶ ἰδὼν τοὺς μαθητὰς αὐτοῦ ἐπετίμησε °τῷ Πέτρῳ, ⌜λέγων, "'Ύπαγε ὀπίσω μου, Σατανᾶ, ὅτι οὐ φρονεῖς τὰ τοῦ Θεοῦ ἀλλὰ τὰ τῶν ἀνθρώπων."

Taking Up the Cross
(Mt. 16:24-28; Lk. 9:23-27)

34 Καὶ προσκαλεσάμενος τὸν ὄχλον σὺν τοῖς μαθηταῖς αὐτοῦ εἶπεν αὐτοῖς, "⌜'Όστις θέλει ὀπίσω μου ἀκολουθεῖν,³ ἀπαρνησάσθω ἑαυτὸν καὶ ἀράτω τὸν σταυρὸν αὐτοῦ καὶ ἀκολουθείτω μοι. **35** 'Ός γὰρ ⌜¹ἂν θέλῃ τὴν ψυχὴν αὐτοῦ σῶσαι ἀπολέσει αὐτήν· ὃς δ᾽ ἂν ⌜²ἀπολέσῃ τὴν ἑαυτοῦ ψυχὴν⁴ ἕνεκεν ἐμοῦ καὶ τοῦ εὐαγγελίου, °οὗτος σώσει αὐτήν. **36** Τί γὰρ ⌜¹ὠφελήσει ἄνθρωπον ⌐ἐὰν κερδήσῃ τὸν

---

¹31 των **MG**, Cr vs − A, TR
²31 των **𝕸G**, Cr vs − A, TR
³34 ακολουθειν **M𝔭⁴⁵ᵛⁱᵈC***, Cr vs ελθειν **ℵBA**, TR
⁴35 εαυτου ψυχην **M** vs ψυχην αυτου **M⌐GA𝔭⁴⁵ᵛⁱᵈ**, TR Cr

---

29 ⌜¹επηρωτα αυτους **G** vs **𝕸** A
29 ⌜²αποκριθεις **B** vs **𝕸 ℵC**; (και αποκριθεις A)   31 ⌜υπο **G** vs **M**A
32 ⌐²³¹ B vs **𝕸ℵAC**   33 °ℵB vs **𝕸**AC   33 ⌜και λεγει **G** vs **𝕸** A
34 ⌜ει τις **G** vs **𝕸** A   35 ⌜¹εαν **G** vs **𝕸** A   35 ⌜²απολεσει **G** vs **𝕸** A
35 °𝔭⁴⁵GA vs M   36 ⌜¹ωφελει **ℵB** vs **𝕸**AC
36 ⌐κερδησαι τον κοσμον ολον **ℵB** vs **𝕸 𝔭⁴⁵ᵛⁱᵈ**A (εαν τον κοσμον ολον κερδηση C)

κόσμον ὅλον᾽ καὶ ⌐²ζημιωθῇ τὴν ψυχὴν αὐτοῦ? 37 ⌐᾽῀Η τί δώσει᾽ ἄνθρωπος ἀντάλλαγμα τῆς ψυχῆς αὐτοῦ? 38 ῞Ος γὰρ ἐὰν¹ ἐπαισχυνθῇ με καὶ τοὺς ἐμοὺς λόγους ἐν τῇ γενεᾷ ταύτῃ τῇ μοιχαλίδι καὶ ἁμαρτωλῷ, καὶ ὁ Υἱὸς τοῦ Ἀνθρώπου ἐπαισχυνθήσεται αὐτὸν ὅταν ἔλθῃ ἐν τῇ δόξῃ τοῦ Πατρὸς αὐτοῦ μετὰ τῶν ἀγγέλων τῶν ἁγίων."

9 Καὶ ἔλεγεν αὐτοῖς, "Ἀμὴν λέγω ὑμῖν ὅτι εἰσί τινες ⌐τῶν ὧδε ἑστηκότων᾽ οἵτινες οὐ μὴ γεύσωνται θανάτου ἕως ἂν ἴδωσι τὴν βασιλείαν τοῦ Θεοῦ ἐληλυθυῖαν ἐν δυνάμει."

Jesus Is Transfigured on the Mount
(Mt. 17:1-13; Lk. 9:28-36)

2 Καὶ ·μεθ᾽ ἡμέρας ἓξ παραλαμβάνει ὁ Ἰησοῦς τὸν Πέτρον καὶ τὸν Ἰάκωβον καὶ² Ἰωάννην, καὶ ἀναφέρει αὐτοὺς εἰς ὄρος ὑψηλὸν κατ᾽ ἰδίαν μόνους. Καὶ μετεμορφώθη ἔμπροσθεν αὐτῶν, 3 καὶ τὰ ἱμάτια αὐτοῦ ἐγένοντο³ στίλβοντα, λευκὰ λίαν ᵒὡς χιών,᾽ οἷα γναφεὺς⁴ ἐπὶ τῆς γῆς οὐ δύναται ᵀ λευκᾶναι. 4 Καὶ ὤφθη αὐτοῖς Ἠλίας σὺν Μωσῇ, καὶ ἦσαν συλλαλοῦντες τῷ Ἰησοῦ. 5 Καὶ ἀποκριθεὶς ὁ Πέτρος λέγει τῷ Ἰησοῦ, "Ῥαββί, καλόν ἐστιν ἡμᾶς ὧδε εἶναι, καὶ ποιήσωμεν ᶠσκηνὰς τρεῖς,ᶺ σοὶ μίαν καὶ Μωσῇ μίαν καὶ Ἠλίᾳ μίαν." 6 Οὐ γὰρ ᾔδει τί λαλήσει,⁵ ⌐ἦσαν γὰρ ἔκφοβοι.᾽

---

¹38 εαν Mᵖᵗ𝔭⁴⁵𝕲, Cr vs αν Mᵖᵗ, TR vs − A
²2 και MᵖᵗBA vs + τον Mᵖᵗ𝔭⁴⁵C, TR Cr
³3 εγενοντο MA vs εγενετο 𝔭⁴⁵𝕲, TR Cr
⁴3 γναφευς M𝕲A, TR Cr vs κναφευς Mʳ
⁵6 λαλησει 𝔐A vs αποκριθη BC*, Cr vs λαλει 𝔭⁴⁵ vs απεκριθη ℵ vs λαληση TR

---

36 ⌐²ζημιωθηναι ℵB vs 𝔐AC
37 ⌐τι γαρ δοι ℵ*B vs 𝔐AC; (τι γαρ δωσει 𝔭⁴⁵)
1 ⌐ωδε των εστηκοτων B vs 𝔐AC (των ωδε εστωτων ℵ; των εστηκοτων ωδε 𝔭⁴⁵ᵛⁱᵈ)
2 ·μετα ℵBCᵛⁱᵈ vs 𝔐 𝔭⁴⁵A   3 ᵒ𝕲 vs 𝔐A   3 ᵀουτως 𝕲 vs 𝔐A
5 ᶠ𝔭⁴⁵𝕲 vs 𝔐A   6 ⌐εκφοβοι γαρ εγενοντο 𝕲 vs 𝔐 𝔭⁴⁵ᵛⁱᵈA

7 Καὶ ἐγένετο νεφέλη ἐπισκιάζουσα αὐτοῖς, καὶ ⸀ἦλθε φωνὴ ἐκ τῆς νεφέλης,¹ "Οὗτός ἐστιν ὁ Υἱός μου ὁ ἀγαπητός. ⸐Αὐτοῦ ἀκούετε⸑!" **8** Καὶ ἐξάπινα περιβλεψάμενοι, οὐκέτι οὐδένα εἶδον ἀλλὰ τὸν Ἰησοῦν μόνον μεθ᾽ ἑαυτῶν.

9 ⸀Καταβαινόντων δὲ᾽ αὐτῶν ⸀ἀπὸ τοῦ ὄρους, διεστείλατο αὐτοῖς ἵνα μηδενὶ ⸐διηγήσωνται ἃ εἶδον,⸑ εἰ μὴ ὅταν ὁ Υἱὸς τοῦ Ἀνθρώπου ἐκ νεκρῶν ἀναστῇ. **10** Καὶ τὸν λόγον ἐκράτησαν πρὸς ἑαυτούς, συζητοῦντες τί ἐστι τὸ ἐκ νεκρῶν ἀναστῆναι.

11 Καὶ ἐπηρώτων αὐτόν, λέγοντες, " Ὅτι λέγουσιν οἱ γραμματεῖς ὅτι Ἠλίαν δεῖ ἐλθεῖν πρῶτον?"

12 Ὁ δὲ ⸀ἀποκριθεὶς εἶπεν᾽ αὐτοῖς, " Ἠλίας μὲν ἐλθὼν πρῶτον ⸀¹ἀποκαθιστᾷ πάντα· καὶ πῶς γέγραπται ἐπὶ τὸν Υἱὸν τοῦ Ἀνθρώπου ἵνα πολλὰ πάθῃ καὶ ⸀²ἐξουδενωθῇ? **13** Ἀλλὰ λέγω ὑμῖν ὅτι καὶ Ἠλίας ἐλήλυθε, καὶ ἐποίησαν αὐτῷ ὅσα ⸀ἠθέλησαν, καθὼς γέγραπται ἐπ᾽ αὐτόν."

Jesus Heals a Boy with an Unclean Spirit
(Mt. 17:14-21; Lk. 9:37-43a)

14 Καὶ ⸀¹ἐλθὼν πρὸς τοὺς μαθητὰς ⸀²εἶδεν ὄχλον πολὺν περὶ αὐτοὺς καὶ γραμματεῖς συζητοῦντας ⸀³αὐτοῖς. **15** Καὶ •εὐθέως πᾶς ὁ ὄχλος ⸀¹ἰδὼν αὐτὸν ⸀²ἐξεθαμβήθη, καὶ προστρέχοντες ἠσπάζοντο αὐτόν. **16** Καὶ ἐπηρώτησε ⸀τοὺς γραμματεῖς,᾽ "Τί συζητεῖτε πρὸς αυτούς?"

---

¹7 νεφελης MG, Cr vs + λεγουσα A, TR

7 ⸀εγενετο G vs 𝔐 A   7 ⸐G vs 𝔐 A
9 ⸀και καταβαινοντων G vs 𝔐 A   9 ⸀εκ B vs 𝔐 אAC
9 ⸐231 G vs 𝔐 A   12 ⸀εφη G vs 𝔐 A
12 ⸀¹αποκαθιστανει A (αποκατιστανει B*; αποκαταστανει א*) vs 𝔐 ; (αποκαταστησει C)
12 ⸀²εξουδενηθη B vs 𝔐 AC (εξουθενωθη א)   13 ⸀ηθελον G vs 𝔐 A
14 ⸀¹ελθοντες אB vs 𝔐 AC   14 ⸀²ειδον אB vs 𝔐 AC
14 ⸀³προς αυτους BC (προς εαυτους א*) vs 𝔐 A
15 •ευθυς G vs 𝔐 A   15 ⸀¹ιδοντες G vs 𝔐 A
15 ⸀²εξεθαμβηθησαν G vs 𝔐 A   16 ⸀αυτους אB vs 𝔐 AC

17 Καὶ ⌐ἀποκριθεὶς εἷς ἐκ τοῦ ὄχλου °εἶπε, "Διδάσκαλε, ἤνεγκα τὸν υἱόν μου πρὸς σέ, ἔχοντα πνεῦμα ἄλαλον. 18 Καὶ ὅπου ⌐ἂν αὐτὸν καταλάβῃ ῥήσσει αὐτόν, καὶ ἀφρίζει καὶ τρίζει τοὺς ὀδόντας °αὐτοῦ καὶ ξηραίνεται. Καὶ εἶπον τοῖς μαθηταῖς σου ἵνα αὐτὸ ἐκβάλωσι, καὶ οὐκ ἴσχυσαν." 19 Ὁ δὲ ἀποκριθεὶς ⌐αὐτῷ λέγει, "῏Ω γενεὰ ἄπιστος, ἕως πότε πρὸς ὑμᾶς ἔσομαι? Ἕως πότε ἀνέξομαι ὑμῶν? Φέρετε αὐτὸν πρός με." 20 Καὶ ἤνεγκαν αὐτὸν πρὸς αὐτόν. Καὶ ἰδὼν αὐτόν, ⌐εὐθέως τὸ πνεῦμα ἐσπάραξεν⌐ αὐτόν, καὶ πεσὼν ἐπὶ τῆς γῆς ἐκυλίετο ἀφρίζων. 21 Καὶ ἐπηρώτησε τὸν πατέρα αὐτοῦ, "Πόσος χρόνος ἐστὶν ὡς τοῦτο γέγονεν αὐτῷ?" Ὁ δὲ εἶπε, "⌐Παιδιόθεν. 22 Καὶ πολλάκις αὐτὸν καὶ εἰς τὸ πῦρ¹ ἔβαλε καὶ εἰς ὕδατα ἵνα ἀπολέσῃ αὐτόν. Ἀλλ᾽ εἴ τι ⌐δύνασαι, βοήθησον ἡμῖν σπλαγχνισθεὶς ἐφ᾽ ἡμᾶς."
23 Ὁ δὲ Ἰησοῦς εἶπεν αὐτῷ, "Τὸ εἰ ⌐δύνασαι °πιστεῦσαι· πάντα δυνατὰ τῷ πιστεύοντι."
24 ⌐Καὶ εὐθέως⌐ κράξας ὁ πατὴρ τοῦ παιδίου □μετὰ δακρύων⌐ ἔλεγε, "Πιστεύω, °Κύριε, βοήθει μου τῇ ἀπιστίᾳ!"
25 Ἰδὼν δὲ ὁ Ἰησοῦς ὅτι ἐπισυντρέχει² ὄχλος, ἐπετίμησε τῷ πνεύματι τῷ ἀκαθάρτῳ, λέγων αὐτῷ, "Τὸ πνεῦμα τὸ ἄλαλον καὶ κωφόν,³ ἐγώ ⌐σοι ἐπιτάσσω,⌐ ἔξελθε ἐξ αὐτοῦ καὶ μηκέτι εἰσέλθῃς εἰς αὐτόν." 26 Καὶ ⌐κράξαν καὶ πολλὰ ⌐²σπαράξαν °αὐτὸν ἐξῆλθε. Καὶ

---

¹22 αυτον και εις το πυρ M^pt A vs αυτον και εις πυρ M^pt, TR vs και εις πυρ αυτον 𝕲, Cr vs αυτον εις πυρ 𝔓⁴⁵
²25 επισυντρεχει M^pt vid BC, TR Cr vs +ο M^pt vid ℵA
³25 το πνευμα το αλαλον και κωφον M^pt A, TR vs το αλαλον και κωφον πνευμα M^pt 𝔓⁴⁵𝕲, Cr

17 ⌐απεκριθη αυτω ℵB vs 𝕸 A; (αποκριθεις αυτω C)
17 °ℵB vs 𝕸 AC   18 ⌐εαν BA vs 𝕸 C; (−ℵ*)   18 °𝕲 vs 𝕸 A
19 ⌐αυτοις 𝔓⁴⁵ℵBA vs M; (−C*)
20 ⌐το πνευμα ευθυς συνεσπαραξεν 𝕲 vs 𝕸 𝔓⁴⁵A
21 ᵀεκ 𝕲 vs 𝕸 A   22 ⌐δυνη 𝔓⁴⁵ℵB vs 𝕸 AC
23 ⌐δυνη 𝔓⁴⁵ℵ*B vs 𝕸 AC   23 °𝔓⁴⁵𝕲 vs 𝕸 A
24 ⌐ευθυς B vs 𝕸 A; (και ℵ*C*; h. ευθεως 𝔓⁴⁵)   24 □𝔓⁴⁵𝕲A* vs 𝕸
24 °𝕲A vs 𝕸   25 ⌐𝕲 vs 𝕸 A   26 ⌐κραξας 𝕲 vs 𝕸 A
26 ⌐²σπαραξας 𝕲 vs 𝕸 A   26 °BC* vs 𝕸 ℵ*A

ἐγένετο ὡσεὶ νεκρός, ὥστε ᵀ πολλοὺς λέγειν ὅτι ἀπέθανεν.
27 Ὁ δὲ Ἰησοῦς κρατήσας ⸆αὐτὸν τῆς χειρὸς ἤγειρεν
αὐτόν, καὶ ἀνέστη.
28 Καὶ ⸀¹εἰσελθόντα αὐτὸν εἰς οἶκον, οἱ μαθηταὶ αὐτοῦ
⸀²ἐπηρώτων αὐτὸν κατ᾽ ἰδίαν, "Ὅτι ἡμεῖς οὐκ ἠδυνήθημεν
ἐκβαλεῖν αὐτό;"
29 Καὶ εἶπεν αὐτοῖς, "Τοῦτο τὸ γένος ἐν οὐδενὶ δύναται
ἐξελθεῖν εἰ μὴ ἐν προσευχῇ �☐καὶ νηστείᾳ.☐"

Jesus Again Predicts His Death and Resurrection
(Mt. 17:22, 23; Lk. 9:43b-45)

30 ⸀Καὶ ἐκεῖθεν� ἐξελθόντες παρεπορεύοντο διὰ τῆς
Γαλιλαίας, καὶ οὐκ ἤθελεν ἵνα τις ⸀γνῷ. 31 Ἐδίδασκε
γὰρ τοὺς μαθητὰς αὐτοῦ καὶ ἔλεγεν αὐτοῖς ὅτι "Ὁ Υἱὸς
τοῦ Ἀνθρώπου παραδίδοται εἰς χεῖρας ἀνθρώπων, καὶ
ἀποκτενοῦσιν αὐτόν, καὶ ἀποκτανθεὶς ⸀τῇ τρίτῃ ἡμέρᾳ�
ἀναστήσεται." 32 Οἱ δὲ ἠγνόουν τὸ ῥῆμα, καὶ ἐφοβοῦντο
αὐτὸν ἐπερωτῆσαι.

Greatness in the Kingdom
(Mt. 18:1-5; Lk. 9:46-48)

33 Καὶ ⸀ἦλθεν εἰς ·Καπερναούμ. Καὶ ἐν τῇ οἰκίᾳ γενόμενος
ἐπηρώτα αὐτούς, "Τί ἐν τῇ ὁδῷ ☐πρὸς ἑαυτοὺς☐
διελογίζεσθε;" 34 Οἱ δὲ ἐσιώπων, πρὸς ἀλλήλους γὰρ
διελέχθησαν ἐν τῇ ὁδῷ τίς μείζων. 35 Καὶ καθίσας ἐφώνησε
τοὺς δώδεκα καὶ λέγει αὐτοῖς, "Εἴ τις θέλει πρῶτος εἶναι,
ἔσται¹ πάντων ἔσχατος καὶ πάντων διάκονος." 36 Καὶ

---

¹35 εσται **MBA** (א*) (C), TR Cr vs εστω M⸃

26 ᵀτους אBA vs 𝔐C
27 ⸀της χειρος αυτου אB vs 𝔐A; (αυτον της χειρος αυτου C*)
28 ⸀¹εισελθοντος αυτου 𝕲 vs 𝔐A; (εισελθοντι αυτω 𝔭⁴⁵)
28 ⸀²κατ ιδιαν επηρωτων αυτον א (καθ for κατ B*; επερωτουν for
επηρωτων C) vs 𝔐A; (και ηρωτησαν αυτον λεγοντες 𝔭⁴⁵)
29 ☐א*B vs 𝔐AC   30 ⸀κακειθεν אB vs 𝔐AC
30 ⸀γνοι 𝕲 vs 𝔐A   31 ⸀μετα τρεις ημερας 𝕲 vs 𝔐A
33 ⸀ηλθον אB vs 𝔐AC   33 ·Καφαρναουμ אB vs 𝔐AC
33 ☐𝕲 vs 𝔐A

λαβὼν παιδίον ἔστησεν αὐτὸ ἐν μέσῳ αὐτῶν καὶ ἐναγκαλισάμενος αὐτὸ εἶπεν αὐτοῖς, **37** "῝Ος ⌐¹ἐὰν ἐν τῶν τοιούτων παιδίων δέξηται ἐπὶ τῷ ὀνόματί μου, ἐμὲ δέχεται· καὶ ὃς ⌐²ἐὰν ἐμὲ ⌐³δέξηται, οὐκ ἐμὲ δέχεται ἀλλὰ τὸν ἀποστείλαντά με."

Jesus Forbids Sectarianism
(Lk. 9:49-50)

38 ⌐'Απεκρίθη δὲ⌐ αὐτῷ¹ Ἰωάννης, °λέγων, "Διδάσκαλε, εἴδομέν τινα ᵀ τῷ ὀνόματί σου ἐκβάλλοντα δαιμόνια, ⁰ὃς οὐκ ἀκολουθεῖ ἡμῖν·⌐ καὶ ⌐¹ἐκωλύσαμεν αὐτόν, ὅτι οὐκ ⌐²ἀκολουθεῖ ἡμῖν."
39 Ὁ δὲ Ἰησοῦς εἶπε, "Μὴ κωλύετε αὐτόν, οὐδεὶς γάρ ἐστιν ὃς ποιήσει δύναμιν ἐπὶ τῷ ὀνόματί μου καὶ δυνήσεται ταχὺ κακολογῆσαί με. **40** ῝Ος γὰρ οὐκ ἔστι καθ᾽ ⌐¹ὑμῶν, ὑπὲρ ⌐²ὑμῶν ἐστιν.

A Cup of Cold Water
(Mt. 10:40-42)

41 "῝Ος γὰρ ἂν ποτίσῃ ὑμᾶς ποτήριον ὕδατος ἐν² ὀνόματί °μου, ὅτι Χριστοῦ ἐστε, ἀμὴν λέγω ὑμῖν, ᵀ οὐ μὴ ἀπολέσῃ τὸν μισθὸν αὐτοῦ.

---

¹38 αυτω MᵖᵗA vs +ο Mᵖᵗ𝕲, TR Cr
²41 εν 𝔐𝕲A, Cr vs +τω TR

---

37 ⌐¹αν 𝕲A vs 𝔐   37 ⌐²αν B vs 𝔐AC; (− א)
37 ⌐³δεχηται B vs 𝔐AC; (δεχετε א)
38 ⌐εφη אB vs 𝔐A; (αποκριθεις δε εφη C)   38 °𝕲 vs 𝔐A
38 ᵀεν 𝕲 vs MA   38 ⁰𝕲 vs 𝔐A   38 ⌐¹εκωλυομεν אB vs 𝔐AC
38 ⌐²ηκολουθει אB vs 𝔐AC   40 ⌐¹ημων 𝕲 vs 𝔐A
40 ⌐²ημων 𝕲 vs MA   41 °BAC* vs 𝔐א*   41 ᵀοτι 𝕲 vs 𝔐A

Jesus Warns of Offenses
(Mt. 18:6-9; Lk. 17:1, 2)

42 “Καὶ ὃς ἐὰν[1] σκανδαλίσῃ ἕνα τῶν μικρῶν ⸆ τῶν
πιστευόντων □εἰς ἐμέ,\ καλόν ἐστιν αὐτῷ μᾶλλον εἰ
περίκειται ʻλίθος μυλικὸςʼ περὶ τὸν τράχηλον αὐτοῦ καὶ
βέβληται εἰς τὴν θάλασσαν. **43** Καὶ ἐὰν σκανδαλίζῃ σε ἡ
χείρ σου, ἀπόκοψον αὐτήν. Καλόν ʻσοί ἐστιʼ κυλλὸν ʃεἰς τὴν
ζωὴν εἰσελθεῖνʅ ἢ τὰς δύο χεῖρας ἔχοντα ἀπελθεῖν εἰς τὴν
Γέενναν, εἰς τὸ πῦρ τὸ ἄσβεστον, **44** □ὅπου

«῾Ο σκώληξ αὐτῶν οὐ τελευτᾷ
Καὶ τὸ πῦρ οὐ σβέννυται.»\

45 Καὶ ἐὰν ὁ πούς σου σκανδαλίζῃ σε, ἀπόκοψον αὐτόν.
Καλόν ἐστί σοι[2] εἰσελθεῖν εἰς τὴν ζωὴν χωλὸν ἢ τοὺς δύο
πόδας ἔχοντα βληθῆναι εἰς τὴν Γέενναν, □εἰς τὸ πῦρ τὸ
ἄσβεστον, **46** ὅπου

«῾Ο σκώληξ αὐτῶν οὐ τελευτᾷ
Καὶ τὸ πῦρ οὐ σβέννυται.»\

47 Καὶ ἐὰν ὁ ὀφθαλμός σου σκανδαλίζῃ σε, ἔκβαλε αὐτόν.
Καλόν ʻσοί ἐστι μονόφθαλμον εἰσελθεῖν εἰς τὴν βασιλείαν
τοῦ Θεοῦ ἢ δύο ὀφθαλμοὺς ἔχοντα βληθῆναι εἰς τὴν
Γέενναν □τοῦ πυρός,\ **48** ὅπου

«῾Ο σκώληξ αὐτῶν[3] οὐ τελευτᾷ
Καὶ τὸ πῦρ οὐ σβέννυται.»

---

[1]42 εαν **M**AC vs αν ℵB, **TR Cr**
[2]45 σοι M^{pt}, **TR** vs σε M^{pt}ϾA, **Cr**
[3]48 αυτων **M**ϾA, **TR Cr** vs − M^{r}

---

42 ⸆τουτων ϾA vs **M** — 42 □ℵC^{*vid} vs 𝔐 BA, [**Cr**]
42 ʻμυλος ονικος Ͼ vs 𝔐 A — 43 ʻεστιν σε Ͼ vs 𝔐 A
43 ʃ41-3 ϾA vs 𝔐 — 44 □Ͼ vs 𝔐 A — 45, 46 □Ͼ vs 𝔐 A
47 ʻσε ℵB vs 𝔐 AC — 47 □ℵB vs 𝔐 AC

44,46,48 Is. 66:24

Believers Are to Have Salt
(Mt. 5:13-16; Lk. 14:34, 35)

49 "Πᾶς γὰρ πυρὶ ἁλισθήσεται □καὶ πᾶσα θυσία ἁλὶ ἁλισθήσεται.`**50** Καλὸν τὸ ἅλας· ἐὰν δὲ τὸ ἅλας ἄναλον γένηται, ἐν τίνι αὐτὸ ἀρτύσετε? Ἔχετε ἐν ἑαυτοῖς ⌐ἅλας, καὶ εἰρηνεύετε ἐν ἀλλήλοις."

Jesus Censures Divorce
(Mt. 5:31, 32, 19:1-10; Lk. 16:18)

10 ⌐Κἀκεῖθεν ἀναστὰς ἔρχεται εἰς τὰ ὅρια τῆς Ἰουδαίας `διὰ τοῦ` πέραν τοῦ Ἰορδάνου, καὶ συμπορεύονται πάλιν ὄχλοι πρὸς αὐτόν, καὶ ὡς εἰώθει πάλιν ἐδίδασκεν αὐτούς. **2** Καὶ προσελθόντες¹ Φαρισαῖοι ⌐ἐπηρώτησαν αὐτὸν εἰ ἔξεστιν ἀνδρὶ γυναῖκα ἀπολῦσαι, πειράζοντες αὐτόν.

3 Ὁ δὲ ἀποκριθεὶς εἶπεν αὐτοῖς, "Τί ὑμῖν ἐνετείλατο Μωσῆς?"

4 Οἱ δὲ εἶπον, "ˢΜωσῆς ἐπέτρεψε˥ «βιβλίον ἀποστασίου γράψαι καὶ ἀπολῦσαι.»"

5 ⌐Καὶ ἀποκριθεὶς ὁ` Ἰησοῦς εἶπεν αὐτοῖς, "Πρὸς τὴν σκληροκαρδίαν ὑμῶν ἔγραψεν ὑμῖν τὴν ἐντολὴν ταύτην. **6** Ἀπὸ δὲ ἀρχῆς κτίσεως, «ἄρσεν καὶ θῆλυ ἐποίησεν αὐτοὺς» □ὁ Θεός.`

7 «Ἕνεκεν τούτου καταλείψει ἄνθρωπος τὸν πατέρα αὐτοῦ καὶ τὴν μητέρα □Καὶ προσκολληθήσεται πρὸς τὴν γυναῖκα αὐτοῦ,`**8** Καὶ ἔσονται οἱ δύο εἰς σάρκα μίαν.» Ὥστε οὐκέτι εἰσὶ δύο ἀλλὰ μία σάρξ.² **9** Ὁ οὖν ὁ Θεὸς συνέζευξεν, ἄνθρωπος μὴ χωριζέτω."

---

¹2 προσελθοντες M^ptBA, Cr vs +οι M^pt𝕏C, TR
²8 μια σαρξ M^ptB, TR Cr vs σαρξ μια M^pt𝕏AC

49 □𝕏B vs 𝕸AC   50 ⌐αλα 𝕏*BA* vs 𝕸C
1 ⌐και εκειθεν 𝕲 vs 𝕸A   1 ⌐και 𝕲, [Cr] vs 𝕸A
2 ⌐επηρωτων 𝕏B vs 𝕸A; (επηρουν C)   4 ˢ𝕲 vs 𝕸A
5 ⌐ο δε 𝕲 vs 𝕸A   6 □𝕲 vs 𝕸A
7 □𝕏B vs 𝕸, [Cr] (και προσκολ. τη γυναικι αυτου A; και προσκολ. γυγυναικι αυτου C)

4 Deut. 24:1,3   6 Gen. 1:27; 5:2   7,8 Gen. 2:24

10 Καὶ ⌐¹ἐν τῇ οἰκίᾳ⌐ πάλιν οἱ μαθηταὶ °αὐτοῦ περὶ ⌐²τοῦ αὐτοῦ⌐ ⌐ἐπηρώτησαν αὐτόν. 11 Καὶ λέγει αὐτοῖς, "῍Ος ⌐ἐὰν ἀπολύσῃ τὴν γυναῖκα αὐτοῦ καὶ γαμήσῃ ἄλλην μοιχᾶται ἐπ᾽ αὐτήν, 12 καὶ ἐὰν ⌐¹γυνὴ ἀπολύσῃ⌐ τὸν ἄνδρα αὐτῆς ⌐²καὶ γαμηθῇ ἄλλῳ⌐ μοιχᾶται."

Jesus Blesses Little Children
(Mt. 19:13-15; Lk. 18:15-17)

13 Καὶ προσέφερον αὐτῷ παιδία ἵνα ⌐ʃἄψηται αὐτῶν·ʾ οἱ δὲ μαθηταὶ ⌐ἐπετίμων τοῖς προσφέρουσιν.⌐ 14 Ἰδὼν δὲ ὁ Ἰησοῦς ἠγανάκτησε καὶ εἶπεν αὐτοῖς, "῍Αφετε τὰ παιδία ἔρχεσθαι πρός με,¹ μὴ κωλύετε αὐτά, τῶν γὰρ τοιούτων ἐστὶν ἡ βασιλεία τοῦ Θεοῦ. 15 Ἀμὴν λέγω ὑμῖν, ὃς ⌐ἐὰν μὴ δέξηται τὴν βασιλείαν τοῦ Θεοῦ ὡς παιδίον, οὐ μὴ εἰσέλθῃ εἰς αὐτήν." 16 Καὶ ἐναγκαλισάμενος αὐτά, τιθεὶς τὰς χεῖρας ἐπ᾽ αὐτά, εὐλόγει αὐτά.²

The Rich Young Ruler
(Mt.19:16-22; Lk. 18:18-23)

17 Καὶ ἐκπορευομένου αὐτοῦ εἰς ὁδόν, προσδραμὼν εἷς³ καὶ γονυπετήσας αὐτὸν ἐπηρώτα αὐτόν, "Διδάσκαλε ἀγαθέ, τί ποιήσω ἵνα ζωὴν αἰώνιον κληρονομήσω;" 18 Ὁ δὲ Ἰησοῦς εἶπεν αὐτῷ, "Τί με λέγεις ἀγαθόν; Οὐδεὶς ἀγαθὸς εἰ μὴ εἷς, ὁ Θεός. 19 Τὰς ἐντολὰς οἶδας,

---

¹14 με MᵖᵗB, Cr vs +καὶ MᵖᵗℵCA, TR
²16 τιθεις τας χειρας, επ αυτα ευλογει αυτα MA vs τιθεις τας χειρας επ αυτα ηυλογει αυτα TR vs κατευλογει τιθεις τας χειρας επ αυτα G, Cr
³17 προσδραμων εις MG, TR Cr vs προσδραμων τις Mʳ vs ιδου τις πλουσιος προσδραμων A

---

10 ⌐¹εις την οικιαν ℵB vs 𝔐AC   10 °G vs 𝔐A
10 ⌐²τουτου BAC vs M; (τουτων ℵ)
10 ⌐επηρωτων ℵB (επηρωτουν C) vs 𝔐A
11 ⌐αν G vs 𝔐A   12 ⌐¹αυτη απολυσασα G vs 𝔐A
12 ⌐²γαμηση αλλον G vs 𝔐A   13 ⌐ʃG vs 𝔐A
13 ⌐επετιμησαν αυτοις G vs 𝔐A   15 ⌐αν G vs 𝔐A

«Μὴ ʿμοιχεύσῃς, Μὴ φονεύσῃς,ʾ Μὴ κλέψῃς, Μὴ
ψευδομαρτυρήσῃς, Μὴ ἀποστερήσῃς, Τίμα τὸν πατέρα σου
καὶ τὴν μητέρα.»"
20 Ὁ δὲ ʿἀποκριθεὶς εἶπενʾ αὐτῷ, "Διδάσκαλε, ταῦτα
πάντα ἐφυλαξάμην ἐκ νεότητός μου."
21 Ὁ δὲ Ἰησοῦς ἐμβλέψας αὐτῷ ἠγάπησεν αὐτόν, καὶ
εἶπεν αὐτῷ, "Ἓν ˹σοι ὑστερεῖ· ὕπαγε, ὅσα ἔχεις πώλησον
καὶ δὸς[1] πτωχοῖς, καὶ ἕξεις θησαυρὸν ἐν οὐρανῷ, καὶ δεῦρο
ἀκολούθει μοι, ⸋ἄρας τὸν σταυρόν.⸌" **22** Ὁ δὲ στυγνάσας
ἐπὶ τῷ λόγῳ ἀπῆλθε λυπούμενος, ἦν γὰρ ἔχων κτήματα
πολλά.

Possessions and the Kingdom of God
(Mt. 19:23-30; Lk. 18:24-30)

23 Καὶ περιβλεψάμενος ὁ Ἰησοῦς λέγει τοῖς μαθηταῖς
αὐτοῦ, "Πῶς δυσκόλως οἱ τὰ χρήματα ἔχοντες εἰς τὴν
βασιλείαν τοῦ Θεοῦ εἰσελεύσονται!" **24** Οἱ δὲ μαθηταὶ
ἐθαμβοῦντο ἐπὶ τοῖς λόγοις αὐτοῦ. Ὁ δὲ Ἰησοῦς πάλιν
ἀποκριθεὶς λέγει αὐτοῖς, "Τέκνα, πῶς δύσκολόν ἐστι τοὺς
πεποιθότας ἐπὶ χρήμασιν[2] εἰς τὴν βασιλείαν τοῦ Θεοῦ
εἰσελθεῖν. **25** Εὐκοπώτερόν[3] ἐστι κάμηλον διὰ τῆς[4]
τρυμαλιᾶς °τῆς ῥαφίδος ˹εἰσελθεῖν ἢ πλούσιον εἰς τὴν
βασιλείαν τοῦ Θεοῦ εἰσελθεῖν."
26 Οἱ δὲ περισσῶς ἐξεπλήσσοντο, λέγοντες πρὸς
ἑαυτούς, "Καὶ τίς δύναται σωθῆναι?"
27 Ἐμβλέψας °¹δὲ αὐτοῖς ὁ Ἰησοῦς λέγει, "Παρὰ
ἀνθρώποις ἀδύνατον ἀλλ᾽ οὐ παρὰ[5] Θεῷ, πάντα γὰρ
δυνατά °²ἐστι παρὰ τῷ Θεῷ."

---

[1]21 δος 𝔐 BA vs + τοις ℵC, TR [Cr]
[2]24 τους πεποιθοτας επι χρημασιν 𝔐 AC vs τους πεποιθοτας επι τοις χρημασιν TR vs − ℵB, Cr
[3]25 ευκοπωτερον MϹ, TR Cr vs + γαρ Mʳ vs + δε A
[4]25 της Mᵖᵗ B, TR [Cr] vs − Mᵖᵗ ℵAC
[5]27 παρα 𝔐 Ϲ, Cr vs + τω A, TR

---

19 ʿ321 BC vs 𝔐 A; (3 ℵ*) 20 ʿεφη ℵB vs 𝔐 A; (αποκριθεις εφη C)
21 ˹σε Ϲ vs 𝔐 A 21 ⸋Ϲ vs 𝔐 A 25 °ℵAC vs MB, [Cr]
25 ˹διελθειν BC vs MℵA 27 °¹Ϲ vs 𝔐 A 27 °²Ϲ vs 𝔐 A

---

19 Ex. 20:12-16; Deut. 5:16-20

28 ῏Ηρξατο¹ ⁵ὁ Πέτρος λέγειν² αὐτῷ, "'Ιδού, ἡμεῖς ἀφήκαμεν πάντα καὶ ʳἠκολουθήσαμέν σοι."

29 'Αποκριθεὶς δὲ ὁ 'Ιησοῦς εἶπεν,² "'Αμὴν λέγω ὑμῖν, οὐδείς ἐστιν ὃς ἀφῆκεν οἰκίαν ἢ ἀδελφοὺς ἢ ἀδελφὰς ἢ ⁵πατέρα ἢ μητέρα² ᵒἢ γυναῖκα˅ ἢ τέκνα ἢ ἀγροὺς ἕνεκεν ἐμοῦ καὶ ἕνεκεν³ τοῦ εὐαγγελίου, 30 ἐὰν μὴ λάβῃ ἑκατονταπλασίονα νῦν ἐν τῷ καιρῷ τούτῳ οἰκίας καὶ ἀδελφοὺς καὶ ἀδελφὰς καὶ μητέρας⁴ καὶ τέκνα καὶ ἀγρούς, μετὰ διωγμῶν, καὶ ἐν τῷ αἰῶνι τῷ ἐρχομένῳ ζωὴν αἰώνιον. 31 Πολλοὶ δὲ ἔσονται πρῶτοι ἔσχατοι καὶ⁵ ἔσχατοι πρῶτοι."

Jesus a Third Time Predicts His Death and Resurrection
(Mt. 20:17-19; Lk. 18:31-34)

32 ῏Ησαν δὲ ἐν τῇ ὁδῷ ἀναβαίνοντες εἰς 'Ιεροσόλυμα, καὶ ἦν προάγων αὐτοὺς ὁ 'Ιησοῦς, καὶ ἐθαμβοῦντο, ʳκαὶ ἀκολουθοῦντες ἐφοβοῦντο. Καὶ παραλαβὼν πάλιν τοὺς δώδεκα ἤρξατο αὐτοῖς λέγειν τὰ μέλλοντα αὐτῷ συμβαίνειν, 33 ὅτι "'Ιδού, ἀναβαίνομεν εἰς 'Ιεροσόλυμα, καὶ ὁ Υἱὸς τοῦ 'Ανθρώπου παραδοθήσεται τοῖς ἀρχιερεῦσι καὶ γραμματεῦσι,⁶ καὶ κατακρινοῦσιν αὐτὸν θανάτῳ καὶ παραδώσουσιν αὐτὸν τοῖς ἔθνεσι 34 καὶ ἐμπαίξουσιν αὐτῷ καὶ ʳ¹μαστιγώσουσιν αὐτὸν καὶ ἐμπτύσουσιν αὐτῷ˅ καὶ ἀποκτενοῦσιν ᵒαὐτόν, καὶ ʳ²τῇ τρίτῃ ἡμέρᾳ˅ ἀναστήσεται."

---

¹28 ηρξατο MᵖᵗⒼA, Cr vs ηρξατο δε Mᵖᵗ vs και ηρξατο TR
²29 αποκριθεις δε ο Ιησους ειπεν Mᵖᵗ, TR vs αποκριθεις ο Ιησους ειπεν MᵖᵗA vs και αποκριθεις ο Ιησους ειπεν MᵖᵗC vs εφη ο Ιησους B, Cr vs εφη αυτω ο Ιησους ℵ
³29 ενεκεν MᵖᵗℵC, Cr vs − MᵖᵗB*A, TR
⁴30 μητερας MᵖᵗB, TR Cr vs πατερα και μητερα Mᵖᵗ vs μητερα AC vs − οικιας to διωγμων ℵ*
⁵31 και MℵA vs +οι BC, TR [Cr]
⁶33 και γραμματευσι MᵖᵗC vs και τοις γραμματευσι MᵖᵗBA, TR Cr vs − ℵ*

---

28 ⁵312 Ⓖ vs 𝔐A   28 ʳηκολουθηκαμεν BC vs 𝔐ℵA
29 ⁵321 BC vs 𝔐ℵA   29 ᵒℵB vs 𝔐AC   32 ʳοι δε Ⓖ vs 𝔐A
34 ʳ¹εμπτυσουσιν αυτω και μαστιγωσουσιν αυτον BC (εμπτυουσιν for εμπτυσουσιν ℵ*) vs 𝔐A   34 ᵒℵB vs 𝔐C
34 ʳ²μετα τρεις ημερας Ⓖ vs 𝔐

Greatness Through Suffering and Service
(Mt. 20:20-28)

35 Καὶ προσπορεύονται αὐτῷ Ἰάκωβος καὶ Ἰωάννης οἱ υἱοὶ Ζεβεδαίου, λέγοντες ᵀ¹, "Διδάσκαλε, θέλομεν ἵνα ὃ ἐὰν αἰτήσωμεν ᵀ² ποιήσῃς ἡμῖν."

36 Ὁ δὲ εἶπεν αὐτοῖς, "Τί θέλετε ⌐ποιῆσαί με⌐ ὑμῖν?"

37 Οἱ δὲ εἶπον αὐτῷ, "Δὸς ἡμῖν ἵνα εἷς ʳἐκ δεξιῶν σου⌐ καὶ εἷς ⌐ἐξ εὐωνύμων σου⌐ καθίσωμεν ἐν τῇ δόξῃ σου."

38 Ὁ δὲ Ἰησοῦς εἶπεν αὐτοῖς, "Οὐκ οἴδατε τί αἰτεῖσθε. Δύνασθε πιεῖν τὸ ποτήριον ὃ ἐγὼ πίνω ⌐καὶ τὸ βάπτισμα ὃ ἐγὼ βαπτίζομαι βαπτισθῆναι?"

39 Οἱ δὲ εἶπον αὐτῷ, "Δυνάμεθα."

Ὁ δὲ Ἰησοῦς εἶπεν αὐτοῖς, "Τὸ °μὲν ποτήριον ὃ ἐγὼ πίνω πίεσθε καὶ τὸ βάπτισμα ὃ ἐγὼ βαπτίζομαι βαπτισθήσεσθε, **40** τὸ δὲ καθίσαι ἐκ δεξιῶν μου ⌐καὶ ἐξ εὐωνύμων¹ οὐκ ἔστιν ἐμὸν δοῦναι, ἀλλ᾽ οἷς ἡτοίμασται." **41** Καὶ ἀκούσαντες οἱ δέκα ἤρξαντο ἀγανακτεῖν περὶ Ἰακώβου καὶ Ἰωάννου. **42** ⌐Ὁ δὲ Ἰησοῦς προσκαλεσάμενος αὐτοὺς⌐ λέγει αὐτοῖς, "Οἴδατε ὅτι οἱ δοκοῦντες ἄρχειν τῶν ἐθνῶν κατακυριεύουσιν αὐτῶν καὶ οἱ μεγάλοι αὐτῶν κατεξουσιάζουσιν αὐτῶν. **43** Οὐχ οὕτω δὲ ⌐¹ἔσται ἐν ὑμῖν· ἀλλ᾽ ὃς ⌐²ἐὰν θέλῃ ʳγενέσθαι μέγας⌐ ἐν ὑμῖν, ἔσται ὑμῶν διάκονος,² **44** καὶ ὃς ἐὰν³ θέλῃ ⌐ὑμῶν γενέσθαι⌐ πρῶτος, ἔσται πάντων δοῦλος. **45** Καὶ γὰρ ὁ Υἱὸς

---

¹**40** ευωνυμων **ℳ**ϬA, Cr vs +μου Mʳ, TR
²**43** υμων διακονος **ℳ**ϬA, Cr vs διακονος υμων TR
³**44** εαν **ℳ**AC vs αν ℵB, TR Cr

35 ᵀ¹αυτω Ϭ vs **ℳ**A
35 ᵀ²σε BAC vs M; (−ινα, this verse, to δος ημιν, verse 37 ℵ*)
36 ⌐με ποιησω B, [Cr] vs **ℳ**A; (ποιησω C; −ινα, verse 35, to δος ημιν, verse 37 ℵ*)   **37** ⌐312 Ϭ vs **ℳ**A
37 ⌐εξ αριστερων B vs **ℳ**AC (σου εξ ευωνυμων ℵ)
38 ⌐η Ϭ vs **ℳ**A   **39** °Ϭ vs **ℳ**A   **40** ⌐η ℵB vs **ℳ**AC
42 ⌐και προσκαλεσαμενος αυτους ο Ιησους BC (− ο ℵ*) vs **ℳ**A
43 ⌐¹εστιν Ϭ vs **ℳ**A   **43** ⌐²αν ℵB vs **ℳ**AC   **43** ⌐Ϭ vs **ℳ**A
44 ⌐εν υμιν ειναι Ϭ vs **ℳ**A

τοῦ Ἀνθρώπου οὐκ ἦλθε διακονηθῆναι ἀλλὰ διακονῆσαι καὶ δοῦναι τὴν ψυχὴν αὐτοῦ λύτρον ἀντὶ πολλῶν."

Jesus Heals Blind Bartimaeus
(Mt. 20:29-34; Lk. 18:35-43)

46 Καὶ ἔρχονται εἰς Ἰεριχώ. Καὶ ἐκπορευομένου αὐτοῦ ἀπὸ Ἰεριχὼ καὶ τῶν μαθητῶν αὐτοῦ καὶ ὄχλου ἱκανοῦ, ᵀυἱὸς Τιμαίου, Βαρτιμαῖος °ὁ τυφλός, ⸀ἐκάθητο παρὰ τὴν ὁδὸν προσαιτῶν.⸀ **47** Καὶ ἀκούσας ὅτι Ἰησοῦς ⸀¹ὁ Ναζωραῖός ἐστιν⸀ ἤρξατο κράζειν καὶ λέγειν, "⸀²Ὁ υἱὸς⸀ Δαβίδ, Ἰησοῦ, ἐλέησόν με." **48** Καὶ ἐπετίμων αὐτῷ πολλοὶ ἵνα σιωπήσῃ· ὁ δὲ πολλῷ μᾶλλον ἔκραζεν, "Υἱὲ Δαβίδ, ἐλέησόν με!"
49 Καὶ στὰς ὁ Ἰησοῦς εἶπεν ⸀αὐτὸν φωνηθῆναι.⸀

Καὶ φωνοῦσι τὸν τυφλόν, λέγοντες αὐτῷ, "Θάρσει, ἔγειραι,¹ φωνεῖ σε." **50** Ὁ δὲ ἀποβαλὼν τὸ ἱμάτιον αὐτοῦ ⸀ἀναστὰς ἦλθε πρὸς τὸν Ἰησοῦν.
51 Καὶ ἀποκριθεὶς ⸀λέγει αὐτῷ ὁ Ἰησοῦς,⸀ "Τί ⸁θέλεις ποιήσω σοί;⸀"

Ὁ δὲ τυφλὸς εἶπεν αὐτῷ, "⸀Ραββουνί,² ἵνα ἀναβλέψω."
52 ⸀Ὁ δὲ⸀ Ἰησοῦς εἶπεν αὐτῷ, "Ὕπαγε, ἡ πίστις σου σέσωκέ σε." Καὶ ·εὐθέως ἀνέβλεψε, καὶ ἠκολούθει³ ⸀τῷ Ἰησοῦ⸀ ἐν τῇ ὁδῷ.

---

¹**49** εγειραι Mᵖᵗ, TR vs εγειρε MᵖᵗGA, Cr
²**51** Ραββουνι MGA, Cr vs Ραβουνι Mʳ vs Ραββονι TR
³**52** ηκολουθει MGA, TR Cr vs ηκυλυυθησεν Mʳ

---

46 ᵀο G vs MA   **46** °אB vs 𝔐AC
46 ⸀προσαιτης εκαθητο παρα την οδον אB (+και before προσαιτης א) vs 𝔐A; (εκαθητο παρα την οδον C*)
47 ⸀¹ο Ναζαρηνος εστιν L (εστιν ο Ναζαρηνος Β) vs 𝔐אAC
47 ⸀²υιε G vs 𝔐A   **49** ⸀φωνησατε αυτον G vs 𝔐A
50 ⸀αναπηδησας אB vs 𝔐AC
51 ⸀αυτω ο Ιησους ειπεν G vs 𝔐A   **51** ⸁312 G vs 𝔐A
52 ⸀και ο B vs 𝔐אA   **52** ·ευθυς אB vs 𝔐AC
52 ⸀αυτω GA vs 𝔐

Jesus Enters Jerusalem in Triumph
(Mt. 21:1-11; Lk. 19:28-40; Jn. 12:12-19)

11 Καὶ ὅτε ἐγγίζουσιν εἰς • Ἰερουσαλήμ, εἰς Βηθσφαγὴ¹ καὶ Βηθανίαν, πρὸς τὸ Ὄρος τῶν Ἐλαιῶν, ἀποστέλλει δύο τῶν μαθητῶν αὐτοῦ 2 καὶ λέγει αὐτοῖς, "Ὑπάγετε εἰς τὴν κώμην τὴν κατέναντι ὑμῶν, καὶ •εὐθέως εἰσπορευόμενοι εἰς αὐτὴν εὑρήσετε πῶλον δεδεμένον ἐφ᾽ ὃν οὐδεὶς ⌜ἀνθρώπων ⌐κεκάθικε. Λύσαντες αὐτὸν ἀγάγετε.⌐ 3 Καὶ ἐάν τις ὑμῖν εἴπῃ, 'Τί ποιεῖτε τοῦτο;' εἴπατε °ὅτι ' Ὁ Κύριος αὐτοῦ χρείαν ἔχει,' καὶ •εὐθέως αὐτὸν ἀποστέλλει² ὧδε."

4 ⌐' Ἀπῆλθον δὲ⌐ καὶ εὗρον³ πῶλον δεδεμένον πρὸς °τὴν θύραν ἔξω ἐπὶ τοῦ ἀμφόδου, καὶ λύουσιν αὐτόν. 5 Καί τινες τῶν ἐκεῖ ἑστηκότων⁴ ἔλεγον αὐτοῖς, "Τί ποιεῖτε λύοντες τὸν πῶλον;" 6 Οἱ δὲ εἶπον αὐτοῖς καθὼς ⌜ἐνετείλατο ὁ Ἰησοῦς· καὶ ἀφῆκαν αὐτούς. 7 Καὶ ⌜¹ἤγαγον τὸν πῶλον πρὸς τὸν Ἰησοῦν, καὶ ⌜²ἐπέβαλον αὐτῷ τὰ ἱμάτια αὐτῶν, καὶ ἐκάθισεν ἐπ᾽ ⌜³αὐτῷ. 8 ⌐Πολλοὶ δὲ⌐ τὰ ἱμάτια αὐτῶν ἔστρωσαν εἰς τὴν ὁδόν, ἄλλοι δὲ στοιβάδας⁵ ⌜¹ἔκοπτον ἐκ τῶν ⌜²δένδρων □καὶ ἐστρώννυον εἰς τὴν ὁδόν.⌐ 9 Καὶ οἱ προάγοντες καὶ οἱ ἀκολουθοῦντες ἔκραζον, °λέγοντες,

---

¹1 Βηθσφαγη Μᵖᵗ vs Βηθφαγη ΜᵖᵗℵAC, TR Cr vs Βηδφαγη B*
²3 αυτον αποστελλει 𝔐A vs αυτον αποστελει TR vs αυτον αποστελλει παλιν ℵ, Cr vs αποστελλει παλιν αυτον B vs αυτον παλιν αποστελλει C*ᵛⁱᵈ
³4 ευρον ΜᵖᵗBA, Cr vs + τον ΜᵖᵗℵC, TR
⁴5 εστηκοτων ΜGA, TR Cr vs εστωτων Μʳ
⁵8 στοιβαδας ΜᵖᵗAC, TR vs στιβαδας ΜᵖᵗℵB, Cr

---

1 •Ιεροσολυμα G vs ΜA   2 •ευθυς ℵB vs 𝔐AC
2 ⌜ουπω ανθρωπων B (ʃℵC) vs Μ; (πωποτε ανθρωπων A)
2 ⌐εκαθισεν λυσατε αυτον και φερετε G vs 𝔐A
3 °B vs 𝔐ℵAC   3 •ευθυς G vs 𝔐A
4 ⌐και απηλθον ℵB vs 𝔐AC   4 °B vs 𝔐ℵAC
6 ⌜ειπεν G vs 𝔐A   7 ⌜¹φερουσιν B vs 𝔐A; (αγουσιν ℵ*C)
7 ⌜²επιβαλλουσιν G vs 𝔐A   7 ⌜³αυτον G vs 𝔐A
8 ⌐και πολλοι G vs 𝔐A   8 ⌜¹κοψαντες ℵB vs 𝔐AC
8 ⌜²αγρων G vs 𝔐A   8 □G vs 𝔐A   9 °G vs 𝔐A

"«Ὡσαννά!
Εὐλογημένος ὁ ἐρχόμενος ἐν ὀνόματι Κυρίου!»
10 Εὐλογημένη ἡ ἐρχομένη βασιλεία □ἐν ὀνόματι
Κυρίου‵ τοῦ πατρὸς ἡμῶν Δαβίδ·
«Ὡσαννὰ» ἐν τοῖς ὑψίστοις!"

11 Καὶ εἰσῆλθεν εἰς Ἱεροσόλυμα □ὁ Ἰησοῦς, καὶ‵ εἰς τὸ
ἱερόν. Καὶ περιβλεψάμενος πάντα, ὀψίας ἤδη οὔσης τῆς
ὥρας, ἐξῆλθεν εἰς Βηθανίαν μετὰ τῶν δώδεκα.

The Barren Fig Tree
(Mt. 21:18, 19)

12 Καὶ τῇ ἐπαύριον ἐξελθόντων αὐτῶν ἀπὸ Βηθανίας
ἐπείνασε. 13 Καὶ ἰδὼν συκῆν ᵀ μακρόθεν ἔχουσαν φύλλα
ἦλθεν εἰ ἄρα ꜟεὑρήσει τιˑ ἐν αὐτῇ. Καὶ ἐλθὼν ἐπ᾽ αὐτὴν
οὐδὲν εὗρεν εἰ μὴ φύλλα, ꜝοὐ γὰρ ἦν καιρὸς‵ σύκων. 14 Καὶ
ἀποκριθεὶς □ὁ Ἰησοῦς‵ εἶπεν αὐτῇ, "Μηκέτι ꜟἐκ σοῦ εἰς τὸν
αἰῶναˑ μηδεὶς καρπὸν φάγοι." Καὶ ἤκουον οἱ μαθηταὶ αὐτοῦ.

Jesus Cleanses the Temple
(Mt. 21:12-17; Lk. 19:45-48)

15 Καὶ ἔρχονται εἰς Ἱεροσόλυμα. Καὶ εἰσελθὼν □ὁ
Ἰησοῦς‵ εἰς τὸ ἱερὸν ἤρξατο ἐκβάλλειν τοὺς πωλοῦντας
καὶ ᵀ ἀγοράζοντας ἐν τῷ ἱερῷ, καὶ τὰς τραπέζας τῶν
κολλυβιστῶν καὶ τὰς καθέδρας τῶν πωλούντων τὰς
περιστερὰς κατέστρεψε. 16 Καὶ οὐκ ἤφιεν ἵνα τις διενέγκῃ
σκεῦος διὰ τοῦ ἱεροῦ. 17 Καὶ ἐδίδασκε, ꜛλέγων αὐτοῖς, "Οὐ
γέγραπται ὅτι «Ὁ οἶκός μου οἶκος προσευχῆς κληθή-
σεται πᾶσι τοῖς ἔθνεσιν»? Ὑμεῖς δὲ ꜛἐποιήσατε αὐτὸν‵
«σπήλαιον λῃστῶν.»"

---

10 □𝕲 vs 𝕸A   11 □𝕲 vs 𝕸A   13 ᵀαπο BAC (μιαν απο א) vs M
13 ꜟ𝕲A vs M   13 ꜝο γαρ καιρος ουκ ην אBC*ᵛⁱᵈ vs 𝕸A
14 □𝕲A vs M   14 ꜟ3-512 𝕲 vs 𝕸A   15 □𝕲 vs 𝕸A
15 ᵀτους 𝕲A vs 𝕸   17 ꜛκαι ελεγεν 𝕲 vs 𝕸A
17 ꜛπεποιηκατε αυτον B vs 𝕸אC (ꜟA)

9,10 Ps. 118:25,26   17 Is. 56:7; Jer. 7:11

18 Καὶ ἤκουσαν οἱ ⸉γραμματεῖς καὶ οἱ ἀρχιερεῖς,⸊ καὶ
ἐζήτουν πῶς αὐτὸν ἀπολέσωσιν·[1] ἐφοβοῦντο γὰρ αὐτὸν
⸂ὅτι πᾶς⸃ ὁ ὄχλος ἐξεπλήσσετο ἐπὶ τῇ διδαχῇ αὐτοῦ. **19** Καὶ
⸀[1]ὅτε ὀψὲ ἐγένετο, ⸀[2]ἐξεπορεύετο ἔξω τῆς πόλεως.

The Lesson from the Withered Fig Tree
(Mt. 21:20-22)

20 Καὶ ⸂πρωῒ παραπορευόμενοι⸃ εἶδον τὴν συκῆν ἐξη-
ραμμένην ἐκ ῥιζῶν. **21** Καὶ ἀναμνησθεὶς ὁ Πέτρος λέγει
αὐτῷ, "Ῥαββί, ἴδε! Ἡ συκῆ ἣν κατηράσω ἐξήρανται."
22 Καὶ ἀποκριθεὶς ὁ Ἰησοῦς λέγει αὐτοῖς, "Ἔχετε πίστιν
Θεοῦ. **23** Ἀμὴν °γὰρ λέγω ὑμῖν ὅτι ὃς ἂν εἴπῃ τῷ ὄρει
τούτῳ, 'Ἄρθητι καὶ βλήθητι εἰς τὴν θάλασσαν,' καὶ μὴ
διακριθῇ ἐν τῇ καρδίᾳ αὐτοῦ ἀλλὰ ⸀πιστεύσῃ ὅτι ⸂ἃ λέγει⸃
γίνεται, ἔσται αὐτῷ ⸋ὃ ἐὰν εἴπῃ.⸌ **24** Διὰ τοῦτο λέγω ὑμῖν,
πάντα ὅσα °ἂν ⸀[1]προσευχόμενοι αἰτῆσθε,[2] πιστεύετε ὅτι
⸀[2]λαμβάνετε, καὶ ἔσται ὑμῖν.

Prayer Requires a Forgiving Spirit

25 Καὶ ὅταν ⸀στήκητε προσευχόμενοι, ἀφίετε εἴ τι ἔχετε
κατά τινος, ἵνα καὶ ὁ Πατὴρ ὑμῶν ὁ ἐν τοῖς οὐρανοῖς ἀφῇ
ὑμῖν τὰ παραπτώματα ὑμῶν. **26** ⸋Εἰ δὲ ὑμεῖς οὐκ ἀφίετε,
οὐδὲ ὁ Πατὴρ ὑμῶν ὁ ἐν τοῖς οὐρανοῖς ἀφήσει τὰ
παραπτώματα ὑμῶν.⸌"

---

[1]**18** απολεσωσιν $\mathbf{M}^{vid}$ϹA, Cr vs απολεσουσιν M^{r}, TR
[2]**24** αιτησθε M^{pt} vs αιτεισθε M^{pt}ϹA, TR Cr

---

18 ⸉4231 ϹA vs M **18** ⸂πας γαρ Ϲ vs 𝔐A
19 ⸀[1]οταν Ϲ vs 𝔐A **19** ⸀[2]εξεπορευοντο BA vs 𝔐אC
20 ⸂παραπορευομενοι πρωι BC (παρεπορευετο πρωι א*) vs 𝔐A
23 °אB vs 𝔐AC **23** ⸀πιστευη אB vs 𝔐AC
23 ⸂ο λαλει אB vs 𝔐AC **23** ⸋Ϲ vs 𝔐A **24** °Ϲ vs 𝔐A
24 ⸀[1]προσευχεσθε και אB (C) vs 𝔐A **24** ⸀[2]ελαβετε Ϲ vs 𝔐 (A)
25 ⸀στηκετε (A) C vs MB; (στητε א) **26** ⸋אB vs 𝔐A (− τοις C)

The Authority of Jesus Is Questioned
(Mt. 21:23-27; Lk. 20:1-8)

27 Καὶ ἔρχονται πάλιν εἰς Ἱεροσόλυμα. Καὶ ἐν τῷ ἱερῷ περιπατοῦντος αὐτοῦ, ἔρχονται πρὸς αὐτὸν οἱ ἀρχιερεῖς καὶ οἱ γραμματεῖς καὶ οἱ πρεσβύτεροι. **28** Καὶ ⌐¹λέγουσιν αὐτῷ, "Ἐν ποίᾳ ἐξουσίᾳ ταῦτα ποιεῖς? ⌐²Καὶ τίς σοι ʿτὴν ἐξουσίαν ταύτην ἔδωκενˋ ἵνα ταῦτα ποιῇς?"

29 Ὁ δὲ Ἰησοῦς °ἀποκριθεὶς εἶπεν αὐτοῖς, "Ἐπερωτήσω ὑμᾶς καὶ ἐγὼ¹ ἕνα λόγον, καὶ ἀποκρίθητέ μοι, καὶ ἐρῶ ὑμῖν ἐν ποίᾳ ἐξουσίᾳ ταῦτα ποιῶ. **30** Τὸ βάπτισμα ᵀ Ἰωάννου ἐξ οὐρανοῦ ἦν ἢ ἐξ ἀνθρώπων? Ἀποκρίθητέ μοι.²"

31 Καὶ ἐλογίζοντο³ πρὸς ἑαυτούς, λέγοντες, "Ἐὰν εἴπωμεν, 'Ἐξ οὐρανοῦ,' ἐρεῖ, 'Διὰ τί °οὖν οὐκ ἐπιστεύσατε αὐτῷ?' **32** Ἀλλ⌐⁴ εἴπωμεν, 'Ἐξ ἀνθρώπων'?" — ἐφοβοῦντο τὸν ⌐λαόν, ἅπαντες γὰρ εἶχον τὸν Ἰωάννην ʿὄτι ὄντωςˋ προφήτης ἦν. **33** Καὶ ἀποκριθέντες ˢλέγουσι τῷ Ἰησοῦ,ˣ "Οὐκ οἴδαμεν."

Καὶ ʿὁ Ἰησοῦς ἀποκριθεὶςˋ λέγει αὐτοῖς, "Οὐδὲ ἐγὼ λέγω ὑμῖν ἐν ποίᾳ ἐξουσίᾳ ταῦτα ποιῶ."

The Parable of the Wicked Vinedressers
(Mt. 21:33-45; Lk. 20:9-19)

12 Καὶ ἤρξατο αὐτοῖς ἐν παραβολαῖς ⌐λέγειν, "Ἀμπελῶνα ˢἐφύτευσεν ἄνθρωπος,ˣ καὶ περιέθηκε φραγμὸν καὶ ὤρυξεν ὑπολήνιον καὶ ᾠκοδόμησε πύργον καὶ •ἐξέδοτο αὐτὸν γεωργοῖς, καὶ ἀπεδήμησε. **2** Καὶ

---

¹29 υμας και εγω **M** vs υμας καγω **ℵ**, **TR** vs καγω υμας **A** vs υμας **B, Cr**

²30 αποκριθητε μοι **MG** (A), **TR Cr** vs − **Mʳ**

³31 ελογιζοντο **MA**, **TR** vs διελογιζοντο **MᶦBC, Cr** vs προσελογιζοντο **ℵ***

⁴32 αλλ(α) **MGA, Cr** vs + εαν **TR**

---

28 ⌐¹ελεγον 𝔭⁴⁵ᵛⁱᵈ **G** vs 𝕸 **A**   28 ⌐²η **ℵB** vs 𝕸 **A**
28 ʿεδωκεν την εξουσιαν ταυτην **G** vs 𝕸 **A**; (την εξουσιαν ταυτην δεδωκεν 𝔭⁴⁵ᵛⁱᵈ)   29 °**G** vs 𝕸 **A**   30 ᵀτο **GA** vs 𝕸
31 °**AC*** vs 𝕸 **ℵB, [Cr]**   32 ʿοχλον **G** vs 𝕸 **A**
32 ʿ21 **BC** vs 𝕸 **A**; (1ℵ*)   33 ˢ231 **G** vs 𝕸 **A**   33 ʿ12 **G** vs **M**; (312 **A**)
1 ⌐¹λαλειν **ℵB** vs 𝕸**AC**   1 ˢ**G** vs 𝕸 **A**   1 •εξεδετο **GA** vs 𝕸

ἀπέστειλε πρὸς τοὺς γεωργοὺς τῷ καιρῷ δοῦλον, ἵνα παρὰ τῶν γεωργῶν λάβῃ ἀπὸ ʿτοῦ καρποῦ˺ τοῦ ἀμπελῶνος. 3 ʿΟἱ δὲ˺ λαβόντες αὐτὸν ἔδειραν[1] καὶ ἀπέστειλαν κενόν. 4 Καὶ πάλιν ἀπέστειλε πρὸς αὐτοὺς ἄλλον δοῦλον, κἀκεῖνον °λιθοβολήσαντες ⌐ἐκεφαλαίωσαν καὶ ʿἀπέστειλαν ἠτιμωμένον.˺ 5 Καὶ °πάλιν ἄλλον ἀπέστειλε, κἀκεῖνον ἀπέκτειναν, καὶ πολλοὺς ἄλλους, ⌐¹τοὺς μὲν δέροντες,[2] ⌐²τοὺς δὲ ἀποκτένοντες.[3] 6 Ἔτι °¹οὖν ἕνα ʿυἱὸν ἔχων˺ ἀγαπητὸν °²αὐτοῦ, ἀπέστειλε °³καὶ αὐτὸν ˢπρὸς αὐτοὺς ἔσχατον,ˋ λέγων ὅτι ʿʿΕντραπήσονται τὸν υἱόν μου.˺ 7 Ἐκεῖνοι δὲ οἱ γεωργοὶ ˢεἶπον πρὸς ἑαυτοὺςˋ ὅτι ʿΟὗτός ἐστιν ὁ κληρονόμος. Δεῦτε, ἀποκτείνωμεν αὐτόν, καὶ ἡμῶν ἔσται ἡ κληρονομία.˺ 8 Καὶ λαβόντες ˢαὐτὸν ἀπέκτειναν,ˋ καὶ ἐξέβαλον ᵀ ἔξω τοῦ ἀμπελῶνος.

9 ʺΤί °οὖν ποιήσει ὁ κύριος τοῦ ἀμπελῶνος; Ἐλεύσεται καὶ ἀπολέσει τοὺς γεωργοὺς καὶ δώσει τὸν ἀμπελῶνα ἄλλοις. 10 Οὐδὲ τὴν Γραφὴν ταύτην ἀνέγνωτε,

«Λίθον ὃν ἀπεδοκίμασαν οἱ οἰκοδομοῦντες,
Οὗτος ἐγενήθη εἰς κεφαλὴν γωνίας.
11 Παρὰ Κυρίου ἐγένετο αὕτη,
Καὶ ἔστι θαυμαστὴ ἐν ὀφθαλμοῖς ἡμῶν»?ʺ

12 Καὶ ἐζήτουν αὐτὸν κρατῆσαι, καὶ ἐφοβήθησαν τὸν ὄχλον, ἔγνωσαν γὰρ ὅτι πρὸς αὐτοὺς τὴν παραβολὴν εἶπε. Καὶ ἀφέντες αὐτὸν ἀπῆλθον.

---

[3] εδειραν 𝕸ΘΑ, TR Cr vs εδηραν 𝕸ʳ
[2]5 δεροντες 𝕸ΘΑ, TR Cr vs δαιροντες 𝕸ʳ
[3]5 αποκτενοντες 𝕸 vs αποκτεννοντες ℵ*ΑC, Cr vs αποκτεινοντες TR vs αποκτεννυντες Β

2 ʿτων καρπων Θ vs 𝕸 Α   3 ʿκαι ℵΒ vs 𝕸 ΑC   4 °ℵΒ vs 𝕸 ΑC
4 ⌐εκεφαλιωσαν ℵΒ vs 𝕸 ΑC   4 ʿητιμασαν ℵΒ vs 𝕸 ΑC
5 °Θ vs 𝕸 Α   5 ⌐¹ ²ους ℵΒ vs 𝕸 ΑC   6 °¹ℵΒ vs 𝕸 ΑC
6 ʿειχεν υιον ℵΒ vs 𝕸 (ˢΑC*)   6 °²Θ vs 𝕸 Α   6 °³ℵΒ vs 𝕸 ΑC
6 ˢ312 Θ vs 𝕸 Α   7 ˢ231 Θ vs 𝕸 Α   8 ˢΘ vs 𝕸 Α
8 ᵀαυτον ΒΑC vs 𝕸ℵ   9 °Β vs 𝕸 ℵΑC, [Cr]

10,11 Ps. 118:22,23

Render unto Caesar
(Mt. 22:15-22; Lk. 20:20-26)

13 Καὶ ἀποστέλλουσι πρὸς αὐτόν τινας τῶν Φαρισαίων καὶ τῶν ʿΗρῳδιανῶν ἵνα αὐτὸν ἀγρεύσωσι λόγῳ. **14** ʿΟἱ δὲꜜ ἐλθόντες λέγουσιν αὐτῷ, "Διδάσκαλε, οἴδαμεν ὅτι ἀληθὴς εἶ καὶ οὐ μέλει σοι περὶ οὐδενός, οὐ γὰρ βλέπεις εἰς πρόσωπον ἀνθρώπων, ἀλλ᾽ ἐπ᾽ ἀληθείας τὴν ὁδὸν τοῦ Θεοῦ διδάσκεις. Ἔξεστι ꜝκῆνσον Καίσαρι δοῦναιꜝ ἢ οὔ? **15** Δῶμεν ἢ μὴ δῶμεν?"

ʿΟ δὲ εἰδὼς αὐτῶν τὴν ὑπόκρισιν εἶπεν αὐτοῖς, "Τί με πειράζετε? Φέρετέ μοι δηνάριον ἵνα ἴδω." **16** Οἱ δὲ ἤνεγκαν. Καὶ λέγει αὐτοῖς, "Τίνος ἡ εἰκὼν αὕτη καὶ ἡ ἐπιγραφή?"

Οἱ δὲ εἶπον αὐτῷ, "Καίσαρος."

17 ʿΚαὶ ἀποκριθεὶς ὁꜜ Ἰησοῦς εἶπεν αὐτοῖς, "ꜝ Ἀπόδοτε τὰ Καίσαροςꜝ Καίσαρι καὶ τὰ τοῦ Θεοῦ τῷ Θεῷ." Καὶ ꜝἐθαύμασαν ἐπ᾽ αὐτῷ.

The Sadducees Question the Resurrection
(Mt. 22:23-33; Lk. 20:27-40)

18 Καὶ ἔρχονται Σαδδουκαῖοι πρὸς αὐτόν, οἵτινες λέγουσιν ἀνάστασιν μὴ εἶναι, καὶ ꜝἐπηρώτησαν αὐτόν, λέγοντες, **19** "Διδάσκαλε, Μωσῆς ἔγραψεν ἡμῖν ὅτι «ἐάν τινος ἀδελφὸς ἀποθάνη» καὶ καταλίπη γυναῖκα «καὶ ꜝτέκνα μὴ ἀφῇ,ꜜ» ἵνα «λάβη ὁ ἀδελφὸς αὐτοῦ τὴν γυναῖκα °αὐτοῦ καὶ ἐξαναστήση σπέρμα τῷ ἀδελφῷ αὐτοῦ.» **20** ʿΕπτὰ ἀδελφοὶ ἦσαν. Καὶ ὁ πρῶτος ἔλαβε γυναῖκα, καὶ ἀποθνήσκων οὐκ ἀφῆκε σπέρμα. **21** Καὶ ὁ δεύτερος ἔλαβεν αὐτήν, καὶ ἀπέθανε· ʿκαὶ οὐδὲ αὐτὸς ἀφῆκεꜜ σπέρμα Καὶ ὁ τρίτος ὡσαύτως. **22** ʿΚαὶ ἔλαβον αὐτὴν οἱ ἑπτὰ καὶꜜ οὐκ

---

14 ʿκαι 𝕲 vs 𝔐 A   14 ꜝ312 𝕲 vs 𝔐 A   17 ʿο δε 𝕲 vs 𝔐 A
17 ꜝ231 𝕲 vs 𝔐 A   17 ʿεξεθαυμαζον אB vs 𝔐 AC
18 ʿεπηρωτων אB (επηρωτουν C) vs 𝔐 A
19 ʿμη αφη τεκνον B vs 𝔐 A; (μη αφη τεκνα א*C)   19 °𝕲 vs 𝔐 A
21 ʿμη καταλιπων 𝕲 vs 𝔐 A
22 ʿκαι οι επτα 𝕲 vs 𝔐 (+ ωσαυτως και after αυτην A)

---

19 Gen. 38:8; Deut. 25:5

ἀφῆκαν σπέρμα. ᵀ ᾿Εσχάτη πάντων ˢἀπέθανε καὶ ἡ γυνή.ᴸ
23 ᾿Εν τῇ¹ ἀναστάσει, ᵒὅταν ἀναστῶσι,ˋ τίνος αὐτῶν
ἔσται γυνή? Οἱ γὰρ ἑπτὰ ἔσχον αὐτὴν γυναῖκα."
24 ῾Καὶ ἀποκριθεὶς ὁ ᾿Ιησοῦς εἶπεν αὐτοῖς,ˋ "Οὐ διὰ
τοῦτο πλανᾶσθε, μὴ εἰδότες τὰς Γραφὰς μηδὲ τὴν δύναμιν
τοῦ Θεοῦ? 25 ῞Οταν γὰρ ἐκ νεκρῶν ἀναστῶσιν, οὔτε
γαμοῦσιν οὔτε ῾γαμίσκονται, ἀλλ᾿ εἰσὶν ὡς ἄγγελοι οἱ² ἐν
τοῖς οὐρανοῖς. 26 Περὶ δὲ τῶν νεκρῶν, ὅτι ἐγείρονται, οὐκ
ἀνέγνωτε ἐν τῇ βίβλῳ Μωσέως, ἐπὶ τοῦ³ βάτου, ῾ὡς εἶπεν
αὐτῷ ὁ Θεός, λέγων, «᾿Εγὼ ὁ Θεὸς ᾿Αβραὰμ καὶ ᵒ¹ὁ Θεὸς
᾿Ισαὰκ καὶ ᵒ²ὁ Θεὸς ᾿Ιακώβ»? 27 Οὐκ ἔστιν ᵒὁ Θεὸς
νεκρῶν ἀλλὰ Θεὸς⁴ ζώντων. ᵒ῾Υμεῖς οὖνˋ πολὺ
πλανᾶσθε."

The Two Greatest Commandments
(Mt. 22:34-40)

28 Καὶ προσελθὼν εἷς τῶν γραμματέων ἀκούσας αὐτῶν
συζητούντων, ῾εἰδὼς ὅτι καλῶς ˢαὐτοῖς ἀπεκρίθη,ᴸ
ἐπηρώτησεν αὐτόν, "Ποία ἐστὶ πρώτη πάντων ἐντολή⁵?"
29 ῾῾Ο δὲ ᾿Ιησοῦς ἀπεκρίθη αὐτῷˋ ὅτι "Πρώτη πάντων
τῶν ἐντολῶν,⁶ «῎Ακουε, ᾿Ισραήλ, Κύριος ὁ Θεὸς ἡμῶν,⁷

---

¹23 τη 𝕸𝕲, Cr vs +ουν A, TR
²25 οι 𝕸ᵖᵗΒΑ, TR vs − 𝕸ᵖᵗℵC, Cr
³26 του 𝕸𝕲Α, Cr vs της TR
⁴27 Θεος 𝕸, TR vs − 𝕸ˡ𝕲Α, Cr
⁵28 πρωτη παντων εντολη 𝕸Α vs πρωτη πασων εντολη 𝕸ʳ, TR
vs εντολη πρωτη παντων 𝕲, Cr
⁶29 παντων των εντολων 𝕸ᵖᵗ vs πασων των εντολων 𝕸ᵖᵗ, TR vs
παντων εντολη A vs εστιν ℵΒ, Cr vs παντων εντολη εστιν αυτη C
⁷29 ημων 𝕸𝕲Α, TR Cr vs υμων 𝕸ʳ

---

22 ῾εσχατον 𝕲 vs 𝕸Α   22 ˢ2-41 𝕲 vs 𝕸Α
23 ᵒ𝕲 vs 𝕸Α, [Cr]   24 ῾εφη αυτοις ο Ιησους 𝕲 vs 𝕸Α
25 ῾γαμιζονται 𝕲 vs 𝕸; (εκγαμισκονται Α)   26 ῾πως 𝕲 vs 𝕸Α
26 ᵒ¹ ²Β vs 𝕸ℵΑC, [Cr]   27 ᵒΒ vs 𝕸ℵΑC
27 ᵒ𝕲 vs 𝕸Α   28 ῾ιδων ℵ*C vs 𝕸ΒΑ   28 ˢ𝕲 vs 𝕸Α
29 ῾απεκριθη ο Ιησους ℵΒ vs 𝕸ΑC

---

26 Ex. 3:6,15,16

Κύριος εἷς ἐστι, **30** καὶ ἀγαπήσεις Κύριον τὸν Θεόν σου ἐξ
ὅλης τῆς καρδίας σου καὶ ἐξ ὅλης τῆς ψυχῆς σου καὶ ἐξ ὅλης
τῆς διανοίας σου καὶ ἐξ ὅλης τῆς ἰσχύος σου.» ᵒΑὕτη πρώτη
ἐντολή. **31** Καὶˋ δευτέρα ᵒὁμοία αὐτῇ, «Ἀγαπήσεις τὸν
πλησίον σου ὡς σεαυτόν.» Μείζων τούτων ἄλλη ἐντολὴ οὐκ
ἔστι."
  32 Καὶ εἶπεν αὐτῷ ὁ γραμματεύς, "Καλῶς, διδάσκαλε,
ἐπ᾽ ἀληθείας εἶπας ὅτι «εἷς ἐστι¹ καὶ οὐκ ἔστιν ἄλλος πλὴν
αὐτοῦ.» **33** Καὶ τὸ «ἀγαπᾶν αὐτὸν ἐξ ὅλης τῆς καρδίας καὶ
ἐξ ὅλης τῆς συνέσεως ᵒκαὶ ἐξ ὅλης τῆς ψυχῆςˋ καὶ ἐξ ὅλης
τῆς ἰσχύος» καὶ τὸ «ἀγαπᾶν τὸν πλησίον ὡς ἑαυτόν»
ʳπλεῖόν ἐστι πάντων τῶν ὁλοκαυτωμάτων καὶ²θυσιῶν."
  34 Καὶ ὁ Ἰησοῦς ἰδὼν ᵒαὐτὸν ὅτι νουνεχῶς ἀπεκρίθη,
εἶπεν αὐτῷ, "Οὐ μακρὰν εἶ ἀπὸ τῆς βασιλείας τοῦ Θεοῦ."
Καὶ οὐδεὶς οὐκέτι ἐτόλμα αὐτὸν ἐπερωτῆσαι.

What Think Ye of Christ?
(Mt. 22:41-46; Lk. 20:41-44)

  35 Καὶ ἀποκριθεὶς ὁ Ἰησοῦς ἔλεγε διδάσκων ἐν τῷ ἱερῷ,
"Πῶς λέγουσιν οἱ γραμματεῖς ὅτι ὁ Χριστὸς υἱός ˢἐστι
Δαβίδˋ? **36** Αὐτὸς ᵒ¹γὰρ Δαβὶδ εἶπεν ἐν³ Πνεύματι⁴ Ἁγίῳ,
  «Λέγει⁵ ᵒ²ὁ Κύριος τῷ Κυρίῳ μου,
  Κάθου ἐκ δεξιῶν μου
  Ἕως ἂν θῶ τοὺς ἐχθρούς σου ʳὑποπόδιον τῶν
  ποδῶν σου.᾽»
37 Αὐτὸς ᵒ¹οὖν Δαβὶδ λέγει αὐτὸν Κύριον,᾽ καὶ πόθεν ˢυἱὸς
αὐτοῦ ἐστιˋ?" Καὶ ᵒ²ὁ πολὺς ὄχλος ἤκουεν αὐτοῦ ἡδέως.

---

¹32 εστι(ν) 𝔐 אBA, Cr vs + Θεος TR
²33 και MBA, Cr vs +των א, TR
³36 εν 𝔐 A vs +τω אB, TR Cr
⁴36 Πνευματι 𝔐 A vs +τω אB, TR Cr
⁵36 λεγει MA vs ειπεν אB, TR Cr

30, 31 ᵒאB vs 𝔐A   31 ᵒאB vs 𝔐A   33 ᵒאB vs 𝔐A
33 ʳπερισσοτερον אB vs 𝔐A   34 ᵒא vs 𝔐BA, [Cr]   35 ˢאB vs MA
36 ᵒ¹אB vs 𝔐A   36 ᵒ²B vs 𝔐אA   36 ʳυποκατω B vs 𝔐אA
37 ᵒ¹אB vs 𝔐A   37 ˢ²31 B vs 𝔐אA   37 ᵒ²א vs 𝔐BA, [Cr]

30 Deut. 6:4,5   31 Lev. 19:18   36 Ps. 110:11

Religious Hypocrites Are Denounced
(Mt. 23:1-36; Lk. 11:37-52, 20:45-47)

38 Καὶ ʿἔλεγεν αὐτοῖς ἐν τῇ διδαχῇ αὐτοῦ,ʾ "Βλέπετε ἀπὸ τῶν γραμματέων τῶν θελόντων ἐν στολαῖς περιπατεῖν καὶ ἀσπασμοὺς ἐν ταῖς ἀγοραῖς **39** καὶ πρωτοκαθεδρίας ἐν ταῖς συναγωγαῖς καὶ πρωτοκλισίας ἐν τοῖς δείπνοις· **40** οἱ κατεσθίοντες τὰς οἰκίας τῶν χηρῶν καὶ προφάσει μακρὰ προσευχόμενοι. Οὗτοι λήψονται περισσότερον κρίμα."

The Widow's Two Mites
(Lk. 21:1-4)

41 Καὶ καθίσας □ὁ Ἰησοῦςˋ κατέναντι τοῦ γαζοφυλακίου ἐθεώρει πῶς ὁ ὄχλος βάλλει χαλκὸν εἰς τὸ γαζοφυλάκιον. Καὶ πολλοὶ πλούσιοι ἔβαλλον¹ πολλά. **42** Καὶ ἐλθοῦσα μία χήρα πτωχὴ ἔβαλε λεπτὰ δύο, ὅ ἐστι κοδράντης. **43** Καὶ προσκαλεσάμενος τοὺς μαθητὰς αὐτοῦ ⌜¹λέγει αὐτοῖς, "Ἀμὴν λέγω ὑμῖν ὅτι ἡ χήρα αὕτη ἡ πτωχὴ πλεῖον πάντων ⌜²βέβληκε τῶν βαλλόντων² εἰς τὸ γαζοφυλάκιον. **44** Πάντες γὰρ ἐκ τοῦ περισσεύοντος αὐτοῖς ἔβαλον, αὕτη δὲ ἐκ τῆς ὑστερήσεως αὐτῆς πάντα ὅσα εἶχεν ἔβαλεν, ὅλον τὸν βίον αὐτῆς."

Jesus Predicts the Destruction of the Temple
(Mt. 24:1, 2; Lk. 21:5, 6)

13 Καὶ ἐκπορευομένου αὐτοῦ ἐκ τοῦ ἱεροῦ, λέγει αὐτῷ εἷς τῶν μαθητῶν αὐτοῦ, "Διδάσκαλε, ἴδε, ποταποὶ λίθοι καὶ ποταπαὶ οἰκοδομαί!"

2 Καὶ ὁ Ἰησοῦς ἀποκριθεὶς³ εἶπεν αὐτῷ, "Βλέπεις ταύτας τὰς μεγάλας οἰκοδομάς; Οὐ μὴ ἀφεθῇ⁴ λίθος ἐπὶ ⌜λίθῳ ὃς οὐ μὴ καταλυθῇ."

---

¹41 εβαλλον **MBA**, TR Cr vs εβαλον Mʳ vs εξεβαλλον ℵ*
²43 βαλλοντων MᵖᵗℵBA, Cr vs βαλοντων Mᵖᵗ, TR
³2 ο Ιησους αποκριθεις Mᵖᵗ, TR vs αποκριθεις ο Ιησους MᵖᵗA vs ο Ιησους ℵB, Cr
⁴2 αφεθη **MA**, TR vs + ωδε MʳℵB, Cr

---

38 ʿεν τη διδαχη αυτου ελεγεν ℵB vs 𝔐 A   **41** □ℵB vs 𝔐 A
43 ⌜¹ειπεν ℵBA vs M   **43** ⌜²εβαλεν BA vs 𝔐; (εβαλλεν ℵ*)
2 ⌜λιθον ℵB vs MA

Jesus Describes the End of the Age
(Mt. 24:3-14; Lk. 21:7-19)

3 Καὶ καθημένου αὐτοῦ εἰς τὸ Ὄρος τῶν Ἐλαιῶν κατέναντι τοῦ ἱεροῦ, ⸀ἐπηρώτων αὐτὸν κατ᾿ ἰδίαν Πέτρος καὶ Ἰάκωβος καὶ Ἰωάννης καὶ Ἀνδρέας, **4** ⸀Εἰπὲ ἡμῖν πότε ταῦτα ἔσται? Καὶ τί τὸ σημεῖον ὅταν μέλλῃ ⸀πάντα ταῦτα συντελεῖσθαιˢ? ̓̓

5 Ὁ δὲ Ἰησοῦς °ἀποκριθεὶς ⸀αὐτοῖς ἤρξατο λέγειν,ˣ Βλέπετε μή τις ὑμᾶς πλανήσῃ. **6** Πολλοὶ °γὰρ ἐλεύσονται ἐπὶ τῷ ὀνόματί μου, λέγοντες ὅτι ʼ Ἐγώ εἰμι,ʼ καὶ πολλοὺς πλανήσουσιν. **7** Ὅταν δὲ ἀκούσητε πολέμους καὶ ἀκοὰς πολέμων, μὴ θροεῖσθε· δεῖ °γὰρ γενέσθαι, ἀλλ᾿ οὔπω τὸ τέλος. **8** Ἐγερθήσεται γὰρ ἔθνος ·ἐπὶ ἔθνος καὶ βασιλεία ἐπὶ βασιλείαν, °¹καὶ ἔσονται σεισμοὶ κατὰ τόπους, °²καὶ ἔσονται λιμοὶ ⸀καὶ ταραχαί.ˢ ⸀ Ἀρχαὶ ὠδίνων ταῦτα.

9 Βλέπετε δὲ ὑμεῖς ἑαυτούς· παραδώσουσι °γὰρ ὑμᾶς εἰς συνέδρια καὶ εἰς συναγωγὰς δαρήσεσθε καὶ ἐπὶ ἡγεμόνων καὶ βασιλέων σταθήσεσθε¹ ἕνεκεν ἐμοῦ εἰς μαρτύριον αὐτοῖς. **10** Καὶ εἰς πάντα τὰ ἔθνη ⸀δεῖ πρῶτον⸀ κηρυχθῆναι τὸ εὐαγγέλιον. **11** ⸀ Ὅταν δὲ⸀ ἀγάγωσιν² ὑμᾶς παραδιδόντες, μὴ προμεριμνᾶτε τί λαλήσητε³ ⸀μηδὲ μελετᾶτε.ˢ Ἀλλ᾿ ὃ ἐὰν δοθῇ ὑμῖν ἐν ἐκείνῃ τῇ ὥρᾳ, τοῦτο λαλεῖτε, οὐ γάρ ἐστε ὑμεῖς οἱ λαλοῦντες ἀλλὰ τὸ Πνεῦμα τὸ Ἅγιον. **12** ⸀Παραδώσει δὲ⸀ ἀδελφὸς ἀδελφὸν εἰς θάνατον καὶ πατὴρ τέκνον, καὶ ἐπαναστήσονται τέκνα ἐπὶ

---

¹9 σταθησεσθε 𝕸ℵ*BA, TR Cr vs αρχησεσθε 𝕸ʳ
²11 αγαγωσιν 𝕸ᵖᵗ, TR vs αγωσιν 𝕸ᵖᵗℵBA, Cr
³11 λαλησητε 𝕸ℵB (A), TR Cr vs λαλησετε 𝕸ʳ

---

3 ⸀επηρωτα ℵB vs 𝕸 (επερωτων A)   4 ⸀ειπον ℵB vs 𝕸 A
4 ⸋231ℵ B vs M; (213 A)   5 °ℵB vs 𝕸 A   5 ⸋231 ℵB vs M A
6 °ℵB vs 𝕸 A   7 °ℵ*B vs 𝕸 A   8 ·επ ℵB vs 𝕸 A
8 °¹ℵB vs 𝕸 A   8 °²B vs 𝕸 A; (−κατα τοπους to λιμοι ℵ*)
8 ⸀ℵB vs 𝕸 (καταραχαι A*)   8 ⸀αρχη ℵB vs M A
9 °B vs 𝕸 ℵA   10 ⸀πρωτον δει B (+ λαον before δει ℵ*) vs 𝕸 A
11 ⸀και οταν ℵB vs 𝕸 A   11 ⸀ℵB vs 𝕸 A
12 ⸀και παραδωσει ℵB vs 𝕸 A

γονεῖς καὶ θανατώσουσιν αὐτούς. 13 Καὶ ἔσεσθε μισούμενοι
ὑπὸ πάντων διὰ τὸ ὄνομά μου. Ὁ δὲ ὑπομείνας εἰς τέλος,
οὗτος σωθήσεται.

The Great Tribulation
(Mt. 24:15-28; Lk. 21:20-24)

14 " Ὅταν δὲ ἴδητε τὸ βδέλυγμα τῆς ἐρημώσεως □τὸ
ῥηθὲν ὑπὸ Δανιὴλ τοῦ προφήτου` ἑστὼς¹ ὅπου οὐ δεῖ" — ὁ
ἀναγινώσκων νοείτω—"τότε οἱ ἐν τῇ Ἰουδαίᾳ φευγέτωσαν
εἰς τὰ ὄρη. 15 Ὁ °δὲ ἐπὶ τοῦ δώματος μὴ καταβάτω □εἰς
τὴν οἰκίαν` μηδὲ εἰσελθέτω ἀραί τι ἐκ τῆς οἰκίας αὐτοῦ.
16 Καὶ ὁ εἰς τὸν ἀγρὸν °ὢν μὴ ἐπιστρεψάτω εἰς τὰ ὀπίσω
ἆραι τὸ ἱμάτιον αὐτοῦ. 17 Οὐαὶ δὲ ταῖς ἐν γαστρὶ ἐχού-
σαις καὶ ταῖς θηλαζούσαις ἐν ἐκείναις ταῖς ἡμέραις!
18 Προσεύχεσθε δὲ ἵνα μὴ γένηται □ἡ φυγὴ ὑμῶν`
χειμῶνος. 19 Ἔσονται γὰρ αἱ ἡμέραι ἐκεῖναι θλῖψις οἵα οὐ
γέγονε τοιαύτη ἀπ' ἀρχῆς κτίσεως ʳἧς ἔκτισεν ὁ Θεὸς ἕως
τοῦ νῦν, καὶ οὐ μὴ γένηται. 20 Καὶ εἰ μὴ ˢΚύριος ἐκολόβωσε˻
τὰς ἡμέρας, οὐκ ἂν ἐσώθη πᾶσα σάρξ. Ἀλλὰ διὰ τοὺς
ἐκλεκτοὺς οὓς ἐξελέξατο ἐκολόβωσε τὰς ἡμέρας. 21 Καὶ²
τότε ἐάν τις ὑμῖν εἴπῃ, ʳ¹Ἰδού, ὧδε ὁ Χριστός!' ἢ³ ʳ²Ἰδού,
ἐκεῖ!' μὴ πιστεύετε.⁴ 22 Ἐγερθήσονται γὰρ ψευδόχριστοι
καὶ ψευδοπροφῆται καὶ δώσουσι σημεῖα καὶ τέρατα πρὸς
τὸ ἀποπλανᾶν, εἰ δυνατόν, °καὶ τοὺς ἐκλεκτούς. 23 Ὑμεῖς
δὲ βλέπετε· °ἰδού, προείρηκα ὑμῖν πάντα.

---

¹14 εστως M vs εστος A, TR vs εστηκοτα אB, Cr
²21 και MGA, TR Cr vs —Mʳᵛⁱᵈ
³21 η MᵖᵗAC, TR vs —Mᵖᵗא, Cr vs και B
⁴21 πιστευετε MᵖᵗG (A), Cr vs πιστευσητε Mᵖᵗ, TR

14 □אB vs 𝔐A   15 °B vs 𝔐אA, [Cr]   15 □אB vs 𝔐A
16 °אB vs 𝔐A   18 □א*B vs 𝔐A   19 ʳην G vs 𝔐A
20 ˢאB vs 𝔐AC   21 ʳ¹ιδε אB vs 𝔐AC
21 ʳ²ιδε אB vs 𝔐A; (—C)   22 °אB vs 𝔐AC   23 °B vs 𝔐אAC

The Coming of the Son of Man
(Mt. 24:29-31; Lk. 21:25-28)

24 "'Αλλ' ἐν ἐκείναις ταῖς ἡμέραις, μετὰ τὴν θλῖψιν ἐκείνην,

Ὁ ἥλιος σκοτισθήσεται,
Καὶ ἡ σελήνη οὐ δώσει τὸ φέγγος αὐτῆς,
25 Καὶ οἱ ἀστέρες 'τοῦ οὐρανοῦ ἔσονται' ʳἐκπίπτοντες,
Καὶ αἱ δυνάμεις αἱ ἐν τοῖς οὐρανοῖς σαλευθήσονται.

26 Καὶ τότε ὄψονται τὸν Υἱὸν τοῦ Ἀνθρώπου ἐρχόμενον ἐν νεφέλαις μετὰ δυνάμεως πολλῆς καὶ δόξης. 27 Καὶ τότε ἀποστελεῖ τοὺς ἀγγέλους °¹αὐτοῦ καὶ ἐπισυνάξει τοὺς ἐκλεκτοὺς °²αὐτοῦ ἐκ τῶν τεσσάρων ἀνέμων ἀπ' ἄκρου γῆς ἕως ἄκρου οὐρανοῦ.

The Parable of the Fig Tree
(Mt. 24:32-35; Lk. 21:29-33)

28 "'Απὸ δὲ τῆς συκῆς μάθετε τὴν παραβολήν· ὅταν αὐτῆς ἤδη ὁ κλάδος¹ ἁπαλὸς γένηται καὶ ἐκφύῃ τὰ φύλλα, γινώσκετε ὅτι ἐγγὺς τὸ θέρος ἐστίν. 29 Οὕτω καὶ ὑμεῖς, ὅταν ˢταῦτα ἴδητε˺ γινόμενα, γινώσκετε ὅτι ἐγγύς ἐστιν ἐπὶ θύραις. 30 Ἀμὴν λέγω ὑμῖν ὅτι οὐ μὴ παρέλθῃ ἡ γενεὰ αὕτη μέχρις οὗ ˢπάντα ταῦτα˺ γένηται. 31 Ὁ οὐρανὸς καὶ ἡ γῆ παρελεύσεται,² οἱ δὲ λόγοι μου οὐ μὴ ʳᵢᵢαρέλθωσι.

---

¹28 αυτης ηδη ο κλαδος Mᵖᵗ, TR vs ηδη ο κλαδος αυτης MᵖᵗƓA, Cr
²31 παρελευσεται MᵖᵗA vs παρελευσονται MᵖᵗℵBCᵛⁱᵈ, TR Cr

---

25 'εσονται εκ του ουρανου ƓA vs M
25 ʳπιπτοντες Ɠ vs MA   27 °¹B vs 𝕸ℵAC
27 °²DW vs 𝕸ƓA, [Cr]   29 ˢƓA vs M   30 ˢƓ vs MA
31 ʳπαρελευσονται ℵB vs 𝕸AC

No One Knows the Day or Hour
(Mt. 24:36-44)

32 "Περὶ δὲ τῆς ἡμέρας ἐκείνης ἢ[1] ὥρας οὐδεὶς οἶδεν, οὐδὲ ⌜οἱ ἄγγελοι οἱ⌝ ἐν[2] οὐρανῷ οὐδὲ ὁ Υἱός, εἰ μὴ ὁ Πατήρ. **33** Βλέπετε, ἀγρυπνεῖτε καὶ προσεύχεσθε[3]· οὐκ οἴδατε γὰρ πότε ὁ καιρός ἐστιν. **34** Ὡς ἄνθρωπος ἀπόδημος ἀφεὶς τὴν οἰκίαν αὐτοῦ καὶ δοὺς τοῖς δούλοις αὐτοῦ τὴν ἐξουσίαν °καὶ ἑκάστῳ τὸ ἔργον αὐτοῦ, καὶ τῷ θυρωρῷ ἐνετείλατο ἵνα γρηγορῇ. **35** Γρηγορεῖτε οὖν, οὐκ οἴδατε γὰρ πότε ὁ κύριος τῆς οἰκίας ἔρχεται, ᵀ ὀψὲ ἢ ⌜μεσονυκτίου⌝ ἢ ἀλεκτοροφωνίας ἢ πρωΐ, **36** μὴ ἐλθὼν ἐξαίφνης εὕρῃ ὑμᾶς καθεύδοντας. **37** ⌜ˮΑ δὲ ὑμῖν λέγω, πᾶσι λέγω· Γρηγορεῖτε!ˮ

The Chief Priests and Scribes Plot to Kill Jesus
(Mt. 26:1-5; Lk. 22:1,2; Jn. 11:45-53)

14 Ἦν δὲ τὸ Πάσχα καὶ τὰ Ἄζυμα μετὰ δύο ἡμέρας. Καὶ ἐζήτουν οἱ ἀρχιερεῖς καὶ οἱ γραμματεῖς πῶς αὐτὸν ἐν δόλῳ κρατήσαντες ἀποκτείνωσιν. **2** Ἔλεγον ⌜δέ, "Μὴ ἐν τῇ ἑορτῇ, μήποτε ⌜θόρυβος ἔσται⌝ τοῦ λαοῦ."

Jesus Is Anointed at Bethany
(Mt. 26:6-13; Jn. 12:1-8)

3 Καὶ ὄντος αὐτοῦ ἐν Βηθανίᾳ ἐν τῇ[4] οἰκίᾳ Σίμωνος τοῦ λεπροῦ, κατακειμένου αὐτοῦ, ἦλθε γυνὴ ἔχουσα

---

[1]32 η **MA** vs η της **BC**, **Cr** vs και της **ℵ**, **TR**
[2]32 εν **M**ᵖᵗ**GA**, **TR Cr** vs + τω **M**ᵖᵗ
[3]33 και προσευχεσθε **Mℵ** (A) (C), **TR** vs προσευχεσθε **M**ᴳ vs − **B**, **Cr**
[4]3 τη **M**ᵖᵗ**BAC**, **TR Cr** vs − **M**ᵖᵗ**ℵ***

---

32 ⌜οι αγγελοι **ℵ** vs **MAC**; (αγγελος **B**)　　34 °**G** vs **𝔐A**
35 ᵀη **G** vs **𝔐A**　　35 ⌜μεσονυκτιον **ℵC** (μεσανυκτιον **B***) vs **𝔐A**
37 ⌜ο **G** vs **𝔐A**　　2 ⌜γαρ **G** vs **𝔐A**　　2 ⌜**G** vs **𝔐A**

ἀλάβαστρον μύρου νάρδου πιστικῆς πολυτελοῦς. ^{ο1}Καὶ
συντρίψασα τὸ¹ ἀλάβαστρον, κατέχεεν αὐτοῦ ^{ο2}κατὰ τῆς
κεφαλῆς.

4 Ἦσαν δέ τινες ἀγανακτοῦντες πρὸς ἑαυτοὺς [□]καὶ
λέγοντες,⟍ "Εἰς τί ἡ ἀπώλεια αὕτη τοῦ μύρου γέγονεν?
5 Ἠδύνατο γὰρ ⌜τοῦτο πραθῆναι ἐπάνω ⌐τριακοσίων
δηναρίων⌐ καὶ δοθῆναι τοῖς πτωχοῖς." Καὶ ἐνεβριμῶντο
αὐτῇ.

6 Ὁ δὲ Ἰησοῦς εἶπεν, ""Αφετε αὐτήν. Τί αὐτῇ κόπους
παρέχετε? Καλὸν ἔργον •εἰργάσατο ἐν ἐμοί². 7 Πάντοτε
γὰρ τοὺς πτωχοὺς ἔχετε μεθ᾽ ἑαυτῶν, καὶ ὅταν θέλητε
δύνασθε ⌜αὐτοὺς εὖ ποιῆσαι, ἐμὲ δὲ οὐ πάντοτε ἔχετε.
8 "Ο ἔσχεν³ ^οαὕτη ἐποίησε. Προέλαβε μυρίσαι ⌐μου τὸ
σῶμα⌐ εἰς τὸν ἐνταφιασμόν. 9 Ἀμὴν δὲ⁴ λέγω ὑμῖν, ὅπου
ἐὰν⁵ κηρυχθῇ τὸ εὐαγγέλιον ^οτοῦτο εἰς ὅλον τὸν κόσμον,
καὶ ὃ ἐποίησεν αὕτη λαληθήσεται εἰς μνημόσυνον αὐτῆς."

Judas Agrees to Betray Jesus for Money
(Mt. 26:14-16; Lk. 22:3-6)

10 Καὶ ὁ⁶ Ἰούδας ⌐¹ὁ Ἰσκαριώτης,⟍ εἷς τῶν δώδεκα,
ἀπῆλθε πρὸς τοὺς ἀρχιερεῖς ἵνα ⌐²παραδῷ αὐτὸν⟍ αὐτοῖς.
11 Οἱ δὲ ἀκούσαντες ἐχάρησαν καὶ ἐπηγγείλαντο αὐτῷ
ἀργύριον⁷ δοῦναι. Καὶ ἐζήτει πῶς ⌐εὐκαίρως αὐτὸν⌐
⌜παραδῷ.

---

¹3 το Mᵖᵗ, TR vs τον Mᵖᵗℵ*A vs την BC, Cr
²6 εν εμοι 𝔐 GA, Cr vs εις εμε TR
³8 εσχεν 𝔐 GA, Cr vs ειχεν TR
⁴9 δε MᵖᵗℵB, Cr vs − MᵖᵗAC, TR
⁵9 εαν 𝔐 GA, Cr vs αν TR
⁶10 ο Mᵖᵗ, TR vs − MᵖᵗGA, Cr
⁷11 αργυριον MᵖᵗG, TR Cr vs αργυρια MᵖᵗA

---

3 ᵒ¹ℵB vs 𝔐 AC   3 ᵒ²G vs 𝔐 A   4 □G vs 𝔐 A
5 ⌜τουτο το μυρον BAC (− τουτο ℵ) vs M   5 ⌐ℵC vs 𝔐 BA
6 •ηργασατο ℵ*B* vs 𝔐 AC   7 ⌜αυτοις BC vs 𝔐 A; (−ℵ*)
8 ᵒℵB vs 𝔐 A (αιτη C*)   8 ⌐231ℵB vs 𝔐 AC   9 ᵒℵB vs 𝔐 AC
10 ⌐¹Ισκαριωθ ο B vs 𝔐 A; (Ισκαριωθ ℵ*)
10 ⌐²αυτον παραδοι B vs 𝔐 A; (αυτον παραδω ℵ)
11 ⌐GA vs 𝔐   11 ⌜παραδοι BC*ᵛⁱᵈ vs 𝔐 ℵA

Jesus Celebrates Passover with His Disciples
(Mt. 26:17-25; Lk. 22:7-12, 21-23; Jn. 13:21-30)

12 Καὶ τῇ πρώτῃ ἡμέρᾳ τῶν ἀζύμων, ὅτε τὸ Πάσχα ἔθυον, λέγουσιν αὐτῷ οἱ μαθηταὶ αὐτοῦ, "Ποῦ θέλεις ἀπελθόντες ἑτοιμάσομεν¹ ἵνα φάγῃς τὸ Πάσχα?" **13** Καὶ ἀποστέλλει δύο τῶν μαθητῶν αὐτοῦ καὶ λέγει αὐτοῖς, "Ὑπάγετε εἰς τὴν πόλιν, καὶ ἀπαντήσει ὑμῖν ἄνθρωπος κεράμιον ὕδατος βαστάζων· ἀκολουθήσατε αὐτῷ. **14** Καὶ ὅπου ἐὰν εἰσέλθῃ εἴπατε τῷ οἰκοδεσπότῃ ὅτι 'Ὁ διδάσκαλος λέγει, "Ποῦ ἐστι τὸ κατάλυμα ᵀὅπου τὸ Πάσχα μετὰ τῶν μαθητῶν μου φάγω?"' **15** Καὶ αὐτὸς ὑμῖν δείξει ἀνώγεον² μέγα ἐστρωμένον ἕτοιμον· ⌜ἐκεῖ ἑτοιμάσατε ἡμῖν." **16** Καὶ ἐξῆλθον οἱ μαθηταὶ °αὐτοῦ καὶ ἦλθον εἰς τὴν πόλιν καὶ εὗρον καθὼς εἶπεν αὐτοῖς, καὶ ἡτοίμασαν τὸ Πάσχα.

17 Καὶ ὀψίας γενομένης ἔρχεται μετὰ τῶν δώδεκα. **18** Καὶ ἀνακειμένων αὐτῶν καὶ ἐσθιόντων, ⌐εἶπεν ὁ Ἰησοῦς,⌐ "Ἀμὴν λέγω ὑμῖν ὅτι εἷς ἐξ ὑμῶν παραδώσει με, ὁ ἐσθίων μετ᾽ ἐμοῦ."

19 ⌐Οἱ δὲ ἤρξαντο⌐ λυπεῖσθαι καὶ λέγειν αὐτῷ εἷς ⌐²καθ᾽ εἷς,⌐ "Μήτι ἐγώ?"

□Καὶ ἄλλος, "Μήτι ἐγώ?"\

20 Ὁ δὲ °¹ἀποκριθεὶς εἶπεν αὐτοῖς, "Εἷς °²ἐκ τῶν δώδεκα, ὁ ἐμβαπτόμενος μετ᾽ ἐμοῦ εἰς τὸ τρύβλιον. **21** ᵀ Ὁ μὲν Υἱὸς τοῦ Ἀνθρώπου ὑπάγει καθὼς γέγραπται περὶ αὐτοῦ, οὐαὶ δὲ τῷ ἀνθρώπῳ ἐκείνῳ δι᾽ οὗ ὁ Υἱὸς τοῦ Ἀνθρώπου παραδίδοται! Καλὸν °ἦν αὐτῷ εἰ οὐκ ἐγεννήθη ὁ ἄνθρωπος ἐκεῖνος."

---

¹12 ετοιμασομεν Mᵖᵗ vs ετοιμασωμεν Mᵖᵗ𝔊A, TR Cr
²15 ανωγεον Mᵖᵗ, TR vs ανωγεων Mᵖᵗ vs αναγαιον 𝔊A, Cr

---

14 ᵀμου 𝔊 vs 𝔐A   15 ⌜και εκει BC (κακει ℵ) vs 𝔐A
16 °ℵB vs 𝔐AC   18 ⌐231 𝔊 vs 𝔐A
19 ⌐¹ηρξαντο ℵB vs 𝔐A; (και ηρξαντο C)
19 ⌐²κατα εις ℵB vs 𝔐A; (εκαστος C)   19 □𝔊 vs 𝔐A
20 °¹ ²𝔊 vs 𝔐A   21 ᵀοτι ℵB vs 𝔐AC   21 °B vs 𝔐ℵAC

Jesus Institutes the Lord's Supper
(Mt. 26:26-30; Lk. 22:15-20; I Cor. 11:23-25)

22 Καὶ ἐσθιόντων αὐτῶν, λαβὼν □ὁ ᾿Ιησοῦς⸃ ἄρτον,¹ εὐλογήσας ἔκλασε καὶ ἔδωκεν αὐτοῖς καὶ εἶπε, "Λάβετε, °φάγετε, τοῦτό ἐστι τὸ σῶμά μου." 23 Καὶ λαβὼν °τὸ ποτήριον εὐχαριστήσας ἔδωκεν αὐτοῖς, καὶ ἔπιον ἐξ αὐτοῦ πάντες. 24 Καὶ εἶπεν αὐτοῖς, "Τοῦτό ἐστι τὸ αἷμά μου, ⸀¹τὸ τῆς καινῆς⸃ διαθήκης, τὸ ⸀²περὶ πολλῶν ἐκχυνόμενον.⸃ 25 ᾿Αμὴν² λέγω ὑμῖν ὅτι οὐκέτι οὐ μὴ πίω ἐκ τοῦ γενήματος³ τῆς ἀμπέλου ἕως τῆς ἡμέρας ἐκείνης ὅταν αὐτὸ πίνω καινὸν ἐν τῇ βασιλείᾳ τοῦ Θεοῦ." 26 Καὶ ὑμνήσαντες ἐξῆλθον εἰς τὸ ῎Ορος τῶν ᾿Ελαιῶν.

Jesus Predicts Peter's Denial
(Mt. 26:31-35; Lk. 22:31-34; Jn. 13:36-38)

27 Καὶ λέγει αὐτοῖς ὁ ᾿Ιησοῦς ὅτι "Πάντες σκανδαλισθήσεσθε ἐν ἐμοὶ ἐν τῇ νυκτὶ ταύτῃ,⁴ ὅτι γέγραπται,

«Πατάξω τὸν Ποιμένα,
Καὶ ⸀διασκορπισθήσεται τὰ πρόβατα.⸃»

28 ᾿Αλλὰ μετὰ⁵ τὸ ἐγερθῆναί με προάξω ὑμᾶς εἰς τὴν Γαλιλαίαν."

29 ῾Ο δὲ Πέτρος ἔφη αὐτῷ, "⸀Καὶ εἰ⸃ πάντες σκανδαλισθήσονται, ἀλλ᾿ οὐκ ἐγώ."

---

¹22 αρτον **MΘA**, TR Cr vs +και Mʳ
²25 αμην MᵖᵗΘA, TR Cr vs +δε Mᵖᵗ
³25 γενηματος **MΘA**, Cr vs γεννηματος TR
⁴27 εν εμοι εν τη νυκτι ταυτη MᵖᵗA, TR vs −MᵖᵗΘ, Cr
⁵28 αλλα μετα **MℵBA**, TR Cr vs μετα δε Mʳ vs και μετα C

22 □B vs 𝔐ℵAC   22 °ΘA vs 𝔐   23 °Θ vs MA
24 ⸀¹της Θ vs 𝔐A
24 ⸀²εκχυννομενον υπερ πολλων Θ vs 𝔐 (περι πολλων εκχυν-νομενον A)
27 ⸀τα προβατα διασκορπισθησονται Θ vs M; (διασκορπισ-θησονται τα προβατα A)   29 ⸀Θ vs 𝔐A

27 Zech. 13:7

30 Καὶ λέγει αὐτῷ ὁ Ἰησοῦς, "'Αμὴν λέγω σοι, ὅτι σύ,¹ σήμερον ⸀ἐν τῇ νυκτὶ ταύτῃ⸃ πρὶν ἢ δὶς ἀλέκτορα φωνῆσαι τρὶς ⸂²ἀπαρνήσῃ με.⸃"

31 Ὁ δὲ ⸀ἐκ περισσοῦ⸃ ⸀ἔλεγε ⁰μᾶλλον, "Ἐάν ⸂²με δέῃ⸃ συναποθανεῖν σοι, οὐ μή σε ἀπαρνήσωμαι."² Ὡσαύτως δὲ καὶ πάντες ἔλεγον.

Jesus Prays in the Garden of Gethsemane
(Mt. 26:36-46; Lk. 22:39-46)

32 Καὶ ἔρχονται εἰς χωρίον οὗ τὸ ὄνομα ∙Γεθσημανῆ, καὶ λέγει τοῖς μαθηταῖς αὐτοῦ, "Καθίσατε ὧδε ἕως προσεύξωμαι."³ 33 Καὶ παραλαμβάνει τὸν Πέτρον καὶ⁴ Ἰάκωβον καὶ ᵀ Ἰωάννην ⸀μεθ' ἑαυτοῦ,⸃ καὶ ἤρξατο ἐκθαμβεῖσθαι καὶ ἀδημονεῖν. 34 Καὶ λέγει⁵ αὐτοῖς, "Περίλυπός ἐστιν ἡ ψυχή μου ἕως θανάτου. Μείνατε ὧδε καὶ γρηγορεῖτε." 35 Καὶ προσελθὼν⁶ μικρὸν ⸀ἔπεσεν ἐπὶ τῆς γῆς, καὶ προσηύχετο ἵνα, εἰ δυνατόν ἐστι, παρέλθῃ ἀπ αὐτοῦ ἡ ὥρα. 36 Καὶ ἔλεγεν, "'Αββὰ ὁ Πατήρ, πάντα δυνατά σοι. Παρένεγκε τὸ ποτήριον ⸂ἀπ' ἐμοῦ τοῦτο∙⸌ ἀλλ' οὐ τί ἐγὼ θέλω ἀλλὰ τί σύ." 37 Καὶ ἔρχεται καὶ εὑρίσκει αὐτοὺς καθεύδοντας, καὶ λέγει τῷ Πέτρῳ, "Σίμων, καθεύδεις? Οὐκ ἴσχυσας μίαν ὥραν γρηγορῆσαι? 38 Γρηγορεῖτε καὶ προσεύχεσθε, ἵνα μὴ ⸀εἰσέλθητε εἰς πειρασμόν. Τὸ μὲν πνεῦμα πρόθυμον, ἡ δὲ σὰρξ ἀσθενής."

---

¹30 συ 𝔐 ΒΑ, Cr vs − ℵC, TR
²31 απαρνησωμαι Μ (ℵ) vs απαρνησομαι ΒΑC, TR Cr
³32 προσευξωμαι Μᵖᵗ𝔊Α, TR Cr vs προσευξομαι Μᵖᵗ
⁴33 και ΜℵC vs + τον ΒΑ, TR [Cr]
⁵34 λεγει Μᵖᵗ𝔊Α, TR Cr vs λεγειν Μᵖᵗ
⁶35 προσελθων 𝔐ΑC vs προελθων ℵΒ, TR Cr

---

30 ⸀¹ταυτη τη νυκτι 𝔊 vs 𝔐Α
30 ⸂²με απαρνηση ΒC (με απαρνησει ℵ) vs 𝔐Α
31 ⸀¹εκπερισσως 𝔊 vs 𝔐Α   31 ⸀ελαλει ℵΒ vs 𝔐ΑC
31 ⁰𝔊 vs 𝔐Α   31 ⸂²δεη με Β (Α) vs 𝔐C; (με η ℵ*)
32 ∙Γεθσημανι (Γεθσημανει ℵΑC) vs Μ; (Γετσημανει Β*)
33 ᵀτον ΒΑ, [Cr] vs 𝔐ℵC   33 ⸀μετ αυτου 𝔊 vs 𝔐Α
35 ⸀επιπτεν ℵΒ vs 𝔐ΑC   36 ⸌312 𝔊Α vs Μ
38 ⸀ελθητε (ℵ*) Β vs 𝔐ΑC

39 Καὶ πάλιν ἀπελθὼν προσηύξατο, τὸν αὐτὸν λόγον εἰπών. 40 Καὶ ʿὑποστρέψας εὗρεν αὐτοὺς πάλινˋ καθεύδοντας, ἦσαν γὰρ ˢ¹οἱ ὀφθαλμοὶ αὐτῶνˡ ˹βεβαρημένοι, καὶ οὐκ ᾔδεισαν τί ˢ²αὐτῷ ἀποκριθῶσι.ˡ 41 Καὶ ἔρχεται τὸ τρίτον καὶ λέγει αὐτοῖς, "Καθεύδετε¹ λοιπὸν καὶ ἀναπαύεσθε. Ἀπέχει· ἦλθεν ἡ ὥρα· ἰδού, παραδίδοται ὁ Υἱὸς τοῦ Ἀνθρώπου εἰς τὰς χεῖρας τῶν ἁμαρτωλῶν. 42 Ἐγείρεσθε, ἄγωμεν. Ἰδού, ὁ παραδιδούς με ἤγγικε."

Jesus Is Betrayed and Arrested in Gethsemane
(Mt. 26:47-56; Lk. 22:47-53; Jn. 18:2-12)

43 Καὶ •εὐθέως, ἔτι αὐτοῦ λαλοῦντος, παραγίνεται Ἰούδας, εἷς ᵒ¹ὢν τῶν δώδεκα, καὶ μετ᾽ αὐτοῦ ὄχλος ᵒ²πολὺς μετὰ μαχαιρῶν καὶ ξύλων παρὰ τῶν ἀρχιερέων καὶ τῶν γραμματέων καὶ τῶν πρεσβυτέρων.

44 Δεδώκει δὲ ὁ παραδιδοὺς αὐτὸν σύσσημον αὐτοῖς, λέγων, "Ὅν ἂν φιλήσω, αὐτός ἐστι· κρατήσατε αὐτὸν καὶ ˹ἀπαγάγετε ἀσφαλῶς." 45 Καὶ ἐλθών, •εὐθέως προσελθὼν αὐτῷ, λέγει αὐτῷ,² "Ῥαββί, ᵒῥαββί!" καὶ κατεφίλησεν αὐτόν. 46 Οἱ δὲ ἐπέβαλον ˹ἐπ᾽ αὐτὸν τὰς χεῖρας αὐτῶνˋ καὶ ἐκράτησαν αὐτόν. 47 Εἷς δέ ᵒτις τῶν παρεστηκότων σπασάμενος τὴν μάχαιραν ἔπαισε τὸν δοῦλον τοῦ ἀρχιερέως καὶ ἀφεῖλεν αὐτοῦ τὸ ˹ὠτίον.

48 Καὶ ἀποκριθεὶς ὁ Ἰησοῦς εἶπεν αὐτοῖς, "Ὡς ἐπὶ λῃστὴν ἐξήλθετε μετὰ μαχαιρῶν καὶ ξύλων συλλαβεῖν με?

---

¹41 καθευδετε MAC vs + το MˡℵB, TR Cr
²45 αυτω M vs − ΘA, TR Cr

---

40 ʿπαλιν ελθων ευρεν αυτους ℵB vs 𝔐 AC
40 ˢ¹312 Θ vs 𝔐 A
40 ˹καταβαρυνομενοι BA vs MC; (καταβεβαρημενοι ℵ*)
40 ˢ²ΘA vs 𝔐   43 •ευθυς Θ vs 𝔐 A   43 ᵒ¹ΘA vs M
43 ᵒ²ℵB vs 𝔐 AC   44 ˹απαγετε ℵB vs 𝔐 AC
45 •ευθυς Θ vs 𝔐 A   45 ᵒΘ vs MA
46 ʿτας χειρας αυτω B vs M; (τας χειρας αυτων ℵ*C; τας χειρας επ αυτον A)   47 ᵒℵA vs 𝔐 BC, [Cr]   47 ˹ωταριον ℵB vs 𝔐 AC

49 Καθ᾽ ἡμέραν ἤμην πρὸς ὑμᾶς ἐν τῷ ἱερῷ διδάσκων καὶ οὐκ ἐκρατήσατέ με· ἀλλ᾽ ἵνα πληρωθῶσιν αἱ Γραφαί." **50** Καὶ ἀφέντες αὐτὸν ᶠπάντες ἔφυγον.ᶻ

A Young Man Flees

51 Καὶ ᶜεἷς τις νεανίσκοςˋ ἠκολούθησεν¹ αὐτῷ περιβεβλημένος σινδόνα ἐπὶ γυμνοῦ. Καὶ κρατοῦσιν αὐτὸν ᵇοἱ νεανίσκοι,ˋ **52** ὁ δὲ καταλιπὼν τὴν σινδόνα γυμνὸς ἔφυγεν ᵇἀπ᾽ αὐτῶν.ˋ

Jesus Before the Sanhedrin
(Mt. 26:57-68; Lk. 22:54, 55, 63-71; Jn 18:19-24)

53 Καὶ ἀπήγαγον τὸν Ἰησοῦν πρὸς τὸν ἀρχιερέα, καὶ συνέρχονται ᵒαὐτῷ πάντες οἱ ἀρχιερεῖς καὶ οἱ πρεσβύτεροι καὶ οἱ γραμματεῖς. **54** Καὶ ὁ Πέτρος ἀπὸ μακρόθεν ἠκολούθησεν αὐτῷ ἕως ἔσω εἰς τὴν αὐλὴν τοῦ ἀρχιερέως, καὶ ἦν συγκαθήμενος μετὰ τῶν ὑπηρετῶν καὶ θερμαινόμενος πρὸς τὸ φῶς. **55** Οἱ δὲ ἀρχιερεῖς καὶ ὅλον τὸ συνέδριον ἐζήτουν κατὰ τοῦ Ἰησοῦ μαρτυρίαν εἰς τὸ θανατῶσαι αὐτόν, καὶ οὐχ •εὕρισκον. **56** Πολλοὶ γὰρ ἐψευδομαρτύρουν κατ᾽ αὐτοῦ, καὶ ἴσαι αἱ μαρτυρίαι οὐκ ἦσαν.

57 Καί τινες ἀναστάντες ἐψευδομαρτύρουν κατ᾽ αὐτοῦ, λέγοντες **58** ὅτι "Ἡμεῖς ἠκούσαμεν αὐτοῦ λέγοντος ὅτι 'Ἐγὼ καταλύσω τὸν ναὸν τοῦτον τὸν χειροποίητον καὶ διὰ τριῶν ἡμερῶν ἄλλον ἀχειροποίητον οἰκοδομήσω." **59** Καὶ οὐδὲ οὕτως ἴση ἦν ἡ μαρτυρία αὐτῶν.

60 Καὶ ἀναστὰς ὁ ἀρχιερεὺς εἰς² μέσον ἐπηρώτησε τὸν Ἰησοῦν, λέγων, "Οὐκ ἀποκρίνῃ οὐδέν? Τί οὗτοί σου

¹51 ηκολουθησεν 𝔐 A vs ηκολουθει TR vs συνηκολουθει 𝐆, Cr
²60 εις 𝔐 𝐆A, Cr vs + το TR

50 ᶠ𝐆 vs 𝔐 A   51 ᶜνεανισκος τις 𝐆 vs 𝔐 A   51 ᵇ𝐆 vs 𝔐 A
52 ᵇ𝐆 vs 𝔐 A   53 ᵒ𝐱 vs 𝔐 ΒΑ (προς αυτον C)
55 •ηυρισκον Β vs 𝔐 𝐱ΑC

καταμαρτυροῦσιν;" 61 Ὁ δὲ ἐσιώπα καὶ ʿοὐδὲν ἀπε-
κρίνατο.ʾ Πάλιν ὁ ἀρχιερεὺς ἐπηρώτα αὐτὸν καὶ λέγει
αὐτῷ, "Σὺ εἶ ὁ Χριστός, ὁ Υἱὸς τοῦ Εὐλογητοῦ;"
   62 Ὁ δὲ Ἰησοῦς εἶπεν, "Ἐγώ εἰμι, καὶ ὄψεσθε τὸν Υἱὸν
τοῦ Ἀνθρώπου ἐκ δεξιῶν καθήμενον¹ τῆς Δυνάμεως καὶ
ἐρχόμενον μετὰ τῶν νεφελῶν τοῦ οὐρανοῦ."
   63 Ὁ δὲ ἀρχιερεὺς διαρρήξας τοὺς χιτῶνας αὐτοῦ
λέγει, "Τί ἔτι χρείαν ἔχομεν μαρτύρων; 64 Ἠκούσατε τῆς
βλασφημίας! Τί ὑμῖν φαίνεται;"
   Οἱ δὲ πάντες κατέκριναν αὐτὸν ˢεἶναι ἔνοχονˎ θανάτου.
65 Καὶ ἤρξαντό τινες ἐμπτύειν αὐτῷ καὶ περικαλύπτειν ˢτὸ
πρόσωπον αὐτοῦˎ καὶ κολαφίζειν αὐτὸν καὶ λέγειν αὐτῷ,
"Προφήτευσον!" Καὶ οἱ ὑπηρέται ῥαπίσμασιν αὐτὸν
ἔβαλλον.²

Peter Denies Jesus — and Weeps Bitterly
(Mt. 26:69-75; Lk. 22:54-62; Jn. 18:15-18, 25-27)

   66 Καὶ ὄντος τοῦ Πέτρου ˢἐν τῇ αὐλῇ κάτω,ˎ ἔρχεται μία
τῶν παιδισκῶν τοῦ ἀρχιερέως. 67 Καὶ ἰδοῦσα τὸν Πέτρον
θερμαινόμενον, ἐμβλέψασα αὐτῷ λέγει, "Καὶ σὺ μετὰ τοῦ
ʿΝαζαρηνοῦ Ἰησοῦ ἦσθα.ʾ"
   68 Ὁ δὲ ἠρνήσατο, λέγων, "ʿΟὐκ οἶδα οὔτε³ ἐπίσταμαι
ˢτί σὺˎ λέγεις." Καὶ ἐξῆλθεν ἔξω εἰς τὸ προαύλιον, □καὶ
ἀλέκτωρ ἐφώνησε.ˎ
   69 Καὶ ἡ παιδίσκη ἰδοῦσα αὐτὸν ʿπάλιν ἤρξατο λέγεινʾ
τοῖς ʿπαρεστηκόσιν ὅτι "Οὗτος ἐξ αὐτῶν ἐστιν." 70 Ὁ δὲ
πάλιν ἠρνεῖτο.

---

¹62 εκ δεξιων καθημενον 𝔐 G, Cr vs καθημενον εκ δεξιων A, TR
²65 εβαλλον Mᵖᵗ, TR vs εβαλον Mᵖᵗ vs ελαβον GA, Cr
³68 ουτε MᵖᵗG, Cr vs ουδε MᵖᵗA, TR

61 ʿουκ απεκρινατο ουδεν G vs 𝔐 A   64 ˢG vs 𝔐 A
65 ˢ312 G vs 𝔐 A   66 ˢ41-3 G vs 𝔐 A
67 ʿΝαζαρηνου ησθα του Ιησου BC (Ιησου ησθα του Ναζαρηνου א)
vs 𝔐 A   68 ʿουτε אB vs 𝔐 AC
68 ˢG vs 𝔐 A   68 □אB vs 𝔐 AC, [Cr]
69 ʿηρξατο παλιν λεγειν אC vs 𝔐 A; (ειπεν B)
69 ʿπαρεστωσιν G vs 𝔐 A

Καὶ μετὰ μικρὸν πάλιν οἱ παρεστῶτες ἔλεγον τῷ Πέτρῳ, "'Αληθῶς ἐξ αὐτῶν εἶ, καὶ γὰρ Γαλιλαῖος εἶ, □καὶ ἡ λαλιά σου ὁμοιάζει.╲" 71 Ὁ δὲ ἤρξατο ἀναθεματίζειν καὶ ὀμνύναι¹ ὅτι "Οὐκ οἶδα τὸν ἄνθρωπον τοῦτον ὃν λέγετε." 72 Καὶ ᵀ ἐκ δευτέρου ἀλέκτωρ ἐφώνησε. Καὶ ἀνεμνήσθη ὁ Πέτρος τὸ ῥῆμα ὃ² εἶπεν αὐτῷ ὁ 'Ιησοῦς ὅτι "Πρὶν ἀλέκτορα φωνῆσαι δίς, ˢἀπαρνήσῃ με τρίς.╲" Καὶ ἐπιβαλὼν ἔκλαιε.

Jesus Before Pilate
(Mt. 27:1, 2, 11-14; Lk. 23:1-5; Jn. 18:28-38)

15 Καὶ •εὐθέως □ἐπὶ τὸ╲ πρωῒ συμβούλιον ποιήσαντες οἱ ἀρχιερεῖς μετὰ τῶν πρεσβυτέρων καὶ γραμματέων καὶ ὅλον τὸ συνέδριον δήσαντες τὸν 'Ιησοῦν ἀπήνεγκαν καὶ παρέδωκαν ᵒτῷ Πιλάτῳ. 2 Καὶ ἐπηρώτησεν αὐτὸν ὁ Πιλᾶτος, "Σὺ εἶ ὁ βασιλεὺς τῶν 'Ιουδαίων?"

Ὁ δὲ ἀποκριθεὶς ᶠεἶπεν αὐτῷ,╲ "Σὺ λέγεις."

3 Καὶ κατηγόρουν αὐτοῦ οἱ ἀρχιερεῖς πολλά. 4 Ὁ δὲ Πιλᾶτος ᶠπάλιν ἐπηρώτησεν αὐτόν,╲ λέγων, "Οὐκ ἀποκρίνῃ οὐδέν? Ἴδε πόσα σου ᶜκαταμαρτυροῦσιν." 5 Ὁ δὲ 'Ιησοῦς οὐκέτι οὐδὲν ἀπεκρίθη, ὥστε θαυμάζειν τὸν Πιλᾶτον.

Give Us Barabbas
(Mt. 27:15-26; Lk. 23:13-25; Jn. 18:39-19:16)

6 Κατὰ δὲ ἑορτὴν ἀπέλυεν αὐτοῖς ἕνα δέσμιον ᶠὅνπερ ᾐτοῦντο.╲ 7 Ἦν δὲ ὁ λεγόμενος³ Βαραββᾶς μετὰ τῶν

---

¹71 ομνυναι **ΜΒ, Cr** vs ομνυειν **Μ╏ℵΑС, ΤR**
²72 το ρημα ο **𝔐** vs το ρημα ως **ϬΑ, Cr** vs του ρηματος ου **ΤR**
³7 λεγομενος **𝔐ϬΑ, Cr** vs γενομενος **ΤR**

---

70 □Ϭ vs **𝔐**Α   72 ᵀευθυς ℵΒ (ευθεως Ϲ*ᵛⁱᵈ) vs **𝔐**Α
72 ˢ321 ℵΒϹ*ᵛⁱᵈ vs **𝔐**Α   1 •ευθυς ϬΑ vs **𝔐**Α   1 □Ϭ vs **𝔐**Α
1 ᵒϬ vs **𝔐**Α   2 ᶠαυτω λεγει ℵΒϹ*ᵛⁱᵈ vs **𝔐**Α
4 ᶠπαλιν επηρωτα αυτον Β vs **𝔐** ℵΑ (επηρωτησεν αυτον παλιν Ϲ)
4 ᶜκατηγορουσιν Ϭ vs **𝔐**Α   6 ᶠον παρητουντο ℵ*Β*Α vs **𝔐**Ϲ

ʳσυστασιαστῶν δεδεμένος οἵτινες ἐν τῇ στάσει φόνον πεποιήκεισαν. **8** Καὶ ʳἀναβοήσας ὁ ὄχλος ἤρξατο αἰτεῖσθαι καθὼς °ἀεὶ ἐποίει αὐτοῖς. **9** Ὁ δὲ Πιλᾶτος ἀπεκρίθη αὐτοῖς, λέγων, "Θέλετε ἀπολύσω ὑμῖν τὸν βασιλέα τῶν Ἰουδαίων?" **10** Ἐγίνωσκε γὰρ ὅτι διὰ φθόνον παραδεδώκεισαν αὐτὸν οἱ ἀρχιερεῖς. **11** Οἱ δὲ ἀρχιερεῖς ἀνέσεισαν τὸν ὄχλον ἵνα μᾶλλον τὸν Βαραββᾶν ἀπολύσῃ αὐτοῖς. **12** Ὁ δὲ Πιλᾶτος ʳἀποκριθεὶς πάλιν εἶπενˋ αὐτοῖς, "Τί οὖν °θέλετε ποιήσω ▫ὃν λέγετεˋ ᵀ βασιλέα τῶν Ἰουδαίων?"

13 Οἱ δὲ πάλιν ἔκραξαν, "Σταύρωσον αὐτόν!"

14 Ὁ δὲ Πιλᾶτος ἔλεγεν αὐτοῖς, "Τί γὰρ ˢκακὸν ἐποίησενˡ?"

Οἱ δὲ ʳπερισσοτέρως ἔκραξαν, "Σταύρωσον αὐτόν!"

15 Ὁ δὲ Πιλᾶτος βουλόμενος τῷ ὄχλῳ τὸ ἱκανὸν ποιῆσαι ἀπέλυσεν αὐτοῖς τὸν Βαραββᾶν, καὶ παρέδωκε τὸν Ἰησοῦν, φραγελλώσας, ἵνα σταυρωθῇ.

The Soldiers Mock Jesus
(Mt. 27:27-31; Jn. 19:2, 3)

16 Οἱ δὲ στρατιῶται ἀπήγαγον αὐτὸν ἔσω τῆς αὐλῆς, ὅ ἐστι Πραιτώριον, καὶ συγκαλοῦσιν ὅλην τὴν σπεῖραν. **17** Καὶ ʳἐνδύουσιν αὐτὸν πορφύραν καὶ περιτιθέασιν αὐτῷ πλέξαντες ἀκάνθινον στέφανον, **18** καὶ ἤρξαντο ἀσπάζεσθαι αὐτόν,¹ "Χαῖρε, ὁ βασιλεὺς² τῶν Ἰουδαίων!" **19** Καὶ ἔτυπτον αὐτοῦ τὴν κεφαλὴν καλάμῳ καὶ ἐνέπτυον αὐτῷ, καὶ τιθέντες τὰ γόνατα προσεκύνουν αὐτῷ. **20** Καὶ ὅτε ἐνέπαιξαν αὐτῷ, ἐξέδυσαν αὐτὸν τὴν πορφύραν καὶ

¹18 αυτον **MBAC***ᵛⁱᵈ, TR Cr vs +λεγοντες Mʳ vs +και λεγειν **ℵ**
²18 ο βασιλευς 𝔐A vs βασιλευ ℵB, TR Cr

7 ʳστασιαστων 𝕲 vs 𝔐 (A)   8 ʳαναβας ℵ*B vs 𝔐 AC
8 °ℵB vs 𝔐 ACᵛⁱᵈ   12 ʳπαλιν αποκριθεις ελεγεν 𝕲 vs 𝔐 A
12 °𝕲 vs 𝔐 (A), [Cr]   12 ▫A vs 𝔐 ℵC (−ον B), [Cr]
12 ᵀτον 𝕲A vs 𝔐   14 ˢBC vs 𝔐ℵA   14 ʳπερισσως 𝕲A vs M
17 ʳενδιδυσκουσιν 𝕲 vs 𝔐 A

ἐνέδυσαν αὐτὸν τὰ ⸆ἱμάτια τὰ ἴδια.⸆ Καὶ ἐξάγουσιν αὐτὸν ἵνα σταυρώσωσιν αὐτόν.

Jesus Is Crucified
(Mt. 27:32-44; Lk. 23:26-43; Jn. 19:17-27)

21 Καὶ ἀγγαρεύουσι παράγοντά τινα Σίμωνα Κυρηναῖον ἐρχόμενον ἀπ᾽ ἀγροῦ, τὸν πατέρα ᾽Αλεξάνδρου καὶ ῾Ρούφου, ἵνα ἄρῃ τὸν σταυρὸν αὐτοῦ. **22** Καὶ φέρουσιν αὐτὸν ἐπὶ ᵀ ·Γολγοθᾶ τόπον, ὅ ἐστι μεθερμηνευόμενον, "Κρανίου Τόπος." **23** Καὶ ἐδίδουν αὐτῷ °πιεῖν ἐσμυρνισμένον οἶνον, ⸂ὁ δὲ οὐκ ἔλαβε. **24** Καὶ ⸀σταυρώσαντες αὐτὸν ᵀ διαμερίζονται¹ τὰ ἱμάτια αὐτοῦ βάλλοντες κλῆρον ἐπ᾽ αὐτὰ τίς τί ἄρῃ. **25** ῏Ην δὲ ὥρα τρίτη καὶ ἐσταύρωσαν αὐτόν. **26** Καὶ ἦν ἡ ἐπιγραφὴ τῆς αἰτίας αὐτοῦ ἐπιγεγραμμένη·

Ο ΒΑΣΙΛΕΥΣ ΤΩΝ ΙΟΥΔΑΙΩΝ

27 Καὶ σὺν αὐτῷ σταυροῦσι δύο λῃστάς, ἕνα ἐκ δεξιῶν καὶ ἕνα ἐξ εὐωνύμων αὐτοῦ. **28** ▫Καὶ ἐπληρώθη ἡ Γραφὴ ἡ λέγουσα, «Καὶ μετὰ ἀνόμων ἐλογίσθη.»⸆ **29** Καὶ οἱ παραπορευόμενοι ἐβλασφήμουν αὐτὸν κινοῦντες τὰς κεφαλὰς αὐτῶν καὶ λέγοντες, "Οὐά,² ὁ καταλύων τὸν ναὸν καὶ ⸂ἐν τρισὶν ἡμέραις οἰκοδομῶν,⸃ **30** σῶσον σεαυτὸν ⸂καὶ κατάβα⸃ ἀπὸ τοῦ σταυροῦ!" **31** ῾Ομοίως³ καὶ οἱ ἀρχιερεῖς ἐμπαίζοντες πρὸς ἀλλήλους μετὰ τῶν γραμματέων ἔλεγον, "῎Αλλους ἔσωσεν, ἑαυτὸν

---

¹24 διαμεριζονται 𝕸 𝕲Α, Cr vs διεμεριζον TR
²29 ουα 𝕸 𝕲Α, Cr vs ουαι TR
³31 ομοιως 𝕸 𝕲Α, Cr vs +δε TR

---

20 ⸂ιματια αυτου BC vs 𝕸 A; (ιδια ιματια αυτου ℵ)
22 ᵀτον ℵB vs ΜΑC*   22 ·Γολγοθαν ℵB vs 𝕸 AC
23 °𝕲 vs 𝕸 A   23 ⸂ος ℵB vs 𝕸 AC
24 ⸀σταυρουσιν B vs 𝕸 ℵAC   24 ᵀκαι B vs 𝕸 ℵAC
28 ▫𝕲A vs 𝕸   29 ⸂41-3 B vs 𝕸 ℵC; (2-4 A)
30 ⸂καταβας ℵB vs 𝕸 AC

---

28 Is. 53:12

οὐ δύναται σῶσαι. **32** Ὁ Χριστὸς ὁ βασιλεὺς ᵒτοῦ Ἰσραὴλ καταβάτω νῦν ἀπὸ τοῦ σταυροῦ, ἵνα ἴδωμεν καὶ πιστεύσωμεν αὐτῷ.¹" Καὶ οἱ συνεσταυρωμένοι ᵀ αὐτῷ ὠνείδιζον αὐτόν.

Jesus Dies on the Cross
(Mt. 27:45-56; Lk. 23:44-49; Jn. 19:28-30)

33 ⸀Γενομένης δὲ⸀ ὥρας ἕκτης, σκότος ἐγένετο ἐφ᾽ ὅλην τὴν γῆν ἕως ὥρας ἐνάτης. **34** Καὶ τῇ ⸀ὥρᾳ τῇ ἐνάτῃ⸀ ἐβόησεν ὁ Ἰησοῦς φωνῇ μεγάλῃ, ᵒλέγων, "«Ἐλωΐ, Ἐλωΐ, λιμᾶ² σαβαχθανί?»" ὅ ἐστι μεθερμηνευόμενον, «Ὁ Θεός μου, ὁ Θεός μου,³ εἰς τί ⸀²με ἐγκατέλιπες⸀?»

35 Καί τινες τῶν παρεστηκότων ἀκούσαντες ἔλεγον, "⸀Ἰδού, Ἠλίαν φωνεῖ."

36 Δραμὼν δὲ ⸀εἷς ᵒ¹καὶ γεμίσας σπόγγον ὄξους, περιθεὶς ᵒ²τε καλάμῳ, ἐπότιζεν αὐτόν, λέγων, "Ἄφετε, ἴδωμεν εἰ ἔρχεται Ἠλίας καθελεῖν αὐτόν." **37** Ὁ δὲ Ἰησοῦς ἀφεὶς φωνὴν μεγάλην ἐξέπνευσε. **38** Καὶ τὸ καταπέτασμα τοῦ ναοῦ ἐσχίσθη εἰς δύο ·ἀπὸ ἄνωθεν ἕως κάτω.

39 Ἰδὼν δὲ ὁ κεντυρίων ὁ παρεστηκὼς ἐξ ἐναντίας αὐτοῦ ὅτι οὕτω ᵒκράξας ἐξέπνευσεν, εἶπεν, "Ἀληθῶς ˢὁ ἄνθρωπος οὗτος Υἱὸς ἦν Θεοῦ.ᵡ"

40 Ἦσαν δὲ καὶ γυναῖκες ἀπὸ μακρόθεν θεωροῦσαι, ἐν αἷς ᵒ¹ἦν καὶ⁴ Μαρία ἡ Μαγδαληνὴ καὶ Μαρία ἡ ᵒ²τοῦ

¹32 αυτω Mᵖᵗ vs — Mᵖᵗ𝕲A, TR Cr
²34 λιμα MA vs λειμα M¹ vs λαμα B vs λεμα אC, Cr vs λαμμα TR
³34 ο Θεος μου ο Θεος μου MᵖᵗאC, TR Cr vs ο Θεος ο Θεος μου MᵖᵗA vs ο Θεος μου B
⁴40 και Mᵖⁱ𝕲A, TR Cr vs — Mᵖᵗ

32 ᵒאB vs 𝕸AC   32 ᵀσυν אB vs 𝕸AC
33 ⸀και γενομενης אB vs 𝕸AC
34 ⸀¹ενατη ωρα אB vs 𝕸AC   34 ᵒאB vs 𝕸AC
34 ⸀²εγκατελιπες με B (εκατελιπες με א*) vs 𝕸 (A)C
35 ⸀ιδε אB vs MA; (οτι C)   36 ⸀τις אB vs 𝕸AC
36 ᵒ¹B vs 𝕸אAC,[Cr]   36 ᵒ²אB vs 𝕸AC   38 ·απ B vs 𝕸אAC
39 ᵒאB vs 𝕸AC   39 ˢ312465 אB vs 𝕸AC   40 ᵒ¹אB vs 𝕸AC
40 ᵒ²𝕲 vs MA

34 Ps. 22:1

Ἰακώβου τοῦ μικροῦ καὶ ⸀Ἰωσῆ μήτηρ καὶ Σαλώμη, **41** ⸂αἳ
καὶ⸃ ὅτε ἦν ἐν τῇ Γαλιλαίᾳ ἠκολούθουν αὐτῷ καὶ διηκόνουν
αὐτῷ, καὶ ἄλλαι πολλαὶ αἱ συναναβᾶσαι αὐτῷ εἰς
Ἱεροσόλυμα.

Jesus Is Buried in Joseph's Tomb
(Mt. 27:57-61; Lk. 23:50-56; Jn. 19:38-42)

42 Καὶ ἤδη ὀψίας γενομένης, ἐπεὶ ἦν Παρασκευή,[1] ὅ ἐστι
προσάββατον,[2] **43** ἦλθεν[3] Ἰωσὴφ °ὁ ἀπὸ Ἀριμαθαίας,
εὐσχήμων βουλευτής, ὃς καὶ αὐτὸς ἦν προσδεχόμενος τὴν
βασιλείαν τοῦ Θεοῦ, τολμήσας εἰσῆλθε πρὸς ⸆Πιλᾶτον καὶ
ᾐτήσατο τὸ σῶμα τοῦ Ἰησοῦ. **44** Ὁ δὲ Πιλᾶτος ἐθαύμασεν
εἰ ἤδη τέθνηκε· καὶ προσκαλεσάμενος τὸν κεντυρίωνα
ἐπηρώτησεν αὐτὸν εἰ πάλαι ἀπέθανε. **45** Καὶ γνοὺς ἀπὸ
τοῦ κεντυρίωνος ἐδωρήσατο τὸ ⸀σῶμα τῷ Ἰωσήφ. **46** Καὶ
ἀγοράσας σινδόνα °καὶ καθελὼν αὐτὸν ἐνείλησε τῇ σιν-
δόνι καὶ ⸀κατέθηκεν αὐτὸν ἐν μνημείῳ ὃ ἦν λελατομη-
μένον ἐκ πέτρας, καὶ προσεκύλισε λίθον ἐπὶ τὴν θύραν
τοῦ μνημείου. **47** Ἡ δὲ Μαρία ἡ Μαγδαληνὴ καὶ Μαρία ⸆
⸀¹Ἰωσῆ ἐθεώρουν ποῦ ⸀²τίθεται.

He Is Not Here for He Is Risen
(Mt. 28:1-8; Lk. 24:1-12; Jn. 20:1-10)

16 Καὶ διαγενομένου τοῦ σαββάτου, Μαρία ἡ Μαγδα-
ληνὴ καὶ Μαρία[4] Ἰακώβου[5] καὶ Σαλώμη ἠγόρασαν

---

[1]**42** ην παρασκευη **Mϴ**A, **TR Cr** vs παρασκευη ην M^{r}
[2]**42** προσαββατον M^{pt}ϴ, **TR Cr** vs προσσαββατον M^{pt}A
[3]**43** ηλθεν M^{pt}, **TR** vs ελθων M^{pt}ϴA, **Cr**
[4]**1** Μαρια **M** vs + η M^{1} ϴA, **TR Cr**
[5]**1** Ιακωβου 𝔐 ℵ*C vs του Ιακωβου BA, **TR** [**Cr**]

---

40 ⸀Ιωσητος (η Ιωσητος B) vs 𝔐 ℵ*AC **41** ⸂αι ℵB vs 𝔐; (και AC)
43 °B vs 𝔐 ℵAC, [**Cr**] **43** ⸆τον ℵB vs 𝔐 AC
45 ⸀πτωμα ℵB vs 𝔐 AC **46** °ℵB vs 𝔐 AC
46 ⸀εθηκεν ℵB vs 𝔐 C*; (καθηκεν A)
47 ⸆η BAC vs 𝔐; (−και Μαρια, verse 47, to Μαγδαληνη, 16:1 ℵ*)
47 ⸀¹Ιωσητος B vs 𝔐 C; (Ιωσηφ A; −και Μαρια, verse 47, to Μαγδαληνη, 16:1 ℵ*)
47 ⸀²τεθειται B (A) C vs 𝔐; (−και Μαρια, verse 47, to Μαγδαληνη, 16:1 ℵ*)

ἀρώματα ἵνα ἐλθοῦσαι ἀλείψωσιν αὐτόν.¹ 2 Καὶ λίαν πρωῒ ⸀τῆς μιᾶς⸃ σαββάτων ἔρχονται ἐπὶ τὸ μνημεῖον, ἀνατείλαντος τοῦ ἡλίου. 3 Καὶ ἔλεγον πρὸς ἑαυτάς, "Τίς ἀποκυλίσει ἡμῖν τὸν λίθον ἐκ τῆς θύρας τοῦ μνημείου?" 4 Καὶ ἀναβλέψασαι θεωροῦσιν ὅτι ἀποκεκύλισται ὁ λίθος — ἦν γὰρ μέγας σφόδρα. 5 Καὶ εἰσελθοῦσαι εἰς τὸ μνημεῖον εἶδον νεανίσκον καθήμενον ἐν τοῖς δεξιοῖς περιβεβλημένον στολὴν λευκήν, καὶ ἐξεθαμβήθησαν. 6 Ὁ δὲ λέγει αὐταῖς, "Μὴ ἐκθαμβεῖσθε. Ἰησοῦν ζητεῖτε τὸν Ναζαρηνὸν τὸν ἐσταυρωμένον. Ἠγέρθη! Οὐκ ἔστιν ὧδε! Ἴδε, ὁ τόπος ὅπου ἔθηκαν αὐτόν. 7 Ἀλλ᾽ ὑπάγετε εἴπατε τοῖς μαθηταῖς αὐτοῦ καὶ τῷ Πέτρῳ ὅτι Προάγει ὑμᾶς εἰς τὴν Γαλιλαίαν· ἐκεῖ αὐτὸν ὄψεσθε, καθὼς εἶπεν ὑμῖν.᾽" 8 Καὶ ἐξελθοῦσαι² ἔφυγον ἀπὸ τοῦ μνημείου, εἶχε ⸀δὲ αὐτὰς τρόμος καὶ ἔκστασις· καὶ οὐδενὶ οὐδὲν εἶπον, ἐφοβοῦντο γάρ.

Jesus Appears to Mary Magdalene
(Mt. 28:9, 10; Jn. 20:11-18)

9 ◻Ἀναστὰς δὲ πρωῒ³ πρώτῃ σαββάτου ἐφάνη πρῶτον Μαρίᾳ τῇ Μαγδαληνῇ, ⸀ἀφ᾽ ἧς ἐκβεβλήκει ἑπτὰ δαιμόνια. 10 Ἐκείνη πορευθεῖσα ἀπήγγειλε τοῖς μετ᾽ αὐτοῦ γενομένοις, πενθοῦσι καὶ κλαίουσι. 11 Κἀκεῖνοι ἀκούσαντες ὅτι ζῇ καὶ ἐθεάθη ὑπ᾽ αὐτῆς ἠπίστησαν.

Jesus Appears to Two Disciples
(Lk. 24:13-35)

12 Μετὰ δὲ ταῦτα δυσὶν ἐξ αὐτῶν περιπατοῦσιν ἐφανερώθη ἐν ἑτέρᾳ μορφῇ, πορευομένοις εἰς ἀγρόν. 13 Κἀκεῖνοι ἀπελθόντες ἀπήγγειλαν τοῖς λοιποῖς· οὐδὲ ἐκείνοις ἐπίστευσαν.

---

¹1 αυτον 𝕸GA, TR Cr vs τον Ιησουν Mʳ
²8 εξελθουσαι 𝕸GA, Cr vs + ταχυ TR
³9 πρωι MAC, TR Cr vs ο Ιησους πρωι Mʳ

2 ⸀τη μια των ℵ (− τη B) vs 𝕸AC   8 ⸀γαρ ℵB vs 𝕸AC
9-20 ◻ℵB vs 𝕸AC, [Cr]   9 ⸀παρ C* vs 𝕸A

The Great Commission
(Mt. 28:16-20; Lk. 24:36-49; Jn. 20:19-23; Ac. 1:6-8)

14 Ὕστερον ᵀ ἀνακειμένοις αὐτοῖς τοῖς ἕνδεκα ἐφανερώθη· καὶ ὠνείδισε τὴν ἀπιστίαν αὐτῶν καὶ σκληροκαρδίαν ὅτι τοῖς θεασαμένοις αὐτὸν ἐγηγερμένον οὐκ ἐπίστευσαν. **15** Καὶ εἶπεν αὐτοῖς, "Πορευθέντες εἰς τὸν κόσμον ἅπαντα κηρύξατε τὸ εὐαγγέλιον πάσῃ τῇ κτίσει. **16** Ὁ πιστεύσας καὶ βαπτισθεὶς σωθήσεται, ὁ δὲ ἀπιστήσας κατακριθήσεται. **17** Σημεῖα δὲ τοῖς πιστεύσασι ταῦτα παρακολουθήσει· ἐν τῷ ὀνόματί μου δαιμόνια ἐκβαλοῦσι, γλώσσαις λαλήσουσι καιναῖς, **18** ᵀ ὄφεις ἀροῦσι, κἂν θανάσιμόν τι πίωσιν οὐ μὴ αὐτοὺς βλάψῃ,¹ ἐπὶ ἀρρώστους χεῖρας ἐπιθήσουσι καὶ καλῶς ἕξουσιν."

The Lord Ascends to God's Right Hand
(Lk. 24:50-53; Ac. 1:9-11)

19 Ὁ μὲν οὖν Κύριος, ᵀ μετὰ τὸ λαλῆσαι αὐτοῖς, ἀνελήφθη εἰς τὸν οὐρανὸν καὶ ἐκάθισεν ἐκ δεξιῶν τοῦ Θεοῦ. **20** Ἐκεῖνοι δὲ ἐξελθόντες ἐκήρυξαν πανταχοῦ, τοῦ Κυρίου συνεργοῦντος καὶ τὸν λόγον βεβαιοῦντος διὰ τῶν ἐπακολουθούντων σημείων. ° Ἀμήν. ⸜

---

¹18 βλαψη 𝕸 AC, Cr vs βλαψει TR

---

14 ᵀδε A, [Cr] vs 𝕸 C   18 ᵀκαι εν ταις χερσιν C, [Cr] vs 𝕸 A
19 ᵀΙησους C* vs 𝕸 A   20 °A vs 𝕸 C*ᵛⁱᵈ

ΚΑΤΑ ΛΟΥΚΑΝ

Dedication to Theophilus by Luke

ΕΠΕΙΔΗΠΕΡ πολλοὶ ἐπεχείρησαν ἀνατάξασθαι διήγησιν περὶ τῶν πεπληροφορημένων ἐν ἡμῖν πραγμάτων, **2** καθὼς παρέδοσαν ἡμῖν οἱ ἀπ᾽ ἀρχῆς αὐτόπται καὶ ὑπηρέται γενόμενοι τοῦ λόγου, **3** ἔδοξε κἀμοί, παρηκολουθηκότι ἄνωθεν πᾶσιν ἀκριβῶς, καθεξῆς σοι γράψαι, κράτιστε Θεόφιλε, **4** ἵνα ἐπιγνῷς περὶ ὧν κατηχήθης λόγων τὴν ἀσφάλειαν.

Gabriel Announces John's Birth to Zacharias

5 Ἐγένετο ἐν ταῖς ἡμέραις Ἡρῴδου °τοῦ βασιλέως τῆς Ἰουδαίας ἱερεύς τις ὀνόματι Ζαχαρίας, ἐξ ἐφημερίας Ἀβιά. Καὶ ⌜ἡ γυνὴ αὐτοῦ⌝ ἐκ τῶν θυγατέρων Ἀαρών, καὶ τὸ ὄνομα αὐτῆς Ἐλισάβετ. **6** Ἦσαν δὲ δίκαιοι ἀμφότεροι ⌜ἐνώπιον τοῦ Θεοῦ, πορευόμενοι ἐν πάσαις ταῖς ἐντολαῖς καὶ δικαιώμασι τοῦ Κυρίου ἄμεμπτοι. **7** Καὶ οὐκ ἦν αὐτοῖς τέκνον, καθότι ⌜ἡ Ἐλισάβετ ἦν⌝ στεῖρα, καὶ ἀμφότεροι προβεβηκότες ἐν ταῖς ἡμέραις αὐτῶν ἦσαν.

8 Ἐγένετο δὲ ἐν τῷ ἱερατεύειν αὐτὸν ἐν τῇ τάξει τῆς ἐφημερίας αὐτοῦ ἔναντι τοῦ Θεοῦ, **9** κατὰ τὸ ἔθος τῆς ἱερατείας, ἔλαχε τοῦ θυμιάσαι εἰσελθὼν εἰς τὸν ναὸν τοῦ Κυρίου. **10** Καὶ πᾶν τὸ πλῆθος ἦν τοῦ λαοῦ[1] προσευχόμενον ἔξω τῇ ὥρᾳ τοῦ θυμιάματος. **11** Ὤφθη δὲ αὐτῷ ἄγγελος

In Luke 𝕲 = 𝔓⁷⁵𝔑BC

[1]**10** ην του λαου Mᵖᵗ𝔑B, Cr vs του λαου ην MᵖᵗAC, TR

5 °𝔑B vs 𝔐 AC   **5** ⌜γυνη αυτω 𝕲 (h.𝔓⁷⁵) vs 𝔐 A
6 ⌜εναντιον 𝕲 (h.𝔓⁷⁵) vs 𝔐 A   **7** ⌜312 𝔑 vs 𝔐 AC; (32 B)

Κυρίου, ἑστὼς ἐκ δεξιῶν τοῦ θυσιαστηρίου τοῦ θυμιάματος. 12 Καὶ ἐταράχθη Ζαχαρίας ἰδών, καὶ φόβος ἐπέπεσεν ἐπ᾽ αὐτόν.

13 Εἶπε δὲ πρὸς αὐτὸν ὁ ἄγγελος, "Μὴ φοβοῦ, Ζαχαρία, διότι εἰσηκούσθη ἡ δέησίς σου, καὶ ἡ γυνή σου Ἐλισάβετ γεννήσει υἱόν σοι, καὶ καλέσεις τὸ ὄνομα αὐτοῦ Ἰωάννην. 14 Καὶ ἔσται χαρά σοι καὶ ἀγαλλίασις, καὶ πολλοὶ ἐπὶ τῇ γεννήσει¹ αὐτοῦ χαρήσονται. 15 Ἔσται γὰρ μέγας ἐνώπιον τοῦ² Κυρίου, καὶ οἶνον καὶ σίκερα οὐ μὴ πίῃ, καὶ Πνεύματος Ἁγίου πλησθήσεται ἔτι ἐκ κοιλίας μητρὸς αὐτοῦ. 16 Καὶ πολλοὺς τῶν υἱῶν Ἰσραὴλ ἐπιστρέψει ἐπὶ Κύριον τὸν Θεὸν αὐτῶν. 17 Καὶ αὐτὸς προελεύσεται ἐνώπιον αὐτοῦ ἐν πνεύματι καὶ δυνάμει Ἡλίου, ἐπιστρέψαι καρδίας πατέρων ἐπὶ τέκνα, καὶ ἀπειθεῖς ἐν φρονήσει δικαίων, ἑτοιμάσαι Κυρίῳ λαὸν κατεσκευασμένον."

18 Καὶ εἶπε Ζαχαρίας πρὸς τὸν ἄγγελον, "Κατὰ τί γνώσομαι τοῦτο; Ἐγὼ γάρ εἰμι πρεσβύτης καὶ ἡ γυνή μου προβεβηκυῖα ἐν ταῖς ἡμέραις αὐτῆς."

19 Καὶ ἀποκριθεὶς ὁ ἄγγελος εἶπεν αὐτῷ, "Ἐγώ εἰμι Γαβριὴλ ὁ παρεστηκὼς ἐνώπιον τοῦ Θεοῦ, καὶ ἀπεστάλην λαλῆσαι πρός σε, καὶ εὐαγγελίσασθαί σοι ταῦτα. 20 Καὶ ἰδού, ἔσῃ σιωπῶν καὶ μὴ δυνάμενος λαλῆσαι ἄχρι ἧς ἡμέρας γένηται ταῦτα, ἀνθ᾽ ὧν οὐκ ἐπίστευσας τοῖς λόγοις μου, οἵτινες πληρωθήσονται εἰς τὸν καιρὸν αὐτῶν."

21 Καὶ ἦν ὁ λαὸς προσδοκῶν τὸν Ζαχαρίαν, καὶ ἐθαύμαζον ἐν τῷ χρονίζειν ˢαὐτὸν ἐν τῷ ναῷ.ˣ 22 Ἐξελθὼν δὲ οὐκ ⸀ἠδύνατο λαλῆσαι αὐτοῖς· καὶ ἐπέγνωσαν ὅτι ὀπτασίαν ἑώρακεν ἐν τῷ ναῷ· καὶ αὐτὸς ἦν διανεύων αὐτοῖς, καὶ διέμενε κωφός. 23 Καὶ ἐγένετο, ὡς ἐπλήσθησαν αἱ ἡμέραι τῆς λειτουργίας αὐτοῦ, ἀπῆλθεν εἰς τὸν οἶκον αὐτοῦ.

24 Μετὰ δὲ ταύτας τὰς ἡμέρας συνέλαβεν Ἐλισάβετ ἡ γυνὴ αὐτοῦ καὶ περιέκρυβεν ἑαυτὴν μῆνας πέντε, λέγουσα

---

¹14 γεννησει **M**, TR vs γενεσει M¹**G** (h.𝔭⁷⁵)A, Cr
²15 του Mᵖᵗ**B**, TR [Cr] vs −Mᵖᵗ**אAC**

---

21 ˢ2-41 B vs 𝕸**אAC**   22 ⸀εδυνατο **אB*A** vs 𝕸C

25 ὅτι "Οὕτω μοι πεποίηκεν °¹ὁ Κύριος ἐν ἡμέραις αἷς ἐπεῖδεν ἀφελεῖν °²τὸ ὄνειδός μου ἐν ἀνθρώποις."

Gabriel Announces Christ's Birth to Mary

26 Ἐν δὲ τῷ μηνὶ τῷ ἕκτῳ ἀπεστάλη ὁ ἄγγελος Γαβριὴλ ⌐ὑπὸ τοῦ Θεοῦ εἰς πόλιν τῆς Γαλιλαίας ᾗ ὄνομα Ναζαρέτ,¹ 27 πρὸς παρθένον ⌐μεμνηστευμένην ἀνδρὶ ᾧ ὄνομα Ἰωσήφ, ἐξ οἴκου Δαβίδ. Καὶ τὸ ὄνομα τῆς παρθένου Μαριάμ. 28 Καὶ εἰσελθὼν ⌐ὁ ἄγγελος πρὸς αὐτὴν⌐ εἶπε, "Χαῖρε, κεχαριτωμένη, ὁ Κύριος μετά σου, □εὐλογημένη σὺ ἐν γυναιξίν⌐!" 29 Ἡ δὲ °ἰδοῦσα ⌐διεταράχθη ἐπὶ τῷ λόγῳ αὐτοῦ,⌐ καὶ διελογίζετο ποταπὸς εἴη ὁ ἀσπασμὸς οὗτος. 30 Καὶ εἶπεν ὁ ἄγγελος αὐτῇ, "Μὴ φοβοῦ, Μαριάμ, εὗρες γὰρ χάριν παρὰ τῷ Θεῷ. 31 Καὶ ἰδού, συλλήψῃ ἐν γαστρὶ καὶ τέξῃ Υἱόν, καὶ καλέσεις τὸ ὄνομα αὐτοῦ Ἰησοῦν. 32 Οὗτος ἔσται μέγας καὶ Υἱὸς Ὑψίστου κληθήσεται· καὶ δώσει αὐτῷ Κύριος ὁ Θεὸς τὸν θρόνον Δαβὶδ τοῦ πατρὸς αὐτοῦ. 33 Καὶ βασιλεύσει ἐπὶ τὸν οἶκον Ἰακὼβ εἰς τοὺς αἰῶνας, καὶ τῆς βασιλείας αὐτοῦ οὐκ ἔσται τέλος."

34 Εἶπε δὲ Μαριὰμ πρὸς τὸν ἄγγελον, "Πῶς ἔσται² τοῦτο, ἐπεὶ ἄνδρα οὐ γινώσκω;"

35 Καὶ ἀποκριθεὶς ὁ ἄγγελος εἶπεν αὐτῇ, "Πνεῦμα Ἅγιον ἐπελεύσεται ἐπὶ σέ, καὶ δύναμις Ὑψίστου ἐπισκιάσει σοι· διὸ καὶ τὸ γεννώμενον Ἅγιον κληθήσεται Υἱὸς Θεοῦ. 36 Καὶ ἰδού, Ἐλισάβετ ἡ ⌐¹συγγενής σου, καὶ αὐτὴ ⌐²συνειληφυῖα υἱὸν ἐν γήρει³ αὐτῆς, καὶ οὗτος μὴν ἕκτος ἐστὶν αὐτῇ καλουμένῃ στείρᾳ. 37 Ὅτι οὐκ ἀδυνατήσει παρὰ ⌐τῷ Θεῷ⌐ πᾶν ῥῆμα."

---

¹26 Ναζαρετ 𝕸אB, TR vs Ναζαρεθ Μ¹C, Cr vs Ναζαραθ A
²34 εσται Μᵖᵗ𝕲 (h.𝔭⁷⁵) A, TR Cr vs +μοι Μᵖᵗ
³36 γηρει 𝕸𝕲 (h.𝔭⁷⁵) A, Cr vs γηρα TR

---

25 °¹אC vs 𝕸 BA   25 °²אB* vs 𝕸 AC
26 ⌐απο אB vs 𝕸 AC   27 ⌐εμνηστευμενην א*B*A vs 𝕸 C
28 ⌐34 B vs 𝕸 AC; (3412 א)   28 □אB vs 𝕸 AC
29 °אB vs 𝕸 AC   29 ⌐2-41 אB vs 𝕸 A; (1 C*)
36 ⌐¹συγγενις אB*A vs 𝕸 C*   36 ⌐²συνειληφεν אB vs 𝕸 AC
37 ⌐του Θεου א*B vs 𝕸 AC

38 Εἶπε δὲ Μαριάμ, "'Ιδού, ἡ δούλη Κυρίου· γένοιτό μοι κατὰ τὸ ῥῆμά σου." Καὶ ἀπῆλθεν ἀπ᾽ αὐτῆς ὁ ἄγγελος.

Mary Visits Elizabeth

39 'Αναστᾶσα δὲ Μαριὰμ ἐν ταῖς ἡμέραις ταύταις ἐπορεύθη εἰς τὴν ὀρεινὴν μετὰ σπουδῆς, εἰς πόλιν 'Ιούδα, **40** καὶ εἰσῆλθεν εἰς τὸν οἶκον Ζαχαρίου καὶ ἠσπάσατο τὴν 'Ελισάβετ. **41** Καὶ ἐγένετο ὡς ἤκουσεν ˢἡ 'Ελισάβετ τὸν ἀσπασμὸν τῆς Μαρίας,ˡ ἐσκίρτησε τὸ βρέφος ἐν τῇ κοιλίᾳ αὐτῆς, καὶ ἐπλήσθη Πνεύματος 'Αγίου ἡ 'Ελισάβετ.

42 Καὶ ἀνεφώνησε ˹φωνῇ μεγάλῃ καὶ εἶπεν, "Εὐλογημένη σὺ ἐν γυναιξί, καὶ εὐλογημένος ὁ Καρπὸς τῆς κοιλίας σου! **43** Καὶ πόθεν μοι τοῦτο, ἵνα ἔλθῃ ἡ μήτηρ τοῦ Κυρίου μου πρός ˹με? **44** 'Ιδοὺ γάρ, ὡς ἐγένετο ἡ φωνὴ τοῦ ἀσπασμοῦ σου εἰς τὰ ὦτά μου, ἐσκίρτησε τὸ βρέφος ἐν ἀγαλλιάσει[1] ἐν τῇ κοιλίᾳ μου. **45** Καὶ μακαρία ἡ πιστεύσασα, ὅτι ἔσται τελείωσις τοῖς λελαλημένοις αὐτῇ παρὰ Κυρίου."

Mary's Magnificat

46 Καὶ εἶπε Μαριάμ,

47 "Μεγαλύνει ἡ ψυχή μου τὸν Κύριον,
    Καὶ ἠγαλλίασε τὸ πνεῦμά μου ἐπὶ τῷ Θεῷ τῷ Σωτῆρί μου.

48 "Ὅτι ἐπέβλεψεν ἐπὶ τὴν ταπείνωσιν τῆς δούλης αὐτοῦ·
    'Ιδοὺ γάρ, ἀπὸ τοῦ νῦν μακαριοῦσί με πᾶσαι αἱ γενεαί.

49 "Ὅτι ἐποίησέ μοι ˹μεγαλεῖα ὁ Δυνατός,
    Καὶ ἅγιον τὸ ὄνομα αὐτοῦ.

50 Καὶ τὸ ἔλεος αὐτοῦ εἰς ˹γενεὰς γενεῶν˺
    Τοῖς φοβουμένοις αὐτόν.

[1]44 το βρεφος εν αγαλλιασει 𝕸A vs εν αγαλλιασει το βρεφος 𝕲 (h.𝔓⁷⁵), TR Cr

41 ˢ3-612 𝕲 (h.𝔓⁷⁵) vs 𝕸A   42 ˹κραυγη B vs 𝕸ℵAC
43 ˹εμε ℵ*B vs 𝕸AC   49 ˹μεγαλα ℵ*B vs 𝕸AC
50 ˹γενεας και γενεας BC* vs ΜA; (γενεαν και γενεαν ℵ)

51 Ἐποίησε κράτος ἐν βραχίονι αὐτοῦ·
   Διεσκόρπισεν ὑπερηφάνους διανοίᾳ καρδίας αὐτῶν.
52 Καθεῖλε δυνάστας ἀπὸ θρόνων,
   Καὶ ὕψωσε ταπεινούς.
53 Πεινῶντας ἐνέπλησεν ἀγαθῶν,
   Καὶ πλουτοῦντας ἐξαπέστειλε κενούς.
54 Ἀντελάβετο Ἰσραὴλ παιδὸς αὐτοῦ,
   Μνησθῆναι ἐλέους,
55 Καθὼς ἐλάλησε πρὸς τοὺς πατέρας ἡμῶν,
   Τῷ Ἀβραὰμ καὶ τῷ σπέρματι αὐτοῦ εἰς τὸν αἰῶνα.¹ʺ

56 Ἔμεινε δὲ Μαριὰμ σὺν αὐτῇ ⌜ὡσεὶ⌝ μῆνας τρεῖς, καὶ ὑπέστρεψεν εἰς τὸν οἶκον αὐτῆς.

The Birth of John the Baptist

57 Τῇ δὲ Ἐλισάβετ ἐπλήσθη ὁ χρόνος τοῦ τεκεῖν αὐτήν, καὶ ἐγέννησεν υἱόν. 58 Καὶ ἤκουσαν οἱ περίοικοι καὶ οἱ συγγενεῖς αὐτῆς ὅτι ἐμεγάλυνε Κύριος τὸ ἔλεος αὐτοῦ μετ᾽ αὐτῆς, καὶ συνέχαιρον αὐτῇ.

The Circumcision of John the Baptist

59 Καὶ ἐγένετο ἐν τῇ ⌜ὀγδόῃ ἡμέρᾳ⌝ ἦλθον περιτεμεῖν τὸ παιδίον, καὶ ἐκάλουν αὐτὸ ἐπὶ τῷ ὀνόματι τοῦ πατρὸς αὐτοῦ Ζαχαρίαν.

60 Καὶ ἀποκριθεῖσα ἡ μήτηρ αὐτοῦ εἶπεν, "Οὐχί, ἀλλὰ κληθήσεται Ἰωάννης."

61 Καὶ εἶπον πρὸς αὐτὴν ὅτι "Οὐδείς ἐστιν ⌜ἐν τῇ συγγενείᾳ⌝ σου ὃς καλεῖται τῷ ὀνόματι τούτῳ."
62 Ἐνένευον δὲ τῷ πατρὶ αὐτοῦ τὸ τί ἂν θέλοι καλεῖσθαι ⌜αὐτόν.

63 Καὶ αἰτήσας πινακίδιον ἔγραψε λέγων, "᾽Ιωάννης ἐστὶ² ᵒτὸ ὄνομα αὐτοῦ." Καὶ ἐθαύμασαν πάντες.

---

¹55 εις τον αιωνα MᵖᵗℵBA, TR Cr vs εως αιωνος MᵖᵗC
²63 εστι(ν) MℵBA, TR Cr vs εσται MᶜC

56 ⌜ως ℵB vs 𝔐AC   59 ⌜ημερα τη ογδοη 𝕲 (h.𝔭⁷⁵) vs 𝔐A
61 ⌜ εκ της συγγενειας 𝕲 (h.𝔭⁷⁵)A vs 𝔐
62 ⌜αυτο ℵB vs 𝔐AC   63 ᵒB* vs 𝔐ℵAC

64 Ἀνεῴχθη δὲ τὸ στόμα αὐτοῦ παραχρῆμα καὶ ἡ γλῶσσα αὐτοῦ, καὶ ἐλάλει εὐλογῶν τὸν Θεόν. 65 Καὶ ἐγένετο ἐπὶ πάντας φόβος τοὺς περιοικοῦντας αὐτούς· καὶ ἐν ὅλῃ τῇ ὀρεινῇ τῆς Ἰουδαίας διελαλεῖτο πάντα τὰ ῥήματα ταῦτα. 66 Καὶ ἔθεντο πάντες οἱ ἀκούσαντες ἐν τῇ καρδίᾳ αὐτῶν, λέγοντες, "Τί ἄρα τὸ παιδίον τοῦτο ἔσται?" Καὶ ᵀ χεὶρ Κυρίου ἦν μετ᾽ αὐτοῦ.

Zacharias' Benedictus

67 Καὶ Ζαχαρίας ὁ πατὴρ αὐτοῦ ἐπλήσθη Πνεύματος Ἁγίου καὶ ·προεφήτευσε λέγων,

68 "Εὐλογητὸς Κύριος ὁ Θεὸς τοῦ Ἰσραήλ,
  Ὅτι ἐπεσκέψατο καὶ ἐποίησε λύτρωσιν τῷ λαῷ αὐτοῦ,

69 Καὶ ἤγειρε κέρας σωτηρίας ἡμῖν
  Ἐν ᵒ¹τῷ οἴκῳ Δαβὶδ ᵒ²τοῦ παιδὸς αὐτοῦ.

70 Καθὼς ἐλάλησε διὰ στόματος τῶν ἁγίων ᵒτῶν ἀπ᾽ αἰῶνος προφητῶν αὐτοῦ,

71 Σωτηρίαν ἐξ ἐχθρῶν ἡμῶν καὶ ἐκ χειρὸς πάντων τῶν μισούντων ἡμᾶς,

72 Ποιῆσαι ἔλεος μετὰ τῶν πατέρων ἡμῶν
  Καὶ μνησθῆναι διαθήκης ἁγίας αὐτοῦ,

73 Ὅρκον ὃν ὤμοσε πρὸς Ἀβραὰμ τὸν πατέρα ἡμῶν·
  Τοῦ δοῦναι ἡμῖν 74 ἀφόβως ἐκ χειρὸς ῾τῶν ἐχθρῶν ἡμῶν᾽ ῥυσθέντας,
  Λατρεύειν αὐτῷ 75 ἐν ὁσιότητι καὶ δικαιοσύνῃ
  Ἐνώπιον αὐτοῦ ῾πάσας τὰς ἡμέρας᾽ τῆς ζωῆς¹ ἡμῶν.

76 Καὶ σύ, ᵀ παιδίον, προφήτης Ὑψίστου κληθήσῃ,

¹75 της ζωης M, TR vs −M¹ G (h.𝔭⁷⁵) A, Cr

66 ᵀγαρ G (h.𝔭⁷⁵) vs 𝕸A   67 ·επροφητευσεν G (h.𝔭⁷⁵)A vs 𝕸
69 ᵒ¹G (h.𝔭⁷⁵) vs 𝕸A   69 ᵒ²אB vs 𝕸AC   70 ᵒאB vs 𝕸AC
74 ῾εχθρων אB vs 𝕸C (των εχρων ημων A)
75 ῾πασαις ταις ημεραις B vs 𝕸אAC
76 ᵀδε G (h.𝔭⁷⁵) vs 𝕸A

Προπορεύσῃ γὰρ ⌜πρὸ προσώπου⌝ Κυρίου
ἑτοιμάσαι ὁδοὺς αὐτοῦ,
77 Τοῦ δοῦναι γνῶσιν σωτηρίας τῷ λαῷ αὐτοῦ
Ἐν ἀφέσει ἁμαρτιῶν αὐτῶν,
78 Διὰ σπλάγχνα ἐλέους Θεοῦ ἡμῶν,
Ἐν οἷς ⌜ἐπεσκέψατο ἡμᾶς ἀνατολὴ ἐξ ὕψους·
79 Ἐπιφᾶναι τοῖς ἐν σκότει καὶ σκιᾷ θανάτου καθημένοις,
Τοῦ κατευθῦναι τοὺς πόδας ἡμῶν εἰς ὁδὸν εἰρήνης."

80 Τὸ δὲ παιδίον ηὔξανε καὶ ἐκραταιοῦτο πνεύματι, καὶ
ἦν ἐν ταῖς ἐρήμοις ἕως ἡμέρας ἀναδείξεως αὐτοῦ πρὸς τὸν
Ἰσραήλ.

Christ Is Born of Mary
(Mt. 1:18-25)

2 Ἐγένετο δὲ ἐν ταῖς ἡμέραις ἐκείναις ἐξῆλθε δόγμα
παρὰ Καίσαρος Αὐγούστου ἀπογράφεσθαι πᾶσαν
τὴν οἰκουμένην. 2 Αὕτη °ἡ ἀπογραφὴ πρώτη ἐγένετο
ἡγεμονεύοντος τῆς Συρίας Κυρηνίου. 3 Καὶ ἐπορεύοντο
πάντες ἀπογράφεσθαι, ἕκαστος εἰς τὴν ⌜ἰδίαν πόλιν.
4 Ἀνέβη δὲ καὶ Ἰωσὴφ ἀπὸ τῆς Γαλιλαίας ἐκ πόλεως
Ναζαρέτ,¹ εἰς τὴν Ἰουδαίαν, εἰς πόλιν Δαβίδ, ἥτις καλεῖται
Βηθλέεμ, διὰ τὸ εἶναι αὐτὸν ἐξ οἴκου καὶ πατριᾶς Δαβίδ,
5 ἀπογράψασθαι σὺν Μαριὰμ τῇ ⌜μεμνηστευμένῃ αὐτῷ
°γυναικί, οὔσῃ ἐγκύῳ. 6 Ἐγένετο δὲ ἐν τῷ εἶναι αὐτοὺς
ἐκεῖ, ἐπλήσθησαν αἱ ἡμέραι τοῦ τεκεῖν αὐτήν. 7 Καὶ ἔτεκε
τὸν Υἱὸν αὐτῆς τὸν πρωτότοκον, καὶ ἐσπαργάνωσεν
αὐτόν, καὶ ἀνέκλινεν αὐτὸν ἐν °τῇ φάτνῃ, διότι οὐκ ἦν
αὐτοῖς τόπος ἐν τῷ καταλύματι.

Gloria in Excelsis Deo

8 Καὶ ποιμένες ἦσαν ἐν τῇ χώρᾳ τῇ αὐτῇ ἀγραυλοῦντες
καὶ φυλάσσοντες φυλακὰς τῆς νυκτὸς ἐπὶ τὴν ποίμνην
αὐτῶν. 9 Καὶ °ἰδού, ἄγγελος Κυρίου ἐπέστη αὐτοῖς, καὶ

---

¹4 Ναζαρετ MB, **TR** vs Ναζαρεθ M¹**א**, **Cr** vs Ναζαραθ AC

76 ⌜ενωπιον **אB** vs 𝔐 AC　　　78 ⌜επισκεψεται **א*B** vs 𝔐 AC
2 °**א*B** vs 𝔐 AC　　　3 ⌜εαυτου B (εαυτων **א***) vs 𝔐 AC
5 ⌜εμνηστευμενη 𝔊 (h.𝔭⁷⁵)A vs 𝔐　　　5 °**אBC*ᵛⁱᵈ** vs 𝔐 A
7 °**אBA** vs 𝔐　　9 °**אB** vs 𝔐 A

δόξα Κυρίου περιέλαμψεν αὐτούς, καὶ ἐφοβήθησαν φόβον μέγαν.

10 Καὶ εἶπεν αὐτοῖς ὁ ἄγγελος, "Μὴ φοβεῖσθε, ἰδοὺ γάρ, εὐαγγελίζομαι ὑμῖν χαρὰν μεγάλην ἥτις ἔσται παντὶ τῷ λαῷ. 11 Ὅτι ἐτέχθη ὑμῖν σήμερον Σωτήρ, ὅς ἐστι Χριστὸς Κύριος, ἐν πόλει Δαβίδ. 12 Καὶ τοῦτο ὑμῖν τὸ σημεῖον· εὑρήσετε Βρέφος ἐσπαργανωμένον, ᵋκείμενον ἐν φάτνη.¹"

13 Καὶ ἐξαίφνης ἐγένετο σὺν τῷ ἀγγέλῳ πλῆθος στρατιᾶς οὐρανίου αἰνούντων τὸν Θεὸν καὶ λεγόντων,

14   "Δόξα ἐν ὑψίστοις Θεῷ,
Καὶ ἐπὶ γῆς εἰρήνη,
Ἐν ἀνθρώποις ᵋεὐδοκία!"

15 Καὶ ἐγένετο ὡς ἀπῆλθον ἀπ᾽ αὐτῶν εἰς τὸν οὐρανὸν οἱ ἄγγελοι, ᵒκαὶ οἱ ἄνθρωποι` οἱ ποιμένες ᵋεἶπον πρὸς ἀλλήλους, "Διέλθωμεν δὴ ἕως Βηθλέεμ καὶ ἴδωμεν τὸ ῥῆμα τοῦτο τὸ γεγονὸς ὃ ὁ Κύριος ἐγνώρισεν ἡμῖν." 16 Καὶ ἦλθον σπεύσαντες καὶ ἀνεῦρον τήν τε Μαριὰμ καὶ τὸν Ἰωσήφ, καὶ τὸ Βρέφος κείμενον ἐν τῇ φάτνῃ. 17 Ἰδόντες δὲ ᵋδιεγνώρισαν περὶ τοῦ ῥήματος τοῦ λαληθέντος αὐτοῖς περὶ τοῦ παιδίου τούτου. 18 Καὶ πάντες οἱ ἀκούσαντες ἐθαύμασαν περὶ τῶν λαληθέντων ὑπὸ τῶν ποιμένων πρὸς αὐτούς. 19 Ἡ δὲ Μαριὰμ πάντα συνετήρει τὰ ῥήματα ταῦτα, συμβάλλουσα ἐν τῇ καρδίᾳ αὐτῆς. 20 Καὶ ὑπέστρεψαν² οἱ ποιμένες, δοξάζοντες καὶ αἰνοῦντες τὸν Θεὸν ἐπὶ πᾶσιν οἷς ἤκουσαν καὶ εἶδον, καθὼς ἐλαλήθη πρὸς αὐτούς.

The Circumcision of Jesus

21 Καὶ ὅτε ἐπλήσθησαν ἡμέραι ὀκτὼ τοῦ περιτεμεῖν αὐτόν,³ καὶ ἐκλήθη τὸ ὄνομα αὐτοῦ Ἰησοῦς, τὸ κληθὲν ὑπὸ τοῦ ἀγγέλου πρὸ τοῦ συλληφθῆναι αὐτὸν ἐν τῇ κοιλίᾳ.

¹12 φατνη 𝔐 ℵBA, Cr vs τη φατνη TR
²20 υπεστρεψαν 𝔐 ℵBA, Cr vs επεστρεψαν TR
³21 αυτον Mᵖᵗ ᵛⁱᵈℵBA, Cr vs το παιδιον Mᵖᵗ ᵛⁱᵈTR

12 ᵋκαι κειμενον B vs 𝔐 A; (−ℵ*)   14 ᵋευδοκιας ℵ*B*A vs 𝔐
15 ᵒℵB vs 𝔐 A   15 ᵋελαλουν ℵB vs 𝔐 A
17 ᵋεγνωρισαν ℵB vs 𝔐 A

Jesus Is Presented in the Temple

22 Καὶ ὅτε ἐπλήσθησαν αἱ ἡμέραι τοῦ καθαρισμοῦ αὐτῶν κατὰ τὸν νόμον Μωσέως, ἀνήγαγον αὐτὸν εἰς Ἱεροσόλυμα παραστῆσαι τῷ Κυρίῳ **23** (καθὼς γέγραπται ἐν νόμῳ Κυρίου ὅτι «Πᾶν ἄρσεν διανοῖγον μήτραν ἅγιον τῷ Κυρίῳ κληθήσεται»), **24** καὶ τοῦ δοῦναι θυσίαν κατὰ τὸ εἰρημένον ἐν ᵀ νόμῳ Κυρίου, «Ζεῦγος τρυγόνων ἢ δύο νεοσσοὺς¹ περιστερῶν.»

Simeon's *Nunc Dimittis*

25 Καὶ ἰδού,ʳἦν ἄνθρωπος²˒ ἐν Ἱερουσαλὴμ ᾧ ὄνομα Συμεών, καὶ ὁ ἄνθρωπος οὗτος δίκαιος καὶ εὐλαβής, προσδεχόμενος παράκλησιν τοῦ Ἰσραήλ, καὶ Πνεῦμα ἦν Ἅγιον² ἐπ᾽ αὐτόν. **26** Καὶ ἦν αὐτῷ κεχρηματισμένον ὑπὸ τοῦ Πνεύματι τοῦ Ἁγίου μὴ ἰδεῖν θάνατον ʳπρὶν ἢ᾽ ἴδη τὸν Χριστὸν Κυρίου. **27** Καὶ ἦλθεν ἐν τῷ Πνεύματι εἰς τὸ ἱερόν. Καὶ ἐν τῷ εἰσαγαγεῖν τοὺς γονεῖς τὸ παιδίον Ἰησοῦν τοῦ ποιῆσαι αὐτοὺς κατὰ τὸ εἰθισμένον τοῦ νόμου περὶ αὐτοῦ, **28** καὶ αὐτὸς ἐδέξατο αὐτὸ εἰς τὰς ἀγκάλας °αὐτοῦ καὶ εὐλόγησε τὸν Θεὸν καὶ εἶπε,

29 Νῦν ἀπολύεις τὸν δοῦλόν σου, Δέσποτα,
        Κατὰ τὸ ῥῆμά σου, ἐν εἰρήνη·
30 Ὅτι εἶδον οἱ ὀφθαλμοί μου τὸ σωτήριόν σου
31   Ὃ ἡτοίμασας κατὰ πρόσωπον πάντων τῶν λαῶν,
32 Φῶς εἰς ἀποκάλυψιν ἐθνῶν,
        Καὶ δόξαν λαοῦ σου Ἰσραήλ.

33 Καὶ ἦν ʳἸωσὴφ καὶ ἡ μήτηρ °αὐτοῦ θαυμάζοντες ἐπὶ τοῖς λαλουμένοις περὶ αὐτοῦ. **34** Καὶ εὐλόγησεν αὐτοὺς

---

¹24 νεοσσους M A, TR vs νοσσους M¹אB, Cr
²25 ην αγιον 𝔐 אBA, Cr vs αγιον ην TR

---

24 ᵀτω אB vs 𝔐 A   25 ʳאB vs 𝔐 A   26 ʳπριν η αν LR, [Cr]
vs 𝔐 A; (πριν αν B; εως αν א*)   28 °אB vs 𝔐 A
33 ʳο πατηρ αυτου אB vs 𝔐 (ο Ιωσηφ A)   33 °B vs 𝔐 א*A

---

23 Ex. 13:2,12,15   24 Lev. 12:8

Συμεών, καὶ εἶπε πρὸς Μαριὰμ τὴν μητέρα αὐτοῦ, "'Ιδού, οὗτος κεῖται εἰς πτῶσιν καὶ ἀνάστασιν πολλῶν ἐν τῷ 'Ισραήλ, καὶ εἰς σημεῖον ἀντιλεγόμενον 35 (καὶ σοῦ °δὲ αὐτῆς τὴν ψυχὴν διελεύσεται ῥομφαία), ὅπως ἂν ἀποκαλυφθῶσιν ἐκ πολλῶν καρδιῶν διαλογισμοί."

Anna Witnesses About the Redeemer

36 Καὶ ἦν "Αννα προφῆτις, θυγάτηρ Φανουήλ, ἐκ φυλῆς 'Ασήρ. Αὕτη προβεβηκυῖα ἐν ἡμέραις πολλαῖς, ζήσασα ˢἔτη μετὰ ἀνδρὸς ἑπτὰ˻ ἀπὸ τῆς παρθενίας αὐτῆς· 37 καὶ αὐτὴ χήρα ⌜ὡς ἐτῶν ὀγδοήκοντα τεσσάρων, ἣ οὐκ ἀφίστατο °ἀπὸ τοῦ ἱεροῦ, νηστείαις καὶ δεήσεσι λατρεύουσα νύκτα καὶ ἡμέραν. 38 Καὶ °¹αὐτὴ αὐτῇ τῇ ὥρᾳ ἐπιστᾶσα ἀνθωμολογεῖτο τῷ ⌜Κυρίῳ καὶ ἐλάλει περὶ αὐτοῦ πᾶσι τοῖς προσδεχομένοις λύτρωσιν °²ἐν 'Ιερουσαλήμ.

The Family Returns to Nazareth

39 Καὶ ὡς ἐτέλεσαν ⌜¹ἅπαντα τὰ κατὰ τὸν νόμον Κυρίου, ⌜²ὑπέστρεψαν εἰς τὴν Γαλιλαίαν, εἰς °τὴν πόλιν ἑαυτῶν¹ Ναζαρέτ.² 40 Τὸ δὲ παιδίον ηὔξανε καὶ ἐκραταιοῦτο °πνεύματι, πληρούμενον ⌜σοφίας· καὶ χάρις Θεοῦ ἦν ἐπ' αὐτό.

The Boy Jesus Amazes the Doctors of the Law

41 Καὶ ἐπορεύοντο οἱ γονεῖς αὐτοῦ κατ' ἔτος εἰς 'Ιερουσαλὴμ τῇ ἑορτῇ τοῦ Πάσχα. 42 Καὶ ὅτε ἐγένετο ἐτῶν δώδεκα, ⌜ἀναβάντων αὐτῶν ᵔεἰς 'Ιεροσόλυμα˅ κατὰ

---

¹39 εαυτων ΜאΒΑ, Cr vs αυτων TR
²39 Ναζαρετ Μᵖᵗא, TR vs Ναζαρεθ ΜᵖᵗΒ*, Cr vs Ναζαρατ Α

35 °Β vs 𝔐אΑ, [Cr]   36 ˢ2314 אΒ vs Μ; (1423 Α)
37 ⌜εως א*ΒΑ vs 𝔐   37 °Β vs 𝔐Α (εκ א*)   38 °¹אΒΑ vs 𝔐
38 ⌜Θεω אΒ vs 𝔐Α   38 °²אΒ vs 𝔐Α   39 ⌜¹παντα אΒ vs 𝔐Α
39 ⌜²επεστρεψαν Β (επεστρεψεν א*ᵛⁱᵈ) vs 𝔐Α
39 °א*Β vs 𝔐Α   40 °אΒ vs 𝔐Α   40 ⌜σοφια Β vs 𝔐א*Α
42 ⌜αναβαινοντων אΒΑ vs 𝔐   42 ᵔאΒ vs 𝔐ΑCᵛⁱᵈ

τὸ ἔθος τῆς ἑορτῆς 43 καὶ τελειωσάντων τὰς ἡμέρας, ἐν τῷ ὑποστρέφειν αὐτούς, ὑπέμεινεν Ἰησοῦς ὁ Παῖς ἐν Ἰερουσαλήμ· καὶ οὐκ ⌜ἔγνω Ἰωσὴφ καὶ ἡ μήτηρ⌝ αὐτοῦ. 44 Νομίσαντες δὲ αὐτὸν ˢἐν τῇ συνοδίᾳ εἶναι,ᴸ ἦλθον ἡμέρας ὁδόν, καὶ ἀνεζήτουν αὐτὸν ἐν τοῖς •συγγενέσι ⌜καὶ ἐν τοῖς γνωστοῖς.⌝ 45 Καὶ μὴ εὑρόντες °αὐτόν, ὑπέστρεψαν εἰς Ἰερουσαλήμ, ⌜ζητοῦντες αὐτόν. 46 Καὶ ἐγένετο •μεθ᾽ ἡμέρας τρεῖς εὗρον αὐτὸν ἐν τῷ ἱερῷ καθεζόμενον ἐν μέσῳ τῶν διδασκάλων, καὶ ἀκούοντα αὐτῶν καὶ ἐπερωτῶντα αὐτούς. 47 Ἐξίσταντο δὲ πάντες οἱ ἀκούοντες αὐτοῦ ἐπὶ τῇ συνέσει καὶ ταῖς ἀποκρίσεσιν αὐτοῦ. 48 Καὶ ἰδόντες αὐτὸν ἐξεπλάγησαν· καὶ ˢπρὸς αὐτὸν ἡ μήτηρ αὐτοῦ εἶπε,ᴸ "Τέκνον, τί ἐποίησας ἡμῖν οὕτως? Ἰδού, ὁ πατήρ σου κἀγὼ ὀδυνώμενοι ἐζητοῦμέν σε."

49 Καὶ εἶπε πρὸς αὐτούς, "Τί ὅτι ἐζητεῖτέ με? Οὐκ ἤδειτε ὅτι ἐν τοῖς τοῦ Πατρός μου δεῖ εἶναί με?" 50 Καὶ αὐτοὶ οὐ συνῆκαν τὸ ῥῆμα ὃ ἐλάλησεν αὐτοῖς.

Jesus Advances in Wisdom and Favor

51 Καὶ κατέβη μετ᾽ αὐτῶν καὶ ἦλθεν εἰς Ναζαρέτ,¹ καὶ ἦν ὑποτασσόμενος αὐτοῖς. Καὶ ἡ μήτηρ αὐτοῦ διετήρει πάντα τὰ ῥήματα °ταῦτα ἐν τῇ καρδίᾳ αὐτῆς. 52 Καὶ Ἰησοῦς προέκοπτεᵀ σοφίᾳ καὶ ἡλικίᾳ, καὶ χάριτι παρὰ Θεῷ καὶ ἀνθρώποις.

John the Baptist Prepares the Way
(Mt. 3:1-6; Mk. 1:1-6)

3 Ἐν ἔτει δὲ πεντεκαιδεκάτῳ τῆς ἡγεμονίας Τιβερίου Καίσαρος, ἡγεμονεύοντος Ποντίου Πιλάτου τῆς

---

¹51 Ναζαρετ Mᵖᵗℵ, TR vs Ναζαρεθ MᵖᵗB*, Cr vs Ναζαρατ A

---

43 ⌜ἐγνωσαν οι γονεις ℵB vs 𝕸AC   44 ˢ41-3 ℵB vs 𝕸AC
44 •συγγενευσιν B* vs 𝕸ℵAC   44 ⌜134 BAC* vs M; (− ℵ*)
45 °𝕲 (h.𝔭⁷⁵) vs 𝕸A   45 ⌜αναζητουντες BC vs 𝕸ℵ*A
46 •μετα ℵB vs 𝕸AC   48 ˢ61-5 𝕲 (h.𝔭⁷⁵) vs 𝕸A
51 °ℵ*B vs 𝕸AC   52 ᵀεν τη ℵ (τη B), [Cr] vs 𝕸AC

Ἰουδαίας, καὶ ·¹τετραρχοῦντος τῆς Γαλιλαίας Ἡρῴδου, Φιλίππου δὲ τοῦ ἀδελφοῦ αὐτοῦ ·²τετραρχοῦντος τῆς Ἰτουραίας καὶ Τραχωνίτιδος χώρας, καὶ Λυσανίου τῆς Ἀβιληνῆς ·³τετραρχοῦντος, 2 ἐπὶ ἀρχιερέως¹ Ἄννα καὶ Καϊάφα, ἐγένετο ῥῆμα Θεοῦ ἐπὶ Ἰωάννην τὸν² Ζαχαρίου υἱὸν ἐν τῇ ἐρήμῳ. 3 Καὶ ἦλθεν εἰς πᾶσαν °τὴν περίχωρον τοῦ Ἰορδάνου, κηρύσσων βάπτισμα μετανοίας εἰς ἄφεσιν ἁμαρτιῶν, 4 ὡς γέγραπται ἐν βίβλῳ λόγων Ἡσαΐου τοῦ προφήτου, °λέγοντος,

«Φωνὴ βοῶντος
 Ἐν τῇ ἐρήμῳ ἑτοιμάσατε τὴν ὁδὸν Κυρίου,
  Εὐθείας ποιεῖτε τὰς τρίβους αὐτοῦ.
5   Πᾶσα φάραγξ³ πληρωθήσεται
  Καὶ πᾶν ὄρος καὶ βουνὸς ταπεινωθήσεται·
  Καὶ ἔσται τὰ σκολιὰ εἰς εὐθεῖαν
  Καὶ αἱ τραχεῖαι εἰς ὁδοὺς λείας·
6   Καὶ ὄψεται πᾶσα σὰρξ τὸ σωτήριον τοῦ Θεοῦ.΄»

John Exhorts and Preaches to the People
(Mt. 3:7-12; Mk. 1:7, 8; John 1:19-28)

7 Ἔλεγεν οὖν τοῖς ἐκπορευομένοις ὄχλοις βαπτισθῆναι ὑπ᾽ αὐτοῦ, Γεννήματα ἐχιδνῶν! Τίς ὑπέδειξεν ὑμῖν φυγεῖν ἀπὸ τῆς μελλούσης ὀργῆς? 8 Ποιήσατε οὖν καρποὺς ἀξίους τῆς μετανοίας, καὶ μὴ ἄρξησθε λέγειν ἐν ἑαυτοῖς, Πατέρα ἔχομεν τὸν Ἀβραάμ.΄ Λέγω γὰρ ὑμῖν ὅτι δύναται ὁ Θεὸς ἐκ τῶν λίθων τούτων ἐγεῖραι τέκνα τῷ Ἀβραάμ. 9 Ἤδη δὲ καὶ ἡ ἀξίνη πρὸς τὴν ῥίζαν τῶν δένδρων κεῖται. Πᾶν οὖν δένδρον μὴ ποιοῦν καρπὸν καλὸν ἐκκόπτεται καὶ εἰς πῦρ βάλλεται.΄

---

¹2 επι αρχιερεως 𝔐 G (h.𝔭⁷⁵)A, Cr vs επ αρχιερεων TR
²2 τον M G (h.𝔭⁷⁵)A, Cr vs +του TR
³5 φαραγξ Mᵖᵗ ᵛⁱᵈ G (h.𝔭⁷⁵), TR Cr vs φαραξ Mᵖᵗ ᵛⁱᵈ A

---

1 ·¹τετρααρχουντος א*AC vs 𝔐 B   1 ·² ³τετρααρχουντος
א*C vs 𝔐BA   3 °BA vs 𝔐אC, [Cr]   4 °אB vs 𝔐 AC

4-6 Is. 40:3-5

10 Καὶ ἐπηρώτων αὐτὸν οἱ ὄχλοι λέγοντες, "Τί οὖν ποιήσωμεν;"[1]

11 Ἀποκριθεὶς δὲ ᵍλέγει αὐτοῖς, "᾽Ο ἔχων δύο χιτῶνας μεταδότω τῷ μὴ ἔχοντι, καὶ ὁ ἔχων βρώματα ὁμοίως ποιείτω."

12 ῏Ηλθον δὲ καὶ τελῶναι βαπτισθῆναι,[2] καὶ εἶπον πρὸς αὐτόν, "Διδάσκαλε, τί ποιήσωμεν[3]."

13 ῾Ο δὲ εἶπε πρὸς αὐτούς, "Μηδὲν πλέον παρὰ τὸ διατεταγμένον ὑμῖν πράσσετε."

14 Ἐπηρώτων δὲ αὐτὸν καὶ στρατευόμενοι, λέγοντες, "Καὶ ἡμεῖς τί ποιήσωμεν[4]?"

Καὶ εἶπε ᵍπρὸς αὐτούς,ᵍ "Μηδένα διασείσητε μηδὲ συκοφαντήσητε, καὶ ἀρκεῖσθε τοῖς ὀψωνίοις ὑμῶν."

15 Προσδοκῶντος δὲ τοῦ λαοῦ καὶ διαλογιζομένων πάντων ἐν ταῖς καρδίαις αὐτῶν περὶ τοῦ Ἰωάννου, μήποτε αὐτὸς εἴη ὁ Χριστός, 16 ἀπεκρίνατο ᵍὁ Ἰωάννης ἅπασι λέγων,ᵍ "Ἐγὼ μὲν ὕδατι βαπτίζω ὑμᾶς· ἔρχεται δὲ ὁ ἰσχυρότερός μου, οὗ οὐκ εἰμὶ ἱκανὸς λῦσαι τὸν ἱμάντα τῶν ὑποδημάτων αὐτοῦ. Αὐτὸς ὑμᾶς βαπτίσει ἐν Πνεύματι Ἁγίῳ καὶ πυρί· 17 οὗ τὸ πτύον ἐν τῇ χειρὶ αὐτοῦ ᵍκαὶ διακαθαριεῖᵍ τὴν ἅλωνα αὐτοῦ καὶ ᵍσυνάξει τὸν σῖτον εἰς τὴν ἀποθήκην αὐτοῦ, τὸ δὲ ἄχυρον κατακαύσει πυρὶ ἀσβέστῳ."

18 Πολλὰ μὲν οὖν καὶ ἕτερα παρακαλῶν εὐηγγελίζετο τὸν λαόν. 19 ῾Ο δὲ ῾Ηρῴδης ὁ •τετράρχης, ἐλεγχόμενος ὑπ᾽ αὐτοῦ περὶ ῾Ηρῳδιάδος τῆς γυναικὸς[5] τοῦ ἀδελφοῦ αὐτοῦ, καὶ περὶ πάντων ὧν ἐποίησε πονηρῶν ὁ ῾Ηρῴδης,

---

[1]10 ποιησωμεν MᵖᵗG (h.𝔭⁷⁵) A, Cr vs ποιησομεν Mᵖᵗ, TR
[2]12 βαπτισθηναι MᵖᵗℵBA, TR Cr vs +υπ αυτου MᵖᵗC
[3]12 ποιησωμεν MᵖᵗG (h.𝔭⁷⁵) A, Cr vs ποιησομεν Mᵖᵗ, TR
[4]14 και ημεις τι ποιησωμεν Mᵖᵗ vs και ημεις τι ποιησομεν MᵖᵗA, TR vs τι ποιησωμεν και ημεις G (h.𝔭⁷⁵), Cr
[5]19 γυναικος MℵB, Cr vs +Φιλιππου AC, TR

---

11 ᵍελεγεν G (h.𝔭⁷⁵) vs 𝔐A   14 ᵍαυτοις BC* vs 𝔐ℵA
16 ᵍλεγων πασιν ο Ιωαννης ℵ*(B) vs 𝔐AC
17 ᵍδιακαθαραι (ℵ*)B vs 𝔐AC   17ᵍσυναγαγειν ℵ*B vs 𝔐AC
19 •τετρααρχης ℵ*C vs 𝔐BA

20 προσέθηκε καὶ τοῦτο ἐπὶ πᾶσι °¹καὶ κατέκλεισε τὸν Ἰωάννην ἐν °²τῇ φυλακῇ.

Jesus Is Baptized by John
(Mt. 3:13-17; Mk. 1:9-11)

21 Ἐγένετο δὲ ἐν τῷ βαπτισθῆναι ἅπαντα τὸν λαόν, καὶ Ἰησοῦ βαπτισθέντος καὶ προσευχομένου, ἀνεῳχθῆναι τὸν οὐρανὸν **22** καὶ καταβῆναι τὸ Πνεῦμα τὸ Ἅγιον σωματικῷ εἴδει ʳὡσεὶ περιστερὰν ἐπ᾽ αὐτόν, καὶ φωνὴν ἐξ οὐρανοῦ γενέσθαι °λέγουσαν, "Σὺ εἶ ὁ Υἱός μου ὁ ἀγαπητός, ἐν σοὶ εὐδόκησα.¹"

The Genealogy of Jesus Christ
(Cf. Mt. 1:1-17)

23 Καὶ αὐτὸς ἦν °ὁ Ἰησοῦς ʳ¹ὡσεὶ ἐτῶν τριάκοντα ἀρχόμενος,ˋ ὢν ʳ²ὡς ἐνομίζετο υἱὸςˋ Ἰωσήφ,

 τοῦ Ἡλί,
24 τοῦ •¹Ματθάτ, τοῦ Λευί, τοῦ Μελχί,
 τοῦ •² Ἰαννά, τοῦ Ἰωσήφ,
25 τοῦ Ματταθίου, τοῦ Ἀμώς, τοῦ Ναούμ,
 τοῦ Ἐσλί, τοῦ Ναγγαί,
26 τοῦ Μάαθ, τοῦ Ματταθίου, τοῦ •¹Σεμεεί,
 τοῦ ʳ Ἰωσήφ, τοῦ •² Ἰούδα,
27 τοῦ Ἰωανάν,² τοῦ Ῥησά, τοῦ Ζοροβάβελ,
 τοῦ Σαλαθιήλ, τοῦ Νηρί,
28 τοῦ Μελχί, τοῦ Ἀδδί, τοῦ Κωσάμ,
 τοῦ • Ἐλμωδάμ, τοῦ Ἤρ,
29 τοῦ ʳ Ἰωσή, τοῦ Ἐλιέζερ, τοῦ Ἰωρείμ,

¹22 ευδοκησα MᵖᵗℵB, Cr vs ηυδοκησα MᵖᵗA, TR
²27 Ιωαναν MᵖᵗBA, Cr vs Ιωανναν Mᵖᵗ vs Ιωαννα TR vs Ιωαναν ℵ

20 °¹ℵ*B vs 𝔐AC, [Cr]   20 °²ℵB vs 𝔐AC   22 ʳως ℵB vs 𝔐A
22 °ℵB vs 𝔐A   23 °ℵB vs 𝔐A   23 ʳ¹41-3 ℵB vs 𝔐A
23 ʳ²312 ℵB vs 𝔐A   24 •¹Μαθθατ vs ΜΒΑ; (Μαθθαθ ℵ)
24 •²Ιανναι ℵB vs ΜΑ   26 •¹Σεμειν ℵB vs 𝔐A
26 ʳΙωσηχ ℵB vs 𝔐A   26 •²Ιωδα ℵB vs 𝔐A
28 •Ελμαδαμ ℵB vs 𝔐A   29 ʳΙησου ℵB vs 𝔐A

τοῦ •Ματθάτ, τοῦ Λευί,
30   τοῦ Συμεών, τοῦ Ἰούδα, τοῦ Ἰωσήφ,
      τοῦ •¹Ἰωνάν, τοῦ Ἐλιακείμ,
31   τοῦ Μελεᾶ, τοῦ •¹Μαϊνάν, τοῦ Ματταθά,
      τοῦ •²Ναθάν, τοῦ Δαβίδ,
32   τοῦ Ἰεσσαί, τοῦ •¹Ὠβήδ, τοῦ •²Βόοζ,
      τοῦ ᴦΣαλμών, τοῦ Ναασσών,
33   τοῦ Ἀμιναδάβ, τοῦ Ἀράμ, τοῦ Ἰωράμ,¹ τοῦ Ἐσρώμ,
      τοῦ Φάρες, τοῦ Ἰούδα,
34   τοῦ Ἰακώβ, τοῦ Ἰσαάκ, τοῦ Ἀβραάμ,
      τοῦ Θάρρα,² τοῦ Ναχώρ,
35   τοῦ Σερούχ,³ τοῦ Ῥαγαῦ,⁴ τοῦ Φάλεγ,⁵
      τοῦ Ἔβερ, τοῦ Σαλά,
36   τοῦ •Καϊνάν, τοῦ Ἀρφαξάδ, τοῦ Σήμ,
      τοῦ Νῶε, τοῦ Λάμεχ,
37   τοῦ Μαθουσάλα, τοῦ Ἐνώχ, τοῦ •¹Ἰάρεδ,
      τοῦ Μαλελεήλ, τοῦ •²Καϊνάν,
38   τοῦ Ἐνώς, τοῦ Σήθ, τοῦ Ἀδάμ,
      τοῦ Θεοῦ.

Satan Tempts Jesus
(Mt. 4:1-11; Mk. 1:12,13)

4 Ἰησοῦς δὲ Πνεύματος Ἁγίου πλήρης⁶ ὑπέστρεψεν
ἀπὸ τοῦ Ἰορδάνου καὶ ἤγετο ἐν τῷ Πνεύματι ᶠεἰς τὴν

---

¹33 Αραμ του Ιωραμ **M** vs Αραμ **A**, **TR** vs Αδμιν του Αρνι **אB**, **Cr**
²34 Θαρρα **M**ᵖᵗ vs Θαρα **M**ᵖᵗ**א*BA**, **TR Cr**
³35 Σερουχ 𝕸**אBA**, **Cr** vs Σαρουχ **TR**
⁴35 Ραγαυ **MאBA**, **TR Cr** vs Ραγαβ **M**ᴦ
⁵35 Φαλεγ **M**ᵖᵗ**A** vs Φαλεκ **M**ᵖᵗ**אB**, **TR Cr**
⁶1 Πνευματος Αγιου πληρης **M**ᵖᵗ**A**, **TR** vs πληρης Πνευματος Αγιου
Mᵖᵗ𝔭⁷⁵ ᵛⁱᵈ**אB**, **Cr**

---

29 •Μαθθατ **B*** vs **M**; (Ματταθ **A**; Μαθθααθ **א***)
30 •Ιωναμ **אB** vs **M**; (Ιωαναν **A**)
31 •¹Μεννα **אB** vs 𝕸; (− του Μαιναν **A**)   31 •²Ναθαμ **א*B** vs 𝕸**A**
32 •¹Ιωβηδ **A** vs **M**; (Ιωβηλ **א*B**)
32 •²Βοος **BA** vs 𝕸; (Βαλλς **א***)   32 ᴦΣαλα **א*B** vs 𝕸**A**
36 •Καιναμ **אB** vs 𝕸**A**   37 •¹Ιαρετ **אB*** vs 𝕸; (Ιαρεθ **A**)
37 •²Καιναμ **א** vs 𝕸**BA**   1 ᶠεν τη ερημω **אB** vs 𝕸**A**

ἔρημον῍ 2 ἡμέρας •τεσσαράκοντα πειραζόμενος ὑπὸ τοῦ διαβόλου. Καὶ οὐκ ἔφαγεν οὐδὲν ἐν ταῖς ἡμέραις ἐκείναις, καὶ συντελεσθεισῶν αὐτῶν, °ὕστερον ἐπείνασε. 3 ῾Καὶ εἶπεν῍ αὐτῷ ὁ διάβολος, "Εἰ Υἱὸς εἶ τοῦ Θεοῦ εἰπὲ τῷ λίθῳ τούτῳ ἵνα γένηται ἄρτος."

4 Καὶ ἀπεκρίθη ῾ Ἰησοῦς πρὸς αὐτόν, λέγων,῍ "Γέγραπται ὅτι

«Οὐκ ἐπ᾽ ἄρτῳ μόνῳ ζήσεται¹ ἄνθρωπος
□ Ἀλλ᾽ ἐπὶ παντὶ ῥήματι Θεοῦ.῍»"

5 Καὶ ἀναγαγὼν αὐτὸν □ὁ διάβολος εἰς ὄρος ὑψηλὸν῍ ἔδειξεν αὐτῷ πάσας τὰς βασιλείας τῆς οἰκουμένης ἐν στιγμῇ χρόνου. 6 Καὶ εἶπεν αὐτῷ ὁ διάβολος, "Σοὶ δώσω τὴν ἐξουσίαν ταύτην ἅπασαν καὶ τὴν δόξαν αὐτῶν· ὅτι ἐμοὶ παραδέδοται, καὶ ᾧ ἐὰν θέλω δίδωμι αὐτήν. 7 Σὺ οὖν ἐὰν προσκυνήσῃς ἐνώπιον ἐμοῦ,² ἔσται σου³ πᾶσα.⁴"

8 Καὶ ἀποκριθεὶς ˢ¹αὐτῷ εἶπεν ὁ Ἰησοῦς,ᴸ "□ Ὕπαγε ὀπίσω μου, Σατανᾶ!῍ Γέγραπται,⁵

«ˢ²Προσκυνήσεις Κύριον τὸν Θεόν σου,ᴸ
Καὶ αὐτῷ μόνῳ λατρεύσεις.»"

9 ῾Καὶ ἤγαγεν῍ αὐτὸν εἰς Ἰερουσαλὴμ καὶ ἔστησεν °αὐτὸν ἐπὶ τὸ πτερύγιον τοῦ ἱεροῦ καὶ εἶπεν αὐτῷ, "Εἰ⁶ Υἱὸς εἶ τοῦ Θεοῦ, βάλε σεαυτὸν ἐντεῦθεν κάτω. 10 Γέγραπται γὰρ ὅτι

---

¹4 ζησεται 𝔐 vs + ο אBA, TR Cr
²7 εμου Mא*B, Cr vs μου A,TR
³7 σου MאBA, TR Cr vs σοι Mʳ
⁴7 πασα 𝔐אBA, Cr vs παντα TR
⁵8 γεγραπται MאBA, Cr vs + γαρ TR
⁶9 ει 𝔐אBA, Cr vs + ο TR

---

2 •τεσσερακοντα B*A vs 𝔐; (p̄ 𝔭⁷⁵א)   2 °אB vs 𝔐A
3 ῾ειπεν δε אB vs 𝔐A   4 ῾προς αυτον ο Ιησους אB vs 𝔐A
4 □אB vs 𝔐A   5 □א*B vs 𝔐A   8 ˢ¹3421 א vs M; (2134 A; 124 B)
8 □אB vs 𝔐A   8 ˢ²2-51 אB vs MA
9 ῾ηγαγεν δε אB vs 𝔐A   9 °אB vs 𝔐A

---

4 Deut. 8:3   8 Deut. 6:13

«Τοῖς ἀγγέλοις αὐτοῦ ἐντελεῖται περὶ σοῦ,
Τοῦ διαφυλάξαι σε,»

11 καὶ¹

«᾽Επὶ χειρῶν ἀροῦσί σε,
Μήποτε προσκόψῃς πρὸς λίθον τὸν πόδα σου.»″

12 Καὶ ἀποκριθεὶς εἶπεν αὐτῷ ὁ ᾽Ιησοῦς ὅτι ″Εἴρηται,
«Οὐκ ἐκπειράσεις Κύριον τὸν Θεόν σου.»″ **13** Καὶ συντε-
λέσας πάντα πειρασμὸν ὁ διάβολος ἀπέστη ἀπ᾽ αὐτοῦ
ἄχρι καιροῦ.

Jesus Begins His Galilean Ministry
(Mt. 4:12-17; Mk. 1:14,15)

14 Καὶ ὑπέστρεψεν ὁ² ᾽Ιησοῦς ἐν τῇ δυνάμει τοῦ Πνεύ-
ματος εἰς τὴν Γαλιλαίαν, καὶ φήμη ἐξῆλθε καθ᾽ ὅλης τῆς
περιχώρου περὶ αὐτοῦ. **15** Καὶ αὐτὸς ἐδίδασκεν ἐν ταῖς
συναγωγαῖς αὐτῶν, δοξαζόμενος ὑπὸ πάντων.

Jesus Is Rejected at Nazareth

16 Καὶ ἦλθεν εἰς °τὴν Ναζαρέτ,³ οὗ ἦν τεθραμμένος. Καὶ
εἰσῆλθε, κατὰ τὸ εἰωθὸς αὐτῷ, ἐν τῇ ἡμέρᾳ τῶν σαββάτων
εἰς τὴν συναγωγήν, καὶ ἀνέστη ἀναγνῶναι. **17** Καὶ ἐπεδόθη
αὐτῷ βιβλίον ⌐᾽Ησαΐου τοῦ προφήτου.⌐ Καὶ ἀναπτύξας τὸ
βιβλίον, εὗρε τὸν τόπον οὗ ἦν γεγραμμένον,

18 «Πνεῦμα Κυρίου ἐπ᾽ ἐμέ,
Οὗ εἵνεκεν⁴ ἔχρισέ με
Εὐαγγελίσασθαι⁵ πτωχοῖς.

---

¹11 και **M** vs + οτι **אBA**, **TR Cr**
²14 ο **M**ᵖᵗ**אBA**, **TR Cr** vs − **M**ᵖᵗ
³16 Ναζαρετ **M**, **TR** vs Ναζαρεθ **M**¹ vs Ναζαρα **א**B*, **Cr** vs
Ναζαρατ A
⁴18 εινεκεν 𝔐ᵛⁱᵈאB (εινεκν A*), **Cr** vs ενεκεν **TR**
⁵18 ευαγγελισασθαι 𝔐אBA, **Cr** vs ευαγγελιζεσθαι **TR**

16 °אB vs 𝔐A   **17** ⌐231 אB vs 𝔐A

10,11 Ps. 91:11,12   12 Deut. 6:16

'Απέσταλκέ με □ἰάσασθαι τοὺς συντετριμμένους
   τὴν καρδίαν`,
Κηρύξαι αἰχμαλώτοις ἄφεσιν
Καὶ τυφλοῖς ἀνάβλεψιν,
'Αποστεῖλαι τεθραυσμένους ἐν ἀφέσει,
19 Κηρύξαι ἐνιαυτὸν Κυρίου δεκτόν.»

20 Καὶ πτύξας τὸ βιβλίον, ἀποδοὺς τῷ ὑπηρέτη, ἐκάθισε. Καὶ πάντων ˢἐν τῇ συναγωγῇ οἱ ὀφθαλμοὶ ἦσαν˥ ἀτενίζοντες αὐτῷ. 21 Ἤρξατο δὲ λέγειν πρὸς αὐτοὺς ὅτι "Σήμερον πεπλήρωται ἡ γραφὴ αὕτη ἐν τοῖς ὠσὶν ὑμῶν." 22 Καὶ πάντες ἐμαρτύρουν αὐτῷ καὶ ἐθαύμαζον ἐπὶ τοῖς λόγοις τῆς χάριτος τοῖς ἐκπορευομένοις ἐκ τοῦ στόματος αὐτοῦ. Καὶ ἔλεγον, "ˊΟὐχ ˊοὗτός ἐστιν ὁ υἱὸς 'Ιωσήφ`?" 23 Καὶ εἶπε πρὸς αὐτούς, "Πάντως ἐρεῖτέ μοι τὴν παραβολὴν ταύτην, 'Ἰατρέ, θεράπευσον σεαυτόν. Ὅσα ἠκούσαμεν γενόμενα ˊἐν τῇ˥ ·Καπερναοὺμ ποίησον καὶ ὧδε ἐν τῇ πατρίδι σου.'" 24 Εἶπε δέ, "'Ἀμὴν λέγω ὑμῖν¹ ὅτι οὐδεὶς προφήτης δεκτός ἐστιν ἐν τῇ πατρίδι αὐτοῦ. 25 'Επ' ἀληθείας δὲ λέγω ὑμῖν, πολλαὶ χῆραι ἦσαν ἐν ταῖς ἡμέραις 'Ηλίου ἐν τῷ 'Ισραήλ, ὅτε ἐκλείσθη ὁ οὐρανὸς ἐπὶ ἔτη τρία καὶ μῆνας ἕξ, ὡς ἐγένετο λιμὸς μέγας ἐπὶ πᾶσαν τὴν γῆν· 26 καὶ πρὸς οὐδεμίαν αὐτῶν ἐπέμφθη 'Ηλίας εἰ μὴ εἰς Σάρεπτα τῆς ·Σιδῶνος πρὸς γυναῖκα χήραν. 27 Καὶ πολλοὶ λεπροὶ ἦσαν ˊἐπὶ 'Ελισσαίου τοῦ προφήτου ἐν τῷ 'Ισραήλ˥ καὶ οὐδεὶς αὐτῶν ἐκαθαρίσθη εἰ μὴ ·Νεεμὰν ὁ Σύρος." 28 Καὶ ἐπλήσθησαν πάντες θυμοῦ ἐν τῇ συναγωγῇ ἀκούοντες ταῦτα, 29 καὶ ἀναστάντες ἐξέβαλον αὐτὸν ἔξω τῆς

---

¹24 λεγω υμιν 𝕸אB, TR Cr vs υμιν λεγω 𝕸¹A

18 □אB vs 𝕸A   20 ˢ451-36 אB vs 𝕸; (1-3645 A)
22 ˊουχι אB vs 𝕸A   22 ˊ4251 אB vs 𝕸A
23 ˊεις την אB vs 𝕸 (εν A)   23 ·Καφαρναουμ אB vs 𝕸A
26 ·Σιδωνιας 𝕲 (h.𝔭⁷⁵)A vs 𝕸
27 ˊ5-71 Ελισαιου 34 אB (Ελισσαιου C) vs 𝕸 (Ελισαιου A)
27 ·Ναιμαν 𝕲 (h.𝔭⁷⁵)A vs 𝕸

18,19 Is. 61:1,2

πόλεως καὶ ἤγαγον αὐτὸν ἕως¹ ὀφρύος τοῦ ὄρους ἐφ᾽ οὖ
ἡ πόλις ᶠαὐτῶν ὠκοδόμητο,⸆ ᶜεἰς τὸᶜ κατακρημνίσαι αὐτόν.
30 Αὐτὸς δὲ διελθὼν διὰ μέσου αὐτῶν ἐπορεύετο.

Jesus Casts Out an Unclean Spirit
(Mk. 1:21-28)

31 Καὶ κατῆλθεν εἰς ·Καπερναούμ, πόλιν τῆς Γαλιλαίας,
καὶ ἦν διδάσκων αὐτοὺς ἐν τοῖς σάββασι. 32 Καὶ
ἐξεπλήσσοντο ἐπὶ τῇ διδαχῇ αὐτοῦ, ὅτι ἐν ἐξουσίᾳ ἦν ὁ
λόγος αὐτοῦ.
33 Καὶ ἐν τῇ συναγωγῇ ἦν ἄνθρωπος ἔχων πνεῦμα
δαιμονίου ἀκαθάρτου. Καὶ ἀνέκραξε φωνῇ μεγάλῃ,
34 °λέγων, "῎Εα! Τί ἡμῖν καὶ σοί, ᾽Ιησοῦ Ναζαρηνέ? ῏Ηλθες
ἀπολέσαι ἡμᾶς? Οἶδά σε τίς εἶ, ὁ ῞Αγιος τοῦ Θεοῦ!"
35 Καὶ ἐπετίμησεν αὐτῷ ὁ ᾽Ιησοῦς, λέγων, "Φιμώθητι, καὶ
ἔξελθε ᶠἐξ αὐτοῦ!" Καὶ ῥίψαν αὐτὸν τὸ δαιμόνιον εἰς² μέσον
ἐξῆλθεν ἀπ᾽ αὐτοῦ, μηδὲν βλάψαν αὐτόν.
36 Καὶ ἐγένετο θάμβος ἐπὶ πάντας, καὶ συνελάλουν
πρὸς ἀλλήλους, λέγοντες, "Τίς ὁ λόγος οὗτος, ὅτι ἐν
ἐξουσίᾳ καὶ δυνάμει ἐπιτάσσει τοῖς ἀκαθάρτοις πνεύμασι,
καὶ ἐξέρχονται?" 37 Καὶ ἐξεπορεύετο ἦχος περὶ αὐτοῦ εἰς
πάντα τόπον τῆς περιχώρου.

Jesus Heals Peter's Mother-in-Law
(Mt. 8:14,15; Mk. 1:29-31)

38 ᾽Αναστὰς δὲ ᶠἐκ τῆς συναγωγῆς εἰσῆλθεν εἰς τὴν
οἰκίαν Σίμωνος. Πενθερὰ δὲ³ τοῦ Σίμωνος ἦν συνεχομένη
πυρετῷ μεγάλῳ, καὶ ἠρώτησαν αὐτὸν περὶ αὐτῆς. 39 Καὶ
ἐπιστὰς ἐπάνω αὐτῆς ἐπετίμησε τῷ πυρετῷ, καὶ ἀφῆκεν
αὐτήν. Παραχρῆμα δὲ ἀναστᾶσα διηκόνει αὐτοῖς.

---

¹29 εως 𝕸 𝕲 (h.𝔭⁷⁵)A, Cr vs + της TR
²35 εις M vs + το 𝕲 (𝔭⁷⁵ᵛⁱᵈ), TR Cr
³38 πενθερα δε 𝕸 ℵBA, Cr vs η δε πενθερα C vs η πενθερα δὲ TR

29 ᶠℵB vs 𝕸AC   29 ᶜωστε ℵB vs 𝕸AC
31 ·Καφαρναουμ ℵB vs 𝕸AC   34 °ℵB vs 𝕸AC
35 ᶠαπ ℵB vs M𝔭⁷⁵AC   38 ᶠαπο 𝕲 vs 𝕸A

Jesus Heals Many After Sabbath Sunset
(Mt. 8:16, 17; Mk. 1:32-34)

40 Δύνοντος δὲ τοῦ ἡλίου, ⌜πάντες ὅσοι εἶχον ἀσθε-νοῦντας νόσοις ποικίλαις ἤγαγον αὐτοὺς πρὸς αὐτόν· ὁ δὲ ἑνὶ ἑκάστῳ αὐτῶν ⌜τὰς χεῖρας ἐπιθεὶς ἐθεράπευσεν⌝ αὐτούς. **41** Ἐξήρχετο δὲ καὶ δαιμόνια ἀπὸ πολλῶν, κράζοντα¹ καὶ λέγοντα ὅτι "Σὺ εἶ □ὁ Χριστὸς⌝ ὁ Υἱὸς τοῦ Θεοῦ!" Καὶ ἐπιτιμῶν οὐκ εἴα αὐτὰ λαλεῖν, ὅτι ᾔδεισαν τὸν Χριστὸν αὐτὸν εἶναι.

Jesus Preaches in Galilee
(Mk. 1:35-39)

42 Γενομένης δὲ ἡμέρας, ἐξελθὼν ἐπορεύθη εἰς ἔρημον τόπον, καὶ οἱ ὄχλοι ἐπεζήτουν² αὐτόν, καὶ ἦλθον ἕως αὐτοῦ, καὶ κατεῖχον αὐτὸν τοῦ μὴ πορεύεσθαι ἀπ᾽ αὐτῶν. **43** Ὁ δὲ εἶπε πρὸς αὐτοὺς ὅτι "Καὶ ταῖς ἑτέραις πόλεσιν εὐαγγελίσασθαί με δεῖ τὴν βασιλείαν τοῦ Θεοῦ, ὅτι ⌜¹εἰς τοῦτο ⌜²ἀπέσταλμαι." **44** Καὶ ἦν κηρύσσων ⌜ἐν ταῖς συναγωγαῖς⌝ τῆς ⌜Γαλιλαίας.

Jesus Calls Four Fishermen
(Mt. 4:18-22; Mk. 1:16-20)

5 Ἐγένετο δὲ ἐν τῷ τὸν ὄχλον ἐπικεῖσθαι αὐτῷ ⌜τοῦ ἀκούειν τὸν λόγον τοῦ Θεοῦ καὶ αὐτὸς ἦν ἑστὼς παρὰ³ τὴν λίμνην Γεννησαρέτ,⁴ **2** καὶ εἶδε δύο πλοῖα ἑστῶτα παρὰ τὴν λίμνην· οἱ δὲ ἁλιεῖς ⌜ἀποβάντες ἀπ᾽ αὐτῶν⌐ ⌜ἀπέπλυναν τὰ δίκτυα. **3** Ἐμβὰς δὲ εἰς ἓν τῶν

---

¹41 κραζοντα M^{pt}BC, TR vs κραυγαζοντα M^{pt}A, [Cr] vs κραζοντων ℵ*
²42 επεζητουν MG (𝔭^{75vid})A, Cr vs εζητουν M^r, TR
³1 παρα MGA, TR Cr vs περι M^r
⁴1 Γεννησαρετ MGA, TR Cr vs Γενησαρετ M^r

---

40 ⌜απαντες BC vs 𝔐 ℵA
40 ⌜τας χειρας επιτιθεις εθεραπευεν B vs 𝔐 A (3124 ℵC)
41 □G vs 𝔐 A   43 ⌜¹επι G vs 𝔐 AC
43 ⌜²απεσταλην G vs 𝔐 A   44 ⌜εις τας συναγωγας G vs 𝔐 AC
44 ⌜Ιουδαιας G (𝔭^{75vid}) vs 𝔐 A   1 ⌜και GA vs 𝔐 C
2 ⌜231 G vs 𝔐 A; (31 ℵ*)   2 ⌜επλυνον B (επλυναν ℵC*) vs 𝔐 A

πλοίων, ὃ ἦν °τοῦ Σίμωνος, ἠρώτησεν αὐτὸν ἀπὸ τῆς γῆς
ἐπαναγαγεῖν ὀλίγον. ⌐¹Καὶ καθίσας⌐ ⌐²ἐδίδασκεν ἐκ τοῦ
πλοίου⌐ τοὺς ὄχλους. 4 ῾Ως δὲ ἐπαύσατο λαλῶν, εἶπε
πρὸς τὸν Σίμωνα, "᾽Επανάγαγε εἰς τὸ βάθος καὶ χαλάσατε
τὰ δίκτυα ὑμῶν εἰς ἄγραν."
5 Καὶ ἀποκριθεὶς ⌐¹ὁ Σίμων εἶπεν αὐτῷ,⌐ "᾽Επιστάτα, δι᾽
ὅλης °τῆς νυκτὸς κοπιάσαντες οὐδὲν ἐλάβομεν, ἐπὶ δὲ τῷ
ῥήματί σου χαλάσω ⌐²τὸ δίκτυον.⌐" 6 Καὶ τοῦτο ποιήσαντες
συνέκλεισαν πλῆθος ἰχθύων¹ πολύ, ⌐διερρήγνυτο δὲ ⌐τὸ
δίκτυον⌐ αὐτῶν. 7 Καὶ κατένευσαν τοῖς μετόχοις °τοῖς ἐν τῷ
ἑτέρῳ πλοίῳ τοῦ ἐλθόντας συλλαβέσθαι αὐτοῖς. Καὶ ἦλθον
καὶ ἔπλησαν ἀμφότερα τὰ πλοῖα ὥστε βυθίζεσθαι αὐτά.
8 ᾽Ιδὼν δὲ Σίμων Πέτρος προσέπεσε τοῖς γόνασιν ᾽Ιησοῦ,²
λέγων, "῎Εξελθε ἀπ᾽ ἐμοῦ, ὅτι ἀνὴρ ἁμαρτωλός εἰμι,
Κύριε." 9 Θάμβος γὰρ περιέσχεν αὐτὸν καὶ πάντας τοὺς
σὺν αὐτῷ ἐπὶ τῇ ἄγρᾳ τῶν ἰχθύων ⌐ἧ συνέλαβον,
10 ὁμοίως δὲ καὶ ᾽Ιάκωβον καὶ ᾽Ιωάννην, υἱοὺς Ζεβεδαίου, οἳ
ἦσαν κοινωνοὶ τῷ Σίμωνι.
Καὶ εἶπε πρὸς τὸν Σίμωνα ὁ ᾽Ιησοῦς, "Μὴ φοβοῦ. ᾽Απὸ
τοῦ νῦν ἀνθρώπους ἔσῃ ζωγρῶν." 11 Καὶ καταγαγόντες
τὰ πλοῖα ἐπὶ τὴν γῆν, ἀφέντες ⌐ἅπαντα ἠκολούθησαν
αὐτῷ.

Jesus Cleanses a Leper
(Mt. 8:1-4; Mk. 1:40-45)

12 Καὶ ἐγένετο ἐν τῷ εἶναι αὐτὸν ἐν μιᾷ τῶν πόλεων,
καὶ ἰδού, ἀνὴρ πλήρης λέπρας. ῾Καὶ ἰδὼν⌐ τὸν ᾽Ιησοῦν,
πεσὼν ἐπὶ πρόσωπον ἐδεήθη αὐτοῦ, λέγων, "Κύριε, ἐὰν
θέλῃς, δύνασαί με καθαρίσαι."

---

¹6 πληθος ιχθυων 𝔐 𝕲, Cr vs ιχθυων πληθος TR
²8 Ιησου 𝕸𝕲, Cr vs του Ιησου AC, TR

3 °𝕲 vs 𝔐AC   3 ⌐¹καθισας δε 𝕲 vs 𝔐AC
3 ⌐²2-41 𝔭⁷⁵B vs 𝔐AC; (εν τω πλοιω εδιδασκεν א)
5 ⌐¹Σιμων ειπεν 𝔭⁷⁵B (⌐ א) vs 𝔐AC
5 °𝕲A vs 𝔐C   5 ⌐²τα δικτυα 𝔭⁷⁵ᵛⁱᵈאB vs 𝔐AC
6 ⌐διερρησσετο 𝔭⁷⁵ᵛⁱᵈא (διερησσετο B*) vs 𝔐 (διερηγνυτο A);
(διερρητο C)   6 ⌐τα δικτυα 𝕲 vs 𝔐AC
7 °𝕲 vs 𝔐AC   9 ⌐ων 𝔭⁷⁵B vs 𝔐אAC
11 ⌐παντα אB vs 𝔐AC   12 ⌐ιδων δε אB vs 𝔐AC

13 Καὶ ἐκτείνας τὴν χεῖρα ἥψατο αὐτοῦ ʳεἰπών, "Θέλω, καθαρίσθητι." Καὶ εὐθέως ἡ λέπρα ἀπῆλθεν ἀπ᾿ αὐτοῦ. 14 Καὶ αὐτὸς παρήγγειλεν αὐτῷ μηδενὶ εἰπεῖν, "᾿Αλλὰ ἀπελθὼν δεῖξον σεαυτὸν τῷ ἱερεῖ καὶ προσένεγκε¹ περὶ τοῦ καθαρισμοῦ σου καθὼς προσέταξε Μωσῆς, εἰς μαρτύριον αὐτοῖς." 15 Διήρχετο δὲ μᾶλλον ὁ λόγος περὶ αὐτοῦ· καὶ συνήρχοντο ὄχλοι πολλοὶ ἀκούειν καὶ θεραπεύεσθαι ᴼὑπ᾿ αὐτοῦˋ ἀπὸ τῶν ἀσθενειῶν αὐτῶν. 16 Αὐτὸς δὲ ἦν ὑποχωρῶν ἐν ταῖς ἐρήμοις καὶ προσευχόμενος.

Jesus Forgives and Heals a Paralytic
(Mt. 9:1-8; Mk. 2:1-12)

17 Καὶ ἐγένετο ἐν μιᾷ τῶν ἡμερῶν καὶ αὐτὸς ἦν διδάσκων, καὶ ἦσαν καθήμενοι Φαρισαῖοι καὶ νομοδιδάσκαλοι, οἳ ἦσαν ἐληλυθότες ἐκ πάσης κώμης τῆς Γαλιλαίας καὶ ᾿Ιουδαίας καὶ ᾿Ιερουσαλήμ. Καὶ δύναμις Κυρίου ἦν εἰς τὸ ἰᾶσθαι ʳαὐτούς. 18 Καὶ ἰδού, ἄνδρες φέροντες ἐπὶ κλίνης ἄνθρωπον ὃς ἦν παραλελυμένος, καὶ ἐζήτουν αὐτὸν εἰσενεγκεῖν καὶ θεῖναι ᵀ ἐνώπιον αὐτοῦ. 19 Καὶ μὴ εὑρόντες² ποίας³ εἰσενέγκωσιν αὐτὸν διὰ τὸν ὄχλον, ἀναβάντες ἐπὶ τὸ δῶμα, διὰ τῶν κεράμων καθῆκαν αὐτὸν σὺν τῷ κλινιδίῳ εἰς τὸ μέσον ἔμπροσθεν τοῦ ᾿Ιησοῦ.

20 Καὶ ἰδὼν τὴν πίστιν αὐτῶν εἶπεν ᴼαὐτῷ, "῎Ανθρωπε, ἀφέωνταί σοι αἱ ἁμαρτίαι σου."

21 Καὶ ἤρξαντο διαλογίζεσθαι οἱ γραμματεῖς καὶ οἱ Φαρισαῖοι, λέγοντες, "Τίς ἐστιν οὗτος ὃς λαλεῖ βλασφημίας? Τίς δύναται ʳἀφιέναι ἁμαρτίαςˋ εἰ μὴ μόνος ὁ Θεός?"

---

¹14 προσενεγκε **ΜΒΑC, TR Cr** vs προσενεγκαι **Μ**ʳℵ
²19 ευροντες 𝔐 **G** (h.𝔓⁷⁵)**A, Cr** vs + δια **TR**
³19 ποιας **Μ G** (h.𝔓⁷⁵)**A, TR Cr** vs πως **Μ**ʳ

---

13 ʳλεγων **BC** (εγων ℵ) vs 𝔐**A**   15 ᴼ**G** (h.𝔓⁷⁵) vs 𝔐 (απ αυτου **A**)
17 ʳαυτον ℵ**B** vs 𝔐**AC**   18 ᵀαυτον **B**, [**Cr**] vs 𝔐ℵ**AC**
20 ᴼℵ**B** vs 𝔐**A**; (τω παραλυτικω **C**)
21 ʳαμαρτιας αφειναι **B** vs 𝔐ℵ**AC**

22 Ἐπιγνοὺς δὲ ὁ Ἰησοῦς τοὺς διαλογισμοὺς αὐτῶν ἀποκριθεὶς εἶπε πρὸς αὐτούς, "Τί διαλογίζεσθε ἐν ταῖς καρδίαις ὑμῶν? 23 Τί ἐστιν εὐκοπώτερον εἰπεῖν, ''Ἀφέωνταί σοι αἱ ἁμαρτίαι σου,' ἢ εἰπεῖν, ''Ἔγειραι[1] καὶ περιπάτει'? 24 Ἵνα δὲ εἰδῆτε ὅτι ᶠἐξουσίαν ἔχει ὁ Υἱὸς τοῦ Ἀνθρώπου᾿ ἐπὶ τῆς γῆς ἀφιέναι ἁμαρτίας" — εἶπε τῷ παραλελυμένῳ, "Σοὶ λέγω, ἔγειραι,[2] καὶ ἄρας τὸ κλινίδιόν σου πορεύου εἰς τὸν οἶκόν σου." 25 Καὶ παραχρῆμα ἀναστὰς ἐνώπιον αὐτῶν, ἄρας ἐφ᾿ ὃ[3] κατέκειτο, ἀπῆλθεν εἰς τὸν οἶκον αὐτοῦ, δοξάζων τὸν Θεόν. 26 Καὶ ἔκστασις ἔλαβεν ἅπαντας, καὶ ἐδόξαζον τὸν Θεόν, καὶ ἐπλήσθησαν φόβου, λέγοντες ὅτι "Εἴδομεν παράδοξα σήμερον!"

Jesus Calls Matthew the Publican
(Mt. 9:9-13; Mk. 2:13-17)

27 Καὶ μετὰ ταῦτα ἐξῆλθε καὶ ἐθεάσατο τελώνην ὀνόματι Λευὶν καθήμενον ἐπὶ τὸ τελώνιον, καὶ εἶπεν αὐτῷ, "'Ἀκολούθει μοι." 28 Καὶ καταλιπὼν ᴦ¹ἅπαντα ἀναστὰς ᴦ²ἠκολούθησεν αὐτῷ. 29 Καὶ ἐποίησε δοχὴν μεγάλην[4] Λευὶς αὐτῷ ἐν τῇ οἰκίᾳ αὐτοῦ. Καὶ ἦν ὄχλος ᶠτελωνῶν πολὺς᾿ καὶ ἄλλων οἳ ἦσαν μετ᾿ αὐτῶν κατακείμενοι.

30 Καὶ ἐγόγγυζον οἱ ᶠγραμματεῖς αὐτῶν καὶ οἱ Φαρισαῖοι᾿ πρὸς τοὺς μαθητὰς αὐτοῦ, λέγοντες, "Διὰ τί μετὰ τῶν[5] τελωνῶν καὶ ἁμαρτωλῶν ἐσθίετε καὶ πίνετε?"

31 Καὶ ἀποκριθεὶς ὁ Ἰησοῦς εἶπε πρὸς αὐτούς, "Οὐ χρείαν ἔχουσιν οἱ ὑγιαίνοντες ἰατροῦ, ἀλλ᾿ οἱ κακῶς ἔχοντες. 32 Οὐκ ἐλήλυθα καλέσαι δικαίους, ἀλλὰ ἁμαρτωλοὺς εἰς μετάνοιαν."

---

[1] [2] 23,24 εγειραι Mᵖᵗ, TR vs εγειρε MᵖᵗG (h.𝔭⁷⁵)A, Cr
[3] 25 ο MG (h.𝔭⁷⁵)A, Cr vs ω TR
[4] 29 μεγαλην 𝔐G (h.𝔭⁷⁵)A, Cr vs +ο TR
[5] 30 των MᵖᵗG (h.𝔭⁷⁵)A, Cr vs −Mᵖᵗ, TR

24 ᶠ3-612 B vs 𝔐ℵAC
28 ᴦ¹παντα B vs 𝔐A; (παντας C*; απαντας ℵ*)
28 ᴦ²ηκολουθει B vs 𝔐ℵAC   29 ᶠG (h.𝔭⁷⁵) vs 𝔐A
30 ᶠ53412 BC vs 𝔐A; (5341 ℵ)

Jesus Is Questioned About Fasting
(Mt. 9:14-17; Mk. 2:18-22)

33 Οἱ δὲ εἶπον πρὸς αὐτόν, "□Διὰ τί ⟍ οἱ μαθηταὶ Ἰωάννου νηστεύουσι πυκνὰ καὶ δεήσεις ποιοῦνται, ὁμοίως καὶ οἱ τῶν Φαρισαίων, οἱ δὲ σοὶ ἐσθίουσι καὶ πίνουσιν;" **34** Ὁ δὲ ᵀεἶπε πρὸς αὐτούς, "Μὴ δύνασθε τοὺς υἱοὺς τοῦ νυμφῶνος ἐν ᾧ ὁ νυμφίος μετ᾽ αὐτῶν ἐστι ποιῆσαι ⌐νηστεύειν? **35** Ἐλεύσονται δὲ ἡμέραι, καὶ¹ ὅταν ἀπαρθῇ ἀπ᾽ αὐτῶν ὁ νυμφίος, τότε νηστεύσουσιν ἐν ἐκείναις ταῖς ἡμέραις."

36 Ἔλεγε δὲ καὶ παραβολὴν πρὸς αὐτοὺς ὅτι "Οὐδεὶς ἐπίβλημα ᵀ¹ἱματίου καινοῦ ᵀ²ἐπιβάλλει ἐπὶ ἱμάτιον παλαιόν· εἰ δὲ μή γε, καὶ τὸ καινὸν ⌐σχίζει καὶ τῷ παλαιῷ οὐ συμφωνεῖ² τὸ ἀπὸ τοῦ καινοῦ. **37** Καὶ οὐδεὶς βάλλει οἶνον νέον εἰς ἀσκοὺς παλαιούς· εἰ δὲ μή γε, ῥήξει ⌐ὁ νέος οἶνος⌐ τοὺς ἀσκούς, καὶ αὐτὸς ἐκχυθήσεται καὶ οἱ ἀσκοὶ ἀπολοῦνται. **38** Ἀλλὰ οἶνον νέον εἰς ἀσκοὺς καινοὺς βλητέον □καὶ ἀμφότεροι συντηροῦνται.⟍ **39** ᵒ¹Καὶ οὐδεὶς πιὼν παλαιὸν ᵒ²εὐθέως θέλει νέον· λέγει γάρ, 'Ὁ παλαιὸς ⌐χρηστότερός ἐστιν.'"

The Disciples Pluck Grain on the Sabbath
(Mt. 12:1-8; Mk. 2:23-28)

6 Ἐγένετο δὲ ἐν σαββάτῳ ᵒ¹δευτεροπρώτῳ διαπορεύεσθαι αὐτὸν διὰ ᵒ²τῶν σπορίμων. Καὶ ἔτιλλον οἱ μαθηταὶ αὐτοῦ ⌐τοὺς στάχυας καὶ ἤσθιον⌐ ψώχοντες

---

¹35 και MᵖᵗBA, TR Cr vs — MᵖᵗℵC
²36 συμφωνει M vs συμφωνησει το επιβλημα 𝕲 (h.𝔭⁷⁵), Cr vs συμφωνησει A vs συμφωνει επιβλημα TR

---

33 □B vs 𝔐ℵ*AC   34 ᵀΙησους 𝕲 (h.𝔭⁷⁵) vs 𝔐A
34 ⌐νηστευσαι B vs 𝔐ℵ*AC   36 ᵀ¹απο ℵB vs 𝔐AC
36 ᵀ²σχισας ℵB vs 𝔐AC   36 ⌐σχιει 𝕲 (h.𝔭⁷⁵) vs 𝔐A
37 ⌐1312 BC vs 𝔐A; (13 ℵ)   38 □ℵB vs 𝔐AC
39 ᵒ¹B vs 𝔐ℵ*AC, [Cr]   39 ᵒ²𝕲 (h.𝔭⁷⁵) vs 𝔐A
39 ⌐χρηστος ℵB vs 𝔐AC   1 ᵒ¹ℵB vs 𝔐AC
1 ᵒ²ℵ*BA vs 𝔐C   1 ⌐3412 BC* vs 𝔐A; (2-4 ℵ)

ταῖς χερσί. 2 Τινὲς δὲ τῶν Φαρισαίων εἶπον °¹αὐτοῖς,
"Τί ποιεῖτε ὃ οὐκ ἔξεστι °²ποιεῖν °³ἐν τοῖς σάββασι?"

3 Καὶ ἀποκριθεὶς πρὸς αὐτοὺς εἶπεν ὁ Ἰησοῦς, "Οὐδὲ
τοῦτο ἀνέγνωτε ὃ ἐποίησε Δαβὶδ ⸢ὁπότε ἐπείνασεν αὐτὸς
καὶ οἱ μετ᾽ αὐτοῦ °ὄντες? 4 °¹⸤Ὡς εἰσῆλθεν εἰς τὸν οἶκον τοῦ
Θεοῦ καὶ τοὺς ἄρτους τῆς προθέσεως ⸢ἔλαβε καὶ⸣ ἔφαγε
καὶ ἔδωκε °²καὶ τοῖς μετ᾽ αὐτοῦ, οὓς οὐκ ἔξεστι φαγεῖν εἰ
μὴ μόνους τοὺς ἱερεῖς?" 5 Καὶ ἔλεγεν αὐτοῖς °ὅτι "Κύριός
ἐστιν ⸢ὁ Υἱὸς τοῦ Ἀνθρώπου καὶ τοῦ σαββάτου.⸣"

Jesus Heals a Man with a Withered Hand on the Sabbath
(Mt. 12:9-14; Mk. 3:1-6)

6 Ἐγένετο δὲ °καὶ ἐν ἑτέρῳ σαββάτῳ εἰσελθεῖν αὐτὸν
εἰς τὴν συναγωγὴν καὶ διδάσκειν. Καὶ ἦν ⸆ἐκεῖ ἄνθρωπος,⸆
καὶ ἡ χεὶρ αὐτοῦ ἡ δεξιὰ ἦν ξηρά. 7 ⸀¹Παρετήρουν δὲ¹ οἱ
γραμματεῖς καὶ οἱ Φαρισαῖοι εἰ ἐν² τῷ σαββάτῳ ⸀²θερα-
πεύσει, ἵνα εὕρωσι ⸀³κατηγορίαν αὐτοῦ. 8 Αὐτὸς δὲ
ᾔδει τοὺς διαλογισμοὺς αὐτῶν ⸢¹καὶ εἶπε⸣ τῷ ⸢ἀνθρώπῳ τῷ
ξηρὰν ἔχοντι τὴν χεῖρα, "Ἔγειραι³ καὶ στῆθι εἰς τὸ μέσον."
⸤²Ὁ δὲ⸣ ἀναστὰς ἔστη. 9 Εἶπεν ⸀οὖν ὁ Ἰησοῦς πρὸς
αὐτούς, "⸤²Ἐπερωτήσω ὑμᾶς ⸀³τι· Ἔξεστι ⸢τοῖς σάββασιν⸣
ἀγαθοποιῆσαι ἢ κακοποιῆσαι, ψυχὴν σῶσαι ἢ ἀπο-
κτεῖναι⁴?" 10 Καὶ περιβλεψάμενος πάντας αὐτοὺς εἶπεν

---

¹7 δε 𝔐 A vs + αυτον אB, TR Cr
²7 εν MאBA, TR Cr vs − Mʳ
³8 εγειραι Mᵖᵗ, TR vs εγειρε MᵖᵗאBA, Cr
⁴9 αποκτειναι 𝔐 A vs απολεσαι אB, TR Cr

---

2 °¹G (h.𝔭⁷⁵) vs 𝔐 A   2 °²B vs 𝔐 אAC   2 °³אB vs 𝔐 AC
3 ⸢οτε G (h.𝔭⁷⁵) vs 𝔐 A   3 °אB vs 𝔐 AC, [Cr]
4 °¹B vs 𝔐 א*AC, [Cr]   4 ⸢λαβων BC* vs MA; (−א)
4 °²B vs 𝔐 אA   5 °א*B vs 𝔐 A   5 ⸢671-4 אB vs 𝔐 A
6 °אB vs 𝔐 A   6 ⸆אB vs 𝔐 A   7 ⸀¹παρετηρουντο BA vs 𝔐 א
7 ⸀²θεραπευει אA vs 𝔐 B   7 ⸀³κατηγορειν א*B vs 𝔐 A
8 ⸢¹ειπεν δε אB vs 𝔐 A   8 ⸢ανδρι אB vs 𝔐 A
8 ⸤²και אB vs 𝔐 A   9 ⸀ιδε אB vs 𝔐 A
9 ⸤²επερωτω אB vs 𝔐 A   9 ⸀³ει אB vs 𝔐 A
9 ⸢τω σαββατω אB vs 𝔐 A

αὐτῷ,[1] "⸂Ἔκτεινον τὴν χεῖρά σου." Ὁ δὲ ἐποίησε καὶ[2]
ἀποκατεστάθη[3] ἡ χεὶρ αὐτοῦ °ὑγιὴς ⸋ὡς ἡ ἄλλη.⸌ 11 Αὐτοὶ
δὲ ἐπλήσθησαν ἀνοίας, καὶ διελάλουν πρὸς ἀλλήλους τί ἂν
⸀ποιήσειαν τῷ Ἰησοῦ.

Jesus Chooses the Twelve
(Mt. 10:1-4; Mk. 3:13-19)

12 Ἐγένετο δὲ ἐν ταῖς ἡμέραις ταύταις ⸀ἐξῆλθεν εἰς τὸ
ὄρος προσεύξασθαι, καὶ ἦν διανυκτερεύων ἐν τῇ προσευχῇ
τοῦ Θεοῦ. **13** Καὶ ὅτε ἐγένετο ἡμέρα, προσεφώνησε τοὺς
μαθητὰς αὐτοῦ, καὶ ἐκλεξάμενος ἀπ᾽ αὐτῶν δώδεκα, οὓς
καὶ ἀποστόλους ὠνόμασε, **14** Σίμωνα ὃν καὶ ὠνόμασε
Πέτρον, καὶ Ἀνδρέαν τὸν ἀδελφὸν αὐτοῦ, [T1] Ἰάκωβον καὶ
Ἰωάννην, [T2] Φίλιππον καὶ Βαρθολομαῖον, **15** [T1] •Ματθαῖον
καὶ Θωμᾶν, [T2] Ἰάκωβον ⸋τὸν τοῦ⸌ Ἀλφαίου καὶ Σίμωνα τὸν
καλούμενον Ζηλωτήν, **16** [T] Ἰούδαν Ἰακώβου καὶ Ἰούδαν
•Ἰσκαριώτην, ὃς °καὶ ἐγένετο προδότης.

Jesus Heals a Great Multitude
(Mt. 4:23-25)

17 Καὶ καταβὰς μετ᾽ αὐτῶν ἔστη ἐπὶ τόπου πεδινοῦ, καὶ
ὄχλος [T] μαθητῶν αὐτοῦ, καὶ πλῆθος πολὺ τοῦ λαοῦ ἀπὸ
πάσης τῆς Ἰουδαίας καὶ Ἱερουσαλήμ, καὶ τῆς παραλίου
Τύρου καὶ Σιδῶνος, οἳ ἦλθον ἀκοῦσαι αὐτοῦ καὶ ἰαθῆναι ἀπὸ

---

[1]10 αυτω 𝔐BA, Cr vs τω ανθρωπω ℵ, TR
[2]10 και ℳℵBA, Cr vs ουτω(ς) και ℳ[r], TR
[3]10 αποκατεσταθη ℳ[pt]B, TR vs απεκατεσταθη ℳ[pt]A, Cr vs απεκατεστη ℵ

---

10 °ℵBA vs 𝔐 10 ⸋ℵB vs 𝔐A
11 ⸀ποιησαιεν 𝔓[75]B vs 𝔐; (ποιησειεν ℵA)
12 ⸀εξελθειν αυτον Ϲ (h.C) A vs 𝔐 14 [T1]και Ϲ (h.C) vs 𝔐A
14 [T2]και ℵB vs 𝔐A 15 [T1]και ℵB vs 𝔐A
15 •Μαθθαιον ℵB* vs 𝔐A 15 [T2]και ℵ vs 𝔐BA 15 ⸋ℵB vs 𝔐A
16 [T]και 𝔓[75vid]ℵB vs 𝔐A 16 •Ισκαριωθ ℵ*B vs 𝔐A
16 °ℵB vs 𝔐A 17 [T]πολυς Ϲ (h.C) vs 𝔐A

τῶν νόσων αὐτῶν· 18 καὶ οἱ ⌐ὀχλούμενοι ὑπὸ¹ πνευμάτων ἀκαθάρτων, °καὶ ἐθεραπεύοντο. 19 Καὶ πᾶς ὁ ὄχλος ⌐ἐζήτει ἅπτεσθαι αὐτοῦ, ὅτι δύναμις παρ᾿ αὐτοῦ ἐξήρχετο καὶ ἰᾶτο πάντας.

The Beatitudes
(Mt. 5:1-12)

20 Καὶ αὐτὸς ἐπάρας τοὺς ὀφθαλμοὺς αὐτοῦ εἰς τοὺς μαθητὰς αὐτοῦ ἔλεγε,

"Μακάριοι οἱ πτωχοί,
   Ὅτι ὑμετέρα ἐστὶν ἡ βασιλεία τοῦ Θεοῦ.
21 Μακάριοι οἱ πεινῶντες νῦν,
   Ὅτι χορτασθήσεσθε.
   Μακάριοι οἱ κλαίοντες νῦν,
   Ὅτι γελάσετε.

22 Μακάριοί ἐστε ὅταν μισήσωσιν ὑμᾶς οἱ ἄνθρωποι, καὶ ὅταν ἀφορίσωσιν ὑμᾶς καὶ ὀνειδίσωσι καὶ ἐκβάλωσι τὸ ὄνομα ὑμῶν ὡς πονηρόν, ἕνεκα τοῦ Υἱοῦ τοῦ ᾿Ανθρώπου. 23 Χάρητε² ἐν ἐκείνῃ τῇ ἡμέρᾳ καὶ σκιρτήσατε, ἰδοὺ γάρ, ὁ μισθὸς ὑμῶν πολὺς ἐν τῷ οὐρανῷ· κατὰ ⌐ταῦτα γὰρ ἐποίουν τοῖς προφήταις οἱ πατέρες αὐτῶν.

Jesus Pronounces Woes

24 "Πλὴν οὐαὶ ὑμῖν τοῖς πλουσίοις!
   Ὅτι ἀπέχετε τὴν παράκλησιν ὑμῶν.
25 Οὐαὶ ὑμῖν, οἱ ἐμπεπλησμένοι! ᵀ
   Ὅτι πεινάσετε.
   Οὐαὶ °ὑμῖν, οἱ γελῶντες νῦν!
   Ὅτι πενθήσετε καὶ κλαύσετε.

---

¹18 υπο Mᵖᵗ, TR vs απο Mᵖᵗ𝕲 (h.C) A, Cr
²23 χαρητε 𝔐 𝕹BA, Cr vs χαιρετε TR

18 ⌐ενοχλουμενοι 𝕲 (h.C) A vs 𝔐   18 °𝕲 (h.C) A vs 𝔐
19 ⌐εζητουν 𝕲 (h.C) vs 𝔐A   23 ⌐τα αυτα 𝔭⁷⁵B vs 𝔐𝕹A
25 ᵀνυν 𝕲 (h.C) vs MA   25 °𝕹B vs 𝔐𝔭⁷⁵A

26 Οὐαὶ¹ ὅταν ⸆καλῶς ὑμᾶς εἴπωσι˹ οἱ ἄνθρωποι²! Κατὰ ⸀ταῦτα γὰρ ἐποίουν τοῖς ψευδοπροφήταις οἱ πατέρες αὐτῶν.

Love Your Enemies
(Mt. 5:43-48)

27 "᾿Αλλ᾿ ὑμῖν λέγω τοῖς ἀκούουσιν· ᾿Αγαπᾶτε τοὺς ἐχθροὺς ὑμῶν, καλῶς ποιεῖτε τοῖς μισοῦσιν ὑμᾶς, 28 εὐλογεῖτε τοὺς καταρωμένους ὑμῖν,³ προσεύχεσθε ⸀ὑπὲρ τῶν ἐπηρεαζόντων ὑμᾶς. 29 Τῷ τύπτοντί σε ἐπὶ τὴν σιαγόνα, πάρεχε καὶ τὴν ἄλλην. Καὶ ἀπὸ τοῦ αἴροντός σου τὸ ἱμάτιον, καὶ τὸν χιτῶνα μὴ κωλύσῃς. 30 Παντὶ ⸆δὲ τῷ˹ αἰτοῦντί σε δίδου. Καὶ ἀπὸ τοῦ αἴροντος τὰ σὰ μὴ ἀπαίτει. 31 Καὶ καθὼς θέλετε ἵνα ποιῶσιν ὑμῖν οἱ ἄνθρωποι, ⸆καὶ ὑμεῖς˹ ποιεῖτε αὐτοῖς ὁμοίως. 32 Καὶ εἰ ἀγαπᾶτε τοὺς ἀγαπῶντας ὑμᾶς, ποία ὑμῖν χάρις ἐστί? Καὶ γὰρ οἱ ἁμαρτωλοὶ τοὺς ἀγαπῶντας αὐτοὺς ἀγαπῶσι. 33 Καὶ ⸆ ἐὰν ἀγαθοποιῆτε τοὺς ἀγαθοποιοῦντας ὑμᾶς, ποία ὑμῖν χάρις ἐστί? Καὶ °γὰρ οἱ ἁμαρτωλοὶ τὸ αὐτὸ ποιοῦσι. 34 Καὶ ἐὰν ⸀¹δανείζητε παρ᾿ ὧν ἐλπίζετε ⸂²ἀπολαβεῖν, ποία ὑμῖν χάρις °ἐστί? Καὶ γὰρ⁴ ἁμαρτωλοὶ ἁμαρτωλοῖς δανείζουσιν ἵνα ἀπολάβωσι τὰ ἴσα. 35 Πλὴν ἀγαπᾶτε τοὺς ἐχθροὺς ὑμῶν καὶ ἀγαθοποιεῖτε καὶ δανείζετε, μηδὲν ἀπελπίζοντες· καὶ ἔσται ὁ μισθὸς ὑμῶν πολύς, καὶ ἔσεσθε υἱοὶ⁵ ῾Υψίστου· ὅτι αὐτὸς χρηστός ἐστιν ἐπὶ τοὺς ἀχαρίστους καὶ

---

¹26 ουαι 𝔐 𝔭⁷⁵ᵛⁱᵈ ℵBA, Cr vs + υμιν TR
² 26 οι ανθρωποι M vs παντες οι ανθρωποι Mᶦ𝔭⁷⁵ᵛⁱᵈBA, TR Cr vs οι ανθρωποι παντες ℵ
³ 28 υμιν Mᵖᵗ𝔭⁷⁵ᵛⁱᵈ vs υμας MᵖᵗℵBA, Cr vs υμιν και TR
⁴ 34 γαρ 𝔐 A vs γαρ οι TR vs − 𝔊 (h.C), Cr
⁵ 35 υιοι 𝔐 ℵBA, Cr vs + του TR

---

26 ⸆²13 𝔭⁷⁵B vs 𝔐 ; (132 ℵA)   26 ⸀τα αυτα 𝔭⁷⁵B vs 𝔐 ℵ*A
28 ⸀περι 𝔊 (h.C) vs 𝔐 A   30 ⸆ℵB vs 𝔐 A   31 ⸆B vs 𝔐 ℵA
33 ⸆γαρ 𝔊 (h.C), [Cr] vs 𝔐 A   33 °ℵB vs 𝔐 A
34 ⸀¹δανισητε 𝔭⁷⁵ᵛⁱᵈ(ℵ)B vs 𝔐 ; (δανιζετε A)
34 ⸂²λαβειν ℵB vs 𝔐 A   34 °𝔭⁴⁵ ⁷⁵B vs 𝔐 ℵA, [Cr]

πονηρούς. **36** Γίνεσθε ^{Ο1}οὖν οἰκτίρμονες, καθὼς ^{Ο2}καὶ ὁ
Πατὴρ ὑμῶν οἰκτίρμων ἐστί.

Do Not Judge
(Mt. 7:1-6)

37 "Καὶ μὴ κρίνετε, καὶ οὐ μὴ κριθῆτε. ^T Μὴ καταδικάζετε,
καὶ οὐ μὴ καταδικασθῆτε. Ἀπολύετε, καὶ ἀπολυθήσεσθε.
38 Δίδοτε, καὶ δοθήσεται ὑμῖν· μέτρον καλόν, πεπιεσμένον
^{Ο1}καὶ σεσαλευμένον ^{Ο2}καὶ ·ὑπερεκχυνόμενον δώσουσιν εἰς
τὸν κόλπον ὑμῶν. ⸆Τῷ γὰρ αὐτῷ μέτρῳ ᾧ⸄ μετρεῖτε
ἀντιμετρηθήσεται ὑμῖν."
39 Εἶπε δὲ ^T παραβολὴν αὐτοῖς· "Μήτι δύναται τυφλὸς
τυφλὸν ὁδηγεῖν? Οὐχὶ ἀμφότεροι εἰς βόθυνον ⸂πεσοῦνται?
40 Οὐκ ἔστι μαθητὴς ὑπὲρ τὸν διδάσκαλον ^Οαὐτοῦ,
κατηρτισμένος δὲ πᾶς ἔσται ὡς ὁ διδάσκαλος αὐτοῦ. **41** Τί
δὲ βλέπεις τὸ κάρφος τὸ ἐν τῷ ὀφθαλμῷ τοῦ ἀδελφοῦ
σου, τὴν δὲ δοκὸν τὴν ἐν τῷ ἰδίῳ ὀφθαλμῷ οὐ κατανοεῖς?
42 ⸂Ἢ πῶς⸃ δύνασαι λέγειν τῷ ἀδελφῷ σου, 'Ἀδελφέ,
ἄφες ἐκβάλω τὸ κάρφος τὸ ἐν τῷ ὀφθαλμῷ σου,' αὐτὸς
τὴν ἐν τῷ ὀφθαλμῷ σου δοκὸν οὐ βλέπων? Ὑποκριτά!
Ἔκβαλε πρῶτον τὴν δοκὸν ἐκ τοῦ ὀφθαλμοῦ σου, καὶ τότε
διαβλέψεις ⸋ἐκβαλεῖν τὸ κάρφος τὸ ἐν τῷ ὀφθαλμῷ τοῦ
ἀδελφοῦ σου.⸌

By Their Fruits You Shall Know Them
(Mt. 7:15-20; Mt. 12:33-37)

43 "Οὐ γάρ ἐστι δένδρον καλὸν ποιοῦν καρπὸν σαπρόν,
οὐδὲ ^T δένδρον σαπρὸν ποιοῦν καρπὸν καλόν. **44** Ἕκαστον
γὰρ δένδρον ἐκ τοῦ ἰδίου καρποῦ γινώσκεται. Οὐ γὰρ ἐξ

---

36 ^{Ο1}אB vs 𝔐 A   **36** ^{Ο2}אB vs 𝔐 A,[Cr]   **37** ^Tκαι אB vs 𝔐 AC
38 ^{Ο1}אB vs 𝔐 AC   **38** ^{Ο2}𝔭⁴⁵אB vs 𝔐 AC
38 ·υπερεκχυννομενον 𝔊A vs 𝔐 𝔭⁷⁵*
38 ⸄ω γαρ μετρω אB vs 𝔐 AC   **39** ^Tκαι 𝔊 (h.𝔭⁷⁵) vs 𝔐 𝔭⁴⁵A
39 ⸂εμπεσουνται B vs 𝔐 אAC   **40** ^Ο𝔊 vs 𝔐 AC
42 ⸂πως B vs 𝔐 AC^vid; (πως δε א)   **42** ⸋2-10 1 𝔭⁷⁵B vs 𝔐 אAC
43 ^Tπαλιν 𝔊 vs 𝔐 AC

ἀκανθῶν συλλέγουσι σῦκα, οὐδὲ ἐκ βάτου ˢτρυγῶσι
σταφυλήν.ᵡ 45 ˹Ο ἀγαθὸς ἄνθρωπος ἐκ τοῦ ἀγαθοῦ
θησαυροῦ τῆς καρδίας °¹αὐτοῦ προφέρει τὸ ἀγαθόν, καὶ ὁ
πονηρὸς °²ἄνθρωπος ἐκ τοῦ πονηροῦ □θησαυροῦ τῆς
καρδίας αὐτοῦˋ προφέρει τὸ πονηρόν. ῾Εκ γὰρ τοῦ¹ περισ-
σεύματος °³τῆς καρδίας λαλεῖ τὸ στόμα αὐτοῦ.

Build on the Rock
(Mt. 7:24-29)

46 ῞Τί δέ με καλεῖτε, ῾Κύριε, Κύριε,᾿ καὶ οὐ ποιεῖτε ἃ
λέγω? **47** Πᾶς ὁ ἐρχόμενος πρός με καὶ ἀκούων μου τῶν
λόγων καὶ ποιῶν αὐτούς, ὑποδείξω ὑμῖν τίνι ἐστὶν ὅμοιος·
48 ὅμοιός ἐστιν ἀνθρώπῳ οἰκοδομοῦντι οἰκίαν, ὃς ἔσκαψε
καὶ ἐβάθυνε καὶ ἔθηκε θεμέλιον ἐπὶ τὴν πέτραν. Πλημ-
μύρας² δὲ γενομένης, •προσέρρηξεν ὁ ποταμὸς τῇ οἰκίᾳ
ἐκείνῃ, καὶ οὐκ ἴσχυσε σαλεῦσαι αὐτήν, ῾τεθεμελίωτο γὰρ
ἐπὶ τὴν πέτραν.ˋ **49** ῾Ο δὲ ἀκούσας καὶ μὴ ποιήσας ὅμοιός
ἐστιν ἀνθρώπῳ οἰκοδομήσαντι οἰκίαν³ ἐπὶ τὴν γῆν χωρὶς
θεμελίου, ἧ •¹προσέρρηξεν ὁ ποταμός, καὶ •²εὐθέως ῾ἔπεσε.
Καὶ ἐγένετο τὸ ῥῆγμα τῆς οἰκίας ἐκείνης μέγα.᾿

Jesus Heals a Centurion's Servant
(Mt. 8:5-13)

7 ῾᾿Επεὶ δὲˋ ἐπλήρωσε πάντα τὰ ῥήματα αὐτοῦ εἰς
τὰς ἀκοὰς τοῦ λαοῦ, εἰσῆλθεν εἰς •Καπερναούμ.
2 ῾Εκατοντάρχου δέ τινος δοῦλος κακῶς ἔχων ἔμελλε⁴

---

¹45 του ΜC, TR vs −Μ¹אΒΑ, Cr
²48 πλημμυρας ΜΑC, TR vs πλημυρας Μ¹ vs πλημμυρης א*, Cr vs
πλημυρης 𝔭⁷⁵
³49 οικιαν ΜΘΑ, TR Cr vs την οικιαν Μʳ𝔭⁷⁵
⁴2 εμελλε(ν) Μ vs ημελλεν ΘΑ, TR Cr

44 ˢΘ (𝔭⁷⁵ᵛⁱᵈ) vs 𝔐Α   45 °¹Θ vs 𝔐ΑC   45 °²Θ vs 𝔐ΑC
45 □𝔭⁷⁵ᵛⁱᵈאΒ vs 𝔐ΑC   45 °³אΒΑ vs 𝔐C
48 •προσερηξεν א*Β* vs 𝔐𝔭⁷⁵ΑC
48 ῾δια το καλως οικοδομησθαι αυτην אΒ vs 𝔐ΑC
49 •¹προσερηξεν Β* vs 𝔐ΘΑ   49 •²ευθυς 𝔭⁴⁵Θ vs 𝔐Α
49 ῾συνεπεσεν 𝔭⁴⁵Θ vs 𝔐ΑC   1 ῾επειδη ΒΑC* vs 𝔐א
1 •Καφαρναουμ Θ (𝔭⁷⁵ᵛⁱᵈ) vs 𝔐Α

τελευτᾶν, ὃς ἦν αὐτῷ ἔντιμος. 3 Ἀκούσας δὲ περὶ τοῦ Ἰησοῦ ἀπέστειλε πρὸς αὐτὸν πρεσβυτέρους τῶν Ἰουδαίων, ἐρωτῶν αὐτὸν ὅπως ἐλθὼν διασώσῃ τὸν δοῦλον αὐτοῦ. 4 Οἱ δὲ παραγενόμενοι πρὸς τὸν Ἰησοῦν, παρεκάλουν αὐτὸν σπουδαίως, λέγοντες ὅτι '"Ἄξιός ἐστιν ᾧ ῾παρέξει τοῦτο, 5 ἀγαπᾷ γὰρ τὸ ἔθνος ἡμῶν καὶ τὴν συναγωγὴν αὐτὸς ᾠκοδόμησεν ἡμῖν." 6 Ὁ δὲ Ἰησοῦς ἐπορεύετο σὺν αὐτοῖς.

Ἤδη δὲ αὐτοῦ οὐ μακρὰν ἀπέχοντος ἀπὸ τῆς οἰκίας, ἔπεμψε □πρὸς αὐτὸν῾ ῾ὁ ἑκατόνταρχος φίλους,᾿ λέγων αὐτῷ, "Κύριε, μὴ σκύλλου, οὐ γάρ ῾εἰμι ἱκανὸς² ἵνα μου ὑπὸ τὴν στέγην¹ εἰσέλθῃς. 7 Διὸ οὐδὲ ἐμαυτὸν ἠξίωσα πρός σε ἐλθεῖν. Ἀλλ᾿ εἰπὲ λόγῳ, καὶ ῾ἰαθήσεται ὁ παῖς μου. 8 Καὶ γὰρ ἐγὼ ἄνθρωπός εἰμι ὑπὸ ἐξουσίαν τασσόμενος, ἔχων ὑπ᾿ ἐμαυτὸν στρατιώτας. Καὶ λέγω τούτῳ 'Πορεύθητι,' καὶ πορεύεται· καὶ ἄλλῳ, 'Ἔρχου,' καὶ ἔρχεται· καὶ τῷ δούλῳ μου, 'Ποίησον τοῦτο,' καὶ ποιεῖ."

9 Ἀκούσας δὲ ταῦτα ὁ Ἰησοῦς ἐθαύμασεν αὐτόν, καὶ στραφεὶς τῷ ἀκολουθοῦντι αὐτῷ ὄχλῳ εἶπε, "Λέγω ὑμῖν οὔτε² ἐν τῷ Ἰσραὴλ τοσαύτην πίστιν εὗρον!" 10 Καὶ ὑποστρέψαντες ῾οἱ πεμφθέντες εἰς τὸν οἶκον῾ εὗρον τὸν °ἀσθενοῦντα δοῦλον ὑγιαίνοντα.

Jesus Raises the Son of the Widow of Nain

11 Καὶ ἐγένετο ἐν τῷ³ ἑξῆς, ῾ἐπορεύετο εἰς πόλιν καλουμένην Ναΐν, καὶ συνεπορεύοντο αὐτῷ οἱ μαθηταὶ αὐτοῦ °ἱκανοί, καὶ ὄχλος πολύς. 12 Ὡς δὲ ἤγγισε τῇ πύλῃ τῆς πόλεως, καὶ ἰδού, ἐξεκομίζετο τεθνηκώς, ῾υἱὸς

---

¹6 μου υπο την στεγην MᵖᵗℵC vs υπο την στεγην μου MᵖᵗBA, TR Cr
²9 ουτε Mᵖᵗ vs ουδε Mᵖᵗ𝕲 (𝔭⁷⁵ᵛⁱᵈ)A, TR Cr
³11 τω Mᵖᵗ𝔭⁷⁵BA, Cr vs τη Mᵖᵗℵ*C, TR

4 ῾παρεξη 𝕲 (h.𝔭⁷⁵)A vs M   6 □𝕲 vs 𝕸C (επ αυτον A)
6 ῾φιλους ο εκατονταρχης B (εκατονταρχος ℵC) vs 𝕸𝔭⁴⁵ᵛⁱᵈA
6 ῾𝔭⁷⁵ᵛⁱᵈB (ικανος μι ℵ*) vs 𝕸AC   7 ῾ιαθητω 𝔭⁷⁵ᵛⁱᵈB vs 𝕸ℵAC
10 ῾3-512 𝔭⁷⁵ᵛⁱᵈℵB vs 𝕸AC   10 °𝕲 vs 𝕸AC
11 ῾επορευθη 𝕲 vs 𝕸AC   11 °𝕲 vs 𝕸AC   12 ῾𝔭⁷⁵ᵛⁱᵈℵB vs 𝕸AC

μονογενὴς᾽ τῇ μητρὶ αὐτοῦ, καὶ αὐτὴ¹ χήρα, καὶ ὄχλος τῆς πόλεως ἱκανὸς² σὺν αὐτῇ. **13** Καὶ ἰδὼν αὐτὴν ὁ Κύριος ἐσπλαγχνίσθη ἐπ᾽ αὐτῇ καὶ εἶπεν αὐτῇ, "Μὴ κλαῖε." **14** Καὶ προσελθὼν ἥψατο τῆς σοροῦ, οἱ δὲ βαστάζοντες ἔστησαν. Καὶ εἶπε, "Νεανίσκε, σοὶ λέγω, ἐγέρθητι." **15** Καὶ ἀνεκάθισεν ὁ νεκρὸς καὶ ἤρξατο λαλεῖν. Καὶ ἔδωκεν αὐτὸν τῇ μητρὶ αὐτοῦ.

16 Ἔλαβε δὲ φόβος πάντας,³ καὶ ἐδόξαζον τὸν Θεόν, λέγοντες ὅτι "Προφήτης μέγας ⸀ἐγήγερται ἐν ἡμῖν," καὶ ὅτι "᾽Επεσκέψατο ὁ Θεὸς τὸν λαὸν αὐτοῦ." **17** Καὶ ἐξῆλθεν ὁ λόγος οὗτος ἐν ὅλῃ τῇ ᾽Ιουδαίᾳ περὶ αὐτοῦ καὶ °ἐν πάσῃ τῇ περιχώρῳ.

John the Baptist Sends Messengers to Jesus
(Mt. 11:2-19)

18 Καὶ ἀπήγγειλαν ᾽Ιωάννῃ οἱ μαθηταὶ αὐτοῦ περὶ πάντων τούτων. **19** Καὶ προσκαλεσάμενος δύο τινὰς τῶν μαθητῶν αὐτοῦ ὁ ᾽Ιωάννης ἔπεμψε πρὸς τὸν ⸀᾽Ιησοῦν, λέγων, "Σὺ εἶ ὁ ᾽Ερχόμενος, ἢ ἄλλον προσδοκῶμεν?"

20 Παραγενόμενοι δὲ πρὸς αὐτὸν οἱ ἄνδρες εἶπον, "᾽Ιωάννης ὁ Βαπτιστὴς ⸀ἀπέσταλκεν ἡμᾶς πρός σε, λέγων, 'Σὺ εἶ ὁ ᾽Ερχόμενος, ἢ ἄλλον προσδοκῶμεν?' " **21** ᾽Εν ⸀αὐτῇ δὲ᾽ τῇ ὥρᾳ ἐθεράπευσε πολλοὺς ἀπὸ νόσων καὶ μαστίγων καὶ πνευμάτων πονηρῶν, καὶ τυφλοῖς πολλοῖς ἐχαρίσατο °τὸ βλέπειν.

22 Καὶ ἀποκριθεὶς ᵒὁ ᾽Ιησοῦς᾽ εἶπεν αὐτοῖς, "Πορευθέντες ἀπαγγείλατε ᾽Ιωάννῃ ἃ εἴδετε καὶ ἠκούσατε· °ὅτι τυφλοὶ ἀναβλέπουσι, χωλοὶ περιπατοῦσι, λεπροὶ καθαρίζονται,ᵀ κωφοὶ ἀκούουσι, νεκροὶ ἐγείρονται,

---

¹12 αυτη **MA**, **TR** vs + ην **M¹ᴳ**, **Cr**
²12 ικανος **𝔐** AC vs +ην **ᴳ**, **TR Cr**
³16 παντας **𝔐** 𝔭⁷⁵B, **Cr** vs απαντας **ℵ**AC, **TR**

---

16 ⸀ηγερθη **ᴳ**A vs **𝔐**   17 °**ᴳ** (h.C) vs **𝔐** A
19 ⸀Κυριον B vs **𝔐** ℵA   20 ⸀απεστειλεν 𝔭⁷⁵ᵛⁱᵈℵB vs **𝔐** A
21 ⸀εκεινη 𝔭⁷⁵ᵛⁱᵈℵB vs **𝔐** A   21 °ℵ*BA vs M   22 ᵒℵB vs **𝔐** A
22 °𝔭⁷⁵ᵛⁱᵈℵB vs **𝔐** A   22 ᵀκαι **ᴳ** (h.C) vs **𝔐** A

πτωχοὶ εὐαγγελίζονται. 23 Καὶ μακάριός ἐστιν ὃς ἐὰν μὴ σκανδαλισθῇ ἐν ἐμοί."

24 Ἀπελθόντων δὲ τῶν ἀγγέλων Ἰωάννου, ἤρξατο λέγειν τοῖς ὄχλοις¹ περὶ Ἰωάννου, "Τί ⸆ἐξεληλύθατε εἰς τὴν ἔρημον θεάσασθαι? Κάλαμον ὑπὸ ἀνέμου σαλευόμενον? 25 Ἀλλὰ τί ⸆ἐξεληλύθατε ἰδεῖν? Ἄνθρωπον ἐν μαλακοῖς ἱματίοις ἠμφιεσμένον? Ἰδού, οἱ ἐν ἱματισμῷ ἐνδόξῳ καὶ τρυφῇ ὑπάρχοντες ἐν τοῖς βασιλείοις εἰσίν. 26 Ἀλλὰ τί ⸆ἐξεληλύθατε ἰδεῖν? Προφήτην? Ναί, λέγω ὑμῖν, καὶ περισσότερον προφήτου. 27 Οὗτός ἐστι περὶ οὗ γέγραπται,

«Ἰδού, °ἐγὼ ἀποστέλλω τὸν ἄγγελόν μου
        πρὸ προσώπου σου,
    Ὃς κατασκευάσει τὴν ὁδόν σου
        ἔμπροσθέν σου.»

28 ⸆Λέγω γὰρ⸃ ὑμῖν, μείζων ἐν γεννητοῖς γυναικῶν °προφήτης Ἰωάννου ⸋τοῦ Βαπτιστοῦ⸌ οὐδείς ἐστιν· ὁ δὲ μικρότερος ἐν τῇ βασιλείᾳ τοῦ Θεοῦ μείζων αὐτοῦ ἐστι." 29 Καὶ πᾶς ὁ λαὸς ἀκούσας καὶ οἱ τελῶναι ἐδικαίωσαν τὸν Θεόν, βαπτισθέντες τὸ βάπτισμα Ἰωάννου. 30 Οἱ δὲ Φαρισαῖοι καὶ οἱ νομικοὶ τὴν βουλὴν τοῦ Θεοῦ ἠθέτησαν εἰς ἑαυτούς, μὴ βαπτισθέντες ὑπ᾽ αὐτοῦ.

31 "Τίνι² οὖν ὁμοιώσω τοὺς ἀνθρώπους τῆς γενεᾶς ταύτης, καὶ τίνι εἰσὶν ὅμοιοι? 32 Ὅμοιοί εἰσι παιδίοις τοῖς ἐν ἀγορᾷ καθημένοις καὶ προσφωνοῦσιν ἀλλήλοις ⸀καὶ λέγουσιν,⸃

    Ηὐλήσαμεν ὑμῖν, καὶ οὐκ ὠρχήσασθε·
    Ἐθρηνήσαμεν °ὑμῖν, καὶ οὐκ ἐκλαύσατε.⸃

¹24 τοις οχλοις 𝔐ℵ* vs προς τους οχλους BA, TR Cr vs προς του οχλου 𝔓⁷⁵ᵛⁱᵈ
²31 τινι 𝔐ℵBA, Cr vs ειπεν δε ο Κυριος τινι TR

---

24 ⸆εξηλθατε 𝔓⁷⁵(ℵ)BA vs 𝔐   25 ⸆εξηλθατε (ℵ)BA vs 𝔐
26 ⸆εξηλθατε 𝔓⁷⁵(ℵ)B vs 𝔐A   27 °ℵB vs 𝔐A
28 ⸆λεγω B vs 𝔐A; (αμην λεγω ℵ)   28 °𝕲 (h.C) vs 𝔐A
28 ⸋𝕲 (h.C) vs 𝔐A   32 ⸀α λεγει ℵ*B vs 𝔐A   32 °ℵB vs 𝔐A

---

27 Mal. 3:1

33 Ἐλήλυθε γὰρ Ἰωάννης ὁ Βαπτιστὴς ⌐μήτε ⌐ἄρτον ἐσθίων⌐ μήτε ⌐οἶνον πίνων,⌐ καὶ λέγετε, Δαιμόνιον ἔχει.⌐ 34 Ἐλήλυθεν ὁ Υἱὸς τοῦ Ἀνθρώπου ἐσθίων καὶ πίνων, καὶ λέγετε, ' Ἰδού, ἄνθρωπος φάγος καὶ οἰνοπότης, φίλος τελωνῶν¹ καὶ ἁμαρτωλῶν!' 35 Καὶ ἐδικαιώθη ἡ σοφία ἀπὸ ⌐τῶν τέκνων αὐτῆς πάντων.⌐''

Jesus Forgives a Sinful Woman

36 Ἡρώτα δέ τις αὐτὸν τῶν Φαρισαίων ἵνα φάγῃ μετ' αὐτοῦ. Καὶ εἰσελθὼν εἰς ⌐τὴν οἰκίαν⌐ τοῦ Φαρισαίου ⌐ἀνεκλίθη. 37 Καὶ ἰδού, γυνὴ ⌐ἐν τῇ πόλει ἥτις ἦν⌐ ἁμαρτωλός,² ἐπιγνοῦσα ὅτι ⌐ἀνάκειται ἐν τῇ οἰκίᾳ τοῦ Φαρισαίου, κομίσασα ἀλάβαστρον μύρου, 38 καὶ στᾶσα ⌐παρὰ τοὺς πόδας αὐτοῦ ὀπίσω⌐ κλαίουσα, ⌐ἤρξατο βρέχειν τοὺς πόδας αὐτοῦ τοῖς δάκρυσι⌐ καὶ ταῖς θριξὶ τῆς κεφαλῆς αὐτῆς ἐξέμασσε, καὶ κατεφίλει τοὺς πόδας αὐτοῦ καὶ ἤλειφε τῷ μύρῳ. 39 Ἰδὼν δὲ ὁ Φαρισαῖος ὁ καλέσας αὐτόν, εἶπεν ἐν ἑαυτῷ λέγων, "Οὗτος, εἰ ἦν προφήτης, ἐγίνωσκεν ἂν τίς καὶ ποταπὴ ἡ γυνὴ ἥτις ἅπτεται αὐτοῦ, ὅτι ἁμαρτωλός ἐστι."

40 Καὶ ἀποκριθεὶς ὁ Ἰησοῦς εἶπε πρὸς αὐτόν, "Σίμων, ἔχω σοί τι εἰπεῖν."

Ὁ δέ ⌐φησι, "Διδάσκαλε, εἰπέ.⌐''

41 "Δύο χρεωφειλέται³ ἦσαν δανειστῇ τινί. Ὁ εἷς ὤφειλε δηνάρια πεντακόσια, ὁ δὲ ἕτερος πεντήκοντα. 42 Μὴ ἐχόντων °ιδὲ αὐτῶν ἀποδοῦναι, ἀμφοτέροις

---

¹34 φιλος τελωνων 𝕸 אΒΑ, Cr vs τελωνων φιλος TR
²37 αμαρτωλος Μᵖᵗ, TR vs +και ΜᵖᵗאΒΑ, Cr
³41 χρεωφειλεται Μᵖᵗ, TR vs χρεοφειλεται ΜᵖᵗאΒΑ, Cr

---

33 ⌐μη אΒ vs 𝕸 Α   33 ⌐εσθιων αρτον א (εσθων αρτον Β) vs 𝕸 Α
33 ⌐אΒ vs 𝕸 Α
35 ⌐παντων των τεκνων αυτης Β (εργων for τεκνων א*) vs 𝕸 Α
36 ⌐τον οικον אΒ vs 𝕸 Α   36 ⌐κατεκλιθη Β vs 𝕸 Α; (κατεκειτο א*)
37 ⌐451-3 אΒ vs 𝕸 Α   37 ⌐κατακειται אΒΑ vs 𝕸
38 ⌐51-4 אΒ vs 𝕸 (παρα τους ποδας του Ιησου οπισω Α)
38 ⌐671-5 אΒ vs 𝕸 Α
40 ⌐231 אΒ vs 𝕸 (εφη διδασκαλε ειπε Α)   42 °ιΒ vs 𝕸 אΑ

ἐχαρίσατο. Τίς οὖν αὐτῶν, °²εἰπέ, πλεῖον ˢαὐτὸν ἀγαπήσειˡ?"

43 Ἀποκριθεὶς ʼδὲ ὁ Σίμωνˋ εἶπεν, "ʼΥπολαμβάνω ὅτι ᾧ τὸ πλεῖον ἐχαρίσατο."

ʼΟ δὲ εἶπεν αὐτῷ, "ʼΟρθῶς ἔκρινας." 44 Καὶ στραφεὶς πρὸς τὴν γυναῖκα, τῷ Σίμωνι ἔφη, "Βλέπεις ταύτην τὴν γυναῖκα? Εἰσῆλθόν σου εἰς τὴν οἰκίαν· ὕδωρ ʼἐπὶ τοὺς πόδας μουˋ οὐκ ἔδωκας, αὕτη δὲ τοῖς δάκρυσιν ἔβρεξέ μου τοὺς πόδας καὶ ταῖς θριξὶ □τῆς κεφαλῆςˋ αὐτῆς ἐξέμαξε. 45 Φίλημά μοι οὐκ ἔδωκας, αὕτη δὲ ἀφ᾽ ἧς εἰσῆλθον οὐ διέλιπεˡ καταφιλοῦσά μου τοὺς πόδας. 46 Ἐλαίῳ τὴν κεφαλήν μου οὐκ ἤλειψας, αὕτη δὲ μύρῳ ἤλειψέ μου τοὺς πόδας.² 47 Οὗ χάριν, λέγω σοι, ἀφέωνται αἱ ἁμαρτίαι αὐτῆς αἱ πολλαί, ὅτι ἠγάπησε πολύ. Ὧ δὲ ὀλίγον ἀφίεται, ὀλίγον ἀγαπᾷ." 48 Εἶπε δὲ αὐτῇ, "Ἀφέωνταί σου αἱ ἁμαρτίαι."

49 Καὶ ἤρξαντο οἱ συνανακείμενοι λέγειν ἐν ἑαυτοῖς, "Τίς οὗτός ἐστιν ὃς καὶ ἁμαρτίας ἀφίησιν?"

50 Εἶπε δὲ πρὸς τὴν γυναῖκα, "Ἡ πίστις σου σέσωκέ σε. Πορεύου εἰς εἰρήνην."

Many Women Minister to Jesus

8 Καὶ ἐγένετο ἐν τῷ καθεξῆς καὶ αὐτὸς διώδευε κατὰ πόλιν καὶ κώμην κηρύσσων καὶ εὐαγγελιζόμενος τὴν βασιλείαν τοῦ Θεοῦ, καὶ οἱ δώδεκα σὺν αὐτῷ, 2 καὶ γυναῖκές τινες αἳ ἦσαν τεθεραπευμέναι ἀπὸ πνευμάτων πονηρῶν καὶ ἀσθενειῶν, Μαρία ἡ καλουμένη Μαγδαληνή, ἀφ᾽ ἧς δαιμόνια ἑπτὰ ἐξεληλύθει, 3 καὶ Ἰωάννα γυνὴ Χουζᾶ ἐπιτρόπου Ἡρῴδου, καὶ Σωσάννα,³ καὶ ἕτεραι πολλαί, αἵτινες διηκόνουν αὐτοῖς⁴ ʼἀπὸ τῶν ὑπαρχόντων αὐταῖς.

---

¹45 διελιπε(ν) Mᵖᵗ ᵛⁱᵈB, TR Cr vs διελειπε(ν) Mᵖᵗ ᵛⁱᵈℵA

²46 μου τους ποδας Mᵖᵗℵ, TR vs τους ποδας μου MᵖᵗB*A, Cr

³3 Σωσαννα Mᵖᵗ vs Σουσαννα MᵖᵗℵBAᵛⁱᵈ, TR Cr

⁴3 αυτοις MᵖᵗB, Cr vs αυτω MᵖᵗℵA, TR

---

42 °²ℵB vs 𝔐 (επτ Aᵛⁱᵈ)   42 ˢℵB vs 𝔐A
43 ʼ3 B vs 𝔐A; (13 ℵ)   44 ʼμοι επι ποδας B vs 𝔐A; (41-3 ℵ)
44 □ℵBA vs M   3 ʼεκ ℵBA vs M

The Parable of the Sower
(Mt. 13:1-9; Mk. 4:1-9)

4 Συνιόντος δὲ ὄχλου πολλοῦ καὶ τῶν κατὰ πόλιν ἐπιπορευομένων πρὸς αὐτόν, εἶπε διὰ παραβολῆς, **5** " Ἐξῆλθεν ὁ σπείρων τοῦ σπεῖραι τὸν σπόρον αὐτοῦ.[1] Καὶ ἐν τῷ σπείρειν αὐτόν, ὃ μὲν ἔπεσε παρὰ τὴν ὁδόν, καὶ κατεπατήθη, καὶ τὰ πετεινὰ τοῦ οὐρανοῦ κατέφαγεν αὐτό. **6** Καὶ ἕτερον ⌜ἔπεσεν ἐπὶ τὴν πέτραν, καὶ φυὲν ἐξηράνθη διὰ τὸ μὴ ἔχειν ἰκμάδα. **7** Καὶ ἕτερον ἔπεσεν ἐν μέσῳ τῶν ἀκανθῶν, καὶ συμφυεῖσαι αἱ ἄκανθαι ἀπέπνιξαν αὐτό. **8** Καὶ ἕτερον ἔπεσεν εἰς[2] τὴν γῆν τὴν ἀγαθήν, καὶ φυὲν ἐποίησε καρπὸν ἑκατονταπλασίονα." Ταῦτα λέγων ἐφώνει, " Ὁ ἔχων ὦτα ἀκούειν ἀκουέτω."

Jesus Explains the Purpose of Parables
(Mt. 13:10-17; Mk. 4:10-12)

9 Ἐπηρώτων δὲ αὐτὸν οἱ μαθηταὶ αὐτοῦ, °λέγοντες, "Τίς ⌜εἴη ἡ παραβολὴ αὕτη?⸃"
10 Ὁ δὲ εἶπεν, " Ὑμῖν δέδοται γνῶναι τὰ μυστήρια τῆς βασιλείας τοῦ Θεοῦ, τοῖς δὲ λοιποῖς ἐν παραβολαῖς, ἵνα

« Βλέποντες μὴ βλέπωσι
Καὶ ἀκούοντες μὴ συνιῶσιν.»

Jesus Explains the Parable of the Sower
(Mt. 13:18-23; Mk. 4:13-20)

11 " Ἔστι δὲ αὕτη ἡ παραβολή· Ὁ σπόρος ἐστὶν ὁ λόγος τοῦ Θεοῦ. **12** Οἱ δὲ παρὰ τὴν ὁδόν εἰσιν οἱ ⌜ἀκούοντες, εἶτα ἔρχεται ὁ διάβολος καὶ αἴρει τὸν λόγον ἀπὸ τῆς καρδίας

---

[1] 5 αυτου M^{pt}אB, TR Cr vs εαυτου M^{pt}A
[2] 8 εις 𝕸 G (h.C)A, Cr vs επι TR

6 ⌜κατεπεσεν 𝔭⁷⁵B vs 𝕸 אA   9 °G (h.C) vs 𝕸A
9 ⌜41-3 𝔭⁷⁵א (413 B) vs 𝕸A   12 ⌜ακουσαντες G (h.C) vs 𝕸A

10 Is. 6:9

αὐτῶν, ἵνα μὴ πιστεύσαντες σωθῶσιν. **13** Οἱ δὲ ἐπὶ τῆς πέτρας οἵ, ὅταν ἀκούσωσι, μετὰ χαρᾶς δέχονται τὸν λόγον, καὶ οὗτοι ῥίζαν οὐκ ἔχουσιν, οἳ πρὸς καιρὸν πιστεύουσι καὶ ἐν καιρῷ πειρασμοῦ ἀφίστανται. **14** Τὸ δὲ εἰς τὰς ἀκάνθας πεσόν, οὗτοί εἰσιν οἱ ἀκούσαντες, καὶ ὑπὸ μεριμνῶν καὶ πλούτου καὶ ἡδονῶν τοῦ βίου πορευόμενοι συμπνίγονται, καὶ οὐ τελεσφοροῦσι. **15** Τὸ δὲ ἐν τῇ καλῇ γῇ, οὗτοί εἰσιν οἵτινες ἐν καρδίᾳ καλῇ καὶ ἀγαθῇ, ἀκούσαντες τὸν λόγον κατέχουσι καὶ καρποφοροῦσιν ἐν ὑπομονῇ.[1]

Light Under a Vessel
(Mk. 4:21-25)

16 "Οὐδεὶς δὲ λύχνον ἅψας καλύπτει αὐτὸν σκεύει ἢ ὑποκάτω κλίνης τίθησιν, ἀλλ᾽ ἐπὶ λυχνίας ⌜ἐπιτίθησιν,⌝ ἵνα οἱ εἰσπορευόμενοι βλέπωσι τὸ φῶς. **17** Οὐ γάρ ἐστι κρυπτὸν ὃ οὐ φανερὸν γενήσεται, οὐδὲ ἀπόκρυφον ὃ οὐ ⌜γνωσθήσεται⌝ καὶ εἰς φανερὸν ἔλθῃ. **18** Βλέπετε οὖν πῶς ἀκούετε. Ὃς γὰρ ἐὰν[2] ἔχῃ, δοθήσεται αὐτῷ, καὶ ὃς ἐὰν[3] μὴ ἔχῃ, καὶ ὃ δοκεῖ ἔχειν ἀρθήσεται ἀπ᾽ αὐτοῦ."

Jesus' Mother and Brothers Send for Him
(Mt. 12:46-50; Mk. 3:31-35)

19 ⌜Παρεγένοντο δὲ πρὸς αὐτὸν ἡ μήτηρ καὶ οἱ ἀδελφοὶ αὐτοῦ, καὶ οὐκ ἠδύναντο[4] συντυχεῖν αὐτῷ διὰ τὸν ὄχλον. **20** Καὶ ἀπηγγέλη⌝ αὐτῷ °λεγόντων, " Ἡ μήτηρ σου καὶ οἱ ἀδελφοί σου ἑστήκασιν ἔξω ἰδεῖν ⌐σε θέλοντες.⌐"

---

[1]15 υπομονη M^pt G (h.C)A, TR Cr vs + ταυτα λεγων εφωνει ο εχων ωτα ακουειν ακουετω M^pt

[2]18 ος γαρ εαν MA vs ος γαρ αν TR vs ος αν γαρ ℵB, Cr vs οσον γαρ 𝔓75

[3]18 εαν M vs αν G (h.C)A, TR Cr

[4]19 ηδυναντο M^pt G (h.C)A, TR Cr vs εδυναντο M^pt

---

16 ⌜τιθησιν G (h.C) vs 𝔐A   17 ⌜μη γνωσθη G (h.C) vs 𝔐A
19 ⌜παρεγενετο 𝔓75B vs 𝔐ℵA
20 ⌜απηγγελη δε ℵB (απηγγελλη δε 𝔓75) vs 𝔐A
20 °𝔓75B vs 𝔐A (οτι ℵ)   20 ⌐𝔓75B vs 𝔐ℵA

21 Ὁ δὲ ἀποκριθεὶς εἶπε πρὸς αὐτούς, "Μήτηρ μου καὶ ἀδελφοί μου οὗτοί εἰσιν, οἱ τὸν λόγον τοῦ Θεοῦ ἀκούοντες καὶ ποιοῦντες °αὐτόν."

Wind and Wave Obey Jesus
(Mt. 8:23-27; Mk. 4:35-41)

22 ⸀Καὶ ἐγένετο⸀ ἐν μιᾷ τῶν ἡμερῶν καὶ αὐτὸς ἐνέβη εἰς πλοῖον καὶ οἱ μαθηταὶ αὐτοῦ, καὶ εἶπε πρὸς αὐτούς, "Διέλθωμεν εἰς τὸ πέραν τῆς λίμνης." Καὶ ἀνήχθησαν. **23** Πλεόντων δὲ αὐτῶν ἀφύπνωσε. Καὶ κατέβη λαῖλαψ ἀνέμου εἰς τὴν λίμνην, καὶ συνεπληροῦντο, καὶ ἐκινδύνευον.

24 Προσελθόντες δὲ[1] διήγειραν αὐτόν, λέγοντες, "Ἐπιστάτα, ἐπιστάτα, ἀπολλύμεθα!"

Ὁ δὲ ⸀ἐγερθεὶς ἐπετίμησε τῷ ἀνέμῳ καὶ τῷ κλύδωνι τοῦ ὕδατος. Καὶ ἐπαύσαντο, καὶ ἐγένετο γαλήνη. **25** Εἶπε δὲ αὐτοῖς, "Ποῦ °ἐστιν ἡ πίστις ὑμῶν;"

Φοβηθέντες δὲ ἐθαύμασαν, λέγοντες πρὸς ἀλλήλους, "Τίς ἄρα οὗτός ἐστιν ὅτι καὶ τοῖς ἀνέμοις ἐπιτάσσει καὶ τῷ ὕδατι, καὶ ὑπακούουσιν αὐτῷ;"

Jesus Heals a Demon-Possessed Man
(Mt. 8:28-34; Mk. 5:1-20)

26 Καὶ κατέπλευσαν εἰς τὴν χώραν τῶν ⸀Γαδαρηνῶν, ἥτις ἐστὶν ἀντιπέραν[2] τῆς Γαλιλαίας. **27** Ἐξελθόντι δὲ αὐτῷ ἐπὶ τὴν γῆν, ὑπήντησεν °αὐτῷ ἀνήρ τις ἐκ τῆς πόλεως ⸀ὃς εἶχε δαιμόνια ἐκ χρόνων ἱκανῶν. Καὶ ἱμάτιον οὐκ ἐνεδιδύσκετο⸀ καὶ ἐν οἰκίᾳ οὐκ ἔμενεν ἀλλ᾽ ἐν τοῖς μνήμασιν. **28** Ἰδὼν δὲ τὸν Ἰησοῦν, °καὶ ἀνακράξας, προσέπεσεν αὐτῷ, καὶ φωνῇ μεγάλῃ εἶπε, "Τί ἐμοὶ καὶ σοί, Ἰησοῦ, Υἱὲ τοῦ Θεοῦ τοῦ

---

[1]24 προσελθοντες δε Μ𝔭⁷⁵ᵛⁱᵈℵΒΑ, TR Cr vs και προσελθοντες Μʳ
[2]26 αντιπεραν Μ, TR vs αντιπερα Μ¹𝕲 (h.C) A, Cr

21 °𝕲 (h.C) A vs Μ   22 ⸀εγενετο δε 𝕲 (h.C) A vs Μ
24 ⸀διεγερθεις 𝔭⁷⁵ᵛⁱᵈℵΒ vs 𝔐A   25 °𝔭⁷⁵ᵛⁱᵈℵΒΑ vs 𝔐
26 ⸀Γερασηνων 𝔭⁷⁵Β vs 𝔐A; (Γεργεσηνων ℵ)   27 °𝕲 (h.C) vs 𝔐A
27 ⸀εχων δαιμονια και χρονω ικανω ουκ ενεδυσατο ιματιον
𝔭⁷⁵ᵛⁱᵈℵ*Β vs 𝔐A   28 °𝕲 (h.C) vs 𝔐A

῾Υψίστου? Δέομαί σου, μή με βασανίσῃς!" **29** Παρήγγειλε
γὰρ τῷ πνεύματι τῷ ἀκαθάρτῳ ἐξελθεῖν ἀπὸ τοῦ
ἀνθρώπου. Πολλοῖς γὰρ χρόνοις συνηρπάκει αὐτόν, καὶ
⸢[1]ἐδεσμεῖτο ἁλύσεσι καὶ πέδαις φυλασσόμενος, καὶ
διαρρήσσων τὰ δεσμὰ ἠλαύνετο ὑπὸ τοῦ ⸢[2]δαίμονος εἰς τὰς
ἐρήμους.

30 Ἐπηρώτησε δὲ αὐτὸν ὁ Ἰησοῦς, °λέγων, "Τί ⸂[1]σοι
ἐστὶν ὄνομα⸃?"

῾Ο δὲ εἶπε, "•Λεγεών," ὅτι ⸂[2]δαιμόνια πολλὰ εἰσῆλθεν⸃
εἰς αὐτόν. **31** Καὶ ⸢παρεκάλει αὐτὸν ἵνα μὴ ἐπιτάξῃ αὐτοῖς
εἰς τὴν ἄβυσσον ἀπελθεῖν.

32 Ἦν δὲ ἐκεῖ ἀγέλη χοίρων ἱκανῶν ⸢[1]βοσκομένων ἐν τῷ
ὄρει. Καὶ ⸢[2]παρεκάλουν αὐτὸν ἵνα ἐπιτρέψῃ αὐτοῖς εἰς ἐ-
κείνους εἰσελθεῖν. Καὶ ἐπέτρεψεν αὐτοῖς. **33** Ἐξελθόντα δὲ
τὰ δαιμόνια ἀπὸ τοῦ ἀνθρώπου εἰσῆλθον[1] εἰς τοὺς χοίρους,
καὶ ὥρμησεν ἡ ἀγέλη κατὰ τοῦ κρημνοῦ εἰς τὴν λίμνην καὶ
ἀπεπνίγη. **34** Ἰδόντες δὲ οἱ βόσκοντες τὸ ⸢γεγενημένον
ἔφυγον καὶ[2] ἀπήγγειλαν εἰς τὴν πόλιν καὶ εἰς τοὺς ἀγρούς.
35 Ἐξῆλθον δὲ ἰδεῖν τὸ γεγονός, καὶ ἦλθον πρὸς τὸν
Ἰησοῦν, καὶ εὗρον καθήμενον τὸν ἄνθρωπον ἀφ᾽ οὗ τὰ
δαιμόνια ⸢ἐξεληλύθει, ἱματισμένον καὶ σωφρονοῦντα παρὰ
τοὺς πόδας τοῦ Ἰησοῦ. Καὶ ἐφοβήθησαν. **36** Ἀπήγγειλαν
δὲ αὐτοῖς °καὶ οἱ ἰδόντες πῶς ἐσώθη ὁ δαιμονισθείς. **37** Καὶ
ἠρώτησαν[3] αὐτὸν ἅπαν τὸ πλῆθος τῆς περιχώρου τῶν
⸢Γαδαρηνῶν ἀπελθεῖν ἀπ᾽ αὐτῶν, ὅτι φόβῳ μεγάλῳ
συνείχοντο. Αὐτὸς δὲ ἐμβὰς εἰς °τὸ πλοῖον ὑπέστρεψεν.

---

[1]33 εισηλθον 𝔐ЄA, Cr vs εισηλθεν **TR**
[2]34 και 𝔐ЄA, Cr vs + απελθοντες **TR**
[3]37 ηρωτησαν M[pt], **TR** vs ηρωτησεν M[pt]Є (h.𝔭[75]) A, Cr

---

29 ⸢[1]εδεσμευετο אB vs 𝔐AC   29 ⸢[2]δαιμονιου Є vs 𝔐A
30 °Є vs 𝔐AC   30 ⸂[1]132 𝔭[75vid]אB vs 𝔐A; (31 C*)
30 •Λεγιων א*B* vs 𝔐𝔭[75]AC
30 ⸂[2]312 𝔭[75vid]אB vs 𝔐A (δαιμονια πολλα εισηλθον C)
31 ⸢παρεκαλουν Є (h.𝔭[75]) vs MA   32 ⸢[1]βοσκομενη Є vs MAC
32 ⸢[2]παρεκαλεσαν Є vs 𝔐א*A   34 ⸢γεγονος Є (𝔭[75vid]) A vs M
35 ⸢εξηλθεν Є vs 𝔐AC   36 °Є vs 𝔐A
37 ⸢Γερασηνων Є vs 𝔐A; (Γεργεσηνων א*)   37 °Є (h.𝔭[75]) vs 𝔐A

38 ⌜Ἐδέετο δὲ αὐτοῦ ὁ ἀνὴρ ἀφ᾽ οὗ ἐξεληλύθει τὰ δαιμόνια εἶναι σὺν αὐτῷ. Ἀπέλυσε δὲ αὐτὸν ⸆ὁ Ἰησοῦς⸂ λέγων, 39 "⸂Ὑπόστρεφε εἰς τὸν οἶκόν σου, καὶ διηγοῦ ὅσα ⸋ἐποίησέ σοι ὁ Θεός.⸌" Καὶ ἀπῆλθε καθ᾽ ὅλην τὴν πόλιν κηρύσσων ὅσα ἐποίησεν αὐτῷ ὁ Ἰησοῦς.

Jesus Restores a Girl and Heals a Woman
(Mt. 9:18-26; Mk. 5:21-43)

40 ⸂Ἐγένετο δὲ ἐν⸃ τῷ ⸀ὑποστρέψαι τὸν Ἰησοῦν, ἀπεδέξατο αὐτὸν ὁ ὄχλος, ἦσαν γὰρ πάντες προσδοκῶντες αὐτόν. 41 Καὶ ἰδού, ἦλθεν ἀνὴρ ᾧ ὄνομα Ἰάειρος, καὶ ⸀αὐτὸς ἄρχων τῆς συναγωγῆς ὑπῆρχε. Καὶ πεσὼν παρὰ τοὺς πόδας ⸆τοῦ Ἰησοῦ παρεκάλει αὐτὸν εἰσελθεῖν εἰς τὸν οἶκον αὐτοῦ, 42 ὅτι θυγάτηρ μονογενὴς ἦν αὐτῷ ὡς ἐτῶν δώδεκα, καὶ αὕτη ἀπέθνησκεν. Ἐν δὲ τῷ ὑπάγειν αὐτὸν οἱ ὄχλοι συνέπνιγον αὐτόν.

43 Καὶ γυνὴ οὖσα ἐν ῥύσει αἵματος ἀπὸ ἐτῶν δώδεκα, ἥτις ἰατροῖς προσαναλώσασα ὅλον τὸν βίον[1] οὐκ ἴσχυσεν ⸀ὑπ᾽ οὐδενὸς θεραπευθῆναι, 44 προσελθοῦσα ὄπισθεν ἥψατο τοῦ κρασπέδου τοῦ ἱματίου αὐτοῦ. Καὶ παραχρῆμα ἔστη ἡ ῥύσις τοῦ αἵματος αὐτῆς.

45 Καὶ εἶπεν ὁ Ἰησοῦς, "Τίς ὁ ἁψάμενός μου;"

Ἀρνουμένων δὲ πάντων, εἶπεν ὁ Πέτρος ⸆καὶ οἱ μετ᾽ αὐτοῦ,⸂ "Ἐπιστάτα, οἱ ὄχλοι συνέχουσί σε καὶ ἀποθλίβουσι, ⸆²καὶ λέγεις, 'Τίς ὁ ἁψάμενός μου⸂;' "

46 Ὁ δὲ Ἰησοῦς εἶπεν, "Ἥψατό μού τις, ἐγὼ γὰρ ἔγνων δύναμιν ⸀ἐξελθοῦσαν ἀπ᾽ ἐμοῦ." 47 Ἰδοῦσα δὲ ἡ γυνὴ ὅτι οὐκ ἔλαθε, τρέμουσα ἦλθε καὶ προσπεσοῦσα αὐτῷ, δι᾽ ἣν αἰτίαν ἥψατο αὐτοῦ ἀπήγγειλεν ⸆αὐτῷ ἐνώπιον

---

[1]43 ιατροις προσαναλωσασα ολον τον βιον 𝔐 ℵAC, [Cr] vs — 𝔭⁷⁵B vs εις ιατρους προσαναλωσασα ολον τον βιον TR

---

38 ⸂εδειτο B vs 𝔐 ℵ*C*; (εδεειτο A; εδετο 𝔭⁷⁵ᵛⁱᵈ) 38 ⸆ℵB vs 𝔐AC
39 ⸂2134 𝕲 vs 𝔐A; (σοι ο Κυριος πεποιηκεν C*)
40 ⸂εν δε 𝔭⁷⁵B vs 𝔐ℵ*AC 40 ⸀υποστρεφειν 𝕲 vs 𝔐AC
41 ⸀ουτος 𝔭⁷⁵B vs 𝔐ℵA 41 ⸆ℵ*B vs 𝔐AC, [Cr]
43 ⸀απ 𝔭⁷⁵BA vs 𝔐ℵC 45 ⸆𝔭⁷⁵B vs M (και οι συν αυτω ℵAC)
45 ⸆²𝕲 vs 𝔐A (τι for τις C*) 46 ⸀εξεληλυθυιαν 𝕲 vs 𝔐AC
47 ⸆𝕲 (h.C)A vs 𝔐

παντὸς τοῦ λαοῦ καὶ ὡς ἰάθη παραχρῆμα. 48 Ὁ δὲ εἶπεν
αὐτῇ " °Θάρσει, ·θύγατερ, ἡ πίστις σου σέσωκέ σε. Πορεύου
εἰς εἰρήνην."
49 Ἔτι αὐτοῦ λαλοῦντος, ἔρχεταί τις παρὰ τοῦ ἀρχι-
συναγώγου, λέγων °αὐτῷ ὅτι "Τέθνηκεν ἡ θυγάτηρ σου.
ʳΜὴ σκύλλε τὸν διδάσκαλον."
50 Ὁ δὲ Ἰησοῦς ἀκούσας ἀπεκρίθη αὐτῷ, °λέγων, "Μὴ
φοβοῦ, μόνον ʳπίστευε καὶ σωθήσεται." 51 Ἐλθὼν¹ δὲ εἰς
τὴν οἰκίαν ʿοὐκ ἀφῆκεν εἰσελθεῖν οὐδέναˋ εἰ μὴ Πέτρον καὶ
Ἰωάννην καὶ Ἰάκωβον² καὶ τὸν πατέρα τῆς παιδὸς καὶ τὴν
μητέρα. 52 Ἔκλαιον δὲ πάντες καὶ ἐκόπτοντο αὐτήν. Ὁ
δὲ εἶπε, "Μὴ κλαίετε· ʿοὐκ ἀπέθανεν ἀλλὰ καθεύδει."
53 Καὶ κατεγέλων αὐτοῦ, εἰδότες ὅτι ἀπέθανεν. 54 Αὐτὸς
δὲ ᵒἐκβαλὼν ἔξω πάντας, καὶˋ κρατήσας τῆς χειρὸς
αὐτῆς, ἐφώνησε λέγων, "Ἡ παῖς, ʳἐγείρου." 55 Καὶ ἐπέ-
στρεψε τὸ πνεῦμα αὐτῆς, καὶ ἀνέστη παραχρῆμα· Καὶ
διέταξεν αὐτῇ δοθῆναι φαγεῖν. 56 Καὶ ἐξέστησαν οἱ γονεῖς
αὐτῆς· ὁ δὲ παρήγγειλεν αὐτοῖς μηδενὶ εἰπεῖν τὸ γεγονός.

Jesus Sends Out the Twelve
(Mt. 10:5-15; Mk. 6:7-13)

9 Συγκαλεσάμενος δὲ τοὺς δώδεκα³ ἔδωκεν αὐτοῖς
δύναμιν καὶ ἐξουσίαν ἐπὶ πάντα τὰ δαιμόνια, καὶ
νόσους θεραπεύειν. 2 Καὶ ἀπέστειλεν αὐτοὺς κηρύσσειν
τὴν βασιλείαν τοῦ Θεοῦ καὶ ἰᾶσθαι ʿτοὺς ἀσθενοῦντας.ˋ
3 Καὶ εἶπε πρὸς αὐτούς, "Μηδὲν αἴρετε εἰς τὴν ὁδόν, μήτε

---

¹51 ελθων 𝔐 G (h.𝔭⁷⁵) A, Cr vs εισελθων TR
²51 Ιωαννην και Ιακωβον 𝔐 C (𝔭⁷⁵) (B), Cr vs Ιακωβον και Ιωαννην
אA, TR
³1 δωδεκα M𝔭⁷⁵BA, Cr vs +μαθητας αυτου TR vs +αποστολους
א C*

---

48 °G vs 𝔐 AC   48 ·θυγατηρ B vs 𝔐 אAC   49 °אB vs 𝔐 AC
49 ʳμηκετι G vs 𝔐 AC   50 °G vs 𝔐 AC
50 ʳπιστευσον B vs 𝔐 אAC
51 ʿουκ αφηκεν εισελθειν τινα συν αυτω BC* vs 𝔐 A; (ουδενα
αφηκεν συνεισελθειν αυτω א)   52 ʿου γαρ G (h.𝔭⁷⁵) vs MA
54 ᵒG vs M (εκβαλλων παντας εξω και A; εκβαλων παντας
και C*)   54 ʳεγειρε G (h.𝔭⁷⁵) vs 𝔐 A
2 ʿτους ασθενεις אA, [Cr] vs 𝔐 C; (− B)

ʳῥάβδους μήτε πήραν μήτε ἄρτον μήτε ἀργύριον, μήτε °ἀνὰ δύο χιτῶνας ἔχειν. 4 Καὶ εἰς ἣν ἂν¹ οἰκίαν εἰσέλθητε, ἐκεῖ μένετε, καὶ ἐκεῖθεν ἐξέρχεσθε. 5 Καὶ ὅσοι ἐὰν² μὴ ʳ¹δέξωνται ὑμᾶς, ἐξερχόμενοι ἀπὸ τῆς πόλεως ἐκείνης °καὶ τὸν κονιορτὸν ἀπὸ τῶν ποδῶν ὑμῶν ʳ²ἀποτινάξατε εἰς μαρτύριον ἐπ᾽ αὐτούς." 6 Ἐξερχόμενοι δὲ διήρχοντο κατὰ τὰς κώμας, εὐαγγελιζόμενοι καὶ θεραπεύοντες πανταχοῦ.

John the Baptist Is Beheaded
(Mt. 14:1-12; Mk. 6:14-29)

7 Ἤκουσε δὲ Ἡρώδης ʿὁ τετράρχης᾽ τὰ γινόμενα □ὑπ᾽ αὐτοῦ˙ πάντα· καὶ διηπόρει διὰ τὸ λέγεσθαι ὑπό τινων ὅτι Ἰωάννης ʳἐγήγερται ἐκ νεκρῶν, 8 ὑπό τινων δὲ ὅτι Ἠλίας ἐφάνη, ἄλλων δὲ ὅτι προφήτης ʳεἷς τῶν ἀρχαίων ἀνέστη. 9 ʿΚαὶ εἶπεν᾽ Ἡρώδης,³ "Ἰωάννην ἐγὼ ἀπεκεφάλισα· τίς δέ ἐστιν οὗτος περὶ οὗ °ἐγὼ ἀκούω τοιαῦτα?" Καὶ ἐζήτει ἰδεῖν αὐτόν.

Jesus Feeds About Five Thousand Men
(Mt. 14:13-21; Mk. 6:30-44; Jn. 6:1-14)

10 Καὶ ὑποστρέψαντες οἱ ἀπόστολοι διηγήσαντο αὐτῷ ὅσα ἐποίησαν. Καὶ παραλαβὼν αὐτοὺς ὑπεχώρησε κατ᾽ ἰδίαν εἰς ʿτόπον ἔρημον πόλεως καλουμένης᾽ Βηθσαϊδάν.⁴ 11 Οἱ δὲ ὄχλοι γνόντες ἠκολούθησαν αὐτῷ. Καὶ ʳδεξάμενος αὐτοὺς ἐλάλει αὐτοῖς περὶ τῆς βασιλείας τοῦ Θεοῦ, καὶ τοὺς χρείαν ἔχοντας θεραπείας ἰᾶτο.

---

¹4 αν 𝕸Θ (h.𝔭⁷⁵)A, TR Cr vs − Mʳ
²5 εαν 𝕸𝔭⁷⁵C vs αν אBA, TR Cr
³9 Ηρωδης 𝕸אAC, Cr vs ο Ηρωδης B, TR
⁴10 Βηθσαιδαν MᵖᵗA vs Βηθσαιδα MᵖᵗBC, TR Cr vs Βηδσαιδα 𝔭⁷⁵ vs − א*

3 ʳραβδον Θ (h.𝔭⁷⁵) vs 𝕸A   3 °Θ (h.𝔭⁷⁵) vs 𝕸A, [Cr]
5 ʳ¹δεχωνται Θ (h.𝔭⁷⁵)A vs 𝕸   5 °Θ vs 𝕸A
5 ʳ²αποτινασσετε אB vs 𝕸AC
7 ʿο τετρααρχης C vs 𝕸BA; (− א*)   7 □Θ vs 𝕸A
7 ʳηγερθη Θ vs 𝕸A   8 ʳτις Θ (h.𝔭⁷⁵) vs 𝕸A
9 ʿειπεν δε Θ vs 𝕸A   9 °Θ vs 𝕸A
10 ʿπολιν καλουμενην 𝔭⁷⁵B vs 𝕸C (2134 A; 12 א*)
11 ʳαποδεξαμενος Θ vs 𝕸AC

12 Ἡ δὲ ἡμέρα ἤρξατο κλίνειν· προσελθόντες δὲ οἱ δώδεκα εἶπον αὐτῷ, "'Ἀπόλυσον τὸν ὄχλον, ἵνα ʳἀπελθόντες εἰς τὰς κύκλῳ κώμας καὶ °τοὺς ἀγροὺς καταλύσωσι καὶ εὕρωσιν ἐπισιτισμόν· ὅτι ὧδε ἐν ἐρήμῳ τόπῳ ἐσμέν."
13 Εἶπε δὲ πρὸς αὐτούς, "Δότε αὐτοῖς ὑμεῖς φαγεῖν."
Οἱ δὲ εἶπον, "Οὐκ εἰσὶν ἡμῖν πλεῖον ἢ ʳπέντε ἄρτοιˋ καὶ ἰχθύες δύο,¹ εἰ μήτι πορευθέντες ἡμεῖς ἀγοράσωμεν² εἰς πάντα τὸν λαὸν τοῦτον βρώματα." **14** Ἦσαν γὰρ ὡσεὶ ἄνδρες πεντακισχίλιοι.
Εἶπε δὲ πρὸς τοὺς μαθητὰς αὐτοῦ, "Κατακλίνατε αὐτοὺς κλισίας ᵀ ἀνὰ πεντήκοντα." **15** Καὶ ἐποίησαν οὕτω, καὶ ʳἀνέκλιναν ἅπαντας. **16** Λαβὼν δὲ τοὺς πέντε ἄρτους καὶ τοὺς δύο ἰχθύας, ἀναβλέψας εἰς τὸν οὐρανόν, εὐλόγησεν αὐτοὺς καὶ κατέκλασε καὶ ἐδίδου τοῖς μαθηταῖς ʳπαρατιθέναι τῷ ὄχλῳ. **17** Καὶ ἔφαγον καὶ ἐχορτάσθησαν πάντες, καὶ ἤρθη τὸ περισσεῦσαν αὐτοῖς κλασμάτων κόφινοι δώδεκα.

Peter Confesses Jesus as the Christ
(Mt. 16:13-20; Mk. 8:27-30)

18 Καὶ ἐγένετο ἐν τῷ εἶναι αὐτὸν προσευχόμενον κατὰ μόνας, συνῆσαν αὐτῷ οἱ μαθηταί, καὶ ἐπηρώτησεν αὐτούς, λέγων, "Τίνα με λέγουσιν οἱ ὄχλοι εἶναι?"
19 Οἱ δὲ ἀποκριθέντες εἶπον, "'Ἰωάννην τὸν Βαπτιστήν, ἄλλοι δὲ Ἠλίαν, ἄλλοι δὲ ὅτι προφήτης τις τῶν ἀρχαίων ἀνέστη."
20 Εἶπε δὲ αὐτοῖς, "'Ὑμεῖς δὲ τίνα με λέγετε εἶναι?"
Ἀποκριθεὶς δὲ ὁ Πέτρος³ εἶπε, "Τὸν Χριστὸν τοῦ Θεοῦ."

---

¹13 ιχθυες δυο 𝕸 G (h.𝔭⁷⁵) A, Cr vs δυο ιχθυες TR
²13 αγορασωμεν M G (h.𝔭⁷⁵) A, TR Cr vs αγορασομεν Mʳ
³20 αποκριθεις δε ο Πετρος Mᵖᵗ A, TR vs αποκριθεις δε Πετρος Mᵖᵗ vs Πετρος δε αποκριθεις G (𝔭⁷⁵ᵛⁱᵈ), Cr

---

12 ʳπορευθεντες G A vs 𝕸   12 °G vs 𝕸 AC
13 ʳ21 ℵ*B vs 𝕸 A (επτα αρτοι C)   14 ᵀωσει G (h.𝔭⁷⁵), [Cr] vs 𝕸 A
15 ʳκατεκλιναν ℵB vs 𝕸 AC   16 ʳπαραθειναι G vs 𝕸 A

Jesus Predicts His Death and Resurrection
(Mt. 16:21-23; Mt. 8:31-33)

21 Ὁ δὲ ἐπιτιμήσας αὐτοῖς παρήγγειλε μηδενὶ ʳεἰπεῖν τοῦτο, **22** εἰπὼν ὅτι "Δεῖ τὸν Υἱὸν τοῦ Ἀνθρώπου πολλὰ παθεῖν καὶ ἀποδοκιμασθῆναι ἀπὸ τῶν πρεσβυτέρων καὶ ἀρχιερέων καὶ γραμματέων, καὶ ἀποκτανθῆναι, καὶ τῇ τρίτῃ ἡμέρᾳ ἐγερθῆναι."

Take Up the Cross and Follow Him
(Mt. 16:24-28; Mk. 8:34-9:1)

23 Ἔλεγε δὲ πρὸς πάντας, "Εἴ τις θέλει ὀπίσω μου ʳ¹ἐλθεῖν, ʳ²ἀπαρνησάσθω ἑαυτὸν καὶ ἀράτω τὸν σταυρὸν αὐτοῦ,¹ καὶ ἀκολουθείτω μοι. **24** Ὃς γὰρ ἐὰν² θέλῃ τὴν ψυχὴν αὐτοῦ σῶσαι, ἀπολέσει αὐτήν· ὃς δ᾿ ἂν ἀπολέσῃ τὴν ψυχὴν αὐτοῦ ἕνεκεν ἐμοῦ, οὗτος σώσει αὐτήν. **25** Τί γὰρ ὠφελεῖται ἄνθρωπος κερδήσας τὸν κόσμον ὅλον, ἑαυτὸν δὲ ἀπολέσας ἢ ζημιωθείς? **26** Ὃς γὰρ ἂν ἐπαισχυνθῇ με καὶ τοὺς ἐμοὺς λόγους, τοῦτον ὁ Υἱὸς τοῦ Ἀνθρώπου ἐπαισχυνθήσεται, ὅταν ἔλθῃ ἐν τῇ δόξῃ αὐτοῦ καὶ τοῦ Πατρὸς καὶ τῶν ἁγίων ἀγγέλων. **27** Λέγω δὲ ὑμῖν ἀληθῶς, εἰσί τινες τῶν ʳὧδε ἑστώτων³ οἳ οὐ μὴ γεύσωνται⁴ θανάτου ἕως ἂν ἴδωσι τὴν βασιλείαν τοῦ Θεοῦ."

Jesus Is Transfigured on the Mount
(Mt. 17:1-13; Mk. 9:2-13)

28 Ἐγένετο δὲ μετὰ τοὺς λόγους τούτους ὡσεὶ ἡμέραι ὀκτώ,°καὶ παραλαβὼν⁵ Πέτρον καὶ Ἰωάννην καὶ Ἰάκωβον, ἀνέβη εἰς τὸ ὄρος προσεύξασθαι. **29** Καὶ ἐγένετο ἐν τῷ

---

¹23 αυτου MC vs +καθ᾿ ημεραν 𝕲A, TR Cr
²24 εαν MℵC vs αν BA, TR Cr
³27 εστωτων MAC vs εστηκοτων MʳℵB, TR Cr
⁴27 γευσωνται 𝔐𝔭⁴⁵𝕲 (h.𝔭⁷⁵) A, Cr vs γευσονται TR
⁵28 παραλαβων 𝔐𝕲A, Cr vs +τον TR

---

21 ʳλεγειν 𝕲 (h.𝔭⁷⁵)A vs M   23 ʳ¹ερχεσθαι 𝕲A vs M
23 ʳ²αρνησασθω ℵA vs 𝔐𝕲   27 ʳαυτου 𝕲 vs 𝔐AC
28 °ℵ*B vs 𝔐AC, [Cr]

προσεύχεσθαι αὐτόν, τὸ εἶδος τοῦ προσώπου αὐτοῦ ἕτερον καὶ ὁ ἱματισμὸς αὐτοῦ λευκὸς ἐξαστράπτων. 30 Καὶ ἰδού, ἄνδρες δύο συνελάλουν αὐτῷ, οἵτινες ἦσαν Μωσῆς καὶ Ἠλίας, 31 οἳ ὀφθέντες ἐν δόξῃ ἔλεγον τὴν ἔξοδον αὐτοῦ ἣν ⌜ἔμελλε πληροῦν ἐν Ἰερουσαλήμ. 32 Ὁ δὲ Πέτρος καὶ οἱ σὺν αὐτῷ ἦσαν βεβαρημένοι ὕπνῳ· διαγρηγορήσαντες δὲ εἶδον τὴν δόξαν αὐτοῦ καὶ τοὺς δύο ἄνδρας τοὺς συνεστῶτας αὐτῷ. 33 Καὶ ἐγένετο ἐν τῷ διαχωρίζεσθαι αὐτοὺς ἀπ' αὐτοῦ, εἶπεν[1] Πέτρος πρὸς τὸν Ἰησοῦν, "Ἐπιστάτα, καλόν ἐστιν ἡμᾶς ὧδε εἶναι· καὶ ποιήσωμεν σκηνὰς τρεῖς, μίαν σοὶ καὶ μίαν Μωσῇ[2] καὶ μίαν Ἠλίᾳ," μὴ εἰδὼς ὃ λέγει.

34 Ταῦτα δὲ αὐτοῦ λέγοντος, ἐγένετο νεφέλη καὶ ⌜ἐπεσκίασεν αὐτούς· ἐφοβήθησαν δὲ ἐν τῷ ⌜ἐκείνους εἰσελθεῖν⌝ εἰς τὴν νεφέλην. 35 Καὶ φωνὴ ἐγένετο ἐκ τῆς νεφέλης λέγουσα, "Οὗτός ἐστιν ὁ Υἱός μου ὁ ⌜ἀγαπητός. Αὐτοῦ ἀκούετε!" 36 Καὶ ἐν τῷ γενέσθαι τὴν φωνὴν εὑρέθη ὁ[3] Ἰησοῦς μόνος. Καὶ αὐτοὶ ἐσίγησαν καὶ οὐδενὶ ἀπήγγειλαν ἐν ἐκείναις ταῖς ἡμέραις οὐδὲν ὧν ⌜ἑωράκασιν.

Jesus Heals a Boy with an Unclean Spirit
(Mt. 17:14-21; Mk. 9:14-29)

37 Ἐγένετο δὲ ⌜ἐν τῇ ἑξῆς ἡμέρᾳ⌝, κατελθόντων αὐτῶν ἀπὸ τοῦ ὄρους, συνήντησεν αὐτῷ ὄχλος πολύς. 38 Καὶ ἰδού, ἀνὴρ ἀπὸ τοῦ ὄχλου ⌜ἀνεβόησε, λέγων, "Διδάσκαλε, δέομαί σου ἐπιβλέψαι[4] ἐπὶ τὸν υἱόν μου, ὅτι μονογενής ˢἐστί μοι.˅ 39 Καὶ ἰδού, πνεῦμα λαμβάνει αὐτόν, καὶ

---

1 33 ειπεν M^{pt}A vs +ο M^{pt}𝔭⁴⁵ G, TR Cr
2 33 μιαν M(ω)σ(η) 𝔐𝔭⁴⁵GA, Cr vs Μωσει μιαν ℵ, TR
3 36 ο M^{pt}, TR vs −M^{pt}𝔭⁴⁵GA, Cr
4 38 επιβλεψαι M^{pt}𝔭⁴⁵BA(C), Cr vs επιβλεψον M^{pt}ℵ, TR

---

31 ⌜ημελλεν GA vs 𝔐B; (εμελλον 𝔭⁴⁵)
34 ⌜επεσκιαζεν G vs 𝔐𝔭⁴⁵AC
34 ⌜εισελθειν αυτους ℵB(ˢC) vs 𝔐𝔭⁴⁵A; (εισελθειν 𝔭⁷⁵)
35 ⌜εκλελεγμενος 𝔭⁴⁵G vs 𝔐AC
36 ⌜εωρακαν B vs 𝔐ℵA (εορακασιν C*); (εορακεν 𝔭⁴⁵*)
37 ⌜2-4 ℵB vs 𝔐AC; (της ημερας 𝔭⁴⁵)
38 ⌜εβοησεν 𝔭⁴⁵G vs 𝔐A   38 ˢ𝔭^{45vid}G (h.𝔭⁷⁵) A vs M

ἐξαίφνης κράζει, καὶ σπαράσσει αὐτὸν μετὰ ἀφροῦ, καὶ μόγις ἀποχωρεῖ ἀπ᾽ αὐτοῦ, συντρῖβον αὐτόν. **40** Καὶ ἐδεήθην τῶν μαθητῶν σου ἵνα ἐκβάλωσιν¹ αὐτό, καὶ οὐκ ἠδυνήθησαν.″ **41** Ἀποκριθεὶς δὲ ὁ Ἰησοῦς εἶπεν, ″Ὦ γενεὰ ἄπιστος καὶ διεστραμμένη, ἕως πότε ἔσομαι πρὸς ὑμᾶς καὶ ἀνέξομαι ὑμῶν; Προσάγαγε τὸν υἱόν σου ὧδε.″² **42** Ἔτι δὲ προσερχομένου αὐτοῦ, ἔρρηξεν αὐτὸν τὸ δαιμόνιον καὶ συνεσπάραξεν. Ἐπετίμησε δὲ ὁ Ἰησοῦς τῷ πνεύματι τῷ ἀκαθάρτῳ, καὶ ἰάσατο τὸν παῖδα καὶ ἀπέδωκεν αὐτὸν τῷ πατρὶ αὐτοῦ. **43** Ἐξεπλήσσοντο δὲ πάντες ἐπὶ τῇ μεγαλειότητι τοῦ Θεοῦ.

Jesus Again Predicts His Death
(Mt. 17:22, 23; Mk. 9:30-32)

Πάντων δὲ θαυμαζόντων ἐπὶ πᾶσιν οἷς ⌜ἐποίησεν ⸆ὁ Ἰησοῦς,⸜ εἶπε πρὸς τοὺς μαθητὰς αὐτοῦ, **44** ″Θέσθε ὑμεῖς εἰς τὰ ὦτα ὑμῶν τοὺς λόγους τούτους, ὁ γὰρ Υἱὸς τοῦ Ἀνθρώπου μέλλει παραδίδοσθαι εἰς χεῖρας ἀνθρώπων.″ **45** Οἱ δὲ ἠγνόουν τὸ ῥῆμα τοῦτο, καὶ ἦν παρακεκαλυμμένον ἀπ᾽ αὐτῶν ἵνα μὴ αἴσθωνται αὐτό· καὶ ἐφοβοῦντο ἐρωτῆσαι αὐτὸν περὶ τοῦ ῥήματος τούτου.

Who Is the Greatest?
(Mt. 18:1-5; Mk. 9:33-37)

46 Εἰσῆλθε δὲ διαλογισμὸς ἐν αὐτοῖς, τὸ τίς ἂν εἴη μείζων αὐτῶν. **47** Ὁ δὲ Ἰησοῦς ⌜¹ἰδὼν τὸν διαλογισμὸν τῆς καρδίας αὐτῶν, ἐπιλαβόμενος ⌜²παιδίου, ἔστησεν αὐτὸ παρ᾽ ἑαυτῷ, **48** καὶ εἶπεν αὐτοῖς, ″Ὃς ἐὰν δέξηται τοῦτο τὸ παιδίον ἐπὶ τῷ ὀνόματί μου ἐμὲ δέχεται· καὶ ὃς ⌜¹ἐὰν

---

¹**40** εκβαλωσιν 𝕸 G (h.𝔭⁷⁵) A, Cr vs εκβαλλωσιν TR
²**41** τον υιον σου ωδε 𝕸 AC vs ωδε τον υιον σου G, TR Cr

---

43 ⌜εποιει G A vs 𝕸　　**43** ⸆G vs 𝕸 AC
47 ⌜¹ειδως אB vs M AC　　**47** ⌜²παιδιον G vs 𝕸 אA
48 ⌜¹αν 𝔭⁷⁵B vs 𝕸 AC; (− א)

ἐμὲ δέξηται δέχεται τὸν ἀποστείλαντά με. Ὁ γὰρ μικρότερος ἐν πᾶσιν ὑμῖν¹ ὑπάρχων οὗτος ᵣ²ἔσται μέγας."

Jesus Forbids Sectarianism
(Mk. 9:38-40)

49 Ἀποκριθεὶς δὲ °ὁ Ἰωάννης εἶπεν, "'Ἐπιστάτα, εἴδομέν τινα ᵣ¹ἐπὶ τῷ ὀνόματί σου ἐκβάλλοντα² δαιμόνια, καὶ ᵣ²ἐκωλύσαμεν αὐτόν, ὅτι οὐκ ἀκολουθεῖ μεθ᾽ ἡμῶν."
50 ῾Καὶ εἶπε᾽ πρὸς αὐτὸν ὁ Ἰησοῦς, "Μὴ κωλύετε, ὃς γὰρ οὐκ ἔστι καθ᾽ ᵣ¹ἡμῶν ὑπὲρ ᵣ²ἡμῶν ἐστιν."

A Samaritan Village Rejects the Savior

51 Ἐγένετο δὲ ἐν τῷ συμπληροῦσθαι τὰς ἡμέρας τῆς ἀναλήψεως αὐτοῦ, καὶ αὐτὸς τὸ πρόσωπον °αὐτοῦ ᵣἐστήριξε τοῦ πορεύεσθαι εἰς Ἰερουσαλήμ, **52** καὶ ἀπέστειλεν ἀγγέλους πρὸ προσώπου αὐτοῦ.³ Καὶ πορευθέντες εἰσῆλθον εἰς κώμην Σαμαρειτῶν, ᵣὥστε ἑτοιμάσαι αὐτῷ. **53** Καὶ οὐκ ἐδέξαντο αὐτόν, ὅτι τὸ πρόσωπον αὐτοῦ ἦν πορευόμενον εἰς Ἰερουσαλήμ. **54** Ἰδόντες δὲ οἱ μαθηταὶ °αὐτοῦ Ἰάκωβος καὶ Ἰωάννης εἶπον, "Κύριε, θέλεις εἴπωμεν πῦρ καταβῆναι ἀπὸ τοῦ οὐρανοῦ καὶ ἀναλῶσαι αὐτοὺς □ὡς καὶ Ἡλίας ἐποίησε᾽?"
55 Στραφεὶς δὲ ἐπετίμησεν αὐτοῖς καὶ εἶπεν, "Οὐκ οἴδατε οἵου πνεύματός ἐστε ὑμεῖς. **56** Ὁ γὰρ Υἱὸς τοῦ Ἀνθρώπου οὐκ ἦλθε ψυχὰς ἀνθρώπων ἀπολέσαι ἀλλὰ σῶσαι."⁴ Καὶ ἐπορεύθησαν εἰς ἑτέραν κώμην.

---

¹48 υμιν 𝕸 𝕮A, TR Cr vs υμων Mʳ
²49 εκβαλλοντα 𝕸 𝔭⁴⁵𝕮A, Cr vs + τα TR
³52 αυτου Mᵖᵗ𝕮, TR Cr vs εαυτου MᵖᵗA vs − 𝔭⁴⁵
⁴55,56 και ειπεν ουκ οιδατε οιου πνευματος εστε υμεις ο γαρ Υιος του Ανθρωπου ουκ ηλθε(ν) ψυχας ανθρωπων απολεσαι αλλα σωσαι Mᵖᵗ ᵛⁱᵈ, TR vs − Mᵖᵗ ᵛⁱᵈ𝔭⁴⁵𝕮A, Cr

---

48 ᵣ²εστιν 𝕮 vs 𝕸A   49 °𝔭⁴⁵ᵛⁱᵈ ⁷⁵B vs 𝕸אA   49 ᵣ¹εν 𝔭⁴⁵𝕮 vs 𝕸AC
49 ᵣ²εκωλυσαμεν 𝔭⁷⁵ᵛⁱᵈאB vs 𝕸AC   50 ῾ειπεν δε 𝔭⁴⁵𝕮 vs 𝕸A
50 ᵣ¹υμων 𝔭⁴⁵ 𝕮A vs M   50 ᵣ²υμων BC vs 𝕸א*A
51 °𝔭⁴⁵ ⁷⁵ᵛⁱᵈB vs 𝕸אAC   51 ᵣεστηρισεν 𝔭⁴⁵BC vs 𝕸אA
52 ᵣως 𝔭⁴⁵𝕮 vs 𝕸AC   54 °𝔭⁴⁵𝕮 vs 𝕸AC   54 □𝔭⁴⁵𝕮 vs 𝕸AC

Follow Him
(Mt. 8:18-22)

57 ⸆˹Ἐγένετο δὲ˺ πορευομένων αὐτῶν ἐν τῇ ὁδῷ, εἶπέ τις πρὸς αὐτόν, "᾿Ακολουθήσω σοι ὅπου ἂν[1] ἀπέρχῃ, °Κύριε."

58 Καὶ εἶπεν αὐτῷ ὁ ᾿Ιησοῦς, "Αἱ ἀλώπεκες φωλεοὺς ἔχουσι καὶ τὰ πετεινὰ τοῦ οὐρανοῦ κατασκηνώσεις, ὁ δὲ Υἱὸς τοῦ ᾿Ανθρώπου οὐκ ἔχει ποῦ τὴν κεφαλὴν κλίνῃ."

59 Εἶπε δὲ πρὸς ἕτερον, "᾿Ακολούθει μοι." Ὁ δὲ εἶπε, "°Κύριε, ἐπίτρεψόν μοι ἀπελθόντι πρῶτον θάψαι τὸν πατέρα μου."

60 Εἶπε δὲ αὐτῷ □ὁ ᾿Ιησοῦς,˺ "῎Αφες τοὺς νεκροὺς θάψαι τοὺς ἑαυτῶν νεκρούς, σὺ δὲ ἀπελθὼν διάγγελλε τὴν βασιλείαν τοῦ Θεοῦ."

61 Εἶπε δὲ καὶ ἕτερος, "᾿Ακολουθήσω σοι, Κύριε, πρῶτον δὲ ἐπίτρεψόν μοι ἀποτάξασθαι τοῖς εἰς τὸν οἶκόν μου."

62 Εἶπε δὲ ὁ ᾿Ιησοῦς πρὸς αὐτόν,[2] "Οὐδεὶς ˹1ἐπιβαλὼν τὴν χεῖρα αὐτοῦ ἐπ᾿ ἄροτρον, καὶ βλέπων εἰς τὰ ὀπίσω˺, εὔθετός ἐστιν ˹2εἰς τὴν βασιλείαν˺ τοῦ Θεοῦ."

Jesus Sends Out the Seventy

10 Μετὰ δὲ ταῦτα ἀνέδειξεν ὁ Κύριος °καὶ ἑτέρους ἑβδομήκοντα ᵀ1, καὶ ἀπέστειλεν αὐτοὺς ἀνὰ δύο ᵀ2πρὸ προσώπου αὐτοῦ εἰς πᾶσαν πόλιν καὶ τόπον οὗ ˹ἔμελλεν αὐτὸς ἔρχεσθαι. **2** ῎Ελεγεν ˹οὖν πρὸς αὐτούς, "Ὁ μὲν θερισμὸς πολύς, οἱ δὲ ἐργάται ὀλίγοι· δεήθητε οὖν τοῦ Κυρίου τοῦ θερισμοῦ ὅπως ἐκβάλῃ ἐργάτας[3] εἰς τὸν

---

[1]57 αν M^pt 𝔭⁷⁵*ℵ, TR vs εαν M^pt 𝔭⁴⁵BAC, Cr
[2]62 ο Ιησους προς αυτον 𝔐 AC vs προς αυτον ο Ιησους ℵ, TR [Cr] vs ο Ιησους 𝔭⁴⁵ ⁷⁵B
[3]2 εκβαλη εργατας 𝔐 ℵAC vs εργατας εκβαλη B, Cr vs εκβαλλη εργατας TR vs εργατης εκβαλ 𝔭⁷⁵

57 ˹και 𝔭⁴⁵𝔊 vs 𝔐 A　　57 °𝔭⁴⁵𝔊 vs 𝔐 AC
59 °B* vs 𝔐 𝔭⁴⁵𝔊A, [Cr]　　60 □𝔭⁴⁵𝔊 vs 𝔐 AC
62 ˹1-3 5-11 B (επιβαλλων 2-3 5-11 𝔭⁷⁵) vs 𝔐 ℵC (επιβαλλων 2-11 A); (9-11 87 1-6 𝔭⁴⁵ᵛⁱᵈ)
62 ˹2τη βασιλεια ℵ*B (+ εν before τη 𝔭⁷⁵) vs 𝔐 AC
1 °𝔭⁷⁵B vs 𝔐 ℵAC
1 ᵀ1δυο 𝔭⁷⁵B, [Cr] vs 𝔐 ℵAC　　1 ᵀ2δυο B, [Cr] vs 𝔐 ℵAC
1 ˹ημελλεν 𝔊 (h.𝔭⁷⁵)A vs M　　2 ˹δε 𝔊 (h.𝔭⁷⁵) vs 𝔐 A

θερισμὸν αὐτοῦ. 3 Ὑπάγετε· ἰδού, °ἐγὼ ἀποστέλλω ὑμᾶς
ὡς ἄρνας ἐν μέσῳ λύκων. 4 Μὴ βαστάζετε ·βαλάντιον, μὴ
πήραν, μηδὲ¹ ὑποδήματα, καὶ μηδένα κατὰ τὴν ὁδὸν
ἀσπάσησθε. 5 Εἰς ἣν δ᾽ ἂν ⌜οἰκίαν εἰσέρχησθε,⌝ πρῶτον
λέγετε, ⌜Εἰρήνη τῷ οἴκῳ τούτῳ.⌝ 6 Καὶ ἐὰν² ⌜ἦ ἐκεῖ⌝ υἱὸς³
εἰρήνης, ⌜ἐπαναπαύσεται ἐπ᾽ αὐτὸν ἡ εἰρήνη ὑμῶν· εἰ δὲ
μή γε, ἐφ᾽ ὑμᾶς ἀνακάμψει. 7 Ἐν αὐτῇ δὲ τῇ οἰκίᾳ μένετε,
ἐσθίοντες καὶ πίνοντες τὰ παρ᾽ αὐτῶν, ἄξιος γὰρ ὁ
ἐργάτης τοῦ μισθοῦ αὐτοῦ °ἐστι. Μὴ μεταβαίνετε ἐξ οἰκίας
εἰς οἰκίαν. 8 Καὶ εἰς ἣν ἂν⁴ πόλιν εἰσέρχησθε, καὶ δέχων-
ται⁵ ὑμᾶς, ἐσθίετε τὰ παρατιθέμενα ὑμῖν. 9 Καὶ θεραπεύ-
ετε τοὺς ἐν αὐτῇ ἀσθενεῖς, καὶ λέγετε αὐτοῖς, ⌜Ἤγγικεν
ἐφ᾽ ὑμᾶς ἡ βασιλεία τοῦ Θεοῦ.⌝ 10 Εἰς ἣν δ᾽ ἂν πόλιν ⌜εἰσέρ-
χησθε, καὶ μὴ δέχωνται ὑμᾶς, ἐξελθόντες εἰς τὰς πλατείας
αὐτῆς εἴπατε, 11 ᾽Καὶ τὸν κονιορτὸν τὸν κολληθέντα ἡμῖν
ἐκ τῆς πόλεως ὑμῶν ᵀ ἀπομασσόμεθα ὑμῖν. Πλὴν τοῦτο
γινώσκετε, ὅτι ἤγγικεν □ἐφ᾽ ὑμᾶς⌝ ἡ βασιλεία τοῦ Θεοῦ.⌝
12 Λέγω⁶ ὑμῖν ὅτι Σοδόμοις ἐν τῇ ἡμέρᾳ ἐκείνῃ ἀνεκτό-
τερον ἔσται ἢ τῇ πόλει ἐκείνῃ.

Woe to the Impenitent Cities
(Mt. 11:20-24)

13 Οὐαί σοι, Χοραζίν!⁷ Οὐαί σοι, Βηθσαϊδά! Ὅτι εἰ ἐν
Τύρῳ καὶ Σιδῶνι ⌜ἐγένοντο αἱ δυνάμεις αἱ γενόμεναι ἐν

---

¹4 μηδε **MAC**, TR vs μη **M꞉Ɠ**, Cr
²6 εαν **MƓA**, Cr vs +μεν **M꞉**, TR
³6 υιος 𝔐Ɠ**A**, Cr vs ο υιος ℵ*, TR
⁴8 αν **MᵖᵗƓ**, Cr vs δ᾽αν **MᵖᵗA**, TR
⁵8 δεχωνται **MᵖᵗᵛⁱᵈƓ** (h.𝔓⁷⁵)**A**, TR Cr vs δεχονται **Mᵖᵗᵛⁱᵈ**
⁶12 λεγω **M𝔓⁴⁵ƓA**, Cr vs +δε ℵ, TR
⁷13 Χοραζιν **Mᵖᵗ**, TR Cr vs Χωραζιν **Mᵖᵗ** vs Χοραζειν 𝔓⁴⁵ƓA

---

3 °Ɠ**A** vs 𝔐C   4 ·βαλλαντιον Ɠ**A** vs **M**
5 ⌜εισελθητε οικιαν 𝔓⁷⁵(ℵ)**B** vs 𝔐**A**; (οικιαν εισελθητε C)
6 ⌜𝔓⁷⁵**B** vs 𝔐ℵ**AC**   6 ⌜επαναπαησεται Ɠ vs 𝔐**AC**
7 °Ɠ vs 𝔐**AC**   10 ⌜εισελθητε 𝔓⁴⁵ᵛⁱᵈƓ (εισηλθητε 𝔓⁷⁵) vs 𝔐**A**
11 ᵀεις τους ποδας 𝔓⁴⁵ᵛⁱᵈƓ (+ημων after ποδας **AC**) vs **M**
11 □𝔓⁴⁵Ɠ vs 𝔐**AC**   13 ⌜ᵀᵀεγενηθησαν ℵ**B** (εγεννηθησαν 𝔓⁷⁵) vs 𝔐**AC**

ὑμῖν, πάλαι ἂν ἐν σάκκῳ καὶ σποδῷ ⌜²καθήμεναι⌝ μετενόησαν. 14 Πλὴν Τύρῳ καὶ Σιδῶνι ἀνεκτότερον ἔσται ἐν τῇ κρίσει ἢ ὑμῖν. 15 Καὶ σύ, •Καπερναούμ, ⌜¹ἡ ἕως °τοῦ οὐρανοῦ ⌜²ὑψωθεῖσα, ἕως ᵀ ᾍδου ⌜³καταβιβασθήσῃ. 16 Ὁ ἀκούων ὑμῶν ἐμοῦ ἀκούει, καὶ ὁ ἀθετῶν ὑμᾶς ἐμὲ ἀθετεῖ, ὁ δὲ ἐμὲ ἀθετῶν ἀθετεῖ τὸν ἀποστείλαντά με."

The Seventy Return with Joy

17 Ὑπέστρεψαν δὲ ⌐οἱ ἑβδομήκοντα μετὰ χαρᾶς,⌐ λέγοντες, "Κύριε, καὶ τὰ δαιμόνια ὑποτάσσεται ἡμῖν ἐν τῷ ὀνόματί σου."
18 Εἶπε δὲ αὐτοῖς, "Ἐθεώρουν τὸν Σατανᾶν ὡς ἀστραπὴν ἐκ τοῦ οὐρανοῦ πεσόντα. 19 Ἰδού, ⌜δίδωμι ὑμῖν τὴν ἐξουσίαν τοῦ πατεῖν ἐπάνω ὄφεων καὶ σκορπίων, καὶ ἐπὶ πᾶσαν τὴν δύναμιν τοῦ ἐχθροῦ, καὶ οὐδὲν ὑμᾶς οὐ μὴ ἀδικήσῃ. 20 Πλὴν ἐν τούτῳ μὴ χαίρετε ὅτι τὰ πνεύματα ὑμῖν ὑποτάσσεται, χαίρετε δὲ¹ ὅτι τὰ ὀνόματα ὑμῶν ⌜ἐγράφη ἐν τοῖς οὐρανοῖς."

Jesus Rejoices in the Spirit
(Mt. 11:25-27, 13:16,17)

21 Ἐν αὐτῇ τῇ ὥρᾳ ἠγαλλιάσατο ᵀ¹τῷ Πνεύματι ᵀ²□ὁ Ἰησοῦς⌐ καὶ εἶπεν, "Ἐξομολογοῦμαί σοι, Πάτερ, Κύριε τοῦ οὐρανοῦ καὶ τῆς γῆς, ὅτι ἀπέκρυψας ταῦτα ἀπὸ σοφῶν καὶ συνετῶν, καὶ ἀπεκάλυψας αὐτὰ νηπίοις. Ναί, ὁ Πατήρ, ὅτι οὕτως ⌐ἐγένετο εὐδοκία⌐ ἔμπροσθέν σου." 22 □Καὶ

¹20 δε 𝕸 𝔭⁴⁵GA, Cr vs +μαλλον TR

13 ⌜²καθημενοι GA vs 𝕸 𝔭⁴⁵   15 •Καφαρναουμ 𝔭⁴⁵G vs 𝕸A
15 ⌜¹μη 𝔭⁴⁵G vs 𝕸AC   15 °𝔭⁴⁵G vs 𝕸A
15 ⌜²υψωθηση 𝔭⁴⁵G vs 𝕸AC
15 ᵀτου Αιδου 𝔭⁷⁵B (ο Αιδου ℵ*) vs 𝕸 𝔭⁴⁵AC
15 ⌜³καταβηση 𝔭⁷⁵B vs 𝕸𝔭⁴⁵ℵAC
17 ⌐οι εβδομηκοντα δυο μετα χαρας 𝔭⁴⁵ ⁷⁵B, [Cr] vs 𝕸ℵC (3412 A)   19 ⌜δεδωκα G vs 𝕸𝔭⁴⁵A
20 ⌜ε(γ)γεγραπται G vs 𝕸AC
21 ᵀ¹εν 𝔭⁴⁵ℵ,[Cr] vs 𝕸GA   21 ᵀ²τω Αγιω G vs 𝕸𝔭⁴⁵ᵛⁱᵈA
21 □𝔭⁴⁵ᵛⁱᵈG vs 𝕸AC   21 ⌐G vs 𝕸ℵA   22 □𝔭⁴⁵G vs 𝕸AC*

στραφεὶς πρὸς τοὺς μαθητὰς εἶπε,ᶜ "Πάντα μοι παρεδόθη¹ ὑπὸ τοῦ Πατρός μου, καὶ οὐδεὶς γινώσκει τίς ἐστιν ὁ Υἱὸς εἰ μὴ ὁ Πατήρ, καὶ τίς ἐστιν ὁ Πατὴρ εἰ μὴ ὁ Υἱὸς καὶ ᾧ ἐὰν βούληται ὁ Υἱὸς ἀποκαλύψαι." 23 Καὶ στραφεὶς πρὸς τοὺς μαθητὰς κατ᾽ ἰδίαν εἶπε, "Μακάριοι οἱ ὀφθαλμοὶ οἱ βλέποντες ἃ βλέπετε. 24 Λέγω γὰρ ὑμῖν ὅτι πολλοὶ προφῆται καὶ βασιλεῖς ἠθέλησαν ἰδεῖν ἃ ὑμεῖς βλέπετε, καὶ οὐκ εἶδον, καὶ ἀκοῦσαι ἃ ἀκούετε, καὶ οὐκ ἤκουσαν."

The Parable of the Good Samaritan

25 Καὶ ἰδού, νομικός τις ἀνέστη, ἐκπειράζων αὐτὸν ᵒκαὶ λέγων, "Διδάσκαλε, τί ποιήσας ζωὴν αἰώνιον κληρονο-μήσω?" 26 Ὁ δὲ εἶπε πρὸς αὐτόν, "᾽Εν τῷ νόμῳ τί γέγραπται? Πῶς ἀναγινώσκεις?" 27 Ὁ δὲ ἀποκριθεὶς εἶπεν, "«᾽Αγαπήσεις Κύριον τὸν Θεόν σου ἐξ ὅλης ᵒτῆς καρδίας σου καὶ ᶜ¹ἐξ ὅλης τῆς ψυχῆς᾽ σου καὶ ᶜ²ἐξ ὅλης τῆς ἰσχύος᾽ σου καὶ ᶜ³ἐξ ὅλης τῆς διανοίας᾽ σου,» καὶ «τὸν πλησίον σου ὡς σεαυτόν.»" 28 Εἶπε δὲ αὐτῷ, "᾽Ορθῶς ἀπεκρίθης· τοῦτο ποίει καὶ ζήσῃ." 29 Ὁ δὲ θέλων ʳδικαιοῦν ἑαυτὸν εἶπε πρὸς τὸν ᾽Ιησοῦν, "Καὶ τίς ἐστί μου πλησίον?" 30 Ὑπολαβὼν ᵒ¹δὲ ὁ ᾽Ιησοῦς εἶπεν, "῍Ανθρωπός τις κατέβαινεν ἀπὸ ᾽Ιερουσαλὴμ εἰς ᾽Ιεριχώ, καὶ λῃσταῖς περιέπεσεν, οἳ καὶ ἐκδύσαντες² αὐτὸν καὶ πληγὰς ἐπιθέντες ἀπῆλθον, ἀφέντες ἡμιθανῆ ᵒ²τυγχάνοντα. 31 Κατὰ συγκυρίαν δὲ ἱερεύς τις κατέβαινεν ἐν τῇ ὁδῷ ἐκείνῃ. Καὶ ἰδὼν αὐτὸν ἀντιπαρῆλθεν. 32 Ὁμοίως δὲ καὶ Λευίτης ᵒγενόμενος κατὰ τὸν τόπον ἐλθὼν καὶ ἰδὼν

---

¹22 μοι παρεδοθη 𝕸 𝕲A, Cr vs παρεδοθη μοι TR
²30 εκδυσαντες Mᵖᵗ𝔭⁴⁵𝕲A, TR Cr vs εξεδυσαν Mᵖᵗ

25 ᵒ𝔭⁷⁵ᵛⁱᵈℵB vs 𝕸AC   27 ᵒ𝔭⁷⁵B vs 𝕸 ℵAC, [Cr]
27 ᶜ¹εν ολη τη ψυχη 𝕲 vs 𝕸AC   27 ᶜ²εν ολη τη ισχυι 𝕲 vs 𝕸AC
27 ᶜ³εν ολη τη διανοια 𝕲 vs 𝕸AC   29 ʳδικαιωσαι 𝔭⁴⁵ᵛⁱᵈ𝕲 vs 𝕸A
30 ᵒ¹𝕲 (h.C) vs 𝕸A   30 ᵒ²𝔭⁴⁵𝕲 vs 𝕸A (τυγχανονταν C*)
32 ᵒ𝔭⁷⁵B vs 𝕸𝔭⁴⁵AC, [Cr]; (−verse 32 ℵ*)

---

27 Deut. 6:5; Lev. 19:18

ἀντιπαρῆλθε. 33 Σαμαρείτης δέ τις ὁδεύων ἦλθε κατ᾽ αὐτὸν καὶ ἰδὼν °αὐτὸν ἐσπλαγχνίσθη, 34 καὶ προσελθὼν κατέδησε τὰ τραύματα αὐτοῦ, ἐπιχέων ἔλαιον καὶ οἶνον· ἐπιβιβάσας δὲ αὐτὸν ἐπὶ τὸ ἴδιον κτῆνος, ἤγαγεν αὐτὸν εἰς πανδοχεῖον, καὶ ἐπεμελήθη αὐτοῦ. 35 Καὶ ἐπὶ τὴν αὔριον °¹ἐξελθών, ἐκβαλὼν ⸓δύο δηνάρια ἔδωκε⸆ τῷ πανδοχεῖ, καὶ εἶπεν °²αὐτῷ, ᾿Επιμελήθητι αὐτοῦ· καὶ ὅ τι ἂν προσδαπανήσῃς, ἐγὼ ἐν τῷ ἐπανέρχεσθαί με ἀποδώσω σοι.᾽ 36 Τίς °οὖν τούτων τῶν τριῶν πλησίον δοκεῖ σοι¹ γεγονέναι τοῦ ἐμπεσόντος εἰς τοὺς λῃστάς?″

37 ῾Ο δὲ εἶπεν, ῾῾Ο ποιήσας τὸ ἔλεος μετ᾽ αὐτοῦ.″

Εἶπεν ⸂οὖν αὐτῷ ὁ ᾿Ιησοῦς, ″Πορεύου καὶ σὺ ποίει ὁμοίως.″

Mary and Martha Worship and Serve

38 ⸂᾿Εγένετο δὲ ἐν⸃ τῷ πορεύεσθαι αὐτούς, °καὶ αὐτὸς εἰσῆλθεν εἰς κώμην τινά. Γυνὴ δέ τις ὀνόματι Μάρθα ὑπεδέξατο αὐτὸν ⸁εἰς τὸν οἶκον αὐτῆς.⸢ 39 Καὶ τῇδε ἦν ἀδελφὴ καλουμένη •Μαρία °ἣ καὶ ⸀¹παρακαθίσασα ⸀²παρὰ τοὺς πόδας τοῦ ⸀³᾿Ιησοῦ ἤκουε τὸν λόγον² αὐτοῦ. 40 ῾Η δὲ Μάρθα περιεσπᾶτο περὶ πολλὴν διακονίαν· ἐπιστᾶσα δὲ εἶπε, ″Κύριε, οὐ μέλει σοι ὅτι ἡ ἀδελφή μου μόνην με κατέλειπε³ διακονεῖν? Εἰπὲ οὖν αὐτῇ ἵνα μοι συναντιλάβηται!″

41 ᾿Αποκριθεὶς δὲ εἶπεν αὐτῇ ὁ ᾿Ιησοῦς,⁴ ″Μάρθα, Μάρθα, μεριμνᾷς καὶ ⸀τυρβάζῃ περὶ πολλά. 42 ῾Ενὸς δέ

---

¹36 πλησιον δοκει σοι 𝕸 𝕲A, Cr vs δοκει σοι πλησιον 𝔭⁴⁵, TR
²39 τον λογον Mᵖᵗ𝔭⁴⁵𝕲A, TR Cr vs των λογων Mᵖᵗ
³40 κατελειπε(ν) 𝕸 B*AC vs κατελιπεν 𝔭⁴⁵ ⁷⁵א, TR Cr
⁴41 ειπεν αυτη ο Ιησους MᵖᵗB*AC*, TR vs ο Ιησους ειπεν αυτη Mᵖᵗ vs ειπεν αυτη ο Κυριος 𝔭⁷⁵א, Cr vs ο Κυριος ειπεν αυτη 𝔭⁴⁵

---

33 °𝔭⁴⁵𝕲 vs 𝕸AC   35 °¹𝔭⁴⁵𝕲 vs 𝕸AC
35 ⸓312 𝔭⁴⁵ ⁷⁵B vs 𝕸אAC   35 °²𝔭⁴⁵ ⁷⁵B vs 𝕸אAC
36 °𝔭⁴⁵𝕲 vs 𝕸AC   37 ⸢δε 𝔭⁴⁵𝕲 vs MA   38 ⸂εν δε 𝔭⁴⁵𝕲 vs 𝕸AC
38 °𝔭⁴⁵𝕲 vs 𝕸AC   38 ⸁𝔭⁴⁵ ⁷⁵B vs 𝕸 A (εις την οικιαν א*C*)
39 •Μαριαμ 𝕲 vs 𝕸𝔭⁴⁵B*A   39 °𝔭⁴⁵ ⁷⁵א* vs 𝕸B*AC, [Cr]
39 ⸀¹παρακαθεσθεισα 𝕲A vs 𝕸𝔭⁴⁵   39 ⸀²προς 𝕲 vs 𝕸𝔭⁴⁵ᵛⁱᵈA
39 ⸀³Κυριου א vs 𝕸𝔭⁴⁵ ⁷⁵B*A; (αυτου C*)
41 ⸀θορυβαζη 𝔭⁴⁵𝕲 vs 𝕸A

ἐστι χρεία, •Μαρία ⌐δὲ τὴν ἀγαθὴν μερίδα ἐξελέξατο, ἥτις οὐκ ἀφαιρεθήσεται °ἀπ᾽ αὐτῆς."

Jesus Teaches the Model Prayer
(Mt. 6:5-15)

11 Καὶ ἐγένετο ἐν τῷ εἶναι αὐτὸν ἐν τόπῳ τινὶ προσευχόμενον, ὡς ἐπαύσατο, εἶπέ τις τῶν μαθητῶν αὐτοῦ πρὸς αὐτόν, "Κύριε, δίδαξον ἡμᾶς προσεύχεσθαι, καθὼς καὶ Ἰωάννης ἐδίδαξε τοὺς μαθητὰς αὐτοῦ."

2 Εἶπε δὲ αὐτοῖς, " Ὅταν προσεύχησθε, λέγετε,

Πάτερ ⊓¹ἡμῶν ὁ ἐν τοῖς οὐρανοῖς,＼
Ἁγιασθήτω τὸ ὄνομά σου.
Ἐλθέτω ἡ βασιλεία σου.
⊓²Γενηθήτω τὸ θέλημά σου,
Ὡς ἐν οὐρανῷ,＼ ⊓³καὶ ἐπὶ τῆς γῆς.＼

3   Τὸν ἄρτον ἡμῶν τὸν ἐπιούσιον δίδου ἡμῖν τὸ καθ᾽ ἡμέραν.

4   Καὶ ἄφες ἡμῖν τὰς ἁμαρτίας ἡμῶν,
Καὶ γὰρ αὐτοὶ ⌐ἀφίεμεν παντὶ ὀφείλοντι ἡμῖν.
Καὶ μὴ εἰσενέγκῃς ἡμᾶς εἰς πειρασμόν,
⊓᾽Αλλὰ ῥῦσαι ἡμᾶς ἀπὸ τοῦ πονηροῦ.＼"

A Friend Comes at Midnight

5 Καὶ εἶπε πρὸς αὐτούς, "Τίς ἐξ ὑμῶν ἕξει φίλον, καὶ πορεύσεται πρὸς αὐτὸν μεσονυκτίου καὶ εἴπῃ αὐτῷ, 'Φίλε, χρῆσόν μοι τρεῖς ἄρτους, 6 ἐπειδὴ φίλος¹ παρεγένετο ἐξ ὁδοῦ πρός με, καὶ οὐκ ἔχω ὃ παραθήσω αὐτῷ·' 7 κἀκεῖνος ἔσωθεν ἀποκριθεὶς εἴπῃ, 'Μή μοι κόπους πάρεχε· ἤδη ἡ θύρα κέκλεισται, καὶ τὰ παιδία μου μετ᾽ ἐμοῦ εἰς τὴν κοίτην εἰσίν· οὐ δύναμαι ἀναστὰς δοῦναί σοι'? 8 Λέγω ὑμῖν, εἰ καὶ

---

42 •Μαριαμ 𝔓⁷⁵B vs 𝔐 ℵAC   42 ⌐γαρ 𝔊 vs 𝔐 AC
42 °ℵ*B vs 𝔐 𝔓⁷⁵AC   2 ⊓¹𝔊 vs 𝔐 AC   2 ⊓²𝔓⁷⁵B vs 𝔐 ℵAC
2 ⊓³𝔓⁷⁵B vs 𝔐 (και επι γης AC; ουτω και επι γης ℵ*)
4 ⌐αφιομεν 𝔊A vs 𝔐 ℵ*   4 ⊓𝔊 vs 𝔐 A(C)

οὐ δώσει αὐτῷ ἀναστάς, διὰ τὸ εἶναι ⸀αὐτοῦ φίλον,⸃ διά γε
τὴν ἀναίδειαν αὐτοῦ ἐγερθεὶς δώσει αὐτῷ ὅσον[1] χρῄζει.

Keep Asking, Seeking, Knocking
(Mt. 7:7-11)

9 "Κἀγὼ ὑμῖν λέγω, αἰτεῖτε, καὶ δοθήσεται ὑμῖν· ζητεῖτε,
καὶ εὑρήσετε· κρούετε, καὶ ἀνοιγήσεται[2] ὑμῖν. **10** Πᾶς γὰρ ὁ
αἰτῶν λαμβάνει, καὶ ὁ ζητῶν εὑρίσκει, καὶ τῷ κρούοντι
ἀνοιγήσεται.[3] **11** Τίνα δὲ ᵀὑμῶν τὸν πατέρα αἰτήσει ὁ υἱὸς
▫ἄρτον, μὴ λίθον ἐπιδώσει αὐτῷ⸜? ˮΗ καὶ[4] ἰχθύν, ⸀μὴ ἀντὶ
ἰχθύος ὄφιν ⸂ἐπιδώσει αὐτῷ⸃? **12** ⸂ˮΗ καὶ ἐὰν αἰτήσῃ ᾠόν,
μὴ⸃ ἐπιδώσει αὐτῷ σκορπίον? **13** Εἰ οὖν ὑμεῖς πονηροὶ
ὑπάρχοντες οἴδατε δόματα ἀγαθὰ[5] διδόναι τοῖς τέκνοις
ὑμῶν, πόσῳ μᾶλλον ὁ Πατὴρ ⸀ὁ ἐξ οὐρανοῦ⸃ δώσει Πνεῦμα
ˮΑγιον τοῖς αἰτοῦσιν αὐτόν?ˮ

A House Divided Cannot Stand
(Mt. 12:22-30; Mk. 3:20-27)

14 Καὶ ἦν ἐκβάλλων δαιμόνιον, ▫καὶ αὐτὸ ἦν⸜ κωφόν.
Ἐγένετο δέ, τοῦ δαιμονίου ἐξελθόντος, ἐλάλησεν ὁ κωφός.
Καὶ ἐθαύμασαν οἱ ὄχλοι. **15** Τινὲς δὲ ἐξ αὐτῶν εἶπον, "Ἐν
Βεελζεβοὺλ ᵀ ἄρχοντι τῶν δαιμονίων ἐκβάλλει τὰ δαιμόνια."

---

[1]8 οσον 𝔐 vs οσων 𝔓⁴⁵𝕮A, TR Cr

[2]9 ανοιγησεται Mᵖᵗ ᵛⁱᵈ𝕮A, TR Cr vs ανοιχθησεται Mᵖᵗ ᵛⁱᵈ vs ανυγη-
σεται ℵ

[3]10 ανοιγησεται Mᵖᵗ ᵛⁱᵈ𝕮, TR [Cr] vs ανοιχθησεται Mᵖᵗ ᵛⁱᵈA vs ανοι-
γεται 𝔓⁷⁵B vs ανυγησεται 𝔓⁴⁵(ℵ)

[4]11 η και 𝔐A (ˢverse 12 before the η και in verse 11 C) vs η ℵ vs
− 𝔓⁴⁵ ⁷⁵ B, Cr vs ει και TR

[5]13 δοματα αγαθα 𝔐𝕮A, Cr vs αγαθα δοματα 𝔓⁴⁵, TR

---

8 ⸀21 𝔓⁴⁵ᵛⁱᵈ𝕮 vs 𝔐; (αυτον φιλον A)
11 ᵀεξ 𝔓⁴⁵𝕮A vs M   11 ▫𝔓⁴⁵ ⁷⁵B vs 𝔐ℵAC
11 ⸀και 𝔓⁴⁵ ⁷⁵B vs 𝔐ℵA (ˢverse 12 before the η και in verse 11 C)
11 ⸃𝔓⁷⁵B vs 𝔐𝔓⁴⁵ℵA (ˢverse 12 before the η και in verse 11 C)
12 ⸂η και αιτησει ωον 𝔓⁷⁵B (+μη ℵ) vs M (η και αν αιτησει ωον μη
A); (η και εαν αιτηση αρτον 𝔓⁴⁵ᵛⁱᵈ; και εαν αιτησει ωον μη but ˢ
verse 12 before η και, verse 11 C)
13 ⸀23 𝔓⁷⁵ℵ vs 𝔐BA, [Cr]; (υμων ο εξ ουρανου C; υμων ο ουρανιος
𝔓⁴⁵)   14 ▫𝔓⁴⁵𝕮A* vs 𝔐C, [Cr]   15 ᵀτω 𝔓⁴⁵𝕮 (των A) vs M

16 Ἕτεροι δὲ πειράζοντες σημεῖον ⸀παρ᾽ αὐτοῦ ἐζήτουν ἐξ οὐρανοῦ.⸃

17 Αὐτὸς δὲ εἰδὼς αὐτῶν τὰ διανοήματα εἶπεν αὐτοῖς, "Πᾶσα βασιλεία ἐφ᾽ ἑαυτὴν διαμερισθεῖσα ἐρημοῦται, καὶ οἶκος ἐπὶ οἶκον πίπτει. **18** Εἰ δὲ καὶ ὁ Σατανᾶς ἐφ᾽ ἑαυτὸν διεμερίσθη, πῶς σταθήσεται ἡ βασιλεία αὐτοῦ? Ὅτι λέγετε ἐν Βεελζεβοὺλ ἐκβάλλειν με τὰ δαιμόνια. **19** Εἰ δὲ ἐγὼ ἐν Βεελζεβοὺλ ἐκβάλλω τὰ δαιμόνια, οἱ υἱοὶ ὑμῶν ἐν τίνι ἐκβάλλουσι? Διὰ τοῦτο κριταὶ ὑμῶν αὐτοὶ ἔσονται.[1] **20** Εἰ δὲ ἐν δακτύλῳ Θεοῦ ᵀἐκβάλλω τὰ δαιμόνια, ἄρα ἔφθασεν ἐφ᾽ ὑμᾶς ἡ βασιλεία τοῦ Θεοῦ. **21** Ὅταν ὁ ἰσχυρὸς καθωπλισμένος φυλάσσῃ τὴν ἑαυτοῦ αὐλήν, ἐν εἰρήνῃ ἐστὶ τὰ ὑπάρχοντα αὐτοῦ. **22** Ἐπὰν δὲ °ὁ ἰσχυρότερος αὐτοῦ ἐπελθὼν νικήσῃ αὐτόν, τὴν πανοπλίαν αὐτοῦ αἴρει ἐφ᾽ ᾗ ἐπεποίθει, καὶ τὰ σκῦλα αὐτοῦ διαδίδωσιν. **23** Ὁ μὴ ὢν μετ᾽ ἐμοῦ κατ᾽ ἐμοῦ ἐστι, καὶ ὁ μὴ συνάγων μετ᾽ ἐμοῦ σκορπίζει.

An Unclean Spirit Returns
(Mt. 12:43-45)

24 "Ὅταν τὸ ἀκάθαρτον πνεῦμα ἐξέλθῃ ἀπὸ τοῦ ἀνθρώπου, διέρχεται δι᾽ ἀνύδρων τόπων, ζητοῦν ἀνάπαυσιν· καὶ μὴ εὑρίσκον ᵀ λέγει, 'Ὑποστρέψω εἰς τὸν οἶκόν μου ὅθεν ἐξῆλθον.' **25** Καὶ ἐλθὸν εὑρίσκει σεσαρωμένον καὶ κεκοσμημένον. **26** Τότε πορεύεται καὶ παραλαμβάνει ⸀ἑπτὰ ἕτερα πνεύματα πονηρότερα ἑαυτοῦ,⸃ καὶ ἐλθόντα[2] κατοικεῖ ἐκεῖ· καὶ γίνεται τὰ ἔσχατα τοῦ ἀνθρώπου ἐκείνου χείρονα τῶν πρώτων."

---

[1] 19 κριται υμων αυτοι εσονται Mᵖᵗ, **TR** vs κριται αυτοι υμων εσονται Mᵖᵗ vs αυτοι κριται υμων εσονται MᵖᵗAC vs αυτοι υμων κριται εσονται 𝔓⁷⁵B, **Cr** vs αυτοι κριται εσονται υμων ℵ vs αυτοι εσονται υμων κριται 𝔓⁴⁵

[2] 26 ελθοντα M vs εισελθοντα M¹GA, **TR Cr**

---

16 ⸀45312 𝔓⁴⁵GA vs 𝔐   20 ᵀεγω G, [Cr] vs 𝔐𝔓⁴⁵ℵ*A
22 °𝔓⁴⁵G vs 𝔐AC   24 ᵀτοτε 𝔓⁷⁵B, [Cr] vs 𝔐𝔓⁴⁵ℵ*AC
26 ⸀2-51 G vs 𝔐AC

Jesus Blesses the Doers of the Word

27 Ἐγένετο δὲ ἐν τῷ λέγειν αὐτὸν ταῦτα, ἐπάρασά τις ˢγυνὴ φωνὴν˅ ἐκ τοῦ ὄχλου εἶπεν αὐτῷ, "Μακαρία ἡ κοιλία ἡ βαστάσασά σε καὶ μαστοὶ οὓς ἐθήλασας!" **28** Αὐτὸς δὲ εἶπε, "Μενοῦν ᴼ¹γε μακάριοι οἱ ἀκούοντες τὸν λόγον τοῦ Θεοῦ καὶ φυλάσσοντες ᴼ²αὐτόν!"

The Pharisees Seek a Sign
(Mt. 12:38-42; Mk. 8:11,12)

29 Τῶν δὲ ὄχλων ἐπαθροιζομένων, ἤρξατο λέγειν, "Ἡ γενεὰ αὕτη ᵀπονηρά ἐστι. Σημεῖον ʳἐπιζητεῖ, καὶ σημεῖον οὐ δοθήσεται αὐτῇ εἰ μὴ τὸ σημεῖον Ἰωνᾶ ᵒτοῦ προφήτου.˅ **30** Καθὼς γὰρ ἐγένετο Ἰωνᾶς ˢσημεῖον τοῖς Νινευίταις,˅ οὕτως ἔσται καὶ ὁ Υἱὸς τοῦ Ἀνθρώπου τῇ γενεᾷ ταύτῃ. **31** Βασίλισσα νότου ἐγερθήσεται ἐν τῇ κρίσει μετὰ τῶν ἀνδρῶν τῆς γενεᾶς ταύτης καὶ κατακρινεῖ αὐτούς, ὅτι ἦλθεν ἐκ τῶν περάτων τῆς γῆς ἀκοῦσαι τὴν σοφίαν Σολομῶνος·¹ καὶ ἰδού, πλεῖον Σολομῶνος² ὧδε. **32** Ἄνδρες Νινευὴ³ ἀναστήσονται ἐν τῇ κρίσει μετὰ τῆς γενεᾶς ταύτης καὶ κατακρινοῦσιν αὐτήν, ὅτι μετενόησαν εἰς τὸ κήρυγμα Ἰωνᾶ· καὶ ἰδού, πλεῖον Ἰωνᾶ ὧδε.

The Lamp of the Body
(Mt. 5:15; 6:22,23)

33 Οὐδεὶς ᵒδὲ λύχνον ἅψας εἰς κρύπτην⁴ τίθησιν ᵒοὐδὲ ὑπὸ τὸν μόδιον,˅ ἀλλ᾽ ἐπὶ τὴν λυχνίαν, ἵνα οἱ εἰσπορευόμενοι τὸ ʳφέγγος βλέπωσιν. **34** Ὁ λύχνος τοῦ

---

¹ ²31 Σολομωνος 𝕸𝔭⁴⁵𝕲A, Cr vs Σολομωντος C, TR
³32 Νινευη 𝕸ᵖᵗ vs Νινευιται 𝕸ᵖᵗAC, Cr vs Νινευι 𝕸ᵖᵗ, TR vs Νινευ-ειται 𝔭⁴⁵𝕲
⁴33 κρυπτην 𝔐𝕲A, Cr vs κρυπτον 𝔭⁴⁵, TR

---

27 ˢ𝕲 vs 𝔐AC   28 ᴼ¹𝕲A vs 𝔐C
28 ᴼ²𝕲A vs 𝔐 (τον λογον του Θεου ℵ*)   29 ᵀγενεα 𝕲A vs 𝔐C
29 ʳζητει 𝔭⁴⁵ᵛⁱᵈ𝕲A vs 𝔐C   29 ᵒ𝔭⁴⁵𝕲 vs 𝔐AC
30 ˢ231 C (Νινευειταις 𝕲) vs 𝔐A   33 ᵒ𝔭⁴⁵𝕲 vs 𝔐A
33 ᵒ𝔭⁴⁵ ⁷⁵ vs 𝔐𝕲A, [Cr]   33 ʳφως 𝕲 vs 𝕸𝔭⁴⁵A

σώματός ἐστιν ὁ ὀφθαλμός⸆. Ὅταν °οὖν ὁ ὀφθαλμός σου
ἁπλοῦς ᾖ καὶ[1] ὅλον τὸ σῶμά σου φωτεινόν ἐστιν. Ἐπὰν δὲ
πονηρὸς ᾖ, καὶ τὸ σῶμά σου σκοτεινόν. 35 Σκόπει οὖν μὴ τὸ
φῶς τὸ ἐν σοὶ σκότος ἐστίν. 36 Εἰ οὖν τὸ σῶμά σου ὅλον
φωτεινόν, μὴ ἔχον ⸂τι μέρος⸃ σκοτεινόν, ἔσται φωτεινὸν
ὅλον, ὡς ὅταν ὁ λύχνος τῇ ἀστραπῇ φωτίζῃ σε."

Jesus Pronounces Woes on the Pharisees and Lawyers
(Mt. 23:1-36; Mk. 12:38-40; Lk. 20:45-47)

37 Ἐν δὲ τῷ λαλῆσαι, ⸀ἠρώτα αὐτὸν Φαρισαῖός °τις
ὅπως ἀριστήσῃ παρ᾽ αὐτῷ. Εἰσελθὼν δὲ ἀνέπεσεν. 38 Ὁ
δὲ Φαρισαῖος ἰδὼν ἐθαύμασεν ὅτι οὐ πρῶτον ἐβαπτίσθη
πρὸ τοῦ ἀρίστου.

39 Εἶπε δὲ ὁ Κύριος πρὸς αὐτόν, "Νῦν ὑμεῖς οἱ Φαρι-
σαῖοι τὸ ἔξωθεν τοῦ ποτηρίου καὶ τοῦ πίνακος καθαρί-
ζετε, τὸ δὲ ἔσωθεν ὑμῶν γέμει ἁρπαγῆς καὶ πονηρίας.
40 Ἄφρονες! Οὐχ ὁ ποιήσας τὸ ἔξωθεν καὶ τὸ ἔσωθεν
ἐποίησε? 41 Πλὴν τὰ ἐνόντα δότε ἐλεημοσύνην· καὶ ἰδού,
πάντα καθαρὰ ὑμῖν ἐστιν.

42 "Ἀλλ᾽ οὐαὶ ὑμῖν τοῖς Φαρισαίοις! Ὅτι ἀποδεκατοῦτε
τὸ ἡδύοσμον καὶ τὸ πήγανον καὶ πᾶν λάχανον, καὶ
παρέρχεσθε τὴν κρίσιν καὶ τὴν ἀγάπην τοῦ Θεοῦ. Ταῦτα⸆
ἔδει ποιῆσαι κἀκεῖνα μὴ ⸀ἀφιέναι.

43 "Οὐαὶ ὑμῖν τοῖς Φαρισαίοις! Ὅτι ἀγαπᾶτε τὴν
πρωτοκαθεδρίαν ἐν ταῖς συναγωγαῖς καὶ τοὺς ἀσπασμοὺς
ἐν ταῖς ἀγοραῖς.

44 "Οὐαὶ ὑμῖν, ⸋γραμματεῖς καὶ Φαρισαῖοι, ὑποκριταί!⸌
Ὅτι ἐστὲ ὡς τὰ μνημεῖα τὰ ἄδηλα, καὶ οἱ ἄνθρωποι[2]
περιπατοῦντες ἐπάνω οὐκ οἴδασιν."

---

[1]34 και M𝔭^{45}ꞒA, TR Cr vs −M^{r}C
[2]44 ανθρωποι 𝔐𝔭^{75}A vs +οι Ꞓ, TR [Cr]

---

34 ⸆σου 𝔭^{45}ꞒA vs 𝔐 34 °𝔭^{45}Ꞓ vs 𝔐AC
36 ⸂21 𝔭^{75}BA vs Mℵ; (2 C; μελος τι 𝔭^{45}) 37 ⸀ερωτα ꞒA vs 𝔐𝔭^{45}C
37 °𝔭^{45}Ꞓ vs 𝔐AC 42 ⸆δε 𝔭^{45}Ꞓ vs 𝔐ℵ*A
42 ⸀παρειναι 𝔭^{75}B* vs 𝔐C; (αφειναι 𝔭^{45}ℵ*; παραφιεναι A)
44 ⸋𝔭^{45}Ꞓ vs 𝔐A

45 Ἀποκριθεὶς δέ τις τῶν νομικῶν λέγει αὐτῷ, "Διδάσκαλε, ταῦτα λέγων καὶ ἡμᾶς ὑβρίζεις."
46 Ὁ δὲ εἶπε, "Καὶ ὑμῖν τοῖς νομικοῖς οὐαί! Ὅτι φορτίζετε τοὺς ἀνθρώπους φορτία δυσβάστακτα, καὶ αὐτοὶ ἑνὶ τῶν δακτύλων ὑμῶν οὐ προσψαύετε τοῖς φορτίοις.
47 Οὐαὶ ὑμῖν! Ὅτι οἰκοδομεῖτε τὰ μνημεῖα τῶν προφητῶν, οἱ δὲ πατέρες ὑμῶν ἀπέκτειναν αὐτούς. 48 Ἄρα ⸀μαρτυρεῖτε καὶ συνευδοκεῖτε τοῖς ἔργοις τῶν πατέρων ὑμῶν· ὅτι αὐτοὶ μὲν ἀπέκτειναν αὐτούς, ὑμεῖς δὲ οἰκοδομεῖτε ᵒαὐτῶν τὰ μνημεῖα.⸣ 49 Διὰ τοῦτο καὶ ἡ σοφία τοῦ Θεοῦ εἶπεν, "Ἀποστελῶ εἰς αὐτοὺς προφήτας καὶ ἀποστόλους, καὶ ἐξ αὐτῶν ἀποκτενοῦσι καὶ ⸀ἐκδιώξουσιν, 50 ἵνα ἐκζητηθῇ τὸ αἷμα πάντων τῶν προφητῶν τὸ ⸀ἐκχυνόμενον ἀπὸ καταβολῆς κόσμου ἀπὸ τῆς γενεᾶς ταύτης, 51 ἀπὸ ᵒ¹τοῦ αἵματος Ἄβελ ἕως ᵒ²τοῦ αἵματος Ζαχαρίου τοῦ ἀπολομένου μεταξὺ τοῦ θυσιαστηρίου καὶ τοῦ οἴκου. Ναί, λέγω ὑμῖν, ἐκζητηθήσεται ἀπὸ τῆς γενεᾶς ταύτης.
52 Οὐαὶ ὑμῖν τοῖς νομικοῖς, ὅτι ἤρατε τὴν κλεῖδα τῆς γνώσεως. Αὐτοὶ οὐκ εἰσήλθετε, καὶ τοὺς εἰσερχομένους ἐκωλύσατε."
53 ⸀Λέγοντος δὲ αὐτοῦ ταῦτα πρὸς αὐτούς⸣, ἤρξαντο οἱ γραμματεῖς καὶ οἱ Φαρισαῖοι δεινῶς ἐνέχειν¹ καὶ ἀποστοματίζειν αὐτὸν περὶ πλειόνων, 54 ἐνεδρεύοντες αὐτόν, ζητοῦντες² θηρεῦσαί τι ἐκ τοῦ στόματος αὐτοῦ ᵒἵνα κατηγορήσωσιν αὐτοῦ.⸣

¹53 ενεχειν 𝕸ΘΑ, TR Cr vs συνεχειν 𝕸ʳ vs εχειν 𝔓⁴⁵ vs επεχειν C
²54 αυτον ζητουντες 𝕸 AC vs αυτον 𝔓⁴⁵ᵛⁱᵈ ⁷⁵B, Cr vs − ℵ vs αυτον και ζητουντες TR

48 ⸀μαρτυρες εστε ℵB vs𝕸𝔓⁷⁵AC
48 ᵒΘ vs 𝕸AC   49 ⸀διωξουσιν Θ vs 𝕸A
50 ⸀εκκεχυμενον 𝔓⁴⁵ᵛⁱᵈB vs M𝔓⁷⁵ (εκχυννομενον ℵAC)
51 ᵒ¹𝔓⁴⁵Θ vs 𝕸A   51 ᵒ²Θ vs 𝕸AC
53 ⸀κακειθεν εξελθοντος αυτου ℵBC (εξελθοντες for εξελθοντος 𝔓⁷⁵) vs 𝕸A
54 ᵒ𝔓⁴⁵Θ vs 𝕸C (ινα κατηγορησουσιν αυτου A)

Beware of Pharisaical Hypocrisy
(Mt. 10:26,27)

12 Ἐν οἷς ἐπισυναχθεισῶν τῶν μυριάδων τοῦ ὄχλου, ὥστε καταπατεῖν ἀλλήλους, ἤρξατο λέγειν πρὸς τοὺς μαθητὰς αὐτοῦ πρῶτον, "Προσέχετε ἑαυτοῖς ἀπὸ τῆς ζύμης ˢτῶν Φαρισαίων, ἥτις ἐστὶν ὑπόκρισις.˺ 2 Οὐδὲν δὲ συγκεκαλυμμένον ἐστὶν ὃ οὐκ ἀποκαλυφθήσεται, καὶ κρυπτὸν ὃ οὐ γνωσθήσεται. 3 Ἀνθ᾽ ὧν ὅσα ἐν τῇ σκοτίᾳ εἴπατε ἐν τῷ φωτὶ ἀκουσθήσεται, καὶ ὃ πρὸς τὸ οὖς ἐλαλήσατε ἐν τοῖς ταμείοις κηρυχθήσεται ἐπὶ τῶν δωμάτων.

Jesus Teaches the Fear of God
(Mt. 10:28-31)

4 "Λέγω δὲ ὑμῖν τοῖς φίλοις μου, μὴ φοβηθῆτε ἀπὸ τῶν ἀποκτενόντων[1] τὸ σῶμα καὶ μετὰ ταῦτα μὴ ἐχόντων περισσότερόν τι ποιῆσαι. 5 Ὑποδείξω δὲ ὑμῖν τίνα φοβηθῆτε· φοβήθητε τὸν μετὰ τὸ ἀποκτεῖναι ˢἐξουσίαν ἔχοντα˺ ἐμβαλεῖν εἰς τὴν Γέενναν· ναί, λέγω ὑμῖν, τοῦτον φοβήθητε! 6 Οὐχὶ πέντε στρουθία ⌜πωλεῖται ἀσσαρίων δύο? Καὶ ἓν ἐξ αὐτῶν οὐκ ἔστιν ἐπιλελησμένον ἐνώπιον τοῦ Θεοῦ. 7 Ἀλλὰ καὶ αἱ τρίχες τῆς κεφαλῆς ὑμῶν πᾶσαι ἠρίθμηνται. Μὴ °οὖν φοβεῖσθε· πολλῶν στρουθίων διαφέρετε.

Confess Christ Before Men
(Mt. 10:32,33)

8 "Λέγω δὲ ὑμῖν, πᾶς ὃς ἂν ὁμολογήσῃ ἐν ἐμοὶ ἔμπροσθεν τῶν ἀνθρώπων, καὶ ὁ Υἱὸς τοῦ Ἀνθρώπου ὁμολογήσει ἐν αὐτῷ ἔμπροσθεν τῶν ἀγγέλων τοῦ Θεοῦ. 9 Ὁ δὲ ἀρνησάμενός με ἐνώπιον τῶν ἀνθρώπων ἀπαρνηθήσεται ἐνώπιον τῶν ἀγγέλων τοῦ Θεοῦ. 10 Καὶ

---

[1]4 αποκτενοντων 𝔐 vs αποκτεννοντων ℵA vs αποκτεινοντων 𝔭⁴⁵ ⁷⁵B, TR Cr

---

1 ˢ3-512 𝔭⁷⁵B vs 𝔐𝔭⁴⁵ℵAC   5 ˢG (h.C) A vs M𝔭⁴⁵
6 ⌜πωλουνται G (h.C) vs 𝔐𝔭⁴⁵; (πωλειτε A)   7°𝔭⁴⁵ ⁷⁵B vs 𝔐ℵA

πᾶς ὃς ἐρεῖ λόγον εἰς τὸν Υἱὸν τοῦ Ἀνθρώπου, ἀφε-
θήσεται αὐτῷ· τῷ δὲ εἰς τὸ Ἅγιον Πνεῦμα βλασφημή-
σαντι οὐκ ἀφεθήσεται. 11 Ὅταν δὲ ⌜προσφέρωσιν ὑμᾶς
ἐπὶ τὰς συναγωγὰς καὶ τὰς ἀρχὰς καὶ τὰς ἐξουσίας, ⌜μὴ
μεριμνᾶτε⌝ πῶς ἢ τί ἀπολογήσησθε,[1] ἢ τί εἴπητε. 12 Τὸ
γὰρ Ἅγιον Πνεῦμα διδάξει ὑμᾶς ἐν αὐτῇ τῇ ὥρᾳ ἃ δεῖ
εἰπεῖν."

The Parable of the Rich Fool

13 Εἶπε δέ τις ⌐αὐτῷ ἐκ τοῦ ὄχλου⌐, "Διδάσκαλε, εἰπὲ τῷ
ἀδελφῷ μου μερίσασθαι μετ᾽ ἐμοῦ τὴν κληρονομίαν."
14 Ὁ δὲ εἶπεν αὐτῷ, "Ἄνθρωπε, τίς με κατέστησε
⌜δικαστὴν ἢ μεριστὴν ἐφ᾽ ὑμᾶς?" 15 Εἶπε δὲ πρὸς αὐτούς,
"Ὁρᾶτε καὶ φυλάσσεσθε ἀπὸ ⌜¹τῆς πλεονεξίας ὅτι οὐκ ἐν
τῷ περισσεύειν τινὶ ἡ ζωὴ αὐτῷ[2] ἐστιν ἐκ τῶν ὑπαρ-
χόντων ⌜²αὐτοῦ."
16 Εἶπε δὲ παραβολὴν πρὸς αὐτούς, λέγων, "Ἀνθρώ-
που τινὸς πλουσίου εὐφόρησεν ἡ χώρα. 17 Καὶ διελο-
γίζετο ἐν ἑαυτῷ λέγων, Τί ποιήσω, ὅτι οὐκ ἔχω ποῦ
συνάξω τοὺς καρπούς μου?᾽ 18 Καὶ εἶπε, Τοῦτο ποιήσω·
καθελῶ μου τὰς ἀποθήκας καὶ μείζονας οἰκοδομήσω, καὶ
συνάξω ἐκεῖ πάντα τὰ γενήματά[3] ⁰μου καὶ τὰ ἀγαθά
μου. 19 Καὶ ἐρῶ τῇ ψυχῇ μου, "Ψυχή, ἔχεις πολλὰ ἀγαθὰ
κείμενα εἰς ἔτη πολλά· ἀναπαύου, φάγε, πίε, εὐφραίνου."᾽
20 Εἶπε δὲ αὐτῷ ὁ Θεός, ᾽Ἄφρον,[4] ταύτῃ τῇ νυκτὶ τὴν
ψυχήν σου ἀπαιτοῦσιν ἀπὸ σοῦ· ἃ δὲ ἡτοίμασας, τίνι
ἔσται?᾽ 21 Οὕτως ὁ θησαυρίζων ἑαυτῷ καὶ μὴ εἰς Θεὸν
πλουτῶν."

---

[1]11 απολογησησθε **M𝔭⁴⁵ᵛⁱᵈ𝕲** (h.C) A, TR Cr vs απολογησεσθε M⌐
[2]15 αυτω Mᵖᵗ vs αυτου Mᵖᵗ𝕲 (h.C) A, TR Cr
[3]18 τα γενηματα 𝔐 ℵ*A vs τον σιτον 𝔭⁷⁵B, Cr vs τα γεννηματα TR
[4]20 αφρον M vs αφρων 𝕲 (h.C) A, TR Cr

---

11 ⌜εισφερωσιν 𝔭⁴⁵𝕲 (h.C) vs 𝔐 A
11 ⌜μη μεριμνησητε ℵB (μη μεριμνη μη μεριμνησητε 𝔭⁷⁵) vs 𝔐 A
13 ⌐2-41 𝕲 (h.C) vs 𝔐 A　　14 ⌜κριτην 𝕲 (h.C) vs 𝔐 A
15 ⌜¹πασης 𝕲 (h.C)A vs M　　15 ⌜²αυτω 𝔭⁷⁵B vs 𝔐 ℵ*A
18 ⁰B vs 𝔐 𝔭⁴⁵*ℵA

Do Not Worry
(Mt. 6:19-21, 25-34)

22 Εἶπε δὲ πρὸς τοὺς μαθητὰς °¹αὐτοῦ, "Διὰ τοῦτο ὑμῖν λέγω,¹ μὴ μεριμνᾶτε τῇ ψυχῇ °²ὑμῶν, τί φάγητε· μηδὲ τῷ σώματι, τί ἐνδύσησθε.² 23 Ἡ ᵀ ψυχὴ πλεῖόν³ ἐστι τῆς τροφῆς, καὶ τὸ σῶμα τοῦ ἐνδύματος. 24 Κατανοήσατε τοὺς κόρακας, ὅτι οὐ σπείρουσιν οὐδὲ θερίζουσιν, οἷς οὐκ ἔστι ταμεῖον οὐδὲ ἀποθήκη, καὶ ὁ Θεὸς τρέφει αὐτούς. Πόσῳ μᾶλλον ὑμεῖς διαφέρετε τῶν πετεινῶν? 25 Τίς δὲ ἐξ ὑμῶν μεριμνῶν δύναται προσθεῖναι ἐπὶ τὴν ἡλικίαν αὐτοῦ⁴ πῆχυν °ἕνα? 26 Εἰ οὖν ⌐οὔτε ἐλάχιστον δύνασθε, τί περὶ τῶν λοιπῶν μεριμνᾶτε?

27 "Κατανοήσατε τὰ κρίνα πῶς αὐξάνει· οὐ κοπιᾷ οὐδὲ νήθει· λέγω δὲ⁵ ὑμῖν, οὐδὲ Σολομὼν ἐν πάσῃ τῇ δόξῃ αὐτοῦ περιεβάλετο ὡς ἓν τούτων. 28 Εἰ δὲ ⌐τὸν χόρτον ἐν τῷ ἀγρῷ σήμερον ὄντα,⌐ καὶ αὔριον εἰς κλίβανον βαλλόμενον ὁ Θεὸς οὕτως ⌐ἀμφιέννυσι, πόσῳ μᾶλλον ὑμᾶς, ὀλιγόπιστοι? 29 Καὶ ὑμεῖς μὴ ζητεῖτε τί φάγητε ⌐ἢ τί πίητε, καὶ μὴ μετεωρίζεσθε. 30 Ταῦτα γὰρ πάντα τὰ ἔθνη τοῦ κόσμου ⌐ἐπιζητεῖ, ὑμῶν δὲ ὁ Πατὴρ οἶδεν ὅτι χρῄζετε τούτων. 31 Πλὴν ζητεῖτε τὴν βασιλείαν ⌐τοῦ Θεοῦ,⌐ καὶ ταῦτα πάντα⁶ προστεθήσεται ὑμῖν.

---

¹22 υμιν λεγω **MA**, TR vs λεγω υμιν **M**ʳ𝕲 (h.C), **Cr**
²22 ενδυσησθε **M𝔭⁴⁵𝕲** (h.C) **A**, TR **Cr** vs ενδυσεσθε **M**ʳ
³23 πλειον **M𝔭⁴⁵𝕲** (h.C)**A**, TR **Cr** vs πλειων **M**ʳ
⁴25 προσθειναι επι την ηλικιαν αυτου **M**ᵖᵗ**𝔭⁴⁵ℵA**, TR vs προσθηναι επι την ηλικιαν αυτου **M**ᵖᵗ vs επι την ηλικιαν αυτου προσθειναι 𝔭⁷⁵**B**, **Cr**
⁵27 δε **M𝔭⁴⁵𝕲** (h.C)**A**, TR **Cr** vs − **M**ʳ
⁶31 παντα **MA**, TR vs − **M**ʰ𝔭⁴⁵𝕲 (h.C), **Cr**

---

22 °¹𝔭⁷⁵**B** vs 𝔐ℵ**A**, [**Cr**]   22 °²𝕲 (h.C) **A** vs 𝔐𝔭⁴⁵
23 ᵀγαρ 𝕲 (h.C) vs **M𝔭⁴⁵A**   25 °𝔭⁴⁵𝕲 (h.C) vs 𝔐**A**
26 ⌐ουδε 𝔭⁴⁵𝕲 (h.C) vs 𝔐**A**
28 ⌐351276 𝕲 (h.C) vs **M**; (126357 **A**; 356127 𝔭⁴⁵)
28 ⌐αμφιεζει 𝔭⁴⁵ ⁷⁵ (αμφιαζει **B**) vs 𝔐ℵ**A**
29 ⌐και 𝔭⁴⁵ℵ**B** vs 𝔐𝔭⁷⁵**A**   30 ⌐επιζητουσιν 𝕲 (h.C) vs 𝔐𝔭⁴⁵**A**
31 ⌐αυτου ℵ**B** vs 𝔐𝔭⁴⁵**A**; (− 𝔭⁷⁵)

32 "Μὴ φοβοῦ, τὸ μικρὸν ποίμνιον, ὅτι εὐδόκησεν ὁ Πατὴρ ὑμῶν δοῦναι ὑμῖν τὴν βασιλείαν. 33 Πωλήσατε τὰ ὑπάρχοντα ὑμῶν καὶ δότε ἐλεημοσύνην. Ποιήσατε ἑαυτοῖς •βαλάντια μὴ παλαιούμενα, θησαυρὸν ἀνέκλειπτον ἐν τοῖς οὐρανοῖς, ὅπου κλέπτης οὐκ ἐγγίζει οὐδὲ σὴς διαφθείρει. 34 Ὅπου γάρ ἐστιν ὁ θησαυρὸς ὑμῶν, ἐκεῖ καὶ ἡ καρδία ὑμῶν ἔσται.

The Faithful Servant and the Bad Servant
(Mt. 24:45-51)

35 " "Έστωσαν ὑμῶν αἱ ὀσφύες περιεζωσμέναι καὶ οἱ λύχνοι καιόμενοι, 36 καὶ ὑμεῖς ὅμοιοι ἀνθρώποις προσ- δεχομένοις τὸν κύριον ἑαυτῶν, πότε ἀναλύσει[1] ἐκ τῶν γάμων, ἵνα ἐλθόντος καὶ κρούσαντος, εὐθέως ἀνοίξωσιν αὐτῷ. 37 Μακάριοι οἱ δοῦλοι ἐκεῖνοι, οὓς ἐλθὼν ὁ κύριος εὑρήσει γρηγοροῦντας. Ἀμὴν λέγω ὑμῖν ὅτι περιζώσε- ται καὶ ἀνακλινεῖ αὐτούς, καὶ παρελθὼν διακονήσει αὐτοῖς. 38 ⌐¹Καὶ ἐὰν ἔλθῃ ἐν τῇ δευτέρᾳ φυλακῇ, καὶ¬ ἐν τῇ τρίτῃ φυλακῇ ἔλθῃ, καὶ εὕρῃ οὕτω, μακάριοί εἰσιν ⌐²οἱ δοῦλοι ἐκεῖνοι.¬ 39 Τοῦτο δὲ γινώσκετε, ὅτι εἰ ᾔδει ὁ οἰκοδεσπότης ποίᾳ ὥρᾳ ὁ κλέπτης ἔρχεται, □ἐγρηγόρησεν ἄν, καὶ╲ οὐκ ἂν ἀφῆκε ⌐διορυγῆναι τὸν οἶκον αὐτοῦ. 40 Καὶ ὑμεῖς °οὖν γίνεσθε ἕτοιμοι, ὅτι ᾗ ὥρᾳ οὐ δοκεῖτε ὁ Υἱὸς τοῦ Ἀνθρώπου ἔρχεται."

41 Εἶπε δὲ °αὐτῷ ὁ Πέτρος, "Κύριε, πρὸς ἡμᾶς τὴν παραβολὴν ταύτην λέγεις, ἢ καὶ πρὸς πάντας;"

42 Εἶπε δὲ╲ ὁ Κύριος, "Τίς ἄρα ἐστὶν ὁ πιστὸς οἰκονόμος ⌐καὶ φρόνιμος, ὃν καταστήσει ὁ κύριος ἐπὶ τῆς θεραπείας αὐτοῦ, τοῦ διδόναι ἐν καιρῷ °τὸ σιτομέτριον; 43 Μακάριος

---

¹36 αναλυσει Mᵖᵗ ᵛⁱᵈ, TR vs αναλυση Mᵖᵗ ᵛⁱᵈ 𝕲 (h.C) A, Cr

---

33 •βαλλαντια 𝔓⁴⁵𝕲 (h.C) A vs 𝔐
38 ⌐¹καν εν τη δευτερα καν 𝕲 (h.C) vs 𝔐 A
38 ⌐²εκεινοι 𝔓⁷⁵B vs 𝔐 A; (−א*)   39 □𝔓⁷⁵א* vs 𝔐 BA
39 ⌐διορυχθηναι 𝕲 (h.C) vs 𝔐 A   40 °𝕲 (h.C) vs 𝔐 A
41 °𝔓⁷⁵B vs 𝔐 אA   42 ⌐και ειπεν 𝕲 (h.C) vs 𝔐 A
42 ⌐ο 𝔓⁷⁵B vs Mא A   42 °𝔓⁷⁵B vs 𝔐 אA, [Cr]

ὁ δοῦλος ἐκεῖνος, ὃν ἐλθὼν ὁ κύριος αὐτοῦ εὑρήσει ποιοῦντα οὕτως. **44** Ἀληθῶς λέγω ὑμῖν ὅτι ἐπὶ πᾶσι τοῖς ὑπάρχουσιν αὐτοῦ καταστήσει αὐτόν. **45** Ἐὰν δὲ εἴπῃ ὁ δοῦλος ἐκεῖνος ἐν τῇ καρδίᾳ αὐτοῦ, Ἱρονίζει ὁ κύριός μου ἔρχεσθαι,' καὶ ἄρξηται τύπτειν τοὺς παῖδας καὶ τὰς παιδίσκας, ἐσθίειν τε καὶ πίνειν καὶ μεθύσκεσθαι, **46** ἥξει ὁ κύριος τοῦ δούλου ἐκείνου ἐν ἡμέρᾳ ᾗ οὐ προσδοκᾷ, καὶ ἐν ὥρᾳ ᾗ οὐ γινώσκει· καὶ διχοτομήσει αὐτὸν καὶ τὸ μέρος αὐτοῦ μετὰ τῶν ἀπίστων θήσει. **47** Ἐκεῖνος δὲ ὁ δοῦλος ὁ γνοὺς τὸ θέλημα τοῦ κυρίου ἑαυτοῦ[1] καὶ μὴ ἑτοιμάσας ᵀμηδὲ ποιήσας πρὸς τὸ θέλημα αὐτοῦ, δαρήσεται πολλάς. **48** Ὁ δὲ μὴ γνούς, ποιήσας δὲ ἄξια πληγῶν, δαρήσεται ὀλίγας. Παντὶ δὲ ᾧ ἐδόθη πολύ, πολὺ ζητηθήσεται παρ' αὐτοῦ· καὶ ᾧ παρέθεντο πολύ, περισσότερον αἰτήσουσιν αὐτόν.

Christ Brings Division
(Mt. 10:34-36)

49 Πῦρ ἦλθον βαλεῖν ᶠεἰς τὴν γῆν, καὶ τί θέλω εἰ ἤδη ἀνήφθη! **50** Βάπτισμα δὲ ἔχω βαπτισθῆναι, καὶ πῶς συνέχομαι ἕως ᶠοὗ τελεσθῇ! **51** Δοκεῖτε ὅτι εἰρήνην παρεγενόμην δοῦναι ἐν τῇ γῇ? Οὐχί, λέγω ὑμῖν, ἀλλ' ἢ διαμερισμόν. **52** Ἔσονται γὰρ ἀπὸ τοῦ νῦν πέντε ἐν ˢοἴκῳ ἑνὶᴸ διαμεμερισμένοι, τρεῖς ἐπὶ δυσὶ καὶ δύο ἐπὶ τρισί.

53 ᵀ¹Διαμερισθήσεται πατὴρ ἐπὶ υἱῷ
　　Καὶ υἱὸς ἐπὶ πατρί,[2]
　　Μήτηρ ἐπὶ ᵀ²θυγατρὶ

---

[1] 47 εαυτου MᵖᵗA, TR vs αυτου Mᵖᵗ𝔭⁴⁵𝕲 (h.C), Cr

[2] 53 πατηρ επι υιω και υιος επι πατρι M𝕲 (h.C), Cr vs πατηρ εφ υιω και υιος επι πατρι A, TR vs υιος επι πατρι και πατηρ επι υιω 𝔭⁴⁵

---

47 ᶠη 𝕲 (h.C) vs 𝔐A; (−μη to μηδε 𝔭⁴⁵)
49 ᶠεπι 𝕲 (h.C)A vs M𝔭⁴⁵　　50 ᶠοτου 𝔭⁴⁵𝕲 (h.C)A vs M
52 ˢ𝔭⁷⁵B vs 𝔐𝔭⁴⁵A; (−εσονται to διαμερισμε [νοι is present] ℵ*)
53 ᵀ¹διαμερισθησονται 𝔭⁴⁵𝕲 (h.C) vs 𝔐A
53 ᵀ²την θυγατερα 𝔭⁴⁵ ⁷⁵ (− την ℵB) vs 𝔐A

Καὶ θυγάτηρ ἐπὶ ʳ³μητρί,
Πενθερὰ ἐπὶ τὴν νύμφην αὐτῆς
Καὶ νύμφη ἐπὶ τὴν πενθερὰν °αὐτῆς."

Discern the Time
(Mt. 16:2,3)

54 Ἔλεγε δὲ καὶ τοῖς ὄχλοις, "᾿Όταν ἴδητε °τὴν νεφέλην ἀνατέλλουσαν ʳἀπὸ δυσμῶν, εὐθέως λέγετε, ᵀ ᾿Όμβρος ἔρχεται,' καὶ γίνεται οὕτω. **55** Καὶ ὅταν νότον πνέοντα, λέγετε ὅτι 'Καύσων ἔσται,' καὶ γίνεται. **56** Ὑποκριταί! Τὸ πρόσωπον τῆς γῆς καὶ τοῦ οὐρανοῦ¹ οἴδατε δοκιμάζειν, τὸν ʳ¹δὲ καιρὸνˋ τοῦτον πῶς ʳ²οὐ δοκιμάζετεˋ?

Be Reconciled with Your Adversary

57 "Τί δὲ καὶ ἀφ᾿ ἑαυτῶν οὐ κρίνετε τὸ δίκαιον? **58** Ὡς γὰρ ὑπάγεις μετὰ τοῦ ἀντιδίκου σου ἐπ᾿ ἄρχοντα, ἐν τῇ ὁδῷ δὸς ἐργασίαν ἀπηλλάχθαι ἀπ᾿ αὐτοῦ, μήποτε κατασύρῃ σε πρὸς τὸν κριτήν, καὶ ὁ κριτής σε ʳπαραδῷ τῷ πράκτορι, καὶ ὁ πράκτωρ σε βάλῃ² εἰς φυλακήν. **59** Λέγω σοι, οὐ μὴ ἐξέλθῃς ἐκεῖθεν ἕως °οὗ καὶ τὸν³ ἔσχατον λεπτὸν ἀποδῷς."

Repent or Perish

13 Παρῆσαν δέ τινες ἐν αὐτῷ τῷ καιρῷ ἀπαγγέλλοντες αὐτῷ περὶ τῶν Γαλιλαίων ὧν τὸ αἷμα Πιλᾶτος ἔμιξε μετὰ τῶν θυσιῶν αὐτῶν. **2** Καὶ ἀποκριθεὶς ᶜὁ Ἰησοῦςˋ εἶπεν αὐτοῖς "Δοκεῖτε ὅτι οἱ Γαλιλαῖοι οὗτοι ἁμαρτωλοὶ

---

¹56 της γης και του ουρανου M^pt𝕏*ΒΑ, TR Cr vs του ουρανου και της γης M^pt𝔭⁴⁵ ⁷⁵
²58 βαλη 𝔐Α vs βαλει 𝕲 (h.C), Cr vs βαλλη TR
³59 τον M^ptΑ vs το M^pt𝕲 (h.C), TR Cr

---

53 ʳ³την μητερα 𝔭⁴⁵ ⁷⁵Β (−την 𝕏) vs 𝔐Α   53 °𝔭⁴⁵𝕲 (h.C) vs 𝔐Α
54 °𝕲 (h.C) Α vs 𝔐𝔭⁴⁵, [Cr]   54 ʳεπι 𝕲 (h.C) vs 𝔐𝔭⁴⁵Α
54 ᵀοτι 𝔭⁴⁵𝕲 (h.C) Α vs Μ   56 ʳ¹21 𝔭⁷⁵Β vs 𝔐𝕏Α; (2 𝔭⁴⁵)
56 ʳ²ουκ οιδατε δοκιμαζειν 𝔭⁷⁵(𝕏)Β vs 𝔐𝔭⁴⁵Α
58 ʳπαραδωσει 𝔭⁴⁵𝕏ΒΑ (παραδοσει 𝔭⁷⁵) vs 𝔐
59 °𝕲 (h.C) vs 𝔐 (του Α)   2 ᶜ𝕲 (h.C) vs 𝔐Α

παρὰ πάντας τοὺς Γαλιλαίους ἐγένοντο, ὅτι ᵀτοιαῦτα πεπόνθασιν? 3 Οὐχί, λέγω ὑμῖν· ἀλλ᾽ ἐὰν μὴ μετανοῆτε πάντες ᵀὡσαύτως ἀπολεῖσθε! 4 Ἢ ἐκεῖνοι οἱ δέκα °¹καὶ ὀκτὼ ἐφ᾽ οὓς ἔπεσεν ὁ πύργος ἐν τῷ Σιλωὰμ καὶ ἀπέκτεινεν αὐτούς, δοκεῖτε ὅτι ᵀοὗτοι ὀφειλέται ἐγένοντο παρὰ πάντας ᵀ ἀνθρώπους τοὺς κατοικοῦντας °²ἐν Ἰερουσαλήμ? 5 Οὐχί, λέγω ὑμῖν· ἀλλ᾽ ἐὰν μὴ μετανοῆτε πάντες ᵀὁμοίως ἀπολεῖσθε!"

The Parable of the Barren Fig Tree

6 Ἔλεγε δὲ ταύτην τὴν παραβολήν· "Συκῆν εἶχέ τις ᶠἐν τῷ ἀμπελῶνι αὐτοῦ πεφυτευμένην⟩, καὶ ἦλθε ζητῶν καρπὸν¹ ἐν αὐτῇ καὶ οὐχ εὗρεν. 7 Εἶπε δὲ πρὸς τὸν ἀμπελουργόν, ᾿Ἰδού, τρία ἔτη ᵀ¹ ἔρχομαι ζητῶν καρπὸν ἐν τῇ συκῇ ταύτῃ καὶ οὐχ εὑρίσκω. Ἔκκοψον ᵀ²αὐτήν· ἱνατί καὶ τὴν γῆν καταργεῖ?᾽ 8 Ὁ δὲ ἀποκριθεὶς λέγει αὐτῷ, Κύριε, ἄφες αὐτὴν καὶ τοῦτο τὸ ἔτος, ἕως ὅτου σκάψω περὶ αὐτὴν καὶ βάλω κόπρια·² 9 κἂν μὲν ποιήσῃ καρπόν· ᶠεἰ δὲ μή γε, εἰς τὸ μέλλον˻ ἐκκόψεις αὐτήν.᾽ "

Jesus Heals a Crippled Woman on the Sabbath

10 Ἦν δὲ διδάσκων ἐν μιᾷ τῶν συναγωγῶν ἐν τοῖς σάββασι. 11 Καὶ ἰδού, γυνὴ °¹ἦν πνεῦμα ἔχουσα ἀσθενείας ἔτη δέκα °²καὶ ὀκτώ, καὶ ἦν συγκύπτουσα καὶ μὴ δυναμένη ἀνακύψαι εἰς τὸ παντελές. 12 Ἰδὼν δὲ αὐτὴν ὁ Ἰησοῦς προσεφώνησε καὶ εἶπεν αὐτῇ, "Γύναι, ἀπολέλυσαι τῆς ἀσθενείας σου." 13 Καὶ ἐπέθηκεν αὐτῇ τὰς χεῖρας, καὶ παραχρῆμα ἀνωρθώθη, καὶ ἐδόξαζε τὸν Θεόν.

---

¹6 ζητων καρπον 𝔐 G (h.C) A, Cr vs καρπον ζητων TR
²8 κοπρια 𝔐 G (h.C) A, Cr vs κοπριαν TR

2 ᵀταυτα אB vs 𝔐 𝔭⁷⁵A   3 ᵀομοιως G (h.C) vs 𝔐 A
4 °¹G (h.C) vs 𝔐A   4 ᵀαυτοι G (h.C)A vs M
4 ᵀτους G (h.C) A vs 𝔐   4 °²𝔭⁷⁵ᵛⁱᵈB vs 𝔐אA
5 ᵀωσαυτως אB vs 𝔐𝔭⁷⁵A   6 ᶠ51-4 𝔭⁷⁵B (5134 א*) vs 𝔐A
7 ᵀ¹ αφ ου G (h.C) vs 𝔐A   7 ᵀ²ουν 𝔭⁷⁵A, [Cr] vs 𝔐אB
9 ᶠ4-6 1-3 G (h.C) vs 𝔐A   11 °¹ ²𝔭⁴⁵G (h.C) vs 𝔐A

14 Ἀποκριθεὶς δὲ ὁ ἀρχισυνάγωγος, ἀγανακτῶν ὅτι τῷ σαββάτῳ ἐθεράπευσεν ὁ Ἰησοῦς, ἔλεγε τῷ ὄχλῳ, ᵀ'"Ἓξ ἡμέραι εἰσὶν ἐν αἷς δεῖ ἐργάζεσθαι· ἐν ʳταύταις οὖν ἐρχόμενοι θεραπεύεσθε καὶ μὴ τῇ ἡμέρᾳ τοῦ σαββάτου."
15 Ἀπεκρίθη ʳοὖν αὐτῷ ὁ Κύριος καὶ εἶπεν, "'Ὑπο-κριταί!¹ Ἕκαστος ὑμῶν τῷ σαββάτῳ οὐ λύει τὸν βοῦν αὐτοῦ ἢ τὸν ὄνον ἀπὸ τῆς φάτνης, καὶ ἀπαγαγὼν ποτίζει? 16 Ταύτην δέ, θυγατέρα Ἀβραὰμ οὖσαν, ἣν ἔδησεν ὁ Σατανᾶς, ἰδού, δέκα καὶ ὀκτὼ ἔτη, οὐκ ἔδει λυθῆναι ἀπὸ τοῦ δεσμοῦ τούτου τῇ ἡμέρᾳ τοῦ σαββάτου?"
17 Καὶ ταῦτα λέγοντος αὐτοῦ, κατῃσχύνοντο πάντες οἱ ἀντικείμενοι αὐτῷ· καὶ πᾶς ὁ ὄχλος ἔχαιρεν ἐπὶ πᾶσι τοῖς ἐνδόξοις τοῖς γινομένοις ὑπ᾽ αὐτοῦ.

The Parable of the Mustard Seed
(Mt. 13:31,32; Mk. 4:30-32)

18 Ἔλεγε ʳδέ, "Τίνι ὁμοία ἐστὶν ἡ βασιλεία τοῦ Θεοῦ, καὶ τίνι ὁμοιώσω αὐτήν? 19 Ὁμοία ἐστὶ κόκκῳ σινάπεως, ὃν λαβὼν ἄνθρωπος ἔβαλεν εἰς κῆπον ἑαυτοῦ, καὶ ηὔξησε καὶ ἐγένετο εἰς δένδρον °μέγα, καὶ τὰ πετεινὰ τοῦ οὐρανοῦ κατεσκήνωσεν ἐν τοῖς κλάδοις αὐτοῦ."

The Parable of the Leaven
(Mt. 13:33)

20 Πάλιν² εἶπε, "Τίνι ὁμοιώσω τὴν βασιλείαν τοῦ Θεοῦ? 21 Ὁμοία ἐστὶ ζύμη, ἣν λαβοῦσα γυνὴ ἐνέκρυψεν³ εἰς ἀλεύρου σάτα τρία ἕως οὗ ἐζυμώθη ὅλον."

---

¹15 υποκριται 𝔐 G (h.C) A, Cr vs υποκριτα 𝔭⁴⁵, TR
²20 παλιν 𝔐 A vs και παλιν 𝔭⁴⁵G (h.C), TR Cr
³21 ενεκρυψεν Mᵖᵗ𝔭⁷⁵ℵA, TR [Cr] vs εκρυψεν MᵖᵗB

---

14 ᵀοτι G (h.C) vs 𝔐𝔭⁴⁵A   14 ʳαυταις 𝔭⁴⁵G (h.C) A vs 𝔐
15 ʳδε 𝔭⁴⁵G (h.C) vs 𝔐A   18 ʳουν 𝔭⁴⁵G (h.C) vs 𝔐A
19 °G (h.C) vs 𝔐𝔭⁴⁵A

The Narrow Way
(Mt. 7:13,14, 21-23)

22 Καὶ διεπορεύετο κατὰ πόλεις καὶ κώμας διδάσκων, καὶ πορείαν ποιούμενος εἰς • ˙Ιερουσαλήμ.

23 Εἶπε δέ τις αὐτῷ, ˝Κύριε, εἰ ὀλίγοι οἱ σωζόμενοι?˝

˙Ο δὲ εἶπε πρὸς αὐτούς, 24 ˝ ᾿Αγωνίζεσθε ˹εἰσελθεῖν διὰ τῆς στενῆς πύλης˺, ὅτι πολλοί, λέγω ὑμῖν, ζητήσουσιν εἰσελθεῖν καὶ οὐκ ἰσχύσουσιν. 25 ᾿Αφ᾿ οὗ ἂν ἐγερθῇ ὁ οἰκοδεσπότης καὶ ἀποκλείσῃ τὴν θύραν, καὶ ἄρξησθε ἔξω ἑστάναι καὶ κρούειν τὴν θύραν, λέγοντες, ˙Κύριε, ºΚύριε, ἄνοιξον ἡμῖν!˙ Καὶ ἀποκριθεὶς ἐρεῖ ὑμῖν, ˙Οὐκ οἶδα ὑμᾶς πόθεν ἐστέ.˙ 26 Τότε ἄρξεσθε[1] λέγειν, ˙ ᾿Εφάγομεν ἐνώπιόν σου καὶ ἐπίομεν, καὶ ἐν ταῖς πλατείαις ἡμῶν ἐδίδαξας.˙ 27 Καὶ ἐρεῖ, ˹Λέγω ὑμῖν, οὐκ οἶδα º¹ὑμᾶς πόθεν ἐστέ. ᾿Απόστητε ἀπ᾿ ἐμοῦ, πάντες º²οἱ ἐργάται º³τῆς ἀδικίας.˙ 28 ᾿Εκεῖ ἔσται ὁ κλαυθμὸς καὶ ὁ βρυγμὸς τῶν ὀδόντων, ὅταν ὄψησθε[2] ᾿Αβραὰμ καὶ ᾿Ισαὰκ καὶ ᾿Ιακὼβ καὶ πάντας τοὺς προφήτας ἐν τῇ βασιλείᾳ τοῦ Θεοῦ, ὑμᾶς δὲ ἐκβαλλομένους ἔξω. 29 Καὶ ἥξουσιν ἀπὸ ἀνατολῶν καὶ δυσμῶν καὶ[3] βορρᾶ καὶ νότου, καὶ ἀνακλιθήσονται ἐν τῇ βασιλείᾳ τοῦ Θεοῦ. 30 Καὶ ἰδού, εἰσὶν ἔσχατοι οἳ ἔσονται πρῶτοι, καὶ εἰσὶ πρῶτοι οἳ ἔσονται ἔσχατοι.˝

Jesus and Herod

31 ᾿Εν αὐτῇ τῇ ˹ἡμέρᾳ προσῆλθόν τινες Φαρισαῖοι, λέγοντες αὐτῷ, ˝ ῎Εξελθε καὶ πορεύου ἐντεῦθεν, ὅτι ˙Ηρώδης θέλει σε ἀποκτεῖναι.˝

---

[1]26 αρξεσθε M^pt𝔭^75B, TR Cr vs αρξησθε M^pt𝐀
[2]28 οψησθε M𝔭^75A, TR N vs οψεσθε M^ΓB*, U vs ιδητε 𝐀
[3]29 και 𝔐𝐀 vs και απο B, TR Cr vs απο 𝔭^75

---

22 •Ιεροσολυμα 𝔭^75𝐀 (Εροσολυμα B*) vs 𝔐A
24 ˹εισελθειν δια της στενης θυρας 𝕲 (h.C) (2-51 𝔭^45vid) vs 𝔐A
25 º𝕲 (h.C) vs 𝔐A   27 ˹λεγων B vs 𝔐𝔭^75*A; (−𝐀)
27 º¹𝔭^75B vs 𝔐𝐀, [Cr]   27 º² ³𝕲 (h.C) vs 𝔐A
31 ˹ωρα 𝕲 (h.C) A vs 𝔐

32 Καὶ εἶπεν αὐτοῖς, "Πορευθέντες εἴπατε τῇ ἀλώπεκι ταύτῃ, ''Ιδού, ἐκβάλλω δαιμόνια καὶ ἰάσεις ⌜ἐπιτελῶ σήμερον καὶ αὔριον, καὶ τῇ τρίτῃ τελειοῦμαι.'33 Πλὴν δεῖ με σήμερον καὶ αὔριον καὶ τῇ ἐχομένῃ πορεύεσθαι· ὅτι οὐκ ἐνδέχεται προφήτην ἀπολέσθαι ἔξω Ἰερουσαλήμ!

Jesus Laments over Jerusalem
(Mt. 23:37-39)

34 "'Ιερουσαλήμ, Ἰερουσαλήμ, ἡ ἀποκτένουσα¹ τοὺς προφήτας καὶ λιθοβολοῦσα τοὺς ἀπεσταλμένους πρὸς αὐτήν! Ποσάκις ἠθέλησα ἐπισυνάξαι τὰ τέκνα σου ὃν τρόπον ὄρνις τὴν ἑαυτῆς νοσσιὰν ὑπὸ τὰς πτέρυγας, καὶ οὐκ ἠθελήσατε. 35 Ἰδού, ἀφίεται ὑμῖν ὁ οἶκος ὑμῶν ἔρημος.² Λέγω δὲ³ ὑμῖν °ὅτι οὐ μὴ ˢμε ἴδητε˩ ἕως ἂν ἥξῃ ὅτε⁴ εἴπητε, «Εὐλογημένος ὁ ἐρχόμενος ἐν ὀνόματι Κυρίου.»"

Jesus Heals a Man with Dropsy on the Sabbath

14 Καὶ ἐγένετο ἐν τῷ ἐλθεῖν αὐτὸν εἰς οἶκόν τινος τῶν ἀρχόντων °τῶν Φαρισαίων σαββάτῳ φαγεῖν ἄρτον, καὶ αὐτοὶ ἦσαν παρατηρούμενοι αὐτόν. 2 Καὶ ἰδού, ἄνθρωπός τις ἦν ὑδρωπικὸς ἔμπροσθεν αὐτοῦ. 3 Καὶ ἀποκριθεὶς ὁ Ἰησοῦς εἶπε πρὸς τοὺς νομικοὺς καὶ Φαρισαίους, λέγων, "°Εἰ ἔξεστι τῷ σαββάτῳ ⌜θεραπεύεινᵀ?" 4 Οἱ δὲ ἡσύχασαν.

---

¹34 αποκτενουσα M^{pt} vs αποκτεινουσα M^{pt}𝔭⁴⁵𝔊 (h.C), TR Cr vs αποκτεννουσα A
²35 ερημος M^{pt}, TR vs −M^{pt}𝔊 (h.C) A, Cr
³35 λεγω δε 𝔐 𝔭⁷⁵ΒΑ, [Cr] vs λεγω 𝔭⁴⁵ ᵛⁱᵈℵ* vs αμην δε λεγω TR
⁴35 αν ηξη οτε M^{pt vid}, TR vs αν ηξει οτε M^{pt vid}A vs αν 𝔭⁴⁵ℵ vs −𝔭⁷⁵Β vs ηξει οτε [Cr]

---

32 ⌜απετελω 𝔊 (h.C) vs 𝔐A   35 °𝔭⁴⁵ ᵛⁱᵈ𝔊 (h.C) vs 𝔐A
35 ˢℵΒΑ vs M𝔭⁴⁵ ⁷⁵   1 °𝔭⁴⁵𝔊 (h.C) vs 𝔐A, [Cr]
3 °𝔊 (h.C) vs 𝔐 𝔭⁴⁵A   3 ⌜θεραπευσαι 𝔭⁴⁵𝔊 (h.C) vs 𝔐A
3 ᵀη ου 𝔊 (h.C) vs 𝔐 𝔭⁴⁵A

---

35 Ps.118:26

Καὶ ἐπιλαβόμενος ἰάσατο αὐτὸν καὶ ἀπέλυσε. 5 Καὶ ᵒ¹ἀπο-
κριθεὶς πρὸς αὐτοὺς εἶπε, "Τίνος ὑμῶν υἱὸς¹ ἢ βοῦς εἰς
φρέαρ ⌐ἐμπεσεῖται, καὶ οὐκ εὐθέως ἀνασπάσει αὐτὸν ἐν
ᵒ²τῇ ἡμέρᾳ τοῦ σαββάτου;" 6 Καὶ οὐκ ἴσχυσαν ἀνταπο-
κριθῆναι ᵒαὐτῷ πρὸς ταῦτα.

Take the Lowly Place

7 Ἔλεγε δὲ πρὸς τοὺς κεκλημένους παραβολήν, ἐπέχων
πῶς τὰς πρωτοκλισίας ἐξελέγοντο, λέγων πρὸς αὐτούς,
8 " Ὅταν κληθῇς ὑπό τινος εἰς γάμους, μὴ κατακλιθῇς εἰς
τὴν πρωτοκλισίαν, μήποτε ἐντιμότερός σου ᾖ κεκλημένος
ὑπ᾽ αὐτοῦ, 9 καὶ ἐλθὼν ὁ σὲ καὶ αὐτὸν καλέσας ἐρεῖ σοι²,
'Δὸς τούτῳ τόπον,' καὶ τότε ἄρξῃ μετ᾽³ αἰσχύνης τὸν
ἔσχατον τόπον κατέχειν. 10 Ἀλλ᾽ ὅταν κληθῇς, πορευθεὶς
ἀνάπεσε⁴ εἰς τὸν ἔσχατον τόπον, ἵνα ὅταν ἔλθῃ ὁ
κεκληκώς σε, ⌐εἴπῃ σοι, 'Φίλε, προσανάβηθι ἀνώτερον.'
Τότε ἔσται σοι δόξα ἐνώπιον ᵀ τῶν συνανακειμένων σοι.
11 Ὅτι πᾶς ὁ ὑψῶν ἑαυτὸν ταπεινωθήσεται, καὶ ὁ
ταπεινῶν ἑαυτὸν ὑψωθήσεται."

12 Ἔλεγε δὲ καὶ τῷ κεκληκότι αὐτόν, " Ὅταν ποιῇς
ἄριστον ἢ δεῖπνον, μὴ φώνει τοὺς φίλους σου, μηδὲ τοὺς
ἀδελφούς σου, μηδὲ τοὺς συγγενεῖς σου, μηδὲ γείτονας
πλουσίους, μήποτε καὶ αὐτοί ˢ¹σε ἀντικαλέσωσι,ˡ καὶ
γένηταί ˢ²σοι ἀνταπόδομα.ˡ 13 Ἀλλ᾽ ὅταν ⌐ποιῇς δοχήν,⌐
κάλει πτωχούς, •ἀναπήρους, χωλούς, τυφλούς· 14 καὶ
μακάριος ἔσῃ, ὅτι οὐκ ἔχουσιν ἀνταποδοῦναί σοι,
ἀνταποδοθήσεται γάρ σοι ἐν τῇ ἀναστάσει τῶν δικαίων."

---

¹5 υιος 𝕸𝔭⁴⁵ ⁷⁵B, Cr vs ονος ℵ, TR vs ο υιος A
²9 σοι 𝕸𝔭⁴⁵𝕲 (h.C) A, TR Cr vs συ Mʳ
³9 μετ M𝔭ᵗ𝔭⁴⁵, TR vs μετα M𝔭ᵗ𝕲 (h.C) A, Cr
⁴10 αναπεσε 𝕸𝕲 (h.C) A, Cr vs αναπεσον TR

---

5 ᵒ¹𝔭⁴⁵ ⁷⁵B vs 𝕸ℵ*A   5 ⌐πεσειται 𝔭⁴⁵ ⁷⁵B (ℵ) (A) vs 𝕸
5 ᵒ²𝔭⁴⁵𝕲 (h.C) vs 𝕸 A   6 ᵒ𝔭⁴⁵𝕲 (h.C) vs 𝕸 A
10 ⌐ερει 𝕲 (h.C) vs 𝕸 A   10 ᵀπαντων 𝕲 (h.C) A vs 𝕸
12 ˢ¹˒²𝕲 (h.C) vs 𝕸 A   13 ⌐δοχην ποιης B (δ. ποιησης 𝔭⁷⁵ℵ) vs 𝕸 A
13 •αναπειρους 𝔭⁷⁵BA vs 𝕸; (αναπιρους ℵ)

The Parable of the Marriage Supper
(Mt. 22:1-14)

15 Ἀκούσας δέ τις τῶν συνανακειμένων ταῦτα εἶπεν αὐτῷ, "Μακάριος ⸀ὃς φάγεται ἄριστον¹ ἐν τῇ βασιλείᾳ τοῦ Θεοῦ!"
16 Ὁ δὲ εἶπεν αὐτῷ "Ἄνθρωπός τις ⸀ἐποίησε δεῖπνον μέγα, καὶ ἐκάλεσε πολλούς, 17 καὶ ἀπέστειλε τὸν δοῦλον αὐτοῦ τῇ ὥρᾳ τοῦ δείπνου εἰπεῖν τοῖς κεκλημένοις, 'Ἔρχεσθε, ὅτι ἤδη ἕτοιμά ἐστι °πάντα.' 18 Καὶ ἤρξαντο ἀπὸ μιᾶς ⸂παραιτεῖσθαι πάντες.⸃ Ὁ πρῶτος εἶπεν αὐτῷ, 'Ἀγρὸν ἠγόρασα, καὶ ἔχω ἀνάγκην ⸀ἐξελθεῖν καὶ⸃ ἰδεῖν αὐτόν. Ἐρωτῶ σε, ἔχε με παρῃτημένον.' 19 Καὶ ἕτερος εἶπε, Ζεύγη βοῶν ἠγόρασα πέντε, καὶ πορεύομαι δοκιμάσαι αὐτά. Ἐρωτῶ σε, ἔχε με παρῃτημένον.' 20 Καὶ ἕτερος εἶπε, Γυναῖκα ἔγημα, καὶ διὰ τοῦτο οὐ δύναμαι ἐλθεῖν.' 21 Καὶ παραγενόμενος ὁ δοῦλος °ἐκεῖνος ἀπήγγειλε τῷ κυρίῳ αὐτοῦ ταῦτα. Τότε ὀργισθεὶς ὁ οἰκοδεσπότης εἶπε τῷ δούλῳ αὐτοῦ, 'Ἔξελθε ταχέως εἰς τὰς πλατείας καὶ ῥύμας τῆς πόλεως, καὶ τοὺς πτωχοὺς καὶ ·ἀναπήρους καὶ χωλοὺς καὶ τυφλοὺς² εἰσάγαγε ὧδε.' 22 Καὶ εἶπεν ὁ δοῦλος, Κύριε, γέγονεν ⸀ὡς ἐπέταξας, καὶ ἔτι τόπος ἐστί.' 23 Καὶ εἶπεν ὁ κύριος πρὸς τὸν δοῦλον, 'Ἔξελθε εἰς τὰς ὁδοὺς καὶ φραγμούς, καὶ ἀνάγκασον εἰσελθεῖν, ἵνα γεμισθῇ ⸂ὁ οἶκός μου.⸃ 24 Λέγω γὰρ ὑμῖν ὅτι οὐδεὶς τῶν ἀνδρῶν ἐκείνων τῶν κεκλημένων γεύσεταί μου τοῦ δείπνου.' "³

---

¹15 αριστον M vs αρτον 𝔭⁷⁵BA, TR Cr vs −μακαριος το αυτω in verse 16 ℵ*
²21 χωλους και τυφλους Mᵖᵗ, TR vs τυφλους και χωλους Mᵖᵗ𝔭⁴⁵G (h.C), Cr vs τυφλους A
³24 δειπνου Mᵖᵗ𝔭⁴⁵G (h.C)A, TR Cr vs +πολλοι γαρ εισι κλητοι ολιγοι δε εκλεκτοι Mᵖᵗ

---

15 ⸀οστις 𝔭⁷⁵B vs 𝔐 A ; (−μακαριος το αυτω in verse 16 ℵ*)
16 ⸀εποιει G (h.c) vs 𝔐 A   17 °𝔭⁴⁵ᵛⁱᵈ G (h.C) vs 𝔐 A
18 ⸂𝔭⁷⁵ (ℵ) B vs 𝔐 A   18 ⸀εξελθων G (h.c) vs 𝔐 A
21 °𝔭⁴⁵ G (h.C) A vs M   21 ·αναπειρους G (h.c)A vs 𝔐
22 ⸀ο 𝔭⁴⁵ᵛⁱᵈ G (h.C) vs 𝔐 A   23 ⸂312 G (h.C) A vs 𝔐 𝔭⁴⁵

It Costs to Follow Christ
(Mt. 10:37-39)

25 Συνεπορεύοντο δὲ αὐτῷ ὄχλοι πολλοί. Καὶ στραφεὶς εἶπε πρὸς αὐτούς, **26** "Εἴ τις ἔρχεται πρός με καὶ οὐ μισεῖ τὸν πατέρα αὐτοῦ¹ καὶ τὴν μητέρα, καὶ τὴν γυναῖκα καὶ τὰ τέκνα, καὶ τοὺς ἀδελφοὺς καὶ τὰς ἀδελφάς, ἔτι ⌜δὲ καὶ τὴν ⌐ἑαυτοῦ ψυχήν,⌐ οὐ δύναταί μου μαθητὴς εἶναι.² **27** °Καὶ ὅστις οὐ βαστάζει τὸν σταυρὸν ⌜αὐτοῦ καὶ ἔρχεται ὀπίσω μου οὐ δύναται εἶναί μου³ μαθητής.

28 Τίς γὰρ ἐξ ὑμῶν ὁ θέλων⁴ πύργον οἰκοδομῆσαι, οὐχὶ πρῶτον καθίσας ψηφίζει τὴν δαπάνην, εἰ ἔχει °τὰ εἰς⁵ ἀπαρτισμόν? **29** ἵνα μήποτε θέντος αὐτοῦ θεμέλιον καὶ μὴ ἰσχύοντος ἐκτελέσαι, πάντες οἱ θεωροῦντες ἄρξωνται ⌐ἐμπαίζειν αὐτῷ,⌐ **30** λέγοντες ὅτι Οὗτος ὁ ἄνθρωπος ἤρξατο οἰκοδομεῖν καὶ οὐκ ἴσχυσεν ἐκτελέσαι.⌐

31 "Ἢ τίς βασιλεὺς πορευόμενος ⌐συμβαλεῖν ἑτέρῳ βασιλεῖ⌐ εἰς πόλεμον οὐχὶ καθίσας πρῶτον ⌜βουλεύεται εἰ δυνατός ἐστιν ἐν δέκα χιλιάσιν ⌜²ἀπαντῆσαι τῷ μετὰ εἴκοσι χιλιάδων ἐρχομένῳ ἐπ᾽ αὐτόν? **32** Εἰ δὲ μή γε ἔτι πόρρω αὐτοῦ⁶ ὄντος, πρεσβείαν ἀποστείλας ἐρωτᾷ τὰ πρὸς εἰρήνην. **33** Οὕτως οὖν πᾶς ἐξ ὑμῶν ὃς οὐκ ἀποτάσσεται πᾶσι τοῖς ἑαυτοῦ ὑπάρχουσιν, οὐ δύναταί ⌐μου εἶναι⌐ μαθητής.

---

¹26 αυτου 𝔐 𝔭⁴⁵אA vs εαυτου B𝔭⁷⁵ᵛⁱᵈ, TR Cr
²26 μου μαθητης ειναι M𝔭ᵗA, TR vs μοι ειναι μαθητης Mᵖᵗ𝔭⁴⁵ ⁷⁵ vs ειναι μου μαθητης אB, Cr
³27 ειναι μου M𝕲 (h.C), Cr vs μου ειναι 𝔭⁴⁵ᵛⁱᵈΛ, TR
⁴28 ο θελων M𝔭⁴⁵ vs θελων אBA, TR Cr vs θελει 𝔭⁷⁵
⁵28 εις Mᵖᵗ𝕲 (h.C) A, Cr vs προς Mᵖᵗ, TR
⁶32 πορρω αυτου 𝔐A vs αυτου πορρω 𝕲 (h.C), TR Cr

---

26 ⌜τε B vs 𝔐𝔭⁴⁵אA; (− 𝔭⁷⁵)   26 ⌐𝕲 (h.C) vs 𝔐𝔭⁴⁵A
27 °𝔭⁴⁵𝕲 (h.C) vs 𝔐A   27 ⌜εαυτου BA vs 𝔐𝔭⁴⁵ ⁷⁵א
28 °𝔭⁷⁵B vs 𝔐אA
29 ⌐²1 𝔭⁷⁵(א)BA vs M; (εμπαιζειν 𝔭⁴⁵ᵛⁱᵈ)
31 ⌐231 𝕲 (h.C) A vs 𝔐   31 ⌜βουλευσεται 𝕲 (h.C) vs 𝔐A
31 ⌜²υπαντησαι 𝔭⁴⁵𝕲 (h.C) A vs 𝔐
33 ⌐𝕲 (h.C) vs 𝔐A

Tasteless Salt Is Worthless
(Mt. 5:13; Mk. 9:50)

34 "Καλὸν ᵀ¹τὸ ἅλας· ἐὰν δὲ ᵀ²τὸ ἅλας μωρανθῇ ἐν τίνι ἀρτυθήσεται? **35** Οὔτε εἰς γῆν οὔτε εἰς κοπρίαν εὔθετόν ἐστιν· ἔξω βάλλουσιν αὐτό. Ὁ ἔχων ὦτα ἀκούειν ἀκουέτω!"

The Parable of the Lost Sheep
(Mt. 18:10-14)

15 Ἦσαν δὲ ˢἐγγίζοντες αὐτῷ² πάντες οἱ τελῶναι καὶ οἱ ἁμαρτωλοὶ ἀκούειν αὐτοῦ. **2** Καὶ διεγόγγυζον οἱ ᵀ Φαρισαῖοι καὶ οἱ γραμματεῖς λέγοντες ὅτι "Οὗτος ἁμαρτωλοὺς προσδέχεται καὶ συνεσθίει αὐτοῖς."

3 Εἶπε δὲ πρὸς αὐτοὺς τὴν παραβολὴν ταύτην, λέγων, **4** "Τίς ἄνθρωπος ἐξ ὑμῶν ἔχων ἑκατὸν πρόβατα, καὶ ἀπολέσας ˢἓν ἐξ αὐτῶν,² οὐ καταλείπει τὰ ἐνενήκοντα ἐννέα ἐν τῇ ἐρήμῳ καὶ πορεύεται ἐπὶ τὸ ἀπολωλὸς ἕως εὕρῃ αὐτό? **5** Καὶ εὑρὼν ἐπιτίθησιν ἐπὶ τοὺς ὤμους ἑαυτοῦ¹ χαίρων. **6** Καὶ ἐλθὼν εἰς τὸν οἶκον, συγκαλεῖ τοὺς φίλους καὶ τοὺς γείτονας, λέγων αὐτοῖς, 'Συγχάρητέ μοι, ὅτι εὗρον τὸ πρόβατόν μου τὸ ἀπολωλός.' **7** Λέγω ὑμῖν ὅτι οὕτω χαρὰ ˢἔσται ἐν τῷ οὐρανῷ² ἐπὶ ἑνὶ ἁμαρτωλῷ μετανοοῦντι ἢ ἐπὶ ἐνενήκοντα ἐννέα δικαίοις οἵτινες οὐ χρείαν ἔχουσι μετανοίας.

The Parable of the Lost Coin

8 Ἢ τίς γυνὴ δραχμὰς ἔχουσα δέκα, ἐὰν ἀπολέσῃ δραχμὴν μίαν, οὐχὶ ἅπτει λύχνον καὶ σαροῖ τὴν οἰκίαν καὶ ζητεῖ ἐπιμελῶς ἕως ʳὅτου εὕρῃ? **9** Καὶ εὑροῦσα ʳσυγκαλεῖται τὰς φίλας καὶ °τὰς γείτονας, λέγουσα, 'Συγχάρητέ μοι, ὅτι εὗρον τὴν δραχμὴν ἣν ἀπώλεσα.' **10** Οὕτω λέγω

¹5 εαυτου MᵖᵗA, TR vs αυτου Mᵖᵗ𝕲 (h.C), Cr

34 ᵀ¹ ουν 𝕲 (h.C) vs 𝔐A   34 ᵀ²και אB vs 𝔐 𝔭⁷⁵A
1 ˢ𝕲 (h.C)A vs M   2 ᵀτε 𝕲 (h.C) vs 𝔐A   4 ˢ231 𝕲 (h.C) vs 𝔐A
7 ˢ2-41 𝔭⁷⁵ (א) B vs 𝔐A   8 ʳου 𝕲 (h.C) vs 𝔐A
9 ʳσυγκαλει 𝔭⁷⁵ (א) B vs 𝔐 (A)   9 °𝕲 (h.C) vs 𝔐A

ὑμῖν, ˢχαρὰ γίνεται² ἐνώπιον τῶν ἀγγέλων τοῦ Θεοῦ ἐπὶ
ἑνὶ ἁμαρτωλῷ μετανοοῦντι."

The Parable of the Lost Son

11 Εἶπε δέ, "῎Ανθρωπός τις εἶχε δύο υἱούς. 12 Καὶ εἶπεν
ὁ νεώτερος αὐτῶν τῷ πατρί, Πάτερ, δός μοι τὸ ἐπιβάλλον
μέρος τῆς οὐσίας.' ᴦΚαὶ διεῖλεν αὐτοῖς τὸν βίον. 13 Καὶ μετ᾽
οὐ πολλὰς ἡμέρας συναγαγὼν ᴦἅπαντα ὁ νεώτερος υἱὸς
ἀπεδήμησεν εἰς χώραν μακράν, καὶ ἐκεῖ διεσκόρπισε τὴν
οὐσίαν αὐτοῦ ζῶν ἀσώτως. 14 Δαπανήσαντος δὲ αὐτοῦ
πάντα, ἐγένετο λιμὸς ᴦἰσχυρὸς κατὰ τὴν χώραν ἐκείνην, καὶ
αὐτὸς ἤρξατο ὑστερεῖσθαι. 15 Καὶ πορευθεὶς ἐκολλήθη ἑνὶ
τῶν πολιτῶν τῆς χώρας ἐκείνης, καὶ ἔπεμψεν αὐτὸν εἰς
τοὺς ἀγροὺς αὐτοῦ βόσκειν χοίρους. 16 Καὶ ἐπεθύμει
ᶜγεμίσαι τὴν κοιλίαν αὐτοῦ ἀπὸ᾽ τῶν κερατίων ὧν ἤσθιον οἱ
χοῖροι, καὶ οὐδεὶς ἐδίδου αὐτῷ. 17 Εἰς ἑαυτὸν δὲ ἐλθὼν
ᴦ¹εἶπε, Πόσοι μίσθιοι τοῦ πατρός μου ᴦ²περισσεύουσιν
ἄρτων, ἐγὼ δὲ λιμῷ ᵀ ἀπόλλυμαι! 18 ᾿Αναστὰς πορεύ-
σομαι πρὸς τὸν πατέρα μου καὶ ἐρῶ αὐτῷ, ῍Πάτερ,
ἥμαρτον εἰς τὸν οὐρανὸν καὶ ἐνώπιόν σου, 19 καὶ¹ οὐκέτι
εἰμὶ ἄξιος κληθῆναι υἱός σου. Ποίησόν με ὡς ἕνα τῶν μισθίων
σου." ᾽20 Καὶ ἀναστὰς ἦλθε πρὸς τὸν πατέρα αὐτοῦ.² ῍Ετι
δὲ αὐτοῦ μακρὰν ἀπέχοντος, εἶδεν αὐτὸν ὁ πατὴρ αὐτοῦ
καὶ ἐσπλαγχνίσθη καὶ δραμὼν ἐπέπεσεν ἐπὶ τὸν τράχηλον
αὐτοῦ καὶ κατεφίλησεν αὐτόν. 21 Εἶπε δὲ ˢαὐτῷ ὁ υἱός,²
Πάτερ, ἥμαρτον εἰς τὸν οὐρανὸν καὶ ἐνώπιόν σου, °καὶ
οὐκέτι εἰμὶ ἄξιος κληθῆναι υἱός σου.' 22 Εἶπε δὲ ὁ πατὴρ
πρὸς τοὺς δούλους αὐτοῦ, 'ᵀ ᾿Εξενέγκατε °τὴν στολὴν τὴν

---

¹19 και Mᵖᵗ, TR vs − Mᵖᵗ𝔊 (h.C) A, Cr
²20 αυτου Mᵖᵗℵ vs εαυτου Mᵖᵗ𝔭⁷⁵BA, TR Cr

---

10 ˢ𝔊 (h.C) vs 𝔐 A   12 ᴦο δε BA vs 𝔐ℵ*; (−𝔭⁷⁵)
13 ᴦπαντα 𝔭⁷⁵B vs 𝔐ℵA   14 ᴦισχυρα 𝔊 (h.C) A vs 𝔐
16 ᶜχορτασθηναι εκ 𝔊 (h.C) vs 𝔐 A   17 ᴦ¹εφη 𝔊 (h.C) vs 𝔐 A
17 ᴦ²περισσευονται 𝔭⁷⁵BA vs 𝔐ℵ   17 ᵀωδε 𝔊 (h.C) vs 𝔐 A
21 ˢ231 𝔭⁷⁵B vs 𝔐ℵA   21 °𝔊 (h.C) A vs 𝔐
22 ᵀταχυ 𝔊 (h.C) vs 𝔐 A   22 °ℵBA vs 𝔐𝔭⁷⁵

πρώτην καὶ ἐνδύσατε αὐτόν, καὶ δότε δακτύλιον εἰς τὴν
χεῖρα αὐτοῦ καὶ ὑποδήματα εἰς τοὺς πόδας. 23 Καὶ
ʳἐνέγκαντες τὸν μόσχον τὸν σιτευτὸν θύσατε, καὶ
φαγόντες εὐφρανθῶμεν, 24 ὅτι οὗτος ὁ υἱός μου νεκρὸς ἦν
καὶ ἀνέζησε, °καὶ ἀπολωλὼς ἦνʹ καὶ εὑρέθη.ʹ Καὶ ἤρξαντο
εὐφραίνεσθαι.
25 " ῏Ην δὲ ὁ υἱὸς αὐτοῦ ὁ πρεσβύτερος ἐν ἀγρῷ. Καὶ ὡς
ἐρχόμενος ἤγγισε τῇ οἰκίᾳ, ἤκουσε συμφωνίας καὶ χορῶν.
26 Καὶ προσκαλεσάμενος ἕνα τῶν παίδων,² ἐπυνθάνετο τί
ᵀ εἴη ταῦτα. 27 Ὁ δὲ εἶπεν αὐτῷ ὅτι ' Ὁ ἀδελφός σου
ἥκει, καὶ ἔθυσεν ὁ πατήρ σου τὸν μόσχον τὸν σιτευτόν,
ὅτι ὑγιαίνοντα αὐτὸν ἀπέλαβεν.ʹ 28 Ὠργίσθη δὲ καὶ οὐκ
ἤθελεν εἰσελθεῖν. Ὁ ʳοὖν πατὴρ αὐτοῦ ἐξελθὼν παρ-
εκάλει αὐτόν. 29 Ὁ δὲ ἀποκριθεὶς εἶπε τῷ πατρί ᵀ,
' Ἰδού, τοσαῦτα ἔτη δουλεύω σοι καὶ οὐδέποτε ἐντολήν σου
παρῆλθον, καὶ ἐμοὶ οὐδέποτε ἔδωκας ἔριφον ἵνα μετὰ τῶν
φίλων μου εὐφρανθῶ. 30 Ὅτε δὲ ὁ υἱός σου οὗτος ὁ
καταφαγών σου τὸν βίον μετὰ πορνῶν ἦλθεν, ἔθυσας
αὐτῷ τὸν ʳμόσχον τὸν σιτευτόνʹ.ʹ 31 Ὁ δὲ εἶπεν αὐτῷ,
ʹΤέκνον, σὺ πάντοτε μετ ' ἐμοῦ εἶ, καὶ πάντα τὰ ἐμὰ σά
ἐστιν. 32 Εὐφρανθῆναι δὲ καὶ χαρῆναι ἔδει, ὅτι ὁ ἀδελφός
σου οὗτος νεκρὸς ἦν καὶ ʳἀνέζησε καὶ ἀπολωλὼς³ °ἦν καὶ
εὑρέθη.ʹ "

The Parable of the Crafty Steward

16 ῎Ελεγε δὲ καὶ πρὸς τοὺς μαθητὰς °αὐτοῦ, " ῎Αν-
θρωπός τις ἦν πλούσιος ὃς εἶχεν οἰκονόμον, καὶ

---

¹24 απολωλως ην Mᵖᵗ ᵛⁱᵈ, TR vs απολωλος ην Mᵖᵗ ᵛⁱᵈ vs ην απο-
λωλως BA, Cr vs ην απολωλος ℵ* vs ην απολωλως 𝔭⁷⁵*
²26 παιδων 𝕸 𝕲 (h.C) A, Cr vs + αυτου TR
³32 απολωλως Mᵖᵗ ᵛⁱᵈ 𝕲 (h.C) A, TR Cr vs απολωλος Mᵖᵗ ᵛⁱᵈ

---

23 ʳφερετε 𝕲 (h.C) vs 𝕸 A   24 °𝕲 (h.C) A vs M
26 ᵀαν 𝔭⁷⁵ ᵛⁱᵈB vs M ℵ A   28 ʳδε 𝕲 (h.C) A vs 𝕸
29 ᵀαυτου 𝔭⁷⁵BA vs 𝕸 ℵ   30 ʳσιτευτον μοσχον 𝕲 (h.C) vs 𝕸 A
32 ʳεζησεν 𝕲 (h.C) vs 𝕸 A   32 °𝔭⁷⁵BA vs 𝕸 ℵ
1 °𝕲 (h.C) vs 𝕸 A

οὗτος διεβλήθη αὐτῷ ὡς διασκορπίζων τὰ ὑπάρχοντα
αὐτοῦ. 2 Καὶ φωνήσας αὐτὸν εἶπεν αὐτῷ, Τί τοῦτο ἀκούω
περὶ σοῦ; Ἀπόδος τὸν λόγον τῆς οἰκονομίας σου, οὐ γὰρ
῾δυνήσῃ ἔτι᾽ οἰκονομεῖν. 3 Εἶπε δὲ ἐν ἑαυτῷ ὁ οἰκονόμος, Τί
ποιήσω, ὅτι ὁ κύριός μου ἀφαιρεῖται τὴν οἰκονομίαν ἀπ᾽
ἐμοῦ; Σκάπτειν οὐκ ἰσχύω, ἐπαιτεῖν αἰσχύνομαι. 4 Ἔγνων
τί ποιήσω, ἵνα ὅταν μετασταθῶ ᵀ τῆς οἰκονομίας, δέξωνταί
με εἰς τοὺς οἴκους αὐτῶν. 5 Καὶ προσκαλεσάμενος ἕνα
ἕκαστον τῶν χρεωφειλετῶν¹ τοῦ κυρίου ἑαυτοῦ² ἔλεγε τῷ
πρώτῳ, Πόσον ὀφείλεις τῷ κυρίῳ μου; 6 Ὁ δὲ εἶπεν,
Ἑκατὸν βάτους ἐλαίου. ῾Καὶ εἶπεν αὐτῷ, Δέξαι σου
῾τὸ γράμμα᾽ καὶ καθίσας ταχέως γράψον πεντήκοντα.
7 Ἔπειτα ἑτέρῳ εἶπε, Σὺ δὲ πόσον ὀφείλεις; Ὁ δὲ
εἶπεν, Ἑκατὸν κόρους σίτου. ῾Καὶ λέγει᾽ αὐτῷ, Δέξαι σου
῾²τὸ γράμμα᾽ καὶ γράψον ὀγδοήκοντα. 8 Καὶ ἐπήνεσεν ὁ
κύριος τὸν οἰκονόμον τῆς ἀδικίας ὅτι φρονίμως ἐποίησεν.
Ὅτι οἱ υἱοὶ τοῦ αἰῶνος τούτου φρονιμώτεροι ὑπὲρ τοὺς
υἱοὺς τοῦ φωτὸς εἰς τὴν γενεὰν τὴν ἑαυτῶν εἰσι. 9 ῾Κἀγὼ
ὑμῖν λέγω, ˢποιήσατε ἑαυτοῖς᾽ φίλους ἐκ τοῦ μαμωνᾶ τῆς
ἀδικίας, ἵνα ὅταν ἐκλείπητε,³ δέξωνται ὑμᾶς εἰς τὰς
αἰωνίους σκηνάς. 10 Ὁ πιστὸς ἐν ἐλαχίστῳ καὶ ἐν πολλῷ
πιστός ἐστι, καὶ ὁ ἐν ἐλαχίστῳ ἄδικος καὶ ἐν πολλῷ ἄδικός
ἐστιν. 11 Εἰ οὖν ἐν τῷ ἀδίκῳ μαμωνᾷ πιστοὶ οὐκ ἐγένεσθε,
τὸ ἀληθινὸν τίς ὑμῖν πιστεύσει; 12 Καὶ εἰ ἐν τῷ ἀλλοτρίῳ
πιστοὶ οὐκ ἐγένεσθε, τὸ ὑμέτερον τίς ὑμῖν δώσει; 13 Οὐ-
δεὶς οἰκέτης δύναται δυσὶ κυρίοις δουλεύειν· ἢ γὰρ τὸν ἕνα
μισήσει καὶ τὸν ἕτερον ἀγαπήσει, ἢ ἑνὸς ἀνθέξεται καὶ τοῦ
ἑτέρου καταφρονήσει. Οὐ δύνασθε Θεῷ δουλεύειν καὶ
μαμωνᾷ.

¹5 χρεωφ(ει)λετων Mᵖᵗ, TR vs χρεοφ(ει)λετων MᵖᵗＧ (h.C) A, Cr
²5 εαυτου Mᵖᵗ𝔭⁷⁵BA, TR Cr vs αυτου Mᵖᵗℵ*
³9 εκλειπητε Mᵖᵗ vs εκλιπητε Mᵖᵗ, TR vs εκλιπη Ｇ (h.C), Cr vs
εκλειπη A

2 ῾δυνη ετι 𝔭⁷⁵B (ˢℵ) vs 𝔐A   4 ᵀεκ Ｇ (h.C) vs 𝔐A
6 ῾ο δε Ｇ (h.C) A vs 𝔐   6 ῾τα γραμματα Ｇ (h.C) vs 𝔐A
7 ῾¹λεγει 𝔭⁷⁵B vs 𝔐A (λεγει δε ℵ)
7 ῾²τα γραμματα Ｇ (h.C) vs 𝔐A   9 ῾και εγω Ｇ (h.C) vs 𝔐A
9 ˢＧ (h.C) vs 𝔐 (A)

The Kingdom and the Law
(Mt. 5:31,32; 11:12,13; Mk. 10:11,12)

14 Ἤκουον δὲ ταῦτα πάντα ʿκαὶ οἱ Φαρισαῖοιˋ φιλάρ-
γυροι ὑπάρχοντες, καὶ ἐξεμυκτήριζον αὐτόν. **15** Καὶ εἶπεν
αὐτοῖς, "ʿὙμεῖς ἐστε οἱ δικαιοῦντες ἑαυτοὺς ἐνώπιον τῶν
ἀνθρώπων, ὁ δὲ Θεὸς γινώσκει τὰς καρδίας ὑμῶν. Ὅτι
τὸ ἐν ἀνθρώποις ὑψηλὸν βδέλυγμα ἐνώπιον τοῦ Θεοῦ.¹
16 Ὁ νόμος καὶ οἱ προφῆται ʿἕωςˋ Ἰωάννου. Ἀπὸ τότε ἡ
βασιλεία τοῦ Θεοῦ εὐαγγελίζεται καὶ πᾶς εἰς αὐτὴν
βιάζεται. **17** Εὐκοπώτερον δέ ἐστι τὸν οὐρανὸν καὶ τὴν γῆν
παρελθεῖν ἢ τοῦ νόμου μίαν κεραίαν πεσεῖν.

18 Πᾶς ὁ ἀπολύων τὴν γυναῖκα αὐτοῦ καὶ γαμῶν ἑτέραν
μοιχεύει· καὶ ʿπᾶς ὁˋ ἀπολελυμένην ἀπὸ ἀνδρὸς γαμῶν
μοιχεύει.

The Rich Man and Lazarus

19 "ʺἌνθρωπος δέ τις ἦν πλούσιος, καὶ ἐνεδιδύσκετο
πορφύραν καὶ βύσσον, εὐφραινόμενος καθ᾿ ἡμέραν
λαμπρῶς. **20** Πτωχὸς δέ τις °¹ἦν ὀνόματι Λάζαρος °²ὃς
ἐβέβλητο πρὸς τὸν πυλῶνα αὐτοῦ ·ἡλκωμένος **21** καὶ
ἐπιθυμῶν χορτασθῆναι ἀπὸ ᵖτῶν ψιχίωνˋ τῶν πιπτόντων
ἀπὸ τῆς τραπέζης τοῦ πλουσίου. Ἀλλὰ καὶ οἱ κύνες
ἐρχόμενοι ʿἀπέλειχον τὰ ἕλκη αὐτοῦ. **22** Ἐγένετο δὲ
ἀποθανεῖν τὸν πτωχὸν καὶ ἀπενεχθῆναι αὐτὸν ὑπὸ τῶν
ἀγγέλων εἰς τὸν κόλπον² Ἀβραάμ. Ἀπέθανε δὲ καὶ ὁ
πλούσιος καὶ ἐτάφη. **23** Καὶ ἐν τῷ Ἅιδῃ ἐπάρας τοὺς
ὀφθαλμοὺς αὐτοῦ, ὑπάρχων ἐν βασάνοις, ὁρᾷ °τὸν
Ἀβραὰμ ἀπὸ μακρόθεν, καὶ Λάζαρον ἐν τοῖς κόλποις
αὐτοῦ. **24** Καὶ αὐτὸς φωνήσας εἶπε, Πάτερ Ἀβραάμ,
ἐλέησόν με καὶ πέμψον Λάζαρον ἵνα βάψῃ τὸ ἄκρον τοῦ

---

¹15 του Θεου **Μ𝔭⁷⁵𝕏A, Cr** vs + εστιν **TR** vs Κυριου **B**
²22 κολπον **Μ𝔭⁷⁵ᵛⁱᵈ𝕏BA, Cr** vs +του **Mʳ, TR**

---

14 ʿ23 𝔭⁷⁵B vs 𝔐A; (− 𝕏*)   **16** ʿμεχρι **G** (h.C) vs 𝔐A
18 ʿο B vs 𝔐𝕏A; (− 𝔭⁷⁵)   **20** °¹ ²**G** (h.C) vs 𝔐A
20 ·ειλκωμενος **G** (h.C) A vs 𝔐   **21** ᵖ**G** (h.C) vs 𝔐A
21 ʿεπελειχον 𝕏BA vs 𝔐   **23** °**G** (h.C) vs 𝔐A

δακτύλου αὐτοῦ ὕδατος καὶ καταψύξῃ τὴν γλῶσσάν μου·
ὅτι ὀδυνῶμαι ἐν τῇ φλογὶ ταύτῃ.᾽ 25 Εἶπε δὲ ᾽Αβραάμ,
'Τέκνον, μνήσθητι ὅτι ἀπέλαβες ⸀σὺ τὰ ἀγαθά σου⸁ ἐν τῇ
ζωῇ σου, καὶ Λάζαρος ὁμοίως τὰ κακά· νῦν δὲ ὧδε[1]
παρακαλεῖται, σὺ δὲ ὀδυνᾶσαι. 26 Καὶ ⸀ἐπὶ πᾶσι τούτοις,
μεταξὺ ἡμῶν καὶ ὑμῶν χάσμα μέγα ἐστήρικται, ὅπως οἱ
θέλοντες διαβῆναι ἔνθεν[2] πρὸς ὑμᾶς μὴ δύνωνται, μηδὲ °οἱ
ἐκεῖθεν πρὸς ἡμᾶς διαπερῶσιν.᾽ 27 Εἶπε δέ, ''Ερωτῶ ⸂οὖν
σε,⸃ πάτερ, ἵνα πέμψῃς αὐτὸν εἰς τὸν οἶκον τοῦ πατρός
μου, 28 ἔχω γὰρ πέντε ἀδελφούς, ὅπως διαμαρτύρηται
αὐτοῖς, ἵνα μὴ καὶ αὐτοὶ ἔλθωσιν εἰς τὸν τόπον τοῦτον τῆς
βασάνου.᾽ 29 Λέγει[3] °αὐτῷ ᾽Αβραάμ, ''Έχουσι Μωσέα καὶ
τοὺς προφήτας· ἀκουσάτωσαν αὐτῶν.᾽ 30 ῾Ο δὲ εἶπεν,
'Οὐχί, πάτερ ᾽Αβραάμ· ἀλλ᾽ ἐάν τις ἀπὸ νεκρῶν πορευθῇ
πρὸς αὐτούς, μετανοήσουσιν.᾽ 31 Εἶπε δὲ αὐτῷ, 'Εἰ Μωσέως
καὶ τῶν προφητῶν οὐκ ἀκούουσιν, οὐδὲ ἐάν τις ἐκ νεκρῶν
ἀναστῇ πεισθήσονται.᾽ "

Jesus Warns of Offenses
(Mt. 18:6, 7, 21, 22; Mk. 9:42)

17 Εἶπε δὲ πρὸς τοὺς μαθητάς⸆, "᾽Ανένδεκτόν ἐστι τοῦ[4]
⸂μὴ ἐλθεῖν τὰ σκάνδαλα,⸃ ⸀οὐαὶ δὲ⸁ δι᾽ οὗ ἔρχεται!
2 Λυσιτελεῖ αὐτῷ εἰ ⸀μύλος ὀνικὸς⸁ περίκειται περὶ τὸν
τράχηλον αὐτοῦ, καὶ ἔρριπται εἰς τὴν θάλασσαν, ἢ ἵνα
σκανδαλίσῃ ⸂ἕνα τῶν μικρῶν τούτων.⸃ 3 Προσέχετε ἑαυ-
τοῖς. ᾽Εὰν °δὲ ἁμάρτῃ ⸋εἰς σὲ⸌ ὁ ἀδελφός σου ἐπιτίμησον

---

[1]25 ωδε M𝔈 (h.C) A, Cr vs οδε Mʳ, TR
[2]26 ενθεν 𝔐𝔈 (h.C) A, Cr vs εντευθεν TR
[3]29 λεγει M, TR vs + δε Mˡ𝔈 (h.C) A, Cr
[4]1 του 𝔐אBA, Cr vs − 𝔭75*, TR

---

25 ⸀2-4 𝔈 (h.C) vs 𝔐 (2-41 A) 26 ⸀εν 𝔈 (h.C) vs 𝔐 A
26 °𝔈 (h.C) vs 𝔐 A 27 ⸂BA vs 𝔐 𝔭75א 29 °𝔈 (h.C) vs 𝔐 A
1 ⸆αυτου 𝔈 (h.C) A vs M 1 ⸂3412 𝔈 (h.C) vs 𝔐 A
1 ⸀πλην ουαι 𝔈 (h.C) vs 𝔐 A 2 ⸀λιθος μυλικος 𝔈 (h.C) vs 𝔐 A
2 ⸂2-41 א*B vs 𝔐 A 3 °אB vs 𝔐 A 3 ⸋אBA vs 𝔐

αὐτῷ· καὶ ἐὰν μετανοήσῃ, ἄφες αὐτῷ. **4** Καὶ ἐὰν ἑπτά-
κις τῆς ἡμέρας ⸀ἁμάρτῃ εἰς σέ, καὶ ἑπτάκις ⸋τῆς ἡμέρας⸌
ἐπιστρέψῃ,[1] λέγων, 'Μετανοῶ,' ἀφήσεις αὐτῷ."

Faith and Duty

5 Καὶ εἶπον οἱ ἀπόστολοι τῷ Κυρίῳ, "Πρόσθες ἡμῖν
πίστιν."

6 Εἶπε δὲ ὁ Κύριος, "Εἰ ἔχετε[2] πίστιν ὡς κόκκον
σινάπεως, ἐλέγετε ἂν τῇ συκαμίνῳ °ταύτῃ, 'Ἐκριζώθητι καὶ
φυτεύθητι ἐν τῇ θαλάσσῃ,' καὶ ὑπήκουσεν ἂν ὑμῖν.

7 "Τίς δὲ ἐξ ὑμῶν δοῦλον ἔχων ἀροτριῶντα ἢ ποιμαί-
νοντα, ὃς εἰσελθόντι ἐκ τοῦ ἀγροῦ ἐρεῖ ⸆ εὐθέως, 'Παρελ-
θὼν ἀνάπεσε'?[3] **8** Ἀλλ' οὐχὶ ἐρεῖ αὐτῷ, 'Ἑτοίμασον τί
δειπνήσω, καὶ περιζωσάμενος διακόνει μοι ἕως φάγω καὶ
πίω, καὶ μετὰ ταῦτα φάγεσαι καὶ πίεσαι σύ'? **9** Μὴ ⸉χάριν
ἔχει⸊ ⸂τῷ δούλῳ ἐκείνῳ⸃ ὅτι ἐποίησε τὰ διαταχθέντα?
Οὐ δοκῶ.[4] **10** Οὕτω καὶ ὑμεῖς, ὅταν ποιήσητε πάντα τὰ δια-
ταχθέντα ὑμῖν, λέγετε ὅτι 'Δοῦλοι ἀχρεῖοί ἐσμεν· °Ὅτι
ὃ ὠφείλομεν[5] ποιῆσαι πεποιήκαμεν.'"

Jesus Cleanses Ten Lepers

11 Καὶ ἐγένετο ἐν τῷ πορεύεσθαι °αὐτὸν εἰς Ἱερου-
σαλήμ, καὶ αὐτὸς διήρχετο διὰ ⸀μέσου Σαμαρείας καὶ
Γαλιλαίας. **12** Καὶ εἰσερχομένου αὐτοῦ εἴς τινα κώμην,
ἀπήντησαν °αὐτῷ δέκα λεπροὶ ἄνδρες, οἳ ἔστησαν
πόρρωθεν. **13** Καὶ αὐτοὶ ἦραν φωνήν, λέγοντες, "Ἰησοῦ,
ἐπιστάτα, ἐλέησον ἡμᾶς!"

---

[1]4 επιστρεψη 𝔐 vs + προς σε ℵBA, Cr vs + επι σε TR
[2]6 εχετε $M^{pt\ vid}$ $𝔭^{75\ vid}$ ℵBA, Cr vs ειχετε $M^{pt\ vid}$ TR
[3]7 αναπεσε 𝔐 Ϲ (h.C), Cr vs αναπεσαι A, TR
[4]9 ου δοκω 𝔐 A vs αυτω ου δοκω TR vs − $𝔭^{75}$B, Cr vs − διαταχθεντα to τα, verse 10 ℵ*
[5]10 ωφειλομεν M^{pt} $𝔭^{75}$B*A, TR Cr vs οφειλομεν M^{pt} vs ωφειλαμεν ℵ

---

4 ⸀αμαρτηση BA vs 𝔐ℵ   4 ⸋ℵB vs 𝔐A   6 °$𝔭^{75}$ℵ vs 𝔐BA, [Cr]
7 ⸆αυτω Ϲ (h.C) vs 𝔐A   9 ⸉Ϲ (h.C) vs 𝔐A
9 ⸂12 $𝔭^{75}$BA vs 𝔐; (− ℵ*)   10 °Ϲ (h.C)A vs 𝔐   11 °Ϲ (h.C) vs 𝔐A
11 ⸀μεσον Ϲ (h.C) vs 𝔐A   12 °$𝔭^{75}$B vs 𝔐ℵA, [Cr]

14 Καὶ ἰδὼν εἶπεν αὐτοῖς, "Πορευθέντες ἐπιδείξατε ἑαυτοὺς τοῖς ἱερεῦσι." Καὶ ἐγένετο ἐν τῷ ὑπάγειν αὐτούς, ἐκαθαρίσθησαν. 15 Εἷς δὲ ἐξ αὐτῶν, ἰδὼν ὅτι ἰάθη, ὑπέστρεψε, μετὰ φωνῆς μεγάλης δοξάζων τὸν Θεόν· 16 καὶ ἔπεσεν ἐπὶ πρόσωπον παρὰ τοὺς πόδας αὐτοῦ, εὐχαριστῶν αὐτῷ. Καὶ αὐτὸς ἦν Σαμαρείτης. 17 Ἀποκριθεὶς δὲ ὁ Ἰησοῦς εἶπεν, "Οὐχὶ οἱ δέκα ἐκαθαρίσθησαν? Οἱ δὲ ἐννέα ποῦ? 18 Οὐχ εὑρέθησαν ὑποστρέψαντες δοῦναι δόξαν τῷ Θεῷ εἰ μὴ ὁ ἀλλογενὴς οὗτος?" 19 Καὶ εἶπεν αὐτῷ, "Ἀναστὰς πορεύου. Ἡ πίστις σου σέσωκέ σε."

How the Kingdom Will Come
(Mt. 24:23-28, 37-41; Mk. 13:21-23)

20 Ἐπερωτηθεὶς δὲ ὑπὸ τῶν Φαρισαίων πότε ἔρχεται ἡ βασιλεία τοῦ Θεοῦ, ἀπεκρίθη αὐτοῖς καὶ εἶπεν, "Οὐκ ἔρχεται ἡ βασιλεία τοῦ Θεοῦ μετὰ παρατηρήσεως· 21 οὐδὲ ἐροῦσιν, 'Ἰδοὺ ὧδε,' ἤ, 'Ο Ἰδοὺ ἐκεῖ.' Ἰδοὺ γάρ, ἡ βασιλεία τοῦ Θεοῦ ἐντὸς ὑμῶν ἐστιν." 22 Εἶπε δὲ πρὸς τοὺς μαθητάς, "Ἐλεύσονται ἡμέραι ὅτε ἐπιθυμήσετε μίαν τῶν ἡμερῶν τοῦ Υἱοῦ τοῦ Ἀνθρώπου ἰδεῖν, καὶ οὐκ ὄψεσθε. 23 Καὶ ἐροῦσιν ὑμῖν, 'Ἰδοὺ ὧδε,' ἤ, 'Ἰδοὺ ἐκεῖ.' Μὴ ἀπέλθητε μηδὲ διώξητε. 24 Ὥσπερ γὰρ ἡ ἀστραπὴ °ἡ ἀστράπτουσα ἐκ τῆς ⌜ὑπ᾽ οὐρανὸν εἰς τὴν ὑπ᾽ οὐρανὸν λάμπει, οὕτως ἔσται¹ ὁ Υἱὸς τοῦ Ἀνθρώπου □ἐν τῇ ἡμέρᾳ αὐτοῦ.` 25 Πρῶτον δὲ δεῖ αὐτὸν πολλὰ παθεῖν καὶ ἀποδοκιμασθῆναι ἀπὸ τῆς γενεᾶς ταύτης. 26 Καὶ καθὼς ἐγένετο ἐν ταῖς ἡμέραις² Νῶε, οὕτως ἔσται καὶ ἐν ταῖς ἡμέραις τοῦ Υἱοῦ τοῦ Ἀνθρώπου. 27 Ἤσθιον, ἔπινον, ἐγάμουν, ⌜ἐξεγαμίζοντο, ἄχρι ἧς ἡμέρας εἰσῆλθε Νῶε εἰς τὴν κιβωτόν, καὶ ἦλθεν ὁ κατακλυσμὸς καὶ

---

¹24 εσται 𝕸 𝔭⁷⁵ᵛⁱᵈℵBA, Cr vs +και TR
²26 ημεραις 𝕸 G (h.C) A, Cr vs +του TR

---

21 °G (h.C) vs 𝕸 A
23 ⌜εκει η ιδου ωδε 𝔭⁷⁵B* (και for η ℵ), [Cr] vs 𝕸 A
24 °G (h.C) vs MA   24 ⌜υπο τον G (h.C) A vs 𝕸
24 □𝔭⁷⁵B vs 𝕸 ℵA,[Cr]   27 ⌜ⁱεγαμιζοντο G (h.C) vs 𝕸 A

ἀπώλεσεν ⌐²ἅπαντας. 28 Ὁμοίως ⌜καὶ ὡς⌝ ἐγένετο ἐν
ταῖς ἡμέραις Λώτ· ἤσθιον, ἔπινον, ἠγόραζον, ἐπώλουν,
ἐφύτευον, ᾠκοδόμουν· 29 ᾗ δὲ ἡμέρᾳ ἐξῆλθε Λὼτ ἀπὸ
Σοδόμων, ἔβρεξε πῦρ καὶ θεῖον ἀπ᾽ οὐρανοῦ καὶ
ἀπώλεσεν ⌐ἅπαντας. 30 Κατὰ ⌐ταῦτα ἔσται ᾗ ἡμέρᾳ ὁ Υἱὸς
τοῦ Ἀνθρώπου ἀποκαλύπτεται. 31 Ἐν ἐκείνῃ τῇ ἡμέρᾳ,
ὃς ἔσται ἐπὶ τοῦ δώματος, καὶ τὰ σκεύη αὐτοῦ ἐν τῇ οἰκίᾳ,
μὴ καταβάτω ἆραι αὐτά. Καὶ ὁ ἐν °τῷ ἀγρῷ ὁμοίως μὴ
ἐπιστρεψάτω εἰς τὰ ὀπίσω. 32 Μνημονεύετε τῆς γυναικὸς
Λώτ. 33 Ὃς ἐὰν ζητήσῃ τὴν ψυχὴν αὐτοῦ ⌐σῶσαι
ἀπολέσει αὐτήν, ⌜καὶ ὃς ἐὰν⌝ ἀπολέσῃ °αὐτὴν ζῳογονήσει
αὐτήν. 34 Λέγω ὑμῖν, ταύτῃ τῇ νυκτὶ ἔσονται δύο¹ ἐπὶ
κλίνης μιᾶς· εἷς² παραληφθήσεται καὶ ὁ ἕτερος ἀφε-
θήσεται. 35 ⌜Δύο ἔσονται⌝ ἀλήθουσαι ἐπὶ τὸ αὐτό·³ μία
παραληφθήσεται ⌜καὶ ἡ⌝ ἑτέρα ἀφεθήσεται."⁴
    37 Καὶ ἀποκριθέντες λέγουσιν αὐτῷ, "Ποῦ, Κύριε?"
    Ὁ δὲ εἶπεν αὐτοῖς, "Ὅπου τὸ σῶμα, ἐκεῖ⁵ ⌜συναχ-
θήσονται οἱ ἀετοί.⌝"

The Parable of the Persistent Widow

18 Ἔλεγε δὲ °καὶ παραβολὴν αὐτοῖς πρὸς τὸ δεῖν
πάντοτε προσεύχεσθαι⁶ καὶ μὴ ⌐ἐκκακεῖν, 2 λέγων,
"Κριτής τις ἦν ἔν τινι πόλει τὸν Θεὸν μὴ φοβούμενος καὶ

---

¹34 εσονται δυο Mᵖᵗ𝕲 (h.C), **TR Cr** vs δυο εσονται MᵖᵗA
²34 εις 𝕸A vs ο εις 𝕲 (h.C), **TR Cr**
³35 αυτο 𝕸A vs +η 𝔭⁷⁵B, **TR Cr** vs − verse 35 ℵ*
⁴35 αφεθησεται M𝕲 (h.C)A, **TR Cr** vs +verse 36: δυο εσονται εν
τω αγρω ο εις παραληφθησεται και ο ετερος αφεθησεται Mᴵᵖᵗ
⁵37 εκει MA, **TR** vs +και M⌐ℵB, **Cr**
⁶1 προσευχεσθαι Mᵖᵗ, **TR** vs +αυτους Mᵖᵗℵ*BA, **Cr**

---

27 ⌐²παντας 𝔭⁷⁵B vs 𝕸ℵA   28 ⌜καθως 𝕲 (h.C) vs 𝕸A
29 ⌐παντας B vs 𝕸ℵA   30 ⌐τα αυτα B vs 𝕸𝔭⁷⁵ᵛⁱᵈℵ*A
31 °𝕲 (h.C) vs 𝕸A   33 ⌐περιποιησασθαι 𝔭⁷⁵B vs 𝕸ℵA
33 ⌜ος δ αν 𝔭⁷⁵B vs 𝕸A; (ος δ αν εαν ℵ*)   33 °ℵB vs 𝕸A
35 ⌜𝔭⁷⁵B vs 𝕸A; (− verse 35 ℵ*)
35 ⌜η δε 𝔭⁷⁵ᵛⁱᵈB vs 𝕸A; (− verse 35 ℵ*)
37 ⌜οι αετοι επισυναχθησονται ℵB vs 𝕸A   1 °ℵB vs 𝕸A
1 ⌐εγκακειν (ℵ) (B) (A) vs 𝕸

ἄνθρωπον μὴ ἐντρεπόμενος. **3** Χήρα δὲ ἦν ἐν τῇ πόλει ἐκείνῃ, καὶ ἤρχετο πρὸς αὐτόν, λέγουσα, ''Ἐκδίκησόν με ἀπὸ τοῦ ἀντιδίκου μου.' **4** Καὶ οὐκ ἠθέλησεν¹ ἐπὶ χρόνον· μετὰ δὲ ταῦτα εἶπεν ἐν ἑαυτῷ, Ἐἰ καὶ τὸν Θεὸν οὐ φοβοῦμαι ⸂καὶ ἄνθρωπον οὐκ⸃ ἐντρέπομαι, **5** διά γε τὸ παρέχειν μοι κόπον τὴν χήραν ταύτην ἐκδικήσω αὐτήν, ἵνα μὴ εἰς τέλος ἐρχομένη ὑποπιάζῃ² με.'" **6** Εἶπε δὲ ὁ Κύριος, "'Ἀκούσατε τί ὁ κριτὴς τῆς ἀδικίας λέγει. **7** Ὁ δὲ Θεὸς οὐ μὴ ποιήσῃ³ τὴν ἐκδίκησιν τῶν ἐκλεκτῶν αὐτοῦ τῶν βοώντων ⸂πρὸς αὐτὸν⸃ ἡμέρας καὶ νυκτός, καὶ ⸂μακροθυμῶν ἐπ᾽ αὐτοῖς? **8** Λέγω ὑμῖν ὅτι ποιήσει τὴν ἐκδίκησιν αὐτῶν ἐν τάχει. Πλὴν ὁ Υἱὸς τοῦ Ἀνθρώπου ἐλθὼν ἆρα εὑρήσει τὴν πίστιν ἐπὶ τῆς γῆς;"

The Parable of the Pharisee and the Publican

9 Εἶπε δὲ⁴ πρός τινας τοὺς πεποιθότας ἐφ᾽ ἑαυτοῖς ὅτι εἰσὶ δίκαιοι, καὶ ἐξουθενοῦντας τοὺς λοιπούς, τὴν παραβολὴν ταύτην· **10** "'Ἄνθρωποι δύο ἀνέβησαν εἰς τὸ ἱερὸν προσεύξασθαι, ὁ εἷς Φαρισαῖος καὶ ὁ ἕτερος τελώνης. **11** Ὁ Φαρισαῖος σταθεὶς πρὸς ἑαυτὸν ταῦτα προσηύχετο, ''Ὁ Θεός, εὐχαριστῶ σοι ὅτι οὐκ εἰμὶ ὥσπερ οἱ λοιποὶ τῶν ἀνθρώπων, ἅρπαγες, ἄδικοι, μοιχοί, ἢ καὶ ὡς οὗτος ὁ τελώνης. **12** Νηστεύω δὶς τοῦ σαββάτου, ἀποδεκατῶ πάντα ὅσα κτῶμαι.' **13** ⸂Καὶ ὁ⸃ τελώνης μακρόθεν ἑστὼς οὐκ ἤθελεν οὐδὲ τοὺς ὀφθαλμοὺς ⸄εἰς τὸν οὐρανὸν ἐπᾶραι,⸅ ἀλλ᾽ ἔτυπτεν °εἰς τὸ στῆθος αὐτοῦ, λέγων, ''Ὁ Θεός, ἱλάσθητί μοι τῷ ἁμαρτωλῷ!' **14** Λέγω ὑμῖν, κατέβη οὗτος δεδικαιωμένος εἰς τὸν οἶκον αὐτοῦ ἢ γὰρ ἐκεῖνος·⁵

---

¹4 ηθελησεν Mᵖᵗ, TR vs ηθελεν MᵖᵗℵBA, Cr
²5 υποπιαζη Mᵖᵗ vs υπωπιαζη MᵖᵗℵBA, TR Cr
³7 ποιηση Mᵖᵗ𝕲 (h.C), Cr vs ποιησει MᵖᵗA, TR
⁴9 δε MA vs +και 𝕲 (h.C), TR Cr
⁵14 η γαρ εκεινος 𝕸A vs παρ εκεινον ℵB, Cr vs η εκεινος TR

---

4 ⸂ουδε ανθρωπον ℵB vs 𝕸A   7 ⸂ αυτω 𝕲 (h.C) vs 𝕸A
7 ⸂μακροθυμει ℵBA vs 𝕸   13 ⸂ο δε 𝔭⁷⁵ᵛⁱᵈℵB vs 𝕸A
13 ⸄41-3 ℵB vs 𝕸A   13 °ℵB vs 𝕸A

ὅτι πᾶς ὁ ὑψῶν ἑαυτὸν ταπεινωθήσεται, ὁ δὲ ταπεινῶν ἑαυτὸν ὑψωθήσεται."

Jesus Blesses Little Children
(Mt. 19:13-15; Mk. 10:13-16)

15 Προσέφερον δὲ αὐτῷ καὶ τὰ βρέφη ἵνα αὐτῶν ἅπτηται· ἰδόντες δὲ οἱ μαθηταὶ ˹ἐπετίμησαν αὐτοῖς. **16** Ὁ δὲ Ἰησοῦς ˹προσκαλεσάμενος αὐτὰ εἶπεν˺, '"Ἄφετε τὰ παιδία ἔρχεσθαι πρός με καὶ μὴ κωλύετε αὐτά· τῶν γὰρ τοιούτων ἐστὶν ἡ βασιλεία τοῦ Θεοῦ. **17** Ἀμὴν λέγω ὑμῖν, ὃς ˹ἐὰν μὴ δέξηται τὴν βασιλείαν τοῦ Θεοῦ ὡς παιδίον, οὐ μὴ εἰσέλθῃ εἰς αὐτήν."

The Rich Young Ruler
(Mt. 19:16-22; Mk. 10:17-22)

18 Καὶ ἐπηρώτησέ τις αὐτὸν ἄρχων, λέγων, "Διδάσκαλε ἀγαθέ, τί ποιήσας ζωὴν αἰώνιον κληρονομήσω?"

19 Εἶπε δὲ αὐτῷ ὁ Ἰησοῦς, "Τί με λέγεις ἀγαθόν? Οὐδεὶς ἀγαθὸς εἰ μὴ εἷς, ὁ Θεός. **20** Τὰς ἐντολὰς οἶδας· «Μὴ μοιχεύσῃς, Μὴ φονεύσῃς, Μὴ κλέψῃς, Μὴ ψευδομαρτυρήσῃς, Τίμα τὸν πατέρα σου καὶ τὴν μητέρα °σου.»"

21 Ὁ δὲ εἶπε, "Ταῦτα πάντα ˹ἐφυλαξάμην ἐκ νεότητός °μου."

22 Ἀκούσας δὲ °ταῦτα ὁ Ἰησοῦς εἶπεν αὐτῷ, "Ἔτι ἕν σοι λείπει. Πάντα ὅσα ἔχεις πώλησον καὶ διάδος πτωχοῖς, καὶ ἕξεις θησαυρὸν ἐν ˹οὐρανῷ· καὶ δεῦρο, ἀκολούθει μοι." **23** Ὁ δὲ ἀκούσας ταῦτα περίλυπος ˹ἐγένετο, ἦν γὰρ πλούσιος σφόδρα.

---

15 ˹επετιμων אB vs 𝔐A
16 ˹προσεκαλεσατο αυτα λεγων אB vs 𝔐A
17 ˹αν אB vs 𝔐A   **20** °BA vs Mא   **21** ˹εφυλαξα אBA vs 𝔐
21 °B vs 𝔐אA   **22** °אB vs 𝔐A
22 ˹τοις ουρανοις B (− τοις אA), [Cr] vs 𝔐
23 ˹εγενηθη אB vs 𝔐A

20 Ex. 20:12-16; Deut. 5:16-20

God Can Save Even the Rich
(Mt. 19:23-30; Mk. 10:23-31)

24 Ἰδὼν δὲ αὐτὸν ὁ Ἰησοῦς □περίλυπον γενόμενον＼ εἶπε, "Πῶς δυσκόλως οἱ τὰ χρήματα ἔχοντες ⸌εἰσελεύσονται εἰς τὴν βασιλείαν τοῦ Θεοῦ＼! **25** Εὐκοπώτερον γάρ ἐστι κάμηλον διὰ ⸌τρυμαλιᾶς ῥαφίδος＼ εἰσελθεῖν ἢ πλούσιον εἰς τὴν βασιλείαν τοῦ Θεοῦ εἰσελθεῖν." **26** Εἶπον δὲ οἱ ἀκούσαντες, "Καὶ τίς δύναται σωθῆναι?" **27** Ὁ δὲ εἶπε, "Τὰ ἀδύνατα παρὰ ἀνθρώποις δυνατά ⸌ἐστι παρὰ τῷ Θεῷ＼." **28** Εἶπε δὲ¹ Πέτρος, "Ἰδού, ἡμεῖς ⸌ἀφήκαμεν πάντα καὶ＼ ἠκολουθήσαμέν σοι." **29** Ὁ δὲ εἶπεν αὐτοῖς, "Ἀμὴν λέγω ὑμῖν ὅτι οὐδείς ἐστιν ὃς ἀφῆκεν οἰκίαν ἢ ⸌γονεῖς ἢ ἀδελφοὺς ἢ γυναῖκα＼ ἢ τέκνα ἕνεκεν τῆς βασιλείας τοῦ Θεοῦ, **30** ὃς ⸌¹οὐ μὴ ⸌²ἀπολάβῃ πολλαπλασίονα ἐν τῷ καιρῷ τούτῳ, καὶ ἐν τῷ αἰῶνι τῷ ἐρχομένῳ ζωὴν αἰώνιον."

Jesus a Third Time Predicts His Death and Resurrection
(Mt. 20:17-19; Mk. 10:32-34)

31 Παραλαβὼν δὲ τοὺς δώδεκα, εἶπε πρὸς αὐτούς, "Ἰδού, ἀναβαίνομεν εἰς ·Ἱεροσόλυμα, καὶ τελεσθήσεται πάντα τὰ γεγραμμένα διὰ τῶν προφητῶν τῷ Υἱῷ τοῦ Ἀνθρώπου. **32** Παραδοθήσεται γὰρ τοῖς ἔθνεσι, καὶ ἐμπαιχθήσεται καὶ ὑβρισθήσεται καὶ ἐμπτυσθήσεται, **33** καὶ μαστιγώσαντες ἀποκτενοῦσιν αὐτόν. Καὶ τῇ ἡμέρᾳ τῇ τρίτῃ ἀναστήσεται." **34** Καὶ αὐτοὶ οὐδὲν τούτων συνῆκαν, καὶ ἦν

---

¹28 δε **MA** vs + ο **אB**, TR **Cr**

---

24 □**אB** vs 𝔐 A, [Cr]
24 ⸌εις την βασιλειαν του Θεου εισπορευονται B vs 𝔐 A; (εις την βασιλειαν του Θεου εισελευσονται **א**)
25 ⸌τρηματος βελονης **אB** vs 𝔐 A   27 ⸌2-41 **אB** vs 𝔐 A
28 ⸌αφεντες τα ιδια B vs 𝔐 **א***A   29 ⸌52-41 **אB** vs 𝔐 A
30 ⸌¹ουχι **אB** vs 𝔐 A   30 ⸌²λαβη B vs 𝔐 **אA**, [Cr]
31 ·Ιερουσαλημ **אB** vs 𝔐 A

τὸ ῥῆμα τοῦτο κεκρυμμένον ἀπ᾽ αὐτῶν, καὶ οὐκ ἐγίνωσκον
τὰ λεγόμενα.

A Blind Man Receives His Sight
(Mt. 20:29-34; Mk. 10:46-52)

35 Ἐγένετο δὲ ἐν τῷ ἐγγίζειν αὐτὸν εἰς Ἰεριχώ, τυφλός
τις ἐκάθητο παρὰ τὴν ὁδὸν ᴦπροσαιτῶν. **36** Ἀκούσας
δὲ ὄχλου διαπορευομένου, ἐπυνθάνετο τί εἴη τοῦτο.
37 Ἀπήγγειλαν δὲ αὐτῷ ὅτι Ἰησοῦς ὁ Ναζωραῖος
παρέρχεται. **38** Καὶ ἐβόησε, λέγων, "Ἰησοῦ, Υἱὲ Δαβίδ,
ἐλέησόν με!" **39** Καὶ οἱ προάγοντες ἐπετίμων αὐτῷ ἵνα
ᴦσιωπήσῃ· αὐτὸς δὲ πολλῷ μᾶλλον ἔκραζεν, "Υἱὲ Δαβίδ,
ἐλέησόν με!"
40 Σταθεὶς δὲ ὁ Ἰησοῦς ἐκέλευσεν αὐτὸν ἀχθῆναι πρὸς
αὐτόν. Ἐγγίσαντος δὲ αὐτοῦ ἐπηρώτησεν αὐτόν, °λέγων,
41 "Τί σοι θέλεις ποιήσω?"
Ὁ δὲ εἶπε, "Κύριε, ἵνα ἀναβλέψω."
42 Καὶ ὁ Ἰησοῦς εἶπεν αὐτῷ "Ἀνάβλεψον. Ἡ πίστις
σου σέσωκέ σε." **43** Καὶ παραχρῆμα ἀνέβλεψε, καὶ
ἠκολούθει αὐτῷ δοξάζων τὸν Θεόν. Καὶ πᾶς ὁ λαὸς ἰδὼν
ἔδωκεν αἶνον τῷ Θεῷ.

Jesus Comes to Zacchaeus' House

19 Καὶ εἰσελθὼν διήρχετο τὴν Ἰεριχώ. **2** Καὶ ἰδού, ἀνὴρ
ὀνόματι καλούμενος Ζακχαῖος, καὶ αὐτὸς ἦν ἀρχι-
τελώνης, καὶ ᴦοὗτος ἦνᴧ πλούσιος. **3** Καὶ ἐζήτει ἰδεῖν τὸν
Ἰησοῦν τίς ἐστι, καὶ οὐκ ἠδύνατο ἀπὸ τοῦ ὄχλου, ὅτι τῇ
ἡλικίᾳ μικρὸς ἦν. **4** Καὶ προδραμὼν[1] ᵀ ἔμπροσθεν ἀνέβη
ἐπὶ συκομωραίαν[2] ἵνα ἴδῃ αὐτόν, ὅτι[3] ἐκείνης ἔμελλε[4]

---

[1]4 προδραμων M^pt𝕏BA, TR Cr vs προσδραμων M^pt vs δραμων M^pt
[2]4 συκομωραιαν M^pt, TR vs συκομοραιαν M^pt vs συκομορεαν 𝕏B, Cr
vs συκωμοραιαν A
[3]4 οτι M^pt𝕏BA, Cr vs +δι M^pt, TR
[4]4 εμελλε(ν) M vs ημελλε(ν) 𝕏BA, TR Cr

---

35 ᴦεπαιτων 𝕏B vs 𝕸A   39 ᴦσιγηση B vs 𝕸𝕏A   40 °𝕏B vs 𝕸A
2 ᴦαυτος B vs 𝕸A; (ην 𝕏)   4 ᵀεις το 𝕏B vs 𝕸A

διέρχεσθαι. 5 Καὶ ὡς ἦλθεν ἐπὶ τὸν τόπον, ἀναβλέψας ὁ Ἰησοῦς □εἶδεν αὐτόν, καὶ` εἶπε πρὸς αὐτόν, "Ζακχαῖε, σπεύσας κατάβηθι, σήμερον γὰρ ἐν τῷ οἴκῳ σου δεῖ με μεῖναι." 6 Καὶ σπεύσας κατέβη, καὶ ὑπεδέξατο αὐτὸν χαίρων.

7 Καὶ ἰδόντες, πάντες[1] διεγόγγυζον, λέγοντες ὅτι "Παρὰ ἁμαρτωλῷ ἀνδρὶ εἰσῆλθε καταλῦσαι."

8 Σταθεὶς δὲ Ζακχαῖος εἶπε πρὸς τὸν Κύριον, "Ἰδού, τὰ ⌜ἡμίση ˢτῶν ὑπαρχόντων μου⌝, Κύριε, ⌜δίδωμι τοῖς πτωχοῖς⌝ καὶ εἴ τινός τι ἐσυκοφάντησα, ἀποδίδωμι τετραπλοῦν."

9 Εἶπε δὲ πρὸς αὐτὸν ὁ Ἰησοῦς ὅτι "Σήμερον σωτηρία τῷ οἴκῳ τούτῳ ἐγένετο, καθότι καὶ αὐτὸς υἱὸς Ἀβραάμ ἐστιν. 10 Ἦλθε γὰρ ὁ Υἱὸς τοῦ Ἀνθρώπου ζητῆσαι καὶ σῶσαι τὸ ἀπολωλός."

The Parable of the Minas
(Mt. 25:14-30)

11 Ἀκουόντων δὲ αὐτῶν ταῦτα, προσθεὶς εἶπε παραβολήν, διὰ τὸ ἐγγὺς ˢαὐτὸν εἶναι Ἰερουσαλὴμ⌝ καὶ δοκεῖν αὐτοὺς ὅτι παραχρῆμα μέλλει ἡ βασιλεία τοῦ Θεοῦ ἀναφαίνεσθαι. 12 Εἶπεν οὖν, "Ἄνθρωπός τις εὐγενὴς ἐπορεύθη εἰς χώραν μακρὰν λαβεῖν ἑαυτῷ βασιλείαν καὶ ὑποστρέψαι. 13 Καλέσας δὲ δέκα δούλους ἑαυτοῦ, ἔδωκεν αὐτοῖς δέκα μνᾶς, καὶ εἶπε πρὸς αὐτούς, 'Πραγματεύσασθε ⌜ἕως ἔρχομαι.' 14 Οἱ δὲ πολῖται αὐτοῦ ἐμίσουν αὐτόν, καὶ ἀπέστειλαν πρεσβείαν ὀπίσω αὐτοῦ, λέγοντες, 'Οὐ θέλομεν τοῦτον βασιλεῦσαι ἐφ' ἡμᾶς,' 15 Καὶ ἐγένετο ἐν τῷ ἐπανελθεῖν αὐτὸν λαβόντα τὴν βασιλείαν, καὶ[2] εἶπε φωνηθῆναι αὐτῷ τοὺς δούλους τούτους οἷς ⌜ⁱἔδωκε τὸ

---

[1]7 παντες **MℵBA, Cr** vs απαντες **TR**
[2]15 και **MᵖᵗℵBA, TR Cr** vs − **Mᵖᵗ**

---

5 □ℵB vs 𝔐 A   8 ⌜ημισια ℵB vs 𝔐; (ημισυ A)
8 ˢ312 ℵB vs 𝔐 A   8 ⌜231 ℵ (31 B) vs 𝔐 A
11 ˢ231 ℵB vs 𝔐 A   13 ⌜εν ω ℵBA vs 𝔐
15 ⁱⁱδεδωκει ℵB vs 𝔐 A

ἀργύριον, ἵνα ⌐²γνῷ ⌐τίς τί διεπραγματεύσατο.⌐ 16 Παρε-
γένετο δὲ ὁ πρῶτος, λέγων, Κύριε, ἡ μνᾶ¹ σου ⌐προσ-
ειργάσατο δέκα⌐ μνᾶς.⌐ 17 Καὶ εἶπεν αὐτῷ ⌐Εὖ, ἀγαθὲ
δοῦλε· ὅτι ἐν ἐλαχίστῳ πιστὸς ἐγένου, ἴσθι ἐξουσίαν
ἔχων ἐπάνω δέκα πόλεων.⌐ 18 Καὶ ἦλθεν ὁ δεύτερος,
λέγων, ⌐Κύριε, ἡ μνᾶ²σου⌐ ἐποίησε πέντε μνᾶς.⌐ 19 Εἶπε δὲ
καὶ τούτῳ, Καὶ σὺ ⌐γίνου ἐπάνω⌐ πέντε πόλεων.⌐ 20 Καὶ
⌐ἕτερος ἦλθε, λέγων, Κύριε, ἰδού, ἡ μνᾶ³ σου ἦν εἶχον
ἀποκειμένην ἐν σουδαρίῳ. 21 Ἐφοβούμην γάρ σε, ὅτι
ἄνθρωπος αὐστηρὸς εἶ. Αἴρεις ὃ οὐκ ἔθηκας καὶ θερίζεις ὃ
οὐκ ἔσπειρας.⌐ 22 Λέγει °δὲ αὐτῷ, ⌐Ἐκ τοῦ στόματός σου
κρινῶ σε, πονηρὲ δοῦλε. Ἤδεις ὅτι ἐγὼ ἄνθρωπος
αὐστηρός εἰμι, αἴρων ὃ οὐκ ἔθηκα καὶ θερίζων ὃ οὐκ
ἔσπειρα. 23 Καὶ διὰ τί οὐκ ἔδωκας ⌐τὸ ἀργύριόν μου⌐ἐπὶ⁴
τράπεζαν,⌐καὶ ἐγὼ⌐ ἐλθὼν σὺν τόκῳ ἂν ⌐²ἔπραξα αὐτό⌐?⌐
24 Καὶ τοῖς παρεστῶσιν εἶπεν, ⌐Ἄρατε ἀπ᾽ αὐτοῦ τὴν
μνᾶν καὶ δότε τῷ τὰς δέκα μνᾶς ἔχοντι.⌐ 25 Καὶ εἶπον
αὐτῷ, Κύριε, ἔχει δέκα μνᾶς.⌐ 26 Λέγω °γὰρ ὑμῖν ὅτι παντὶ
τῷ ἔχοντι δοθήσεται· ἀπὸ δὲ τοῦ μὴ ἔχοντος, καὶ ὃ ἔχει
ἀρθήσεται ⌐ἀπ᾽ αὐτοῦ.⌐ 27 Πλὴν τοὺς ἐχθρούς μου
⌐ἐκείνους, τοὺς μὴ θελήσαντάς με βασιλεῦσαι ἐπ᾽ αὐτούς,
ἀγάγετε ὧδε καὶ κατασφάξατε ᵀ ἔμπροσθέν μου.⌐ ⌐

Jesus Enters Jerusalem in Triumph
(Mt. 21:1-11; Mk. 11:1-11; Jn. 12:12-19)

28 Καὶ εἰπὼν ταῦτα, ἐπορεύετο ἔμπροσθεν, ἀναβαίνων
εἰς Ἱεροσόλυμα. 29 Καὶ ἐγένετο ὡς ἤγγισεν εἰς Βηθσφαγὴ⁵

---

¹16 μνα MᵖᵗℵB*A, TR Cr vs μνας Mᵖᵗ
² ³ 18,20 μνα Mᵖᵗℵ*BA, TR Cr vs μνας Mᵖᵗ
⁴23 επι MℵBA, Cr vs + την Mʳ, TR
⁵29 Βηθσφαγη Mᵖᵗ vs Βηθφαγη MᵖᵗℵB*A, TR Cr

---

15 ⌐²γνοι ℵB vs 𝔐 A   15 ⌐τι διεπραγματευσαντο ℵB vs 𝔐 A
16 ⌐δεκα προσηργασατο B* (δ. προσηργασα ℵ*) vs 𝔐 (προσηρ-
γασατο δεκα A)   17 ⌐ευγε B vs 𝔐 ℵA   18 ⌐2-41 ℵB vs 𝔐 A
19 ⌐ℵB vs 𝔐 A   20 ⌐ο ετερος B (οτερος ℵ*) vs 𝔐 A
22 °ℵB vs MA   23 ⌐312 ℵBA vs 𝔐   23 ⌐καγω ℵB vs 𝔐 A
23 ⌐²αυτο επραξα ℵB (αυτο ανεπραξα A) vs 𝔐   26 °ℵB vs 𝔐 A
26 ⌐ℵ*B vs 𝔐 A   27 ⌐τουτους ℵB vs 𝔐 A   27 ᵀαυτους ℵB vs 𝔐 A

καὶ •Βηθανίαν, πρὸς τὸ ὄρος τὸ καλούμενον Ἐλαιῶν,
ἀπέστειλε δύο τῶν μαθητῶν °αὐτοῦ, 30 ᵀεἰπών, "'Ὑπά-
γετε εἰς τὴν κατέναντι κώμην, ἐν ᾗ εἰσπορευόμενοι
εὑρήσετε πῶλον δεδεμένον, ἐφ' ὃν οὐδεὶς πώποτε
ἀνθρώπων ἐκάθισε. ᵀΛύσαντες αὐτὸν ἀγάγετε. 31 Καὶ ἐάν
τις ὑμᾶς ἐρωτᾷ, 'Διὰ τί λύετε?' οὕτως ἐρεῖτε °αὐτῷ ὅτι
''Ὁ Κύριος αὐτοῦ χρείαν ἔχει.' "
32 Ἀπελθόντες δὲ οἱ ἀπεσταλμένοι εὗρον καθὼς εἶπεν
αὐτοῖς.
33 Λυόντων δὲ αὐτῶν τὸν πῶλον, εἶπον οἱ κύριοι αὐτοῦ
πρὸς αὐτούς, "Τί λύετε τὸν πῶλον?"
34 Οἱ δὲ εἶπον,¹ "'Ὁ Κύριος αὐτοῦ χρείαν ἔχει." 35 Καὶ
ἤγαγον αὐτὸν πρὸς τὸν Ἰησοῦν. Καὶ •ἐπιρρίψαντες ʳἑαυ-
τῶν τὰ ἱμάτια ἐπὶ τὸν πῶλον, ἐπεβίβασαν τὸν Ἰησοῦν.
36 Πορευομένου δὲ αὐτοῦ, ὑπεστρώννυον τὰ ἱμάτια αὐτῶν
ἐν τῇ ὁδῷ.

37 Ἐγγίζοντος δὲ αὐτοῦ ἤδη πρὸς τῇ καταβάσει τοῦ
Ὄρους τῶν Ἐλαιῶν, ἤρξαντο² ἅπαν τὸ πλῆθος τῶν
μαθητῶν χαίροντες αἰνεῖν τὸν Θεὸν φωνῇ μεγάλῃ περὶ
πασῶν ὧν εἶδον δυνάμεων, 38 λέγοντες,

"«Εὐλογημένος ὁ ʳἐρχόμενος Βασιλεὺς ἐν ὀνόματι
    Κυρίου!»
ʿΕἰρήνη ἐν οὐρανῷˋ
Καὶ δόξα ἐν ὑψίστοις!"

39 Καί τινες τῶν Φαρισαίων ἀπὸ τοῦ ὄχλου εἶπον πρὸς
αὐτόν, "Διδάσκαλε, ἐπιτίμησον τοῖς μαθηταῖς σου."

---

¹34 ειπον M, TR vs +οτι M¹אBA, Cr
²37 ηρξαντο MᵖᵗאBA, TR Cr vs ηρξατο Mᵖᵗ

---

29 •Βηθανια א*B vs 𝕸 A, [Cr]   29 °אB vs 𝕸 A
30 ʳλεγων אB vs 𝕸 A   30 ᵀκαι B vs 𝕸 אA   31 °אB vs 𝕸 A
35 •επιριψαντες אB*A vs 𝕸   35 ʳαυτων אB vs 𝕸 A
38 ʳερχομενος ο B vs 𝕸 A; (− א*)
38 ʿεν ουρανω ειρηνη B (ενιρηνη for ειρηνη א*) vs 𝕸 (ειρηνη εν
ουρανοις A)

---

38 Ps. 118:26

40 Καὶ ἀποκριθεὶς εἶπεν ᵒ¹αὐτοῖς, "Λέγω ὑμῖν ᵒ²ὅτι, ἐὰν οὗτοι ⌐¹σιωπήσωσιν, οἱ λίθοι ⌐²κεκράξονται!"

Jesus Weeps over Jerusalem

41 Καὶ ὡς ἤγγισεν, ἰδὼν τὴν πόλιν ἔκλαυσεν ἐπ᾽ ⌐αὐτῇ, **42** λέγων ὅτι "Εἰ ἔγνως ⌐καὶ σύ, καί γε ἐν τῇ ἡμέρᾳ σου ταύτῃ,⌐ τὰ πρὸς εἰρήνην ᵒσου! Νῦν δὲ ἐκρύβη ἀπὸ ὀφθαλμῶν σου. **43** Ὅτι ἥξουσιν ἡμέραι ἐπὶ σὲ καὶ ⌐περιβαλοῦσιν οἱ ἐχθροί σου χάρακά σοι καὶ περικυκλώσουσί σε καὶ συνέξουσί σε πάντοθεν, **44** καὶ ἐδαφιοῦσί σε καὶ τὰ τέκνα σου ἐν σοί· καὶ οὐκ ἀφήσουσιν ⌐ἐν σοὶ λίθον ἐπὶ λίθῳ,⌐ ἀνθ᾽ ὧν οὐκ ἔγνως τὸν καιρὸν τῆς ἐπισκοπῆς σου."

Jesus Cleanses the Temple
(Mt. 21:12-17; Mk. 11:15-19)

45 Καὶ εἰσελθὼν εἰς τὸ ἱερὸν ἤρξατο ἐκβάλλειν τοὺς πωλοῦντας ᴰἐν αὐτῷ καὶ ἀγοράζοντας,⌐ **46** λέγων αὐτοῖς, "Γέγραπται,ᵀ

«Ὁ οἶκός μου οἶκος προσευχῆς ᵒἐστιν,»
Ὑμεῖς δὲ αὐτὸν ἐποιήσατε «σπήλαιον λῃστῶν.»"

47 Καὶ ἦν διδάσκων τὸ καθ᾽ ἡμέραν ἐν τῷ ἱερῷ. Οἱ δὲ ἀρχιερεῖς καὶ οἱ γραμματεῖς ἐζήτουν αὐτὸν ἀπολέσαι, καὶ οἱ πρῶτοι τοῦ λαοῦ, **48** καὶ οὐχ εὕρισκον τὸ τί ποιήσωσιν,¹ ὁ λαὸς γὰρ ἅπας ἐξεκρέματο αὐτοῦ ἀκούων.

---

¹48 ποιησωσιν 𝕸𝕲 (h.𝔭⁷⁵) A, TR Cr vs ποιησουσιν Mʳ

---

40 ᵒ¹אB vs 𝕸 A   **40** ᵒ²B* vs 𝕸 אA
40 ⌐¹σιωπησουσιν אBA vs 𝕸   **40** ⌐²κραξουσιν אB vs 𝕸 A
41 ⌐αυτην אBA vs M   **42** ⌐5-7912 אB vs 𝕸 (1-79 A)
42 ᵒאB vs 𝕸 A   **43** ⌐παρεμβαλουσιν אCᵛⁱᵈ vs 𝕸 BA
44 ⌐λιθον επι λιθον εν σοι אB vs MAC
45 ᴰאB vs 𝕸 A; (και τους αγοραζοντας C)
46 ᵀκαι εσται B vs Mא*; (+οτι AC)   **46** ᵒאB vs 𝕸 AC*

---

46 Is. 56:7; Jer. 7:11

The Authority of Jesus Is Questioned
(Mt. 21:23-27; Mk. 11:27-33)

20 Καὶ ἐγένετο ἐν μιᾷ τῶν ἡμερῶν °ἐκείνων, διδάσκοντος αὐτοῦ τὸν λαὸν ἐν τῷ ἱερῷ καὶ εὐαγγελιζομένου, ἐπέστησαν οἱ ἱερεῖς¹ καὶ οἱ γραμματεῖς σὺν τοῖς πρεσβυτέροις 2 καὶ εἶπον ⌐¹πρὸς αὐτόν, λέγοντες⌐, ⌐¹²Εἰπὲ ἡμῖν⌐ ἐν ποίᾳ ἐξουσίᾳ ταῦτα ποιεῖς? Ἢ τίς ἐστιν ὁ δούς σοι τὴν ἐξουσίαν ταύτην?"
3 Ἀποκριθεὶς δὲ εἶπε πρὸς αὐτούς, "Ἐρωτήσω ὑμᾶς κἀγὼ ⌐ἕνα λόγον⌐, καὶ εἴπατέ μοι· 4 Τὸ βάπτισμα Ἰωάννου ἐξ οὐρανοῦ ἦν ἢ ἐξ ἀνθρώπων?"
5 Οἱ δὲ συνελογίσαντο πρὸς ἑαυτούς, λέγοντες ὅτι "'Ἐὰν εἴπωμεν, 'Ἐξ οὐρανοῦ,' ἐρεῖ, 'Διὰ τί² οὐκ ἐπιστεύσατε αὐτῷ?' 6 Ἐὰν δὲ εἴπωμεν, 'Ἐξ ἀνθρώπων,' ⌐πᾶς ὁ λαὸς⌐ καταλιθάσει ἡμᾶς, πεπεισμένος γάρ ἐστιν Ἰωάννην προφήτην εἶναι." 7 Καὶ ἀπεκρίθησαν μὴ εἰδέναι πόθεν.
8 Καὶ ὁ Ἰησοῦς εἶπεν αὐτοῖς, "Οὐδὲ ἐγὼ λέγω ὑμῖν ἐν ποίᾳ ἐξουσίᾳ ταῦτα ποιῶ."

The Parable of the Wicked Vinedressers
(Mt. 21:33-46; Mk. 12:1-12)

9 Ἤρξατο δὲ πρὸς τὸν λαὸν λέγειν τὴν παραβολὴν ταύτην· "Ἄνθρωπος³ ἐφύτευσεν ἀμπελῶνα, καὶ ⌐ἐξέδοτο αὐτὸν γεωργοῖς, καὶ ἀπεδήμησε χρόνους ἱκανούς. 10 Καὶ °ἐν καιρῷ ἀπέστειλε πρὸς τοὺς γεωργοὺς δοῦλον, ἵνα ἀπὸ τοῦ καρποῦ τοῦ ἀμπελῶνος ⌐δῶσιν αὐτῷ. Οἱ δὲ γεωργοὶ ⌐δείραντες⁴ αὐτὸν ἐξαπέστειλαν⌐ κενόν. 11 Καὶ προσέθετο ⌐πέμψαι ἕτερον⌐ δοῦλον· οἱ δὲ κἀκεῖνον δείραντες⁵

---

¹1 ιερεις **MA** vs αρχιερεις **G** (h.𝔭⁷⁵), **TR Cr**
²5 δια τι **MℵB, Cr** vs +ουν **AC, TR**
³9 ανθρωπος **𝔐 G** (h.𝔭⁷⁵) vs +τις **A, TR [Cr]**
⁴ ⁵10,11 δειραντες **MG** (h.𝔭⁷⁵)A, **TR Cr** vs δηραντες **Mʳ**

---

1 °ℵB vs 𝔐AC   2 ⌐¹312 ℵB vs 𝔐A; (12 C)
2 ⌐² ειπον ημιν B vs 𝔐A; (−ℵ*C)   3 ⌐λογον ℵB vs MC (⌐A)
6 ⌐ο λαος απας ℵB vs 𝔐AC   9 ⌐εξεδετο G (h.𝔭⁷⁵) A, N vs 𝔐, U
10 °ℵB vs 𝔐AC   10 ⌐δωσουσιν ℵBA vs 𝔐C
10 ⌐321 ℵB vs 𝔐AC   11 ⌐ℵBA vs 𝔐C

καὶ ἀτιμάσαντες ἐξαπέστειλαν κενόν. **12** Καὶ προσέθετο
ʃπέμψαι τρίτονˑ· οἱ δὲ καὶ τοῦτον τραυματίσαντες
ἐξέβαλον. **13** Εἶπε δὲ ὁ κύριος τοῦ ἀμπελῶνος, 'Τί ποιήσω?
Πέμψω τὸν υἱόν μου τὸν ἀγαπητόν. Ἴσως τοῦτον ᵒἰδόντες
ἐντραπήσονται.' **14** Ἰδόντες δὲ αὐτὸν οἱ γεωργοὶ διελο-
γίζοντο πρὸς ʳἑαυτούς, λέγοντες, Οὗτός ἐστιν ὁ κληρο-
νόμος. ᵒΔεῦτε, ἀποκτείνωμεν αὐτόν,¹ ἵνα ἡμῶν γένηται ἡ
κληρονομία.' **15** Καὶ ἐκβαλόντες αὐτὸν ἔξω τοῦ ἀμπελῶ-
νος, ἀπέκτειναν. Τί οὖν ποιήσει αὐτοῖς ὁ κύριος τοῦ ἀμ-
πελῶνος? **16** Ἐλεύσεται καὶ ἀπολέσει τοὺς γεωργοὺς
τούτους καὶ δώσει τὸν ἀμπελῶνα ἄλλοις.''
Ἀκούσαντες δὲ εἶπον, ''Μὴ γένοιτο!''
17 Ὁ δὲ ἐμβλέψας αὐτοῖς εἶπε, ''Τί οὖν ἐστι τὸ γεγ-
ραμμένον τοῦτο,

«Λίθον ὃν ἀπεδοκίμασαν οἱ οἰκοδομοῦντες,
Οὗτος ἐγενήθη εἰς κεφαλὴν γωνίας»?

18 Πᾶς ὁ πεσὼν ἐπ᾽ ἐκεῖνον τὸν λίθον συνθλασθήσεταιˑ
ἐφ᾽ ὃν δ᾽ ἂν πέσῃ, λικμήσει αὐτόν.''
19 Καὶ ἐζήτησαν οἱ ʳἀρχιερεῖς καὶ οἱ γραμματεῖςˋ
ἐπιβαλεῖν ἐπ᾽ αὐτὸν τὰς χεῖρας ἐν αὐτῇ τῇ ὥρᾳ, καὶ
ἐφοβήθησαν,² ἔγνωσαν γὰρ ὅτι πρὸς αὐτοὺς ʃτὴν παρα-
βολὴν ταύτην εἶπε.ˑ

Render unto Caesar
(Mt. 22:15-22; Mk. 12:13-17)

20 Καὶ παρατηρήσαντες ἀπέστειλαν ἐγκαθέτους, ὑπο-
κρινομένους ἑαυτοὺς δικαίους εἶναι, ἵνα ἐπιλάβωνται

¹14 αυτον 𝕸G (h.𝔭⁷⁵) A, TR Cr vs − Mʳ
²19 εφοβηθησαν M vs + τον λαον G (h.𝔭⁷⁵) A, TR Cr

12 ʃℵB vs 𝕸AC   13 ᵒG (h.𝔭⁷⁵) vs 𝕸A
14 ʳαλληλους ℵB vs 𝕸AC   14 ᵒBA vs 𝕸ℵC
19 ʳγραμματεις και οι αρχιερεις BA (Φαρισαιοι for αρχιερεις C) vs
𝕸ℵ   19 ʃ41-3 ℵB vs 𝕸AC

17 Ps. 118:22

αὐτοῦ λόγου, ⸀εἰς τὸ⸀ παραδοῦναι αὐτὸν τῇ ἀρχῇ καὶ
τῇ ἐξουσίᾳ τοῦ ἡγεμόνος. 21 Καὶ ἐπηρώτησαν αὐτόν,
λέγοντες, "Διδάσκαλε, οἴδαμεν ὅτι ὀρθῶς λέγεις καὶ
διδάσκεις, καὶ οὐ λαμβάνεις πρόσωπον, ἀλλ᾽ ἐπ᾽ ἀληθείας
τὴν ὁδὸν τοῦ Θεοῦ διδάσκεις. 22 Ἔξεστιν ⸀ἡμῖν Καίσαρι
φόρον δοῦναι ἢ οὔ;"
23 Κατανοήσας δὲ αὐτῶν τὴν πανουργίαν, εἶπε πρὸς
αὐτούς, "⸆Τί με πειράζετε;⸃ 24 ⸀¹Ἐπιδείξατέ μοι δηνάριον.
Τίνος ἔχει εἰκόνα καὶ ἐπιγραφήν;"
⸀²Ἀποκριθέντες δὲ εἶπον, "Καίσαρος."
25 Ὁ δὲ εἶπεν ⸀αὐτοῖς, "⸀Ἀπόδοτε τοίνυν² τὰ
Καίσαρος Καίσαρι, καὶ τὰ τοῦ Θεοῦ τῷ Θεῷ." 26 Καὶ οὐκ
ἴσχυσαν ἐπιλαβέσθαι αὐτοῦ ῥήματος ἐναντίον τοῦ λαοῦ.
Καὶ θαυμάσαντες ἐπὶ τῇ ἀποκρίσει αὐτοῦ, ἐσίγησαν.

The Sadducees Question the Resurrection
(Mt. 22:23-33; Mk. 12:18-27)

27 Προσελθόντες δέ τινες τῶν Σαδδουκαίων, οἱ ⸀ἀντι-
λέγοντες ἀνάστασιν μὴ εἶναι, ἐπηρώτησαν αὐτόν,
28 λέγοντες, "Διδάσκαλε, Μωσῆς ἔγραψεν ἡμῖν, ἐάν τινος
ἀδελφὸς ἀποθάνῃ ἔχων γυναῖκα, καὶ οὗτος ἄτεκνος
⸀ἀποθάνῃ, ἵνα λάβῃ ὁ ἀδελφὸς αὐτοῦ¹ τὴν γυναῖκα καὶ
ἐξαναστήσῃ σπέρμα τῷ ἀδελφῷ αὐτοῦ. 29 Ἑπτὰ οὖν
ἀδελφοὶ ἦσαν. Καὶ ὁ πρῶτος λαβὼν γυναῖκα ἀπέθανεν
ἄτεκνος. 30 Καὶ °ἔλαβεν ὁ δεύτερος ⸆τὴν γυναῖκα, καὶ
οὗτος ἀπέθανεν ἄτεκνος.⸃ 31 Καὶ ὁ τρίτος ἔλαβεν αὐτήν.²
Ὡσαύτως δὲ καὶ οἱ ἑπτὰ³ οὐ κατέλιπον τέκνα, καὶ

¹28 λαβη ο αδελφος αυτου M𝔎BA, TR Cr vs ο αδελφος αυτου
λαβη Mʳ, vs −και ουτος to την γυναικα ℵ*
²31 αυτην Mᵖᵗ ᵛⁱᵈℵB, TR Cr vs +ωσαυτως Mᵖᵗ ᵛⁱᵈA
³31 επτα M𝔎BA, Cr vs +και TR

20 ⸀ωστε 𝕲 (h.𝔓⁷⁵) vs 𝔐A   22 ⸀ημας ℵBA vs 𝔐C
23 ⸆ℵB vs 𝔐AC   24 ⸀¹δειξατε ℵBA vs 𝔐C
24 ⸀²οι ℵB vs 𝔐AC   25 ⸀προς αυτους ℵB vs 𝔐AC
25 ⸀ℵB vs 𝔐AC   27 ⸀λεγοντες 𝕲 (h.𝔓⁷⁵) vs 𝔐A, [Cr]
28 ⸀η B vs 𝔐A; (−και ουτος to την γυναικα ℵ*)
30 °ℵB vs 𝔐A   30 ⸆ℵB vs 𝔐A

ἀπέθανον. **32** Ὕστερον δὲ¹ ⸂πάντων ἀπέθανε καὶ ἡ γυνή.⸃ **33** ⸂Ἐν τῇ οὖν⸃ ἀναστάσει, τίνος αὐτῶν γίνεται γυνή? Οἱ γὰρ ἑπτὰ ἔσχον αὐτὴν γυναῖκα." **34** Καὶ °ἀποκριθεὶς εἶπεν αὐτοῖς ὁ Ἰησοῦς, "Οἱ υἱοὶ τοῦ αἰῶνος τούτου γαμοῦσι καὶ ⸀ἐκγαμίσκονται. **35** Οἱ δὲ καταξιωθέντες τοῦ αἰῶνος ἐκείνου τυχεῖν καὶ τῆς ἀναστάσεως τῆς ἐκ νεκρῶν οὔτε γαμοῦσιν οὔτε ἐκγαμίζονται·² **36** Οὔτε γὰρ ἀποθανεῖν ἔτι δύνανται, ἰσάγγελοι γάρ εἰσι, καὶ υἱοί εἰσι °τοῦ Θεοῦ, τῆς ἀναστάσεως υἱοὶ ὄντες. **37** Ὅτι δὲ ἐγείρονται οἱ νεκροί, καὶ Μωσῆς ἐμήνυσεν ἐπὶ τῆς βάτου, ὡς λέγει «Κύριον τὸν Θεὸν Ἀβραὰμ καὶ °¹τὸν Θεὸν Ἰσαὰκ καὶ °²τὸν Θεὸν Ἰακώβ.» **38** Θεὸς δὲ οὐκ ἔστι νεκρῶν, ἀλλὰ ζώντων, πάντες γὰρ αὐτῷ ζῶσιν."

39 Ἀποκριθέντες δέ τινες τῶν γραμματέων εἶπον, "Διδάσκαλε, καλῶς εἶπας." **40** Οὐκέτι ⸀δὲ ἐτόλμων ἐπερωτᾶν αὐτὸν οὐδέν.

What Think Ye of Christ
(Mt. 22:41-46; Mk. 12:35-37)

41 Εἶπε δὲ πρὸς αὐτούς, "Πῶς λέγουσι τὸν Χριστὸν ⸋Υἱὸν Δαβὶδ εἶναι⸌? **42** ⸂Καὶ αὐτὸς⸃ Δαβὶδ λέγει ἐν Βίβλῳ Ψαλμῶν,

«Εἶπεν °ὁ Κύριος τῷ Κυρίῳ μου·
⸀Κάθου ἐκ δεξιῶν μου,
43 Ἕως ἂν θῶ τοὺς ἐχθρούς σου ὑποπόδιον τῶν ποδῶν σου.⸃»

---

¹32 δε MᵖᵗA, TR vs — Mᵖᵗℵ*B, Cr
²35 εκγαμιζονται 𝔐A vs γαμισκονται B vs εκγαμισκονται TR vs γαμιζονται ℵ, Cr

---

32 ⸂3-52 ℵB vs 𝔐A   33 ⸂η γυνη ουν εν τη B vs 𝔐A (εν τη ℵ*)
34 °ℵB vs 𝔐A   34 ⸀γαμισκονται ℵB vs M; (εκγαμιζονται A)
36 ⸀ουδε BA vs 𝔐ℵ   36 °ℵBA vs 𝔐   37 °¹ ²ℵB vs 𝔐A
40 ⸀γαρ ℵB vs 𝔐A   41 ⸋321 ℵB vs 𝔐A
42 ⸂αυτος γαρ ℵB vs 𝔐A   42 °B vs 𝔐ℵA

---

37 Ex. 3:6,15   42,43 Ps. 110:1

44 Δαβὶδ οὖν ʿΚύριονʾ αὐτὸν καλεῖ, καὶ πῶς ˢΥἱὸς αὐτοῦ᛭
ἐστιν;"

Jesus Pronounces Woes on the Scribes
(Mt. 23:1-36; Mk. 12:38-40; Lk. 11:37-52)

45 Ἀκούοντος δὲ παντὸς τοῦ λαοῦ, εἶπε τοῖς μαθηταῖς
°αὐτοῦ, 46 "Προσέχετε ἀπὸ τῶν γραμματέων τῶν θελόν-
των περιπατεῖν ἐν στολαῖς καὶ φιλούντων ἀσπασμοὺς
ἐν ταῖς ἀγοραῖς καὶ πρωτοκαθεδρίας ἐν ταῖς συναγωγαῖς
καὶ πρωτοκλισίας ἐν τοῖς δείπνοις, 47 οἳ κατεσθίουσι
τὰς οἰκίας τῶν χηρῶν, καὶ προφάσει μακρὰ προσεύχον-
ται. Οὗτοι λήψονται περισσότερον κρίμα."

The Widow's Two Mites
(Mk. 12:41-44)

21 Ἀναβλέψας δὲ εἶδε τοὺς βάλλοντας ˢτὰ δῶρα
αὐτῶν εἰς τὸ γαζοφυλάκιον᛭ πλουσίους. 2 Εἶδε δέ τινα
καὶ¹ χήραν πενιχρὰν βάλλουσαν ἐκεῖ ˢδύο λεπτά᛭. 3 Καὶ
εἶπεν, "Ἀληθῶς λέγω ὑμῖν ὅτι ἡ χήρα ˢἡ πτωχὴ αὕτη᛭
πλεῖον πάντων ἔβαλεν. 4 ᴦ¹"Απαντες γὰρ οὗτοι ἐκ τοῦ
περισσεύοντος αὐτοῖς ἔβαλον εἰς τὰ δῶρα ᵟτοῦ Θεοῦ᛭,
αὕτη δὲ ἐκ τοῦ ὑστερήματος αὐτῆς ᴦ²ἅπαντα τὸν βίον ὃν
εἶχεν ἔβαλε."

Jesus Predicts the Destruction of the Temple
(Mt. 24:1,2; Mk. 13:1,2)

5 Καί τινων λεγόντων περὶ τοῦ ἱεροῦ, ὅτι λίθοις καλοῖς καὶ
ἀναθήμασι κεκόσμηται, εἶπε, 6 "Ταῦτα ἃ θεωρεῖτε ἐλεύ-
σονται ἡμέραι ἐν αἷς οὐκ ἀφεθήσεται λίθος ἐπὶ λίθῳ² ὃς
οὐ καταλυθήσεται."

---

¹2 τινα και 𝔐 (τιναν και A) vs τινα ℵB, Cr vs και τινα TR
²6 λιθω Mᵖᵗℵ*BA, TR Cr vs λιθον Mᵖᵗ

---

44 ˢBA vs 𝔐ℵ   45 °B vs 𝔐ℵA, [Cr]   1 ˢ4-6 1-3 ℵB vs 𝔐A
2 ˢℵB vs 𝔐A   3 ˢ312 ℵB vs 𝔐A   4 ᴦ¹παντες ℵB vs 𝔐A
4 ᵟℵB vs 𝔐A   4 ᴦ²παντα ℵB vs 𝔐A

Jesus Gives the Signs of the Times
(Mt. 24:3-14; Mk. 13:3-13)

7 Ἐπηρώτησαν δὲ αὐτόν, λέγοντες, "Διδάσκαλε, πότε οὖν ταῦτα ἔσται? Καὶ τί τὸ σημεῖον ὅταν μέλλῃ ταῦτα γίνεσθαι?"
8 Ὁ δὲ εἶπε, "Βλέπετε μὴ πλανηθῆτε. Πολλοὶ γὰρ ἐλεύσονται ἐπὶ τῷ ὀνόματί μου, λέγοντες °¹ὅτι ''Εγώ εἰμι,' καί, "Ὁ καιρὸς ἤγγικε.' Μὴ °²οὖν πορευθῆτε ὀπίσω αὐτῶν.
9 Ὅταν δὲ ἀκούσητε πολέμους καὶ ἀκαταστασίας, μὴ πτοηθῆτε· δεῖ γὰρ ταῦτα γενέσθαι πρῶτον, ἀλλ᾽ οὐκ εὐθέως τὸ τέλος."
10 Τότε ἔλεγεν αὐτοῖς, "᾽Εγερθήσεται ἔθνος •ἐπὶ ἔθνος, καὶ βασιλεία ἐπὶ βασιλείαν. 11 Σεισμοί τε μεγάλοι ˢ¹κατὰ τόπους καὶˡ λιμοὶ καὶ λοιμοὶ ἔσονται, φόβητρά τε καὶ ˢ²σημεῖα ἀπ᾽ οὐρανοῦ μεγάλαˡ ἔσται. 12 Πρὸ δὲ τούτων πάντων¹ ἐπιβαλοῦσιν ἐφ᾽ ὑμᾶς τὰς χεῖρας αὐτῶν καὶ διώξουσι, παραδιδόντες εἰς ᵀ συναγωγὰς καὶ φυλακάς, ⸤ἀγομένους ἐπὶ βασιλεῖς καὶ ἡγεμόνας ἕνεκεν τοῦ ὀνόματός μου. 13 Ἀποβήσεται °δὲ ὑμῖν εἰς μαρτύριον. 14 ⸤Θέσθε οὖν ⸤εἰς τὰς καρδίας⸥ ὑμῶν μὴ προμελετᾶν ἀπολογηθῆναι· 15 ἐγὼ γὰρ δώσω ὑμῖν στόμα καὶ σοφίαν ᾗ οὐ δυνήσονται ἀντειπεῖν οὐδὲ ἀντιστῆναι² ⸤πάντες οἱ ἀντικείμενοι ὑμῖν. 16 Παραδοθήσεσθε δὲ καὶ ὑπὸ γονέων καὶ συγγενῶν καὶ φίλων καὶ ἀδελφῶν,³ καὶ θανατώσουσιν ἐξ ὑμῶν. 17 Καὶ ἔσεσθε μισούμενοι ὑπὸ πάντων διὰ τὸ ὄνομά μου. 18 Καὶ θρὶξ ἐκ τῆς κεφαλῆς ὑμῶν οὐ μὴ

---

¹12 παντων **M**𝐍BA, **Cr** vs απαντων M͏ʳ, **TR**
²15 αντειπειν ουδε αντιστηναι M͏ᵖᵗ, **TR** vs αντειπειν η αντιστηναι M͏ᵖᵗA vs αντιστηναι η αντειπειν 𝐍B, **Cr**
³16 συγγενων και φιλων και αδελφων **M** vs αδελφων και συγγενων και φιλων 𝐍B (συγγενεων for συγγενων A), **TR Cr**

---

8 °¹²𝐍B vs 𝔐A   10 •επ 𝐍A vs 𝔐B   11 ˢ¹312 𝐍B vs 𝔐A
11 ˢ²2314 B vs 𝔐A; (1423 𝐍)   12 ᵀτας 𝐍B vs 𝔐A
12 ⸤απαγομενους 𝐍B vs 𝔐A   13 °𝐍*B vs 𝔐A
14 ⸤θετε 𝐍*A vs 𝔐   14 ⸤εν ταις καρδιαις 𝐍BA vs 𝔐
15 ⸤απαντες B vs 𝔐𝐍A

ἀπόληται. **19** Ἐν τῇ ὑπομονῇ ὑμῶν κτήσασθε τὰς ψυχὰς ὑμῶν.

Jesus Warns of Jerusalem's Fall
(Mt. 24:15-28; Mk. 13:14-23)

20 "Ὅταν δὲ ἴδητε κυκλουμένην ὑπὸ στρατοπέδων °τὴν Ἰερουσαλήμ, τότε γνῶτε ὅτι ἤγγικεν ἡ ἐρήμωσις αὐτῆς. **21** Τότε οἱ ἐν τῇ Ἰουδαίᾳ φευγέτωσαν εἰς τὰ ὄρη, καὶ οἱ ἐν μέσῳ αὐτῆς ἐκχωρείτωσαν, καὶ οἱ ἐν ταῖς χώραις μὴ εἰσερχέσθωσαν εἰς αὐτήν. **22** Ὅτι ἡμέραι ἐκδικήσεως αὗταί εἰσι, τοῦ πλησθῆναι¹ πάντα τὰ γεγραμμένα. **23** Οὐαὶ °¹δὲ ταῖς ἐν γαστρὶ ἐχούσαις καὶ ταῖς θηλαζούσαις ἐν ἐκείναις ταῖς ἡμέραις! Ἔσται γὰρ ἀνάγκη μεγάλη ἐπὶ τῆς γῆς καὶ ὀργὴ °²ἐν τῷ λαῷ τούτῳ. **24** Καὶ πεσοῦνται στόματι ·μαχαίρας, καὶ αἰχμαλωτισθήσονται εἰς ⸆πάντα τὰ ἔθνη⸅. Καὶ Ἰερουσαλὴμ ἔσται πατουμένη ὑπὸ ἐθνῶν, ἄχρι ⸆ πληρωθῶσι καιροὶ ἐθνῶν.

The Coming of the Son of Man
(Mt. 24:29-31; Mk. 13:24-27)

25 "Καὶ ⸂ἔσται σημεῖα ἐν ἡλίῳ καὶ σελήνῃ καὶ ἄστροις, καὶ ἐπὶ τῆς γῆς συνοχὴ ἐθνῶν ἐν ἀπορίᾳ, ⸃ἠχούσης θαλάσσης καὶ σάλου, **26** ἀποψυχόντων ἀνθρώπων ἀπὸ φόβου καὶ προσδοκίας τῶν ἐπερχομένων τῇ οἰκουμένῃ, αἱ γὰρ δυνάμεις τῶν οὐρανῶν σαλευθήσονται. **27** Καὶ τότε ὄψονται τὸν Υἱὸν τοῦ Ἀνθρώπου ἐρχόμενον ἐν νεφέλῃ μετὰ δυνάμεως καὶ δόξης πολλῆς. **28** Ἀρχομένων δὲ τούτων γίνεσθαι, ἀνακύψατε καὶ ἐπάρατε τὰς κεφαλὰς ὑμῶν, διότι ἐγγίζει ἡ ἀπολύτρωσις ὑμῶν."

¹22 πλησθηναι Mᵖᵗ×BA, Cr vs πληρωθηναι MᵖᵗC, TR

20 °×B vs 𝔐A   **23** °¹B vs 𝔐×AC   **23** °²𝔊 (h.𝔭⁷⁵) A vs M
24 ·μαχαιρης B* vs 𝔐×AC   **24** ⸅231 ×B vs 𝔐AC
24 ⸆ου 𝔊 (h.𝔭⁷⁵) vs 𝔐A   **25** ⸂ἐσονται ×B vs 𝔐AC
25 ⸃ηχους 𝔊 (h.𝔭⁷⁵)A vs 𝔐

The Parable of the Fig Tree
(Mt. 24:32-35; Mk. 13:28-31)

29 Καὶ εἶπε παραβολὴν αὐτοῖς· ''Ἴδετε τὴν συκῆν καὶ πάντα τὰ δένδρα. **30** Ὅταν προβάλωσιν¹ ἤδη, βλέποντες ἀφ᾽ ἑαυτῶν γινώσκετε ὅτι ἤδη ἐγγὺς τὸ θέρος ἐστίν. **31** Οὕτω καὶ ὑμεῖς ὅταν ἴδητε ταῦτα γινόμενα, γινώσκετε ὅτι ἐγγύς ἐστιν ἡ βασιλεία τοῦ Θεοῦ. **32** Ἀμὴν λέγω ὑμῖν ὅτι οὐ μὴ παρέλθῃ ἡ γενεὰ αὕτη ἕως ἂν πάντα γένηται. **33** Ὁ οὐρανὸς καὶ ἡ γῆ παρελεύσονται,² οἱ δὲ λόγοι μου οὐ μὴ ʳπαρέλθωσι.

Jesus Teaches Watchfulness

34 ''Προσέχετε δὲ ἑαυτοῖς μήποτε βαρηθῶσιν³ ὑμῶν αἱ καρδίαι ἐν κραιπάλῃ καὶ μέθῃ καὶ μερίμναις βιωτικαῖς, καὶ ˢαἰφνίδιος ἐφ᾽ ὑμᾶς ἐπιστῇˢ ἡ ἡμέρα ἐκείνη. **35** Ὡς παγὶς ʳγὰρ ἐπελεύσεται˺ ἐπὶ πάντας τοὺς καθημένους ἐπὶ πρόσωπον πάσης τῆς γῆς. **36** Ἀγρυπνεῖτε ʳ¹οὖν ἐν παντὶ καιρῷ δεόμενοι ἵνα ʳ²καταξιωθῆτε ἐκφυγεῖν πάντα⁴ τὰ μέλλοντα γίνεσθαι, καὶ σταθῆναι ἔμπροσθεν τοῦ Υἱοῦ τοῦ Ἀνθρώπου.''

37 Ἦν δὲ τὰς ἡμέρας ἐν τῷ ἱερῷ διδάσκων, τὰς δὲ νύκτας ἐξερχόμενος ηὐλίζετο εἰς τὸ ὄρος τὸ καλούμενον Ἐλαιῶν. **38** Καὶ πᾶς ὁ λαὸς ὤρθριζε πρὸς αὐτὸν ἐν τῷ ἱερῷ ἀκούειν αὐτοῦ.

The Chief Priests and Elders Plot to Kill Jesus
(Mt. 26:1-5; Mk. 14:1, 2; Jn. 11:45-53)

22 Ἤγγιζε δὲ ἡ ἑορτὴ τῶν ἀζύμων, ἡ λεγομένη Πάσχα. **2** Καὶ ἐζήτουν οἱ ἀρχιερεῖς καὶ οἱ γραμματεῖς τὸ πῶς ἀνέλωσιν αὐτόν, ἐφοβοῦντο γὰρ τὸν λαόν.

---

¹30 προβαλωσιν 𝕸 G (h.𝔭⁷⁵) A, TR Cr vs προβαλλωσιν Mʳ
²33 παρελευσονται 𝕸אBA, TR Cr vs παρελευσεται MʳC
³34 βαρηθωσιν 𝕸 G (h.𝔭⁷⁵) A, Cr vs βαρυνθωσιν TR
⁴36 παντα 𝕸א* vs ταυτα παντα B, TR Cr vs παντα ταυτα AC*

33 ʳπαρελευσονται אB vs 𝕸AC
34 ˢ4231 (א) B vs 𝕸 (C); (1423 [A])
35 ʳεπεισελευσεται γαρ א*B vs 𝕸AᵛⁱᵈC
36 ʳ¹δε אB vs 𝕸AC   36 ʳ²κατισχυσητε א (B) vs 𝕸 (A) C

Judas Agrees to Betray Jesus for Money
(Mt. 26:14-16; Mk. 14:10,11)

3 Εἰσῆλθε δὲ¹ Σατανᾶς εἰς Ἰούδαν τὸν ⌐ἐπικαλούμενον Ἰσκαριώτην, ὄντα ἐκ τοῦ ἀριθμοῦ τῶν δώδεκα. 4 Καὶ ἀπελθὼν συνελάλησε τοῖς ἀρχιερεῦσι καὶ² στρατηγοῖς τὸ πῶς ˢαὐτὸν παραδῷ αὐτοῖςˣ. 5 Καὶ ἐχάρησαν, καὶ συνέθεντο αὐτῷ ἀργύριον³ δοῦναι. 6 Καὶ ἐξωμολόγησε, καὶ ἐζήτει εὐκαιρίαν τοῦ παραδοῦναι αὐτὸν ˢαὐτοῖς ἄτερ ὄχλουˣ.

Jesus and His Disciples Prepare the Passover
(Mt. 26:17-19; Mk. 14:12-16)

7 Ἦλθε δὲ ἡ ἡμέρα τῶν ἀζύμων, °ἐν ᾗ ἔδει θύεσθαι τὸ Πάσχα. 8 Καὶ ἀπέστειλε Πέτρον καὶ Ἰωάννην, εἰπών, "Πορευθέντες ἑτοιμάσατε ἡμῖν τὸ Πάσχα, ἵνα φάγωμεν."
9 Οἱ δὲ εἶπον αὐτῷ, "Ποῦ θέλεις ἑτοιμάσομεν;"⁴
10 Ὁ δὲ εἶπεν αὐτοῖς, "Ἰδού, εἰσελθόντων ὑμῶν εἰς τὴν πόλιν, συναντήσει ὑμῖν ἄνθρωπος κεράμιον ὕδατος βαστάζων· ἀκολουθήσατε αὐτῷ εἰς τὴν οἰκίαν ⌐οὗ εἰσπορεύεται. 11 Καὶ ἐρεῖτε τῷ οἰκοδεσπότῃ τῆς οἰκίας, 'Λέγει σοι ὁ Διδάσκαλος, "Ποῦ ἐστι τὸ κατάλυμα ὅπου τὸ Πάσχα μετὰ τῶν μαθητῶν μου φάγω;"' 12 Κἀκεῖνος ὑμῖν δείξει ἀνώγεον⁵ μέγα ἐστρωμένον· ἐκεῖ ἑτοιμάσατε." 13 Ἀπελθόντες δὲ εὗρον καθὼς ⌐εἴρηκεν αὐτοῖς, καὶ ἡτοίμασαν τὸ Πάσχα.

---

¹3 δε MᵖᵗϹ (h.𝔭⁷⁵) A, Cr vs +ο Mᵖᵗ, TR
²4 και M×BA , Cr vs +τοις MⁱC, TR
³5 αργυριον Mᵖᵗ×B, TR Cr vs αργυρια MᵖᵗAC
⁴9 ετοιμασομεν Mᵖᵗ vs ετοιμασωμεν MᵖᵗϹA, TR Cr
⁵12 ανωγεον Mᵖᵗ, TR vs αναγαιον Mᵖᵗ×BA, Cr vs αναγεον C

3 ⌐καλουμενον ×B vs 𝔐AC   4 ˢ321 Ϲ (𝔭⁷⁵ᵛⁱᵈ) vs 𝔐A
6 ˢ231 Ϲ (𝔭⁷⁵ᵛⁱᵈ) A vs 𝔐   7 °BC vs 𝔐×A, [Cr]
10 ⌐εις ην Ϲ (h.𝔭⁷⁵) vs 𝔐 (ου εαν A)   13 ⌐ειρηκει Ϲ vs 𝔐 A

Jesus Institutes the Lord's Supper
(Mt. 26:26-30; Mk. 14:22-26; 1 Cor. 11:23-25)

14 Καὶ ὅτε ἐγένετο ἡ ὥρα, ἀνέπεσε, καὶ οἵ °δώδεκα ἀπόστολοι σὺν αὐτῷ. **15** Καὶ εἶπε πρὸς αὐτούς, "'Επιθυμίᾳ ἐπεθύμησα τοῦτο τὸ Πάσχα φαγεῖν μεθ᾽ ὑμῶν πρὸ τοῦ με παθεῖν. **16** Λέγω γὰρ ὑμῖν ὅτι °οὐκέτι οὐ μὴ φάγω ʿἐξ αὐτοῦ᾽ ἕως ὅτου πληρωθῇ ἐν τῇ βασιλείᾳ τοῦ Θεοῦ." **17** Καὶ δεξάμενος ποτήριον, εὐχαριστήσας εἶπε, "Λάβετε τοῦτο καὶ διαμερίσατε ʿἑαυτοῖς. **18** Λέγω γὰρ ὑμῖν °ὅτι οὐ μὴ πίω ᵀ ἀπὸ τοῦ γενήματος' τῆς ἀμπέλου ἕως ʿὅτου ἡ βασιλεία τοῦ Θεοῦ ἔλθῃ."

19 Καὶ λαβὼν ἄρτον, εὐχαριστήσας ἔκλασε καὶ ἔδωκεν αὐτοῖς, λέγων, "Τοῦτό ἐστι τὸ σῶμά μου, τὸ ὑπὲρ ὑμῶν διδόμενον· τοῦτο ποιεῖτε εἰς τὴν ἐμὴν ἀνάμνησιν."

20 ˢʿΩσαύτως καὶ τὸ ποτήριον᾽ μετὰ τὸ δειπνῆσαι, λέγων, "Τοῦτο τὸ ποτήριον ἡ καινὴ διαθήκη ἐν τῷ αἵματί μου, τὸ ὑπὲρ ὑμῶν •ἐκχυνόμενον. **21** Πλὴν ἰδού, ἡ χεὶρ τοῦ παραδιδόντος με μετ᾽ ἐμοῦ ἐπὶ τῆς τραπέζης. **22** ʿΚαὶ ὁ ʿμὲν Υἱὸς᾽ τοῦ ᾽Ανθρώπου ˢπορεύεται κατὰ τὸ ὡρισμένον᾽, πλὴν οὐαὶ τῷ ἀνθρώπῳ ἐκείνῳ δι᾽ οὗ παραδίδοται!" **23** Καὶ αὐτοὶ ἤρξαντο συζητεῖν πρὸς ἑαυτοὺς τὸ τίς ἄρα εἴη ἐξ αὐτῶν ὁ τοῦτο μέλλων πράσσειν.

The Disciples Argue About Greatness

24 'Εγένετο δὲ καὶ φιλονεικία ἐν αὐτοῖς τὸ τίς αὐτῶν δοκεῖ εἶναι μείζων. **25** Ὁ δὲ εἶπεν αὐτοῖς, "Οἱ βασιλεῖς τῶν ἐθνῶν κυριεύουσιν αὐτῶν, καὶ οἱ ἐξουσιάζοντες αὐτῶν εὐεργέται καλοῦνται. **26** Ὑμεῖς δὲ οὐχ οὕτως· ἀλλ᾽ ὁ μείζων ἐν ὑμῖν ʿγενέσθω ὡς ὁ νεώτερος, καὶ ὁ ἡγούμενος

---

¹18 γενηματος 𝔐 GA, Cr vs γεννηματος TR

---

14 °G vs 𝔐AC   16 °ℵBA vs 𝔐   16 ʿαυτο ℵB vs 𝔐A
17 ʿεις εαυτους BC vs 𝔐A; (αλληλοις ℵ*)   18 °BC vs 𝔐ℵA, [Cr]
18 ᵀαπο του νυν ℵB vs 𝔐AC   18 ʿου ℵBCᵛⁱᵈ vs 𝔐A
20 ˢ2-41 𝔓⁷⁵ᵛⁱᵈℵB vs 𝔐A   20 •εκχυννομενον ℵB*A vs 𝔐
22 ʿοτι G (h.C) vs 𝔐A   22 ʿ21 𝔓⁷⁵ᵛⁱᵈB vs 𝔐A; (2 ℵ*)
22 ˢ 2-41 ℵB (− το 𝔓⁷⁵ᵛⁱᵈ) vs 𝔐A   26 ʿγινεσθω ℵB vs 𝔐A

ὡς ὁ διακονῶν. **27** Τίς γὰρ μείζων, ὁ ἀνακείμενος ἢ ὁ διακονῶν? Οὐχὶ[1] ὁ ἀνακείμενος? Ἐγὼ δέ ʲεἰμι ἐν μέσῳ ὑμῶνˣ ὡς ὁ διακονῶν. **28** Ὑμεῖς δέ ἐστε οἱ διαμεμενηκότες μετ' ἐμοῦ ἐν τοῖς πειρασμοῖς μου. **29** Κἀγὼ διατίθεμαι ὑμῖν, καθὼς διέθετό μοι ὁ Πατήρ μου, βασιλείαν, **30** ἵνα ʳἐσθίητε καὶ πίνητε ἐπὶ τῆς τραπέζης μου, ἐν τῇ βασιλείᾳ μου,[2] καὶ καθίσεσθε[3] ἐπὶ θρόνων ʲκρίνοντες τὰς δώδεκα φυλὰςˣ τοῦ Ἰσραήλ."

Jesus Predicts Peter's Denial
(Mt. 26:31-35; Mk. 14:27-31; Jn. 13:36-38)

31 ᵒΕἶπε δὲ ὁ Κύριος,ˋ "Σίμων, Σίμων, ἰδού, ὁ Σατανᾶς ἐξῃτήσατο ὑμᾶς τοῦ σινιάσαι ὡς τὸν σῖτον. **32** Ἐγὼ δὲ ἐδεήθην περὶ σοῦ ἵνα μὴ ἐκλίπῃ[4] ἡ πίστις σου· καὶ σύ ποτε ἐπιστρέψας ʳστήριξον τοὺς ἀδελφούς σου."

33 Ὁ δὲ εἶπεν αὐτῷ, "Κύριε, μετὰ σοῦ ἕτοιμός εἰμι καὶ εἰς φυλακὴν καὶ εἰς θάνατον πορεύεσθαι."

34 Ὁ δὲ εἶπε, "Λέγω σοι, Πέτρε, οὐ ᵒμὴ φωνήσῃ[5] σήμερον ἀλέκτωρ ʳ¹πρὶν ἢˋ τρὶς ʳ²ἀπαρνήσῃ μὴ εἰδέναι μεˋ."

Wallet, Bag and Sword

35 Καὶ εἶπεν αὐτοῖς, "Ὅτε ἀπέστειλα ὑμᾶς ἄτερ βαλαντίου[6] καὶ πήρας καὶ ὑποδημάτων, μή τινος ὑστερήσατε?" Οἱ δὲ εἶπον, "Οὐθενός[7]."

---

[1] 27 ουχι 𝔐 G (h.C) A, TR Cr vs ουχ Mʳ

[2] 30 εν τη βασιλεια μου Mᵖᵗ𝔭⁷⁵אBA, TR Cr vs − Mᵖᵗ

[3] 30 καθισεσθε 𝔐 vs καθησεσθε א (A), Cr vs καθισησθε TR vs καθησθε B*

[4] 32 εκλιπη MᵖᵗאB, Cr vs εκλειπη MᵖᵗA, TR

[5] 34 φωνηση M vs φωνησει אBA, TR Cr

[6] 35 βαλαντιου Mᵖᵗ, TR vs βαλλαντιου Mᵖᵗ𝔭⁷·⁵ᵛⁱᵈאBA, Cr

[7] 35 ουθενος Mᵖᵗ𝔭⁷⁵BA, Cr vs ουδενος Mᵖᵗא, TR

27 ʲ2-41 G (h.C) vs 𝔐 (A)   30 ʳεσθητε 𝔭⁷⁵B vs 𝔐(א)A

30 ʲ2-41 𝔭⁷⁵B vs 𝔐אA   31 ᵒ𝔭⁷⁵B vs 𝔐אA

32 ʳστηρισον אBA vs 𝔐   34 ᵒ𝔭⁷·⁵ᵛⁱᵈB vs 𝔐A

34 ʳ¹εως אB vsMA   34 ʳ²413 אB vs 𝔐A

36 ʽΕἶπεν οὖνʼ αὐτοῖς, "ʼΑλλὰ νῦν ὁ ἔχων βαλάντιον[1] ἀράτω, ὁμοίως καὶ πήραν· καὶ ὁ μὴ ἔχων πωλήσει[2] τὸ ἱμάτιον αὐτοῦ καὶ ἀγοράσει[3] μάχαιραν. 37 Λέγω γὰρ ὑμῖν ὅτι ᵒἔτι τοῦτο τὸ γεγραμμένον δεῖ τελεσθῆναι ἐν ἐμοί, τὸ «Καὶ μετὰ ἀνόμων ἐλογίσθη.» Καὶ γὰρ ʳτὰ περὶ ἐμοῦ τέλος ἔχει."
38 Οἱ δὲ εἶπον, "Κύριε, ἰδού, μάχαιραι ὧδε δύο." ʽΟ δὲ εἶπεν αὐτοῖς, "ʼΙκανόν ἐστι."

Jesus Prays in the Garden of Gethsemane
(Mt. 26:36-46; Mk. 14:32-42)

39 Καὶ ἐξελθὼν ἐπορεύθη κατὰ τὸ ἔθος εἰς τὸ ῎Ορος τῶν ʼΕλαιῶν· ἠκολούθησαν δὲ αὐτῷ καὶ οἱ μαθηταὶ ᵒαὐτοῦ. 40 Γενόμενος δὲ ἐπὶ τοῦ τόπου, εἶπεν αὐτοῖς, "Προσεύχεσθε μὴ εἰσελθεῖν εἰς πειρασμόν." 41 Καὶ αὐτὸς ἀπεσπάσθη ἀπ᾽ αὐτῶν ὡσεὶ λίθου βολήν, καὶ θεὶς τὰ γόνατα προσηύχετο, 42 λέγων, "Πάτερ, εἰ βούλει ʳπαρενεγκεῖν ʽτὸ ποτήριον τοῦτοʼ ἀπ᾽ ἐμοῦ — πλὴν μὴ τὸ θέλημά μου, ἀλλὰ τὸ σὸν γενέσθω."[4] 43 ◻῎Ωφθη δὲ αὐτῷ ἄγγελος ἀπ᾽ οὐρανοῦ ἐνισχύων αὐτόν. 44 Καὶ γενόμενος ἐν ἀγωνίᾳ, ἐκτενέστερον προσηύχετο. ʼΕγένετο δὲ ὁ ἱδρὼς αὐτοῦ ὡσεὶ θρόμβοι αἵματος καταβαίνοντες ἐπὶ τὴν γῆν.ˋ 45 Καὶ ἀναστὰς ἀπὸ τῆς προσευχῆς, ἐλθὼν πρὸς τοὺς μαθητάς,[5] εὗρεν ʄαὐτοὺς κοιμωμένουςˋ ἀπὸ τῆς λύπης. 46 Καὶ εἶπεν αὐτοῖς, "Τί καθεύδετε; ʼΑναστάντες προσεύχεσθε, ἵνα μὴ εἰσέλθητε εἰς πειρασμόν."

---

[1] 36 βαλαντιον M^{pt}, TR vs βαλλαντιον M^{pt}𝔛BA, Cr
[2] 36 πωλησει M vs πωλησατω 𝔭^{75vid}𝔛BA, TR Cr
[3] 36 αγορασει M vs αγορασατω 𝔭^{75vid}𝔛BA, TR Cr
[4] 42 γενεσθω M^{pt}, TR vs γινεσθω M^{pt}Ϭ (h.C) A, Cr
[5] 45 μαθητας 𝕸 Ϭ (h.C) A, Cr vs +αυτου TR

---

36 ʽειπεν δε 𝔭⁷⁵B vs 𝕸A; (ο δε ειπεν 𝔛*)   37 ᵒ𝔛BA vs 𝕸
37 ʳτο 𝔛B vs 𝕸A   39 ᵒϬ (h.C) A vs 𝕸   42 ʳπαρενεγκε 𝔭⁷⁵B vs
MA; (παρενεγκαι 𝔛)   42 ʽ312 𝔭⁷⁵B vs 𝕸A; (3123 𝔛*)
43,44 ◻𝔭⁷⁵BA vs 𝕸 (και εγενετο for εγενετο δε 𝔛), [Cr]
45 ʄϬ (h.C) vs 𝕸A

---

37 Is. 53:12

Jesus Is Betrayed and Arrested in Gethsemane
(Mt. 26:47-56; Mk. 14:43-50; Jn. 18:2-12)

47 Ἔτι °δὲ αὐτοῦ λαλοῦντος, ἰδού, ὄχλος, καὶ ὁ λεγό-
μενος Ἰούδας, εἷς τῶν δώδεκα, προήρχετο αὐτοὺς¹
καὶ ἤγγισε² τῷ Ἰησοῦ φιλῆσαι αὐτόν.³ **48** ⸂Ὁ δὲ Ἰησοῦς⸃
εἶπεν αὐτῷ, "Ἰούδα, φιλήματι τὸν Υἱὸν τοῦ Ἀνθρώπου
παραδίδως?"
49 Ἰδόντες δὲ οἱ περὶ αὐτὸν τὸ ἐσόμενον εἶπον °αὐτῷ,
"Κύριε, εἰ πατάξομεν ἐν ⸄μαχαίρᾳ?" **50** Καὶ ἐπάταξεν εἷς
τις ἐξ αὐτῶν ⸏¹τὸν δοῦλον τοῦ ἀρχιερέως⸌ καὶ ἀφεῖλεν
⸏²αὐτοῦ τὸ οὖς⸌ τὸ δεξιόν.
51 Ἀποκριθεὶς δὲ ὁ Ἰησοῦς εἶπεν, "Ἐᾶτε ἕως τούτου."
Καὶ ἁψάμενος τοῦ ὠτίου °αὐτοῦ, ἰάσατο αὐτόν. **52** Εἶπε
δὲ °ὁ Ἰησοῦς πρὸς τοὺς παραγενομένους ἐπ'⁴ αὐτὸν
ἀρχιερεῖς καὶ στρατηγοὺς τοῦ ἱεροῦ καὶ πρεσβυτέρους,
"Ὡς ἐπὶ λῃστὴν ⸀ἐξεληλύθατε μετὰ μαχαιρῶν καὶ ξύλων?
53 Καθ' ἡμέραν ὄντος μου μεθ' ὑμῶν ἐν τῷ ἱερῷ, οὐκ
ἐξετείνατε τὰς χεῖρας ἐπ' ἐμέ. Ἀλλ' αὕτη ⸂ὑμῶν ἐστιν⸃ ἡ
ὥρα, καὶ ἡ ἐξουσία τοῦ σκότους."

Peter Denies Jesus — and Weeps Bitterly
(Mt. 26:58, 69-75; Mk. 14:54, 66-72; Jn. 18:15-18, 25-27)

54 Συλλαβόντες δὲ αὐτὸν ἤγαγον καὶ εἰσήγαγον αὐτὸν⁵
εἰς ⸂τὸν οἶκον⸃ τοῦ ἀρχιερέως. Ὁ δὲ Πέτρος ἠκολούθει
μακρόθεν. **55** ⸀Ἁψάντων δὲ πῦρ ἐν μέσῳ τῆς αὐλῆς καὶ

---

¹47 αυτους 𝔐 G (h.C) A, Cr vs αυτων TR
²47 ηγγισε(ν) 𝔐 G (h.C) A, Cr vs εγγισε TR
³47 αυτον Mᵖᵗ G (h.C) A, TR Cr vs + τουτο γαρ σημειον δεδωκει
αυτοις ον αν φιλησω αυτος εστιν Mᵖᵗ
⁴52 επ Mᵖᵗ𝔭⁷⁵BA, TR Cr vs προς Mᵖᵗℵ*
⁵54 αυτον Mᵖᵗ, TR vs — Mᵖᵗ G (h.C) A, Cr

47 °G (h.C) A vs 𝔐   **48** ⸂Ιησους δε G (h.C) vs 𝔐 A   **49** °G (h.C)
vs 𝔐 A   **49** ⸄μαχαιρη G (h.C) vs 𝔐 A   **50** ⸏¹3412 ℵB vs 𝔐𝔭⁷⁵A
50 ⸏²231 G (h.C) vs 𝔐 A   **51** °G (h.C) vs 𝔐 A   **52** °G (h.C) A vs 𝔐
52 ⸀εξηλθατε 𝔭⁷⁵ (ℵ) B vs MA   **53** ⸂21 𝔭⁷⁵B vs 𝔐 A; (2 ℵ*)
54 ⸂την οικιαν G (h.C) vs 𝔐 A   **55** ⸀περιαψαντων G (h.C) vs 𝔐 A

συγκαθισάντων °αὐτῶν, ἐκάθητο ὁ Πέτρος ⌜ἐν μέσῳ⌝ αὐτῶν. **56** Ἰδοῦσα δὲ αὐτὸν παιδίσκη τις καθήμενον πρὸς τὸ φῶς καὶ ἀτενίσασα αὐτῷ, εἶπε, "Καὶ οὗτος σὺν αὐτῷ ἦν." **57** Ὁ δὲ ἠρνήσατο °αὐτόν, λέγων, "ʃΓύναι, οὐκ οἶδα αὐτόν⌐." **58** Καὶ μετὰ βραχὺ ἕτερος ἰδὼν αὐτὸν ἔφη, "Καὶ σὺ ἐξ αὐτῶν εἶ." Ὁ δὲ Πέτρος ⌜εἶπεν, "Ἄνθρωπε, οὐκ εἰμί!" **59** Καὶ διαστάσης ὡσεὶ ὥρας μιᾶς, ἄλλος τις διϊσχυρίζετο, λέγων, "Ἐπ' ἀληθείας καὶ οὗτος μετ' αὐτοῦ ἦν, καὶ γὰρ Γαλιλαῖός ἐστιν." **60** Εἶπε δὲ ὁ Πέτρος, "Ἄνθρωπε, οὐκ οἶδα ὃ λέγεις!" Καὶ παραχρῆμα, ἔτι λαλοῦντος αὐτοῦ, ἐφώνησεν[1] ἀλέκτωρ. **61** Καὶ στραφεὶς ὁ Κύριος ἐνέβλεψε τῷ Πέτρῳ. Καὶ ὑπεμνήσθη ὁ Πέτρος τοῦ ⌜λόγου τοῦ Κυρίου, ὡς εἶπεν αὐτῷ ὅτι "Πρὶν ἀλέκτορα φωνῆσαι, ᵀ ἀπαρνήσῃ με τρίς." **62** Καὶ ἐξελθὼν ἔξω ὁ Πέτρος[2] ἔκλαυσε πικρῶς.

Jesus Is Mocked and Beaten
(Mt. 26:67, 68; Mk. 14:65)

63 Καὶ οἱ ἄνδρες οἱ συνέχοντες ⌜τὸν Ἰησοῦν⌝ ἐνέπαιζον αὐτῷ, δέροντες.[3] **64** Καὶ περικαλύψαντες ⌜αὐτόν, ἔτυπτον αὐτοῦ τὸ πρόσωπον καὶ ἐπηρώτων αὐτόν⌝, λέγοντες, "Προφήτευσον! Τίς ἐστιν ὁ παίσας σε?" **65** Καὶ ἕτερα πολλὰ βλασφημοῦντες ἔλεγον εἰς αὐτόν.

---

[1] **60** εφωνησεν 𝔐 𝕲 (h.C) A, Cr vs +ο TR
[2] **62** ο Πετρος MᵖᵗA, TR vs −Mᵖᵗ𝕲 (h.C), Cr
[3] **63** δεροντες M𝕲 (h.C) A, TR Cr vs δαιροντες Mʳ

55 °𝕲 (h.C) vs 𝔐A   **55** ⌜μεσος 𝔓⁷⁵B vs 𝔐א (A)
57 °𝕲 (h.C) vs MA   **57** ʃ2-41 𝕲 (h.C) vs 𝔐A
58 ⌜εφη 𝕲 (h.C) vs MA   **61** ⌜ρηματος 𝕲 (h.C) vs 𝔐A
61 ᵀσημερον 𝕲 (h.C) vs MA   **63** ⌜αυτον 𝕲 (h.C) vs 𝔐A
64 ⌜αυτον επηρωτων 𝔓⁷⁵B (ʃ א) vs 𝔐 (ετυπτουν for ετυπτον A*)

Jesus Faces the Sanhedrin
(Mt. 26:59-66; Mk. 14:55-64; Jn. 18:19-24)

66 Καὶ ὡς ἐγένετο ἡμέρα, συνήχθη τὸ πρεσβυτέριον τοῦ λαοῦ, ἀρχιερεῖς[1] καὶ γραμματεῖς, καὶ ἀνήγαγον[2] αὐτὸν εἰς τὸ συνέδριον αὐτῶν,[3] λέγοντες, **67** "Εἰ σὺ εἶ ὁ Χριστός, ⌜εἰπὲ ἡμῖν." Εἶπε δὲ αὐτοῖς, "Ἐὰν ὑμῖν εἴπω, οὐ μὴ πιστεύσητε. **68** Ἐὰν δὲ °καὶ ἐρωτήσω, οὐ μὴ ἀποκριθῆτέ □μοι ἢ ἀπολύσητε. \ **69** Ἀπὸ τοῦ νῦν ⊤ ἔσται ὁ Υἱὸς τοῦ Ἀνθρώπου καθήμενος ἐκ δεξιῶν τῆς δυνάμεως τοῦ Θεοῦ." **70** Εἶπον δὲ πάντες, "Σὺ οὖν εἶ ὁ Υἱὸς τοῦ Θεοῦ?" Ὁ δὲ πρὸς αὐτοὺς ἔφη, "Ὑμεῖς λέγετε ὅτι ἐγώ εἰμι." **71** Οἱ δὲ εἶπον, "Τί ἔτι ⌐χρείαν ἔχομεν μαρτυρίας¬? Αὐτοὶ γὰρ ἠκούσαμεν ἀπὸ τοῦ στόματος αὐτοῦ!"

Jesus Is Delivered to Pontius Pilate
(Mt. 27:1, 2; Mk. 15:1; Jn. 18:28-32)

23 Καὶ ἀναστὰν ἅπαν τὸ πλῆθος αὐτῶν, ἤγαγον[4] αὐτὸν ἐπὶ τὸν Πιλᾶτον. **2** Ἤρξαντο δὲ κατηγορεῖν αὐτοῦ, λέγοντες, "Τοῦτον εὕρομεν διαστρέφοντα τὸ ἔθνος ⊤¹, καὶ κωλύοντα ⌜Καίσαρι φόρους¬ διδόναι, ⊤² λέγοντα ἑαυτὸν Χριστὸν Βασιλέα εἶναι."

Jesus Faces Pilate
(Mt. 27:11-14; Mk. 15:2-5; Jn. 18:33-38)

3 Ὁ δὲ Πιλᾶτος ⌜ἐπηρώτησεν αὐτόν, λέγων, "Σὺ εἶ ὁ Βασιλεὺς τῶν Ἰουδαίων?"

¹66 αρχιερεις M^{pt} vs +τε M^{pt}𝕲 (h.C) A, TR Cr
²66 ανηγαγον MA, TR vs απηγαγον M𝕲 (h.C), Cr
³66 αυτων 𝕸 אB, Cr vs εαυτων A, TR
⁴1 ηγαγον 𝕸 𝔭^{75vid}אBA, Cr vs ηγαγεν TR

67 ⌜ειπον אB vs 𝕸 A　　　**68** °𝕲 (h.C) vs 𝕸 A
68 □𝕲 (h.C) vs 𝕸 A　　　**69** ⊤δε 𝕲 (h.C) A vs 𝕸
71 ⌐231 𝔭^{75}B vs 𝕸 אA　　　**2** ⊤¹ημων 𝕲 (h.C) vs MA
2 ⌜φορους Καισαρι 𝕲 (h.C) vs 𝕸 (Καισαρι φορον A)
2 ⊤²και 𝕲 (h.C) vs 𝕸 A　　　**3** ⌜ηρωτησεν 𝕲 (h.C) vs 𝕸 A

Ὁ δὲ ἀποκριθεὶς αὐτῷ ἔφη, "Σὺ λέγεις."
4 Ὁ δὲ Πιλᾶτος εἶπε πρὸς τοὺς ἀρχιερεῖς καὶ τοὺς ὄχλους, "Οὐδὲν εὑρίσκω αἴτιον ἐν τῷ ἀνθρώπῳ τούτῳ."
5 Οἱ δὲ ἐπίσχυον, λέγοντες ὅτι "Ἀνασείει τὸν λαόν, διδάσκων καθ᾽ ὅλης τῆς Ἰουδαίας, ᵀ ἀρξάμενος ἀπὸ τῆς Γαλιλαίας ἕως ὧδε."

Jesus Faces Herod

6 Πιλᾶτος δὲ ἀκούσας °Γαλιλαίαν ἐπηρώτησεν εἰ ὁ ἄνθρωπος Γαλιλαῖός ἐστι. 7 Καὶ ἐπιγνοὺς ὅτι ἐκ τῆς ἐξουσίας Ἡρώδου ἐστίν, ἀνέπεμψεν αὐτὸν πρὸς Ἡρώδην, ὄντα καὶ αὐτὸν ἐν Ἱεροσολύμοις ἐν ταύταις ταῖς ἡμέραις. 8 Ὁ δὲ Ἡρώδης ἰδὼν τὸν Ἰησοῦν ἐχάρη λίαν· ἦν γὰρ ῾θέλων ἐξ ἱκανοῦ᾽ ἰδεῖν αὐτόν, διὰ τὸ ἀκούειν °πολλὰ περὶ αὐτοῦ, καὶ ἤλπιζέ τι σημεῖον ἰδεῖν ὑπ᾽ αὐτοῦ γινόμενον. 9 Ἐπηρώτα δὲ αὐτὸν ἐν λόγοις ἱκανοῖς· αὐτὸς δὲ οὐδὲν ἀπεκρίνατο αὐτῷ. 10 Εἱστήκεισαν δὲ οἱ ἀρχιερεῖς καὶ οἱ γραμματεῖς, εὐτόνως κατηγοροῦντες αὐτοῦ. 11 Ἐξουθενήσας δὲ αὐτὸν ᵀ ὁ Ἡρώδης σὺν τοῖς στρατεύμασιν αὐτοῦ, καὶ ἐμπαίξας, περιβαλὼν °αὐτὸν ἐσθῆτα λαμπράν, ἀνέπεμψεν αὐτὸν τῷ Πιλάτῳ. 12 Ἐγένοντο δὲ φίλοι ὅ τε ᶠΠιλᾶτος καὶ ὁ Ἡρώδης᾽ ἐν αὐτῇ τῇ ἡμέρᾳ μετ᾽ ἀλλήλων· προϋπῆρχον γὰρ ἐν ἔχθρᾳ ὄντες πρὸς ʳἑαυτούς.

Jesus Dies in Place of Barabbas
(Mt. 27:15-26; Mk. 15:6-15; Jn. 18:39-19:16)

13 Πιλᾶτος δὲ συγκαλεσάμενος τοὺς ἀρχιερεῖς καὶ τοὺς ἄρχοντας καὶ τὸν λαόν, 14 εἶπε πρὸς αὐτούς, "Προσηνέγκατέ μοι τὸν ἄνθρωπον τοῦτον, ὡς ἀποστρέφοντα τὸν λαόν. Καὶ ἰδού, ἐγὼ ἐνώπιον ὑμῶν ἀνακρίνας •οὐδὲν εὗρον ἐν τῷ ἀνθρώπῳ τούτῳ αἴτιον ὧν κατηγορεῖτε κατ᾽ αὐτοῦ.

5 ᵀκαι אB vs 𝕸 𝔭⁷⁵A   6 °𝕲 (h.C) vs 𝕸A
8 ῾εξ ικανων χρονων θελων 𝕲 (h.C) vs ΜA
8 °𝕲 (h.C) vs 𝕸A   11 ᵀκαι 𝔭⁷⁵א, [Cr] vs 𝕸BA
11 °𝕲 (h.C) vs 𝕸A   12 ᶠ4231 𝕲 (h.C) vs 𝕸A
12 ʳαυτους 𝕲 (h.C) vs 𝕸A   14 •ουθεν 𝕲 (h.C) vs 𝕸A

15 Ἀλλ᾽ οὐδὲ Ἡρώδης· ⸤ἀνέπεμψα γὰρ ὑμᾶς πρὸς αὐτόν⸥, καὶ ἰδού, οὐδὲν ἄξιον θανάτου ἐστὶ πεπραγμένον αὐτῷ. 16 Παιδεύσας οὖν αὐτὸν ἀπολύσω." 17 □᾽Ανάγκην δὲ εἶχεν ἀπολύειν αὐτοῖς κατὰ ἑορτὴν ἕνα.\

18 ⸢Ἀνέκραξαν δὲ παμπληθεί, λέγοντες, "Αἶρε τοῦτον, ἀπόλυσον δὲ ἡμῖν¹ Βαραββᾶν" — 19 ὅστις ἦν διὰ στάσιν τινὰ γενομένην ἐν τῇ πόλει καὶ φόνον ⸢βεβλημένος εἰς φυλακήν⸥. 20 Πάλιν ⸢οὖν ὁ Πιλᾶτος προσεφώνησε ᵀ, θέλων ἀπολῦσαι τὸν Ἰησοῦν.

21 Οἱ δὲ ἐπεφώνουν, λέγοντες, ⸢"Σταύρωσον, σταύρω-σον⸥ αὐτόν!"

22 Ὁ δὲ τρίτον εἶπε πρὸς αὐτούς, "Τί γὰρ κακὸν ἐποίησεν οὗτος? Οὐδὲν αἴτιον θανάτου εὗρον ἐν αὐτῷ. Παι-δεύσας οὖν αὐτὸν ἀπολύσω." 23 Οἱ δὲ ἐπέκειντο φωναῖς μεγάλαις, αἰτούμενοι αὐτὸν σταυρωθῆναι. Καὶ κατίσχυον αἱ φωναὶ αὐτῶν □καὶ τῶν ἀρχιερέων\. 24 ⸢Ὁ δὲ⸥ Πιλᾶτος ἐπέκρινε γενέσθαι τὸ αἴτημα αὐτῶν. 25 Ἀπέλυσε δὲ² τὸν διὰ στάσιν καὶ φόνον βεβλημένον εἰς °τὴν φυλακήν, ὃν ᾐτοῦντο· τὸν δὲ Ἰησοῦν παρέδωκε τῷ θελήματι αὐτῶν.

Jesus Is Crucified
(Mt. 27:32-34; Mk. 15:21-32; Jn. 19:17-27)

26 Καὶ ὡς ἀπήγαγον αὐτόν, ἐπιλαβόμενοι Σίμωνός τινος Κυρηναίου ἐρχομένου³ ἀπ᾽ ἀγροῦ ἐπέθηκαν αὐτῷ τὸν σταυρὸν φέρειν ὄπισθεν τοῦ Ἰησοῦ.

---

¹18 ημιν 𝕸 A vs + τον 𝕲 (h.C), TR Cr
²25 δε 𝕸𝕲 (h.C) A, Cr vs + αυτοις TR
³26 Σιμωνος τινος Κυρηναιου ερχομενου 𝕸 (Κηρυναιου for Κυρηναιου A) vs Σιμωνα τινα Κυρηναιον ερχομενον 𝕲, Cr vs τινα Σιμωνα Κυρηναιον ερχομενον C vs Σιμωνος τινος Κυρηναιου του ερχομενου TR

---

15 ⸤ανεπεμψεν γαρ αυτον προς ημας 𝕲 (h.C) vs 𝕸A
17 □𝔭⁷⁵BA vs 𝕸 (ειχον for ειχεν ℵ*)
18 ⸢ανεκραγον 𝕲 (h.C) vs 𝕸A   19 ⸢βληθεις εν τη φυλακη 𝔭⁷⁵B
(− βληθεις ℵ*) vs 𝕸A   20 ⸢δε 𝕲 (h.C) A vs 𝕸
20 ᵀαυτοις 𝕲 (h.C) vs 𝕸A   21 ⸢σταυρου σταυρου 𝕲 (h.C) vs 𝕸A
23 □𝕲 (h.C) vs 𝕸A   24 ⸢και 𝕲 (h.C) vs 𝕸A   25 °ℵB vs 𝕸𝔭⁷⁵AC

27 Ἠκολούθει δὲ αὐτῷ πολὺ πλῆθος τοῦ λαοῦ καὶ γυναικῶν ʽαῒ καὶʼ ἐκόπτοντο καὶ ἐθρήνουν αὐτόν. 28 Στραφεὶς δὲ ʽπρὸς αὐτὰς ὁ Ἰησοῦςʼ εἶπε, "Θυγατέρες Ἰερουσαλήμ, μὴ κλαίετε ἐπ᾿ ἐμέ, πλὴν ἐφ᾿ ἑαυτὰς κλαίετε καὶ ἐπὶ τὰ τέκνα ὑμῶν. 29 Ὅτι ἰδού, ἔρχονται ἡμέραι ἐν αἷς ἐροῦσι, 'Μακάριαι αἱ στεῖραι, καὶ ᵀ κοιλίαι αἳ οὐκ ἐγέννησαν, καὶ μαστοὶ οἳ οὐκ ʳἐθήλασαν.ʼ

30 ῞Τότε ἄρξονται «λέγειν τοῖς ὄρεσι·
　　Πέσετε ἐφ᾿ ἡμᾶς!ʼ
　　Καὶ τοῖς βουνοῖς·
　　Καλύψατε ἡμᾶς!ʼ»

31 Ὅτι εἰ ἐν τῷ ὑγρῷ ξύλῳ ταῦτα ποιοῦσιν, ἐν τῷ ξηρῷ τί γένηται?"

32 Ἤγοντο δὲ καὶ ἕτεροι ʽδύο κακοῦργοιʼ σὺν αὐτῷ ἀναιρεθῆναι.

33 Καὶ ὅτε ʳἀπῆλθον ἐπὶ τὸν τόπον τὸν καλούμενον Κρανίον, ἐκεῖ ἐσταύρωσαν αὐτόν, καὶ τοὺς κακούργους, ὃν μὲν ἐκ δεξιῶν, ὃν δὲ ἐξ ἀριστερῶν.

34 □Ὁ δὲ Ἰησοῦς ἔλεγε, "Πάτερ, ἄφες αὐτοῖς, οὐ γὰρ οἴδασι τί ποιοῦσι."﹨ Διαμεριζόμενοι δὲ τὰ ἱμάτια αὐτοῦ, ἔβαλον ʳκλῆρον. 35 Καὶ εἱστήκει ὁ λαὸς θεωρῶν.

Ἐξεμυκτήριζον δὲ καὶ οἱ ἄρχοντες □σὺν αὐτοῖς,﹨ λέγοντες, "῍Αλλους ἔσωσε, σωσάτω ἑαυτόν, εἰ οὗτός ἐστιν ὁ Χριστός, ʽὁ τοῦ Θεοῦ ἐκλεκτόςʼ."

36 ʳἘνέπαιζον δὲ αὐτῷ καὶ οἱ στρατιῶται, προσερχόμενοι °καὶ ὄξος προσφέροντες αὐτῷ, 37 καὶ λέγοντες, "Εἰ σὺ εἶ ὁ Βασιλεὺς τῶν Ἰουδαίων, σῶσον σεαυτόν."

---

27 ʽαι 𝕮A vs 𝔐 ; (– ℵ)　　28 ʽ124 𝕮 vs 𝔐A (3412 C), [Cr]
29 ᵀαι 𝕮 vs M𝔭⁷⁵A　　29 ʳεθρεψαν 𝕮 vs 𝔐A
32 ʽ𝕮 vs 𝔐AC　　33 ʳηλθον 𝕮 vs 𝔐A
34 □𝔭⁷⁵B vs 𝔐ℵ*C (ο δε Ιησους ειπεν αφες αυτοις ου γαρ οιδασιν τι ποιουσιν A), [Cr]　　34 ʳκληρους A vs 𝔐𝕮　　35 □𝕮 vs 𝔐A
35 ʽ2314 B vs 𝔐A; (1 υιος 2314 𝔭⁷⁵; 12314 ℵ*; 1423 C*)
36 ʳενεπαιξαν 𝔭⁷⁵ (ℵ) B vs 𝔐 (A) (C)　　36 °𝕮A vs 𝔐

30 Hos.10:8

38 Ἦν δὲ καὶ ἐπιγραφὴ ⌐¹γεγραμμένη ἐπ᾽ αὐτῷ⌐ ⌐γράμ-
μασιν Ἑλληνικοῖς καὶ Ῥωμαϊκοῖς καὶ Ἑβραϊκοῖς⌐·

⌐²ΟΥΤΟΣ ΕΣΤΙΝ Ο ΒΑΣΙΛΕΥΣ ΤΩΝ ΙΟΥΔΑΙΩΝ⌐

39 Εἷς δὲ τῶν κρεμασθέντων κακούργων ἐβλασφήμει
αὐτόν, λέγων, "ᵣΕἰ σὺ εἶ ὁ Χριστός, σῶσον σεαυτὸν καὶ
ἡμᾶς."
40 Ἀποκριθεὶς δὲ ὁ ἕτερος ⌐¹ἐπετίμα αὐτῷ, ⌐²λέγων,
"Οὐδὲ φοβῇ σὺ τὸν Θεόν, ὅτι ἐν τῷ αὐτῷ κρίματι εἶ?
41 Καὶ ἡμεῖς μὲν δικαίως, ἄξια γὰρ ὧν ἐπράξαμεν
ἀπολαμβάνομεν· οὗτος δὲ οὐδὲν ἄτοπον ἔπραξε." 42 Καὶ
ἔλεγε ⌐¹τῷ Ἰησοῦ, "Μνήσθητί μου, ⌐²Κύριε, ὅταν ἔλθῃς ⌐ἐν
τῇ βασιλείᾳ⌐ σου."
43 Καὶ εἶπεν αὐτῷ ⌐ὁ Ἰησοῦς⌐, "᾽Αμὴν ⌐ˢλέγω σοι²,
σήμερον μετ᾽ ἐμοῦ ἔσῃ ἐν τῷ Παραδείσῳ."

Jesus Dies on the Cross
(Mt. 27:45-56; Mk. 15:33-41; Jn. 19:28-30)

44 ⌐Ἦν δὲ⌐ ὡσεὶ ὥρα ἕκτη, καὶ σκότος ἐγένετο ἐφ᾽ ὅλην
τὴν γῆν ἕως ὥρας ἐνάτης.¹ 45 ⌐¹Καὶ ἐσκοτίσθη ὁ ἥλιος⌐, ⌐²καὶ
ἐσχίσθη⌐ τὸ καταπέτασμα τοῦ ναοῦ μέσον.
46 Καὶ φωνήσας φωνῇ μεγάλῃ ὁ Ἰησοῦς εἶπε, "Πάτερ,
«εἰς χεῖράς σου ⌐παραθήσομαι τὸ πνεῦμά μου.»" ⌐Καὶ
ταῦτα⌐ εἰπὼν ἐξέπνευσεν.

---

¹44 ενατης 𝔐 𝕲A, Cr vs εννατης TR

38 ⌐¹επ αυτω 𝕲 vs 𝔐; (επ αυτω γεγραμμενη C*; επιγεγραμμενη
επ αυτω A)
38 ⌐𝕲 vs 𝔐A (γραμμασιν Ελληνικοις Ρωμαικοις Εβραικοις ℵ*)
38 ⌐²3-61 𝕲 vs 𝔐A; (3-6 C)   39 ⌐ουχι 𝕲 vs 𝔐A
40 ⌐¹επιτιμων 𝕲 vs 𝔐A   40 ⌐²εφη 𝕲 vs 𝔐A
42 ᵒ¹ ² 𝕲 vs 𝔐A   42 ⌐εις την βασιλειαν 𝔭⁷⁵B vs 𝔐ℵAC
43 ⌐𝕲 vs 𝔐AC   43 ˢ𝕲 vs 𝔐ℵA
44 ⌐και ην ηδη 𝕲 vs 𝔐A; (και ην ℵ)
45 ⌐¹του ηλιου εκλιποντος 𝔭⁷⁵*ℵ C*ᵛⁱᵈ (τ. ηλ. εκλειποντος Β) vs 𝔐A
45 ⌐²εσχισθη δε 𝕲 vs 𝔐A   46 ⌐παρατιθεμαι 𝕲A vs M
46 ⌐τουτο δε 𝕲 vs MA

---

46 Ps. 31:5

47 Ἰδὼν δὲ ὁ •ἑκατόνταρχος τὸ γενόμενον ᵣἐδόξασε τὸν Θεόν, λέγων, " Ὄντως ὁ ἄνθρωπος οὗτος δίκαιος ἦν." 48 Καὶ πάντες οἱ συμπαραγενόμενοι ὄχλοι ἐπὶ τὴν θεωρίαν ταύτην, ⸀θεωροῦντες τὰ γενόμενα⸅, τύπτοντες ᵒἑαυτῶν τὰ στήθη ὑπέστρεφον. 49 Εἱστήκεισαν δὲ πάντες οἱ γνωστοὶ ᵣᵢαὐτοῦ ᵀ μακρόθεν καὶ γυναῖκες αἱ ᵣ²συνακολουθήσασαι αὐτῷ ἀπὸ τῆς Γαλιλαίας, ὁρῶσαι ταῦτα.

Jesus Is Buried in Joseph's Tomb
(Mt. 27:57-61; Mk. 15:42-47; Jn. 19:38-42)

50 Καὶ ἰδού, ἀνὴρ ὀνόματι Ἰωσήφ, βουλευτὴς ὑπάρχων, ᵀ ἀνὴρ ἀγαθὸς καὶ δίκαιος 51 (οὗτος οὐκ ἦν συγκατα- τεθειμένος τῇ βουλῇ καὶ τῇ πράξει αὐτῶν), ἀπὸ Ἀριμαθαίας πόλεως τῶν Ἰουδαίων, ὃς καὶᵢ προσεδέχετο ᵒκαὶ αὐτὸς⸅ τὴν βασιλείαν τοῦ Θεοῦ, 52 οὗτος προσελθὼν τῷ Πιλάτῳ ᾐτήσατο τὸ σῶμα τοῦ Ἰησοῦ. 53 Καὶ καθελὼν ᵒαὐτὸ ἐνετύλιξεν αὐτὸ σινδόνι, καὶ ἔθηκεν ᵣαὐτὸ ἐν μνήματι λαξευτῷ, οὗ οὐκ ἦν ⸀οὐδέπω οὐδεὶς⸅ κείμενος. 54 Καὶ ἡμέρα ἦν ᵣΠαρασκευή· σάββατον² ἐπέφωσκε. 55 Κατακολουθήσασαι δὲ³ γυναῖκες, αἵτινες ἦσαν συν- εληλυθυῖαι ⸀αὐτῷ ἐκ τῆς Γαλιλαίας⸅, ἐθεάσαντο τὸ μνημεῖον καὶ ὡς ἐτέθη τὸ σῶμα αὐτοῦ. 56 Ὑποστρέψασαι δὲ ἡτοίμασαν ἀρώματα καὶ μύρα.

---

¹51 και **MA**, TR vs − M⸀Ɠ, Cr
²54 σαββατον 𝔐 A vs και σαββατον Ɠ, TR Cr
³55 δε 𝔐 אAC vs + αι 𝔭⁷⁵B, Cr vs +και TR

---

47 •εκατονταρχης Ɠ vs 𝔐 AC   47 ᵣεδοξαζεν Ɠ vs 𝔐 AC
48 ⸀θεωρησαντες τα γενομενα Ɠ vs 𝔐; (− A)
48 ᵒƠA vs 𝔐   49 ᵣᵢαυτω 𝔭⁷⁵BA vs 𝔐 אC
49 ᵀαπο Ɠ vs 𝔐 AC   49 ᵣ²συνακολουθουσαι Ɠ vs 𝔐 A
50 ᵀκαι Ɠ, [Cr] vs 𝔐 BA   51 ᵒƠ vs MA
53 ᵒƠ vs 𝔐 A   53 ᵣαυτον Ɠ vs 𝔐 𝔭⁷⁵A
53 ⸀ουδεις ουπω 𝔭⁷⁵BA vs M; (ουδεις ουδεπω אC)
54 ᵣπαρασκευης Ɠ vs 𝔐 A   55 ⸀2-41 Ɠ (C*ᵛⁱᵈ) vs 𝔐 A

The Open Tomb: He Is Risen
(Mt. 28:1-8; Mk. 16:1-8; Jn. 20:1-10)

24 Καὶ τὸ μὲν σάββατον ἡσύχασαν κατὰ τὴν ἐντολήν. Τῇ δὲ μιᾷ τῶν σαββάτων, ὄρθρου βαθέως,¹ ⌐ἦλθον ἐπὶ τὸ μνῆμα⌐ φέρουσαι ἃ ἡτοίμασαν ἀρώματα, ⌐καί τινες σὺν αὐταῖς.⌐ 2 Εὗρον δὲ τὸν λίθον ἀποκεκυλισμένον ἀπὸ τοῦ μνημείου. 3 ⌐Καὶ εἰσελθοῦσαι⌐ οὐχ εὗρον τὸ σῶμα τοῦ Κυρίου Ἰησοῦ. 4 Καὶ ἐγένετο ἐν τῷ ⌐διαπορεῖσθαι αὐτὰς περὶ τούτου, καὶ ἰδού, ἄνδρες δύο² ἐπέστησαν αὐταῖς ἐν ⌐ἐσθήσεσιν ἀστραπτούσαις.⌐ 5 Ἐμφόβων δὲ γενομένων αὐτῶν καὶ κλινουσῶν ⌐τὸ πρόσωπον⌐ εἰς τὴν γῆν, εἶπον πρὸς αὐτάς, "Τί ζητεῖτε τὸν ζῶντα μετὰ τῶν νεκρῶν? 6 Οὐκ ἔστιν ὧδε, ἀλλ᾽ ἠγέρθη! Μνήσθητε ὡς ἐλάλησεν ὑμῖν ἔτι ὢν ἐν τῇ Γαλιλαίᾳ, 7 λέγων ⌐ὅτι δεῖ τὸν Υἱὸν τοῦ Ἀνθρώπου⌐ παραδοθῆναι εἰς χεῖρας ἀνθρώπων ἁμαρτωλῶν, καὶ σταυρωθῆναι, καὶ τῇ τρίτῃ ἡμέρᾳ ἀναστῆναι." 8 Καὶ ἐμνήσθησαν τῶν ῥημάτων αὐτοῦ.

9 Καὶ ὑποστρέψασαι ἀπὸ τοῦ μνημείου, ἀπήγγειλαν³ ταῦτα πάντα⁴ τοῖς ἕνδεκα καὶ πᾶσι τοῖς λοιποῖς. 10 Ἦσαν δὲ ἡ Μαγδαληνὴ Μαρία καὶ Ἰωάννα καὶ Μαρία⁵ Ἰακώβου, καὶ αἱ λοιπαὶ σὺν αὐταῖς, ⌐αἳ ἔλεγον πρὸς τοὺς ἀποστόλους ταῦτα. 11 Καὶ ἐφάνησαν ἐνώπιον αὐτῶν ὡσεὶ λῆρος τὰ ῥήματα ⌐αὐτῶν, καὶ ἠπίστουν αὐταῖς. 12 Ὁ δὲ Πέτρος ἀναστὰς ἔδραμεν ἐπὶ τὸ μνημεῖον, καὶ παρακύψας βλέπει τὰ ὀθόνια ⌐κείμενα μόνα· καὶ ἀπῆλθε πρὸς ἑαυτὸν θαυμάζων τὸ γεγονός.

---

¹1 βαθεως MᵖᵗᏭA, Cr vs βαθεος Mᵖᵗ, TR
²4 ανδρες δυο 𝔐ᏭA, Cr vs δυο ανδρες TR
³9 απηγγειλαν 𝔐Ᏽ (h.C) A, Cr vs απεγγειλαν TR
⁴9 ταυτα παντα Mᵖᵗᵛⁱᵈ𝔭⁷⁵BA, TR Cr vs παντα ταυτα Mᵖᵗᵛⁱᵈℵ
⁵10 Μαρια Mᵖᵗ, TR vs +η MᵖᵗᏭ (h.C) A, Cr

---

1 ⌐επι το μνημα ηλθον B (μνημειον for μνημα 𝔭⁷⁵ℵ) vs 𝔐A (ηλθον επι το μνημειον C*)   1 ⌐Ᏽ vs 𝔐A
3 ⌐εισελθουσαι δε Ᏽ vs 𝔐A   4 ⌐απορεισθαι Ᏽ vs 𝔐A
4 ⌐εσθητι αστραπτουση Ᏽ vs 𝔐 (A)(C) 5 ⌐τα προσωπα Ᏽ vs 𝔐A
7 ⌐3-612 Ᏽ (C*ᵛⁱᵈ) vs 𝔐A   10 °Ᏽ (h.C) A vs M
11 ⌐ταυτα Ᏽ (h.C) vs 𝔐A   12 °Ᏽ (h.C) vs 𝔐A

The Road to Emmaus
(Mk. 16:12,13)

13 Καὶ ἰδού, δύο ἐξ αὐτῶν ⸂ἦσαν πορευόμενοι ἐν αὐτῇ τῇ
ἡμέρᾳ⸃ εἰς κώμην ἀπέχουσαν σταδίους ἑξήκοντα ἀπὸ
Ἱερουσαλήμ, ᾗ ὄνομα Ἐμμαούς. **14** Καὶ αὐτοὶ ὡμίλουν πρὸς
ἀλλήλους περὶ πάντων τῶν συμβεβηκότων τούτων. **15** Καὶ
ἐγένετο ἐν τῷ ὁμιλεῖν αὐτοὺς καὶ συζητεῖν, καὶ αὐτὸς °ὁ
Ἰησοῦς ἐγγίσας συνεπορεύετο αὐτοῖς. **16** Οἱ δὲ ὀφθαλμοὶ
αὐτῶν ἐκρατοῦντο τοῦ μὴ ἐπιγνῶναι αὐτόν.

17 Εἶπε δὲ πρὸς αὐτούς, "Τίνες οἱ λόγοι οὗτοι οὓς
ἀντιβάλλετε πρὸς ἀλλήλους περιπατοῦντες, καὶ ⸀ἐστε
σκυθρωποί?"

18 Ἀποκριθεὶς δὲ °ὁ εἷς ⸂ᾧ ὄνομα⸃ Κλεοπᾶς, εἶπε πρὸς
αὐτόν, "Σὺ μόνος παροικεῖς[1] Ἱερουσαλήμ, καὶ οὐκ ἔγνως
τὰ γενόμενα ἐν αὐτῇ ἐν ταῖς ἡμέραις ταύταις?"

19 Καὶ εἶπεν αὐτοῖς, "Ποῖα?"

Οἱ δὲ εἶπον αὐτῷ, "Τὰ περὶ Ἰησοῦ τοῦ ⸀Ναζωραίου, ὃς[2]
ἐγένετο ἀνὴρ προφήτης δυνατὸς ἐν ἔργῳ καὶ λόγῳ
ἐναντίον τοῦ Θεοῦ καὶ παντὸς τοῦ λαοῦ, **20** ὅπως τε
παρέδωκαν αὐτὸν οἱ ἀρχιερεῖς καὶ οἱ ἄρχοντες ἡμῶν εἰς
κρίμα θανάτου, καὶ ἐσταύρωσαν αὐτόν. **21** Ἡμεῖς δὲ
ἠλπίζομεν ὅτι αὐτός ἐστιν ὁ μέλλων λυτροῦσθαι τὸν
Ἰσραήλ. Ἀλλά γε ⸆ σὺν πᾶσι τούτοις τρίτην ταύτην ἡμέ-
ραν ἄγει °σήμερον ἀφʼ οὗ ταῦτα ἐγένετο. **22** Ἀλλὰ καὶ
γυναῖκές τινες ἐξ ἡμῶν ἐξέστησαν ἡμᾶς, γενόμεναι ⸀ὄρ-
θριαι ἐπὶ τὸ μνημεῖον. **23** Καὶ μὴ εὑροῦσαι τὸ σῶμα αὐτοῦ,
ἦλθον λέγουσαι καὶ ὀπτασίαν ἀγγέλων ἑωρακέναι, οἳ
λέγουσιν αὐτὸν ζῆν. **24** Καὶ ἀπῆλθόν τινες τῶν σὺν ἡμῖν ἐπὶ
τὸ μνημεῖον καὶ εὗρον οὕτω καθὼς καὶ αἱ γυναῖκες εἶπον·
αὐτὸν δὲ οὐκ εἶδον."

---

[1]**18** παροικεις **𝔐Є** (h.C) A, Cr vs + εν TR
[2]**19** ος **MЄ** (h.C) A, TR Cr vs ως Mʳ

---

13 ⸂3-612 $\mathfrak{p}^{75}$B (35461 δε 2 א*) vs **𝔐** (ωρα for ημερα A)
15 °Є (h.C) A vs **𝔐** **17** ⸀εσταθησαν Є (h.C) A^{*vid} vs **𝔐**
18 °Є (h.C) vs **M**A **18** ⸂ονοματι Є (h.C) vs **𝔐**A
19 ⸀Ναζαρηνου Є (h.C) vs **𝔐**A **21** ⸆και Є (h.C) vs **𝔐**A
21 °Є (h.C) vs **𝔐**A **22** ⸀ορθριναι Є (h.C) A vs **𝔐**

25 Καὶ αὐτὸς εἶπε πρὸς αὐτούς, "῏Ω ἀνόητοι καὶ βραδεῖς τῇ καρδίᾳ τοῦ πιστεύειν ἐπὶ πᾶσιν οἷς ἐλάλησαν οἱ προφῆται! 26 Οὐχὶ ταῦτα ἔδει παθεῖν τὸν Χριστὸν καὶ εἰσελθεῖν εἰς τὴν δόξαν αὐτοῦ;" 27 Καὶ ἀρξάμενος ἀπὸ Μωσέως καὶ ἀπὸ πάντων τῶν προφητῶν, ʳδιηρμήνευεν αὐτοῖς ἐν πάσαις ταῖς Γραφαῖς τὰ περὶ ἑαυτοῦ.

28 Καὶ ἤγγισαν εἰς τὴν κώμην οὗ ἐπορεύοντο, καὶ αὐτὸς ʳ¹προσεποιεῖτο ʳ²πορρωτέρω πορεύεσθαι. 29 Καὶ παρεβιάσαντο αὐτόν, λέγοντες, "Μεῖνον μεθ᾽ ἡμῶν, ὅτι πρὸς ἑσπέραν ἐστί, καὶ κέκλικεν ᵀ ἡ ἡμέρα." Καὶ εἰσῆλθε τοῦ μεῖναι σὺν αὐτοῖς. 30 Καὶ ἐγένετο ἐν τῷ κατακλιθῆναι αὐτὸν μετ᾽ αὐτῶν, λαβὼν τὸν ἄρτον εὐλόγησε, καὶ κλάσας ἐπεδίδου αὐτοῖς. 31 Αὐτῶν δὲ διηνοίχθησαν οἱ ὀφθαλμοὶ καὶ ἐπέγνωσαν αὐτόν· καὶ αὐτὸς ἄφαντος ἐγένετο ἀπ᾽ αὐτῶν. 32 Καὶ εἶπον πρὸς ἀλλήλους, "Οὐχὶ ἡ καρδία ἡμῶν καιομένη ἦν ᵒἐν ἡμῖνˋ ὡς ἐλάλει ἡμῖν ἐν τῇ ὁδῷ, °καὶ ὡς διήνοιγεν ἡμῖν τὰς Γραφάς;" 33 Καὶ ἀναστάντες αὐτῇ τῇ ὥρᾳ ὑπέστρεψαν εἰς Ἰερουσαλήμ, καὶ εὗρον ʳσυνηθροισμένους τοὺς ἕνδεκα καὶ τοὺς σὺν αὐτοῖς, 34 λέγοντας ὅτι "ˢἨγέρθη ὁ Κύριος ὄντωςˋ καὶ ὤφθη Σίμωνι!" 35 Καὶ αὐτοὶ ἐξηγοῦντο τὰ ἐν τῇ ὁδῷ, καὶ ὡς ἐγνώσθη αὐτοῖς ἐν τῇ κλάσει τοῦ ἄρτου.

Jesus Appears to His Disciples
(Mk. 16:14; Jn. 20:19,20)

36 Ταῦτα δὲ αὐτῶν λαλούντων,¹ αὐτὸς ᵒὁ Ἰησοῦςˋ ἔστη ἐν μέσῳ αὐτῶν, καὶ λέγει αὐτοῖς, "Εἰρήνη ὑμῖν." 37 Πτοηθέντες δὲ καὶ ἔμφοβοι γενόμενοι ἐδόκουν πνεῦμα θεωρεῖν. 38 Καὶ εἶπεν αὐτοῖς, "Τί τεταραγμένοι ἐστέ? Καὶ

¹36 λαλουντων MᵖᵗG (h.C) A, TR Cr vs +και Mᵖᵗ

27 ʳδιερμηνευσεν 𝔭⁷⁵B vs M (διερμηνευεν A); (διερμηνευειν ℵ*)
28 ʳ¹προσεποιησατο G (h.C) A vs 𝔐
28 ʳ²πορρωτερον 𝔭⁷⁵BA vs 𝔐 (πορρωτερωτερω ℵ*)
29 ᵀηδη G (h.C) vs 𝔐A   32 ᵒ𝔭⁷⁵B vs 𝔐ℵA, [Cr]
32 °G (h.C) vs 𝔐A   33 ʳηθροισμενους G (h.C) vs 𝔐A
34 ˢ41-3 G (h.C) vs 𝔐A   36 ᵒG (h.C) vs 𝔐A

διὰ τί διαλογισμοὶ ἀναβαίνουσιν ἐν ⌜ταῖς καρδίαις⌝ ὑμῶν? 39 Ἴδετε τὰς χεῖράς μου καὶ τοὺς πόδας μου, ὅτι ⌐αὐτὸς ἐγώ εἰμι⌐. Ψηλαφήσατέ με καὶ ἴδετε, ὅτι πνεῦμα σάρκα καὶ ὀστέα οὐκ ἔχει, καθὼς ἐμὲ θεωρεῖτε ἔχοντα." 40 Καὶ τοῦτο εἰπὼν ⌜ἐπέδειξεν αὐτοῖς τὰς χεῖρας καὶ τοὺς πόδας. 41 Ἔτι δὲ ἀπιστούντων αὐτῶν ἀπὸ τῆς χαρᾶς καὶ θαυμαζόντων, εἶπεν αὐτοῖς, "Ἔχετέ τι βρώσιμον ἐνθάδε?" 42 Οἱ δὲ ἐπέδωκαν αὐτῷ ἰχθύος ὀπτοῦ μέρος, □καὶ ἀπὸ μελισσίου κηρίου⌐. 43 Καὶ λαβὼν ἐνώπιον αὐτῶν ἔφαγεν.

Jesus Opens the Scriptures

44 Εἶπε δὲ ⌜αὐτοῖς, "Οὗτοι οἱ λόγοι ᵀ¹ οὓς ἐλάλησα πρὸς ὑμᾶς ἔτι ὢν σὺν ὑμῖν, ὅτι δεῖ πληρωθῆναι πάντα τὰ γεγραμμένα ἐν τῷ Νόμῳ Μωσέως καὶ ᵀ² Προφήταις καὶ Ψαλμοῖς περὶ ἐμοῦ." 45 Τότε διήνοιξεν αὐτῶν τὸν νοῦν τοῦ συνιέναι τὰς Γραφάς. 46 Καὶ εἶπεν αὐτοῖς ὅτι "Οὕτω γέγραπται, □καὶ οὕτως ἔδει⌐ παθεῖν τὸν Χριστὸν καὶ ἀναστῆναι ἐκ νεκρῶν τῇ τρίτῃ ἡμέρα, 47 καὶ κηρυχθῆναι ἐπὶ τῷ ὀνόματι αὐτοῦ μετάνοιαν ⌜καὶ ἄφεσιν ἁμαρτιῶν εἰς πάντα τὰ ἔθνη, ⌜²ἀρξάμενον ἀπὸ Ἰερουσαλήμ. 48 Ὑμεῖς °δέ ⌜ἐστε μάρτυρες⌝ τούτων. 49 Καὶ °ἰδού, ἐγὼ ἀποστέλλω τὴν ἐπαγγελίαν τοῦ Πατρός μου ἐφ᾽ ὑμᾶς· ὑμεῖς δὲ καθίσατε ἐν τῇ πόλει °² Ἰερουσαλὴμ ἕως οὗ ἐνδύσησθε ⌐δύναμιν ἐξ ὕψους⌐."

Jesus Ascends to Heaven
(Mk. 16:19, 20; Ac. 1:9-11)

50 Ἐξήγαγε δὲ αὐτοὺς °ἔξω ἕως ⌜εἰς Βηθανίαν, καὶ ἐπάρας τὰς χεῖρας αὐτοῦ εὐλόγησεν αὐτούς. 51 Καὶ

---

38 ⌜τη καρδια 𝔭⁷⁵B vs 𝔐אA   39 ⸆231 G (h.C) vs 𝔐A
40 ⌜εδειξεν G (h.C) vs 𝔐A   42 □G (h.C) A vs 𝔐
44 ⌜προς αυτους G (h.C) vs 𝔐A   44 ᵀ¹μου 𝔭⁷⁵BA vs 𝔐א
44 ᵀ²τοις 𝔭⁷⁵B (εν τοις א) vs 𝔐A   46 □G vs 𝔐A
47 ⌜¹εις G vs 𝔐AC   47 ⌜²αρξαμενοι G vs 𝔐𝔭⁷⁵A
48 °G vs 𝔐A   48 ⸂2 𝔭⁷⁵B vs 𝔐א (A); (21 C*)
49 °¹𝔭⁷⁵א vs 𝔐BAC, [Cr]   49 °²G vs 𝔐A
49 ⸆231 G vs 𝔐A   50 °G vs 𝔐A, [Cr]   50 ⌜προς G vs 𝔐A

ἐγένετο ἐν τῷ εὐλογεῖν αὐτὸν αὐτούς, διέστη ἀπ᾽ αὐτῶν καὶ ἀνεφέρετο εἰς τὸν οὐρανόν. **52** Καὶ αὐτοὶ προσκυνήσαντες αὐτόν, ὑπέστρεψαν εἰς Ἰερουσαλὴμ μετὰ χαρᾶς μεγάλης, **53** καὶ ἦσαν διὰ παντὸς ἐν τῷ ἱερῷ □αἰνοῦντες καὶˋ εὐλογοῦντες τὸν Θεόν. ° Ἀμήν.

---

53 □𝕲 vs 𝔐A   53 °𝕲 vs 𝔐BA

ΚΑΤΑ ΙΩΑΝΝΗΝ

In the Beginning Was the Word

ΕΝ ἀρχῇ ἦν ὁ Λόγος, καὶ ὁ Λόγος ἦν πρὸς τὸν Θεόν, καὶ Θεὸς ἦν ὁ Λόγος. **2** Οὗτος ἦν ἐν ἀρχῇ πρὸς τὸν Θεόν. **3** Πάντα δι᾽ αὐτοῦ ἐγένετο, καὶ χωρὶς αὐτοῦ ἐγένετο οὐδὲ ἓν ὃ γέγονεν. **4** Ἐν αὐτῷ ζωὴ ἦν, καὶ ἡ ζωὴ ἦν τὸ φῶς τῶν ἀνθρώπων. **5** Καὶ τὸ φῶς ἐν τῇ σκοτίᾳ φαίνει, καὶ ἡ σκοτία αὐτὸ οὐ κατέλαβεν.

John Sent to Witness

6 Ἐγένετο ἄνθρωπος ἀπεσταλμένος παρὰ Θεοῦ, ὄνομα αὐτῷ Ἰωάννης. **7** Οὗτος ἦλθεν εἰς μαρτυρίαν, ἵνα μαρτυρήσῃ περὶ τοῦ φωτός, ἵνα πάντες πιστεύσωσι δι᾽ αὐτοῦ. **8** Οὐκ ἦν ἐκεῖνος τὸ φῶς ἀλλ᾽ ἵνα μαρτυρήσῃ περὶ τοῦ φωτός. **9** Ἦν τὸ φῶς τὸ ἀληθινὸν ὃ φωτίζει πάντα ἄνθρωπον ἐρχόμενον εἰς τὸν κόσμον. **10** Ἐν τῷ κόσμῳ ἦν, καὶ ὁ κόσμος δι᾽ αὐτοῦ ἐγένετο, καὶ ὁ κόσμος αὐτὸν οὐκ ἔγνω. **11** Εἰς τὰ ἴδια ἦλθε, καὶ οἱ ἴδιοι αὐτὸν οὐ παρέλαβον. **12** Ὅσοι δὲ ἔλαβον αὐτόν, ἔδωκεν αὐτοῖς ἐξουσίαν τέκνα Θεοῦ γενέσθαι, τοῖς πιστεύουσιν εἰς τὸ ὄνομα αὐτοῦ· **13** οἳ οὐκ ἐξ αἱμάτων, οὐδὲ ἐκ θελήματος σαρκός, οὐδὲ ἐκ θελήματος ἀνδρός, ἀλλ᾽ ἐκ Θεοῦ ἐγεννήθησαν.

The Word Becomes Flesh

14 Καὶ ὁ Λόγος σὰρξ ἐγένετο καὶ ἐσκήνωσεν ἐν ἡμῖν, καὶ ἐθεασάμεθα τὴν δόξαν αὐτοῦ, δόξαν ὡς μονογενοῦς παρὰ Πατρός, πλήρης χάριτος καὶ ἀληθείας. **15** Ἰωάννης μαρτυρεῖ περὶ αὐτοῦ καὶ κέκραγε λέγων, "Οὗτος ἦν ὃν εἶπον, ''Ο ὀπίσω μου ἐρχόμενος ἔμπροσθέν μου γέγονεν, ὅτι πρῶτός μου ἦν.' 16 ᴵΚαὶ ἐκ τοῦ πληρώματος αὐτοῦ ἡμεῖς πάντες ἐλάβομεν, καὶ χάριν ἀντὶ χάριτος. 17 ῞Οτι ὁ νόμος διὰ Μωσέως ἐδόθη, ἡ χάρις καὶ ἡ ἀλήθεια διὰ Ἰησοῦ Χριστοῦ ἐγένετο. 18 Θεὸν οὐδεὶς ἑώρακε πώποτε. ° ῾Ο μονογενὴς ᴵΥἱός, ὁ ὢν εἰς τὸν κόλπον τοῦ Πατρός, ἐκεῖνος ἐξηγήσατο.''

John the Baptist Prepares the Way

19 Καὶ αὕτη ἐστὶν ἡ μαρτυρία τοῦ Ἰωάννου ὅτε ἀπέστειλαν ᵀ οἱ Ἰουδαῖοι ἐξ Ἱεροσολύμων ἱερεῖς καὶ Λευίτας ἵνα ἐρωτήσωσιν αὐτόν, ''Σὺ τίς εἶ?''

20 Καὶ ὡμολόγησε, καὶ οὐκ ἠρνήσατο, καὶ ὡμολόγησεν ὅτι ''ᶠΟὐκ εἰμὶ ἐγὼᴵ ὁ Χριστός.''

21 Καὶ ἠρώτησαν αὐτόν, ᶠ''Τί οὖν? Ἠλίας εἶ σύ?''ᴵ Καὶ λέγει, ''Οὐκ εἰμί.''

'' ῾Ο Προφήτης εἶ σύ?''

Καὶ ἀπεκρίθη, ''Οὔ.''

22 Εἶπον οὖν αὐτῷ, ''Τίς εἶ, ἵνα ἀπόκρισιν δῶμεν τοῖς πέμψασιν ἡμᾶς? Τί λέγεις περὶ σεαυτοῦ?''

23 ῎Εφη,

'' Ἐγὼ «φωνὴ βοῶντος·

' Ἐν τῇ ἐρήμῳ εὐθύνατε τὴν ὁδὸν Κυρίου,'»

καθὼς εἶπεν Ἠσαΐας ὁ προφήτης.''

24 Καὶ °οἱ ἀπεσταλμένοι ἦσαν ἐκ τῶν Φαρισαίων. 25 Καὶ ἠρώτησαν αὐτὸν καὶ εἶπον αὐτῷ, ''Τί οὖν βαπτίζεις εἰ σὺ οὐκ εἶ ὁ Χριστὸς ᴵ¹οὔτε Ἠλίας ᴵ²οὔτε ὁ Προφήτης?''

26 Ἀπεκρίθη αὐτοῖς ὁ Ἰωάννης λέγων, '' Ἐγὼ βαπτίζω ἐν ὕδατι, μέσος °δὲ ὑμῶν ἕστηκεν ὃν ὑμεῖς οὐκ οἴδατε.

In John 𝕲 = 𝔭⁶⁶ ⁷⁵𝕩BC

16 ᶠοτι 𝕲 vs 𝔐 A   18 °𝕲 vs 𝔐𝔭⁷⁵A   18 ᶠΘεος 𝕲 vs 𝔐 A
19 ᵀπρος αυτον BC* (after Λευιτας A), [Cr] vs M𝔭⁶⁶ ⁷⁵𝕩
20 ᶠ312 𝕲A vs 𝔐
21 ᶠ12534 𝔭⁷⁵C* (τις 2534 𝔭⁶⁶) vs 𝔐A; (52134 B; 1-4 𝕩)
24 °𝕲A* vs 𝔐   25 ᴵ¹ ²ουδε 𝕲A vs 𝔐   26 °𝕲 vs 𝔐A

---

23 Is. 40:3

27 ⁰¹Αὐτός ἐστιν˘ ὁ ὀπίσω μου ἐρχόμενος, ⁰²ὃς ἔμπροσθέν μου γέγονεν,˘ οὗ ˢἐγὼ οὐκ εἰμὶ˥ ἄξιος ἵνα λύσω αὐτοῦ τὸν ἱμάντα τοῦ ὑποδήματος." 28 Ταῦτα ἐν Βηθανίᾳ ἐγένετο¹ πέραν τοῦ Ἰορδάνου, ὅπου ἦν ᵀ Ἰωάννης βαπτίζων.

Behold the Lamb of God

29 Τῇ ἐπαύριον βλέπει² τὸν Ἰησοῦν ἐρχόμενον πρὸς αὐτὸν καὶ λέγει, "Ἴδε ὁ Ἀμνὸς τοῦ Θεοῦ ὁ αἴρων τὴν ἁμαρτίαν τοῦ κόσμου! 30 Οὗτός ἐστι ᶠπερὶ οὗ ἐγὼ εἶπον, 'Ὀπίσω μου ἔρχεται ἀνὴρ ὃς ἔμπροσθέν μου γέγονεν, ὅτι πρῶτός μου ἦν.' 31 Κἀγὼ οὐκ ᾔδειν αὐτόν· ἀλλ᾽ ἵνα φανερωθῇ τῷ Ἰσραήλ, διὰ τοῦτο ἦλθον ἐγὼ ἐν ᵒτῷ ὕδατι βαπτίζων." 32 Καὶ ἐμαρτύρησεν³ Ἰωάννης λέγων ὅτι "Τεθέαμαι τὸ Πνεῦμα καταβαῖνον ὡσεὶ περιστερὰν⁴ ἐξ οὐρανοῦ, καὶ ἔμεινεν ἐπ᾽ αὐτόν. 33 Κἀγὼ οὐκ ᾔδειν αὐτόν, ἀλλ᾽ ὁ πέμψας με βαπτίζειν ἐν ὕδατι, ἐκεῖνός μοι εἶπεν, 'Ἐφ᾽ ὃν ἂν ἴδῃς τὸ Πνεῦμα καταβαῖνον καὶ μένον ἐπ᾽ αὐτόν, οὗτός ἐστιν ὁ βαπτίζων ἐν Πνεύματι Ἁγίῳ.' 34 Κἀγὼ ἑώρακα καὶ μεμαρτύρηκα ὅτι οὗτός ἐστιν ὁ Υἱὸς τοῦ Θεοῦ."

Jesus Calls His First Disciples

35 Τῇ ἐπαύριον πάλιν εἱστήκει ὁ Ἰωάννης καὶ ἐκ τῶν μαθητῶν αὐτοῦ δύο. 36 Καὶ ἐμβλέψας τῷ Ἰησοῦ περιπατοῦντι, λέγει, "Ἴδε ὁ Ἀμνὸς τοῦ Θεοῦ!" 37 Καὶ ἤκουσαν ˢαὐτοῦ οἱ δύο μαθηταὶ˥ λαλοῦντος, καὶ ἠκολούθησαν τῷ Ἰησοῦ.

---

¹28 εν Βηθανια εγενετο **Mψ⁷⁵BAC***, Cr vs εν Βιθαβαρα εγενετο **M**ʳ vs εν Βηθαβαρα εγενετο **TR** vs εγενετο εν Βηθανια **ψ⁶⁶ℵ***
²29 βλεπει **Mᵖᵗ𝕲A**, Cr vs + ο Ιωαννης **Mᵖᵗ, TR**
³32 εμαρτυρησεν **M𝕲A**, TR Cr vs + ο **M**ʳ
⁴32 καταβαινον ωσει περιστεραν **Mᵖᵗψ⁶⁶**, **TR** vs καταβαινον ως περιστεραν **Mᵖᵗψ⁷⁵BAC**, **Cr** vs ως περιστεραν καταβαινον **ℵ**

---

27 ⁰¹ ² 𝕲 vs 𝕸A   27 ˢ231 B, [Cr] vs 𝕸A; (23 𝕲)
28 ᵀο 𝕲 vs 𝕸A   30 ᶠυπερ 𝕲 vs 𝕸A   31 ᵒ𝕲 vs 𝕸A
37 ˢ2-41 ℵB vs 𝕸A; (2314 ψ⁶⁶ ⁷⁵C*)

38 Στραφεὶς δὲ ὁ Ἰησοῦς καὶ θεασάμενος αὐτοὺς ἀκολουθοῦντας, λέγει αὐτοῖς, "Τί ζητεῖτε?"

Οἱ δὲ εἶπον αὐτῷ, "῾Ραββί" (ὃ λέγεται ᵣἑρμηνευόμενον Διδάσκαλε), "ποῦ μένεις?"

39 Λέγει αὐτοῖς, "῎Ερχεσθε καὶ ᵣἴδετε." ᵀ῏Ηλθον ᵀ καὶ εἶδον ποῦ μένει, καὶ παρ᾽ αὐτῷ ἔμειναν τὴν ἡμέραν ἐκείνην. ῞Ωρα¹ ἦν ὡς δεκάτη.

40 ᵀ῏Ην Ἀνδρέας ὁ ἀδελφὸς Σίμωνος Πέτρου εἷς ἐκ τῶν δύο τῶν ἀκουσάντων παρὰ Ἰωάννου καὶ ἀκολουθησάντων αὐτῷ. **41** Εὑρίσκει οὗτος ᵣπρῶτος τὸν ἀδελφὸν τὸν ἴδιον Σίμωνα, καὶ λέγει αὐτῷ, "Εὑρήκαμεν τὸν Μεσίαν"² (ὅ ἐστι μεθερμηνευόμενον³ Χριστός). **42** ᴼΚαὶ ἤγαγεν αὐτὸν πρὸς τὸν Ἰησοῦν.

Ἐμβλέψας⁴ αὐτῷ ὁ Ἰησοῦς εἶπε, "Σὺ εἶ Σίμων ὁ υἱὸς ᵣ Ἰωνᾶ. Σὺ κληθήσῃ Κηφᾶς" (ὃ ἑρμηνεύεται Πέτρος).

Jesus Calls Philip and Nathanael

43 Τῇ ἐπαύριον ἠθέλησεν⁵ ἐξελθεῖν εἰς τὴν Γαλιλαίαν, καὶ εὑρίσκει Φίλιππον καὶ λέγει αὐτῷ ὁ Ἰησοῦς,⁶ "Ἀκολούθει μοι." **44** ᵀ῏Ην δὲ ὁ Φίλιππος ἀπὸ Βηθσαϊδά, ἐκ τῆς πόλεως Ἀνδρέου καὶ Πέτρου.

45 Εὑρίσκει Φίλιππος τὸν Ναθαναὴλ καὶ λέγει αὐτῷ, "῝Ον ἔγραψε Μωσῆς ἐν τῷ Νόμῳ καὶ οἱ Προφῆται εὑρήκαμεν — Ἰησοῦν ᴼτὸν υἱὸν τοῦ⁷ Ἰωσηφ τὸν ἀπὸ Ναζαρέτ⁸."

---

¹39 ωρα 𝕸 G A, Cr vs + δε, TR
²41 Μεσιαν 𝕸 vs Μεσσιαν G (h.C) A, TR Cr
³41 μεθερμηνευομενον 𝕸 G (h.C) A, Cr vs + o, TR
⁴42 εμβλεψας Mᵖᵗ𝔭⁶⁶אBA, Cr vs + δε Mᵖᵗ𝔭⁷⁵, TR
⁵43 ηθελησεν 𝕸 G (h.C) A, Cr vs + o Ιησους, TR
⁶43 o Ιησους Mᵖᵗ𝔭⁶⁶ ⁷⁵ BA (− o א*), Cr vs − Mᵖᵗ, TR
⁷45 του Mᵖᵗ G (h.C), TR Cr vs − Mᵖᵗ A
⁸45 Ναζαρετ Mᵖᵗ𝔭⁶⁶אBA, TR Cr vs Ναζαρεθ Mᵖᵗ𝔭⁷⁵ᵛⁱᵈ

---

38 ᵣμεθερμηνευομενον 𝔭⁷⁵BAC (μθερμηνευομενον 𝔭⁶⁶*) vs 𝕸 א*
39 ᵣοψεσθε (𝔭⁶⁶) ⁷⁵BC* vs 𝕸 אA　　39 ᵀουν GA vs 𝕸
41 ᵣπρωτον 𝔭⁶⁶ ⁷⁵BA vs Mא*　　42 ᴼG (h.C) vs 𝕸A
42 ᵣΙωαννου 𝔭⁶⁶ ⁷⁵א (Ιωανου B*) vs 𝕸A　　45 ᴼG (h.C) vs 𝕸A

46 Καὶ εἶπεν αὐτῷ Ναθαναήλ, "'Εκ Ναζαρὲτ¹ δύναταί τι ἀγαθὸν εἶναι?"
Λέγει αὐτῷ ᵀ Φίλιππος, "Έρχου καὶ ἴδε."
47 Εἶδεν ὁ 'Ιησοῦς τὸν Ναθαναὴλ ἐρχόμενον πρὸς αὐτὸν καὶ λέγει περὶ αὐτοῦ, "Ίδε ἀληθῶς 'Ισραηλίτης ἐν ᾧ δόλος οὐκ ἔστι!"
48 Λέγει αὐτῷ Ναθαναήλ, "Πόθεν με γινώσκεις?"
'Απεκρίθη² 'Ιησοῦς καὶ εἶπεν αὐτῷ, "Πρὸ τοῦ σε Φίλιππον φωνῆσαι, ὄντα ὑπὸ τὴν συκῆν, εἶδόν σε."
49 'Απεκρίθη ⁽'Ναθαναὴλ καὶ λέγει αὐτῷ,⁾ "'Ραββί, σὺ εἶ ὁ Υἱὸς τοῦ Θεοῦ! Σὺ ⁽²εἶ ὁ Βασιλεὺς⁾ τοῦ 'Ισραήλ!"
50 'Απεκρίθη 'Ιησοῦς καὶ εἶπεν αὐτῷ, "Ότι εἶπόν σοι,ᵀ 'Εἶδόν σε ὑποκάτω τῆς συκῆς,' πιστεύεις? Μείζω τούτων ὄψει."³ **51** Καὶ λέγει αὐτῷ, "'Αμὴν ἀμὴν λέγω ὑμῖν, □ἀπ' ἄρτι \ ὄψεσθε τὸν οὐρανὸν ἀνεῳγότα καὶ τοὺς ἀγγέλους τοῦ Θεοῦ ἀναβαίνοντας καὶ καταβαίνοντας ἐπὶ τὸν Υἱὸν τοῦ 'Ανθρώπου."

Jesus Turns Water to Wine

2 Καὶ τῇ ἡμέρᾳ τῇ τρίτῃ γάμος ἐγένετο ἐν Κανὰ τῆς Γαλιλαίας, καὶ ἦν ἡ μήτηρ τοῦ 'Ιησοῦ ἐκεῖ. **2** 'Εκλήθη δὲ καὶ ὁ 'Ιησοῦς καὶ οἱ μαθηταὶ αὐτοῦ εἰς τὸν γάμον. **3** Καὶ ὑστερήσαντος οἴνου, λέγει ἡ μήτηρ τοῦ 'Ιησοῦ πρὸς αὐτόν, "Οἶνον οὐκ ἔχουσι."
4 ᵀΛέγει αὐτῇ ὁ 'Ιησούς, "Τί ἐμοὶ καὶ σοί, γύναι? Οὔπω ἥκει ἡ ὥρα μου."

---

¹46 Ναζαρετ Mᵖᵗ𝔭⁶⁶אBA, TR Cr vs Ναζαρεθ Mᵖᵗ𝔭⁷⁵
²48 απεκριθη 𝔐𝔭⁶⁶ ⁷⁵BA, Cr vs +ο א, TR
³50 οψει Mᵖᵗ, TR vs οψη MᵖᵗG (h.C) A, Cr

---

46 ᵀο 𝔭⁷⁵ᵛⁱᵈB, [Cr] vs 𝔐𝔭⁶⁶*אA
49 ⁽'41 𝔭⁶⁶ ⁷⁵B vs 𝔐A; (Ναθαναηλ και ειπεν א)
49 ⁽²βασιλευς ει 𝔭⁷⁵A (βασιλευ ει B*) vs 𝔐𝔭⁶⁶א
50 ᵀοτι G (h.C) A vs 𝔐   51 □G (h.C) vs 𝔐A
4 ᵀκαι 𝔭⁶⁶BA, [Cr] vs 𝔐𝔭⁷⁵א*

5 Λέγει ἡ μήτηρ αὐτοῦ τοῖς διακόνοις, "῞Ο τι ἂν λέγῃ¹ ὑμῖν, ποιήσατε." 6 Ἦσαν δὲ ἐκεῖ ꜝὑδρίαι λίθιναιꜝ ἓξ ꜝκείμεναι κατὰ τὸν καθαρισμὸν τῶν Ἰουδαίων,ꜝ χωροῦσαι ἀνὰ μετρητὰς δύο ἢ τρεῖς. 7 Λέγει αὐτοῖς ὁ Ἰησοῦς, "Γεμίσατε τὰς ὑδρίας ὕδατος." Καὶ ἐγέμισαν αὐτὰς ἕως ἄνω. 8 Καὶ λέγει αὐτοῖς, "Ἀντλήσατε νῦν, καὶ φέρετε τῷ ἀρχιτρικλίνῳ." ꜝΚαὶ ἤνεγκαν.

9 Ὡς δὲ ἐγεύσατο ὁ ἀρχιτρίκλινος τὸ ὕδωρ οἶνον γεγενημένον, καὶ οὐκ ᾔδει πόθεν ἐστίν (οἱ δὲ διάκονοι ᾔδεισαν οἱ ἠντληκότες τὸ ὕδωρ), φωνεῖ τὸν νυμφίον ὁ ἀρχιτρίκλινος 10 καὶ λέγει αὐτῷ, "Πᾶς ἄνθρωπος πρῶτον τὸν καλὸν οἶνον τίθησι, καὶ ὅταν μεθυσθῶσι, °τότε τὸν ἐλάσσω· σὺ τετήρηκας τὸν καλὸν οἶνον ἕως ἄρτι." 11 Ταύτην ꜝἐποίησε τὴν ἀρχὴνꜝ τῶν σημείων ὁ Ἰησοῦς ἐν Κανὰ τῆς Γαλιλαίας καὶ ἐφανέρωσε τὴν δόξαν αὐτοῦ, καὶ ἐπίστευσαν εἰς αὐτὸν οἱ μαθηταὶ αὐτοῦ.

12 Μετὰ τοῦτο κατέβη εἰς ⸆Καπερναούμ, αὐτὸς καὶ ἡ μήτηρ αὐτοῦ καὶ οἱ ἀδελφοὶ °αὐτοῦ καὶ οἱ μαθηταὶ αὐτοῦ· καὶ ἐκεῖ ἔμειναν οὐ πολλὰς ἡμέρας.

Jesus Cleanses the Temple

13 Καὶ ἐγγὺς ἦν τὸ Πάσχα τῶν Ἰουδαίων, καὶ ἀνέβη εἰς Ἱεροσόλυμα ὁ Ἰησοῦς. 14 Καὶ εὗρεν ἐν τῷ ἱερῷ τοὺς πωλοῦντας βόας καὶ πρόβατα καὶ περιστεράς, καὶ τοὺς κερματιστὰς καθημένους. 15 Καὶ ποιήσας φραγέλλιον ἐκ σχοινίων, πάντας ἐξέβαλεν ἐκ τοῦ ἱεροῦ, τά τε πρόβατα καὶ τοὺς βόας, καὶ τῶν κολλυβιστῶν ἐξέχεε τὸ κέρμα, καὶ τὰς τραπέζας ꜝἀνέστρεψε. 16 Καὶ τοῖς τὰς περιστερὰς πωλοῦσιν εἶπεν, "Ἄρατε ταῦτα ἐντεῦθεν! Μὴ ποιεῖτε τὸν

---

¹5 λεγη M^pt𝕲 (h.C) A, TR Cr vs λεγει M^pt

---

6 ꜝ𝕲 (h.C) vs 𝔐 (A)   6 ꜝ2-6↑ 𝔭⁶⁶B (ιδαιων 𝔭⁷⁵) vs 𝔐 A; (2-6 ℵ*)
8 ꜝοι δε 𝕲 (h.C) vs 𝔐 A   10 °𝕲 (h.C) vs 𝔐 A
11 ꜝεποιησεν αρχην 𝔭⁷⁵BA vs 𝔐 ℵ; (πρωτην αρχην εποιησε 𝔭⁶⁶*)
12 ⸆Καφαρναουμ 𝕲 (h.C) vs 𝔐 A   12 °𝔭⁶⁶* ⁷⁵B vs 𝔐 ℵA, [Cr]
15 ꜝανετρεψεν 𝔭⁶⁶B vs 𝔐 𝔭⁷⁵A; (κατεστρεψεν ℵ)

οἶκον τοῦ Πατρός μου οἶκον ἐμπορίου!" 17 Ἐμνήσθησαν °δὲ οἱ μαθηταὶ αὐτοῦ ὅτι γεγραμμένον ἐστίν, «Ὁ ζῆλος τοῦ οἴκου σου καταφάγεταί ¹με.»

18 Ἀπεκρίθησαν οὖν οἱ Ἰουδαῖοι καὶ εἶπον αὐτῷ, "Τί σημεῖον δεικνύεις ἡμῖν, ὅτι ταῦτα ποιεῖς?"

19 Ἀπεκρίθη² Ἰησοῦς καὶ εἶπεν αὐτοῖς "Λύσατε τὸν ναὸν τοῦτον, καὶ ἐν τρισὶν ἡμέραις ἐγερῶ αὐτόν."

20 Εἶπον οὖν οἱ Ἰουδαῖοι, "·¹Τεσσαράκοντα καὶ ἓξ ἔτεσιν ·²ᾠκοδομήθη ὁ ναὸς οὗτος, καὶ σὺ ἐν τρισὶν ἡμέραις ἐγερεῖς αὐτόν?" 21 Ἐκεῖνος δὲ ἔλεγε περὶ τοῦ ναοῦ τοῦ σώματος αὐτοῦ. 22 Ὅτε οὖν ἠγέρθη ἐκ νεκρῶν, ἐμνήσθησαν οἱ μαθηταὶ αὐτοῦ ὅτι τοῦτο ἔλεγε,³ καὶ ἐπίστευσαν τῇ Γραφῇ καὶ τῷ λόγῳ ʳᾧ εἶπεν ὁ Ἰησοῦς.

Jesus Knows All People

23 Ὡς δὲ ἦν ἐν τοῖς⁴ Ἱεροσολύμοις ἐν τῷ Πάσχα, ἐν τῇ ἑορτῇ, πολλοὶ ἐπίστευσαν εἰς τὸ ὄνομα αὐτοῦ, θεωροῦντες αὐτοῦ τὰ σημεῖα ἃ ἐποίει. 24 Αὐτὸς δὲ °ὁ Ἰησοῦς οὐκ ἐπίστευεν ʳἑαυτὸν αὐτοῖς διὰ τὸ αὐτὸν γινώσκειν πάντας, 25 καὶ ὅτι οὐ χρείαν εἶχεν ἵνα τις μαρτυρήσῃ περὶ τοῦ ἀνθρώπου, αὐτὸς γὰρ ἐγίνωσκε τί ἦν ἐν τῷ ἀνθρώπῳ.

You Must Be Born Again

3 Ἦν δὲ ἄνθρωπος ἐκ τῶν Φαρισαίων, Νικόδημος ὄνομα αὐτῷ, ἄρχων τῶν Ἰουδαίων. 2 Οὗτος ἦλθε πρὸς αὐτὸν νυκτὸς⁵ καὶ εἶπεν αὐτῷ, "Ῥαββί, οἴδαμεν ὅτι

---

¹17 καταφαγεται 𝔐 𝔭⁽⁶⁶⁾ ⁷⁵ℵΒΑ, Cr vs κατεφαγε TR
²19 απεκριθη 𝔐 𝔭⁶⁶ ⁷⁵ΒΑ, Cr vs + ο ℵ, TR
³22 ελεγε(ν) 𝔐 𝔊 (h.C) A, Cr vs + αυτοις TR
⁴23 τοις 𝔐 𝔊 (h.C) A, Cr vs − TR
⁵2 προς αυτον νυκτος M^pt𝔭⁶⁶ ⁷⁵ΒΑ, Cr vs προς τον Ιησουν νυκτος M^pt, TR vs νυκτος προς αυτον ℵ

---

17 °𝔊 (h.C) vs 𝔐 A   20 ·¹ τεσσερακοντα 𝔭⁶⁶ℵΒ*Α vs 𝔐; (μ̄ 𝔭⁷⁵)
20 ·² οικοδομηθη 𝔊 (h.C) vs 𝔐 A   22 ʳον 𝔊 (h.C) vs 𝔐 A
24 °𝔭⁶⁶ ⁷⁵Β vs 𝔐 ℵΑ   24 ʳαυτον ℵ*ΒΑ* vs 𝔐 𝔭⁶⁶; (− 𝔭⁷⁵)

---

17 Ps. 69:9

ἀπὸ Θεοῦ ἐλήλυθας διδάσκαλος, οὐδεὶς γὰρ ⌐ταῦτα τὰ σημεῖα δύναται˺ ποιεῖν ἃ σὺ ποιεῖς ἐὰν μὴ ᾖ ὁ Θεὸς μετ᾽ αὐτοῦ."

3 Ἀπεκρίθη ὁ¹ Ἰησοῦς καὶ εἶπεν αὐτῷ, "᾽Ἀμὴν ἀμὴν λέγω σοι, ἐὰν μή τις γεννηθῇ ἄνωθεν, οὐ δύναται ἰδεῖν τὴν βασιλείαν τοῦ Θεοῦ."

4 Λέγει πρὸς αὐτὸν ὁ² Νικόδημος, "Πῶς δύναται ἄνθρωπος γεννηθῆναι γέρων ὤν? Μὴ δύναται εἰς τὴν κοιλίαν τῆς μητρὸς αὐτοῦ δεύτερον εἰσελθεῖν καὶ γεννηθῆναι?"

5 Ἀπεκρίθη³ Ἰησοῦς, "᾽Ἀμὴν ἀμὴν λέγω σοι, ἐὰν μή τις γεννηθῇ ἐξ ὕδατος καὶ Πνεύματος, οὐ δύναται εἰσελθεῖν εἰς τὴν βασιλείαν τοῦ Θεοῦ. 6 Τὸ γεγεννημένον ἐκ τῆς σαρκὸς σάρξ ἐστι, καὶ τὸ γεγεννημένον ἐκ τοῦ Πνεύματος πνεῦμά ἐστι. 7 Μὴ θαυμάσῃς ὅτι εἶπόν σοι, 'Δεῖ ὑμᾶς γεννηθῆναι ἄνωθεν.' 8 Τὸ πνεῦμα ὅπου θέλει πνεῖ, καὶ τὴν φωνὴν αὐτοῦ ἀκούεις, ἀλλ᾽ οὐκ οἶδας πόθεν ἔρχεται καὶ ποῦ ὑπάγει. Οὕτως ἐστὶ πᾶς ὁ γεγεννημένος ἐκ τοῦ Πνεύματος."

9 Ἀπεκρίθη Νικόδημος καὶ εἶπεν αὐτῷ, "Πῶς δύναται ταῦτα γενέσθαι?"

10 Ἀπεκρίθη⁴ Ἰησοῦς καὶ εἶπεν αὐτῷ, "Σὺ εἶ ὁ διδάσκαλος τοῦ Ἰσραὴλ καὶ ταῦτα οὐ γινώσκεις? 11 Ἀμὴν ἀμὴν λέγω σοι ὅτι ὃ οἴδαμεν λαλοῦμεν καὶ ὃ ἑωράκαμεν μαρτυροῦμεν, καὶ τὴν μαρτυρίαν ἡμῶν οὐ λαμβάνετε. 12 Εἰ τὰ ἐπίγεια εἶπον ὑμῖν καὶ οὐ πιστεύετε, πῶς ἐὰν εἴπω ὑμῖν τὰ ἐπουράνια πιστεύσετε⁵? 13 Καὶ οὐδεὶς ἀναβέβηκεν εἰς τὸν οὐρανὸν εἰ μὴ ὁ ἐκ τοῦ οὐρανοῦ καταβάς, ὁ Υἱὸς τοῦ Ἀνθρώπου ⌐ὁ ὢν ἐν τῷ οὐρανῷ.˺ 14 Καὶ καθὼς Μωσῆς ὕψωσε τὸν ὄφιν ἐν τῇ ἐρήμῳ, οὕτως ὑψωθῆναι δεῖ τὸν

---

¹3 ο M^pt ℵA, TR vs —M^pt 𝔓⁶⁶ ⁷⁵B, Cr
²4 ο MℵA, TR [Cr] vs —M^r 𝔓⁶⁶ ⁷⁵B
³5 απεκριθη 𝔐 𝔓⁶⁶ ⁷⁵ℵA, Cr vs +ο B, TR
⁴10 απεκριθη 𝔐 𝔓⁶⁶ ⁷⁵BA, Cr vs +ο ℵ, TR
⁵12 πιστευσετε M^pt (𝔓⁶⁶) (ℵ) BA, TR Cr vs πιστευσητε M^pt vs πιστευετε 𝔓⁷⁵

---

2 ⌐41-3 𝕲 (h.C) A vs 𝔐　　13 ⌐𝕲 (h.C) vs 𝔐 (—ων A^*vid)

Υἱὸν τοῦ Ἀνθρώπου, 15 ἵνα πᾶς ὁ πιστεύων ʿεἰς αὐτὸνˋ �
□μὴ ἀπόληται ἀλλ ʼˋ ἔχῃ ζωὴν αἰώνιον.

16 "Οὕτω γὰρ ἠγάπησεν ὁ Θεὸς τὸν κόσμον ὥστε τὸν
Υἱὸν °αὐτοῦ τὸν μονογενῆ ἔδωκεν, ἵνα πᾶς ὁ πιστεύων εἰς
αὐτὸν μὴ ἀπόληται ἀλλ ʼ ἔχῃ ζωὴν αἰώνιον. 17 Οὐ γὰρ
ἀπέστειλεν ὁ Θεὸς τὸν Υἱὸν °αὐτοῦ εἰς τὸν κόσμον ἵνα
κρίνῃ τὸν κόσμον ἀλλ ʼ ἵνα σωθῇ ὁ κόσμος δι ʼ αὐτοῦ. 18 Ὁ
πιστεύων εἰς αὐτὸν οὐ κρίνεται, ὁ δὲ μὴ πιστεύων ἤδη
κέκριται ὅτι μὴ πεπίστευκεν εἰς τὸ ὄνομα τοῦ μονογενοῦς
Υἱοῦ τοῦ Θεοῦ. 19 Αὕτη δέ ἐστιν ἡ κρίσις, ὅτι τὸ φῶς ἐλή-
λυθεν εἰς τὸν κόσμον, καὶ ἠγάπησαν οἱ ἄνθρωποι μᾶλλον
τὸ σκότος ἢ τὸ φῶς, ἦν γὰρ ⸌πονηρὰ αὐτῶν⸌ τὰ ἔργα.
20 Πᾶς γὰρ ὁ φαῦλα πράσσων μισεῖ τὸ φῶς καὶ οὐκ ἔρχε-
ται πρὸς τὸ φῶς, ἵνα μὴ ἐλεγχθῇ τὰ ἔργα αὐτοῦ. 21 Ὁ δὲ
ποιῶν τὴν ἀλήθειαν ἔρχεται πρὸς τὸ φῶς ἵνα φανερωθῇ
αὐτοῦ τὰ ἔργα ὅτι ἐν Θεῷ ἐστιν εἰργασμένα."

John the Baptist Exalts Christ

22 Μετὰ ταῦτα ἦλθεν ὁ Ἰησοῦς καὶ οἱ μαθηταὶ αὐτοῦ εἰς
τὴν Ἰουδαίαν γῆν, καὶ ἐκεῖ διέτριβε μετ ʼ αὐτῶν καὶ
ἐβάπτιζεν. 23 Ἦν δὲ καὶ ᵀ Ἰωάννης βαπτίζων ἐν Αἰνὼν
ἐγγὺς τοῦ Σαλήμ,¹ ὅτι ὕδατα πολλὰ ἦν ἐκεῖ. Καὶ
παρεγίνοντο καὶ ἐβαπτίζοντο. 24 Οὔπω γὰρ ἦν
βεβλημένος εἰς τὴν φυλακὴν ὁ Ἰωάννης. 25 Ἐγένετο οὖν
ζήτησις ἐκ τῶν μαθητῶν Ἰωάννου μετὰ Ἰουδαίου² περὶ
καθαρισμοῦ. 26 Καὶ ἦλθον πρὸς τὸν Ἰωάννην καὶ εἶπον
αὐτῷ, "Ῥαββί, ὃς ἦν μετὰ σοῦ πέραν τοῦ Ἰορδάνου, ᾧ σὺ
μεμαρτύρηκας — ἴδε οὗτος βαπτίζει, καὶ πάντες ἔρχονται
πρὸς αὐτόν."

---

¹23 Σαλημ Mᵖᵗ vs Σαλειμ Mᵖᵗ𝕲 (h.C), Cr vs Σαλλειμ A vs Σαλεμ TR
²25 Ιουδαιου 𝔐 𝔭⁷⁵BA, Cr vs Ιουδαιων 𝔭⁶⁶ℵ*, TR

---

15 ʿεν αυτω 𝔭⁷⁵B vs 𝔐 ℵ; (επ αυτον A; επ αυτω 𝔭⁶⁶)
15 □𝕲 (h.C) vs 𝔐 A   16 °𝕲 (h.C) vs 𝔐 A
17 °𝕲 (h.C) vs 𝔐 A   19 ⸌𝕲 (h.C) A vs M
23 ᵀο 𝔭⁶⁶B vs 𝔐 𝔭⁷⁵ℵA

27 Ἀπεκρίθη Ἰωάννης καὶ εἶπεν, "Οὐ δύναται ἄνθρωπος λαμβάνειν ⸀οὐδὲν ἐὰν μὴ ᾖ δεδομένον αὐτῷ ἐκ τοῦ οὐρανοῦ. 28 Αὐτοὶ ὑμεῖς¹ μαρτυρεῖτε ὅτι εἶπον,ᵀ 'Οὐκ εἰμὶ ἐγὼ ὁ Χριστός,' ἀλλ᾽ ὅτι 'Ἀπεσταλμένος εἰμὶ ἔμπροσθεν ἐκείνου.' 29 Ὁ ἔχων τὴν νύμφην νυμφίος ἐστίν· ὁ δὲ φίλος τοῦ νυμφίου, ὁ ἑστηκὼς καὶ ἀκούων αὐτοῦ, χαρᾷ χαίρει διὰ τὴν φωνὴν τοῦ νυμφίου. Αὕτη οὖν ἡ χαρὰ ἡ ἐμὴ πεπλήρωται. 30 Ἐκεῖνον δεῖ αὐξάνειν, ἐμὲ δὲ ἐλαττοῦσθαι. 31 "Ὁ ἄνωθεν ἐρχόμενος ἐπάνω πάντων ἐστίν. Ὁ ὢν ἐκ τῆς γῆς, ἐκ τῆς γῆς ἐστι καὶ ἐκ τῆς γῆς λαλεῖ. Ὁ ἐκ τοῦ οὐρανοῦ ἐρχόμενος ⸆ἐπάνω πάντων ἐστί.` 32 °Καὶ ὃ ἑώρακε καὶ ἤκουσε, τοῦτο μαρτυρεῖ· καὶ τὴν μαρτυρίαν αὐτοῦ οὐδεὶς λαμβάνει. 33 Ὁ λαβὼν αὐτοῦ τὴν μαρτυρίαν ἐσφράγισεν ὅτι ὁ Θεὸς ἀληθής ἐστιν. 34 Ὃν γὰρ ἀπέστειλεν ὁ Θεὸς τὰ ῥήματα τοῦ Θεοῦ λαλεῖ, οὐ γὰρ ἐκ μέτρου δίδωσιν ⸆ὁ Θεὸς` τὸ Πνεῦμα. 35 Ὁ Πατὴρ ἀγαπᾷ τὸν Υἱὸν καὶ πάντα δέδωκεν ἐν τῇ χειρὶ αὐτοῦ. 36 Ὁ πιστεύων εἰς τὸν Υἱὸν ἔχει ζωὴν αἰώνιον· ὁ δὲ ἀπειθῶν τῷ Υἱῷ οὐκ ὄψεται τὴν ζωήν,² ἀλλ᾽ ἡ ὀργὴ τοῦ Θεοῦ μένει ἐπ᾽ αὐτόν."

Jesus Witnesses to a Samaritan Woman

4 Ὡς οὖν ἔγνω ὁ Κύριος³ ὅτι ἤκουσαν οἱ Φαρισαῖοι ὅτι Ἰησοῦς πλείονας μαθητὰς ποιεῖ καὶ βαπτίζει ἢ Ἰωάννης 2 (καίτοιγε Ἰησοῦς αὐτὸς οὐκ ἐβάπτιζεν, ἀλλ᾽ οἱ μαθηταὶ αὐτοῦ), 3 ἀφῆκε τὴν Ἰουδαίαν καὶ ἀπῆλθεν⁴ εἰς τὴν Γαλιλαίαν. 4 Ἔδει δὲ αὐτὸν διέρχεσθαι διὰ τῆς Σαμαρείας. 5 Ἔρχεται οὖν εἰς πόλιν τῆς Σαμαρείας

---

¹28 υμεις 𝕸𝔭⁷⁵א vs +μοι 𝔭⁶⁶BA, TR Cr
²36 την ζωην 𝕸ᵖᵗ vs ζωην 𝕸ᵖᵗ𝕲A, TR Cr
³1 Κυριος 𝕸𝕲A, TR vs Ιησους 𝕸ʳא, Cr
⁴3 απηλθε(ν) 𝕸B*A vs +παλιν 𝕲, TR Cr

---

27 ⸀ουδε εν 𝔭⁶⁶ ⁷⁵B vs 𝕸אA　　28 ᵀοτι 𝔭⁶⁶ ⁷⁵, [Cr] vs 𝕸אBA
31 ⸆𝔭⁷⁵א* vs 𝕸𝔭⁶⁶BA, [Cr]　　32 °𝕲 (h.C) vs 𝕸A
34 ⸆𝕲 vs 𝕸A

λεγομένην Συχάρ, πλησίον τοῦ χωρίου ὅ[1] ἔδωκεν Ἰακὼβ [T] Ἰωσὴφ τῷ υἱῷ αὐτοῦ. 6 Ἦν δὲ ἐκεῖ πηγὴ τοῦ Ἰακώβ. Ὁ οὖν Ἰησοῦς, κεκοπιακὼς ἐκ τῆς ὁδοιπορίας, ἐκαθέζετο οὕτως ἐπὶ τῇ πηγῇ. Ὥρα ἦν [ʳ]ὡσεὶ ἕκτη. 7 Ἔρχεται γυνὴ ἐκ τῆς Σαμαρείας ἀντλῆσαι ὕδωρ. Λέγει αὐτῇ ὁ Ἰησοῦς, "Δός μοι [ʳ]πιεῖν." 8 Οἱ γὰρ μαθηταὶ αὐτοῦ ἀπεληλύθεισαν εἰς τὴν πόλιν ἵνα τροφὰς ἀγοράσωσι.

9 Λέγει οὖν αὐτῷ ἡ γυνὴ ἡ Σαμαρεῖτις, "Πῶς σύ, Ἰουδαῖος ὤν, παρ' ἐμοῦ [ʳ]πιεῖν αἰτεῖς,⸃ [ˢ]οὔσης γυναικὸς Σαμαρείτιδος[ˣ]." Οὐ γὰρ συγχρῶνται Ἰουδαῖοι Σαμαρείταις.

10 Ἀπεκρίθη Ἰησοῦς καὶ εἶπεν αὐτῇ, "Εἰ ᾔδεις τὴν δωρεὰν τοῦ Θεοῦ καὶ τίς ἐστιν ὁ λέγων σοι, 'Δός μοι [ʳ]πιεῖν,' σὺ ἂν ᾔτησας αὐτὸν καὶ ἔδωκεν ἄν σοι ὕδωρ ζῶν."

11 Λέγει αὐτῷ [□]ἡ γυνή,⸃ "Κύριε, οὔτε ἄντλημα ἔχεις καὶ τὸ φρέαρ ἐστὶ βαθύ. Πόθεν οὖν ἔχεις τὸ ὕδωρ τὸ ζῶν? 12 Μὴ σὺ μείζων εἶ τοῦ πατρὸς ἡμῶν Ἰακὼβ ὃς ἔδωκεν ἡμῖν τὸ φρέαρ καὶ αὐτὸς ἐξ αὐτοῦ ἔπιε καὶ οἱ υἱοὶ αὐτοῦ καὶ τὰ θρέμματα αὐτοῦ?"

13 Ἀπεκρίθη[2] Ἰησοῦς καὶ εἶπεν αὐτῇ, "Πᾶς ὁ πίνων ἐκ τοῦ ὕδατος τούτου διψήσει πάλιν, 14 ὃς δ' ἂν πίῃ ἐκ τοῦ ὕδατος οὗ ἐγὼ δώσω αὐτῷ οὐ μὴ [ʳ]διψήσῃ εἰς τὸν αἰῶνα. Ἀλλὰ τὸ ὕδωρ ὃ δώσω αὐτῷ γενήσεται ἐν αὐτῷ πηγὴ ὕδατος ἁλλομένου εἰς ζωὴν αἰώνιον."

15 Λέγει πρὸς αὐτὸν ἡ γυνή, "Κύριε, δός μοι τοῦτο τὸ ὕδωρ ἵνα μὴ διψῶ μηδὲ ἔρχομαι[3] ἐνθάδε ἀντλεῖν."

16 Λέγει αὐτῇ [□]ὁ Ἰησοῦς,⸃ "Ὕπαγε, φώνησον τὸν ἄνδρα σου καὶ ἐλθὲ ἐνθάδε."

17 Ἀπεκρίθη ἡ γυνὴ καὶ εἶπεν,[T] "Οὐκ ἔχω ἄνδρα."

---

[1]5 ο M^{pt}𝔭⁷⁵ℵBA, TR Cr vs ου M^{pt}𝔭⁶⁶C*

[2]13 απεκριθη 𝔐GA, Cr vs +ο, TR

[3]15 ερχομαι M^{pt} vs ερχωμαι M^{pt}AC, TR vs διερχωμαι 𝔭⁶⁶ℵ*, Cr vs διερχομαι 𝔭⁷⁵B

---

5 [T]τω G, [Cr] vs 𝔐AC   6 [ʳ]ως GA vs 𝔐   7 [ʳ]πειν G vs 𝔐A
9 [ʳ]πειν αιτεις GA (ετεις πειν 𝔭⁶⁶*vid) vs 𝔐
9 [ˢ]231 GA vs 𝔐; (213 𝔭⁷⁵)   10 [ʳ]πειν G vs 𝔐A
11 [□]𝔭⁷⁵B vs 𝔐𝔭⁶⁶AC, [Cr]; (εκεινη for η γυνη ℵ*)
14 [ʳ]διψησει 𝔭⁷⁵ℵBA vs M𝔭⁶⁶; (− ου μη το αυτω C*)
16 [□]G vs 𝔐 (Ιησους ℵ*A)   17 [T]αυτω G vs M^{vid}ℵA

Λέγει αὐτῇ ὁ Ἰησοῦς, "Καλῶς εἶπας ὅτι ''Ἄνδρα οὐκ
ἔχω,' 18 πέντε γὰρ ἄνδρας ἔσχες, καὶ νῦν ὃν ἔχεις οὐκ ἔστι
σου ἀνήρ· τοῦτο ἀληθὲς εἴρηκας."
19 Λέγει αὐτῷ ἡ γυνή, "Κύριε, θεωρῶ ὅτι προφήτης εἶ
σύ. 20 Οἱ πατέρες ἡμῶν ἐν τῷ ὄρει τούτῳ¹ προσεκύνησαν,
καὶ ὑμεῖς λέγετε ὅτι ἐν Ἱεροσολύμοις ἐστὶν ὁ τόπος ὅπου
ʳδεῖ προσκυνεῖν.ᵕ"
21 Λέγει αὐτῇ ὁ Ἰησοῦς, "'Γύναι, πίστευσόν μοι' ὅτι
ἔρχεται ὥρα ὅτε οὔτε ἐν τῷ ὄρει τούτῳ οὔτε ἐν
Ἱεροσολύμοις προσκυνήσετε τῷ Πατρί. 22 Ὑμεῖς προσ-
κυνεῖτε ὃ οὐκ οἴδατε· ἡμεῖς προσκυνοῦμεν ὃ οἴδαμεν,
ὅτι ἡ σωτηρία ἐκ τῶν Ἰουδαίων ἐστίν. 23 Ἀλλ' ἔρχεται
ὥρα καὶ νῦν ἐστιν, ὅτε οἱ ἀληθινοὶ προσκυνηταὶ προσ-
κυνήσουσι τῷ Πατρὶ ἐν πνεύματι καὶ ἀληθείᾳ· καὶ γὰρ
ὁ Πατὴρ τοιούτους ζητεῖ τοὺς προσκυνοῦντας αὐτόν.
24 Πνεῦμα ὁ Θεός, καὶ τοὺς προσκυνοῦντας αὐτόν ἐν
πνεύματι καὶ ἀληθείᾳ δεῖ προσκυνεῖν."
25 Λέγει αὐτῷ ἡ γυνή, "Οἶδα ὅτι Μεσίας² ἔρχεται" (ὁ
λεγόμενος Χριστός). "Ὅταν ἔλθῃ ἐκεῖνος, ἀναγγελεῖ ἡμῖν
ʳπάντα."
26 Λέγει αὐτῇ ὁ Ἰησοῦς, "Ἐγώ εἰμι, ὁ λαλῶν σοι."

The Disciples View the Whitened Harvest

27 Καὶ ἐπὶ τούτῳ ἦλθον οἱ μαθηταὶ αὐτοῦ καὶ
ʳἐθαύμασαν ὅτι μετὰ γυναικὸς ἐλάλει· οὐδεὶς μέντοι εἶπε,
"Τί ζητεῖς;" ἢ "Τί λαλεῖς μετ' αὐτῆς;"
28 Ἀφῆκεν οὖν τὴν ὑδρίαν αὐτῆς ἡ γυνὴ καὶ ἀπῆλθεν εἰς
τὴν πόλιν καὶ λέγει τοῖς ἀνθρώποις, 29 "Δεῦτε, ἴδετε
ἄνθρωπον ὃς εἶπέ μοι πάντα ὅσα ἐποίησα. Μήτι οὗτός
ἐστιν ὁ Χριστός;" 30 Ἐξῆλθον³ ἐκ τῆς πόλεως καὶ ἤρχοντο
πρὸς αὐτόν.

---

¹20 τω ορει τουτω 𝔐GA, Cr vs τουτω τω ορει TR
²25 Μεσιας 𝔐 vs Μεσσιας GA, TR Cr
³30 εξηλθον Mᵖᵗ𝔭⁷⁵BA, Cr vs εξηλθον ουν Mᵖᵗ𝔭⁶⁶א, TR vs και
εξηλθον C

---

20 ʳGA vs 𝔐   21 ʳπιστευε μοι γυναι G vs 𝔐A
25 ʳαπαντα G vs 𝔐A   27 ʳεθαυμαζον GA vs M

31 Ἐν °δὲ τῷ μεταξὺ ἠρώτων αὐτὸν οἱ μαθηταί,[1] λέγοντες, "'Ραββί, φάγε."
32 Ὁ δὲ εἶπεν αὐτοῖς, "'Εγὼ βρῶσιν ἔχω φαγεῖν ἣν ὑμεῖς οὐκ οἴδατε."
33 Ἔλεγον οὖν οἱ μαθηταὶ πρὸς ἀλλήλους, "Μή τις ἤνεγκεν αὐτῷ φαγεῖν?"
34 Λέγει αὐτοῖς ὁ Ἰησοῦς, "'Εμὸν βρῶμά ἐστιν ἵνα ⌐ποιῶ τὸ θέλημα τοῦ πέμψαντός με καὶ τελειώσω αὐτοῦ τὸ ἔργον. 35 Οὐχ ὑμεῖς λέγετε ὅτι '"Ετι[2] τετράμηνός[3] ἐστι καὶ ὁ θερισμὸς ἔρχεται'? Ἰδού, λέγω ὑμῖν, ἐπάρατε τοὺς ὀφθαλμοὺς ὑμῶν καὶ θεάσασθε τὰς χώρας, ὅτι λευκαί εἰσι πρὸς θερισμὸν ἤδη! 36 °[1]Καὶ ὁ θερίζων μισθὸν λαμβάνει καὶ συνάγει καρπὸν εἰς ζωὴν αἰώνιον, ἵνα °[2]καὶ ὁ σπείρων ὁμοῦ χαίρῃ[4] καὶ ὁ θερίζων. 37 Ἐν γὰρ τούτῳ ὁ λόγος ἐστὶν °ὁ ἀληθινὸς ὅτι '"Αλλος ἐστὶν ὁ σπείρων καὶ ἄλλος ὁ θερίζων.' 38 Ἐγὼ ἀπέστειλα ὑμᾶς θερίζειν ὃ οὐχ ὑμεῖς κεκοπιάκατε· ἄλλοι κεκοπιάκασι, καὶ ὑμεῖς εἰς τὸν κόπον αὐτῶν εἰσεληλύθατε."

Samaritans Accept Jesus as Savior of the World

39 Ἐκ δὲ τῆς πόλεως ἐκείνης πολλοὶ ἐπίστευσαν εἰς αὐτὸν τῶν Σαμαρειτῶν διὰ τὸν λόγον τῆς γυναικὸς μαρτυρούσης ὅτι "Εἶπέ μοι πάντα ⌐ὅσα ἐποίησα." 40 Ὡς οὖν ἦλθον πρὸς αὐτὸν οἱ Σαμαρεῖται, ἠρώτων αὐτὸν μεῖναι παρ' αὐτοῖς· καὶ ἔμεινεν ἐκεῖ δύο ἡμέρας. 41 Καὶ πολλῷ πλείους ἐπίστευσαν διὰ τὸν λόγον αὐτοῦ, 42 τῇ τε γυναικὶ ἔλεγον ὅτι "Οὐκέτι διὰ τὴν σὴν λαλιὰν πιστεύομεν, αὐτοὶ γὰρ ἀκηκόαμεν καὶ οἴδαμεν ὅτι οὗτός ἐστιν ἀληθῶς ὁ Σωτὴρ τοῦ κόσμου, □ὁ Χριστός.\ "

---

[1]31 μαθηται M^pt𝕲A, TR Cr vs + αυτου M^pt
[2]35 ετι M^pt𝕲A, TR Cr vs − M^pt𝔭^75
[3]35 τετραμηνος 𝕸𝕲A, Cr vs τετραμηνον TR
[4]36 χαιρη M^pt vid𝕲A, TR Cr vs χαιρει M^pt vid vs χαιρων 𝔭^75*

---

31 °𝕲 vs 𝕸𝔭^75A   34 ⌐ποιησω 𝕲 vs 𝕸אA   36 °[1]𝕲 vs 𝕸A
36 °[2]𝕲 vs 𝕸אA   37 °BC* vs M𝔭^66אA; (− verse 𝔭^75)
39 ⌐α 𝕲 vs 𝕸𝔭^66A   42 □𝕲 vs 𝕸A

Galileans Welcome Jesus

43 Μετὰ δὲ τὰς δύο ἡμέρας ἐξῆλθεν ἐκεῖθεν ⸋καὶ
ἀπῆλθεν⸌ εἰς τὴν Γαλιλαίαν. **44** Αὐτὸς γὰρ °ὁ Ἰησοῦς
ἐμαρτύρησεν ὅτι προφήτης ἐν τῇ ἰδίᾳ πατρίδι τιμὴν οὐκ
ἔχει. **45** Ὅτε οὖν ἦλθεν εἰς τὴν Γαλιλαίαν, ἐδέξαντο αὐτὸν
οἱ Γαλιλαῖοι, πάντα ἑωρακότες ⸀ἃ ἐποίησεν ἐν Ἱερο-
σολύμοις ἐν τῇ ἑορτῇ· καὶ αὐτοὶ γὰρ ἦλθον εἰς τὴν ἑορτήν.

Jesus Heals a Nobleman's Son

46 Ἦλθεν οὖν πάλιν ὁ Ἰησοῦς[1] εἰς τὴν Κανὰ τῆς
Γαλιλαίας ὅπου ἐποίησε τὸ ὕδωρ οἶνον. Καὶ ἦν τις βασιλικὸς
οὗ ὁ υἱὸς ἠσθένει ἐν •Καπερναούμ. **47** Οὗτος ἀκούσας ὅτι
Ἰησοῦς ἥκει ἐκ τῆς Ἰουδαίας εἰς τὴν Γαλιλαίαν, ἀπῆλθε
πρὸς αὐτὸν καὶ ἠρώτα °αὐτὸν ἵνα καταβῇ καὶ ἰάσηται
αὐτοῦ τὸν υἱόν, ἔμελλε[2] γὰρ ἀποθνῄσκειν.
48 Εἶπεν οὖν ὁ Ἰησοῦς πρὸς αὐτόν, "Ἐὰν μὴ σημεῖα καὶ
τέρατα ἴδητε, οὐ μὴ πιστεύσητε."
49 Λέγει πρὸς αὐτὸν ὁ βασιλικός, "Κύριε, κατάβηθι πρὶν
ἀποθανεῖν τὸ παιδίον μου!"
50 Λέγει αὐτῷ ὁ Ἰησοῦς, "Πορεύου· ὁ υἱός σου ζῇ." °Καὶ
ἐπίστευσεν ὁ ἄνθρωπος τῷ λόγῳ ⸀ᾧ εἶπεν αὐτῷ ὁ
Ἰησοῦς,[3] καὶ ἐπορεύετο.
51 Ἤδη δὲ αὐτοῦ καταβαίνοντος, οἱ δοῦλοι αὐτοῦ
⸀¹ἀπήντησαν αὐτῷ ⸋καὶ ἀπήγγειλαν,⸌ λέγοντες ὅτι "Ὁ
παῖς ⸀²σου ζῇ!" **52** Ἐπύθετο οὖν ⸂¹παρ᾽ αὐτῶν τὴν ὥραν⸃

---

[1] **46** παλιν ο Ιησους M^{vid}A vs παλιν **Ɛ**, **Cr** vs ο Ιησους παλιν **TR**
[2] **47** εμελλε(ν) M^{pt} vs ημελλε(ν) M^{pt}**Ɛ**A, **TR Cr**
[3] **50** ο Ιησους **𝔐Ɛ**A, **Cr** vs του Ιησου **א*** vs Ιησους **TR**

---

43 ⸋**Ɛ** vs **𝔐**A **44** °**Ɛ**A vs **M** **45** ⸀οσα **Ɛ**A vs **M**א*
46 •Καφαρναουμ **Ɛ** vs **𝔐**A **47** °**Ɛ** vs **𝔐**A **50** °**Ɛ** vs **𝔐**AC
50 ⸀ον 𝔓^{75}BAC vs **𝔐**𝔓^{66}; (−ον ειπεν αυτω א*)
51 ⸀¹υπηντησαν **Ɛ** vs **M**A **51** ⸋𝔓^{75}B vs **M**𝔓^{66}AC (και ηγγειλαν א)
51 ⸀²αυτου **Ɛ**A vs **𝔐**
52 ⸂¹3412 𝔓^{66}אAC vs **M**; (την ωραν εκεινην 𝔓^{75}B)

ἐν ᾗ κομψότερον ἔσχε. ʳ²Καὶ εἶπονˋ αὐτῷ ὅτι ᵐ'Χθὲς ὥραν ἑβδόμην ἀφῆκεν αὐτὸν ὁ πυρετός." 53 Ἔγνω οὖν ὁ πατὴρ ὅτι ᵒ¹ἐν ἐκείνῃ τῇ ὥρᾳ ἐν ᾗ εἶπεν αὐτῷ ὁ Ἰησοῦς ᵒ²ὅτι ᵐ'Ὁ υἱός σου ζῇ." Καὶ ἐπίστευσεν αὐτὸς καὶ ἡ οἰκία αὐτοῦ ὅλη. 54 Τοῦτο ᵀ πάλιν δεύτερον σημεῖον ἐποίησεν ὁ Ἰησοῦς, ἐλθὼν ἐκ τῆς Ἰουδαίας εἰς τὴν Γαλιλαίαν.

Jesus Heals a Man at the Pool of Bethesda

5 Μετὰ ταῦτα ἦν ἡ¹ ἑορτὴ τῶν Ἰουδαίων, καὶ ἀνέβη ᵒὁ Ἰησοῦς εἰς Ἱεροσόλυμα. 2 Ἔστι δὲ ἐν τοῖς Ἱεροσολύμοις ἐπὶ τῇ Προβατικῇ κολυμβήθρα ἡ ἐπιλεγομένη Ἑβραϊστὶ ʳΒηθεσδά, πέντε στοὰς ἔχουσα. 3 Ἐν ταύταις κατέκειτο πλῆθος ᵒπολὺ τῶν ἀσθενούντων, τυφλῶν, χωλῶν, ξηρῶν, □ἐκδεχομένων τὴν τοῦ ὕδατος κίνησιν.ˋ 4 □ᵐἌγγελος γὰρ κατὰ καιρὸν κατέβαινεν ἐν τῇ κολυμβήθρᾳ καὶ ἐτάρασσε τὸ ὕδωρ· ὁ οὖν πρῶτος ἐμβὰς μετὰ τὴν ταραχὴν τοῦ ὕδατος ὑγιὴς ἐγίνετο ᾧ δήποτε κατείχετο νοσήματι.ˋ 5 Ἦν δέ τις ἄνθρωπος ἐκεῖ τριάκοντα καὶ ὀκτὼ ἔτη² ἔχων ἐν τῇ ἀσθενείᾳ.ᵀ

6 Τοῦτον ἰδὼν ὁ Ἰησοῦς κατακείμενον, καὶ γνοὺς ὅτι πολὺν ἤδη χρόνον ἔχει, λέγει αὐτῷ, "Θέλεις ὑγιὴς γενέσθαι?"

7 Ἀπεκρίθη αὐτῷ ὁ ἀσθενῶν, "Κύριε, ἄνθρωπον οὐκ ἔχω ἵνα, ὅταν ταραχθῇ τὸ ὕδωρ, βάλῃ³ με εἰς τὴν κολυμβήθραν, ἐν ᾧ δὲ ἔρχομαι ἐγώ, ἄλλος πρὸ ἐμοῦ καταβαίνει."

---

¹ 1 η MᵖᵗℵC vs — Mᵖᵗ𝔭⁶⁶ ⁷⁵BA, TR Cr
² 5 τριακοντα και οκτω ετη MᵖᵗℵAC, [Cr] vs τριακοντα οκτω ετη MᵖᵗB, TR vs ετη λη 𝔭⁶⁶* vs λη 𝔭⁷⁵*
³ 7 βαλη 𝕸ƐA, Cr vs βαλλη, TR vs εμβαλη C*

---

52 ʳ²ειπαν ουν 𝔭⁷⁵BC vs 𝕸ℵA; (ειπον 𝔭⁶⁶*)　　52 ʳεχθες ƐA vs 𝕸
53 ᵒ¹Ɛ vs 𝕸𝔭⁶⁶A, [Cr]　　53 ᵒ²ƐA vs 𝕸
54 ᵀδε Ɛ, [Cr] vs 𝕸ℵA　　1 ᵒ𝔭⁶⁶ ⁷⁵BA vs 𝕸ℵC
2 ʳΒηθζαθα ℵ vs 𝕸AC; (Βηθσαιδα 𝔭⁷⁵B; Βηδσαιδαν 𝔭⁶⁶*)
3 ᵒƐ vs 𝕸A　　3 □ƐA* vs 𝕸
4 □Ɛ vs 𝕸 (+Κυριου after γαρ, δηποτουν for δηποτε A)
5 ᵀαυτου Ɛ vs 𝕸A

8 Λέγει αὐτῷ ὁ Ἰησοῦς, "Ἔγειραι,[1] ἆρον τὸν κράβ-βατόν[2] σου καὶ περιπάτει." **9** Καὶ εὐθέως ἐγένετο ὑγιὴς ὁ ἄνθρωπος καὶ ἦρε τὸν κράββατον[3] αὐτοῦ καὶ περιεπάτει. **10** Ἦν δὲ σάββατον ἐν ἐκείνῃ τῇ ἡμέρᾳ.

Ἔλεγον οὖν οἱ Ἰουδαῖοι τῷ τεθεραπευμένῳ, "Σάββατόν ἐστιν·[T1] οὐκ ἔξεστί σοι ἆραι τὸν κράββατον."[4] [T2]

11 [T] Ἀπεκρίθη αὐτοῖς, "Ὁ ποιήσας με ὑγιῆ, ἐκεῖνός μοι εἶπεν, 'Ἆρον τὸν κράββατόν[4] σου καὶ περιπάτει.' "

12 Ἠρώτησαν °οὖν αὐτόν, "Τίς ἐστιν ὁ ἄνθρωπος ὁ εἰπών σοι, 'Ἆρον τὸν κράββατόν σου[5] καὶ περιπάτει'?" **13** Ὁ δὲ ἰαθεὶς οὐκ ᾔδει τίς ἐστιν, ὁ γὰρ Ἰησοῦς ἐξένευσεν, ὄχλου ὄντος ἐν τῷ τόπῳ.

14 Μετὰ ταῦτα εὑρίσκει αὐτὸν ὁ Ἰησοῦς ἐν τῷ ἱερῷ καὶ εἶπεν αὐτῷ, "Ἴδε ὑγιὴς γέγονας. Μηκέτι ἁμάρτανε ἵνα μὴ χεῖρόν τί σοι[6] γένηται." **15** Ἀπῆλθεν ὁ ἄνθρωπος καὶ ἀνήγγειλε τοῖς Ἰουδαίοις ὅτι Ἰησοῦς ἐστιν ὁ ποιήσας αὐτὸν ὑγιῆ.

Honor the Son Like the Father

16 Καὶ διὰ τοῦτο ἐδίωκον ⸂τὸν Ἰησοῦν οἱ Ἰουδαῖοι καὶ ἐζήτουν αὐτὸν ἀποκτεῖναι,⸃ ὅτι ταῦτα ἐποίει ἐν σαββάτῳ.

17 Ὁ δὲ °Ἰησοῦς ἀπεκρίνατο αὐτοῖς, "Ὁ Πατήρ μου ἕως ἄρτι ἐργάζεται κἀγὼ ἐργάζομαι." **18** Διὰ τοῦτο οὖν μᾶλλον ἐζήτουν αὐτὸν οἱ Ἰουδαῖοι ἀποκτεῖναι ὅτι οὐ μόνον

---

[1]8 εγειραι M^pt𝔭^66, TR vs εγειρε M^pt𝕲A, Cr

[2]8 κραββατον M^pt𝔭^75, TR vs κραβαττον M^pt𝔭^66B*AC, Cr vs κραβακτον ℵ*

[3]9 κραββατον M^pt𝔭^75, TR vs κραβαττον M^pt𝔭^66B*AC, Cr vs κρα-βακτον ℵ*

[4]10,11 κραββατον M^pt, TR vs κραβαττον M^pt𝕲A, Cr vs κρα-βακτον ℵ*

[5]12 τον κραββατον σου M^pt, TR vs τον κραβαττον σου M^pt vs − 𝕲, Cr vs − verse A*^vid

[6]14 τι σοι M^ptℵ, TR vs σοι τι M^pt𝕲A, Cr

---

10 ^T1και 𝕲A vs M   10 ^T2σου 𝕲 vs MBA

11 ^Tο δε 𝔭^66ℵC* (ος δε 𝔭^75BA) vs M

12 °𝔭^66ℵB vs 𝕸𝔭^75C; (− verse A*^vid)

16 ⸂3412 𝕲 vs 𝕸A   17 °𝔭^75ℵB vs 𝕸𝔭^66A, [Cr]

ἔλυε τὸ σάββατον ἀλλὰ καὶ Πατέρα ἴδιον ἔλεγε τὸν Θεόν, ἴσον ἑαυτὸν ποιῶν τῷ Θεῷ.

19 ⸂ Ἀπεκρίνατο οὖν ὁ Ἰησοῦς καὶ εἶπεν αὐτοῖς,⸃ ⸀Ἀμὴν ἀμὴν λέγω ὑμῖν, οὐ δύναται ὁ Υἱὸς ποιεῖν ἀφ᾽ ἑαυτοῦ οὐδὲν ἐὰν μή τι βλέπῃ τὸν Πατέρα ποιοῦντα· ἃ γὰρ ἂν ἐκεῖνος ποιῇ, ταῦτα καὶ ὁ Υἱὸς ὁμοίως ποιεῖ. **20** Ὁ γὰρ Πατὴρ φιλεῖ τὸν Υἱὸν καὶ πάντα δείκνυσιν αὐτῷ ἃ αὐτὸς ποιεῖ· καὶ μείζονα τούτων δείξει αὐτῷ ἔργα, ἵνα ὑμεῖς θαυμάζητε. **21** Ὥσπερ γὰρ ὁ Πατὴρ ἐγείρει τοὺς νεκροὺς καὶ ζῳοποιεῖ, οὕτω καὶ ὁ Υἱὸς οὓς θέλει ζῳοποιεῖ. **22** Οὐδὲ γὰρ ὁ Πατὴρ κρίνει οὐδένα ἀλλὰ τὴν κρίσιν πᾶσαν δέδωκε τῷ Υἱῷ, **23** ἵνα πάντες τιμῶσι τὸν Υἱὸν καθὼς τιμῶσι τὸν Πατέρα. Ὁ μὴ τιμῶν τὸν Υἱὸν οὐ τιμᾷ τὸν Πατέρα τὸν πέμψαντα αὐτόν.

Life and Judgment Are Through the Son

24 ⸀Ἀμὴν ἀμὴν λέγω ὑμῖν ὅτι ὁ τὸν λόγον μου ἀκούων καὶ πιστεύων τῷ πέμψαντί με, ἔχει ζωὴν αἰώνιον, καὶ εἰς κρίσιν οὐκ ἔρχεται ἀλλὰ μεταβέβηκεν ἐκ τοῦ θανάτου εἰς τὴν ζωήν. **25** Ἀμὴν ἀμὴν λέγω ὑμῖν ὅτι ἔρχεται ὥρα καὶ νῦν ἐστιν, ὅτε οἱ νεκροὶ ⸀¹ἀκούσονται τῆς φωνῆς τοῦ Υἱοῦ τοῦ Θεοῦ, καὶ οἱ ἀκούσαντες ⸀²ζήσονται. **26** Ὥσπερ γὰρ ὁ Πατὴρ ἔχει ζωὴν ἐν ἑαυτῷ, οὕτως ⸂ἔδωκε καὶ τῷ Υἱῷ⸃ ζωὴν ἔχειν ἐν ἑαυτῷ, **27** καὶ ἐξουσίαν ἔδωκεν αὐτῷ °καὶ κρίσιν ποιεῖν, ὅτι Υἱὸς Ἀνθρώπου ἐστί. **28** Μὴ θαυμάζετε τοῦτο· ὅτι ἔρχεται ὥρα ἐν ᾗ πάντες οἱ ἐν τοῖς μνημείοις ⸀ἀκούσονται τῆς φωνῆς αὐτοῦ **29** καὶ ἐκπορεύσονται – οἱ τὰ ἀγαθὰ ποιήσαντες, εἰς ἀνάστασιν ζωῆς, οἱ δὲ τὰ φαῦλα πράξαντες, εἰς ἀνάστασιν κρίσεως.

30 Οὐ δύναμαι ἐγὼ ποιεῖν ἀπ᾽ ἐμαυτοῦ οὐδέν. Καθὼς ἀκούω, κρίνω, καὶ ἡ κρίσις ἡ ἐμὴ δικαία ἐστίν, ὅτι οὐ ζητῶ τὸ

---

19 ⸂απεκρινατο ουν ο Ιησους και ελεγεν αυτοις 𝔓⁶⁶ (− ο Ιησους 𝔓⁷⁵B) vs 𝔐 A; (ελεγεν ουν αυτοις ο Ιησους ℵ*)

25 ⸀¹ ακουσουσιν 𝔓⁷⁵B (ακουσωσιν 𝔓⁶⁶ℵ) vs 𝔐 A

25 ⸀² ζησουσιν 𝔊 (h.C) vs 𝔐 A

26 ⸂2-41 𝔓⁶⁶ ⁷⁵B vs 𝔐 A; (−ουτως το εαυτω ℵ*)

27 °𝔊 (h.C) A vs 𝔐

28 ⸀ακουσουσιν 𝔓⁷⁵B (ακουσωσιν 𝔓⁶⁶ℵ) vs 𝔐 A

θέλημα τὸ ἐμὸν ἀλλὰ τὸ θέλημα τοῦ πέμψαντός με °Πατρός.

The Fourfold Witness to Jesus

31 "Ἐὰν ἐγὼ μαρτυρῶ περὶ ἐμαυτοῦ, ἡ μαρτυρία μου οὐκ ἔστιν ἀληθής. **32** Ἄλλος ἐστὶν ὁ μαρτυρῶν περὶ ἐμοῦ, καὶ οἶδα ὅτι ἀληθής ἐστιν ἡ μαρτυρία ἣν μαρτυρεῖ περὶ ἐμοῦ. **33** Ὑμεῖς ἀπεστάλκατε πρὸς Ἰωάννην, καὶ μεμαρτύρηκε τῇ ἀληθείᾳ. **34** Ἐγὼ δὲ οὐ παρὰ ἀνθρώπου τὴν μαρτυρίαν λαμβάνω, ἀλλὰ ταῦτα λέγω ἵνα ὑμεῖς σωθῆτε. **35** Ἐκεῖνος ἦν ὁ λύχνος ὁ καιόμενος καὶ φαίνων, ὑμεῖς δὲ ἠθελήσατε ἀγαλλιαθῆναι πρὸς ὥραν[1] ἐν τῷ φωτὶ αὐτοῦ. **36** Ἐγὼ δὲ ἔχω τὴν μαρτυρίαν μείζω τοῦ Ἰωάννου· τὰ γὰρ ἔργα ἃ ᵈἔδωκέ μοι ὁ Πατὴρ ἵνα τελειώσω αὐτά, αὐτὰ τὰ ἔργα ἃ °ἐγὼ ποιῶ, μαρτυρεῖ περὶ ἐμοῦ ὅτι ὁ Πατήρ με ἀπέσταλκε. **37** Καὶ ὁ πέμψας με Πατήρ, ᵈαὐτὸς μεμαρτύρηκε περὶ ἐμοῦ. Οὔτε φωνὴν αὐτοῦ ᵈἀκηκόατε πώποτε᾿ οὔτε εἶδος αὐτοῦ ἑωράκατε. **38** Καὶ τὸν λόγον αὐτοῦ οὐκ ἔχετε ᵈμένοντα ἐν ὑμῖν,᾿ ὅτι ὃν ἀπέστειλεν ἐκεῖνος, τούτῳ ὑμεῖς οὐ πιστεύετε. **39** •Ἐρευνᾶτε τὰς Γραφάς, ὅτι ὑμεῖς δοκεῖτε ἐν αὐταῖς ζωὴν αἰώνιον ἔχειν, καὶ ἐκεῖναί εἰσιν αἱ μαρτυροῦσαι περὶ ἐμοῦ. **40** Καὶ οὐ θέλετε ἐλθεῖν πρός με ἵνα ζωὴν ἔχητε. **41** Δόξαν παρὰ ἀνθρώπων οὐ λαμβάνω. **42** Ἀλλ᾿ ἔγνωκα ὑμᾶς, ὅτι τὴν ἀγάπην τοῦ Θεοῦ οὐκ ἔχετε ἐν ἑαυτοῖς. **43** Ἐγὼ ἐλήλυθα ἐν τῷ ὀνόματι τοῦ Πατρός μου, καὶ οὐ λαμβάνετέ με· ἐὰν ἄλλος ἔλθῃ ἐν τῷ ὀνόματι τῷ ἰδίῳ, ἐκεῖνον λήψεσθε. **44** Πῶς δύνασθε ὑμεῖς πιστεῦσαι, δόξαν παρὰ ἀλλήλων[2] λαμβάνοντες, καὶ τὴν δόξαν τὴν παρὰ τοῦ μόνου Θεοῦ οὐ

---

[1]35 αγαλλιαθηναι προς ωραν 𝔐 𝔭⁶⁶ℵB, Cr vs αγαλλιασθηναι προς ωραν TR vs προς ωραν αγαλλιαθηναι A

[2]44 αλληλων MG (h.C)A, TR Cr vs ανθρωπων M'

30 °G (h.C) A vs M　　　36 ᵈδεδωκεν 𝔭⁶⁶ℵB vs MA
36 °𝔭⁶⁶ℵBA vs 𝔐　　　37 ᵈεκεινος 𝔭⁷⁵ℵB vs 𝔐 𝔭⁶⁶A
37 ᵈ21 𝔭⁷⁵ᵛⁱᵈℵB(A) vs M; (ποτε ακηκοατε 𝔭⁶⁶*)
38 ᵈ231 G (h.C) vs 𝔐 A　　　39 •εραυνατε (𝔭⁶⁶) ℵB* vs 𝔐 A

ζητεῖτε? 45 Μὴ δοκεῖτε ὅτι ἐγὼ κατηγορήσω ὑμῶν πρὸς τὸν Πάτερα· ἔστιν ὁ κατηγορῶν ὑμῶν, Μωσῆς, εἰς ὃν ὑμεῖς ἠλπίκατε. 46 Εἰ γὰρ ἐπιστεύετε Μωσεῖ, ἐπιστεύετε ἂν ἐμοί, περὶ γὰρ ἐμοῦ¹ ἐκεῖνος ἔγραψεν. 47 Εἰ δὲ τοῖς ἐκείνου γράμμασιν οὐ πιστεύετε, πῶς τοῖς ἐμοῖς ῥήμασι πιστεύσετε?"

Jesus Feeds about 5000 Men
(Mt. 14:13-21; Mk 6:30-44; Lk. 9:10-17)

6 Μετὰ ταῦτα ἀπῆλθεν ὁ Ἰησοῦς πέραν τῆς θαλάσσης τῆς Γαλιλαίας, τῆς Τιβεριάδος. 2 ʿΚαὶ ἠκολούθειˋ αὐτῷ ὄχλος πολύς, ὅτι ⌜ἑώρων °αὐτοῦ τὰ σημεῖα ἃ ἐποίει ἐπὶ τῶν ἀσθενούντων. 3 Ἀνῆλθε δὲ εἰς τὸ ὄρος °ὁ Ἰησοῦς, καὶ ἐκεῖ ἐκάθητο μετὰ τῶν μαθητῶν αὐτοῦ. 4 Ἦν δὲ ἐγγὺς τὸ Πάσχα, ἡ ἑορτὴ τῶν Ἰουδαίων. 5 Ἐπάρας οὖν ʿὁ Ἰησοῦς τοὺς ὀφθαλμούς,ˋ καὶ θεασάμενος ὅτι πολὺς ὄχλος ἔρχεται πρὸς αὐτόν, λέγει πρὸς °τὸν Φίλιππον, "Πόθεν ἀγοράσομεν² ἄρτους ἵνα φάγωσιν οὗτοι?" 6 Τοῦτο δὲ ἔλεγε πειράζων αὐτόν, αὐτὸς γὰρ ᾔδει τί ἔμελλε³ ποιεῖν.

7 Ἀπεκρίθη αὐτῷ ᵀ Φίλιππος, "Διακοσίων δηναρίων ἄρτοι οὐκ ἀρκοῦσιν αὐτοῖς, ἵνα ἕκαστος °¹αὐτῶν βραχύ °²τι λάβῃ."

8 Λέγει αὐτῷ εἷς ἐκ τῶν μαθητῶν αὐτοῦ, Ἀνδρέας ὁ ἀδελφὸς Σίμωνος Πέτρου, 9 "Ἔστι παιδάριον °ἓν ὧδε ⌜ὃ ἔχει πέντε ἄρτους κριθίνους καὶ δύο ὀψάρια, ἀλλὰ ταῦτα τί ἐστιν εἰς τοσούτους?"

10 Εἶπε °δὲ ὁ Ἰησοῦς, "Ποιήσατε τοὺς ἀνθρώπους ἀναπεσεῖν." Ἦν δὲ χόρτος πολὺς ἐν τῷ τόπῳ.

---

¹46 γαρ εμου **MG** (h.C)A, **TR** Cr vs εμου γαρ Mʳ
²5 αγορασομεν Mᵖᵗ ᵛⁱᵈ, **TR** vs αγορασωμεν Mᵖᵗ ᵛⁱᵈ𝔭⁶⁶𝕏ΒΑ, Cr
³6 εμελλε(ν) Mᵖᵗ𝔭⁷⁵𝕏ΒΑ, **TR** Cr vs ημελλε(ν) Mᵖᵗ𝔭⁶⁶

---

2 ʿηκολουθει δε 𝔭⁶⁶ ⁷⁵ᵛⁱᵈ𝕏Β vs 𝕸A
2 ⌜εθεωρουν Β (εθεωρων 𝔭⁷⁵Α) vs 𝕸𝕏 (εωρουν 𝔭⁶⁶)
2 °𝔭⁶⁶𝕏ΒΑ vs M　　　3 °𝔭⁶⁶𝕏*Β vs 𝕸A
5 ʿ3412 ΒΑ (342 𝕏*, 3 οφαλμους 12 𝔭⁶⁶*) vs M　　　5 °𝔭⁶⁶𝕏Β vs 𝕸A
7 ᵀο 𝔭⁶⁶𝕏, [Cr] vs 𝕸𝔭⁷⁵ΒΑ　　　7 °¹G (h.C) vs M
7 °²𝔭⁷⁵Β vs 𝕸𝔭⁶⁶𝕏Α, [Cr]　　　9 °G (h.C) vs ΜΑ
9 ⌜ος 𝔭⁶⁶ΒΑ vs 𝕸𝕏　　　10 °𝔭⁷⁵ᵛⁱᵈ𝕏Β vs 𝕸Α (ουν 𝔭⁶⁶)

Ἀνέπεσον οὖν οἱ ἄνδρες τὸν ἀριθμὸν ⌜ὡσεὶ πεν-
τακισχίλιοι. 11 Ἔλαβε ⌜δὲ τοὺς ἄρτους ὁ Ἰησοῦς, καὶ
εὐχαριστήσας διέδωκε ᵒτοῖς μαθηταῖς, οἱ δὲ μαθηταὶ⸜ τοῖς
ἀνακειμένοις· ὁμοίως καὶ ἐκ τῶν ὀψαρίων ὅσον ἤθελον.
12 Ὡς δὲ ἐνεπλήσθησαν, λέγει τοῖς μαθηταῖς αὐτοῦ,
"Συναγάγετε τὰ περισσεύσαντα κλάσματα,¹ ἵνα μή τι
ἀπόληται." 13 Συνήγαγον οὖν καὶ ἐγέμισαν δώδεκα
κοφίνους κλασμάτων ἐκ τῶν πέντε ἄρτων τῶν κριθίνων ἃ
⌜ἐπερίσσευσε τοῖς βεβρωκόσιν. 14 Οἱ οὖν ἄνθρωποι ἰδόντες
ὃ ἐποίησε σημεῖον ᵒὁ Ἰησοῦς,⸜ ἔλεγον ὅτι "Οὗτός ἐστιν
ἀληθῶς ὁ Προφήτης ὁ ἐρχόμενος εἰς τὸν κόσμον."

Jesus Walks on the Sea
(Mt. 14:22-33; Mk. 6:45-52)

15 Ἰησοῦς οὖν γνοὺς ὅτι μέλλουσιν ἔρχεσθαι καὶ
ἁρπάζειν αὐτὸν ἵνα ποιήσωσιν ᵒαὐτὸν βασιλέα, ἀνε-
χώρησεν εἰς² τὸ ὄρος αὐτὸς μόνος.
16 Ὡς δὲ ὀψία ἐγένετο, κατέβησαν οἱ μαθηταὶ αὐτοῦ
ἐπὶ τὴν θάλασσαν, 17 καὶ ἐμβάντες εἰς ᵒτὸ πλοῖον,
ἤρχοντο πέραν τῆς θαλάσσης εἰς ⨀Καπερναούμ. Καὶ σκοτία
ἤδη ἐγεγόνει, καὶ ⌜οὐκ ἐληλύθει πρὸς αὐτοὺς ὁ Ἰησοῦς.
18 Ἥ τε θάλασσα ἀνέμου μεγάλου πνέοντος ⌜διηγείρετο.
19 Ἐληλακότες οὖν ὡς σταδίους εἴκοσι πέντε ἢ τριάκοντα,
θεωροῦσι τὸν Ἰησοῦν περιπατοῦντα ἐπὶ τῆς θαλάσσης καὶ
ἐγγὺς τοῦ πλοίου γινόμενον, καὶ ἐφοβήθησαν.
20 Ὁ δὲ λέγει αὐτοῖς, "Ἐγώ εἰμι· μὴ φοβεῖσθε."
21 Ἤθελον οὖν λαβεῖν αὐτὸν εἰς τὸ πλοῖον, καὶ εὐθέως
ˢτὸ πλοῖον ἐγένετο˥ ἐπὶ τῆς γῆς εἰς ἣν ὑπῆγον.

---

¹12 κλασματα 𝕸𝔭⁷⁵אBA, TR Cr vs των κλασματων 𝕸ʳ
²15 εις 𝕸ᵖᵗ vs παλιν εις 𝕸ᵖᵗ𝔭⁷⁵אBA, TR Cr

---

10 ⌜ως 𝔭⁷⁵א vs 𝕸𝔭⁶⁶A; (ος B)   11 ⌜ουν 𝔭⁶⁶BA vs 𝕸א*
11 ᵒ𝔭⁶⁶ ⁷⁵ᵛⁱᵈא*BA vs 𝕸   13 ⌜επερισσευσαν 𝔭⁷⁵B vs 𝕸אA
14 ᵒ𝔭⁷⁵אB vs 𝕸A   15 ᵒ𝔭⁷⁵אBA vs 𝕸   17 ᵒ𝔭⁷⁵אB vs 𝕸A
17 ⨀Καφαρναουμ 𝔭⁷⁵אB vs 𝕸A   17 ⌜ουπω אB vs 𝕸A
18 ⌜διεγειρετο B vs 𝕸אA   21 ˢ312 𝔭⁷⁵BA vs 𝕸א

Jesus Discourses on the Bread of Life

22 Τῇ ἐπαύριον ὁ ὄχλος ὁ ἑστηκὼς πέραν τῆς θαλάσσης, ⌐ἰδὼν¬ ὅτι πλοιάριον ἄλλο οὐκ ἦν ἐκεῖ εἰ μὴ ἓν □ἐκεῖνο εἰς ὃ ἐνέβησαν οἱ μαθηταὶ αὐτοῦ,╲ καὶ ὅτι οὐ συνεισῆλθε τοῖς μαθηταῖς αὐτοῦ ὁ Ἰησοῦς εἰς τὸ ⌐²πλοιάριον ἀλλὰ μόνοι οἱ μαθηταὶ αὐτοῦ ἀπῆλθον — **23** ⌐ἄλλα δὲ ἦλθε╲ ⌐πλοιάρια ἐκ Τιβεριάδος ἐγγὺς τοῦ τόπου ὅπου ἔφαγον τὸν ἄρτον, εὐχαριστήσαντος τοῦ Κυρίου — **24** ὅτε οὖν εἶδεν ὁ ὄχλος ὅτι Ἰησοῦς οὐκ ἔστιν ἐκεῖ, οὐδὲ οἱ μαθηταὶ αὐτοῦ, ἐνέβησαν¹ αὐτοὶ εἰς ⌐τὰ πλοῖα╲ καὶ ἦλθον εἰς •Καπερναούμ, ζητοῦντες τὸν Ἰησοῦν. **25** Καὶ εὑρόντες αὐτὸν πέραν τῆς θαλάσσης, εἶπον αὐτῷ, "Ῥαββί, πότε ὧδε γέγονας?"

26 Ἀπεκρίθη αὐτοῖς ὁ Ἰησοῦς καὶ εἶπεν, "Ἀμὴν ἀμὴν λέγω ὑμῖν, ζητεῖτέ με, οὐχ ὅτι εἴδετε σημεῖα, ἀλλ' ὅτι ἐφάγετε ἐκ τῶν ἄρτων καὶ ἐχορτάσθητε. **27** Ἐργάζεσθε μὴ τὴν βρῶσιν τὴν ἀπολλυμένην ἀλλὰ τὴν βρῶσιν τὴν μένουσαν εἰς ζωὴν αἰώνιον, ἣν ὁ Υἱὸς τοῦ Ἀνθρώπου ὑμῖν δώσει· τοῦτον γὰρ ὁ Πατὴρ ἐσφράγισεν, ὁ Θεός."

28 Εἶπον οὖν πρὸς αὐτόν, "Τί ποιῶμεν² ἵνα ἐργαζώμεθα τὰ ἔργα τοῦ Θεοῦ?"

29 Ἀπεκρίθη³ Ἰησοῦς καὶ εἶπεν αὐτοῖς, "Τοῦτό ἐστι τὸ ἔργον τοῦ Θεοῦ, ἵνα ⌐πιστεύσητε εἰς ὃν ἀπέστειλεν ἐκεῖνος."

30 Εἶπον οὖν αὐτῷ, "Τί οὖν ποιεῖς σὺ σημεῖον ἵνα ἴδωμεν καὶ πιστεύσωμέν σοι? Τί ἐργάζῃ? **31** Οἱ πατέρες ἡμῶν τὸ

---

¹24 ενεβησαν 𝕸BA, Cr vs ανεβησαν 𝔭⁷⁵א vs ενεβησαν και TR
²28 ποιωμεν 𝕸 𝔭⁷⁵אBA, Cr vs ποιουμεν TR
³29 απεκριθη M𝔭⁷⁵א vs +ο BA, TR [Cr]

---

22 ⌐ειδον 𝔭⁷⁵BA vs 𝕸; (ειδεν א)
22 □𝔭⁷⁵BA vs M; (εκεινο εις ο ενεβησαν οι μαθηται του Ιησου א*)
22 ⌐²πλοιον 𝔭⁷⁵BA (πλοιαν א*) vs M
23 ⌐13 𝔭⁷⁵B vs 𝕸A; (επελθοντων ουν א)
23 ⌐πλοια 𝔭⁷⁵B vs 𝕸A, [Cr]; (πλοιων א)
24 ⌐τα πλοιαρια 𝔭⁷⁵B vs 𝕸A; (το πλοιον א*)
24 •Καφαρναουμ 𝔭⁷⁵אB vs 𝕸A　　　29 ⌐πιστευητε 𝔭⁷⁵(א)BA vs 𝕸

μάννα ἔφαγον ἐν τῇ ἐρήμῳ· καθώς ἐστι γεγραμμένον,
«Ἄρτον ἐκ τοῦ οὐρανοῦ ἔδωκεν αὐτοῖς φαγεῖν.»"

32 Εἶπεν οὖν αὐτοῖς ὁ Ἰησοῦς, "Ἀμὴν ἀμὴν λέγω ὑμῖν,
οὐ Μωσῆς δέδωκεν ὑμῖν τὸν ἄρτον ἐκ τοῦ οὐρανοῦ, ἀλλ' ὁ
Πατήρ μου δίδωσιν ὑμῖν τὸν ἄρτον ἐκ τοῦ οὐρανοῦ τὸν
ἀληθινόν. **33** Ὁ γὰρ ἄρτος τοῦ Θεοῦ ἐστιν ὁ καταβαίνων
ἐκ τοῦ οὐρανοῦ καὶ ζωὴν διδοὺς τῷ κόσμῳ."

34 Εἶπον οὖν πρὸς αὐτόν, "Κύριε, πάντοτε δὸς ἡμῖν τὸν
ἄρτον τοῦτον."

35 Εἶπε °δὲ αὐτοῖς ὁ Ἰησοῦς, "Ἐγώ εἰμι ὁ ἄρτος τῆς
ζωῆς. Ὁ ἐρχόμενος πρός ⌐1με οὐ μὴ πεινάσῃ, καὶ ὁ
πιστεύων εἰς ἐμὲ οὐ μὴ ⌐2διψήσῃ πώποτε. **36** Ἀλλ' εἶπον
ὑμῖν ὅτι καὶ ἑωράκατέ °με καὶ οὐ πιστεύετε. **37** Πᾶν ὃ
δίδωσί μοι ὁ Πατὴρ πρὸς ἐμὲ ἥξει, καὶ τὸν ἐρχόμενον πρός
⌐με οὐ μὴ ἐκβάλω ἔξω. **38** Ὅτι καταβέβηκα ⌐ἐκ τοῦ
οὐρανοῦ, οὐχ ἵνα ποιῶ τὸ θέλημα τὸ ἐμὸν ἀλλὰ τὸ θέλημα
τοῦ πέμψαντός με. **39** Τοῦτο δέ ἐστι τὸ θέλημα τοῦ
πέμψαντός με °Πατρός, ἵνα πᾶν ὃ δέδωκέ μοι μὴ ἀπολέσω
ἐξ αὐτοῦ ἀλλὰ ἀναστήσω αὐτόν[1] τῇ[2] ἐσχάτῃ ἡμέρᾳ.
40 Τοῦτο ⌐δέ ἐστι τὸ θέλημα τοῦ ⌐πέμψαντός με,⌐ ἵνα πᾶς
ὁ θεωρῶν τὸν Υἱὸν καὶ πιστεύων εἰς αὐτὸν ἔχῃ ζωὴν
αἰώνιον, καὶ ἀναστήσω αὐτὸν ἐγὼ τῇ[3] ἐσχάτῃ ἡμέρᾳ."

The Jews React Against His Teaching

41 Ἐγόγγυζον οὖν οἱ Ἰουδαῖοι περὶ αὐτοῦ ὅτι εἶπεν,
"Ἐγώ εἰμι ὁ ἄρτος ὁ καταβὰς ἐκ τοῦ οὐρανοῦ." **42** Καὶ

---

[1]39 αυτον M^{pt} vs αυτο M^{pt}𝕲A TR Cr
[2]39 τη M^{pt}𝕲 vs εν τη M^{pt}אA, TR [Cr]
[3]40 τη M^{pt}𝔭^{75}BC, TR vs εν τη M^{pt}𝔭^{66}אA, [Cr]

---

35 °B vs 𝔐A; (ουν א)   35 ⌐1εμε 𝔭^{75}אB vs 𝔐A
35 ⌐2διψησει 𝔭^{66}אB*A vs M   36 °אA vs 𝔐𝔭^{66}B, [Cr]
37 ⌐εμε 𝔭^{66} ^{75}א vs 𝔐BA   38 ⌐απο 𝔭^{66}BA vs 𝔐א
39 °𝔭^{66} ^{75}BA vs 𝔐; (− τουτο to Πατρος א*C)
40 ⌐γαρ אBAC vs M; (−𝔭^{75}; − τουτο to θελημα 𝔭^{66})
40 ⌐Πατρος μου 𝕲 vs MA

---

31 Ex. 16:4; Neh. 9:15; Ps. 78:24

ἔλεγον, "Οὐχ οὗτός ἐστιν Ἰησοῦς ὁ υἱὸς Ἰωσήφ, οὗ ἡμεῖς
οἴδαμεν τὸν πατέρα καὶ τὴν μητέρα? Πῶς ⸀οὖν ⸂λέγει
οὗτος⸃ ὅτι 'Ἐκ τοῦ οὐρανοῦ καταβέβηκα.'?"
43 Ἀπεκρίθη °¹οὖν °²ὁ Ἰησοῦς καὶ εἶπεν αὐτοῖς, "Μὴ
γογγύζετε μετ' ἀλλήλων. **44** Οὐδεὶς δύναται ἐλθεῖν πρός
με ἐὰν μὴ ὁ Πατὴρ ὁ πέμψας με ἑλκύσῃ αὐτόν, ⸂καὶ ἐγὼ⸃
ἀναστήσω αὐτὸν ἐν[1] τῇ ἐσχάτῃ ἡμέρᾳ. **45** Ἔστι
γεγραμμένον ἐν τοῖς Προφήταις, «Καὶ ἔσονται πάντες
διδακτοὶ[2] Θεοῦ.» Πᾶς °οὖν ὁ ἀκούων[3] παρὰ τοῦ Πατρὸς καὶ
μαθὼν ἔρχεται πρός ⸀με. **46** Οὐχ ὅτι τὸν Πατέρα ⸂τις
ἑώρακεν,⸃ εἰ μὴ ὁ ὢν παρὰ τοῦ Θεοῦ, οὗτος ἑώρακε τὸν
Πατέρα. **47** Ἀμὴν ἀμὴν λέγω ὑμῖν, ὁ πιστεύων ⸋εἰς ἐμὲ⸌
ἔχει ζωὴν αἰώνιον. **48** Ἐγώ εἰμι ὁ ἄρτος τῆς ζωῆς. **49** Οἱ
πατέρες ὑμῶν ἔφαγον ⸉τὸ μάννα ἐν τῇ ἐρήμῳ,⸊ καὶ
ἀπέθανον. **50** Οὗτός ἐστιν ὁ ἄρτος ὁ ἐκ τοῦ οὐρανοῦ
καταβαίνων, ἵνα τις ἐξ αὐτοῦ φάγῃ καὶ μὴ ἀποθάνῃ.
51 Ἐγώ εἰμι ὁ ἄρτος ὁ ζῶν ὁ ἐκ τοῦ οὐρανοῦ καταβάς.
Ἐάν τις φάγῃ ἐκ τούτου τοῦ ἄρτου, ⸀ζήσεται εἰς τὸν αἰῶνα.
Καὶ ὁ ἄρτος δὲ ὃν ἐγὼ δώσω ⸂ἡ σάρξ μού ἐστιν ἣν ἐγὼ
δώσω ὑπὲρ τῆς τοῦ κόσμου ζωῆς.⸃"
52 Ἐμάχοντο οὖν πρὸς ἀλλήλους οἱ Ἰουδαῖοι λέγοντες,
"Πῶς δύναται οὗτος ἡμῖν δοῦναι τὴν σάρκα ⸆φαγεῖν?"
53 Εἶπεν οὖν αὐτοῖς ὁ Ἰησοῦς, "Ἀμὴν ἀμὴν λέγω ὑμῖν,
ἐὰν μὴ φάγητε τὴν σάρκα τοῦ Υἱοῦ τοῦ Ἀνθρώπου καὶ
πίητε αὐτοῦ τὸ αἷμα, οὐκ ἔχετε ζωὴν ἐν ἑαυτοῖς. **54** Ὁ

---

[1]44 εν 𝔐 𝔭[66*]BAC, Cr vs − 𝔭[75]ℵ, TR
[2]45 διδακτοι 𝔐Ͼ (h.𝔭[75]) A, Cr vs + του, TR
[3]45 ακουων M vs ακουσας ϾA, TR Cr

---

42 ⸀νυν 𝔭[75]BC vs 𝔐 𝔭[66]ℵA 42 ⸂λεγει Ͼ vs 𝔐A (21 ℵ)
43 °¹𝔭[66 75vid]BC vs 𝔐ℵA 43 °²𝔭[75vid]ℵB vs 𝔐 𝔭[66]AC
44 ⸂καγω Ͼ vs 𝔐A 45 °Ͼ vs 𝔐A 45 ⸀εμε 𝔭[75]ℵB vs 𝔐 𝔭[66]AC
46 ⸂εωρακεν τις 𝔭[66]ℵC (εορακεν τις B) vs 𝔐A
47 ⸋Ͼ (h.𝔭[75]) vs 𝔐A 49 ⸉3-512 BC vs 𝔐 𝔭[66]ℵA
51 ⸀ζησει ℵ vs 𝔐 𝔭[66]BC
51 ⸂1-4, 8-12 𝔭[66 75vid]BC vs 𝔐; (8-12, 1-4 ℵ)
52 ⸆αυτου 𝔭[66]B, [Cr] vs 𝔐ℵC

---

45 Is. 54:13

τρώγων μου τὴν σάρκα καὶ πίνων μου τὸ αἷμα ἔχει ζωὴν αἰώνιον, ⌜καὶ ἐγὼ⌝ ἀναστήσω αὐτὸν¹ τῇ ἐσχάτῃ ἡμέρᾳ. 55 Ἡ γὰρ σάρξ μου ⌜¹ἀληθῶς⌝ ἐστι βρῶσις, καὶ τὸ αἷμά μου ⌜²ἀληθῶς⌝ ἐστι πόσις. 56 Ὁ τρώγων μου τὴν σάρκα καὶ πίνων μου τὸ αἷμα ἐν ἐμοὶ μένει κἀγὼ ἐν αὐτῷ. 57 Καθὼς ἀπέστειλέ με ὁ ζῶν Πατήρ, κἀγὼ ζῶ διὰ τὸν Πατέρα, καὶ ὁ τρώγων με, κἀκεῖνος ⌜ζήσεται⌝ δι᾽ ἐμέ. 58 Οὗτός ἐστιν ὁ ἄρτος ὁ ⌜ἐκ τοῦ⌝ οὐρανοῦ καταβάς, οὐ καθὼς ἔφαγον οἱ πατέρες ⌑ὑμῶν τὸ μάννα⌟ καὶ ἀπέθανον. Ὁ τρώγων² τοῦτον τὸν ἄρτον ζήσεται³ εἰς τὸν αἰῶνα." 59 Ταῦτα εἶπεν ἐν συναγωγῇ διδάσκων ἐν ·Καπερναούμ.

Many Disciples Turn Away from Jesus

60 Πολλοὶ οὖν ἀκούσαντες ἐκ τῶν μαθητῶν αὐτοῦ εἶπον, "Σκληρός ἐστιν ⌜ᵔοὗτος ὁ λόγος·⌟ τίς δύναται αὐτοῦ ἀκούειν?"

61 Εἰδὼς δὲ ὁ Ἰησοῦς ἐν ἑαυτῷ ὅτι γογγύζουσι περὶ τούτου οἱ μαθηταὶ αὐτοῦ, εἶπεν αὐτοῖς, "Τοῦτο ὑμᾶς σκανδαλίζει? 62 Ἐὰν οὖν θεωρῆτε τὸν Υἱὸν τοῦ Ἀνθρώπου ἀναβαίνοντα ὅπου ἦν τὸ πρότερον? 63 Τὸ Πνεῦμά ἐστι τὸ ζωοποιοῦν· ἡ σὰρξ οὐκ ὠφελεῖ οὐδέν. Τὰ ῥήματα ἃ ἐγὼ ⌜λαλῶ⌝ ὑμῖν πνεῦμά ἐστι καὶ ζωή ἐστιν. 64 Ἀλλ᾽ εἰσὶν ἐξ ὑμῶν τινες οἳ οὐ πιστεύουσιν." Ἤδει γὰρ ἐξ ἀρχῆς ὁ Ἰησοῦς τίνες εἰσὶν οἱ μὴ πιστεύοντες καὶ τίς ἐστιν ὁ παραδώσων αὐτόν. 65 Καὶ ἔλεγε, "Διὰ τοῦτο εἴρηκα ὑμῖν ὅτι οὐδεὶς δύναται ἐλθεῖν πρός με ἐὰν μὴ ᾖ δεδομένον αὐτῷ ἐκ τοῦ Πατρός ᵒμου."

---

¹54 αυτον M^{pt}𝕲, TR Cr vs + εν M^{pt}C
²58 τρωγων M𝕲, TR Cr vs + μου M^r
³58 ζησεται M^{pt}𝔭⁶⁶, TR vs ζησει M^{pt}𝕲, Cr

54 ⌜καγω 𝕲 vs 𝔐
55 ⌜¹αληθης 𝔭⁷⁵BC vs M𝔭⁶⁶*; (− αληθως το μου ℵ*)
55 ⌜²αληθης 𝔭⁷⁵BC vs M𝔭⁶⁶*ℵ*　　57 ⌜ζησει 𝔭⁷⁵ℵBC*vid vs M𝔭⁶⁶
58 ⌜εξ 𝔭⁷⁵BC vs 𝔐𝔭⁶⁶ℵ　　58 ⌑𝕲 vs 𝔐
59 ·Καφαρναουμ 𝕲 vs 𝔐　　60 ⌜231 𝕲 vs M𝔭⁷⁵
63 ⌜λελαληκα 𝕲 (h.𝔭⁷⁵) vs M　　65 ᵒ𝕲 (h.𝔭⁷⁵) vs 𝔐

66 Ἐκ τούτου πολλοὶ ʽἀπῆλθον τῶν μαθητῶν αὐτοῦ᾿ εἰς τὰ ὀπίσω καὶ οὐκέτι μετ᾽ αὐτοῦ περιεπάτουν. 67 Εἶπεν οὖν ὁ Ἰησοῦς τοῖς δώδεκα, "Μὴ καὶ ὑμεῖς θέλετε ὑπάγειν?" 68 Ἀπεκρίθη °οὖν αὐτῷ Σίμων Πέτρος, "Κύριε, πρὸς τίνα ἀπελευσόμεθα? Ῥήματα ζωῆς αἰωνίου ἔχεις. 69 Καὶ ἡμεῖς πεπιστεύκαμεν καὶ ἐγνώκαμεν ὅτι σὺ εἶ ʽὁ Χριστός, ὁ Υἱὸς τοῦ Θεοῦ τοῦ ζῶντος.᾿" 70 Ἀπεκρίθη αὐτοῖς,[1] "Οὐκ ἐγὼ ὑμᾶς τοὺς δώδεκα ἐξελεξάμην, καὶ ἐξ ὑμῶν εἷς διάβολός ἐστιν?" 71 Ἔλεγε δὲ τὸν Ἰούδαν Σίμωνος ʳἸσκαριώτην, οὗτος γὰρ ἔμελλεν[2] ˢαὐτὸν παραδιδόναι,ˣ εἷς °ὢν ἐκ τῶν δώδεκα.

Jesus' Brothers Disbelieve

7 Καὶ ˢπεριεπάτει ὁ Ἰησοῦς μετὰ ταῦταˣ ἐν τῇ Γαλιλαίᾳ· οὐ γὰρ ἤθελεν ἐν τῇ Ἰουδαίᾳ περιπατεῖν ὅτι ἐζήτουν αὐτὸν οἱ Ἰουδαῖοι ἀποκτεῖναι. 2 ˉΗν δὲ ἐγγὺς ἡ ἑορτὴ τῶν Ἰουδαίων ἡ Σκηνοπηγία. 3 Εἶπον οὖν πρὸς αὐτὸν οἱ ἀδελφοὶ αὐτοῦ, "Μετάβηθι ἐντεῦθεν καὶ ὕπαγε εἰς τὴν Ἰουδαίαν, ἵνα καὶ οἱ μαθηταί σου ʳθεωρήσωσι τὰ ἔργα σου[3] ἃ ποιεῖς. 4 Οὐδεὶς γὰρ ˢἐν κρυπτῷ τιˣ ποιεῖ καὶ ζητεῖ αὐτὸς ἐν παρρησίᾳ εἶναι. Εἰ ταῦτα ποιεῖς, φανέρωσον σεαυτὸν τῷ κόσμῳ." 5 Οὐδὲ γὰρ οἱ ἀδελφοὶ αὐτοῦ ἐπίστευον εἰς αὐτόν. 6 Λέγει οὖν αὐτοῖς ὁ Ἰησοῦς, "Ὁ καιρὸς ὁ ἐμὸς οὔπω πάρεστιν, ὁ δὲ καιρὸς ὁ ὑμέτερος πάντοτέ ἐστιν ἕτοιμος. 7 Οὐ δύναται ὁ κόσμος μισεῖν ὑμᾶς, ἐμὲ δὲ μισεῖ ὅτι ἐγὼ

---

[1]70 αυτοις Mᵖᵗ vs +ο Ιησους Mᵖᵗ𝔭⁷⁵BC, TR Cr vs +Ιησους 𝔭⁶⁶ vs Ιησους και ειπεν αυτοις ℵ
[2]71 εμελλεν Mᵖᵗ ᵛⁱᵈ𝔭⁷⁵BC, Cr vs ημελλεν Mᵖᵗ ᵛⁱᵈ 𝔭⁶⁶, TR vs εμελλον ℵ*
[3]3 τα εργα σου M, TR vs τα εργα Mʳℵ* vs σου τα εργα 𝔭⁶⁶B, Cr vs σοι τα εργα 𝔭⁷⁵*ᵛⁱᵈ

---

66 ʽεκ 2-41 𝔭⁶⁶B, [Cr] vs M; (2-41 C; 231 ℵ)   68 °𝔊 (h.𝔭⁷⁵) vs M
69 ʽο αγιος του Θεου 𝔭⁷⁵ᵛⁱᵈℵBC* vs 𝔐; (ο Χριστος ο αγιος του Θεου 𝔭⁶⁶)   71 ʳΙσκαριωτου 𝔊 vs 𝔐; (απο Καρυωτου ℵ*)
71 ˢ𝔭⁷⁵BC vs 𝔐𝔭⁶⁶ℵ   71 °BC* vs 𝔐𝔭⁶⁶ℵ
1 ˢ451-3 𝔊 (4513 B) vs M
3 ʳθεωρησουσιν 𝔭⁷⁵B* vs 𝔐𝔭⁶⁶; (θεωρουσιν ℵ*)
4 ˢ312 𝔭⁷⁵ℵB vs 𝔐𝔭⁶⁶

μαρτυρῶ περὶ αὐτοῦ ὅτι τὰ ἔργα αὐτοῦ πονηρά ἐστιν.
8 Ὑμεῖς ἀνάβητε εἰς τὴν ἑορτὴν °ταύτην. Ἐγὼ ⌜οὔπω
ἀναβαίνω εἰς τὴν ἑορτὴν ταύτην ὅτι ⌜ὁ καιρὸς ὁ ἐμὸς⌝
οὔπω πεπλήρωται." 9 Ταῦτα δὲ εἰπὼν ⌜αὐτοῖς, ἔμεινεν ἐν
τῇ Γαλιλαίᾳ.

Jesus Teaches at the Feast of Tabernacles

10 Ὡς δὲ ἀνέβησαν οἱ ἀδελφοὶ αὐτοῦ, ⌜τότε καὶ αὐτὸς
ἀνέβη εἰς τὴν ἑορτήν,ᵀ οὐ φανερῶς, ἀλλ᾽ °ὡς ἐν κρυπτῷ.
11 Οἱ οὖν Ἰουδαῖοι ἐζήτουν αὐτὸν ἐν τῇ ἑορτῇ καὶ ἔλεγον,
"Ποῦ ἐστιν ἐκεῖνος?" 12 Καὶ γογγυσμὸς ⌜πολὺς περὶ αὐτοῦ
ἦν⌝ ἐν τοῖς ὄχλοις, οἱ μὲν ἔλεγον ὅτι "Ἀγαθός ἐστιν,"
ἄλλοι¹ ἔλεγον, "Οὔ, ἀλλὰ πλανᾷ τὸν ὄχλον." 13 Οὐδεὶς
μέντοι παρρησίᾳ ἐλάλει περὶ αὐτοῦ διὰ τὸν φόβον τῶν
Ἰουδαίων.
14 Ἤδη δὲ τῆς ἑορτῆς μεσούσης, ἀνέβη °ὁ Ἰησοῦς εἰς
τὸ ἱερὸν καὶ ἐδίδασκε. 15 ⌜Καὶ ἐθαύμαζον⌝ οἱ Ἰουδαῖοι
λέγοντες, "Πῶς οὗτος γράμματα οἶδε, μὴ μεμαθηκώς?"
16 Ἀπεκρίθη οὖν² αὐτοῖς °ὁ Ἰησοῦς καὶ εἶπεν, "Ἡ ἐμὴ
διδαχὴ οὐκ ἔστιν ἐμὴ ἀλλὰ τοῦ πέμψαντός με. 17 Ἐάν τις
θέλῃ τὸ θέλημα αὐτοῦ ποιεῖν, γνώσεται περὶ τῆς διδαχῆς,
πότερον ἐκ τοῦ Θεοῦ ἐστιν ἢ ἐγὼ ἀπ᾽ ἐμαυτοῦ λαλῶ.
18 Ὁ ἀφ᾽ ἑαυτοῦ λαλῶν, τὴν δόξαν τὴν ἰδίαν ζητεῖ, ὁ δὲ
ζητῶν τὴν δόξαν τοῦ πέμψαντος αὐτόν, οὗτος ἀληθής
ἐστι, καὶ ἀδικία ἐν αὐτῷ οὐκ ἔστιν. 19 Οὐ Μωσῆς δέδωκεν
ὑμῖν τὸν νόμον, καὶ οὐδεὶς ἐξ ὑμῶν ποιεῖ τὸν νόμον? Τί με
ζητεῖτε ἀποκτεῖναι?"

---

¹12 αλλοι 𝔐 𝔭⁶⁶ℵ vs + δε 𝔭⁷⁵B, TR [Cr]
²16 ουν 𝔐𝔊 (h.C), Cr vs − TR

8 °𝔭⁶⁶ ⁷⁵B vs Mℵ*   8 ⌜ουκ ℵ vs 𝔐 𝔭⁶⁶ ⁷⁵B
8 ⌜ο εμος καιρος 𝔭⁶⁶ ⁷⁵B (− ο ℵ*) vs 𝔐
9 ⌜αυτος 𝔭⁶⁶ℵ vs M𝔭⁷⁵B   10 ⌜5-71-4 𝔭⁶⁶ ⁷⁵ᵛⁱᵈℵB vs 𝔐
10 °ℵ vs 𝔐𝔭⁶⁶ ⁷⁵ᵛⁱᵈB, [Cr]
12 ⌜2-41 𝔭⁷⁵B vs 𝔐; (1423 ℵ; 423 𝔭⁶⁶*)   14 °𝔊 (h.C) vs 𝔐
15 ⌜εθαυμαζον ουν 𝔊 (h.C) vs 𝔐   16 °ℵB vs 𝔐𝔭⁶⁶, [Cr]

20 Ἀπεκρίθη ὁ ὄχλος □καὶ εἶπε,ˋ "Δαιμόνιον ἔχεις. Τίς σε ζητεῖ ἀποκτεῖναι?"

21 Ἀπεκρίθη¹ Ἰησοῦς καὶ εἶπεν αὐτοῖς, "Ἓν ἔργον ἐποίησα, καὶ πάντες θαυμάζετε. 22 Διὰ τοῦτο Μωσῆς δέδωκεν ὑμῖν τὴν περιτομήν (οὐχ ὅτι ἐκ τοῦ Μωσέως ἐστὶν ἀλλ᾽ ἐκ τῶν πατέρων), καὶ ἐν σαββάτῳ περιτέμνετε ἄνθρωπον. 23 Εἰ περιτομὴν λαμβάνει ἄνθρωπος ἐν σαββάτῳ, ἵνα μὴ λυθῇ ὁ νόμος Μωσέως, ἐμοὶ χολᾶτε ὅτι ὅλον ἄνθρωπον ὑγιῆ ἐποίησα ἐν σαββάτῳ? 24 Μὴ κρίνετε κατ᾽ ὄψιν, ἀλλὰ τὴν δικαίαν κρίσιν ⌐κρίνατε."

Could This Be the Christ?

25 Ἔλεγον οὖν τινες ἐκ τῶν Ἱεροσολυμιτῶν, "Οὐχ οὗτός ἐστιν ὃν ζητοῦσιν ἀποκτεῖναι? 26 Καὶ ἴδε! Παρρησίᾳ λαλεῖ, καὶ οὐδὲν αὐτῷ λέγουσι. Μήποτε ἀληθῶς ἔγνωσαν οἱ ἄρχοντες ὅτι οὗτός ἐστιν °ἀληθῶς ὁ Χριστός? 27 Ἀλλὰ τοῦτον οἴδαμεν πόθεν ἐστίν· ὁ δὲ Χριστὸς ὅταν ἔρχηται, οὐδεὶς γινώσκει πόθεν ἐστίν."

28 Ἔκραξεν οὖν ἐν τῷ ἱερῷ διδάσκων ὁ Ἰησοῦς καὶ λέγων, "Κἀμὲ οἴδατε, καὶ οἴδατε πόθεν εἰμί· καὶ ἀπ᾽ ἐμαυτοῦ οὐκ ἐλήλυθα, ἀλλ᾽ ἔστιν ἀληθινὸς ὁ πέμψας με, ὃν ὑμεῖς οὐκ οἴδατε. 29 Ἐγὼ² οἶδα αὐτὸν ὅτι παρ᾽ αὐτοῦ εἰμι, κἀκεῖνός με ἀπέστειλεν." 30 Ἐζήτουν οὖν αὐτὸν πιάσαι. Καὶ οὐδεὶς ἐπέβαλεν ἐπ᾽ αὐτὸν τὴν χεῖρα ὅτι οὔπω ἐληλύθει ἡ ὥρα αὐτοῦ. 31 ⌐Πολλοὶ δὲ ἐκ τοῦ ὄχλου ἐπίστευσανˏ εἰς αὐτὸν καὶ ἔλεγον °ὅτι "Ὁ Χριστὸς ὅταν ἔλθῃ, ⌐μήτι πλείονα σημεῖα τούτων³ ποιήσει ὧν οὗτος ἐποίησεν?"

---

¹21 απεκριθη 𝕸 𝕲 (h.C), Cr vs +ο TR
²29 εγω Μ𝔭⁷⁵B, Cr vs +δε 𝔭⁶⁶א, TR
³31 τουτων Μᵖᵗ, TR vs −Μᵖᵗ𝕲 (h.C), Cr

20 □𝔭⁶⁶ ⁷⁵ᵛⁱᵈאB vs 𝕸   24 ⌐κρινετε 𝔭⁶⁶ ⁷⁵B vs 𝕸א
26 °𝕲 (h.C) vs Μ
31 ⌐3-52 16 𝔭⁷⁵ᵛⁱᵈB vs Μ; (12 63-5𝔭⁶⁶א)
31 °𝔭⁶⁶אB vs 𝕸   31 ⌐μη 𝕲 (h.C) vs Μ

Leaders Seek to Arrest Jesus

32 Ἤκουσαν οἱ Φαρισαῖοι τοῦ ὄχλου γογγύζοντος περὶ αὐτοῦ ταῦτα, καὶ ἀπέστειλαν ὑπηρέτας οἱ Φαρισαῖοι καὶ οἱ ἀρχιερεῖς¹ ἵνα πιάσωσιν αὐτόν.
33 Εἶπεν οὖν² ὁ Ἰησοῦς, "Ἔτι ˢμικρὸν χρόνονˡ μεθ᾽ ὑμῶν εἰμι, καὶ ὑπάγω πρὸς τὸν πέμψαντά με. 34 Ζητήσετέ με καὶ οὐχ εὑρήσετεᵀ, καὶ ὅπου εἰμὶ ἐγὼ ὑμεῖς οὐ δύνασθε ἐλθεῖν."
35 Εἶπον οὖν οἱ Ἰουδαῖοι πρὸς ἑαυτούς, "Ποῦ οὗτος μέλλει πορεύεσθαι ὅτι ἡμεῖς οὐχ εὑρήσομεν αὐτόν? Μὴ εἰς τὴν διασπορὰν τῶν Ἑλλήνων μέλλει πορεύεσθαι καὶ διδάσκειν τοὺς Ἕλληνας? 36 Τίς ἐστιν ˢοὗτος ὁ λόγοςˡ ὃν εἶπε, 'Ζητήσετέ με καὶ οὐχ εὑρήσετεᵀ, καὶ ὅπου εἰμὶ ἐγὼ ὑμεῖς οὐ δύνασθε ἐλθεῖν'?"

Jesus Promises the Holy Spirit

37 Ἐν δὲ τῇ ἐσχάτῃ ἡμέρᾳ τῇ μεγάλῃ τῆς ἑορτῆς εἱστήκει ὁ Ἰησοῦς καὶ ἔκραξε, λέγων, "Ἐάν τις διψᾷ, ἐρχέσθω πρός με καὶ πινέτω. 38 Ὁ πιστεύων εἰς ἐμέ, καθὼς εἶπεν ἡ Γραφή, ποταμοὶ ἐκ τῆς κοιλίας αὐτοῦ ῥεύσουσιν ὕδατος ζῶντος." 39 (Τοῦτο δὲ εἶπε περὶ τοῦ Πνεύματος, οὗ³ ἔμελλον⁴ λαμβάνειν οἱ ⌜πιστεύοντες εἰς αὐτόν, οὔπω γὰρ ἦν Πνεῦμα °Ἅγιον ὅτι⁵ Ἰησοῦς οὐδέπω ἐδοξάσθη.)

---

¹32 υπηρετας οι Φαρισαιοι και οι αρχιερεις **M** vs οι αρχιερεις και οι Φαρισαιοι υπηρετας 𝔭⁷⁵B, Cᵢ vs τους υπηρετας οι αρχιερεις και οι Φαρισαιοι ℵ (− τους 𝔭⁶⁶) vs οι Φαρισαιοι και οι αρχιερεις υπηρετας TR
²33 ουν 𝔐**G** (h.C), Cr vs + αυτοις TR
³39 ου Mᵖᵗ𝔭⁶⁶ℵ TR vs ο Mᵖᵗ𝔭⁷⁵ᵛⁱᵈB, Cr
⁴39 εμελλον Mᵖᵗ𝔭⁶⁶ ⁷⁵B, TR Cr vs ημελλον Mᵖᵗℵ
⁵39 οτι 𝔐**G**, Cr vs + ο TR

---

33 ˢ**G** (h.C) vs 𝔐   34 ᵀμε 𝔭⁷⁵B, [Cr] vs 𝔐𝔭⁶⁶ℵ
36 ˢ231 𝔭⁶⁶ ⁷⁵B vs Mℵ   36 ᵀμε 𝔭⁷⁵B, [Cr] vs 𝔐𝔭⁶⁶ℵ
39 ⌜πιστευσαντες 𝔭⁶⁶B vs 𝔐ℵ
39 °𝔭⁷⁵ℵ vs 𝔐𝔭⁶⁶* (Αγιον δεδομενον B)

The People Divided over Jesus

40 ⸂Πολλοὶ οὖν ἐκ τοῦ ὄχλου⸃ ἀκούσαντες ⸀²τὸν λόγον⸃ ἔλεγον, "Οὗτός ἐστιν ἀληθῶς ὁ Προφήτης."
41 Ἄλλοι ἔλεγον, "Οὗτός ἐστιν ὁ Χριστός."
Ἄλλοι ἔλεγον,[1] "Μὴ γὰρ ἐκ τῆς Γαλιλαίας ὁ Χριστὸς ἔρχεται? **42** ⸀Οὐχὶ ἡ Γραφὴ εἶπεν ὅτι ἐκ τοῦ σπέρματος Δαβίδ, καὶ ἀπὸ Βηθλέεμ τῆς κώμης ὅπου ἦν Δαβίδ ⸂ὁ Χριστὸς ἔρχεται⸃?" **43** Σχίσμα οὖν ⸂ἐν τῷ ὄχλῳ ἐγένετο⸃ δι᾽ αὐτόν. **44** Τινὲς δὲ ἤθελον ἐξ αὐτῶν πιάσαι αὐτόν, ἀλλ᾽ οὐδεὶς ἐπέβαλεν ἐπ᾽ αὐτὸν τὰς χεῖρας.

The Rulers Reject Jesus' Claims

45 Ἦλθον οὖν οἱ ὑπηρέται πρὸς τοὺς ἀρχιερεῖς καὶ Φαρισαίους, καὶ εἶπον αὐτοῖς ἐκεῖνοι, "Διὰ τί οὐκ ἠγάγετε αὐτόν?"
46 Ἀπεκρίθησαν οἱ ὑπηρέται, "Οὐδέποτε ⸀οὕτως ἐλάλησεν ἄνθρωπος ὡς οὗτος ὁ ἄνθρωπος!⸃"
47 Ἀπεκρίθησαν οὖν αὐτοῖς οἱ Φαρισαῖοι, "Μὴ καὶ ὑμεῖς πεπλάνησθε? **48** Μή τις ἐκ τῶν ἀρχόντων ἐπίστευσεν εἰς αὐτὸν ἢ ἐκ τῶν Φαρισαίων? **49** Ἀλλ᾽ ὁ ὄχλος οὗτος ὁ μὴ γινώσκων τὸν νόμον ⸀ἐπικατάρατοί εἰσι."
50 Λέγει Νικόδημος πρὸς αὐτούς (⸂ὁ ἐλθὼν νυκτὸς πρὸς αὐτόν,⸃ εἷς ὢν ἐξ αὐτῶν), **51** "Μὴ ὁ νόμος ἡμῶν κρίνει τὸν ἄνθρωπον ἐὰν μὴ ἀκούσῃ ⸂παρ᾽ αὐτοῦ πρότερον⸃ καὶ γνῷ τί ποιεῖ?"

---

[1]41 αλλοι ελεγον 𝕸 ℵ vs οι δε ελεγον 𝔭⁷⁵B, Cr vs αλλοι δε ελεγον TR vs αλλοιγον 𝔭⁶⁶*

---

40 ⸂¹εκ του οχλου ουν 𝔭⁷⁵ℵB vs 𝕸; (πολλοι εκ του οχλου ου 𝔭⁶⁶)
40 ⸀²των λογων τουτων 𝔭⁷⁵ B (αυτου των λογων τουτων 𝔭⁶⁶*ℵ*) vs M   42 ⸀ουχ 𝔭⁶⁶ vs 𝕸ℵ; (ουκ B*)
42 ⸂312 𝔭⁷⁵B vs 𝕸𝔭⁶⁶ℵ   43 ⸂41-3 𝕮 (h.C) vs 𝕸
46 ⸀ελαλησεν ουτως ανθρωπος 𝔭⁷⁵B vs 𝕸; (ουτως ανθρωπος ελαλησεν ως ουτος λαλει ο ανθρωπος 𝔭⁶⁶*ℵ*)
49 ⸀επαρατοι 𝔭⁶⁶ℵB vs 𝕸; (απαρατοι 𝔭⁷⁵)
50 ⸂ο ελθων προς αυτον το προτερον 𝔭⁶⁶ (−το 𝔭⁷⁵B), [Cr] vs 𝕸; (−ℵ*)   51 ⸂πρωτον παρ αυτου 𝔭⁶⁶ ⁷⁵B vs M; (πρωτον ℵ*)

52 Ἀπεκρίθησαν καὶ εἶπον αὐτῷ, "Μὴ καὶ σὺ ἐκ τῆς Γαλιλαίας εἶ? •Ἐρεύνησον καὶ ἴδε, ὅτι ⸀προφήτης ἐκ τῆς Γαλιλαίας⸃ οὐκ ⸀ἐγήγερται."

An Adulteress Before the Light of the World

53 ᵒΚαὶ ἀπῆλθεν¹ ἕκαστος εἰς τὸν οἶκον αὐτοῦ.

8 Καὶ ὁ Ἰησοῦς² ἐπορεύθη εἰς τὸ Ὄρος τῶν Ἐλαιῶν. 2 Ὄρθρου δὲ πάλιν βαθέως³ ἦλθεν ὁ Ἰησοῦς⁴ εἰς τὸ ἱερόν, καὶ πᾶς ὁ λαὸς ἤρχετο πρὸς αὐτόν· καὶ καθίσας ἐδίδασκεν αὐτούς.

3 Ἄγουσι δὲ οἱ γραμματεῖς καὶ οἱ Φαρισαῖοι πρὸς αὐτὸν⁵ γυναῖκα ἐπὶ⁶ μοιχείᾳ κατειλημμένην, καὶ στήσαντες αὐτὴν ἐν τῷ⁷ μέσῳ, 4 εἶπον⁸ αὐτῷ, "Διδάσκαλε, ταύτην εὕρομεν⁹ ἐπ᾽ αὐτοφώρῳ μοιχευομένην.¹⁰ 5 Ἐν δὲ τῷ νόμῳ ἡμῶν Μωσῆς¹¹ ἐνετείλατο τὰς τοιαύτας λιθάζειν.¹² Σὺ οὖν τί λέγεις περὶ αὐτῆς?"¹³ 6 Τοῦτο δὲ ἔλεγον πειράζοντες αὐτόν, ἵνα ἔχωσι κατηγορίαν κατ᾽¹⁴ αὐτοῦ.

---

¹53 απηλθεν M⁴ᵖᵗ ⁶ ⁷ vs επορευθη M³ ⁵, **TR** vs επορευθησαν M¹ ², **Cr** vs απηλθον M⁴ᵖᵗ
²1 και ο Ιησους M⁶ vs Ιησους δε M¹ ² ³ ⁵ ⁷, **TR Cr** vs και Ιησους M⁴
³2 βαθεως M⁶ vs − M¹ ² ³ ⁴ ⁵ ⁷, **TR Cr**
⁴2 ηλθεν ο Ιησους M⁶ vs παρεγενετο M¹ ² ³ ⁵ ⁷, **TR Cr** vs ηλθεν M⁴
⁵3 προς αυτον M¹ᵖᵗ ³ᵖᵗ ⁵ ⁶ᵖᵗ ⁷, **TR** vs − M¹ᵖᵗ ² ³ᵖᵗ ⁴ ⁶ᵖᵗ, **Cr**
⁶3 επι M, **Cr** vs εν M⁵, **TR**
⁷3 τω M³ ⁴ ⁶ vs − M¹ ² ⁵ ⁷, **TR Cr**
⁸4 ειπον M³ ⁴ ⁶ vs λεγουσιν M¹ ² ⁵ ⁷, **TR Cr**
⁹4 ταυτην ευρομεν M⁶ ⁷ vs αυτη η γυνη κατελήφθη M⁵, **TR** vs αυτη η γυνη ειληπται M² ³ ⁴ vs αυτη η γυνη κατειληπται M¹, **Cr**
¹⁰4 μοιχευομενην M⁶ ⁷ vs μοιχευομενη M¹ ² ³ ⁴ ⁵, **TR Cr**
¹¹5 εν δε τω νομω ημων M(ω)σης M² ³ᵖᵗ ⁶ ⁷ vs εν δε τω νομω M(ω)σης ημιν M¹ᵖᵗ ⁵, **TR** vs εν δε τω νομω ημιν M(ω)σης M³ᵖᵗ ⁴, **Cr**
¹²5 λιθαζειν M¹ᵖᵗ ² ³ ⁴ ⁶, **Cr** vs λιθοβολεισθαι M¹ᵖᵗ ⁵ ⁷, **TR**
¹³5 περι αυτης M¹ᵖᵗ ² ³ ⁴ ⁶ᵖᵗ vs − M¹ᵖᵗ ⁵ ⁶ᵖᵗ ⁷, **TR Cr**
¹⁴6 κατηγοριαν κατ M² ³ ⁴ ⁶ ⁷ vs κατηγορειν M¹ ⁵, **TR Cr**

---

52 •εραυνησον 𝔓⁷⁵ᵛⁱᵈℵB* vs 𝔐 𝔓⁶⁶
52 ⸂2-41 𝔓⁷⁵ᵛⁱᵈB vs 𝔐 ℵ; (2-4 ο 1 𝔓⁶⁶*)   52 ⸀εγειρεται 𝕲 (h.C) vs 𝔐
7:53-8:11 ᵒ𝕲ᵛⁱᵈAᵛⁱᵈ vs 𝔐 [Cr]; see Introduction

Ὁ δὲ Ἰησοῦς κάτω κύψας, τῷ δακτύλῳ ἔγραφεν[1] εἰς τὴν γῆν.[2] 7 Ὡς δὲ ἐπέμενον ἐπερωτῶντες[3] αὐτόν, ἀναβλέψας[4] εἶπεν αὐτοῖς,[5] "Ὁ ἀναμάρτητος ὑμῶν πρῶτος λίθον βαλέτω ἐπ᾽ αὐτήν.[6]" 8 Καὶ πάλιν κάτω κύψας[7] ἔγραφεν εἰς τὴν γῆν. 9 Οἱ δὲ ἀκούσαντες[8] ἐξήρχοντο εἷς καθ᾽ εἷς, ἀρξάμενοι ἀπὸ τῶν πρεσβυτέρων ἕως τῶν ἐσχάτων.[9] Καὶ κατελείφθη μόνος ὁ Ἰησοῦς,[10] καὶ ἡ γυνὴ ἐν μέσῳ οὖσα.[11] 10 Ἀνακύψας δὲ ὁ Ἰησοῦς εἶδεν αὐτὴν καὶ[12] εἶπεν, "Γύναι,[13] ποῦ εἰσιν οἱ κατήγοροί σου?[14] Οὐδείς σε κατέκρινεν?"

11 Ἡ δὲ εἶπεν, "Οὐδείς, Κύριε."

Εἶπε δὲ αὐτῇ ὁ Ἰησοῦς,[15] "Οὐδὲ ἐγώ σε κατακρίνω· πορεύου καὶ ἀπὸ τοῦ νῦν[16] μηκέτι ἁμάρτανε."

---

[1]6 εγραφεν 𝔐, TR vs κατεγραφεν M²ᵖᵗ, Cr
[2]6 γην M¹ᵖᵗ ² ³ ⁴ ⁶ᵖᵗ, TR Cr vs +μη προσποιουμενος M¹ᵖᵗ ⁵ ⁶ᵖᵗ ⁷
[3]7 επερωτωντες M²ᵖᵗ ⁶ vs ερωτωντες M¹ ²ᵖᵗ ³ ⁴ ⁵ ⁷, TR Cr
[4]7 αναβλεψας M⁶ vs ανακυψας M¹ᵖᵗ ⁵ ⁷, TR vs ανεκυψε(ν) και M² ³ ⁴, Cr
[5]7 αυτοις M¹ ² ³ ⁴ ⁶, Cr vs προς αυτους M⁵ ⁷, TR
[6]7 λιθον βαλετω επ αυτην M⁶ vs επ αυτην τον λιθον βαλετω M⁵ vs τον λιθον επ αυτη βαλετω M⁷, TR vs επ αυτην βαλετω λιθον M¹ᵖᵗ ²ᵖᵗ ⁴ Cr vs επ αυτη βαλετω τον λιθον M²ᵖᵗ ³ vs επ αυτη τον λιθον βαλετω M¹ᵖᵗ
[7]8 κατω κυψας 𝔐, TR vs κατακυψας D, Cr
[8]9 οι δε ακουσαντες M¹ ² ³ ⁶ᵖᵗ, Cr vs οι δε ακουσαντες και υπο της συνειδησεως ελεγχομενοι M⁵ ⁶ᵖᵗ ⁷, TR vs και M⁴
[9]9 εως των εσχατων M¹ᵖᵗ ² ³ ⁴ ⁶ ⁷, TR vs −M¹ᵖᵗ ⁵, Cr
[10]9 μονος ο Ιησους M² ⁵ ⁶ᵖᵗ ⁷, TR vs ο Ιησους μονος M¹ᵖᵗ ⁶ᵖᵗ vs ο Ιησους M³ ⁴ vs μονος D, Cr
[11]9 ουσα M¹ᵖᵗ ² ³ ⁴ ⁵ ⁶ ⁷, Cr vs εστωσα M¹ᵖᵗ, TR
[12]10 ειδεν αυτην και M³ ⁴ ⁶ vs και μηδενα θεασαμενος πλην της γυναικος M⁵ ⁷, TR vs −M¹ ², Cr
[13]10 γυναι M³ᵖᵗ ⁶ vs αυτη M⁵ ⁷ vs αυτη γυναι M¹ᵖᵗ ² ³ᵖᵗ ⁴, Cr vs αυτη η γυνη TR
[14]10 οι κατηγοροι σου M¹ ²ᵖᵗ ³ ⁴ ⁶ᵖᵗ vs εκεινοι οι κατηγοροι σου M⁵ ⁶ᵖᵗ ⁷, TR vs −M²ᵖᵗ, Cr
[15]11 ειπε(ν) δε αυτη ο Ιησους M¹ᵖᵗ ⁶ ⁷, TR vs ειπε(ν) δε ο Ιησους M² ⁵, Cr vs ο δε Ιησους ειπεν αυτη M³ ⁴
[16]11 και απο του νυν M¹ ² ³ ⁶ ⁷, [Cr] vs και M⁴ᵖᵗ ⁵, TR vs −M⁴ᵖᵗ

12 Πάλιν οὖν αὐτοῖς ὁ Ἰησοῦς ἐλάλησε[1] λέγων, "Ἐγώ εἰμι τὸ φῶς τοῦ κόσμου. Ὁ ἀκολουθῶν ἐμοὶ οὐ μὴ περιπατήσῃ[2] ἐν τῇ σκοτίᾳ ἀλλ᾽ ἕξει τὸ φῶς τῆς ζωῆς."

Jesus Defends His Self Witness

13 Εἶπον οὖν αὐτῷ οἱ Φαρισαῖοι, "Σὺ περὶ σεαυτοῦ μαρτυρεῖς· ἡ μαρτυρία σου οὐκ ἔστιν ἀληθής."
14 Ἀπεκρίθη Ἰησοῦς καὶ εἶπεν αὐτοῖς, "Κἂν ἐγὼ μαρτυρῶ περὶ ἐμαυτοῦ, ἀληθής ἐστιν ἡ μαρτυρία μου, ὅτι οἶδα πόθεν ἦλθον καὶ[3] ποῦ ὑπάγω, ὑμεῖς δὲ οὐκ οἴδατε πόθεν ἔρχομαι καὶ ποῦ ὑπάγω. 15 Ὑμεῖς κατὰ τὴν σάρκα κρίνετε· ἐγὼ οὐ κρίνω οὐδένα. 16 Καὶ ἐὰν κρίνω δὲ ἐγὼ, ἡ κρίσις ἡ ἐμὴ ⌜ἀληθής ἐστιν· ὅτι μόνος οὐκ εἰμί, ἀλλ᾽ ἐγὼ καὶ ὁ πέμψας με Πατήρ. 17 Καὶ ἐν τῷ νόμῳ δὲ τῷ ὑμετέρῳ γέγραπται ὅτι δύο ἀνθρώπων ἡ μαρτυρία ἀληθής ἐστιν. 18 Ἐγώ εἰμι ὁ μαρτυρῶν περὶ ἐμαυτοῦ, καὶ μαρτυρεῖ περὶ ἐμοῦ ὁ πέμψας με Πατήρ."
19 Ἔλεγον οὖν αὐτῷ, "Ποῦ ἐστιν ὁ Πατήρ σου;"
Ἀπεκρίθη[4] Ἰησοῦς, "Οὔτε ἐμὲ οἴδατε οὔτε τὸν Πατέρα μου. Εἰ ἐμὲ ᾔδειτε, καὶ τὸν Πατέρα μου ⌐ᾔδειτε ἄν.⌐"
20 Ταῦτα τὰ ῥήματα ἐλάλησεν □ὁ Ἰησοῦς\ ἐν τῷ γαζοφυλακίῳ, διδάσκων ἐν τῷ ἱερῷ· καὶ οὐδεὶς ἐπίασεν αὐτόν, ὅτι οὔπω ἐληλύθει ἡ ὥρα αὐτοῦ.

Jesus Predicts His Departure to the Father

21 Εἶπεν οὖν πάλιν αὐτοῖς □ὁ Ἰησοῦς,\ "Ἐγὼ ὑπάγω, καὶ ζητήσετέ με, καὶ ἐν τῇ ἁμαρτίᾳ ὑμῶν ἀποθανεῖσθε. Ὅπου ἐγὼ ὑπάγω ὑμεῖς οὐ δύνασθε ἐλθεῖν."

---

[1]12 αυτοις ο Ιησους ελαλησε(ν) 𝕸 vs αυτοις ελαλησεν ο Ιησους 𝕻⁶⁶ℵ, Cr vs αυτοις ελαλησεν Ιησους 𝕻⁷⁵ᵛⁱᵈB vs ο Ιησους αυτοις ελαλησε, TR
[2]12 περιπατηση 𝕸Ꮐ (h.C), Cr vs περιπατησει TR
[3]14 και 𝕸ᵖᵗ𝕻⁷⁵*ℵ, TR vs η 𝕸ᵖᵗ𝕻⁶⁶B, Cr vs — υμεις to υπαγω 𝕸ᵖᵗ
[4]19 απεκριθη 𝕸𝕻⁶⁶ ⁷⁵B, Cr vs + ο ℵ, TR

16 ⌜αληθινη 𝕻⁷⁵B vs 𝕸𝕻⁶⁶ℵ   19 ⌐𝕻(66) ⁷⁵B vs 𝕸(ℵ)
20 □Ꮐ (h.C) vs 𝕸   21 □Ꮐ (h.C) vs 𝕸

22 Ἔλεγον οὖν οἱ Ἰουδαῖοι, "Μήτι ἀποκτενεῖ ἑαυτόν, ὅτι λέγει, '"Ὅπου ἐγὼ ὑπάγω ὑμεῖς οὐ δύνασθε ἐλθεῖν'?"

23 Καὶ εἶπεν᾽ αὐτοῖς, "Ὑμεῖς ἐκ τῶν κάτω ἐστέ, ἐγὼ ἐκ τῶν ἄνω εἰμί. Ὑμεῖς ἐκ ˢτοῦ κόσμου τούτου˒ ἐστέ, ἐγὼ οὐκ εἰμὶ ἐκ τοῦ κόσμου τούτου. 24 Εἶπον οὖν ὑμῖν ὅτι ἀποθανεῖσθε ἐν ταῖς ἁμαρτίαις ὑμῶν· ἐὰν γὰρ μὴ πιστεύσητε ὅτι ἐγώ εἰμι, ἀποθανεῖσθε ἐν ταῖς ἁμαρτίαις ὑμῶν."

25 Ἔλεγον οὖν αὐτῷ, "Σὺ τίς εἶ?"

Καὶ εἶπεν᾽ αὐτοῖς ὁ Ἰησοῦς, "Τὴν ἀρχὴν ὅ τι καὶ λαλῶ ὑμῖν. 26 Πολλὰ ἔχω περὶ ὑμῶν λαλεῖν καὶ κρίνειν, ἀλλ᾽ ὁ πέμψας με ἀληθής ἐστι, κἀγὼ ἃ ἤκουσα παρ᾽ αὐτοῦ, ταῦτα ʳλέγω εἰς τὸν κόσμον." 27 Οὐκ ἔγνωσαν ὅτι τὸν Πατέρα αὐτοῖς ἔλεγεν. 28 Εἶπεν οὖν º¹αὐτοῖς ὁ Ἰησοῦς, "'Ὅταν ὑψώσητε τὸν Υἱὸν τοῦ Ἀνθρώπου, τότε γνώσεσθε ὅτι ἐγώ εἰμι καὶ ἀπ᾽ ἐμαυτοῦ ποιῶ οὐδέν, ἀλλὰ καθὼς ἐδίδαξέ με ὁ Πατήρ º²μου, ταῦτα λαλῶ. 29 Καὶ ὁ πέμψας με μετ᾽ ἐμοῦ ἐστιν. Οὐκ ἀφῆκέ με μόνον ᴰὁ Πατήρˎ ὅτι ἐγὼ τὰ ἀρεστὰ αὐτῷ ποιῶ πάντοτε."

The Truth Shall Make You Free

30 Ταῦτα αὐτοῦ λαλοῦντος, πολλοὶ ἐπίστευσαν εἰς αὐτόν.

31 Ἔλεγεν οὖν ὁ Ἰησοῦς πρὸς τοὺς πεπιστευκότας αὐτῷ Ἰουδαίους, "Ἐὰν ὑμεῖς μείνητε ἐν τῷ λόγῳ τῷ ἐμῷ, ἀληθῶς μαθηταί μού ἐστε. 32 Καὶ γνώσεσθε τὴν ἀλήθειαν, καὶ ἡ ἀλήθεια ἐλευθερώσει ὑμᾶς."

33 Ἀπεκρίθησαν¹ ʳαὐτῷ, "Σπέρμα Ἀβραάμ ἐσμεν καὶ οὐδενὶ δεδουλεύκαμεν πώποτε. Πῶς σὺ λέγεις ὅτι '"Ἐλεύθεροι γενήσεσθε'?"

---

¹33 απεκριθησαν 𝕸𝕲 (h.C), TR Cr vs +και ειπον Μʳ

---

23 ʳκαι ελεγεν 𝔓⁷⁵B vs 𝕸; (ελεγεν ουν 𝔓⁶⁶א*)
23 ˢ312 𝔓⁶⁶ ⁷⁵B vs 𝕸א   25 ʳειπεν 𝔓⁶⁶ ⁷⁵B vs 𝕸; (ειπεν ουν א)
26 ʳλαλω 𝕲 (h.C) vs Μ   28 º¹𝔓⁶⁶*B vs 𝕸𝔓⁷⁵א, [Cr]
28 º²𝔓⁶⁶ ⁷⁵א vs 𝕸B   29 ᴰ𝕲 (h.C) vs 𝕸
33 ʳπρος αυτον 𝕲 (h.C) vs 𝕸

34 Ἀπεκρίθη αὐτοῖς ὁ Ἰησοῦς, "Ἀμὴν ἀμὴν λέγω ὑμῖν,
ὅτι πᾶς ὁ ποιῶν τὴν ἁμαρτίαν δοῦλός ἐστι τῆς ἁμαρτίας.
35 Ὁ δὲ δοῦλος οὐ μένει ἐν τῇ οἰκίᾳ εἰς τὸν αἰῶνα, ὁ υἱὸς
μένει εἰς τὸν αἰῶνα. 36 Ἐὰν οὖν ὁ Υἱὸς ὑμᾶς ἐλευθερώσῃ,
ὄντως ἐλεύθεροι ἔσεσθε.

Abraham's Seed and Satan's

37 Οἶδα ὅτι σπέρμα Ἀβραάμ ἐστε, ἀλλὰ ζητεῖτέ με
ἀποκτεῖναι ὅτι ὁ λόγος ὁ ἐμὸς οὐ χωρεῖ ἐν ὑμῖν. 38 ⌐¹Ἐγὼ
ὃ⌐ ἑώρακα παρὰ τῷ Πατρί °¹μου, λαλῶ, καὶ ὑμεῖς οὖν ⌐¹ὃ
⌐²ἑωράκατε παρὰ ⌐²τῷ πατρὶ⌐ °²ὑμῶν ποιεῖτε."
39 Ἀπεκρίθησαν καὶ εἶπον αὐτῷ, "Ὁ πατὴρ ἡμῶν
Ἀβραάμ ἐστι."
Λέγει αὐτοῖς ὁ Ἰησοῦς, "Εἰ τέκνα τοῦ Ἀβραὰμ ⌐ἦτε, τὰ
ἔργα τοῦ Ἀβραὰμ ἐποιεῖτε.¹ 40 Νῦν δὲ ζητεῖτέ με
ἀποκτεῖναι, ἄνθρωπον ὃς τὴν ἀλήθειαν ὑμῖν λελάληκα ἣν
ἤκουσα παρὰ τοῦ Θεοῦ. Τοῦτο Ἀβραὰμ οὐκ ἐποίησεν.
41 Ὑμεῖς ποιεῖτε τὰ ἔργα τοῦ πατρὸς ὑμῶν."
Εἶπον °οὖν αὐτῷ, "Ἡμεῖς ἐκ πορνείας οὐ γεγεννήμεθα,
ἕνα Πατέρα ἔχομεν— τὸν Θεόν."
42 Εἶπεν °οὖν αὐτοῖς ὁ Ἰησοῦς, "Εἰ ὁ Θεὸς Πατὴρ ὑμῶν
ἦν, ἠγαπᾶτε ἂν ἐμέ, ἐγὼ γὰρ ἐκ τοῦ Θεοῦ ἐξῆλθον καὶ
ἥκω· οὐδὲ γὰρ ἀπ᾽ ἐμαυτοῦ ἐλήλυθα, ἀλλ᾽ ἐκεῖνός με
ἀπέστειλε. 43 Διὰ τί τὴν λαλιὰν τὴν ἐμὴν οὐ γινώσκετε;
Ὅτι οὐ δύνασθε ἀκούειν τὸν λόγον τὸν ἐμόν. 44 Ὑμεῖς ἐκ
τοῦ² πατρὸς τοῦ διαβόλου ἐστέ, καὶ τὰς ἐπιθυμίας τοῦ
πατρὸς ὑμῶν θέλετε ποιεῖν. Ἐκεῖνος ἀνθρωποκτόνος ἦν
ἀπ᾽ ἀρχῆς καὶ ἐν τῇ ἀληθείᾳ ⌐οὐχ ἔστηκεν, ὅτι οὐκ ἔστιν
ἀλήθεια ἐν αὐτῷ. Ὅταν λαλῇ τὸ ψεῦδος, ἐκ τῶν ἰδίων

¹39 εποιειτε M^pt𝔭⁷⁵ (ℵ*), Cr vs εποιειτε αν M^ptC, TR vs ποιειτε
(𝔭⁶⁶)B*
²44 του 𝔐G, Cr vs − TR

38 ⌐¹α εγω G vs 𝔐   38 °¹ G vs 𝔐ℵ   38 ⌐¹α G vs M
38 ⌐²ηκουσατε 𝔭⁷⁵BC M𝔭⁶⁶ℵ*   38 ⌐²του πατρος G vs M
38 °²𝔭⁶⁶ ⁷⁵B vs 𝔐ℵC   39 ⌐εστε G vs 𝔐C
41 °ℵB vs 𝔐𝔭⁶⁶ ⁷⁵ C, [Cr]   42 °G vs Mℵ
44 ⌐ουκ 𝔭⁶⁶ℵB*C^vid vs M𝔭⁷⁵

λαλεῖ, ὅτι ψεύστης ἐστὶ καὶ ὁ πατὴρ αὐτοῦ. 45 Ἐγὼ δὲ ὅτι τὴν ἀλήθειαν λέγω, οὐ πιστεύετέ μοι. 46 Τίς ἐξ ὑμῶν ἐλέγχει με περὶ ἁμαρτίας? Εἰ °δὲ ἀλήθειαν λέγω, διὰ τί ὑμεῖς οὐ πιστεύετέ μοι? 47 Ὁ ὢν ἐκ τοῦ Θεοῦ τὰ ῥήματα τοῦ Θεοῦ ἀκούει· διὰ τοῦτο ὑμεῖς οὐκ ἀκούετε, ὅτι ἐκ τοῦ Θεοῦ οὐκ ἐστέ."

Before Abraham Was, I AM

48 Ἀπεκρίθησαν °οὖν οἱ Ιουδαῖοι καὶ εἶπον αὐτῷ, "Οὐ καλῶς λέγομεν ἡμεῖς ὅτι Σαμαρείτης εἶ σὺ καὶ δαιμόνιον ἔχεις?"

49 Ἀπεκρίθη Ἰησοῦς, "Ἐγὼ δαιμόνιον οὐκ ἔχω, ἀλλὰ τιμῶ τὸν Πατέρα μου, καὶ ὑμεῖς ἀτιμάζετέ με. 50 Ἐγὼ δὲ οὐ ζητῶ τὴν δόξαν μου· ἔστιν ὁ ζητῶν καὶ κρίνων. 51 Ἀμὴν ἀμὴν λέγω ὑμῖν, ἐάν τις ⌐τὸν λόγον τὸν ἐμὸν⌐ τηρήσῃ, θάνατον οὐ μὴ θεωρήσῃ εἰς τὸν αἰῶνα."

52 Εἶπον °οὖν αὐτῷ οἱ Ἰουδαῖοι, "Νῦν ἐγνώκαμεν ὅτι δαιμόνιον ἔχεις! Ἀβραὰμ ἀπέθανε καὶ οἱ προφῆται, καὶ σὺ λέγεις, ''Εάν τις τὸν λόγον μου τηρήσῃ οὐ μὴ γεύσηται θανάτου¹ εἰς τὸν αἰῶνα.'? 53 Μὴ σὺ μείζων εἶ τοῦ πα- τρὸς ἡμῶν Ἀβραάμ, ὅστις ἀπέθανε? Καὶ οἱ προφῆται ἀπέθανον. Τίνα σεαυτὸν °σὺ ποιεῖς?

54 Ἀπεκρίθη Ἰησοῦς, "Ἐὰν ἐγὼ ⌐δοξάζω ἐμαυτόν, ἡ δόξα μου οὐδέν ἐστιν. Ἔστιν ὁ Πατήρ μου ὁ δοξάζων με, ὃν ὑμεῖς λέγετε ὅτι ᾿Θεὸς ἡμῶν² ἐστι.᾿ 55 Καὶ οὐκ ἐγνώκατε αὐτόν, ἐγὼ δὲ οἶδα αὐτόν. ⌐¹Καὶ ἐὰν⌐ εἴπω ὅτι οὐκ οἶδα αὐτόν, ἔσομαι ⌐²ὅμοιος ὑμῶν,⌐ ψεύστης, ἀλλ᾿ οἶδα αὐτὸν καὶ τὸν λόγον αὐτοῦ τηρῶ. 56 Ἀβραὰμ ὁ πατὴρ ὑμῶν ἠγαλλιάσατο ἵνα ἴδῃ τὴν ἡμέραν τὴν ἐμήν, καὶ εἶδε καὶ ἐχάρη."

---

¹52 ου μη γευσηται θανατου 𝕸 𝕻⁶⁶ ⁷⁵AC, Cr vs ου μη γευσεται θανατου TR vs θανατον ου μη θεωρηση B vs ου μη γευσηται ℵ*
²54 ημων M𝕻⁷⁵AC, Cr vs υμων 𝕻⁶⁶*ℵB*, TR

46 °𝕲 vs M   48 °𝕲 vs 𝕸   51 ⌐142 𝕲 vs 𝕸 𝕻⁶⁶
52 °𝕲 vs 𝕸 𝕻⁷⁵, [Cr]   53 °𝕲A vs M
54 ⌐δοξασω 𝕲 vs 𝕸 𝕻⁶⁶*ᵛⁱᵈA   55 ⌐¹καν 𝕻⁷⁵ℵB vs 𝕸 𝕻⁶⁶AC
55 ⌐²ομοιος υμιν 𝕻⁷⁵BA vs 𝕸ℵC (21 𝕻⁶⁶)

57 Εἶπον οὖν οἱ Ἰουδαῖοι πρὸς αὐτόν, "Πεντήκοντα ἔτη οὔπω ἔχεις, καὶ Ἀβραὰμ ἑώρακας?"

58 Εἶπεν[1] αὐτοῖς °ὁ Ἰησοῦς, "Ἀμὴν ἀμὴν λέγω ὑμῖν, πρὶν Ἀβραὰμ γενέσθαι, ἐγώ εἰμι." 59 Ἦραν οὖν λίθους ἵνα βάλωσιν ἐπ᾽ αὐτόν· Ἰησοῦς δὲ ἐκρύβη καὶ ἐξῆλθεν ἐκ τοῦ ἱεροῦ, □διελθὼν διὰ μέσου αὐτῶν· καὶ παρῆγεν οὕτως.\

Jesus Heals a Man Born Blind

9 Καὶ παράγων εἶδεν ἄνθρωπον τυφλὸν ἐκ γενετῆς.[2] 2 Καὶ ἠρώτησαν αὐτὸν οἱ μαθηταὶ αὐτοῦ λέγοντες, "Ῥαββί, τίς ἥμαρτεν, οὗτος ἢ οἱ γονεῖς αὐτοῦ, ἵνα τυφλὸς γεννηθῇ?"

3 Ἀπεκρίθη[3] Ἰησοῦς, "Οὔτε οὗτος ἥμαρτεν οὔτε οἱ γονεῖς αὐτοῦ, ἀλλ᾽ ἵνα φανερωθῇ τὰ ἔργα τοῦ Θεοῦ ἐν αὐτῷ. 4 ⌐Ἐμὲ δεῖ ἐργάζεσθαι τὰ ἔργα τοῦ πέμψαντός με ἕως ἡμέρα ἐστίν· ἔρχεται νὺξ ὅτε οὐδεὶς δύναται ἐργάζεσθαι. 5 Ὅταν ἐν τῷ κόσμῳ ὦ, φῶς εἰμι τοῦ κόσμου." 6 Ταῦτα εἰπών, ἔπτυσε χαμαὶ καὶ ἐποίησε πηλὸν ἐκ τοῦ πτύσματος, καὶ ἐπέχρισε ┬τὸν πηλὸν ἐπὶ τοὺς ὀφθαλμοὺς □τοῦ τυφλοῦ.\ 7 Καὶ εἶπεν αὐτῷ, "Ὕπαγε νίψαι εἰς τὴν κολυμβήθραν τοῦ Σιλωάμ" (ὃ ἑρμηνεύεται, Ἀπεσταλμένος). Ἀπῆλθεν οὖν καὶ ἐνίψατο, καὶ ἦλθε βλέπων.

8 Οἱ οὖν γείτονες καὶ οἱ θεωροῦντες αὐτὸν τὸ πρότερον ὅτι ⌐τυφλὸς ἦν, ἔλεγον, "Οὐχ οὗτός ἐστιν ὁ καθήμενος καὶ προσαιτῶν?"

9 Ἄλλοι ἔλεγον ὅτι "Οὗτός ἐστιν."

Ἄλλοι ⸆δὲ ὅτι⸆ "Ὅμοιος αὐτῷ ἐστιν."

---

[1]58 ειπεν M^pt𝕲A, TR Cr vs +ουν M^pt
[2]1 γενετης M^pt𝕲A, TR Cr vs γεννητης M^pt
[3]3 απεκριθη 𝔐 𝕲 (h.𝔭⁶⁶) A, Cr vs +ο TR

---

58 °𝔭⁷⁵BC vs 𝔐 𝔭⁶⁶א A
59 □𝕲 vs 𝔐A (και διελθων δια μεσου αυτων επορευετο και παρηγεν ουτως C)   4 ⌐ημας 𝕲 vs 𝔐AC
6 ┬αυτου 𝔭⁶⁶אBA (αυτον 𝔭⁷⁵*) vs 𝔐C*^vid   6 □𝕲 vs 𝔐AC
8 ⌐προσαιτης (𝔭⁶⁶) 𝕲A vs 𝔐
9 ⸆ελεγον ουχι αλλα 𝔭⁶⁶ ⁷⁵C (αλλ B) vs 𝔐A; (δε ελεγον ουχι αλλα א)

Ἐκεῖνος ἔλεγεν ὅτι "Ἐγώ εἰμι."

10 Ἔλεγον οὖν αὐτῷ, "Πῶς ᵀ ἀνεῴχθησάν¹ σου οἱ ὀφθαλμοί?"

11 Ἀπεκρίθη ἐκεῖνος ⟨¹καὶ εἶπεν, "⟩"Ἄνθρωπος⟩ λεγόμενος Ἰησοῦς πηλὸν ἐποίησε καὶ ἐπέχρισέ μου τοὺς ὀφθαλμοὺς καὶ εἶπέ μοι, ᵀ ⟨'Ὕπαγε εἰς ⟨²τὴν κολυμβήθραν τοῦ⟩ Σιλωὰμ καὶ νίψαι.' Ἀπελθὼν ⟨δὲ καὶ νιψάμενος, ἀνέβλεψα."

12 Εἶπον οὖν⟩ αὐτῷ, "Ποῦ ἐστιν ἐκεῖνος?" Λέγει, "Οὐκ οἶδα."

The Pharisees Excommunicate the Healed Man

13 Ἄγουσιν αὐτὸν πρὸς τοὺς Φαρισαίους τόν ποτε τυφλόν. **14** Ἦν δὲ σάββατον ⟨ὅτε τὸν πηλὸν ἐποίησεν ὁ Ἰησοῦς καὶ ἀνέῳξεν αὐτοῦ τοὺς ὀφθαλμούς. **15** Πάλιν οὖν ἠρώτων αὐτὸν καὶ οἱ Φαρισαῖοι πῶς ἀνέβλεψεν.

Ὁ δὲ εἶπεν αὐτοῖς, "Πηλὸν ἐπέθηκέ μου ἐπὶ τοὺς ὀφθαλμούς,² καὶ ἐνιψάμην, καὶ βλέπω."

16 Ἔλεγον οὖν ἐκ τῶν Φαρισαίων τινές, "'Οὗτος ὁ ἄνθρωπος οὐκ ἔστι παρὰ τοῦ Θεοῦ,⟩ ὅτι τὸ σάββατον οὐ τηρεῖ."

Ἄλλοι ᵀ ἔλεγον, "Πῶς δύναται ἄνθρωπος ἁμαρτωλὸς τοιαῦτα σημεῖα ποιεῖν?" Καὶ σχίσμα ἦν ἐν αὐτοῖς.

17 Λέγουσι³ τῷ τυφλῷ πάλιν, "ˢΣὺ τί⌐ λέγεις περὶ αὐτοῦ ὅτι ⟨ἤνοιξέ σου τοὺς ὀφθαλμούς?"

---

¹10 ανεωχθησαν M^{pt}A, TR vs ηνεωχθησαν M^{pt}𝕲, Cr

²15 επεθηκε(ν) μου επι τους οφθαλμους 𝕸𝕲 (h.C), Cr vs μου επεθηκεν επι τους οφθαλμους A vs επεθηκεν επι τους οφθαλμους μου, TR

³17 λεγουσι(ν) M, TR vs +ουν M𝕲 (h.C) A, Cr

---

10 ᵀουν 𝔭⁶⁶אC, [Cr] vs 𝕸𝔭⁷⁵BA
11 ⟨¹ο ανθρωπος ο 𝔭⁶⁶אB vs 𝕸A; (ανθρωπος ο 𝔭⁷⁵C)
11 ᵀοτι 𝔭⁶⁶אB vs 𝕸𝔭⁷⁵A   11 ⟨²τον 𝕲 (h.C) vs 𝕸A
11 ⟨ουν 𝕲 (h.C) vs 𝕸A   12 ⟨και ειπαν 𝔭⁷⁵אB vs 𝕸𝔭⁶⁶; (ειπον A)
14 ⟨εν η ημερα 𝕲 (h.C) vs 𝕸A
16 ⟨4516823 𝕲 (h.C) vs M (−του A)   16 ᵀδε אB,[Cr] vs 𝕸𝔭⁶⁶ ⁷⁵A
17 ˢא B vs 𝕸𝔭⁷⁵A   17 ⟨ηνεωξεν 𝔭⁷⁵B vs M𝔭⁶⁶אA

'Ο δὲ εἶπεν ὅτι "Προφήτης ἐστίν." 18 Οὐκ ἐπίστευσαν οὖν οἱ Ἰουδαῖοι περὶ αὐτοῦ, ὅτι ˢτυφλὸς ἦν˄ καὶ ἀνέβλεψεν, ἕως ὅτου ἐφώνησαν τοὺς γονεῖς αὐτοῦ τοῦ ἀναβλέψαντος. 19 Καὶ ἠρώτησαν αὐτοὺς λέγοντες, "Οὗτός ἐστιν ὁ υἱὸς ὑμῶν, ὃν ὑμεῖς λέγετε ὅτι τυφλὸς ἐγεννήθη? Πῶς οὖν ˢἄρτι βλέπει˄?"

20 Ἀπεκρίθησαν δὲ¹ ᵒαὐτοῖς οἱ γονεῖς αὐτοῦ καὶ εἶπον, "Οἴδαμεν ὅτι οὗτός ἐστιν ὁ υἱὸς ἡμῶν καὶ ὅτι τυφλὸς ἐγεννήθη· 21 πῶς δὲ νῦν βλέπει οὐκ οἴδαμεν, ἢ τίς ἤνοιξεν αὐτοῦ τοὺς ὀφθαλμοὺς ἡμεῖς οὐκ οἴδαμεν. ˢΑὐτὸς ἡλικίαν ἔχει, αὐτὸν ἐρωτήσατε.˄ Αὐτὸς περὶ ἑαυτοῦ² λαλήσει." 22 Ταῦτα εἶπον οἱ γονεῖς αὐτοῦ ὅτι ἐφοβοῦντο τοὺς Ἰουδαίους, ἤδη γὰρ συνετέθειντο οἱ Ἰουδαῖοι ἵνα ἐάν τις αὐτὸν ὁμολογήσῃ Χριστόν, ἀποσυνάγωγος γένηται. 23 Διὰ τοῦτο οἱ γονεῖς αὐτοῦ εἶπον ὅτι "Ἡλικίαν ἔχει, αὐτὸν ˄ἐρωτήσατε."

24 Ἐφώνησαν οὖν ˢἐκ δευτέρου τὸν ἄνθρωπον˄ ὃς ἦν τυφλὸς καὶ εἶπον αὐτῷ, "Δὸς δόξαν τῷ Θεῷ! Ἡμεῖς οἴδαμεν ὅτι ˢὁ ἄνθρωπος οὗτος˄ ἁμαρτωλός ἐστιν." 25 Ἀπεκρίθη οὖν ἐκεῖνος ᵒκαὶ εἶπεν,˄ "Εἰ ἁμαρτωλός ἐστιν, οὐκ οἶδα. Ἕν οἶδα, ὅτι τυφλὸς ὤν, ἄρτι βλέπω." 26 Εἶπον ˄δὲ αὐτῷ ᵒπάλιν, "Τί ἐποίησέ σοι? Πῶς ἤνοιξέ³ σου τοὺς ὀφθαλμούς?" 27 Ἀπεκρίθη αὐτοῖς, "Εἶπον ὑμῖν ἤδη, καὶ οὐκ ἠκούσατε. Τί πάλιν θέλετε ἀκούειν? Μὴ καὶ ὑμεῖς θέλετε αὐτοῦ μαθηταὶ γενέσθαι?"

---

¹20 δε ΜΑ vs ουν 𝔊 (h.C), Cr vs − TR
²21 εαυτου 𝕸𝔊 (h.C) A, Cr vs αυτου, TR
³26 ηνοιξε(ν) Mᵖᵗ𝔅Α, TR Cr vs ανεωξε(ν) Mᵖᵗ vs ηνεωξεν 𝔭⁶⁶ᵛⁱᵈ ⁷⁵ vs ηνυξεν 𝕏

---

18 ˢ𝔊 (h.C) vs 𝕸A   19 ˢ𝔭⁷⁵𝕏B vs 𝕸𝔭⁶⁶A
20 ᵒ𝔊 (h.C) vs 𝕸A   21 ˢ4523 𝔭⁶⁶B vs 𝕸A; (123 𝔭⁷⁵; 12 𝕏*)
23 ˄επερωτησατε 𝔭⁽⁶⁶⁾ ⁷⁵𝕏B vs 𝕸A
24 ˢ3412 𝔭⁷⁵𝕏B (341 τερου 𝔭⁶⁶*) vs 𝕸A
24 ˢ312 𝔊 (h.C) vs 𝕸A   25 ᵒ𝔊 (h.C) A vs 𝕸
26 ˄ουν 𝔭⁶⁶ ⁷⁵B vs ΜΑ; (− 𝕏*)   26 ᵒ𝔭⁷⁵𝕏*B vs 𝕸𝔭⁶⁶A

28 Ἐλοιδόρησαν¹ αὐτὸν καὶ εἶπον, "Σὺ ʳεἶ μαθητὴς ἐκείνου,ᒾ ἡμεῖς δὲ τοῦ Μωσέως ἐσμὲν μαθηταί. 29 Ἡμεῖς οἴδαμεν ὅτι Μωσεῖ λελάληκεν ὁ Θεός· τοῦτον δὲ οὐκ οἴδαμεν πόθεν ἐστίν."

30 Ἀπεκρίθη ὁ ἄνθρωπος καὶ εἶπεν αὐτοῖς, "ʿΕν ʿγὰρ τούτῳʾ ᵀθαυμαστόν ἐστιν, ὅτι ὑμεῖς οὐκ οἴδατε πόθεν ἐστί, καὶ ʳἀνέῳξέ μου τοὺς ὀφθαλμούς. 31 Οἴδαμεν °δὲ ὅτι ἁμαρτωλῶν ὁ Θεὸς οὐκ ἀκούει, ἀλλ᾽ ἐάν τις θεοσεβὴς ᾖ καὶ τὸ θέλημα αὐτοῦ ποιῇ, τούτου ἀκούει. 32 Ἐκ τοῦ αἰῶνος οὐκ ἠκούσθη ὅτι ʳἤνοιξέ τις ὀφθαλμοὺς τυφλοῦ γεγεννημένου. 33 Εἰ μὴ ἦν οὗτος παρὰ Θεοῦ, οὐκ ἠδύνατο ποιεῖν οὐδέν."

34 Ἀπεκρίθησαν καὶ εἶπον αὐτῷ, "ʿΕν ἁμαρτίαις σὺ ἐγεννήθης ὅλος,² καὶ σὺ διδάσκεις ἡμᾶς?" Καὶ ἐξέβαλον αὐτὸν ἔξω.

The Man's Belief and the Pharisees' Blindness

35 Ἤκουσεν °¹ὁ Ἰησοῦς ὅτι ἐξέβαλον αὐτὸν ἔξω· καὶ εὑρὼν αὐτόν, εἶπεν °²αὐτῷ, "Σὺ πιστεύεις εἰς τὸν Υἱὸν τοῦ ʳΘεοῦ?"

36 Ἀπεκρίθη ἐκεῖνος καὶ εἶπε, "Καὶ τίς ἐστι, Κύριε,³ ἵνα πιστεύσω εἰς αὐτόν?"

37 Εἶπε °δὲ αὐτῷ ὁ Ἰησοῦς, "Καὶ ἑώρακας αὐτὸν καὶ ὁ λαλῶν μετὰ σοῦ ἐκεῖνός ἐστιν."

---

¹28 ελοιδορησαν 𝔐 𝔭⁶⁶A vs και ελοιδορησαν 𝔭⁷⁵ℵ*B, Cr vs ελοιδορησαν ουν TR

²34 ολος Μ𝔭⁷⁵ℵΒΑ, TR Cr vs ολως Μʳ vs ο λογος 𝔭⁶⁶*

³36 απεκριθη εκεινος και ειπε(ν) και τις εστι(ν) Κυριε 𝔐, Cr vs απεκριθη εκεινος και ειπεν τις εστι Κυριε TR vs και τις εστιν εφη Κυριε 𝔭⁷⁵Β vs απεκριθη εκεινος τις εστιν Κυριε Α vs απεκριθη εκεινος και ειπεν Κυριε ℵ* vs απεκριθη εκεινος και τις εστιν εφη Κυριε 𝔭⁶⁶*

---

28 ʳ213 𝔭⁷⁵ℵΒΑ vs 𝔐; (231 𝔭⁶⁶)
30 ʿτουτω γαρ 𝔭⁷⁵ℵΒ (τουτο γαρ 𝔭⁶⁶) vs 𝔐 A
30 ᵀτο 𝕲 (h.C) vs 𝔐 A   30 ʳηνοιξεν 𝕲 (h.C) vs 𝔐 A
31 °𝕲 (h.C) vs 𝔐 A   32 ʳηνεωξεν Β vs 𝔐 𝔭⁶⁶ℵΑ; (ανεωξεν 𝔭⁷⁵)
35 °¹ ²𝔭⁷⁵ℵ*Β vs 𝔐 𝔭⁶⁶Α   35 ʳΑνθρωπου 𝕲 (h.C) vs 𝔐 A
37 °𝕲 (h.C) vs 𝔐 A

38 Ὁ δὲ ἔφη, "Πιστεύω, Κύριε!" Καὶ προσεκύνησεν αὐτῷ.

39 Καὶ εἶπεν ὁ Ἰησοῦς, "Εἰς κρίμα ἐγὼ εἰς τὸν κόσμον τοῦτον ἦλθον, ἵνα οἱ μὴ βλέποντες βλέπωσι, καὶ οἱ βλέποντες τυφλοὶ γένωνται."

40 ᵒΚαὶ ἤκουσαν ἐκ τῶν Φαρισαίων ταῦτα οἱ ˢὄντες μετ᾽ αὐτοῦˡ καὶ εἶπον αὐτῷ, "Μὴ καὶ ἡμεῖς τυφλοί ἐσμεν?"

41 Εἶπεν αὐτοῖς ὁ Ἰησοῦς, "Εἰ τυφλοὶ ἦτε, οὐκ ἂν εἴχετε ἁμαρτίαν, νῦν δὲ λέγετε ὅτι 'Βλέπομεν.' ⸆Ἡ οὖνˉ ἁμαρτία ὑμῶν μένει.

Jesus Is the True Shepherd

10 "Ἀμὴν ἀμὴν λέγω ὑμῖν, ὁ μὴ εἰσερχόμενος διὰ τῆς θύρας εἰς τὴν αὐλὴν τῶν προβάτων, ἀλλὰ ἀναβαίνων ἀλλαχόθεν, ἐκεῖνος κλέπτης ἐστὶ καὶ λῃστής. **2** Ὁ δὲ εἰσερχόμενος διὰ τῆς θύρας ποιμήν ἐστι τῶν προβάτων. **3** Τούτῳ ὁ θυρωρὸς ἀνοίγει, καὶ τὰ πρόβατα τῆς φωνῆς αὐτοῦ ἀκούει· καὶ τὰ ἴδια πρόβατα ˊκαλεῖ κατ᾽ ὄνομα καὶ ἐξάγει αὐτά. **4** ᵒΚαὶ ὅταν τὰ ἴδια ˊπρόβατα ἐκβάλῃˉ ἔμπροσθεν αὐτῶν πορεύεται, καὶ τὰ πρόβατα αὐτῷ ἀκολουθεῖ, ὅτι οἴδασι τὴν φωνὴν αὐτοῦ. **5** Ἀλλοτρίῳ δὲ οὐ μὴ ˊἀκολουθήσωσιν ἀλλὰ φεύξονται ἀπ᾽ αὐτοῦ, ὅτι οὐκ οἴδασι τῶν ἀλλοτρίων τὴν φωνήν." **6** Ταύτην τὴν παροιμίαν εἶπεν αὐτοῖς ὁ Ἰησοῦς, ἐκεῖνοι δὲ οὐκ ἔγνωσαν τίνα ἦν ἃ ἐλάλει αὐτοῖς.

Jesus Is the Good Shepherd

7 Εἶπεν οὖν ˊπάλιν αὐτοῖςˉ ὁ Ἰησοῦς, "Ἀμὴν ἀμὴν λέγω ὑμῖν ὅτι ἐγώ εἰμι ἡ θύρα τῶν προβάτων. **8** Πάντες ὅσοι

---

40 ᵒ𝕲 (h.C) vs 𝕸 A   **40** ˢ231 𝕲 (h.C) vs 𝕸 A
41 ˊη 𝔭⁶⁶אB vs 𝕸 A; (και η 𝔭⁷⁵)   **3** ˊφωνει 𝕲 (h.C) A vs 𝕸
4 ᵒ𝕲 (h.C) vs 𝕸 A
4 ˊπαντα εκβαλη 𝔭⁷⁵B (ˢ𝔭⁶⁶*) vs 𝕸 A; (εκβαλη א*)
5 ˊακολουθησουσιν BA vs 𝕸 𝔭⁶⁶ ⁷⁵א
7 ˊ1 𝔭⁷⁵B vs M; (21 Aא*ᵛⁱᵈ; 2 𝔭⁴⁵ᵛⁱᵈ ⁶⁶)

ἦλθον' κλέπται εἰσὶ καὶ λησταί, ἀλλ᾽ οὐκ ἤκουσαν αὐτῶν τὰ πρόβατα. 9 Ἐγώ εἰμι ἡ θύρα. Δι᾽ ἐμοῦ ἐάν τις εἰσέλθῃ, σωθήσεται, καὶ εἰσελεύσεται καὶ ἐξελεύσεται καὶ νομὴν εὑρήσει. 10 Ὁ κλέπτης οὐκ ἔρχεται εἰ μὴ ἵνα κλέψῃ καὶ θύσῃ καὶ ἀπολέσῃ. Ἐγὼ ἦλθον ἵνα ζωὴν ἔχωσι καὶ περισσὸν ἔχωσιν. 11 Ἐγώ εἰμι ὁ ποιμὴν ὁ καλός. Ὁ ποιμὴν ὁ καλὸς τὴν ψυχὴν αὐτοῦ τίθησιν ὑπὲρ τῶν προβάτων. 12 Ὁ ʼμισθωτὸς δέ,` καὶ οὐκ ὢν ποιμήν, οὗ οὐκ ʼεἰσὶ τὰ πρόβατα ἴδια, θεωρεῖ τὸν λύκον ἐρχόμενον καὶ ἀφίησι τὰ πρόβατα καὶ φεύγει· καὶ ὁ λύκος ἁρπάζει αὐτὰ καὶ σκορπίζει ᵒτὰ πρόβατα.` 13 ᵒ Ὁ δὲ μισθωτὸς φεύγει` ὅτι μισθωτός ἐστι καὶ οὐ μέλει αὐτῷ περὶ τῶν προβάτων. 14 Ἐγώ εἰμι ὁ ποιμὴν ὁ καλός, καὶ γινώσκω τὰ ἐμά, καὶ ʼγινώσκομαι ὑπὸ τῶν ἐμῶν.` 15 Καθὼς γινώσκει με ὁ Πατήρ, κἀγὼ γινώσκω τὸν Πατέρα, καὶ τὴν ψυχήν μου τίθημι ὑπὲρ τῶν προβάτων. 16 Καὶ ἄλλα πρόβατα ἔχω ἃ οὐκ ἔστιν ἐκ τῆς αὐλῆς ταύτης· κἀκεῖνά ʴμε δεῖᴸ ἀγαγεῖν, καὶ τῆς φωνῆς μου ἀκούσουσι· καὶ ʼγενήσεται μία ποίμνη, εἷς ποιμήν. 17 Διὰ τοῦτο ʴὁ Πατήρ μεᴸ ἀγαπᾷ, ὅτι ἐγὼ τίθημι τὴν ψυχήν μου ἵνα πάλιν λάβω αὐτήν. 18 Οὐδεὶς αἴρει αὐτὴν ἀπ᾽ ἐμοῦ, ἀλλ᾽ ἐγὼ τίθημι αὐτὴν ἀπ᾽ ἐμαυτοῦ. Ἐξουσίαν ἔχω θεῖναι αὐτήν, καὶ ἐξουσίαν ἔχω πάλιν λαβεῖν αὐτήν. Ταύτην τὴν ἐντολὴν ἔλαβον παρὰ τοῦ Πατρός μου."

19 Σχίσμα ᵒοὖν πάλιν ἐγένετο ἐν τοῖς Ἰουδαίοις διὰ τοὺς λόγους τούτους. 20 Ἔλεγον δὲ πολλοὶ ἐξ αὐτῶν, "Δαιμόνιον ἔχει καὶ μαίνεται. Τί αὐτοῦ ἀκούετε?"

21 Ἄλλοι ἔλεγον, "Ταῦτα τὰ ῥήματα οὐκ ἔστι δαιμονιζομένου. Μὴ δαιμόνιον δύναται τυφλῶν ὀφθαλμοὺς ʼἀνοίγειν?"

ⁱ8 ηλθον Μᵖᵗ𝔭⁷⁵א* vs ηλθον προ εμου Μᵖᵗ𝔭⁶⁶ΒΑ, [Cr] vs προ εμου ηλθον TR

12 ʼⁱ 𝔭⁷⁵Β vs 𝔐A; (21 𝔭⁶⁶א)   12 ʼεστιν 𝔭⁴⁵𝔊 (h.C) A vs 𝔐
12 ᵒ𝔭⁴⁵𝔊 (h.C) vs 𝔐A   13 ᵒ𝔭⁴⁵𝔊 (h.C) vs 𝔐
14 ʼγινωσκουσι με τα εμα 𝔭⁴⁵* ⁶⁶ ⁷⁵ᵛⁱᵈאΒ vs 𝔐A
16 ʴ𝔭⁴⁵𝔊 (h.C) vs 𝔐A   16 ʼγενησονται 𝔭⁴⁵Β vs 𝔐 𝔭⁶⁶א*A
17 ʴ312 𝔊 (h.C) vs 𝔐A   19 ᵒ𝔭⁷⁵אΒ vs 𝔐 𝔭⁶⁶A
21 ʼανοιξαι 𝔭⁶⁶(א)Β vs 𝔐A

Jesus Claims to Be Christ at the Feast of Hannukah

22 Ἐγένετο ⸀δὲ τὰ Ἐγκαίνια ἐν¹ Ἱεροσολύμοις ⸀καὶ χειμὼν⸃ ἦν. 23 Καὶ περιεπάτει ὁ Ἰησοῦς ἐν τῷ ἱερῷ ἐν τῇ Στοᾷ² Σολομῶνος.³ 24 Ἐκύκλωσαν οὖν αὐτὸν οἱ Ἰουδαῖοι καὶ ἔλεγον αὐτῷ, "Ἕως πότε τὴν ψυχὴν ἡμῶν αἴρεις; Εἰ σὺ εἶ ὁ Χριστός, εἰπὲ ἡμῖν παρρησίᾳ."
25 Ἀπεκρίθη αὐτοῖς ὁ Ἰησοῦς, "Εἶπον ὑμῖν, καὶ οὐ πιστεύετε. Τὰ ἔργα ἃ ἐγὼ ποιῶ ἐν τῷ ὀνόματι τοῦ Πατρός μου, ταῦτα μαρτυρεῖ περὶ ἐμοῦ. 26 Ἀλλ' ὑμεῖς οὐ πιστεύετε, ⸀οὐ γάρ⸃ ἐστε ἐκ τῶν προβάτων τῶν ἐμῶν, ⸀καθὼς εἶπον ὑμῖν.⸃ 27 Τὰ πρόβατα τὰ ἐμὰ τῆς φωνῆς μου ⸀ἀκούει, κἀγὼ γινώσκω αὐτά, καὶ ἀκολουθοῦσί μοι. 28 Κἀγὼ ⸀ζωὴν αἰώνιον δίδωμι αὐτοῖς,⸃ καὶ οὐ μὴ ἀπόλωνται εἰς τὸν αἰῶνα, καὶ οὐχ ἁρπάσει τις αὐτὰ ἐκ τῆς χειρός μου. 29 Ὁ Πατήρ μου ⸀ὃς δέδωκέ μοι, ⸀μείζων πάντων⸃ ἐστί· καὶ οὐδεὶς δύναται ἁρπάζειν ἐκ τῆς χειρὸς τοῦ Πατρός °μου. 30 Ἐγὼ καὶ ὁ Πατὴρ ἕν ἐσμεν."

Renewed Efforts to Stone Jesus

31 Ἐβάστασαν °οὖν πάλιν λίθους οἱ Ἰουδαῖοι ἵνα λιθάσωσιν αὐτόν.
32 Ἀπεκρίθη αὐτοῖς ὁ Ἰησοῦς, "Πολλὰ ⸀καλὰ ἔργα ἔδειξα ὑμῖν⸃ ἐκ τοῦ Πατρός °μου. Διὰ ποῖον αὐτῶν ἔργον ⸀λιθάζετέ με⸃;"

---

¹22 εν 𝕸 𝔭⁴⁵𝕏 vs +τοις 𝔭⁶⁶BA, TR Cr
²23 στοα 𝕸𝕏A vs +του 𝔭⁶⁶ ⁷⁵B, TR Cr
³23 Σολομωνος M𝔭⁴⁵ ⁶⁶𝕏*B, Cr vs Σολομωντος A TR

---

22 ⸀τοτε 𝔭⁷⁵B vs 𝕸 𝔭⁶⁶*vid𝕏A   22 ⸀χειμων 𝕲 (h.C) vs 𝕸 A; (χειμων δε 𝔭⁴⁵)   26 ⸀οτι ουκ 𝕲 (h.C) vs 𝕸 A
26 ⸀𝔭⁷⁵𝕏B vs 𝕸 𝔭⁶⁶*A   27 ⸀ακουουσιν 𝔭⁶⁶𝕏B vs 𝕸𝔭⁷⁵A
28 ⸀3412 𝔭⁷⁵𝕏B vs 𝕸 𝔭⁶⁶*A   29 ⸀ο 𝕏B* vs 𝕸 𝔭⁶⁶ ⁷⁵A
29 ⸀παντων μειζον B vs 𝕸 𝔭⁶⁶; (παντων μειζων 𝕏; μειζον παντων A)   29 °𝔭⁶⁶ ⁷⁵vid𝕏B vs 𝕸 A   31 °𝔭⁴⁵𝕏B vs 𝕸 𝔭⁶⁶A
32 ⸀2134 𝔭⁴⁵vid𝕏A vs M𝔭⁶⁶; (2341 B; 3421 𝔭⁷⁵vid)
32 °𝕏*B vs 𝕸 𝔭⁶⁶A   32 ⸀εμε λιθαζετε 𝔭⁴⁵𝕏B vs 𝕸 (𝔭⁶⁶) (A)

33 Ἀπεκρίθησαν αὐτῷ οἱ Ἰουδαῖοι °λέγοντες, "Περὶ καλοῦ ἔργου οὐ λιθάζομέν σε, ἀλλὰ περὶ βλασφημίας, καὶ ὅτι σύ, ἄνθρωπος ὤν, ποιεῖς σεαυτὸν Θεόν." 34 Ἀπεκρίθη ʳαὐτοῖς ὁ Ἰησοῦς,ˈ "Οὐκ ἔστι γεγραμμένον ἐν τῷ νόμῳ ʳὑμῶν, «Ἐγὼ εἶπα,¹ θεοί ἐστε»? 35 Εἰ ἐκείνους εἶπε θεούς, πρὸς οὓς ὁ λόγος τοῦ Θεοῦ ἐγένετο (καὶ οὐ δύναται λυθῆναι ἡ Γραφή), 36 ὃν ὁ Πατὴρ ἡγίασε καὶ ἀπέστειλεν εἰς τὸν κόσμον ὑμεῖς λέγετε ὅτι 'Βλασφημεῖς,' ὅτι εἶπον, Υἱὸς τοῦ Θεοῦ εἰμι'? 37 Εἰ οὐ ποιῶ τὰ ἔργα τοῦ Πατρός μου, μὴ πιστεύετέ μοι. 38 Εἰ δὲ ποιῶ, κἂν ἐμοὶ μὴ πιστεύητε, τοῖς ἔργοις ʳ¹πιστεύσατε, ἵνα γνῶτε καὶ ʳ²πιστεύσητε ὅτι ἐν ἐμοὶ ὁ Πατὴρ κἀγὼ ἐν ʳ³αὐτῷ." 39 Ἐζήτουν οὖν² πάλιν αὐτὸν πιάσαι,³ καὶ ἐξῆλθεν ἐκ τῆς χειρὸς αὐτῶν.

Many Beyond Jordan Believe in Jesus

40 Καὶ ἀπῆλθε πάλιν πέραν τοῦ Ἰορδάνου εἰς τὸν τόπον ὅπου ἦν Ἰωάννης τὸ πρῶτον βαπτίζων, καὶ ἔμεινεν ἐκεῖ. 41 Καὶ πολλοὶ ἦλθον πρὸς αὐτὸν καὶ ἔλεγον ὅτι "Ἰωάννης μὲν σημεῖον ἐποίησεν οὐδέν, πάντα δὲ ὅσα εἶπεν Ἰωάννης περὶ τούτου ἀληθῆ ἦν." 42 Καὶ ˢ¹ἐπίστευσαν πολλοὶˋ ˢ²ἐκεῖ εἰς αὐτόν.ˋ

Lazarus Dies at Bethany

11 Ἦν δέ τις ἀσθενῶν, Λάζαρος ἀπὸ Βηθανίας, ἐκ τῆς κώμης Μαρίας καὶ Μάρθας τῆς ἀδελφῆς αὐτῆς. 2 Ἦν

---

¹34 ειπα Mᵖᵗ𝔭⁴⁵G (h.C), TR Cr vs ειπον MᵖᵗA
²39 ουν Mᵖᵗ𝔭⁶⁶ℵA, TR [Cr] vs — Mᵖᵗ𝔭⁷⁵B vs δε 𝔭⁴⁵
³39 παλιν αυτον πιασαι Mᵖᵗ𝔭⁶⁶B, TR vs παλιν πιασαι αυτον Mᵖᵗ vs αυτον παλιν πιασαι 𝔭⁷⁵A, Cr vs αυτον πιασαι 𝔭⁴⁵ᵛⁱᵈℵ*

---

33 °𝔭⁴⁵ ⁶⁶ℵBA vs 𝕸   34 ʳ13 𝔭⁴⁵B vs 𝕸 𝔭⁷⁵ℵA,[Cr]; (3 και ειπεν 1 𝔭⁶⁶)   34 ʳυμων οτι 𝔭⁶⁶ ⁷⁵B vs 𝕸A; (οτι 𝔭⁴⁵ℵ*)
38 ʳ¹πιστευετε 𝔭⁷⁵(ℵ)B vs 𝕸𝔭⁴⁵ (⁶⁶) A
38 ʳ²γινωσκητε 𝔭⁴⁵ (⁶⁶) ⁷⁵B vs 𝕸 A (πιστευητε ℵ)
38 ʳ³τω Πατρι G (h.C) vs 𝕸𝔭⁴⁵A   42 ˢ¹𝔭⁴⁵ ⁶⁶ ℵB vs 𝕸A
42 ˢ²231 G (h.C) A vs 𝕸

---

34 Ps. 82:6

δὲ ·Μαρία ἡ ἀλείψασα τὸν Κύριον μύρῳ καὶ ἐκμάξασα τοὺς πόδας αὐτοῦ ταῖς θριξὶν αὐτῆς,[1] ἧς ὁ ἀδελφὸς Λάζαρος ἠσθένει. 3 Ἀπέστειλαν οὖν αἱ ἀδελφαὶ πρὸς αὐτὸν λέγουσαι, "Κύριε, ἴδε ὃν φιλεῖς ἀσθενεῖ."

4 Ἀκούσας δὲ ὁ Ἰησοῦς εἶπεν, "Αὕτη ἡ ἀσθένεια οὐκ ἔστι πρὸς θάνατον ἀλλ᾽ ὑπὲρ τῆς δόξης τοῦ Θεοῦ, ἵνα δοξασθῇ ὁ Υἱὸς τοῦ Θεοῦ δι᾽ αὐτῆς." 5 Ἠγάπα δὲ ὁ Ἰησοῦς τὴν Μάρθαν καὶ τὴν ἀδελφὴν αὐτῆς καὶ τὸν Λάζαρον. 6 Ὡς οὖν ἤκουσεν ὅτι ἀσθενεῖ, τότε μὲν ἔμεινεν ἐν ᾧ ἦν τόπῳ δύο ἡμέρας. 7 Ἔπειτα μετὰ τοῦτο λέγει τοῖς μαθηταῖς, "Ἄγωμεν εἰς τὴν Ἰουδαίαν πάλιν."

8 Λέγουσιν αὐτῷ οἱ μαθηταί, "Ῥαββί, νῦν ἐζήτουν σε λιθάσαι οἱ Ἰουδαῖοι, καὶ πάλιν ὑπάγεις ἐκεῖ;"

9 Ἀπεκρίθη[2] Ἰησοῦς, "Οὐχὶ δώδεκά εἰσιν ὧραι[3] τῆς ἡμέρας? Ἐάν τις περιπατῇ ἐν τῇ ἡμέρᾳ οὐ προσκόπτει, ὅτι τὸ φῶς τοῦ κόσμου τούτου βλέπει. 10 Ἐὰν δέ τις περιπατῇ ἐν τῇ νυκτὶ προσκόπτει, ὅτι τὸ φῶς οὐκ ἔστιν ἐν αὐτῷ." 11 Ταῦτα εἶπε, καὶ μετὰ τοῦτο λέγει αὐτοῖς, "Λάζαρος ὁ φίλος ἡμῶν κεκοίμηται, ἀλλὰ πορεύομαι ἵνα ἐξυπνίσω αὐτόν."

12 Εἶπον οὖν ⸂οἱ μαθηταὶ αὐτοῦ,⸃ "Κύριε, εἰ κεκοίμηται σωθήσεται." 13 Εἰρήκει δὲ ὁ Ἰησοῦς περὶ τοῦ θανάτου αὐτοῦ, ἐκεῖνοι δὲ ἔδοξαν ὅτι περὶ τῆς κοιμήσεως τοῦ ὕπνου λέγει.

14 Τότε οὖν εἶπεν αὐτοῖς ὁ Ἰησοῦς παρρησίᾳ, "Λάζαρος ἀπέθανε. 15 Καὶ χαίρω δι᾽ ὑμᾶς, ἵνα πιστεύσητε, ὅτι οὐκ ἤμην ἐκεῖ. Ἀλλὰ ἄγωμεν πρὸς αὐτόν."

16 Εἶπεν οὖν Θωμᾶς, ὁ λεγόμενος Δίδυμος, τοῖς συμμαθηταῖς, "Ἄγωμεν καὶ ἡμεῖς ἵνα ἀποθάνωμεν μετ᾽ αὐτοῦ."

---

[1]2 αυτης M^{pt}𝔊 (h.C) A, TR Cr vs εαυτης M^{pt}
[2]9 απεκριθη 𝔐𝔊A; Cr vs +ο 𝔭⁴⁵, TR
[3]9 εισιν ωραι M^{pt}, TR vs ωραι εισι(ν) M^{pt}𝔊 (h.𝔭⁷⁵) A, Cr

---

2 ·Μαριαμ B vs 𝔐 𝔭⁶⁶ℵA
12 ⸂οι μαθηται αυτω 𝔊 (αυτω οι μαθηται ℵ; —οι μαθηται A) vs M

Jesus Is the Resurrection and the Life

17 Ἐλθὼν οὖν ὁ Ἰησοῦς εὖρεν αὐτὸν ⌜τέσσαρας ἡμέρας ἤδη⌝ ἔχοντα ἐν τῷ μνημείῳ. **18** Ἦν δὲ ἡ Βηθανία ἐγγὺς τῶν Ἱεροσολύμων, ὡς ἀπὸ σταδίων δεκαπέντε. **19** ⌜¹Καὶ πολλοὶ⌝ ἐκ τῶν Ἰουδαίων ἐληλύθεισαν πρὸς ⌜²τὰς περὶ⌝ Μάρθαν καὶ •Μαρίαν, ἵνα παραμυθήσωνται αὐτὰς περὶ τοῦ ἀδελφοῦ °αὐτῶν. **20** Ἡ οὖν Μάρθα, ὡς ἤκουσεν ὅτι¹ Ἰησοῦς ἔρχεται, ὑπήντησεν αὐτῷ, •Μαρία δὲ ἐν τῷ οἴκῳ ἐκαθέζετο. **21** Εἶπεν οὖν² Μάρθα πρὸς τὸν Ἰησοῦν, "Κύριε, εἰ ἦς ὧδε, ⌜ὁ ἀδελφός μου οὐκ ἂν ἐτεθνήκει.⌝ **22** °Ἀλλὰ καὶ νῦν οἶδα ὅτι ὅσα ἂν αἰτήσῃ τὸν Θεόν, δώσει σοι ὁ Θεός." **23** Λέγει αὐτῇ ὁ Ἰησοῦς, "Ἀναστήσεται ὁ ἀδελφός σου." **24** Λέγει αὐτῷ ᵀ Μάρθα, "Οἶδα ὅτι ἀναστήσεται ἐν τῇ ἀναστάσει ἐν τῇ ἐσχάτῃ ἡμέρᾳ." **25** Εἶπεν αὐτῇ ὁ Ἰησοῦς, "Ἐγώ εἰμι ἡ ἀνάστασις καὶ ἡ ζωή. Ὁ πιστεύων εἰς ἐμέ, κἂν ἀποθάνῃ, ζήσεται. **26** Καὶ πᾶς ὁ ζῶν καὶ πιστεύων εἰς ἐμὲ οὐ μὴ ἀποθάνῃ εἰς τὸν αἰῶνα. Πιστεύεις τοῦτο?" **27** Λέγει αὐτῷ, "Ναί, Κύριε, ἐγὼ πεπίστευκα ὅτι σὺ εἶ ὁ Χριστός, ὁ Υἱὸς τοῦ Θεοῦ, ὁ εἰς τὸν κόσμον ἐρχόμενος."

Jesus Shares the Sorrow of Death

28 Καὶ ⌜ταῦτα εἰποῦσα, ἀπῆλθε καὶ ἐφώνησε •Μαρίαν τὴν ἀδελφὴν αὐτῆς λάθρα, εἰποῦσα, "Ὁ διδάσκαλος

---

¹20 οτι 𝕸 𝔭⁴⁵𝔾A, Cr vs +ο TR
²21 ουν Μ𝔭⁴⁵A vs +η 𝔾 (𝔭⁷⁵ᵛⁱᵈ), TR Cr

17 ⌜132 𝔭⁷⁵BC* vs 𝕸 (τεσσαρες 23 ℵ); (12 Aᵛⁱᵈ; 312 𝔭⁶⁶)
19 ⌜¹πολλοι δε 𝔾 vs 𝕸A   19 ⌜²την 𝔾 (𝔭⁷⁵ᵛⁱᵈ) vs 𝕸A
19 •Μαριαμ 𝔭⁷⁵BC vs 𝕸𝔭⁶⁶ℵA   19 °𝔭⁴⁵𝔾 vs 𝕸AC
20 •Μαριαμ Θ vs 𝕸𝔭⁴⁵𝔾(𝔭⁶⁶ᵛⁱᵈ) A
21 ⌜ουκ αν απεθανεν ο αδελφος μου 𝔾 vs 𝕸; (ο αδελφος μου ουκ αν απεθανεν 𝔭⁴⁵ ⁶⁶; ουκ αν ο αδελφος μου ετεθνηκει A)
22 °𝔾 vs 𝕸𝔭⁴⁵ ⁶⁶A, [Cr]   24 ᵀη 𝔭⁶⁶BC* vs Μ𝔭⁴⁵ ⁷⁵ℵA
28 ⌜τουτο 𝔭⁷⁵ᵛⁱᵈℵBC vs 𝕸𝔭⁶⁶A
28 •Μαριαμ 𝔭⁷⁵ᵛⁱᵈBAC vs 𝕸𝔭⁴⁵ ⁶⁶ℵ

πάρεστι καὶ φωνεῖ σε." 29 Ἐκείνη ᵀ ὡς ἤκουσεν, ⌐¹ἐγείρεται ταχὺ καὶ ⌐²ἔρχεται πρὸς αὐτόν. 30 Οὔπω δὲ ἐληλύθει ὁ Ἰησοῦς εἰς τὴν κώμην, ἀλλ᾽ ⌐ἦν ἐν⌐ τῷ τόπῳ ὅπου ὑπήντησεν αὐτῷ ἡ Μάρθα. 31 Οἱ οὖν Ἰουδαῖοι οἱ ὄντες μετ᾽ αὐτῆς ἐν τῇ οἰκίᾳ καὶ παραμυθούμενοι αὐτήν, ἰδόντες τὴν •Μαρίαν ὅτι ταχέως ἀνέστη καὶ ἐξῆλθεν, ἠκολούθησαν αὐτῇ, ⌐λέγοντες ὅτι "᾽Υπάγει εἰς τὸ μνημεῖον ἵνα κλαύσῃ ἐκεῖ."

32 Ἡ οὖν •Μαρία, ὡς ἦλθεν ὅπου ἦν °ὁ Ἰησοῦς, ἰδοῦσα αὐτόν, ἔπεσεν αὐτοῦ εἰς τοὺς πόδας,¹ λέγουσα αὐτῷ, "Κύριε, εἰ ἧς ὧδε, οὐκ ἂν ⌐ˢἀπέθανέ μου⌐ ὁ ἀδελφός."

33 Ἰησοῦς οὖν ὡς εἶδεν αὐτὴν κλαίουσαν καὶ τοὺς συνελθόντας αὐτῇ Ἰουδαίους κλαίοντας, ἐνεβριμήσατο τῷ πνεύματι καὶ ἐτάραξεν ἑαυτόν. 34 Καὶ εἶπε, "Ποῦ τεθείκατε αὐτόν?"

Λέγουσιν αὐτῷ, "Κύριε, ἔρχου καὶ ἴδε."

35 Ἐδάκρυσεν ὁ Ἰησοῦς.

36 Ἔλεγον οὖν οἱ Ἰουδαῖοι, "Ἴδε πῶς ἐφίλει αὐτόν!"

37 Τινὲς δὲ ἐξ αὐτῶν εἶπον, "Οὐκ ⌐ἠδύνατο οὗτος, ὁ ἀνοίξας τοὺς ὀφθαλμοὺς τοῦ τυφλοῦ, ποιῆσαι ἵνα καὶ οὗτος μὴ ἀποθάνῃ?"

Jesus Raises Lazarus from the Dead

38 Ἰησοῦς οὖν πάλιν ἐμβριμώμενος ἐν ἑαυτῷ ἔρχεται εἰς τὸ μνημεῖον. Ἦν δὲ σπήλαιον, καὶ λίθος ἐπέκειτο ἐπ᾽ αὐτῷ. 39 Λέγει ὁ Ἰησοῦς, "Ἄρατε τὸν λίθον."

Λέγει αὐτῷ ἡ ἀδελφὴ τοῦ ⌐τεθνηκότος Μάρθα, "Κύριε, ἤδη ὄζει, τεταρταῖος γάρ ἐστι."

---

¹32 αυτου εις τους ποδας 𝔐 𝔭⁶⁶A vs αυτου προς τους ποδας אBC*, Cr vs εις τους ποδας αυτου TR

29 ᵀδε 𝔊 vs 𝔐 𝔭⁶⁶*ᵛⁱᵈA   29 ⌐¹ηγερθη 𝔊 vs 𝔐 𝔭⁴⁵ᵛⁱᵈ ⁶⁶ (A)
29 ⌐²ηρχετο אBC* vs 𝔐 𝔭⁴⁵ ⁶⁶A
30 ⌐ην ετι εν 𝔊 vs 𝔐 A; (ην ετι επι 𝔭⁶⁶ ; ην επι 𝔭⁴⁵)
31 •Μαριαμ 𝔭⁷⁵BC* vs 𝔐 𝔭⁶⁶אA
31 ⌐δοξαντες אBC* vs 𝔐 𝔭⁶⁶A; (δοξαζοντες 𝔭⁷⁵)
32 •Μαριαμ 𝔭⁷⁵BC* vs 𝔐 𝔭⁴⁵ ⁶⁶*אA   32 °𝔊 (h.𝔭⁷⁵) A vs 𝔐 𝔭⁴⁵
32 ˢ𝔊 vs 𝔐A   37 ⌐εδυνατο 𝔭⁶⁶B*C vs 𝔐 אA
39 ⌐τετελευτηκοτος אABC* (τετελευκοτος 𝔭⁶⁶*) vs 𝔐

40 Λέγει αὐτῇ ὁ Ἰησοῦς, "Οὐκ εἶπόν σοι ὅτι ἐὰν πιστεύσῃς ὄψει[1] τὴν δόξαν τοῦ Θεοῦ?" **41** Ἦραν οὖν τὸν λίθον □οὗ ἦν ὁ τεθνηκὼς κείμενος.` Ὁ δὲ Ἰησοῦς ἦρε τοὺς ὀφθαλμοὺς ἄνω καὶ εἶπε, "Πάτερ, εὐχαριστῶ σοι ὅτι ἤκουσάς μου. **42** Ἐγὼ δὲ ᾔδειν ὅτι πάντοτέ μου ἀκούεις, ἀλλὰ διὰ τὸν ὄχλον τὸν περιεστῶτα εἶπον, ἵνα πιστεύσωσιν ὅτι σύ με ἀπέστειλας." **43** Καὶ ταῦτα εἰπών, φωνῇ μεγάλῃ ἐκραύγασε, "Λάζαρε, δεῦρο ἔξω!" **44** °Καὶ ἐξῆλθεν ὁ τεθνηκώς, δεδεμένος τοὺς πόδας καὶ τὰς χεῖρας κειρίαις, καὶ ἡ ὄψις αὐτοῦ σουδαρίῳ περιεδέδετο. Λέγει αὐτοῖς ὁ Ἰησοῦς, "Λύσατε αὐτὸν καὶ ἄφετε ᵀ ὑπάγειν."

Chief Priests and Pharisees Plot to Kill Jesus

45 Πολλοὶ οὖν ἐκ τῶν Ἰουδαίων οἱ ἐλθόντες πρὸς τὴν •Μαρίαν καὶ θεασάμενοι ἃ ἐποίησεν □ὁ Ἰησοῦς,` ἐπίστευσαν εἰς αὐτόν. **46** Τινὲς δὲ ἐξ αὐτῶν ἀπῆλθον πρὸς τοὺς Φαρισαίους καὶ εἶπον αὐτοῖς ἃ[2] ἐποίησεν °ὁ Ἰησοῦς.

47 Συνήγαγον οὖν οἱ ἀρχιερεῖς καὶ οἱ Φαρισαῖοι συνέδριον, καὶ ἔλεγον, "Τί ποιοῦμεν? Ὅτι οὗτος ὁ ἄνθρωπος πολλὰ ˢσημεῖα ποιεῖ.ˋ **48** Ἐὰν ἀφῶμεν αὐτὸν οὕτω, πάντες πιστεύσουσιν εἰς αὐτόν, καὶ ἐλεύσονται οἱ Ῥωμαῖοι καὶ ἀροῦσιν ἡμῶν καὶ τὸν τόπον καὶ τὸ ἔθνος."

49 Εἷς δέ τις ἐξ αὐτῶν, Καϊάφας, ἀρχιερεὺς ὢν τοῦ ἐνιαυτοῦ ἐκείνου, εἶπεν αὐτοῖς, "Ὑμεῖς οὐκ οἴδατε οὐδέν, **50** οὐδὲ ᴦ¹διαλογίζεσθε ὅτι συμφέρει ᴦ²ἡμῖν ἵνα εἷς ἄνθρωπος ἀποθάνῃ ὑπὲρ τοῦ λαοῦ, καὶ μὴ ὅλον τὸ ἔθνος ἀπόληται." **51** Τοῦτο δὲ ἀφ᾽ ἑαυτοῦ οὐκ εἶπεν, ἀλλὰ ἀρχιερεὺς ὢν τοῦ ἐνιαυτοῦ ἐκείνου •προεφήτευσεν ὅτι ἔμελλεν Ἰησοῦς[3] ἀποθνήσκειν ὑπὲρ τοῦ ἔθνους, **52** καὶ οὐχ

¹40 οψει Mᵖᵗ, TR vs οψη MᵖᵗꟼG (h.𝔭⁷⁵) A, Cr
²46 α M𝔭⁶⁶אB, TR Cr vs οσα MᵣA vs ο C
³51 Ιησους M𝔭⁴⁵ ⁶⁶אBA, Cr vs ο Ιησους Mᵣ, TR

41 □G vs 𝕸 ; (ου ην A)   44 °G vs 𝕸אA
44 ᵀαυτον 𝔭⁴⁵G vs 𝕸אA   45 •Μαριαμ BC vs 𝕸𝔭⁴⁵ ⁶⁶אA
45 □𝔭⁴⁵ ⁶⁶BAC*ᵛⁱᵈ vs 𝕸 (− ο א)   46 °𝔭⁶⁶BC vs 𝕸אA
47 ˢ𝔭⁴⁵ᵛⁱᵈ ⁶⁶אBA vs 𝕸   50 ᴦ¹λογιζεσθε (𝔭⁶⁶) אB(A) vs 𝕸
50 ᴦ²υμιν 𝔭⁴⁵ᵛⁱᵈ ⁶⁶B vs 𝕸A ; (− א)
51 •επροφητευσεν 𝔭⁴⁵ ⁶⁶אB vs 𝕸A

ὑπὲρ τοῦ ἔθνους μόνον, ἀλλ᾽ ἵνα καὶ τὰ τέκνα τοῦ Θεοῦ τὰ
διεσκορπισμένα συναγάγῃ εἰς ἕν. 53 Ἀπ᾽ ἐκείνης οὖν τῆς
ἡμέρας ⌜συνεβουλεύσατο ἵνα ἀποκτείνωσιν αὐτόν.

54 ⌈᾽Ιησοῦς οὖν⌉ οὐκέτι παρρησίᾳ περιεπάτει ἐν τοῖς
᾽Ιουδαίοις, ἀλλὰ ἀπῆλθεν ἐκεῖθεν εἰς τὴν χώραν ἐγγὺς τῆς
ἐρήμου, εἰς ᾽Εφραὶμ λεγομένην πόλιν. Κἀκεῖ ⌜διέτριβε μετὰ
τῶν μαθητῶν °αὐτοῦ. 55 Ἦν δὲ ἐγγὺς τὸ Πάσχα τῶν
᾽Ιουδαίων, καὶ ἀνέβησαν πολλοὶ εἰς ᾽Ιεροσόλυμα ἐκ τῆς
χώρας πρὸ τοῦ Πάσχα ἵνα ἁγνίσωσιν ἑαυτούς. 56 ᾽Εζήτουν
οὖν τὸν ᾽Ιησοῦν καὶ ἔλεγον μετ᾽ ἀλλήλων ἐν τῷ ἱερῷ
ἑστηκότες, "Τί δοκεῖ ὑμῖν¹ — ὅτι οὐ μὴ ἔλθῃ εἰς τὴν
ἑορτήν;" 57 Δεδώκεισαν δὲ καὶ² οἱ ἀρχιερεῖς καὶ οἱ
Φαρισαῖοι ⌜ἐντολήν, ἵνα ἐάν τις γνῷ ποῦ ἐστι, μηνύσῃ,
ὅπως πιάσωσιν αὐτόν.

Mary Anoints Jesus at Bethany

12 ᾽Ο οὖν ᾽Ιησοῦς, πρὸ ἓξ ἡμερῶν τοῦ Πάσχα, ἦλθεν εἰς
Βηθανίαν, ὅπου ἦν Λάζαρος □ὁ τεθνηκώς,⌉ ὃν ἤγειρεν
⌈ἐκ νεκρῶν.⌉ 2 ᾽Εποίησαν οὖν αὐτῷ δεῖπνον ἐκεῖ· καὶ ἡ
Μάρθα διηκόνει, ὁ δὲ Λάζαρος εἷς ἦν ᵀ τῶν ἀνακειμένων
σὺν³ αὐτῷ. 3 ῾Η οὖν •Μαρία λαβοῦσα λίτραν μύρου νάρδου
πιστικῆς πολυτίμου, ἤλειψε τοὺς πόδας τοῦ ᾽Ιησοῦ, καὶ
ἐξέμαξε ταῖς θριξὶν αὐτῆς τοὺς πόδας αὐτοῦ. ῾Η δὲ οἰκία
ἐπληρώθη ἐκ τῆς ὀσμῆς τοῦ μύρου.

4 Λέγει ⌜οὖν ⌈εἷς ἐκ τῶν μαθητῶν αὐτοῦ, ᾽Ιουδας
Σίμωνος ᾽Ισκαριώτης,⌉ ὁ μέλλων αὐτὸν παραδιδόναι, 5 "Διὰ

---

¹56 δοκει υμιν 𝕸𝔭⁴⁵ᵛⁱᵈ ⁶⁶ ⁷⁵ᵛⁱᵈℵBA, TR Cr vs υμιν δοκει Mʳ
²57 και M, TR vs — M¹C (Iₕ.C) A, Cr
³2 ανακειμενων συν 𝕸𝔭⁶⁶ℵ*BA, Cr vs συνανακειμενων TR

---

53 ⌜εβουλευσαντο 𝔭⁴⁵ ⁶⁶ ⁷⁵ᵛⁱᵈ ℵB vs 𝕸A
54 ⌈ο ουν Ιησους 𝔭⁷⁵ℵB vs 𝕸A; (ο δε Ιησους 𝔭⁶⁶)
54 ⌜εμεινεν 𝔭⁶⁶*ᵛⁱᵈ ⁷⁵ℵB vs 𝕸𝔭⁴⁵A   54 °𝔭⁴⁵ᵛⁱᵈ ⁶⁶ℵB vs 𝕸A
57 ⌜εντολας ℵB vs 𝕸𝔭⁶⁶A   1 □ℵB vs 𝕸𝔭⁶⁶A
1 ⌈εκ νεκρων Ιησους 𝔭⁶⁶B (εκ νεκρων ο Ιησους A; Ιησους εκ νεκρων
ℵ*) vs 𝕸   2 ᵀεκ 𝔭⁶⁶ℵB vs 𝕸A   3 •Μαριαμ B vs 𝕸𝔭⁶⁶ℵA
4 ⌜δε 𝔭⁶⁶ℵB vs 𝕸A
4 ⌈Ιουδας ο Ισκαριωτης εις εκ των μαθητων αυτου ℵ (− εκ 𝔭⁶⁶B),
[Cr] vs 𝕸A

τί τοῦτο τὸ μύρον οὐκ ἐπράθη τριακοσίων δηναρίων καὶ ἐδόθη πτωχοῖς;" 6 Εἶπε δὲ τοῦτο, οὐχ ὅτι περὶ τῶν πτωχῶν ἔμελεν[1] αὐτῷ, ἀλλὰ ὅτι κλέπτης ἦν καὶ τὸ γλωσσόκομον ˹εἶχε, καὶ˺ τὰ βαλλόμενα ἐβάσταζεν. 7 Εἶπεν οὖν ὁ Ἰησοῦς, "Ἄφες αὐτήν· ᵀ εἰς τὴν ἡμέραν τοῦ ἐνταφιασμοῦ μου ˹τετήρηκεν αὐτό. 8 Τοὺς πτωχοὺς γὰρ πάντοτε ἔχετε μεθ᾽ ἑαυτῶν, ἐμὲ δὲ οὐ πάντοτε ἔχετε."

The Jews Plot to Kill Lazarus

9 Ἔγνω οὖν ᵀ ὄχλος πολὺς ἐκ τῶν Ἰουδαίων ὅτι ἐκεῖ ἐστι· καὶ ἦλθον, οὐ διὰ τὸν Ἰησοῦν μόνον, ἀλλ᾽ ἵνα καὶ τὸν Λάζαρον ἴδωσιν, ὃν ἤγειρεν ἐκ νεκρῶν. 10 Ἐβουλεύσαντο δὲ οἱ ἀρχιερεῖς ἵνα καὶ τὸν Λάζαρον ἀποκτείνωσιν, 11 ὅτι πολλοὶ δι᾽ αὐτὸν ὑπῆγον τῶν Ἰουδαίων καὶ ἐπίστευον εἰς τὸν Ἰησοῦν.

Jesus Enters Jerusalem in Triumph
(Mt. 21:1-11; Mk. 11:1-11; Lk. 19:28-40)

12 Τῇ ἐπαύριον ᵀ ὄχλος πολὺς ὁ ἐλθὼν εἰς τὴν ἑορτήν, ἀκούσαντες ὅτι ἔρχεται Ἰησοῦς[2] εἰς Ἱεροσόλυμα, 13 ἔλαβον τὰ βαῖα τῶν φοινίκων καὶ ἐξῆλθον εἰς ὑπάντησιν[3] αὐτῷ καὶ ˹ἔκραζον,

"«Ὡσαννά!
Εὐλογημένος ὁ ἐρχόμενος ἐν ὀνόματι Κυρίου,»
Βασιλεὺς[4] τοῦ Ἰσραήλ!"

---

[1]6 εμελεν **MG** (h.C) A, **TR Cr** vs εμελλεν M¹
[2]12 ερχεται Ιησους **Mℵ** vs ερχεται ο Ιησους M'𝔭⁶⁶ ⁷⁵B, **TR Cr** vs Ιησους ερχεται A
[3]13 υπαντησιν Mᵖᵗ**G** (h.C), **TR Cr** vs απαντησιν MᵖᵗA
[4]13 βασιλευς 𝔐A vs και ο βασιλευς ℵ*B, [Cr] vs ο βασιλευς 𝔭⁶⁶, **TR**

---

6 ˹εχων 𝔭⁷⁵ℵB vs 𝔐𝔭⁶⁶A   7 ᵀινα **G** (h.C) vs 𝔐A
7 ˹τηρηση 𝔭⁶⁶ℵB vs 𝔐A   9 ᵀο ℵB*, [Cr] vs 𝔐𝔭⁶⁶* ⁷⁵A
12 ᵀο 𝔭⁶⁶B vs 𝔐ℵA
13 ˹εκραυγαζον 𝔭⁷⁵ℵ (εκραυγασαν 𝔭⁶⁶B*) vs 𝔐A

13 Ps. 118:25,26

14 Εὑρὼν δὲ ὁ Ἰησοῦς ὀνάριον, ἐκάθισεν ἐπ᾽ αὐτό·[1] καθώς ἐστι γεγραμμένον,

15 «Μὴ φοβοῦ, ·θύγατερ Σιών·
   Ἰδού, ὁ Βασιλεύς σου ἔρχεται,
   Καθήμενος ἐπὶ πῶλον ὄνου.»

16 Ταῦτα °δὲ οὐκ ἔγνωσαν ᶠοἱ μαθηταὶ αὐτοῦ˥ τὸ πρῶτον· ἀλλ᾽ ὅτε ἐδοξάσθη ὁ[2] Ἰησοῦς, τότε ἐμνήσθησαν ὅτι ταῦτα ἦν ἐπ᾽ αὐτῷ γεγραμμένα καὶ ταῦτα ἐποίησαν αὐτῷ. 17 Ἐμαρτύρει οὖν ὁ ὄχλος ὁ ὢν μετ᾽ αὐτοῦ ὅτε τὸν Λάζαρον ἐφώνησεν ἐκ τοῦ μνημείου καὶ ἤγειρεν αὐτὸν ἐκ νεκρῶν. 18 Διὰ τοῦτο ᶠκαὶ ὑπήντησεν αὐτῷ˥ ὁ ὄχλος, ὅτι ᶠἤκουσε τοῦτο αὐτὸν πεποιηκέναι τὸ σημεῖον.

19 Οἱ οὖν Φαρισαῖοι εἶπον πρὸς ἑαυτούς, "Θεωρεῖτε ὅτι οὐκ ὠφελεῖτε οὐδέν. Ἴδε ὁ κόσμος ὀπίσω αὐτοῦ ἀπῆλθεν!"

Jesus, the Fruitful Grain of Wheat

20 Ἦσαν δέ ᶠτινες Ἕλληνες˥ ἐκ τῶν ἀναβαινόντων ἵνα προσκυνήσωσιν ἐν τῇ ἑορτῇ. 21 Οὗτοι οὖν προσῆλθον Φιλίππῳ τῷ ἀπὸ Βηθσαϊδὰ τῆς Γαλιλαίας, καὶ ἠρώτων αὐτὸν λέγοντες, "Κύριε, θέλομεν τὸν Ἰησοῦν ἰδεῖν." 22 Ἔρχεται ᵀ¹ Φίλιππος καὶ λέγει τῷ Ἀνδρέᾳ, ᶠκαὶ πάλιν˥ Ἀνδρέας καὶ Φίλιππος ᵀ² λέγουσι τῷ Ἰησοῦ.

23 Ὁ δὲ Ἰησοῦς ᶠἀπεκρίνατο αὐτοῖς λέγων, "Ἐλήλυθεν ἡ ὥρα ἵνα δοξασθῇ ὁ Υἱὸς τοῦ Ἀνθρώπου. 24 Ἀμὴν ἀμὴν λέγω ὑμῖν, ἐὰν μὴ ὁ κόκκος τοῦ σίτου πεσὼν εἰς τὴν γῆν ἀποθάνῃ, αὐτὸς μόνος μένει· ἐὰν δὲ ἀποθάνῃ, πολὺν

---

[1]14 αυτο M𝔭ᵗ𝕲 (h.C) A, TR Cr vs αυτω M𝔭ᵗ
[2]16 ο M𝔭ᵗ, TR vs − M𝔭ᵗ𝕲 (h.C) A,Cr

15 ·θυγατηρ 𝔭⁶⁶BA vs 𝔐 ℵ   16 °𝔭⁶⁶ℵB vs 𝔐 A
16 ᶠ312 𝔭⁷⁵ℵB vs 𝔐 𝔭⁶⁶A   18 ᶠ23 𝔭⁶⁶* vs 𝔐 ℵA, [Cr]; (231 B*)
18 ᶠηκουσαν 𝔭⁶⁶ℵBA vs M   20 ᶠ𝕲 (h.C) vs 𝔐 A
22 ᵀ¹ο 𝔭⁶⁶ ⁷⁵B vs 𝔐 ℵA
22 ᶠερχεται 𝔭⁷⁵BA vs 𝔐 𝔭⁶⁶*; (και παλιν ερχεται ℵ)
22 ᵀ²και 𝔭⁷⁵ℵBA vs 𝔐 𝔭⁶⁶   23 ᶠαποκρινεται 𝕲 (h.C) vs 𝔐 A

15 Zech.9:9

καρπὸν φέρει. **25** Ὁ φιλῶν τὴν ψυχὴν αὐτοῦ ⸀ἀπολέσει
αὐτήν, καὶ ὁ μισῶν τὴν ψυχὴν αὐτοῦ ἐν τῷ κόσμῳ τούτῳ
εἰς ζωὴν αἰώνιον φυλάξει αὐτήν. **26** Ἐὰν ἐμοὶ ⸉διακονῇ τις,⸊
ἐμοὶ ἀκολουθείτω, καὶ ὅπου εἰμὶ ἐγώ, ἐκεῖ καὶ ὁ διάκονος ὁ
ἐμὸς ἔσται. °Καὶ ἐάν τις ἐμοὶ διακονῇ, τιμήσει αὐτὸν ὁ
Πατήρ.

Jesus Predicts His Death by Crucifixion

27 "Νῦν ἡ ψυχή μου τετάρακται, καὶ τί εἴπω? 'Πάτερ,
σῶσόν με ἐκ τῆς ὥρας ταύτης'? Ἀλλὰ διὰ τοῦτο ἦλθον εἰς
τὴν ὥραν ταύτην. **28** Πάτερ, δόξασόν σου τὸ ὄνομα."

Ἦλθεν οὖν φωνὴ ἐκ τοῦ οὐρανοῦ, "Καὶ ἐδόξασα καὶ
πάλιν δοξάσω."

29 Ὁ οὖν ὄχλος ὁ ἑστὼς καὶ ἀκούσας ἔλεγε βροντὴν
γεγονέναι. Ἄλλοι ἔλεγον, "Ἄγγελος αὐτῷ λελάληκεν."

30 Ἀπεκρίθη ὁ Ἰησοῦς καὶ εἶπεν,[1] "Οὐ δι᾽ ἐμὲ ⸉αὕτη ἡ
φωνὴ⸊ γέγονεν ἀλλὰ δι᾽ ὑμᾶς. **31** Νῦν κρίσις ἐστὶ τοῦ
κόσμου τούτου· νῦν ὁ ἄρχων τοῦ κόσμου τούτου
ἐκβληθήσεται ἔξω. **32** Κἀγώ, ἐὰν ὑψωθῶ ἐκ τῆς γῆς,
πάντας ἑλκύσω πρὸς ἐμαυτόν." **33** Τοῦτο δὲ ἔλεγε,
σημαίνων ποίῳ θανάτῳ ἔμελλεν[2] ἀποθνῄσκειν.

34 Ἀπεκρίθη ⸆αὐτῷ ὁ ὄχλος, "Ἡμεῖς ἠκούσαμεν ἐκ τοῦ
νόμου ὅτι ὁ Χριστὸς μένει εἰς τὸν αἰῶνα· καὶ πῶς ⸉σὺ
λέγεις,⸊ 'Δεῖ[3] ὑψωθῆναι τὸν Υἱὸν τοῦ Ἀνθρώπου'? Τίς
ἐστιν οὗτος ὁ Υἱὸς τοῦ Ἀνθρώπου?·"

35 Εἶπεν οὖν αὐτοῖς ὁ Ἰησοῦς, "Ἔτι μικρὸν χρόνον τὸ
φῶς ⸂μεθ᾽ ὑμῶν⸃ ἐστι. Περιπατεῖτε ⸀ἕως τὸ φῶς ἔχετε ἵνα
μὴ σκοτία ὑμᾶς καταλάβῃ, καὶ ὁ περιπατῶν ἐν τῇ σκοτίᾳ

---

[1]**30** ο Ιησους και ειπεν M^{pt}A, **TR** vs Ιησους και ειπεν M^{pt} 𝔓^{66}, **Cr** vs και ειπεν Ιησους 𝔓^{75vid}B vs Ιησους א

[2]**33** εμελλεν M^{pt}א vs ημελλεν M^{pt}𝔓$^{66\ 75}$BA, **TR Cr**

[3]**34** δει **M**𝔓^{75} vs οτι δει 𝔓^{66}אBA, **TR Cr**

---

25 ⸀απολλυει **Ɛ** (h.C) vs **𝔐** A
26 ⸉ 𝔓$^{66\ 75vid}$אBA vs **M**
26 °**Ɛ** (h.C) vs **𝔐** A
30 ⸉231 **Ɛ** (h.C) A vs **𝔐**
34 ⸆ουν **Ɛ** (h.C) vs **𝔐** A
34 ⸉𝔓^{75vid}B vs **𝔐** 𝔓^{66}אA
35 ⸂εν υμιν 𝔓$^{66\ 75vid}$אB vs **M**A
35 ⸀ως BA vs **𝔐** 𝔓^{66}א

οὐκ οἶδε ποῦ ὑπάγει. **36** ⌜Ἕως τὸ φῶς ἔχετε, πιστεύετε εἰς τὸ φῶς, ἵνα υἱοὶ φωτὸς γένησθε.''

Who Has Believed Our Report?

Ταῦτα ἐλάλησεν °ὁ Ἰησοῦς, καὶ ἀπελθὼν ἐκρύβη ἀπ᾽ αὐτῶν. **37** Τοσαῦτα δὲ αὐτοῦ σημεῖα πεποιηκότος ἔμπροσθεν αὐτῶν, οὐκ ἐπίστευον εἰς αὐτόν, **38** ἵνα ὁ λόγος Ἠσαΐου τοῦ προφήτου πληρωθῇ, ὃν εἶπε,

«Κύριε, τίς ἐπίστευσε τῇ ἀκοῇ ἡμῶν?
Καὶ ὁ βραχίων Κυρίου τίνι ἀπεκαλύφθη?»

39 Διὰ τοῦτο οὐκ ἠδύναντο πιστεύειν, ὅτι πάλιν εἶπεν Ἠσαΐας,

40 «Τετύφλωκεν αὐτῶν τοὺς ὀφθαλμούς,
Καὶ ⌜¹πεπώρωκεν αὐτῶν τὴν καρδίαν,
Ἵνα μὴ ἴδωσι τοῖς ὀφθαλμοῖς,
Καὶ νοήσωσι τῇ καρδίᾳ καὶ ⌜²ἐπιστραφῶσι,
Καὶ ἰάσωμαι¹ αὐτούς.»

41 Ταῦτα εἶπεν Ἠσαΐας ⌜ὅτε εἶδε τὴν δόξαν αὐτοῦ καὶ ἐλάλησε περὶ αὐτοῦ.

Believers Should Walk in the Light

42 Ὅμως μέντοι καὶ ἐκ τῶν ἀρχόντων πολλοὶ ἐπίστευσαν εἰς αὐτόν, ἀλλὰ διὰ τοὺς Φαρισαίους οὐχ ὡμολόγουν, ἵνα μὴ ἀποσυνάγωγοι γένωνται. **43** Ἠγάπησαν γὰρ τὴν δόξαν τῶν ἀνθρώπων μᾶλλον ἤπερ τὴν δόξαν τοῦ Θεοῦ.

44 Ἰησοῦς δὲ ἔκραξε καὶ εἶπεν, ''Ὁ πιστεύων εἰς ἐμὲ οὐ πιστεύει εἰς ἐμὲ ἀλλ᾽ εἰς τὸν πέμψαντά με. **45** Καὶ ὁ

---

¹40 ιασωμαι Mᵖᵗ, **TR** vs ιασομαι Mᵖᵗ**G** (h.C) **A**, **Cr**

36 ⌜ως 𝔭⁷⁵אBA vs 𝔐 𝔭⁶⁶   **36** °𝔭⁶⁶ B vs 𝔐 𝔭⁷⁵אᵛⁱᵈ A
40 ⌜¹επωρωσεν B*A (επηρωσεν 𝔭⁶⁶ ⁷⁵א) vs M
40 ⌜²στραφωσιν 𝔭⁶⁶ ⁷⁵ᵛⁱᵈאB vs 𝔐 A
41 ⌜οτι **G** (h.C) **A** vs 𝔐

---

38 Is. 53:1   **40** Is. 6:10

θεωρῶν ἐμὲ θεωρεῖ τὸν πέμψαντά με. 46 Ἐγὼ φῶς εἰς τὸν κόσμον ἐλήλυθα, ἵνα πᾶς ὁ πιστεύων εἰς ἐμὲ ἐν τῇ σκοτίᾳ μὴ μείνῃ. 47 Καὶ ἐάν τις μου ἀκούσῃ τῶν ῥημάτων καὶ μὴ ⌐πιστεύσῃ, ἐγὼ οὐ κρίνω αὐτόν, οὐ γὰρ ἦλθον ἵνα κρίνω τὸν κόσμον, ἀλλ᾽ ἵνα σώσω τὸν κόσμον. 48 Ὁ ἀθετῶν ἐμὲ καὶ μὴ λαμβάνων τὰ ῥήματά μου ἔχει τὸν κρίνοντα αὐτόν – ὁ λόγος ὃν ἐλάλησα, ἐκεῖνος κρινεῖ αὐτὸν ἐν τῇ ἐσχάτῃ ἡμέρᾳ. 49 Ὅτι ἐγὼ ἐξ ἐμαυτοῦ οὐκ ἐλάλησα, ἀλλ᾽ ὁ πέμψας με Πατήρ, αὐτός μοι ἐντολὴν ⌐ἔδωκε, τί εἴπω καὶ τί λαλήσω. 50 Καὶ οἶδα ὅτι ἡ ἐντολὴ αὐτοῦ ζωὴ αἰώνιός ἐστιν. Ἃ οὖν ˢλαλῶ ἐγώ,ᶻ καθὼς εἴρηκέ μοι ὁ Πατήρ, οὕτω λαλῶ."

Jesus Washes His Disciples' Feet

13 Πρὸ δὲ τῆς ἑορτῆς τοῦ Πάσχα, εἰδὼς ὁ Ἰησοῦς ὅτι ⌐ἐλήλυθεν αὐτοῦ ἡ ὥρα ἵνα μεταβῇ ἐκ τοῦ κόσμου τούτου πρὸς τὸν Πατέρα, ἀγαπήσας τοὺς ἰδίους τοὺς ἐν τῷ κόσμῳ, εἰς τέλος ἠγάπησεν αὐτούς. 2 Καὶ δείπνου ⌐γενομένου, τοῦ διαβόλου ἤδη βεβληκότος εἰς τὴν καρδίαν ⌐Ἰούδα Σίμωνος Ἰσκαριώτου ἵνα αὐτὸν παραδῷ⌐, 3 εἰδὼς ▫ὁ Ἰησοῦς⌐ ὅτι πάντα ⌐δέδωκεν αὐτῷ ὁ Πατὴρ εἰς τὰς χεῖρας, καὶ ὅτι ἀπὸ Θεοῦ ἐξῆλθε καὶ πρὸς τὸν Θεὸν ὑπάγει, 4 ἐγείρεται ἐκ τοῦ δείπνου καὶ τίθησι τὰ ἱμάτια, καὶ λαβὼν λέντιον διέζωσεν ἑαυτόν. 5 Εἶτα βάλλει ὕδωρ εἰς τὸν νιπτῆρα καὶ ἤρξατο νίπτειν τοὺς πόδας τῶν μαθητῶν καὶ ἐκμάσσειν τῷ λεντίῳ ᾧ ἦν διεζωσμένος. 6 Ἔρχεται οὖν πρὸς Σίμωνα Πέτρον· ᵒ¹καὶ λέγει αὐτῷ ᵒ²ἐκεῖνος, "Κύριε, σύ μου νίπτεις τοὺς πόδας;"

7 Ἀπεκρίθη Ἰησοῦς καὶ εἶπεν αὐτῷ, "Ὃ ἐγὼ ποιῶ σὺ οὐκ οἶδας ἄρτι, γνώσῃ δὲ μετὰ ταῦτα."

---

47 ⌐φυλαξη 𝕲 (h.C) A vs 𝔐   49 ⌐δεδωκεν 𝔭⁶⁶ℵBA vs 𝔐
50 ˢ𝔭⁶⁶ℵBA vs 𝔐   1 ⌐ηλθεν ℵBA vs M; (ηκει 𝔭⁶⁶)
2 ⌐γινομενου ℵ*B vs 𝔐 (𝔭⁶⁶) A
2 ᶠινα παραδοι αυτον Ιουδας Σιμωνος Ισκαριωτος (Ισκαριωτης for Ισκαριωτου ℵ*B) vs 𝔐A; (ινα παραδω αυτον Ιουδας Σιμωννος Ισκαριωτης 𝔭⁶⁶)   3 ▫𝔭⁶⁶ℵB vs 𝔐A   3 ⌐εδωκεν ℵB vs 𝔐𝔭⁶⁶A
6 ᵒ¹𝔭⁶⁶B vs 𝔐ℵA   6 ᵒ²𝔭⁶⁶ℵ*B vs 𝔐A

8 Λέγει αὐτῷ Πέτρος, "Οὐ μὴ νίψῃς ᶠτοὺς πόδας μου˺ εἰς τὸν αἰῶνα!"

Ἀπεκρίθη ᶠαὐτῷ ὁ Ἰησοῦς,˺ "Ἐὰν μὴ νίψω σε, οὐκ ἔχεις μέρος μετ᾽ ἐμοῦ."

9 Λέγει αὐτῷ Σίμων Πέτρος, "Κύριε, μὴ τοὺς πόδας μου μόνον, ἀλλὰ καὶ τὰς χεῖρας καὶ τὴν κεφαλήν!"

10 Λέγει αὐτῷ ὁ Ἰησοῦς, "Ὁ λελουμένος ᶠ¹οὐ χρείαν ἔχει˺ ᶠ²ἢ τοὺς πόδας˺ νίψασθαι, ἀλλ᾽ ἔστι καθαρὸς ὅλος· καὶ ὑμεῖς καθαροί ἐστε, ἀλλ᾽ οὐχὶ πάντες." 11 Ἤδει γὰρ τὸν παραδιδόντα αὐτόν· διὰ τοῦτο εἶπεν, ᵀ "Οὐχὶ πάντες καθαροί ἐστε."

Jesus Explains His Example

12 Ὅτε οὖν ἔνιψε τοὺς πόδας αὐτῶν ᵒκαὶ ἔλαβε τὰ ἱμάτια αὐτοῦ, ᶠἀναπεσὼν πάλιν, εἶπεν αὐτοῖς, "Γινώσκετε τί πεποίηκα ὑμῖν? 13 Ὑμεῖς φωνεῖτέ με ᶜΟ Διδάσκαλος,᾽ καὶ ᶜΟ Κύριος,᾽ καὶ καλῶς λέγετε, εἰμὶ γάρ. 14 Εἰ οὖν ἐγὼ ἔνιψα ὑμῶν τοὺς πόδας, ὁ Κύριος καὶ ὁ Διδάσκαλος, καὶ ὑμεῖς ὀφείλετε ἀλλήλων νίπτειν τοὺς πόδας. 15 Ὑπόδειγμα γὰρ ἔδωκα¹ ὑμῖν ἵνα καθὼς ἐγὼ² ἐποίησα ὑμῖν καὶ ὑμεῖς ποιῆτε.³ 16 Ἀμὴν ἀμὴν λέγω ὑμῖν, οὐκ ἔστι δοῦλος μείζων τοῦ κυρίου αὐτοῦ, οὐδὲ ἀπόστολος μείζων τοῦ πέμψαντος αὐτόν. 17 Εἰ ταῦτα οἴδατε, μακάριοί ἐστε ἐὰν ποιῆτε αὐτά. 18 Οὐ περὶ πάντων ὑμῶν λέγω. Ἐγὼ οἶδα ᶠοὓς ἐξελεξάμην· ἀλλ᾽ ἵνα ἡ Γραφὴ πληρωθῇ, «Ὁ τρώγων ᶠμετ᾽ ἐμοῦ˺ τὸν ἄρτον ἐπῆρεν ἐπ᾽ ἐμὲ τὴν

---

¹15 εδωκα MᵖᵗBC, TR Cr vs δεδωκα Mᵖᵗ𝔭⁶⁶ℵA
²15 εγω M𝔊 (h.𝔭⁷⁵) A, TR Cr vs − Mʳ
³15 ποιητε Mᵖᵗ ᵛⁱᵈ (𝔭⁶⁶) (ℵ) BAC, TR Cr vs ποιειτε Mᵖᵗ ᵛⁱᵈ

---

8 ᶠ312 𝔭⁶⁶BC vs 𝔐 ℵA
8 ᶠΙησους αυτω BAC* vs 𝔐 ℵ; (αυτω Ιησους 𝔭⁶⁶)
10 ᶠ¹ουκ εχει χρειαν 𝔊 (h.𝔭⁷⁵) A vs 𝔐
10 ᶠ²ει μη τους ποδας 𝔭⁶⁶BC* vs MA; (− ℵ)
11 ᵀοτι 𝔭⁶⁶BC vs 𝔐 ℵA   12 ᵒ𝔭⁶⁶ℵA vs 𝔐BC*, [Cr]
12 ᶠκαι ανεπεσεν ℵ*BC* vs 𝔐; (και αναπεσων 𝔭⁶⁶; − αναπεσων to αυτοις A)   18 ᶠτινας ℵBC vs 𝔐 𝔭⁶⁶A
18 ᶠμου BC vs 𝔐 𝔭⁶⁶ℵA

πτέρναν αὐτοῦ.» 19 Ἀπ᾽ ἄρτι λέγω ὑμῖν πρὸ τοῦ γενέσθαι, ἵνα ʿὅταν γένηται, πιστεύσητε ̀ ὅτι ἐγώ εἰμι. 20 Ἀμὴν ἀμὴν λέγω ὑμῖν, ὁ λαμβάνων ʿἐάν τινα πέμψω ἐμὲ λαμβάνει· ὁ δὲ ἐμὲ λαμβάνων λαμβάνει τὸν πέμψαντά με."

Jesus Predicts Judas' Betrayal
(Mt. 26:20-25; Mk. 14:17-21; Lk. 22:21-23)

21 Ταῦτα εἰπὼν °ὁ Ἰησοῦς ἐταράχθη τῷ πνεύματι καὶ ἐμαρτύρησε καὶ εἶπεν "Ἀμὴν ἀμὴν λέγω ὑμῖν ὅτι εἷς ἐξ ὑμῶν παραδώσει με." 22 Ἔβλεπον οὖν¹ εἰς² ἀλλήλους οἱ μαθηταί, ἀπορούμενοι περὶ τίνος λέγει. 23 Ἦν °δὲ ἀνακείμενος εἷς ᵀ τῶν μαθητῶν αὐτοῦ ἐν τῷ κόλπῳ τοῦ Ἰησοῦ, ὃν ἠγάπα ὁ Ἰησοῦς. 24 Νεύει οὖν τούτῳ Σίμων Πέτρος πυθέσθαι τίς ἂν εἴη περὶ οὗ λέγει.

25 ʳ¹Ἐπιπεσὼν ʳ²δὲ ἐκεῖνος οὕτως³ ἐπὶ τὸ στῆθος τοῦ Ἰησοῦ, λέγει αὐτῷ, "Κύριε, τίς ἐστιν?"

26 Ἀποκρίνεται °ὁ Ἰησοῦς, "Ἐκεῖνός ἐστιν ᾧ ἐγὼ ʳ¹βάψας τὸ ψωμίον ʳ²ἐπιδώσω." ʿΚαὶ ἐμβάψας ̀ τὸ ψωμίον, ᵀδίδωσιν Ἰούδα Σίμωνος ʳ³Ἰσκαριώτῃ. 27 Καὶ μετὰ τὸ ψωμίον, τότε εἰσῆλθεν εἰς ἐκεῖνον ὁ Σατανᾶς. Λέγει οὖν αὐτῷ ὁ Ἰησοῦς, "ʿὋ ποιεῖς, ποίησον τάχιον." 28 Τοῦτο °δὲ

---

¹22 ουν **M**𝔭⁶⁶א*A, TR vs δε Mʳ vs − BC, Cr
²22 εις **MG** (h.𝔭⁷⁵) A, TR Cr vs προς Mʳ
³25 ουτως Mᵖᵗ𝔭⁶⁶BC, Cr vs − Mᵖᵗא A, TR

19 ʿπιστευσητε οταν γενηται (𝔭⁶⁶) (א) (πιστευητε for πιστευσητε B) vs **𝔐**A (πιστευητε for πιστευσητε C)
20 ʳαν **G** (h.𝔭⁷⁵) vs **𝔐**; (α A)   21 °𝔭⁶⁶*אB vs **𝔐**AC, [Cr]
23 °BC* vs **𝔐**𝔭⁶⁶א A   23 ᵀεκ **G** (h.𝔭⁷⁵) A vs **M**
25 ʳ¹αναπεσων 𝔭⁶⁶*ᵛⁱᵈBC* vs **𝔐**א*A
25 ʳ²ουν 𝔭⁶⁶א vs **𝔐**A; (− BC)   26 °𝔭⁶⁶B vs **𝔐**אAC, [Cr]
26 ʳ¹βαψω BC vs M𝔭⁶⁶א; (εμβαψας A)
26 ʳ²και δωσω αυτω BC vs **𝔐**𝔭⁶⁶אA
26 ʿβαψας ουν אBC vs **𝔐**A (και ψας 𝔭⁶⁶*)
26 ᵀλαμβανει και BC, [Cr] vs **𝔐**𝔭⁶⁶א*A
26 ʳ³Ισκαριωτου אBC vs **𝔐**𝔭⁶⁶A   28 °B vs**𝔐**𝔭⁶⁶אAC, [Cr]

18 Ps. 41:9

οὐδεὶς ἔγνω τῶν ἀνακειμένων πρὸς τί εἶπεν αὐτῷ. 29 Τινὲς γὰρ ἐδόκουν ἐπεὶ τὸ γλωσσόκομον εἶχεν °¹ὁ Ἰούδας, ὅτι λέγει αὐτῷ °²ὁ Ἰησοῦς, "Ἀγόρασον ὧν χρείαν ἔχομεν εἰς τὴν ἑορτήν," ἢ τοῖς πτωχοῖς ἵνα τι δῷ. 30 Λαβὼν οὖν τὸ ψωμίον ἐκεῖνος, ῾εὐθέως ἐξῆλθεν.˺ Ἦν δὲ νύξ.

The New Commandment: Love as Christ Loved

31 Ὅτε ᵀἐξῆλθε, λέγει °ὁ Ἰησοῦς, "Νῦν ἐδοξάσθη ὁ Υἱὸς τοῦ Ἀνθρώπου, καὶ ὁ Θεὸς ἐδοξάσθη ἐν αὐτῷ. 32 ⁰Εἰ ὁ Θεὸς ἐδοξάσθη ἐν αὐτῷ,˺ καὶ ὁ Θεὸς δοξάσει αὐτὸν ἐν ῾ἑαυτῷ, καὶ εὐθὺς δοξάσει αὐτόν. 33 Τεκνία, ἔτι μικρὸν μεθ᾽ ὑμῶν εἰμι. Ζητήσετέ με, καὶ καθὼς εἶπον τοῖς Ἰουδαίοις ὅτι ῾Ὅπου ῾ὑπάγω ἐγώ,˺ ὑμεῖς οὐ δύνασθε ἐλθεῖν,᾿ καὶ ὑμῖν λέγω ἄρτι. 34 Ἐντολὴν καινὴν δίδωμι ὑμῖν, ἵνα ἀγαπᾶτε ἀλλήλους· καθὼς ἠγάπησα ὑμᾶς, ἵνα καὶ ὑμεῖς ἀγαπᾶτε ἀλλήλους. 35 Ἐν τούτῳ γνώσονται πάντες ὅτι ἐμοὶ μαθηταί ἐστε, ἐὰν ἀγάπην ἔχητε ἐν ἀλλήλοις."

Jesus Predicts Peter's Denial
(Mt. 26:31-35; Mk. 14:27-31; Lk. 22:31-34)

36 Λέγει αὐτῷ Σίμων Πέτρος, "Κύριε, ποῦ ὑπάγεις?" Ἀπεκρίθη °¹αὐτῷ °²ὁ Ἰησοῦς, "Ὅπου¹ ὑπάγω οὐ δύνασαί μοι νῦν ἀκολουθῆσαι, ῾ὕστερον δὲ ἀκολουθήσεις μοι.᾿"

37 Λέγει αὐτῷ² Πέτρος, "Κύριε, διὰ τί οὐ δύναμαί σοι ἀκολουθῆσαι ἄρτι? Τὴν ψυχήν μου ὑπὲρ σοῦ θήσω."

---

¹36 οπου Mᵖᵗ𝔭⁶⁶BAC, TR Cr vs +εγω Mᵖᵗℵ
²37 αυτω 𝕸ℵAC vs +ο 𝔭⁶⁶B, TR Cr

29 °¹ℵBA vs M𝔭⁶⁶C　　29 °²ℵB vs 𝕸𝔭⁶⁶AC, [Cr]
30 ῾εξηλθεν ευθυς 𝕲 (h.𝔭⁷⁵) vs 𝕸A
31 ᵀουν 𝕲 (h.𝔭⁷⁵) vs 𝕸A　　31 °𝔭⁶⁶ℵB vs 𝕸AC
32 ⁰𝕲 (h.𝔭⁷⁵) vs 𝕸A, [Cr]　　32 ῾αυτω 𝔭⁶⁶ℵ*B vs 𝕸A
33 ῾21 ℵBAC vs M; (1 𝔭⁶⁶)　　36 °¹BC* vs 𝕸𝔭⁶⁶ℵA, [Cr]
36 °²𝔭⁶⁶BAC* vs 𝕸ℵ　　36 ῾321 𝕲 (h.𝔭⁷⁵) vs 𝕸; (123 A)

38 ⸀¹Ἀπεκρίθη ⸆¹αὐτῷ ⸆²ὁ Ἰησοῦς, "Τὴν ψυχήν σου ὑπὲρ ἐμοῦ θήσεις; Ἀμὴν ἀμὴν λέγω σοι, οὐ μὴ ἀλέκτωρ φωνήσῃ¹ ἕως οὗ ⸀²ἀπαρνήσῃ με τρίς.

Jesus Is the Way, the Truth, and the Life

14 "Μὴ ταρασσέσθω ὑμῶν ἡ καρδία· πιστεύετε εἰς τὸν Θεόν, καὶ εἰς ἐμὲ πιστεύετε. 2 Ἐν τῇ οἰκίᾳ τοῦ Πατρός μου μοναὶ πολλαί εἰσιν, εἰ δὲ μή, εἶπον ἂν ὑμῖνᵀ. Πορεύομαι ἑτοιμάσαι τόπον ὑμῖν. 3 Καὶ ἐὰν πορευθῶ καὶ ἑτοιμάσω² ⸌ὑμῖν τόπον,⸍ πάλιν ἔρχομαι καὶ παραλήψομαι ὑμᾶς πρὸς ἐμαυτόν, ἵνα ὅπου εἰμὶ ἐγὼ καὶ ὑμεῖς ἦτε. 4 Καὶ ὅπου ᵒἐγὼ ὑπάγω οἴδατε, ⸂καὶ τὴν ὁδὸν οἴδατε.⸃"

5 Λέγει αὐτῷ Θωμᾶς, "Κύριε, οὐκ οἴδαμεν ποῦ ὑπάγεις, ᵒκαὶ πῶς δυνάμεθα τὴν ὁδὸν εἰδέναι;"

6 Λέγει αὐτῷ ᵒὁ Ἰησοῦς, "Ἐγώ εἰμι ἡ ὁδὸς καὶ ἡ ἀλήθεια καὶ ἡ ζωή. Οὐδεὶς ἔρχεται πρὸς τὸν Πατέρα εἰ μὴ δι᾽ ἐμοῦ.

Jesus Reveals the Father

7 "Εἰ ⸀ἐγνώκειτέ με, καὶ τὸν Πατέρα μου ⸌ἐγνώκειτε ἄν·⸍ καὶ ἀπ᾽ ἄρτι γινώσκετε αὐτὸν καὶ ἑωράκατε αὐτόν."

8 Λέγει αὐτῷ Φίλιππος, "Κύριε, δεῖξον ἡμῖν τὸν Πατέρα καὶ ἀρκεῖ ἡμῖν."

9 Λέγει αὐτῷ ὁ Ἰησοῦς, "⸌Τοσοῦτον χρόνον⸍ μεθ᾽ ὑμῶν εἰμι καὶ οὐκ ἔγνωκάς με, Φίλιππε; Ὁ ἑωρακὼς ἐμὲ ἑώρακε τὸν Πατέρα· ᵒκαὶ πῶς σὺ λέγεις, 'Δεῖξον ἡμῖν τὸν Πατέρα'; 10 Οὐ πιστεύεις ὅτι ἐγὼ ἐν τῷ Πατρὶ καὶ ὁ Πατὴρ ἐν ἐμοί

---

¹38 φωνηση Mᵖᵗ𝔭⁶⁶אΒΑ, Cr vs φωνησει MᵖᵗC, TR
²3 και ετοιμασω Mᵖᵗ𝕲 (h.𝔭⁷⁵), TR Cr vs ετοιμασαι Mᵖᵗ vs ετοι-μασω MᵖᵗΑ

---

38 ⸀¹αποκρινεται 𝕲 (h.𝔭⁷⁵) Α vs 𝔐   38 ᵒ¹𝕲 (h.𝔭⁷⁵) Α vs Μ
38 ᵒ²𝕲 (h.𝔭⁷⁵) Α vs 𝔐   38 ⸀²αρνηση 𝔭⁶⁶Β vs 𝔐אΑC
2 ᵀοτι אΒΑC* vs Μ𝔭⁶⁶*   3 ⸌אΒ vs Μ𝔭⁶⁶ΑC
4 ᵒ𝔭⁶⁶ vs 𝔐אΑΒC, [Cr]   4 ⸂την οδον אΒC* vs 𝔐 (𝔭⁶⁶*) Α
5 ᵒ𝔭⁶⁶ΒC* vs 𝔐אΑ   6 ᵒ𝔭⁶⁶אC* vs 𝔐ΒΑ, [Cr]
7 ⸀εγνωκατε (𝔭⁶⁶) א vs 𝔐ΒΑC
7 ⸌γνωσεσθε 𝔭⁶⁶ (א) vs 𝔐Α; (αν ηδειτε ΒC*)
9 ⸌τοσουτω χρονω א* vs 𝔐𝔭⁶⁶ΒΑ   9 ᵒ𝔭⁶⁶אΒ vs 𝔐Α

ἐστι; Τὰ ῥήματα ἃ ἐγὼ ⌜λαλῶ ὑμῖν ἀπ᾽ ἐμαυτοῦ οὐ λαλῶ,
ὁ δὲ Πατὴρ °ὁ ἐν ἐμοὶ μένων, ⌜αὐτὸς ποιεῖ τὰ ἔργα.⌝
11 Πιστεύετέ μοι ὅτι ἐγὼ ἐν τῷ Πατρὶ καὶ ὁ Πατὴρ ἐν ἐμοί,
εἰ δὲ μή, διὰ τὰ ἔργα αὐτὰ πιστεύετέ °μοι.

Prayer in Jesus' Name

12 "Ἀμὴν ἀμὴν λέγω ὑμῖν, ὁ πιστεύων εἰς ἐμέ, τὰ ἔργα ἃ
ἐγὼ ποιῶ κἀκεῖνος ποιήσει, καὶ μείζονα τούτων ποιήσει, ὅτι
ἐγὼ πρὸς τὸν Πατέρα °μου πορεύομαι. 13 Καὶ ὅ τι ἂν
αἰτήσητε ἐν τῷ ὀνόματί μου, τοῦτο ποιήσω, ἵνα δοξασθῇ ὁ
Πατὴρ ἐν τῷ Υἱῷ. 14 Ἐάν τι αἰτήσητε¹ ἐν τῷ ὀνόματί μου,
ἐγὼ ποιήσω. 15 Ἐὰν ἀγαπᾶτέ με, τὰς ἐντολὰς τὰς ἐμὰς
⌜τηρήσατε.

Jesus Promises Another Advocate

16 "⌜¹Καὶ ἐγὼ⌝ ἐρωτήσω τὸν Πατέρα, καὶ ἄλλον
Παράκλητον δώσει ὑμῖν, ἵνα ⌜²μένῃ μεθ᾽ ὑμῶν εἰς τὸν
αἰῶνα,⌝ 17 τὸ Πνεῦμα τῆς ἀληθείας, ὃ ὁ κόσμος οὐ δύναται
λαβεῖν ὅτι οὐ θεωρεῖ αὐτὸ οὐδὲ γινώσκει °¹αὐτό· ὑμεῖς °²δὲ
γινώσκετε αὐτό, ὅτι παρ᾽ ὑμῖν μένει καὶ ἐν ὑμῖν ἔσται.
18 Οὐκ ἀφήσω ὑμᾶς ὀρφανούς· ἔρχομαι πρὸς ὑμᾶς.

The Indwelling of the Father and the Son

19 "Ἔτι μικρὸν καὶ ὁ κόσμος με οὐκέτι θεωρεῖ, ὑμεῖς δὲ
θεωρεῖτέ με. Ὅτι ἐγὼ ζῶ, καὶ ὑμεῖς ⌜ζήσεσθε. 20 Ἐν ἐκείνῃ
τῇ ἡμέρᾳ γνώσεσθε ὑμεῖς ὅτι ἐγὼ ἐν τῷ Πατρί μου, καὶ
ὑμεῖς ἐν ἐμοί, κἀγὼ ἐν ὑμῖν. 21 Ὁ ἔχων τὰς ἐντολάς μου

---

¹14 αιτησητε MᵖᵗA, TR vs +με Mᵖᵗ (𝔓⁶⁶) אB, Cr

10 ⌜λεγω 𝔓⁷⁵ vs 𝔐 𝔓⁶⁶אA; (–B*)   10 °𝔓⁶⁶ ⁷⁵B vs 𝔐אA
10 ⌜ποιει τα εργα αυτου 𝔓⁶⁶אB vs 𝔐 A; (2341 𝔓⁷⁵)
11 °𝔓⁶⁶ ⁷⁵א vs 𝔐BA   12 °𝕮 (h.C) A vs 𝔐
15 ⌜τηρησετε B vs 𝔐 A; (τηρησητε [𝔓⁶⁶] א)
16 ⌜¹καγω 𝔓⁶⁶אB vs 𝔐A
16 ⌜²μεθ υμων εις τον αιωνα η 𝔓⁷⁵B (μεθ υμων η εις τον αιωνα א)
vs 𝔐𝔓⁶⁶A   17 °¹ ²𝕮 (h.C) vs 𝔐A
19 ⌜ζησετε 𝔓⁷⁵B vs 𝔐𝔓⁶⁶ (א) (A)

καὶ τηρῶν αὐτάς, ἐκεῖνός ἐστιν ὁ ἀγαπῶν με. Ὁ δὲ ἀγαπῶν με ἀγαπηθήσεται ὑπὸ τοῦ Πατρός μου, ⸀καὶ ἐγὼ⸀ ἀγαπήσω αὐτὸν καὶ ἐμφανίσω αὐτῷ ἐμαυτόν." 22 Λέγει αὐτῷ Ἰούδας (οὐχ ὁ Ἰσκαριώτης), "Κύριε, καὶ[1] τί γέγονεν ὅτι ἡμῖν μέλλεις ἐμφανίζειν σεαυτὸν καὶ οὐχὶ τῷ κόσμῳ?" 23 Ἀπεκρίθη[2] Ἰησοῦς καὶ εἶπεν αὐτῷ, "Ἐάν τις ἀγαπᾷ με, τὸν λόγον μου τηρήσει. Καὶ ὁ Πατήρ μου ἀγαπήσει αὐτόν, καὶ πρὸς αὐτὸν ἐλευσόμεθα καὶ μονὴν παρ᾽ αὐτῷ ⸀ποιήσομεν. 24 Ὁ μὴ ἀγαπῶν με, τοὺς λόγους μου οὐ τηρεῖ· καὶ ὁ λόγος ὃν ἀκούετε οὐκ ἔστιν ἐμός, ἀλλὰ τοῦ πέμψαντός με Πατρός.

The Gift of His Peace

25 "Ταῦτα λελάληκα ὑμῖν παρ᾽ ὑμῖν μένων. 26 Ὁ δὲ Παράκλητος, τὸ Πνεῦμα τὸ Ἅγιον, ὃ πέμψει ὁ Πατὴρ ἐν τῷ ὀνόματί μου, ἐκεῖνος ὑμᾶς διδάξει πάντα καὶ ὑπομνήσει ὑμᾶς πάντα ἃ εἶπον ὑμῖν.⸆ 27 "Εἰρήνην ἀφίημι ὑμῖν, εἰρήνην τὴν ἐμὴν δίδωμι ὑμῖν· οὐ καθὼς ὁ κόσμος δίδωσιν, ἐγὼ δίδωμι ὑμῖν. Μὴ ταρασσέσθω ὑμῶν ἡ καρδία, μηδὲ δειλιάτω. 28 Ἠκούσατε ὅτι ἐγὼ εἶπον ὑμῖν, 'Ὑπάγω καὶ ἔρχομαι πρὸς ὑμᾶς.' Εἰ ἠγαπᾶτέ με, ἐχάρητε ἂν ὅτι ⸀εἶπον, 'Πορεύομαι πρὸς τὸν Πατέρα,' ὅτι ὁ Πατὴρ ⸀μου μείζων μού ἐστι. 29 Καὶ νῦν εἴρηκα ὑμῖν πρὶν γενέσθαι, ἵνα ὅταν γένηται, πιστεύσητε. 30 Οὐκέτι πολλὰ λαλήσω μεθ᾽ ὑμῶν, ἔρχεται γὰρ ὁ τοῦ κόσμου[3] ἄρχων, καὶ ἐν ἐμοὶ οὐκ ἔχει οὐδέν. 31 Ἀλλ᾽ ἵνα γνῷ ὁ κόσμος ὅτι ἀγαπῶ τὸν Πατέρα, καὶ καθὼς ἐνετείλατό μοι ὁ Πατήρ, οὕτω ποιῶ. Ἐγείρεσθε, ἄγωμεν ἐντεῦθεν.

---

[1]22 και 𝔐 ℵ. [Cr] vs − 𝔭⁶⁶* ⁷⁵BA, TR
[2]23 απεκριθη 𝔐 𝕰 (h.C) A, Cr vs + ο TR
[3]30 κοσμου 𝔐 ℵBA, Cr vs + τουτου, TR

---

21 ⸀καγω 𝕰 (h.C) vs 𝔐 A   23 ⸀ποιησομεθα 𝕰 (h.C) vs 𝔐 A
26 ⸆εγω B, [Cr] vs 𝔐 ℵA   28 ⸀ℵBA vs M
28 ⸀BA vs 𝔐 ℵ*

The True Vine and Its Branches

15 " Ἐγώ εἰμι ἡ ἄμπελος ἡ ἀληθινή, καὶ ὁ Πατήρ μου ὁ γεωργός ἐστι. 2 Πᾶν κλῆμα ἐν ἐμοὶ μὴ φέρον καρπόν, αἴρει αὐτό· καὶ πᾶν τὸ καρπὸν φέρον, καθαίρει αὐτὸ ἵνα ⌜πλείονα καρπὸν⌝ φέρῃ. 3 Ἤδη ὑμεῖς καθαροί ἐστε διὰ τὸν λόγον ὃν λελάληκα ὑμῖν. 4 Μείνατε ἐν ἐμοί, κἀγὼ ἐν ὑμῖν. Καθὼς τὸ κλῆμα οὐ δύναται καρπὸν φέρειν ἀφ᾿ ἑαυτοῦ, ἐὰν μὴ ⌜1μείνῃ ἐν τῇ ἀμπέλῳ, οὕτως οὐδὲ ὑμεῖς ἐὰν μὴ ἐν ἐμοὶ ⌜2 μείνητε. 5 Ἐγώ εἰμι ἡ ἄμπελος, ὑμεῖς τὰ κλήματα. Ὁ μένων ἐν ἐμοὶ κἀγὼ ἐν αὐτῷ, οὗτος φέρει καρπὸν πολύν· ὅτι χωρὶς ἐμοῦ οὐ δύνασθε ποιεῖν οὐδέν. 6 Ἐὰν μή τις ⌜μείνῃ ἐν ἐμοί, ἐβλήθη ἔξω ὡς τὸ κλῆμα καὶ ἐξηράνθη· καὶ συνάγουσιν αὐτὰ καὶ εἰς τὸ¹ πῦρ βάλλουσι, καὶ καίεται. 7 Ἐὰν μείνητε ἐν ἐμοὶ καὶ τὰ ῥήματά μου ἐν ὑμῖν μείνῃ, ὃ ἐὰν θέλητε ⌜αἰτήσεσθε, καὶ γενήσεται ὑμῖν. 8 Ἐν τούτῳ ἐδοξάσθη ὁ Πατήρ μου, ἵνα καρπὸν πολὺν φέρητε· καὶ ⌜γενήσεσθε ἐμοὶ μαθηταί.

Love as He Loved

9 "Καθὼς ἠγάπησέ με ὁ Πατήρ, κἀγὼ ˢἠγάπησα ὑμᾶς·˅ μείνατε ἐν τῇ ἀγάπῃ τῇ ἐμῇ. 10 Ἐὰν τὰς ἐντολάς μου τηρήσητε, μενεῖτε ἐν τῇ ἀγάπῃ μου, καθὼς ἐγὼ τὰς ἐντολὰς τοῦ Πατρός μου τετήρηκα καὶ μένω αὐτοῦ ἐν τῇ ἀγάπῃ. 11 Ταῦτα λελάληκα ὑμῖν ἵνα ἡ χαρὰ ἡ ἐμὴ ἐν ὑμῖν ⌜μείνῃ καὶ ἡ χαρὰ ὑμῶν πληρωθῇ. 12 Αὕτη ἐστὶν ἡ ἐντολὴ ἡ ἐμή, ἵνα ἀγαπᾶτε ἀλλήλους καθὼς ἠγάπησα ὑμᾶς. 13 Μείζονα ταύτης ἀγάπην οὐδεὶς ἔχει, ἵνα τις τὴν ψυχὴν αὐτοῦ θῇ ὑπὲρ φίλων αὐτοῦ. 14 Ὑμεῖς φίλοι μού ἐστε ἐὰν ποιῆτε ⌜ὅσα ἐγὼ ἐντέλλομαι ὑμῖν. 15 Οὐκέτι ˢὑμᾶς λέγω˅ δούλους, ὅτι ὁ δοῦλος οὐκ οἶδε τί ποιεῖ αὐτοῦ ὁ κύριος· ὑμᾶς

---

¹6 το 𝔐 ℵBA, Cr vs − TR

2 ⌜21 B (2 πλειω ℵ) vs 𝔐 A   4 ⌜¹μενη ℵB vs 𝔐 𝔭⁶⁶A
4 ⌜²μενητε ℵBA vs 𝔐; (μενων 𝔭⁶⁶)   6 ⌜μενη 𝔭⁶⁶ℵ*BA vs 𝔐
7 ⌜αιτησασθε B (A) vs Mℵ   8 ⌜γενησθε (𝔭⁶⁶ᵛⁱᵈ) B vs 𝔐 (ℵ)(A)
9 ˢB vs 𝔐 𝔭⁶⁶ℵA   11 ⌜η BA vs 𝔐 ℵ
14 ⌜α 𝔭⁶⁶ℵ vs 𝔐 A; (ο B)   15 ˢ𝔭⁶⁶ℵBA vs 𝔐

δὲ εἴρηκα φίλους, ὅτι πάντα ἃ ἤκουσα παρὰ τοῦ Πατρός μου ἐγνώρισα ὑμῖν. 16 Οὐχ ὑμεῖς με ἐξελέξασθε, ἀλλ᾽ ἐγὼ ἐξελεξάμην ὑμᾶς καὶ ἔθηκα ὑμᾶς ἵνα ὑμεῖς ὑπάγητε καὶ καρπὸν φέρητε, καὶ ὁ καρπὸς ὑμῶν μένῃ· ἵνα ὅ τι ἂν αἰτήσητε τὸν Πατέρα ἐν τῷ ὀνόματί μου, δώῃ[1] ὑμῖν. 17 Ταῦτα ἐντέλλομαι ὑμῖν, ἵνα ἀγαπᾶτε ἀλλήλους.

The Master Forewarns of Persecution

18 "Εἰ ὁ κόσμος ὑμᾶς μισεῖ, γινώσκετε ὅτι ἐμὲ πρῶτον ὑμῶν μεμίσηκεν. 19 Εἰ ἐκ τοῦ κόσμου ἦτε, ὁ κόσμος ἂν τὸ ἴδιον ἐφίλει. Ὅτι δὲ ἐκ τοῦ κόσμου οὐκ ἐστέ, ἀλλ᾽ ἐγὼ ἐξελεξάμην ὑμᾶς ἐκ τοῦ κόσμου, διὰ τοῦτο μισεῖ ὑμᾶς ὁ κόσμος. 20 Μνημονεύετε τοῦ λόγου οὗ ἐγὼ εἶπον ὑμῖν, 'Οὐκ ἔστι δοῦλος μείζων τοῦ κυρίου αὐτοῦ.' Εἰ ἐμὲ ἐδίωξαν, καὶ ὑμᾶς διώξουσιν. Εἰ τὸν λόγον μου ἐτήρησαν, καὶ τὸν ὑμέτερον τηρήσουσιν. 21 Ἀλλὰ ταῦτα πάντα ποιήσουσιν ⸆ὑμῖν διὰ τὸ ὄνομά μου ὅτι οὐκ οἴδασι τὸν πέμψαντά με. 22 Εἰ μὴ ἦλθον καὶ ἐλάλησα αὐτοῖς, ἁμαρτίαν οὐκ ⸆εἶχον, νῦν δὲ πρόφασιν οὐκ ἔχουσι περὶ τῆς ἁμαρτίας αὐτῶν. 23 Ὁ ἐμὲ μισῶν, καὶ τὸν Πατέρα μου μισεῖ. 24 Εἰ τὰ ἔργα μὴ ἐποίησα ἐν αὐτοῖς ἃ οὐδεὶς ἄλλος ⸂1πεποίηκεν, ἁμαρτίαν οὐχ ⸂2εἶχον· νῦν δὲ καὶ ἑωράκασι καὶ μεμισήκασι καὶ ἐμὲ καὶ τὸν Πατέρα μου. 25 Ἀλλ᾽ ἵνα πληρωθῇ ὁ λόγος ὁ ⸆γεγραμμένος ἐν τῷ νόμῳ αὐτῶν⸄ ὅτι «Ἐμίσησάν με δωρεάν.»

Future Witness and Rejection

26 "Ὅταν °δὲ ἔλθῃ ὁ Παράκλητος, ὃν ἐγὼ πέμψω ὑμῖν παρὰ τοῦ Πατρός, τὸ Πνεῦμα τῆς ἀληθείας ὃ παρὰ τοῦ

---

[1]16 δωη M^pt vs δω M^pt BA, TR Cr vs δωσει ℵ

21 ⸆εις υμας 𝔓^66 B vs 𝔐 A; (− ℵ*)   22 ⸆ειχοσαν 𝔓^66 ℵB vs 𝔐 A
24 ⸂1εποιησεν 𝔓^66 ℵBA vs 𝔐   24 ⸂2ειχοσαν 𝔓^66 ℵB vs 𝔐 A
25 ⸄2-51 B vs 𝔐 A; (2-41 𝔓^66*vid; εν τω κοσμω αυτων γεγραμμενος ℵ*)   26 °ℵB vs 𝔐 A

25 Ps. 69:4

Πατρὸς ἐκπορεύεται, ἐκεῖνος μαρτυρήσει περὶ ἐμοῦ. 27 Καὶ ὑμεῖς δὲ μαρτυρεῖτε ὅτι ἀπ᾽ ἀρχῆς μετ᾽ ἐμοῦ ἐστε.

16 "Ταῦτα λελάληκα ὑμῖν ἵνα μὴ σκανδαλισθῆτε. 2 ᾿Αποσυναγώγους ποιήσουσιν ὑμᾶς· ἀλλ᾽ ἔρχεται ὥρα ἵνα πᾶς ὁ ἀποκτείνας ὑμᾶς δόξῃ λατρείαν προσφέρειν τῷ Θεῷ. 3 Καὶ ταῦτα ποιήσουσιν ὅτι[1] οὐκ ἔγνωσαν τὸν Πατέρα οὐδὲ ἐμέ. 4 ᾿Αλλὰ ταῦτα λελάληκα ὑμῖν, ἵνα ὅταν ἔλθῃ ἡ ὥρα,[T] μνημονεύητε αὐτῶν ὅτι ἐγὼ εἶπον ὑμῖν. Ταῦτα δὲ ὑμῖν ἐξ ἀρχῆς οὐκ εἶπον ὅτι μεθ᾽ ὑμῶν ἤμην.

The Work of the Holy Spirit

5 "Νῦν δὲ ὑπάγω πρὸς τὸν πέμψαντά με, καὶ οὐδεὶς ἐξ ὑμῶν ἐρωτᾷ με, 'Ποῦ ὑπάγεις;' 6 ᾿Αλλ᾽ ὅτι ταῦτα λελάληκα ὑμῖν, ἡ λύπη πεπλήρωκεν ὑμῶν τὴν καρδίαν. 7 ᾿Αλλ᾽ ἐγὼ τὴν ἀλήθειαν λέγω ὑμῖν. Συμφέρει ὑμῖν ἵνα ἐγὼ ἀπέλθω· ἐὰν γὰρ ἐγὼ[2] μὴ ἀπέλθω, ὁ Παράκλητος οὐκ ἐλεύσεται πρὸς ὑμᾶς· ἐὰν δὲ πορευθῶ, πέμψω αὐτὸν πρὸς ὑμᾶς. 8 Καὶ ἐλθὼν ἐκεῖνος ἐλέγξει τὸν κόσμον περὶ ἁμαρτίας καὶ περὶ δικαιοσύνης καὶ περὶ κρίσεως· 9 περὶ ἁμαρτίας μέν, ὅτι οὐ πιστεύουσιν εἰς ἐμέ· 10 περὶ δικαιοσύνης δέ, ὅτι πρὸς τὸν Πατέρα °μου ὑπάγω καὶ οὐκέτι θεωρεῖτέ με· 11 περὶ δὲ κρίσεως, ὅτι ὁ ἄρχων τοῦ κόσμου τούτου κέκριται. 12 Ἔτι πολλὰ ἔχω ʳλέγειν ὑμῖν,ˑ ἀλλ᾽ οὐ δύνασθε βαστάζειν ἄρτι. 13 Ὅταν δὲ ἔλθῃ ἐκεῖνος, τὸ Πνεῦμα τῆς ἀληθείας, ὁδηγήσει ὑμᾶς ʳεἰς πᾶσαν τὴν ἀλήθειανˑ· οὐ γὰρ λαλήσει ἀφ᾽ ἑαυτοῦ, ἀλλ᾽ ὅσα °ἂν ʳἀκούσῃ λαλήσει· καὶ τὰ ἐρχόμενα ἀναγγελεῖ ὑμῖν. 14 ᾿Εκεῖνος ἐμὲ δοξάσει, ὅτι ἐκ τοῦ ἐμοῦ λήψεται καὶ

---

[1]3 οτι **MBA**, **Cr** vs υμιν οτι **ℵ**, **TR**
[2]7 εγω 𝕸A vs − ℵB, **TR Cr**

---

4 ᵀαυτων BA vs Mℵ*   10 °ℵB vs 𝕸A   12 ˢℵB vs 𝕸A
13 ʳεν τη αληθεια παση DWL (− παση ℵ*) vs 𝕸; (εις την αληθειαν πασαν BA)   13 °ℵB vs 𝕸; (εαν A)
13 ʳακουσει B vs 𝕸A; (ακουει ℵ)

ἀναγγελεῖ ὑμῖν. 15 Πάντα ὅσα ἔχει ὁ Πατὴρ ἐμά ἐστι. Διὰ
τοῦτο εἶπον ὅτι ἐκ τοῦ ἐμοῦ λαμβάνει[1] καὶ ἀναγγελεῖ ὑμῖν.

Sorrow Will Turn to Joy

16 "Μικρὸν καὶ ˹οὐ θεωρεῖτέ με, καὶ πάλιν μικρὸν καὶ
ὄψεσθέ με, ὅτι ὑπάγω πρὸς τὸν Πατέρα.[2]"
17 Εἶπον οὖν ἐκ τῶν μαθητῶν αὐτοῦ πρὸς ἀλλήλους, "Τί
ἐστι τοῦτο ὃ λέγει ἡμῖν, 'Μικρὸν καὶ οὐ θεωρεῖτέ με, καὶ
πάλιν μικρὸν καὶ ὄψεσθέ με,' καὶ ὅτι '°Ἐγὼ ὑπάγω πρὸς
τὸν Πατέρα'?" 18 Ἔλεγον οὖν, "˷Τοῦτο τί ἐστιν˸ ᵔὃ λέγει,˺
'Τὸ μικρόν'? Οὐκ οἴδαμεν τί λαλεῖ."
19 Ἔγνω °¹οὖν °²ὁ Ἰησοῦς ὅτι ἤθελον αὐτὸν ἐρωτᾶν,
καὶ εἶπεν αὐτοῖς, "Περὶ τούτου ζητεῖτε μετ' ἀλλήλων ὅτι
εἶπον, 'Μικρὸν καὶ οὐ θεωρεῖτέ με, καὶ πάλιν μικρὸν καὶ
ὄψεσθέ με'? 20 Ἀμὴν ἀμὴν λέγω ὑμῖν ὅτι κλαύσετε καὶ
θρηνήσετε ὑμεῖς, ὁ δὲ κόσμος χαρήσεται· ὑμεῖς °δὲ
λυπηθήσεσθε, ἀλλ' ἡ λύπη ὑμῶν εἰς χαρὰν γενήσεται.
21 Ἡ γυνὴ ὅταν τίκτῃ λύπην ἔχει, ὅτι ἦλθεν ἡ ὥρα αὐτῆς·
ὅταν δὲ γεννήσῃ τὸ παιδίον, οὐκέτι μνημονεύει τῆς
θλίψεως, διὰ τὴν χαρὰν ὅτι ἐγεννήθη ἄνθρωπος εἰς τὸν
κόσμον. 22 Καὶ ὑμεῖς ˷οὖν λύπην μὲν νῦν˸ ἔχετε· πάλιν δὲ
ὄψομαι ὑμᾶς, καὶ χαρήσεται ὑμῶν ἡ καρδία, καὶ τὴν χαρὰν
ὑμῶν οὐδεὶς αἴρει ἀφ' ὑμῶν. 23 Καὶ ἐν ἐκείνῃ τῇ ἡμέρᾳ ἐμὲ
οὐκ ἐρωτήσετε οὐδέν. Ἀμὴν ἀμὴν λέγω ὑμῖν ˹ὅτι ὅσα ἂν˺
αἰτήσητε τὸν Πατέρα ἐν τῷ ὀνόματί μου δώσει ὑμῖν.
24 Ἕως ἄρτι οὐκ ᾐτήσατε οὐδὲν ἐν τῷ ὀνόματί μου. Αἰτεῖτε
καὶ λήψεσθε, ἵνα ἡ χαρὰ ὑμῶν ᾖ πεπληρωμένη.

---

[1]15 λαμβανει 𝔐B, Cr vs ληψεται (A), TR vs − verse א*
[2]16 οτι υπαγω προς τον Πατερα 𝔐A vs οτι εγω υπαγω προς τον Πατερα TR vs − 𝔭⁶⁶אB, Cr

---

16 ˹ουκετι 𝔭⁶⁶ᵛⁱᵈאB vs 𝔐A   17 °אBA vs M
18 ˷231 𝔭⁶⁶אB vs 𝔐A   18 ᵔ𝔭⁶⁶א* vs 𝔐B (το λεγει A), [Cr]
19 °¹אB vs 𝔐A   19 °²B vs 𝔐אA, [Cr]   20 °א*B vs 𝔐A
22 ˷1432 𝔭⁶⁶ᵛⁱᵈBC* vs 𝔐A; (4312 א*)
23 ˹αν τι BC vs 𝔐; (οτι ο αν א; οτι αν A)

Jesus Christ Has Overcome the World

25 "Ταῦτα ἐν παροιμίαις λελάληκα ὑμῖν, °ἀλλ᾽ ἔρχεται ὥρα ὅτε οὐκέτι ἐν παροιμίαις λαλήσω ὑμῖν, ἀλλὰ παρρησίᾳ περὶ τοῦ Πατρὸς ʳἀναγγελῶ ὑμῖν. 26 Ἐν ἐκείνῃ τῇ ἡμέρᾳ ἐν τῷ ὀνόματί μου αἰτήσεσθε, καὶ οὐ λέγω ὑμῖν ὅτι ἐγὼ ἐρωτήσω τὸν Πατέρα περὶ ὑμῶν. 27 Αὐτὸς γὰρ ὁ Πατὴρ φιλεῖ ὑμᾶς, ὅτι ὑμεῖς ἐμὲ πεφιλήκατε, καὶ πεπιστεύκατε ὅτι ἐγὼ παρὰ °τοῦ Θεοῦ ἐξῆλθον. 28 Ἐξῆλθον παρὰ τοῦ Πατρὸς καὶ ἐλήλυθα εἰς τὸν κόσμον. Πάλιν ἀφίημι τὸν κόσμον καὶ πορεύομαι πρὸς τὸν Πατέρα."

29 Λέγουσιν ʳαὐτῷ οἱ μαθηταὶ αὐτοῦ,ᐟ "Ἴδε, νῦν ᵀπαρρησίᾳ λαλεῖς καὶ παροιμίαν οὐδεμίαν λέγεις. 30 Νῦν οἴδαμεν ὅτι οἶδας πάντα καὶ οὐ χρείαν ἔχεις ἵνα τίς σε ἐρωτᾷ. Ἐν τούτῳ πιστεύομεν ὅτι ἀπὸ Θεοῦ ἐξῆλθες."

31 Ἀπεκρίθη αὐτοῖς °ὁ Ἰησοῦς, "Ἄρτι πιστεύετε? 32 Ἰδού, ἔρχεται ὥρα καὶ °νῦν ἐλήλυθεν, ἵνα σκορπισθῆτε ἕκαστος εἰς τὰ ἴδια, ʳκαὶ ἐμὲᐟ μόνον ἀφῆτε. Καὶ οὐκ εἰμὶ μόνος, ὅτι ὁ Πατὴρ μετ᾽ ἐμοῦ ἐστι. 33 Ταῦτα λελάληκα ὑμῖν ἵνα ἐν ἐμοὶ εἰρήνην ἔχητε. Ἐν τῷ κόσμῳ θλῖψιν ἔχετε·¹ ἀλλὰ θαρσεῖτε, ἐγὼ νενίκηκα τὸν κόσμον."

Jesus Prays for Himself

17 Ταῦτα ἐλάλησεν °¹ὁ Ἰησοῦς καὶ ʳἐπῆρε τοὺς ὀφθαλμοὺς αὐτοῦ εἰς τὸν οὐρανὸν °²καὶ εἶπε, "Πάτερ, ἐλήλυθεν ἡ ὥρα. Δόξασόν σου τὸν Υἱόν, ἵνα °³καὶ ὁ Υἱός °⁴σου δοξάσῃ σέ, 2 καθὼς ἔδωκας αὐτῷ ἐξουσίαν πάσης σαρκός, ἵνα πᾶν ὃ δέδωκας αὐτῷ, δώσει² αὐτοῖς ζωὴν

---

¹33 εχετε 𝔐 אBAC, Cr vs εξετε, TR
²2 δωσει 𝔐 B vs δωση AC, TR Cr vs δωσω א*

25 °אBC* vs 𝔐 A   25 ʳαπαγγελω 𝔭⁶⁶BAC* (απαγγελλω א) vs 𝔐
27 °אA vs 𝔐 BC, [Cr]
29 ʳοι μαθηται αυτου BC* vs 𝔐 A; (οι μαθηται αυτω א*)
29 ᵀεν א*BC* vs 𝔐 A   31 °𝔭⁶⁶BC vs 𝔐 אA
32 °𝔊 (h.𝔭⁷⁵) A vs 𝔐   32 ʳκαμε אBC* vs 𝔐 A
1 °¹אB vs 𝔐 AC   1 ʳεπαρας 𝔊 (h.𝔭⁷⁵) vs 𝔐 A
1 °²אBC* vs 𝔐 A   1 °³אBAC* vs 𝔐   1 °⁴אBC* vs 𝔐 A

αἰώνιον. 3 Αὕτη δέ ἐστιν ἡ αἰώνιος ζωή, ἵνα γινώσκωσί σε
τὸν μόνον ἀληθινὸν Θεόν, καὶ ὃν ἀπέστειλας Ἰησοῦν
Χριστόν. 4 Ἐγώ σε ἐδόξασα ἐπὶ τῆς γῆς. Τὸ ἔργον
⸀ἐτελείωσα ὃ δέδωκάς μοι ἵνα ποιήσω. 5 Καὶ νῦν δόξασόν
με σύ, Πάτερ, παρὰ σεαυτῷ τῇ δόξῃ ᾗ εἶχον πρὸ τοῦ τὸν
κόσμον εἶναι παρὰ σοί.

Jesus Prays for His Disciples

6 "Ἐφανέρωσά σου τὸ ὄνομα τοῖς ἀνθρώποις οὓς
⸀1δέδωκάς μοι ἐκ τοῦ κόσμου. Σοὶ ἦσαν, ⸂καὶ ἐμοὶ⸃ αὐτοὺς
⸀2δέδωκας, καὶ τὸν λόγον σου ⸀3τετηρήκασι. 7 Νῦν ἔγνωκαν
ὅτι πάντα ὅσα δέδωκάς μοι παρὰ σοῦ ⸀ἐστιν. 8 Ὅτι τὰ
ῥήματα ἃ ⸀δέδωκάς μοι δέδωκα αὐτοῖς· καὶ αὐτοὶ ἔλαβον
καὶ ἔγνωσαν ἀληθῶς ὅτι παρὰ σοῦ ἐξῆλθον, καὶ
ἐπίστευσαν ὅτι σύ με ἀπέστειλας. 9 Ἐγὼ περὶ αὐτῶν
ἐρωτῶ. Οὐ περὶ τοῦ κόσμου ἐρωτῶ ἀλλὰ περὶ ὧν δέδωκάς
μοι, ὅτι σοί εἰσι. 10 Καὶ τὰ ἐμὰ πάντα σά ἐστι, καὶ τὰ σὰ
ἐμά, καὶ δεδόξασμαι ἐν αὐτοῖς. 11 Καὶ οὐκέτι εἰμὶ ἐν τῷ
κόσμῳ, καὶ ⸀οὗτοι ἐν τῷ κόσμῳ εἰσί, ⸂καὶ ἐγὼ⸃ πρός σε
ἔρχομαι. Πάτερ ἅγιε, τήρησον αὐτοὺς ἐν τῷ ὀνόματί σου,
ᾧ[1] δέδωκάς μοι, ἵνα ὦσιν ἓν καθὼς ἡμεῖς. 12 Ὅτε ἤμην μετ᾿
αὐτῶν ⸋ἐν τῷ κόσμῳ,⸌ ἐγὼ ἐτήρουν αὐτοὺς ἐν τῷ ὀνόματί
σου. ⸀Οὓς δέδωκάς μοι ⸆ ἐφύλαξα, καὶ οὐδεὶς ἐξ αὐτῶν
ἀπώλετο εἰ μὴ ὁ υἱὸς τῆς ἀπωλείας, ἵνα ἡ Γραφὴ πληρωθῇ.
13 Νῦν δὲ πρός σε ἔρχομαι, καὶ ταῦτα λαλῶ ἐν τῷ κόσμῳ
ἵνα ἔχωσι τὴν χαρὰν τὴν ἐμὴν πεπληρωμένην ἐν ⸀αὐτοῖς.
14 Ἐγὼ δέδωκα αὐτοῖς τὸν λόγον σου, καὶ ὁ κόσμος

---

[1]11 ω 𝔐Є (h.𝔓75) A, Cr vs ους TR

---

4 ⸀τελειωσας 𝔓66vid ℵABC vs 𝔐 6 ⸀1εδωκας ℵBA vs 𝔐C
6 ⸂καμοι B vs 𝔐ℵAC 6 ⸀2εδωκας 𝔓66ℵBA vs 𝔐C
6 ⸀3τετηρηκαν B vs 𝔐AC; (ετηρησαν ℵ)
7 ⸀εισιν ℵBC vs 𝔐A 8 ⸀εδωκας (B)AC vs 𝔐ℵ
11 ⸀αυτοι ℵB vs 𝔐AC 11 ⸂καγω ℵBC* vs 𝔐A
12 ⸋Є (h.𝔓75) vs 𝔐A 12 ⸀ω BC* vs 𝔐A; (−ους to μοι 𝔓66 ℵ*)
12 ⸆και Є (h.𝔓75) vs 𝔐A
13 ⸀εαυτοις BA vs 𝔐𝔓66ℵ*vid; (ταις καρδιαις σεαυτων C* vid)

ἐμίσησεν αὐτοὺς ὅτι οὐκ εἰσὶν ἐκ τοῦ κόσμου καθὼς ἐγὼ οὐκ εἰμὶ ἐκ τοῦ κόσμου. 15 Οὐκ ἐρωτῶ ἵνα ἄρῃς αὐτοὺς ἐκ τοῦ κόσμου, ἀλλ᾽ ἵνα τηρήσῃς αὐτοὺς ἐκ τοῦ πονηροῦ. 16 Ἐκ τοῦ κόσμου οὐκ εἰσὶ καθὼς ἐγὼ ˢἐκ τοῦ κόσμου οὐκ εἰμί.ᵡ 17 Ἁγίασον αὐτοὺς ἐν τῇ ἀληθείᾳ °σου. Ὁ λόγος ὁ σὸς ἀλήθειά ἐστι. 18 Καθὼς ἐμὲ ἀπέστειλας εἰς τὸν κόσμον, κἀγὼ ἀπέστειλα αὐτοὺς εἰς τὸν κόσμον. 19 Καὶ ὑπὲρ αὐτῶν ἐγὼ ἁγιάζω ἐμαυτόν, ἵνα ᶜκαὶ αὐτοὶ ὦσιν⌐ ἡγιασμένοι ἐν ἀληθείᾳ.

Jesus Prays for All Believers

20 "Οὐ περὶ τούτων δὲ ἐρωτῶ μόνον, ἀλλὰ καὶ περὶ τῶν πιστευόντων¹ διὰ τοῦ λόγου αὐτῶν εἰς ἐμέ· 21 ἵνα πάντες ἓν ὦσι, καθὼς σύ, Πάτερ, ἐν ἐμοὶ κἀγὼ ἐν σοί· ἵνα καὶ αὐτοὶ ἐν ἡμῖν °ἓν ὦσιν ἵνα ὁ κόσμος ᶜπιστεύσῃ ὅτι σύ με ἀπέστειλας. 22 ᶜΚαὶ ἐγὼ⌐ τὴν δόξαν ἣν δέδωκάς μοι δέδωκα αὐτοῖς ἵνα ὦσιν ἓν καθὼς ἡμεῖς ᶜ²ἕν ἐσμεν⌐ 23 ἐγὼ ἐν αὐτοῖς, καὶ σὺ ἐν ἐμοί, ἵνα ὦσι τετελειωμένοι εἰς ἕν, ᶜκαὶ ἵνα⌐ γινώσκῃ ὁ κόσμος ὅτι σύ με ἀπέστειλας καὶ ἠγάπησας αὐτοὺς καθὼς ἐμὲ ἠγάπησας. 24 Πάτερ, ᶜοὓς δέδωκάς μοι, θέλω ἵνα ὅπου εἰμὶ ἐγὼ κἀκεῖνοι ὦσι μετ᾽ ἐμοῦ ἵνα θεωρῶσι τὴν δόξαν τὴν ἐμὴν ἣν ἔδωκάς² μοι, ὅτι ἠγάπησάς με πρὸ καταβολῆς κόσμου. 25 Πάτερ δίκαιε, καὶ ὁ κόσμος σε οὐκ ἔγνω, ἐγὼ δέ σε ἔγνων, καὶ οὗτοι ἔγνωσαν ὅτι σύ με ἀπέστειλας. 26 Καὶ ἐγνώρισα αὐτοῖς τὸ ὄνομά σου καὶ γνωρίσω, ἵνα ἡ ἀγάπη ἣν ἠγάπησάς με ἐν αὐτοῖς ᾖ κἀγὼ ἐν αὐτοῖς."

---

¹20 πιστευοντων 𝔐 ℵBAC, Cr vs πιστευσοντων TR
²24 εδωκας MᵖᵗB, TR vs δεδωκας MᵖᵗℵAC, Cr

---

16 ˢ451-3 ℵBAC vs 𝔐 𝔭⁶⁶*
17 °𝔭⁶⁶BAC* vs 𝔐; (−σου to αληθεια² ℵ*)
19 ᶜ312 ℵBAC* vs M; (32 𝔭⁶⁶*ᵛⁱᵈ)　　21 °𝔭⁶⁶ᵛⁱᵈ BC* vs 𝔐 ℵA
21 ᶜπιστευη 𝔊 (h.𝔭⁷⁵) vs 𝔐 A　　22 ᶜ¹καγω 𝔊 (h.𝔭⁷⁵) vs 𝔐 A
22 ᶜ²εν 𝔭⁶⁶BC* vs 𝔐 A; (−ℵ*)　　23 ᶜινα BC vs 𝔐 A; (και 𝔭⁶⁶ℵ)
24 ᶜο ℵB vs 𝔐 AC

Jesus Betrayed and Arrested in Gethsemane
(Mt. 26:47-56; Mk. 14:43-50; Lk. 22:47-53)

18 Ταῦτα εἰπὼν °ὁ Ἰησοῦς ἐξῆλθε σὺν τοῖς μαθηταῖς αὐτοῦ πέραν τοῦ χειμάρρου ⌐τῶν Κέδρων,⌐ ὅπου ἦν κῆπος εἰς ὃν εἰσῆλθεν αὐτὸς καὶ οἱ μαθηταὶ αὐτοῦ. **2** Ἤιδει δὲ καὶ Ἰούδας, ὁ παραδιδοὺς αὐτόν, τὸν τόπον· ὅτι πολλάκις συνήχθη καὶ¹ °ὁ Ἰησοῦς ἐκεῖ μετὰ τῶν μαθητῶν αὐτοῦ. **3** Ὁ οὖν Ἰούδας, λαβὼν τὴν σπεῖραν, καὶ ἐκ τῶν ἀρχιερέων καὶ ᵀ Φαρισαίων ὑπηρέτας, ἔρχεται ἐκεῖ μετὰ φανῶν καὶ λαμπάδων καὶ ὅπλων. **4** Ἰησοῦς οὖν, εἰδὼς πάντα τὰ ἐρχόμενα ἐπ᾽ αὐτόν, ⌐ἐξελθὼν εἶπεν⌐ αὐτοῖς, "Τίνα ζητεῖτε;"

5 Ἀπεκρίθησαν αὐτῷ, "Ἰησοῦν τὸν Ναζωραῖον."

Λέγει αὐτοῖς ⌐ὁ Ἰησοῦς,⌐ "Ἐγώ εἰμι.⌐" Εἰστήκει δὲ καὶ Ἰούδας ὁ παραδιδοὺς αὐτὸν μετ᾽ αὐτῶν. **6** Ὡς οὖν εἶπεν αὐτοῖς °ὅτι "Ἐγώ εἰμι," ἀπῆλθον εἰς τὰ ὀπίσω καὶ ἔπεσον χαμαί. **7** Πάλιν οὖν ⌐αὐτοὺς ἐπηρώτησε,⌐ "Τίνα ζητεῖτε;"

Οἱ δὲ εἶπον, "Ἰησοῦν τὸν Ναζωραῖον."

8 Ἀπεκρίθη² Ἰησοῦς, "Εἶπον ὑμῖν ὅτι ἐγώ εἰμι. Εἰ οὖν ἐμὲ ζητεῖτε, ἄφετε τούτους ὑπάγειν," **9** ἵνα πληρωθῇ ὁ λόγος ὃν εἶπεν ὅτι "Οὓς δέδωκάς μοι οὐκ ἀπώλεσα ἐξ αὐτῶν οὐδένα." **10** Σίμων οὖν Πέτρος ἔχων μάχαιραν εἵλκυσεν αὐτὴν καὶ ἔπαισε τὸν τοῦ ἀρχιερέως δοῦλον καὶ ἀπέκοψεν αὐτοῦ τὸ ⌐ὠτίον τὸ δεξιόν. Ἦν δὲ ὄνομα τῷ δούλῳ Μάλχος. **11** Εἶπεν οὖν ὁ Ἰησοῦς τῷ Πέτρῳ, "Βάλε τὴν μάχαιράν σου³ εἰς τὴν θήκην. Τὸ ποτήριον ὃ δέδωκέ μοι ὁ Πατήρ, οὐ μὴ πίω αυτό;"

---

¹2 και Mᵖᵗ vs − MᵖᵗℵBAC, TR Cr
²8 απεκριθη MℵBAC, Cr vs + ο TR
³11 σου Mᵖᵗ, TR vs − Mᵖᵗᏻ (h.𝔭⁷⁵) A, Cr

---

1 °ℵB vs 𝕸AC   1 ⌐του Κεδρων A vs 𝕸BC; (του Κεδρου ℵ*)
2 °ℵB vs 𝕸AC   3 ᵀεκ των ℵ* (των B) vs 𝕸AC
4 ⌐εξηλθεν και λεγει BC* vs 𝕸ℵA
5 ⌐34 D vs 𝕸AC; (342 B; 234 ℵ)   6 °ℵBA vs 𝕸C
7 ⌐BAC vs 𝕸ℵ   10 ⌐ωταριον ℵBC* vs 𝕸A

Jesus Appears Before the High Priest

12 Ἡ οὖν σπεῖρα καὶ ὁ χιλίαρχος καὶ οἱ ὑπηρέται τῶν Ἰουδαίων συνέλαβον τὸν Ἰησοῦν καὶ ἔδησαν αὐτόν. **13** Καὶ ⌜ἀπήγαγον αὐτὸν⌝ πρὸς Ἄνναν πρῶτον, ἦν γὰρ πενθερὸς τοῦ Καϊάφα ὃς ἦν ἀρχιερεὺς τοῦ ἐνιαυτοῦ ἐκείνου. **14** Ἦν δὲ Καϊάφας ὁ συμβουλεύσας τοῖς Ἰουδαίοις ὅτι συμφέρει ἕνα ἄνθρωπον ⌜ἀπολέσθαι ὑπὲρ τοῦ λαοῦ.

Peter Denies His Lord
(Mt. 26:58, 69, 70; Mk. 14:54, 66-68; Lk. 22:54-57)

15 Ἠκολούθει δὲ τῷ Ἰησοῦ Σίμων Πέτρος, καὶ °ὁ ἄλλος μαθητής. Ὁ δὲ μαθητὴς ἐκεῖνος ἦν γνωστὸς τῷ ἀρχιερεῖ καὶ συνεισῆλθε τῷ Ἰησοῦ εἰς τὴν αὐλὴν τοῦ ἀρχιερέως. **16** Ὁ δὲ Πέτρος εἱστήκει πρὸς τῇ θύρᾳ ἔξω. Ἐξῆλθεν οὖν ὁ μαθητὴς ὁ ἄλλος ὃς ἦν γνωστὸς[1] ⌜τῷ ἀρχιερεῖ⌝ καὶ εἶπε τῇ θυρωρῷ, καὶ εἰσήγαγε τὸν Πέτρον. **17** Λέγει οὖν ⌐ἡ παιδίσκη ἡ θυρωρὸς τῷ Πέτρῳ,⌐ "Μὴ καὶ σὺ ἐκ τῶν μαθητῶν εἶ τοῦ ἀνθρώπου τούτου?"

Λέγει ἐκεῖνος, "Οὐκ εἰμί." **18** Εἱστήκεισαν δὲ οἱ δοῦλοι καὶ οἱ ὑπηρέται ἀνθρακιὰν πεποιηκότες, ὅτι ψύχος ἦν, καὶ ἐθερμαίνοντο. Ἦν δὲ ⌜μετ' αὐτῶν ὁ Πέτρος⌝ ἑστὼς καὶ θερμαινόμενος.

Jesus Questioned by the High Priest

19 Ὁ οὖν ἀρχιερεὺς ἠρώτησε τὸν Ἰησοῦν περὶ τῶν μαθητῶν αὐτοῦ καὶ περὶ τῆς διδαχῆς αὐτοῦ. **20** Ἀπεκρίθη ⌜αὐτῷ ὁ Ἰησοῦς,⌝ "Ἐγὼ παρρησίᾳ ⌜ἐλάλησα τῷ κόσμῳ. Ἐγὼ πάντοτε ἐδίδαξα ἐν[2] συναγωγῇ

---

[1]16 ος ην γνωστος 𝕸 ℵA vs ο γνωστος BC*ᵛⁱᵈ, Cr vs ον ην γνωστος TR
[2]20 εν 𝕸 ℵBAC, Cr vs + τη TR

13 ⌜ηγαγον 𝔭⁶⁶ℵ*B vs 𝕸 A; (απηγαγον C*)
14 ⌜αποθανειν 𝕲 (h.𝔭⁷⁵) vs 𝕸 A   15 °𝔭⁶⁶ℵ*BA vs 𝕸C
16 ⌜του αρχιερεως 𝔭⁶⁶BC*ᵛⁱᵈ vs 𝕸 ℵA   17 ⌐561-4 BC* vs 𝕸 𝔭⁶⁶ℵA
18 ⌜και ο Πετρος μετ αυτων 𝕲 (h.𝔭⁷⁵) vs 𝕸 A
20 ⌜13 𝔭⁶⁶B (31 ℵ*) vs 𝕸 AC   20 ⌜¹λελαληκα ℵBAC* vs 𝕸 𝔭⁶⁶

καὶ ἐν τῷ ἱερῷ ὅπου ⌐²πάντοτε οἱ Ἰουδαῖοι συνέρχονται, καὶ ἐν κρυπτῷ ἐλάλησα οὐδέν. 21 Τί με ⌐¹ἐπερωτᾷς? ⌐²Ἐπερώτησον τοὺς ἀκηκοότας τί ἐλάλησα αὐτοῖς. Ἴδε, οὗτοι οἴδασιν ἃ εἶπον ἐγώ."

22 Ταῦτα δὲ αὐτοῦ εἰπόντος, εἷς ⌐τῶν ὑπηρετῶν παρεστηκὼς⌐ ἔδωκε ῥάπισμα τῷ Ἰησοῦ, εἰπών, "Οὕτως ἀποκρίνῃ τῷ ἀρχιερεῖ?"

23 ⌐Ἀπεκρίθη αὐτῷ ὁ Ἰησοῦς,⌐ "Εἰ κακῶς ἐλάλησα, μαρτύρησον περὶ τοῦ κακοῦ, εἰ δὲ καλῶς, τί με δέρεις¹?"

24 Ἀπέστειλεν ᵀαὐτὸν ὁ Ἄννας δεδεμένον πρὸς Καϊάφαν τὸν ἀρχιερέα.

Peter Denies His Lord Twice More
(Mt. 26:71-75; Mk. 14:69-72; Lk. 22:58-62)

25 Ἦν δὲ Σίμων Πέτρος ἑστὼς καὶ θερμαινόμενος. Εἶπον οὖν αὐτῷ, "Μὴ καὶ σὺ ἐκ τῶν μαθητῶν αὐτοῦ εἶ?" Ἠρνήσατο οὖν² ἐκεῖνος καὶ εἶπεν, "Οὐκ εἰμί."

26 Λέγει εἷς ἐκ τῶν δούλων τοῦ ἀρχιερέως, συγγενὴς ὢν οὗ ἀπέκοψε Πέτρος τὸ ὠτίον, "Οὐκ ἐγώ σε εἶδον ἐν τῷ κήπῳ μετ᾽ αὐτοῦ?"

27 Πάλιν οὖν ἠρνήσατο °ὁ Πέτρος, καὶ εὐθέως ἀλέκτωρ ἐφώνησεν.

Jesus Appears Before Pilate
(Mt. 27:1, 2, 11-14; Mk. 15:1-5; Lk. 23:1-5)

28 Ἄγουσιν οὖν τὸν Ἰησοῦν ἀπὸ τοῦ Καϊάφα εἰς τὸ πραιτώριον· ἦν δὲ πρωΐ³. Καὶ αὐτοὶ οὐκ εἰσῆλθον εἰς τὸ πραιτώριον ἵνα μὴ μιανθῶσιν, ἀλλ᾽ °ἵνα φάγωσι τὸ Πάσχα.

---

¹23 δερεις 𝕸𝕲 (h.𝔭⁷⁵) A, TR Cr vs δαιρεις 𝕸ʳ
²25 ουν 𝕸 vs — 𝗡BAC*, TR Cr
³28 πρωι 𝕸ᵖᵗ𝗡BAC, Cr vs πρωια 𝕸ᵖᵗ, TR

---

20 ⌐²παντες 𝗡BAC* vs 𝕸   21 ⌐¹ερωτας 𝗡BAC vs 𝕸
21 ⌐² ερωτησον 𝕲 (h.𝔭⁷⁵) vs 𝕸A
22 ⌐παρεστηκως των υπηρετων 𝗡*B vs 𝕸A; (των παρεστωτων υπηρετων C*)   23 ⌐124 BCˣ vs 𝕸A; (ο δε Ιησους ειπεν αυτω 𝗡)
24 ᵀουν BC* (δε 𝗡) vs 𝕸A   27 °BAC* vs 𝕸𝗡   28 °𝗡BAC* vs 𝕸

29 Ἐξῆλθεν οὖν ⸂ὁ Πιλᾶτος πρὸς αὐτοὺς⸃ καὶ ⸀εἶπε, "Τίνα κατηγορίαν φέρετε °κατὰ τοῦ ἀνθρώπου τούτου?"

30 Ἀπεκρίθησαν καὶ εἶπον αὐτῷ, "Εἰ μὴ ἦν οὗτος ⸀κακοποιός, οὐκ ἄν σοι παρεδώκαμεν αὐτόν."

31 Εἶπεν οὖν αὐτοῖς ὁ Πιλᾶτος, "Λάβετε αὐτὸν ὑμεῖς καὶ κατὰ τὸν νόμον ὑμῶν κρίνατε αὐτόν."

Εἶπον °οὖν αὐτῷ οἱ Ἰουδαῖοι, "Ἡμῖν οὐκ ἔξεστιν ἀποκτεῖναι οὐδένα," 32 ἵνα ὁ λόγος τοῦ Ἰησοῦ πληρωθῇ, ὃν εἶπε, σημαίνων ποίῳ θανάτῳ ἤμελλεν[1] ἀποθνήσκειν.

33 Εἰσῆλθεν οὖν ⸆εἰς τὸ πραιτώριον πάλιν⸄ ὁ Πιλᾶτος καὶ ἐφώνησε τὸν Ἰησοῦν καὶ εἶπεν αὐτῷ, "Σὺ εἶ ὁ Βασιλεὺς τῶν Ἰουδαίων?"

34 Ἀπεκρίθη °¹αὐτῷ °²ὁ Ἰησοῦς, "⸂¹Ἀφ᾽ ἑαυτοῦ⸃ σὺ τοῦτο λέγεις, ἢ ἄλλοι ⸂²σοι εἶπον⸃ περὶ ἐμοῦ?"

35 Ἀπεκρίθη ὁ Πιλᾶτος, "Μήτι ἐγὼ Ἰουδαῖός εἰμι? Τὸ ἔθνος τὸ σὸν καὶ οἱ ἀρχιερεῖς παρέδωκάν σε ἐμοί. Τί ἐποίησας?"

36 Ἀπεκρίθη[2] Ἰησοῦς, "Ἡ βασιλεία ἡ ἐμὴ οὐκ ἔστιν ἐκ τοῦ κόσμου τούτου. Εἰ ἐκ τοῦ κόσμου τούτου ἦν ἡ βασιλεία ἡ ἐμή, οἱ ὑπηρέται ⸂ἂν οἱ ἐμοὶ ἠγωνίζοντο⸃, ἵνα μὴ παραδοθῶ τοῖς Ἰουδαίοις· νῦν δὲ ἡ βασιλεία ἡ ἐμὴ οὐκ ἔστιν ἐντεῦθεν."

37 Εἶπεν οὖν αὐτῷ ὁ Πιλᾶτος, "Οὐκοῦν βασιλεὺς εἶ σύ?"

Ἀπεκρίθη[3] Ἰησοῦς, "Σὺ λέγεις ὅτι βασιλεύς εἰμι °ἐγώ. Ἐγὼ εἰς τοῦτο γεγέννημαι, καὶ εἰς τοῦτο ἐλήλυθα εἰς τὸν

---

[1]32 ημελλεν M^pt 𝔛BAC, TR Cr vs εμελλεν M^pt
[2]36 απεκριθη 𝔐 𝕲 (h.𝔭⁷⁵) A, Cr vs +ο TR
[3]37 απεκριθη M^pt vs +ο M^pt𝔛BA, TR Cr

---

29 ⸂ο Πιλατος εξω προς αυτους BC* (προς αυτους ο Πιλατος εξω 𝔛) vs 𝕸A   29 ⸀φησιν 𝕲 (h.𝔭⁷⁵) vs 𝔐A
29 °𝔛*B vs 𝔐𝔭⁶⁶AC, [Cr]
30 ⸀κακον ποιων B (ποιησας 𝔛*) vs 𝔐A; (κακοποιων C*)
31 °BC vs 𝔐𝔛; (δε A)   33 ⸄41-3 𝔭⁶⁶ᵛⁱᵈBC* vs 𝔐𝔛A
34 °¹𝔭⁶⁶BAC* vs M𝔛   34 °²𝔭⁶⁶ᵛⁱᵈB vs 𝔐𝔛AC
34 ⸂¹απο σεαυτου 𝕲 (h.𝔭⁷⁵) vs 𝔐A
34 ⸂²ειπον σοι BC* (ειπεν σοι 𝔭⁶⁶) vs 𝔐𝔛A
36 ⸂2-41 𝔛, [Cr] vs 𝔐A; (2-4 B*)   37 °𝔛B vs 𝔐A

κόσμον, ἵνα μαρτυρήσω τῇ ἀληθείᾳ. Πᾶς ὁ ὢν ἐκ τῆς ἀληθείας ἀκούει μου τῆς φωνῆς." **38** Λέγει αὐτῷ ὁ Πιλᾶτος, "Τί ἐστιν ἀλήθεια?"

Barabbas Chosen over Jesus
(Mt. 27:15-21; Mk. 15:6-11; Lk. 23:13-19)

Καὶ τοῦτο εἰπών, πάλιν ἐξῆλθε πρὸς τοὺς Ἰουδαίους καὶ λέγει αὐτοῖς, "Ἐγὼ οὐδεμίαν ꜰαἰτίαν εὑρίσκω ἐν αὐτῷ.ˡ **39** Ἔστι δὲ συνήθεια ὑμῖν ἵνα ἕνα ὑμῖν ἀπολύσω¹ ἐν τῷ Πάσχα. Βούλεσθε οὖν ꜰὑμῖν ἀπολύσωˡ τὸν Βασιλέα τῶν Ἰουδαίων?" **40** Ἐκραύγασαν οὖν πάλιν² ᵒπάντες, λέγοντες, "Μὴ τοῦτον, ἀλλὰ τὸν Βαραββᾶν!" Ἦν δὲ ὁ Βαραββᾶς λῃστής.

Jesus Mocked and Crowned with Thorns
(Mt. 27:27-31; Mk. 15:16-20)

19 Τότε οὖν ἔλαβεν ὁ Πιλᾶτος τὸν Ἰησοῦν καὶ ἐμαστίγωσε. **2** Καὶ οἱ στρατιῶται πλέξαντες στέφανον ἐξ ἀκανθῶν ἐπέθηκαν αὐτοῦ τῇ κεφαλῇ, καὶ ἱμάτιον πορφυροῦν περιέβαλον αὐτόν. **3** ᵀΚαὶ ἔλεγον, "Χαῖρε, ὁ Βασιλεὺς τῶν Ἰουδαίων!" Καὶ ꜰἐδίδουν αὐτῷ ῥαπίσματα. **4** ꜰ¹Ἐξῆλθεν οὖνˠ πάλιν ἔξω ὁ Πιλᾶτος καὶ λέγει αὐτοῖς, "Ἴδε, ἄγω ὑμῖν αὐτὸν ἔξω ἵνα γνῶτε ὅτι ꜰ²ἐν αὐτῷ οὐδεμίαν αἰτίαν εὑρίσκω.ˠ"

---

¹**39** υμιν απολυσω MᵖᵗA, TR vs ημιν απολυσω Mᵖᵗ vs απολυσω υμιν אB, Cr
²**40** παλιν MᵖᵗאBA, TR Cr vs − Mᵖᵗ

---

38 ꜰ2-41 B vs 𝔐אA; (2134 𝔭⁶⁶)   **39** ꜰ𝔭⁶⁶אBA vs M
40 ᵒאB vs 𝔐A   **3** ᵀκαι ηρχοντο προς αυτον 𝔭⁶⁶אB vs MA
3 ꜰεδιδοσαν 𝔭⁶⁶אB vs 𝔐A
4 ꜰ¹και εξηλθεν BA vs 𝔐; (εξηλθεν 𝔭⁶⁶*ᵛⁱᵈא)
4 ꜰ²3-512 B vs 𝔐; (31245 A; αιτιαν ουχ ευρισκω א*)

Pilate Persuaded to Crucify Jesus
(Mt. 27:22-26; Mk. 15:12-15; Lk. 23:20-25)

5 Ἐξῆλθεν οὖν ὁ Ἰησοῦς ἔξω, φορῶν τὸν ἀκάνθινον στέφανον καὶ τὸ πορφυροῦν ἱμάτιον. Καὶ λέγει αὐτοῖς, "ᵀ Ἴδε, ὁ ἄνθρωπος!"

6 Ὅτε οὖν εἶδον αὐτὸν οἱ ἀρχιερεῖς καὶ οἱ ὑπηρέται, ἐκραύγασαν λέγοντες, "Σταύρωσον, σταύρωσον αὐτόν¹!" Λέγει αὐτοῖς ὁ Πιλᾶτος, "Λάβετε αὐτὸν ὑμεῖς καὶ σταυρώσατε, ἐγὼ γὰρ οὐχ εὑρίσκω ἐν αὐτῷ αἰτίαν."

7 Ἀπεκρίθησαν αὐτῷ οἱ Ἰουδαῖοι, "Ἡμεῖς νόμον ἔχομεν, καὶ κατὰ τὸν νόμον °ἡμῶν ὀφείλει ἀποθανεῖν, ὅτι ἑαυτὸν Θεοῦ Υἱὸν² ἐποίησεν."

8 Ὅτε οὖν ἤκουσεν ὁ Πιλᾶτος τοῦτον τὸν λόγον, μᾶλλον ἐφοβήθη, 9 καὶ εἰσῆλθεν εἰς τὸ πραιτώριον πάλιν καὶ λέγει τῷ Ἰησοῦ, "Πόθεν εἶ σύ?" Ὁ δὲ Ἰησοῦς ἀπόκρισιν οὐκ ἔδωκεν αὐτῷ. 10 Λέγει οὖν αὐτῷ ὁ Πιλᾶτος, "Ἐμοὶ οὐ λαλεῖς? Οὐκ οἶδας ὅτι ἐξουσίαν ἔχω ˢσταυρῶσαί σε καὶ ἐξουσίαν ἔχω ἀπολῦσαί˻ σε?"

11 Ἀπεκρίθη ᵀ Ἰησοῦς,³ "Οὐκ εἶχες ἐξουσίαν ˢ¹οὐδεμίαν κατ᾽ ἐμοῦ˻ εἰ μὴ ἦν ˢ²σοι δεδομένον˻ ἄνωθεν. Διὰ τοῦτο ὁ ⌜παραδιδούς μέ σοι μείζονα ἁμαρτίαν ἔχει." 12 Ἐκ τούτου ˢἐζήτει ὁ Πιλᾶτος˻ ἀπολῦσαι αὐτόν.

Οἱ δὲ Ἰουδαῖοι ⌜ἔκραζον λέγοντες, "Ἐὰν τοῦτον ἀπολύσῃς, οὐκ εἶ φίλος τοῦ Καίσαρος. Πᾶς ὁ βασιλέα ἑαυτὸν⁴ ποιῶν ἀντιλέγει τῷ Καίσαρι." 13 Ὁ οὖν Πιλᾶτος

---

¹6 αυτον 𝔐 ℵA vs — 𝔭⁶⁶B, TR Cr
²7 εαυτον Θεου Υιον Mᵖᵗ vs εαυτον Υιον Θεου MᵖᵗA vs Υιον Θεου εαυτον ℵB, Cr vs Υιον Θεου αυτον 𝔭⁶⁶ᵛⁱᵈ vs εαυτον Υιον του Θεου, TR
³11 Ιησους 𝔐B, Cr vs ο Ιησους ℵA, TR
⁴12 εαυτον 𝔐 𝔭⁶⁶ℵBA, Cr vs αυτον, TR

---

5 ⌜ιδου ℵB vs 𝔐A; (−και² to ανθρωπος 𝔭⁶⁶)   7 °ℵB vs 𝔐A
10 ˢ62-51 ℵB(A) vs 𝔐   11 ᵀαυτω ℵB, [Cr] vs 𝔐A
11 ˢ¹231 𝔭⁶⁶ᵛⁱᵈℵB vs 𝔐A   11 ˢ²𝔭⁶⁶ℵB vs 𝔐A
11 ⌜παραδους ℵB vs 𝔐A   12 ˢ231 𝔭⁶⁶ᵛⁱᵈℵB vs 𝔐A
12 ⌜εκραυγασαν B vs M; (−ℵ*; εκρυγαζον A)

ἀκούσας τοῦτον τὸν λόγον¹ ἤγαγεν ἔξω τὸν Ἰησοῦν καὶ ἐκάθισεν ἐπὶ °τοῦ βήματος εἰς τόπον λεγόμενον Λιθόστρωτον, Ἑβραϊστὶ δὲ Γαββαθᾶ.² **14** Ἦν δὲ Παρασκευὴ τοῦ Πάσχα, ὥρα δὲ³ ὡσεὶ⁴ ἕκτη. Καὶ λέγει τοῖς Ἰουδαίοις, "Ἴδε, ὁ Βασιλεὺς ὑμῶν!" **15** Οἱ δὲ ἐκραύγασαν, ͗ "Ἆρον, ἆρον! Σταύρωσον αὐτόν!"

Λέγει αὐτοῖς ὁ Πιλᾶτος, "Τὸν Βασιλέα ὑμῶν σταυρώσω?"

Ἀπεκρίθησαν οἱ ἀρχιερεῖς, "Οὐκ ἔχομεν βασιλέα εἰ μὴ Καίσαρα!" **16** Τότε οὖν παρέδωκεν αὐτὸν αὐτοῖς ἵνα σταυρωθῇ.

Jesus Is Crucified
(Mt. 27:32-44; Mk. 15:21-32; Lk. 23:26-43)

Παρέλαβον δὲ ͗ τὸν Ἰησοῦν καὶ ἤγαγον.⁵ **17** Καὶ βαστάζων ͗τὸν σταυρὸν αὐτοῦ ͗ ἐξῆλθεν εἰς τόπον⁶ λεγόμενον Κρανίου Τόπον, ͗ὃς λέγεται Ἑβραϊστὶ Γολγοθᾶ, **18** ὅπου αὐτὸν ἐσταύρωσαν, καὶ μετ᾽ αὐτοῦ ἄλλους δύο, ἐντεῦθεν καὶ ἐντεῦθεν, μέσον δὲ τὸν Ἰησοῦν. **19** Ἔγραψε δὲ καὶ τίτλον ὁ Πιλᾶτος, καὶ ἔθηκεν ἐπὶ τοῦ σταυροῦ. Ἦν δὲ γεγραμμένον,

ΙΗΣΟΥΣ Ο ΝΑΖΩΡΑΙΟΣ Ο ΒΑΣΙΛΕΥΣ ΤΩΝ ΙΟΥΔΑΙΩΝ

20 Τοῦτον οὖν τὸν τίτλον πολλοὶ ἀνέγνωσαν τῶν Ἰουδαίων,

---

¹**13** τουτον τον λογον M^pt, **TR** vs τουτων των λογων M^pt vs των λογων τουτων ℵBA, **Cr**
²**13** Γαββαθα M^pt BA, **TR Cr** vs Γαβαθα M^pt vs Γολγοθα ℵ*
³**14** δε M^pt, **TR** vs ην M^pt ℵBA, **Cr** vs − 𝔭⁶⁶*
⁴**14** ωσει M^pt, **TR** vs ως M^pt ℵBA, **Cr** vs − 𝔭⁶⁶*
⁵**16** και ηγαγον 𝔐 vs και απηγαγον A,**TR** vs − B, **Cr** vs απηγαγον ℵ
⁶**17** τοπον M^pt 𝔭⁶⁶ vs τον M^pt ℵBA, **TR Cr**

---

13 °𝔭⁶⁶ℵBA vs 𝔐
15 ͗εκραυγασαν ουν εκεινοι B vs 𝔐 (οι δε εκραυγασον A); (οι δε ελεγον ℵ*)   **16** ͗παρελαβον ουν B vs 𝔐A; (οι δε λαβοντες ℵ*)
17 ͗εαυτω τον σταυρον ℵ (αυτω τον σταυρον B) vs 𝔐 (τον σταυρον εαυτου A); (−και βασταζων to εξηλθεν 𝔭⁶⁶*)
17 ͗ο 𝔭⁶⁶ℵBA vs 𝔐

ὅτι ἐγγὺς ἦν ὁ τόπος τῆς πόλεως¹ ὅπου ἐσταυρώθη
ὁ Ἰησοῦς· καὶ ἦν γεγραμμένον Ἑβραϊστί, ˢ Ἑλληνιστί,
Ῥωμαϊστί.ᶻ

21 Ἔλεγον οὖν τῷ Πιλάτῳ οἱ ἀρχιερεῖς τῶν Ἰουδαίων,
"Μὴ γράφε, 'Ὁ Βασιλεὺς τῶν Ἰουδαίων,' ἀλλ' ὅτι
'Ἐκεῖνος εἶπε, "Βασιλεύς εἰμι τῶν Ἰουδαίων." '"
22 Ἀπεκρίθη ὁ Πιλᾶτος, "˹Ὃ γέγραφα, γέγραφα."
23 Οἱ οὖν στρατιῶται, ὅτε ἐσταύρωσαν τὸν Ἰησοῦν,
ἔλαβον τὰ ἱμάτια αὐτοῦ καὶ ἐποίησαν τέσσαρα μέρη,
ἑκάστῳ στρατιώτῃ μέρος, καὶ τὸν χιτῶνα. Ἦν δὲ ὁ χιτὼν
ἄραφος,² ἐκ τῶν ἄνωθεν ὑφαντὸς δι' ὅλου. **24** Εἶπον οὖν
πρὸς ἀλλήλους, "Μὴ σχίσωμεν αὐτὸν ἀλλὰ λάχωμεν περὶ
αὐτοῦ, τίνος ἔσται," ἵνα ἡ Γραφὴ πληρωθῇ ᴰἡ λέγουσα,⟍

«Διεμερίσαντο τὰ ἱμάτιά μου ἑαυτοῖς,
Καὶ ἐπὶ τὸν ἱματισμόν μου ἔβαλον κλῆρον.»

Οἱ μὲν οὖν στρατιῶται ταῦτα ἐποίησαν.

Jesus Provides for His Mother

25 Εἰστήκεισαν δὲ παρὰ τῷ σταυρῷ τοῦ Ἰησοῦ ἡ μήτηρ
αὐτοῦ, καὶ ἡ ἀδελφὴ τῆς μητρὸς αὐτοῦ, Μαρία ἡ τοῦ
Κλωπᾶ, καὶ Μαρία ἡ Μαγδαληνή. **26** Ἰησοῦς οὖν ἰδὼν τὴν
μητέρα, καὶ τὸν μαθητὴν παρεστῶτα ὃν ἠγάπα, λέγει τῇ
μητρὶ °αὐτοῦ, "Γύναι, ἴδε³ ὁ υἱός σου!" **27** Εἶτα λέγει τῷ
μαθητῇ, "ᵀἸδοὺ ἡ μήτηρ σου!" Καὶ ἀπ' ἐκείνης τῆς ὥρας
ἔλαβεν ὁ μαθητὴς αὐτὴν⁴ εἰς τὰ ἴδια.

---

¹20 ο τοπος της πολεως 𝔐 𝔭⁶⁶BA, Cr vs της πολεως ο τοπος, TR
vs − τουτον ουν το των Ιουδαιων² (verse 21) ℵ*
²23 αραφος MℵA, Cr vs αρραφος MʳB, TR
³26 ιδε MᵖᵗB, Cr vs ιδου MᵖᵗℵA, TR
⁴27 ο μαθητης αυτην Mᵖᵗ𝔭⁶⁶ᵛⁱᵈBA, Cr vs αυτην ο μαθητης Mᵖᵗℵ, TR

20 ˢB vs 𝔐A; (− τουτον ουν το των Ιουδαιων², verse 21, ℵ*)
24 ᴰℵB vs 𝔐A, [Cr]   26 °ℵB vs 𝔐A   27 ᵀιδε ℵB vs 𝔐A

24 Ps. 22:18

It Is Finished
(Mt. 27:45-56; Mk. 15:33-41; Lk. 23:44-49)

28 Μετὰ τοῦτο ἰδὼν ὁ Ἰησοῦς[1] ὅτι πάντα ἤδη[2] τετέλεσται, ἵνα τελειωθῇ ἡ Γραφή, λεγει, "Διψῶ!" **29** Σκεῦος °οὖν ἔκειτο ὄξους μεστόν· ⸂οἱ δέ, πλήσαντες σπόγγον ὄξους, καὶ⸃ ὑσσώπῳ περιθέντες, προσήνεγκαν αὐτοῦ τῷ στόματι. **30** Ὅτε οὖν ἔλαβε τὸ ὄξος ⸀ὁ Ἰησοῦς,⸱ εἶπε, "Τετέλεσται!" Καὶ κλίνας τὴν κεφαλήν, παρέδωκε τὸ πνεῦμα.

A Soldier Pierces Jesus' Side

31 Οἱ οὖν Ἰουδαῖοι, ⸂ἵνα μὴ μείνῃ ἐπὶ τοῦ σταυροῦ τὰ σώματα ἐν τῷ σαββάτῳ, ἐπεὶ Παρασκευὴ ἦν⸃ (ἦν γὰρ μεγάλη ἡ ἡμέρα ἐκείνου τοῦ σαββάτου), ἠρώτησαν τὸν Πιλᾶτον ἵνα κατεαγῶσιν αὐτῶν τὰ σκέλη, καὶ ἀρθῶσιν. **32** Ἦλθον οὖν οἱ στρατιῶται καὶ τοῦ μὲν πρώτου κατέαξαν τὰ σκέλη καὶ τοῦ ἄλλου τοῦ συσταυρωθέντος αὐτῷ. **33** Ἐπὶ δὲ τὸν Ἰησοῦν ἐλθόντες, ὡς εἶδον ⸂αὐτὸν ἤδη⸃ τεθνηκότα, οὐ κατέαξαν αὐτοῦ τὰ σκέλη. **34** Ἀλλ᾽ εἷς τῶν στρατιωτῶν λόγχῃ αὐτοῦ τὴν πλευρὰν ἔνυξε, καὶ εὐθέως ἐξῆλθεν[3] αἷμα καὶ ὕδωρ. **35** Καὶ ὁ ἑωρακὼς μεμαρτύρηκε, καὶ ἀληθινή ἐστιν αὐτοῦ ἡ μαρτυρία,[4] ⸌κἀκεῖνος οἶδεν ὅτι ἀληθῆ λέγει, ἵνα ᵀ ὑμεῖς ⸍²πιστεύσητε.

---

[1]28 ιδων ο Ιησους Mᵖᵗ vs ειδως ο Ιησους MᵖᵗℵA, TR Cr vs Ιησους ειδως B

[2]28 παντα ηδη Mℵ, TR vs ηδη παντα M⸂𝔭⁶⁶BA, Cr

[3]34 ευθεως εξηλθεν 𝔐 vs ευθυς εξηλθεν A, TR vs εξηλθεν ευθυς 𝔭⁶⁶ℵB, Cr

[4]35 εστιν αυτου η μαρτυρια Mᵖᵗ𝔭⁶⁶ᵛⁱᵈ vs εστιν η μαρτυρια αυτου Mᵖᵗ vs αυτου εστιν η μαρτυρια ℵBA, TR Cr

---

29 °BA vs 𝔐; (δε ℵ)

29 ⸂σπογγον ουν μεστον του οξους 𝔭⁶⁶ᵛⁱᵈB (− του ℵ*) vs 𝔐A

30 ⸀Ιησους B vs 𝔐A, [Cr]; (− ℵ*)

31 ⸂12-14, 1-11 𝔭⁶⁶ℵB vs 𝔐A   33 ⸂𝔭⁶⁶B vs 𝔐ℵA

35 ⸌¹και εκεινος B vs 𝔐ℵA   35 ᵀκαι 𝔭⁶⁶ℵBA vs M

35 ⸍²πιστευητε ℵ*B vs 𝔐A, [Cr]

36 Ἐγένετο γὰρ ταῦτα ἵνα ἡ Γραφὴ πληρωθῇ, «Ὀστοῦν οὐ συντριβήσεται¹ αὐτοῦ.» 37 Καὶ πάλιν ἑτέρα Γραφὴ λέγει, «Ὄψονται εἰς ὃν ἐξεκέντησαν.»

Joseph and Nicodemus Bury Jesus
(Mt. 27:57-61; Mk. 15:42-47; Lk. 23:50-56)

38 Μετὰ² ταῦτα ἠρώτησε τὸν Πιλᾶτον ὁ³ Ἰωσὴφ ⁰ὁ ἀπὸ Ἀριμαθαίας, ὢν μαθητὴς τοῦ Ἰησοῦ, κεκρυμμένος δὲ διὰ τὸν φόβον τῶν Ἰουδαίων, ἵνα ἄρῃ τὸ σῶμα τοῦ Ἰησοῦ· καὶ ἐπέτρεψεν ὁ Πιλᾶτος. Ἦλθεν οὖν καὶ ἦρε ⌜τὸ σῶμα τοῦ Ἰησοῦ.⌝ 39 Ἦλθε δὲ καὶ Νικόδημος, ὁ ἐλθὼν πρὸς ⌜τὸν Ἰησοῦν⌝ νυκτὸς τὸ πρῶτον, φέρων μίγμα σμύρνης καὶ ἀλόης ὡς⁴ λίτρας ἑκατόν. 40 Ἔλαβον οὖν τὸ σῶμα τοῦ Ἰησοῦ καὶ ἔδησαν αὐτὸ ἐν⁵ ὀθονίοις μετὰ τῶν ἀρωμάτων, καθὼς ἔθος ἐστὶ τοῖς Ἰουδαίοις ἐνταφιάζειν. 41 Ἦν δὲ ἐν τῷ τόπῳ ὅπου ἐσταυρώθη κῆπος, καὶ ἐν τῷ κήπῳ μνημεῖον καινὸν ἐν ᾧ οὐδέπω οὐδεὶς ⌜ἐτέθη. 42 Ἐκεῖ οὖν διὰ τὴν Παρασκευὴν τῶν Ἰουδαίων, ὅτι ἐγγὺς ἦν τὸ μνημεῖον, ἔθηκαν τὸν Ἰησοῦν.

Peter and John See the Empty Tomb
(Mt. 28:1-8; Mk. 16:1-8; Lk. 24:1-12)

20 Τῇ δὲ μιᾷ τῶν σαββάτων Μαρία ἡ Μαγδαληνὴ ἔρχεται πρωΐ, σκοτίας ἔτι οὔσης, εἰς τὸ μνημεῖον καὶ βλέπει τὸν λίθον ἠρμένον ἐκ τοῦ μνημείου. 2 Τρέχει οὖν καὶ ἔρχεται πρὸς Σίμωνα Πέτρον καὶ πρὸς τὸν ἄλλον μαθητὴν

---

¹36 συντριβησεται MᵖᵗBA, TR Cr vs +απ Mᵖᵗℵ
²38 μετα 𝔐 vs +δε ℵBA, TR Cr
³38 ο MᵖᵗA, TR vs −MᵖᵗℵB, Cr
⁴39 ως MᵖᵗℵB, Cr vs ωσει Mᵖᵗ𝔭⁶⁶A, TR
⁵40 εν 𝔐A vs −𝔭⁶⁶ℵB, TR Cr

---

38 ⁰𝔭⁶⁶ᵛⁱᵈBA vs 𝔐ℵ, [Cr]
38 ⌜το σωμα αυτου 𝔭⁶⁶B vs 𝔐; (− και επετρεψεν to του Ιησου A; αυτον ℵ*)   39 ⌜αυτον BA vs 𝔐ℵ   41 ⌜ην τεθειμενος ℵB vs 𝔐A

36 Ex. 12:46; Num. 9:12; Ps. 34:20   37 Zech. 12:10

ὃν ἐφίλει ὁ Ἰησοῦς, καὶ λέγει αὐτοῖς, "Ἦραν τὸν Κύριον ἐκ τοῦ μνημείου, καὶ οὐκ οἴδαμεν ποῦ ἔθηκαν αὐτόν." 3 Ἐξῆλθεν οὖν ὁ Πέτρος καὶ ὁ ἄλλος μαθητὴς καὶ ἤρχοντο εἰς τὸ μνημεῖον. 4 Ἔτρεχον δὲ οἱ δύο ὁμοῦ, καὶ ὁ ἄλλος μαθητὴς προέδραμε τάχιον τοῦ Πέτρου καὶ ἦλθε πρῶτος εἰς τὸ μνημεῖον. 5 Καὶ παρακύψας βλέπει κείμενα τὰ ὀθόνια, οὐ μέντοι εἰσῆλθεν. 6 Ἔρχεται οὖν Τ Σίμων Πέτρος ἀκολουθῶν αὐτῷ, καὶ εἰσῆλθεν εἰς τὸ μνημεῖον, καὶ θεωρεῖ τὰ ὀθόνια κείμενα, 7 καὶ τὸ σουδάριον ὃ ἦν ἐπὶ τῆς κεφαλῆς αὐτοῦ, οὐ μετὰ τῶν ὀθονίων κείμενον, ἀλλὰ χωρὶς ἐντετυλιγμένον εἰς ἕνα τόπον. 8 Τότε οὖν εἰσῆλθε καὶ ὁ ἄλλος μαθητὴς ὁ ἐλθὼν πρῶτος εἰς τὸ μνημεῖον, καὶ εἶδε καὶ ἐπίστευσεν. 9 Οὐδέπω γὰρ ᾔδεισαν τὴν Γραφὴν ὅτι δεῖ αὐτὸν ἐκ νεκρῶν ἀναστῆναι. 10 Ἀπῆλθον οὖν πάλιν πρὸς ᵣἑαυτοὺς οἱ μαθηταί.

Mary Magdalene Sees the Risen Lord
(Mk. 16:9-11)

11 Μαρία δὲ εἱστήκει πρὸς τὸ μνημεῖον¹ κλαίουσα ἔξω.² Ὡς οὖν ἔκλαιε, παρέκυψεν εἰς τὸ μνημεῖον. 12 Καὶ θεωρεῖ δύο ἀγγέλους ἐν λευκοῖς καθεζομένους, ἕνα πρὸς τῇ κεφαλῇ καὶ ἕνα πρὸς τοῖς ποσίν, ὅπου ἔκειτο τὸ σῶμα τοῦ Ἰησοῦ. 13 Καὶ λέγουσιν αὐτῇ ἐκεῖνοι, "Γύναι, τί κλαίεις;" Λέγει αὐτοῖς, "Ὅτι ἦραν τὸν Κύριόν μου, καὶ οὐκ οἶδα ποῦ ἔθηκαν αὐτόν." 14 ᴼΚαὶ ταῦτα εἰποῦσα ἐστράφη εἰς τὰ ὀπίσω καὶ θεωρεῖ τὸν Ἰησοῦν ἑστῶτα καὶ οὐκ ᾔδει ὅτι³ Ἰησοῦς ἐστι. 15 Λέγει αὐτῇ ᴼὁ Ἰησοῦς, "Γύναι, τί κλαίεις; Τίνα ζητεῖς;"

---

¹11 το μνημειον Mᵖᵗ, TR vs τω μνημειω Mᵖᵗ𝔭⁶⁶ᵛⁱᵈℵBA, Cr
²11 κλαιουσα εξω M TR vs εξω κλαιουσα M¹B, Cr vs κλαιουσα ℵ*A
³14 οτι 𝔐𝔭⁶⁶ℵBA, Cr vs +ο TR

---

6 Τκαι 𝔭⁶⁶B vs 𝔐A; (−ου, verse 5, το κειμενα, verse 6 ℵ*)
10 ᵣαυτους ℵ*B vs 𝔐A   14 ᴼℵBA vs 𝔐
15 ᴼ𝔭⁶⁶ℵB vs 𝔐A

'Εκείνη, δοκοῦσα ὅτι ὁ κηπουρός ἐστι, λέγει αὐτῷ, "Κύριε, εἰ σὺ ἐβάστασας αὐτόν, εἰπέ μοι ποῦ ἔθηκας αὐτόν,¹ κἀγὼ αὐτὸν ἀρῶ."

16 Λέγει αὐτῇ °ὁ Ἰησοῦς, "·Μαρία!" Στραφεῖσα ἐκείνη, λέγει αὐτῷ, ᵀ"'Ραββουνί!"² (ὃ λέγεται, Διδάσκαλε).

17 Λέγει αὐτῇ °¹ὁ Ἰησοῦς, "Μή μου ἅπτου, οὔπω γὰρ ἀναβέβηκα πρὸς τὸν Πατέρα °²μου· πορεύου δὲ πρὸς τοὺς ἀδελφούς μου καὶ εἰπὲ αὐτοῖς, ''Αναβαίνω πρὸς τὸν Πατέρα μου καὶ Πατέρα ὑμῶν, καὶ Θεόν μου καὶ Θεὸν ὑμῶν.' " 18 Ἔρχεται ·Μαρία ἡ Μαγδαληνὴ ἀπαγγέλλουσα³ τοῖς μαθηταῖς ὅτι ⸀ἑώρακε τὸν Κύριον, καὶ ταῦτα εἶπεν αὐτῇ.

The Disciples Are Commissioned
(Mt. 28:16-20; Mk. 16:14-18; Lk. 24:36-49)

19 Οὔσης οὖν ὀψίας, τῇ ἡμέρᾳ ἐκείνῃ τῇ μιᾷ °¹τῶν σαββάτων, καὶ τῶν θυρῶν κεκλεισμένων ὅπου ἦσαν οἱ μαθηταὶ °²συνηγμένοι διὰ τὸν φόβον τῶν Ἰουδαίων, ἦλθεν ὁ Ἰησοῦς καὶ ἔστη εἰς τὸ μέσον καὶ λέγει αὐτοῖς, "Εἰρήνη ὑμῖν." 20 Καὶ τοῦτο εἰπὼν ἔδειξεν ⸆αὐτοῖς τὰς χεῖρας καὶ τὴν πλευρὰν αὐτοῦ.⸃ Ἐχάρησαν οὖν οἱ μαθηταὶ ἰδόντες τὸν Κύριον. 21 Εἶπεν οὖν αὐτοῖς °ὁ Ἰησοῦς⸜ πάλιν, "Εἰρήνη ὑμῖν. Καθὼς ἀπέσταλκέ με ὁ Πατήρ, κἀγὼ πέμπω ὑμᾶς." 22 Καὶ τοῦτο εἰπὼν ἐνεφύσησε καὶ λέγει αὐτοῖς, "Λάβετε Πνεῦμα Ἅγιον. 23 Ἄν τινων ἀφῆτε τὰς ἁμαρτίας, ⸀ἀφίενται αὐτοῖς, ἄν τινων κρατῆτε, κεκράτηνται."

---

¹15 εθηκας αυτον 𝔐 אBA, Cr vs αυτον εθηκας TR
²16 Ραββουνι M אBA, TR Cr vs Ραβουνι Mʳ
³18 απαγγελλουσα M, TR vs αναγγελλουσα M¹ vs αγγελλουσα 𝔭⁶⁶*א* BA, N vs αγγελουσα U

16 °B vs 𝔐 אA   16 ·Μαριαμ אB vs 𝔐 A
16 ᵀΕβραιστι אB vs 𝔐 A   17 °¹B vs 𝔐 אA   17 °²אB vs 𝔐 𝔭⁶⁶A
18 ·Μαριαμ 𝔭⁶⁶אB vs 𝔐 A   18 ⸀εωρακα (𝔭⁶⁶) אB vs 𝔐 A
19 °¹אBA vs 𝔐   19 °²א*BA vs 𝔐
20 ⸃2-6۱ א (42-61 BA) vs 𝔐   21 °א vs 𝔐 BA, [Cr]
23 ⸀αφεωνται A vs 𝔐; (αφιονται B*; αφεθησεται א*)

Thomas Sees and Believes

24 Θωμᾶς δέ, εἷς ἐκ τῶν δώδεκα, ὁ λεγόμενος Δίδυμος, οὐκ ἦν μετ᾽ αὐτῶν ὅτε ἦλθεν °ὁ Ἰησοῦς. **25** Ἔλεγον οὖν αὐτῷ οἱ ἄλλοι μαθηταί, "Ἑωράκαμεν τὸν Κύριον." Ὁ δὲ εἶπεν αὐτοῖς, "Ἐὰν μὴ ἴδω ἐν ταῖς χερσὶν αὐτοῦ τὸν τύπον τῶν ἥλων καὶ βάλω τὸν δάκτυλόν μου εἰς τὸν τύπον τῶν ἥλων καὶ βάλω ⸂τὴν χεῖρά μου⸃ εἰς τὴν πλευρὰν αὐτοῦ, οὐ μὴ πιστεύσω." **26** Καὶ μεθ᾽ ἡμέρας ὀκτὼ πάλιν ἦσαν ἔσω οἱ μαθηταὶ αὐτοῦ καὶ Θωμᾶς μετ᾽ αὐτῶν. Ἔρχεται ὁ Ἰησοῦς, τῶν θυρῶν κεκλεισμένων, καὶ ἔστη εἰς τὸ μέσον καὶ εἶπεν, "Εἰρήνη ὑμῖν." **27** Εἶτα λέγει τῷ Θωμᾷ, "Φέρε τὸν δάκτυλόν σου ὧδε καὶ ἴδε τὰς χεῖράς μου· καὶ φέρε τὴν χεῖρά σου καὶ βάλε εἰς τὴν πλευράν μου. Καὶ μὴ γίνου ἄπιστος ἀλλὰ πιστός." **28** °Καὶ ἀπεκρίθη[1] Θωμᾶς καὶ εἶπεν αὐτῷ, "Ὁ Κύριός μου καὶ ὁ Θεός μου!" **29** Λέγει αὐτῷ ὁ Ἰησοῦς, "Ὅτι ἑώρακάς με[2], πεπίστευκας. Μακάριοι οἱ μὴ ἰδόντες, καὶ πιστεύσαντες."

These Are Written that You May Believe

30 Πολλὰ μὲν οὖν καὶ ἄλλα σημεῖα ἐποίησεν ὁ Ἰησοῦς ἐνώπιον τῶν μαθητῶν °αὐτοῦ ἃ οὐκ ἔστι γεγραμμένα ἐν τῷ βιβλίῳ τούτῳ. **31** Ταῦτα δὲ γέγραπται ἵνα ⸂πιστεύσητε ὅτι[3] Ἰησοῦς ἐστιν ὁ Χριστός, ὁ Υἱὸς τοῦ Θεοῦ, καὶ ἵνα πιστεύοντες ζωὴν ἔχητε ἐν τῷ ὀνόματι αὐτοῦ.

---

[1]28 απεκριθη 𝕸 𝔭⁶⁶BAC, Cr vs +ο ℵ, TR
[2]29 με 𝕸 ℵBAC, Cr vs +Θωμα, TR
[3]31 οτι 𝕸 G (h.𝔭⁷⁵) A, Cr vs +ο, TR

24 °ℵB vs 𝕸 A   25 ⸂μου την χειρα ℵ(B) vs 𝕸 (A)
28 °ℵBC* vs 𝕸 A   30 °BA vs 𝔭⁶⁶ℵC, [Cr]
31 ⸂πιστευητε (𝔭⁶⁶ᵛⁱᵈ) ℵ*B vs 𝕸 AC, [Cr]

The Miraculous Catch of Fish

21 Μετὰ ταῦτα ἐφανέρωσεν ἑαυτὸν πάλιν[1] ὁ Ἰησοῦς τοῖς μαθηταῖς[2] ἐπὶ[3] τῆς θαλάσσης τῆς Τιβεριάδος, ἐφανέρωσε δὲ οὕτως. **2** Ἦσαν ὁμοῦ Σίμων Πέτρος, καὶ Θωμᾶς ὁ λεγόμενος Δίδυμος, καὶ Ναθαναὴλ ὁ ἀπὸ Κανὰ τῆς Γαλιλαίας, καὶ οἱ τοῦ Ζεβεδαίου, καὶ ἄλλοι ἐκ τῶν μαθητῶν αὐτοῦ δύο. **3** Λέγει αὐτοῖς Σίμων Πέτρος, "Ὑπάγω ἁλιεύειν."

Λέγουσιν αὐτῷ, "Ἐρχόμεθα καὶ ἡμεῖς σὺν σοί." Ἐξῆλθον καὶ ἐνέβησαν[4] εἰς τὸ πλοῖον °εὐθύς, καὶ ἐν ἐκείνῃ τῇ νυκτὶ ἐπίασαν οὐδέν. **4** Πρωΐας δὲ ἤδη γενομένης, ἔστη °ὁ Ἰησοῦς εἰς τὸν αἰγιαλόν· οὐ μέντοι ᾔδεισαν οἱ μαθηταὶ ὅτι Ἰησοῦς ἐστι.

5 Λέγει οὖν αὐτοῖς °ὁ Ἰησοῦς, "Παιδία, μή τι προσφάγιον ἔχετε;"

Ἀπεκρίθησαν αὐτῷ, "Οὔ."

6 Ὁ δὲ εἶπεν αὐτοῖς, "Βάλετε εἰς τὰ δεξιὰ μέρη τοῦ πλοίου τὸ δίκτυον, καὶ εὑρήσετε." Ἔβαλον οὖν, καὶ οὐκέτι αὐτὸ ἑλκύσαι ⌐ἴσχυσαν ἀπὸ τοῦ πλήθους τῶν ἰχθύων.

7 Λέγει οὖν ὁ μαθητὴς ἐκεῖνος ὃν ἠγάπα ὁ Ἰησοῦς τῷ Πέτρῳ, "Ὁ Κύριός ἐστι!" Σίμων Πέτρος, ἀκούσας ὅτι ὁ Κύριός ἐστι, τὸν ἐπενδύτην διεζώσατο (ἦν γὰρ γυμνὸς) καὶ ἔβαλεν ἑαυτὸν εἰς τὴν θάλασσαν. **8** Οἱ δὲ ἄλλοι μαθηταὶ τῷ πλοιαρίῳ ἦλθον (οὐ γὰρ ἦσαν μακρὰν ἀπὸ τῆς γῆς, ἀλλ᾽ ὡς ἀπὸ πηχῶν διακοσίων), σύροντες τὸ δίκτυον τῶν ἰχθύων. **9** Ὡς οὖν ἀπέβησαν εἰς τὴν γῆν, βλέπουσιν ἀνθρακιὰν κειμένην καὶ ὀψάριον ἐπικείμενον, καὶ ἄρτον.

10 Λέγει αὐτοῖς ὁ Ἰησοῦς, "Ἐνέγκατε ἀπὸ τῶν ὀψαρίων ὧν ἐπιάσατε νῦν." **11** Ἀνέβη ᵀ Σίμων Πέτρος καὶ εἵλκυσε τὸ

---

¹1 εαυτον παλιν **MBAC**, TR Cr vs εαυτον Mʳ vs παλιν εαυτον ℵ
²1 μαθηταις MᵖᵗℵBAC*, TR Cr vs + αυτου Mᵖᵗ
³1 επι **MℵBAC** Cr vs εγερθεις εκ νεκρων επι Mʳ
⁴3 ενεβησαν 𝔐 ℵBAC, Cr vs ανεβησαν, TR

3 °ℵBC* vs 𝔐 A   4 °ℵBAC vs 𝔐   5 °ℵB vs 𝔐 AᵛⁱᵈC, [Cr]
6 ⌐ισχυον ℵBC vs 𝔐 A   11 ᵀουν ℵBC vs 𝔐 A

δίκτυον ⸂ἐπὶ τῆς γῆς,⸃ μεστὸν ἰχθύων μεγάλων ἑκατὸν
πεντηκοντατριῶν· καὶ τοσούτων ὄντων, οὐκ ἐσχίσθη τὸ
δίκτυον. **12** Λέγει αὐτοῖς ὁ Ἰησοῦς, "Δεῦτε ἀριστήσατε."
Οὐδεὶς δὲ ἐτόλμα τῶν μαθητῶν ἐξετάσαι αὐτόν, "Σὺ τίς
εἶ?" — εἰδότες ὅτι ὁ Κύριός ἐστιν. **13** Ἔρχεται °1οὖν °2ὁ
Ἰησοῦς καὶ λαμβάνει τὸν ἄρτον καὶ δίδωσιν αὐτοῖς, καὶ τὸ
ὀψάριον ὁμοίως. **14** Τοῦτο ἤδη τρίτον ἐφανερώθη °1ὁ
Ἰησοῦς τοῖς μαθηταῖς °2αὐτοῦ, ἐγερθεὶς ἐκ νεκρῶν.

Jesus Reinstates Peter

15 Ὅτε οὖν ἠρίστησαν, λέγει τῷ Σίμωνι Πέτρῳ ὁ Ἰησοῦς,
"Σίμων ⸀Ἰωνᾶ, ἀγαπᾷς με •πλεῖον τούτων?"

Λέγει αὐτῷ, "Ναί, Κύριε, σὺ οἶδας ὅτι φιλῶ σε."

Λέγει αὐτῷ, "Βόσκε τὰ ἀρνία μου." **16** Λέγει αὐτῷ πάλιν
δεύτερον, "Σίμων ⸀Ἰωνᾶ, ἀγαπᾷς με?"

Λέγει αὐτῷ, "Ναί, Κύριε, σὺ οἶδας ὅτι φιλῶ σε."

Λέγει αὐτῷ, "Ποίμαινε τὰ πρόβατά μου." **17** Λέγει αὐτῷ
τὸ τρίτον, "Σίμων ⸀1Ἰωνᾶ, φιλεῖς με?"

Ἐλυπήθη ὁ Πέτρος ὅτι εἶπεν αὐτῷ τὸ τρίτον, "Φιλεῖς
με?" Καὶ ⸀2εἶπεν αὐτῷ, "Κύριε, ⸉σὺ πάντα⸊ οἶδας. Σὺ
γινώσκεις ὅτι φιλῶ σε."

Λέγει αὐτῷ ⸋ὁ Ἰησοῦς,⸌ "Βόσκε τὰ πρόβατά μου.
18 Ἀμὴν ἀμὴν λέγω σοι, ὅτε ἦς νεώτερος, ἐζώννυες
σεαυτὸν καὶ περιεπάτεις ὅπου ἤθελες· ὅταν δὲ γηράσῃς,
ἐκτενεῖς τὰς χεῖράς σου καὶ ἄλλος σε ζώσει καὶ οἴσει ὅπου
οὐ θέλεις." **19** Τοῦτο δὲ εἶπε, σημαίνων ποίῳ θανάτῳ
δοξάσει τὸν Θεόν. Καὶ τοῦτο εἰπὼν λέγει αὐτῷ,
"Ἀκολούθει μοι."

---

11 ⸂εις την γην אBAC vs 𝔐 **13** °1אBC vs 𝔐A
13 °2B vs 𝔐אAC **14** °1BC vs 𝔐אA **14** °2אBAC vs 𝔐
15 ⸀Ιωαννου C* (Ιωανου B) vs 𝔐A; (– א*)
15 •πλεον אBC vs 𝔐A **16** ⸀Ιωαννου אC* (Ιωανου B) vs 𝔐A
17 ⸀1Ιωαννου אC* (Ιωανου B) vs 𝔐A **17** ⸀2λεγει אA vs 𝔐BC
17 ⸉אBC* vs 𝔐A **17** ⸋א vs 𝔐A (Ιησους BC), [Cr]

The Beloved Disciple and His Book

20 Ἐπιστραφεὶς °δὲ ὁ Πέτρος βλέπει τὸν μαθητὴν ὃν ἠγάπα ὁ Ἰησοῦς ἀκολουθοῦντα, ὃς καὶ ἀνέπεσεν ἐν τῷ δείπνῳ ἐπὶ τὸ στῆθος αὐτοῦ καὶ εἶπε, "Κύριε, τίς ἐστιν ὁ παραδιδούς σε?" **21** Τοῦτον ᵀ ἰδὼν ὁ Πέτρος λέγει τῷ Ἰησοῦ, "Κύριε, οὗτος δὲ τί?"

22 Λέγει αὐτῷ ὁ Ἰησοῦς, "'Ἐὰν αὐτὸν θέλω μένειν ἕως ἔρχομαι, τί πρὸς σέ? Σὺ ˢἀκολούθει μοι."ᴸ **23** Ἐξῆλθεν οὖν ˢὁ λόγος οὗτοςᴸ εἰς τοὺς ἀδελφοὺς ὅτι ὁ μαθητὴς ἐκεῖνος οὐκ ἀποθνῄσκει. ⸀Καὶ οὐκ εἶπεν⸀ αὐτῷ ὁ Ἰησοῦς ὅτι οὐκ ἀποθνῄσκει, ἀλλ᾽, "'Ἐὰν αὐτὸν θέλω μένειν ἕως ἔρχομαι, □τί πρὸς σέ?ˢ"

24 Οὗτός ἐστιν ὁ μαθητὴς ὁ μαρτυρῶν περὶ τούτων καὶ ᵀγράψας ταῦτα· καὶ οἴδαμεν ὅτι ἀληθής ˢἐστιν ἡ μαρτυρία αὐτοῦ.ᴸ

25 Ἔστι δὲ καὶ ἄλλα πολλὰ ⸀ὅσα ἐποίησεν ὁ Ἰησοῦς, ἅτινα ἐὰν γράφηται καθ᾽ ἕν, ·οὐδὲ αὐτὸν οἶμαι τὸν κόσμον χωρῆσαι τὰ γραφόμενα βιβλία. ° Ἀμήν.

---

20 °BAC vs 𝔐 ℵ   21 ᵀουν ℵBC vs 𝔐 A   22 ˢℵBAC* vs 𝔐
23 ˢ312 ℵBC vs 𝔐 A   23 ⸀ουκ ειπεν δε ℵBC vs 𝔐 A
23 □ℵ* vs 𝔐 BAC*, [Cr]   24 ᵀο B vs 𝔐 ℵ*AC
24 ˢ4231 BC* vs 𝔐 ℵA
25 ⸀α ℵBC* vs 𝔐 A; (− verse ℵ*, then + verse ℵ)
25 ·ουδ ℵB vs 𝔐 AC; (− verse ℵ*, then + verse ℵ)
25 °ℵBACᵛⁱᵈ vs 𝔐; (− verse ℵ*, then + verse ℵ)

ΠΡΑΞΕΙΣ ΑΠΟΣΤΟΛΩΝ

Prologue

TΟΝ μὲν πρῶτον λόγον ἐποιησάμην περὶ πάντων, ὦ Θεόφιλε, ὧν ἤρξατο ὁ Ἰησοῦς ποιεῖν τε καὶ διδάσκειν 2 ἄχρι ἧς ἡμέρας, ἐντειλάμενος τοῖς ἀποστόλοις διὰ Πνεύματος Ἁγίου οὓς ἐξελέξατο, ἀνελήφθη· 3 οἷς καὶ παρέστησεν ἑαυτὸν ζῶντα μετὰ τὸ παθεῖν αὐτὸν ἐν πολλοῖς τεκμηρίοις, δι᾽ ἡμερῶν •τεσσαράκοντα ὀπτανό-μενος αὐτοῖς καὶ λέγων τὰ περὶ τῆς βασιλείας τοῦ Θεοῦ.

Jesus Promises to Send the Holy Spirit

4 Καὶ συναλιζόμενος¹ παρήγγειλεν αὐτοῖς ἀπὸ Ἱεροσο-λύμων μὴ χωρίζεσθαι, ἀλλὰ περιμένειν τὴν ἐπαγγελίαν τοῦ Πατρός, "ἣν ἠκούσατέ μου· 5 ὅτι Ἰωάννης μὲν ἐβάπτισεν ὕδατι, ὑμεῖς δὲ ˢβαπτισθήσεσθε ἐν Πνεύματιˡ Ἁγίῳ οὐ μετὰ πολλὰς ταύτας ἡμέρας."

6 Οἱ μὲν οὖν συνελθόντες ˹ἐπηρώτων αὐτὸν λέγοντες, "Κύριε, εἰ ἐν τῷ χρόνῳ τούτῳ ἀποκαθιστάνεις τὴν βασι-λείαν τῷ Ἰσραήλ;"

7 Εἶπε δὲ πρὸς αὐτούς, "Οὐχ ὑμῶν ἐστι γνῶναι χρό-νους ἢ καιροὺς οὓς ὁ Πατὴρ ἔθετο ἐν τῇ ἰδίᾳ ἐξουσίᾳ. 8 Ἀλλὰ λήψεσθε δύναμιν, ἐπελθόντος τοῦ Ἁγίου Πνεύματος ἐφ᾽ ὑμᾶς, καὶ ἔσεσθέ ˹μοι μάρτυρες ἔν τε

In Acts G = 𝔭⁴⁵ℵBAC

¹4 συναλιζομενος MᵖᵗG (h.𝔭⁴⁵), TR Cr vs συναυλιζομενος Mᵖᵗ

3 •τεσσερακοντα G (h.𝔭⁴⁵) vs 𝔐   5 ˢ231 ℵ*B vs 𝔐 AC

6 ˹ηρωτων ℵBA (ηρωτουν C*) vs 𝔐   8 ˹μου G (h.𝔭⁴⁵) vs 𝔐

Ἰερουσαλὴμ καὶ ἐν¹ πάση τῇ Ἰουδαίᾳ καὶ Σαμαρείᾳ, καὶ
ἕως ἐσχάτου τῆς γῆς."

Jesus Ascends to Heaven
(Mk. 16:19, 20; Lk. 24:50-53)

9 Καὶ ταῦτα εἰπών, βλεπόντων αὐτῶν, ἐπήρθη, καὶ
νεφέλη ὑπέλαβεν αὐτὸν ἀπὸ τῶν ὀφθαλμῶν αὐτῶν.
10 Καὶ ὡς ἀτενίζοντες ἦσαν εἰς τὸν οὐρανόν, πορευ-
ομένου αὐτοῦ, καὶ ἰδοὺ ἄνδρες δύο παρειστήκεισαν
αὐτοῖς ἐν ⸀ἐσθῆτι λευκῇ⸃, **11** οἳ καὶ εἶπον, "Ἄνδρες
Γαλιλαῖοι, τί ἑστήκατε ἐμβλέποντες² εἰς τὸν οὐρανόν?
Οὗτος ὁ Ἰησοῦς ὁ ἀναληφθεὶς ἀφ᾽ ὑμῶν εἰς τὸν οὐρανὸν
οὕτως ἐλεύσεται ὃν τρόπον ἐθεάσασθε αὐτὸν πορευ-
όμενον εἰς τὸν οὐρανόν."

The Upper Room Prayer Meeting

12 Τότε ὑπέστρεψαν εἰς Ἰερουσαλὴμ ἀπὸ ὄρους τοῦ
καλουμένου Ἐλαιῶνος, ὅ ἐστιν ἐγγὺς Ἰερουσαλήμ,
σαββάτου ἔχον ὁδόν. **13** Καὶ ὅτε εἰσῆλθον, ⸀ἀνέβησαν εἰς
τὸ ὑπερῷον⸃ οὖ ἦσαν καταμένοντες, ὅ τε Πέτρος καὶ
Ἰάκωβος καὶ Ἰωάννης³ καὶ Ἀνδρέας, Φίλιππος καὶ Θωμᾶς,
Βαρθολομαῖος καὶ •Ματθαῖος, Ἰάκωβος Ἀλφαίου καὶ Σίμων
ὁ Ζηλωτής, καὶ Ἰούδας Ἰακώβου. **14** Οὗτοι πάντες ἦσαν
προσκαρτεροῦντες ὁμοθυμαδὸν τῇ προσευχῇ ⸀καὶ τῇ
δεήσει,⸃ σὺν γυναιξὶ καὶ •Μαρίᾳ τῇ μητρὶ τοῦ Ἰησοῦ, καὶ
°σὺν τοῖς ἀδελφοῖς αὐτοῦ.

---

¹8 εν M𝔑B, TR [Cr] vs — MʳAC*
²11 εμβλεποντες MᵖᵗAC, TR [Cr] vs βλεποντες Mᵖᵗ𝔫*B
³13 Ιακωβος και Ιωαννης M, TR vs Ιακωβος Ιωαννης Mʳ vs Ιωαν-
νης και Ιακωβος 𝔫AC, Cr vs Ιωανης και Ιακωβος B

---

10 ⸀εσθησεσι λευκαις 𝕲 (h.𝔭⁴⁵) vs 𝔐
13 ⸀2341 BAC vs 𝔐 ; (234 𝔫*)   13 •Μαθθαιος 𝔫B* vs 𝔐AC
14 ⸀𝕲 (h.𝔭⁴⁵) vs 𝔐   14 •Μαριαμ B vs 𝔐𝔫AC
14 °𝔫AC* vs 𝔐B

Matthias Chosen as the Twelfth Disciple

15 Καὶ ἐν ταῖς ἡμέραις ταύταις ἀναστὰς Πέτρος ἐν μέσῳ τῶν ᵣ¹μαθητῶν εἶπεν (ἦν τε ὄχλος ὀνομάτων ἐπὶ τὸ αὐτὸ ᵣ²ὡς ἑκατὸν εἴκοσιν), 16 ‴Ἄνδρες ἀδελφοί, ἔδει πλη- ρωθῆναι τὴν Γραφὴν ᵒ¹ταύτην ἣν προεῖπε τὸ Πνεῦμα τὸ Ἅγιον διὰ στόματος Δαβὶδ περὶ Ἰούδα τοῦ γενο- μένου ὁδηγοῦ τοῖς συλλαβοῦσι ᵒ²τὸν Ἰησοῦν, 17 ὅτι κατη- ριθμημένος ἦν ᵣσὺν ἡμῖν καὶ ἔλαχεν τὸν κλῆρον τῆς δια- κονίας ταύτης." 18 (Οὗτος μὲν οὖν ἐκτήσατο χωρίον ἐκ¹ μισθοῦ τῆς ἀδικίας, καὶ πρηνὴς γενόμενος ἐλάκησε μέσος, καὶ ἐξεχύθη πάντα τὰ σπλάγχνα αὐτοῦ. 19 Καὶ γνωστὸν ἐγένετο πᾶσι τοῖς κατοικοῦσιν Ἰερουσαλήμ, ὥστε κληθῆναι τὸ χωρίον ἐκεῖνο τῇ ἰδίᾳ διαλέκτῳ αὐτῶν • Ἀκελδαμά, τοῦτ᾽ ἔστι, Χωρίον Αἵματος.) 20 "Γέγραπται γὰρ ἐν Βίβλῳ Ψαλμῶν,

«Γενηθήτω ἡ ἔπαυλις αὐτοῦ ἔρημος,
   Καὶ μὴ ἔστω ὁ κατοικῶν ἐν αὐτῇ,»

καί,

«Τὴν ἐπισκοπὴν αὐτοῦ ᵣλάβοι ἕτερος.»

21 Δεῖ οὖν τῶν συνελθόντων ἡμῖν ἀνδρῶν ἐν παντὶ χρόνῳ ᵒἐν ᾧ εἰσῆλθε καὶ ἐξῆλθεν ἐφ᾽ ἡμᾶς ὁ Κύριος Ἰησοῦς, 22 ἀρξάμενος ἀπὸ τοῦ βαπτίσματος Ἰωάννου ἕως τῆς ἡμέρας ἧς ἀνελήφθη ἀφ᾽ ἡμῶν, μάρτυρα τῆς ἀναστάσεως αὐτοῦ ᶠγενέσθαι σὺν ἡμῖνˣ ἕνα τούτων." 23 Καὶ ἔστησαν δύο, Ἰωσὴφ τὸν καλούμενον Βαρσαβᾶν,² ὃς ἐπεκλήθη Ἰοῦστος, καὶ •Ματθίαν.

---

¹18 εκ 𝔐 𝔊 (h.𝔭⁴⁵), Cr vs + του TR
²23 Βαρσαβαν MᵖᵗC, TR vs Βαρσαββαν MᵖᵗℵBA, Cr

---

15 ᵣ¹αδελφων 𝔊 (h.𝔭⁴⁵) vs 𝔐   15 ᵣ²ωσει ℵAC vs 𝔐 B
16 ᵒ¹𝔊 (h.𝔭⁴⁵) vs 𝔐   16 ᵒ²𝔊 (h.𝔭⁴⁵) vs 𝔐
17 ᵣεν 𝔊 (h.𝔭⁴⁵) vs 𝔐   19 •Ακελδαμαχ B (Αχελδαμαχ ℵA) vs 𝔐C
20 ᵣλαβετω 𝔊 (h.𝔭⁴⁵) vs 𝔐   21 ᵒ𝔊 (h.𝔭⁴⁵) vs 𝔐
22 ᶠ231 𝔊 (h.𝔭⁴⁵) vs 𝔐   23 •Ματθιαν B* vs 𝔐ℵAC

20a Ps. 69:25   20b Ps. 109:8

24 Καὶ προσευξάμενοι εἶπον, "Σὺ Κύριε, καρδιογνῶστα πάντων, ἀνάδειξον ὃν ἐξελέξω ἐκ τούτων τῶν δύο ἕνα¹ 25 λαβεῖν τὸν ⌐¹κλῆρον τῆς διακονίας ταύτης καὶ ἀποστολῆς, ⌐²ἐξ ἧς παρέβη Ἰούδας πορευθῆναι εἰς τὸν τόπον τὸν ἴδιον." 26 Καὶ ἔδωκαν κλήρους ⌐αὐτῶν, καὶ ἔπεσεν ὁ κλῆρος ἐπὶ •Ματθίαν, καὶ συγκατεψηφίσθη μετὰ τῶν ἕνδεκα ἀποστόλων.

The Holy Spirit Comes at Pentecost

2 Καὶ ἐν τῷ συμπληροῦσθαι τὴν ἡμέραν τῆς Πεντηκοστῆς, ἦσαν ⌐¹ἅπαντες ⌐²ὁμοθυμαδὸν ἐπὶ τὸ αὐτό. 2 Καὶ ἐγένετο ἄφνω ἐκ τοῦ οὐρανοῦ ἦχος ὥσπερ φερομένης πνοῆς βιαίας, καὶ ἐπλήρωσεν ὅλον τὸν οἶκον οὗ ἦσαν καθήμενοι. 3 Καὶ ὤφθησαν αὐτοῖς διαμεριζόμεναι γλῶσσαι ὡσεὶ πυρός, ⌐ἐκάθισέ τε⌐ ἐφ' ἕνα ἕκαστον αὐτῶν. 4 Καὶ ἐπλήσθησαν ⌐ἅπαντες Πνεύματος Ἁγίου, καὶ ἤρξαντο λαλεῖν ἑτέραις γλώσσαις καθὼς τὸ Πνεῦμα ἐδίδου ⌐αὐτοῖς ἀποφθέγγεσθαι.⌐

The Crowds at Pentecost Respond

5 Ἦσαν δὲ ⌐ἐν Ἰερουσαλὴμ κατοικοῦντες Ἰουδαῖοι, ἄνδρες εὐλαβεῖς ἀπὸ παντὸς ἔθνους τῶν ὑπὸ τὸν οὐρανόν. 6 Γενομένης δὲ τῆς φωνῆς ταύτης, συνῆλθε τὸ πλῆθος καὶ συνεχύθη, ὅτι ἤκουον εἷς ἕκαστος τῇ ἰδίᾳ διαλέκτῳ λαλούντων αὐτῶν. 7 Ἐξίσταντο δὲ² καὶ ἐθαύμαζον, λέγοντες ᴰπρὸς ἀλλήλους,⌐ "⌐Οὐκ ἰδοὺ ⌐²πάντες οὗτοί εἰσιν οἱ λαλοῦντες Γαλιλαῖοι; 8 Καὶ πῶς ἡμεῖς ἀκούομεν ἕκαστος τῇ ἰδίᾳ διαλέκτῳ ἡμῶν ἐν ᾗ

---

¹24 ον εξελεξω εκ τουτων των δυο ενα 𝔐G (h.𝔭⁴⁵), Cr vs εκ τουτων των δυο ενα ον εξελεξω TR
²7 δε M^ptB, Cr vs + παντες M^ptAC, TR vs + απαντες א*

---

25 ⌐¹τοπον BAC* vs 𝔐א   25 ⌐²αφ G (h.𝔭⁴⁵) vs 𝔐
26 ⌐αυτοις G (h.𝔭⁴⁵) vs 𝔐   26 •Ματθιαν B* vs 𝔐אAC
1 ⌐¹παντες BAC vs 𝔐; (− א*)   1 ⌐²ομου G (h.𝔭⁴⁵) vs 𝔐
3 ⌐και εκαθισεν B vs 𝔐A; (και εκαθισαν א*; εκαθισεν δε C*)
4 ⌐παντες אBA vs 𝔐C   4 ⌐G (h.𝔭⁴⁵) vs 𝔐
5 ⌐εις א*A vs 𝔐BC   7 ᴰG (h.𝔭⁴⁵) vs 𝔐
7 ⌐¹ουχ א vs 𝔐AC; (ουχι B)   7 ⌐²απαντες אAC, Cr vs 𝔐B*

ἐγεννήθημεν[1]? 9 Πάρθοι καὶ Μῆδοι καὶ Ἐλαμῖται, καὶ οἱ κατοικοῦντες τὴν Μεσοποταμίαν, Ἰουδαίαν τε καὶ Καππαδοκίαν, Πόντον καὶ τὴν Ἀσίαν, 10 Φρυγίαν τε καὶ Παμφυλίαν, Αἴγυπτον καὶ τὰ μέρη τῆς Λιβύης τῆς κατὰ Κυρήνην, καὶ οἱ ἐπιδημοῦντες Ῥωμαῖοι, Ἰουδαῖοί τε καὶ προσήλυτοι, 11 Κρῆτες καὶ Ἄραβες, ἀκούομεν λαλούντων αὐτῶν ταῖς ἡμετέραις γλώσσαις τὰ μεγαλεῖα τοῦ Θεοῦ." 12 Ἐξίσταντο δὲ πάντες καὶ διηπόρουν, ἄλλος πρὸς ἄλλον λέγοντες, "Τί °ἂν ⌐θέλοι τοῦτο εἶναι?"

13 Ἕτεροι δὲ ⌐χλευάζοντες ἔλεγον ὅτι "Γλεύκους μεμεστωμένοι εἰσί."

Peter Preaches at Pentecost

14 Σταθεὶς δὲ ᵀ Πέτρος σὺν τοῖς ἕνδεκα, ἐπῆρε τὴν φωνὴν αὐτοῦ καὶ ἀπεφθέγξατο αὐτοῖς, "Ἄνδρες Ἰουδαῖοι καὶ οἱ κατοικοῦντες Ἰερουσαλὴμ ⌐ἅπαντες, τοῦτο ὑμῖν γνωστὸν ἔστω καὶ ἐνωτίσασθε τὰ ῥήματά μου. 15 Οὐ γάρ, ὡς ὑμεῖς ὑπολαμβάνετε, οὗτοι μεθύουσιν, ἔστι γὰρ ὥρα τρίτη τῆς ἡμέρας. 16 Ἀλλὰ τοῦτό ἐστι τὸ εἰρημένον διὰ τοῦ προφήτου Ἰωήλ,

17 «Καὶ ἔσται ἐν ταῖς ἐσχάταις ἡμέραις, λέγει ὁ Θεός,
   Ἐκχεῶ ἀπὸ τοῦ Πνεύματός μου ἐπὶ πᾶσαν σάρκα,
   Καὶ προφητεύσουσιν οἱ υἱοὶ ὑμῶν καὶ αἱ θυγατέρες
      ὑμῶν,
   Καὶ οἱ νεανίσκοι ὑμῶν ὁράσεις ὄψονται,
   Καὶ οἱ πρεσβύτεροι ὑμῶν ⌐ἐνυπνία ἐνυπνιασθήσονται·

18 Καί γε ἐπὶ τοὺς δούλους μου καὶ ἐπὶ τὰς δούλας μου
   Ἐν ταῖς ἡμέραις ἐκείναις ἐκχεῶ ἀπὸ τοῦ Πνεύματός
      μου,
   Καὶ προφητεύσουσι.

19 Καὶ δώσω τέρατα ἐν τῷ οὐρανῷ ἄνω
   Καὶ σημεῖα ἐπὶ τῆς γῆς κάτω,
   Αἷμα καὶ πῦρ καὶ ἀτμίδα καπνοῦ·

---

[1]8 εγεννηθημεν MᵖᵗℵBC*, TR Cr vs εγενηθημεν MᵖᵗA

12 °𝕲 (h.𝔭⁴⁵) vs 𝔐   12 ⌐θελει BAC vs 𝔐ℵ
13 ⌐διαχλευαζοντες 𝕲 (h.𝔭⁴⁵) vs M   14 ᵀο ℵBA vs 𝔐C
14 ⌐παντες 𝕲 (h.𝔭⁴⁵) vs 𝔐   17 ⌐ενυπνιοις 𝕲 (h.𝔭⁴⁵) vs 𝔐

20 Ὁ ἥλιος μεταστραφήσεται εἰς σκότος
Καὶ ἡ σελήνη εἰς αἷμα
Πρὶν °¹ἢ ἐλθεῖν °²τὴν ἡμέραν Κυρίου
τὴν μεγάλην καὶ ἐπιφανῆ.
21 Καὶ ἔσται, πᾶς ὃς ἂν ἐπικαλέσηται
τὸ ὄνομα Κυρίου σωθήσεται.»

22 "Ἄνδρες Ἰσραηλῖται, ἀκούσατε τοὺς λόγους τού-
τους· Ἰησοῦν τὸν Ναζωραῖον, ἄνδρα ʳἀπὸ τοῦ Θεοῦ
ἀποδεδειγμένον˻ εἰς ὑμᾶς δυνάμεσι καὶ τέρασι καὶ σημείοις
οἷς ἐποίησε δι᾽ αὐτοῦ ὁ Θεὸς ἐν μέσῳ ὑμῶν, καθὼς °καὶ
αὐτοὶ οἴδατε, **23** τοῦτον τῇ ὡρισμένῃ βουλῇ καὶ προγνώ-
σει τοῦ Θεοῦ ἔκδοτον °λαβόντες, διὰ ʳχειρῶν ἀνόμων
προσπήξαντες ἀνείλετε· **24** ὃν ὁ Θεὸς ἀνέστησε λύσας
τὰς ὠδῖνας τοῦ θανάτου, καθότι οὐκ ἦν δυνατὸν κρατ-
εῖσθαι αὐτὸν ὑπ᾽ αὐτοῦ. **25** Δαβὶδ γὰρ λέγει εἰς αὐτόν,

«ʳΠροωρώμην τὸν Κύριον ἐνώπιόν μου διὰ παντός,
Ὅτι ἐκ δεξιῶν μού ἐστιν ἵνα μὴ σαλευθῶ.
26 Διὰ τοῦτο ·εὐφράνθη ἡ καρδία μου
Καὶ ἠγαλλιάσατο ἡ γλῶσσά μου,
Ἔτι δὲ καὶ ἡ σάρξ μου κατασκηνώσει ἐπ᾽ ἐλπίδι·
27 Ὅτι οὐκ ἐγκαταλείψεις τὴν ψυχήν μου εἰς Ἅιδου¹,
Οὐδὲ δώσεις τὸν Ὅσιόν σου ἰδεῖν διαφθοράν.
28 Ἐγνώρισάς μοι ὁδοὺς ζωῆς,
Πληρώσεις με εὐφροσύνης μετὰ τοῦ προσώπου σου.»

29 "Ἄνδρες ἀδελφοί, ἐξὸν εἰπεῖν μετὰ παρρησίας πρὸς
ὑμᾶς περὶ τοῦ πατριάρχου Δαβίδ, ὅτι καὶ ἐτελεύτησε καὶ
ἐτάφη, καὶ τὸ μνῆμα αὐτοῦ ἐστιν ἐν ἡμῖν ἄχρι τῆς ἡμέρας

---

¹27 Αιδου Mᵖᵗ, TR vs Αιδην MᵖᵗᏳ (h.𝔭⁴⁵), Cr

---

20 °¹ℵAC vs 𝔐B   20 °²ℵ*B vs 𝔐AC   22 ʳ41-3 ℵBC vs 𝔐A
22 °Ᏻ (h.𝔭⁴⁵) vs M   23 °Ᏻ (h.𝔭⁴⁵) vs 𝔐
23 ʳχειρος Ᏻ (h.𝔭⁴⁵) vs 𝔐   25 ʳπροορωμην Ᏻ (h.𝔭⁴⁵) vs 𝔐
26 ·ηυφρανθη Ᏻ (h.𝔭⁴⁵) vs M

17-21 Joel 2:28-32   25-28 Ps. 16:8-11

ταύτης. 30 Προφήτης οὖν ὑπάρχων, καὶ εἰδὼς ὅτι ὅρκῳ
ὤμοσεν αὐτῷ ὁ Θεὸς ἐκ καρποῦ τῆς ὀσφύος αὐτοῦ, ᵈτὸ
κατὰ σάρκα, ἀναστήσειν τὸν Χριστὸνˋ καθίσαι ἐπὶ ʳτοῦ
θρόνουˋ αὐτοῦ, 31 προϊδὼν ἐλάλησε περὶ τῆς ἀναστάσεως
τοῦ Χριστοῦ ὅτι

«ʳ¹Οὐ κατελείφθη¹ ᵈἡ ψυχὴ αὐτοῦˋ εἰς ʳ²″Αιδου,
ʳ³Οὐδὲ ἡ σὰρξ αὐτοῦ εἶδε διαφθοράν.»

32 Τοῦτον τὸν Ἰησοῦν ἀνέστησεν ὁ Θεός, οὗ πάντες ἡμεῖς
ἐσμεν μάρτυρες. 33 Τῇ δεξιᾷ οὖν τοῦ Θεοῦ ὑψωθείς, τήν τε
ἐπαγγελίαν τοῦ ʳἉγίου Πνεύματοςˋ λαβὼν παρὰ τοῦ
Πατρός, ἐξέχεε τοῦτο ὃ ᵒνῦν ὑμεῖς ᵀβλέπετε καὶ ἀκούετε.
34 Οὐ γὰρ Δαβὶδ ἀνέβη εἰς τοὺς οὐρανούς, λέγει δὲ αὐτός,

«Εἶπεν ᵒὁ Κύριος τῷ Κυρίῳ μου,
  Κάθου ἐκ δεξιῶν μου
35 Ἕως ἂν θῶ τοὺς ἐχθρούς σου ὑποπόδιον
    τῶν ποδῶν σου.ʼ»

36 ″Ἀσφαλῶς οὖν γινωσκέτω πᾶς οἶκος Ἰσραὴλ ὅτι καὶ²
Κύριον ˢ¹καὶ Χριστὸν αὐτὸνˋ ˢ²ὁ Θεὸς ἐποίησεˋ τοῦτον τὸν
Ἰησοῦν ὃν ὑμεῖς ἐσταυρώσατε.″

Peter Concludes His Appeal

37 Ἀκούσαντες δὲ κατενύγησαν ʳτῇ καρδίᾳ,ˋ εἶπόν τε
πρὸς τὸν Πέτρον καὶ τοὺς λοιποὺς ἀποστόλους, ″Τί
ποιήσωμεν,³ ἄνδρες ἀδελφοί;″

---

¹31 κατελειφθη 𝔐, TR εγκατελειφθη 𝔐ⁱ (א) (B) A (C), Cr
²36 και 𝔐 G (h.𝔭⁴⁵), Cr vs − TR
³37 ποιησωμεν 𝔐ᵖᵗG (h.𝔭⁴⁵), Cr vs ποιησομεν 𝔐ᵖᵗ, TR

30 ᵈG (h.𝔭⁴⁵) vs 𝔐   30 ʳτον θρονον G (h.𝔭⁴⁵) vs 𝔐
31 ʳ¹ουτε G (h.𝔭⁴⁵) vs 𝔐   31 ᵈG (h.𝔭⁴⁵) vs 𝔐
31 ʳ²Αιδην אB vs 𝔐AC   31 ʳ³ουτε אAC vs 𝔐B
33 ʳΠνευματος του Αγιου G (h.𝔭⁴⁵) vs 𝔐   33 ᵒG (h.𝔭⁴⁵) vs 𝔐
33 ᵀκαι B, [Cr] vs 𝔐 אAC   34 ᵒא*B* vs 𝔐AC, [Cr]
36 ˢ¹312 G (h.𝔭⁴⁵) vs 𝔐   36 ˢ²312 אB vs 𝔐AC
37 ʳτην καρδιαν G (h.𝔭⁴⁵) vs 𝔐

31 Ps. 16:10   34, 35 Ps. 110:1

38 Πέτρος δὲ ἔφη πρὸς αὐτούς, "Μετανοήσατε¹ καὶ βαπτισθήτω ἕκαστος ὑμῶν ἐπὶ τῷ ὀνόματι Ἰησοῦ Χριστοῦ εἰς ἄφεσιν ᵀ¹ἁμαρτιῶνᵀ², καὶ λήψεσθε τὴν δωρεὰν τοῦ Ἁγίου Πνεύματος. 39 Ὑμῖν γάρ ἐστιν ἡ ἐπαγγελία καὶ τοῖς τέκνοις ὑμῶν, καὶ πᾶσι τοῖς εἰς μακράν, ὅσους ἂν προσκαλέσηται Κύριος ὁ Θεὸς ἡμῶν." 40 Ἑτέροις τε λόγοις πλείοσι διεμαρτύρετο² καὶ παρεκάλει ᵀ λέγων, "Σώθητε ἀπὸ τῆς γενεᾶς τῆς σκολιᾶς ταύτης."

A Vital Church Grows in Numbers

41 Οἱ μὲν οὖν ᵒἁσμένως ἀποδεξάμενοι τὸν λόγον αὐτοῦ ἐβαπτίσθησαν, καὶ προσετέθησαν ᵀ τῇ ἡμέρᾳ ἐκείνῃ ψυχαὶ ὡσεὶ τρισχίλιαι. 42 Ἦσαν δὲ προσκαρτεροῦντες τῇ διδαχῇ τῶν ἀποστόλων καὶ τῇ κοινωνίᾳ, ᵒκαὶ τῇ κλάσει τοῦ ἄρτου καὶ ταῖς προσευχαῖς.

43 ᵀἘγένετο δὲ πάσῃ ψυχῇ φόβος, πολλά τε τέρατα καὶ σημεῖα διὰ τῶν ἀποστόλων ἐγίνετο.³ 44 Πάντες δὲ οἱ πιστεύοντες⁴ ἦσαν ἐπὶ τὸ αὐτὸ καὶ εἶχον ἅπαντα κοινά, 45 καὶ τὰ κτήματα καὶ τὰς ὑπάρξεις ἐπίπρασκον καὶ διεμέριζον αὐτὰ πᾶσι καθότι ἄν τις χρείαν εἶχε. 46 Καθ᾽ ἡμέραν τε προσκαρτεροῦντες ὁμοθυμαδὸν ἐν τῷ ἱερῷ, κλῶντές τε κατ᾽ οἶκον ἄρτον, μετελάμβανον τροφῆς ἐν ἀγαλλιάσει καὶ ἀφελότητι καρδίας, 47 αἰνοῦντες τὸν Θεὸν καὶ ἔχοντες χάριν πρὸς ὅλον τὸν λαόν. Ὁ δὲ Κύριος προσετίθει τοὺς σῳζομένους καθ᾽ ἡμέραν ᵈτῇ ἐκκλησίᾳ.◥

---

¹38 Πετρος δε εφη προς αυτους μετανοησατε **M, TR** vs ειπε δε Πετρος προς αυτους μετανοησατε **M**ʳ vs Πετρος δε προς αυτους μετανοησατε φησιν **ℵAC, [Cr]** vs Πετρος δε προς αυτους μετανοησατε **B**

²40 διεμαρτυρετο **M**ᵖᵗ, **TR** vs διεμαρτυρατο **M**ᵖᵗ**G** (h.𝔭⁴⁵), **Cr**

³43 δια των αποστολων εγινετο **M**ᵖᵗ**ℵB*, TR Cr** vs δια των αποστολων εγενετο **M**ᵖᵗ vs εγινετο δια των αποστολων **AC**

⁴44 πιστευοντες **MAC, TR Cr** vs πιστευσαντες **M**ᶜ**ℵB**

---

38 ᵀ¹των **G** (h.𝔭⁴⁵) vs 𝔐   38 ᵀ²υμων **ℵBA** (ημων **C**) vs 𝔐
40 ᵀαυτους **G** (h.𝔭⁴⁵) vs 𝔐   41 ᵒ**G** (h.𝔭⁴⁵) vs 𝔐
41 ᵀεν **G** (h.𝔭⁴⁵) vs 𝔐   42 ᵒ**G** (h.𝔭⁴⁵) vs 𝔐
43 ʳεγινετο **G** (h.𝔭⁴⁵) vs 𝔐   47 ᵈ**G** (h.𝔭⁴⁵) vs 𝔐

Peter and John Heal a Lame Man

3 Ἐπὶ τὸ αὐτὸ ˢδὲ Πέτρος˙ καὶ Ἰωάννης ἀνέβαινον εἰς τὸ ἱερὸν ἐπὶ τὴν ὥραν τῆς προσευχῆς τὴν ἐνάτην. 2 Καί τις ἀνὴρ χωλὸς ἐκ κοιλίας μητρὸς αὐτοῦ ὑπάρχων ἐβαστάζετο, ὃν ἐτίθουν καθ' ἡμέραν πρὸς τὴν θύραν τοῦ ἱεροῦ τὴν λεγομένην Ὡραίαν τοῦ αἰτεῖν ἐλεημοσύνην παρὰ τῶν εἰσπορευομένων εἰς τὸ ἱερόν, 3 ὃς ἰδὼν Πέτρον καὶ Ἰωάννην μέλλοντας εἰσιέναι εἰς τὸ ἱερόν, ἠρώτα ἐλεημοσύνην.[1]

4 Ἀτενίσας δὲ Πέτρος εἰς αὐτὸν σὺν τῷ Ἰωάννῃ, εἶπε, "Βλέψον εἰς ἡμᾶς." 5 Ὁ δὲ ἐπεῖχεν αὐτοῖς, προσδοκῶν τι παρ' αὐτῶν λαβεῖν. 6 Εἶπε δὲ Πέτρος, "Ἀργύριον καὶ χρυσίον οὐχ ὑπάρχει μοι, ὃ δὲ ἔχω, τοῦτό σοι δίδωμι. Ἐν τῷ ὀνόματι Ἰησοῦ Χριστοῦ τοῦ Ναζωραίου, ἔγειρε καὶ[2] περιπάτει." 7 Καὶ πιάσας αὐτὸν τῆς δεξιᾶς χειρὸς ἤγειρεᵀ˙ παραχρῆμα δὲ ἐστερεώθησαν ˢαὐτοῦ αἱ βάσεις˙ καὶ τὰ ˙σφυρά. 8 Καὶ ἐξαλλόμενος ἔστη καὶ περιεπάτει, καὶ εἰσῆλθε σὺν αὐτοῖς εἰς τὸ ἱερόν, περιπατῶν καὶ ἀλλόμενος καὶ αἰνῶν τὸν Θεόν. 9 Καὶ εἶδεν ˢαὐτὸν πᾶς ὁ λαὸς˙ περιπατοῦντα καὶ αἰνοῦντα τὸν Θεόν. 10 Ἐπεγίνωσκόν ᴵᵀτε αὐτὸν ὅτι ᴵᶜ²οὗτος ἦν ὁ πρὸς τὴν ἐλεημοσύνην καθήμενος ἐπὶ τῇ Ὡραίᾳ Πύλῃ τοῦ ἱεροῦ, καὶ ἐπλήσθησαν θάμβους καὶ ἐκστάσεως ἐπὶ τῷ συμβεβηκότι αὐτῷ.

Peter Preaches in Solomon's Portico

11 Κρατοῦντος δὲ ⸀τοῦ ἰαθέντος χωλοῦ⸰ τὸν Πέτρον καὶ ᵀ Ἰωάννην, συνέδραμε ˢπρὸς αὐτοὺς πᾶς ὁ λαὸς˙ ἐπὶ τῇ στοᾷ τῇ καλουμένῃ Σολομῶντος, ἔκθαμβοι.

---

¹3 ελεημοσυνην **M** vs + λαβειν **G** (h.𝔭⁴⁵), TR Cr
²6 εγειρε και MᵖᵗA, [Cr] vs εγειραι και MᵖᵗC, TR vs − ℵB

---

1 ˢ**G** (h.𝔭⁴⁵) vs 𝔐   7 ᵀαυτον **G** (h.𝔭⁴⁵) vs 𝔐
7 ˢ231 **G** (h.𝔭⁴⁵) vs 𝔐   7 ˙σφυδρα ℵ*AB* (φυδρα C*) vs 𝔐
9 ˢ2341 **G** (h.𝔭⁴⁵) vs 𝔐   10 ᴵᵀδε **G** (h.𝔭⁴⁵) vs 𝔐
10 ᴵᶜ²αυτος ℵAC, Cr vs 𝔐B   11 ⸀αυτου **G** (h.𝔭⁴⁵) vs 𝔐
11 ᵀτον ℵBA vs 𝔐C   11 ˢ3-512 **G** (h.𝔭⁴⁵) vs 𝔐

12 Ἰδὼν δὲ [T] Πέτρος ἀπεκρίνατο πρὸς τὸν λαόν,
“Ἄνδρες Ἰσραηλῖται, τί θαυμάζετε ἐπὶ τούτῳ? Ἢ ἡμῖν τί
ἀτενίζετε ὡς ἰδίᾳ δυνάμει ἢ εὐσεβείᾳ πεποιηκόσι τοῦ
περιπατεῖν αὐτόν? 13 Ὁ Θεὸς Ἀβραὰμ καὶ [T1] Ἰσαὰκ καὶ
[T2] Ἰακώβ, ὁ Θεὸς τῶν πατέρων ἡμῶν, ἐδόξασε τὸν Παῖδα
αὐτοῦ Ἰησοῦν, ὃν ὑμεῖς μὲν[1] παρεδώκατε καὶ ἠρνήσασθε
°αὐτὸν κατὰ πρόσωπον Πιλάτου, κρίναντος ἐκείνου
ἀπολύειν. 14 Ὑμεῖς δὲ τὸν Ἅγιον καὶ Δίκαιον ἠρνήσασθε,
καὶ ᾐτήσασθε ἄνδρα φονέα χαρισθῆναι ὑμῖν, 15 τὸν δὲ
Ἀρχηγὸν τῆς ζωῆς ἀπεκτείνατε, ὃν ὁ Θεὸς ἤγειρεν ἐκ
νεκρῶν, οὗ ἡμεῖς μάρτυρές ἐσμεν. 16 Καὶ ἐπὶ τῇ πίστει
τοῦ ὀνόματος αὐτοῦ, τοῦτον ὃν θεωρεῖτε καὶ οἴδατε
ἐστερέωσε τὸ ὄνομα αὐτοῦ. Καὶ ἡ πίστις ἡ δι᾽ αὐτοῦ
ἔδωκεν αὐτῷ τὴν ὁλοκληρίαν ταύτην ἀπέναντι πάντων
ὑμῶν. 17 Καὶ νῦν, ἀδελφοί, οἶδα ὅτι κατὰ ἄγνοιαν
ἐπράξατε, ὥσπερ καὶ οἱ ἄρχοντες ὑμῶν. 18 Ὁ δὲ Θεὸς
ἃ προκατήγγειλε διὰ στόματος πάντων τῶν προφητῶν
ʿαὐτοῦ, παθεῖν τὸν Χριστόν,ʾ ἐπλήρωσεν οὕτως. 19 Μετα-
νοήσατε οὖν καὶ ἐπιστρέψατε, εἰς τὸ ἐξαλειφθῆναι
ὑμῶν τὰς ἁμαρτίας, ὅπως ἂν ἔλθωσι καιροὶ ἀναψύ-
ξεως ἀπὸ προσώπου τοῦ[2] Κυρίου 20 καὶ ἀποστείλῃ
τὸν προκεχειρισμένον[3] ὑμῖν Χριστὸν Ἰησοῦν,[4] 21 ὃν δεῖ
οὐρανὸν μὲν δέξασθαι ἄχρι χρόνων ἀποκαταστάσεως
πάντων ὧν ἐλάλησεν ὁ Θεὸς διὰ στόματος πάντων τῶν[5]
ἁγίων ʃαὐτοῦ προφητῶν ἀπ᾽ αἰῶνος.ʅ 22 Μωσῆς μὲν
□γὰρ πρὸς τοὺς πατέρας\ εἶπεν ὅτι «Προφήτην ὑμῖν
ἀναστήσει Κύριος ὁ Θεὸς ἡμῶν[6] ἐκ τῶν ἀδελφῶν ὑμῶν ὡς
ἐμέ. Αὐτοῦ ἀκούσεσθε κατὰ πάντα ὅσα ἂν λαλήσῃ πρὸς

[1] 13 μεν 𝔐𝔊 (h.𝔓^{45}), Cr vs —, TR
[2] 19 του M𝔊 (h.𝔓^{45}), TR Cr vs —M^{c}
[3] 20 προκεχειρισμενον 𝔐𝔊 (h.𝔓^{45}), Cr vs προκεκηρυγμενον TR
[4] 20 Χριστον Ιησουν M^{pt}ℵB, Cr vs Ιησουν Χριστον M^{pt}AC, TR
[5] 21 παντων των 𝔐 vs των 𝔊 (h.𝔓^{45}), Cr vs παντων TR
[6] 22 ημων M^{pt}ℵ*C vs υμων M^{pt}A, TR Cr vs —B

12 [T]ο 𝔊 (h.𝔓^{45}) vs 𝔐 13 [T1 2]ο Θεος ℵC (Θεος A), [Cr] vs 𝔐B
13 °𝔊 (h.𝔓^{45}) vs 𝔐 18 ʿ2-41 ℵBC vs M; (1 A)
21 ʃ3412 𝔊 (h.𝔓^{45}) vs M 22 □𝔊 (h.𝔓^{45}) vs 𝔐

ὑμᾶς. **23** Ἔσται δέ, πᾶσα ψυχὴ ἥτις ἐὰν¹ μὴ ἀκούσῃ τοῦ Προφήτου ἐκείνου ʳἐξολοθρευθήσεται ἐκ τοῦ λαοῦ.» **24** Καὶ πάντες δὲ οἱ προφῆται ἀπὸ Σαμουὴλ καὶ τῶν καθεξῆς, ὅσοι ἐλάλησαν, καὶ κατήγγειλαν² τὰς ἡμέρας ταύτας. **25** Ὑμεῖς ἐστε υἱοὶ³ τῶν προφητῶν καὶ τῆς διαθήκης ἧς διέθετο ὁ Θεὸς πρὸς τοὺς πατέρας ʳ¹ἡμῶν, λέγων πρὸς Ἀβραάμ, «Καὶ ἐν⁴ τῷ σπέρματί σου ʳ²ἐνευλογηθήσονται πᾶσαι αἱ πατριαὶ τῆς γῆς.» **26** Ὑμῖν πρῶτον ˢὁ Θεός, ἀναστήσας⸗ τὸν Παῖδα αὐτοῦ ᵒἸησοῦν, ἀπέστειλεν αὐτὸν εὐλογοῦντα ὑμᾶς, ἐν τῷ ἀποστρέφειν ἕκαστον ἀπὸ τῶν πονηριῶν ὑμῶν.''

Peter and John Are Arrested

4 Λαλούντων δὲ αὐτῶν πρὸς τὸν λαόν, ἐπέστησαν αὐτοῖς οἱ ἱερεῖς καὶ ὁ στρατηγὸς τοῦ ἱεροῦ καὶ οἱ Σαδδουκαῖοι, **2** διαπονούμενοι διὰ τὸ διδάσκειν αὐτοὺς τὸν λαὸν καὶ καταγγέλλειν ἐν τῷ Ἰησοῦ τὴν ἀνάστασιν τῶν⁵ νεκρῶν. **3** Καὶ ἐπέβαλον αὐτοῖς τὰς χεῖρας καὶ ἔθεντο⁶ εἰς τήρησιν εἰς τὴν αὔριον, ἦν γὰρ ἑσπέρα ἤδη. **4** Πολλοὶ δὲ τῶν ἀκουσάντων τὸν λόγον ἐπίστευσαν, καὶ ἐγενήθη ᵒὁ ἀριθμὸς τῶν ἀνδρῶν ʳὡσεὶ χιλιάδες πέντε.

Peter and John Testify to the Sanhedrin

5 Ἐγένετο δὲ ἐπὶ τὴν αὔριον συναχθῆναι αὐτῶν τοὺς ἄρχοντας καὶ ᵀ¹ πρεσβυτέρους καὶ ᵀ² γραμματεῖς εἰς⁷

¹23 εαν MᵖᵗℵAC, Cr vs αν MᵖᵗB, TR
²24 κατηγγειλαν MℵABC*ᵛⁱᵈ, Cr vs προκατηγγειλαν Mʳ, TR
³25 υιοι Mᵖᵗ, TR vs οι υιοι MᵖᵗG (h.𝔭⁴⁵), Cr
⁴25 εν 𝔐 G (h.𝔭⁴⁵), Cr vs — TR
⁵2 των M vs την εκ G (h.𝔭⁴⁵), TR Cr
⁶3 εθεντο MᵖᵗℵB, TR Cr vs + αυτους MᵖᵗAC
⁷5 εις Mᵖᵗℵ, TR vs εν MᵖᵗBA, Cr

23 ʳεξολεθρευθησεται B*AC vs 𝔐 ℵ   25 ʳ¹υμων BA vs Mℵ*Cᵛⁱᵈ
25 ʳ²ευλογηθησονται B vs 𝔐 ℵ,[Cr]; (επευλογηθησονται C; ευλο-γησονται A*)   26 ˢ312 ℵBC vs 𝔐 A   26 ᵒℵBC vs 𝔐 A
4 ᵒℵB vs 𝔐 A, [Cr]   4 ʳως B, [Cr] vs 𝔐; (−ℵA)
5 ᵀ¹ ²τους ℵBA vs M

22-23 Deut. 18:15,18,19   25 Gen. 22:18; 26:4; 28:14

Ἰερουσαλήμ, 6 καὶ ⌈ Ἅνναν τὸν ἀρχιερέα καὶ Καϊάφαν καὶ Ἰωάννην καὶ Ἀλέξανδρον⌉ καὶ ὅσοι ἦσαν ἐκ γένους ἀρχιερατικοῦ. 7 Καὶ στήσαντες αὐτοὺς ἐν¹ μέσῳ ἐπυνθάνοντο, " Ἐν ποίᾳ δυνάμει ἢ ἐν ποίῳ ὀνόματι ἐποιήσατε τοῦτο ὑμεῖς;"

8 Τότε Πέτρος πλησθεὶς Πνεύματος Ἁγίου εἶπε πρὸς αὐτούς, " Ἄρχοντες τοῦ λαοῦ καὶ πρεσβύτεροι ᵒτοῦ Ἰσραήλ,⟍ 9 εἰ ἡμεῖς σήμερον ἀνακρινόμεθα ἐπὶ εὐεργεσίᾳ ἀνθρώπου ἀσθενοῦς, ἐν τίνι οὗτος ·σέσωσται, 10 γνωστὸν ἔστω πᾶσιν ὑμῖν καὶ παντὶ τῷ λαῷ Ἰσραὴλ ὅτι ἐν τῷ ὀνόματι Ἰησοῦ Χριστοῦ τοῦ Ναζωραίου, ὃν ὑμεῖς ἐσταυρώσατε, ὃν ὁ Θεὸς ἤγειρεν ἐκ νεκρῶν, ἐν τούτῳ οὗτος παρέστηκεν ἐνώπιον ὑμῶν ὑγιής. 11 Οὗτός ἐστιν

« Ὁ λίθος ὁ ἐξουθενηθεὶς ὑφ᾿ ὑμῶν τῶν ⌈οἰκοδομούντων, Ὁ γενόμενος εἰς κεφαλὴν γωνίας.»

12 Καὶ οὐκ ἔστιν ἐν ἄλλῳ οὐδενὶ ἡ σωτηρία, οὔτε² γὰρ ὄνομά ἐστιν ἕτερον³ ὑπὸ τὸν οὐρανὸν⁴ τὸ δεδομένον ἐν ἀνθρώποις ἐν ᾧ δεῖ σωθῆναι ἡμᾶς."

The Sanhedrin Forbids Teaching in the Name of Jesus

13 Θεωροῦντες δὲ τὴν τοῦ Πέτρου παρρησίαν καὶ Ἰωάννου, καὶ καταλαβόμενοι ὅτι ἄνθρωποι ἀγράμματοί εἰσι καὶ ἰδιῶται, ἐθαύμαζον, ἐπεγίνωσκόν τε αὐτοὺς ὅτι σὺν τῷ Ἰησοῦ ἦσαν. 14 Τὸν ⌈δὲ ἄνθρωπον βλέποντες σὺν αὐτοῖς ἑστῶτα τὸν⁵ τεθεραπευμένον, οὐδὲν εἶχον ἀντειπεῖν. 15 Κελεύσαντες δὲ αὐτοὺς ἔξω τοῦ συνεδρίου

---

¹ 7 εν M vs + τω אBA, TR Cr
² 12 ουτε Mᵖᵗ, TR vs ουδε MᵖᵗאBA, Cr
³ 12 ονομα εστιν ετερον MᵖᵗB, TR Cr vs ονομα ετερον εστιν Mᵖᵗ A vs ετερον ονομα εστιν א
⁴ 12 υπο τον ουρανον MᵖᵗאBA, TR Cr vs − Mᵖᵗ
⁵ 14 τον MאBA, TR Cr vs − Mʳ

---

6 Ἅννας ο αρχιερευς και Καιαφας και Ιωαννης και Αλεξανδρος אBA vs 𝔐   8 ᵒאBA vs 𝔐   9 ·σεσωται אA vs 𝔐B
11 ⌈οικοδομων אBA vs 𝔐   14 ⌈τε אBA vs M

---

11 Ps. 118:22

ἀπελθεῖν συνέβαλλον¹ πρὸς ἀλλήλους, 16 λέγοντες, "Τί ποιήσωμεν² τοῖς ἀνθρώποις τούτοις; Ὅτι μὲν γὰρ γνωστὸν σημεῖον γέγονε δι᾽ αὐτῶν, πᾶσι τοῖς κατοικοῦσιν Ἰερουσαλὴμ φανερόν, καὶ οὐ δυνάμεθα ᵣἀρνήσασθαι. 17 Ἀλλ᾽ ἵνα μὴ ἐπὶ πλεῖον διανεμηθῇ εἰς τὸν λαόν, °ἀπειλῇ ἀπειλησώμεθα³ αὐτοῖς μηκέτι λαλεῖν ἐπὶ τῷ ὀνόματι τούτῳ μηδενὶ ἀνθρώπων." 18 Καὶ καλέσαντες αὐτούς, παρήγγειλαν °αὐτοῖς τὸ καθόλου μὴ φθέγγεσθαι μηδὲ διδάσκειν ἐπὶ τῷ ὀνόματι τοῦ Ἰησοῦ.

19 Ὁ δὲ Πέτρος καὶ Ἰωάννης ἀποκριθέντες ᶠπρὸς αὐτοὺς εἶπον,ᶻ "Εἰ δίκαιόν ἐστιν ἐνώπιον τοῦ Θεοῦ ὑμῶν ἀκούειν μᾶλλον ἢ τοῦ Θεοῦ, κρίνατε. 20 Οὐ δυνάμεθα γὰρ ἡμεῖς, ἃ εἴδομεν καὶ ἠκούσαμεν, μὴ λαλεῖν." 21 Οἱ δὲ προσαπειλησάμενοι ἀπέλυσαν αὐτούς, μηδὲν εὑρίσκοντες τὸ πῶς κολάσονται⁴ αὐτούς, διὰ τὸν λαόν, ὅτι πάντες ἐδόξαζον τὸν Θεὸν ἐπὶ τῷ γεγονότι. 22 Ἐτῶν γὰρ ἦν πλειόνων •τεσσαράκοντα ὁ ἄνθρωπος ἐφ᾽ ὃν ᵣἐγεγόνει τὸ σημεῖον τοῦτο τῆς ἰάσεως.

The Believers Pray for Boldness

23 Ἀπολυθέντες δὲ ἦλθον πρὸς τοὺς ἰδίους καὶ ἀπήγγειλαν ὅσα πρὸς αὐτοὺς οἱ ἀρχιερεῖς καὶ οἱ πρεσβύτεροι εἶπον. 24 Οἱ δὲ ἀκούσαντες ὁμοθυμαδὸν ἦραν φωνὴν πρὸς τὸν Θεὸν καὶ εἶπον, "Δέσποτα, σὺ °ὁ Θεὸς` ὁ ποιήσας τὸν οὐρανὸν καὶ τὴν γῆν καὶ τὴν θάλασσαν καὶ πάντα τὰ ἐν αὐτοῖς, 25 ὁ ᵀ¹διὰ ᵀ²στόματος Δαβὶδ⁵ παιδός σου εἰπών,

---

¹15 συνεβαλλον 𝔐 ℵΒΑ, Cr vs συνεβαλον ΤR
²16 ποιησωμεν ΜᵖᵗℵΒΑ, Cr vs ποιησομεν Μᵖᵗ, ΤR
³17 απειλησωμεθα ΜᵖᵗℵΒΑ, ΤR Cr vs απειλησομεθα Μᵖᵗ
⁴21 κολασονται 𝔐 vs κολασωνται ℵΑ, ΤR Cr vs κολασωσιν Β*
⁵25 Δαβιδ ΜℵΒΑ, Cr vs + του Μᶜᵛⁱᵈ, ΤR

---

16 ᵣαρνεισθαι ℵΒΑ vs 𝔐   17 °ℵΒΑ vs 𝔐   18 °ℵΒΑ vs 𝔐
19 ᶠ312 ℵΒΑ vs Μ   22 •τεσσερακοντα ℵΒ*Α vs 𝔐
22 ᵣγεγονει Β vs 𝔐ℵΑ   24 °ℵΒΑ vs 𝔐
25 ᵀ¹του πατρος ημων ℵΒΑ vs 𝔐
25 ᵀ²Πνευματος Αγιου ℵΒΑ vs 𝔐

« Ἱνατί ἐφρύαξαν ἔθνη,
Καὶ λαοὶ ἐμελέτησαν κενά?
26 Παρέστησαν οἱ βασιλεῖς τῆς γῆς,
Καὶ οἱ ἄρχοντες συνήχθησαν ἐπὶ τὸ αὐτὸ
Κατὰ τοῦ Κυρίου καὶ κατὰ τοῦ Χριστοῦ αὐτοῦ.»

27 "Συνήχθησαν γὰρ ἐπ᾽ ἀληθείας[1] ἐπὶ τὸν ἅγιον Παῖδά σου Ἰησοῦν, ὃν ἔχρισας, Ἡρώδης τε καὶ Πόντιος Πιλᾶτος, σὺν ἔθνεσι καὶ λαοῖς Ἰσραήλ, 28 ποιῆσαι ὅσα ἡ χείρ σου καὶ ἡ βουλή °σου προώρισε γενέσθαι. 29 Καὶ τὰ νῦν, Κύριε, ἔπιδε ἐπὶ τὰς ἀπειλὰς αὐτῶν, καὶ δὸς τοῖς δούλοις σου μετὰ παρρησίας πάσης λαλεῖν τὸν λόγον σου, 30 ἐν τῷ τὴν χεῖρά σου ἐκτείνειν σε[2] εἰς ἴασιν, καὶ σημεῖα καὶ τέρατα γίνεσθαι διὰ τοῦ ὀνόματος τοῦ ἁγίου Παιδός σου Ἰησοῦ." 31 Καὶ δεηθέντων αὐτῶν, ἐσαλεύθη ὁ τόπος ἐν ᾧ ἦσαν συνηγμένοι, καὶ ἐπλήσθησαν ἅπαντες Πνεύματος Ἁγίου,⌐ καὶ ἐλάλουν τὸν λόγον τοῦ Θεοῦ μετὰ παρρησίας.

The Believers Have All Things Common

32 Τοῦ δὲ πλήθους τῶν πιστευσάντων ἦν °[1]ἡ καρδία καὶ °[2]ἡ ψυχὴ μία, καὶ οὐδὲ εἷς τι τῶν ὑπαρχόντων αὐτῶν[3] ἔλεγεν ἴδιον εἶναι, ἀλλ᾽ ἦν αὐτοῖς ἅπαντα κοινά. 33 Καὶ μεγάλῃ δυνάμει[4] ἀπεδίδουν τὸ μαρτύριον οἱ ἀπόστολοι[5] τῆς ἀναστάσεως τοῦ Κυρίου Ἰησοῦ, χάρις τε μεγάλη ἦν ἐπὶ πάντας αὐτούς. 34 Οὐδὲ γὰρ ἐνδεής τις ὑπῆρχεν[6] ἐν

---

[1]27 αληθειας Mᵖᵗ ᵛⁱᵈ, TR vs +εν τη πολει ταυτη Mᵖᵗ ᵛⁱᵈℵB, Cr vs εν τη πολει σου ταυτη A

[2]30 την χειρα σου εκτεινειν σε Mℵ*, TR [Cr] vs την χειρα σου εκτεινειν Mᶜ vs την χειρα εκτεινειν σε B vs την χειρα σε εκτεινειν A vs εκτεινειν την χειρα σου 𝔭⁴⁵ ᵛⁱᵈ

[3]32 αυτων Mᵖᵗ vs αυτω MᵖᵗℵBA TR Cr

[4]33 μεγαλη δυναμει M𝔭⁴⁵ ᵛⁱᵈ, TR vs δυναμει μεγαλη MʳℵBA, Cr

[5]33 το μαρτυριον οι αποστολοι MᵖᵗℵB, TR Cr vs οι αποστολοι το μαρτυριον MᵖᵗA

[6]34 τις υπηρχεν M, TR vs τις ην MʳℵA, Cr vs ην τις B

---

28 °BA* vs 𝔐ℵ, [Cr]
31 ⌐του Αγιου Πνευματος ℵBA (του Πνευματος του Αγιου 𝔭⁴⁵) vs 𝔐   32 °¹ ²ℵBA vs 𝔐

25, 26 Ps. 2:1,2

αὐτοῖς· ὅσοι γὰρ κτήτορες χωρίων ἢ οἰκιῶν ὑπῆρχον, πωλοῦντες ἔφερον τὰς τιμὰς τῶν πιπρασκομένων 35 καὶ ἐτίθουν παρὰ τοὺς πόδας τῶν ἀποστόλων. ·Διεδίδοτο δὲ ἑκάστῳ καθότι ἄν¹ τις χρείαν εἶχεν.

36 ᴦ Ἰωσῆς δὲ ὁ ἐπικληθεὶς Βαρναβᾶς ἀπὸ² τῶν ἀποστόλων (ὅ ἐστι μεθερμηνευόμενον "Υἱὸς παρακλήσεως"), Λευίτης, Κύπριος τῷ γένει, 37 ὑπάρχοντος αὐτῷ ἀγροῦ, πωλήσας ἤνεγκε τὸ χρῆμα καὶ ἔθηκε ᴦπαρὰ τοὺς πόδας τῶν ἀποστόλων.

Ananias and Sapphira Lie to the Holy Spirit

5 Ἀνὴρ δέ τις Ἀνανίας ὀνόματι, σὺν Σαπφείρῃ³ τῇ γυναικὶ αὐτοῦ, ἐπώλησε κτῆμα 2 καὶ ἐνοσφίσατο ἀπὸ τῆς τιμῆς, ᴦσυνειδυίας καὶ τῆς γυναικὸς °αὐτοῦ, καὶ ἐνέγκας μέρος τι παρὰ τοὺς πόδας τῶν ἀποστόλων ἔθηκεν.

3 Εἶπε δὲ ᵀ Πέτρος, "Ἀνανία, διὰ τί ἐπλήρωσεν ὁ Σατανᾶς τὴν καρδίαν σου ψεύσασθαί σε τὸ Πνεῦμα τὸ Ἅγιον καὶ νοσφίσασθαί σε⁴ ἀπὸ τῆς τιμῆς τοῦ χωρίου? 4 Οὐχὶ μένον σοὶ ἔμενε καὶ πραθὲν ἐν τῇ σῇ ἐξουσίᾳ ὑπῆρχε? Τί ὅτι ἔθου ἐν τῇ καρδίᾳ σου τὸ πρᾶγμα τοῦτο? Οὐκ ἐψεύσω ἀνθρώποις ἀλλὰ τῷ Θεῷ." 5 Ἀκούων δὲ ὁ⁵ Ἀνανίας τοὺς λόγους τούτους, πεσὼν ἐξέψυξε. Καὶ ἐγένετο φόβος μέγας ἐπὶ πάντας τοὺς ἀκούοντας °ταῦτα. 6 Ἀναστάντες δὲ οἱ νεώτεροι συνέστειλαν αὐτὸν καὶ ἐξενέγκαντες ἔθαψαν.

7 Ἐγένετο δὲ ὡς ὡρῶν τριῶν διάστημα, καὶ ἡ γυνὴ αὐτοῦ μὴ εἰδυῖα τὸ γεγονὸς εἰσῆλθεν. 8 Ἀπεκρίθη δὲ ᴦαὐτῇ °ὁ Πέτρος, "Εἰπέ μοι, εἰ τοσούτου τὸ χωρίον ἀπέδοσθε?" Ἡ δὲ εἶπε, "Ναί, τοσούτου."

---

¹35 αν MᵖᵗℵBA, TR Cr vs − Mᵖᵗ
²36 απο MᵖᵗℵBA, Cr vs υπο Mᵖᵗ, TR
³1 Σαπφειρη MᵖᵗA, TR Cr vs Σαπφειρα MᵖᵗB vs Παμφιρη ℵ*
⁴3 σε M vs − ℵBA, TR Cr
⁵5 ο 𝔐ℵBA, Cr vs − TR

35 ·διεδιδετο ℵB*A vs 𝔐   36 ᴦΙωσηφ ℵBA vs 𝔐
37 ᴦπρος ℵ vs 𝔐BA   2 ᴦσυνειδυιης BA (συνειδυης ℵ) vs 𝔐
2 °ℵBA vs 𝔐   3 ᵀο ℵBA vs M   5 °ℵ*BA vs 𝔐
8 ᴦπρος αυτην ℵBA vs M   8 °ℵBA vs 𝔐

9 Ὁ δὲ Πέτρος °εἶπεν πρὸς αὐτήν, "Τί ὅτι συνεφωνήθη ὑμῖν πειράσαι τὸ Πνεῦμα Κυρίου? Ἰδού, οἱ πόδες τῶν θαψάντων τὸν ἄνδρα σου ἐπὶ τῇ θύρᾳ καὶ ἐξοίσουσί σε." 10 Ἔπεσε δὲ παραχρῆμα ⌐παρὰ τοὺς πόδας αὐτοῦ καὶ ἐξέψυξεν. Εἰσελθόντες δὲ οἱ νεανίσκοι εὗρον αὐτὴν νεκράν, καὶ ἐξενέγκαντες ἔθαψαν πρὸς τὸν ἄνδρα αὐτῆς. 11 Καὶ ἐγένετο φόβος μέγας ἐφ᾽ ὅλην τὴν ἐκκλησίαν καὶ ἐπὶ πάντας τοὺς ἀκούοντας ταῦτα.

The Church Experiences Continuing Power

12 Διὰ δὲ τῶν χειρῶν τῶν ἀποστόλων ἐγίνετο¹ σημεῖα καὶ τέρατα ⌐ἐν τῷ λαῷ πολλά.ᴸ Καὶ ἦσαν ὁμοθυμαδὸν ἅπαντες ἐν τῇ Στοᾷ Σολομῶντος.² 13 Τῶν δὲ λοιπῶν οὐδεὶς ἐτόλμα κολλᾶσθαι αὐτοῖς, ἀλλ᾽ ἐμεγάλυνεν αὐτοὺς ὁ λαός. 14 Μᾶλλον δὲ προσετίθεντο πιστεύοντες τῷ Κυρίῳ, πλήθη ἀνδρῶν τε καὶ γυναικῶν, 15 ὥστε ⌐¹κατὰ τὰς πλατείας ἐκφέρειν τοὺς ἀσθενεῖς καὶ τιθέναι ἐπὶ ⌐²κλινῶν καὶ •κραββάτων, ἵνα ἐρχομένου³ Πέτρου κἂν ἡ σκιὰ ἐπισκιάσῃ τινὶ αὐτῶν. 16 Συνήρχετο δὲ καὶ τὸ πλῆθος τῶν πέριξ πόλεων °εἰς Ἰερουσαλήμ, φέροντες ἀσθενεῖς καὶ ὀχλουμένους ὑπὸ πνευμάτων ἀκαθάρτων, οἵτινες⁴ ἐθεραπεύοντο ἅπαντες.

The Imprisoned Apostles Escape and Witness

17 Ἀναστὰς δὲ ὁ ἀρχιερεὺς καὶ πάντες οἱ σὺν αὐτῷ, ἡ οὖσα αἵρεσις τῶν Σαδδουκαίων, ἐπλήσθησαν ζήλου 18 καὶ ἐπέβαλον τὰς χεῖρας °αὐτῶν ἐπὶ τοὺς ἀποστόλους καὶ ἔθεντο αὐτοὺς ἐν τηρήσει δημοσίᾳ. 19 Ἄγγελος δὲ Κυρίου διὰ °τῆς νυκτὸς ⌐ἤνοιξε τὰς θύρας τῆς φυλακῆς, ἐξαγαγών

---

¹12 εγινετο MᵖᵗℵBA, TR Cr vs εγενετο Mᵖᵗ
²12 Σολομωντος Mᵖᵗ𝔭⁴⁵A, TR Cr vs Σολομωνος MᵖᵗB vs Σαλο-μωντος ℵ
³15 ερχομενου M𝔾 (h.C), TR Cr vs + του Mʳ
⁴16 οιτινες MℵBA, TR Cr vs και Mʳ

---

9 °ℵB vs 𝔐A   10 ⌐προς ℵBA vs 𝔐   12 ⌐41-3 𝔾 (h.C) vs M
15 ⌐¹και εις ℵBA vs M   15 ⌐²κλιναριων ℵBA vs 𝔐
15 •κραβαττων ℵB*A vs 𝔐   16 °ℵBA vs 𝔐   18 °𝔾 (h.C) vs 𝔐
19 °ℵ*BA vs 𝔐   19 ⌐ανοιξας ℵA vs 𝔐B

τε αὐτοὺς εἶπε, **20** "Πορεύεσθε, καὶ σταθέντες λαλεῖτε ἐν τῷ ἱερῷ τῷ λαῷ πάντα τὰ ῥήματα τῆς ζωῆς ταύτης." **21** Ἀκούσαντες δὲ εἰσῆλθον ὑπὸ τὸν ὄρθρον εἰς τὸ ἱερὸν καὶ ἐδίδασκον.

The Apostles Again Face the Sanhedrin

Παραγενόμενος δὲ ὁ ἀρχιερεὺς καὶ οἱ σὺν αὐτῷ, συνεκάλεσαν τὸ συνέδριον καὶ πᾶσαν τὴν γερουσίαν τῶν υἱῶν Ἰσραήλ, καὶ ἀπέστειλαν εἰς τὸ δεσμωτήριον ἀχθῆναι αὐτούς. **22** Οἱ δὲ ὑπηρέται παραγενόμενοι[1] οὐχ εὗρον αὐτοὺς ἐν τῇ φυλακῇ, ἀναστρέψαντες δὲ ἀπήγγειλαν, **23** λέγοντες ὅτι "Τὸ °μὲν δεσμωτήριον εὕρομεν κεκλεισμένον ἐν πάσῃ ἀσφαλείᾳ καὶ τοὺς φύλακας[2] ἑστῶτας ⌜πρὸ τῶν θυρῶν, ἀνοίξαντες δέ, ἔσω οὐδένα εὕρομεν!" **24** Ὡς δὲ ἤκουσαν τοὺς λόγους τούτους ὅ τε □ἱερεὺς καὶ ὁ⌐ στρατηγὸς τοῦ ἱεροῦ καὶ οἱ ἀρχιερεῖς, διηπόρουν περὶ αὐτῶν τί ἂν γένοιτο τοῦτο.

25 Παραγενόμενος δέ τις ἀπήγγειλεν αὐτοῖς[3] ὅτι "Ἰδού, οἱ ἄνδρες οὓς ἔθεσθε ἐν τῇ φυλακῇ εἰσὶν ἐν τῷ ἱερῷ ἑστῶτες καὶ διδάσκοντες τὸν λαόν!" **26** Τότε ἀπελθὼν ὁ στρατηγὸς σὺν τοῖς ὑπηρέταις ⌜ἤγαγεν αὐτούς, οὐ μετὰ βίας, ἐφοβοῦντο γὰρ τὸν λαόν, °ἵνα μὴ λιθασθῶσιν. **27** Ἀγαγόντες δὲ αὐτοὺς ἔστησαν ἐν τῷ συνεδρίῳ.

Καὶ ἐπηρώτησεν αὐτοὺς ὁ ἀρχιερεύς, **28** λέγων, "°Οὐ παραγγελίᾳ παρηγγείλαμεν ὑμῖν μὴ διδάσκειν ἐπὶ τῷ ὀνόματι τούτῳ? Καὶ ἰδοὺ πεπληρώκατε τὴν Ἰερουσαλὴμ τῆς διδαχῆς ὑμῶν καὶ βούλεσθε ἐπαγαγεῖν ἐφ᾽ ἡμᾶς τὸ αἷμα τοῦ ἀνθρώπου τούτου."

29 Ἀποκριθεὶς δὲ[4] Πέτρος καὶ οἱ ἀπόστολοι εἶπον, "Πειθαρχεῖν δεῖ Θεῷ μᾶλλον ἢ ἀνθρώποις. **30** Ὁ Θεὸς τῶν

[1]**22** υπηρεται παραγενομενοι M, TR vs παραγενομενοι υπηρεται M𝔯אBA, Cr
[2]**23** φυλακας 𝔐 אBA, Cr vs +εξω TR
[3]**25** αυτοις 𝔐 אBA, Cr vs +λεγων TR
[4]**29** δε 𝔐 אBA Cr vs +ο TR

23 °אBA vs 𝔐   **23** ⌜επι אBA vs 𝔐   **24** □אBA vs 𝔐
26 ⌜ηγεν אB vs 𝔐 A   **26** °אB vs 𝔐 A   **28** °א*BA vs 𝔐, [Cr]

πατέρων ἡμῶν ἤγειρεν Ἰησοῦν, ὃν ὑμεῖς διεχειρίσασθε κρεμάσαντες ἐπὶ ξύλου. 31 Τοῦτον ὁ Θεὸς Ἀρχηγὸν καὶ Σωτῆρα ὕψωσε τῇ δεξιᾷ αὐτοῦ, ᵀ δοῦναι μετάνοιαν τῷ Ἰσραὴλ καὶ ἄφεσιν ἁμαρτιῶν. 32 Καὶ ἡμεῖς ἐσμεν ᴼ¹αὐτοῦ μάρτυρες τῶν ῥημάτων τούτων, καὶ τὸ Πνεῦμα ᴼ²δὲ τὸ Ἅγιον ὃ ἔδωκεν ὁ Θεὸς τοῖς πειθαρχοῦσιν αὐτῷ."

Gamaliel Gives Good Advice

33 Οἱ δὲ ἀκούσαντες¹ διεπρίοντο καὶ ⌐ἐβουλεύοντο ἀνελεῖν αὐτούς. 34 Ἀναστὰς δέ τις ἐν τῷ συνεδρίῳ Φαρισαῖος ὀνόματι Γαμαλιήλ, νομοδιδάσκαλος τίμιος παντὶ τῷ λαῷ, ἐκέλευσεν ἔξω βραχύ ᴼτι τοὺς ⌐ἀποστόλους ποιῆσαι.

35 Εἶπέ τε πρὸς αὐτούς, "Ἄνδρες Ἰσραηλῖται, προσέχετε ἑαυτοῖς ἐπὶ τοῖς ἀνθρώποις τούτοις τί μέλλετε πράσσειν. 36 Πρὸ γὰρ τούτων τῶν ἡμερῶν ἀνέστη Θευδᾶς, λέγων εἶναί τινα ἑαυτόν, ᾧ προσεκλήθη² ⌐ἀριθμὸς ἀνδρῶν² ὡσεὶ³ τετρακοσίων· ὃς ἀνῃρέθη, καὶ πάντες ὅσοι ἐπείθοντο αὐτῷ διελύθησαν καὶ ἐγένοντο εἰς οὐδέν. 37 Μετὰ τοῦτον ἀνέστη Ἰούδας ὁ Γαλιλαῖος ἐν ταῖς ἡμέραις τῆς ἀπογραφῆς καὶ ἀπέστησε λαὸν ᴼἱκανὸν ὀπίσω αὐτοῦ. Κἀκεῖνος ἀπώλετο, καὶ πάντες ὅσοι ἐπείθοντο αὐτῷ διεσκορπίσθησαν. 38 Καὶ τὰ νῦν λέγω ὑμῖν, ἀπόστητε ἀπὸ τῶν ἀνθρώπων τούτων καὶ ⌐ἐάσατε αὐτούς· ὅτι ἐὰν ᾖ ἐξ ἀνθρώπων ἡ βουλὴ⁴ ἢ τὸ ἔργον τοῦτο, καταλυθήσεται· 39 εἰ δὲ ἐκ Θεοῦ ἐστιν, οὐ δύνασθε⁵ καταλῦσαι ⌐αὐτό, μήποτε καὶ θεομάχοι εὑρεθῆτε."

---

¹33 ακουσαντες MᵖᵗℵΒΑ, TR Cr vs ακουοντες Mᵖᵗ𝔭⁴⁵
²36 προσεκληθη M vs προσεκλιθη ℵΒΑ, Cr vs προσεκληθησαν C* vs προσεκολληθη TR
³36 ωσει Mℵ*, TR vs ως M⌐ΒΑC, Cr
⁴38 βουλη M vs + αυτη M¹𝕲 (h.𝔭⁴⁵), TR Cr
⁵39 δυνασθε MᵖᵗA, TR vs δυνησεσθε MᵖᵗℵΒC, Cr

---

31 ᵀτου ℵ*Β, [Cr] vs 𝕸A   32 ᴼ¹ℵA vs M (εν αυτω Β)
32 ᴼ²𝕲 (h.C) vs 𝕸   33 ⌐εβουλοντο ΒΑ vs 𝕸ℵ   34 ᴼℵΒΑ vs M
34 ⌐ανθρωπους 𝕲 (h.C) vs M   36 ᶠ𝕲 (h.𝔭⁴⁵) vs 𝕸
37 ᴼℵΒΑ* vs 𝕸; (πολυ C*)   38 ⌐αφετε 𝕲 (h.𝔭⁴⁵) vs 𝕸
39 ⌐αυτους ℵΒΑ vs MC*ᵛⁱᵈ

40 Ἐπείσθησαν δὲ αὐτῷ, καὶ προσκαλεσάμενοι τοὺς ἀποστόλους, δείραντες παρήγγειλαν μὴ λαλεῖν ἐπὶ τῷ ὀνόματι τοῦ Ἰησοῦ, καὶ ἀπέλυσαν °αὐτούς. **41** Οἱ μὲν οὖν ἐπορεύοντο χαίροντες ἀπὸ προσώπου τοῦ συνεδρίου ὅτι ὑπὲρ τοῦ ὀνόματος τοῦ Ἰησοῦ κατηξιώθησαν[1] ἀτιμασθῆναι. **42** Πᾶσάν τε ἡμέραν, ἐν τῷ ἱερῷ καὶ κατ᾽ οἶκον, οὐκ ἐπαύοντο διδάσκοντες καὶ εὐαγγελιζόμενοι Ἰησοῦν τὸν Χριστόν.[2]

The Disciples Choose Seven to Serve

6 Ἐν δὲ ταῖς ἡμέραις ταύταις, πληθυνόντων τῶν μαθητῶν, ἐγένετο γογγυσμὸς τῶν Ἑλληνιστῶν πρὸς τοὺς Ἑβραίους ὅτι παρεθεωροῦντο ἐν τῇ διακονίᾳ τῇ καθημερινῇ αἱ χῆραι αὐτῶν.

2 Προσκαλεσάμενοι δὲ οἱ δώδεκα τὸ πλῆθος τῶν μαθητῶν, εἶπον, "Οὐκ ἀρεστόν ἐστιν ἡμᾶς, καταλείψαντας τὸν λόγον τοῦ Θεοῦ, διακονεῖν τραπέζαις. **3** Ἐπισκέψασθε ᵣοὖν, ἀδελφοί, ἄνδρας ἐξ ὑμῶν μαρτυρουμένους ἑπτά, πλήρεις Πνεύματος °Ἁγίου καὶ σοφίας, οὓς καταστήσωμεν[3] ἐπὶ τῆς χρείας ταύτης. **4** Ἡμεῖς δὲ τῇ προσευχῇ καὶ τῇ διακονίᾳ τοῦ λόγου προσκαρτερήσομεν." **5** Καὶ ἤρεσεν ὁ λόγος ἐνώπιον παντὸς τοῦ πλήθους, καὶ ἐξελέξαντο Στέφανον, ἄνδρα πλήρης[4] πίστεως καὶ Πνεύματος Ἁγίου, καὶ Φίλιππον καὶ Πρόχορον καὶ Νικάνορα καὶ Τίμωνα καὶ Παρμενᾶν καὶ Νικόλαον προσήλυτον Ἀντιοχέα, **6** οὓς ἔστησαν ἐνώπιον τῶν ἀποστόλων, καὶ προσευξάμενοι ἐπέθηκαν αὐτοῖς τὰς χεῖρας.

---

[1]**41** υπερ του ονοματος του Ιησου κατηξιωθησαν M^pt vs κατη-ξιωθησαν υπερ του ονοματος του Χριστου M^pt vs υπερ του ονοματος αυτου κατηξιωθησαν **TR** vs κατηξιωθησαν υπερ του ονοματος 𝕲 (h.𝔭⁴⁵), **Cr**
[2]**42** Ιησουν τον Χριστον M^pt, **TR** vs τον Χριστον Ιησουν M^pt𝕂ΒΑ, **Cr** vs τον Κυριον Ιησουν **C**
[3]**3** καταστησωμεν M^pt vs καταστησομεν M^pt𝕲 (h.𝔭⁴⁵), **TR Cr**
[4]**5** πληρης M^pt𝕂AC*, **Cr** vs πληρη M^ptΒ, **TR**

---

40 °𝕲 (h.𝔭⁴⁵) vs 𝔐   **3** ᵣδε 𝕂Β vs 𝔐C; (δη Α)   **3** °𝕂Β vs 𝔐AC*

7 Καὶ ὁ λόγος τοῦ Θεοῦ ηὔξανε, καὶ ἐπληθύνετο ὁ ἀριθμὸς τῶν μαθητῶν ἐν Ἰερουσαλὴμ σφόδρα, πολύς τε ὄχλος τῶν ἱερέων ὑπήκουον τῇ πίστει.

False Witnesses Accuse Stephen of Blasphemy

8 Στέφανος δὲ πλήρης ⌜πίστεως καὶ δυνάμεως ἐποίει τέρατα καὶ σημεῖα μεγάλα ἐν τῷ λαῷ. 9 Ἀνέστησαν δέ τινες τῶν ἐκ τῆς Συναγωγῆς τῆς λεγομένης Λιβερτίνων καὶ Κυρηναίων καὶ Ἀλεξανδρέων καὶ τῶν ἀπὸ Κιλικίας καὶ Ἀσίας συζητοῦντες τῷ Στεφάνῳ. 10 Καὶ οὐκ ἴσχυον ἀντιστῆναι τῇ σοφίᾳ καὶ τῷ Πνεύματι ᾧ ἐλάλει.

11 Τότε ὑπέβαλον ἄνδρας λέγοντας ὅτι "Ἀκηκόαμεν αὐτοῦ λαλοῦντος ῥήματα βλάσφημα εἰς Μωσῆν καὶ τὸν Θεόν." 12 Συνεκίνησάν τε τὸν λαὸν καὶ τοὺς πρεσβυτέρους καὶ τοὺς γραμματεῖς, καὶ ἐπιστάντες συνήρπασαν αὐτὸν καὶ ἤγαγον εἰς τὸ συνέδριον, 13 ἔστησάν τε μάρτυρας ψευδεῖς λέγοντας, "Ὁ ἄνθρωπος οὗτος οὐ παύεται ⌜ῥήματα βλάσφημα λαλῶν⌝ κατὰ τοῦ τόπου τοῦ ἁγίου[1] καὶ τοῦ νόμου· 14 ἀκηκόαμεν γὰρ αὐτοῦ λέγοντος ὅτι Ἰησοῦς ὁ Ναζωραῖος οὗτος καταλύσει τὸν τόπον τοῦτον καὶ ἀλλάξει τὰ ἔθη ἃ παρέδωκεν ἡμῖν Μωσῆς." 15 Καὶ ἀτενίσαντες εἰς αὐτὸν ⌜ἅπαντες οἱ καθεζόμενοι ἐν τῷ συνεδρίῳ εἶδον τὸ πρόσωπον αὐτοῦ ὡσεὶ πρόσωπον ἀγγέλου.

Stephen Recounts the Call of Abraham

7 Εἶπε δὲ ὁ ἀρχιερεύς, "Εἰ °ἄρα ταῦτα οὕτως ἔχει?" 2 Ὁ δὲ ἔφη, "Ἄνδρες ἀδελφοὶ καὶ πατέρες, ἀκούσατε. Ὁ Θεὸς τῆς δόξης ὤφθη τῷ πατρὶ ἡμῶν Ἀβραὰμ ὄντι ἐν τῇ Μεσοποταμίᾳ πρὶν ἢ κατοικῆσαι αὐτὸν ἐν Χαρράν, 3 καὶ εἶπε πρὸς αὐτόν, «Ἔξελθε ἐκ τῆς γῆς σου καὶ °ἐκ τῆς συγγενείας σου, καὶ δεῦρο εἰς ᵀ γῆν ἣν ἄν σοι δείξω.» 4 Τότε ἐξελθὼν ἐκ γῆς Χαλδαίων κατῴκησεν ἐν

---

[1]13 αγιου **Mא**A vs + τουτου BC, TR [Cr]

8 ⌜χαριτος 𝔭⁴⁵ᵛⁱᵈאBA vs M   13 ⌜31 אBC vs M; (13 A)
15 ⌜παντες 𝔊 (h.𝔭⁴⁵) vs 𝔐   1 °𝔊 (h.𝔭⁴⁵) vs 𝔐
3 °B vs 𝔐אAC, [Cr]   3 ᵀτην 𝔊 (h.𝔭⁴⁵) vs 𝔐

3 Gen. 12:1

Χαρράν. Κἀκεῖθεν,[1] μετὰ τὸ ἀποθανεῖν τὸν πατέρα αὐτοῦ, μετῴκισεν αὐτὸν εἰς τὴν γῆν ταύτην εἰς ἣν ὑμεῖς νῦν κατοικεῖτε, 5 καὶ οὐκ ἔδωκεν αὐτῷ κληρονομίαν ἐν αὐτῇ οὐδὲ βῆμα ποδός, καὶ ἐπηγγείλατο δοῦναι αὐτῷ εἰς κατάσχεσιν αὐτὴν[2] καὶ τῷ σπέρματι αὐτοῦ μετ᾽ αὐτόν, οὐκ ὄντος αὐτῷ τέκνου. 6 Ἐλάλησε δὲ οὕτως ὁ Θεός, ὅτι ἔσται τὸ σπέρμα αὐτοῦ πάροικον ἐν γῇ ἀλλοτρίᾳ, καὶ δουλώσουσιν αὐτὸ καὶ κακώσουσιν ἔτη τετρακόσια. 7 ʿΚαὶ τὸ ἔθνος, ᾧ[3] ἐὰν ⌐δουλεύσωσιν, κρινῶ ἐγώ,ʾ ⌐εἶπεν ὁ Θεός,⌐ ʿκαὶ μετὰ ταῦτα ἐξελεύσονται καὶ λατρεύσουσί μοι ἐν τῷ τόπῳ τούτῳ.ʾ 8 Καὶ ἔδωκεν αὐτῷ διαθήκην περιτομῆς· καὶ οὕτως ἐγέννησε τὸν Ἰσαὰκ καὶ περιέτεμεν αὐτὸν τῇ ἡμέρᾳ τῇ ὀγδόῃ, καὶ [o1]ὁ Ἰσαὰκ τὸν Ἰακώβ, καὶ [o2]ὁ Ἰακὼβ τοὺς δώδεκα πατριάρχας.

The Patriarchs Go Down to Egypt

9 ʺΚαὶ οἱ πατριάρχαι ζηλώσαντες τὸν Ἰωσὴφ ἀπέδοντο εἰς Αἴγυπτον· καὶ ἦν ὁ Θεὸς μετ᾽ αὐτοῦ, 10 καὶ ἐξείλετο αὐτὸν ἐκ πασῶν τῶν θλίψεων αὐτοῦ, καὶ ἔδωκεν αὐτῷ χάριν καὶ σοφίαν ἐναντίον Φαραὼ βασιλέως Αἰγύπτου, καὶ κατέστησεν αὐτὸν ἡγούμενον ἐπ᾽ Αἴγυπτον καὶ [T]ὅλον τὸν οἶκον αὐτοῦ. 11 Ἦλθε δὲ λιμὸς ἐφ᾽ ὅλην τὴν [o]γῆν ⌐1Αἰγύπτου καὶ Χανάαν, καὶ θλῖψις μεγάλη, καὶ οὐχ ⌐2εὕρισκον χορτάσματα οἱ πατέρες ἡμῶν. 12 Ἀκούσας δὲ Ἰακὼβ ὄντα ⌐σῖτα ʿἐν Αἰγύπτῳʾ ἐξαπέστειλε τοὺς πατέρας ἡμῶν πρῶτον. 13 Καὶ ἐν τῷ δευτέρῳ ἀνεγνωρίσθη Ἰωσὴφ τοῖς ἀδελφοῖς αὐτοῦ, καὶ φανερὸν

---

[1] 4 κακειθεν M[pt]𝔊 (h.𝔭[45]), TR Cr vs και εκειθεν M[pt]
[2] 5 δουναι αυτω εις κατασχεσιν αυτην M[pt]BC, Cr vs δουναι αυτην εις κατασχεσιν αυτω M[pt]אA vs αυτω δουναι αυτην εις κατασχεσιν αυτω M[pt] vs αυτω δουναι εις κατασχεσιν αυτην TR
[3] 7 ω M[pt]𝔊 (h.𝔭[45]), TR Cr vs ο M[pt]

---

7 ⌐δουλευσουσιν AC vs M[vid]אB   7 ⌐231 𝔊 (h.𝔭[45]) vs 𝔐
8 o1 2 𝔊 (h.𝔭[45]) vs 𝔐   10 Tεφ אAC, [Cr] vs MB
11 o𝔊 (h.𝔭[45]) vs 𝔐   11 ⌐1Αιγυπτον 𝔊 vs 𝔐
11 ⌐2ηυρισκον B vs 𝔐אAC   12 ⌐σιτια 𝔊 (h.𝔭[45]) vs 𝔐
12 ʿεις Αιγυπτον 𝔊 (h.𝔭[45]) vs 𝔐

ἐγένετο τῷ Φαραὼ τὸ γένος °τοῦ Ἰωσήφ. 14 Ἀπο-
στείλας δὲ Ἰωσὴφ μετεκαλέσατο τὸν πατέρα αὐτοῦ
Ἰακὼβ¹ καὶ πᾶσαν τὴν συγγένειαν,² ἐν ψυχαῖς ἑβδο-
μήκοντα πέντε.³ 15 Κατέβη δὲ Ἰακὼβ εἰς Αἴγυπτον.
Καὶ ἐτελεύτησεν αὐτὸς καὶ οἱ πατέρες ἡμῶν, 16 καὶ
μετετέθησαν εἰς Συχὲμ καὶ ἐτέθησαν ἐν τῷ μνήματι ὃ⁴
ὠνήσατο Ἀβραὰμ τιμῆς ἀργυρίου παρὰ τῶν υἱῶν Ἐμμόρ⁵
ᵣτοῦ Συχέμ.

God Delivers Israel Through Moses

17 Καθὼς δὲ ἤγγιζεν ὁ χρόνος τῆς ἐπαγγελίας ἧς
ᵣὤμοσεν ὁ Θεὸς τῷ Ἀβραάμ, ηὔξησεν ὁ λαὸς καὶ
ἐπληθύνθη ἐν Αἰγύπτῳ, 18 ·ἄχρις οὗ ἀνέστη βασιλεὺς
ἕτερος ᵀ ὃς οὐκ ᾔδει τὸν Ἰωσήφ. 19 Οὗτος κατασοφισά-
μενος τὸ γένος ἡμῶν ἐκάκωσε τοὺς πατέρας °ἡμῶν τοῦ
ποιεῖν ˢἔκθετα τὰ βρέφη² αὐτῶν εἰς τὸ μὴ ζῳογονεῖ-
σθαι. 20 Ἐν ᾧ καιρῷ ἐγεννήθη Μωσῆς καὶ ἦν ἀστεῖος τῷ
Θεῷ· ὃς ἀνετράφη μῆνας τρεῖς ἐν τῷ οἴκῳ τοῦ πατρός.⁶
21 ᶠἘκτεθέντα δὲ αὐτὸν ᑎ ἀνείλετο⁷ ἡ θυγάτηρ Φαραὼ καὶ
ἀνεθρέψατο αὐτὸν ἑαυτῇ εἰς υἱόν. 22 Καὶ ἐπαιδεύθη
Μωσῆς ᵀ πάσῃ σοφίᾳ Αἰγυπτίων, ἦν δὲ δυνατὸς ἐν
λόγοις καὶ⁸ ἔργοις.⁹ 23 Ὡς δὲ ἐπληροῦτο αὐτῷ ·τεσ-
σαρακονταετὴς χρόνος, ἀνέβη ἐπὶ τὴν καρδίαν αὐτοῦ

¹14 τον πατερα αυτου Ιακωβ Mᵖᵗ𝔭⁴⁵, TR vs Ιακωβ τον πατερα
αυτου Mᵖᵗ 𝕲, Cr
²14 συγγενειαν M𝕶BA, Cr vs +αυτου MᶜC, TR
³14 ψυχαις εβδομηκοντα πεντε Mᵖᵗ𝕲 (h.𝔭⁴⁵), TR Cr vs εβδο-
μηκοντα πεντε ψυχαις Mᵖᵗ
⁴16 ο Mᵖᵗ, TR vs ω Mᵖᵗ𝕲 (h.𝔭⁴⁵), Cr
⁵16 Εμμορ Mᵖᵗ, TR vs Εμμωρ Mᵖᵗ𝕲 (h.𝔭⁴⁵), Cr
⁶20 πατρος M𝕲 (h.𝔭⁴⁵), Cr vs +αυτου TR
⁷21 ανειλετο Mᵖᵗ vs +αυτον Mᵖᵗ𝕲 (h.𝔭⁴⁵), TR Cr
⁸22 και M𝕲 (h.𝔭⁴⁵), Cr vs +εν TR
⁹22 εργοις Mᵖᵗ, TR vs +αυτου Mᵖᵗ𝕲 (h.𝔭⁴⁵), Cr

13 °𝕲 vs 𝔐𝔭⁴⁵, [Cr]   15 ᶠκαι κατεβη 𝕶AC vs 𝔐B
16 ᵣεν 𝕶*BC vs M; (του εν A)
17 ᵣωμολογησεν 𝕲 vs 𝔐; (επηγγειλατο 𝔭⁴⁵ᵛⁱᵈ) 18 ·αχρι B*C vs𝔐𝕶A
18 ᵀεπ Αιγυπτον 𝕲 vs M, [Cr]   19 °𝕶B vs 𝔐 AC, [Cr]
19 ˢ231 𝕲 vs 𝔐𝔭⁴⁵   21 ᶠεκτεθεντος δε αυτου 𝕲 (h.𝔭⁴⁵) vs 𝔐
22 ᵀεν 𝕶AC, [Cr] vs 𝔐B   23 ·τεσσερακονταετης 𝕲 (h.𝔭⁴⁵) vs 𝔐

ἐπισκέψασθαι τοὺς ἀδελφοὺς αὐτοῦ τοὺς υἱοὺς Ἰσραήλ. 24 Καὶ ἰδών τινα ἀδικούμενον ἠμύνατο καὶ ἐποίησεν ἐκδίκησιν τῷ καταπονουμένῳ πατάξας τὸν Αἰγύπτιον. 25 Ἐνόμιζε δὲ συνιέναι τοὺς ἀδελφοὺς °αὐτοῦ ὅτι ὁ Θεὸς διὰ χειρὸς αὐτοῦ δίδωσιν ⌐αὐτοῖς σωτηρίαν,⌐ οἱ δὲ οὐ συνῆκαν. 26 Τῇ τε ἐπιούσῃ ἡμέρᾳ ὤφθη αὐτοῖς μαχομένοις, καὶ ⌐συνήλασεν αὐτοὺς εἰς εἰρήνην, εἰπών, '"Ανδρες, ἀδελφοί ἐστε °ὑμεῖς! Ἱνατί ἀδικεῖτε ἀλλήλους?'

27 "Ὁ δὲ ἀδικῶν τὸν πλησίον ἀπώσατο αὐτὸν¹ εἰπών, «Τίς σε κατέστησεν ἄρχοντα καὶ δικαστὴν ἐφ᾽ ἡμᾶς²? 28 Μὴ ἀνελεῖν με σὺ θέλεις ὃν τρόπον ἀνεῖλες ⌐χθὲς τὸν Αἰγύπτιον⌐?'» 29 Ἔφυγε δὲ Μωσῆς ἐν τῷ λόγῳ τούτῳ, καὶ ἐγένετο πάροικος ἐν γῇ Μαδιάμ, οὗ ἐγέννησεν υἱοὺς δύο.

30 "Καὶ πληρωθέντων ἐτῶν ·τεσσαράκοντα, ὤφθη αὐτῷ ἐν τῇ ἐρήμῳ τοῦ Ὄρους Σινᾶ ἄγγελος °Κυρίου ἐν φλογὶ πυρὸς βάτου. 31 Ὁ δὲ Μωσῆς ἰδὼν ἐθαύμαζε³ τὸ ὅραμα· προσερχομένου δὲ αὐτοῦ κατανοῆσαι, ἐγένετο φωνὴ Κυρίου □πρὸς αὐτόν,⌐ 32 «᾽Εγὼ ὁ Θεὸς τῶν πατέρων σου, ὁ Θεὸς Ἀβραὰμ καὶ □ὁ Θεὸς⌐ Ἰσαὰκ καὶ □²ὁ Θεὸς⌐ Ἰακώβ.'» Ἔντρομος δὲ γενόμενος Μωσῆς οὐκ ἐτόλμα κατανοῆσαι. 33 «Εἶπε δὲ αὐτῷ ὁ Κύριος, Λῦσον τὸ ὑπόδημα τῶν ποδῶν σου, ὁ γὰρ τόπος ⌐ἐν ᾧ ἕστηκας γῆ ἁγία ἐστίν. 34 Ἰδὼν εἶδον τὴν κάκωσιν τοῦ λαοῦ μου τοῦ ἐν Αἰγύπτῳ, καὶ τοῦ στεναγμοῦ αὐτῶν ἤκουσα, καὶ κατέβην ἐξελέσθαι αὐτούς· καὶ νῦν δεῦρο, ⌐ἀποστελῶ σε εἰς Αἴγυπτον.'» 35 Τοῦτον τὸν Μωσῆν ὃν ἠρνήσαντο εἰπόντες, «Τίς σε

¹27 αυτον ΜΘ (h.𝔭⁴⁵), TR Cr vs τουτον Μʳ
²27 ημας Μᵖᵗ, TR vs ημων ΜᵖᵗΘ (h.𝔭⁴⁵), Cr
³31 εθαυμαζε(ν) Μℵ, Cr vs εθαυμασε(ν) ΜʳBAC, TR

25 °ℵB vs 𝔐AC, [Cr]   25 ⌐Θ (h.𝔭⁴⁵) vs 𝔐
26 ⌐συνηλασσεν ℵBC vs 𝔐A
26 °Θ (h.𝔭⁴⁵) vs Μ
28 ⌐εχθες τον Αιγυπτιον ℵB*C vs 𝔐; (τον Αιγυπτιον χθες A)
30 ·τεσσερακοντα Θ (h.𝔭⁴⁵) vs 𝔐   30 °Θ (h.𝔭⁴⁵) vs 𝔐
31 □ℵBA vs 𝔐C   32 □¹ ²Θ (h.𝔭⁴⁵) vs 𝔐
33 ⌐εφ Θ vs 𝔐   34 ⌐αποστειλω Θ (h.𝔭⁴⁵) vs 𝔐

27,28 Gen. 15:14   32 Ex. 3:6,15   33,34 Ex. 3:5,7,8,10

κατέστησεν ἄρχοντα καὶ δικαστήν[1]?'» Τοῦτον ὁ Θεὸς [T] ἄρ-
χοντα[2] καὶ λυτρωτὴν [r1]ἀπέστειλεν [r2]ἐν χειρὶ ἀγγέλου τοῦ
ὀφθέντος αὐτῷ ἐν τῇ βάτῳ. 36 Οὗτος ἐξήγαγεν αὐτοὺς
ποιήσας τέρατα καὶ σημεῖα ἐν γῇ Αἰγύπτῳ[3] καὶ ἐν
Ἐρυθρᾷ Θαλάσσῃ καὶ ἐν τῇ ἐρήμῳ ἔτη ·τεσσαράκοντα.

Israel Rebels Against God

37 "Οὗτός ἐστιν ὁ[4] Μωσῆς ὁ [r]εἰπὼν τοῖς υἱοῖς Ἰσραήλ,
«Προφήτην ὑμῖν ἀναστήσει °Κύριος ὁ Θεὸς ἡμῶν[5] ἐκ τῶν
ἀδελφῶν ὑμῶν ὡς ἐμέ.[6]» 38 Οὗτός ἐστιν ὁ γενόμενος ἐν
τῇ ἐκκλησίᾳ ἐν τῇ ἐρήμῳ μετὰ τοῦ ἀγγέλου τοῦ λαλοῦντος
αὐτῷ ἐν τῷ Ὄρει Σινᾶ καὶ τῶν πατέρων ἡμῶν, ὃς ἐδέξατο
λόγια[7] ζῶντα δοῦναι ἡμῖν, 39 ᾧ οὐκ ἠθέλησαν ὑπήκοοι
γενέσθαι οἱ πατέρες ἡμῶν ἀλλ' ἀπώσαντο καὶ ἐστρά-
φησαν τῇ καρδίᾳ[8] αὐτῶν εἰς Αἴγυπτον, 40 εἰπόντες τῷ
Ἀαρών, «Ποίησον ἡμῖν θεοὺς οἳ προπορεύσονται ἡμῶν·
ὁ γὰρ Μωσῆς οὗτος, ὃς ἐξήγαγεν ἡμᾶς ἐκ γῆς Αἰγύπτου,
οὐκ οἴδαμεν τί [r]γέγονεν αὐτῷ.» 41 Καὶ ἐμοσχοποίησαν
ἐν ταῖς ἡμέραις ἐκείναις καὶ ἀνήγαγον θυσίαν τῷ εἰδώλῳ,
καὶ εὐφραίνοντο ἐν τοῖς ἔργοις τῶν χειρῶν αὐτῶν.
42 Ἔστρεψε δὲ ὁ Θεὸς καὶ παρέδωκεν αὐτοὺς λατρεύειν
τῇ στρατιᾷ τοῦ οὐρανοῦ, καθὼς γέγραπται ἐν Βίβλῳ
τῶν Προφητῶν,

---

[1]35 δικαστην M^pt𝔭^45BA, TR Cr vs + εφ ημας M^pt vs + εφ ημων 𝐍C
[2]35 αρχοντα M𝐍BC, TR Cr vs αρχηγον M^rA
[3]36 Αιγυπτω 𝔐𝐆 (h.𝔭^45), Cr vs Αιγυπτου TR
[4]37 ο M^pt𝐆 (h.𝔭^45), TR Cr vs — M^pt
[5]37 ημων M vs — 𝐆 (h.𝔭^45), Cr vs υμων TR
[6]37 εμε M𝐍BA, Cr vs + αυτου ακουσεσθε M^lC, TR
[7]38 λογια M^pt𝐆, TR Cr vs λογον M^pt
[8]39 τη καρδια M vs ταις καρδιαις TR vs εν ταις καρδιαις 𝐆, Cr

---

35 [T]και B, [Cr] vs 𝔐𝐍*AC   35 [r1]απεσταλκεν 𝐍BA vs 𝔐C
35 [r2]συν BAC vs 𝔐𝐍   36 ·τεσσερακοντα 𝐆 (h.𝔭^45) vs 𝔐; (μ 𝔭^45)
37 [r]ειπας 𝐆 (h.𝔭^45) vs 𝔐   37 °𝐍BA vs 𝔐C
40 [r]εγενετο 𝐆 (h.𝔭^45) vs 𝔐

---

35 Ex. 2:14   37 Deut. 18:15   40 Ex. 32:1,23

«Μὴ σφάγια καὶ θυσίας προσηνέγκατέ μοι
Ἔτη τεσσαράκοντα ἐν τῇ ἐρήμῳ, οἶκος Ἰσραήλ[1]?
43 Καὶ ἀνελάβετε τὴν σκηνὴν τοῦ Μολὸχ
Καὶ τὸ ἄστρον τοῦ θεοῦ °ὑμῶν Ῥεμφάν,[2]
Τοὺς τύπους οὓς ἐποιήσατε προσκυνεῖν αὐτοῖς·
Καὶ μετοικιῶ ὑμᾶς ἐπέκεινα Βαβυλῶνος.»

God's True Tabernacle

44 "Ἡ σκηνὴ τοῦ μαρτυρίου ἦν[3] τοῖς πατράσιν ἡμῶν ἐν
τῇ ἐρήμῳ, καθὼς διετάξατο ὁ λαλῶν τῷ Μωσῇ ποιῆσαι
αὐτὴν κατὰ τὸν τύπον ὃν ἑωράκει,[4] 45 ἣν καὶ εἰσήγαγον
διαδεξάμενοι οἱ πατέρες ἡμῶν μετὰ Ἰησοῦ ἐν τῇ κατα-
σχέσει τῶν ἐθνῶν ὧν ἐξῶσεν ὁ Θεὸς ἀπὸ προσώπου
τῶν πατέρων ἡμῶν ἕως τῶν ἡμερῶν Δαβίδ, 46 ὃς εὗρε
χάριν ἐνώπιον τοῦ Θεοῦ καὶ ᾐτήσατο εὑρεῖν σκήνωμα τῷ
ⸯΘεῷ Ἰακώβ. 47 Σολομῶν δὲ ⸯᾠκοδόμησεν αὐτῷ οἶκον.
48 Ἀλλ᾽ οὐχ ὁ Ὕψιστος ἐν χειροποιήτοις °ναοῖς κατοικεῖ·
καθὼς ὁ προφήτης λέγει,

49 «Ὁ οὐρανός μοι θρόνος,
Ἡ δὲ γῆ ὑποπόδιον τῶν ποδῶν μου·
Ποῖον οἶκον οἰκοδομήσετέ μοι, λέγει Κύριος,
Ἢ τίς τόπος τῆς καταπαύσεώς μου;
50 Οὐχὶ ἡ χείρ μου ἐποίησε ταῦτα πάντα[5]?»

---

[1]42 ετη τεσσαρακοντα εν τη ερημω οικος Ισραηλ M, TR (τεσ-
σερακοντα for τεσσαρακοντα אC, Cr) vs εν τη ερημω ετη
τεσσαρακοντα οικος Ισραηλ Mʳ vs ετη τεσσερακοντα οικος
Ισραηλ B* vs εν τη ερημω οικος Ισραηλ ετη τεσσερακοντα A
[2]43 Ρεμφαν Mᵖᵗ, TR vs Ρεφαν MᵖᵗC vs Ρεφφαν Mᵖᵗ vs Ραιφαν A, Cr
vs Ρομφα B vs Ρομφαν א*
[3]44 ην MG (h.𝔭⁴⁵), Cr vs + εν TR
[4]44 εωρακει MᵖᵗG (h.𝔭⁴⁵), TR Cr vs εωρακεν Mᵖᵗ
[5]50 ταυτα παντα MᵖᵗאB, TR Cr vs παντα ταυτα MᵖᵗAC

43 °B vs 𝔐 אAC, [Cr]   46 ⸯοικω א*B vs 𝔐AC
47 ⸯοικοδομησεν B* vs 𝔐 אAC   48 °G (h.𝔭⁴⁵) vs 𝔐

42,43 Amos 5:25-27   49,50 Is. 66:1,2

Stephen Accuses Israel of Resisting the Holy Spirit

51 "Σκληροτράχηλοι καὶ ἀπερίτμητοι ⸀τῇ καρδίᾳ⸀ καὶ τοῖς ὠσίν! Ὑμεῖς ἀεὶ τῷ Πνεύματι τῷ Ἁγίῳ ἀντιπίπτετε, ὡς οἱ πατέρες ὑμῶν καὶ ὑμεῖς. **52** Τίνα τῶν προφητῶν οὐκ ἐδίωξαν οἱ πατέρες ὑμῶν? Καὶ ἀπέκτειναν τοὺς προκαταγγείλαντας περὶ τῆς ἐλεύσεως τοῦ Δικαίου οὗ νῦν ὑμεῖς προδόται καὶ φονεῖς ⸀γεγένησθε, **53** οἵτινες ἐλάβετε τὸν νόμον εἰς διαταγὰς ἀγγέλων, καὶ οὐκ ἐφυλάξατε."

Stephen Is Martyred

54 Ἀκούοντες δὲ ταῦτα διεπρίοντο ταῖς καρδίαις αὐτῶν καὶ ἔβρυχον τοὺς ὀδόντας ἐπ᾽ αὐτόν. **55** Ὑπάρχων δὲ πλήρης Πνεύματος Ἁγίου, ἀτενίσας εἰς τὸν οὐρανόν, εἶδε δόξαν Θεοῦ καὶ Ἰησοῦν ἑστῶτα ἐκ δεξιῶν τοῦ Θεοῦ, **56** καὶ εἶπεν, "Ἰδού, θεωρῶ τοὺς οὐρανοὺς ⸀ἀνεῳγμένους καὶ τὸν Υἱὸν τοῦ Ἀνθρώπου ἐκ δεξιῶν ἑστῶτα τοῦ Θεοῦ!" **57** Κράξαντες δὲ φωνῇ μεγάλῃ, συνέσχον τὰ ὦτα αὐτῶν καὶ ὥρμησαν ὁμοθυμαδὸν ἐπ᾽ αὐτόν, **58** καὶ ἐκβαλόντες ἔξω τῆς πόλεως, ἐλιθοβόλουν. Καὶ οἱ μάρτυρες ἀπέθεντο τὰ ἱμάτια¹ παρὰ τοὺς πόδας νεανίου καλουμένου Σαύλου. **59** Καὶ ἐλιθοβόλουν τὸν Στέφανον ἐπικαλούμενον καὶ λέγοντα, "Κύριε Ἰησοῦ, δέξαι τὸ πνεῦμά μου." **60** Θεὶς δὲ τὰ γόνατα, ἔκραξε φωνῇ μεγάλῃ, "Κύριε, μὴ στήσῃς αὐτοῖς ⸀τὴν ἁμαρτίαν ταύτην.⸀" Καὶ τοῦτο εἰπὼν ἐκοιμήθη.

Saul Persecutes the Church

8 Σαῦλος δὲ ἦν συνευδοκῶν τῇ ἀναιρέσει αὐτοῦ. Ἐγένετο δὲ ἐν ἐκείνῃ τῇ ἡμέρᾳ διωγμὸς μέγας ἐπὶ τὴν ἐκκλησίαν τὴν ἐν Ἱεροσολύμοις· πάντες δὲ² διεσπάρησαν κατὰ τὰς χώρας τῆς Ἰουδαίας καὶ Σαμαρείας

---

¹58 ιματια Mᵖᵗ vs + αυτων MᵖᵗℵAC, TR Cr vs + εαυτων B
²1 δε 𝕸 BC, Cr vs τε A, TR vs − ℵ*

51 ⸀καρδιαις AC (ταις καρδιαις ℵ; καρδιας B) vs 𝕸
52 ⸀εγενεσθε 𝕲 vs M   56 ⸀διηνοιγμενους 𝕲 (h.𝔭⁴⁵) vs 𝕸
60 ⸀312 BAC vs 𝕸ℵ

πλὴν τῶν ἀποστόλων. 2 Συνεκόμισαν δὲ τὸν Στέφανον ἄνδρες εὐλαβεῖς καὶ ⌜ἐποιήσαντο κοπετὸν μέγαν ἐπ᾽ αὐτῷ. 3 Σαῦλος δὲ ἐλυμαίνετο τὴν ἐκκλησίαν, κατὰ τοὺς οἴκους εἰσπορευόμενος, σύρων τε ἄνδρας καὶ γυναῖκας παρεδίδου εἰς φυλακήν.

Philip Preaches Christ in Samaria

4 Οἱ μὲν οὖν διασπαρέντες διῆλθον εὐαγγελιζόμενοι τὸν λόγον. 5 Φίλιππος δὲ κατελθὼν εἰς ᵀ πόλιν τῆς Σαμαρείας, ἐκήρυσσεν αὐτοῖς τὸν Χριστόν. 6 Προσεῖχόν τε¹ οἱ ὄχλοι τοῖς λεγομένοις ὑπὸ τοῦ Φιλίππου ὁμοθυμαδὸν ἐν τῷ ἀκούειν αὐτοὺς καὶ βλέπειν τὰ σημεῖα ἃ ἐποίει. 7 ⌜¹Πολλῶν γὰρ τῶν ἐχόντων πνεύματα ἀκάθαρτα βοῶντα φωνῇ μεγάλῃ² ⌜²ἐξήρχετο, πολλοὶ δὲ παραλελυμένοι καὶ χωλοὶ ἐθεραπεύθησαν. 8 ⌜¹Καὶ ἐγένετο⌝ ⌜²χαρὰ μεγάλη⌝ ἐν τῇ πόλει ἐκείνῃ.

Simon Is Converted and Baptized

9 Ἀνὴρ δέ τις ὀνόματι Σίμων προϋπῆρχεν ἐν τῇ πόλει μαγεύων καὶ ⌜ἐξιστῶν τὸ ἔθνος τῆς Σαμαρείας, λέγων εἶναί τινα ἑαυτὸν μέγαν, 10 ᾧ προσεῖχον³ ἀπὸ μικροῦ ἕως μεγάλου, λέγοντες, "Οὗτός ἐστιν ἡ δύναμις τοῦ Θεοῦ ἡ ᵀμεγάλη." 11 Προσεῖχον δὲ αὐτῷ διὰ τὸ ἱκανῷ χρόνῳ ταῖς μαγείαις ἐξεστακέναι αὐτούς. 12 Ὅτε δὲ ἐπίστευσαν τῷ Φιλίππῳ εὐαγγελιζομένῳ °τὰ περὶ τῆς βασιλείας τοῦ Θεοῦ καὶ τοῦ ὀνόματος⁴ Ἰησοῦ Χριστοῦ, ἐβαπτίζοντο ἄνδρες τε καὶ γυναῖκες. 13 Ὁ δὲ Σίμων καὶ αὐτὸς ἐπίστευσε, καὶ

---

¹6 τε Mᵖᵗ, TR vs δε MᵖᵗG (h.𝔭⁴⁵), Cr
²7 φωνη μεγαλη 𝔐G (h.𝔭⁴⁵), Cr vs μεγαλη φωνη TR
³10 προσειχον M vs + παντες G (h.𝔭⁴⁵), TR Cr
⁴12 ονοματος 𝔐G (h.𝔭⁴⁵), Cr vs + του TR

---

2 ⌜εποιησαν G (h.𝔭⁴⁵) vs M   5 ᵀτην אBA, [Cr] vs 𝔐C
7 ⌜¹πολλοι G (h.𝔭⁴⁵) vs 𝔐   7 ⌜²εξηρχοντο G (h.𝔭⁴⁵) vs M
8 ⌜¹εγενετο δε G (h.𝔭⁴⁵) vs 𝔐   8 ⌜²πολλη χαρα G (h.𝔭⁴⁵) vs 𝔐
9 ⌜εξιστανων G (h.𝔭⁴⁵) vs 𝔐   10 ᵀκαλουμενη G (h.𝔭⁴⁵) vs 𝔐
12 °G (h.𝔭⁴⁵) vs 𝔐

βαπτισθεὶς ἦν προσκαρτερῶν τῷ Φιλίππῳ, θεωρῶν τε δυνάμεις καὶ σημεῖα¹ γινόμενα,² ἐξίστατο.

Simon Sins Grievously

14 Ἀκούσαντες δὲ οἱ ἐν Ἱεροσολύμοις ἀπόστολοι ὅτι δέδεκται ἡ Σαμάρεια τὸν λόγον τοῦ Θεοῦ, ἀπέστειλαν πρὸς αὐτοὺς °τὸν Πέτρον καὶ Ἰωάννην, 15 οἵτινες καταβάντες προσηύξαντο περὶ αὐτῶν ὅπως λάβωσι Πνεῦμα Ἅγιον· 16 ⸆οὔπω γὰρ ἦν ἐπ᾽ οὐδενὶ αὐτῶν ἐπιπεπτωκός, μόνον δὲ βεβαπτισμένοι ὑπῆρχον εἰς τὸ ὄνομα τοῦ Χριστοῦ³ Ἰησοῦ. 17 Τότε ⸆ἐπετίθουν τὰς χεῖρας ἐπ᾽ αὐτούς, καὶ ἐλάμβανον Πνεῦμα Ἅγιον.

18 Θεασάμενος⁴ δὲ ὁ Σίμων ὅτι διὰ τῆς ἐπιθέσεως τῶν χειρῶν τῶν ἀποστόλων δίδοται τὸ Πνεῦμα ⸋τὸ Ἅγιον,⸌ προσήνεγκεν αὐτοῖς χρήματα, 19 λέγων, "Δότε κἀμοὶ τὴν ἐξουσίαν ταύτην ἵνα ᾧ ἐὰν⁵ ἐπιθῶ τὰς χεῖρας λαμβάνῃ Πνεῦμα Ἅγιον."

20 Πέτρος δὲ εἶπε πρὸς αὐτόν, "Τὸ ἀργύριόν σου σὺν σοὶ εἴη εἰς ἀπώλειαν, ὅτι τὴν δωρεὰν τοῦ Θεοῦ ἐνόμισας διὰ χρημάτων κτᾶσθαι! 21 Οὐκ ἔστι σοι μερὶς οὐδὲ κλῆρος ἐν τῷ λόγῳ τούτῳ. Ἡ γὰρ καρδία σου οὐκ ἔστιν εὐθεῖα ἐνώπιον⁶ τοῦ Θεοῦ. 22 Μετανόησον οὖν ἀπὸ τῆς κακίας σου ταύτης, καὶ δεήθητι τοῦ ⸆Θεοῦ εἰ ἄρα ἀφεθήσεταί σοι ἡ ἐπίνοια τῆς καρδίας σου. 23 Εἰς γὰρ χολὴν πικρίας καὶ σύνδεσμον ἀδικίας ὁρῶ σε ὄντα."

24 Ἀποκριθεὶς δὲ ὁ Σίμων εἶπε, "Δεήθητε ὑμεῖς ὑπὲρ ἐμοῦ πρὸς τὸν Κύριον ὅπως μηδὲν ἐπέλθῃ ἐπ᾽ ἐμὲ ὧν εἰρήκατε."

---

¹ 13 δυναμεις και σημεια M vs σημεια και δυναμεις μεγαλας 𝕲 (h.𝔭⁴⁵), TR Cr
² 13 γινομενα M vs γινομενας אBA, TR Cr vs − C
³ 16 Χριστου Mᵖᵗ vs Κυριου Mᵖᵗ𝕲 (h.𝔭⁴⁵), TR Cr
⁴ 18 θεασαμενος M, TR vs ιδων MΙ𝕲 (h.𝔭⁴⁵), Cr
⁵ 19 εαν Mᵖᵗ𝕲 (h.𝔭⁴⁵), TR Cr vs αν Mᵖᵗ
⁶ 21 ενωπιον Mᵖᵗ, TR vs εναντιον MᵖᵗC vs εναντι אBA, Cr

---

14 °𝕲 (h.𝔭⁴⁵) vs M   16 ⸆ουδεπω 𝕲 (h.𝔭⁴⁵) vs M
17 ⸆επετιθεσαν אA (επιτιθοσαν B; επιτιθεισαν C) vs M𝔭⁴⁵
18 ⸋אB vs 𝕸𝔭⁴⁵AC   22 ⸆Κυριου 𝕲 (h.𝔭⁴⁵) vs M

25 Οἱ μὲν οὖν διαμαρτυράμενοι¹ καὶ λαλήσαντες τὸν λόγον τοῦ Κυρίου, ʳ¹ὑπέστρεψαν εἰς · Ἰερουσαλήμ, πολλάς τε κώμας τῶν Σαμαρειτῶν ʳ²εὐηγγελίσαντο.

Philip Preaches Christ to an Ethiopian Eunuch

26 Ἄγγελος δὲ Κυρίου ἐλάλησε πρὸς Φίλιππον, λέγων, "Ἀνάστηθι καὶ πορεύου κατὰ μεσημβρίαν ἐπὶ τὴν ὁδὸν τὴν καταβαίνουσαν ἀπὸ Ἰερουσαλὴμ εἰς Γάζαν· αὕτη ἐστὶν ἔρημος." 27 Καὶ ἀναστὰς ἐπορεύθη· καὶ ἰδού, ἀνὴρ Αἰθίοψ εὐνοῦχος δυνάστης Κανδάκης °τῆς βασιλίσσης Αἰθιόπων, ὃς ἦν ἐπὶ πάσης τῆς γάζης αὐτῆς, ὃς ἐληλύθει προσκυνήσων εἰς Ἰερουσαλήμ, 28 ἦν τε ὑποστρέφων καὶ καθήμενος ἐπὶ τοῦ ἅρματος αὐτοῦ, καὶ ἀνεγίνωσκε² τὸν προφήτην Ἠσαΐαν. 29 Εἶπε δὲ τὸ Πνεῦμα τῷ Φιλίππῳ, "Πρόσελθε καὶ κολλήθητι τῷ ἅρματι τούτῳ."

30 Προσδραμὼν δὲ ὁ Φίλιππος ἤκουσεν αὐτοῦ ἀναγινώσκοντος ʲτὸν προφήτην Ἠσαΐαν,˅ καὶ εἶπεν, "Ἆρά γε γινώσκεις ἃ ἀναγινώσκεις?"

31 Ὁ δὲ εἶπε, "Πῶς γὰρ ἂν δυναίμην ἐὰν μή τις ʰὁδηγήσῃ με˅?" Παρεκάλεσέ τε τὸν Φίλιππον ἀναβάντα καθίσαι σὺν αὐτῷ. 32 Ἡ δὲ περιοχὴ τῆς Γραφῆς ἣν ἀνεγίνωσκεν ἦν αὕτη·

« Ὡς πρόβατον ἐπὶ σφαγὴν ἤχθη,
Καὶ ὡς ἀμνὸς ἐναντίον τοῦ κείραντος³ αὐτὸν ἄφωνος,
Οὕτως⁴ οὐκ ἀνοίγει τὸ στόμα αὐτοῦ.

---

¹25 διαμαρτυραμενοι MᵖᵗBAC, TR Cr vs διαμαρτυρομενοι Mᵖᵗℵ
²28 και ανεγινωσκε(ν) MBC, TR Cr vs ανεγινωσκε(ν) Mᶜℵ* vs ανεγινωσκεν τε A
³32 κειραντος MᵖᵗℵAC, Cr vs κειροντος MᵖᵗB, TR
⁴32 ουτως MᵖᵗG (h.𝔭⁴⁵), TR Cr vs ουτος Mᵖᵗ

---

25 ʳ¹υπεστρεφον ℵBA vs 𝔐C   25 ·Ιεροσολυμα G (h.𝔭⁴⁵) vs M
25 ʳ²ευηγγελιζοντο G (h.𝔭⁴⁵) vs 𝔐   27 °G (h.𝔭⁴⁵) vs 𝔐
30 ʲ312 G (h.𝔭⁴⁵) vs 𝔐
31 ʰοδηγησει με ℵ (οδαγησει με B*; με οδηγησει C) vs 𝔐A

33 Ἐν τῇ ταπεινώσει °¹αὐτοῦ ἡ κρίσις αὐτοῦ ἤρθη·
Τὴν °²δὲ γενεὰν αὐτοῦ τίς διηγήσεται;
Ὅτι αἴρεται ἀπὸ τῆς γῆς ἡ ζωὴ αὐτοῦ.»

34 Ἀποκριθεὶς δὲ ὁ εὐνοῦχος τῷ Φιλίππῳ εἶπε, "Δέομαί
σου, περὶ τίνος ὁ προφήτης λέγει τοῦτο; Περὶ ἑαυτοῦ
ἢ περὶ ἑτέρου τινός;" **35** Ἀνοίξας δὲ ὁ Φίλιππος τὸ
στόμα αὐτοῦ καὶ ἀρξάμενος ἀπὸ τῆς Γραφῆς ταύτης,
εὐηγγελίσατο αὐτῷ τὸν Ἰησοῦν. **36** Ὡς δὲ ἐπορεύοντο
κατὰ τὴν ὁδόν, ἦλθον ἐπί τι ὕδωρ, καί φησιν ὁ εὐνοῦχος,
"Ἰδού, ὕδωρ· τί κωλύει με βαπτισθῆναι;"¹ **38** Καὶ ἐκέλευσε
στῆναι τὸ ἅρμα, καὶ κατέβησαν ἀμφότεροι εἰς τὸ ὕδωρ, ὅ
τε Φίλιππος καὶ ὁ εὐνοῦχος, καὶ ἐβάπτισεν αὐτόν. **39** Ὅτε
δὲ ἀνέβησαν ἐκ τοῦ ὕδατος, Πνεῦμα Κυρίου ἥρπασε τὸν
Φίλιππον, καὶ οὐκ εἶδεν αὐτὸν οὐκέτι ὁ εὐνοῦχος·
ἐπορεύετο γὰρ τὴν ὁδὸν αὐτοῦ χαίρων. **40** Φίλιππος δὲ
εὑρέθη εἰς Ἄζωτον, καὶ διερχόμενος εὐηγγελίζετο τὰς
πόλεις πάσας ἕως τοῦ ἐλθεῖν αὐτὸν εἰς Καισάρειαν.

Saul Is Converted on the Damascus Road

9 Ὁ δὲ Σαῦλος ἔτι ἐμπνέων ἀπειλῆς καὶ φόνου εἰς
τοὺς μαθητὰς τοῦ Κυρίου, προσελθὼν τῷ ἀρχιερεῖ,
2 ᾐτήσατο παρ᾽ αὐτοῦ ἐπιστολὰς εἰς Δαμασκὸν πρὸς τὰς
συναγωγάς, ὅπως ἐάν τινας εὕρῃ τῆς Ὁδοῦ ὄντας, ἄνδρας
τε καὶ γυναῖκας, δεδεμένους ἀγάγῃ εἰς Ἰερουσαλήμ. **3** Ἐν
δὲ τῷ πορεύεσθαι, ἐγένετο αὐτὸν ἐγγίζειν τῇ Δαμασκῷ,
⌐καὶ ἐξαίφνης⌐ ⌐²περιήστραψεν αὐτὸν φῶς⌐ ⌐ἀπὸ τοῦ

---

¹**36** βαπτισθῆναι 𝕸 G, Cr vs + (verse 37) ειπε δε ο Φιλιππος
ει πιστευεις εξ ολης της καρδιας εξεστιν αποκριθεις δε ειπε
πιστευω τον Υιον του Θεου ειναι τον Ιησουν Χριστον TR

33 °¹ ℵAB vs 𝕸 C, [Cr]   **33** °² G (h.𝔭⁴⁵) vs 𝕸
3 ⌐¹εξαιφνης τε G (h.𝔭⁴⁵) vs 𝕸
3 ⌐² αυτον περιηστραψεν φως ℵB (περιστραψεν C*) vs 𝕸; (αυτον
φως περιεστραψεν A*ᵛⁱᵈ)   **3** ⌐εκ G vs M𝔭⁴⁵

32,33 Is.53:7,8

οὐρανοῦ, 4 καὶ πεσὼν ἐπὶ τὴν γῆν, ἤκουσε φωνὴν λέγουσαν αὐτῷ, "Σαούλ, Σαούλ, τί με διώκεις?"

5 Εἶπε δέ, "Τίς εἶ, Κύριε?"

Ὁ δὲ □Κύριος εἶπεν,` "Ἐγώ εἰμι Ἰησοῦς ὃν σὺ διώκεις. 6 Ἀλλὰ¹ ἀνάστηθι καὶ εἴσελθε εἰς τὴν πόλιν, καὶ λαληθήσεταί σοι ᵀ τί σε δεῖ ποιεῖν." 7 Οἱ δὲ ἄνδρες οἱ συνοδεύοντες αὐτῷ εἱστήκεισαν ἐνεοί,² ἀκούοντες μὲν τῆς φωνῆς, μηδένα δὲ θεωροῦντες. 8 Ἠγέρθη δὲ °ὁ Σαῦλος ἀπὸ τῆς γῆς, ἀνεῳγμένων τε³ τῶν ὀφθαλμῶν αὐτοῦ, ʳοὐδένα ἔβλεπε· χειραγωγοῦντες δὲ αὐτὸν εἰσήγαγον εἰς Δαμασκόν. 9 Καὶ ἦν ἡμέρας τρεῖς μὴ βλέπων, καὶ οὐκ ἔφαγεν οὐδὲ ἔπιεν.

Ananias Baptizes Saul

10 Ἦν δέ τις μαθητὴς ἐν Δαμασκῷ ὀνόματι Ἀνανίας, καὶ εἶπε πρὸς αὐτὸν ˢὁ Κύριος ἐν ὁράματι,ˡ "Ἀνανία!"

Ὁ δὲ εἶπεν, "Ἰδοὺ ἐγώ, Κύριε."

11 Ὁ δὲ Κύριος πρὸς αὐτόν, "Ἀναστὰς πορεύθητι ἐπὶ τὴν ῥύμην τὴν καλουμένην Εὐθεῖαν καὶ ζήτησον ἐν οἰκίᾳ Ἰούδα Σαῦλον ὀνόματι, Ταρσέα· ἰδοὺ γὰρ προσεύχεται, 12 καὶ εἶδεν ʳἐν ὁράματι ἄνδραˋ ˢὀνόματι Ἀνανίανˡ εἰσελθόντα καὶ ἐπιθέντα αὐτῷ ʳχεῖρα ὅπως ἀναβλέψῃ."

13 Ἀπεκρίθη δὲ⁴ Ἀνανίας, "Κύριε, ʳἀκήκοα ἀπὸ πολλῶν περὶ τοῦ ἀνδρὸς τούτου, ὅσα κακὰ ˢἐποίησε τοῖς ἁγίοις σου ἐν Ἰερουσαλήμ· ˡ 14 καὶ ὧδε ἔχει ἐξουσίαν παρὰ τῶν ἀρχιερέων δῆσαι πάντας τοὺς ἐπικαλουμένους τὸ ὄνομά σου."

---

¹6 αλλα 𝔐𝔊, Cr vs +σκληρον σοι προς κεντρα λακτιζειν τρεμων τε και θαμβων ειπε Κυριε τι με θελεις ποιησαι και ο Κυριος προς αυτον, TR

²7 ενεοι Mᵖᵗ𝔊 (h.𝔭⁴⁵), Cr vs εννεοι Mᵖᵗ, TR

³8 τε M vs δε 𝔊 (h.𝔭⁴⁵), TR Cr

⁴13 δε 𝔐𝔊 (h.𝔭⁴⁵), Cr vs +ο TR

---

5 □BAC vs 𝔐; (ειπεν ℵ)   6 ᵀο 𝔊 (h.𝔭⁴⁵) vs 𝔐

8 °𝔊 (h.𝔭⁴⁵) vs 𝔐   8 ʳουδεν ℵBA* vs 𝔐C

10 ˢ3412 𝔊 (h.𝔭⁴⁵) vs M   12 ʳ312 BC,[Cr] vs 𝔐; (3 ℵA)

12 ˢ𝔊 (h.𝔭⁴⁵) vs 𝔐   12 ʳτας χειρας B (χειρας ℵ*AC), [Cr] vs 𝔐

13 ʳηκουσα 𝔊 (h.𝔭⁴⁵) vs 𝔐   13 ˢ2-4156 ℵBC vs 𝔐; (2-61 A)

15 Εἶπε δὲ πρὸς αὐτὸν ὁ Κύριος, "Πορεύου, ὅτι σκεῦος ἐκλογῆς ⸂μοί ἐστιν⸃ οὗτος τοῦ βαστάσαι τὸ ὄνομά μου ἐνώπιον ἐθνῶν ᵀ καὶ βασιλέων, υἱῶν τε Ἰσραήλ· 16 ἐγὼ γὰρ ὑποδείξω αὐτῷ ὅσα δεῖ αὐτὸν ὑπὲρ τοῦ ὀνόματός μου παθεῖν."

17 Ἀπῆλθε δὲ Ἀνανίας καὶ εἰσῆλθεν εἰς τὴν οἰκίαν, καὶ ἐπιθεὶς ἐπ' αὐτὸν τὰς χεῖρας εἶπε, "Σαοὺλ ἀδελφέ, ὁ Κύριος ἀπέσταλκέ με,¹ ὁ ὀφθείς σοι ἐν τῇ ὁδῷ ᾗ ἤρχου, ὅπως ἀναβλέψῃς καὶ πλησθῇς Πνεύματος Ἁγίου." 18 Καὶ εὐθέως ἀπέπεσον ⸂ἀπὸ τῶν ὀφθαλμῶν αὐτοῦ⸃ ⸀ὡσεὶ λεπίδες, ἀνέβλεψέ τε καὶ² ἀναστὰς ἐβαπτίσθη, 19 καὶ λαβὼν τροφὴν ἐνίσχυσεν.

Saul Preaches Christ in Damascus

Ἐγένετο δὲ ᵓὁ Σαῦλος⸜ μετὰ τῶν³ ἐν Δαμασκῷ μαθη-τῶν ἡμέρας τινάς. 20 Καὶ εὐθέως ἐν ταῖς συναγωγαῖς ἐκήρυσσε τὸν Χριστὸν⁴ ὅτι οὗτός ἐστιν ὁ Υἱὸς τοῦ Θεοῦ.

21 Ἐξίσταντο δὲ πάντες οἱ ἀκούοντες καὶ ἔλεγον, "Οὐχ οὗτός ἐστιν ὁ πορθήσας ⸌ἐν Ἰερουσαλὴμ τοὺς ἐπικα-λουμένους τὸ ὄνομα τοῦτο, καὶ ὧδε εἰς τοῦτο ἐλήλυθε⁵ ἵνα δεδεμένους αὐτοὺς ἀγάγῃ ἐπὶ τοὺς ἀρχιερεῖς?" 22 Σαῦλος δὲ μᾶλλον ἐνεδυναμοῦτο καὶ •συνέχυνε ᵒτοὺς Ἰουδαίους τοὺς κατοικοῦντας ἐν Δαμασκῷ, συμβιβάζων ὅτι οὗτός ἐστιν ὁ Χριστός.

Saul Escapes Death

23 Ὡς δὲ ἐπληροῦντο ἡμέραι ἱκαναί, συνεβουλεύσαντο οἱ Ἰουδαῖοι ἀνελεῖν αὐτόν· 24 ἐγνώσθη δὲ τῷ Σαύλῳ ἡ

---

¹ 17 με M vs +Ιησους 𝕲, TR Cr
² 18 τε και MᵖᵗBA , Cr vs τε παραχρημα και Mᵖᵗ, TR vs δε και ℵ vs — 𝔭⁴⁵ᵛⁱᵈ
³ 19 των MᵖᵗG (h.𝔭⁴⁵), TR Cr vs + οντων Mᵖᵗ
⁴ 20 Χριστον Mᵖᵗ, TR vs Ιησουν Mᵖᵗ𝕲, Cr
⁵ 21 εληλυθε M vs εληλυθει 𝕲 (h.𝔭⁴⁵), TR Cr

15 ⸂𝕲 (h.𝔭⁴⁵) vs M   15 ᵀτε 𝕲 (h.𝔭⁴⁵) vs 𝔐
18 ⸂41-3 𝔭⁴⁵ᵛⁱᵈBA vs 𝔐ℵC   18 ⸀ως 𝕲 vs 𝔐C
19 ᵓ𝕲 (h.𝔭⁴⁵) vs M   21 ⸌εις ℵA vs 𝔐BC
22 •συνεχυννεν ℵB*C vs 𝔐A   22 ᵒℵ*B vs 𝔐 AC, [Cr]

ἐπιβουλὴ αὐτῶν. ˹¹Παρετήρουν ˹²τε τὰς πύλας ἡμέρας τε
καὶ νυκτὸς ὅπως αὐτὸν ἀνέλωσι· 25 λαβόντες δὲ ˹αὐτὸν οἱ
μαθηταὶ˺ νυκτός, ˢκαθῆκαν διὰ τοῦ τείχους,˺ ᵀ χαλάσαντες
ἐν σπυρίδι.

Barnabas Introduces Saul at Jerusalem

26 Παραγενόμενος δὲ ᵒὁ Σαῦλος˺ ἐν¹ Ἰερουσαλήμ,
˹ἐπειρᾶτο κολλᾶσθαι τοῖς μαθηταῖς· καὶ πάντες ἐφοβοῦντο
αὐτόν, μὴ πιστεύοντες ὅτι ἐστὶ μαθητής. 27 Βαρναβᾶς δὲ
ἐπιλαβόμενος αὐτὸν ἤγαγε πρὸς τοὺς ἀποστόλους, καὶ
διηγήσατο αὐτοῖς πῶς ἐν τῇ ὁδῷ εἶδε τὸν Κύριον καὶ ὅτι
ἐλάλησεν αὐτῷ, καὶ πῶς ἐν Δαμασκῷ ἐπαρρησιάσατο ἐν
τῷ ὀνόματι τοῦ Ἰησοῦ. 28 Καὶ ἦν μετ᾽ αὐτῶν εἰσπορευό-
μενος² εἰς³ Ἰερουσαλήμ, 29 ᵒκαὶ παρρησιαζόμενος ἐν τῷ
ὀνόματι τοῦ Κυρίου Ἰησοῦ,⁴ ἐλάλει τε καὶ συνεζήτει
πρὸς τοὺς Ἑλληνιστάς· οἱ δὲ ἐπεχείρουν αὐτὸν ἀνελεῖν.⁵
30 Ἐπιγνόντες δὲ οἱ ἀδελφοὶ κατήγαγον αὐτὸν εἰς Και-
σάρειαν καὶ ἐξαπέστειλαν αὐτὸν⁶ εἰς Ταρσόν.

The Church at Peace and Growing

31 ˹¹Αἱ μὲν οὖν ἐκκλησίαι˺ καθ᾽ ὅλης τῆς Ἰουδαίας καὶ
Γαλιλαίας καὶ Σαμαρείας ˹εἶχον εἰρήνην ˹²οἰκοδομούμεναι,
καὶ πορευόμεναι˺ τῷ φόβῳ τοῦ Κυρίου καὶ τῇ παρακλήσει
τοῦ Ἁγίου Πνεύματος ˹²ἐπληθύνοντο.

---

¹26 εν M vs εις 𝔊, TR Cr
²28 εισπορευομενος Mᵖᵗ vs + και εκπορευομενος Mᵖᵗ𝔊 (h.𝔭⁴⁵), TR Cr
³28 εις M𝔊 (h.𝔭⁴⁵), Cr vs εν Mʳ, TR
⁴29 Κυριου Ιησου M, TR vs Ιησου Mʳℭ vs Κυριου ℵ*BA, Cr
⁵29 αυτον ανελειν Mᵖᵗ, TR vs ανελειν αυτον Mᵖᵗ𝔊 (h.𝔭⁴⁵), Cr
⁶30 αυτον MℵBC, TR Cr vs − MʳA

---

24 ˹¹παρετηρουντο 𝔊 (h.𝔭⁴⁵) vs M   24 ˹²δε και 𝔊 (h.𝔭⁴⁵) vs M
25 ˹οι μαθηται αυτου 𝔊 (h.𝔭⁴⁵) vs 𝔐   25 ˢ2-41 𝔊 (h.𝔭⁴⁵) vs 𝔐
25 ᵀαυτον 𝔊 vs 𝔐   26 ᵒ𝔊 (h.𝔭⁴⁵) vs 𝔐
26 ˹επειραζεν 𝔊 (h.𝔭⁴⁵) vs 𝔐
29 ᵒ𝔊 (h.𝔭⁴⁵) vs 𝔐   31 ˹¹η μεν ουν εκκλησια 𝔊 (h.𝔭⁴⁵) vs 𝔐
31 ˹¹ειχεν 𝔊 (h.𝔭⁴⁵) vs 𝔐
31 ˹²οικοδομουμενη και πορευομενη 𝔊 (h.𝔭⁴⁵) vs 𝔐
31 ˹²επληθυνετο 𝔊 (h.𝔭⁴⁵) vs 𝔐

Peter Heals Aeneas

32 Ἐγένετο δὲ Πέτρον διερχόμενον διὰ πάντων κατελθεῖν καὶ πρὸς τοὺς ἁγίους τοὺς κατοικοῦντας ⌐Λύδδαν. 33 Εὗρε δὲ ἐκεῖ ἄνθρωπόν τινα ˢΑἰνέαν ὀνόματι⌐ ἐξ ἐτῶν ὀκτὼ κατακείμενον ἐπὶ κραββάτῳ,¹ ὃς ἦν παραλελυμένος. 34 Καὶ εἶπεν αὐτῷ ὁ Πέτρος, "Αἰνέα, ἰαταί σε Ἰησοῦς °ὁ Χριστός· ἀνάστηθι καὶ στρῶσον σεαυτῷ." Καὶ εὐθέως ἀνέστη. 35 Καὶ εἶδον αὐτὸν πάντες οἱ κατοικοῦντες ⌐Λύδδαν καὶ τὸν Ἀσσάρωνα,² οἵτινες ἐπέστρεψαν ἐπὶ τὸν Κύριον.

Peter Restores Dorcas to Life

36 Ἐν Ἰόππῃ δέ τις ἦν μαθήτρια ὀνόματι Ταβιθά,³ ἣ διερμηνευομένη λέγεται Δορκάς· αὕτη ἦν πλήρης ˢἀγαθῶν ἔργων⌐ καὶ ἐλεημοσυνῶν ὧν ἐποίει. 37 Ἐγένετο δὲ ἐν ταῖς ἡμέραις ἐκείναις ἀσθενήσασαν αὐτὴν ἀποθανεῖν· λούσαντες δὲ ⌐αὐτὴν ἔθηκαν⌐ ἐν ὑπερῴῳ. 38 Ἐγγὺς δὲ οὔσης ⌐¹Λύδδης τῇ Ἰόππῃ, οἱ μαθηταὶ ἀκούσαντες ὅτι Πέτρος ἐστὶν ἐν αὐτῇ ἀπέστειλαν⁴ πρὸς αὐτὸν παρακαλοῦντες μὴ ⌐²ὀκνῆσαι διελθεῖν ἕως ⌐³αὐτῶν. 39 Ἀναστὰς δὲ Πέτρος συνῆλθεν αὐτοῖς· ὃν παραγενόμενον ἀνήγαγον εἰς τὸ ὑπερῷον, καὶ παρέστησαν αὐτῷ πᾶσαι αἱ χῆραι κλαίουσαι καὶ ἐπιδεικνύμεναι χιτῶνας καὶ ἱμάτια ὅσα ἐποίει μετ᾽ αὐτῶν οὖσα ἡ Δορκάς.

---

¹33 κραββατω Mᵖᵗ, TR vs κραβατω Mᵖᵗ vs κραβαττον B*AC, Cr vs κραβακτου ℵ*
²35 Ασσαρωνα M vs Σαρωνα BC, Cr vs Σαρρωνα ℵA vs Σαρωναν 𝔭⁴⁵, TR
³36 Ταβιθα MᵖᵗℵA, TR Cr vs Ταβηθα Mᵖᵗ vs Ταβειθα 𝔭⁴⁵BC
⁴38 απεστειλαν M vs + δυο ανδρας 𝕲, TR Cr

---

32 ⌐Λυδδα ℵBA vs 𝔐C   33 ˢ𝕲 (h.𝔭⁴⁵) vs M
34 °ℵB*C vs 𝔐A   35 ⌐Λυδδα ℵBA vs 𝔐C
36 ˢ𝔭⁴⁵BC vs 𝔐ℵA   37 ⌐21 ℵ*A, [Cr] vs 𝔐𝔭⁴⁵C; (2 B)
38 ⌐¹Λυδδας ℵ*B*C vs 𝔐; (Λυδδα A; Λυνδα 𝔭⁴⁵ᵛⁱᵈ)
38 ⌐²οκνησης ℵBA vs 𝔐𝔭⁴⁵C*   38 ⌐³ημων ℵBA vs 𝔐𝔭⁴⁵ᵛⁱᵈC*

40 Ἐκβαλὼν δὲ ἔξω πάντας ὁ Πέτρος ᵀθεὶς τὰ γόνατα προσηύξατο, καὶ ἐπιστρέψας πρὸς τὸ σῶμα εἶπε, "Ταβιθά,¹ ἀνάστηθι." Ἡ δὲ ἤνοιξε τοὺς ὀφθαλμοὺς αὐτῆς, καὶ ἰδοῦσα τὸν Πέτρον, ἀνεκάθισε. **41** Δοὺς δὲ αὐτῇ χεῖρα, ἀνέστησεν αὐτήν, φωνήσας δὲ τοὺς ἁγίους καὶ τὰς χήρας, παρέστησεν αὐτὴν ζῶσαν. **42** Γνωστὸν δὲ ἐγένετο καθ᾽ ὅλης τῆς Ἰόππης, καὶ ˢπολλοὶ ἐπίστευσανˑ ἐπὶ τὸν Κύριον. **43** Ἐγένετο δὲ ἡμέρας ἱκανὰς μεῖναι αὐτὸν² ἐν Ἰόππῃ παρά τινι Σίμωνι βυρσεῖ.

Cornelius Sends a Delegation to Peter

10 Ἀνὴρ δέ τις °ἦν ἐν Καισαρείᾳ ὀνόματι Κορνήλιος, ἑκατοντάρχης ἐκ σπείρης³ τῆς καλουμένης Ἰταλικῆς, **2** εὐσεβὴς καὶ φοβούμενος τὸν Θεὸν σὺν παντὶ τῷ οἴκῳ αὐτοῦ, ποιῶν °τε ἐλεημοσύνας πολλὰς τῷ λαῷ καὶ δεόμενος τοῦ Θεοῦ διὰ παντός.

3 Εἶδεν ἐν ὁράματι φανερῶς ὡσεὶ ᵀ ὥραν ἐνάτην⁴ τῆς ἡμέρας ἄγγελον τοῦ Θεοῦ εἰσελθόντα πρὸς αὐτὸν καὶ εἰπόντα αὐτῷ, "Κορνήλιε!"

4 Ὁ δὲ ἀτενίσας αὐτῷ καὶ ἔμφοβος γενόμενος εἶπε, "Τί ἐστι, Κύριε;"

Εἶπε δὲ αὐτῷ, "Αἱ προσευχαί σου καὶ αἱ ἐλεημοσύναι σου ἀνέβησαν εἰς μνημόσυνον ʳἐνώπιον τοῦ Θεοῦ. **5** Καὶ νῦν πέμψον ˢεἰς Ἰόππην ἄνδραςˑ καὶ μετάπεμψαι Σίμωνα ᵀ τὸν ἐπικαλούμενον Πέτρον·⁵ **6** οὗτος ξενίζεται παρά τινι

---

¹40 Ταβιθα MᵖᵗℵAC, TR Cr vs Ταβηθα Mᵖᵗ vsΤαβειθα B

²43 ημερας ικανας μειναι αυτον M, TR vs αυτον ημερας ικανας μειναι MᴬA vs ημερας ικανας μειναι ℵ*B, Cr vs ημερας τινας μειναι αυτον C

³1 σπειρης MℵAC, TR Cr vs σπειρας MᴳB

⁴3 ενατην MԌ (h.𝔭⁴⁵), Cr vs εννατην Mʳ, TR

⁵5 τον επικαλουμενον Πετρον M vs ος επικαλειται Πετρος Mʳ Ԍ (h.𝔭⁴⁵), TR Cr

---

40 ᵀκαι Ԍ vs M   42 ˢԌ (h.𝔭⁴⁵) vs 𝔐   1 °Ԍ (h.𝔭⁴⁵) vs M

2 °Ԍ (h.𝔭⁴⁵) vs 𝔐   3 ᵀπερι Ԍ (h.𝔭⁴⁵) vs M

4 ʳεμπροσθεν ℵBA vs 𝔐C   5 ˢ312 Ԍ (h.𝔭⁴⁵) vs M

5 ᵀτινα BAC vs Mℵ

Σίμωνι βυρσεῖ, ᾧ ἐστιν οἰκία παρὰ θάλασσαν."[1] 7 Ὡς δὲ
ἀπῆλθεν ὁ ἄγγελος ὁ[2] λαλῶν ⸂τῷ Κορνηλίῳ,⸃ φωνήσας
δύο τῶν οἰκετῶν °αὐτοῦ καὶ στρατιώτην εὐσεβῆ τῶν
προσκαρτερούντων αὐτῷ, 8 καὶ ἐξηγησάμενος ⸉αὐτοῖς
ἅπαντα,⸊ ἀπέστειλεν αὐτοὺς εἰς τὴν[3] Ἰόππην.

Peter Sees a Vision on the Housetop

9 Τῇ δὲ ἐπαύριον, ὁδοιπορούντων ἐκείνων καὶ τῇ πόλει
ἐγγιζόντων, ἀνέβη Πέτρος ἐπὶ τὸ δῶμα προσεύξασθαι
περὶ ὥραν ἕκτην. 10 Ἐγένετο δὲ πρόσπεινος καὶ ἤθελε
γεύσασθαι· παρασκευαζόντων δὲ ⸀¹ἐκείνων, ⸀²ἐπέπεσεν
ἐπ᾽ αὐτὸν ἔκστασις, 11 καὶ θεωρεῖ τὸν οὐρανὸν ἀνεῳγμέ-
νον, καὶ ⸂καταβαῖνον ἐπ᾽ αὐτὸν⸃ σκεῦός τι ὡς ὀθόνην
μεγάλην, τέσσαρσιν ἀρχαῖς ⸋δεδεμένον, καὶ⸌ καθιέμενον
ἐπὶ τῆς γῆς, 12 ἐν ᾧ ὑπῆρχε πάντα τὰ τετράποδα
⸂τῆς γῆς καὶ τὰ θηρία καὶ τὰ ἑρπετὰ⸃ καὶ °τὰ πετεινὰ
τοῦ οὐρανοῦ.
13 Καὶ ἐγένετο φωνὴ πρὸς αὐτόν, "Ἀναστάς, Πέτρε,
θῦσον καὶ φάγε!"
14 Ὁ δὲ Πέτρος εἶπε, "Μηδαμῶς, Κύριε! Ὅτι οὐδέποτε
ἔφαγον πᾶν κοινὸν ⸀ἢ ἀκάθαρτον."
15 Καὶ φωνὴ πάλιν ἐκ δευτέρου πρὸς αὐτόν, "Ἃ ὁ Θεὸς
ἐκαθάρισε, σὺ μὴ κοίνου." 16 Τοῦτο δὲ ἐγένετο ἐπὶ τρίς, καὶ
⸀πάλιν ἀνελήφθη τὸ σκεῦος εἰς τὸν οὐρανόν.

Cornelius' Delegates Summon Peter

17 Ὡς δὲ ἐν ἑαυτῷ διηπόρει ὁ Πέτρος τί ἂν εἴη τὸ
ὅραμα ὃ εἶδε, °καὶ ἰδού, οἱ ἄνδρες οἱ ἀπεσταλμένοι

---

[1] 6 θαλασσαν **𝔐Є** (h.𝔓^{45}), **Cr** vs +ουτος λαλησει σοι τι σε δει ποιειν **TR**
[2] 7 ο **MЄ** (h.𝔓^{45}), **TR Cr** vs −M^{c}
[3] 8 την **MЄ** (h.𝔓^{45}), **TR Cr** vs −M^{c}

---

7 ⸂αυτω **Є** (h.𝔓^{45}) vs **M** 7 °**Є** (h.𝔓^{45}) vs **𝔐** 8 ⸉**אBA** vs **𝔐C**
10 ⸀¹αυτων **Є** vs **M** 10 ⸀²εγενετο **Є** vs **M**; (ηλθεν 𝔓^{45})
11 ⸂1 **אBA** vs **M**; (− 𝔓^{45}) 11 ⸋**אBA** vs **𝔐**
12 ⸂και ερπετα της γης **אBA** vs **M** 12 °**אBA** vs **𝔐C***
14 ⸀και **Є** vs **𝔐C** 16 ⸀ευθυς **Є** vs **𝔐**; (−𝔓^{45}) 17 °**Є** vs **𝔐C**

ἀπὸ[1] τοῦ Κορνηλίου διερωτήσαντες[2] τὴν οἰκίαν [T] Σίμω-
νος, ἐπέστησαν ἐπὶ τὸν πυλῶνα, 18 καὶ φωνήσαντες
ἐπυνθάνοντο εἰ Σίμων ὁ ἐπικαλούμενος Πέτρος ἐνθάδε
ξενίζεται.
19 Τοῦ δὲ Πέτρου διενθυμουμένου[3] περὶ τοῦ ὁράματος,
εἶπεν ʿαὐτῷ τὸ Πνεῦμα,ʾ "Ἰδού, ἄνδρες[4] ʿζητοῦσί σε.
20 Ἀλλὰ ἀναστὰς κατάβηθι καὶ πορεύου σὺν αὐτοῖς μηδὲν
διακρινόμενος, ʿδιότι ἐγὼ ἀπέσταλκα αὐτούς."
21 Καταβὰς δὲ Πέτρος πρὸς τοὺς ἄνδρας,[5] εἶπεν,[6]
"Ἰδού, ἐγώ εἰμι ὃν ζητεῖτε· τίς ἡ αἰτία δι᾽ ἣν πάρεστε?"
22 Οἱ δὲ εἶπον, "Κορνήλιος ἑκατοντάρχης, ἀνὴρ δίκαιος
καὶ φοβούμενος τὸν Θεόν, μαρτυρούμενός τε ὑπὸ ὅλου τοῦ
ἔθνους τῶν Ἰουδαίων, ἐχρηματίσθη ὑπὸ ἀγγέλου ἁγίου
μεταπέμψασθαί σε εἰς τὸν οἶκον αὐτοῦ καὶ ἀκοῦσαι ῥήματα
παρὰ σοῦ." 23 Εἰσκαλεσάμενος οὖν αὐτοὺς ἐξένισε.

Peter Meets Cornelius

Τῇ δὲ ἐπαύριον [T] ᴼὁ Πέτροςʾ ἐξῆλθε σὺν αὐτοῖς, καὶ
τινες τῶν ἀδελφῶν τῶν ἀπὸ[7] Ἰόππης συνῆλθον αὐτῷ.
24 ʿΚαὶ τῇʾ ἐπαύριον ʿεἰσῆλθον εἰς τὴν Καισάρειαν. Ὁ δὲ
Κορνήλιος ἦν προσδοκῶν αὐτούς, συγκαλεσάμενος τοὺς
συγγενεῖς αὐτοῦ καὶ τοὺς ἀναγκαίους φίλους. 25 Ὡς δὲ
ἐγένετο τοῦ[8] εἰσελθεῖν τὸν Πέτρον, συναντήσας αὐτῷ ὁ
Κορνήλιος, πεσὼν ἐπὶ τοὺς πόδας, προσεκύνησεν.

---

[1]17 απο MᵖᵗAC, TR vs υπο MᵖᵗℵB, Cr
[2]17 διερωτησαντες MG, TR Cr vs +και μαθοντες Mᶜ
[3]19 διενθυμουμενου 𝔐G (h.𝔭⁴⁵), Cr vs ενθυμουμενου TR
[4]19 ανδρες Mᵖᵗ vs +τρεις MᵖᵗℵAC, TR Cr vs +δυο B
[5]21 τους ανδρας 𝔐𝔭⁴⁵ᵛⁱᵈℵBA, Cr vs αυτους C* vs +τους
απεσταλμενους απο του Κορνηλιου προς αυτον TR
[6]21 ειπεν MG (h.𝔭⁴⁵), TR Cr vs +προς αυτους Mᶜ
[7]23 απο 𝔐G (h.𝔭⁴⁵), Cr vs +της TR
[8]25 του 𝔐G (h.𝔭⁴⁵), Cr vs −TR

---

17 ᵀτου G vs M   19 ʿ23 B vs 𝔐𝔭⁴⁵ᵛⁱᵈ, [Cr], (231 ℵAC)
19 ʿζητουντες ℵB vs 𝔐𝔭⁴⁵AC   20 ʿοτι G vs M
23 ᵀαναστας G vs M   23 ᴼℵBA vs 𝔐C
24 ʿτη δε G (h.𝔭⁴⁵) vs 𝔐   24 ʿεισηλθεν B vs 𝔐ℵAC

26 Ὁ δὲ Πέτρος ἤγειρεν αὐτόν,[1] λέγων, "Ἀνάστηθι!
Κἀγὼ αὐτὸς' ἄνθρωπός εἰμι." 27 Καὶ συνομιλῶν αὐτῷ
εἰσῆλθε, καὶ εὑρίσκει συνεληλυθότας πολλούς, 28 ἔφη τε
πρὸς αὐτούς, "Ὑμεῖς ἐπίστασθε ὡς ἀθέμιτόν ἐστιν ἀνδρὶ
Ἰουδαίῳ κολλᾶσθαι ἢ προσέρχεσθαι ἀλλοφύλῳ· 'καὶ ἐμοὶ'
ὁ Θεὸς ἔδειξε μηδένα κοινὸν ἢ ἀκάθαρτον λέγειν
ἄνθρωπον· 29 διὸ καὶ ἀναντιρρήτως ἦλθον μεταπεμφθείς.
Πυνθάνομαι οὖν, τίνι λόγῳ μετεπέμψασθέ με?"
30 Καὶ ὁ Κορνήλιος ἔφη, "Ἀπὸ τετάρτης ἡμέρας μέχρι
ταύτης τῆς ὥρας ἤμην □νηστεύων, καὶ' τὴν ἐνάτην °ὥραν
προσευχόμενος ἐν τῷ οἴκῳ μου, καὶ ἰδού, ἀνὴρ ἔστη
ἐνώπιόν μου ἐν ἐσθῆτι λαμπρᾷ 31 καὶ φησί, Κορνήλιε,
εἰσηκούσθη σου ἡ προσευχὴ καὶ αἱ ἐλεημοσύναι σου
ἐμνήσθησαν ἐνώπιον τοῦ Θεοῦ. 32 Πέμψον οὖν εἰς Ἰόππην
καὶ μετακάλεσαι Σίμωνα ὃς ἐπικαλεῖται Πέτρος· οὗτος
ξενίζεται ἐν οἰκίᾳ Σίμωνος βυρσέως παρὰ θάλασσαν· □ὃς
παραγενόμενος λαλήσει σοι.' 33 Ἐξαυτῆς οὖν ἔπεμψα
πρὸς σέ, σύ τε καλῶς ἐποίησας παραγενόμενος. Νῦν οὖν
πάντες ἡμεῖς ἐνώπιον τοῦ Θεοῦ πάρεσμεν ἀκοῦσαι πάντα
τὰ προστεταγμένα σοι ὑπὸ τοῦ ΓΘεοῦ."

Peter Preaches Peace to Cornelius' House

34 Ἀνοίξας δὲ Πέτρος τὸ στόμα εἶπεν, "Ἐπ' ἀληθείας
καταλαμβάνομαι ὅτι οὐκ ἔστι προσωπολήπτης ὁ Θεός,
35 ἀλλ' ἐν παντὶ ἔθνει ὁ φοβούμενος αὐτὸν καὶ ἐργα-
ζόμενος δικαιοσύνην δεκτὸς αὐτῷ ἐστι. 36 Τὸν λόγον
°ὃν ἀπέστειλε τοῖς υἱοῖς Ἰσραήλ, εὐαγγελιζόμενος
εἰρήνην διὰ Ἰησοῦ Χριστοῦ — οὗτός ἐστι πάντων Κύριος —
37 ὑμεῖς οἴδατε, τὸ γενόμενον ῥῆμα καθ' ὅλης τῆς
Ἰουδαίας, Γἀρξάμενον ἀπὸ τῆς Γαλιλαίας μετὰ τὸ
βάπτισμα ὃ ἐκήρυξεν Ἰωάννης, Ἰησοῦν τὸν ἀπὸ
•Ναζαρέτ, 38 ὡς ἔχρισεν αὐτὸν ὁ Θεὸς Πνεύματι Ἁγίῳ καὶ

---

[1]26 ηγειρεν αυτον M^pt𝔊 (h.𝔭⁴⁵), Cr vs αυτον ηγειρεν M^pt, TR

26 'και εγω αυτος אB vs MA, (και αυτος εγω C)
28 'καμοι 𝔊 (h.𝔭⁴⁵) vs M   30 □𝔊 (h.𝔭⁴⁵) vs 𝔐   30 °𝔊 (h.𝔭⁴⁵) vs 𝔐
32 □𝔊 vs 𝔐C   33 ΓΚυριου 𝔊 (h.𝔭⁴⁵) vs M   36 °BA vs 𝔐א*C, [Cr]
37 Γαρξαμενος 𝔊 vs 𝔐𝔭⁴⁵   37 •Ναζαρεθ 𝔊 vs 𝔐A

δυνάμει, ὃς διῆλθεν εὐεργετῶν καὶ ἰώμενος πάντας τοὺς καταδυναστευομένους ὑπὸ τοῦ διαβόλου, ὅτι ὁ Θεὸς ἦν μετ᾽ αὐτοῦ. **39** Καὶ ἡμεῖς °¹ἐσμεν μάρτυρες πάντων ὧν ἐποίησεν ἔν τε τῇ χώρᾳ τῶν Ἰουδαίων καὶ °²ἐν Ἰερουσαλήμ· ὃν καὶ¹ ἀνεῖλον κρεμάσαντες ἐπὶ ξύλου. **40** Τοῦτον ὁ Θεὸς ἤγειρε ᵀ τῇ τρίτῃ ἡμέρᾳ καὶ ἔδωκεν αὐτὸν ἐμφανῆ γενέσθαι, **41** οὐ παντὶ τῷ λαῷ, ἀλλὰ μάρτυσι τοῖς προκεχειροτονημένοις ὑπὸ τοῦ Θεοῦ, ἡμῖν, οἵτινες συνεφάγομεν καὶ συνεπίομεν αὐτῷ μετὰ τὸ ἀναστῆναι αὐτὸν ἐκ νεκρῶν. **42** Καὶ παρήγγειλεν ἡμῖν κηρύξαι τῷ λαῷ καὶ διαμαρτύρασθαι ὅτι ᵂαὐτός ἐστιν ὁ ὡρισμένος ὑπὸ τοῦ Θεοῦ Κριτὴς ζώντων καὶ νεκρῶν. **43** Τούτῳ πάντες οἱ προφῆται μαρτυροῦσιν, ἄφεσιν ἁμαρτιῶν λαβεῖν διὰ τοῦ ὀνόματος αὐτοῦ πάντα τὸν πιστεύοντα εἰς αὐτόν."

The Holy Spirit Falls on Gentiles

44 Ἔτι² λαλοῦντος τοῦ Πέτρου τὰ ῥήματα ταῦτα, ἐπέπεσε τὸ Πνεῦμα τὸ Ἅγιον ἐπὶ πάντας τοὺς ἀκούοντας τὸν λόγον. **45** Καὶ ἐξέστησαν οἱ ἐκ περιτομῆς πιστοὶ ὅσοι συνῆλθον τῷ Πέτρῳ, ὅτι καὶ ἐπὶ τὰ ἔθνη ἡ δωρεὰ τοῦ Ἁγίου Πνεύματος ἐκκέχυται. **46** Ἤκουον γὰρ αὐτῶν λαλούντων γλώσσαις καὶ μεγαλυνόντων τὸν Θεόν.

Τότε ἀπεκρίθη °ὁ Πέτρος, **47** "Μήτι τὸ ὕδωρ ᶠκωλῦσαι δύναταίᶺ τις τοῦ μὴ βαπτισθῆναι τούτους οἵτινες τὸ Πνεῦμα τὸ Ἅγιον ἔλαβον καθὼς³ καὶ ἡμεῖς?" **48** Προσέταξέ ᶠτε αὐτοὺς βαπτισθῆναι ἐν τῷ ὀνόματι τοῦ Κυρίου.⁴ Τότε ἠρώτησαν αὐτὸν ἐπιμεῖναι ἡμέρας τινάς.

---

¹39 και 𝕸G (h.𝔓⁴⁵), Cr vs − TR
²44 ετι MG (h.𝔓⁴⁵), TR Cr vs +δε Mᶜ
³47 καθως Mᵖᵗ, TR vs ως MᵖᵗℵBA, Cr
⁴48 βαπτισθηναι εν τω ονοματι του Κυριου Mᵖᵗ, TR vs βαπτισθηναι εν τω ονοματι του Κυριου Ιησου Mᵖᵗ vs βαπτισθηναι εν τω ονοματι Ιησου Χριστου Mᵖᵗ vs εν τω ονοματι Ιησου Χριστου βαπτισθηναι ℵBA, Cr

---

39 °¹G vs 𝕸   39 °²B vs 𝕸ℵAC, [Cr]
40 ᵀεν ℵ*C, [Cr] vs 𝕸BA   42 ᵂουτος BC vs MℵA
46 °ℵBA vs 𝕸   47 ᶠℵBA vs M   48 ᶠδε ℵB vs 𝕸A

Peter Defends God's Grace at Jerusalem

11 Ἤκουσαν δὲ οἱ ἀπόστολοι καὶ οἱ ἀδελφοὶ οἱ ὄντες κατὰ τὴν Ἰουδαίαν ὅτι καὶ τὰ ἔθνη ἐδέξαντο τὸν λόγον τοῦ Θεοῦ. 2 ⸀Καὶ ὅτε⸃ ἀνέβη Πέτρος εἰς •Ἰερο-σόλυμα, διεκρίνοντο πρὸς αὐτὸν οἱ ἐκ περιτομῆς, 3 λέγον-τες ὅτι ⸀Πρὸς ἄνδρας ἀκροβυστίαν ἔχοντας εἰσῆλθες καὶ συνέφαγες¹ αὐτοῖς.⸃

4 Ἀρξάμενος δὲ °ὁ Πέτρος ἐξετίθετο αὐτοῖς καθεξῆς λέγων, 5 "Ἐγὼ ἤμην ἐν πόλει Ἰόππῃ προσευχόμενος καὶ εἶδον ἐν ἐκστάσει ὅραμα, καταβαῖνον σκεῦός τι ὡς ὀθόνην μεγάλην τέσσαρσιν ἀρχαῖς καθιεμένην ἐκ τοῦ οὐρανοῦ, καὶ ἦλθεν•ἄχρις ἐμοῦ· 6 εἰς ἣν ἀτενίσας κατενόουν καὶ εἶδον τὰ τετράποδα τῆς γῆς καὶ τὰ θηρία καὶ τὰ ἑρπετὰ καὶ τὰ πετεινὰ τοῦ οὐρανοῦ. 7 Ἤκουσα δὲ ᵀφωνῆς λεγούσης μοι, ʼἈναστάς, Πέτρε, θῦσον καὶ φάγε!ʼ 8 Εἶπον δέ, ʻΜηδαμῶς, Κύριε! Ὅτι °πᾶν κοινὸν ἢ ἀκάθαρτον οὐδέποτε εἰσῆλθεν εἰς τὸ στόμα μου.ʼ 9 Ἀπεκρίθη δέ °μοι φωνὴ ἐκ δευτέρου² ἐκ τοῦ οὐρανοῦ, ʻἋ ὁ Θεὸς ἐκαθάρισε σὺ μὴ κοίνου.ʼ 10 Τοῦτο δὲ ἐγένετο ἐπὶ τρίς, καὶ ⸉πάλιν ἀνεσπάσθη⸊ ἅπαντα εἰς τὸν οὐρανόν. 11 Καὶ ἰδού, ἐξαυτῆς τρεῖς ἄνδρες ἐπέστησαν ἐπὶ τὴν οἰκίαν ἐν ᾗ ⸀ἤμην, ἀπεσταλμένοι ἀπὸ Καισαρείας πρός με. 12 Εἶπε δέ ⸉μοι τὸ Πνεῦμα⸊ συνελθεῖν αὐτοῖς μηδὲν ⸀διακρινόμενον. Ἦλθον δὲ σὺν ἐμοὶ καὶ οἱ ἓξ ἀδελφοὶ οὗτοι, καὶ εἰσήλθομεν εἰς τὸν οἶκον τοῦ ἀνδρός. 13 Ἀπήγγειλέ τε³ ἡμῖν πῶς εἶδε °¹τὸν ἄγγελον ἐν τῷ οἴκῳ αὐτοῦ σταθέντα καὶ εἰπόντα °²αὐτῷ, ʻἈπόστειλον εἰς

---

¹3 προς ανδρας ακροβυστιαν εχοντας εισηλθες και συνεφαγες **M**, **TR** vs εισηλθες ιιρος ανδρας ακροβυστιαν εχοντας και συνεφαγες **M'א**A, **Cr** vs εισηλθεν προς ανδρας ακροβυστιαν εχοντας και συνεφαγεν 𝔓⁴⁵ᵛⁱᵈB
²9 φωνη εκ δευτερου **M𝔓⁴⁵א**A, **TR Cr** vs εκ δευτερου φωνη **M'B**
³13 τε **Mᵖᵗ**, **TR** vs δε **Mᵖᵗא**BA, **Cr**

---

2 ⸀οτε δε **אBA** vs 𝔐   2 •Ιερουσαλημ **G** (h.C) vs 𝔐
4 °**G** (h.C) vs 𝔐   5 •αχρι **G** (h.C) vs 𝔐   7 ᵀκαι **אBA** vs 𝔐
8 °**G**(h.C) vs **M**   9 °**G** (h.C) vs 𝔐   10 ⸉**אBA** vs 𝔐
11 ⸀ημεν **אBA** vs 𝔐𝔓⁴⁵   12 ⸉231 **G** (h.C) vs 𝔐
12 ⸀διακριναντα **BA** (διακρινοντα **א***) vs 𝔐
13 °¹𝔓⁴⁵ vs 𝔐**אBA**, [Cr]   13 °²**אBA** vs 𝔐

Ἰόππην ἄνδρας¹ καὶ μετάπεμψαι Σίμωνα τὸν ἐπικαλού-
μενον Πέτρον, **14** ὃς λαλήσει ῥήματα πρὸς σὲ ἐν οἷς σω-
θήσῃ σὺ καὶ πᾶς ὁ οἶκός σου.' **15** Ἐν δὲ τῷ ἄρξασθαί
με λαλεῖν, ἐπέπεσε τὸ Πνεῦμα τὸ Ἅγιον ἐπ᾽ αὐτοὺς
ὥσπερ καὶ ἐφ᾽ ἡμᾶς ἐν ἀρχῇ. **16** Ἐμνήσθην δὲ τοῦ
ῥήματος² Κυρίου, ὡς ἔλεγεν,³ ''Ἰωάννης μὲν ἐβάπτισεν
ὕδατι, ὑμεῖς δὲ βαπτισθήσεσθε ἐν Πνεύματι Ἁγίῳ.' **17** Εἰ
οὖν τὴν ἴσην δωρεὰν ἔδωκεν αὐτοῖς ὁ Θεὸς ὡς καὶ ἡμῖν
πιστεύσασιν ἐπὶ τὸν Κύριον Ἰησοῦν Χριστόν,⁴ ἐγὼ δὲ⁵ τίς
ἤμην δυνατὸς κωλῦσαι τὸν Θεόν?'' **18** Ἀκούσαντες δὲ
ταῦτα ἡσύχασαν καὶ ᵀ¹ἐδόξαζον τὸν Θεόν, λέγοντες,
'''ᵀ²''Ἄραγε καὶ τοῖς ἔθνεσιν ὁ Θεὸς τὴν μετάνοιαν ˢἔδωκεν
εἰς ζωήν.''ᴸ

Barnabas and Saul Minister to the Church at Antioch

19 Οἱ μὲν οὖν διασπαρέντες ἀπὸ τῆς θλίψεως τῆς γε-
νομένης ἐπὶ Στεφάνῳ διῆλθον ἕως Φοινίκης καὶ Κύπρου
καὶ Ἀντιοχείας, μηδενὶ λαλοῦντες τὸν λόγον εἰ μὴ μόνον
Ἰουδαίοις. **20** Ἦσαν δέ τινες ἐξ αὐτῶν ἄνδρες Κύπριοι καὶ
Κυρηναῖοι, οἵτινες ᵀεἰσελθόντες εἰς Ἀντιόχειαν ἐλάλουν
ᵀπρὸς τοὺς Ἑλληνιστάς, εὐαγγελιζόμενοι τὸν Κύριον
Ἰησοῦν. **21** Καὶ ἦν χεὶρ Κυρίου μετ᾽ αὐτῶν, πολύς τε ἀριθ-
μὸς ᵀ πιστεύσας ἐπέστρεψεν ἐπὶ τὸν Κύριον. **22** Ἠκού-
σθη δὲ ὁ λόγος εἰς τὰ ὦτα τῆς ἐκκλησίας τῆς ᵀ ἐν
•Ἱεροσολύμοις περὶ αὐτῶν, καὶ ἐξαπέστειλαν Βαρναβᾶν
ᵒδιελθεῖν ἕως Ἀντιοχείας· **23** ὃς παραγενόμενος καὶ ἰδὼν
τὴν χάριν ᵀ τοῦ Θεοῦ ἐχάρη καὶ παρεκάλει πάντας τῇ

---

¹13 ανδρας M, TR vs − MʳℵBA, Cr
²16 ρηματος Mᵖᵗ, TR vs + του MᵖᵗℵBA, Cr
³16 ελεγεν MℵBA, TR Cr vs +οτι Mʳ
⁴17 Χριστον MℵBA, TR Cr vs − Mʳ
⁵17 δε Mᵖᵗ, TR vs − MᵖᵗℵBA, Cr

18 ᵀ¹εδοξασαν ℵB vs MA   18 ᵀ²αρα ℵBA vs 𝔐   18 ˢ231 ℵBA vs 𝔐
20 ʳελθοντες ℵBA vs M   20 ᵀκαι ℵ*BA vs 𝔐
21 ᵀο ℵBA vs 𝔐   22 ᵀουσης ℵB vs MA   22 •Ιερουσαλημ ℵBA vs 𝔐
22 ᵒℵBA vs 𝔐, [Cr]   23 ᵀτην ℵBA, [Cr] vs 𝔐

προθέσει τῆς καρδίας προσμένειν τῷ Κυρίῳ, **24** ὅτι ἦν ἀνὴρ ἀγαθὸς καὶ πλήρης Πνεύματος Ἁγίου καὶ πίστεως. Καὶ προσετέθη ὄχλος ἱκανὸς τῷ Κυρίῳ. **25** Ἐξῆλθε δὲ εἰς Ταρσὸν □ὁ Βαρναβᾶς` ἀναζητῆσαι Σαῦλον, **26** καὶ εὑρὼν¹ ἤγαγεν αὐτὸν² εἰς Ἀντιόχειαν. Ἐγένετο δὲ ⌐¹αὐτοὺς ᵀ ἐνιαυτὸν ὅλον συναχθῆναι³ τῇ ἐκκλησίᾳ καὶ διδάξαι ὄχλον ἱκανόν, χρηματίσαι τε ⌐²πρῶτον ἐν Ἀντιοχείᾳ τοὺς μαθητὰς Χριστιανούς.

Antioch Sends Famine Relief to Judea

27 Ἐν ταύταις δὲ ταῖς ἡμέραις κατῆλθον ἀπὸ Ἱερο-σολύμων προφῆται εἰς Ἀντιόχειαν. **28** Ἀναστὰς δὲ εἷς ἐξ αὐτῶν ὀνόματι Ἄγαβος, ἐσήμανε διὰ τοῦ Πνεύματος λιμὸν ⌐¹μέγαν μέλλειν ἔσεσθαι ἐφ' ὅλην τὴν οἰκουμένην· ⌐²ὅστις ᴼ¹καὶ ἐγένετο ἐπὶ Κλαυδίου ᴼ²Καίσαρος. **29** Τῶν δὲ μαθητῶν καθὼς εὐπορεῖτό⁴ τις, ὥρισαν ἕκαστος αὐτῶν εἰς διακονίαν πέμψαι τοῖς κατοικοῦσιν ἐν τῇ Ἰουδαίᾳ ἀδελφοῖς· **30** ὃ καὶ ἐποίησαν ἀποστείλαντες πρὸς τοὺς πρεσβυτέ-ρους διὰ χειρὸς Βαρναβᾶ καὶ Σαύλου.

Herod Kills James and Imprisons Peter

12 Κατ' ἐκεῖνον δὲ τὸν καιρὸν ἐπέβαλεν Ἡρώδης ὁ βασιλεὺς τὰς χεῖρας κακῶσαί τινας τῶν ἀπὸ τῆς ἐκκλησίας. **2** Ἀνεῖλε δὲ Ἰάκωβον τὸν ἀδελφὸν Ἰωάννου ꞏμαχαίρᾳ. **3** ᶜΚαὶ ἰδὼν` ὅτι ἀρεστόν ἐστι τοῖς Ἰουδαίοις, προσέθετο συλλαβεῖν καὶ Πέτρον (ἦσαν δὲ αἱ⁵ ἡμέραι τῶν ἀζύμων), **4** ὃν καὶ πιάσας ἔθετο εἰς φυλακήν, παραδοὺς

---

¹26 ευρων M^{pt vid}𝕏BA, Cr vs + αυτον M^{pt vid}, TR
²26 αυτον M^{pt}, TR vs −M^{pt}𝕲 (h.C), Cr
³26 συναχθηναι M^{pt} vs + εν M^{pt}𝕏BA, TR Cr
⁴29 ευπορειτο 𝔐 𝕏BA, Cr vs ηυπορειτο TR
⁵3 αι 𝔐 A, [Cr] vs −𝔭^{45vid}𝕏B, TR

---

25 □𝕲 (h.C) vs 𝔐   26 ⌐¹ αυτοις 𝕲 (h.C) vs M
26 ᵀκαι 𝕏BA vs 𝔐𝔭^{45}   26 ⌐² πρωτως 𝔭^{45}𝕏B vs 𝔐 A
28 ⌐¹μεγαλην 𝕲 (h.C) vs 𝔐   28 ⌐²ητις 𝕏BA vs 𝔐
28 ᴼ¹𝕏BA vs 𝔐   28 ᴼ²𝕲 (h.C) vs 𝔐
2 ꞏμαχαιρη 𝕏B*A vs 𝔐   3 ᶜιδων δε 𝕲 (h.C) vs 𝔐

τέσσαρσι τετραδίοις στρατιωτῶν φυλάσσειν αὐτόν, βου-
λόμενος μετὰ τὸ Πάσχα ἀναγαγεῖν αὐτὸν τῷ λαῷ.

An Angel Delivers Peter from Prison

5 Ὁ μὲν οὖν Πέτρος ἐτηρεῖτο ἐν τῇ φυλακῇ· προσευχῇ
δὲ ἦν ⌜ἐκτενὴς γινομένη ὑπὸ τῆς ἐκκλησίας πρὸς τὸν Θεὸν
ὑπὲρ¹ αὐτοῦ. 6 Ὅτε δὲ ⌜ἔμελλεν αὐτὸν προάγειν² ὁ
Ἡρώδης, τῇ νυκτὶ ἐκείνῃ ἦν ὁ Πέτρος κοιμώμενος μεταξὺ
δύο στρατιωτῶν δεδεμένος ἁλύσεσι δυσί, φύλακές τε πρὸ
τῆς θύρας ἐτήρουν τὴν φυλακήν.

7 Καὶ ἰδού, ἄγγελος Κυρίου ἐπέστη, καὶ φῶς ἔλαμψεν ἐν
τῷ οἰκήματι· πατάξας δὲ τὴν πλευρὰν τοῦ Πέτρου, ἤγειρεν
αὐτὸν λέγων, "᾿Ανάστα ἐν τάχει." Καὶ ἐξέπεσον αὐτοῦ αἱ
ἁλύσεις ἐκ τῶν χειρῶν. 8 Εἶπέ ⌜¹τε ὁ ἄγγελος πρὸς αὐτόν,
"⌜²Περίζωσαι καὶ ὑπόδησαι τὰ σανδάλιά σου." Ἐποίησε δὲ
οὕτω. Καὶ λέγει αὐτῷ, "Περιβαλοῦ τὸ ἱμάτιόν σου καὶ
ἀκολούθει μοι." 9 Καὶ ἐξελθὼν ἠκολούθει °αὐτῷ, καὶ οὐκ
ᾔδει ὅτι ἀληθές ἐστι τὸ γινόμενον διὰ τοῦ ἀγγέλου, ἐδόκει
δὲ ὅραμα βλέπειν. 10 Διελθόντες δὲ πρώτην φυλακὴν καὶ
δευτέραν, ἦλθον ἐπὶ τὴν πύλην τὴν σιδηρᾶν τὴν φέρουσαν
εἰς τὴν πόλιν, ἥτις αὐτομάτη ⌜ἠνοίχθη αὐτοῖς, καὶ
ἐξελθόντες προῆλθον ῥύμην μίαν, καὶ εὐθέως ἀπέστη ὁ
ἄγγελος ἀπ᾿ αὐτοῦ.

11 Καὶ ὁ Πέτρος, ⌜γενόμενος ἐν ἑαυτῷ,⌝ εἶπε, "Νῦν οἶδα
ἀληθῶς ὅτι ἐξαπέστειλε ᵀ Κύριος τὸν ἄγγελον αὐτοῦ καὶ
ἐξείλετό με ἐκ χειρὸς Ἡρώδου καὶ πάσης τῆς προσδοκίας
τοῦ λαοῦ τῶν Ἰουδαίων." 12 Συνιδών τε ἦλθεν ἐπὶ τὴν
οἰκίαν ᵀ Μαρίας τῆς μητρὸς Ἰωάννου τοῦ ἐπικαλουμένου
Μάρκου, οὗ ἦσαν ἱκανοὶ συνηθροισμένοι καὶ προσευχόμενοι.

---

¹5 υπερ Mᵖᵗ, TR vs περι MᵖᵗℵB, Cr
²6 αυτον προαγειν Mᵖᵗ, TR vs προαγειν αυτον Mᵖᵗ vs προαγαγειν
αυτον A, Cr vs προσαγειν αυτον ℵ vs προσαγαγειν αυτον B

5 ⌜εκτενως ℵBA* vs 𝔐   6 ⌜ημελλεν ℵB vs 𝔐A
8 ⌜¹δε B vs MℵA   8 ⌜²ωσαι ℵBA vs M   9 °ℵ*BA vs 𝔐
10 ⌜ηνοιγη A (ηνυγη ℵB*) vs 𝔐
11 ⌜231 ℵA (αυτω for εαυτω B*) vs M   11 ᵀο B, [Cr] vs 𝔐ℵA
12 ᵀτης ℵBA vs 𝔐

13 Κρούσαντος δὲ ⸢τοῦ Πέτρου⸣ τὴν θύραν τοῦ πυλῶνος,
προσῆλθε παιδίσκη ὑπακοῦσαι, ὀνόματι Ῥόδη. **14** Καὶ
ἐπιγνοῦσα τὴν φωνὴν τοῦ Πέτρου, ἀπὸ τῆς χαρᾶς οὐκ
ἤνοιξε τὸν πυλῶνα, εἰσδραμοῦσα δὲ ἀπήγγειλεν ἑστάναι
τὸν Πέτρον πρὸ τοῦ πυλῶνος.

15 Οἱ δὲ πρὸς αὐτὴν εἶπον, "Μαίνῃ!" Ἡ δὲ διϊσχυρίζετο
οὕτως ἔχειν. Οἱ δὲ[1] ἔλεγον, "Ὁ ἄγγελος ⸉αὐτοῦ ἐστιν.⸊"
16 Ὁ δὲ Πέτρος ἐπέμενε κρούων· ἀνοίξαντες δὲ εἶδον
αὐτὸν καὶ ἐξέστησαν.

17 Κατασείσας δὲ αὐτοῖς τῇ χειρὶ σιγᾶν, διηγήσατο
°αὐτοῖς πῶς ὁ Κύριος αὐτὸν ἐξήγαγεν[2] ἐκ τῆς φυλα-
κῆς. Εἶπε ⸢δέ, "Ἀπαγγείλατε Ἰακώβῳ καὶ τοῖς ἀδελφοῖς
ταῦτα." Καὶ ἐξελθὼν ἐπορεύθη εἰς ἕτερον τόπον. **18** Γε-
νομένης δὲ ἡμέρας, ἦν τάραχος οὐκ ὀλίγος ἐν τοῖς
στρατιώταις, τί ἄρα ὁ Πέτρος ἐγένετο. **19** Ἡρῴδης δὲ
ἐπιζητήσας αὐτὸν καὶ μὴ εὑρών, ἀνακρίνας τοὺς φύλακας,
ἐκέλευσεν ἀπαχθῆναι. Καὶ κατελθὼν ἀπὸ τῆς Ἰουδαίας εἰς
°τὴν Καισάρειαν διέτριβεν.

The Enemy of God's Word Is Smitten

20 Ἦν δὲ ⸋ὁ Ἡρῴδης⸌ θυμομαχῶν Τυρίοις καὶ Σιδωνίοις·
ὁμοθυμαδὸν δὲ[3] παρῆσαν πρὸς αὐτόν, καὶ πείσαντες
Βλάστον τὸν ἐπὶ τοῦ κοιτῶνος τοῦ βασιλέως, ᾐτοῦντο
εἰρήνην, διὰ τὸ τρέφεσθαι αὐτῶν τὴν χώραν ἀπὸ τῆς
βασιλικῆς. **21** Τακτῇ δὲ ἡμέρᾳ ὁ Ἡρῴδης ἐνδυσάμενος
ἐσθῆτα βασιλικὴν °καὶ καθίσας ἐπὶ τοῦ βήματος,
ἐδημηγόρει πρὸς αὐτούς.

22 Ὁ δὲ δῆμος ἐπεφώνει, "Φωνὴ θεοῦ[4] καὶ οὐκ
ἀνθρώπου!" **23** Παραχρῆμα δὲ ἐπάταξεν αὐτὸν ἄγγελος

---

[1]15 δε 𝔐^{vid}Ϲ (h.C), Cr vs δ TR
[2]17 ο Κυριος αυτον εξηγαγεν M^{pt}𝔓^{45vid}ℵB, TR Cr vs ο Κυριος εξηγαγεν αυτον M^{pt} vs αυτον ο Κυριος εξηγαγεν A
[3]20 δε MℵBA, TR Cr vs τε M^{r}
[4]22 φωνη θεου M^{pt} vs θεου φωνη M^{pt}ℵBA, TR Cr

---

13 ⸢αυτου ℵBA vs 𝔐 15 ⸉ℵ*BA vs 𝔐 17 °ℵA vs 𝔐B, [Cr]
17 ⸢τε Ϲ (h.C) vs 𝔐 19 °Ϲ (h.C) vs M 20 ⸋ℵBA vs M
21 °ℵB vs 𝔐A, [Cr]

Κυρίου ἀνθ᾽ ὧν οὐκ ἔδωκε[1] δόξαν τῷ Θεῷ, καὶ γενόμενος σκωληκόβρωτος, ἐξέψυξεν.
24 Ὁ δὲ λόγος τοῦ Θεοῦ ηὔξανε καὶ ἐπληθύνετο.

Barnabas and Saul Separated to the Work of God

25 Βαρναβᾶς δὲ καὶ Σαῦλος ὑπέστρεψαν εἰς[2] Ἱερουσαλήμ, πληρώσαντες τὴν διακονίαν, συμπαραλαβόντες °καὶ Ἰωάννην τὸν ἐπικληθέντα Μᾶρκον.

13 Ἦσαν δέ °τινες ἐν Ἀντιοχείᾳ κατὰ τὴν οὖσαν ἐκκλησίαν προφῆται καὶ διδάσκαλοι, ὅ τε Βαρναβᾶς καὶ Συμεὼν ὁ καλούμενος Νίγερ, καὶ Λούκιος ὁ Κυρηναῖος, Μαναήν τε Ἡρῴδου τοῦ ⌐τετράρχου σύντροφος, καὶ Σαῦλος.
2 Λειτουργούντων δὲ αὐτῶν τῷ Κυρίῳ καὶ νηστευόντων, εἶπε τὸ Πνεῦμα τὸ Ἅγιον, "Ἀφορίσατε δή μοι τὸν[3] Βαρναβᾶν καὶ °τὸν Σαῦλον εἰς τὸ ἔργον ὃ προσκέκλημαι αὐτούς." **3** Τότε νηστεύσαντες καὶ προσευξάμενοι καὶ ἐπιθέντες τὰς χεῖρας αὐτοῖς, ἀπέλυσαν.

Saul, Barnabas, and John Mark Preach in Cyprus

4 ⌐Οὗτοι μὲν οὖν,[4] ἐκπεμφθέντες ὑπὸ τοῦ Πνεύματος τοῦ Ἁγίου,⌐ κατῆλθον εἰς °¹τὴν Σελεύκειαν. Ἐκεῖθεν δὲ[5] ἀπέπλευσαν εἰς °²τὴν Κύπρον, **5** καὶ γενόμενοι ἐν Σαλαμῖνι, κατήγγελλον τὸν λόγον τοῦ Θεοῦ ἐν ταῖς συναγωγαῖς τῶν Ἰουδαίων· εἶχον δὲ καὶ Ἰωάννην ὑπηρέτην. **6** Διελθόντες δὲ ᵀ¹ τὴν νῆσον ἄχρι Πάφου, εὑρόν ᵀ² τινα μάγον

---

[1]23 εδωκε 𝔐 vs + την 𝕏BA, TR Cr
[2]25 εις Mᵖᵗ𝕏B, Cr vs εξ MᵖᵗA, TR vs απο Mᵖᵗ
[3]2 τον 𝔐𝕲 (h.𝔭⁴⁵), Cr vs + τε TR
[4]4 ουν M𝕏BA, TR Cr vs − Mʳ
[5]4 δε Mᵖᵗ vs τε Mᵖᵗ𝕲 (h.𝔭⁴⁵), TR Cr

25 °𝕏BA vs 𝔐   1 °𝕏BA vs 𝔐   1 ⌐τετρααρχου 𝕏*C vs 𝔐BA
2 °BAC vs M𝕏*   4 ⌐αυτοι 𝕏BA vs 𝔐
4 ⌐Αγιου Πνευματος 𝕏BA vs 𝔐   4 °¹𝕏BA vs M   4 °²𝕲 (h.𝔭⁴⁵) vs M
6 ᵀ¹ολην 𝕲 (h.𝔭⁴⁵) vs M   6 ᵀ²ανδρα 𝕲 (h.𝔭⁴⁵) vs M

ψευδοπροφήτην Ἰουδαῖον, ᾧ ὄνομα Βαριησοῦν,¹ 7 ὃς ἦν σὺν τῷ ἀνθυπάτῳ Σεργίῳ Παύλῳ, ἀνδρὶ συνετῷ. Οὗτος προσκαλεσάμενος Βαρναβᾶν καὶ Σαῦλον ἐπεζήτησεν ἀκοῦσαι τὸν λόγον τοῦ Θεοῦ. 8 Ἀνθίστατο δὲ αὐτοῖς Ἐλύμας ὁ μάγος (οὕτω γὰρ μεθερμηνεύεται τὸ ὄνομα αὐτοῦ), ζητῶν διαστρέψαι τὸν ἀνθύπατον ἀπὸ τῆς πίστεως.

9 Σαῦλος δέ, ὁ καὶ Παῦλος, πλησθεὶς Πνεύματος Ἁγίου °καὶ ἀτενίσας εἰς αὐτὸν 10 εἶπεν, "Ὦ πλήρης παντὸς δόλου καὶ πάσης ῥᾳδιουργίας, υἱὲ διαβόλου, ἐχθρὲ πάσης δικαιοσύνης! Οὐ παύσῃ διαστρέφων τὰς ὁδοὺς ᵀΚυρίου τὰς εὐθείας? 11 Καὶ νῦν ἰδού, χεὶρ² Κυρίου ἐπὶ σέ, καὶ ἔσῃ τυφλός, μὴ βλέπων τὸν ἥλιον ἄχρι καιροῦ." Παραχρῆμα ᴵ¹δὲ ᴵ²ἐπέπεσεν ἐπ' αὐτὸν ἀχλὺς καὶ σκότος, καὶ περιάγων ἐζήτει χειραγωγούς. 12 Τότε ἰδὼν ὁ ἀνθύπατος τὸ γεγονὸς ἐπίστευσεν, ἐκπλησσόμενος ἐπὶ τῇ διδαχῇ τοῦ Κυρίου.

Paul Preaches at Pisidian Antioch

13 Ἀναχθέντες δὲ ἀπὸ τῆς Πάφου οἱ περὶ °τὸν Παῦλον ἦλθον εἰς Πέργην τῆς Παμφυλίας. Ἰωάννης δὲ ἀποχωρήσας ἀπ' αὐτῶν ὑπέστρεψεν εἰς Ἱεροσόλυμα. 14 Αὐτοὶ δὲ διελθόντες ἀπὸ τῆς Πέργης, παρεγένοντο εἰς Ἀντιόχειαν ʳτῆς Πισιδίας,ˈ καὶ ʳεἰσελθόντες εἰς τὴν συναγωγὴν τῇ ἡμέρᾳ τῶν σαββάτων, ἐκάθισαν.

15 Μετὰ δὲ τὴν ἀνάγνωσιν τοῦ Νόμου καὶ τῶν Προφητῶν, ἀπέστειλαν οἱ ἀρχισυνάγωγοι πρὸς αὐτούς,³ λέγοντες, "Ἄνδρες ἀδελφοί, εἰ ᵀ ἔστι ˢλόγος ἐν ὑμῖνˣ παρακλήσεως πρὸς τὸν λαόν, λέγετε."

---

¹6 Βαριησουν MᵖᵗA vs Βαριησους MᵖᵗBC, TR vs Βαριησου ℵ, Cr
²11 χειρ 𝔐 G, Cr vs + του TR
³15 οι αρχισυναγωγοι προς αυτους MG (h.𝔭⁴⁵), TR Cr vs προς αυτους οι αρχισυναγωγοι Mʳ

9 °G vs 𝔐 𝔭⁴⁵   10 ᵀτου ℵ*B, [Cr] vs 𝔐AC
11 ʳˈτε 𝔭⁴⁵ℵC, Cr vs 𝔐BA   11 ʳ²επεσεν 𝔭⁴⁵ᵛⁱᵈℵBA vs 𝔐C
13 °G (𝔭⁴⁵ᵛⁱᵈ) vs 𝔐   14 ʳτην Πισιδιαν G vs 𝔐
14 ʳελθοντες ℵ*BC vs 𝔐A, [Cr]   15 ᵀτις G (h.𝔭⁴⁵) vs 𝔐
15 ˢ231 G (h.𝔭⁴⁵) vs M

16 Ἀναστὰς δὲ Παῦλος, καὶ κατασείσας τῇ χειρί, εἶπεν, ῁Ἄνδρες Ἰσραηλῖται καὶ οἱ φοβούμενοι τὸν Θεόν, ἀκούσατε. 17 Ὁ Θεὸς τοῦ λαοῦ τούτου¹ ἐξελέξατο τοὺς πατέρας ἡμῶν, καὶ τὸν λαὸν ὕψωσεν ἐν τῇ παροικίᾳ ἐν γῇ ⌐Αἰγύπτῳ, καὶ μετὰ βραχίονος ὑψηλοῦ ἐξήγαγεν αὐτοὺς ἐξ αὐτῆς. 18 Καὶ ὡς •τεσσαρακονταετῆ χρόνον ἐτροποφόρησεν αὐτοὺς ἐν τῇ ἐρήμῳ. 19 Καὶ καθελὼν ἔθνη ἑπτὰ ἐν γῇ Χανάαν, κατεκληρονόμησεν² °αὐτοῖς τὴν γῆν αὐτῶν. 20 ˢΚαὶ μετὰ ταῦτα, ὡς ἔτεσι τετρακοσίοις καὶ πεντήκοντα,ˋ ἔδωκε κριτὰς ἕως Σαμουὴλ °τοῦ προφήτου. 21 Κἀκεῖθεν ᾐτήσαντο βασιλέα, καὶ ἔδωκεν αὐτοῖς ὁ Θεὸς τὸν Σαοὺλ υἱὸν Κίς, ἄνδρα ἐκ φυλῆς Βενιαμίν, ἔτη •τεσσαράκοντα. 22 Καὶ μεταστήσας αὐτὸν ἤγειρεν ˢαὐτοῖς τὸν Δαβὶδˋ εἰς βασιλέα, ᾧ καὶ εἶπε μαρτυρήσας, «Εὗρον Δαβὶδ τὸν τοῦ Ἰεσσαὶ ἄνδρα κατὰ τὴν καρδίαν μου,» ὃς ποιήσει πάντα τὰ θελήματά μου.' 23 Τούτου ὁ Θεὸς ἀπὸ τοῦ σπέρματος κατ᾽ ἐπαγγελίαν ἤγαγε³ τῷ Ἰσραὴλ σωτηρίαν,⁴ 24 προκηρύξαντος Ἰωάννου πρὸ προσώπου τῆς εἰσόδου αὐτοῦ βάπτισμα μετανοίας τῷ⁵ Ἰσραήλ. 25 Ὡς δὲ ἐπλήρου ὁ⁶ Ἰωάννης τὸν δρόμον, ἔλεγε, ῁Τίνα με᾽ ὑπονοεῖτε εἶναι? Οὐκ εἰμὶ ἐγώ. Ἀλλ᾽ ἰδού, ἔρχεται μετ᾽ ἐμὲ οὗ οὐκ εἰμὶ ἄξιος τὸ ὑπόδημα τῶν ποδῶν λῦσαι.'
26 ῁Ἄνδρες ἀδελφοί, υἱοὶ γένους Ἀβραὰμ καὶ οἱ ἐν ὑμῖν φοβούμενοι τὸν Θεόν, ⌐ὑμῖν ὁ λόγος τῆς σωτηρίας ταύτης

---

¹ 17 τουτου Mᵖᵗ vs +Ισραηλ MᵖᵗG (h.𝔭⁴⁵), TR Cr
² 19 κατεκληρονομησεν MG (h.𝔭⁴⁵), Cr vs κατεκληροδοτησεν Mᶜ, TR
³ 23 ηγαγε(ν) MᵖᵗℵBA, Cr vs ηγειρε MᵖᵗC, TR
⁴ 23 σωτηριαν 𝔐 vs Σωτηρα Ιησουν G (h.𝔭⁴⁵), TR Cr
⁵ 24 τω Mᵖᵗ vs παντι τω λαω MᵖᵗℵBC, TR Cr vs παντι τω A
⁶ 25 ο Mᵖᵗ, TR vs −MᵖᵗG (h.𝔭⁴⁵), Cr

17 ⌐Αιγυπτου ℵBA vs 𝔐C   18 •τεσσερακονταετη ℵBA (τεσσε-
ρακονταετην C) vs 𝔐   19 °ℵB vs 𝔐AC
20 ˢ4-81-3 G (h.𝔭⁴⁵) vs 𝔐   20 °ℵBA vs 𝔐C, [Cr]
21 •τεσσερακοντα G (h.𝔭⁴⁵) vs 𝔐   22 ˢ231 ℵBA vs 𝔐C
25 ⌐τι εμε ℵBA vs 𝔐𝔭⁴⁵C   26 ⌐ημιν ℵBA vs 𝔐𝔭⁴⁵C

---

22 1 Sam. 13:14

ἀπεστάλη.¹ 27 Οἱ γὰρ κατοικοῦντες² Ἰερουσαλὴμ καὶ οἱ
ἄρχοντες αὐτῶν, τοῦτον ἀγνοήσαντες, καὶ τὰς φωνὰς τῶν
προφητῶν τὰς κατὰ πᾶν σάββατον ἀναγινωσκομένας,
κρίναντες ἐπλήρωσαν. 28 Καὶ μηδεμίαν αἰτίαν θανάτου
εὑρόντες, ᾐτήσαντο Πιλᾶτον ἀναιρεθῆναι αὐτόν. 29 Ὡς δὲ
ἐτέλεσαν πάντα³ τὰ περὶ αὐτοῦ γεγραμμένα, καθελόντες
ἀπὸ τοῦ ξύλου, ἔθηκαν εἰς μνημεῖον. 30 Ὁ δὲ Θεὸς ἤγειρεν
αὐτὸν ἐκ νεκρῶν· 31 ὃς ὤφθη ἐπὶ ἡμέρας πλείους τοῖς
συναναβᾶσιν αὐτῷ ἀπὸ τῆς Γαλιλαίας εἰς Ἰερουσαλήμ,
οἵτινές ʳεἰσι μάρτυρες αὐτοῦ πρὸς τὸν λαόν. 32 Καὶ ἡμεῖς
ὑμᾶς εὐαγγελιζόμεθα τὴν πρὸς τοὺς πατέρας ἐπαγγελίαν
γενομένην, 33 ὅτι ταύτην ὁ Θεὸς ἐκπεπλήρωκε τοῖς
τέκνοις ʳαὐτῶν ἡμῖν,ꞌ ἀναστήσας Ἰησοῦν, ὡς καὶ ἐν τῷ
ψαλμῷ ˢτῷ δευτέρῳ γέγραπται·ˡ

«Υἱός μου εἶ σύ,
Ἐγὼ σήμερον γεγέννηκά σε.»

34 Ὅτι δὲ ἀνέστησεν αὐτὸν ἐκ νεκρῶν, μηκέτι μέλλοντα
ὑποστρέφειν εἰς διαφθοράν, οὕτως εἴρηκεν ὅτι

«Δώσω ὑμῖν τὰ ὅσια Δαβὶδ τὰ πιστά.»

35 ʳΔιὸ καὶ ἐν ἑτέρῳ λέγει,

«Οὐ δώσεις τὸν Ὅσιόν σου ἰδεῖν διαφθοράν.»

36 Δαβὶδ μὲν γὰρ ἰδίᾳ γενεᾷ ὑπηρετήσας τῇ τοῦ Θεοῦ
βουλῇ ἐκοιμήθη, καὶ προσετέθη πρὸς τοὺς πατέρας αὐτοῦ
καὶ εἶδε διαφθοράν, 37 ὃν δὲ ὁ Θεὸς ἤγειρεν οὐκ εἶδε
διαφθοράν. 38 Γνωστὸν οὖν ἔστω ὑμῖν, ἄνδρες ἀδελφοί, ὅτι
διὰ τούτου ὑμῖν ἄφεσις ἁμαρτιῶν καταγγέλλεται, 39 °καὶ

---

¹26 απεσταλη Mᵖᵗ𝔭⁴⁵, TR vs εξαπεσταλη Mᵖᵗ𝕲, Cr
²27 κατοικουντες MᵖᵗC, vs + εν MᵖᵗℵBA, TR Cr
³29 παντα 𝔐𝕲 (h.𝔭⁴⁵), Cr vs απαντα TR

---

31 ʳνυν εισι(ν) 𝔭⁴⁵AC (ˢ ℵ), [Cr] vs MB
33 ʳημων 𝕲 (h.C) vs 𝔐, [Cr]   33 ˢ312 𝕲 vs 𝔐
35 ʳδιοτι ℵBA vs 𝔐C   39 °ℵAC* vs 𝔐B, [Cr]

---

33 Ps. 2:7   34 Is. 55:3   35 Ps. 16:10

ἀπὸ πάντων ὧν οὐκ ἠδυνήθητε ἐν τῷ¹ νόμῳ Μωσέως
δικαιωθῆναι, ἐν τούτῳ πᾶς ὁ πιστεύων δικαιοῦται.
40 Βλέπετε οὖν μὴ ἐπέλθῃ □ἐφ᾽ ὑμᾶς⸣ τὸ εἰρημένον ἐν
τοῖς προφήταις,
41 «῝Ιδετε, οἱ καταφρονηταί,
 Καὶ² θαυμάσατε καὶ ἀφανίσθητε,
 ῞Οτι ἔργον ⸂ἐγὼ ἐργάζομαι⸃ ἐν ταῖς ἡμέραις ὑμῶν,³
 ῝Ο⁴ οὐ μὴ πιστεύσητε
 Ἐάν τις ἐκδιηγῆται ὑμῖν.»″

Blessing and Conflict at Pisidian Antioch

42 Ἐξιόντων δὲ ἐκ τῆς συναγωγῆς τῶν Ἰουδαίων,⁵
παρεκάλουν □τὰ ἔθνη⸣ εἰς τὸ μεταξὺ σάββατον λαληθῆναι
αὐτοῖς τὰ ῥήματα ταῦτα.⁶ **43** Λυθείσης δὲ τῆς συναγωγῆς,
ἠκολούθησαν πολλοὶ τῶν Ἰουδαίων καὶ τῶν σεβομένων
προσηλύτων τῷ Παύλῳ καὶ τῷ Βαρναβᾷ, οἵτινες προσλα-
λοῦντες⁷ ἔπειθον αὐτοὺς ἐπιμένειν⁸ τῇ χάριτι τοῦ Θεοῦ.

44 Τῷ τε⁹ ἐρχομένῳ σαββάτῳ σχεδὸν πᾶσα ἡ πόλις
συνήχθη ἀκοῦσαι τὸν λόγον τοῦ ᶜΘεοῦ. **45** Ἰδόντες δὲ οἱ
Ἰουδαῖοι τοὺς ὄχλους ἐπλήσθησαν ζήλου καὶ ἀντέλεγον
τοῖς ὑπὸ °τοῦ Παύλου ⸂λεγομένοις, □ἀντιλέγοντες καὶ⸣
βλασφημοῦντες.

¹39 τω **M**, TR vs − Mʳ**G** (h.𝔭⁴⁵), Cr
²41 και **MG** (h.𝔭⁴⁵), TR Cr vs + επιβλεψατε και Mᶜ
³41 υμων **M** vs + εργον **G** (h.𝔭⁴⁵), TR Cr
⁴41 ο 𝔐**G** (h.𝔭⁴⁵), Cr vs ω TR
⁵42 εκ της συναγωγης των Ιουδαιων Mᵖᵗ, TR vs αυτων εκ της
συναγωγης των Ιουδαιων Mᵖᵗ vs αυτων **G** (h.𝔭⁴⁵), Cr
⁶42 ταυτα Mᵖᵗ**G** (h.𝔭⁴⁵), TR Cr vs − Mᵖᵗ
⁷43 προσλαλουντες **M** vs + αυτοις **G** (h.𝔭⁴⁵), TR Cr
⁸43 αυτους επιμενειν Mᵖᵗ, TR vs επιμενειν αυτους Mᵖᵗ vs αυτους
προσμενειν Mᵖᵗ**G** (h.𝔭⁴⁵), Cr
⁹44 τε **MB** vs δε ℵAC, TR Cr

40 □ℵB vs 𝔐AC   41 ⸂21 BA vs 𝔐C; (ο εγω εργαζομαι εγω ℵ*)
42 □**G** (h.𝔭⁴⁵) vs M   44 ⸀Κυριου ℵA vs 𝔐B*C
45 °ℵBA vs 𝔐C   45 ⸂λαλουμενοις ℵBA vs 𝔐C
45 □**G** (h.𝔭⁴⁵) vs M

41 Hab. 1:5

46 Παρρησιασάμενοι ʳδὲ ὁ Παῦλος καὶ ὁ Βαρναβᾶς εἶπον, "ʿΥμῖν ἦν ἀναγκαῖον πρῶτον λαληθῆναι τὸν λόγον τοῦ Θεοῦ. Ἐπειδὴ °δὲ ἀπωθεῖσθε αὐτὸν καὶ οὐκ ἀξίους κρίνετε ἑαυτοὺς τῆς αἰωνίου ζωῆς, ἰδοὺ στρεφόμεθα εἰς τὰ ἔθνη. 47 Οὕτω γὰρ ἐντέταλται ἡμῖν ὁ Κύριος,

«Τέθεικά σε εἰς φῶς ἐθνῶν
Τοῦ εἶναί σε εἰς σωτηρίαν ἕως ἐσχάτου τῆς γῆς.»″

48 Ἀκούοντα δὲ τὰ ἔθνη ἔχαιρε,¹ καὶ ἐδόξαζον τὸν λόγον τοῦ Κυρίου, καὶ ἐπίστευσαν ὅσοι ἦσαν τεταγμένοι εἰς ζωὴν αἰώνιον. 49 Διεφέρετο δὲ ὁ λόγος τοῦ Κυρίου δι᾿ ὅλης τῆς χώρας. 50 Οἱ δὲ Ἰουδαῖοι παρώτρυναν τὰς σεβομένας γυναῖκας °ʹκαὶ τὰς εὐσχήμονας καὶ τοὺς πρώτους τῆς πόλεως καὶ ἐπήγειραν διωγμὸν ἐπὶ τὸν Παῦλον καὶ °²τὸν Βαρναβᾶν, καὶ ἐξέβαλον αὐτοὺς ἀπὸ τῶν ὁρίων αὐτῶν. 51 Οἱ δὲ ἐκτιναξάμενοι τὸν κονιορτὸν τῶν ποδῶν °αὐτῶν ἐπ᾿ αὐτούς, ἦλθον εἰς Ἰκόνιον. 52 Οἱ ʳδὲ μαθηταὶ ἐπληροῦντο χαρᾶς καὶ Πνεύματος Ἁγίου.

Jews and Gentiles Assault Paul and Barnabas in Iconium

14 Ἐγένετο δὲ ἐν Ἰκονίῳ, κατὰ τὸ αὐτὸ εἰσελθεῖν αὐτοὺς εἰς τὴν συναγωγὴν τῶν Ἰουδαίων, καὶ λαλῆσαι οὕτως ὥστε πιστεῦσαι Ἰουδαίων τε καὶ Ἑλλήνων πολὺ πλῆθος. 2 Οἱ δὲ ʳἀπειθοῦντες Ἰουδαῖοι ἐπήγειραν καὶ ἐκάκωσαν τὰς ψυχὰς τῶν ἐθνῶν κατὰ τῶν ἀδελφῶν. 3 Ἱκανὸν μὲν οὖν χρόνον διέτριψαν παρρησιαζόμενοι ἐπὶ τῷ Κυρίῳ τῷ μαρτυροῦντι ᵀ τῷ λόγῳ τῆς χάριτος αὐτοῦ,² διδόντι σημεῖα καὶ τέρατα γίνεσθαι διὰ τῶν χειρῶν αὐτῶν. 4 Ἐσχίσθη δὲ τὸ πλῆθος τῆς πόλεως, καὶ οἱ μὲν ἦσαν σὺν

---

¹48 εχαιρε Mᵖᵗ vs εχαιρον MᵖᵗG (h.𝔭⁴⁵), TR Cr
²3 αυτου 𝔐G (h.𝔭⁴⁵), Cr vs +και TR

46 ʳτε G (h.𝔭⁴⁵) vs 𝔐   46 °א*B vs 𝔐𝔭⁴⁵AC
50 °ʹBAC vs 𝔐א*   50 °²G vs M   51 °G (h.𝔭⁴⁵) vs 𝔐
52 ʳτε BA vs 𝔐אC; (γε 𝔭⁴⁵)   2 ʳαπειθησαντες G (h.𝔭⁴⁵) vs 𝔐
3 ᵀεπι א*A, [Cr] vs 𝔐BC

47 Is. 49:6

τοῖς Ἰουδαίοις, οἱ δὲ σὺν τοῖς ἀποστόλοις. 5 Ὡς δὲ ἐγένετο ὁρμὴ τῶν ἐθνῶν τε καὶ Ἰουδαίων σὺν τοῖς ἄρχουσιν αὐτῶν, ὑβρίσαι καὶ λιθοβολῆσαι αὐτούς, 6 συνιδόντες κατέφυγον εἰς τὰς πόλεις τῆς Λυκαονίας, Λύστραν καὶ Δέρβην, καὶ τὴν περίχωρον, 7 κἀκεῖ ˢἦσαν εὐαγγελιζόμενοι.ᴸ

Paul and Barnabas Taken for Gods in Lystra

8 Καί τις ἀνὴρ ˢἐν Λύστροις ἀδύνατοςᴸ τοῖς ποσὶν ἐκάθητο, χωλὸς ἐκ κοιλίας μητρὸς αὐτοῦ ᵒὑπάρχων, ὃς οὐδέποτε περιεπατήκει.¹ 9 Οὗτος ἤκουσε² τοῦ Παύλου λαλοῦντος· ὃς ἀτενίσας αὐτῷ καὶ ἰδὼν ὅτι ˢπίστιν ἔχειᴸ τοῦ σωθῆναι, 10 εἶπε μεγάλῃ ᵒτῇ φωνῇ,³ "'Ανάστηθι ἐπὶ τοὺς πόδας σου ὀρθός."⁴ Καὶ ἥλλετο⁵ καὶ περιεπάτει.

11 Οἱ ʳδὲ ὄχλοι, ἰδόντες ὃ ἐποίησεν ᵒὁ Παῦλος, ἐπῆραν τὴν φωνὴν αὐτῶν Λυκαονιστὶ λέγοντες, "Οἱ θεοὶ ὁμοιωθέντες ἀνθρώποις κατέβησαν πρὸς ἡμᾶς!" 12 Ἐκάλουν τε τὸν ᵒμὲν Βαρναβᾶν Δία, τὸν δὲ Παῦλον Ἑρμῆν, ἐπειδὴ αὐτὸς ἦν ὁ ἡγούμενος τοῦ λόγου. 13 ʳὉ δὲ᾽ ἱερεὺς τοῦ Διὸς τοῦ ὄντος πρὸ τῆς πόλεως ᵒαὐτῶν, ταύρους καὶ στέμματα ἐπὶ τοὺς πυλῶνας ἐνέγκας, σὺν τοῖς ὄχλοις ἤθελεν θύειν.

14 Ἀκούσαντες δὲ οἱ ἀπόστολοι Βαρναβᾶς καὶ Παῦλος, διαρρήξαντες τὰ ἱμάτια αὐτῶν, ʳεἰσεπήδησαν εἰς τὸν ὄχλον, κράζοντες 15 καὶ λέγοντες, "Ἄνδρες! Τί ταῦτα

---

¹8 περιπεπατηκει M vs περιεπατησεν 𝕲 (h.𝔭⁴⁵), Cr vs περιεπεπατηκει TR
²9 ηκουσε(ν) MℵA, Cr vs ηκουε(ν) MʳBC, TR
³10 φωνη MᵖᵗℵBA, TR Cr vs +σοι λεγω εν τω ονοματι του Κυριου Ιησου Χριστου MᵖᵗC
⁴10 ορθος MᵖᵗℵBC, TR Cr vs ορθως Mᵖᵗ vs ορθρος A
⁵10 ηλλετο Mᵖᵗ, TR vs ηλλατο Mᵖᵗ vs ηλατο 𝕲 (h.𝔭⁴⁵), Cr

---

7 ˢℵBA vs 𝕸C   8 ˢ312 ℵ*B vs 𝕸AC   8 ᵒ𝕲 (h.𝔭⁴⁵) vs 𝕸
9 ˢ𝕲 (h.𝔭⁴⁵) vs 𝕸   10 ᵒℵBC vs 𝕸A   11 ʳτε ℵBA vs 𝕸C
11 ᵒ𝕲 (h.𝔭⁴⁵) vs M   12 ᵒ𝕲 (h.𝔭⁴⁵) vs 𝕸
13 ʳοτε ℵBA vs 𝕸; (τοτε C*)   13 ᵒ𝕲 (h.𝔭⁴⁵) vs 𝕸
14 ʳεξεπηδησαν 𝕲 (h.𝔭⁴⁵) vs M

ποιεῖτε? Καὶ ἡμεῖς ὁμοιοπαθεῖς ἐσμεν ὑμῖν[1] ἄνθρωποι, εὐαγγελιζόμενοι ὑμᾶς ἀπὸ τούτων τῶν ματαίων ἐπιστρέφειν ἐπὶ °¹τὸν Θεὸν °²τὸν ζῶντα, «ὃς ἐποίησε τὸν οὐρανὸν καὶ τὴν γῆν καὶ τὴν θάλασσαν καὶ πάντα τὰ ἐν αὐτοῖς·» 16 ὃς ἐν ταῖς παρῳχημέναις γενεαῖς εἴασε πάντα τὰ ἔθνη πορεύεσθαι ταῖς ὁδοῖς αὐτῶν. 17 ⌐¹Καίτοιγε οὐκ ἀμάρτυρον ⌐²ἑαυτὸν ἀφῆκεν ⌐³ἀγαθοποιῶν, οὐρανόθεν ὑμῖν[2] ὑετοὺς διδοὺς καὶ καιροὺς καρποφόρους, ἐμπιπλῶν τροφῆς καὶ εὐφροσύνης τὰς καρδίας ⌐⁴ἡμῶν." 18 Καὶ ταῦτα λέγοντες, μόλις κατέπαυσαν τοὺς ὄχλους τοῦ μὴ θύειν αὐτοῖς.[3]

Paul Is Stoned but Escapes

19 Ἐπῆλθον δὲ[4] ἀπὸ Ἀντιοχείας καὶ Ἰκονίου Ἰουδαῖοι, καὶ πείσαντες τοὺς ὄχλους καὶ λιθάσαντες τὸν Παῦλον, ἔσυρον[5] ἔξω τῆς πόλεως, ⌐¹νομίσαντες αὐτὸν ⌐²τεθνάναι. 20 Κυκλωσάντων δὲ αὐτὸν τῶν μαθητῶν,[6] ἀναστὰς εἰσῆλθεν εἰς τὴν πόλιν. Καὶ τῇ ἐπαύριον ἐξῆλθε σὺν τῷ Βαρναβᾷ εἰς Δέρβην.

Paul and Barnabas Strengthen Their Converts

21 Εὐαγγελισάμενοί τε τὴν πόλιν ἐκείνην καὶ μαθητεύσαντες ἱκανούς, ὑπέστρεψαν εἰς τὴν Λύστραν καὶ

---

¹15 εσμεν υμιν M𝅘BA, TR Cr vs υμιν εσμεν M′C

²17 υμιν MϬ, Cr vs ημιν TR vs − A

³18 αυτοις M^pt𝔭⁴⁵ᵛⁱᵈ𝅘BA, TR Cr vs +διατριβοντων δε αυτων και διδασκοντων M^pt vs +αλλα πορευεσθαι εκαστον εις τα ιδια διατριβοντων δε αυτων διδασκοντων C

⁴19 δε M^pt𝅘BA, TR Cr vs − M^ptC

⁵19 εσυρον MϬ (h.𝔭⁴⁵), TR Cr vs εσυραν M^r

⁶20 αυτον των μαθητων M^pt, TR vs των μαθητων αυτον M^pt𝅘BAC, Cr vs των μαθητων αυτου αυτον 𝔭⁴⁵

---

15 °¹Ϭ vs M𝔭⁴⁵   15 °²BAC vs M𝔭⁴⁵𝅘*

17 ⌐¹και τοι BAC* vs 𝔐𝅘*; (και γε 𝔭⁴⁵)   17 ⌐²αυτον Ϭ vs 𝔐C

17 ⌐³αγαθουργων Ϭ (h.𝔭⁴⁵) vs 𝔐   17 ⌐⁴υμων 𝅘*BC vs MA

19 ⌐¹νομιζοντες 𝔭⁴⁵ᵛⁱᵈ𝅘BA vs 𝔐C   19 ⌐²τεθνηκεναι Ϭ vs M

---

15 Ps. 146:6

ᵀ¹Ἰκόνιον καὶ ᵀ²Ἀντιόχειαν, **22** ἐπιστηρίζοντες τὰς ψυχὰς τῶν μαθητῶν, παρακαλοῦντες ἐμμένειν τῇ πίστει, καὶ ὅτι διὰ πολλῶν θλίψεων δεῖ ἡμᾶς εἰσελθεῖν εἰς τὴν βασιλείαν τοῦ Θεοῦ. **23** Χειροτονήσαντες δὲ αὐτοῖς ˢπρεσβυτέρους κατ᾽ ἐκκλησίαν,ᶻ προσευξάμενοι μετὰ νηστειῶν, παρέθεντο αὐτοὺς τῷ Κυρίῳ εἰς ὃν πεπιστεύκεισαν. **24** Καὶ διελθόντες τὴν Πισιδίαν ἦλθον εἰς ᵀ Παμφυλίαν. **25** Καὶ λαλήσαντες ἐν Πέργῃ τὸν λόγον, κατέβησαν εἰς Ἀττάλειαν. **26** Κἀκεῖθεν ἀπέπλευσαν εἰς Ἀντιόχειαν, ὅθεν ἦσαν παραδεδομένοι τῇ χάριτι τοῦ Θεοῦ εἰς τὸ ἔργον ὃ ἐπλήρωσαν. **27** Παραγενόμενοι δὲ καὶ συναγαγόντες τὴν ἐκκλησίαν, ʳἀνήγγειλαν ὅσα ἐποίησεν ὁ Θεὸς μετ᾽ αὐτῶν καὶ ὅτι ἤνοιξε τοῖς ἔθνεσι θύραν πίστεως. **28** Διέτριβον δὲ °ἐκεῖ χρόνον οὐκ ὀλίγον σὺν τοῖς μαθηταῖς.

The Conflict over Circumcision

15 Καί τινες κατελθόντες ἀπὸ τῆς Ἰουδαίας ἐδίδασκον τοὺς ἀδελφοὺς ὅτι "Ἐὰν μὴ ʳπεριτέμνησθε τῷ ἔθει ᵀΜωσέως, οὐ δύνασθε σωθῆναι." **2** Γενομένης ʳοὖν στάσεως καὶ ζητήσεως¹ οὐκ ὀλίγης τῷ Παύλῳ καὶ τῷ Βαρναβᾷ πρὸς αὐτούς, ἔταξαν ἀναβαίνειν Παῦλον καὶ Βαρναβᾶν καί τινας ἄλλους ἐξ αὐτῶν πρὸς τοὺς ἀποστόλους καὶ πρεσβυτέρους εἰς Ἰερουσαλὴμ περὶ τοῦ ζητήματος τούτου. **3** Οἱ μὲν οὖν, προπεμφθέντες ὑπὸ τῆς ἐκκλησίας, διήρχοντο τὴν ᵀ Φοινίκην καὶ Σαμάρειαν, ἐκδιηγούμενοι τὴν ἐπιστροφὴν τῶν ἐθνῶν, καὶ ἐποίουν χαρὰν μεγάλην πᾶσι τοῖς ἀδελφοῖς. **4** Παραγενόμενοι δὲ εἰς Ἰερουσαλήμ, ʳ¹ἀπεδέχθησαν ʳ²ὑπὸ τῆς ἐκκλησίας καὶ

---

¹2 ζητησεως 𝔐 G (h.𝔭⁴⁵), Cr vs συζητησεως TR

21 ᵀ¹εις G vs M𝔭⁴⁵   **21** ᵀ²εις ℵAC vs 𝔐B
23 ˢ231 G (h.𝔭⁴⁵) vs M   **24** ᵀτην ℵBC vs 𝔐A
27 ʳανηγγελλον G (h.𝔭⁴⁵) vs 𝔐   **28** °G (h.𝔭⁴⁵) vs 𝔐
1 ʳπεριτμηθητε G (h.𝔭⁴⁵) vs 𝔐   **1** ᵀτω G (h.𝔭⁴⁵) vs 𝔐
2 ʳδε ℵBC vs MA   **3** ᵀτε G vs 𝔐A
4 ʳ¹παρεδεχθησαν 𝔭⁴⁵ᵛⁱᵈℵBA vs 𝔐C   **4** ʳ²απο BC vs 𝔐ℵA

τῶν ἀποστόλων καὶ τῶν πρεσβυτέρων, ἀνήγγειλάν τε ὅσα
ὁ Θεὸς ἐποίησε μετ᾽ αὐτῶν.[1]
5 Ἐξανέστησαν δέ τινες τῶν ἀπὸ τῆς αἱρέσεως τῶν
Φαρισαίων πεπιστευκότες, λέγοντες ὅτι "Δεῖ περιτέμνειν
αὐτούς, παραγγέλλειν τε τηρεῖν τὸν νόμον Μωσέως."

The Council at Jerusalem

6 Συνήχθησαν ⸀δὲ οἱ ἀπόστολοι καὶ οἱ πρεσβύτεροι ἰδεῖν
περὶ τοῦ λόγου τούτου.
7 Πολλῆς δὲ ⸀συζητήσεως γενομένης, ἀναστὰς Πέτρος
εἶπε πρὸς αὐτούς, "Ἄνδρες ἀδελφοί, ὑμεῖς ἐπίστασθε ὅτι
ἀφ᾽ ἡμερῶν ἀρχαίων ὁ Θεὸς ἐν ἡμῖν ἐξελέξατο[2] διὰ τοῦ
στόματός μου ἀκοῦσαι τὰ ἔθνη τὸν λόγον τοῦ εὐαγγελίου
καὶ πιστεῦσαι. **8** Καὶ ὁ καρδιογνώστης Θεὸς ἐμαρτύρησεν
αὐτοῖς δοὺς °αὐτοῖς τὸ Πνεῦμα τὸ Ἅγιον καθὼς καὶ ἡμῖν,
9 καὶ •οὐδὲν διέκρινε μεταξὺ ἡμῶν τε καὶ αὐτῶν, τῇ πίστει
καθαρίσας τὰς καρδίας αὐτῶν. **10** Νῦν οὖν τί πειράζετε
τὸν Θεόν, ἐπιθεῖναι ζυγὸν ἐπὶ τὸν τράχηλον τῶν μαθητῶν
ὃν οὔτε οἱ πατέρες ἡμῶν οὔτε ἡμεῖς ἰσχύσαμεν βαστάσαι?
11 Ἀλλὰ διὰ τῆς χάριτος τοῦ[3] Κυρίου Ἰησοῦ[4] πιστεύομεν
σωθῆναι καθ᾽ ὃν τρόπον κἀκεῖνοι."
12 Ἐσίγησε δὲ πᾶν τὸ πλῆθος,[5] καὶ ἤκουον Βαρναβᾶ καὶ
Παύλου ἐξηγουμένων ὅσα ἐποίησεν ὁ Θεὸς σημεῖα καὶ
τέρατα ἐν τοῖς ἔθνεσι δι᾽ αὐτῶν.
13 Μετὰ δὲ τὸ σιγῆσαι αὐτούς, ἀπεκρίθη Ἰάκωβος
λέγων, **14** "Ἄνδρες ἀδελφοί, ἀκούσατέ μου. Συμεὼν
ἐξηγήσατο καθὼς πρῶτον ὁ Θεὸς ἐπεσκέψατο λαβεῖν ἐξ
ἐθνῶν λαὸν °ἐπὶ τῷ ὀνόματι αὐτοῦ. **15** Καὶ τούτῳ συμ-
φωνοῦσιν οἱ λόγοι τῶν προφητῶν, καθὼς γέγραπται,

---

[1] 4 αυτων **MЄ**, **TR Cr** vs +και οτι ηνοιξεν τοις εθνεσιν θυραν πιστεως M^{c}

[2] 7 ο Θεος εν ημιν εξελεξατο M^{pt}, **TR** vs ο Θεος εν υμιν εξελεξατο M^{pt} vs εν υμιν εξελεξατο ο Θεος **Є** (h.$\mathfrak{p}^{45}$), **Cr**

[3] 11 του **𝔐Є** (h.$\mathfrak{p}^{45}$), **Cr** vs −**TR**

[4] 11 Ιησου **𝔐** ℵBA, **Cr** vs +Χριστου C, **TR**

[5] 12 παν το πληθος **MЄ** (h.$\mathfrak{p}^{45}$), **TR Cr** vs το πληθος απαν M^{c}

---

6 ⸀τε BC vs **𝔐**$\mathfrak{p}^{45}$ℵA   7 ⸀ζητησεως **Є** vs **M**(C)   8 °ℵBA vs **𝔐**C
9 •ουθεν B vs **M**ℵAC   14 °**Є** (h.$\mathfrak{p}^{45}$) vs **M**

16 «Μετὰ ταῦτα ἀναστρέψω,
Καὶ ἀνοικοδομήσω τὴν σκηνὴν Δαβὶδ τὴν πεπτωκυῖαν,
Καὶ τὰ κατεσκαμμένα αὐτῆς ἀνοικοδομήσω
Καὶ ἀνορθώσω αὐτήν,
17 Ὅπως ἂν ἐκζητήσωσιν οἱ κατάλοιποι τῶν ἀνθρώπων
τὸν Κύριον,
Καὶ πάντα τὰ ἔθνη ἐφ᾽ οὓς ἐπικέκληται τὸ ὄνομά μου
ἐπ᾽ αὐτούς,
Λέγει Κύριος °ὁ ποιῶν ταῦτα πάντα.¹»
18 Γνωστὰ ἀπ᾽ αἰῶνός ἐστι τῷ Θεῷ πάντα τὰ ἔργα
αὐτοῦ.²

19 Διὸ ἐγὼ κρίνω μὴ παρενοχλεῖν τοῖς ἀπὸ τῶν ἐθνῶν
ἐπιστρέφουσιν ἐπὶ τὸν Θεόν, 20 ἀλλὰ ἐπιστεῖλαι αὐτοῖς
τοῦ ἀπέχεσθαι °ἀπὸ τῶν ἀλισγημάτων τῶν εἰδώλων καὶ
τῆς πορνείας καὶ τοῦ πνικτοῦ καὶ τοῦ αἵματος. 21 Μωσῆς
γὰρ ἐκ γενεῶν ἀρχαίων κατὰ πόλιν τοὺς κηρύσσοντας
αὐτὸν ἔχει, ἐν ταῖς συναγωγαῖς κατὰ πᾶν σάββατον ἀνα-
γινωσκόμενος.''

The Jerusalem Decree

22 Τότε ἔδοξε τοῖς ἀποστόλοις καὶ τοῖς πρεσβυτέροις
σὺν ὅλῃ τῇ ἐκκλησίᾳ, ἐκλεξαμένους ἄνδρας ἐξ αὐτῶν
πέμψαι εἰς ᾽Αντιόχειαν σὺν³ Παύλῳ καὶ Βαρναβᾷ, ᾽Ιούδαν
τὸν ⌜ἐπικαλούμενον Βαρσαββᾶν,⁴ καὶ Σιλᾶν, ἄνδρας
ἡγουμένους ἐν τοῖς ἀδελφοῖς, 23 γράψαντες διὰ χειρὸς
αὐτῶν °τάδε·

---

¹ 17 ταυτα παντα M, TR vs παντα ταυτα α εστιν Mᶜᵛⁱᵈ vs ταυτα
𝕲 (h.𝔭⁴⁵), Cr
² 18 εστι(ν) τω Θεω παντα τα εργα αυτου M, TR vs αυτω Mʳᵛⁱᵈ vs
− ℵBC, Cr vs τω Κυριω το εργον αυτου A
³ 22 συν M vs + τω 𝕲 (h.𝔭⁴⁵), TR Cr
⁴ 22 Βαρσαββαν Mᵖᵗ𝕲 (h.𝔭⁴⁵), Cr vs Βαρσαβαν Mᵖᵗ, TR

---

17 °ℵ*B vs 𝕸 AC   20 °𝔭⁴⁵ℵB vs 𝕸 AC
22 ⌜καλουμενον 𝕲 vs 𝕸
23 °𝕲 vs 𝕸; (επιστολην περιεχουσαν ταδε C)

Οἱ ἀπόστολοι καὶ οἱ πρεσβύτεροι □καὶ οἱ‵ ἀδελφοί,

Τοῖς κατὰ τὴν¹ Ἀντιόχειαν καὶ Συρίαν καὶ Κιλικίαν ἀδελφοῖς τοῖς ἐξ ἐθνῶν·

Χαίρειν.

24 Ἐπειδὴ ἠκούσαμεν ὅτι τινὲς ἐξ ἡμῶν² °ἐξελθόντες ἐτάραξαν ὑμᾶς λόγοις, ἀνασκευάζοντες τὰς ψυχὰς ὑμῶν, □λέγοντες περιτέμνεσθαι καὶ τηρεῖν τὸν νόμον,‵ οἷς οὐ διεστειλάμεθα, 25 ἔδοξεν ἡμῖν γενομένοις ὁμοθυμαδόν, ἐκλεξαμένους³ ἄνδρας πέμψαι πρὸς ὑμᾶς σὺν τοῖς ἀγαπητοῖς ἡμῶν Βαρναβᾷ καὶ Παύλῳ, 26 ἀνθρώποις παραδεδωκόσι τὰς ψυχὰς αὐτῶν ὑπὲρ τοῦ ὀνόματος τοῦ Κυρίου ἡμῶν Ἰησοῦ Χριστοῦ. 27 Ἀπεστάλκαμεν οὖν Ἰούδαν καὶ Σιλᾶν, καὶ αὐτοὺς διὰ λόγου ἀπαγγέλλοντας τὰ αὐτά. 28 Ἔδοξε γὰρ τῷ ⌐¹Ἁγίῳ Πνεύματι,‵ καὶ ἡμῖν, μηδὲν πλέον ἐπιτίθεσθαι ὑμῖν βάρος, πλὴν ⌐²τῶν ἐπάναγκες τούτων,‵ 29 ἀπέχεσθαι εἰδωλοθύτων καὶ αἵματος καὶ ⌐πνικτοῦ καὶ πορνείας·⁴ ἐξ ὧν διατηροῦντες ἑαυτούς, εὖ πράξετε.

Ἔρρωσθε.

The Aftermath of the Jerusalem Decision

30 Οἱ μὲν οὖν ἀπολυθέντες ⌐ἦλθον εἰς Ἀντιόχειαν, καὶ συναγαγόντες τὸ πλῆθος, ἐπέδωκαν τὴν ἐπιστολήν. 31 Ἀναγνόντες δὲ ἐχάρησαν ἐπὶ τῇ παρακλήσει.

---

¹23 την M×BAC^vid, TR Cr vs − Mʳ
²24 εξ ημων MBAC, TR Cr vs − Mᶜ vs εξ υμων ×*
³25 εκλεξαμενους M^pt×C, TR vs εκλεξαμενοις M^pt𝔭^45vidBA Cr
⁴29 πορνειας M𝔊 (h.𝔭⁴⁵), TR Cr vs +και οσα μη θελετε εαυτοις γινεσθαι ετεροις μη ποιειν Mᶜ

---

23 □𝔊 (h.𝔭⁴⁵) vs 𝔐   24 °×*B vs 𝔐AC, [Cr]
24 □𝔭⁴⁵vid×BA vs 𝔐C   28 ⌐¹Πνευματι τω Αγιω ×BA vs 𝔐C
28 ⌐²312 BC vs M; (12 A; 32 ×*)   29 ⌐πνικτων 𝔊 (h.𝔭⁴⁵) vs 𝔐
30 ⌐κατηλθον 𝔊 (h.𝔭⁴⁵) vs M

32 Ἰούδας τε¹ καὶ Σιλᾶς, καὶ αὐτοὶ προφῆται ὄντες, διὰ λόγου πολλοῦ παρεκάλεσαν τοὺς ἀδελφοὺς καὶ ἐπεστήριξαν. 33 Ποιήσαντες δὲ χρόνον, ἀπελύθησαν μετ᾿ εἰρήνης ἀπὸ τῶν ἀδελφῶν πρὸς τοὺς ʳἀποστόλους. 35 Παῦλος² δὲ καὶ Βαρναβᾶς διέτριβον ἐν Ἀντιοχείᾳ διδάσκοντες καὶ εὐαγγελιζόμενοι μετὰ καὶ ἑτέρων πολλῶν τὸν λόγον τοῦ Κυρίου.

Paul and Barnabas Part over John Mark

36 Μετὰ δέ τινας ἡμέρας εἶπε ˢ¹Παῦλος πρὸς Βαρναβᾶν,ᵡ "ʼΕπιστρέψαντες δὴ ἐπισκεψώμεθα τοὺς ἀδελφοὺς ᵒἡμῶν κατὰ ˢ²πᾶσαν πόλινᵡ ἐν αἷς κατηγγείλαμεν τὸν λόγον τοῦ Κυρίου, πῶς ἔχουσι." 37 Βαρναβᾶς δὲ ʳἐβουλεύσατο συμπαραλαβεῖν³ τὸν⁴ Ἰωάννην τὸν καλούμενον Μᾶρκον. 38 Παῦλος δὲ ἠξίου, τὸν ἀποστάντα ἀπ᾿ αὐτῶν ἀπὸ Παμφυλίας καὶ μὴ συνελθόντα αὐτοῖς εἰς τὸ ἔργον, μὴ ʳσυμπαραλαβεῖν τοῦτον. 39 Ἐγένετο ʳοὖν παροξυσμὸς ὥστε ἀποχωρισθῆναι⁵ αὐτοὺς ἀπ᾿ ἀλλήλων, τόν τε Βαρναβᾶν παραλαβόντα τὸν Μᾶρκον ἐκπλεῦσαι εἰς Κύπρον. 40 Παῦλος δὲ ἐπιλεξάμενος Σιλᾶν ἐξῆλθε παραδοθεὶς τῇ χάριτι τοῦ ʳΘεοῦ ὑπὸ τῶν ἀδελφῶν. 41 Διήρχετο δὲ τὴν Συρίαν καὶ ᵀ Κιλικίαν ἐπιστηρίζων τὰς ἐκκλησίας.

---

¹ 32 τε 𝔐 G (h.𝔭⁴⁵), Cr vs δε TR
² 34/35 Παυλος ΜᵖᵗℵBA, Cr vs εδοξε δε τω Σιλα επιμειναι αυτου Παυλος Μᵖᵗ, TR vs εδοξε δε τω Σιλα επιμειναι αυτους Παυλος C
³ 37 συμπαραλαβειν Μᵖᵗ, TR vs +και ΜᵖᵗG (h.𝔭⁴⁵), Cr
⁴ 37 τον ΜᵖᵗℵB, TR Cr vs − ΜᵖᵗAC
⁵ 39 αποχωρισθηναι MG (h.𝔭⁴⁵), TR Cr vs χωρισθηναι Μʳ

33 ʳαποστειλαντας αυτους BAC (εαυτους for αυτους ℵ*) vs M
36 ˢ¹231 G (h.𝔭⁴⁵) vs 𝔐　　36 ᵒG (h.𝔭⁴⁵) vs M
36 ˢ²G (h.𝔭⁴⁵) vs 𝔐　　37 ʳεβουλετο G (h.𝔭⁴⁵) vs M
38 ʳσυμπαραλαμβανειν 𝔭⁴⁵ᵛⁱᵈ (ℵ) (B) (A) (C) vs M
39 ʳδε G vs 𝔐C　　40 ʳΚυριου ℵBA vs 𝔐𝔭⁴⁵C
41 ᵀτην Κιλικιαν B, [Cr], (της Κιλικιας 𝔭⁴⁵) vs 𝔐ℵAC

Timothy Joins Paul and Silas

16 Κατήντησε δὲ ᵀ¹ εἰς Δέρβην καὶ ᵀ² Λύστραν. Καὶ ἰδού, μαθητής τις ἦν ἐκεῖ ὀνόματι Τιμόθεος, υἱὸς γυναι-κός °τινος Ἰουδαίας πιστῆς, πατρὸς δὲ Ἕλληνος, **2** ὃς ἐμαρτυρεῖτο ὑπὸ τῶν ἐν Λύστροις καὶ Ἰκονίῳ ἀδελφῶν. **3** Τοῦτον ἠθέλησεν ὁ Παῦλος σὺν αὐτῷ ἐξελθεῖν, καὶ λαβὼν περιέτεμεν αὐτὸν διὰ τοὺς Ἰουδαίους τοὺς ὄντας ἐν τοῖς τόποις ἐκείνοις, ᾔδεισαν γὰρ ἅπαντες ⸂τὸν πατέρα αὐτοῦ ὅτι Ἕλλην⸃ ὑπῆρχεν. **4** Ὡς δὲ διεπορεύοντο τὰς πόλεις, ⸂παρεδίδουν αὐτοῖς φυλάσσειν τὰ δόγματα τὰ κεκριμένα ὑπὸ τῶν ἀποστόλων καὶ °τῶν πρεσβυτέρων τῶν ἐν •Ἰερουσαλήμ. **5** Αἱ μὲν οὖν ἐκκλησίαι ἐστερεοῦντο τῇ πίστει καὶ ἐπερίσσευον τῷ ἀριθμῷ καθ᾽ ἡμέραν.

Paul Hears the Macedonian Call

6 ⸂Διελθόντες δὲ τὴν Φρυγίαν καὶ °τὴν Γαλατικὴν χώραν, κωλυθέντες ὑπὸ τοῦ Ἁγίου Πνεύματος λαλῆσαι τὸν λόγον ἐν τῇ Ἀσίᾳ, **7** ἐλθόντες ᵀ¹κατὰ τὴν Μυσίαν ἐπείραζον κατὰ¹ τὴν Βιθυνίαν ⸂πορεύεσθαι, καὶ οὐκ εἴασεν αὐτοὺς τὸ Πνεῦμα ᵀ² · **8** παρελθόντες δὲ τὴν Μυσίαν κατέβησαν εἰς Τρωάδα.

9 Καὶ ὅραμα διὰ °τῆς νυκτὸς ⸉¹ὤφθη τῷ Παύλῳ,⸊ ἀνήρ ⸉²τις ἦν Μακεδὼν⸊ ἑστώς, ᵀ παρακαλῶν αὐτὸν καὶ λέγων, "Διαβὰς εἰς Μακεδονίαν, βοήθησον ἡμῖν!" **10** Ὡς δὲ τὸ ὅραμα εἶδεν, εὐθέως ἐζητήσαμεν ἐξελθεῖν εἰς °τὴν Μακεδονίαν, συμβιβάζοντες ὅτι προσκέκληται ἡμᾶς ὁ ⸂Κύριος εὐαγγελίσασθαι αὐτούς.

---

¹7 κατα **M**, TR vs εις **M¹𝕲** (h.𝔭⁴⁵), Cr

1 ᵀ¹και 𝔭⁴⁵BA, [Cr] vs **M**אC   1 ᵀ²εις אBA vs 𝔐C
1 °𝕲 (h.𝔭⁴⁵) vs **M**   3 ⸂οτι Ελλην ο πατηρ αυτου 𝕲 vs **M**𝔭⁴⁵�vⁱᵈ
4 ⸂παρεδιδοσαν 𝕲 (𝔭⁴⁵�vⁱᵈ) vs 𝔐   4 °𝕲 (h.𝔭⁴⁵) vs **M**
4 •Ιεροσολυμοις 𝕲 (h.𝔭⁴⁵) vs 𝔐   6 ⸂διηλθον 𝕲 (h.𝔭⁴⁵) vs **M**
6 °𝕲 (h.𝔭⁴⁵) vs 𝔐   7 ᵀ¹δε 𝕲 (h.𝔭⁴⁵) vs **M**
7 ⸂πορευθηναι אBA vs 𝔐C   7 ᵀ²Ιησου אBA (Κυριου C*) vs **M**
9 °BA vs 𝔐אC, [Cr]   9 ⸉¹231 אB vs 𝔐AC
9 ⸉²312 𝕲 (h.𝔭⁴⁵) vs **M**   9 ᵀκαι 𝕲 (h.𝔭⁴⁵) vs **M**
10 °𝕲 (h.𝔭⁴⁵) vs **M**   10 ⸂Θεος 𝕲 (h.𝔭⁴⁵) vs 𝔐

Lydia Is Baptized at Philippi

11 Ἀναχθέντες ⌐ιοὖν ἀπὸ °τῆς Τρωάδος, εὐθυδρο-μήσαμεν εἰς¹ Σαμοθράκην, τῇ ⌐²τε ἐπιούσῃ εἰς ⌐³Νεάπο-λιν, 12 ⌐¹ἐκεῖθέν τε⌐ εἰς Φιλίππους, ἥτις ἐστὶ ⌐²πρώτη τῆς⌐ μερίδος τῆς Μακεδονίας πόλις, κολωνεία. Ἦμεν δὲ ἐν αὐτῇ² τῇ πόλει διατρίβοντες ἡμέρας τινάς. 13 Τῇ τε ἡμέρᾳ τῶν σαββάτων ἐξήλθομεν ἔξω τῆς ⌐¹πόλεως παρὰ ποταμόν, οὗ ⌐²ἐνομίζετο ⌐³προσευχὴ εἶναι, καὶ καθίσαντες ἐλαλοῦμεν ταῖς συνελθούσαις γυναιξί. 14 Καί τις γυνὴ ὀνόματι Λυδία, πορφυρόπωλις πόλεως Θυατείρων, σεβομένη τὸν Θεόν, ἤκουεν, ἧς ὁ Κύριος διήνοιξε τὴν καρδίαν προσέχειν τοῖς λαλουμένοις ὑπὸ τοῦ Παύλου. 15 Ὡς δὲ ἐβαπτίσθη,³ καὶ ὁ οἶκος αὐτῆς, παρεκάλεσε λέγουσα, "Εἰ κεκρίκατέ με πιστὴν τῷ Κυρίῳ εἶναι, εἰσελθόντες εἰς τὸν οἶκόν μου, ⌐μείνατε." Καὶ παρεβιάσατο ἡμᾶς.

Paul and Silas Imprisoned

16 Ἐγένετο δὲ πορευομένων ἡμῶν εἰς ᵀ προσευχήν, παιδίσκην τινὰ ἔχουσαν πνεῦμα ⌐¹Πύθωνος ⌐²ἀπαντῆσαι ἡμῖν, ἥτις ἐργασίαν πολλὴν παρεῖχε τοῖς κυρίοις αὐτῆς μαντευομένη. 17 Αὕτη ⌐¹κατακολουθήσασα τῷ Παύλῳ καὶ ἡμῖν,⁴ ἔκραζε λέγουσα, "Οὗτοι οἱ ἄνθρωποι δοῦλοι τοῦ

---

¹11 εις ΜΘ (h.𝔭⁴⁵), TR Cr vs +την Μʳ
²12 αυτη Μ vs ταυτη Θ (h.𝔭⁴⁵), TR Cr
³15 εβαπτισθη ΜΘ (h.𝔭⁴⁵), TR Cr vs +αυτη Μʳ
⁴17ημιν ΜΘ, TR Cr vs τω Σιλα Μʳ

---

11 ⌐¹δε אA vs 𝔐BC   11 °Θ (h.𝔭⁴⁵) vs Μ
11 ⌐²δε אAC (δ B) vs Μ   11 ⌐³Νεαν Πολιν אBA vs 𝔐C
12 ⌐¹κακειθεν Θ (h.𝔭⁴⁵) vs Μ
12 ⌐²πρωτης, [Cr] vs 𝔐אAC; (πρωτη B)
13 ⌐¹πυλης Θ (h.𝔭⁴⁵) vs 𝔐
13 ⌐²ενομιζομεν B (ενομιζαμεν C) vs 𝔐 A*ᵛⁱᵈ; (ενομιζεν א)
13 ⌐³προσευχην אC vs 𝔐BA*ᵛⁱᵈ   15 ⌐μενετε Θ vs 𝔐C
16 ᵀτην Θ vs 𝔐   16 ⌐¹Πυθωνα Θ vs 𝔐𝔭⁴⁵
16 ⌐²υπαντησαι Θ vs 𝔐A
17 ⌐¹κατακολουθουσα אB (κατακολουθουσαν 𝔭⁴⁵*) vs 𝔐AC

Θεοῦ τοῦ Ὑψίστου εἰσίν, οἵτινες καταγγέλλουσιν ⌐²ἡμῖν
ὁδὸν σωτηρίας." 18 Τοῦτο δὲ ἐποίει ἐπὶ πολλὰς ἡμέρας.
Διαπονηθεὶς δὲ °¹ὁ Παῦλος καὶ ἐπιστρέψας, τῷ πνεύματι
εἶπε, "Παραγγέλλω σοι ἐν °²τῷ ὀνόματι Ἰησοῦ Χριστοῦ
ἐξελθεῖν ἀπ᾽ αὐτῆς!" Καὶ ἐξῆλθεν αὐτῇ τῇ ὥρᾳ.
19 Ἰδόντες δὲ οἱ κύριοι αὐτῆς ὅτι ἐξῆλθεν ἡ ἐλπὶς τῆς
ἐργασίας αὐτῶν, ἐπιλαβόμενοι τὸν Παῦλον καὶ τὸν Σιλᾶν,
εἵλκυσαν εἰς τὴν ἀγορὰν ἐπὶ τοὺς ἄρχοντας, 20 καὶ
προσαγαγόντες αὐτοὺς τοῖς στρατηγοῖς εἶπον, "Οὗτοι
οἱ ἄνθρωποι ἐκταράσσουσιν ἡμῶν τὴν πόλιν, Ἰουδαῖοι
ὑπάρχοντες, 21 καὶ καταγγέλλουσιν ἔθη ἃ οὐκ ἔξεστιν
ἡμῖν παραδέχεσθαι οὐδὲ ποιεῖν, Ῥωμαίοις οὖσι." 22 Καὶ
συνεπέστη ὁ ὄχλος κατ᾽ αὐτῶν, καὶ οἱ στρατηγοὶ
•περιρρήξαντες αὐτῶν τὰ ἱμάτια ἐκέλευον ῥαβδίζειν.
23 Πολλάς τε ἐπιθέντες αὐτοῖς πληγὰς ἔβαλον εἰς
φυλακήν, παραγγείλαντες τῷ δεσμοφύλακι ἀσφαλῶς
τηρεῖν αὐτούς· 24 ὅς, παραγγελίαν τοιαύτην ⌐εἰληφώς,
ἔβαλεν αὐτοὺς εἰς τὴν ἐσωτέραν φυλακὴν καὶ τοὺς πόδας
ˢαὐτῶν ἠσφαλίσατοˀ εἰς τὸ ξύλον.

The Philippian Jailer Is Saved

25 Κατὰ δὲ τὸ μεσονύκτιον Παῦλος καὶ Σιλᾶς προσ-
ευχόμενοι ὕμνουν τὸν Θεόν, ἐπηκροῶντο δὲ αὐτῶν οἱ
δέσμιοι· 26 ἄφνω δὲ σεισμὸς ἐγένετο μέγας ὥστε
σαλευθῆναι τὰ θεμέλια τοῦ δεσμωτηρίου, ⌐ἀνεῴχθησάν
τε¹ παραχρῆμα αἱ θύραι πᾶσαι, καὶ πάντων τὰ δεσμὰ
ἀνέθη. 27 Ἔξυπνος δὲ γενόμενος ὁ δεσμοφύλαξ καὶ ἰδὼν
ἀνεῳγμένας τὰς θύρας τῆς φυλακῆς, σπασάμενος ᵀ μά-
χαιραν, ⌐ἔμελλεν ἑαυτὸν ἀναιρεῖν, νομίζων ἐκπεφευγέ-
ναι τοὺς δεσμίους.
28 Ἐφώνησεν δὲ ᶠφωνῇ μεγάλῃ ὁ Παῦλοςˀ λέγων,
"Μηδὲν πράξῃς σεαυτῷ κακόν, ἅπαντες γάρ ἐσμεν
ἐνθάδε."

¹26 τε MᵖᵗC, TR vs δε MᵖᵗℵBA, Cr

17 ⌐²υμιν ℵB vs 𝔐AC   18 °¹Ϭ vs 𝔐C   18 °²Ϭ (h.𝔭⁴⁵) vs M
22 •περιρηξαντες Ϭ (h.𝔭⁴⁵) vs M   24 ⌐λαβων Ϭ (h.𝔭⁴⁵) vs 𝔐
24 ˢϬ (h.𝔭⁴⁵) vs 𝔐   26 ⌐ηνεωχθησαν BC vs 𝔐; (ηνοιχθησαν ℵA)
27 ᵀτην BC, [Cr] vs 𝔐ℵA   27 ⌐ημελλεν Ϭ (h.𝔭⁴⁵) vs 𝔐
28 ᶠ2134 A, [Cr] vs 𝔐; (124 ℵC*; 421 B)

29 Αἰτήσας δὲ φῶτα εἰσεπήδησε, καὶ ἔντρομος γενό-
μενος προσέπεσε τῷ Παύλῳ καὶ °τῷ Σιλᾷ, 30 καὶ
προαγαγὼν αὐτοὺς ἔξω ἔφη, "Κύριοι, τί με δεῖ ποιεῖν ἵνα
σωθῶ?"
31 Οἱ δὲ εἶπον, "Πίστευσον ἐπὶ τὸν Κύριον Ἰησοῦν
°Χριστόν, καὶ σωθήσῃ σὺ καὶ ὁ οἶκός σου." 32 Καὶ ἐλάλησαν
αὐτῷ τὸν λόγον τοῦ Κυρίου ⸂καὶ πᾶσι⸃ τοῖς ἐν τῇ οἰκίᾳ
αὐτοῦ. 33 Καὶ παραλαβὼν αὐτοὺς ἐν ἐκείνῃ τῇ ὥρᾳ τῆς
νυκτὸς ἔλουσεν ἀπὸ τῶν πληγῶν, καὶ ἐβαπτίσθη αὐτὸς καὶ
οἱ αὐτοῦ πάντες παραχρῆμα. 34 Ἀναγαγών τε αὐτοὺς εἰς
τὸν οἶκον °αὐτοῦ παρέθηκε τράπεζαν, καὶ ἠγαλλίατο[1]
•πανοικὶ πεπιστευκὼς τῷ Θεῷ.

Paul Refuses to Depart Secretly

35 Ἡμέρας δὲ γενομένης, ἀπέστειλαν οἱ στρατηγοὶ
τοὺς ῥαβδούχους λέγοντες, "Ἀπόλυσον τοὺς ἀνθρώπους
ἐκείνους."
36 Ἀπήγγειλε δὲ ὁ δεσμοφύλαξ τοὺς λόγους °τούτους
πρὸς τὸν Παῦλον, ὅτι ⸀Ἀπεστάλκασιν οἱ στρατηγοὶ ἵνα
ἀπολυθῆτε· νῦν οὖν ἐξελθόντες πορεύεσθε ἐν εἰρήνῃ."
37 Ὁ δὲ Παῦλος ἔφη πρὸς αὐτούς, "Δείραντες ἡμᾶς
δημοσίᾳ, ἀκατακρίτους, ἀνθρώπους Ῥωμαίους ὑπάρχον-
τας, ἔβαλον εἰς φυλακήν, καὶ νῦν λάθρα ἡμᾶς ἐκβάλλου-
σιν? Οὐ γάρ! Ἀλλὰ ἐλθόντες αὐτοὶ[2] ἐξαγαγέτωσαν."
38 ⸀Ἀνήγγειλαν δὲ τοῖς στρατηγοῖς οἱ ῥαβδοῦχοι τὰ ῥή-
ματα ταῦτα. Καὶ ἐφοβήθησαν[3] ἀκούσαντες ὅτι Ῥωμαῖοί
εἰσι, 39 καὶ ἐλθόντες παρεκάλεσαν αὐτούς, καὶ ἐξαγα-

---

[1]34 ηγαλλιατο MC*vid vs ηγαλλιασατο אBA, TR Cr
[2]37 αυτοι M vs +ημας G (h.C) TR Cr
[3]38 και εφοβηθησαν M, TR vs εφοβηθησαν δε M′G (h.C), Cr

29 °BC* vs 𝔐אA, [Cr]   31 °אBA vs 𝔐C
32 ⸂συν πασιν BAC (συμπασιν 𝔓45א) vs 𝔐   34 °𝔓45BC vs MאA
34 •πανοικει G vs 𝔐   36 °BC vs 𝔐אA, [Cr]
36 ⸀απεσταλκαν G vs 𝔐; (απεστειλαν C)
38 ⸀απηγγειλαν G (h.C) vs M

γόντες ἠρώτων ⸂ἐξελθεῖν τῆς¹ πόλεως. 40 Ἐξελθόντες δὲ ⸂ἐκ τῆς φυλακῆς εἰσῆλθον πρὸς² τὴν Λυδίαν, καὶ ἰδόντες ⸀τοὺς ἀδελφούς, παρεκάλεσαν αὐτοὺς⸃ καὶ ἐξῆλθον.

Paul Preaches Christ in Thessalonica

17 Διοδεύσαντες δὲ τὴν Ἀμφίπολιν καὶ ᵀ Ἀπολλωνίαν, ἦλθον εἰς Θεσσαλονίκην, ὅπου ἦν ᵒἡ συναγωγὴ τῶν Ἰουδαίων. 2 Κατὰ δὲ τὸ εἰωθὸς τῷ Παύλῳ εἰσῆλθε πρὸς αὐτοὺς καὶ ἐπὶ σάββατα τρία διελέξατο³ αὐτοῖς ἀπὸ τῶν Γραφῶν, 3 διανοίγων καὶ παρατιθέμενος ὅτι τὸν Χριστὸν ἔδει παθεῖν καὶ ἀναστῆναι ἐκ νεκρῶν, καὶ ὅτι "Οὗτός ἐστιν ὁ Χριστός, Ἰησοῦς,⁴ ὃν ἐγὼ καταγγέλλω ὑμῖν." 4 Καί τινες ἐξ αὐτῶν ἐπείσθησαν καὶ προσεκληρώθησαν τῷ Παύλῳ καὶ τῷ Σιλᾷ, τῶν τε σεβομένων Ἑλλήνων πολὺ πλῆθος,⁵ γυναικῶν τε τῶν πρώτων οὐκ ὀλίγαι.

Unbelieving Jews Assault Jason's House

5 Προσλαβόμενοι δὲ οἱ Ἰουδαῖοι οἱ ἀπειθοῦντες⁶ τῶν ἀγοραίων τινὰς ἄνδρας⁷ πονηρούς, καὶ ὀχλοποιήσαντες, ἐθορύβουν τὴν πόλιν, ⸂ἐπιστάντες τε⸃ τῇ οἰκίᾳ Ἰάσονος,⁸ ἐζήτουν αὐτοὺς ⸀ἀγαγεῖν εἰς τὸν δῆμον. 6 Μὴ εὑρόντες δὲ αὐτούς, ἔσυρον ᵒτὸν Ἰάσονα⁹ καί τινας ἀδελφοὺς ἐπὶ τοὺς πολιτάρχας, βοῶντες ὅτι "Οἱ τὴν οἰκουμένην

¹39 τῆς Mᵖᵗ, TR vs απο της MᵖᵗℵBA Cr
²40 προς 𝕸ℵBA, Cr vs εις TR
³2 διελεξατο Mᵖᵗ ᵛⁱᵈℵBA, Cr vs διελεγετο Mᵖᵗ ᵛⁱᵈ, TR
⁴3 ο Χριστος Ιησους M, TR vs Ιησους ο Χριστος Mʳ vs Ιησους Χριστος ℵ vs Χριστος Ιησους A vs ο Χριστος ο Ιησους B, [Cr]
⁵4 πολυ πληθος Mᵖᵗ, TR vs πληθος πολυ MᵖᵗℵBA, Cr
⁶5 προσλαβομενοι δε οι Ιουδαιοι οι απειθουντες M vs ζηλωσαντες δε οι Ιουδαιοι και προσλαβομενοι ℵBA, Cr vs ζηλωσαντες δε οι απειθουντες Ιουδαιοι και προσλαβομενοι TR
⁷5 τινας ανδρας Mᵖᵗℵ, TR vs ανδρας τινας MᵖᵗBA, Cr
⁸5 Ιασονος MᵖᵗℵB, TR Cr vs Ιασωνος MᵖᵗA
⁹6 Ιασονα MᵖᵗℵBA, TR Cr vs Ιασωνα Mᵖᵗ

39 ⸂απελθειν ℵBA vs 𝕸 𝔭⁴⁵ᵛⁱᵈ   40 ⸂απο ℵB vs 𝕸 A
40 ⸂312 ℵBA vs 𝕸   1 ᵀτην ℵBA vs 𝕸
1 ᵒℵBA vs 𝕸   5 ⸂και επισταντες ℵBA vs M
5 ⸀προαγαγειν ℵBA vs M   6 ᵒℵBA vs 𝕸

ἀναστατώσαντες, οὗτοι καὶ ἐνθάδε πάρεισιν, 7 οὓς
ὑποδέδεκται Ἰάσων· καὶ οὗτοι πάντες ἀπέναντι τῶν
δογμάτων Καίσαρος πράσσουσι¹, Βασιλέα λέγοντες
ἕτερον² εἶναι, Ἰησοῦν." 8 Ἐτάραξαν δὲ τὸν ὄχλον καὶ τοὺς
πολιτάρχας ἀκούοντας ταῦτα. 9 Καὶ λαβόντες τὸ ἱκανὸν
παρὰ τοῦ Ἰάσονος³ καὶ τῶν λοιπῶν, ἀπέλυσαν αὐτούς.

Paul Ministers at Berea

10 Οἱ δὲ ἀδελφοὶ εὐθέως ʿδιὰ τῆς νυκτὸς᾿ ἐξέπεμψαν
τόν τε Παῦλον καὶ τὸν Σιλᾶν εἰς Βέροιαν,⁴ οἵτινες
παραγενόμενοι εἰς τὴν συναγωγὴν ἀπῇεσαν τῶν Ἰου-
δαίων.⁵ 11 Οὗτοι δὲ ἦσαν εὐγενέστεροι τῶν ἐν Θεσ-
σαλονίκῃ, οἵτινες ἐδέξαντο τὸν λόγον μετὰ πάσης
προθυμίας, τὸ⁶ καθ᾽ ἡμέραν ἀνακρίνοντες τὰς Γραφὰς
εἰ ἔχοι ταῦτα οὕτως. 12 Πολλοὶ μὲν οὖν ἐξ αὐτῶν
ἐπίστευσαν, καὶ τῶν Ἑλληνίδων γυναικῶν τῶν εὐσχημόνων
καὶ ἀνδρῶν οὐκ ὀλίγοι. 13 Ὡς δὲ ἔγνωσαν οἱ ἀπὸ τῆς
Θεσσαλονίκης Ἰουδαῖοι ὅτι καὶ ἐν τῇ Βεροίᾳ⁷ κατηγγέλη
ὑπὸ τοῦ Παύλου ὁ λόγος τοῦ Θεοῦ, ἦλθον κἀκεῖ
σαλεύοντες ᵀ τοὺς ὄχλους. 14 Εὐθέως δὲ τότε τὸν Παῦλον
ἐξαπέστειλαν οἱ ἀδελφοὶ πορεύεσθαι ⌐¹ὡς ἐπὶ τὴν
θάλασσαν· ⌐²ὑπέμενον ⌐³δὲ ὅ τε Σιλᾶς καὶ ὁ Τιμόθεος ἐκεῖ.
15 Οἱ δὲ ⌐καθιστῶντες τὸν Παῦλον, ἤγαγον °αὐτὸν ἕως
Ἀθηνῶν, καὶ λαβόντες ἐντολὴν πρὸς τὸν Σιλᾶν καὶ
ᵀ Τιμόθεον ἵνα ὡς τάχιστα ἔλθωσι πρὸς αὐτόν, ἐξῄεσαν.

---

¹7 πρασσουσι(ν) 𝕸 ℵBA, Cr vs πραττουσι TR
²7 λεγοντες ετερον Μᵖᵗ, TR vs ετερον λεγοντες ΜᵖᵗℵBA, Cr
³9 Ιασονος Μᵖᵗ𝕲 (h.C), Cr TR vs Ιασωνος Μᵖᵗ
⁴10 Βεροιαν Μ𝕲 (h.C), TR Cr vs Βερροιαν Μʳ
⁵10 απηεσαν των Ιουδαιων Μ vs των Ιουδαιων ℵBA, TR
Cr vs των Ιουδαιων 𝔭⁴⁵
⁶11 το ΜᵖᵗB, TR vs − Μᵖᵗ𝔭⁴⁵ℵ, Cr
⁷13 Βεροια Μ𝕲 (h.C), TR Cr vs Βερροια Μʳ

---

10 ʿδια νυκτος 𝔭⁴⁵ℵB vs Μ; (− A)
13 ᵀκαι ταρασσοντες ℵBA vs Μ𝔭⁴⁵   14 ⌐¹εως ℵBA vs Μ
14 ⌐²υπεμειναν 𝔭⁴⁵ℵB vs Μ; (υπεμεινεν A)   14 ⌐³τε 𝕲 (h.C) vs Μ
15 ⌐καθιστανοντες BA (καθισπαντες ℵ*ᵛⁱᵈ; καταστανοντες 𝔭⁴⁵) vs
𝕸   15 °𝕲 (h.C) vs Μ   15 ᵀτον 𝔭⁴⁵ℵB vs 𝕸A

Paul Encounters Philosophers at Athens

16 Ἐν δὲ ταῖς Ἀθήναις ἐκδεχομένου αὐτοὺς τοῦ Παύλου, παρωξύνετο τὸ πνεῦμα αὐτοῦ ἐν αὐτῷ ʳθεωροῦντι κατείδωλον οὖσαν τὴν πόλιν. **17** Διελέγετο μὲν οὖν ἐν τῇ συναγωγῇ τοῖς Ἰουδαίοις καὶ τοῖς σεβομένοις, καὶ ἐν τῇ ἀγορᾷ κατὰ πᾶσαν ἡμέραν πρὸς τοὺς παρατυγχάνοντας. **18** Τινὲς δὲ καὶ¹ τῶν Ἐπικουρείων καὶ ᵒτῶν Στοϊκῶν² φιλοσόφων συνέβαλλον αὐτῷ.

Καί τινες ἔλεγον, "Τί ἂν θέλοι ὁ σπερμολόγος οὗτος λέγειν?"

Οἱ δέ, "Ξένων δαιμονίων δοκεῖ καταγγελεὺς εἶναι" – ὅτι τὸν Ἰησοῦν καὶ τὴν ἀνάστασιν εὐηγγελίζετο.³ **19** Ἐπιλαβόμενοί τε αὐτοῦ ἐπὶ τὸν Ἄρειον Πάγον ἤγαγον λέγοντες, "Δυνάμεθα γνῶναι τίς ἡ καινὴ αὕτη ἡ ὑπὸ σοῦ λαλουμένη διδαχή? **20** Ξενίζοντα γάρ τινα εἰσφέρεις εἰς τὰς ἀκοὰς ἡμῶν· βουλόμεθα οὖν γνῶναι ʳτί ἂν θέλοιˈ ταῦτα εἶναι." **21** Ἀθηναῖοι δὲ πάντες καὶ οἱ ἐπιδημοῦντες ξένοι εἰς οὐδὲν ἕτερον •εὐκαίρουν ἢ λέγειν τι ʳκαὶ ἀκούειν ᵀ καινότερον.

Paul Addresses the Areopagus

22 Σταθεὶς δὲ ᵒὁ Παῦλος ἐν μέσῳ τοῦ Ἀρείου Πάγου ἔφη, "Ἄνδρες Ἀθηναῖοι, κατὰ πάντα ὡς δεισιδαιμονεστέρους ὑμᾶς θεωρῶ. **23** Διερχόμενος γὰρ καὶ ἀναθεωρῶν τὰ σεβάσματα ὑμῶν, εὗρον καὶ βωμὸν ἐν ᾧ ἐπεγέγραπτο, 'Ἀγνώστῳ Θεῷ.' ʳ¹Ὃν οὖν ἀγνοοῦντες

---

¹18 καὶ ΜℵΒΑ, Cr vs − TR
²18 Στοικων ΜℵΑ, Cr vs Στωικων ΜʳΒ, TR
³18 αναστασιν ευηγγελιζετο Μ ℵ*Β, Cr vs αναστασιν ευηγγελιζετο αυτοις Α vs αναστασιν αυτοις ευηγγελιζετο TR

---

16 ʳθεωρουντος ℵΒΑ vs Μ   18 ᵒℵΒΑ vs Μ
20 ʳτινα θελει ℵΒΑ vs 𝔐   21 •ηυκαιρουν ℵΒΑ vs Μ
21 ʳη ℵΒΑ vs 𝔐   21 ᵀτι ℵΒΑ vs 𝔐   22 ᵒℵΒΑ vs 𝔐, [Cr]
23 ʳ¹ο ℵ*ΒΑ* vs 𝔐

εὐσεβεῖτε, ⌐²τοῦτον ἐγὼ καταγγέλλω ὑμῖν. 24 Ὁ Θεὸς ὁ
ποιήσας τὸν κόσμον καὶ πάντα τὰ ἐν αὐτῷ, οὗτος,
οὐρανοῦ καὶ γῆς ˢΚύριος ὑπάρχων,ˡ οὐκ ἐν χειροποιήτοις
ναοῖς κατοικεῖ 25 οὐδὲ ὑπὸ χειρῶν ⌐ἀνθρώπων θερα-
πεύεται, προσδεόμενός τινος, αὐτὸς διδοὺς πᾶσι ζωὴν καὶ
πνοὴν κατὰ¹ πάντα· 26 ἐποίησέ τε ἐξ ἑνὸς °αἵματος πᾶν
ἔθνος ἀνθρώπων κατοικεῖν ἐπὶ ⌐πᾶν τὸ πρόσωπον˥ τῆς
γῆς, ὁρίσας προστεταγμένους² καιροὺς καὶ τὰς ὁροθεσίας
τῆς κατοικίας αὐτῶν, 27 ζητεῖν τὸν ⌐Κύριον, εἰ ἄρα γε
ψηλαφήσειαν αὐτὸν καὶ εὕροιεν, καί γε³ οὐ μακρὰν ἀπὸ
ἑνὸς ἑκάστου ἡμῶν ὑπάρχοντα. 28 ʼ Ἐν αὐτῷ γὰρ ζῶμεν
καὶ κινούμεθα καὶ ἐσμέν·ʼ ὡς καί τινες τῶν καθʼ ὑμᾶς
ποιητῶν εἰρήκασιν, ʽΤοῦ γὰρ καὶ γένος ἐσμέν.ʼ 29 Γένος
οὖν ὑπάρχοντες τοῦ Θεοῦ, οὐκ ὀφείλομεν νομίζειν χρυσῷ ἢ
ἀργύρῳ ἢ λίθῳ, χαράγματι τέχνης καὶ ἐνθυμήσεως
ἀνθρώπου, τὸ θεῖον εἶναι ὅμοιον. 30 Τοὺς μὲν οὖν χρόνους
τῆς ἀγνοίας ὑπεριδὼν ὁ Θεός, τὰ νῦν παραγγέλλει τοῖς
ἀνθρώποις ⌐πᾶσι πανταχοῦ μετανοεῖν, 31 ⌐διότι ἔστησεν
ἡμέραν ἐν ᾗ μέλλει κρίνειν τὴν οἰκουμένην ἐν δικαιοσύνῃ ἐν
ἀνδρὶ ᾧ ὥρισε, πίστιν παρασχὼν πᾶσιν, ἀναστήσας
αὐτὸν ἐκ νεκρῶν.ʼʼ

32 Ἀκούσαντες δὲ ἀνάστασιν νεκρῶν, οἱ μὲν ἐχλεύαζον,
οἱ δὲ εἶπον, "Ἀκουσόμεθά σου ˢπάλιν περὶ τούτου.ʼʼ
33 Καὶˡ οὕτως ὁ Παῦλος ἐξῆλθεν ἐκ μέσου αὐτῶν. 34 Τινὲς
δὲ ἄνδρες κολληθέντες αὐτῷ, ἐπίστευσαν, ἐν οἷς καὶ
Διονύσιος ὁ Ἀρεοπαγίτης καὶ γυνὴ ὀνόματι Δάμαρις καὶ
ἕτεροι σὺν αὐτοῖς.

---

¹25 κατα 𝔐 vs και τα BA, TR Cr vs και ℵ*
²26 προστεταγμενους 𝔐 ℵBA, Cr vs προτεταγμενους TR
³27 και γε 𝔐 B, Cr vs καιτοιγε ℵ, TR vs καιτοι A

---

23 ⌐²τουτο ℵ*BA* vs 𝔐   24 ˢℵBA vs M
25 ⌐ανθρωπινων ℵBA vs 𝔐   26 °ℵBA vs 𝔐
26 ⌐παντος προσωπου ℵBA vs 𝔐   27 ⌐Θεον ℵBA vs M
30 ⌐παντας ℵBA vs 𝔐   31 ⌐καθοτι ℵBA vs M
32-33 ˢ2-41 ℵBA vs 𝔐

---

28 Aratus and Cleanthes

Paul Ministers in Corinth

18 Μετὰ °δὲ ταῦτα χωρισθεὶς □ὁ Παῦλος` ἐκ τῶν Ἀθηνῶν ἦλθεν εἰς Κόρινθον. 2 Καὶ εὑρών τινα Ἰουδαῖον ὀνόματι Ἀκύλαν, Ποντικὸν τῷ γένει, προσφάτως ἐληλυθότα ἀπὸ τῆς Ἰταλίας, καὶ Πρίσκιλλαν γυναῖκα αὐτοῦ, διὰ τὸ τεταχέναι¹ Κλαύδιον χωρίζεσθαι πάντας τοὺς Ἰουδαίους ⌜ἐκ τῆς Ῥώμης, προσῆλθεν αὐτοῖς, 3 καὶ διὰ τὸ ὁμότεχνον εἶναι, ἔμενε παρ' αὐτοῖς καὶ ⌜εἰργάζετο· ἦσαν γὰρ σκηνοποιοὶ τὴν τέχνην.² 4 Διελέγετο δὲ ἐν τῇ συναγωγῇ κατὰ πᾶν σάββατον, ἔπειθέ τε Ἰουδαίους καὶ Ἕλληνας.

5 Ὡς δὲ κατῆλθον ἀπὸ τῆς Μακεδονίας ὅ τε Σιλᾶς καὶ ὁ Τιμόθεος, συνείχετο τῷ ⌜Πνεύματι ὁ Παῦλος, διαμαρτυρόμενος τοῖς Ἰουδαίοις ᵀ τὸν Χριστὸν Ἰησοῦν. 6 Ἀντιτασσομένων δὲ αὐτῶν καὶ βλασφημούντων, ἐκτιναξάμενος τὰ ἱμάτια εἶπε πρὸς αὐτούς, "Τὸ αἷμα ὑμῶν ἐπὶ τὴν κεφαλὴν³ ὑμῶν· καθαρὸς ἐγώ· ἀπὸ τοῦ νῦν εἰς τὰ ἔθνη πορεύσομαι." 7 Καὶ μεταβὰς ἐκεῖθεν ⌜ἦλθεν εἰς οἰκίαν τινὸς ὀνόματι ᵀ Ἰούστου, σεβομένου τὸν Θεόν, οὗ ἡ οἰκία ἦν συνομοροῦσα τῇ συναγωγῇ. 8 Κρίσπος δὲ ὁ ἀρχισυνάγωγος ἐπίστευσε τῷ Κυρίῳ σὺν ὅλῳ τῷ οἴκῳ αὐτοῦ, καὶ πολλοὶ τῶν Κορινθίων ἀκούοντες⁴ ἐπίστευον καὶ ἐβαπτίζοντο.

9 Εἶπε δὲ ὁ Κύριος ⌜δι' ὁράματος ἐν νυκτὶ` τῷ Παύλῳ, "Μὴ φοβοῦ, ἀλλὰ λάλει καὶ μὴ σιωπήσῃς, 10 διότι ἐγώ εἰμι μετὰ σοῦ καὶ οὐδεὶς ἐπιθήσεταί σοι τοῦ κακῶσαί σε, διότι λαός ἐστί μοι πολὺς ἐν τῇ πόλει ταύτῃ." 11 Ἐκάθισέ ⌜τε ἐνιαυτὸν καὶ μῆνας ἓξ διδάσκων ἐν αὐτοῖς τὸν λόγον τοῦ Θεοῦ.

---

¹2 τεταχεναι Mᵖᵗℵ* vs διατεταχεναι MᵖᵗBA, TR Cr
²3 την τεχνην Mᵖᵗ, TR vs τη τεχνη MᵖᵗℵBA, Cr
³6 την κεφαλην MℵBA, TR Cr vs τας κεφαλας Mʳ
⁴8 ακουοντες MᵖᵗℵBA, TR Cr vs ακουσαντες Mᵖᵗ

---

1 °ℵBA vs 𝔐   1 □ℵB vs 𝔐A   2 ⌜απο ℵBA vs M
3 ⌜ηργαζετο A, vs 𝔐; (ηργαζοντο ℵ*B*)   5 ⌜λογω ℵBA vs 𝔐
5 ᵀειναι ℵBA vs 𝔐   7 ⌜εισηλθεν ℵA, Cr vs 𝔐B
7 ᵀΤιτιου B* (Τιτου ℵ) vs 𝔐 A   9 ⌜3412 ℵB vs 𝔐; (εν οραματι A)
11 ⌜δε ℵBA vs M

12 Γαλλίωνος δὲ ⌜ἀνθυπατεύοντος τῆς ᾽Αχαΐας, κατεπέστησαν ὁμοθυμαδὸν οἱ ᾽Ιουδαῖοι τῷ Παύλῳ καὶ ἤγαγον αὐτὸν ἐπὶ τὸ βῆμα, 13 λέγοντες ὅτι ῾Παρὰ τὸν νόμον οὗτος ἀναπείθει¹ τοὺς ἀνθρώπους σέβεσθαι τὸν Θεόν."

14 Μέλλοντος δὲ τοῦ Παύλου ἀνοίγειν τὸ στόμα, εἶπεν ὁ Γαλλίων πρὸς τοὺς ᾽Ιουδαίους, "Εἰ μὲν °οὖν ἦν ἀδίκημά τι ἢ ῥᾳδιούργημα πονηρόν, ὦ ᾽Ιουδαῖοι, κατὰ λόγον ἂν ⌜ἠνεσχόμην ὑμῶν· 15 εἰ δὲ ⌜ζήτημά ἐστι περὶ λόγου καὶ ὀνομάτων καὶ νόμου τοῦ καθ᾽ ὑμᾶς, ὄψεσθε αὐτοί· κριτὴς °γὰρ ἐγὼ τούτων οὐ βούλομαι εἶναι." 16 Καὶ ἀπήλασεν αὐτοὺς ἀπὸ τοῦ βήματος. 17 ᾽Επιλαβόμενοι δὲ πάντες □οἱ ῞Ελληνες⌝ Σωσθένην τὸν ἀρχισυνάγωγον ἔτυπτον ἔμπροσθεν τοῦ βήματος. Καὶ οὐδὲν τούτων τῷ Γαλλίωνι ἔμελλεν.²

Paul Returns to Antioch in Syria

18 ῾Ο δὲ Παῦλος ἔτι προσμείνας ἡμέρας ἱκανάς, τοῖς ἀδελφοῖς ἀποταξάμενος, ἐξέπλει εἰς τὴν Συρίαν, καὶ σὺν αὐτῷ Πρίσκιλλα καὶ ᾽Ακύλας, κειράμενος ⌐τὴν κεφαλὴν ἐν Κεγχρεαῖς,² εἶχε γὰρ εὐχήν. 19 ⌜᾿Κατήντησε δὲ εἰς ῞Εφεσον, καὶ ἐκείνους³ κατέλιπεν αὐτοῦ, αὐτὸς δὲ εἰσελθὼν εἰς τὴν συναγωγὴν ⌜²διελέχθη τοῖς ᾽Ιουδαίοις. 20 ᾽Ερωτώντων δὲ αὐτῶν ἐπὶ πλείονα χρόνον μεῖναι □παρ᾽ αὐτοῖς,⌝ οὐκ ἐπένευσεν, 21 ἀλλ᾽ ⌜¹ἀπετάξατο αὐτοῖς⌝ εἰπών, "□Δεῖ με πάντως τὴν ἑορτὴν τὴν ἐρχομένην ποιῆσαι εἰς ῾Ιεροσόλυμα.⌝ Πάλιν °δὲ ἀνακάμψω πρὸς ὑμᾶς, τοῦ Θεοῦ θέλοντος."⌜²Καὶ ἀνήχθη⌝ ἀπὸ τῆς ᾽Εφέσου.

---

¹ 13 ουτος αναπειθει **M**, TR vs αναπειθει ουτος **M'**𝑵BA, Cr
² 17 εμελλεν 𝔐* vs εμελεν BA, TR Cr
³ 19 και εκεινους **Mᵖᵗ** vs κακεινους **Mᵖᵗ**𝑵BA, TR Cr

---

12 ⌜ανθυπατου οντος 𝑵BA vs 𝔐   14 °𝑵BA vs **M**
14 ⌜ανεσχομην 𝑵*BA vs 𝔐   15 ⌜ζητηματα 𝑵BA vs **M**
15 °𝑵BA vs 𝔐   17 □𝑵BA vs 𝔐   18 ⌐3412 𝑵BA vs 𝔐
19 ⌜¹κατηντησαν 𝑵BA vs 𝔐   19 ⌜²διελεξατο 𝑵BA vs 𝔐
20 □𝑵BA vs 𝔐   21 ⌜¹απεταξαμενος και 𝑵BA vs 𝔐
21 □𝑵BA vs 𝔐   21 °𝑵BA vs 𝔐
21 ⌜²ανηχθη BA vs 𝔐 ; (ανηχθη δε 𝑵*)

22 Καὶ κατελθὼν εἰς Καισάρειαν, ἀναβὰς καὶ ἀσπασάμενος τὴν ἐκκλησίαν, κατέβη εἰς Ἀντιόχειαν. 23 Καὶ ποιήσας χρόνον τινὰ ἐξῆλθε, διερχόμενος καθεξῆς τὴν Γαλατικὴν χώραν καὶ Φρυγίαν, ἐπιστηρίζων πάντας τοὺς μαθητάς.

Apollos Preaches in Ephesus

24 Ἰουδαῖος δέ τις Ἀπολλὼς ὀνόματι, Ἀλεξανδρεὺς τῷ γένει, ἀνὴρ λόγιος, κατήντησεν εἰς Ἔφεσον, δυνατὸς ὢν ἐν ταῖς Γραφαῖς. 25 Οὗτος ἦν κατηχημένος τὴν ὁδὸν τοῦ Κυρίου, καὶ ζέων τῷ Πνεύματι ἐλάλει καὶ ἐδίδασκεν ἀκριβῶς τὰ περὶ τοῦ Κυρίου,¹ ἐπιστάμενος μόνον τὸ βάπτισμα Ἰωάννου. 26 Οὗτός τε ἤρξατο παρρησιάζεσθαι ἐν τῇ συναγωγῇ. Ἀκούσαντες δὲ αὐτοῦ ˢ¹Ἀκύλας καὶ Πρίσκιλλα,ᶻ προσελάβοντο αὐτὸν καὶ ἀκριβέστερον αὐτῷ ἐξέθεντο τὴν ˢ²τοῦ Θεοῦ ὁδόν.ᶻ 27 Βουλομένου δὲ αὐτοῦ διελθεῖν εἰς τὴν Ἀχαΐαν, προτρεψάμενοι οἱ ἀδελφοὶ ἔγραψαν τοῖς μαθηταῖς ἀποδέξασθαι αὐτόν· ὃς παραγενόμενος συνεβάλετο πολὺ τοῖς πεπιστευκόσιν διὰ τῆς χάριτος· 28 εὐτόνως γὰρ τοῖς Ἰουδαίοις διακατηλέγχετο δημοσίᾳ, ἐπιδεικνὺς διὰ τῶν Γραφῶν εἶναι τὸν Χριστὸν Ἰησοῦν.

Paul Instructs Twelve Disciples of John

19 Ἐγένετο δὲ ἐν τῷ τὸν Ἀπολλὼ εἶναι ἐν Κορίνθῳ, Παῦλον διελθόντα τὰ ἀνωτερικὰ μέρη ʳ¹ἐλθεῖν εἰς Ἔφεσον, καὶ ʳ²εὑρών τινας μαθητὰς 2 εἶπε ᵀ πρὸς αὐτούς, "Εἰ Πνεῦμα Ἅγιον ἐλάβετε πιστεύσαντες;"

Οἱ δὲ ᵒεἶπον πρὸς αὐτόν, "Ἀλλ᾽•οὐδὲ εἰ Πνεῦμα Ἅγιόν ἐστιν ἠκούσαμεν."

3 Εἶπέ τε πρὸς αὐτούς,² "Εἰς τί οὖν ἐβαπτίσθητε;"

Οἱ δὲ εἶπον, "Εἰς τὸ Ἰωάννου βάπτισμα."

---

¹ 25 Κυριου Mᵖᵗ, TR vs Ιησου MᵖᵗℵBA, Cr
² 3 προς αυτους Mᵖᵗ, TR vs — MᵖᵗℵBA, Cr

---

26 ˢ¹321 ℵBA vs 𝕸   26 ˢ²312 ℵBA, [Cr] vs M
1 ʳ¹κατελθειν ℵA, [Cr] vs 𝕸 B   1 ʳ²ευρειν ℵBA vs 𝕸
2 ᵀτε ℵBA vs 𝕸   2 ᵒℵBA vs M   2 •ουδ ℵBA vs 𝕸

4 Εἶπε δὲ Παῦλος, "᾿Ιωάννης °¹μὲν ἐβάπτισε βάπτισμα μετανοίας, τῷ λαῷ λέγων εἰς τὸν ἐρχόμενον μετ᾿ αὐτὸν ἵνα πιστεύσωσι, τοῦτ᾿ ἔστιν, εἰς τὸν °²Χριστὸν ᾿Ιησοῦν." 5 ᾿Ακούσαντες δὲ ἐβαπτίσθησαν εἰς τὸ ὄνομα τοῦ Κυρίου ᾿Ιησοῦ. 6 Καὶ ἐπιθέντος αὐτοῖς τοῦ Παύλου °τὰς χεῖρας, ἦλθε τὸ Πνεῦμα τὸ ῞Αγιον ἐπ᾿ αὐτούς, ἐλάλουν τε γλώσσαις καὶ •προεφήτευον. 7 ῏Ησαν δὲ οἱ πάντες ἄνδρες ὡσεὶ ᵺδεκαδύο.

Paul Preaches Two Years in Ephesus

8 Εἰσελθὼν δὲ εἰς τὴν συναγωγὴν ἐπαρρησιάζετο, ἐπὶ μῆνας τρεῖς διαλεγόμενος καὶ πείθων °τὰ περὶ τῆς βασιλείας τοῦ Θεοῦ. 9 ῾Ως δέ τινες ἐσκληρύνοντο καὶ ἠπείθουν, κακολογοῦντες τὴν ῾Οδὸν ἐνώπιον τοῦ πλήθους, ἀποστὰς ἀπ᾿ αὐτῶν ἀφώρισε τοὺς μαθητάς, καθ᾿ ἡμέραν διαλεγόμενος ἐν τῇ σχολῇ Τυράννου °τινός. 10 Τοῦτο δὲ ἐγένετο ἐπὶ ἔτη δύο, ὥστε πάντας τοὺς κατοικοῦντας τὴν ᾿Ασίαν ἀκοῦσαι τὸν λόγον τοῦ Κυρίου ° ᾿Ιησοῦ, ᾿Ιουδαίους τε καὶ ῞Ελληνας.

Miracles Magnify the Name of Jesus

11 Δυνάμεις τε¹ οὐ τὰς τυχούσας ᶠἐποίει ὁ Θεὸς˺ διὰ τῶν χειρῶν Παύλου, 12 ὥστε καὶ ἐπὶ τοὺς ἀσθενοῦντας ᵺἐπιφέρεσθαι ἀπὸ τοῦ χρωτὸς αὐτοῦ σουδάρια ἢ σιμικίνθια, καὶ ἀπαλλάσσεσθαι ἀπ᾿ αὐτῶν τὰς νόσους, τά τε πνεύματα τὰ πονηρὰ ᶠἐξέρχεσθαι ἀπ᾿ αὐτῶν.˺ 13 ᾿Επεχείρησαν δέ τινες ᵺᵸἀπὸ τῶν περιερχομένων ᾿Ιουδαίων ἐξορκιστῶν ὀνομάζειν ἐπὶ τοὺς ἔχοντας τὰ πνεύματα τὰ πονηρὰ τὸ ὄνομα τοῦ Κυρίου ᾿Ιησοῦ,

---

¹11 τε 𝕸ℵΒΑ, TR Cr vs δε Μᵣ

---

4 °¹ ² ℵΒΑ vs 𝕸   6 °ℵΒΑ vs 𝕸, [Cr]
6 •επροφητευον ℵΒΑ vs 𝕸   7 ᵺδωδεκα ℵΒΑ vs Μ
8 °Β vs 𝕸ℵΑ, [Cr]   9 °ℵΒΑ vs 𝕸   10 °ℵΒΑ vs Μ
11 ᶠ231 ℵΒΑ vs 𝕸   12 ᵺαποφερεσθαι ℵΒΑ vs Μ
12 ᶠεκπορευεσθαι ℵΒΑ vs Μ   13 ᵺᵸκαι ℵΒΑ vs Μ

λέγοντες, "ᵀ² Ὁρκίζομεν ὑμᾶς τὸν Ἰησοῦν ὃν °ὁ Παῦλος κηρύσσει." 14 Ἦσαν δέ ʳτινες ʿυἱοὶ Σκευᾶ Ἰουδαίου ἀρχιερέως ἑπτὰ˺ °οἱ τοῦτο ποιοῦντες.

15 Ἀποκριθὲν δὲ τὸ πνεῦμα τὸ πονηρὸν εἶπε ᵀ¹ "Τὸν ᵀ² Ἰησοῦν γινώσκω καὶ τὸν Παῦλον ἐπίσταμαι, ὑμεῖς δὲ τίνες ἐστέ;" 16 Καὶ ʳ¹ἐφαλλόμενος ˢἐπ᾽ αὐτοὺς ὁ ἄνθρωπος˺ ἐν ᾧ ἦν τὸ πνεῦμα τὸ πονηρόν, °καὶ κατακυριεύσαν¹ ʳ²αὐτῶν ἴσχυσε κατ᾽ αὐτῶν, ὥστε γυμνοὺς καὶ τετραυματισμένους ἐκφυγεῖν ἐκ τοῦ οἴκου ἐκείνου. 17 Τοῦτο δὲ ἐγένετο γνωστὸν πᾶσιν² Ἰουδαίοις τε καὶ Ἕλλησι τοῖς κατοικοῦσι τὴν Ἔφεσον, καὶ ἐπέπεσε φόβος ἐπὶ πάντας αὐτούς, καὶ ἐμεγαλύνετο τὸ ὄνομα τοῦ Κυρίου Ἰησοῦ. 18 Πολλοί τε τῶν πεπιστευκότων ἤρχοντο ἐξομολογούμενοι καὶ ἀναγγέλλοντες τὰς πράξεις αὐτῶν. 19 Ἱκανοὶ δὲ τῶν τὰ περίεργα πραξάντων συνενέγκαντες τὰς βίβλους κατέκαιον ἐνώπιον πάντων· καὶ συνεψήφισαν³ τὰς τιμὰς αὐτῶν καὶ εὗρον ἀργυρίου μυριάδας πέντε. 20 Οὕτω κατὰ κράτος ˢὁ λόγος τοῦ Κυρίου˺ ηὔξανε καὶ ἴσχυεν.

Demetrius Foments the Ephesian Riot

21 Ὡς δὲ ἐπληρώθη ταῦτα, ἔθετο ὁ Παῦλος ἐν τῷ Πνεύματι, διελθὼν τὴν Μακεδονίαν καὶ Ἀχαΐαν, πορεύεσθαι εἰς •Ἰερουσαλήμ, εἰπὼν ὅτι "Μετὰ τὸ γενέσθαι με ἐκεῖ, δεῖ με καὶ Ῥώμην ἰδεῖν." 22 Ἀποστείλας δὲ εἰς τὴν Μακεδονίαν δύο τῶν διακονούντων αὐτῷ, Τιμόθεον καὶ Ἔραστον, αὐτὸς ἐπέσχε χρόνον εἰς τὴν Ἀσίαν.

¹16 κατακυριευσαν ΜΑ vs κατακυριευσας אΒ, TR Cr
²17 γνωστον πασιν ΜאΒΑ, TR Cr vs πασιν γνωστον Μʳ
³19 συνεψηφισαν ΜאΒΑ, TR Cr vs συνεψηφισαντο Μʳ

13 ʳ²ορκιζω אΒΑ vs Μ   13 °אΒΑ vs Μ   14 ʳτινος Β vs 𝔐 אΑ
14 ˢ2-51 אΒ (Σκευια for Σκευα Α) vs 𝔐   14 °אΒΑ vs 𝔐
15 ᵀ¹αυτοις אΒΑ vs Μ   15 ᵀ²μεν Β, [Cr] vs 𝔐 א*Α
16 ʳ¹εφαλομενος א*ΒΑ vs 𝔐   16 ˢ3412 אΒΑ vs Μ
16 °ΒΑ vs Μא*   16 ʳ²αμφοτερων אΒΑ vs 𝔐
20 ˢ3412 א*ΒΑ vs 𝔐   21 •Ιεροσολυμα אΒΑ vs Μ

23 Ἐγένετο δὲ κατὰ τὸν καιρὸν ἐκεῖνον τάραχος οὐκ ὀλίγος περὶ τῆς Ὁδοῦ. 24 Δημήτριος γάρ τις ὀνόματι, ἀργυροκόπος, ποιῶν ναοὺς ἀργυροῦς Ἀρτέμιδος, παρείχετο τοῖς τεχνίταις ⸆ἐργασίαν οὐκ ὀλίγην,⸃ 25 οὓς συναθροίσας, καὶ τοὺς περὶ τὰ τοιαῦτα ἐργάτας, εἶπεν, "Ἄνδρες, ἐπίστασθε ὅτι ἐκ ταύτης τῆς ἐργασίας ἡ εὐπορία ⸆ἡμῶν ἐστι. 26 Καὶ θεωρεῖτε καὶ ἀκούετε ὅτι οὐ μόνον Ἐφέσου ἀλλὰ σχεδὸν πάσης τῆς Ἀσίας ὁ Παῦλος οὗτος πείσας μετέστησεν ἱκανὸν ὄχλον, λέγων ὅτι οὐκ εἰσὶ θεοὶ οἱ διὰ χειρῶν γινόμενοι. 27 Οὐ μόνον δὲ τοῦτο κινδυνεύει ἡμῖν τὸ μέρος εἰς ἀπελεγμὸν ἐλθεῖν, ἀλλὰ καὶ τὸ τῆς μεγάλης θεᾶς ἱερὸν Ἀρτέμιδος[1] εἰς οὐθὲν[2] λογισθῆναι, μέλλειν ⸆δὲ καὶ καθαιρεῖσθαι ⸆τὴν μεγαλειότητα⸃ αὐτῆς, ἣν ὅλη ἡ Ἀσία καὶ ἡ οἰκουμένη σέβεται."

28 Ἀκούσαντες δὲ καὶ γενόμενοι πλήρεις θυμοῦ, ἔκραζον λέγοντες, "Μεγάλη ἡ Ἄρτεμις Ἐφεσίων!" 29 Καὶ ἐπλήσθη ἡ πόλις °ὅλη τῆς[3] συγχύσεως, ὥρμησάν τε ὁμοθυμαδὸν εἰς τὸ θέατρον, συναρπάσαντες Γάϊον καὶ Ἀρίσταρχον Μακεδόνας, συνεκδήμους[4] Παύλου. 30 ⸆Τοῦ δὲ Παύλου⸃ βουλομένου εἰσελθεῖν εἰς τὸν δῆμον, οὐκ εἴων αὐτὸν οἱ μαθηταί. 31 Τινὲς δὲ καὶ τῶν Ἀσιαρχῶν, ὄντες αὐτῷ φίλοι, πέμψαντες πρὸς αὐτόν, παρεκάλουν μὴ δοῦναι ἑαυτὸν εἰς τὸ θέατρον. 32 Ἄλλοι μὲν οὖν ἄλλο τι ἔκραζον, ἦν γὰρ ἡ ἐκκλησία συγκεχυμένη, καὶ οἱ πλείους οὐκ ᾔδεισαν τίνος ⸆ἕνεκεν συνεληλύθεισαν. 33 Ἐκ δὲ τοῦ ὄχλου ⸆προεβίβασαν Ἀλέξανδρον, προβαλόντων[5] αὐτὸν τῶν Ἰουδαίων. Ὁ δὲ Ἀλέξανδρος, κατασείσας τὴν χεῖρα, ἤθελεν ἀπολογεῖσθαι

---

[1]27 ιερον Αρτεμιδος M^{pt} vs Αρτεμιδος ιερον M^{pt}אBA, TR Cr
[2]27 ουθεν M^{pt}אBA, Cr vs ουδεν M^{pt}, TR
[3]29 της 𝔐 א*BA, Cr vs − TR
[4]29 συνεκδημους 𝔐 אBA, Cr vs + του TR
[5]33 προβαλοντων M^{pt}אBA, TR Cr vs προβαλλοντων M^{pt}

---

24 ⸆ουκ ολιγην εργασιαν BA (ουχ for ουκ א) vs 𝔐
25 ⸆ημιν אBA vs M   27 ⸆τε אBA vs M
27 ⸆της μεγαλειοτητος אBA vs M   29 °אBA vs 𝔐
30 ⸆Παυλου δε א*BA vs 𝔐   32 ⸆ενεκα אBA vs 𝔐
33 ⸆συνεβιβασαν אBA vs 𝔐

τῷ δήμῳ. 34 Ἐπιγνόντες¹ δὲ ὅτι Ἰουδαῖός ἐστι, φωνὴ ἐγένετο μία ἐκ πάντων ὡς ἐπὶ ὥρας δύο κραζόντων, "Μεγάλη ἡ Ἄρτεμις Ἐφεσίων!"
35 Καταστείλας δὲ ὁ γραμματεὺς τὸν ὄχλον φησίν, "Ἄνδρες Ἐφέσιοι, τίς γάρ ἐστιν ⌐ἄνθρωπος ὃς οὐ γινώσκει τὴν Ἐφεσίων πόλιν νεωκόρον οὖσαν τῆς μεγάλης ⁰θεᾶς Ἀρτέμιδος καὶ τοῦ Διοπετοῦς? 36 Ἀναντιρρήτων οὖν ὄντων τούτων, δέον ἐστὶν ὑμᾶς κατεσταλμένους ὑπάρχειν καὶ μηδὲν προπετὲς πράσσειν.² 37 Ἠγάγετε γὰρ τοὺς ἄνδρας τούτους, οὔτε ἱεροσύλους οὔτε βλασφημοῦντας τὴν θεὸν³ ⌐ὑμῶν. 38 Εἰ μὲν οὖν Δημήτριος καὶ οἱ σὺν αὐτῷ τεχνῖται ἔχουσι πρός τινα λόγον,⁴ ἀγοραῖοι ἄγονται, καὶ ἀνθύπατοί εἰσιν· ἐγκαλείτωσαν ἀλλήλοις. 39 Εἰ δέ τι ⌐περὶ ἑτέρων⌐ ἐπιζητεῖτε, ἐν τῇ ἐννόμῳ ἐκκλησίᾳ ἐπιλυθήσεται. 40 Καὶ γὰρ κινδυνεύομεν ἐγκαλεῖσθαι στάσεως περὶ τῆς σήμερον, μηδενὸς αἰτίου ὑπάρχοντος περὶ οὗ οὐ⁵ δυνησόμεθα δοῦναι⁶ λόγον ᵀ τῆς συστροφῆς ταύτης." 41 Καὶ ταῦτα εἰπών, ἀπέλυσε τὴν ἐκκλησίαν.

Paul Travels in Greece

20 Μετὰ δὲ τὸ παύσασθαι τὸν θόρυβον, ⌐¹προσκαλεσάμενος ὁ Παῦλος τοὺς μαθητὰς καὶ ᵀ ἀσπασάμενος, ἐξῆλθε ⌐²πορευθῆναι εἰς ⁰τὴν Μακεδονίαν. 2 Διελθὼν δὲ τὰ μέρη ἐκεῖνα καὶ παρακαλέσας αὐτοὺς λόγῳ πολλῷ, ἦλθεν εἰς τὴν Ἑλλάδα. 3 Ποιήσας τε μῆνας

¹34 επιγνοντες 𝕸 ℵBA, Cr vs επιγνοντων TR
²36 πρασσειν 𝕸 ℵBA, Cr vs πραττειν TR
³37 θεον 𝕸 ℵBA, Cr vs θεαν TR
⁴38 εχουσι(ν) προς τινα λογον 𝕸 ℵBA, Cr vs προς τινα λογον εχουσιν TR
⁵40 ου MℵBA, [Cr] vs − TR
⁶40 δουναι Mᵖᵗ vs αποδουναι MᵖᵗℵBA, TR Cr

35 ⌐ανθρωπων ℵBA vs M   35 ⁰ℵBA vs M
37 ⌐ημων ℵBA vs 𝕸   39 ⌐περαιτερω B vs 𝕸ℵA
40 ᵀπερι ℵBA vs M   1 ⌐¹μεταπεμψαμενος ℵB vs 𝕸A
1 ᵀπαρακαλεσας ℵBA vs M   1 ⌐²πορευεσθαι ℵBA vs 𝕸
1 ⁰ℵB vs MA

τρεῖς, γενομένης αὐτῷ ἐπιβουλῆς[1] ὑπὸ τῶν Ἰουδαίων μέλλοντι ἀνάγεσθαι εἰς τὴν Συρίαν, ἐγένετο ┌γνώμη τοῦ ὑποστρέφειν διὰ Μακεδονίας. 4 Συνείπετο δὲ αὐτῷ ▫ἄχρι τῆς Ἀσίας╲ Σώπατρος ┬ Βεροιαῖος,[2] Θεσσαλονικέων δὲ Ἀρίσταρχος καὶ Σεκοῦνδος, καὶ Γάϊος Δερβαῖος, καὶ Τιμόθεος, Ἀσιανοὶ δὲ Τυχικὸς καὶ Τρόφιμος. 5 Οὗτοι ┬ προσελθόντες[3] ἔμενον ἡμᾶς ἐν Τρῳάδι. 6 Ἡμεῖς δὲ ἐξεπλεύσαμεν μετὰ τὰς ἡμέρας τῶν ἀζύμων ἀπὸ Φιλίππων, καὶ ἤλθομεν πρὸς αὐτοὺς εἰς τὴν Τρῳάδα ἄχρις[4] ἡμερῶν πέντε, ┌οὗ διετρίψαμεν ἡμέρας ἑπτά.

Paul Ministers at Troas

7 Ἐν δὲ τῇ μιᾷ τῶν σαββάτων, συνηγμένων ┌τῶν μαθητῶν╲ κλάσαι[5] ἄρτον, ὁ Παῦλος διελέγετο αὐτοῖς, μέλλων ἐξιέναι τῇ ἐπαύριον, παρέτεινέ τε τὸν λόγον μέχρι μεσονυκτίου. 8 ┬Ἦσαν δὲ λαμπάδες ἱκαναὶ ἐν τῷ ὑπερῴῳ οὗ ἦμεν[6] συνηγμένοι. 9 ┌Καθήμενος δέ τις νεανίας ὀνόματι Εὔτυχος ἐπὶ τῆς θυρίδος, καταφερόμενος ὕπνῳ βαθεῖ, διαλεγομένου τοῦ Παύλου ἐπὶ πλεῖον, κατενεχθεὶς ἀπὸ τοῦ ὕπνου ἔπεσεν ἀπὸ τοῦ τριστέγου κάτω καὶ ἤρθη νεκρός.

10 Καταβὰς δὲ ὁ Παῦλος ἐπέπεσεν αὐτῷ, καὶ συμπεριλαβὼν εἶπε, "Μὴ θορυβεῖσθε, ἡ γὰρ ψυχὴ αὐτοῦ ἐν αὐτῷ ἐστιν." 11 Ἀναβὰς δὲ καὶ κλάσας ┬ ἄρτον καὶ γευσάμενος, ἐφ' ἱκανόν τε ὁμιλήσας •ἄχρις αὐγῆς, οὕτως ἐξῆλθεν. 12 Ἤγαγον δὲ τὸν παῖδα ζῶντα, καὶ παρεκλήθησαν οὐ μετρίως.

---

[1]3 αυτω επιβουλης **M**, **TR** vs επιβουλης αυτω **M'ℵBA**, **Cr**
[2]4 Βεροιαιος **M^pt^BA**, **TR Cr** vs Βερροιαιος **M^pt^** vs Βεροιος **ℵ**
[3]5 προσελθοντες **MℵB*A^vid^** vs προελθοντες **M'**, **TR Cr**
[4]6 αχρις **M^pt^**, **TR** vs αχρι **M^pt^BA**, **Cr** vs απο **ℵ**
[5]7 κλασαι 𝕸ℵBA, **Cr** vs του κλασαι **TR**
[6]8 ημεν 𝕸ℵBA, **Cr** vs ησαν **TR**

---

3 ┌γνωμης ℵB*A vs 𝕸   4 ▫ℵB vs 𝕸A   4 ┬Πυρρου ℵBA vs **M**
5 ┬δε ℵBA vs **M**   6 ┌οπου ℵA vs 𝕸B   7 ┌ημων ℵBA vs **M**
9 ┌καθεζομενος ℵBA vs 𝕸   11 ┬τον 𝕲 (h.𝔭^45^) vs 𝕸
11 •αχρι ℵBA vs 𝕸C*

From Troas to Miletus

13 Ἡμεῖς δέ, προσελθόντες¹ ἐπὶ τὸ πλοῖον, ἀνήχθημεν ⌐εἰς τὴν Ἆσσον, ἐκεῖθεν μέλλοντες ἀναλαμβάνειν τὸν Παῦλον, οὕτω γὰρ ⌐ἦν διατεταγμένος,⌐ μέλλων αὐτὸς πεζεύειν. 14 Ὡς δὲ συνέβαλεν² ἡμῖν εἰς τὴν Ἆσσον, ἀναλαβόντες αὐτὸν ἤλθομεν εἰς Μιτυλήνην. 15 Κἀκεῖθεν ἀποπλεύσαντες, τῇ ἐπιούσῃ κατηντήσαμεν ·ἀντικρὺ Χίου, τῇ δὲ ἑτέρᾳ παρεβάλομεν εἰς Σάμον· ⌐καὶ μείναντες ἐν Τρωγυλλίῳ, τῇ⌐ ἐχομένῃ ἤλθομεν εἰς Μίλητον. 16 ⌐¹Ἔκρινε γὰρ ὁ Παῦλος παραπλεῦσαι τὴν Ἔφεσον, ὅπως μὴ γένηται αὐτῷ χρονοτριβῆσαι ἐν τῇ Ἀσίᾳ, ἔσπευδε γάρ, εἰ δυνατὸν ⌐²ἦν αὐτῷ, τὴν ἡμέραν τῆς Πεντηκοστῆς γενέσθαι εἰς Ἱεροσόλυμα.

Paul Exhorts the Ephesian Elders

17 Ἀπὸ δὲ τῆς Μιλήτου πέμψας εἰς Ἔφεσον μετεκαλέσατο τοὺς πρεσβυτέρους τῆς ἐκκλησίας. 18 Ὡς δὲ παρεγένοντο πρὸς αὐτόν, εἶπεν αὐτοῖς, "Ὑμεῖς ἐπίστασθε ἀπὸ πρώτης ἡμέρας ἀφ᾽³ ἧς ἐπέβην εἰς τὴν Ἀσίαν πῶς μεθ᾽ ὑμῶν τὸν πάντα χρόνον ἐγενόμην, 19 δουλεύων τῷ Κυρίῳ μετὰ πάσης ταπεινοφροσύνης καὶ °πολλῶν δακρύων καὶ πειρασμῶν τῶν συμβάντων μοι ἐν ταῖς ἐπιβουλαῖς τῶν Ἰουδαίων· 20 ὡς οὐδὲν ὑπεστειλάμην τῶν συμφερόντων τοῦ μὴ ἀναγγεῖλαι ὑμῖν καὶ διδάξαι ὑμᾶς δημοσίᾳ καὶ κατ᾽ οἴκους, 21 διαμαρτυρόμενος Ἰουδαίοις τε καὶ Ἔλλησι τὴν εἰς τὸν⁴ Θεὸν μετάνοιαν καὶ πίστιν °τὴν εἰς τὸν Κύριον ἡμῶν Ἰησοῦν.⁵ 22 Καὶ νῦν ἰδού, ⌐ἐγὼ δεδεμένος⌐

---

¹13 προσελθοντες **MD*A** vs προελθουντες **ℵC**, **TR Cr**
²14 συνεβαλεν **MC**, **TR** vs συνεβαλλεν **M'BA**, **Cr** vs συνεβαλλον **ℵ***
³18 αφ **MG** (h.𝔓⁴⁵), **TR Cr** vs — **M'**
⁴21 τον **MA**, **TR** vs — **M'ℵBC**, **Cr**
⁵21 Ιησουν **M**ᵖᵗ**B**, **Cr** vs + Χριστον **M**ᵖᵗ**ℵAC**, **TR**

---

13 ⌐επι **G** (h.𝔓⁴⁵) vs 𝔐
13 ⌐διατεταγμενος ην **ℵA** (διατεταγμενον ην **B***) vs 𝔐; (εντεταλμενος ην **C**)   15 ·αντικρυς **G** (h.𝔓⁴⁵) vs **M**
15 ⌐τη δε **G** (h.𝔓⁴⁵) vs 𝔐   16 ⌐¹κεκρικει **ℵAC*** (κεκρει **B***) vs 𝔐
16 ⌐²ειη **G** (h.𝔓⁴⁵) vs 𝔐   19 °ℵBA vs 𝔐C   21 °**G** (h.𝔓⁴⁵) vs 𝔐
22 ⌐**G** (h.𝔓⁴⁵) vs 𝔐

τῷ πνεύματι πορεύομαι εἰς Ἰερουσαλήμ, τὰ ἐν αὐτῇ συναντήσοντά μοι μὴ εἰδώς, 23 πλὴν ὅτι τὸ Πνεῦμα τὸ Ἅγιον κατὰ πόλιν διαμαρτύρεται ᵀλέγον ὅτι δεσμά ˢμε καὶ θλίψεις˥ μένουσιν. 24 Ἀλλ᾽ οὐδενὸς ˥λόγον ˢποιοῦμαι, οὐδὲ ἔχω˥ τὴν ψυχήν ᵒμου τιμίαν ἐμαυτῷ, ὡς τελειῶσαι τὸν δρόμον μου □μετὰ χαρᾶς,˥ καὶ τὴν διακονίαν ἣν ἔλαβον παρὰ τοῦ Κυρίου Ἰησοῦ διαμαρτύρασθαι τὸ εὐαγγέλιον τῆς χάριτος τοῦ Θεοῦ.

25 "Καὶ νῦν ἰδού, ἐγὼ οἶδα ὅτι οὐκέτι ὄψεσθε τὸ πρόσωπόν μου ὑμεῖς πάντες ἐν οἷς διῆλθον κηρύσσων τὴν βασιλείαν □τοῦ Θεοῦ.˥ 26 Διὸ¹ μαρτύρομαι ὑμῖν ἐν τῇ σήμερον ἡμέρᾳ ὅτι καθαρὸς ˥ἐγὼ ἀπὸ τοῦ αἵματος πάντων. 27 Οὐ γὰρ ὑπεστειλάμην τοῦ μὴ ἀναγγεῖλαι ˢὑμῖν πᾶσαν τὴν βουλὴν τοῦ Θεοῦ.˥ 28 Προσέχετε ᵒοὖν ἑαυτοῖς καὶ παντὶ τῷ ποιμνίῳ, ἐν ᾧ ὑμᾶς τὸ Πνεῦμα τὸ Ἅγιον ἔθετο ἐπισκόπους, ποιμαίνειν τὴν ἐκκλησίαν τοῦ Κυρίου καὶ Θεοῦ,² ἣν περιεποιήσατο διὰ τοῦ ᶦἰδίου αἵματος.˥ 29 ᶜἘγὼ γὰρ˥ οἶδα ᵒτοῦτο, ὅτι εἰσελεύσονται μετὰ τὴν ἄφιξίν μου λύκοι βαρεῖς εἰς ὑμᾶς, μὴ φειδόμενοι τοῦ ποιμνίου, 30 καὶ ἐξ ὑμῶν αὐτῶν ἀναστήσονται ἄνδρες λαλοῦντες διεστραμμένα τοῦ ἀποσπᾶν τοὺς μαθητὰς ὀπίσω αὐτῶν. 31 Διὸ γρηγορεῖτε, μνημονεύοντες ὅτι τριετίαν νύκτα καὶ ἡμέραν οὐκ ἐπαυσάμην μετὰ δακρύων νουθετῶν ἕνα ἕκαστον.

32 "Καὶ τὰ νῦν παρατίθεμαι ὑμᾶς, ᵒ¹ἀδελφοί, τῷ Θεῷ καὶ τῷ λόγῳ τῆς χάριτος αὐτοῦ τῷ δυναμένῳ ˥ἐποικοδομῆσαι καὶ δοῦναι ᵒ²ὑμῖν ᵀ κληρονομίαν ἐν τοῖς

---

¹26 διο MᵖᵗC, TR vs διοτι MᵖᵗℵBA, Cr
²28 Κυριου και Θεου Mᵖᵗᵛⁱᵈ vs Κυριου του Θεου Mᵖᵗᵛⁱᵈ vs Θεου ℵB, TR Cr vs Κυριου AC*

---

23 ᵀμοι 𝕲 (h.𝔭⁴⁵) vs M   23 ˢ231 𝕲 (h.𝔭⁴⁵) vs M
24 ˥λογου ℵ*BC vs 𝕸A   24 ˢ1 ℵ*BC vs 𝕸; (321 A)
24 ᵒ𝕲 (h.𝔭⁴⁵) vs M   24 □ℵBA vs 𝕸C   25 □𝕲 (h.𝔭⁴⁵) vs 𝕸
26 ˥ειμι ℵBC vs MA   27 ˢ2-61 ℵ*BC vs 𝕸A   28 ᵒℵBA vs 𝕸C
28 ˢαιματος του ιδιου 𝕲 (h.𝔭⁴⁵) vs M
29 ˢεγω ℵ*AC* vs 𝕸; (οτι εγω B)   29 ᵒ𝕲 (h.𝔭⁴⁵) vs 𝕸
32 ᵒ¹ℵBA vs 𝕸C   32 ˥οικοδομησαι 𝕲 (h.𝔭⁴⁵) vs 𝕸
32 ᵒ²ℵBA vs 𝕸C   32 ᵀτην 𝕲 (h.𝔭⁴⁵) vs 𝕸

ἡγιασμένοις πᾶσιν. 33 Ἀργυρίου ἢ χρυσίου ἢ ἱματισμοῦ οὐδενὸς ἐπεθύμησα. 34 Αὐτοὶ¹ γινώσκετε ὅτι ταῖς χρείαις μου καὶ τοῖς οὖσι μετ᾽ ἐμοῦ ὑπηρέτησαν αἱ χεῖρες αὗται. 35 Πάντα ὑπέδειξα ὑμῖν ὅτι οὕτω κοπιῶντας δεῖ ἀντιλαμβάνεσθαι τῶν ἀσθενούντων, μνημονεύειν τε τῶν λόγων² τοῦ Κυρίου Ἰησοῦ ὅτι αὐτὸς εἶπε, Μακάριόν ἐστι μᾶλλον διδόναι³ ἢ λαμβάνειν.᾽ ᾽᾽

36 Καὶ ταῦτα εἰπών, θεὶς τὰ γόνατα αὐτοῦ, σὺν πᾶσιν αὐτοῖς προσηύξατο. 37 Ἱκανὸς δὲ ἐγένετο κλαυθμὸς⁴ πάντων, καὶ ἐπιπεσόντες ἐπὶ τὸν τράχηλον τοῦ Παύλου κατεφίλουν αὐτόν, 38 ὀδυνώμενοι μάλιστα ἐπὶ τῷ λόγῳ ᾧ εἰρήκει ὅτι οὐκέτι μέλλουσι τὸ πρόσωπον αὐτοῦ θεωρεῖν. Προέπεμπον δὲ αὐτὸν εἰς τὸ πλοῖον.

Warnings on the Journey to Jerusalem

21 Ὡς δὲ ἐγένετο ἀναχθῆναι ἡμᾶς ἀποσπασθέντας ἀπ᾽ αὐτῶν, εὐθυδρομήσαντες ἤλθομεν εἰς τὴν Κῶν,⁵ τῇ δὲ ἑξῆς εἰς τὴν Ῥόδον, κἀκεῖθεν εἰς Πάταρα· 2 καὶ εὑρόντες πλοῖον διαπερῶν εἰς Φοινίκην, ἐπιβάντες ἀνήχθημεν. 3 ⌜¹Ἀναφάνεντες⌝ δὲ τὴν Κύπρον καὶ καταλιπόντες αὐτὴν εὐώνυμον, ἐπλέομεν εἰς Συρίαν, καὶ ⌜²κατήχθημεν⌝ εἰς Τύρον, ἐκεῖσε γὰρ ⌜ἦν τὸ πλοῖον⌝ ἀποφορτιζόμενον τὸν γόμον. 4 Καὶ ἀνευρόντες⁶ μαθητάς, ἐπεμείναμεν αὐτοῦ ἡμέρας ἑπτά, οἵτινες τῷ Παύλῳ ἔλεγον διὰ τοῦ Πνεύματος μὴ ⌜ἀναβαίνειν⌝ εἰς ·Ἰερουσαλήμ. 5 Ὅτε δὲ ἐγένετο ἡμᾶς ἐξαρτίσαι τὰς ἡμέρας, ἐξελθόντες ἐπορευόμεθα, προπεμπόντων ἡμᾶς πάντων σὺν γυναιξὶ

---

¹34 αυτοι 𝔐 𝕲 (h.𝔭⁴⁵), Cr vs ⌐ δε TR
²35 των λογων Mᵖᵗ𝕲 (h.𝔭⁴⁵), TR Cr vs τον λογον Mᵖᵗ
³35 μαλλον διδοναι 𝔐 𝕲 (h.𝔭⁴⁵), Cr vs διδοναι μαλλον TR
⁴37 εγενετο κλαυθμος Mᵖᵗ, TR vs κλαυθμος εγενετο Mᵖᵗ𝕲 (h.𝔭⁴⁵), Cr
⁵1 Κων Mᵖᵗ, TR vs Κω Mᵖᵗ𝕲 (h.𝔭⁴⁵), Cr
⁶4 και ανευροντες M vs ανευροντες δε τους 𝕲 (h.𝔭⁴⁵), Cr vs και ανευροντες τους TR

---

3 ⌜¹αναφαναντες ℵB* vs 𝔐AC   3 ⌜²κατηλθομεν ℵBA vs 𝔐C
3 ⌐231 𝕲 (h.𝔭⁴⁵) vs 𝔐   4 ⌜επιβαινειν 𝕲 (h.𝔭⁴⁵) vs 𝔐
4 ·Ιεροσολυμα 𝕲 (h.𝔭⁴⁵) vs M

καὶ τέκνοις ἕως ἔξω τῆς πόλεως, καὶ θέντες τὰ γόνατα ἐπὶ τὸν αἰγιαλὸν ⌐προσηυξάμεθα. 6 ⌐Καὶ ἀσπασάμενοι ἀλλήλους,⌐ ⌐ἐπέβημεν εἰς τὸ πλοῖον, ἐκεῖνοι δὲ ὑπέστρεψαν εἰς τὰ ἴδια.

7 Ἡμεῖς δέ, τὸν πλοῦν διανύσαντες ἀπὸ Τύρου, κατηντήσαμεν εἰς Πτολεμαΐδα, καὶ ἀσπασάμενοι τοὺς ἀδελφοὺς ἐμείναμεν ἡμέραν μίαν παρ᾽ αὐτοῖς. 8 Τῇ δὲ ἐπαύριον ἐξελθόντες οἱ περὶ τὸν Παῦλον ἦλθον[1] εἰς Καισάρειαν· καὶ εἰσελθόντες εἰς τὸν οἶκον Φιλίππου τοῦ εὐαγγελιστοῦ[2], ὄντος ἐκ τῶν ἑπτά, ἐμείναμεν παρ᾽ αὐτῷ. 9 Τούτῳ δὲ ἦσαν ⌐θυγατέρες παρθένοι τέσσαρες⌐ προφητεύουσαι. 10 Ἐπιμενόντων δὲ °ἡμῶν ἡμέρας πλείους, κατῆλθέ τις ἀπὸ τῆς Ἰουδαίας προφήτης ὀνόματι Ἄγαβος.

11 Καὶ ἐλθὼν πρὸς ἡμᾶς καὶ ἄρας τὴν ζώνην τοῦ Παύλου, δήσας ⌐τε αὐτοῦ⌐ τοὺς πόδας καὶ τὰς χεῖρας[3] εἶπε, "Τάδε λέγει τὸ Πνεῦμα τὸ Ἅγιον, 'Τὸν ἄνδρα οὗ ἐστιν ἡ ζώνη αὕτη οὕτω δήσουσιν ἐν Ἰερουσαλὴμ οἱ Ἰουδαῖοι καὶ παραδώσουσιν εἰς χεῖρας ἐθνῶν.'" 12 Ὡς δὲ ἠκούσαμεν ταῦτα, παρεκαλοῦμεν ἡμεῖς τε καὶ οἱ ἐντόπιοι τοῦ μὴ ἀναβαίνειν αὐτὸν εἰς Ἰερουσαλήμ.

13 Ἀπεκρίθη τε[4] ὁ Παῦλος, "Τί ποιεῖτε κλαίοντες καὶ συνθρύπτοντές μου τὴν καρδίαν; Ἐγὼ γὰρ οὐ μόνον δεθῆναι ἀλλὰ καὶ ἀποθανεῖν εἰς Ἰερουσαλὴμ ἑτοίμως ἔχω ὑπὲρ τοῦ ὀνόματος τοῦ Κυρίου Ἰησοῦ."

---

[1]8 οι περι τον Παυλον ηλθον M^pt, TR vs ηλθομεν M^pt𝕲 (h.𝔭⁴⁵), Cr
[2]8 ευαγγελιστου 𝔐𝕲 (h.𝔭⁴⁵), Cr vs + του TR
[3]11 τους ποδας και τας χειρας 𝔐𝕩BC, Cr vs τας χειρας και τους ποδας A, TR
[4]13 απεκριθη τε M vs τοτε απεκριθη 𝕩BA, Cr vs τοτε απεκριθη δε C* vs απεκριθη δε TR

---

5 ⌐προσευξαμενοι 𝕲 (h.𝔭⁴⁵) vs M
6 ⌐απησπασαμεθα αλληλους και 𝕩B (απεσπασαμεθα C; απη-σπασμεθα A) vs 𝔐   6 ⌐ανεβημεν 𝕩*AC vs M; (ενεβημεν B)
9 ⌐132 𝕩BA vs 𝔐; (213 C)   10 °BAC vs 𝔐; (αυτων 𝕩*)
11 ⌐εαυτου 𝕲 (h.𝔭⁴⁵) vs M

14 Μὴ πειθομένου δὲ αὐτοῦ, ἡσυχάσαμεν εἰπόντες, "ᶠΤὸ θέλημα τοῦ Κυρίουᶻ γενέσθω.ᶦ"

Paul Is Urged to Conciliate His Critics

15 Μετὰ δὲ τὰς ἡμέρας ταύτας ἐπισκευασάμενοι² ἀνεβαίνομεν εἰς ·Ἰερουσαλήμ. 16 Συνῆλθον δὲ καὶ τῶν μαθητῶν ἀπὸ Καισαρείας σὺν ἡμῖν, ἄγοντες παρ᾽ ᾧ ξενισθῶμεν, Μνάσωνί τινι Κυπρίῳ, ἀρχαίῳ μαθητῇ. 17 Γενομένων δὲ ἡμῶν εἰς Ἱεροσόλυμα, ἀσμένως ᶠἐδέξαντο ἡμᾶς οἱ ἀδελφοί. 18 Τῇ δὲ ἐπιούσῃ εἰσῄει ὁ Παῦλος σὺν ἡμῖν πρὸς Ἰάκωβον, πάντες τε παρεγένοντο οἱ πρεσβύτεροι. 19 Καὶ ἀσπασάμενος αὐτούς, ἐξηγεῖτο καθ᾽ ἓν ἕκαστον ὧν ἐποίησεν ὁ Θεὸς ἐν τοῖς ἔθνεσι διὰ τῆς διακονίας αὐτοῦ.

20 Οἱ δὲ ἀκούσαντες ἐδόξαζον τὸν Κύριον,³ εἰπόντες⁴ αὐτῷ, "Θεωρεῖς, ἀδελφέ, πόσαι μυριάδες εἰσὶν ᶠἸουδαίων τῶν πεπιστευκότων, καὶ πάντες ζηλωταὶ τοῦ νόμου ὑπάρχουσι. 21 Κατηχήθησαν δὲ περὶ σοῦ ὅτι ἀποστασίαν διδάσκεις ἀπὸ Μωσέως τοὺς κατὰ τὰ ἔθνη πάντας Ἰουδαίους, λέγων μὴ περιτέμνειν αὐτοὺς τὰ τέκνα μηδὲ τοῖς ἔθεσι περιπατεῖν. 22 Τί οὖν ἐστι; Πάντως δεῖ πλῆθος συνελθεῖν·ᶦ ἀκούσονται °γὰρ ὅτι ἐλήλυθας. 23 Τοῦτο οὖν ποίησον ὅ σοι λέγομεν· εἰσὶν ἡμῖν ἄνδρες τέσσαρες εὐχὴν ἔχοντες ἐφ᾽ ἑαυτῶν. 24 Τούτους παραλαβὼν ἁγνίσθητι σὺν αὐτοῖς καὶ δαπάνησον ἐπ᾽ αὐτοῖς ἵνα ᶠ¹ξυρήσωνται τὴν κεφαλήν, καὶ ᶠ²γνῶσι πάντες ὅτι ὧν κατήχηνται περὶ σοῦ οὐδέν ἐστιν, ἀλλὰ στοιχεῖς καὶ αὐτὸς ᶠτὸν νόμον φυλάσσων.ᶻ 25 Περὶ δὲ τῶν

¹14 γενεσθω Mᵖᵗ, TR vs γινεσθω Mᵖᵗᴳ (h.𝔭⁴⁵), Cr
²15 επισκευασαμενοι 𝔐BA, Cr vs παρασκευασαμενοι C ✕s αποσκευασαμενοι TR vs επισκευασαμενον ℵ*
³20 Κυριον Mᵖᵗ, TR vs Θεον Mᵖᵗᴳ (h.𝔭⁴⁵), Cr
⁴20 ειποντες MC vs ειπον τε ℵBA, TR Cr

14 ᶠ3412 ᴳ (h.𝔭⁴⁵) vs 𝔐   15 ·Ιεροσολυμα ᴳ (h.𝔭⁴⁵) vs 𝔐
17 ᶠαπεδεξαντο ᴳ (h.𝔭⁴⁵) vs M   20 ᶠεν τοις Ιουδαιοις BAC vs 𝔐 ; (−ℵ)   22 ᶠ1 BC*ᵛⁱᵈ vs M (1243 ℵA)
22 °ℵ*BC*ᵛⁱᵈ vs 𝔐A   24 ᶠ¹ξυρησονται ℵB* vs MAC
24 ᶠ²γνωσονται ᴳ (h.𝔭⁴⁵) vs M   24 ᶠ312 ᴳ (h.𝔭⁴⁵) vs M

πεπιστευκότων ἐθνῶν ἡμεῖς ἐπεστείλαμεν, κρίναντες μηδὲν τοιοῦτο τηρεῖν αὐτούς, εἰ μὴ¹ φυλάσσεσθαι αὐτοὺς τό τε εἰδωλόθυτον καὶ °τὸ αἷμα καὶ πνικτὸν καὶ πορνείαν."

Paul Is Arrested in the Temple

26 Τότε ὁ Παῦλος παραλαβὼν τοὺς ἄνδρας, τῇ ἐχομένῃ ἡμέρᾳ σὺν αὐτοῖς ἁγνισθεὶς εἰσῄει εἰς τὸ ἱερόν, διαγγέλλων τὴν ἐκπλήρωσιν τῶν ἡμερῶν τοῦ ἁγνισμοῦ ἕως οὗ προσηνέχθη ὑπὲρ ἑνὸς ἑκάστου αὐτῶν ἡ προσφορά.

27 Ὡς δὲ ἔμελλον² αἱ ἑπτὰ ἡμέραι συντελεῖσθαι, οἱ ἀπὸ τῆς Ἀσίας Ἰουδαῖοι, θεασάμενοι αὐτὸν ἐν τῷ ἱερῷ, συνέχεον πάντα τὸν ὄχλον καὶ ἐπέβαλον τὰς χεῖρας ἐπ᾿ αὐτόν,³ 28 κράζοντες, "Ἄνδρες Ἰσραηλῖται, βοηθεῖτε! Οὗτός ἐστιν ὁ ἄνθρωπος ὁ κατὰ τοῦ λαοῦ καὶ τοῦ νόμου καὶ τοῦ τόπου τούτου πάντας ⌐πανταχοῦ διδάσκων, ἔτι τε καὶ Ἕλληνας εἰσήγαγεν εἰς τὸ ἱερὸν καὶ κεκοίνωκεν τὸν ἅγιον τόπον τοῦτον!" 29 Ἦσαν γὰρ ἑωρακότες⁴ Τρόφιμον τὸν Ἐφέσιον ἐν τῇ πόλει σὺν αὐτῷ, ὃν ἐνόμιζον ὅτι εἰς τὸ ἱερὸν εἰσήγαγεν ὁ Παῦλος. 30 Ἐκινήθη τε ἡ πόλις ὅλη καὶ ἐγένετο συνδρομὴ τοῦ λαοῦ, καὶ ἐπιλαβόμενοι τοῦ Παύλου εἷλκον αὐτὸν ἔξω τοῦ ἱεροῦ, καὶ εὐθέως ἐκλείσθησαν αἱ θύραι. 31 Ζητούντων ⌐¹δὲ αὐτὸν ἀποκτεῖναι, ἀνέβη φάσις τῷ χιλιάρχῳ τῆς σπείρης⁵ ὅτι ὅλη ⌐²συγκέχυται Ἱερουσαλήμ, 32 ὃς ἐξαυτῆς παραλαβὼν στρατιώτας καὶ ⌐ἑκατοντάρχους, κατέδραμεν ἐπ᾿ αὐτούς· οἱ δέ, ἰδόντες τὸν χιλίαρχον καὶ τοὺς στρατιώτας, ἐπαύσαντο τύπτοντες τὸν Παῦλον. 33 Ἐγγίσας δὲ⁶ ὁ χιλίαρχος ἐπελάβετο αὐτοῦ

---

¹25 μηδεν τοιουτο τηρειν αυτους ει μη M^{pt vid}C vs μηδεν τοιουτον τηρειν αυτους ει μη M^{pt vid}, TR vs — אBA, Cr
²27 εμελλον MG (h.𝔭⁴⁵), TR Cr vs ημελλον M^r
³27 τας χειρας επ αυτον M^{pt}, TR vs επ αυτον τας χειρας M^{pt} G (h.𝔭⁴⁵), Cr
⁴29 εωρακοτες M vs προεωρακοτες G (h.𝔭⁴⁵), TR Cr
⁵31 σπειρης MאBA, TR Cr vs σπειρας M^r
⁶33 εγγισας δε M vs τοτε εγγισας אBA, TR Cr

---

25 °G (h.𝔭⁴⁵) vs 𝔐   28 ⌐πανταχη G (h.𝔭⁴⁵) vs M   31 ⌐¹τε אBA vs 𝔐
31 ⌐²συγχυννεται B* (א*) (A) vs 𝔐   32 ⌐εκατονταρχας אBA vs 𝔐

καὶ ἐκέλευσε δεθῆναι ἁλύσεσι δυσί, καὶ ἐπυνθάνετο τίς °ἂν εἴη καὶ τί ἐστι πεποιηκώς. 34 Ἄλλοι δὲ ἄλλο τι ʳἐβόων ἐν τῷ ὄχλῳ· μὴ ʿδυνάμενος δὲʾ γνῶναι τὸ ἀσφαλὲς διὰ τὸν θόρυβον, ἐκέλευσεν ἄγεσθαι αὐτὸν εἰς τὴν παρεμβολήν. 35 Ὅτε δὲ ἐγένετο ἐπὶ τοὺς ἀναβαθμούς, συνέβη βαστάζεσθαι αὐτὸν ὑπὸ τῶν στρατιωτῶν διὰ τὴν βίαν τοῦ ὄχλου. 36 Ἠκολούθει γὰρ τὸ πλῆθος τοῦ λαοῦ ʳκρᾶζον, "Αἶρε αὐτόν!"

Paul Addresses the Jerusalem Mob

37 Μέλλων τεˈ εἰσάγεσθαι εἰς τὴν παρεμβολὴν² ὁ Παῦλος λέγει τῷ χιλιάρχῳ, "Εἰ ἔξεστί μοι εἰπεῖν³ πρὸς σέ?"

Ὁ δὲ ἔφη, "Ἑλληνιστὶ γινώσκεις? 38 Οὐκ ἄρα σὺ εἶ ὁ Αἰγύπτιος ὁ πρὸ τούτων τῶν ἡμερῶν ἀναστατώσας καὶ ἐξαγαγὼν εἰς τὴν ἔρημον τοὺς τετρακισχιλίους ἄνδρας τῶν σικαρίων?"

39 Εἶπε δὲ ὁ Παῦλος, "Ἐγὼ ἄνθρωπος μέν εἰμι Ἰουδαῖος, Ταρσεὺς τῆς Κιλικίας, οὐκ ἀσήμου πόλεως πολίτης· δέομαι δέ σου, ἐπίτρεψόν μοι λαλῆσαι πρὸς τὸν λαόν."

40 Ἐπιτρέψαντος δὲ αὐτοῦ, ὁ Παῦλος ἑστὼς ἐπὶ τῶν ἀναβαθμῶν κατέσεισε τῇ χειρὶ τῷ λαῷ· πολλῆς δὲ σιγῆς γενομένης, προσεφώνησε⁴ τῇ Ἑβραΐδι διαλέκτῳ λέγων,

22 "Ἄνδρες ἀδελφοὶ καὶ πατέρες, ἀκούσατέ μου τῆς πρὸς ὑμᾶς νυνὶ⁵ ἀπολογίας."

2 Ἀκούσαντες δὲ ὅτι τῇ Ἑβραΐδι διαλέκτῳ προσεφώνει αὐτοῖς, μᾶλλον παρέσχον ἡσυχίαν.

---

¹37 τε MᵖᵗℵBA, TR Cr vs δε Mᵖᵗ
²37 εισαγεσθαι εις την παρεμβολην MℵBA, TR Cr vs εις την παρεμβολην εισαγεσθαι Mʳ
³37 ειπειν M vs + τι ℵBA, TR Cr
⁴40 προσεφωνησε(ν) MᵖᵗℵBA, TR Cr vs προσεφωνει Mᵖᵗ
⁵1 νυνι 𝔐 ℵBA, Cr vs νυν TR

---

33 °ℵBA vs 𝔐   34 ʳεπεφωνουν ℵBA vs M
34 ʿδυναμενου δε αυτου ℵBA vs 𝔐   36 ʳκραζοντες ℵBA vs M

Καὶ φησίν, 3 "'Εγὼ °μέν εἰμι ἀνὴρ 'Ιουδαῖος, γεγεν-
νημένος ἐν Ταρσῷ τῆς Κιλικίας, ἀνατεθραμμένος δὲ ἐν τῇ
πόλει ταύτῃ παρὰ τοὺς πόδας Γαμαλιήλ, πεπαιδευ-
μένος κατὰ ἀκρίβειαν τοῦ πατρῴου νόμου, ζηλωτὴς
ὑπάρχων τοῦ Θεοῦ, καθὼς πάντες ὑμεῖς ἐστε σήμερον·
4 ὃς ταύτην τὴν 'Οδὸν ἐδίωξα ἄχρι θανάτου, δεσμεύων
καὶ παραδιδοὺς εἰς φυλακὰς ἄνδρας τε καὶ γυναῖκας,
5 ὡς καὶ ὁ ἀρχιερεὺς μαρτυρεῖ μοι καὶ πᾶν τὸ πρεσ-
βυτέριον· παρ' ὧν καὶ ἐπιστολὰς δεξάμενος πρὸς τοὺς
ἀδελφούς, εἰς Δαμασκὸν ἐπορευόμην, ἄξων καὶ τοὺς
ἐκεῖσε ὄντας δεδεμένους εἰς 'Ιερουσαλήμ, ἵνα τιμωρηθῶσιν.
6 'Εγένετο δέ μοι πορευομένῳ καὶ ἐγγίζοντι τῇ Δαμασκῷ,
περὶ μεσημβρίαν, ἐξαίφνης ἐκ τοῦ οὐρανοῦ περιαστράψαι
φῶς ἱκανὸν περὶ ἐμέ. 7 Ἔπεσά τε εἰς τὸ ἔδαφος καὶ
ἤκουσα φωνῆς λεγούσης μοι, 'Σαούλ, Σαούλ, τί με διώκεις;'
8 'Εγὼ δὲ ἀπεκρίθην, 'Τίς εἶ, Κύριε;' Εἰπέ τε πρός με,
''Εγώ εἰμι 'Ιησοῦς ὁ Ναζωραῖος ὃν σὺ διώκεις.' 9 Οἱ δὲ σὺν
ἐμοὶ ὄντες τὸ μὲν φῶς ἐθεάσαντο, □καὶ ἔμφοβοι
ἐγένοντο·ᶜ τὴν δὲ φωνὴν οὐκ ἤκουσαν τοῦ λαλοῦντός μοι.
10 Εἶπον δέ, 'Τί ποιήσω, Κύριε;' 'Ο δὲ Κύριος εἶπε πρός
με, ''Αναστὰς πορεύου εἰς Δαμασκόν, κἀκεῖ σοι
λαληθήσεται περὶ πάντων ὧν τέτακταί σοι ποιῆσαι.'
11 'Ως δὲ οὐκ ἐνέβλεπον ἀπὸ τῆς δόξης τοῦ φωτὸς
ἐκείνου, χειραγωγούμενος ὑπὸ τῶν συνόντων μοι, ἦλθον εἰς
Δαμασκόν. 12 'Ανανίας δέ τις, ἀνὴρ εὐλαβὴς¹ κατὰ τὸν
νόμον, μαρτυρούμενος ὑπὸ πάντων τῶν κατοικούντων ἐν
Δαμασκῷ² 'Ιουδαίων, 13 ἐλθὼν πρός με καὶ ἐπιστὰς εἰπέ
μοι, 'Σαοὺλ ἀδελφέ, ἀνάβλεψον.' Κἀγὼ αὐτῇ τῇ ὥρᾳ
ἀνέβλεψα εἰς αὐτόν. 14 'Ο δὲ εἶπεν, ''Ο Θεὸς τῶν
πατέρων ἡμῶν προεχειρίσατό σε γνῶναι τὸ θέλημα αὐτοῦ
καὶ ἰδεῖν τὸν δίκαιον καὶ ἀκοῦσαι φωνὴν ἐκ τοῦ στόματος
αὐτοῦ. 15 Ὅτι ἔσῃ μάρτυς αὐτῷ πρὸς πάντας ἀνθρώ-
πους ὧν ἑώρακας καὶ ἤκουσας. 16 Καὶ νῦν τί μέλλεις;
'Αναστὰς βάπτισαι καὶ ἀπόλουσαι τὰς ἁμαρτίας σου
ἐπικαλεσάμενος τὸ ὄνομα ʿτοῦ Κυρίου.ʾ 17 'Εγένετο δέ μοι

---

¹12 ευλαβης ΜᵖᵗℵB, Cr vs ευσεβης Μᵖᵗ, TR vs — A
²12 εν Δαμασκω Μᵖᵗ vs — ΜᵖᵗℵBA, TR Cr

3 °ℵBA vs 𝔐   9 □ℵBA vs 𝔐   16 ʿαυτου ℵBA vs Μ

ὑποστρέψαντι εἰς Ἰερουσαλὴμ καὶ προσευχομένου μου ἐν τῷ ἱερῷ, γενέσθαι με ἐν ἐκστάσει 18 καὶ ἰδεῖν αὐτὸν λέγοντά μοι, Σπεῦσον καὶ ἔξελθε ἐν τάχει ἐξ Ἰερουσαλήμ, διότι οὐ παραδέξονταί σου °τὴν μαρτυρίαν περὶ ἐμοῦ.' 19 Κἀγὼ εἶπον, Κύριε, αὐτοὶ ἐπίστανται ὅτι ἐγὼ ἤμην φυλακίζων καὶ δέρων κατὰ τὰς συναγωγὰς τοὺς πιστεύοντας ἐπὶ¹ σέ· 20 καὶ ὅτε ʳἐξεχεῖτο τὸ αἷμα Στεφάνου τοῦ μάρτυρός σου, καὶ αὐτὸς ἤμην ἐφεστὼς καὶ συνευδοκῶν �口τῇ ἀναιρέσει αὐτοῦ,`̣ φυλάσσων² τὰ ἱμάτια τῶν ἀναιρούντων αὐτόν.' 21 Καὶ εἶπεν πρός με, Πορεύου, ὅτι ἐγὼ εἰς ἔθνη μακρὰν ἐξαποστελῶ σε.'"

Roman Citizenship Aids Paul

22 Ἤκουον δὲ αὐτοῦ ἄχρι τούτου τοῦ λόγου, καὶ ἐπῆραν τὴν φωνὴν αὐτῶν λέγοντες, Αἶρε ἀπὸ τῆς γῆς τὸν τοιοῦτον, οὐ γὰρ καθῆκεν³ αὐτὸν ζῆν!" 23 Κραζόντων⁴ ʳδὲ αὐτῶν καὶ ῥιπτούντων τὰ ἱμάτια, καὶ κονιορτὸν βαλλόντων εἰς τὸν ἀέρα, 24 ἐκέλευσεν αὐτὸν ὁ χιλίαρχος ἄγεσθαι⁵ εἰς τὴν παρεμβολήν, ʳεἰπὼν μάστιξιν ἀνετάζεσθαι αὐτὸν ἵνα ἐπιγνῷ δι᾽ ἣν αἰτίαν οὕτως ἐπεφώνουν αὐτῷ.

25 Ὡς δὲ προέτεινεν⁶ αὐτὸν τοῖς ἱμᾶσιν, εἶπεν πρὸς τὸν ἑστῶτα ἑκατόνταρχον ὁ Παῦλος, Εἰ ἄνθρωπον Ῥωμαῖον καὶ ἀκατάκριτον ἔξεστιν ὑμῖν μαστίζειν?"

26 Ἀκούσας δὲ ὁ ʳἑκατόνταρχος, προσελθὼν ἀπήγγειλε τῷ χιλιάρχῳ⁷ λέγων, °Ὅρα τί μέλλεις ποιεῖν· ὁ γὰρ

---

¹19 επι **MℵBA**, TR Cr vs εις Mʳ
²20 φυλασσων Mᵖᵗ vs και φυλασσων MᵖᵗℵBA, TR Cr
³22 καθηκεν 𝔐 G (h.𝔭⁴⁵), Cr vs καθηκον TR
⁴23 κραζοντων MᵖᵗC vs κραυγαζοντων MᵖᵗℵBA, TR Cr
⁵24 αυτον ο χιλιαρχος αγεσθαι Mᵖᵗ, TR vs ο χιλιαρχος αγεσθαι αυτον Mᵖᵗ vs ο χιλιαρχος εισαγεσθαι αυτον MᵖᵗG (h.𝔭⁴⁵), Cr
⁶25 προετεινεν Mᵖᵗ, TR vs προετειναν MᵖᵗℵB, Cr vs προσετειναν C vs προετεινον A
⁷26 απηγγειλε(ν) τω χιλιαρχω Mᵖᵗ, TR vs τω χιλιαρχω απηγγειλε(ν) Mᵖᵗ G (h.𝔭⁴⁵), Cr

18 °ℵBA vs 𝔐   20 ʳεξεχυννετο ℵB*A vs 𝔐
20 �口ℵBA vs 𝔐   23 ʳτε BAC vs 𝔐ℵ   24 ʳειπας G (h.𝔭⁴⁵) vs 𝔐
26 ʳεκατονταρχης ℵ*AC vs 𝔐B   26 °G (h.𝔭⁴⁵) vs 𝔐

ἄνθρωπος οὗτος Ῥωμαῖός ἐστι." 27 Προσελθὼν δὲ ὁ χιλίαρχος εἶπεν αὐτῷ, "Λέγε μοι, °εἰ σὺ Ῥωμαῖος εἶ?" Ὁ δὲ ἔφη, "Ναί."
28 Ἀπεκρίθη ⸀τε ὁ χιλίαρχος, "Ἐγὼ πολλοῦ κεφαλαίου τὴν πολιτείαν ταύτην ἐκτησάμην." Ὁ δὲ Παῦλος ἔφη, "Ἐγὼ δὲ καὶ γεγέννημαι." 29 Εὐθέως οὖν ἀπέστησαν ἀπ᾽ αὐτοῦ οἱ μέλλοντες αὐτὸν ἀνετάζειν. Καὶ ὁ χιλίαρχος δὲ ἐφοβήθη, ἐπιγνοὺς ὅτι Ῥωμαῖός ἐστι καὶ ὅτι ⸀ἦν αὐτὸν⸃ δεδεκώς.

Paul Divides the Sanhedrin

30 Τῇ δὲ ἐπαύριον βουλόμενος γνῶναι τὸ ἀσφαλὲς τὸ τί κατηγορεῖται παρὰ¹ τῶν Ἰουδαίων, ἔλυσεν αὐτὸν ⸀ἀπὸ τῶν δεσμῶν,⸂ καὶ ἐκέλευσεν ⸀ἐλθεῖν τοὺς ἀρχιερεῖς καὶ ὅλον² τὸ συνέδριον °αὐτῶν, καὶ καταγαγὼν τὸν Παῦλον ἔστησεν εἰς αὐτούς.

23 Ἀτενίσας δὲ ὁ Παῦλος τῷ συνεδρίῳ εἶπεν, "Ἄνδρες ἀδελφοί, ἐγὼ πάσῃ συνειδήσει ἀγαθῇ πεπολίτευμαι τῷ Θεῷ ἄχρι ταύτης τῆς ἡμέρας." 2 Ὁ δὲ ἀρχιερεὺς Ἀνανίας ἐπέταξε τοῖς παρεστῶσιν αὐτῷ τύπτειν αὐτοῦ τὸ στόμα. 3 Τότε ὁ Παῦλος πρὸς αὐτὸν εἶπε, "Τύπτειν σε μέλλει ὁ Θεός, τοῖχε κεκονιαμένε! Καὶ σὺ κάθη κρίνων με κατὰ τὸν νόμον, καὶ παρανομῶν κελεύεις με τύπτεσθαι?"
4 Οἱ δὲ παρεστῶτες εἶπον, "Τὸν ἀρχιερέα τοῦ Θεοῦ λοιδορεῖς?"
5 Ἔφη τε ὁ Παῦλος, "Οὐκ ᾔδειν, ἀδελφοί, ὅτι ἐστὶ ἀρχιερεύς· γέγραπται γάρ, ⸀«Ἄρχοντα τοῦ λαοῦ σου οὐκ ἐρεῖς κακῶς.»" 6 Γνοὺς δὲ ὁ Παῦλος ὅτι τὸ ἓν μέρος ἐστὶ

¹30 παρα M^pt, TR vs υπο M^ptᏀ (h.𝔭⁴⁵), Cr
²30 ολον M^pt, TR vs παν M^ptᏀ (h.𝔭⁴⁵), Cr

27 °Ᏽ (h.𝔭⁴⁵) vs M   28 ⸀δε ℵBC vs M; (−A)   29 ⸀Ᏽ (h.𝔭⁴⁵) vs 𝔐
30 ⸀Ᏽ (h.𝔭⁴⁵) vs 𝔐   30 ⸀συνελθειν Ᏽ (h.𝔭⁴⁵) vs M
30 °Ᏽ (h.𝔭⁴⁵) vs M   5 ⸀οτι ℵBA vs 𝔐C

5 Ex. 22:28

Σαδδουκαίων, τὸ δὲ ἕτερον Φαρισαίων,[1] ⌈¹ἔκραξεν ἐν τῷ συνεδρίῳ, ⌜"Ἄνδρες ἀδελφοί, °ἐγὼ Φαρισαῖός εἰμι, υἱὸς ⌈²Φαρισαίου· περὶ ἐλπίδος καὶ ἀναστάσεως νεκρῶν ἐγὼ κρίνομαι." 7 Τοῦτο δὲ αὐτοῦ ⌜λαλήσαντος, ἐγένετο στάσις τῶν Φαρισαίων καὶ τῶν Σαδδουκαίων,[2] καὶ ἐσχίσθη τὸ πλῆθος. 8 Σαδδουκαῖοι μὲν γὰρ λέγουσι μὴ εἶναι ἀνάστασιν μηδὲ[3] ἄγγελον μήτε πνεῦμα, Φαρισαῖοι δὲ ὁμολογοῦσι τὰ ἀμφότερα.

9 Ἐγένετο δὲ κραυγὴ μεγάλη, καὶ ἀναστάντες ᵀ ⌜οἱ γραμματεῖς τοῦ μέρους⌝ τῶν Φαρισαίων διεμάχοντο λέγοντες, "Οὐδὲν κακὸν εὑρίσκομεν ἐν τῷ ἀνθρώπῳ τούτῳ· εἰ δὲ[4] πνεῦμα ἐλάλησεν αὐτῷ ἢ ἄγγελος, □μὴ θεομαχῶμεν.⌝" 10 Πολλῆς δὲ ⌜γενομένης στάσεως,⌝ ⌜εὐλαβηθεὶς ὁ χιλίαρχος μὴ διασπασθῇ ὁ Παῦλος ὑπ᾽ αὐτῶν, ἐκέλευσε τὸ στράτευμα καταβῆναι καὶ[5] ἁρπάσαι αὐτὸν ἐκ μέσου αὐτῶν, ἄγειν τε εἰς τὴν παρεμβολήν.

Paul's Nephew Exposes a Plot

11 Τῇ δὲ ἐπιούσῃ νυκτὶ ἐπιστὰς αὐτῷ ὁ Κύριος εἶπε, "Θάρσει, °Παῦλε, ὡς γὰρ διεμαρτύρω τὰ περὶ ἐμοῦ εἰς Ἰερουσαλήμ, οὕτω σε δεῖ[6]καὶ εἰς Ῥώμην μαρτυρῆσαι."

---

[1] 6 Σαδδουκαιων το δε ετερον Φαρισαιων 𝕸 𝕲 (h.𝔭⁴⁵), TR Cr vs Φαρισαιων το δε ετερον Σαδδουκαιων Mʳ
[2] 7 των Φαρισαιων και των Σαδδουκαιων Mᵖᵗ, TR vs των Φαρισαιων Mᵖᵗ vs των Σαδδουκαιων και των Φαρισαιων Mᵖᵗ vs των Φαρισαιων και Σαδδουκαιων Mᵖᵗ, BAC, Cr vs των Σαδδουκαιων και Φαρισαιων ℵ
[3] 8 μηδε Mᵖᵗ, TR vs μητε Mᵖᵗ𝕲 (h.𝔭⁴⁵), Cr
[4] 9 δε 𝕸 𝕲 (h.𝔭⁴⁵), TR Cr vs +και Mᶜ
[5] 10 καταβηναι και 𝕸 vs καταβαν 𝕲 (h.𝔭⁴⁵), TR Cr
[6] 11 σε δει 𝕸 𝕲 (h.𝔭⁴⁵), TR Cr vs δει σε Mᶜ

---

6 ⌈¹εκραζεν ℵBC vs 𝕸 A   6 °B vs 𝕸 ℵAC, [Cr]
6 ⌈²Φαρισαιων 𝕲 (h.𝔭⁴⁵) vs 𝕸
7 ⌜ειποντος ℵA vs MC; (λαλουντος B)   9 ᵀτινες 𝕲 (h.𝔭⁴⁵) vs M
9 ⌜των γραμματεων του μερους ℵB (+εκ before των C) vs M; (−A)
9 □𝕲 (h.𝔭⁴⁵) vs 𝕸   10 ⌜γινομενης στασεως ℵB (ᶠC) vs 𝕸 (ᶠA)
10 ⌜φοβηθεις 𝕲 (h.𝔭⁴⁵) vs M   11 °𝕲 (h.𝔭⁴⁵) vs 𝕸

12 Γενομένης δὲ ἡμέρας, ποιήσαντές ʿτινες τῶν Ἰου-δαίων συστροφήν,ʾ ἀνεθεμάτισαν ἑαυτούς, λέγοντες¹ μήτε φαγεῖν μήτε πιεῖν ἕως οὗ ἀποκτείνωσι² τὸν Παῦ-λον. 13 Ἦσαν δὲ πλείους •τεσσαράκοντα οἱ ταύτην τὴν συνωμοσίαν ʿπεποιηκότεςʾ· 14 οἵτινες προσελθόντες τοῖς ἀρχιερεῦσι καὶ τοῖς πρεσβυτέροις εἶπον, "Ἀναθέματι ἀνεθεματίσαμεν ἑαυτοὺς μηδενὸς γεύσασθαι ἕως οὗ ἀποκτείνωμεν τὸν Παῦλον. 15 Νῦν οὖν ὑμεῖς ἐμφανίσατε τῷ χιλιάρχῳ σὺν τῷ συνεδρίῳ ὅπως ᵒαὔριον αὐτὸν καταγάγῃ³ ʿπρὸς ὑμᾶς ὡς μέλλοντας διαγινώσκειν ἀκριβέστερον τὰ περὶ αὐτοῦ· ἡμεῖς δέ, πρὸ τοῦ ἐγγίσαι αὐτόν, ἕτοιμοί ἐσμεν τοῦ ἀνελεῖν αὐτόν." 16 Ἀκούσας δὲ ὁ υἱὸς τῆς ἀδελφῆς Παύλου ʿτὸ ἔνεδρονʾ παραγενόμενος καὶ εἰσελθὼν εἰς τὴν παρεμβολήν, ἀπήγγειλε τῷ Παύλῳ.

17 Προσκαλεσάμενος δὲ ὁ Παῦλος ἕνα τῶν ἑκατον-τάρχων ἔφη, "Τὸν νεανίαν τοῦτον ἀπάγαγε πρὸς τὸν χιλίαρχον, ἔχει γάρ ˢτι ἀπαγγεῖλαιˋ αὐτῷ."

18 Ὁ μὲν οὖν παραλαβὼν αὐτὸν ἤγαγε πρὸς τὸν χιλίαρχον καὶ φησίν, "Ὁ δέσμιος Παῦλος προσκαλεσάμενός με ἠρώτησε τοῦτον τὸν νεανίαν⁴ ἀγαγεῖν πρὸς σέ, ἔχοντά τι λαλῆσαί σοι."

19 Ἐπιλαβόμενος δὲ τῆς χειρὸς αὐτοῦ ὁ χιλίαρχος καὶ ἀναχωρήσας κατʾ ἰδίαν ἐπυνθάνετο, "Τί ἐστιν ὃ ἔχεις ἀπαγγεῖλαί μοι?"

20 Εἶπε δὲ ὅτι "Οἱ Ἰουδαῖοι συνέθεντο τοῦ ἐρωτῆσαί σε ὅπως αὔριον ˢεἰς τὸ συνέδριον καταγάγῃς τὸν Παῦλονˋ ὡς μέλλοντά⁵ τι ἀκριβέστερον πυνθάνεσθαι περὶ αὐτοῦ. 21 Σὺ

---

¹12 λεγοντες Μא*ΒΑ, TR Cr vs −ΜʳϹ
²12 αποκτεινωσι(ν) ΜאΒϹ, TR Cr vs ανελωσι ΜʳΑ
³15 αυτον καταγαγη Μᵖᵗ, TR vs καταγαγη αυτον ΜᵖᵗԌ (h.𝔭⁴⁵), Cr
⁴18 νεανιαν ΜᵖᵗΒ, TR vs νεανισκον ΜᵖᵗאΑ, Cr
⁵20 μελλοντα Μᵖᵗ vs μελλοντες Μᵖᵗ, TR vs μελλοντων Μᵖᵗ vs μελλων ΒΑ vs μελλον א*, Cr

---

12 ʿσυστροφην οι Ιουδαιοιʾ Ԍ (h.𝔭⁴⁵) vs M
13 •τεσσερακοντα Ԍ (h.𝔭⁴⁵) vs 𝔐
13 ʿποιησαμενοιʾ Ԍ (h.𝔭⁴⁵) vs M   15 ᵒԌ (h.𝔭⁴⁵) vs 𝔐
15 ʿειςʾ אΒΑ vs 𝔐 Ϲ   16 ʿτην ενεδρανʾ Ԍ (h.𝔭⁴⁵) vs M
17 ˢΒΑ vs 𝔐 אϹ   20 ˢ5641-3 אΒΑ vs M

οὖν μὴ πεισθῇς αὐτοῖς· ἐνεδρεύουσι γὰρ αὐτὸν ἐξ αὐτῶν
ἄνδρες πλείους •τεσσαράκοντα, οἵτινες ἀνεθεμάτισαν
ἑαυτοὺς μήτε φαγεῖν μήτε πιεῖν ἕως οὗ ἀνέλωσιν αὐτόν,
καὶ νῦν ˢἕτοιμοί εἰσιˡ προσδεχόμενοι τὴν ἀπὸ σοῦ ἐπαγ-
γελίαν." 22 Ὁ μὲν οὖν χιλίαρχος ἀπέλυσε τὸν ᴿνεανίαν,
παραγγείλας, "Μηδενὶ ἐκλαλῆσαι ὅτι ταῦτα ἐνεφάνισας
πρός με."

Paul Is Sent to Felix

23 Καὶ προσκαλεσάμενος ᴿδύο τινὰςˡ τῶν ἑκατοντάρ-
χων εἶπεν, "Ἑτοιμάσατε στρατιώτας διακοσίους ὅπως
πορευθῶσιν ἕως Καισαρείας, καὶ ἱππεῖς ἑβδομήκοντα καὶ
δεξιολάβους διακοσίους, ἀπὸ τρίτης ὥρας τῆς νυκτός,
24 κτήνη τε παραστῆσαι, ἵνα ἐπιβιβάσαντες τὸν Παῦλον
διασώσωσι πρὸς Φήλικα τὸν ἡγεμόνα, 25 γράψας ἐπι-
στολὴν ᴿπεριέχουσαν τὸν τύπον τοῦτον·

26 Κλαύδιος Λυσίας,

Τῷ κρατίστῳ ἡγεμόνι Φήλικι·

Χαίρειν.

27 Τὸν ἄνδρα τοῦτον συλληφθέντα ὑπὸ τῶν
Ἰουδαίων καὶ μέλλοντα ἀναιρεῖσθαι ὑπ᾽ αὐτῶν,
ἐπιστὰς σὺν τῷ στρατεύματι ἐξειλόμην ᴼαὐτόν,
μαθὼν ὅτι Ῥωμαῖός ἐστι. 28 Βουλόμενος ᴿˡδὲ ᴿ²γνῶναι
τὴν αἰτίαν δι᾽ ἣν ἐνεκάλουν αὐτῷ, ᴿκατήγαγον αὐτὸν
εἰς τὸ συνέδριον αὐτῶν·ˡ 29 ὃν εὗρον ἐγκαλούμενον
περὶ ζητημάτων τοῦ νόμου αὐτῶν, μηδὲν¹ ἄξιον
θανάτου ἢ δεσμῶν ˢἔγκλημα ἔχοντα.ˡ 30 Μηνυθείσης
δέ μοι ἐπιβουλῆς εἰς τὸν ἄνδρα ᴼμέλλειν ἔσεσθαι
ᴰὑπὸ τῶν Ἰουδαίων,ˡ ἐξαυτῆς ἔπεμψα πρὸς σέ,

---

¹29 μηδεν M vs + δε אBA, TR Cr

21 •τεσσερακοντα אB*A vs 𝔐   21 ˢאBA vs 𝔐
22 ᴿνεανισκον אBA vs 𝔐   23 ᴿ2 𝔭⁷⁴ vs 𝔐A, [Cr]; (21 אB)
25 ᴿεχουσαν אB vs MA   27 ᴼאBA vs M   28 ᴿ¹τε אBA vs 𝔐
28 ᴿ²επιγνωναι אBA vs M   28 ᴿ13-6 אA vs 𝔐; (− B*)
29 ˢאBA vs M   30 ᴼאBA vs 𝔐   30 ᴰאBA vs M

παραγγείλας καὶ τοῖς κατηγόροις λέγειν ᵒ²τὰ πρὸς αὐτὸν ἐπὶ σοῦ.

ᵒ³ Ἔρρωσο.

31 Οἱ μὲν οὖν στρατιῶται, κατὰ τὸ διατεταγμένον αὐτοῖς, ἀναλαβόντες τὸν Παῦλον, ἤγαγον διὰ ᵒτῆς νυκτὸς εἰς τὴν Ἀντιπατρίδα. 32 Τῇ δὲ ἐπαύριον ἐάσαντες τοὺς ἱππεῖς ʳπορεύεσθαι σὺν αὐτῷ, ὑπέστρεψαν εἰς τὴν παρεμβολήν· 33 οἵτινες εἰσελθόντες εἰς τὴν Καισάρειαν καὶ ἀναδόντες τὴν ἐπιστολὴν τῷ ἡγεμόνι,¹ παρέστησαν καὶ τὸν Παῦλον αὐτῷ.

34 Ἀναγνοὺς δὲ ᴰὁ ἡγεμὼν` καὶ ἐπερωτήσας ἐκ ποίας ἐπαρχίας ἐστὶ καὶ πυθόμενος ὅτι ἀπὸ Κιλικίας, 35 "Διακούσομαί σου," ἔφη, "ὅταν καὶ οἱ κατήγοροί σου παραγένωνται." ʳ Ἐκέλευσέ τε` ᵒαὐτὸν ἐν τῷ πραιτωρίῳ² Ἡρῴδου φυλάσσεσθαι ᵀ.

Tertullus Accuses Paul of Sedition

24 Μετὰ δὲ πέντε ἡμέρας κατέβη ὁ ἀρχιερεὺς Ἀνανίας μετὰ ʳτῶν πρεσβυτέρων` καὶ ῥήτορος Τερτύλλου τινός, οἵτινες ἐνεφάνισαν τῷ ἡγεμόνι κατὰ τοῦ Παύλου.

2 Κληθέντος δὲ αὐτοῦ, ἤρξατο κατηγορεῖν ὁ Τέρτυλλος λέγων, "Πολλῆς εἰρήνης τυγχάνοντες διὰ σοῦ καὶ ʳκατορθωμάτων γινομένων τῷ ἔθνει τούτῳ διὰ τῆς σῆς προνοίας, 3 πάντῃ τε καὶ πανταχοῦ ἀποδεχόμεθα, κράτιστε Φῆλιξ, μετὰ πάσης εὐχαριστίας. 4 Ἵνα δὲ μὴ ἐπὶ πλεῖόν³ σε ἐγκόπτω, παρακαλῶ ἀκοῦσαί σε ἡμῶν συντόμως τῇ σῇ ἐπιεικείᾳ. 5 Εὑρόντες γὰρ τὸν ἄνδρα

---

¹33 την επιστολην τω ηγεμονι **M𝐱BA**, TR Cr vs τω ηγεμονι την επιστολην Mᶜ
²35 πραιτωριω **M** vs + του Mʳ**𝐱**A, TR Cr vs + τω B
³4 πλειον **M𝐱BA**, TR Cr vs πλεον Mʳ

30 ᵒ²**𝐱**BA vs 𝔐, [Cr]   30 ᵒ³BA vs M**𝐱**   31 ᵒ**𝐱**BA vs M
32 ʳαπερχεσθαι **𝐱**BA vs 𝔐   34 ᴰ**𝐱**BA vs 𝔐
35 ʳκελευσας BA (κελευσαντος **𝐱***) vs M   35 ᵒ**𝐱**BA vs 𝔐
35 ᵀαυτον **𝐱**BA vs 𝔐   1 ʳπρεσβυτερων τινων **𝐱**BA vs M
2 ʳδιορθωματων **𝐱**BA vs 𝔐

τοῦτον λοιμὸν καὶ κινοῦντα ⌜στάσιν πᾶσι τοῖς Ἰουδαίοις τοῖς κατὰ τὴν οἰκουμένην, πρωτοστάτην τε τῆς τῶν Ναζωραίων αἱρέσεως, 6 ὃς καὶ τὸ ἱερὸν ἐπείρασε βεβηλῶσαι, ὃν καὶ ἐκρατήσαμεν,¹ 8 παρ᾽ οὗ δυνήσῃ, αὐτὸς ἀνακρίνας, περὶ πάντων τούτων ἐπιγνῶναι ὧν ἡμεῖς κατηγοροῦμεν αὐτοῦ." 9 Συνεπέθεντο² δὲ καὶ οἱ Ἰουδαῖοι, φάσκοντες ταῦτα οὕτως ἔχειν.

Paul Defends Himself Before Felix

10 Ἀπεκρίθη δὲ³ ὁ Παῦλος, νεύσαντος αὐτῷ τοῦ ἡγεμόνος λέγειν, "Ἐκ πολλῶν ἐτῶν ὄντα σε κριτὴν⁴ τῷ ἔθνει τούτῳ ἐπιστάμενος, ⌜εὐθυμότερον τὰ περὶ ἐμαυτοῦ ἀπολογοῦμαι, 11 δυναμένου σου ⌜¹γνῶναι ὅτι οὐ πλείους εἰσί μοι ἡμέραι⁵ ⌜²δεκαδύο, ἀφ᾽ ἧς ἀνέβην προσκυνήσων ⌜³ἐν Ἰερουσαλήμ, 12 καὶ οὔτε ἐν τῷ ἱερῷ εὗρόν με πρός τινα διαλεγόμενον ἢ ⌜ἐπισύστασιν ποιοῦντα ὄχλου, οὔτε ἐν ταῖς συναγωγαῖς, οὔτε κατὰ τὴν πόλιν. 13 ⌜¹Οὔτε παραστῆσαί με⁶ δύνανταί ⊤ περὶ ὧν ⌜²νῦν κατηγοροῦσί μου. 14 Ὁμολογῶ δὲ τοῦτό σοι ὅτι κατὰ τὴν ὁδὸν ἣν λέγουσιν αἵρεσιν, οὕτω λατρεύω τῷ πατρῴῳ Θεῷ, πιστεύων πᾶσι τοῖς κατὰ τὸν Νόμον καὶ τοῖς ⊤ Προφήταις γεγραμμένοις, 15 ἐλπίδα ἔχων εἰς τὸν Θεόν, ἣν καὶ αὐτοὶ οὗτοι

---

¹6 εκρατησαμεν MᵖᵗℵBA, Cr vs +και κατα τον ημετερον νομον ηθελησαμεν κριναι παρελθων δε Λυσιας ο χιλιαρχος πολλη βια εκ των χειρων ημων αφειλετο κελευσας τους κατηγορους αυτου ερχεσθαι επι σε Mᵖᵗ vs + (verse 7) και κατα τον ημετερον νομον ηθελησαμεν κριναι παρελθων δε Λυσιας ο χιλιαρχος μετα πολλης βιας εκ των χειρων ημων απηγαγε κελευσας τους κατηγορους αυτου ερχεσθαι επι σε Mᵖᵗ, (κρινειν for κριναι TR)
²9 συνεπεθεντο 𝔐 ℵBA, Cr vs συνεθεντο TR
³10 δε M, TR vs τε MᶜℵBA, Cr
⁴10 κριτην MᵖᵗℵBA, TR Cr vs +δικαιον Mᵖᵗ
⁵11 ημεραι 𝔐 ℵBA, Cr vs +η TR
⁶13 με M, TR vs −MᴵℵBA,Cr

5 ⌜στασεις ℵBA vs 𝔐   10 ⌜ευθυμως ℵBA vs M
11 ⌜¹επιγνωναι ℵBA vs M   11 ⌜²δωδεκα ℵBA vs M
11 ⌜³εις ℵBA vs M   12 ⌜επιστασιν ℵBA vs 𝔐
13 ⌜¹ουδε ℵB vs 𝔐A   13 ⊤σοι ℵB (σου A*) vs M
13 ⌜²νυνι ℵBA vs M   14 ⊤εν τοις ℵ*B vs MA

προσδέχονται, ἀνάστασιν μέλλειν ἔσεσθαι °νεκρῶν, δικαίων τε καὶ ἀδίκων. 16 Ἐν τούτῳ ⌜δὲ αὐτὸς ἀσκῶ, ἀπρόσκοπον συνείδησιν ἔχων¹ πρὸς² τὸν Θεὸν καὶ τοὺς ἀνθρώπους διὰ παντός. 17 Δι᾽ ἐτῶν δὲ πλειόνων ⌜παρεγενόμην ἐλεημοσύνας ποιήσων εἰς τὸ ἔθνος μου⌝ καὶ προσφοράς, 18 ἐν ⌜οἷς εὗρόν με ἡγνισμένον ἐν τῷ ἱερῷ, οὐ μετὰ ὄχλου οὐδὲ μετὰ θορύβου, τινὲς³ ἀπὸ τῆς Ἀσίας Ἰουδαῖοι· 19 οὓς δεῖ⁴ ἐπὶ σοῦ παρεῖναι καὶ κατηγορεῖν εἴ τι ἔχοιεν πρός ⌜με. 20 Ἢ αὐτοὶ οὗτοι εἰπάτωσαν⁵ τί εὗρον ᐤἐν ἐμοὶ⌝ ἀδίκημα, στάντος μου ἐπὶ τοῦ συνεδρίου, 21 ἢ περὶ μιᾶς ταύτης φωνῆς ἧς ⌜¹ἔκραξα ʲἑστὼς ἐν αὐτοῖς,ʴ ὅτι Περὶ ἀναστάσεως νεκρῶν ἐγὼ κρίνομαι σήμερον ⌜²ὑφ᾽ ὑμῶν.᾽ "

Felix Procrastinates

22 ⌜Ἀκούσας δὲ ταῦτα ὁ Φῆλιξ ἀνεβάλετο αὐτούς,⌝ ἀκριβέστερον εἰδὼς τὰ περὶ τῆς Ὁδοῦ, ⌜εἰπών, "Ὅταν Λυσίας ὁ χιλίαρχος καταβῇ, διαγνώσομαι τὰ καθ᾽ ὑμᾶς," 23 διαταξάμενός °τε τῷ ἑκατοντάρχῃ τηρεῖσθαι ⌜τὸν Παῦλον,⌝ ἔχειν τε ἄνεσιν, καὶ μηδένα κωλύειν τῶν ἰδίων αὐτοῦ ὑπηρετεῖν ᐤἢ προσέρχεσθαι⌝ αὐτῷ.

24 Μετὰ δὲ ἡμέρας τινάς, παραγενόμενος ὁ Φῆλιξ σὺν Δρουσίλλῃ τῇ γυναικί,⁶ οὔσῃ Ἰουδαίᾳ, μετεπέμψατο τὸν Παῦλον, καὶ ἤκουσεν αὐτοῦ περὶ τῆς εἰς Χριστὸν⁷ πίστεως.

---

¹16 εχων 𝔐 vs εχειν 𝕲 (h.𝔭⁴⁵), TR Cr
²16 προς 𝕸𝕲 (h.𝔭⁴⁵), TR Cr vs +τε 𝕸ʳ
³18 τινες 𝕸 vs +δε 𝕲 (h.𝔭⁴⁵), TR Cr
⁴19 δει 𝕸ᵖᵗ, TR vs εδει 𝕸ᵖᵗ𝕲 (h.𝔭⁴⁵), Cr
⁵20 ειπατωσαν 𝔐𝕲 (h.𝔭⁴⁵), Cr vs +ει TR
⁶24 γυναικι 𝕸𝕮* vs ιδια γυναικι Β, Cr vs γυναικι αυτου ℵ*, TR vs ιδια γυναικι αυτου Α
⁷24 Χριστον 𝕸ᵖᵗΑ, TR vs +Ιησουν 𝕸ᵖᵗℵ*Β, Cr

---

15 °𝕲 (h.𝔭⁴⁵) vs 𝔐   16 ⌜και 𝕲 (h.𝔭⁴⁵) vs 𝕸   17 ⌜2-71 ℵ*ΒC vs 𝔐; (2-7 Α)   18 ⌜αις 𝕲 (h.𝔭⁴⁵) vs 𝕸   19 ⌜εμε 𝕲 (h.𝔭⁴⁵) vs 𝔐
20 ᐤℵΒΑ vs 𝔐𝕮   21 ⌜¹εκεκραξα 𝕲 (h.𝔭⁴⁵) vs 𝕸
21 ʲ231 𝕲 (h.𝔭⁴⁵) vs 𝕸   21 ⌜²εφ ΒΑC vs 𝔐ℵ
22 ⌜ανεβαλετο δε αυτους ο Φηλιξ 𝕲 (h.𝔭⁴⁵) vs 𝔐
22 ⌜ειπας 𝕲 (h.𝔭⁴⁵) vs 𝔐   23 °𝕲 (h.𝔭⁴⁵) vs 𝕸
23 ⌜αυτον 𝕲 (h.𝔭⁴⁵) vs 𝕸   23 ᐤ𝕲 (h.𝔭⁴⁵) vs 𝔐

25 Διαλεγομένου δὲ αὐτοῦ περὶ δικαιοσύνης καὶ
ἐγκρατείας καὶ τοῦ κρίματος τοῦ μέλλοντος °ἔσεσθαι,
ἔμφοβος γενόμενος ὁ Φῆλιξ ἀπεκρίθη, "Τὸ νῦν ἔχον
πορεύου, καιρὸν δὲ μεταλαβὼν μετακαλέσομαί σε"· 26 ἅμα¹
καὶ ἐλπίζων ὅτι χρήματα δοθήσεται αὐτῷ ὑπὸ τοῦ Παύλου,
□ὅπως λύσῃ αὐτόν·` διὸ καὶ πυκνότερον αὐτὸν
μεταπεμπόμενος ὡμίλει αὐτῷ.

27 Διετίας δὲ πληρωθείσης, ἔλαβε διάδοχον ὁ Φῆλιξ
Πόρκιον Φῆστον· θέλων τε² ʳχάριτας καταθέσθαι τοῖς
Ἰουδαίοις ὁ Φῆλιξ κατέλιπε τὸν Παῦλον δεδεμένον.

Festus Agrees to Send Paul to Caesar

25 Φῆστος οὖν ἐπιβὰς τῇ ἐπαρχίᾳ, μετὰ τρεῖς ἡμέρας
ἀνέβη εἰς Ἱεροσόλυμα ἀπὸ Καισαρείας. 2 Ἐνεφά-
νισαν ʳδὲ αὐτῷ ὁ³ ἀρχιερεὺς⁴ καὶ οἱ πρῶτοι τῶν
Ἰουδαίων κατὰ τοῦ Παύλου, καὶ παρεκάλουν αὐτόν,
3 αἰτούμενοι χάριν κατ' αὐτοῦ ὅπως μεταπέμψηται αὐτὸν
εἰς Ἱερουσαλήμ, ἐνέδραν ποιοῦντες ἀνελεῖν αὐτὸν κατὰ
τὴν ὁδόν. 4 Ὁ μὲν οὖν Φῆστος ἀπεκρίθη τηρεῖσθαι τὸν
Παῦλον ʿἐν Καισαρείᾳ,` ἑαυτὸν δὲ μέλλειν ἐν τάχει ἐκπο-
ρεύεσθαι. 5 "Οἱ οὖν ʿδυνατοὶ ἐν ὑμῖν," φησί`, "συγκατα-
βάντες, εἴ τί ἐστιν ἐν τῷ ἀνδρὶ °τούτῳ ᵀ, κατηγορεί-
τωσαν αὐτοῦ."

6 Διατρίψας δὲ ἐν αὐτοῖς ἡμέρας ᵀ πλείους ἢ δέκα,⁵
καταβὰς εἰς Καισάρειαν, τῇ ἐπαύριον καθίσας ἐπὶ τοῦ
βήματος ἐκέλευσε τὸν Παῦλον ἀχθῆναι. 7 Παραγενο-
μένου δὲ αὐτοῦ, περιέστησαν ᵀ οἱ ἀπὸ Ἱεροσολύμων

---

¹26 αμα 𝔐G (h.𝔭⁴⁵), Cr vs +δε TR
²27 τε MᵖᵗG (h.𝔭⁴⁵), TR Cr vs δε Mᵖᵗ
³2 ο MG (h.𝔭⁴⁵), TR Cr vs +τε Mᶜ
⁴2 ο αρχιερευς Mᵖᵗ, TR vs οι αρχιερεις MᵖᵗG (h.𝔭⁴⁵), Cr
⁵6 η δεκα Mᵖᵗ, TR vs η οκτω Mᵖᵗ vs οκτω η δεκα MᵖᵗG (h.𝔭⁴⁵), Cr

---

25 °G (h.𝔭⁴⁵) vs 𝔐   26 □G (h.𝔭⁴⁵) vs 𝔐
27 ʳχαριτα G (h.𝔭⁴⁵) vs M   2 ʳτε G (h.𝔭⁴⁵) vs 𝔐
4 ʿεις Καισαρειαν G (h.𝔭⁴⁵) vs 𝔐
5 ʿεν υμιν φησιν δυνατοι BAC (ημιν for υμιν 𝔸) vs 𝔐
5 °G (h.𝔭⁴⁵) vs 𝔐   5 ᵀατοπον G (h.𝔭⁴⁵) vs M
6 ᵀου G (h.𝔭⁴⁵) vs M   7 ᵀαυτον G (h.𝔭⁴⁵) vs 𝔐

καταβεβηκότες Ἰουδαῖοι, πολλὰ καὶ βαρέα αἰτιώματα[1]
⸂φέροντες κατὰ τοῦ Παύλου⸃ ἃ οὐκ ἴσχυον ἀποδεῖξαι,
8 ⸂ἀπολογουμένου αὐτοῦ⸃ ὅτι "Οὔτε εἰς τὸν νόμον τῶν
Ἰουδαίων οὔτε εἰς τὸ ἱερὸν οὔτε εἰς Καίσαρά τι ἥμαρτον."

9 Ὁ Φῆστος δὲ ⸉τοῖς Ἰουδαίοις θέλων⸊ χάριν κατα-
θέσθαι, ἀποκριθεὶς τῷ Παύλῳ εἶπε, "Θέλεις εἰς Ἱεροσό-
λυμα ἀναβάς, ἐκεῖ περὶ τούτων ⸀κρίνεσθαι ἐπ'[2] ἐμοῦ?"

10 Εἶπε δὲ ὁ Παῦλος, "Ἐπὶ τοῦ βήματος Καίσαρος ἑσ-
τώς εἰμι, οὗ με δεῖ κρίνεσθαι· Ἰουδαίους οὐδὲν ἠδίκησα, ὡς
καὶ σὺ κάλλιον ἐπιγινώσκεις. **11** Εἰ μὲν ⸀γὰρ ἀδικῶ καὶ
ἄξιον θανάτου πέπραχά τι, οὐ παραιτοῦμαι τὸ[3] ἀπο-
θανεῖν· εἰ δὲ οὐδέν ἐστιν ὧν οὗτοι κατηγοροῦσί μου,
οὐδείς με δύναται αὐτοῖς χαρίσασθαι. Καίσαρα ἐπι-
καλοῦμαι."

12 Τότε ὁ Φῆστος συλλαλήσας μετὰ τοῦ συμβουλίου
ἀπεκρίθη, "Καίσαρα ἐπικέκλησαι? Ἐπὶ Καίσαρα πορεύσῃ!"

Paul Brought Before Agrippa and Bernice

13 Ἡμερῶν δὲ διαγενομένων τινῶν, Ἀγρίππας ὁ
βασιλεὺς καὶ Βερνίκη κατήντησαν εἰς Καισάρειαν ἀσπα-
σάμενοι[4] τὸν Φῆστον.

14 Ὡς δὲ πλείους ἡμέρας διέτριβεν[5] ἐκεῖ, ὁ Φῆστος τῷ
βασιλεῖ ἀνέθετο τὰ κατὰ τὸν Παῦλον, λέγων, "Ἀνήρ τίς
ἐστι καταλελειμμένος ὑπὸ Φήλικος δέσμιος, **15** περὶ οὗ,
γενομένου μου εἰς Ἱεροσόλυμα, ἐνεφάνισαν οἱ ἀρχιερεῖς
καὶ οἱ πρεσβύτεροι τῶν Ἰουδαίων, αἰτούμενοι κατ' αὐτοῦ
⸀δίκην· **16** πρὸς οὓς ἀπεκρίθην ὅτι οὐκ ἔστιν ἔθος Ῥωμαίοις
χαρίζεσθαί τινα ἄνθρωπον ⸋εἰς ἀπώλειαν⸌ πρὶν ἢ ὁ

---

[1]7 αιτιωματα **MϾ** (h.$\mathfrak{p}^{45}$), **Cr** vs αιτιαματα M^{r}, **TR**
[2]9 επ M^{pt}Ͼ (h.$\mathfrak{p}^{45}$), **TR Cr** vs υπ M^{pt}
[3]11 το M^{pt}Ͼ (h.$\mathfrak{p}^{45}$), **TR Cr** vs του M^{pt}
[4]13 ασπασαμενοι **MℵBA**, **Cr** vs ασπασομενοι M^{r}, **TR**
[5]14 διετριβεν M^{pt} vs διετριβον M^{pt}Ͼ (h.$\mathfrak{p}^{45}$), **TR Cr**

---

7 ⸂καταφεροντες Ͼ (h.$\mathfrak{p}^{45}$) vs 𝕸
8 ⸂του Παυλου απολογουμενου Ͼ (h.$\mathfrak{p}^{45}$) vs 𝕸
9 ⸉312 Ͼ (h.$\mathfrak{p}^{45}$) vs **M** 9 ⸀κριθηναι Ͼ (h.$\mathfrak{p}^{45}$) vs 𝕸
11 ⸀ουν Ͼ (h.$\mathfrak{p}^{45}$) vs **M** 15 ⸀καταδικην Ͼ (h.$\mathfrak{p}^{45}$) vs 𝕸
16 ⸋Ͼ (h.$\mathfrak{p}^{45}$) vs 𝕸

κατηγορούμενος κατὰ πρόσωπον ἔχοι τοὺς κατηγόρους, τόπον τε ἀπολογίας λάβοι περὶ τοῦ ἐγκλήματος. 17 Συνελθόντων οὖν αὐτῶν ἐνθάδε,[1] ἀναβολὴν μηδεμίαν ποιησάμενος, τῇ ἑξῆς καθίσας ἐπὶ τοῦ βήματος, ἐκέλευσα ἀχθῆναι τὸν ἄνδρα· 18 περὶ οὗ σταθέντες οἱ κατήγοροι οὐδεμίαν αἰτίαν ⌐ἐπέφερον⌐ ὧν ⌐ὑπενόουν ἐγώ,⌐ᵀ 19 ζητήματα δέ τινα περὶ τῆς ἰδίας δεισιδαιμονίας εἶχον πρὸς αὐτὸν καὶ περί τινος Ἰησοῦ τεθνηκότος, ὃν ἔφασκεν ὁ Παῦλος ζῆν. 20 Ἀπορούμενος δὲ ἐγὼ[2] τὴν περὶ[3] τούτου[4] ζήτησιν, ἔλεγον εἰ βούλοιτο πορεύεσθαι εἰς •Ἰερουσαλὴμ κἀκεῖ κρίνεσθαι περὶ τούτων. 21 Τοῦ δὲ Παύλου ἐπικαλεσαμένου τηρηθῆναι αὐτὸν εἰς τὴν τοῦ Σεβαστοῦ διάγνωσιν, ἐκέλευσα τηρεῖσθαι αὐτὸν ἕως οὗ ⌐πέμψω αὐτὸν πρὸς Καίσαρα."

22 Ἀγρίππας δὲ πρὸς τὸν Φῆστον °ἔφη, "Ἐβουλόμην καὶ αὐτὸς τοῦ ἀνθρώπου ἀκοῦσαι."

□Ὁ δέ,\ "Αὔριον," φησίν, "ἀκούσῃ αὐτοῦ."

23 Τῇ οὖν ἐπαύριον, ἐλθόντος τοῦ Ἀγρίππα καὶ τῆς Βερνίκης μετὰ πολλῆς φαντασίας καὶ εἰσελθόντων εἰς τὸ ἀκροατήριον, σύν τε °[1]τοῖς χιλιάρχοις καὶ ἀνδράσι τοῖς κατ᾽ ἐξοχὴν °[2]οὖσι τῆς πόλεως, καὶ κελεύσαντος τοῦ Φήστου, ἤχθη ὁ Παῦλος.

24 Καί φησιν ὁ Φῆστος, "Ἀγρίππα Βασιλεῦ καὶ πάντες οἱ συμπαρόντες ἡμῖν ἄνδρες, θεωρεῖτε τοῦτον περὶ οὗ ⌐[1]πᾶν τὸ πλῆθος τῶν Ἰουδαίων ἐνέτυχόν μοι ἔν τε Ἱεροσολύμοις καὶ ἐνθάδε, ⌐[2]ἐπιβοῶντες μὴ δεῖν ῾ζῆν αὐτὸν` μηκέτι. 25 Ἐγὼ δὲ ⌐καταλαβόμενος μηδὲν ἄξιον ⌐θανάτου αὐτὸν⌐

---

[1]17 αυτων ενθαδε **Mᴺᴬ**, TR [Cr] vs ενθαδε **Mᵛᴮ** vs ενθαδε αυτων **C**
[2]20 εγω **MᴺᴮA**, Cr vs + εις **C**, TR
[3]20 την περι **M G** (h.𝔭⁴⁵), TR Cr vs περι την **Mʳ**
[4]20 τουτου **Mᵖᵗ**, TR vs τουτων **Mᵖᵗ G** (h.𝔭⁴⁵), Cr

---

18 ⌐εφερον **G** (h.𝔭⁴⁵) vs **M**   18 ⌐**G** (h.𝔭⁴⁵) vs 𝕸
18 ᵀπονηρων **B** (πονηρα **ℵ***; πονηραν **AC***) vs **M**
20 •Ιεροσολυμα **G** (h.𝔭⁴⁵) vs **M**   21 ⌐αναπεμψω **G** (h.𝔭⁴⁵) vs **M**
22 °**ℵBA** vs 𝕸**C**   22 □**ℵBA** vs 𝕸**C**   23 °[1]**G** (h.𝔭⁴⁵) vs **M**
23 °[2]**G** (h.𝔭⁴⁵) vs 𝕸   24 ⌐[1]απαν **G** (h.𝔭⁴⁵) vs **M**
24 ⌐[2]βοωντες **ℵBA** vs 𝕸**C**   24 ῾21 **ℵAC** vs **M**; (2 **B***)
25 ⌐κατελαβομην **BAC** vs 𝕸**ℵ***   25 ⌐**BAC** vs 𝕸**ℵ**

πεπραχέναι, °¹καὶ αὐτοῦ δὲ τούτου ἐπικαλεσαμένου τὸν
Σεβαστόν, ἔκρινα πέμπειν °²αὐτόν. 26 Περὶ οὗ ἀσφαλές τι
γράψαι τῷ κυρίῳ οὐκ ἔχω. Διὸ προήγαγον αὐτὸν ἐφ᾽ ὑμῶν
καὶ μάλιστα ἐπὶ σοῦ, Βασιλεῦ ᾽Αγρίππα, ὅπως τῆς
ἀνακρίσεως γενομένης σχῶ τι ʳγράψαι. 27 Ἄλογον γάρ μοι
δοκεῖ πέμποντα δέσμιον, μὴ καὶ τὰς κατ᾽ αὐτοῦ αἰτίας
σημᾶναι."

Paul Defends His Pre-Conversion Life

26 ᾽Αγρίππας δὲ πρὸς τὸν Παῦλον ἔφη, " ᾽Επιτρέπεταί
σοι ʳὑπὲρ σεαυτοῦ λέγειν."

Τότε ὁ Παῦλος ˢἀπελογεῖτο, ἐκτείνας τὴν χεῖρα,ᶺ
2 "Περὶ πάντων ὧν ἐγκαλοῦμαι ὑπὸ ᾽Ιουδαίων, Βασιλεῦ
᾽Αγρίππα, ἥγημαι ἐμαυτὸν μακάριον ἐπὶ σοῦ μέλλων
ἀπολογεῖσθαι σήμερον,¹ 3 μάλιστα γνώστην ὄντα σὲ
πάντων τῶν κατὰ ᾽Ιουδαίους ἠθῶν² τε καὶ ζητημάτων·³ διὸ
δέομαί °σου, μακροθύμως ἀκοῦσαί μου. 4 Τὴν μὲν οὖν
βίωσίν μου °¹τὴν ἐκ νεότητος τὴν ἀπ᾽ ἀρχῆς γενομένην
ἐν τῷ ἔθνει μου ἐν ᵀ ᾽Ιεροσολύμοις, ἴσασι πάντες °²οἱ
᾽Ιουδαῖοι, 5 προγινώσκοντές με ἄνωθεν, ἐὰν θέλωσι
μαρτυρεῖν, ὅτι κατὰ τὴν ἀκριβεστάτην αἵρεσιν τῆς
ἡμετέρας θρησκείας ἔζησα Φαρισαῖος. 6 Καὶ νῦν ἐπ᾽
ἐλπίδι τῆς ʳπρὸς τοὺς πατέρας ᵀ ἐπαγγελίας γενομένης
ὑπὸ τοῦ Θεοῦ ἕστηκα κρινόμενος, 7 εἰς ἣν τὸ δωδεκά-
φυλον ἡμῶν ἐν ἐκτενείᾳ νύκτα καὶ ἡμέραν λατρεῦον ἐλ-
πίζει καταντῆσαι. Περὶ ἧς ἐλπίδος ἐγκαλοῦμαι, Βασιλεῦ

---

¹2 επι σου μελλων απολογεισθαι σημερον 𝔐 vs επι σου μελλων
σημερον απολογεισθαι 𝕲 (h.𝔓⁴⁵), Cr vs μελλων απολογεισθαι επι
σου σημερον TR
²3 ηθων Mᵖᵗ vs εθων MᵖᵗℵBC, TR Cr vs εθνων A
³3 ζητηματων Mℵ*B, TR Cr vs +επισταμενος MʳᵛⁱᵈAC

---

25 °¹ ²𝕲 (h.𝔓⁴⁵) vs 𝔐   26 ʳγραψω 𝕲 (h.𝔓⁴⁵) vs 𝔐
1 ʳπερι ℵAC vs MB   1 ˢ2-41 𝕲 (h.𝔓⁴⁵) vs 𝔐   3 °ℵBA vs MC
4 °¹BC* vs 𝔐 ℵA, [Cr]   4 ᵀτε ℵBA vs 𝔐C
4 °²BC* vs MA, [Cr]   6 ʳεις ℵBA vs 𝔐C
6 ᵀημων 𝕲 (h.𝔓⁴⁵) vs M

Ἀγρίππα, ὑπὸ Ἰουδαίων.¹ 8 Τί ἄπιστον κρίνεται παρ᾽ ὑμῖν, εἰ ὁ Θεὸς νεκροὺς ἐγείρει? 9 Ἐγὼ μὲν οὖν ἔδοξα ἐμαυτῷ πρὸς τὸ ὄνομα Ἰησοῦ τοῦ Ναζωραίου δεῖν πολλὰ ἐναντία πρᾶξαι· 10 ὃ καὶ ἐποίησα ἐν Ἱεροσολύμοις, καὶ πολλοὺς ᵀ¹ τῶν ἁγίων ἐγὼ ᵀ² φυλακαῖς κατέκλεισα, τὴν παρὰ τῶν ἀρχιερέων ἐξουσίαν λαβών, ἀναιρουμένων τε αὐτῶν κατήνεγκα ψῆφον. 11 Καὶ κατὰ πάσας τὰς συναγωγὰς πολλάκις τιμωρῶν αὐτούς, ἠνάγκαζον βλασφημεῖν, περισσῶς τε ἐμμαινόμενος αὐτοῖς, ἐδίωκον ἕως καὶ εἰς τὰς ἔξω πόλεις.

Paul Recounts His Conversion
(Ac. 9:1-19; 22:6-16)

12 "Ἐν οἷς ᵒ¹καὶ πορευόμενος εἰς τὴν² Δαμασκὸν μετ᾽ ἐξουσίας καὶ ἐπιτροπῆς τῆς ᵒ²παρὰ τῶν ἀρχιερέων, 13 ἡμέρας μέσης, κατὰ τὴν ὁδὸν εἶδον, βασιλεῦ, οὐρανόθεν ὑπὲρ τὴν λαμπρότητα τοῦ ἡλίου, περιλάμψαν με φῶς καὶ τοὺς σὺν ἐμοὶ πορευομένους. 14 Πάντων ⌜δὲ καταπεσόντων ἡμῶν εἰς τὴν γῆν, ἤκουσα φωνὴν ⌐λαλοῦσαν πρός με καὶ λέγουσαν⌐ τῇ Ἑβραΐδι διαλέκτῳ, Σαούλ, Σαούλ, τί με διώκεις? Σκληρόν σοι πρὸς κέντρα λακτίζειν.' 15 Ἐγὼ δὲ ⌜εἶπον, Τίς εἶ, Κύριε?' Ὁ δὲ ᵀ εἶπεν, 'Ἐγώ εἰμι Ἰησοῦς ὃν σὺ διώκεις. 16 Ἀλλὰ ἀνάστηθι καὶ στῆθι ἐπὶ τοὺς πόδας σου· εἰς τοῦτο γὰρ ὤφθην σοι, προχειρίσασθαί σε ὑπηρέτην καὶ μάρτυρα ὧν τε εἶδες ᵀ ὧν τε ὀφθήσομαί σοι, 17 ἐξαιρούμενός σε ἐκ τοῦ λαοῦ καὶ ᵀ τῶν ἐθνῶν, εἰς

¹7 βασιλευ Αγριππα υπο Ιουδαιων **M** vs υπο Ιουδαιων βασιλευ **אBC, Cr** vs υπο Ιουδαιων **A** vs βασιλευ Αγριππα υπο των Ιουδαιων **TR**

²12 την **M**ᵖᵗ**אBC, TR Cr** vs — **M**ᵖᵗ**A**

10 ᵀ¹τε **אAC** vs 𝕸B   10 ᵀ²εν **G** (h.𝔭⁴⁵) vs **M**

12 ᵒ¹**G** (h.𝔭⁴⁵) vs **M**   12 ᵒ²**אBA** vs 𝕸C   14 ⌜τε **G** (h.𝔭⁴⁵) vs **M**

14 ⌐λεγουσαν προς με **G** (h.𝔭⁴⁵) vs **M**   15 ⌜ειπα **BAC** vs 𝕸א

15 ᵀΚυριος **G** (h.𝔭⁴⁵) vs **M**   16 ᵀμε **BC*ᵛⁱᵈ**, [**Cr**] vs 𝕸אA

17 ᵀεκ **אBA** vs 𝕸C

οὓς ἐγὼ¹ ʿσε ἀποστέλλω⸃ 18 ἀνοῖξαι ὀφθαλμοὺς αὐτῶν τοῦ ὑποστρέψαι² ἀπὸ σκότους εἰς φῶς καὶ³ τῆς ἐξουσίας τοῦ Σατανᾶ ἐπὶ τὸν Θεόν, τοῦ λαβεῖν αὐτοὺς ἄφεσιν ἁμαρτιῶν καὶ κλῆρον ἐν τοῖς ἡγιασμένοις πίστει τῇ εἰς ἐμέ.ʾ

Paul Defends His Post-Conversion Life

19 "ʿΌθεν, Βασιλεῦ ᾿Αγρίππα, οὐκ ἐγενόμην ἀπειθὴς τῇ οὐρανίῳ ὀπτασίᾳ, 20 ἀλλὰ τοῖς ἐν Δαμασκῷ πρῶτον ᵀ καὶ ʿΙεροσολύμοις, °εἰς πᾶσάν τε τὴν χώραν τῆς ᾿Ιουδαίας καὶ τοῖς ἔθνεσιν, ἀπαγγέλλων⁴ μετανοεῖν καὶ ἐπιστρέφειν ἐπὶ τὸν Θεόν, ἄξια τῆς μετανοίας ἔργα πράσσοντας. 21 ῞Ενεκα τούτων με οἱ ᾿Ιουδαῖοι συλλαβόμενοι⁵ ᵀ ἐν τῷ ἱερῷ ἐπειρῶντο διαχειρίσασθαι. 22 ᾿Επικουρίας οὖν τυχὼν τῆς ʿπαρὰ τοῦ Θεοῦ, ἄχρι τῆς ἡμέρας ταύτης ἔστηκα μαρτυρόμενος⁶ μικρῷ τε καὶ μεγάλῳ, οὐδὲν ἐκτὸς λέγων ὧν τε οἱ προφῆται ἐλάλησαν μελλόντων γίνεσθαι καὶ Μωσῆς, 23 εἰ παθητὸς ὁ Χριστός, εἰ πρῶτος ἐξ ἀναστάσεως νεκρῶν φῶς μέλλει καταγγέλλειν τῷ⁷ λαῷ καὶ τοῖς ἔθνεσι."

Agrippa Parries Paul's Appeal

24 Ταῦτα δὲ αὐτοῦ ἀπολογουμένου, ὁ Φῆστος μεγάλῃ τῇ φωνῇ ʿἔφη, "Μαίνῃ, Παῦλε! Τὰ πολλά σε γράμματα εἰς μανίαν περιτρέπει."

---

¹17 εγω 𝕸G (h.𝔭⁴⁵), Cr vs νυν TR
²18 υποστρεψαι Mᵖᵗ vs επιστρεψαι Mᵖᵗ𝔛BC, TR Cr vs αποστρεψαι Mᵖᵗ A
³18 και Mᵖᵗ𝔛BA, TR Cr vs + απο MᵖᵗC
⁴20 απαγγελλων Mᵖᵗ, TR vs απαγγελλω Mᵖᵗ vs απηγγελλον 𝔛BA, Cr
⁵21 με οι Ιουδαιοι συλλαβομενοι Mᵖᵗ, TR vs οι Ιουδαιοι με συλλαβομενοι Mᵖᵗ vs με Ιουδαιοι συλλαβομενοι B, Cr vs με Ιουδαιοι συλλαβουμενοι 𝔛* vs οι Ιουδαιοι συλλαβομενοι με A
⁶22 μαρτυρομενος M𝔛BA, Cr vs μαρτυρουμενος Mᶜ, TR
⁷23 τω Mᵖᵗ, TR vs + τε Mᵖᵗ𝔛BA, Cr

17 ʿαποστελλω σε 𝔛BA (εξαποστελλω σε C) vs M
20 ᵀτε 𝔛BA vs 𝕸   20 °𝔛BA vs 𝕸   21 ᵀοντα 𝔛, [Cr] vs 𝕸 BA
22 ʿαπο 𝔛BA vs 𝕸   24 ʿφησιν 𝔛BA vs 𝕸

25 Ὁ δέ, ᵀ "Οὐ μαίνομαι," φησί, "κράτιστε Φῆστε, ἀλλὰ ἀληθείας καὶ σωφροσύνης ῥήματα ἀποφθέγγομαι. 26 Ἐπίσταται γὰρ περὶ τούτων ὁ βασιλεύς, πρὸς ὃν καὶ παρρησιαζόμενος λαλῶ· λανθάνειν γὰρ αὐτόν °τι τούτων οὐ πείθομαι οὐδέν,¹ οὐ γὰρ² ἐν γωνίᾳ πεπραγμένον τοῦτο. 27 Πιστεύεις, Βασιλεῦ Ἀγρίππα, τοῖς προφήταις? Οἶδα ὅτι πιστεύεις."

28 Ὁ δὲ Ἀγρίππας πρὸς τὸν Παῦλον °ἔφη, "Ἐν ὀλίγῳ με πείθεις Χριστιανὸν ᴬγενέσθαι!"

29 Ὁ δὲ Παῦλος °εἶπεν, "Εὐξαίμην ἂν τῷ Θεῷ, καὶ ἐν ὀλίγῳ καὶ ἐν ᴬἱπολλῷ οὐ μόνον σὲ ἀλλὰ καὶ πάντας τοὺς ἀκούοντάς μου σήμερον γενέσθαι τοιούτους ὁποῖος ᴬ²κἀγώ εἰμι, παρεκτὸς τῶν δεσμῶν τούτων."

30 ⸀Καὶ ταῦτα εἰπόντος αὐτοῦ, ἀνέστη⸀ ὁ βασιλεὺς καὶ ὁ ἡγεμών, ἥ τε Βερνίκη, καὶ οἱ συγκαθήμενοι αὐτοῖς, 31 καὶ ἀναχωρήσαντες ἐλάλουν πρὸς ἀλλήλους, λέγοντες ὅτι "Οὐδὲν ⸆θανάτου ἄξιον ἢ δεσμῶν⸄ ᵀ πράσσει ὁ ἄνθρωπος οὗτος."

32 Ἀγρίππας δὲ τῷ Φήστῳ ἔφη, "Ἀπολελύσθαι ἐδύνατο ὁ ἄνθρωπος οὗτος εἰ μὴ ἐπεκέκλητο Καίσαρα."

Paul Begins the Voyage to Rome

27 Ὡς δὲ ἐκρίθη τοῦ ἀποπλεῖν ἡμᾶς εἰς τὴν Ἰταλίαν, παρεδίδουν τόν τε Παῦλον καί τινας ἑτέρους δεσμώτας ἑκατοντάρχῃ ὀνόματι Ἰουλίῳ, σπείρης³ Σεβαστῆς. 2 Ἐπιβάντες δὲ πλοίῳ Ἀδραμυττηνῷ,⁴ ⸀μέλλοντες πλεῖν ᵀ τοὺς κατὰ τὴν Ἀσίαν τόπους, ἀνήχθημεν, ὄντος σὺν

---

¹26 ου πειθομαι ουδεν Mᵖᵗ, TR vs ου πειθομαι MᵖᵗA vs ου πειθομαι ουθεν אB, Cr
²26 γαρ M vs +εστιν אBA, TR Cr
³1 σπειρης ΜאBA, TR Cr vs σπειρας Mʳ
⁴2 Αδραμυττηνω Mᵖᵗא, TR Cr vs Ατραμυττηνω Mᵖᵗ vs Ατραμυττινω Mᵖᵗ vs Αδραμυντηνω B*A

25 ᵀΠαυλος אBA vs 𝕸   26 °B vs 𝕸 אA, [Cr]   28 °אBA vs 𝕸
28 ⸀ποιησαι אBA vs 𝕸   29 °אBA vs 𝕸   29 ⸀μεγαλω אBA vs 𝕸
29 ⸀²και εγω B vs 𝕸 אA   30 ⸀ανεστη τε אBA vs 𝕸
31 ⸄1342 אB vs M; (2134 A)   31 ᵀτι אA, [Cr] vs 𝕸B
2 ⸀μελλοντι אBA vs M   2 ᵀεις אBA vs M

ἡμῖν Ἀριστάρχου Μακεδόνος Θεσσαλονικέως. **3** Τῇ τε
ἑτέρᾳ κατήχθημεν εἰς Σιδῶνα, φιλανθρώπως τε ὁ Ἰούλιος
τῷ Παύλῳ χρησάμενος ἐπέτρεψε πρὸς τοὺς[1] φίλους
⸀πορευθέντα ἐπιμελείας τυχεῖν. **4** Κἀκεῖθεν ἀναχθέντες
ὑπεπλεύσαμεν τὴν Κύπρον διὰ τὸ τοὺς ἀνέμους εἶναι
ἐναντίους. **5** Τό τε πέλαγος τὸ κατὰ τὴν Κιλικίαν καὶ
Παμφυλίαν διαπλεύσαντες, κατήλθομεν[2] εἰς Μύρα τῆς
Λυκίας. **6** Κἀκεῖ εὑρὼν ὁ ⸀ἑκατόνταρχος πλοῖον Ἀλεξαν-
δρῖνον πλέον εἰς τὴν[3] Ἰταλίαν, ἐνεβίβασεν[4] ἡμᾶς εἰς
αὐτό. **7** Ἐν ἱκαναῖς δὲ ἡμέραις βραδυπλοοῦντες καὶ μόλις
γενόμενοι κατὰ τὴν Κνίδον, μὴ προσεῶντος ἡμᾶς τοῦ
ἀνέμου, ὑπεπλεύσαμεν τὴν Κρήτην κατὰ Σαλμώνην,
8 μόλις τε παραλεγόμενοι αὐτὴν ἤλθομεν εἰς τόπον τινὰ
καλούμενον Καλοὺς Λιμένας, ᾧ ἐγγὺς ⸂ἦν πόλις⸃ Λασαία.

Paul's Warning Is Ignored

9 Ἱκανοῦ δὲ χρόνου διαγενομένου καὶ ὄντος ἤδη
ἐπισφαλοῦς τοῦ πλοὸς διὰ τὸ καὶ τὴν Νηστείαν ἤδη
παρεληλυθέναι, παρῄνει ὁ Παῦλος **10** λέγων αὐτοῖς,
"Ἄνδρες, θεωρῶ ὅτι μετὰ ὕβρεως καὶ πολλῆς ζημίας,
οὐ μόνον τοῦ φορτίου[5] καὶ τοῦ πλοίου ἀλλὰ καὶ τῶν
ψυχῶν ἡμῶν, μέλλειν ἔσεσθαι τὸν πλοῦν." **11** Ὁ δὲ
ἑκατοντάρχης[6] τῷ κυβερνήτῃ καὶ τῷ ναυκλήρῳ ⸂ἐπεί-
θετο μᾶλλον⸃ ἢ τοῖς ὑπὸ °τοῦ Παύλου λεγομένοις.
12 Ἀνευθέτου δὲ τοῦ λιμένος ὑπάρχοντος πρὸς παραχει-
μασίαν, οἱ ⸀πλείους ἔθεντο βουλὴν ἀναχθῆναι κἀκεῖθεν,[7]

---

[1] 3 τους 𝔐 אBA, Cr vs — TR
[2] 5 κατηλθομεν M^{pt}אBA, TR Cr vs κατηχθημεν M^{pt}
[3] 6 την Mא BA, TR Cr vs — M^{r}
[4] 6 ενεβιβασεν M^{pt}אBA, TR Cr vs ανεβιβασεν M^{pt}
[5] 10 φορτιου 𝔐 אBA, Cr vs φορτου TR
[6] 11 εκατονταρχης M^{pt}אBA, Cr vs εκατονταρχος M^{pt}, TR
[7] 12 κακειθεν M^{pt}, TR vs εκειθεν M^{pt}אBA, Cr

---

3 ⸀πορευθεντι אBA vs 𝔐 6 ⸀εκατονταρχης אBA vs 𝔐
8 ⸂אA, Cr vs 𝔐B 11 ⸂אBA vs 𝔐 11 °אBA vs 𝔐
12 ⸀πλειονες אBA vs 𝔐

εἴ πως δύναιντο καταντήσαντες εἰς Φοίνικα παραχει-
μάσαι, λιμένα τῆς Κρήτης βλέποντα κατὰ λίβα καὶ κατὰ
χῶρον.

Paul's Ship Is Caught in a Tempest

13 Ὑποπνεύσαντος δὲ νότου, δόξαντες τῆς προθέσεως
κεκρατηκέναι, ἄραντες ἆσσον παρελέγοντο τὴν Κρήτην.
14 Μετ᾽ οὐ πολὺ δὲ ἔβαλε κατ᾽ αὐτῆς ἄνεμος τυφωνικὸς
ὁ καλούμενος ⸀Εὐροκλύδων· 15 συναρπασθέντος δὲ τοῦ
πλοίου, καὶ μὴ δυναμένου ἀντοφθαλμεῖν τῷ ἀνέμῳ,
ἐπιδόντες ἐφερόμεθα. 16 Νησίον δέ τι ὑποδραμόντες
καλούμενον ⸀Κλαύδην ⸀μόλις ἰσχύσαμεν⸃ περικρατεῖς
γενέσθαι τῆς σκάφης, 17 ἣν ἄραντες, βοηθείαις ἐχρῶντο,
ὑποζωννύντες τὸ πλοῖον· φοβούμενοί τε μὴ εἰς τὴν Σύρτην[1]
ἐκπέσωσι, χαλάσαντες τὸ σκεῦος, οὕτως ἐφέροντο.
18 Σφοδρῶς δὲ χειμαζομένων ἡμῶν, τῇ ἑξῆς ἐκβολὴν
ἐποιοῦντο, 19 καὶ τῇ τρίτῃ αὐτόχειρες τὴν σκευὴν τοῦ
πλοίου ⸀ἐρρίψαμεν. 20 Μήτε δὲ ἡλίου μήτε ἄστρων
ἐπιφαινόντων ἐπὶ πλείονας ἡμέρας, χειμῶνός τε οὐκ
ὀλίγου ἐπικειμένου, λοιπὸν περιῃρεῖτο ⸀πᾶσα ἐλπὶς⸃ τοῦ
σώζεσθαι ἡμᾶς.

21 Πολλῆς ⸀δὲ ἀσιτίας ὑπαρχούσης, τότε σταθεὶς ὁ
Παῦλος ἐν μέσῳ αὐτῶν εἶπεν, "Ἔδει μέν, ὦ ἄνδρες,
πειθαρχήσαντάς μοι μὴ ἀνάγεσθαι ἀπὸ τῆς Κρήτης,
κερδῆσαί τε τὴν ὕβριν ταύτην καὶ τὴν ζημίαν. 22 Καὶ τὰ νῦν
παραινῶ ὑμᾶς εὐθυμεῖν, ἀποβολὴ γὰρ ψυχῆς οὐδεμία
ἔσται ἐξ ὑμῶν, πλὴν τοῦ πλοίου. 23 Παρέστη γάρ μοι ταύτῃ
τῇ νυκτὶ[2] ⸀ἄγγελος τοῦ Θεοῦ οὗ εἰμι, ᾧ καὶ λατρεύω,⸃
24 λέγων, Μὴ φοβοῦ, Παῦλε· Καίσαρί σε δεῖ παραστῆναι,
καὶ ἰδού, κεχάρισταί σοι ὁ Θεὸς πάντας τοὺς πλέοντας
μετὰ σοῦ.᾽ 25 Διὸ εὐθυμεῖτε, ἄνδρες· πιστεύω γὰρ τῷ Θεῷ

---

[1]17 Συρτην 𝔐 vs Συρτιν 𝕲 (h.𝔭⁴⁵), TR Cr
[2]23 ταυτη τη νυκτι 𝔐 BAC, Cr vs τη νυκτι ταυτη TR vs τηδε τη
νυκτι ℵ*

---

14 ⸀Ευρακυλων ℵB*A vs 𝔐   16 ⸀Καυδα B vs 𝔐 ; (Κλαυδα ℵ*Aᵛⁱᵈ)
16 ⸀ℵBA vs 𝔐   19 ⸀ερριψαν (ℵ) (B*) AC vs M
20 ⸀BA vs 𝔐 ℵC   21 ⸀τε 𝕲 (h.𝔭⁴⁵) vs M
23 ⸀του Θεου ου εγω ω και λατρευω αγγελος ℵA, (− εγω BC*),
[Cr] vs 𝔐

ὅτι οὕτως ἔσται καθ᾿ ὃν τρόπον λελάληταί μοι. 26 Εἰς νῆσον δέ τινα δεῖ ἡμᾶς ἐκπεσεῖν.''

27 Ὡς δὲ τεσσαρεσκαιδεκάτη νὺξ ἐγένετο, διαφερομένων ἡμῶν ἐν τῷ Ἀδρίᾳ, κατὰ μέσον τῆς νυκτὸς ὑπενόουν οἱ ναῦται προσάγειν τινὰ αὐτοῖς χώραν. 28 Καὶ βολίσαντες εὗρον ὀργυιὰς εἴκοσι, βραχὺ δὲ διαστήσαντες, καὶ πάλιν βολίσαντες, εὗρον ὀργυιὰς δεκαπέντε· 29 φοβούμενοί τε ⌜¹μήπως ⌜²εἰς τραχεῖς τόπους ἐκπέσωμεν,¹ ἐκ πρύμνης ῥίψαντες ἀγκύρας τέσσαρας, ηὔχοντο ἡμέραν γενέσθαι.

30 Τῶν δὲ ναυτῶν ζητούντων φυγεῖν ἐκ τοῦ πλοίου καὶ χαλασάντων τὴν σκάφην εἰς τὴν θάλασσαν, προφάσει ὡς ἐκ •πρῴρας ⌐ʃμελλόντων ἀγκύρας˥ ἐκτείνειν, 31 εἶπεν ὁ Παῦλος τῷ ἑκατοντάρχῃ καὶ τοῖς στρατιώταις, "Ἐὰν μὴ οὗτοι μείνωσιν ἐν τῷ πλοίῳ,² ὑμεῖς σωθῆναι οὐ δύνασθε.'' 32 Τότε ʃοἱ στρατιῶται ἀπέκοψαν˥ τὰ σχοινία τῆς σκάφης καὶ εἴασαν αὐτὴν ἐκπεσεῖν.

33 Ἄχρι δὲ οὗ ἤμελλεν ἡμέρα³ γίνεσθαι, παρεκάλει ὁ Παῦλος ἅπαντας μεταλαβεῖν τροφῆς, λέγων, "Τεσσαρεσκαιδεκάτην σήμερον ἡμέραν προσδοκῶντες ἄσιτοι διατελεῖτε, •μηδὲν προσλαβόμενοι. 34 Διὸ παρακαλῶ ὑμᾶς προσλαβεῖν⁴ τροφῆς, τοῦτο γὰρ πρὸς τῆς ὑμετέρας⁵ σωτηρίας ὑπάρχει· οὐδενὸς γὰρ ὑμῶν θρὶξ ⌜¹ἐκ τῆς κεφαλῆς ⌜²πεσεῖται.'' 35 Εἰπὼν δὲ ταῦτα καὶ λαβὼν ἄρτον, εὐχαρίστησε τῷ Θεῷ ἐνώπιον πάντων, καὶ κλάσας ἤρξατο ἐσθίειν. 36 Εὔθυμοι δὲ γενόμενοι πάντες καὶ

---

¹29 εκπεσωμεν ΜΒΑϹ, TR Cr vs εκπεσωοι(ν) Μᶜ vs εμπεσωμεν ℵ
²31 μεινωσιν εν τω πλοιω ΜΒΑϹ, TR Cr vs εν τω πλοιω μεινωσιν Μ'ℵ*
³33 ημελλεν ημερα Μᵖᵗ vs εμελλεν ημερα Μᵖᵗ, TR vs ημερα ημελλεν ΒϹ, Cr vs ημερα εμελλεν ℵΑ
⁴34 προσλαβειν Μᵖᵗ, TR vs μεταλαβειν ΜᵖᵗᏩ (h.𝔭⁴⁵), Cr
⁵34 υμετερας ΜℵΒϹ, TR Cr vs ημετερας Μ'Α

---

29 ⌜¹μηπου ΒϹ vs 𝕸; (μη ℵ*ᵛⁱᵈ; μηπω Α)
29 ⌜²κατα Ꮐ (h.𝔭⁴⁵) vs 𝕸   30 •πρωρης Α vs 𝕸 ΒϹ; (πλωρης ℵ*)
30 ʃΒΑϹ vs 𝕸 ℵ   32 ʃ312 Ꮐ (h.𝔭⁴⁵) vs Μ
33 •μηθεν ℵ*ΒΑ vs 𝕸 Ϲ   34 ⌜¹απο ΒΑϹ vs 𝕸 ℵ
34 ⌜²απολειται Ꮐ (h.𝔭⁴⁵) vs 𝕸
35 ⌜ειπας Ꮐ (h.𝔭⁴⁵) vs 𝕸

αὐτοὶ προσελάβοντο τροφῆς. 37 ⌐⌐Ημεν δὲ ⌐ἐν τῷ πλοίῳ
αἱ πᾶσαι ψυχαί,⌐ διακόσιαι ἑβδομήκοντα ἕξ. 38 Κορεσθέν-
τες δὲ τῆς¹ τροφῆς ἐκούφιζον τὸ πλοῖον ἐκβαλλόμενοι τὸν
σῖτον εἰς τὴν θάλασσαν.

Paul and Company Are Shipwrecked off Malta

39 Ὅτε δὲ ἡμέρα ἐγένετο, τὴν γῆν οὐκ ἐπεγίνωσκον,
κόλπον δέ τινα κατενόουν ἔχοντα αἰγιαλόν, εἰς ὃν ⌐ἐβου-
λεύσαντο, εἰ δυνατόν,² ἐξῶσαι τὸ πλοῖον. 40 Καὶ τὰς
ἀγκύρας περιελόντες εἴων εἰς τὴν θάλασσαν, ἅμα ἀνέν-
τες τὰς ζευκτηρίας τῶν πηδαλίων, καὶ ἐπάραντες τὸν
ἀρτέμονα³ τῇ πνεούσῃ κατεῖχον εἰς τὸν αἰγιαλόν. 41 Πε-
ριπεσόντες δὲ εἰς τόπον διθάλασσον ⌐ἐπώκειλαν τὴν
ναῦν, καὶ ἡ μὲν πρῷρα ἐρείσασα ἔμεινεν ἀσάλευτος, ἡ
δὲ πρύμνα ἐλύετο ὑπὸ τῆς βίας �□τῶν κυμάτων.⌐ 42 Τῶν
δὲ στρατιωτῶν βουλὴ ἐγένετο ἵνα τοὺς δεσμώτας
ἀποκτείνωσι, μή τις ἐκκολυμβήσας διαφύγῃ.⁴ 43 Ὁ δὲ
⌐ἑκατόνταρχος, βουλόμενος διασῶσαι τὸν Παῦλον, ἐκώ-
λυσεν αὐτοὺς τοῦ βουλήματος, ἐκέλευσέ τε τοὺς δυνα-
μένους κολυμβᾶν ·ἀπορρίψαντας πρώτους ἐπὶ τὴν γῆν
ἐξιέναι, 44 καὶ τοὺς λοιπούς, οὓς μὲν ἐπὶ σανίσιν, οὓς δὲ ἐπί
τινων τῶν ἀπὸ τοῦ πλοίου. Καὶ οὕτως ἐγένετο πάντας
διασωθῆναι ἐπὶ τὴν γῆν.

Paul and Luke Are Honored on Malta

28 Καὶ διασωθέντες, τότε ⌐ἐπέγνωσαν ὅτι Μελίτη ἡ
νῆσος καλεῖται. 2 Οἱ ⌐'δὲ βάρβαροι παρεῖχον οὐ τὴν

---

¹38 της M^{pt} vs −M^{pt}G (h.𝔭⁴⁵), TR Cr
²39 δυνατον 𝔐C vs δυναιντο אBA, TR Cr
³40 αρτεμονα M^{pt}, TR vs αρτεμωνα M^{pt}G (h.𝔭⁴⁵), Cr
⁴42 διαφυγη 𝔐G (h.𝔭⁴⁵), Cr vs διαφυγοι TR

---

37 ⌐ημεθα אBA vs 𝔐C   37 ⌐4-61-3 אBC (561-3 A) vs 𝔐
39 ⌐εβουλευοντο אBC vs 𝔐 ; (εβουλοντο A)
41 ⌐επεκειλαν G (h.𝔭⁴⁵) vs 𝔐   41 □א*BA vs 𝔐C, [Cr]
43 ⌐εκατονταρχης G (h.𝔭⁴⁵) vs 𝔐   43 ·αποριψαντας אC vs 𝔐BA
1 ⌐επεγνωμεν G (h.𝔭⁴⁵) vs 𝔐   2 ⌐'τε BAC vs 𝔐א

τυχοῦσαν φιλανθρωπίαν ἡμῖν, ⌐²ἀνάψαντες γὰρ πυράν, προσελάβοντο πάντας ἡμᾶς, διὰ τὸν ὑετὸν τὸν ἐφεστῶτα καὶ διὰ τὸ ψῦχος. 3 Συστρέψαντος δὲ τοῦ Παύλου φρυγάνων ᵀ πλῆθος καὶ ἐπιθέντος ἐπὶ τὴν πυράν, ἔχιδνα ⌐ἐκ τῆς θέρμης διεξελθοῦσα¹ καθῆψε² τῆς χειρὸς αὐτοῦ.

4 Ὡς δὲ εἶδον οἱ βάρβαροι κρεμάμενον τὸ θηρίον ἐκ τῆς χειρὸς αὐτοῦ, ˢἔλεγον πρὸς ἀλλήλους,ᶻ "Πάντως φονεύς ἐστιν ὁ ἄνθρωπος οὗτος, ὃν διασωθέντα ἐκ τῆς θαλάσσης ἡ Δίκη ζῆν οὐκ εἴασεν." 5 Ὁ μὲν οὖν, ἀποτινάξας³ τὸ θηρίον εἰς τὸ πῦρ, ἔπαθεν οὐδὲν κακόν. 6 Οἱ δὲ προσεδόκων αὐτὸν μέλλειν πίμπρασθαι ἢ καταπίπτειν ἄφνω νεκρόν. Ἐπὶ πολὺ δὲ αὐτῶν προσδοκώντων καὶ θεωρούντων μηδὲν ἄτοπον εἰς αὐτὸν γινόμενον, ⌐μεταβαλλόμενοι ἔλεγον ˢθεὸν αὐτὸν εἶναι.ᶻ

7 Ἐν δὲ τοῖς περὶ τὸν τόπον ἐκεῖνον ὑπῆρχε χωρία τῷ πρώτῳ τῆς νήσου, ὀνόματι Ποπλίῳ, ὃς ἀναδεξάμενος ἡμᾶς τρεῖς ἡμέρας φιλοφρόνως ἐξένισεν. 8 Ἐγένετο δὲ τὸν πατέρα τοῦ Ποπλίου πυρετοῖς καὶ δυσεντερίᾳ⁴ συνεχόμενον κατακεῖσθαι, πρὸς ὃν ὁ Παῦλος εἰσελθὼν καὶ προσευξάμενος, ἐπιθεὶς τὰς χεῖρας αὐτῷ, ἰάσατο αὐτόν. 9 Τούτου ⌐οὖν γενομένου, καὶ οἱ λοιποὶ οἱ ˢἔχοντες ἀσθενείας ἐν τῇ νήσῳᶻ προσήρχοντο καὶ ἐθεραπεύοντο, 10 οἳ καὶ πολλαῖς τιμαῖς ἐτίμησαν ἡμᾶς, καὶ ἀναγομένοις ἐπέθεντο τὰ πρὸς ⌐τὴν χρείαν.⌐

Paul Reaches Rome

11 Μετὰ δὲ τρεῖς μῆνας ἀνήχθημεν⁵ ἐν πλοίῳ παρακεχειμακότι ἐν τῇ νήσῳ, Ἀλεξανδρίνῳ, παρασήμῳ Διοσκούροις. 12 Καὶ καταχθέντες εἰς Συρακούσας ἐπεμείναμεν

---

¹3 διεξελθουσα Mᵖᵗ vs εξελθουσα Mᵖᵗᏻ (h.𝔭⁴⁵), TR Cr
²3 καθηψε(ν) MℵBA, TR Cr vs καθηψατο MᶜС
³5 αποτιναξας MᵖᵗℵB, TR Cr vs αποτιναξαμενος MᵖᵗA
⁴8 δυσεντερια Mᵖᵗ, TR vs δυσεντεριω MᵖᵗℵBA, Cr
⁵11 ανηχθημεν MᵖᵗℵBA, TR Cr vs ηχθημεν Mᵖᵗ

---

2 ⌐²αψαντες Ᏻ (h.𝔭⁴⁵) vs 𝔐   3 ᵀτι Ᏻ (h.𝔭⁴⁵) vs 𝔐
3 ⌐απο Ᏻ (h.𝔭⁴⁵) vs M   4 ˢ231 Ᏻ (h.𝔭⁴⁵) vs 𝔐
6 ⌐μεταβαλομενοι ΒΑ vs Mℵ   6 ˢ231 ℵB vs 𝔐; (321 A)
9 ⌐δε ℵΒΑ vs M   9 ˢ3-512 ℵΒΑ vs 𝔐   10 ⌐τας χρειας ℵΒΑ vs 𝔐

ἡμέρας τρεῖς, 13 ὅθεν ⌜περιελθόντες κατηντήσαμεν εἰς
Ῥήγιον. Καὶ μετὰ μίαν ἡμέραν ἐπιγενομένου νότου,
δευτεραῖοι ἤλθομεν εἰς Ποτιόλους, 14 οὗ εὑρόντες ἀδελ-
φούς, παρεκλήθημεν ⌜ἐπ᾽ αὐτοῖς ἐπιμεῖναι ἡμέρας ἑπτά·
καὶ οὕτως εἰς τὴν Ῥώμην ἤλθομεν. 15 Κἀκεῖθεν οἱ ἀδελφοὶ
ἀκούσαντες τὰ περὶ ἡμῶν, ⌜ἐξῆλθον εἰς ἀπάντησιν ἡμῖν
•ἄχρις Ἀππίου Φόρου καὶ Τριῶν Ταβερνῶν, οὓς ἰδὼν ὁ
Παῦλος, εὐχαριστήσας τῷ Θεῷ, ἔλαβε θάρσος.
    16 Ὅτε δὲ ⌜ἤλθομεν εἰς Ῥώμην, ▫ὁ ἑκατόνταρχος
παρέδωκε τοὺς δεσμίους` τῷ στρατοπεδάρχῳ·[1] ⌜τῷ δὲ
Παύλῳ ἐπετράπη` μένειν καθ᾽ ἑαυτόν, σὺν τῷ φυλάσσοντι
αὐτὸν στρατιώτῃ.

Paul Witnesses to the Roman Jews

    17 Ἐγένετο δὲ μετὰ ἡμέρας τρεῖς συγκαλέσασθαι ⌜¹τὸν
Παῦλον` τοὺς ὄντας τῶν Ἰουδαίων πρώτους· συν-
ελθόντων δὲ αὐτῶν, ἔλεγε πρὸς αὐτούς, "⌜²Ἄνδρες
ἀδελφοί, ἐγὼ` οὐδὲν ἐναντίον ποιήσας τῷ λαῷ ἢ τοῖς
ἔθεσι τοῖς πατρῴοις, δέσμιος ἐξ Ἱεροσολύμων παρεδόθην
εἰς τὰς χεῖρας τῶν Ῥωμαίων, 18 οἵτινες ἀνακρίναντές με
ἐβούλοντο ἀπολῦσαι διὰ τὸ μηδεμίαν αἰτίαν θανάτου
ὑπάρχειν ἐν ἐμοί. 19 Ἀντιλεγόντων δὲ τῶν Ἰουδαίων,
ἠναγκάσθην ἐπικαλέσασθαι Καίσαρα, οὐχ ὡς τοῦ ἔθνους
μου ἔχων τι ⌜κατηγορῆσαι. 20 Διὰ ταύτην οὖν τὴν αἰτίαν
παρεκάλεσα ὑμᾶς ἰδεῖν καὶ προσλαλῆσαι, ἕνεκεν γὰρ τῆς
ἐλπίδος τοῦ Ἰσραὴλ τὴν ἅλυσιν ταύτην περίκειμαι."
    21 Οἱ δὲ πρὸς αὐτὸν εἶπον, "Ἡμεῖς οὔτε γράμματα περὶ
σοῦ ἐδεξάμεθα ἀπὸ τῆς Ἰουδαίας, οὔτε παραγενόμενός
τις τῶν ἀδελφῶν ἀπήγγειλεν ἢ ἐλάλησέ τι περὶ σοῦ

---

[1] 16 τω στρατοπεδαρχω M^pt vs τω στρατοπεδαρχη M^pt, TR vs
— אBA, Cr

13 ⌜περιελοντες א*B, Cr vs 𝔐A   14 ⌜παρ אBA vs M
15 ⌜ηλθαν אBA vs 𝔐   15 •αχρι אBA vs 𝔐
16 ⌜εισηλθομεν אBA vs 𝔐   16 ▫אBA vs 𝔐
16 ⌜επετραπη τω Παυλω אBA vs 𝔐   17 ⌜¹αυτον אBA vs 𝔐
17 ⌜²312 BA vs 𝔐; (λεγων ανδρες αδελφοι א*)
19 ⌜κατηγορειν אBA vs 𝔐

πονηρόν.[1] **22** Ἀξιοῦμεν δὲ παρὰ σοῦ ἀκοῦσαι ἃ φρονεῖς,
περὶ μὲν γὰρ τῆς αἱρέσεως ταύτης γνωστόν ⸉ἐστιν ἡμῖν⸊
ὅτι πανταχοῦ ἀντιλέγεται."
23 Ταξάμενοι δὲ αὐτῷ ἡμέραν, ⸀ἧκον πρὸς αὐτὸν εἰς
τὴν ξενίαν πλείονες, οἷς ἐξετίθετο διαμαρτυρόμενος τὴν
βασιλείαν τοῦ Θεοῦ, πείθων τε αὐτοὺς °τὰ περὶ τοῦ Ἰησοῦ
ἀπό τε τοῦ Νόμου Μωσέως καὶ τῶν Προφητῶν ἀπὸ πρωΐ
ἕως ἑσπέρας. **24** Καὶ οἱ μὲν ἐπείθοντο τοῖς λεγομένοις, οἱ
δὲ ἠπίστουν.
25 Ἀσύμφωνοι δὲ ὄντες πρὸς ἀλλήλους ἀπελύοντο,
εἰπόντος τοῦ Παύλου ῥῆμα ἕν, ὅτι "Καλῶς τὸ Πνεῦμα τὸ
Ἅγιον ἐλάλησε διὰ Ἠσαΐου τοῦ προφήτου πρὸς τοὺς
πατέρας ⸀ἡμῶν, **26** ⸀λέγον,

«Πορεύθητι πρὸς τὸν λαὸν τοῦτον καὶ εἰπόν,[2]
''Ἀκοῇ ἀκούσετε καὶ οὐ μὴ συνῆτε,
Καὶ βλέποντες βλέψετε καὶ οὐ μὴ ἴδητε·
27 Ἐπαχύνθη γὰρ ἡ καρδία τοῦ λαοῦ τούτου,
Καὶ τοῖς ὠσὶ βαρέως ἤκουσαν,
Καὶ τοὺς ὀφθαλμοὺς αὐτῶν ἐκάμμυσαν·
Μήποτε ἴδωσι τοῖς ὀφθαλμοῖς
Καὶ τοῖς ὠσὶν ἀκούσωσι
Καὶ τῇ καρδίᾳ συνῶσι καὶ ἐπιστρέψωσι,
Καὶ ἰάσομαι[3] αὐτούς.'»

28 Γνωστὸν οὖν ἔστω ὑμῖν ὅτι τοῖς ἔθνεσιν ἀπεστάλη ⸆ τὸ
σωτήριον τοῦ Θεοῦ, αὐτοὶ καὶ ἀκούσονται." **29** □Καὶ ταῦτα
αὐτοῦ εἰπόντος, ἀπῆλθον οἱ Ἰουδαῖοι, πολλὴν ἔχοντες ἐν
ἑαυτοῖς συζήτησιν.⸌

---

[1]**21** περι σου πονηρον **M**ℵBA, **TR Cr** vs πονηρον περι σου Mʳ
[2]**26** ειπον 𝔐ℵBA, **Cr** vs ειπε **TR**
[3]27 ιασομαι Mᵖᵗℵ BA, **Cr** vs ιασωμαι Mᵖᵗ, **TR**

---

22 ⸉ℵBA vs 𝔐 23 ⸀ηλθον ℵBA vs 𝔐 23 °ℵBA vs **M**
25 ⸀υμων ℵBA vs **M** 26 ⸀λεγων ℵB vs **M**A
28 ⸆τουτο ℵ*BA vs 𝔐 29 □ℵBA vs 𝔐

26,27 Is. 6:9,10

Paul's Ministry Continues Unhindered

30 ⌜Ἔμεινε δὲ ⌐ὁ Παῦλος⌐ διετίαν ὅλην ἐν ἰδίῳ μισ-
θώματι, καὶ ἀπεδέχετο πάντας τοὺς εἰσπορευομένους
πρὸς αὐτόν, **31** κηρύσσων τὴν βασιλείαν τοῦ Θεοῦ καὶ
διδάσκων τὰ περὶ τοῦ Κυρίου Ἰησοῦ Χριστοῦ μετὰ πάσης
παρρησίας, ἀκωλύτως.

---

30 ⌜ενεμεινεν B (ενεμειναν ℵ*) vs 𝔐 A   30 ⌐ℵBA vs 𝔐

ΠΡΟΣ ΡΩΜΑΙΟΥΣ

Paul Greets the Saints in Rome

Π**ΑΥΛΟΣ**, δοῦλος ⸉ Ἰησοῦ Χριστοῦ,⸊ κλητὸς ἀπόστολος,
ἀφωρισμένος εἰς εὐαγγέλιον Θεοῦ, **2** ὃ προεπηγ-
γείλατο διὰ τῶν προφητῶν αὐτοῦ ἐν Γραφαῖς Ἁγίαις,
3 περὶ τοῦ Υἱοῦ αὐτοῦ, τοῦ γενομένου ἐκ σπέρματος Δαβὶδ
κατὰ σάρκα, **4** τοῦ ὁρισθέντος Υἱοῦ Θεοῦ ἐν δυνάμει κατὰ
Πνεῦμα ἁγιωσύνης ἐξ ἀναστάσεως νεκρῶν, Ἰησοῦ Χριστοῦ
τοῦ Κυρίου ἡμῶν, **5** δι᾽ οὗ ἐλάβομεν χάριν καὶ ἀποστολὴν
εἰς ὑπακοὴν πίστεως ἐν πᾶσι τοῖς ἔθνεσιν ὑπὲρ τοῦ
ὀνόματος αὐτοῦ, **6** ἐν οἷς ἐστε καὶ ὑμεῖς κλητοὶ Ἰησοῦ
Χριστοῦ·

7 Πᾶσι τοῖς οὖσιν ἐν Ῥώμῃ ἀγαπητοῖς Θεοῦ, κλητοῖς
ἁγίοις·

Χάρις ὑμῖν καὶ εἰρήνη ἀπὸ Θεοῦ Πατρὸς ἡμῶν καὶ Κυρίου
Ἰησοῦ Χριστοῦ.

Paul Desires to Visit Rome

8 Πρῶτον μὲν εὐχαριστῶ τῷ Θεῷ μου διὰ Ἰησοῦ Χριστοῦ
⸀ὑπὲρ πάντων ὑμῶν ὅτι ἡ πίστις ὑμῶν καταγγέλλεται ἐν
ὅλῳ τῷ κόσμῳ. **9** Μάρτυς γάρ μού ἐστιν ὁ Θεός, ᾧ
λατρεύω ἐν τῷ πνεύματί μου ἐν τῷ εὐαγγελίῳ τοῦ Υἱοῦ
αὐτοῦ, ὡς ἀδιαλείπτως μνείαν ὑμῶν ποιοῦμαι, πάντοτε ἐπὶ
τῶν προσευχῶν μου **10** δεόμενος εἴ πως ἤδη ποτὲ
εὐοδωθήσομαι ἐν τῷ θελήματι τοῦ Θεοῦ ἐλθεῖν πρὸς ὑμᾶς.
11 Ἐπιποθῶ γὰρ ἰδεῖν ὑμᾶς ἵνα τι μεταδῶ χάρισμα ὑμῖν
πνευματικὸν εἰς τὸ στηριχθῆναι ὑμᾶς, **12** τοῦτο δέ ἐστι,

In Romans **Ͼ = 𝔓⁴⁶ℵBAC**

---

1 ⸉**B** vs **𝔐ℵA** **8** ⸀περι **Ͼ** (**h.𝔓⁴⁶**) vs **𝔐**

συμπαρακληθῆναι ἐν ὑμῖν διὰ τῆς ἐν ἀλλήλοις πίστεως ὑμῶν τε καὶ ἐμοῦ. **13** Οὐ θέλω δὲ ὑμᾶς ἀγνοεῖν, ἀδελφοί, ὅτι πολλάκις προεθέμην ἐλθεῖν πρὸς ὑμᾶς (καὶ ἐκωλύθην ἄχρι τοῦ δεῦρο), ἵνα τινὰ καρπὸν¹ σχῶ καὶ ἐν ὑμῖν, καθὼς καὶ ἐν τοῖς λοιποῖς ἔθνεσιν. **14** Ἕλλησί τε καὶ βαρβάροις, σοφοῖς τε καὶ ἀνοήτοις ὀφειλέτης εἰμί. **15** Οὕτω τὸ κατ᾽ ἐμὲ πρόθυμον καὶ ὑμῖν τοῖς ἐν Ῥώμῃ εὐαγγελίσασθαι.

The Just Live by Faith

16 Οὐ γὰρ ἐπαισχύνομαι τὸ εὐαγγέλιον □τοῦ Χριστοῦ,＼ δύναμις γὰρ Θεοῦ ἐστιν εἰς σωτηρίαν παντὶ τῷ πιστεύοντι, Ἰουδαίῳ τε πρῶτον καὶ Ἕλληνι. **17** Δικαιοσύνη γὰρ Θεοῦ ἐν αὐτῷ ἀποκαλύπτεται ἐκ πίστεως εἰς πίστιν, καθὼς γέγραπται, «Ὁ δὲ δίκαιος ἐκ πίστεως ζήσεται.»

God's Wrath Is Revealed Against Unrighteousness

18 Ἀποκαλύπτεται γὰρ ὀργὴ Θεοῦ ἀπ᾽ οὐρανοῦ ἐπὶ πᾶσαν ἀσέβειαν καὶ ἀδικίαν ἀνθρώπων τῶν τὴν ἀλήθειαν ἐν ἀδικίᾳ κατεχόντων. **19** Διότι τὸ γνωστὸν τοῦ Θεοῦ φανερόν ἐστιν ἐν αὐτοῖς, ὁ ⌐γὰρ Θεὸς⌐ αὐτοῖς ἐφανέρωσε. **20** Τὰ γὰρ ἀόρατα αὐτοῦ ἀπὸ κτίσεως κόσμου τοῖς ποιήμασι νοούμενα καθορᾶται, ἥ τε ἀΐδιος αὐτοῦ δύναμις καὶ θειότης, εἰς τὸ εἶναι αὐτοὺς ἀναπολογήτους. **21** Διότι γνόντες τὸν Θεόν, οὐχ ὡς Θεὸν ἐδόξασαν ἢ •εὐχαρίστησαν, ἀλλ᾽ ἐματαιώθησαν ἐν τοῖς διαλογισμοῖς αὐτῶν καὶ ἐσκοτίσθη ἡ ἀσύνετος αὐτῶν καρδία. **22** Φάσκοντες εἶναι σοφοὶ ἐμωράνθησαν, **23** καὶ ἤλλαξαν² τὴν δόξαν τοῦ ἀφθάρτου Θεοῦ ⸆ἐν ὁμοιώματι εἰκόνος φθαρτοῦ ἀνθρώπου καὶ πετεινῶν καὶ τετραπόδων καὶ ἑρπετῶν.

---

¹13 τινα καρπον 𝕸 𝔊 (h.𝔭⁴⁶), Cr vs καρπον τινα TR
²23 ηλλαξαν M𝔊 (h.𝔭⁴⁶), TR Cr vs ηλλαξαντο Mʳ

16 □𝔊 (h.𝔭⁴⁶) vs 𝕸   19 ⌐𝔊 (h.𝔭⁴⁶) vs 𝕸
21 •ηυχαριστησαν אAC vs MB

17 Hab. 2:4

24 Διὸ °καὶ παρέδωκεν αὐτοὺς ὁ Θεὸς ἐν ταῖς ἐπιθυμίαις τῶν καρδιῶν αὐτῶν εἰς ἀκαθαρσίαν, τοῦ ἀτιμάζεσθαι τὰ σώματα αὐτῶν ἐν ʳἑαυτοῖς, 25 οἵτινες μετήλλαξαν τὴν ἀλήθειαν τοῦ Θεοῦ ἐν τῷ ψεύδει καὶ ἐσεβάσθησαν καὶ ἐλάτρευσαν τῇ κτίσει παρὰ τὸν Κτίσαντα, ὅς ἐστιν εὐλογητὸς εἰς τοὺς αἰῶνας. Ἀμήν.

26 Διὰ τοῦτο παρέδωκεν αὐτοὺς ὁ Θεὸς εἰς πάθη ἀτιμίας· αἵ τε γὰρ θήλειαι αὐτῶν μετήλλαξαν τὴν φυσικὴν χρῆσιν εἰς τὴν παρὰ φύσιν, 27 ὁμοίως τε¹ καὶ οἱ ·ἄρρενες, ἀφέντες τὴν φυσικὴν χρῆσιν τῆς θηλείας, ἐξεκαύθησαν ἐν² τῇ ὀρέξει αὐτῶν εἰς ἀλλήλους, ἄρσενες ἐν ἄρσεσι τὴν ἀσχημοσύνην κατεργαζόμενοι, καὶ τὴν ἀντιμισθίαν ἣν ἔδει τῆς πλάνης αὐτῶν ἐν ἑαυτοῖς ἀπολαμβάνοντες.

28 Καὶ καθὼς οὐκ ἐδοκίμασαν τὸν Θεὸν ἔχειν ἐν ἐπιγνώσει, παρέδωκεν αὐτοὺς ὁ Θεὸς εἰς ἀδόκιμον νοῦν, ποιεῖν τὰ μὴ καθήκοντα, 29 πεπληρωμένους πάσῃ ἀδικίᾳ, °πορνείᾳ, πονηρίᾳ, πλεονεξίᾳ, κακίᾳ· μεστοὺς φθόνου, φόνου, ἔριδος, δόλου, κακοηθείας· ψιθυριστάς, 30 καταλάλους, θεοστυγεῖς, ὑβριστάς, ὑπερηφάνους, ἀλαζόνας, ἐφευρετὰς κακῶν, γονεῦσιν ἀπειθεῖς, 31 ἀσυνέτους, ἀσυνθέτους, ἀστόργους, °ἀσπόνδους, ἀνελεήμονας· 32 οἵτινες τὸ δικαίωμα τοῦ Θεοῦ ἐπιγνόντες, ὅτι οἱ τὰ τοιαῦτα πράσσοντες ἄξιοι θανάτου εἰσίν, οὐ μόνον αὐτὰ ποιοῦσιν ἀλλὰ καὶ συνευδοκοῦσι τοῖς πράσσουσι.

God Judges by Righteous Principles

2 Διὸ ἀναπολόγητος εἶ, ὦ ἄνθρωπε πᾶς ὁ κρίνων, ἐν ᾧ γὰρ κρίνεις τὸν ἕτερον, σεαυτὸν κατακρίνεις, τὰ γὰρ αὐτὰ πράσσεις ὁ κρίνων. 2 Οἴδαμεν δὲ ὅτι τὸ κρίμα τοῦ Θεοῦ ἐστι κατὰ ἀλήθειαν ἐπὶ τοὺς τὰ τοιαῦτα πράσσοντας. 3 Λογίζῃ δὲ τοῦτο, ὦ ἄνθρωπε ὁ κρίνων τοὺς τὰ τοιαῦτα πράσσοντας καὶ ποιῶν αὐτά, ὅτι σὺ ἐκφεύξῃ τὸ

---

¹27 τε ΜᵖᵗℵB, TR Cr vs δε ΜᵖᵗA vs − ΜᵖᵗC
²27 εν ΜG (h.𝔭⁴⁶), TR Cr vs − Μʳ

---

24 °G (h.𝔭⁴⁶) vs 𝔐   24 ʳαυτοις G (h.𝔭⁴⁶) vs Μ
27 ·αρσενες B vs 𝔐ℵAC   29 °G (h.𝔭⁴⁶) vs 𝔐   31 °ℵ*BA vs 𝔐C

κρίμα τοῦ Θεοῦ? **4** Ἤ τοῦ πλούτου τῆς χρηστότητος αὐτοῦ καὶ τῆς ἀνοχῆς καὶ τῆς μακροθυμίας καταφρονεῖς, ἀγνοῶν ὅτι τὸ χρηστὸν τοῦ Θεοῦ εἰς μετάνοιάν σε ἄγει? **5** Κατὰ δὲ τὴν σκληρότητά σου καὶ ἀμετανόητον καρδίαν θησαυρίζεις σεαυτῷ ὀργὴν ἐν ἡμέρᾳ ὀργῆς καὶ ἀποκαλύψεως καὶ¹ δικαιοκρισίας τοῦ Θεοῦ, **6** ὃς ἀποδώσει ἑκάστῳ κατὰ τὰ ἔργα αὐτοῦ, **7** τοῖς μὲν καθ᾽ ὑπομονὴν ἔργου ἀγαθοῦ δόξαν καὶ τιμὴν καὶ ἀφθαρσίαν ζητοῦσι, ζωὴν αἰώνιον· **8** τοῖς δὲ ἐξ ἐριθείας, καὶ ἀπειθοῦσι °μὲν τῇ ἀληθείᾳ, πειθομένοις δὲ τῇ ἀδικίᾳ, ˢθυμὸς καὶ ὀργή,ˡ **9** θλῖψις καὶ στενοχωρία, ἐπὶ πᾶσαν ψυχὴν ἀνθρώπου τοῦ κατεργαζομένου τὸ κακόν, Ἰουδαίου τε πρῶτον καὶ Ἕλληνος· **10** δόξα δὲ καὶ τιμὴ καὶ εἰρήνη παντὶ τῷ ἐργαζομένῳ τὸ ἀγαθόν, Ἰουδαίῳ τε πρῶτον καὶ Ἕλληνι. **11** Οὐ γάρ ἐστι προσωποληψία παρὰ τῷ Θεῷ. **12** Ὅσοι γὰρ ἀνόμως ἥμαρτον, ἀνόμως καὶ ἀπολοῦνται· καὶ ὅσοι ἐν νόμῳ ἥμαρτον, διὰ νόμου κριθήσονται. **13** Οὐ γὰρ οἱ ἀκροαταὶ °¹τοῦ νόμου δίκαιοι παρὰ °²τῷ Θεῷ, ἀλλ᾽ οἱ ποιηταὶ °³τοῦ νόμου δικαιωθήσονται. **14** Ὅταν γὰρ ἔθνη τὰ μὴ νόμον ἔχοντα φύσει τὰ τοῦ νόμου ʳποιῇ, οὗτοι, νόμον μὴ ἔχοντες, ἑαυτοῖς εἰσι νόμος· **15** οἵτινες ἐνδείκνυνται τὸ ἔργον τοῦ νόμου γραπτὸν ἐν ταῖς καρδίαις αὐτῶν, συμμαρτυρούσης αὐτῶν τῆς συνειδήσεως, καὶ μεταξὺ ἀλλήλων τῶν λογισμῶν κατηγορούντων ἢ καὶ ἀπολογουμένων, **16** ἐν ἡμέρᾳ ὅτε κρινεῖ ὁ Θεὸς τὰ κρυπτὰ τῶν ἀνθρώπων κατὰ τὸ εὐαγγέλιόν μου διὰ ˢ Ἰησοῦ Χριστοῦ.ˡ

The Jews Are as Guilty as the Gentiles They Judge

17 ʳἼδε σὺ Ἰουδαῖος ἐπονομάζῃ καὶ ἐπαναπαύῃ °τῷ νόμῳ καὶ καυχᾶσαι ἐν Θεῷ **18** καὶ γινώσκεις τὸ θέλημα καὶ

---

¹5 καὶ 𝔐 vs − ℵ*BA, TR Cr

---

8 °ℵ*B vs 𝔐 A   8 ˢ321 ℵBA vs 𝔐   13 °¹ℵBA vs 𝔐

13 °²B vs 𝔐 ℵA, [Cr]   13 °³ℵBA vs 𝔐

14 ʳποιωσιν ℵBA vs M   16 ˢℵ*ᵛⁱᵈB vs 𝔐 A

17 ʳει δε ℵBA vs M   17 °ℵBA vs 𝔐

δοκιμάζεις τὰ διαφέροντα κατηχούμενος ἐκ τοῦ νόμου, 19 πέποιθάς τε σεαυτὸν ὁδηγὸν εἶναι τυφλῶν, φῶς τῶν ἐν σκότει, 20 παιδευτὴν ἀφρόνων, διδάσκαλον νηπίων, ἔχοντα τὴν μόρφωσιν τῆς γνώσεως καὶ τῆς ἀληθείας ἐν τῷ νόμῳ. 21 Ὁ οὖν διδάσκων ἕτερον, σεαυτὸν οὐ διδάσκεις? Ὁ κηρύσσων μὴ κλέπτειν, κλέπτεις? 22 Ὁ λέγων μὴ μοιχεύειν, μοιχεύεις? Ὁ βδελυσσόμενος τὰ εἴδωλα, ἱεροσυλεῖς? 23 Ὃς ἐν νόμῳ καυχᾶσαι, διὰ τῆς παραβάσεως τοῦ νόμου τὸν Θεὸν ἀτιμάζεις? 24 «Τὸ γὰρ ὄνομα τοῦ Θεοῦ δι᾽ ὑμᾶς βλασφημεῖται ἐν τοῖς ἔθνεσι,» καθὼς γέγραπται.

Circumcision *Per Se* Is of No Avail

25 Περιτομὴ μὲν γὰρ ὠφελεῖ ἐὰν νόμον πράσσῃς, ἐὰν δὲ παραβάτης νόμου ᾖς, ἡ περιτομή σου ἀκροβυστία γέγονεν. 26 Ἐὰν οὖν ἡ ἀκροβυστία τὰ δικαιώματα τοῦ νόμου φυλάσσῃ, ⌜οὐχὶ ἡ ἀκροβυστία αὐτοῦ εἰς περιτομὴν λογισθήσεται? 27 Καὶ κρινεῖ ἡ ἐκ φύσεως ἀκροβυστία, τὸν νόμον τελοῦσα, σὲ τὸν διὰ γράμματος καὶ περιτομῆς παραβάτην νόμου? 28 Οὐ γὰρ ὁ ἐν τῷ φανερῷ Ἰουδαῖός ἐστιν, οὐδὲ ἡ ἐν τῷ φανερῷ ἐν σαρκὶ περιτομή· 29 ἀλλ᾽ ὁ ἐν τῷ κρυπτῷ Ἰουδαῖος, καὶ περιτομὴ καρδίας ἐν πνεύματι, οὐ γράμματι, οὗ ὁ ἔπαινος οὐκ ἐξ ἀνθρώπων ἀλλ᾽ ἐκ τοῦ Θεοῦ.

Paul Answers an Objection

3 Τί οὖν τὸ περισσὸν τοῦ Ἰουδαίου, ἢ τίς ἡ ὠφέλεια τῆς περιτομῆς? 2 Πολὺ κατὰ πάντα τρόπον! Πρῶτον μὲν °γὰρ ὅτι ἐπιστεύθησαν τὰ λόγια τοῦ Θεοῦ. 3 Τί γὰρ εἰ ἠπίστησάν τινες? Μὴ ἡ ἀπιστία αὐτῶν τὴν πίστιν τοῦ Θεοῦ καταργήσει? 4 Μὴ γένοιτο! Γινέσθω δὲ ὁ Θεὸς ἀληθής, πᾶς δὲ ἄνθρωπος ψεύστης, καθὼς γέγραπται,

---

26 ⌜ουχ 𝕂B vs 𝔐   2 °B vs 𝔐𝕂A, [Cr]
24 Is. 52:5; Ezek. 36:22

« Ὅπως ἂν δικαιωθῇς ἐν τοῖς λόγοις σου
Καὶ νικήσῃς[1] ἐν τῷ κρίνεσθαί σε.»

5 Εἰ δὲ ἡ ἀδικία ἡμῶν Θεοῦ δικαιοσύνην συνίστησι, τί[2] ἐροῦ-
μεν? Μὴ ἄδικος ὁ Θεὸς ὁ ἐπιφέρων τὴν ὀργήν? (Κατὰ
ἄνθρωπον λεγω.) 6 Μὴ γένοιτο! Ἐπεὶ πῶς κρινεῖ ὁ Θεὸς
τὸν κόσμον? 7 Εἰ ⌜γὰρ ἡ ἀλήθεια τοῦ Θεοῦ ἐν τῷ ἐμῷ
ψεύσματι ἐπερίσσευσεν εἰς τὴν δόξαν αὐτοῦ, τί ἔτι κἀγὼ
ὡς ἁμαρτωλὸς κρίνομαι? 8 Καὶ μὴ καθὼς βλασφημούμεθα
καὶ καθώς φασί τινες ἡμᾶς λέγειν ὅτι "Ποιήσωμεν τὰ κακὰ
ἵνα ἔλθῃ τὰ ἀγαθά"? ⌐Ὧν τὸ κρίμα ἔνδικόν ἐστι.

All Have Sinned

9 Τί οὖν? Προεχόμεθα? Οὐ πάντως. Προῃτιασάμεθα γὰρ
Ἰουδαίους τε καὶ Ἕλληνας πάντας ὑφ᾽ ἁμαρτίαν εἶναι.
10 Καθὼς γέγραπται ὅτι[3]

«Οὐκ ἔστι δίκαιος οὐδὲ εἷς,
11   Οὐκ ἔστιν ὁ συνίων,
     Οὐκ ἔστιν ὁ ἐκζητῶν τὸν Θεόν.
12   Πάντες ἐξέκλιναν,
     Ἅμα •ἠχρειώθησαν·
     Οὐκ ἔστι ⌐ ποιῶν χρηστότητα,
     □Οὐκ ἔστιν ⟍ ἕως ἑνός.»

13   «Τάφος ἀνεῳγμένος ὁ λάρυγξ αὐτῶν,
     Ταῖς γλώσσαις αὐτῶν ἐδολιοῦσαν.»

     «Ἰὸς ἀσπίδων ὑπὸ τὰ χείλη αὐτῶν.»

14 «Ὧν τὸ στόμα ἀρᾶς καὶ πικρίας γέμει.»

---

[1]4 νικησης M^pt B, TR vs νικησεις M^pt אA, Cr
[2]5 τι MאBA, TR Cr vs +ουν M^c
[3]10 οτι M^pt אBA, TR Cr vs −M^pt

7 ⌜δε אA vs 𝔐B   12 •ηχρεωθησαν אB*A vs 𝔐
12 ⌐ο א vs 𝔐BA   12 □B vs 𝔐אA, [Cr]

4 Ps. 51:4   10-12 Ps. 14:1-3; 53:1-3; Eccl. 7:20   13a Ps. 5:9   13b Ps. 140:3   14 Ps. 10:7

15 «Ὀξεῖς οἱ πόδες αὐτῶν ἐκχέαι αἷμα,
16 Σύντριμμα καὶ ταλαιπωρία ἐν ταῖς ὁδοῖς αὐτῶν,
17 Καὶ ὁδὸν εἰρήνης οὐκ ἔγνωσαν.»
18 «Οὐκ ἔστι φόβος Θεοῦ ἀπέναντι
τῶν ὀφθαλμῶν αὐτῶν.»

19 Οἴδαμεν δὲ ὅτι ὅσα ὁ νόμος λέγει, τοῖς ἐν τῷ νόμῳ λαλεῖ, ἵνα πᾶν στόμα φραγῇ καὶ ὑπόδικος γένηται πᾶς ὁ κόσμος τῷ Θεῷ. 20 Διότι ἐξ ἔργων νόμου οὐ δικαιωθήσεται πᾶσα σὰρξ ἐνώπιον αὐτοῦ, διὰ γὰρ νόμου ἐπίγνωσις ἁμαρτίας.

God's Righteousness Is Through Faith

21 Νυνὶ δὲ χωρὶς νόμου δικαιοσύνη Θεοῦ πεφανέρωται, μαρτυρουμένη ὑπὸ τοῦ νόμου καὶ τῶν προφητῶν, 22 δικαιοσύνη δὲ Θεοῦ διὰ πίστεως Ἰησοῦ Χριστοῦ εἰς πάντας □καὶ ἐπὶ πάντας` τοὺς πιστεύοντας. Οὐ γάρ ἐστι διαστολή· 23 πάντες γὰρ ἥμαρτον καὶ ὑστεροῦνται τῆς δόξης τοῦ Θεοῦ, 24 δικαιούμενοι δωρεὰν τῇ αὐτοῦ χάριτι διὰ τῆς ἀπολυτρώσεως τῆς ἐν Χριστῷ Ἰησοῦ, 25 ὃν προέθετο ὁ Θεὸς ἱλαστήριον ῾διὰ τῆς πίστεως᾿ἐν τῷ αὐτοῦ αἵματι, εἰς ἔνδειξιν τῆς δικαιοσύνης αὐτοῦ διὰ τὴν πάρεσιν τῶν προγεγονότων ἁμαρτημάτων, ἐν τῇ ἀνοχῇ τοῦ Θεοῦ, 26 πρὸς ᵀἔνδειξιν τῆς δικαιοσύνης αὐτοῦ ἐν τῷ νῦν καιρῷ, εἰς τὸ εἶναι αὐτὸν δίκαιον καὶ δικαιοῦντα τὸν ἐκ πίστεως Ἰησοῦ.

Boasting Is Excluded

27 Ποῦ οὖν ἡ καύχησις; Ἐξεκλείσθη. Διὰ ποίου νόμου; Τῶν ἔργων; Οὐχί, ἀλλὰ διὰ νόμου πίστεως. 28 Λογιζόμεθα ῾οὖν ῎πίστει δικαιοῦσθαι᾿ ἄνθρωπον χωρὶς ἔργων νόμου. 29 Ἢ Ἰουδαίων ὁ Θεὸς μόνον; Οὐχὶ °δὲ καὶ ἐθνῶν; Ναί,

---

22 □𝕲 (h.𝔭⁴⁶) vs 𝔐   25 ῾13 אC* vs 𝔐 B, [Cr]; (− A)
26 ᵀτην 𝕲 (h.𝔭⁴⁶) vs 𝔐   28 ῝γαρ אA vs 𝔐 BC
28 ῎𝕲 (h.𝔭⁴⁶) vs 𝔐   29 °𝕲 (h.𝔭⁴⁶) vs 𝔐

15-17 Is. 59:7,8; Prov. 1:16   18 Ps. 36:1

καὶ ἐθνῶν, 30 ʳἐπείπερ εἷς ὁ Θεός, ὃς δικαιώσει περιτομὴν ἐκ πίστεως καὶ ἀκροβυστίαν διὰ τῆς πίστεως. 31 Νόμον οὖν καταργοῦμεν διὰ τῆς πίστεως? Μὴ γένοιτο! Ἀλλὰ νόμον ʳἱστῶμεν.

Abraham Was Justified by Faith

4 Τί οὖν ἐροῦμεν ʳʳἈβραὰμ τὸν πατέρα ἡμῶν εὑρη-κέναιʾ κατὰ σάρκα? 2 Εἰ γὰρ Ἀβραὰμ ἐξ ἔργων ἐδικαιώθη, ἔχει καύχημα, ἀλλʾ οὐ πρὸς °τὸν Θεόν. 3 Τί γὰρ ἡ Γραφὴ λέγει?˙ «Ἐπίστευσε δὲ Ἀβραὰμ τῷ Θεῷ, καὶ ἐλογίσθη αὐτῷ εἰς δικαιοσύνην.» 4 Τῷ δὲ ἐργαζομένῳ ὁ μισθὸς οὐ λογίζεται κατὰ χάριν ἀλλὰ κατὰ¹ ὀφείλημα. 5 Τῷ δὲ μὴ ἐργαζομένῳ, πιστεύοντι δὲ ἐπὶ τὸν δικαιοῦντα τὸν ἀσεβῆ, λογίζεται ἡ πίστις αὐτοῦ εἰς δικαιοσύνην.

David Celebrates the Same Truth

6 Καθάπερ καὶ Δαβὶδ λέγει τὸν μακαρισμὸν τοῦ ἀν-θρώπου ᾧ ὁ Θεὸς λογίζεται δικαιοσύνην χωρὶς ἔργων,

7 «Μακάριοι ὧν ἀφέθησαν αἱ ἀνομίαι,
Καὶ ὧν ἐπεκαλύφθησαν αἱ ἁμαρτίαι.
8 Μακάριος ἀνὴρ ʳᾧ οὐ μὴ λογίσηται Κύριος ἁμαρτίαν.»

Abraham Was Justified Long Before Circumcision

9 Ὁ μακαρισμὸς οὖν οὗτος ἐπὶ τὴν περιτομήν, ἢ καὶ ἐπὶ τὴν ἀκροβυστίαν? Λέγομεν γὰρ °ὅτι «Ἐλογίσθη τῷ Ἀβραὰμ ἡ πίστις εἰς δικαιοσύνην.» 10 Πῶς οὖν ἐλογίσθη? Ἐν περιτομῇ ὄντι ἢ ἐν ἀκροβυστίᾳ? Οὐκ ἐν περιτομῇ ἀλλʾ ἐν ἀκροβυστίᾳ. 11 Καὶ σημεῖον ἔλαβε περιτομῆς, σφραγῖδα

---

¹4 κατα 𝔐 𝕲 (h.𝔭⁴⁶), Cr vs + το TR

30 ʳειπερ 𝕲 (h.𝔭⁴⁶) vs 𝔐   31 ʳιστανομεν 𝕲 (h.𝔭⁴⁶) vs 𝔐
1 ʳευρηκεναι Αβρααμ τον προπατορα ημων ℵ*AC* vs 𝔐;
(Αβρααμ τον προπατορα ημων B)
2 °𝕲 (h.𝔭⁴⁶) vs 𝔐   8 ʳου ℵ*B vs 𝔐 AC   9 °ℵB vs 𝔐 AC

3 Gen. 15:6   7,8 Ps. 32:1,2   9 Gen. 15:6

τῆς δικαιοσύνης τῆς πίστεως τῆς ἐν τῇ ἀκροβυστίᾳ, εἰς τὸ
εἶναι αὐτὸν πατέρα πάντων τῶν πιστευόντων δι᾽ ἀκρο-
βυστίας, εἰς τὸ λογισθῆναι °¹καὶ αὐτοῖς °²τὴν δικαιοσύνην,
12 καὶ πατέρα περιτομῆς τοῖς οὐκ ἐκ περιτομῆς μόνον,
ἀλλὰ καὶ τοῖς στοιχοῦσι τοῖς ἴχνεσι τῆς πίστεως τῆς ἐν τῇ
ἀκροβυστίᾳ¹ τοῦ πατρὸς ἡμῶν Ἀβραάμ.

The Promise Was Granted Through Faith

13 Οὐ γὰρ διὰ νόμου ἡ ἐπαγγελία τῷ Ἀβραὰμ ἢ τῷ
σπέρματι αὐτοῦ, τὸ κληρονόμον αὐτὸν εἶναι °τοῦ κόσμου,
ἀλλὰ διὰ δικαιοσύνης πίστεως. 14 Εἰ γὰρ οἱ ἐκ νόμου
κληρονόμοι, κεκένωται ἡ πίστις καὶ κατήργηται ἡ ἐπαγ-
γελία· 15 ὁ γὰρ νόμος ὀργὴν κατεργάζεται· οὐ ⸆γὰρ
οὐκ ἔστι νόμος, οὐδὲ παράβασις. 16 Διὰ τοῦτο ἐκ πίστεως
ἵνα κατὰ χάριν, εἰς τὸ εἶναι βεβαίαν τὴν ἐπαγγελίαν παντὶ
τῷ σπέρματι, οὐ τῷ ἐκ τοῦ νόμου μόνον, ἀλλὰ καὶ τῷ ἐκ
πίστεως Ἀβραάμ, ὅς ἐστι πατὴρ πάντων ἡμῶν 17 (καθὼς
γέγραπται ὅτι «Πατέρα πολλῶν ἐθνῶν τέθεικά σε»)·
κατέναντι οὗ ἐπίστευσε Θεοῦ, τοῦ ζωοποιοῦντος τοὺς
νεκροὺς καὶ καλοῦντος τὰ μὴ ὄντα ὡς ὄντα. 18 Ὃς παρ᾽
ἐλπίδα ἐπ᾽ ἐλπίδι ἐπίστευσεν, εἰς τὸ γενέσθαι αὐτὸν
«πατέρα πολλῶν ἐθνῶν,» κατὰ τὸ εἰρημένον, «Οὕτως
ἔσται τὸ σπέρμα σου.» 19 Καὶ μὴ ἀσθενήσας τῇ πίστει,
°¹οὐ κατενόησε τὸ ἑαυτοῦ σῶμα °²ἤδη νενεκρωμένον,
ἑκατονταέτης που ὑπάρχων, καὶ τὴν νέκρωσιν τῆς μήτρας
Σάρρας, 20 εἰς δὲ τὴν ἐπαγγελίαν τοῦ Θεοῦ οὐ διεκρίθη τῇ

---

¹12 πιστεως της εν τη ακροβυστια Mᵖᵗ vs πιστεως της εν
ακροβυστια Mᵖᵗ vs εν τη ακροβυστια πιστεως TR vs εν
ακροβυστια πιστεως BA, Cr vs εν ακροβυστια ℵ* vs εν
ακροβυστιας πιστεως C*

---

11 °¹ℵ*BA vs 𝔐 C, [Cr]   11 °²ℵ vs 𝔐 BC*, [Cr]; (εις for την A)
13 °𝕲 (h.𝔓⁴⁶) vs 𝔐   15 ⸆δε 𝕲 (h.𝔓⁴⁶) vs 𝔐
19 °¹𝕲 (h.𝔓⁴⁶) vs 𝔐   19 °²B vs 𝔐 AC, [Cr]

---

17 Gen. 17:5   18 Gen. 15:5

ἀπιστίᾳ ἀλλ᾿ ἐνεδυναμώθη τῇ πίστει, δοὺς δόξαν τῷ Θεῷ,
21 καὶ πληροφορηθεὶς ὅτι ὃ ἐπήγγελται δυνατός ἐστι καὶ
ποιῆσαι. 22 Διὸ °καὶ «ἐλογίσθη αὐτῷ εἰς δικαιοσύνην.»
23 Οὐκ ἐγράφη δὲ δι᾿ αὐτὸν μόνον ὅτι ἐλογίσθη αὐτῷ,
24 ἀλλὰ καὶ δι᾿ ἡμᾶς οἷς μέλλει λογίζεσθαι, τοῖς πισ-
τεύουσιν ἐπὶ τὸν ἐγείραντα Ἰησοῦν τὸν Κύριον ἡμῶν ἐκ
νεκρῶν, 25 ὃς παρεδόθη διὰ τὰ παραπτώματα ἡμῶν καὶ
ἠγέρθη διὰ τὴν δικαίωσιν ἡμῶν.

Faith Triumphs in Trouble

5 Δικαιωθέντες οὖν ἐκ πίστεως, εἰρήνην ἔχομεν[1] πρὸς
τὸν Θεὸν διὰ τοῦ Κυρίου ἡμῶν Ἰησοῦ Χριστοῦ, 2 δι᾿ οὗ
καὶ τὴν προσαγωγὴν ἐσχήκαμεν □τῇ πίστει` εἰς τὴν χάριν
ταύτην ἐν ᾗ ἑστήκαμεν, καὶ καυχώμεθα ἐπ᾿ ἐλπίδι τῆς
δόξης τοῦ Θεοῦ. 3 Οὐ μόνον δέ, ἀλλὰ καὶ καυχώμεθα ἐν
ταῖς θλίψεσιν, εἰδότες ὅτι ἡ θλῖψις ὑπομονὴν κατερ-
γάζεται, 4 ἡ δὲ ὑπομονὴ δοκιμήν, ἡ δὲ δοκιμὴ ἐλπίδα.
5 Ἡ δὲ ἐλπὶς οὐ καταισχύνει, ὅτι ἡ ἀγάπη τοῦ Θεοῦ
ἐκκέχυται ἐν ταῖς καρδίαις ἡμῶν διὰ Πνεύματος Ἁγίου τοῦ
δοθέντος ἡμῖν.

Justified by His Death; Saved by His Life

6 Ἔτι γὰρ Χριστός, ὄντων ἡμῶν ἀσθενῶν, ᵀκατὰ καιρὸν
ὑπὲρ ἀσεβῶν ἀπέθανε. 7 Μόλις γὰρ ὑπὲρ δικαίου τις
ἀποθανεῖται, ὑπὲρ γὰρ τοῦ ἀγαθοῦ τάχα τις καὶ τολμᾷ
ἀποθανεῖν. 8 Συνίστησι δὲ τὴν ἑαυτοῦ ἀγάπην εἰς ἡμᾶς ὁ
Θεός, ὅτι ἔτι ἁμαρτωλῶν ὄντων ἡμῶν, Χριστὸς ὑπὲρ ἡμῶν
ἀπέθανε. 9 Πολλῷ οὖν μᾶλλον, δικαιωθέντες νῦν ἐν τῷ
αἵματι αὐτοῦ, σωθησόμεθα δι᾿ αὐτοῦ ἀπὸ τῆς ὀργῆς. 10 Εἰ
γὰρ ἐχθροὶ ὄντες κατηλλάγημεν τῷ Θεῷ διὰ τοῦ θανά-
του τοῦ Υἱοῦ αὐτοῦ, πολλῷ μᾶλλον καταλλαγέντες

---

[1] 1 εχομεν Mᵖᵗ, TR Cr vs εχωμεν Mᵖᵗ𝕲 (h.𝔭⁴⁶)

---

22 °B vs 𝕸 ℵAC, [Cr]   2 □B vs 𝕸 ℵ*C (εν τη πιστει A), [Cr]
6 ᵀετι 𝕲 (h.𝔭⁴⁶) vs 𝕸

---

22 Gen. 15:6

σωθησόμεθα ἐν τῇ ζωῇ αὐτοῦ. 11 Οὐ μόνον δέ, ἀλλὰ καὶ καυχώμενοι[1] ἐν τῷ Θεῷ διὰ τοῦ Κυρίου ἡμῶν Ἰησοῦ Χριστοῦ, δι᾽ οὗ νῦν τὴν καταλλαγὴν ἐλάβομεν.

Death Through Adam and Life Through Christ

12 Διὰ τοῦτο, ὥσπερ δι᾽ ἑνὸς ἀνθρώπου ἡ ἁμαρτία εἰς τὸν κόσμον εἰσῆλθε, καὶ διὰ τῆς ἁμαρτίας ὁ θάνατος, καὶ οὕτως εἰς πάντας ἀνθρώπους ὁ θάνατος διῆλθεν, ἐφ᾽ ᾧ πάντες ἥμαρτον. 13 Ἄχρι γὰρ νόμου ἁμαρτία ἦν ἐν κόσμῳ, ἁμαρτία δὲ οὐκ ἐλλογεῖται, μὴ ὄντος νόμου. 14 Ἀλλ᾽ ἐβα-σίλευσεν ὁ θάνατος ἀπὸ Ἀδὰμ μέχρι Μωϋσέως καὶ ἐπὶ τοὺς μὴ ἁμαρτήσαντας ἐπὶ τῷ ὁμοιώματι τῆς παραβάσεως Ἀδάμ, ὅς ἐστι τύπος τοῦ μέλλοντος. 15 Ἀλλ᾽ οὐχ ὡς τὸ παράπτωμα, οὕτω καὶ τὸ χάρισμα. Εἰ γὰρ τῷ τοῦ ἑνὸς παραπτώματι οἱ πολλοὶ ἀπέθανον, πολλῷ μᾶλλον ἡ χάρις τοῦ Θεοῦ καὶ ἡ δωρεὰ ἐν χάριτι τῇ τοῦ ἑνὸς ἀνθρώπου Ἰησοῦ Χριστοῦ εἰς τοὺς πολλοὺς ἐπερίσσευσε. 16 Καὶ οὐχ ὡς δι᾽ ἑνὸς ἁμαρτήσαντος, τὸ δώρημα· τὸ μὲν γὰρ κρίμα ἐξ ἑνὸς εἰς κατάκριμα, τὸ δὲ χάρισμα ἐκ πολλῶν παραπτωμάτων εἰς δικαίωμα. 17 Εἰ γὰρ τῷ τοῦ ἑνὸς παραπτώματι ὁ θάνατος ἐβασίλευσε διὰ τοῦ ἑνός, πολλῷ μᾶλλον οἱ τὴν περισσείαν τῆς χάριτος καὶ τῆς δωρεᾶς τῆς δικαιοσύνης λαμβάνοντες ἐν ζωῇ βασιλεύσουσι διὰ τοῦ ἑνὸς Ἰησοῦ Χριστοῦ. 18 Ἄρα οὖν ὡς δι᾽ ἑνὸς παραπτώματος εἰς πάντας ἀνθρώπους εἰς κατάκριμα, οὕτω καὶ δι᾽ ἑνὸς δικαιώματος εἰς πάντας ἀνθρώπους εἰς δικαίωσιν ζωῆς. 19 Ὥσπερ γὰρ διὰ τῆς παρακοῆς τοῦ ἑνὸς ἀνθρώπου ἁμαρτωλοὶ κατεστάθησαν οἱ πολλοί, οὕτω καὶ διὰ τῆς ὑπακοῆς τοῦ ἑνὸς δίκαιοι κατασταθήσονται οἱ πολλοί. 20 Νόμος δὲ παρεισῆλθεν ἵνα πλεονάσῃ τὸ παράπτωμα. Οὗ δὲ ἐπλεόνασεν ἡ ἁμαρτία, ὑπερε-περίσσευσεν ἡ χάρις, 21 ἵνα ὥσπερ ἐβασίλευσεν ἡ ἁμαρτία ἐν τῷ θανάτῳ, οὕτω καὶ ἡ χάρις βασιλεύσῃ[2] διὰ

---

[1] 11 καυχωμενοι **MG** (h.𝔭⁴⁶), **TR Cr** vs καυχωμεθα **Mʳ**
[2] 21 βασιλευση **MᵖᵗℵBC**, **TR Cr** vs βασιλευσει **Mᵖᵗ** vs εβασιλευση **A**

δικαιοσύνης εἰς ζωὴν αἰώνιον διὰ ᾿Ιησοῦ Χριστοῦ τοῦ Κυρίου
ἡμῶν.

The Justified Are Dead to Sin and Alive to God

6 Τί οὖν ἐροῦμεν? ᾿Επιμένομεν[1] τῇ ἁμαρτίᾳ ἵνα ἡ χάρις
πλεονάσῃ? **2** Μὴ γένοιτο! Οἵτινες ἀπεθάνομεν τῇ
ἁμαρτίᾳ, πῶς ἔτι ζήσομεν ἐν αὐτῇ? **3** ῍Η ἀγνοεῖτε ὅτι ὅσοι
ἐβαπτίσθημεν εἰς Χριστὸν ᾿Ιησοῦν εἰς τὸν θάνατον αὐτοῦ
ἐβαπτίσθημεν? **4** Συνετάφημεν οὖν αὐτῷ διὰ τοῦ βαπ-
τίσματος εἰς τὸν θάνατον, ἵνα ὥσπερ ἠγέρθη Χριστὸς
ἐκ νεκρῶν διὰ τῆς δόξης τοῦ Πατρός, οὕτω καὶ ἡμεῖς
ἐν καινότητι ζωῆς περιπατήσωμεν. **5** Εἰ γὰρ σύμφυτοι
γεγόναμεν τῷ ὁμοιώματι τοῦ θανάτου αὐτοῦ, ἀλλὰ καὶ τῆς
ἀναστάσεως ἐσόμεθα· **6** τοῦτο γινώσκοντες, ὅτι ὁ παλαιὸς
ἡμῶν ἄνθρωπος συνεσταυρώθη ἵνα καταργηθῇ τὸ σῶμα
τῆς ἁμαρτίας, τοῦ μηκέτι δουλεύειν ἡμᾶς τῇ ἁμαρτίᾳ. **7** ῾Ο
γὰρ ἀποθανὼν δεδικαίωται ἀπὸ τῆς ἁμαρτίας. **8** Εἰ δὲ
ἀπεθάνομεν σὺν Χριστῷ, πιστεύομεν ὅτι καὶ συζήσομεν
αὐτῷ, **9** εἰδότες ὅτι Χριστὸς ἐγερθεὶς ἐκ νεκρῶν οὐκέτι
ἀποθνῄσκει· θάνατος αὐτοῦ οὐκέτι κυριεύει. **10** ῝Ο γὰρ
ἀπέθανε, τῇ ἁμαρτίᾳ ἀπέθανεν ἐφάπαξ· ὃ δὲ ζῇ, ζῇ τῷ
Θεῷ. **11** Οὕτω καὶ ὑμεῖς λογίζεσθε ἑαυτοὺς ⸉νεκροὺς μὲν
εἶναι⸊ τῇ ἁμαρτίᾳ, ζῶντας δὲ τῷ Θεῷ ἐν Χριστῷ ᾿Ιησοῦ
▫τῷ Κυρίῳ ἡμῶν.⸌

12 Μὴ οὖν βασιλευέτω ἡ ἁμαρτία ἐν τῷ θνητῷ ὑμῶν
σώματι εἰς τὸ ὑπακούειν ⸂αὐτῇ ἐν ταῖς ἐπιθυμίαις αὐτοῦ,⸃
13 μηδὲ παριστάνετε τὰ μέλη ὑμῶν ὅπλα ἀδικίας τῇ
ἁμαρτίᾳ, ἀλλὰ παραστήσατε ἑαυτοὺς τῷ Θεῷ ⸀ὡς ἐκ
νεκρῶν ζῶντας, καὶ τὰ μέλη ὑμῶν ὅπλα δικαιοσύνης τῷ
Θεῷ. **14** ῾Αμαρτία γὰρ ὑμῶν οὐ κυριεύσει, οὐ γάρ ἐστε ὑπὸ
νόμον, ἀλλ᾿ ὑπὸ χάριν.

---

[1]1 επιμενομεν M^{pt}ℵ vs επιμενωμεν M^{pt}BAC, **Cr** vs επιμενουμεν M^{pt}, **TR**

---

11 ⸉312 ℵ*BC vs 𝔐, [Cr]; (12 𝔓^{46}A) 11 ▫𝔓^{46}BA vs 𝔐ℵC
12 ⸂3-5 𝔊 vs 𝔐; (1 𝔓^{46}) 13 ⸀ωσει 𝔊 (h.𝔓^{46}) vs 𝔐

From Slaves of Sin to Servants of God

15 Τί οὖν? Ἁμαρτήσομεν[1] ὅτι οὐκ ἐσμὲν ὑπὸ νόμον ἀλλ᾽ ὑπὸ χάριν? Μὴ γένοιτο! **16** Οὐκ οἴδατε ὅτι ᾧ παριστάνετε ἑαυτοὺς δούλους εἰς ὑπακοήν, δοῦλοί ἐστε ᾧ ὑπακούετε, ἤτοι ἁμαρτίας εἰς θάνατον ἢ ὑπακοῆς εἰς δικαιοσύνην? **17** Χάρις δὲ τῷ Θεῷ ὅτι ἦτε δοῦλοι τῆς ἁμαρτίας, ὑπηκούσατε δὲ ἐκ καρδίας εἰς ὃν παρεδόθητε τύπον διδαχῆς. **18** Ἐλευθερωθέντες δὲ ἀπὸ τῆς ἁμαρτίας, ἐδουλώθητε τῇ δικαιοσύνῃ. **19** Ἀνθρώπινον λέγω διὰ τὴν ἀσθένειαν τῆς σαρκὸς ὑμῶν. Ὥσπερ γὰρ παρεστήσατε τὰ μέλη ὑμῶν δοῦλα τῇ ἀκαθαρσίᾳ, καὶ τῇ ἀνομίᾳ εἰς τὴν ἀνομίαν, οὕτω νῦν παραστήσατε τὰ μέλη ὑμῶν δοῦλα τῇ δικαιοσύνῃ εἰς ἁγιασμόν. **20** Ὅτε γὰρ δοῦλοι ἦτε τῆς ἁμαρτίας, ἐλεύθεροι ἦτε τῇ δικαιοσύνῃ. **21** Τίνα οὖν καρπὸν εἴχετε τότε ἐφ᾽ οἷς νῦν ἐπαισχύνεσθε? Τὸ γὰρ τέλος ἐκείνων θάνατος. **22** Νυνὶ δὲ ἐλευθερωθέντες ἀπὸ τῆς ἁμαρτίας, δουλωθέντες δὲ τῷ Θεῷ, ἔχετε τὸν καρπὸν ὑμῶν εἰς ἁγιασμόν, τὸ δὲ τέλος ζωὴν αἰώνιον. **23** Τὰ γὰρ ὀψώνια τῆς ἁμαρτίας θάνατος, τὸ δὲ χάρισμα τοῦ Θεοῦ ζωὴ αἰώνιος ἐν Χριστῷ Ἰησοῦ τῷ Κυρίῳ ἡμῶν.

Life in Christ Delivers from the Law

7 Ἢ ἀγνοεῖτε, ἀδελφοί (γινώσκουσι γὰρ νόμον λαλῶ), ὅτι ὁ νόμος κυριεύει τοῦ ἀνθρώπου ἐφ᾽ ὅσον χρόνον ζῇ? **2** Ἡ γὰρ ὕπανδρος γυνὴ τῷ ζῶντι ἀνδρὶ δέδεται νόμῳ. Ἐὰν δὲ ἀποθάνῃ ὁ ἀνήρ, κατήργηται ἀπὸ τοῦ νόμου τοῦ ἀνδρός. **3** Ἄρα οὖν, ζῶντος τοῦ ἀνδρός, μοιχαλὶς χρηματίσει ἐὰν γένηται ἀνδρὶ ἑτέρῳ· ἐὰν δὲ ἀποθάνῃ ὁ ἀνήρ, ἐλευθέρα ἐστὶν ἀπὸ τοῦ νόμου, τοῦ μὴ εἶναι αὐτὴν μοιχαλίδα γενομένην ἀνδρὶ ἑτέρῳ. **4** Ὥστε, ἀδελφοί μου, καὶ ὑμεῖς ἐθανατώθητε τῷ νόμῳ διὰ τοῦ σώματος τοῦ Χριστοῦ εἰς τὸ γενέσθαι ὑμᾶς[2] ἑτέρῳ, τῷ ἐκ νεκρῶν ἐγερθέντι, ἵνα καρποφορήσωμεν τῷ Θεῷ. **5** Ὅτε γὰρ ἦμεν ἐν τῇ σαρκί, τὰ παθήματα τῶν ἁμαρτιῶν τὰ διὰ τοῦ νόμου ἐνηργεῖτο ἐν τοῖς μέλεσιν ἡμῶν εἰς τὸ καρποφορῆσαι τῷ

---

[1]15 αμαρτησομεν M[pt], TR vs αμαρτησωμεν M[pt]G (h.𝔭⁴⁶), Cr

[2]4 υμας MG (h.𝔭⁴⁶), TR Cr vs +ανδρι M[c]

θανάτῳ. 6 Νυνὶ δὲ κατηργήθημεν ἀπὸ τοῦ νόμου, ἀποθανόντες ἐν ᾧ κατειχόμεθα, ὥστε δουλεύειν ἡμᾶς ἐν καινότητι Πνεύματος, καὶ οὐ παλαιότητι γράμματος.

Sin Takes Advantage Through the Law

7 Τί οὖν ἐροῦμεν?[1] Ὁ νόμος ἁμαρτία? Μὴ γένοιτο! Ἀλλὰ τὴν ἁμαρτίαν οὐκ ἔγνων εἰ μὴ διὰ νόμου. Τήν τε γὰρ ἐπιθυμίαν οὐκ ᾔδειν εἰ μὴ ὁ νόμος ἔλεγεν, «Οὐκ ἐπιθυμήσεις.» 8 Ἀφορμὴν δὲ λαβοῦσα ἡ ἁμαρτία διὰ τῆς ἐντολῆς κατειργάσατο ἐν ἐμοὶ πᾶσαν ἐπιθυμίαν. Χωρὶς γὰρ νόμου ἁμαρτία νεκρά. 9 Ἐγὼ δὲ ἔζων χωρὶς νόμου ποτέ· ἐλθούσης δὲ τῆς ἐντολῆς, ἡ ἁμαρτία ἀνέζησεν, ἐγὼ δὲ ἀπέθανον. 10 Καὶ εὑρέθη μοι ἡ ἐντολὴ ἡ εἰς ζωήν, αὕτη εἰς θάνατον. 11 Ἡ γὰρ ἁμαρτία ἀφορμὴν λαβοῦσα διὰ τῆς ἐντολῆς ἐξηπάτησέ με, καὶ δι᾽ αὐτῆς ἀπέκτεινεν. 12 Ὥστε ὁ μὲν νόμος ἅγιος, καὶ ἡ ἐντολὴ ἁγία καὶ δικαία καὶ ἀγαθή.

The Law Cannot Deliver from Indwelling Sin

13 Τὸ οὖν ἀγαθὸν ἐμοὶ ⌜γέγονε θάνατος? Μὴ γένοιτο! Ἀλλὰ ἡ ἁμαρτία, ἵνα φανῇ ἁμαρτία, διὰ τοῦ ἀγαθοῦ μοι κατεργαζομένη θάνατον, ἵνα γένηται καθ᾽ ὑπερβολὴν ἁμαρτωλὸς ἡ ἁμαρτία διὰ τῆς ἐντολῆς. 14 Οἴδαμεν γὰρ ὅτι ὁ νόμος πνευματικός ἐστιν· ἐγὼ δὲ ⌜σαρκικός εἰμι, πεπραμένος ὑπὸ τὴν ἁμαρτίαν. 15 Ὁ γὰρ κατεργάζομαι οὐ γινώσκω. Οὐ γὰρ ὃ θέλω τοῦτο πράσσω, ἀλλ᾽ ὃ μισῶ τοῦτο ποιῶ. 16 Εἰ δὲ ὃ οὐ θέλω τοῦτο ποιῶ, σύμφημι τῷ νόμῳ ὅτι καλός. 17 Νυνὶ δὲ οὐκέτι ἐγὼ κατεργάζομαι αὐτό, ἀλλ᾽ ἡ οἰκοῦσα ἐν ἐμοὶ ἁμαρτία. 18 Οἶδα γὰρ ὅτι οὐκ οἰκεῖ ἐν ἐμοί, τοῦτ᾽ ἔστιν ἐν τῇ σαρκί μου, ἀγαθόν. Τὸ γὰρ θέλειν παράκειταί μοι, τὸ δὲ κατεργάζεσθαι τὸ καλὸν ⌜οὐχ εὑρίσκω.⌝ 19 Οὐ γὰρ ὃ θέλω ποιῶ ἀγαθόν, ἀλλ᾽ ὃ

---

[1]7 ερουμεν MG (h.𝔭⁴⁶), TR Cr vs +οτι Mᶜ

13 ⌜εγενετο G (h.𝔭⁴⁶) vs 𝔐   14 ⌜σαρκινος G (h.𝔭⁴⁶) vs 𝔐
18 ⌜ου G (h.𝔭⁴⁶) vs 𝔐

---

7 Ex. 20:17; Deut. 5:21

οὐ θέλω κακὸν τοῦτο πράσσω. **20** Εἰ δὲ ὃ οὐ θέλω °ἐγὼ
τοῦτο ποιῶ, οὐκέτι ἐγὼ κατεργάζομαι αὐτὸ ἀλλ᾿ ἡ οἰκοῦσα
ἐν ἐμοὶ ἁμαρτία. **21** Εὑρίσκω ἄρα τὸν νόμον τῷ θέλοντι
ἐμοὶ ποιεῖν τὸ καλόν, ὅτι ἐμοὶ τὸ κακὸν παράκειται.
22 Συνήδομαι γὰρ τῷ νόμῳ τοῦ Θεοῦ κατὰ τὸν ἔσω
ἄνθρωπον, **23** βλέπω δὲ ἕτερον νόμον ἐν τοῖς μέλεσί μου
ἀντιστρατευόμενον τῷ νόμῳ τοῦ νοός μου, καὶ αἰχμα-
λωτίζοντά με ἐν[1] τῷ νόμῳ τῆς ἁμαρτίας τῷ ὄντι ἐν τοῖς
μέλεσί μου. **24** Ταλαίπωρος ἐγὼ ἄνθρωπος! Τίς με ῥύσεται
ἐκ τοῦ σώματος τοῦ θανάτου τούτου? **25** ⸀Εὐχαριστῶ τῷ
Θεῷ διὰ Ἰησοῦ Χριστοῦ τοῦ Κυρίου ἡμῶν! Ἄρα οὖν αὐτὸς
ἐγὼ τῷ μὲν νοῒ δουλεύω νόμῳ Θεοῦ, τῇ δὲ σαρκὶ νόμῳ
ἁμαρτίας.

Deliverance from Indwelling Sin Is by the Holy Spirit

8 Οὐδὲν ἄρα νῦν κατάκριμα τοῖς ἐν Χριστῷ Ἰησοῦ, ⸋μὴ
κατὰ σάρκα περιπατοῦσιν ἀλλὰ κατὰ Πνεῦμα.⸌ **2** Ὁ
γὰρ νόμος τοῦ Πνεύματος τῆς ζωῆς ἐν Χριστῷ Ἰησοῦ
ἠλευθέρωσέ ⸀με ἀπὸ τοῦ νόμου τῆς ἁμαρτίας καὶ τοῦ
θανάτου. **3** Τὸ γὰρ ἀδύνατον τοῦ νόμου ἐν ᾧ ἠσθένει διὰ
τῆς σαρκός, ὁ Θεὸς τὸν ἑαυτοῦ Υἱὸν πέμψας ἐν ὁμοιώματι
σαρκὸς ἁμαρτίας καὶ περὶ ἁμαρτίας κατέκρινε τὴν
ἁμαρτίαν ἐν τῇ σαρκί, **4** ἵνα τὸ δικαίωμα τοῦ νόμου
πληρωθῇ ἐν ἡμῖν τοῖς μὴ κατὰ σάρκα περιπατοῦσιν ἀλλὰ
κατὰ Πνεῦμα. **5** Οἱ γὰρ κατὰ σάρκα ὄντες τὰ τῆς σαρκὸς
φρονοῦσιν, οἱ δὲ κατὰ Πνεῦμα τὰ τοῦ Πνεύματος. **6** Τὸ
γὰρ φρόνημα τῆς σαρκὸς θάνατος, τὸ δὲ φρόνημα τοῦ
Πνεύματος ζωὴ καὶ εἰρήνη. **7** Διότι τὸ φρόνημα τῆς σαρκὸς
ἔχθρα εἰς Θεόν, τῷ γὰρ νόμῳ τοῦ Θεοῦ οὐχ ὑποτάσσεται,
οὐδὲ γὰρ δύναται. **8** Οἱ δὲ ἐν σαρκὶ ὄντες Θεῷ ἀρέσαι οὐ
δύνανται. **9** Ὑμεῖς δὲ οὐκ ἐστὲ ἐν σαρκὶ ἀλλ᾿ ἐν Πνεύματι,
εἴπερ Πνεῦμα Θεοῦ οἰκεῖ ἐν ὑμῖν. Εἰ δέ τις Πνεῦμα Χριστοῦ
οὐκ ἔχει, οὗτος οὐκ ἔστιν αὐτοῦ. **10** Εἰ δὲ Χριστὸς ἐν ὑμῖν, τὸ

---

[1]**23** εν M^{pt}ℵB, Cr vs −M^{pt}AC, TR

---

20 °BC vs 𝔐ℵA, [Cr] **25** ⸀χαρις δε Ψ (χαρις B) vs 𝔐ℵ*A
1 ⸋ℵ*B vs 𝔐; (μη κατα σαρκα περιπατουσιν A)
2 ⸀σε ℵB vs 𝔐AC

μὲν σῶμα νεκρὸν διὰ¹ ἁμαρτίαν, τὸ δὲ πνεῦμα ζωὴ διὰ
δικαιοσύνην. 11 Εἰ δὲ τὸ Πνεῦμα τοῦ ἐγείραντος ᵀ Ἰησοῦν ἐκ
νεκρῶν οἰκεῖ ἐν ὑμῖν, ὁ ἐγείρας ᵒτὸν Χριστὸν ἐκ νεκρῶν
ζωοποιήσει καὶ τὰ θνητὰ σώματα ὑμῶν διὰ τὸ ἐνοικοῦν
αὐτοῦ Πνεῦμα² ἐν ὑμῖν.

Sonship Is Realized Through the Same Spirit

12 Ἄρα οὖν, ἀδελφοί, ὀφειλέται ἐσμέν, οὐ τῇ σαρκί, τοῦ
κατὰ σάρκα ζῆν. 13 Εἰ γὰρ κατὰ σάρκα ζῆτε, μέλλετε
ἀποθνῄσκειν, εἰ δὲ Πνεύματι τὰς πράξεις τοῦ σώματος
θανατοῦτε, ζήσεσθε. 14 Ὅσοι γὰρ Πνεύματι Θεοῦ ἄγονται,
οὗτοί ˢεἰσιν υἱοὶ Θεοῦ.ˡ 15 Οὐ γὰρ ἐλάβετε πνεῦμα
δουλείας πάλιν εἰς φόβον, ἀλλ᾽ ἐλάβετε Πνεῦμα υἱοθεσίας
ἐν ᾧ κράζομεν, "Ἀββὰ ὁ Πατήρ!" 16 Αὐτὸ τὸ Πνεῦμα
συμμαρτυρεῖ τῷ πνεύματι ἡμῶν ὅτι ἐσμὲν τέκνα Θεοῦ.
17 Εἰ δὲ τέκνα, καὶ κληρονόμοι — κληρονόμοι μὲν Θεοῦ,
συγκληρονόμοι δὲ Χριστοῦ, εἴπερ συμπάσχομεν ἵνα καὶ
συνδοξασθῶμεν.

From Sufferings to Glory

18 Λογίζομαι γὰρ ὅτι οὐκ ἄξια τὰ παθήματα τοῦ νῦν
καιροῦ πρὸς τὴν μέλλουσαν δόξαν ἀποκαλυφθῆναι εἰς
ἡμᾶς. 19 Ἡ γὰρ ἀποκαραδοκία τῆς κτίσεως τὴν
ἀποκάλυψιν τῶν υἱῶν τοῦ Θεοῦ ἀπεκδέχεται. 20 Τῇ γὰρ
ματαιότητι ἡ κτίσις ὑπετάγη, οὐχ ἑκοῦσα, ἀλλὰ διὰ τὸν
ὑποτάξαντα, ·ἐπ᾽ ἐλπίδι, 21 ὅτι καὶ αὐτὴ ἡ κτίσις
ἐλευθερωθήσεται ἀπὸ τῆς δουλείας τῆς φθορᾶς εἰς τὴν
ἐλευθερίαν τῆς δόξης τῶν τέκνων τοῦ Θεοῦ. 22 Οἴδαμεν
γὰρ ὅτι πᾶσα ἡ κτίσις συστενάζει καὶ συνωδίνει ἄχρι τοῦ
νῦν. 23 Οὐ μόνον δέ, ἀλλὰ καὶ αὐτοὶ τὴν ἀπαρχὴν τοῦ

---

¹10 δια MᵖᵗBAC, Cr vs δι Mᵖᵗℵ, TR
²11 το ενοικουν αυτου Πνευμα MᵖᵗB, TR vs του ενοικουντος αυτου
Πνευματος MᵖᵗℵA (αυτοι for αυτου C*), Cr

11 ᵀτον ℵ*BA vs 𝔐C   11 ᵒ𝕲 (h.𝔭⁴⁶) vs 𝔐
14 ˢ231 ℵAC vs 𝔐; (213 B)   20 ·εφ 𝔭⁴⁶ℵB* vs 𝔐AC

Πνεύματος ἔχοντες, ῾καὶ ἡμεῖς᾿ αὐτοὶ ἐν ἑαυτοῖς στενάζομεν,[1] υἱοθεσίαν ἀπεκδεχόμενοι, τὴν ἀπολύτρωσιν τοῦ σώματος ἡμῶν. 24 Τῇ γὰρ ἐλπίδι ἐσώθημεν, ἐλπὶς δὲ βλεπομένη οὐκ ἔστιν ἐλπίς· ὃ γὰρ βλέπει τις, ⸂τί καὶ᾿ ἐλπίζει; 25 Εἰ δὲ ὃ οὐ βλέπομεν ἐλπίζομεν, δι᾿ ὑπομονῆς ἀπεκδεχόμεθα. 26 Ὡσαύτως δὲ καὶ τὸ Πνεῦμα συναντιλαμβάνεται ῾ταῖς ἀσθενείαις᾿ ἡμῶν. Τὸ γὰρ τί προσευξόμεθα[2] καθὸ δεῖ οὐκ οἴδαμεν, ἀλλ᾿ αὐτὸ τὸ Πνεῦμα ὑπερεντυγχάνει ⸂ὑπὲρ ἡμῶν᾿ στεναγμοῖς ἀλαλήτοις. 27 Ὁ δὲ ·ἐρευνῶν τὰς καρδίας οἶδε τί τὸ φρόνημα τοῦ Πνεύματος, ὅτι κατὰ Θεὸν ἐντυγχάνει ὑπὲρ ἁγίων. 28 Οἴδαμεν δὲ ὅτι τοῖς ἀγαπῶσι τὸν Θεὸν πάντα συνεργεῖ εἰς[3] ἀγαθόν, τοῖς κατὰ πρόθεσιν κλητοῖς οὖσιν. 29 Ὅτι οὓς προέγνω, καὶ προώρισε συμμόρφους τῆς εἰκόνος τοῦ Υἱοῦ αὐτοῦ, εἰς τὸ εἶναι αὐτὸν πρωτότοκον ἐν πολλοῖς ἀδελφοῖς· 30 οὓς δὲ προώρισε, τούτους καὶ ἐκάλεσε· καὶ οὓς ἐκάλεσε, τούτους καὶ ἐδικαίωσεν· οὓς δὲ ἐδικαίωσε, τούτους καὶ ἐδόξασε.

Nothing Can Separate Us from God's Love

31 Τί οὖν ἐροῦμεν πρὸς ταῦτα; Εἰ ὁ Θεὸς ὑπὲρ ἡμῶν, τίς καθ᾿ ἡμῶν; 32 Ὅς γε τοῦ ἰδίου Υἱοῦ οὐκ ἐφείσατο, ἀλλ᾿ ὑπὲρ ἡμῶν πάντων παρέδωκεν αὐτόν, πῶς οὐχὶ καὶ σὺν αὐτῷ τὰ πάντα ἡμῖν χαρίσεται; 33 Τίς ἐγκαλέσει κατὰ ἐκλεκτῶν Θεοῦ; Θεὸς ὁ δικαιῶν. 34 Τίς ὁ κατακρίνων; Χριστὸς ᵀ ὁ ἀποθανών, μᾶλλον δὲ ᵒκαὶ ἐγερθείς, ὃς καί ἐστιν ἐν δεξιᾷ τοῦ Θεοῦ, ὃς καὶ ἐντυγχάνει ὑπὲρ ἡμῶν. 35 Τίς ἡμᾶς χωρίσει ἀπὸ τῆς ἀγάπης τοῦ Χριστοῦ; Θλῖψις ἢ στενοχωρία ἢ διωγμὸς ἢ λιμὸς ἢ γυμνότης ἢ κίνδυνος ἢ μάχαιρα; 36 Καθὼς γέγραπται ὅτι

---

[1]23 στεναζομεν 𝕸𝕲, TR Cr vs συστεναζομεν 𝕸ᶜ
[2]26 προσευξομεθα 𝕸 vs προσευξωμεθα 𝕲 (h.𝔭⁴⁶), TR Cr
[3]28 εις 𝕸ᵖᵗ𝕲 (h.𝔭⁴⁶), TR Cr vs +το 𝕸ᵖᵗ

---

23 ῾21 𝕲 vs 𝕸 ; (1 B)   24 ⸂𝔭⁴⁶B* vs 𝕸AC; (και ℵ*)
26 ῾τη ασθενεια 𝕲 (h.𝔭⁴⁶) vs 𝕸   26 ⸂ℵ*BA vs 𝕸C
27 ·εραυνων 𝔭⁴⁶ℵ vs 𝕸BAC   34 ᵀΙησους ℵAC, [Cr] vs 𝕸B
34 ᵒ𝕲 vs 𝕸𝔭⁴⁶

«"Ενεκέν¹ σου θανατούμεθα ὅλην τὴν ἡμέραν,
Ελογίσθημεν ὡς πρόβατα σφαγῆς.»

37 Ἀλλ' ἐν τούτοις πᾶσιν ὑπερνικῶμεν διὰ τοῦ ἀγα-
πήσαντος ἡμᾶς. 38 Πέπεισμαι γὰρ ὅτι οὔτε θάνατος
οὔτε ζωὴ οὔτε ἄγγελοι οὔτε ἀρχαὶ² οὔτε ⸆δυνάμεις οὔτε
ἐνεστῶτα οὔτε μέλλονταˌ οὔτε ὕψωμα οὔτε βάθος οὔτε
τις κτίσις ἑτέρα δυνήσεται ἡμᾶς χωρίσαι ἀπὸ τῆς ἀγάπης
τοῦ Θεοῦ τῆς ἐν Χριστῷ Ἰησοῦ τῷ Κυρίῳ ἡμῶν.

Paul Bemoans Israel's Rejection of Christ

9 Ἀλήθειαν λέγω ἐν Χριστῷ, οὐ ψεύδομαι, συμμαρ-
τυρούσης μοι τῆς συνειδήσεώς μου ἐν Πνεύματι Ἁγίῳ,
2 ὅτι λύπη μοί ἐστι μεγάλη καὶ ἀδιάλειπτος ὀδύνη τῇ
καρδίᾳ μου. 3 Εὐχόμην³ γὰρ αὐτὸς ἐγὼ ἀνάθεμα εἶναι⁴
ἀπὸ τοῦ Χριστοῦ ὑπὲρ τῶν ἀδελφῶν μου, τῶν συγγενῶν
μου κατὰ σάρκα, 4 οἵτινές εἰσιν Ἰσραηλῖται, ὧν ἡ υἱοθεσία
καὶ ἡ δόξα καὶ αἱ διαθῆκαι καὶ ἡ νομοθεσία καὶ ἡ λατρεία καὶ
αἱ ἐπαγγελίαι, 5 ὧν οἱ πατέρες καὶ ἐξ ὧν ὁ Χριστὸς τὸ
κατὰ σάρκα, ὁ ὢν ἐπὶ πάντων Θεὸς εὐλογητὸς εἰς τοὺς
αἰῶνας. Ἀμήν.

This Rejection Is Not Inconsistent with God's Word

6 Οὐχ οἷον δὲ ὅτι ἐκπέπτωκεν ὁ λόγος τοῦ Θεοῦ. Οὐ
γὰρ πάντες οἱ ἐξ Ἰσραήλ, οὗτοι Ἰσραήλ· 7 οὐδ' ὅτι εἰσὶ
σπέρμα Ἀβραάμ, πάντες τέκνα, ἀλλ' «Ἐν Ἰσαὰκ
κληθήσεταί σοι σπέρμα.» 8 Τοῦτ' ἔστιν, οὐ τὰ τέκνα τῆς

---

¹36 ενεκεν MᵖᵗℵBA, Cr vs ενεκα MᵖᵗC, TR
²38 αρχαι MℵBA, TR Cr vs αρχαι ουτε εξουσιαι MᶜC vs αρχαιου
(or, αρχαι ου) 𝔭⁴⁶
³3 ευχομην M vs ηυχομην 𝕲, TR Cr
⁴3 αυτος εγω αναθεμα ειναι MC, TR vs αναθεμα ειναι αυτος εγω
Mᶜ𝔭⁴⁶BA, Cr vs ειναι αναθεμα αυτος εγω ℵ

---

38 ⸆34521 𝕲 (δυναμις for δυναμεις 𝔭⁴⁶) vs 𝔐

σαρκός, ταῦτα τέκνα τοῦ Θεοῦ, ἀλλὰ τὰ τέκνα τῆς ἐπαγγελίας λογίζεται εἰς σπέρμα. 9 Ἐπαγγελίας γὰρ ὁ λόγος οὗτος, «Κατὰ τὸν καιρὸν τοῦτον ἐλεύσομαι, καὶ ἔσται τῇ Σάρρᾳ υἱός.» 10 Οὐ μόνον δέ, ἀλλὰ καὶ Ρεβέκκα ἐξ ἑνὸς κοίτην ἔχουσα, Ἰσαὰκ τοῦ πατρὸς ἡμῶν· 11 μήπω γὰρ γεννηθέντων, μηδὲ πραξάντων τι ἀγαθὸν ἢ ⌜κακόν, ἵνα ἡ κατ᾽ ἐκλογὴν πρόθεσις τοῦ Θεοῦ[1] μένῃ, οὐκ ἐξ ἔργων ἀλλ᾽ ἐκ τοῦ καλοῦντος, 12 ἐρρέθη αὐτῇ ὅτι «Ὁ μείζων δουλεύσει τῷ ἐλάσσονι.» 13 Καθὼς γέγραπται,[2]

«Τὸν Ἰακὼβ ἠγάπησα,
Τὸν δὲ Ἠσαῦ ἐμίσησα.»

This Rejection Is Not Inconsistent with God's Justice

14 Τί οὖν ἐροῦμεν? Μὴ ἀδικία παρὰ τῷ Θεῷ? Μὴ γένοιτο! 15 Τῷ ⌜γὰρ Μωϋσῇ⌝ λέγει,

«Ἐλεήσω ὃν ἂν ἐλεῶ,
Καὶ οἰκτειρήσω ὃν ἂν οἰκτείρω.»

16 Ἄρα οὖν οὐ τοῦ θέλοντος, οὐδὲ τοῦ τρέχοντος, ἀλλὰ τοῦ ·ἐλεοῦντος Θεοῦ. 17 Λέγει γὰρ ἡ Γραφὴ τῷ Φαραὼ ὅτι «Εἰς αὐτὸ τοῦτο ἐξήγειρά σε, ὅπως ἐνδείξωμαι ἐν σοὶ τὴν δύναμίν μου, καὶ ὅπως διαγγελῇ τὸ ὄνομά μου ἐν πάσῃ τῇ γῇ.» 18 Ἄρα οὖν ὃν θέλει ἐλεεῖ, ὃν δὲ θέλει σκληρύνει.

19 Ἐρεῖς ⌜οὖν μοι,⌝ "Τί ⌐ἔτι μέμφεται? Τῷ γὰρ βουλήματι αὐτοῦ τίς ἀνθέστηκε?" 20 ⌜Μενοῦνγε, ὦ ἄνθρωπε,⌝ σὺ τίς εἶ ὁ ἀνταποκρινόμενος τῷ Θεῷ? Μὴ ἐρεῖ τὸ πλάσμα τῷ πλάσαντι, "Τί με ἐποίησας οὕτως?" 21 Ἢ οὐκ ἔχει ἐξουσίαν ὁ κεραμεὺς τοῦ πηλοῦ, ἐκ τοῦ αὐτοῦ φυράματος

---

[1]11 προθεσις του Θεου 𝔐 G (h.C), Cr vs του Θεου προθεσις TR
[2]13 γεγραπται MG (h.C), TR Cr vs + οτι Mᶜ

---

11 ⌜φαυλον אBA vs 𝔐 𝔭⁴⁶   15 ⌐𝔭⁴⁶אB vs 𝔐 A
16 ·ελεωντος G (h.C) vs 𝔐   19 ⌐𝔭⁴⁶ᵛⁱᵈאBA vs 𝔐
19 ⌐ουν 𝔭⁴⁶B, [Cr] vs 𝔐 אA
20 ⌜ω ανθρωπε μενουνγε א*A (μενουν for μενουνγε B) vs 𝔐; (ω ανθρωπε 𝔭⁴⁶)

---

9 Gen. 18:10,14   12 Gen. 25:23   13 Mal. 1:2,3   15 Ex. 33:19   17 Ex. 9:16

ποιῆσαι ὃ μὲν εἰς τιμὴν σκεῦος, ὃ δὲ εἰς ἀτιμίαν? **22** Εἰ δὲ θέλων ὁ Θεὸς ἐνδείξασθαι τὴν ὀργὴν καὶ γνωρίσαι τὸ δυνατὸν αὐτοῦ, ἤνεγκεν ἐν πολλῇ μακροθυμίᾳ σκεύη ὀργῆς κατηρτισμένα εἰς ἀπώλειαν, **23** καὶ ἵνα γνωρίσῃ τὸν πλοῦτον τῆς δόξης αὐτοῦ ἐπὶ σκεύη ἐλέους, ἃ προ-ητοίμασεν εἰς δόξαν, **24** οὓς καὶ ἐκάλεσεν ἡμᾶς οὐ μόνον ἐξ Ἰουδαίων, ἀλλὰ καὶ ἐξ ἐθνῶν? **25** Ὡς καὶ ἐν τῷ Ὡσηὲ λέγει,

«Καλέσω τὸν οὐ λαόν μου 'λαόν μου'
Καὶ τὴν οὐκ ἠγαπημένην 'ἠγαπημένην.'»

26 «Καὶ ἔσται ἐν τῷ τόπῳ οὗ ἐρρέθη αὐτοῖς,
'Οὐ λαός μου ὑμεῖς,'
Ἐκεῖ κληθήσονται υἱοὶ Θεοῦ ζῶντος.»

27 Ἠσαΐας δὲ κράζει ὑπὲρ τοῦ Ἰσραήλ,

«Ἐὰν ᾖ ὁ ἀριθμὸς τῶν υἱῶν Ἰσραὴλ ὡς ἡ ἄμμος
τῆς θαλάσσης,
Τὸ ᵀκατάλειμμα σωθήσεται·
28 Λόγον γὰρ συντελῶν καὶ συντέμνων □ἐν δικαιοσύνῃ·
Ὅτι λόγον συντετμημένον` ποιήσει Κύριος
ἐπὶ τῆς γῆς.»

29 Καὶ καθὼς προείρηκεν Ἠσαΐας,

«Εἰ μὴ Κύριος Σαβαὼθ ἐγκατέλιπεν¹ ἡμῖν σπέρμα,
Ὡς Σόδομα ἂν ἐγενήθημεν,
Καὶ ὡς Γόμορρα ἂν ὡμοιώθημεν.»

The Present Condition of Israel

30 Τί οὖν ἐροῦμεν? Ὅτι ἔθνη, τὰ μὴ διώκοντα δικαι-οσύνην, κατέλαβε δικαιοσύνην, δικαιοσύνην δὲ τὴν ἐκ

¹29 εγκατελιπεν Mᵖᵗ(ℵ)B, TR Cr vs εγκατελειπεν Mᵖᵗ(𝔭⁴⁶)A

27 ʳυπολειμμα ℵ*BA vs 𝔐 𝔭⁴⁶   28 □𝕲 (h.C) vs 𝔐

25 Hos. 2:23   26 Hos. 1:10   27,28 Is. 10:22,23   29 Is. 1:9

πίστεως. 31 Ἰσραὴλ δέ, διώκων νόμον δικαιοσύνης, εἰς νόμον °δικαιοσύνης οὐκ ἔφθασε. 32 Διὰ τί; Ὅτι οὐκ ἐκ πίστεως, ἀλλ᾽ ὡς ἐξ ἔργων °¹νόμου. Προσέκοψαν °²γὰρ τῷ λίθῳ τοῦ προσκόμματος. 33 Καθὼς γέγραπται,

«Ἰδοὺ τίθημι ἐν Σιὼν λίθον προσκόμματος
    καὶ πέτραν σκανδάλου,
Καὶ °πᾶς ὁ πιστεύων ἐπ᾽ αὐτῷ
    οὐ καταισχυνθήσεται.»

Israel Needs the Universal Message of Salvation

10 Ἀδελφοί, ἡ μὲν εὐδοκία τῆς ἐμῆς καρδίας καὶ ἡ δέησις °ἡ πρὸς τὸν Θεὸν ὑπὲρ ῾τοῦ Ἰσραήλ᾽ ἐστιν εἰς σωτηρίαν. 2 Μαρτυρῶ γὰρ αὐτοῖς ὅτι ζῆλον Θεοῦ ἔχουσιν, ἀλλ᾽ οὐ κατ᾽ ἐπίγνωσιν. 3 Ἀγνοοῦντες γὰρ τὴν τοῦ Θεοῦ δικαιοσύνην καὶ τὴν ἰδίαν °δικαιοσύνην ζητοῦντες στῆσαι, τῇ δικαιοσύνῃ τοῦ Θεοῦ οὐχ ὑπετάγησαν. 4 Τέλος γὰρ νόμου Χριστὸς εἰς δικαιοσύνην παντὶ τῷ πιστεύοντι. 5 Μωϋσῆς γὰρ γράφει τὴν δικαιοσύνην τὴν ἐκ °τοῦ νόμου, ὅτι «ὁ ποιήσας αὐτὰ ἄνθρωπος ζήσεται ἐν αὐτοῖς.» 6 Ἡ δὲ ἐκ πίστεως δικαιοσύνη οὕτω λέγει, «Μὴ εἴπῃς ἐν τῇ καρδίᾳ σου, Τίς ἀναβήσεται εἰς τὸν οὐρανόν;» (τοῦτ᾽ ἔστι Χριστὸν καταγαγεῖν) 7 ἤ, ῾Τίς καταβήσεται εἰς τὴν ἄβυσσον;᾽» (τοῦτ᾽ ἔστι Χριστὸν ἐκ νεκρῶν ἀναγαγεῖν). 8 Ἀλλὰ τί λέγει;

«Ἐγγύς σου τὸ ῥῆμά ἐστιν,
    Ἐν τῷ στόματί σου καὶ ἐν τῇ καρδίᾳ σου» —

τοῦτ᾽ ἔστι τὸ ῥῆμα τῆς πίστεως ὃ κηρύσσομεν, 9 ὅτι ἐὰν ὁμολογήσῃς ἐν τῷ στόματί σου Κύριον Ἰησοῦν καὶ

---

31 °𝔭⁴⁶ᵛⁱᵈℵ*ΒΑ vs 𝔐   32 °¹ ²ℵ*ΒΑ vs 𝔐   33 °ℵΒΑ vs 𝔐
1 °𝔊 (h.C) vs 𝔐   1 ῾αυτων 𝔊 (h.C) vs 𝔐
3 °ΒΑ vs 𝔐 𝔭⁴⁶ℵ, [Cr]   5 °ℵΒΑ vs 𝔐 𝔭⁴⁶, [Cr]

---

33 Is. 28:16   5 Lev. 18:5   6-8 Deut. 9:4; 30:12-14

πιστεύσῃς ἐν τῇ καρδίᾳ σου ὅτι ὁ Θεὸς αὐτὸν ἤγειρεν ἐκ νεκρῶν, σωθήσῃ. **10** Καρδίᾳ γὰρ πιστεύεται εἰς δικαιοσύνην, στόματι δὲ ὁμολογεῖται εἰς σωτηρίαν. **11** Λέγει γὰρ ἡ Γραφή,[1] «Πᾶς ὁ πιστεύων ἐπ᾽ αὐτῷ οὐ καταισχυνθήσεται.» **12** Οὐ γάρ ἐστι διαστολὴ Ἰουδαίου τε καὶ Ἕλληνος, ὁ γὰρ αὐτὸς Κύριος πάντων, πλουτῶν εἰς πάντας τοὺς ἐπικαλουμένους αὐτόν. **13** «Πᾶς γὰρ ὃς ἂν ἐπικαλέσηται τὸ ὄνομα Κυρίου σωθήσεται.»

Israel Has Rejected the Universal Message of Salvation

14 Πῶς οὖν ⸀¹ἐπικαλέσονται εἰς ὃν οὐκ ἐπίστευσαν? Πῶς δὲ ⸀²πιστεύσουσιν οὗ οὐκ ἤκουσαν? Πῶς δὲ ⸀³ἀκούσουσι χωρὶς κηρύσσοντος? **15** Πῶς δὲ ⸀κηρύξουσιν ἐὰν μὴ ἀποσταλῶσι? Καθὼς γέγραπται,

«Ὡς ὡραῖοι οἱ πόδες τῶν εὐαγγελιζομένων εἰρήνην[2],
　Τῶν εὐαγγελιζομένων °τὰ ἀγαθά.»

16 Ἀλλ᾽ οὐ πάντες ὑπήκουσαν τῷ εὐαγγελίῳ. Ἡσαΐας γὰρ λέγει, «Κύριε, τίς ἐπίστευσε τῇ ἀκοῇ ἡμῶν?» **17** Ἄρα ἡ πίστις ἐξ ἀκοῆς, ἡ δὲ ἀκοὴ διὰ ῥήματος ⸀Θεοῦ. **18** Ἀλλὰ λέγω, μὴ οὐκ ἤκουσαν? Μενοῦνγε,

«Εἰς πᾶσαν τὴν γῆν ἐξῆλθεν ὁ φθόγγος αὐτῶν,
　Καὶ εἰς τὰ πέρατα τῆς οἰκουμένης
　　τὰ ῥήματα αὐτῶν.»

---

¹11 Γραφη **M**אBA, TR Cr vs +οτι M^c
²15 των ευαγγελιζομενων ειρηνην M^pt, TR vs −M^pt**G**, Cr

---

14 ⸀¹επικαλεσωνται אBA vs 𝔐 𝔭⁴⁶
14 ⸀²πιστευσωσιν 𝔭⁴⁶אB vs 𝔐 A
14 ⸀³ακουσωσιν BA vs **M**; (ακουσονται א*; ακουσωνται 𝔭⁴⁶)
15 ⸀κηρυξωσιν **G** (h.C) vs **M**　　15 °BAC vs 𝔐 𝔭⁴⁶א*, [Cr]
17 ⸀Χριστου 𝔭⁴⁶ᵛⁱᵈא*BC vs 𝔐 A

---

11 Is. 28:16　　13 Joel 2:32　　15 Is. 52:7; Nah. 1:15　　16 Is. 53:1　　18 Ps. 19:4

19 Ἀλλὰ λέγω, μὴ ⸂οὐκ ἔγνω Ἰσραήλ⸃? Πρῶτος
Μωϋσῆς λέγει,

«Ἐγὼ παραζηλώσω ὑμᾶς ἐπ᾽ οὐκ ἔθνει,
•Ἐπὶ ἔθνει ἀσυνέτῳ παροργιῶ ὑμᾶς.»

20 Ἠσαΐας δὲ ἀποτολμᾷ καὶ λέγει,

«Εὑρέθην ⸆ τοῖς ἐμὲ μὴ ζητοῦσιν,
Ἐμφανὴς ἐγενόμην τοῖς ἐμὲ μὴ ἐπερωτῶσι.»

21 Πρὸς δὲ τὸν Ἰσραὴλ λέγει, «Ὅλην τὴν ἡμέραν ἐξε-
πέτασα τὰς χεῖράς μου πρὸς λαὸν ἀπειθοῦντα καὶ
ἀντιλέγοντα.»

The Remnant: Israel's Rejection Is Not Total

11 Λέγω οὖν, μὴ ἀπώσατο ὁ Θεὸς τὸν λαὸν αὐτοῦ? Μὴ
γένοιτο! Καὶ γὰρ ἐγὼ Ἰσραηλίτης εἰμί, ἐκ σπέρματος
Ἀβραάμ, φυλῆς Βενιαμίν. 2 Οὐκ ἀπώσατο ὁ Θεὸς τὸν
λαὸν αὐτοῦ ὃν προέγνω. Ἢ οὐκ οἴδατε ἐν Ἠλίᾳ τί λέγει ἡ
Γραφή? Ὡς ἐντυγχάνει τῷ Θεῷ κατὰ τοῦ Ἰσραήλ,
°λέγων, 3 «Κύριε, τοὺς προφήτας σου ἀπέκτειναν °καὶ τὰ
θυσιαστήριά σου κατέσκαψαν, κἀγὼ ὑπελείφθην μόνος, καὶ
ζητοῦσι τὴν ψυχήν μου.» 4 Ἀλλὰ τί λέγει αὐτῷ ὁ
χρηματισμός? «Κατέλιπον[1] ἐμαυτῷ ἑπτακισχιλίους ἄνδρας
οἵτινες οὐκ ἔκαμψαν γόνυ τῇ Βάαλ.» 5 Οὕτως οὖν καὶ ἐν τῷ
νῦν καιρῷ λεῖμμα κατ᾽ ἐκλογὴν χάριτος γέγονεν. 6 Εἰ δὲ
χάριτι, οὐκέτι ἐξ ἔργων, ἐπεὶ ἡ χάρις οὐκέτι γίνεται χάρις.
⸋Εἰ δὲ ἐξ ἔργων, οὐκέτι ἐστὶ χάρις, ἐπεὶ τὸ ἔργον οὐκέτι
ἐστὶν ἔργον.⸌ 7 Τί οὖν? Ὃ ἐπιζητεῖ Ἰσραήλ, τοῦτο[2] οὐκ

[1]4 κατελιπον M[pt]אB, TR Cr vs κατελειπον M[pt]𝔓[46]AC
[2]7 τουτο 𝔐 Ͼ, Cr vs τουτου TR

19 ⸂312 Ͼ vs 𝔐 19 •επ אBA vs 𝔐
20 ⸆εν 𝔓[46]B, [Cr] vs 𝔐 אAC 2 °BAC vs 𝔐 א*
3 °Ͼ (h.𝔓[46]) vs 𝔐
6 ⸋Ͼ vs 𝔐 (ει δε εξ εργων ουκετι χαρις επει το εργον ουκετι εστιν χαρις B)

19 Deut. 32:21 20 Is. 65:1 21 Is. 65:2 3 1 Kings 19:10,14 4 1 Kings 19:18

ἐπέτυχεν, ἡ δὲ ἐκλογὴ ἐπέτυχεν· οἱ δὲ λοιποὶ ἐπωρώθησαν. 8 Καθὼς γέγραπται,

«Ἔδωκεν αὐτοῖς ὁ Θεὸς πνεῦμα κατανύξεως,
Ὀφθαλμοὺς τοῦ μὴ βλέπειν
Καὶ ὦτα τοῦ μὴ ἀκούειν,
Ἔως τῆς σήμερον ἡμέρας.»

9 Καὶ Δαβὶδ λέγει,

«Γενηθήτω ἡ τράπεζα αὐτῶν εἰς παγίδα
καὶ εἰς θήραν
Καὶ εἰς σκάνδαλον καὶ εἰς ἀνταπόδομα αὐτοῖς·
10 Σκοτισθήτωσαν οἱ ὀφθαλμοὶ αὐτῶν τοῦ μὴ βλέπειν,
Καὶ τὸν νῶτον αὐτῶν διὰ παντὸς σύγκαμψον.»

The Restoration: Israel's Rejection Is Not Final

11 Λέγω οὖν, μὴ ἔπταισαν ἵνα πέσωσι; Μὴ γένοιτο! Ἀλλὰ τῷ αὐτῶν παραπτώματι ἡ σωτηρία τοῖς ἔθνεσιν, εἰς τὸ παραζηλῶσαι αὐτούς. 12 Εἰ δὲ τὸ παράπτωμα αὐτῶν πλοῦτος κόσμου καὶ τὸ ἥττημα αὐτῶν πλοῦτος ἐθνῶν, πόσῳ μᾶλλον τὸ πλήρωμα αὐτῶν! 13 Ὑμῖν ⌐γὰρ λέγω τοῖς ἔθνεσιν. Ἐφ᾽ ὅσον μέν ᵀ εἰμι ἐγὼ ἐθνῶν ἀπόστολος, τὴν διακονίαν μου δοξάζω, 14 εἴ πως παραζηλώσω μου τὴν σάρκα καὶ σώσω τινὰς ἐξ αὐτῶν. 15 Εἰ γὰρ ἡ ἀποβολὴ αὐτῶν καταλλαγὴ κόσμου, τίς ἡ πρόσληψις, εἰ μὴ ζωὴ ἐκ νεκρῶν; 16 Εἰ δὲ ἡ ἀπαρχὴ ἁγία, καὶ τὸ φύραμα· καὶ εἰ ἡ ῥίζα ἁγία, καὶ οἱ κλάδοι.

17 Εἰ δέ τινες τῶν κλάδων ἐξεκλάσθησαν, σὺ δὲ ἀγριέλαιος ὢν ἐνεκεντρίσθης ἐν αὐτοῖς, καὶ συγκοινωνὸς ⌐τῆς ῥίζης καὶ᾽ τῆς πιότητος τῆς ἐλαίας ἐγένου, 18 μὴ κατακαυχῶ τῶν κλάδων. Εἰ δὲ κατακαυχᾶσαι, οὐ σὺ τὴν ῥίζαν βαστάζεις, ἀλλ᾽ ἡ ῥίζα σέ. 19 Ἐρεῖς οὖν, "Ἐξεκλάσθησαν¹ κλάδοι ἵνα ἐγὼ ἐγκεντρισθῶ." 20 Καλῶς.

---

¹19 εξεκλασθησαν 𝔐G, Cr vs +οι TR

---

13 ⌐δε אBA vs 𝔐; (ουν C)   13 ᵀουν G vs 𝔐
17 ⌐12 א*BC vs 𝔐A; (−𝔭⁴⁶)

---

8 Deut. 29:4; Is. 29:10   9,10 Ps. 69:22,23; 35:8

Τῇ ἀπιστίᾳ ἐξεκλάσθησαν, σὺ δὲ τῇ πίστει ἕστηκας. Μὴ ʳὑψηλοφρόνει, ἀλλὰ φοβοῦ. 21 Εἰ γὰρ ὁ Θεὸς τῶν κατὰ φύσιν κλάδων οὐκ ἐφείσατο, °μή πως οὐδὲ σοῦ φείσεται.¹ 22 Ἴδε οὖν χρηστότητα καὶ ἀποτομίαν Θεοῦ· ἐπὶ μὲν τοὺς πεσόντας, ʳ¹ἀποτομίαν· ἐπὶ δὲ σέ, ʳ²χρηστότητα, ἐὰν ʳ³ἐπιμείνῃς τῇ χρηστότητι. Ἐπεὶ καὶ σὺ ἐκκοπήσῃ. 23 ʳΚαὶ ἐκεῖνοιˌ δέ, ἐὰν μὴ ʳἐπιμείνωσι τῇ ἀπιστίᾳ, ἐγκεν-τρισθήσονται, δυνατὸς γάρ ἐστιν ὁ Θεὸς² πάλιν ἐγκεντρίσαι αὐτούς. 24 Εἰ γὰρ σὺ ἐκ τῆς κατὰ φύσιν ἐξεκόπης ἀγριελαίου, καὶ παρὰ φύσιν ἐνεκεντρίσθης εἰς καλλιέλαιον, πόσῳ μᾶλλον οὗτοι, οἱ κατὰ φύσιν, ἐγκεν-τρισθήσονται τῇ ἰδίᾳ ἐλαίᾳ?

25 Οὐ γὰρ θέλω ὑμᾶς ἀγνοεῖν, ἀδελφοί, τὸ μυστήριον τοῦτο, ἵνα μὴ ἦτε ʳπαρ᾽ἑαυτοῖς φρόνιμοι, ὅτι πώρωσις ἀπὸ μέρους τῷ Ἰσραὴλ γέγονεν ἄχρις οὗ τὸ πλήρωμα τῶν ἐθνῶν εἰσέλθῃ. 26 Καὶ οὕτω πᾶς Ἰσραὴλ σωθήσεται, καθὼς γέγραπται,

«Ἥξει ἐκ Σιὼν ὁ Ῥυόμενος,
°Καὶ ἀποστρέψει ἀσεβείας ἀπὸ Ἰακώβ·
27 Καὶ αὕτη αὐτοῖς ἡ παρ᾽ ἐμοῦ διαθήκη,»
«Ὅταν ἀφέλωμαι τὰς ἁμαρτίας αὐτῶν.»

28 Κατὰ μὲν τὸ εὐαγγέλιον ἐχθροὶ δι᾽ ὑμᾶς, κατὰ δὲ τὴν ἐκλογὴν ἀγαπητοὶ διὰ τοὺς πατέρας. 29 Ἀμεταμέλητα γὰρ τὰ χαρίσματα καὶ ἡ κλῆσις τοῦ Θεοῦ. 30 Ὥσπερ γὰρ °καὶ ὑμεῖς ποτε³ ἠπειθήσατε τῷ Θεῷ, νῦν δὲ ἠλεήθητε τῇ

¹21 φεισεται 𝕸𝔊, Cr vs φεισηται TR
²23 εστιν ο Θεος Mᵖᵗ𝔊 (h.𝔭⁴⁶), TR Cr vs ο Θεος εστιν Mᵖᵗ
³30 υμεις ποτε 𝕸𝔊, TR Cr vs ποτε υμεις MᶜA

20 ʳυψηλα φρονει 𝔊 vs 𝕸C   21 °𝔊 vs 𝕸𝔭⁴⁶, [Cr]
22 ʳ¹αποτομια 𝔊 (h.𝔭⁴⁶) vs 𝕸
22 ʳ²χρηστοτης Θεου 𝔊 (χρηστοτητος ℵ) vs 𝕸
22 ʳ³επιμενης ℵB vs 𝕸𝔭⁴⁶ᵛⁱᵈAC   23 ʳκακεινοι 𝔊 (h.𝔭⁴⁶) vs M
23 ʳεπιμενωσι ℵ*B vs 𝕸AC   25 ʳεν BA vs 𝕸ℵC, [Cr]; (−𝔭⁴⁶)
26 °𝔊 vs 𝕸   30 °𝔊 vs 𝕸; (− verse ℵ*)

26,27a Is. 59:20,21   27b Is. 27:9; Jer. 31:33,34

τούτων ἀπειθείᾳ, **31** οὕτω καὶ οὗτοι νῦν ἠπείθησαν, τῷ ὑμετέρῳ ἐλέει ἵνα καὶ αὐτοὶ ᵀἐλεηθῶσι. **32** Συνέκλεισε γὰρ ὁ Θεὸς τοὺς πάντας εἰς ἀπείθειαν ἵνα τοὺς πάντας ἐλεήσῃ.

33 ῏Ω βάθος πλούτου καὶ σοφίας καὶ γνώσεως Θεοῦ! Ὡς •ἀνεξερεύνητα τὰ κρίματα αὐτοῦ καὶ ἀνεξιχνίαστοι αἱ ὁδοὶ αὐτοῦ!

34 «Τίς γὰρ ἔγνω νοῦν Κυρίου?
      ῍Η τίς σύμβουλος αὐτοῦ ἐγένετο?»
35 «῍Η τίς προέδωκεν αὐτῷ,
      Καὶ ἀνταποδοθήσεται αὐτῷ?»

36 Ὅτι ἐξ αὐτοῦ καὶ δι᾽ αὐτοῦ καὶ εἰς αὐτὸν τὰ πάντα αὐτῷ ἡ δόξα εἰς τοὺς αἰῶνας. Ἀμήν.

Live in the Will of God

12 Παρακαλῶ οὖν ὑμᾶς, ἀδελφοί, διὰ τῶν οἰκτιρμῶν τοῦ Θεοῦ, παραστῆσαι τὰ σώματα ὑμῶν θυσίαν ζῶσαν, ἁγίαν, εὐάρεστον τῷ Θεῷ, τὴν λογικὴν λατρείαν ὑμῶν. **2** Καὶ μὴ συσχηματίζεσθε¹ τῷ αἰῶνι τούτῳ, ἀλλὰ μεταμορφοῦσθε² τῇ ἀνακαινώσει τοῦ νοὸς °ὑμῶν, εἰς τὸ δοκιμάζειν ὑμᾶς τί τὸ θέλημα τοῦ Θεοῦ, τὸ ἀγαθὸν καὶ εὐάρεστον καὶ τέλειον.

Serve God with Spiritual Gifts

3 Λέγω γάρ, διὰ τῆς χάριτος³ τῆς δοθείσης μοι, παντὶ τῷ ὄντι ἐν ὑμῖν, μὴ ὑπερφρονεῖν παρ᾽ ὃ δεῖ φρονεῖν, ἀλλὰ φρονεῖν εἰς τὸ σωφρονεῖν, ἑκάστῳ ὡς ὁ Θεὸς ἐμέρισε μέτρον πίστεως. **4** Καθάπερ γὰρ ἐν ἑνὶ σώματι ⸀μέλη

---

¹2 συσχηματιζεσθε Mᵖᵗ (𝔭⁴⁶) (ℵ) (B*), **TR Cr** vs συσχηματιζεσθαι MᵖᵗA
²2 μεταμορφουσθε Mᵖᵗ𝔭⁴⁶B*, **TR Cr** vs μεταμορφουσθαι MᵖᵗℵA
³3 χαριτος **MG**, **TR Cr** vs + του Θεου Mᶜ

---

31 ᵀνυν ℵB, [Cr] vs 𝔐 𝔭⁴⁶A   33 •ανεξεραυνητα ℵB*A vs 𝔐
2 °𝔭⁴⁶BA vs 𝔐 ℵ   4 ⸀𝔭⁴⁶ℵB vs 𝔐A

---

34 Is. 40:13; Job 15:8; Jer. 23:18   35 Job 41:11

πολλὰ¹ ἔχομεν, τὰ δὲ μέλη πάντα οὐ τὴν αὐτὴν ἔχει πρᾶξιν, 5 οὕτως οἱ πολλοὶ ἓν σῶμά ἐσμεν ἐν Χριστῷ ᵀὁ δὲ καθ᾽ εἷς ἀλλήλων μέλη. 6 Ἔχοντες δὲ χαρίσματα κατὰ τὴν χάριν τὴν δοθεῖσαν ἡμῖν διάφορα, εἴτε προφητείαν, κατὰ τὴν ἀναλογίαν τῆς πίστεως· 7 εἴτε διακονίαν, ἐν τῇ διακονίᾳ· εἴτε ὁ διδάσκων, ἐν τῇ διδασκαλίᾳ· 8 εἴτε ὁ παρακαλῶν, ἐν τῇ παρακλήσει· ὁ μεταδιδούς, ἐν ἁπλότητι· ὁ προϊστάμενος, ἐν σπουδῇ· ὁ ἐλεῶν, ἐν ἱλαρότητι.

Behave Like a Christian

9 Ἡ ἀγάπη ἀνυπόκριτος. Ἀποστυγοῦντες τὸ πονηρόν, κολλώμενοι τῷ ἀγαθῷ. 10 Τῇ φιλαδελφίᾳ εἰς ἀλλήλους φιλόστοργοι, τῇ τιμῇ ἀλλήλους προηγούμενοι, 11 τῇ σπουδῇ μὴ ὀκνηροί, τῷ πνεύματι ζέοντες, τῷ Κυρίῳ¹ δουλεύοντες, 12 τῇ ἐλπίδι χαίροντες, τῇ θλίψει ὑπομένοντες, τῇ προσευχῇ προσκαρτεροῦντες, 13 ταῖς χρείαις τῶν ἁγίων κοινωνοῦντες, τὴν φιλοξενίαν διώκοντες. 14 Εὐλογεῖτε τοὺς διώκοντας ᵒὑμᾶς, εὐλογεῖτε καὶ μὴ καταρᾶσθε. 15 Χαίρειν μετὰ χαιρόντων ᵒκαὶ κλαίειν μετὰ κλαιόντων. 16 Τὸ αὐτὸ εἰς ἀλλήλους φρονοῦντες. Μὴ τὰ ὑψηλὰ φρονοῦντες, ἀλλὰ τοῖς ταπεινοῖς συναπαγόμενοι. Μὴ γίνεσθε φρόνιμοι παρ᾽ ἑαυτοῖς. 17 Μηδενὶ κακὸν ἀντὶ κακοῦ ἀποδιδόντες. Προνοούμενοι καλὰ ἐνώπιον πάντων ἀνθρώπων. 18 Εἰ δυνατόν, τὸ ἐξ ὑμῶν, μετὰ πάντων ἀνθρώπων εἰρηνεύοντες. 19 Μὴ ἑαυτοὺς ἐκδικοῦντες, ἀγαπητοί, ἀλλὰ δότε τόπον τῇ ὀργῇ· γέγραπται γάρ, «Ἐμοὶ ἐκδίκησις, ἐγὼ ἀνταποδώσω,» λέγει Κύριος.

20 «ᶠἘὰν οὖνᵀ πεινᾷ ὁ ἐχθρός σου, ψώμιζε αὐτόν· Ἐὰν διψᾷ, πότιζε αὐτόν· Τοῦτο γὰρ ποιῶν, ἄνθρακας πυρὸς σωρεύσεις ἐπὶ τὴν κεφαλὴν αὐτοῦ.»

---

¹11 Κυριω 𝔐 𝕲 (h.C), Cr vs καιρω TR

---

5 ᵀτο 𝕲 (h.C) vs 𝔐   14 ᵒ𝔭⁴⁶B vs 𝔐 אA, [Cr]
15 ᵒ𝔭⁴⁶אB vs 𝔐 A   20 ᶠαλλα εαν (א) BA vs M

---

19 Deut. 32:35   20 Prov. 25:21,22

21 Μὴ νικῶ ὑπὸ τοῦ κακοῦ, ἀλλὰ νίκα ἐν τῷ ἀγαθῷ τὸ κακόν.

Submit to Government

13 Πᾶσα ψυχὴ ἐξουσίαις ὑπερεχούσαις ὑποτασσέσθω. Οὐ γάρ ἐστιν ἐξουσία εἰ μὴ ὑπὸ[1] Θεοῦ, αἱ δὲ οὖσαι °ἐξουσίαι ὑπὸ τοῦ[2] Θεοῦ τεταγμέναι εἰσίν. 2 Ὥστε ὁ ἀντιτασσόμενος τῇ ἐξουσίᾳ, τῇ τοῦ Θεοῦ διαταγῇ ἀνθέστηκεν, οἱ δὲ ἀνθεστηκότες ἑαυτοῖς κρίμα λήψονται. 3 Οἱ γὰρ ἄρχοντες οὐκ εἰσὶ φόβος ˹τῶν ἀγαθῶν ἔργων ἀλλὰ τῶν κακῶν.˺ Θέλεις δὲ μὴ φοβεῖσθαι τὴν ἐξουσίαν? Τὸ ἀγαθὸν ποίει καὶ ἕξεις ἔπαινον ἐξ αὐτῆς· 4 Θεοῦ γὰρ διάκονός ἐστι σοὶ εἰς τὸ ἀγαθόν. Ἐὰν δὲ τὸ κακὸν ποιῇς, φοβοῦ, οὐ γὰρ εἰκῇ τὴν μάχαιραν φορεῖ· Θεοῦ γὰρ διάκονός ἐστιν, ἔκδικος εἰς ὀργὴν[3] τῷ τὸ κακὸν πράσσοντι. 5 Διὸ ἀνάγκη ὑποτάσσεσθαι, οὐ μόνον διὰ τὴν ὀργήν, ἀλλὰ καὶ διὰ τὴν συνείδησιν. 6 Διὰ τοῦτο γὰρ καὶ φόρους τελεῖτε, λειτουργοὶ γὰρ Θεοῦ εἰσιν εἰς αὐτὸ τοῦτο προσκαρτεροῦντες. 7 Ἀπόδοτε °οὖν πᾶσι τὰς ὀφειλάς· τῷ τὸν φόρον τὸν φόρον, τῷ τὸ τέλος τὸ τέλος, τῷ τὸν φόβον τὸν φόβον, τῷ τὴν τιμὴν τὴν τιμήν.

Love Your Neighbor

8 Μηδενὶ μηδὲν ὀφείλετε εἰ μὴ τὸ ˹ἀγαπᾶν ἀλλήλους,˺ ὁ γὰρ ἀγαπῶν τὸν ἕτερον, νόμον πεπλήρωκε. 9 Τὸ γάρ, «Οὐ μοιχεύσεις,» «Οὐ φονεύσεις,» «Οὐ κλέψεις,[4]» «Οὐκ ἐπιθυμήσεις,» καὶ εἴ τις ἑτέρα ἐντολή, ἐν ˹τούτῳ τῷ λόγῳ˺

---

[1] 1 υπο 𝔐 ℵBA, Cr vs απο TR
[2] 1 του Mᵖᵗ, TR vs − Mᵖᵗℵ*BA, Cr
[3] 4 εκδικος εις οργην Mᵖᵗ (𝔭⁴⁶) BA, TR Cr vs εις οργην εκδικος Mᵖᵗℵ*
[4] 9 κλεψεις Mᵖᵗ𝔭⁴⁶BA, Cr vs + ου ψευδομαρτυρησεις Mᵖᵗℵ, TR

1 °ℵBA vs 𝔐   3 ˹τω αγαθω εργω αλλα τω κακω 𝕲 (h.C) vs 𝔐
7 °𝕲 (h.C) vs 𝔐   8 ˹𝕲 (h.C) vs 𝔐   9 ˹231 𝔭⁴⁶ℵB vs 𝔐A

9a Ex. 20:13-15,17; Deut. 5:17-19,21

ἀνακεφαλαιοῦται, □ἐν τῷ,\ «᾽Αγαπήσεις τὸν πλησίον σου ὡς σεαυτόν.¹» 10 ῾Η ἀγάπη τῷ πλησίον κακὸν οὐκ ἐργά- ζεται·² πλήρωμα οὖν νόμου ἡ ἀγάπη.

Put On Christ; Put Off Carnality

11 Καὶ τοῦτο, εἰδότες τὸν καιρόν, ὅτι ὥρα ῾ἡμᾶς ἤδη\ ἐξ ὕπνου ἐγερθῆναι, νῦν γὰρ ἐγγύτερον ἡμῶν ἡ σωτηρία ἢ ὅτε ἐπιστεύσαμεν. 12 ῾Η νὺξ προέκοψεν, ἡ δὲ ἡμέρα ἤγγικεν. ᾽Αποθώμεθα οὖν τὰ ἔργα τοῦ σκότους, ῾καὶ ἐνδυσώμεθα\ τὰ ὅπλα τοῦ φωτός. 13 ῾Ως ἐν ἡμέρᾳ, εὐσχημόνως περιπατήσωμεν, μὴ κώμοις καὶ μέθαις, μὴ κοίταις καὶ ἀσελγείαις, μὴ ἔριδι καὶ ζήλῳ. 14 ᾽Αλλ᾽ ἐνδύσασθε τὸν Κύριον ᾽Ιησοῦν Χριστόν, καὶ τῆς σαρκὸς πρόνοιαν μὴ ποιεῖσθε εἰς ἐπιθυμίας.

The Law of Liberty

14 Τὸν δὲ ἀσθενοῦντα τῇ πίστει προσλαμβάνεσθε, μὴ εἰς διακρίσεις διαλογισμῶν. 2 ῝Ος μὲν πιστεύει φαγεῖν πάντα, ὁ δὲ ἀσθενῶν λάχανα ἐσθίει. 3 ῾Ο ἐσθίων τὸν μὴ ἐσθίοντα μὴ ἐξουθενείτω, ῾καὶ ὁ\ μὴ ἐσθίων τὸν ἐσθίοντα μὴ κρινέτω, ὁ Θεὸς γὰρ αὐτὸν προσελάβετο. 4 Σὺ τίς εἶ ὁ κρίνων ἀλλότριον οἰκέτην; Τῷ ἰδίῳ κυρίῳ στήκει ἢ πίπτει. Σταθήσεται δέ, ῾δυνατὸς γάρ ἐστιν ὁ Θεὸς\ στῆσαι αὐτόν. 5 ῝Ος μὲν ᵀκρίνει ἡμέραν παρ᾽ ἡμέραν, ὃς δὲ κρίνει πᾶσαν ἡμέραν. ῎Εκαστος ἐν τῷ ἰδίῳ νοῒ πληροφορείσθω. 6 ῾Ο φρονῶν τὴν ἡμέραν, Κυρίῳ φρονεῖ· □καὶ ὁ μὴ φρονῶν τὴν

---

¹9 σεαυτον Mᵖᵗ𝕲 (h.C), Cr εαυτον Mᵖᵗ, TR
²10 ουκ εργαζεται M𝕲, TR Cr vs ου κατεργαζεται Mᶜ

---

9 □B vs 𝔐אA, [Cr]   11 ῾ηδη υμας 𝕲 vs 𝔐
12 ῾ενδυσωμεθα δε BAC*, [Cr] vs 𝔐; (ενδυσωμεθα א*; ενδυσωμεθα ουν 𝔭⁴⁶*)   3 ῾ο δε 𝕲 vs 𝔐
4 ῾δυνατει γαρ ο Κυριος 𝕲 vs 𝔐; (δυνατος γαρ ο Κυριος 𝔭⁴⁶)
5 ᵀγαρ א*A, [Cr] vs 𝔐𝔭⁴⁶B   6 □𝕲 vs 𝔐

9b Lev. 19:18

ἡμέραν, Κυρίῳ οὐ φρονεῖ.` Καὶ¹ ὁ ἐσθίων, Κυρίῳ ἐσθίει, εὐχαριστεῖ γὰρ τῷ Θεῷ· καὶ ὁ μὴ ἐσθίων Κυρίῳ οὐκ ἐσθίει, καὶ εὐχαριστεῖ τῷ Θεῷ. 7 Οὐδεὶς γὰρ ἡμῶν ἑαυτῷ ζῇ καὶ οὐδεὶς ἑαυτῷ ἀποθνήσκει. 8 Ἐάν τε γὰρ ζῶμεν, τῷ Κυρίῳ ζῶμεν, ἐάν τε ἀποθνήσκωμεν,² τῷ Κυρίῳ ἀποθνήσκομεν.³ Ἐάν τε οὖν ζῶμεν, ἐάν τε ἀποθνήσκωμεν,⁴ τοῦ Κυρίου ἐσμέν. 9 Εἰς τοῦτο γὰρ Χριστὸς °καὶ ἀπέθανε □καὶ ἀνέστη` καὶ ἔζησεν,⁵ ἵνα καὶ νεκρῶν καὶ ζώντων κυριεύσῃ. 10 Σὺ δὲ τί κρίνεις τὸν ἀδελφόν σου? Ἢ καὶ σὺ τί ἐξουθενεῖς τὸν ἀδελφόν σου? Πάντες γὰρ παραστησόμεθα τῷ βήματι τοῦ ⌐Χριστοῦ. 11 Γέγραπται γάρ,

«Ζῶ ἐγώ, λέγει Κύριος,
    Ὅτι ἐμοὶ κάμψει πᾶν γόνυ,
    Καὶ πᾶσα γλῶσσα ἐξομολογήσεται τῷ Θεῷ.»

12 Ἄρα °οὖν ἕκαστος ἡμῶν περὶ ἑαυτοῦ λόγον δώσει □τῷ Θεῷ.`

13 Μηκέτι οὖν ἀλλήλους κρίνωμεν, ἀλλὰ τοῦτο κρίνατε μᾶλλον, τὸ μὴ τιθέναι πρόσκομμα τῷ ἀδελφῷ ἢ σκάνδαλον.

The Law of Love

14 Οἶδα καὶ πέπεισμαι ἐν Κυρίῳ⁶ Ἰησοῦ ὅτι οὐδὲν κοινὸν δι᾽ αὐτοῦ,⁷ εἰ μὴ τῷ λογιζομένῳ τι κοινὸν εἶναι, ἐκείνῳ κοινόν. 15 Εἰ ⌐δὲ διὰ βρῶμα ὁ ἀδελφός σου λυπεῖται, οὐκέτι κατὰ ἀγάπην περιπατεῖς. Μὴ τῷ βρώματί σου ἐκεῖνον ἀπόλλυε, ὑπὲρ οὗ Χριστὸς ἀπέθανε. 16 Μὴ βλασφημείσθω

---

¹6 και 𝕸 𝕲, Cr vs − 𝕻⁴⁶, TR
²8 αποθνησκωμεν MᵖᵗℵB, TR Cr vs αποθανωμεν MᵖᵗC vs αποθνησκομεν MᵖᵗA
³8 αποθνησκομεν Mᵖᵗ ᵛⁱᵈAB, TR Cr vs αποθνησκωμεν Mᵖᵗ ᵛⁱᵈℵC
⁴8 αποθνησκωμεν Mᵖᵗ ᵛⁱᵈℵBC, TR Cr vs αποθνησκομεν Mᵖᵗ ᵛⁱᵈA
⁵9 εζησεν 𝕸 𝕲 (h.𝕻⁴⁶), Cr vs ανεζησεν TR
⁶14 Κυριω Mᵖᵗ𝕲 (h.𝕻⁴⁶), TR Cr vs Χριστω Mᵖᵗ
⁷14 αυτου 𝕸AC* vs εαυτου ℵB, TR Cr

---

9 ° ℵ*ABCᵛⁱᵈ vs 𝕸   9 □𝕲 (h.𝕻⁴⁶) vs 𝕸
10 ⌐Θεου 𝕲 (h.𝕻⁴⁶) vs 𝕸   12 °B vs 𝕸ℵAC, [Cr]
12 □B vs 𝕸ℵAC, [Cr]   15 ⌐γαρ 𝕲 (h.𝕻⁴⁶) vs 𝕸

---

11 Is. 45:23

οὖν ὑμῶν τὸ ἀγαθόν. **17** Οὐ γάρ ἐστιν ἡ βασιλεία τοῦ Θεοῦ βρῶσις καὶ πόσις, ἀλλὰ δικαιοσύνη καὶ εἰρήνη καὶ χαρὰ ἐν Πνεύματι Ἁγίῳ. **18** Ὁ γὰρ ἐν ⌐τούτοις δουλεύων τῷ Χριστῷ, εὐάρεστος τῷ Θεῷ καὶ δόκιμος τοῖς ἀνθρώποις. **19** Ἄρα οὖν τὰ τῆς εἰρήνης διώκωμεν καὶ τὰ τῆς οἰκοδομῆς τῆς εἰς ἀλλήλους. **20** Μὴ ἕνεκεν βρώματος κατάλυε τὸ ἔργον τοῦ Θεοῦ. Πάντα μὲν καθαρά, ἀλλὰ κακὸν τῷ ἀνθρώπῳ τῷ διὰ προσκόμματος ἐσθίοντι. **21** Καλὸν τὸ μὴ φαγεῖν κρέα μηδὲ πιεῖν οἶνον μηδὲ ἐν ᾧ ὁ ἀδελφός σου προσκόπτει □ἢ σκανδαλίζεται ἢ ἀσθενεῖ.` **22** Σὺ πίστιν ᵀ ἔχεις? Κατὰ σεαυτὸν¹ ἔχε ἐνώπιον τοῦ Θεοῦ. Μακάριος ὁ μὴ κρίνων ἑαυτὸν ἐν ᾧ δοκιμάζει. **23** Ὁ δὲ διακρινόμενος, ἐὰν φάγῃ, κατακέκριται, ὅτι οὐκ ἐκ πίστεως· πᾶν δὲ ὃ οὐκ ἐκ πίστεως ἁμαρτία ἐστίν.

Soli Deo Gloria

24 Τῷ δὲ δυναμένῳ ὑμᾶς στηρίξαι κατὰ τὸ εὐαγγέλιόν μου καὶ τὸ κήρυγμα Ἰησοῦ Χριστοῦ, κατὰ ἀποκάλυψιν μυστηρίου χρόνοις αἰωνίοις σεσιγημένου, **25** φανερωθέντος δὲ νῦν, διά τε Γραφῶν προφητικῶν, κατ᾽ ἐπιταγὴν τοῦ αἰωνίου Θεοῦ, εἰς ὑπακοὴν πίστεως εἰς πάντα τὰ ἔθνη γνωρισθέντος, **26** μόνῳ σοφῷ Θεῷ, διὰ Ἰησοῦ Χριστοῦ, ᾧ ἡ δόξα εἰς τοὺς αἰῶνας. Ἀμήν.²

Please Your Brethren, Not Yourself

15 Ὀφείλομεν δὲ ἡμεῖς οἱ δυνατοὶ τὰ ἀσθενήματα τῶν ἀδυνάτων βαστάζειν καὶ μὴ ἑαυτοῖς ἀρέσκειν. **2** Ἕκαστος³ ἡμῶν⁴ τῷ πλησίον ἀρεσκέτω εἰς τὸ ἀγαθὸν πρὸς οἰκοδομήν. **3** Καὶ γὰρ ὁ Χριστὸς οὐχ ἑαυτῷ ἤρεσεν, ἀλλά, καθὼς γέγραπται, «Οἱ ὀνειδισμοὶ τῶν ὀνειδιζόντων

---

¹**22** σεαυτον 𝔐 𝕲 (h.𝔭⁴⁶), Cr vs σαυτον TR
²**26** Verses 24-26 here 𝔐 vs after 16:24 (as 16:25-27) TR vs after 16:23 ℵBC, [Cr] vs here and after 16:23 A vs after 15:33 𝔭⁴⁶
³**2** εκαστος 𝔐 𝕲 (h.𝔭⁴⁶), Cr vs + γαρ TR
⁴**2** ημων Mᵖᵗ 𝕲 (h.𝔭⁴⁶), TR Cr vs υμων Mᵖᵗ

---

18 ⌐τουτου 𝕲 (h.𝔭⁴⁶) vs 𝔐   **21** □ℵ*AC vs 𝔐B
22 ᵀην 𝕲 (h.𝔭⁴⁶), [Cr] vs 𝔐

σε ἐπέπεσον ἐπ᾽ ἐμέ.» **4** Ὅσα γὰρ προεγράφη, εἰς τὴν ἡμετέραν διδασκαλίαν ⌜προεγράφη, ἵνα διὰ τῆς ὑπομονῆς καὶ διὰ¹ τῆς παρακλήσεως τῶν Γραφῶν τὴν ἐλπίδα ἔχωμεν. **5** Ὁ δὲ Θεὸς τῆς ὑπομονῆς καὶ τῆς παρακλήσεως δῴη ὑμῖν τὸ αὐτὸ φρονεῖν ἐν ἀλλήλοις κατὰ Χριστὸν Ἰησοῦν, **6** ἵνα ὁμοθυμαδὸν ἐν ἑνὶ στόματι δοξάζητε τὸν Θεὸν καὶ Πατέρα τοῦ Κυρίου ἡμῶν Ἰησοῦ Χριστοῦ.

Glorify God Together

7 Διὸ προσλαμβάνεσθε ἀλλήλους, καθὼς καὶ ὁ Χριστὸς προσελάβετο ὑμᾶς,² εἰς δόξαν ᵀ Θεοῦ. **8** Λέγω ⌜δὲ Χριστὸν Ἰησοῦν³ διάκονον γεγενῆσθαι περιτομῆς ὑπὲρ ἀληθείας Θεοῦ, εἰς τὸ βεβαιῶσαι τὰς ἐπαγγελίας τῶν πατέρων, **9** τὰ δὲ ἔθνη ὑπὲρ ἐλέους δοξάσαι τὸν Θεόν, καθὼς γέγραπται,

«Διὰ τοῦτο ἐξομολογήσομαί σοι ἐν ἔθνεσι⁴
Καὶ τῷ ὀνόματί σου ψαλῶ.»

10 Καὶ πάλιν λέγει,

«Εὐφράνθητε, ἔθνη, μετὰ τοῦ λαοῦ αὐτοῦ.»

11 Καὶ πάλιν,

«Αἰνεῖτε ⌐τὸν Κύριον, πάντα τὰ ἔθνη,˺
Καὶ ⌜ἐπαινέσατε αὐτόν, πάντες οἱ λαοί.»

12 Καὶ πάλιν, Ἠσαΐας λέγει,

«Ἔσται ἡ ῥίζα τοῦ Ἰεσσαί,
Καὶ ὁ ἀνιστάμενος ἄρχειν ἐθνῶν·
Ἐπ᾽ αὐτῷ ἔθνη ἐλπιοῦσιν.»

---

¹4 δια MᵖᵗG (h.𝔭⁴⁶), Cr vs — Mᵖᵗ, TR
²7 υμας MᵖᵗℵAC, Cr vs ημας MᵖᵗB, TR
³8 Χριστον Ιησουν M vs Χριστον G (h.𝔭⁴⁶), Cr vs Ιησουν Χριστον TR
⁴9 εθνεσι MᵖᵗG (h.𝔭⁴⁶), TR Cr vs + Κυριε Mᵖᵗ

---

4 ⌜εγραφη ℵ*BC vs 𝔐 A   7 ᵀτου G (h.𝔭⁴⁶) vs 𝔐
8 ⌜γαρ G vs 𝔐   11 ⌐34512 𝔭⁴⁶ᵛⁱᵈℵBA vs 𝔐 C
11 ⌜επαινεσατωσαν G vs 𝔐

---

3 Ps. 69:9   9 2 Sam. 22:50; Ps. 18:49   10 Deut. 32:43   11 Ps. 117:1   12 Is. 11:10

13 Ὁ δὲ Θεὸς τῆς ἐλπίδος πληρώσαι ὑμᾶς πάσης χαρᾶς καὶ εἰρήνης ἐν τῷ πιστεύειν, εἰς τὸ περισσεύειν ὑμᾶς ἐν τῇ ἐλπίδι ἐν δυνάμει Πνεύματος Ἁγίου.

Paul's Mission from Jerusalem to Illyricum

14 Πέπεισμαι δέ, ἀδελφοί μου, καὶ αὐτὸς ἐγὼ περὶ ὑμῶν, ὅτι καὶ αὐτοὶ μεστοί ἐστε ἀγαθωσύνης, πεπληρωμένοι πάσης ᵀ γνώσεως, δυνάμενοι καὶ ἄλλους[1] νουθετεῖν. 15 Τολμηρότερον δὲ ἔγραψα ὑμῖν, °ἀδελφοί, ἀπὸ μέρους, ὡς ἐπαναμιμνήσκων ὑμᾶς, διὰ τὴν χάριν τὴν δοθεῖσάν μοι ὑπὸ τοῦ Θεοῦ, 16 εἰς τὸ εἶναί με λειτουργὸν ˢἸησοῦ Χριστοῦ[2] εἰς τὰ ἔθνη, ἱερουργοῦντα τὸ εὐαγγέλιον τοῦ Θεοῦ, ἵνα γένηται ἡ προσφορὰ τῶν ἐθνῶν εὐπρόσδεκτος, ἡγιασμένη ἐν Πνεύματι Ἁγίῳ. 17 Ἔχω οὖν ᵀ καύχησιν ἐν Χριστῷ Ἰησοῦ τὰ πρὸς τὸν[2] Θεόν. 18 Οὐ γὰρ ʿτολμήσω λαλεῖν τιʾ ὧν οὐ κατειργάσατο Χριστὸς δι' ἐμοῦ εἰς ὑπακοὴν ἐθνῶν, λόγῳ καὶ ἔργῳ, 19 ἐν δυνάμει σημείων καὶ τεράτων, ἐν δυνάμει Πνεύματος ʳΘεοῦ· ὥστε με ἀπὸ Ἰερουσαλὴμ καὶ κύκλῳ μέχρι τοῦ Ἰλλυρικοῦ πεπληρωκέναι τὸ εὐαγγέλιον τοῦ Χριστοῦ, 20 οὕτω δὲ φιλοτιμούμενον εὐαγγελίζεσθαι, οὐχ ὅπου ὠνομάσθη Χριστός, ἵνα μὴ ἐπ' ἀλλότριον θεμέλιον οἰκοδομῶ, 21 ἀλλὰ καθὼς γέγραπται,

«Οἷς οὐκ ἀνηγγέλη περὶ αὐτοῦ ὄψονται·
Καὶ οἳ οὐκ ἀκηκόασι συνήσουσι.»

Paul Plans to Visit Rome

22 Διὸ καὶ ἐνεκοπτόμην τὰ πολλὰ τοῦ ἐλθεῖν πρὸς ὑμᾶς. 23 Νυνὶ δὲ μηκέτι τόπον ἔχων ἐν τοῖς κλίμασι τούτοις, ἐπιποθίαν δὲ ἔχων τοῦ ἐλθεῖν πρὸς ὑμᾶς ἀπὸ πολλῶν

---

[1]14 αλλους M vs αλληλους 𝕲, TR Cr
[2]17 τον 𝔐𝕲 (Cᵛⁱᵈ), Cr vs − TR

14 ᵀτης אB, [Cr] vs 𝔐𝔭⁴⁶AC   15 °𝕲 vs 𝔐𝔭⁴⁶
16 ˢ𝕲 vs 𝔐𝔭⁴⁶   17 ᵀτην BC, [Cr] vs 𝔐𝔭⁴⁶א A
18 ʿτολμησω τι λαλεινʾ אA (τολμω for τολμησω B) vs 𝔐; (τι τολμησω λαλειν 𝔭⁴⁶)   19 ʳΑγιου A vs 𝔐𝔭⁴⁶א, [Cr]; (− B)

ἐτῶν, 24 ὡς ⌜ἐὰν πορεύωμαι εἰς τὴν Σπανίαν,¹ ᐤἐλεύσομαι πρὸς ὑμᾶς.⌝ Ἐλπίζω γὰρ διαπορευόμενος θεάσασθαι ὑμᾶς, καὶ ὑφ᾽ ὑμῶν προπεμφθῆναι ἐκεῖ ἐὰν ὑμῶν πρῶτον ἀπὸ μέρους ἐμπλησθῶ. 25 Νυνὶ δὲ πορεύομαι εἰς Ἰερουσαλὴμ διακονῶν τοῖς ἁγίοις. 26 Εὐδόκησαν γὰρ Μακεδονία καὶ Ἀχαΐα κοινωνίαν τινὰ ποιήσασθαι εἰς τοὺς πτωχοὺς τῶν ἁγίων τῶν ἐν Ἰερουσαλήμ. 27 Εὐδόκησαν γάρ, καὶ ὀφειλέται ⌐αὐτῶν εἰσιν.⌐ Εἰ γὰρ τοῖς πνευματικοῖς αὐτῶν ἐκοινώνησαν τὰ ἔθνη, ὀφείλουσι καὶ ἐν τοῖς σαρκικοῖς λειτουργῆσαι αὐτοῖς. 28 Τοῦτο οὖν ἐπιτελέσας καὶ σφραγισάμενος αὐτοῖς τὸν καρπὸν τοῦτον, ἀπελεύσομαι δι᾽ ὑμῶν εἰς ᐤτὴν Σπανίαν.¹ 29 Οἶδα δὲ ὅτι ἐρχόμενος πρὸς ὑμᾶς, ἐν πληρώματι εὐλογίας ᐤτοῦ εὐαγγελίου τοῦ⌝ Χριστοῦ ἐλεύσομαι.

30 Παρακαλῶ δὲ ὑμᾶς, ᐤἀδελφοί, διὰ τοῦ Κυρίου ἡμῶν Ἰησοῦ Χριστοῦ, καὶ διὰ τῆς ἀγάπης τοῦ Πνεύματος, συναγωνίσασθαί μοι ἐν ταῖς προσευχαῖς ὑπὲρ ἐμοῦ πρὸς τὸν Θεόν, 31 ἵνα ῥυσθῶ ἀπὸ τῶν ἀπειθούντων ἐν τῇ Ἰουδαίᾳ καὶ ᐤἵνα ἡ διακονία μου ἡ εἰς Ἰερουσαλὴμ εὐπρόσδεκτος ⌜γένηται τοῖς ἁγίοις,⌝ 32 ἵνα ⌜¹ἐν χαρᾷ ἔλθω⌝ πρὸς ὑμᾶς διὰ θελήματος Θεοῦ ⌜²καὶ συναναπαύσωμαι ὑμῖν.⌝ 33 Ὁ δὲ Θεὸς τῆς εἰρήνης μετὰ πάντων ὑμῶν. Ἀμήν.

Paul Commends Sister Phoebe

16 Συνίστημι δὲ Φοίβην τὴν ἀδελφὴν ἡμῶν, οὖσαν ᐪδιάκονον τῆς ἐκκλησίας τῆς ἐν Κεγχρεαῖς, 2 ἵνα αὐτὴν προσδέξησθε ἐν Κυρίῳ ἀξίως τῶν ἁγίων, καὶ παραστῆτε αὐτῇ ἐν ᾧ ἂν ὑμῶν χρῄζῃ πράγματι, καὶ γὰρ αὐτὴ προστάτις² πολλῶν ἐγενήθη καὶ ⌜αὐτοῦ ἐμοῦ.⌝

---

¹24,28 Σπανιαν 𝕸𝕲, TR Cr vs Ισπανιαν Mᶜ
²2 προστατις 𝕸ᵖᵗ𝕲 (h.𝔭⁴⁶), TR Cr vs προστατης 𝕸ᵖᵗ

24 ⌜αν 𝕲 (Cᵛⁱᵈ) vs 𝕸   24 ᐤ𝕲 vs 𝕸   27 ⌐𝕲 vs 𝕸   28 ᐤ𝕲 vs 𝕸
29 ᐤ𝕲 vs 𝕸   30 ᐤ𝔭⁴⁶B vs 𝕸ℵAC, [Cr]   31 ᐤ𝕲 vs 𝕸
31 ⌜τοις αγιοις γενηται 𝕲 (δια των αγιων γενηται 𝔭⁴⁶) vs 𝕸
32 ⌜¹εν χαρα ελθων AC (ελθων εν χαρα ℵ*) vs 𝕸𝔭⁴⁶B
32 ⌜²23ℵ*AC vs 𝕸; (− 𝔭⁴⁶B)   1 ᐪκαι 𝔭⁴⁶BC*, [Cr] vs 𝕸ℵ*A
2 ⌜εμου αυτου BC vs 𝕸; (αυτου και εμου ℵ; εμου τε αυτου A)

Paul Greets Various Roman Saints

3 Ἀσπάσασθε Πρίσκαν[1] καὶ Ἀκύλαν τοὺς συνεργούς μου ἐν Χριστῷ Ἰησοῦ, 4 οἵτινες ὑπὲρ τῆς ψυχῆς μου τὸν ἑαυτῶν τράχηλον ὑπέθηκαν, οἷς οὐκ ἐγὼ μόνος εὐχαριστῶ, ἀλλὰ καὶ πᾶσαι αἱ ἐκκλησίαι τῶν ἐθνῶν, 5 καὶ τὴν κατ᾽ οἶκον αὐτῶν ἐκκλησίαν.

Ἀσπάσασθε Ἐπαίνετον τὸν ἀγαπητόν μου, ὅς ἐστιν ἀπαρχὴ τῆς [r] Ἀχαΐας εἰς Χριστόν.

6 Ἀσπάσασθε •Μαριάμ, ἥτις πολλὰ ἐκοπίασεν εἰς ἡμᾶς.[2]

7 Ἀσπάσασθε Ἀνδρόνικον καὶ Ἰουνίαν τοὺς συγγενεῖς μου καὶ συναιχμαλώτους μου, οἵτινές εἰσιν ἐπίσημοι ἐν τοῖς ἀποστόλοις, οἳ καὶ πρὸ ἐμοῦ [r] γεγόνασιν ἐν Χριστῷ.

8 Ἀσπάσασθε •Ἀμπλίαν τὸν ἀγαπητόν μου ἐν Κυρίῳ.

9 Ἀσπάσασθε Οὐρβανὸν τὸν συνεργὸν ἡμῶν ἐν Χριστῷ, καὶ Στάχυν τὸν ἀγαπητόν μου.

10 Ἀσπάσασθε Ἀπελλῆν τὸν δόκιμον ἐν Χριστῷ.

Ἀσπάσασθε τοὺς ἐκ τῶν Ἀριστοβούλου.

11 Ἀσπάσασθε Ἡρωδίωνα τὸν συγγενῆ μου.

Ἀσπάσασθε τοὺς ἐκ τῶν Ναρκίσσου τοὺς ὄντας ἐν Κυρίῳ.

12 Ἀσπάσασθε Τρύφαιναν καὶ Τρυφῶσαν τὰς κοπιώσας ἐν Κυρίῳ.

Ἀσπάσασθε Περσίδα τὴν ἀγαπητήν, ἥτις πολλὰ ἐκοπίασεν ἐν Κυρίῳ.

13 Ἀσπάσασθε Ῥοῦφον τὸν ἐκλεκτὸν ἐν Κυρίῳ, καὶ τὴν μητέρα αὐτοῦ καὶ ἐμοῦ.

14 Ἀσπάσασθε Ἀσύγκριτον, Φλέγοντα, [s] Ἑρμᾶν, Πατροβᾶν, Ἑρμῆν,[z] καὶ τοὺς σὺν αὐτοῖς ἀδελφούς.

15 Ἀσπάσασθε Φιλόλογον καὶ Ἰουλίαν, Νηρέα καὶ τὴν ἀδελφὴν αὐτοῦ, καὶ Ὀλυμπᾶν, καὶ τοὺς σὺν αὐτοῖς πάντας ἁγίους.

---

[1]3 Πρισκαν M^pt 𝕲, Cr vs Πρισκιλλαν M^pt, TR
[2]6 ημας M, TR vs υμας M'𝕲, Cr

5 [r] Ασιας 𝕲 vs 𝕸   6 •Μαριαν BAC vs 𝕸 𝔭⁴⁶א
7 [r] γεγοναν אBA vs 𝕸C; (γεγονεν 𝔭⁴⁶)
8 •Αμπλιατον 𝕲 vs 𝕸   14 [s]321 𝕲 vs 𝕸; (312 𝔭⁴⁶)

16 ᾿Ασπάσασθε ἀλλήλους ἐν φιλήματι ἁγίῳ.
᾿Ασπάζονται ὑμᾶς αἱ ἐκκλησίαι ⸆τοῦ Χριστοῦ.

Paul Warns of Those Who Cause Divisions and Offenses

17 Παρακαλῶ δὲ ὑμᾶς, ἀδελφοί, σκοπεῖν τοὺς τὰς
διχοστασίας καὶ τὰ σκάνδαλα παρὰ τὴν διδαχὴν ἣν ὑμεῖς
ἐμάθετε ποιοῦντας, καὶ ⸀ἐκκλίνατε ἀπ᾿ αὐτῶν. **18** Οἱ γὰρ
τοιοῦτοι τῷ Κυρίῳ ἡμῶν ᾿Ιησοῦ[1] Χριστῷ οὐ δουλεύουσιν
ἀλλὰ τῇ ἑαυτῶν κοιλίᾳ, καὶ διὰ τῆς χρηστολογίας καὶ
εὐλογίας ἐξαπατῶσι τὰς καρδίας τῶν ἀκάκων. **19** ῾Η γὰρ
ὑμῶν ὑπακοὴ εἰς πάντας ἀφίκετο. ⸂Χαίρω οὖν τὸ ἐφ᾿ ὑμῖν,⸃
θέλω δὲ ὑμᾶς σοφοὺς °μὲν εἶναι εἰς τὸ ἀγαθόν, ἀκεραίους
δὲ εἰς τὸ κακόν. **20** ῾Ο δὲ Θεὸς τῆς εἰρήνης συντρίψει τὸν
Σατανᾶν ὑπὸ τοὺς πόδας ὑμῶν ἐν τάχει.
῾Η χάρις τοῦ Κυρίου ἡμῶν ᾿Ιησοῦ °Χριστοῦ μεθ᾿ ὑμῶν.
21 ⸀᾿Ασπάζονται ὑμᾶς Τιμόθεος ὁ συνεργός μου, καὶ
Λούκιος καὶ ᾿Ιάσων καὶ Σωσίπατρος οἱ συγγενεῖς μου.
22 ᾿Ασπάζομαι ὑμᾶς ἐγὼ Τέρτιος ὁ γράψας τὴν
ἐπιστολὴν ἐν Κυρίῳ.
23 ᾿Ασπάζεται ὑμᾶς Γάϊος ὁ ξένος μου καὶ ⸉ τῆς
ἐκκλησίας ὅλης.⸊
᾿Ασπάζεται ὑμᾶς ῎Εραστος ὁ οἰκονόμος τῆς πόλεως, καὶ
Κούαρτος ὁ ἀδελφός.
24 ⸋῾Η χάρις τοῦ Κυρίου ἡμῶν ᾿Ιησοῦ Χριστοῦ μετὰ
πάντων ὑμῶν. ᾿Αμήν.⸌[2]

---

[1] **18** Ιησου M^pt, **TR** vs −M^pt C, **Cr**

[2] **24** αμην **𝔐** vs +verses 25-27 (=14:24-26) **TR** vs +verses 25-27 after 16:23 (−16:24) **אBC**, [**Cr**] vs +verses 25-27 after 16:23 (−16:24) and after 14:23 **A** vs +verses 25-27 after 15:33 **$\mathfrak{P}^{46}$**

---

16 ⸆πασαι **C** vs **𝔐** **17** ⸀εκκλινετε **א*BC** vs **𝔐 $\mathfrak{P}^{46}$A**
19 ⸂4521 **C** vs **𝔐**; (**1245 $\mathfrak{P}^{46}$**) **19** °**$\mathfrak{P}^{46}$B** vs **𝔐אAC**
20 °**$\mathfrak{P}^{46}$אB** vs **𝔐AC** **21** ⸀ασπαζεται **C** vs **M**
23 ⸉**312 C** vs **M** **24** ⸋**C** vs **𝔐**

ΠΡΟΣ ΚΟΡΙΝΘΙΟΥΣ Α

Paul Greets the Corinthians

ΠΑΥΛΟΣ, κλητὸς ἀπόστολος ˢ Ἰησοῦ Χριστοῦˡ διὰ θελήματος Θεοῦ, καὶ Σωσθένης ὁ ἀδελφός, 2 Τῇ ἐκκλησίᾳ τοῦ Θεοῦ τῇ οὔσῃ ἐν Κορίνθῳ, ἡγιασμένοις ἐν Χριστῷ Ἰησοῦ, κλητοῖς ἁγίοις, σὺν πᾶσι τοῖς ἐπικαλουμένοις τὸ ὄνομα τοῦ Κυρίου ἡμῶν Ἰησοῦ Χριστοῦ ἐν παντὶ τόπῳ, αὐτῶν ᵒτε καὶ ἡμῶν· 3 Χάρις ὑμῖν καὶ εἰρήνη ἀπὸ Θεοῦ Πατρὸς ἡμῶν καὶ Κυρίου Ἰησοῦ Χριστοῦ.

Paul Thanks God for Their Spiritual Gifts

4 Εὐχαριστῶ τῷ Θεῷ μου πάντοτε περὶ ὑμῶν ἐπὶ τῇ χάριτι τοῦ Θεοῦ τῇ δοθείσῃ ὑμῖν ἐν Χριστῷ Ἰησοῦ, 5 ὅτι ἐν παντὶ ἐπλουτίσθητε ἐν αὐτῷ ἐν παντὶ λόγῳ καὶ πάσῃ γνώσει, 6 καθὼς τὸ μαρτύριον τοῦ Χριστοῦ ἐβεβαιώθη ἐν ὑμῖν, 7 ὥστε ὑμᾶς μὴ ὑστερεῖσθαι ἐν μηδενὶ χαρίσματι, ἀπεκδεχομένους τὴν ἀποκάλυψιν τοῦ Κυρίου ἡμῶν Ἰησοῦ Χριστοῦ, 8 ὃς καὶ βεβαιώσει ὑμᾶς ἕως τέλους, ἀνεγκλήτους ἐν τῇ ἡμέρᾳ τοῦ Κυρίου ἡμῶν Ἰησοῦ ᵒΧριστοῦ. 9 Πιστὸς ὁ Θεός, δι' οὗ ἐκλήθητε εἰς κοινωνίαν τοῦ Υἱοῦ αὐτοῦ Ἰησοῦ Χριστοῦ τοῦ Κυρίου ἡμῶν.

Sectarianism Is Sin

10 Παρακαλῶ δὲ ὑμᾶς, ἀδελφοί, διὰ τοῦ ὀνόματος τοῦ Κυρίου ἡμῶν Ἰησοῦ Χριστοῦ, ἵνα τὸ αὐτὸ λέγητε πάντες,

---

In 1 Corinthians 𝕲 = 𝔭⁴⁶𝕏BAC

---

1 ˢ𝔭⁴⁶B vs 𝔐 𝕏A   2 ᵒ𝔭⁴⁶𝕏*B vs 𝔐 A   8 ᵒ𝔭⁴⁶B vs 𝔐 𝕏AC, [Cr]

καὶ μὴ ᾖ ἐν ὑμῖν σχίσματα, ἦτε δὲ κατηρτισμένοι ἐν τῷ αὐτῷ νοῒ καὶ ἐν τῇ αὐτῇ γνώμῃ. 11 Ἐδηλώθη γάρ μοι περὶ ὑμῶν, ἀδελφοί μου, ὑπὸ τῶν Χλόης, ὅτι ἔριδες ἐν ὑμῖν εἰσι. 12 Λέγω δὲ τοῦτο, ὅτι ἕκαστος ὑμῶν λέγει, "'Εγὼ μέν εἰμι Παύλου," "'Εγὼ δὲ 'Απολλῶ," "'Εγὼ δὲ Κηφᾶ," "'Εγὼ δὲ Χριστοῦ." 13 Μεμέρισται ὁ Χριστός? Μὴ Παῦλος ἐσταυρώθη ὑπὲρ ὑμῶν, ἢ εἰς τὸ ὄνομα Παύλου ἐβαπτίσθητε? 14 Εὐχαριστῶ □τῷ Θεῷ\ ὅτι οὐδένα ὑμῶν ἐβάπτισα εἰ μὴ Κρίσπον καὶ Γάϊον, 15 ἵνα μή τις εἴπῃ ὅτι εἰς τὸ ἐμὸν ὄνομα ⸆ἐβάπτισα. 16 Ἐβάπτισα δὲ καὶ τὸν Στεφανᾶ οἶκον. Λοιπὸν οὐκ οἶδα εἴ τινα ἄλλον ἐβάπτισα. 17 Οὐ γὰρ ἀπέστειλέ με Χριστὸς βαπτίζειν, ἀλλ᾽ εὐαγγελίζεσθαι, οὐκ ἐν σοφίᾳ λόγου, ἵνα μὴ κενωθῇ ὁ σταυρὸς τοῦ Χριστοῦ.

Christ Is the Power and Wisdom of God

18 Ὁ λόγος γὰρ ὁ τοῦ σταυροῦ τοῖς μὲν ἀπολλυμένοις μωρία ἐστί, τοῖς δὲ σῳζομένοις ἡμῖν δύναμις Θεοῦ ἐστι. 19 Γέγραπται γάρ,

«'Απολῶ τὴν σοφίαν τῶν σοφῶν,
  Καὶ τὴν σύνεσιν τῶν συνετῶν ἀθετήσω.»

20 Ποῦ σοφός? Ποῦ γραμματεύς? Ποῦ συζητητὴς τοῦ αἰῶνος τούτου? Οὐχὶ ἐμώρανεν ὁ Θεὸς τὴν σοφίαν τοῦ κόσμου °τούτου? 21 Ἐπειδὴ γὰρ ἐν τῇ σοφίᾳ τοῦ Θεοῦ οὐκ ἔγνω ὁ κόσμος διὰ τῆς σοφίας τὸν Θεόν, εὐδόκησεν ὁ Θεὸς διὰ τῆς μωρίας τοῦ κηρύγματος σῶσαι τοὺς πιστεύοντας. 22 Ἐπειδὴ καὶ Ἰουδαῖοι ⸆σημεῖον αἰτοῦσι καὶ Ἕλληνες σοφίαν ζητοῦσιν, 23 ἡμεῖς δὲ κηρύσσομεν Χριστὸν ἐσταυρωμένον, Ἰουδαίοις μὲν σκάνδαλον, ⸆Ἕλλησι δὲ μωρίαν, 24 αὐτοῖς δὲ τοῖς κλητοῖς, Ἰουδαίοις τε καὶ Ἕλλησι, Χριστὸν Θεοῦ δύναμιν καὶ Θεοῦ σοφίαν. 25 Ὅτι τὸ μωρὸν

---

14 □א*B vs 𝔐C, [Cr] (τω Θεω μου A)
15 ⸆εβαπτισθητε 𝕲 vs 𝔐   20 °𝕲 vs 𝔐   22 ⸆σημεια 𝕲 vs M
23 ⸆εθνεσιν 𝕲 (h.𝔭⁴⁶) vs M

τοῦ Θεοῦ σοφώτερον τῶν ἀνθρώπων ἐστί, καὶ τὸ ἀσθενὲς
τοῦ Θεοῦ ἰσχυρότερον τῶν ἀνθρώπων °ἐστί.

Glory Only in the Lord

26 Βλέπετε γὰρ τὴν κλῆσιν ὑμῶν, ἀδελφοί, ὅτι οὐ πολλοὶ
σοφοὶ κατὰ σάρκα, οὐ πολλοὶ δυνατοί, οὐ πολλοὶ εὐγενεῖς·
27 ἀλλὰ τὰ μωρὰ τοῦ κόσμου ἐξελέξατο ὁ Θεὸς ἵνα ˢτοὺς
σοφοὺς καταισχύνῃ,ˣ καὶ τὰ ἀσθενῆ τοῦ κόσμου ἐξελέξατο
ὁ Θεὸς ἵνα καταισχύνῃ τὰ ἰσχυρά. **28** Καὶ τὰ ἀγενῆ τοῦ
κόσμου καὶ τὰ ἐξουθενημένα ἐξελέξατο ὁ Θεός, °καὶ τὰ μὴ
ὄντα, ἵνα τὰ ὄντα καταργήσῃ, **29** ὅπως μὴ καυχήσηται
πᾶσα σὰρξ ἐνώπιον τοῦ Θεοῦ.¹ **30** Ἐξ αὐτοῦ δὲ ὑμεῖς ἐστε
ἐν Χριστῷ Ἰησοῦ, ὃς ἐγενήθη ⸀ἡμῖν σοφία⸂ ἀπὸ Θεοῦ,
δικαιοσύνη τε καὶ ἁγιασμὸς καὶ ἀπολύτρωσις· **31** ἵνα καθὼς
γέγραπται, «Ὁ καυχώμενος, ἐν Κυρίῳ καυχάσθω.»

Paul's Proclamation: Christ Crucified

2 Κἀγὼ ἐλθὼν πρὸς ὑμᾶς, ἀδελφοί, ἦλθον οὐ καθ᾽
ὑπεροχὴν λόγου ἢ σοφίας καταγγέλλων ὑμῖν τὸ
⸀μαρτύριον τοῦ Θεοῦ. **2** Οὐ γὰρ ἔκρινα °τοῦ ˢεἰδέναι τιˣ
ἐν ὑμῖν εἰ μὴ Ἰησοῦν Χριστὸν καὶ τοῦτον ἐσταυρωμένον.
3 ⸀Καὶ ἐγὼ⸂ ἐν ἀσθενείᾳ καὶ ἐν φόβῳ καὶ ἐν τρόμῳ πολλῷ
ἐγενόμην πρὸς ὑμᾶς. **4** Καὶ ὁ λόγος μου καὶ τὸ κήρυγμά μου
οὐκ ἐν πειθοῖς² °ἀνθρωπίνης σοφίας λόγοις,³ ἀλλ᾽ ἐν
ἀποδείξει Πνεύματος καὶ δυνάμεως, **5** ἵνα ἡ πίστις ὑμῶν⁴
μὴ ᾖ ἐν σοφίᾳ ἀνθρώπων ἀλλ᾽ ἐν δυνάμει Θεοῦ.

---

¹29 του Θεου 𝕸 𝕲, Cr vs αυτου C*, TR
²4 πειθοις MG, TR [Cr] vs πειθοι Mᶜ
³4 λογοις MBAC, TR [Cr] vs λογων Mᶜ vs − 𝔭⁴⁶ vs λογος ℵ*
⁴5 υμων MG, TR Cr vs ημων Mᶜ

25 °ℵ*BC vs 𝕸 A; (− και το εστιν 𝔭⁴⁶)
27 ˢ312 𝕲 vs M; (−ινα τους σοφους to ο Θεος A)
28 °𝕲 vs 𝕸 B   30 ⸀σοφια ημιν 𝕲 (ημων B) vs 𝕸
1 ⸀μυστηριον 𝔭⁴⁶ᵛⁱᵈℵ*AC vs 𝕸 B   2 °𝕲 (h.𝔭⁴⁶) vs M
2 ˢBC vs 𝕸 ℵA   3 ⸀καγω 𝕲 (h.𝔭⁴⁶) vs M   4 °𝔭⁴⁶ℵ*B vs MAC

31 Jer. 9:24

God's Wisdom Is for the Spiritual

6 Σοφίαν δὲ λαλοῦμεν ἐν τοῖς τελείοις, σοφίαν δὲ οὐ τοῦ αἰῶνος τούτου, οὐδὲ τῶν ἀρχόντων τοῦ αἰῶνος τούτου, τῶν καταργουμένων· **7** ἀλλὰ λαλοῦμεν σοφίαν Θεοῦ[1] ἐν μυστηρίῳ, τὴν ἀποκεκρυμμένην, ἣν προώρισεν ὁ Θεὸς πρὸ τῶν αἰώνων εἰς δόξαν ἡμῶν, **8** ἣν οὐδεὶς τῶν ἀρχόντων τοῦ αἰῶνος τούτου ἔγνωκεν· εἰ γὰρ ἔγνωσαν, οὐκ ἂν τὸν Κύριον τῆς δόξης ἐσταύρωσαν. **9** Ἀλλὰ καθὼς γέγραπται,

«῁Α ὀφθαλμὸς οὐκ εἶδε καὶ οὓς οὐκ ἤκουσε,»
Καὶ ἐπὶ καρδίαν ἀνθρώπου οὐκ ἀνέβη,
῁Α ἡτοίμασεν ὁ Θεὸς τοῖς ἀγαπῶσιν αὐτόν.

10 Ἡμῖν δὲ ὁ Θεὸς ἀπεκάλυψε διὰ τοῦ Πνεύματος αὐτοῦ. Τὸ γὰρ Πνεῦμα πάντα ἐρευνᾷ, καὶ τὰ βάθη τοῦ Θεοῦ. **11** Τίς γὰρ οἶδεν ἀνθρώπων τὰ τοῦ ἀνθρώπου εἰ μὴ τὸ πνεῦμα τοῦ ἀνθρώπου τὸ ἐν αὐτῷ? Οὕτω καὶ τὰ τοῦ Θεοῦ οὐδεὶς οἶδεν εἰ μὴ τὸ Πνεῦμα τοῦ Θεοῦ. **12** Ἡμεῖς δὲ οὐ τὸ πνεῦμα τοῦ κόσμου ἐλάβομεν, ἀλλὰ τὸ Πνεῦμα τὸ ἐκ τοῦ Θεοῦ, ἵνα εἰδῶμεν[2] τὰ ὑπὸ τοῦ Θεοῦ χαρισθέντα ἡμῖν· **13** ἃ καὶ λαλοῦμεν, οὐκ ἐν διδακτοῖς ἀνθρωπίνης σοφίας λόγοις, ἀλλ᾽ ἐν διδακτοῖς Πνεύματος Ἁγίου, πνευματικοῖς πνευματικὰ συγκρίνοντες. **14** Ψυχικὸς δὲ ἄνθρωπος οὐ δέχεται τὰ τοῦ Πνεύματος τοῦ Θεοῦ, μωρία γὰρ αὐτῷ ἐστι, καὶ οὐ δύναται γνῶναι, ὅτι πνευματικῶς ἀνακρίνεται. **15** Ὁ δὲ πνευματικὸς ἀνακρίνει μὲν πάντα, αὐτὸς δὲ ὑπ᾽ οὐδενὸς ἀνακρίνεται.

16 «Τίς γὰρ ἔγνω νοῦν Κυρίου,
῁Ος συμβιβάσει αὐτόν?»

Ἡμεῖς δὲ νοῦν Χριστοῦ ἔχομεν.

---

[1]7 σοφιαν Θεου **M**, **TR** vs Θεου σοφιαν M¹ 𝔊, Cr
[2]12 ειδωμεν Mᵖᵗ𝔊, **TR** Cr vs ιδωμεν Mᵖᵗ𝔭⁴⁶

10 ⌐312 𝔊 vs **M**   10 °𝔊 vs 𝔐   10 ·εραυνα 𝔊 vs 𝔐
11 ⌐εγνωκεν 𝔊 vs **M**   13 °𝔊 (Cᵛⁱᵈ) vs 𝔐
15 ⌐τα 𝔭⁴⁶AC, [Cr] vs 𝔐B; (− verse ℵ)

9 Is. 52:15; 64:4   16 Is. 40:13

Sectarianism Is Carnal

3 ⌜Καὶ ἐγώ,⌝ ἀδελφοί, οὐκ ἠδυνήθην ὑμῖν λαλῆσαι[1] ὡς πνευματικοῖς ἀλλ᾽ ὡς ⌜σαρκικοῖς, ὡς νηπίοις ἐν Χριστῷ. **2** Γάλα ὑμᾶς ἐπότισα °καὶ οὐ βρῶμα, οὔπω γὰρ ἐδύνασθε.[2] ᾽Αλλ᾽ οὔτε[3] ἔτι νῦν δύνασθε, **3** ἔτι γὰρ σαρκικοί ἐστε. ῞Οπου γὰρ ἐν ὑμῖν ζῆλος καὶ ἔρις □καὶ διχοστασίαι,\ οὐχὶ σαρκικοί ἐστε καὶ κατὰ ἄνθρωπον περιπατεῖτε? **4** ῞Οταν γὰρ λέγῃ τις, "᾽Εγὼ μέν εἰμι Παύλου," ἕτερος δέ, "᾽Εγὼ[4] ᾽Απολλῶ," ⌜οὐχὶ σαρκικοί⌝ ἐστε?

The Ministry: Watering, Working, Warning

5 ⌜Τίς οὖν ἐστι ⌜²Παῦλος, ⌜³τίς δὲ ᵀ ⌜⁴᾽Απολλώς, □ἀλλ᾽ ἢ\ διάκονοι δι᾽ ὧν ἐπιστεύσατε, καὶ ἑκάστῳ ὡς ὁ Κύριος ἔδωκεν? **6** ᾽Εγὼ ἐφύτευσα, ᾽Απολλὼς ἐπότισεν, ἀλλ᾽ ὁ Θεὸς ηὔξανεν. **7** ῞Ωστε οὔτε ὁ φυτεύων ἐστί τι, οὔτε ὁ ποτίζων, ἀλλ᾽ ὁ αὐξάνων Θεός. **8** ῾Ο φυτεύων δὲ καὶ ὁ ποτίζων ἕν εἰσιν, ἕκαστος δὲ τὸν ἴδιον μισθὸν λήψεται κατὰ τὸν ἴδιον κόπον. **9** Θεοῦ γάρ ἐσμεν συνεργοί· Θεοῦ γεώργιον, Θεοῦ οἰκοδομή ἐστε.

10 Κατὰ τὴν χάριν τοῦ Θεοῦ τὴν δοθεῖσάν μοι, ὡς σοφὸς ἀρχιτέκτων θεμέλιον ⌜τέθεικα, ἄλλος δὲ ἐποικοδομεῖ. ῞Εκαστος δὲ βλεπέτω πῶς ἐποικοδομεῖ. **11** Θεμέλιον γὰρ ἄλλον οὐδεὶς δύναται θεῖναι παρὰ τὸν κείμενον, ὅς ἐστιν ᾽Ιησοῦς Χριστός.[5] **12** Εἰ δέ τις ἐποικοδομεῖ ἐπὶ τὸν θεμέλιον °τοῦτον χρυσόν, ἄργυρον, λίθους τιμίους, ξύλα, χόρτον, καλάμην, **13** ἑκάστου τὸ ἔργον φανερὸν γενήσεται· ἡ γὰρ

---

[1]1 υμιν λαλησαι **M** vs λαλησαι υμιν 𝕲, **TR Cr**
[2]2 εδυνασθε **Mᵖᵗ𝕲**, **Cr** vs ηδυνασθε **Mᵖᵗ**, **TR**
[3]2 ουτε **Mᵖᵗ**, **TR** vs ουδε **Mᵖᵗ𝕲**, **Cr**
[4]4 ετερος δε εγω **MאBC**, **TR Cr** vs ετερος δε εγω δε **Mʳ** vs εγω δε **A**
[5]11 Ιησους Χριστος 𝔐𝕲, **Cr** vs Χριστος **C*** vs Ιησους ο Χριστος **TR**

1 ⌜καγω 𝕲 vs **M**   1 ⌜σαρκινοις 𝕲 vs 𝔐   2 °𝕲 vs **M**
3 □𝕲 vs 𝔐𝔭⁴⁶   4 ⌜ουκ ανθρωποι 𝕲 vs 𝔐   5 ⌜¹τι א*BA vs 𝔐C
5 ⌜²Απολλως 𝕲 vs 𝔐   5 ⌜³τι א*BA vs 𝔐𝔭⁴⁶C
5 ᵀεστιν 𝕲 (𝔭⁴⁶ᵛⁱᵈ) vs 𝔐   5 ⌜⁴Παυλος 𝕲 (h.𝔭⁴⁶) vs 𝔐
5 □𝕲 (h.𝔭⁴⁶) vs 𝔐   10 ⌜εθηκα 𝕲 vs 𝔐   12 °𝕲 vs 𝔐

ἡμέρα δηλώσει, ὅτι ἐν πυρὶ ἀποκαλύπτεται· καὶ ἑκάστου
τὸ ἔργον ὁποῖόν ἐστι τὸ πῦρ ᵀ δοκιμάσει. **14** Εἴ τινος τὸ
ἔργον μένει ὃ ἐποικοδόμησε,¹ μισθὸν λήψεται. **15** Εἴ τινος
τὸ ἔργον κατακαήσεται, ζημιωθήσεται· αὐτὸς δὲ σωθή-
σεται, οὕτω δὲ ὡς διὰ πυρός.
   16 Οὐκ οἴδατε ὅτι ναὸς Θεοῦ ἐστε καὶ τὸ Πνεῦμα τοῦ
Θεοῦ οἰκεῖ ἐν ὑμῖν; **17** Εἴ τις τὸν ναὸν τοῦ Θεοῦ φθείρει,
φθερεῖ τοῦτον ὁ Θεός. Ὁ γὰρ ναὸς τοῦ Θεοῦ ἅγιός ἐστιν,
οἵτινές ἐστε ὑμεῖς.

Shun Worldly Wisdom

18 Μηδεὶς ἑαυτὸν ἐξαπατάτω. Εἴ τις δοκεῖ σοφὸς εἶναι
ἐν ὑμῖν ἐν τῷ αἰῶνι τούτῳ, μωρὸς γενέσθω ἵνα γένηται
σοφός. **19** Ἡ γὰρ σοφία τοῦ κόσμου τούτου μωρία παρὰ
τῷ Θεῷ ἐστι. Γέγραπται γάρ, «Ὁ δρασσόμενος τοὺς
σοφοὺς ἐν τῇ πανουργίᾳ αὐτῶν»· **20** καὶ πάλιν, «Κύριος
γινώσκει τοὺς διαλογισμοὺς τῶν σοφῶν, ὅτι εἰσὶ μάταιοι.»
21 Ὥστε μηδεὶς καυχάσθω ἐν ἀνθρώποις· πάντα γὰρ
ὑμῶν ἐστιν, **22** εἴτε Παῦλος εἴτε Ἀπολλὼς εἴτε Κηφᾶς εἴτε
κόσμος εἴτε ζωὴ εἴτε θάνατος εἴτε ἐνεστῶτα εἴτε
μέλλοντα, πάντα ὑμῶν ᵒἐστιν, **23** ὑμεῖς δὲ Χριστοῦ, Χριστὸς
δὲ Θεοῦ.

The Ministers: Stewards of the Mysteries

4 Οὕτως ἡμᾶς λογιζέσθω ἄνθρωπος ὡς ὑπηρέτας
Χριστοῦ καὶ οἰκονόμους μυστηρίων Θεοῦ. **2** ⸆Ὁ δὲ⸆
λοιπὸν ζητεῖται² ἐν τοῖς οἰκονόμοις ἵνα πιστός τις εὑρεθῇ.
3 Ἐμοὶ δὲ εἰς ἐλάχιστόν ἐστιν ἵνα ὑφ' ὑμῶν ἀνακριθῶ ἢ
ὑπὸ ἀνθρωπίνης ἡμέρας· ἀλλ' οὐδὲ ἐμαυτὸν ἀνακρίνω.
4 Οὐδὲν γὰρ ἐμαυτῷ σύνοιδα, ἀλλ' οὐκ ἐν τούτῳ

---

¹14 εποικοδομησε(ν) M&, Cr vs επωκοδομησε(ν) MᵖᵗC, **TR**
²2 ζητειται MᵖᵗB, **TR** Cr vs ζητειτε M&

13 ᵀαυτο BAC, [Cr] vs 𝕸 𝔭⁴⁶א   22 ᵒ& vs 𝕸
2 ⸆ωδε & vs 𝕸

δεδικαίωμαι· ὁ δὲ ἀνακρίνων με Κύριός ἐστιν. 5 Ὥστε μὴ
πρὸ καιροῦ τι κρίνετε, ἕως ἂν ἔλθῃ ὁ Κύριος, ὃς καὶ φωτίσει
τὰ κρυπτὰ τοῦ σκότους καὶ φανερώσει τὰς βουλὰς τῶν
καρδιῶν· καὶ τότε ὁ ἔπαινος γενήσεται ἑκάστῳ ἀπὸ τοῦ
Θεοῦ.

The Apostles Are Fools for Christ's Sake

6 Ταῦτα δέ, ἀδελφοί, μετεσχημάτισα εἰς ἐμαυτὸν καὶ
ᵣ¹Ἀπολλὼ δι᾽ ὑμᾶς, ἵνα ἐν ἡμῖν μάθητε τὸ μὴ ὑπὲρ ᵣ²ὃ
γέγραπται °φρονεῖν, ἵνα μὴ εἷς ὑπὲρ τοῦ ἑνὸς μὴ¹
φυσιοῦσθε κατὰ τοῦ ἑτέρου. 7 Τίς γάρ σε διακρίνει; Τί δὲ
ἔχεις ὃ οὐκ ἔλαβες; Εἰ δὲ καὶ ἔλαβες, τί καυχᾶσαι ὡς μὴ
λαβών; 8 Ἤδη κεκορεσμένοι ἐστέ, ἤδη ἐπλουτήσατε,
χωρὶς ἡμῶν ἐβασιλεύσατε· καὶ ὄφελόν γε ἐβασιλεύσατε,
ἵνα καὶ ἡμεῖς ὑμῖν συμβασιλεύσωμεν! 9 Δοκῶ γὰρ °ὅτι ὁ
Θεὸς ἡμᾶς τοὺς ἀποστόλους ἐσχάτους ἀπέδειξεν ὡς
ἐπιθανατίους· ὅτι θέατρον ἐγενήθημεν τῷ κόσμῳ καὶ
ἀγγέλοις καὶ ἀνθρώποις. 10 Ἡμεῖς μωροὶ διὰ Χριστόν, ὑμεῖς
δὲ φρόνιμοι ἐν Χριστῷ! Ἡμεῖς ἀσθενεῖς, ὑμεῖς δὲ ἰσχυροί!
Ὑμεῖς ἔνδοξοι, ἡμεῖς δὲ ἄτιμοι! 11 Ἄχρι τῆς ἄρτι ὥρας καὶ
πεινῶμεν καὶ διψῶμεν καὶ γυμνητεύομεν καὶ² κολαφιζόμεθα
καὶ ἀστατοῦμεν 12 καὶ κοπιῶμεν ἐργαζόμενοι ταῖς ἰδίαις
χερσί. Λοιδορούμενοι εὐλογοῦμεν, διωκόμενοι ἀνεχόμεθα,
13 ᵣβλασφημούμενοι παρακαλοῦμεν· ὡς περικαθάρματα
τοῦ κόσμου ἐγενήθημεν, πάντων περίψημα ἕως ἄρτι.

Paul's Paternal Care

14 Οὐκ ἐντρέπων ὑμᾶς γράφω ταῦτα, ἀλλ᾽ ὡς τέκνα
μου ἀγαπητὰ ᵣνουθετῶ. 15 Ἐὰν γὰρ μυρίους παιδα-
γωγοὺς ἔχητε ἐν Χριστῷ, ἀλλ᾽ οὐ πολλοὺς πατέρας· ἐν
γὰρ Χριστῷ Ἰησοῦ διὰ τοῦ εὐαγγελίου ἐγὼ ὑμᾶς ἐγέννησα.

¹6 μη Mᵖᵗ vs − Mᵖᵗ𝕲, TR Cr
²11 γυμνητευομεν και Mᵖᵗ𝔭⁴⁶, TR vs γυμνιτευομεν και MᵖᵗℵBC, Cr
vs − A*

6 ᵣ¹Ἀπολλων ℵ*B*A vs 𝔐 𝔭⁴⁶C   6 ᵣ²α 𝕲 vs 𝔐   6 °𝕲 vs 𝔐Cᵛⁱᵈ
9 °𝕲 vs 𝔐   13 ᵣδυσφημουμενοι 𝕲 vs 𝔐 B
14 ᵣνουθετων ℵAC, [Cr] vs 𝔐 B; (νουθετη 𝔭⁴⁶*)

16 Παρακαλῶ οὖν ὑμᾶς, μιμηταί μου γίνεσθε. 17 Διὰ τοῦτο
ἔπεμψα ὑμῖν Τιμόθεον, ὅς ἐστι ᶠτέκνον μου ᶫ ἀγαπητὸν καὶ
πιστὸν ἐν Κυρίῳ, ὃς ὑμᾶς ἀναμνήσει τὰς ὁδούς μου τὰς ἐν
Χριστῷ ᵀ, καθὼς πανταχοῦ ἐν πάσῃ ἐκκλησίᾳ διδάσκω.
18 Ὡς μὴ ἐρχομένου δέ μου πρὸς ὑμᾶς ἐφυσιώθησάν
τινες. 19 Ἐλεύσομαι δὲ ταχέως πρὸς ὑμᾶς, ἐὰν ὁ Κύριος
θελήσῃ, καὶ γνώσομαι, οὐ τὸν λόγον τῶν πεφυσιωμένων,
ἀλλὰ τὴν δύναμιν. 20 Οὐ γὰρ ἐν λόγῳ ἡ βασιλεία τοῦ Θεοῦ
ἀλλ᾽ ἐν δυνάμει. 21 Τί θέλετε? Ἐν ῥάβδῳ ἔλθω πρὸς
ὑμᾶς, ἢ ἐν ἀγάπῃ πνεύματί τε •πραότητος?

Immorality Defiles the Church

5 Ὅλως ἀκούεται ἐν ὑμῖν πορνεία, καὶ τοιαύτη πορνεία
ἥτις οὐδὲ ἐν τοῖς ἔθνεσιν ᵒὀνομάζεται, ὥστε γυναῖκά
τινα τοῦ πατρὸς ἔχειν! 2 Καὶ ὑμεῖς πεφυσιωμένοι ἐστέ, καὶ
οὐχὶ μᾶλλον ἐπενθήσατε, ἵνα ᶜ¹ἐξαρθῇ ἐκ μέσου ὑμῶν ὁ
τὸ ἔργον τοῦτο ᶜ²ποιήσας. 3 Ἐγὼ μὲν γὰρ ᵒὡς ἀπὼν τῷ
σώματι, παρὼν δὲ τῷ πνεύματι, ἤδη κέκρικα ὡς παρὼν τὸν
οὕτω τοῦτο κατεργασάμενον, 4 ἐν τῷ ὀνόματι τοῦ Κυρίου
ᵒ¹ἡμῶν Ἰησοῦ ᵒ²Χριστοῦ, συναχθέντων ὑμῶν καὶ τοῦ
ἐμοῦ πνεύματος, σὺν τῇ δυνάμει τοῦ Κυρίου ἡμῶν Ἰησοῦ
ᵒ³Χριστοῦ, 5 παραδοῦναι τὸν τοιοῦτον τῷ Σατανᾷ εἰς
ὄλεθρον τῆς σαρκός, ἵνα τὸ πνεῦμα σωθῇ ἐν τῇ ἡμέρᾳ τοῦ
Κυρίου ᵒ Ἰησοῦ.
6 Οὐ καλὸν τὸ καύχημα ὑμῶν. Οὐκ οἴδατε ὅτι μικρὰ ζύμη
ὅλον τὸ φύραμα ζυμοῖ? 7 Ἐκκαθάρατε¹ τὴν παλαιὰν
ζύμην, ἵνα ἦτε νέον φύραμα, καθώς ἐστε ἄζυμοι. Καὶ γὰρ τὸ
Πάσχα ἡμῶν ᴰὑπὲρ ἡμῶνˋ ἐτύθη, Χριστός. 8 Ὥστε
ἑορτάζωμεν, μὴ ἐν ζύμῃ παλαιᾷ, μηδὲ ἐν ζύμῃ κακίας καὶ
πονηρίας, ἀλλ᾽ ἐν ἀζύμοις εἰλικρινείας καὶ ἀληθείας.

---

¹⁷ εκκαθαρατε Mᵖᵗ𝕲, Cr vs + ουν MᵖᵗC, TR

17 ᶠ𝕲 vs 𝕸𝔭⁴⁶   17 ᵀΙησου 𝔭⁴⁶אC, [Cr] vs 𝕸BA
21 •πραυτητος 𝔭⁴⁶BACⱽⁱᵈ vs 𝕸א   1 ᵒ𝕲 vs 𝕸
2 ᶜ¹αρθη 𝕲 vs 𝕸   2 ᶜ²πραξας אAC vs 𝕸𝔭⁴⁶B   3 ᵒ𝕲 vs 𝕸
4 ᵒ¹אA vs 𝕸𝔭⁴⁶B, [Cr]   4 ᵒ²BA vs 𝕸𝔭⁴⁶א
4 ᵒ³𝕲 (h.C) vs 𝕸   5 ᵒ𝔭⁴⁶B vs 𝕸א; (ημων Ιησου Χριστου A)
7 ᴰ𝕲 (h.𝔭⁴⁶) vs 𝕸

Immorality Must Be Judged

9 Ἔγραψα ὑμῖν ἐν τῇ ἐπιστολῇ μὴ συναναμίγνυσθαι πόρνοις, 10 °καὶ οὐ πάντως τοῖς πόρνοις τοῦ κόσμου τούτου ἢ τοῖς πλεονέκταις, ʳ¹ἢ ἅρπαξιν, ἢ εἰδωλολάτραις, ἐπεὶ ʳ²ὀφείλετε ἄρα ἐκ τοῦ κόσμου ἐξελθεῖν! 11 Νυνὶ¹ δὲ ἔγραψα ὑμῖν μὴ συναναμίγνυσθαι ἐάν τις ἀδελφὸς ὀνομαζόμενος ᾖ πόρνος ἢ πλεονέκτης ἢ εἰδωλολάτρης ἢ λοίδορος ἢ μέθυσος ἢ ἅρπαξ – τῷ τοιούτῳ μηδὲ συνεσθίειν. 12 Τί γάρ μοι °καὶ τοὺς ἔξω κρίνειν; Οὐχὶ τοὺς ἔσω ὑμεῖς κρίνετε; 13 Τοὺς δὲ ἔξω ὁ Θεὸς κρινεῖ. «°Καὶ ʳἐξαρεῖτε τὸν πονηρὸν ἐξ ὑμῶν αὐτῶν.»

Christians Must Not Sue Fellow Christians

6 Τολμᾷ τις ὑμῶν πρᾶγμα ἔχων πρὸς τὸν ἕτερον κρίνεσθαι ἐπὶ τῶν ἀδίκων καὶ οὐχὶ ἐπὶ τῶν ἁγίων; 2 ᵀΟὐκ οἴδατε ὅτι οἱ ἅγιοι τὸν κόσμον κρινοῦσι; Καὶ εἰ ἐν ὑμῖν κρίνεται ὁ κόσμος, ἀνάξιοί ἐστε κριτηρίων ἐλαχίστων; 3 Οὐκ οἴδατε ὅτι ἀγγέλους κρινοῦμεν; Μήτι γε βιωτικά! 4 Βιωτικὰ μὲν οὖν κριτήρια ἐὰν ἔχητε, τοὺς ἐξουθενημένους ἐν τῇ ἐκκλησίᾳ, τούτους καθίζετε. 5 Πρὸς ἐντροπὴν ὑμῖν λέγω. Οὕτως οὐκ ἔνι² ἐν ὑμῖν ʿσοφὸς οὐδὲ εἷςʾ ὃς δυνήσεται διακρῖναι³ ἀνὰ μέσον τοῦ ἀδελφοῦ αὐτοῦ; 6 Ἀλλὰ ἀδελφὸς μετὰ ἀδελφοῦ κρίνεται, καὶ τοῦτο ἐπὶ ἀπίστων. 7 Ἤδη μὲν °οὖν ὅλως ἥττημα⁴ ὑμῖν ἐστιν ὅτι κρίματα ἔχετε μεθ᾽ ἑαυτῶν. Διὰ τί οὐχὶ μᾶλλον ἀδικεῖσθε; Διὰ τί οὐχὶ μᾶλλον ἀποστερεῖσθε; 8 Ἀλλὰ ὑμεῖς ἀδικεῖτε καὶ ἀποστερεῖτε, καὶ ʳταῦτα ἀδελφούς! 9 Ἢ οὐκ οἴδατε

---

¹11 νυνι Mᵖᵗℵ*C, TR vs νυν Mᵖᵗ𝔭⁴⁶BA, Cr
²5 ενι 𝔐 G, Cr vs εστιν TR vs – verses 3-6 A
³5 διακριναι M𝔭⁴⁶BC, TR Cr vs ανακριναι Mʳᵛⁱᵈℵ* vs – verses 3-6 A
⁴7 ηττημα 𝔐 G, Cr vs +εν TR

10 °G vs 𝔐   10 ʳ¹και G vs 𝔐𝔭⁴⁶   10 ʳ²ωφειλετε G vs 𝔐
12 °G vs 𝔐   13 °G vs 𝔐   13 ʳεξαρατε G vs M; (εξαιρετε 𝔭⁴⁶)
2 ᵀη G vs M   5 ʿουδεις σοφος G vs M; (– verses 3-6 A)
7 °𝔭⁴⁶ℵ* vs 𝔐BAC, [Cr]   8 ʳτουτο G vs 𝔐

---

13 Deut. 17:7; 19:19; 22:21,24; 24:7

ὅτι ἄδικοι ᶠβασιλείαν Θεοῦ˒ οὐ κληρονομήσουσι? Μὴ πλανᾶσθε! Οὔτε πόρνοι οὔτε εἰδωλολάτραι οὔτε μοιχοὶ οὔτε μαλακοὶ οὔτε ἀρσενοκοῖται 10 οὔτε πλεονέκται οὔτε κλέπται[1] ᶠοὔτε μέθυσοι, οὐ λοίδοροι, οὐχ ἄρπαγες βασιλείαν Θεοῦ °οὐ κληρονομήσουσι. 11 Καὶ ταῦτά τινες ἦτε! Ἀλλὰ ἀπελούσασθε, ἀλλὰ ἡγιάσθητε, ἀλλ᾽ ἐδικαιώθητε ἐν τῷ ὀνόματι τοῦ Κυρίου Ἰησοῦ ᵀ καὶ ἐν τῷ Πνεύματι τοῦ Θεοῦ ἡμῶν.

Glorify God in Body and Spirit

12 Πάντα μοι ἔξεστιν, ἀλλ᾽ οὐ πάντα συμφέρει. Πάντα μοι ἔξεστιν, ἀλλ᾽ οὐκ ἐγὼ ἐξουσιασθήσομαι ὑπό τινος. 13 Τὰ βρώματα τῇ κοιλίᾳ καὶ ἡ κοιλία τοῖς βρώμασιν, ὁ δὲ Θεὸς καὶ ταύτην καὶ ταῦτα καταργήσει. Τὸ δὲ σῶμα οὐ τῇ πορνείᾳ ἀλλὰ τῷ Κυρίῳ, καὶ ὁ Κύριος τῷ σώματι. 14 Ὁ δὲ Θεὸς καὶ τὸν Κύριον ἤγειρε καὶ ἡμᾶς ἐξεγερεῖ διὰ τῆς δυνάμεως αὐτοῦ. 15 Οὐκ οἴδατε ὅτι τὰ σώματα ὑμῶν μέλη Χριστοῦ ἐστιν? Ἄρας[2] οὖν τὰ μέλη τοῦ Χριστοῦ ποιήσω πόρνης μέλη? Μὴ γένοιτο! 16 Οὐκ[3] οἴδατε ὅτι ὁ κολλώμενος τῇ πόρνῃ ἓν σῶμά ἐστιν? «Ἔσονται» γάρ, φησίν, «οἱ δύο εἰς σάρκα μίαν.» 17 Ὁ δὲ κολλώμενος τῷ Κυρίῳ ἓν πνεῦμά ἐστι. 18 Φεύγετε τὴν πορνείαν. Πᾶν ἁμάρτημα ὃ ἐὰν ποιήσῃ ἄνθρωπος ἐκτὸς τοῦ σώματός ἐστιν, ὁ δὲ πορνεύων εἰς τὸ ἴδιον σῶμα ἁμαρτάνει. 19 Ἢ οὐκ οἴδατε ὅτι τὸ σῶμα[4] ὑμῶν ναὸς τοῦ ἐν ὑμῖν Ἁγίου Πνεύματός ἐστιν, οὗ ἔχετε ἀπὸ Θεοῦ, καὶ οὐκ ἐστὲ ἑαυτῶν? 20 Ἠγοράσθητε γὰρ τιμῆς· δοξάσατε δὴ τὸν Θεὸν ἐν τῷ σώματι ὑμῶν ᵭκαὶ ἐν τῷ πνεύματι ὑμῶν, ἅτινά ἐστι τοῦ Θεοῦ.˒

---

[1] 10 πλεονεκται ουτε κλεπται M vs κλεπται ουτε πλεονεκται G (ουδε for ουτε 𝔭⁴⁶), TR Cr
[2] 15 αρας MᵖᵗG, TR Cr vs αρα Mᵖᵗ
[3] 16 ουκ Mᵖᵗ𝔭⁴⁶ vs η ουκ MᵖᵗG, TR [Cr]
[4] 19 το σωμα MᵖᵗG, TR Cr vs τα σωματα MᵖᵗA

9 ᶠΘεου βασιλεια G (𝔭⁴⁶ᵛⁱᵈ) vs 𝔐   10 ᶠου ℵAC vs MB; (ουδε 𝔭⁴⁶)
10 °G vs 𝔐   11 ᵀΧριστου 𝔭⁴⁶ℵBCᵛⁱᵈ vs MA
20 ᵭG vs 𝔐

16 Gen. 2:24

Christian Principles of Marriage

7 Περὶ δὲ ὧν ἐγράψατέ °μοι, καλὸν ἀνθρώπῳ γυναικὸς μὴ ἅπτεσθαι. 2 Διὰ δὲ τὰς πορνείας ἕκαστος τὴν ἑαυτοῦ γυναῖκα ἐχέτω καὶ ἑκάστη τὸν ἴδιον ἄνδρα ἐχέτω. 3 Τῇ γυναικὶ ὁ ἀνὴρ τὴν ⸂ὀφειλομένην εὔνοιαν⸃ ἀποδιδότω, ὁμοίως δὲ καὶ ἡ γυνὴ τῷ ἀνδρί. 4 Ἡ γυνὴ τοῦ ἰδίου σώματος οὐκ ἐξουσιάζει ἀλλ᾽ ὁ ἀνήρ, ὁμοίως δὲ καὶ ὁ ἀνὴρ τοῦ ἰδίου σώματος οὐκ ἐξουσιάζει ἀλλ᾽ ἡ γυνή. 5 Μὴ ἀποστερεῖτε ἀλλήλους, εἰ μήτι ἂν ἐκ συμφώνου πρὸς καιρὸν ἵνα ⸀σχολάζητε τῇ ⸀νηστείᾳ καὶ τῇˋ προσευχῇ καὶ πάλιν ἐπὶ τὸ αὐτὸ ⸀²συνέρχησθε ἵνα μὴ πειράζῃ ὑμᾶς ὁ Σατανᾶς διὰ τὴν ἀκρασίαν ὑμῶν. 6 Τοῦτο δὲ λέγω κατὰ συγγνώμην, οὐ κατ᾽ ἐπιταγήν. 7 Θέλω ⸀γὰρ πάντας ἀνθρώπους εἶναι ὡς καὶ ἐμαυτόν. Ἀλλ᾽ ἕκαστος ἴδιον ⸄χάρισμα ἔχει⸅ ἐκ Θεοῦ, ⸀²ὃς μὲν οὕτως, ⸀³ὃς δὲ οὕτως.

8 Λέγω δὲ τοῖς ἀγάμοις καὶ ταῖς χήραις, καλὸν αὐτοῖς °ἐστιν ἐὰν μείνωσιν ὡς κἀγώ. 9 Εἰ δὲ οὐκ ἐγκρατεύονται, γαμησάτωσαν, •κρεῖσσον γάρ ἐστι γαμῆσαι ἢ πυροῦσθαι.

Paul's Command to the Married

10 Τοῖς δὲ γεγαμηκόσι παραγγέλλω, οὐκ ἐγὼ ἀλλ᾽ ὁ Κύριος, γυναῖκα ἀπὸ ἀνδρὸς μὴ χωρισθῆναι 11 —ἐὰν δὲ καὶ χωρισθῇ, μενέτω ἄγαμος ἢ τῷ ἀνδρὶ καταλλαγήτω — καὶ ἄνδρα γυναῖκα μὴ ἀφιέναι. 12 Τοῖς δὲ λοιποῖς ⸄ἐγὼ λέγω,⸅ οὐχ ὁ Κύριος, εἴ τις ἀδελφὸς γυναῖκα ἔχει ἄπιστον καὶ αὐτὴ συνευδοκεῖ οἰκεῖν μετ᾽ αὐτοῦ, μὴ ἀφιέτω αὐτήν. 13 Καὶ γυνὴ ἥτις¹ ἔχει ἄνδρα ἄπιστον καὶ ⸀αὐτὸς συνευδοκεῖ οἰκεῖν μετ᾽ αὐτῆς, μὴ ἀφιέτω ⸀²αὐτόν. 14 Ἡγίασται γὰρ ὁ ἀνὴρ ὁ ἄπιστος ἐν τῇ γυναικὶ καὶ

---

¹13 ητις **MBA**, TR vs ει τις M^{rvid}𝔭⁴⁶ ℵ, Cr

---

1 °𝕲 vs 𝔐 A   3 ⸂οφειλην 𝕲 (h. 𝔭⁴⁶) vs 𝔐
5 ⸀¹ σχολασητε 𝕲 vs M   5 ᵠ𝕲 vs 𝔐
5 ⸀² ητε 𝕲 vs M (συνερχεσθε 𝔭⁴⁶)   7 ⸀¹ δε 𝕲 vs 𝔐 B
7 ⸄ℵBA vs 𝔐 𝔭⁴⁶   7 ⸀² ³ ο 𝕲 vs 𝔐 𝔭⁴⁶   8 °𝕲 vs 𝔐
9 •κρειττον 𝔭⁴⁶ℵB vs 𝔐 AC   12 ⸄𝕲 (𝔭⁴⁶ᵛⁱᵈ) vs 𝔐
13 ⸀¹ ουτος 𝕲 vs 𝔐   13 ⸀² τον ανδρα 𝕲 vs 𝔐 ; (αυτον ανδρα ℵ*)

ἡγίασται ἡ γυνὴ ἡ ἄπιστος ἐν τῷ ⌜ἀνδρί· ἐπεὶ ἄρα τὰ τέκνα ὑμῶν ἀκάθαρτά ἐστι, νῦν δὲ ἅγιά ἐστιν. **15** Εἰ δὲ ὁ ἄπιστος χωρίζεται, χωριζέσθω. Οὐ δεδούλωται ὁ ἀδελφὸς ἢ ἡ ἀδελφὴ ἐν τοῖς τοιούτοις· ἐν δὲ εἰρήνῃ κέκληκεν ⌜ἡμᾶς ὁ Θεός. **16** Τί γὰρ οἶδας, γύναι, εἰ τὸν ἄνδρα σώσεις? Ἢ τί οἶδας, ἄνερ, εἰ τὴν γυναῖκα σώσεις?

Live as the Lord Has Called You

17 Εἰ μὴ ἑκάστῳ ὡς ἐμέρισεν ὁ ⌜Θεός, ἕκαστον ὡς κέκληκεν ὁ Κύριος,⌐ οὕτω περιπατείτω. Καὶ οὕτως ἐν ταῖς ἐκκλησίαις πάσαις¹ διατάσσομαι. **18** Περιτετμημένος τις ἐκλήθη? Μὴ ἐπισπάσθω. Ἐν ἀκροβυστίᾳ ⌜τις ἐκλήθη⌐? Μὴ περιτεμνέσθω. **19** Ἡ περιτομὴ οὐδέν ἐστι καὶ ἡ ἀκροβυστία οὐδέν ἐστιν, ἀλλὰ τήρησις ἐντολῶν Θεοῦ. **20** Ἕκαστος ἐν τῇ κλήσει ᾗ ἐκλήθη, ἐν ταύτῃ μενέτω. **21** Δοῦλος ἐκλήθης? Μή σοι μελέτω, ἀλλ᾽ εἰ καὶ δύνασαι ἐλεύθερος γενέσθαι, μᾶλλον χρῆσαι. **22** Ὁ γὰρ ἐν Κυρίῳ κληθεὶς δοῦλος, ἀπελεύθερος Κυρίου ἐστίν. Ὁμοίως °καὶ ὁ ἐλεύθερος κληθείς, δοῦλός ἐστι Χριστοῦ. **23** Τιμῆς ἠγοράσθητε· μὴ γίνεσθε δοῦλοι ἀνθρώπων. **24** Ἕκαστος ἐν ᾧ ἐκλήθη, ἀδελφοί, ἐν τούτῳ μενέτω παρὰ² Θεῷ.

Paul's Advice to the Unmarried and Widows

25 Περὶ δὲ τῶν παρθένων ἐπιταγὴν Κυρίου οὐκ ἔχω, γνώμην δὲ δίδωμι ὡς ἠλεημένος ὑπὸ Κυρίου πιστὸς εἶναι. **26** Νομίζω οὖν τοῦτο καλὸν ὑπάρχειν διὰ τὴν ἐνεστῶσαν ἀνάγκην, ὅτι καλὸν ἀνθρώπῳ τὸ οὕτως εἶναι. **27** Δέδεσαι γυναικί? Μὴ ζήτει λύσιν. Λέλυσαι ἀπὸ γυναικός? Μὴ ζήτει γυναῖκα. **28** Ἐὰν δὲ καὶ ⌜γήμῃς, οὐχ ἥμαρτες· καὶ ἐὰν γήμῃ ἡ παρθένος, οὐχ ἥμαρτε. Θλῖψιν δὲ τῇ σαρκὶ ἕξουσιν οἱ τοιοῦτοι, ἐγὼ δὲ ὑμῶν φείδομαι. **29** Τοῦτο δέ φημι, ἀδελφοί,

---

¹17 ταις εκκλησιαις πασαις 𝕸G, TR Cr vs πασαις ταις εκκλησιαις 𝕸′ℵ
²24 παρα 𝕸 𝔭⁴⁶ℵB, Cr vs + τω A, TR

14 ⌜αδελφω G vs 𝕸   15 ⌜υμας ℵ*AC vs 𝕸 𝔭⁴⁶B
17 ⌐62-51 G vs M   18 ⌜κεκληται τις G (h.C) vs M
22 °G (h.C) vs 𝕸   28 ⌜γαμησης 𝔭⁴⁶ℵB vs 𝕸 ; (γαμηση A)

ὁ καιρὸς συνεσταλμένος· ⌜τὸ λοιπόν ἐστιν⌝ ἵνα καὶ οἱ
ἔχοντες γυναῖκας ὡς μὴ ἔχοντες ὦσι, 30 καὶ οἱ κλαίοντες
ὡς μὴ κλαίοντες, καὶ οἱ χαίροντες ὡς μὴ χαίροντες, καὶ οἱ
ἀγοράζοντες ὡς μὴ κατέχοντες, 31 καὶ οἱ χρώμενοι ⌜τῷ
κόσμῳ⌝ τούτῳ ὡς μὴ καταχρώμενοι. Παράγει γὰρ τὸ σχῆμα
τοῦ κόσμου τούτου. 32 Θέλω δὲ ὑμᾶς ἀμερίμνους εἶναι. Ὁ
ἄγαμος μεριμνᾷ τὰ τοῦ Κυρίου, πῶς ⌜ἀρέσει τῷ Κυρίῳ.
33 Ὁ δὲ γαμήσας μεριμνᾷ τὰ τοῦ κόσμου, πῶς ⌜ἀρέσει τῇ
γυναικί. 34 ᵀ¹Μεμέρισται καὶ¹ ἡ γυνὴ ⌜καὶ ἡ παρθένος. Ἡ
ἄγαμος⌝ μεριμνᾷ τὰ τοῦ Κυρίου, ἵνα ᾖ ἁγία καὶ ᵀ²σώματι καὶ
ᵀ³πνεύματι, ἡ δὲ γαμήσασα μεριμνᾷ τὰ τοῦ κόσμου, πῶς
⌜ἀρέσει τῷ ἀνδρί. 35 Τοῦτο δὲ πρὸς τὸ ὑμῶν αὐτῶν
⌜¹σύμφερον λέγω, οὐχ ἵνα βρόχον ὑμῖν ἐπιβάλω, ἀλλὰ
πρὸς τὸ εὔσχημον καὶ ⌜²εὐπρόσεδρον τῷ Κυρίῳ
ἀπερισπάστως.

36 Εἰ δέ τις ἀσχημονεῖν ἐπὶ τὴν παρθένον αὐτοῦ νομίζει,
ἐὰν ᾖ ὑπέρακμος, καὶ οὕτως ὀφείλει γίνεσθαι, ὃ θέλει
ποιείτω· οὐχ ἁμαρτάνει· γαμείτωσαν. 37 Ὃς δὲ ἔστηκεν
⌜¹ἑδραῖος ἐν τῇ καρδίᾳ,⌝ μὴ ἔχων ἀνάγκην, ἐξουσίαν δὲ ἔχει
περὶ τοῦ ἰδίου θελήματος, καὶ τοῦτο κέκρικεν ἐν τῇ ⌜²καρδίᾳ
αὐτοῦ⌝ °τοῦ τηρεῖν τὴν ἑαυτοῦ παρθένον, καλῶς ⌜ποιεῖ.
38 Ὥστε καὶ ὁ ⌜¹ἐκγαμίζων ᵀ καλῶς ποιεῖ, ⌜ὁ δὲ⌝ μὴ
⌜²ἐκγαμίζων κρεῖσσον ⌜³ποιεῖ.

39 Γυνὴ δέδεται °νόμῳ ἐφ᾽ ὅσον χρόνον ζῇ ὁ ἀνὴρ
αὐτῆς, ἐὰν δὲ καὶ² κοιμηθῇ ὁ ἀνήρ,³ ἐλευθέρα ἐστὶν ᾧ θέλει

---

¹34 και 𝔐𝕲 (h.C), Cr vs − TR
²39 και M vs − 𝕲 (h.C), TR Cr
³39 ανηρ M𝕲 (h.C), Cr vs + αυτης TR

---

29 ⌜312 𝕲 (h.C) vs M   31 ⌜τον κοσμον 𝕲 (h.C) vs 𝔐
32 ⌜αρεση 𝕲 (h.C) vs 𝔐   33 ⌜αρεση 𝕲 (h.C) vs 𝔐
34 ᵀ¹και 𝕲 (h.C) vs M   34 ⌜451-3 B vs M; (451-5 𝔭⁴⁶ℵA)
34 ᵀ² ³τω 𝕲 (h.C) vs 𝔐   34 ⌜αρεση 𝕲 (h.C) vs 𝔐
35 ⌜¹συμφορον 𝕲 (h.C) vs 𝔐   35 ⌜²ευπαρεδρον 𝕲 (h.C) vs M
37 ⌜¹εν τη καρδια αυτου εδραιος ℵ*BA (− αυτου or − εδραιος
𝔭⁴⁶ᵛⁱᵈ) vs M   37 ⌜²ιδια καρδια ℵBA vs 𝔐   37 °ℵBA vs 𝔐
37 ⌜ποιησει 𝕲 (h.C) vs 𝔐   38 ⌜¹ ²γαμιζων 𝕲 (h.C) vs 𝔐
38 ᵀτην εαυτου παρθενον ℵA (+ την παρθενον εαυτου B; την
παρθενον αυτου 𝔭⁴⁶) vs 𝔐   38 ⌜και ο 𝕲 (h.C) vs 𝔐
38 ⌜³ποιησει 𝕲 (h.C) vs 𝔐   39 °𝕲 (h.C) vs 𝔐

γαμηθῆναι, μόνον ἐν Κυρίῳ. **40** Μακαριωτέρα δέ ἐστιν ἐὰν οὕτω μείνῃ, κατὰ τὴν ἐμὴν γνώμην· δοκῶ δὲ κἀγὼ Πνεῦμα Θεοῦ ἔχειν.

Be Sensitive to Conscience

8 Περὶ δὲ τῶν εἰδωλοθύτων, οἴδαμεν ὅτι πάντες γνῶσιν ἔχομεν. Ἡ γνῶσις φυσιοῖ, ἡ δὲ ἀγάπη οἰκοδομεῖ. **2** Εἰ °δέ τις δοκεῖ ⸀εἰδέναι τι, ⸂οὐδέπω οὐδὲν ἔγνωκε⸃ καθὼς δεῖ γνῶναι. **3** Εἰ δέ τις ἀγαπᾷ τὸν Θεόν, οὗτος ἔγνωσται ὑπ᾽ αὐτοῦ. **4** Περὶ τῆς βρώσεως οὖν τῶν εἰδωλοθύτων οἴδαμεν ὅτι οὐδὲν εἴδωλον ἐν κόσμῳ καὶ ὅτι οὐδεὶς Θεὸς °ἕτερος εἰ μὴ εἷς. **5** Καὶ γὰρ εἴπερ εἰσὶ λεγόμενοι "θεοὶ" εἴτε ἐν οὐρανῷ εἴτε ἐπὶ¹ γῆς (ὥσπερ εἰσὶ "θεοὶ" πολλοὶ καὶ "κύριοι" πολλοί), **6** ἀλλ᾽ ἡμῖν εἷς Θεὸς ὁ Πατήρ, ἐξ οὗ τὰ πάντα καὶ ἡμεῖς εἰς αὐτόν, καὶ εἷς Κύριος Ἰησοῦς Χριστός, δι᾽ οὗ τὰ πάντα καὶ ἡμεῖς δι᾽ αὐτοῦ.

7 Ἀλλ᾽ οὐκ ἐν πᾶσιν ἡ γνῶσις, τινὲς δὲ τῇ ⸀συνειδήσει ⸅τοῦ εἰδώλου ἕως ἄρτι⸆ ὡς εἰδωλόθυτον ἐσθίουσι, καὶ ἡ συνείδησις αὐτῶν ἀσθενὴς οὖσα μολύνεται. **8** Βρῶμα δὲ ἡμᾶς οὐ ⸀παρίστησι τῷ Θεῷ, οὔτε °γὰρ ἐὰν ⸆φάγωμεν περισσεύομεν, οὔτε ἐὰν μὴ φάγωμεν ὑστερούμεθα.⸆ **9** Βλέπετε δὲ μή πως ἡ ἐξουσία ὑμῶν αὕτη πρόσκομμα γένηται τοῖς ⸀ἀσθενοῦσιν. **10** Ἐὰν γάρ τις ἴδῃ σε τὸν ἔχοντα γνῶσιν ἐν εἰδωλείῳ κατακείμενον, οὐχὶ ἡ συνείδησις αὐτοῦ, ἀσθενοῦς ὄντος, οἰκοδομηθήσεται εἰς τὸ τὰ εἰδωλόθυτα ἐσθίειν? **11** ⸂Καὶ ἀπολεῖται⸃ ὁ ἀσθενῶν ⸂²ἀδελφὸς ἐπὶ τῇ σῇ γνώσει,⸃ δι᾽ ὃν Χριστὸς ἀπέθανεν? **12** Οὕτω δὲ ἁμαρτάνοντες εἰς τοὺς ἀδελφοὺς καὶ

¹5 επι 𝕸𝕲 (h.C), Cr vs + της 𝕸ʳ TR

2 °𝕲 (h.C) vs 𝕸   2 ⸀εγνωκεναι 𝕲 (h.C) vs 𝕸
2 ⸂ουπω εγνω 𝕲 (h.C) vs 𝕸   4 °𝕲 (h.C) vs 𝕸
7 ⸀συνηθεια א*BA vs 𝕸   7 ⸅3412 אB vs 𝕸 A
8 ⸀παραστησει 𝕲 (h.C) vs 𝕸   8 °𝕲 (h.C) vs 𝕸
8 ⸅5-7 3412 𝔓⁴⁶ (περισσευομεθα for περισσευομεν B) vs 𝕸א;
(51-467 A)   9 ⸀ασθενεσιν 𝕲 (h.C) vs M
11 ⸂¹απολλυται γαρ 𝔓⁴⁶א*B vs 𝕸; (απολλυται ουν A)
11 ⸂²εν τη ση γνωσει ο αδελφος 𝔓⁴⁶אA (− ση B) vs 𝕸

τύπτοντες αὐτῶν τὴν συνείδησιν ἀσθενοῦσαν εἰς Χριστὸν
ἁμαρτάνετε. **13** Διόπερ εἰ βρῶμα σκανδαλίζει τὸν ἀδελφόν
μου, οὐ μὴ φάγω κρέα εἰς τὸν αἰῶνα, ἵνα μὴ τὸν ἀδελφόν
μου σκανδαλίσω.

Paul's Pattern of Self-Denial

9 Οὐκ εἰμὶ ⸉ἀπόστολος? Οὐκ εἰμὶ ἐλεύθερος?⸊ Οὐχὶ
Ἰησοῦν °Χριστὸν τὸν Κύριον ἡμῶν ἑώρακα? Οὐ τὸ
ἔργον μου ὑμεῖς ἐστε ἐν Κυρίῳ? **2** Εἰ ἄλλοις οὐκ εἰμὶ
ἀπόστολος, ἀλλά γε ὑμῖν εἰμι. Ἡ γὰρ σφραγὶς ⸂τῆς ἐμῆς⸃
ἀποστολῆς ὑμεῖς ἐστε ἐν Κυρίῳ. **3** Ἡ ἐμὴ ἀπολογία τοῖς
ἐμὲ ἀνακρίνουσιν ⸉αὕτη ἐστί.⸊ **4** Μὴ οὐκ ἔχομεν ἐξουσίαν
φαγεῖν καὶ ⸀πιεῖν? Μὴ οὐκ ἔχομεν ἐξουσίαν ἀδελφὴν
γυναῖκα περιάγειν, ὡς καὶ οἱ λοιποὶ ἀπόστολοι καὶ οἱ
ἀδελφοὶ τοῦ Κυρίου, καὶ Κηφᾶς? **6** Ἢ μόνος ἐγὼ καὶ
Βαρναβᾶς οὐκ ἔχομεν ἐξουσίαν °τοῦ μὴ ἐργάζεσθαι? **7** Τίς
στρατεύεται ἰδίοις ὀψωνίοις ποτέ? Τίς φυτεύει ἀμπελῶνα
καὶ ⸂ἐκ τοῦ καρποῦ⸃ αὐτοῦ οὐκ ἐσθίει? Ἢ τίς ποιμαίνει
ποίμνην καὶ ἐκ τοῦ γάλακτος τῆς ποίμνης οὐκ ἐσθίει? **8** Μὴ
κατὰ ἄνθρωπον ταῦτα λαλῶ[1]? Ἢ °οὐχὶ καὶ ὁ νόμος ταῦτα
⸆ λέγει? **9** Ἐν γὰρ τῷ Μωϋσέως νόμῳ[2] γέγραπται, «Οὐ
⸀φιμώσεις βοῦν ἀλοῶντα.» Μὴ τῶν βοῶν μέλει τῷ Θεῷ?
10 Ἢ δι᾿ ἡμᾶς πάντως λέγει? Δι᾿ ἡμᾶς γὰρ ἐγράφη, ὅτι
⸉ἐπ᾿ ἐλπίδι ὀφείλει⸊ ὁ ἀροτριῶν ἀροτριᾶν καὶ ὁ ἀλοῶν
⸂τῆς ἐλπίδος αὐτοῦ μετέχειν ἐπ᾿ ἐλπίδι.⸃ **11** Εἰ ἡμεῖς ὑμῖν τὰ
πνευματικὰ ἐσπείραμεν, μέγα εἰ ἡμεῖς ὑμῶν τὰ σαρκικὰ

---

[1]**8** λαλω **MϾ**, **TR Cr** vs λεγω M^{c}𝔭^{46}
[2]**9** M(ωυ)σεως νομω **MϾ**, **TR Cr** vs νομω M(ωυ)σεως M^{c} vs νομω 𝔭^{46}

---

1 ⸉4231 **Ͼ** (**h.C**) vs **𝔐** **1** °**Ͼ** (**h.C**) vs **𝔐**
2 ⸂μου της **ℵB** vs **𝔐**𝔭^{46vid} ; (−verse **A**) **3** ⸉**ℵBA** vs **𝔐**
4 ⸀πειν 𝔭^{46}**ℵ*B*** vs **𝔐A** **6** °**Ͼ** (**h.C**) vs **𝔐**
7 ⸂τον καρπον **Ͼ** vs **𝔐**𝔭^{46} **8** °**Ͼ** vs **𝔐**
8 ⸆ου **Ͼ** vs **𝔐** **9** ⸀κημωσεις **B*** vs **𝔐Ͼ**
10 ⸉οφειλει επ ελπιδι **Ͼ** (οφειλει εφ ελπιζει 𝔭^{46}) vs **𝔐**
10 ⸂επ ελπιδι του μετεχειν **ℵ*BC** (εφ for επ **A**; εφ ελπιζει του μετεχειν 𝔭^{46}) vs **𝔐**

---

9 Deut. 25:4

θερίσομεν? **12** Εἰ ἄλλοι τῆς ˢἑξουσίας ὑμῶνˣ μετέχουσιν, οὐ μᾶλλον ἡμεῖς? ᾿Αλλ᾿ οὐκ ἐχρησάμεθα τῇ ἐξουσίᾳ ταύτῃ, ἀλλὰ πάντα στέγομεν ἵνα μὴ ἐγκοπήν τιναⁱ δῶμεν τῷ εὐαγγελίῳ τοῦ Χριστοῦ. **13** Οὐκ οἴδατε ὅτι οἱ τὰ ἱερὰ ἐργαζόμενοι ᵀ ἐκ τοῦ ἱεροῦ ἐσθίουσιν, οἱ τῷ θυσιαστηρίῳ ʳπροσεδρεύοντες τῷ θυσιαστηρίῳ συμμερίζονται? **14** Οὕτω καὶ ὁ Κύριος διέταξε τοῖς τὸ εὐαγγέλιον καταγγέλλουσιν ἐκ τοῦ εὐαγγελίου ζῆν. **15** ᾿Εγὼ δὲ ᶠⁱοὐδενὶ ἐχρησάμηνˣ τούτων. Οὐκ ἔγραψα δὲ ταῦτα ἵνα οὕτω γένηται ἐν ἐμοί, καλὸν γάρ μοι μᾶλλον ἀποθανεῖν ἢ τὸ καύχημά μου ᶠ²ἵνα τις κενώσῃ.ˣ **16** ᾿Εὰν γὰρ εὐαγγελίζωμαι, οὐκ ἔστι μοι καύχημα, ἀνάγκη γάρ μοι ἐπίκειται. Οὐαὶ ʳ¹δέ μοί ἐστιν ἐὰν μὴ ʳ²εὐαγγελίζωμαι! **17** Εἰ γὰρ ἑκὼν τοῦτο πράσσω, μισθὸν ἔχω· εἰ δὲ ἄκων, οἰκονομίαν πεπίστευμαι. **18** Τίς οὖν ʳμοί ἐστιν ὁ μισθός? ῞Ινα εὐαγγελιζόμενος ἀδάπανον θήσω τὸ εὐαγγέλιον ᵒτοῦ Χριστοῦ,ˣ εἰς τὸ μὴ καταχρήσασθαι τῇ ἐξουσίᾳ μου ἐν τῷ εὐαγγελίῳ.

Paul's Pattern of Serving All Men

19 ᾿Ελεύθερος γὰρ ὢν ἐκ πάντων, πᾶσιν ἐμαυτὸν ἐδούλωσα ἵνα τοὺς πλείονας κερδήσω. **20** Καὶ ἐγενόμην τοῖς ᾿Ιουδαίοις ὡς ᾿Ιουδαῖος, ἵνα ᾿Ιουδαίους κερδήσω· τοῖς ὑπὸ νόμον ὡς ὑπὸ νόμον,ᵀ ἵνα τοὺς ὑπὸ νόμον κερδήσω· **21** τοῖς ἀνόμοις ὡς ἄνομος (μὴ ὢν ἄνομος ʳ¹Θεῷ ἀλλ᾿ ἔννομος ʳ²Χριστῷ), ἵνα ʳ³κερδήσω ᵀἀνόμους. **22** ᾿Εγενόμην τοῖς ἀσθενέσιν ᵒ¹ὡς ἀσθενής, ἵνα τοὺς ἀσθενεῖς κερδήσω. Τοῖς πᾶσι γέγονα ᵒ²τὰ πάντα ἵνα πάντως τινὰς σώσω.

ⁱ12 εγκοπην τινα Mᵖᵗ, TR vs εκκοπην τινα Mᵖᵗ vs τινα εγκοπην (B*) AC, Cr vs τινα εκκοπην ℵ

12 ˢ𝕲 vs 𝔐　　13 ᵀτα ℵB, [Cr] vs 𝔐𝔭⁴⁶AC
13 ʳπαρεδρευοντες 𝕲 vs 𝔐　　15 ᶠ¹ου κεχρημαι ουδενι 𝕲 vs 𝔐
15 ᶠ² ουδεις κενωσει 𝔭⁴⁶ℵ*B vs 𝔐 (κενωσει for κενωση C); (ουθεις μη καινωσει A)　　16 ʳ¹γαρ 𝕲 vs 𝔐
16 ʳ² ευαγγελισωμαι BC vs 𝔐𝔭⁴⁶ℵA　　18 ʳμου ℵ*AC vs 𝔐𝔭⁴⁶B
18 ᵒ𝕲 vs 𝔐　　20 ᵀμη ων αυτος υπο νομον 𝕲 (h.𝔭⁴⁶) vs 𝔐
21 ʳ¹Θεου 𝕲 vs M　21 ʳ²Χριστου 𝕲 vs M　21 ʳ³κερδανω 𝕲 vs 𝔐𝔭⁴⁶
21 ᵀτους 𝕲 vs 𝔐　　22 ᵒ¹𝕲 vs 𝔐C　　22 ᵒ²𝕲 vs 𝔐

23 ⸀Τοῦτο δὲ ποιῶ διὰ τὸ εὐαγγέλιον, ἵνα συγκοινωνὸς αὐτοῦ γένωμαι.

Paul's Pattern in Striving for a Crown

24 Οὐκ οἴδατε ὅτι οἱ ἐν σταδίῳ τρέχοντες πάντες μὲν τρέχουσιν, εἷς δὲ λαμβάνει τὸ βραβεῖον; Οὕτω τρέχετε ἵνα καταλάβητε. 25 Πᾶς δὲ ὁ ἀγωνιζόμενος πάντα ἐγκρατεύεται. Ἐκεῖνοι μὲν οὖν ἵνα φθαρτὸν στέφανον λάβωσιν, ἡμεῖς δὲ ἄφθαρτον. 26 Ἐγὼ τοίνυν οὕτω τρέχω ὡς οὐκ ἀδήλως, οὕτω πυκτεύω ὡς οὐκ ἀέρα δέρων.[1] 27 Ἀλλ᾿ ὑπωπιάζω[2] μου τὸ σῶμα καὶ δουλαγωγῶ, μή πως ἄλλοις κηρύξας, αὐτὸς ἀδόκιμος γένωμαι.

Learn from Old Testament Examples

10 Οὐ θέλω ⸀δὲ ὑμᾶς ἀγνοεῖν, ἀδελφοί, ὅτι οἱ πατέρες ἡμῶν πάντες ὑπὸ τὴν νεφέλην ἦσαν καὶ πάντες διὰ τῆς θαλάσσης διῆλθον 2 καὶ πάντες εἰς τὸν Μωϋσῆν ⸀ἐβαπτίσαντο ἐν τῇ νεφέλη καὶ ἐν τῇ θαλάσσῃ 3 καὶ πάντες τὸ αὐτὸ ⸂βρῶμα πνευματικὸν ἔφαγον⸃ 4 καὶ πάντες τὸ αὐτὸ ⸂¹πόμα πνευματικὸν ἔπιον.⸃ Ἔπινον γὰρ ἐκ πνευματικῆς ἀκολουθούσης πέτρας, ἡ ⸂²δὲ πέτρα⸃ ἦν ὁ Χριστός. 5 Ἀλλ᾿ οὐκ ἐν τοῖς πλείοσιν αὐτῶν εὐδόκησεν ὁ Θεός, κατεστρώθησαν γὰρ ἐν τῇ ἐρήμῳ. 6 Ταῦτα δὲ τύποι ἡμῶν ἐγενήθησαν εἰς τὸ μὴ εἶναι ἡμᾶς ἐπιθυμητὰς κακῶν καθὼς κἀκεῖνοι ἐπεθύμησαν. 7 Μηδὲ εἰδωλολάτραι γίνεσθε καθώς τινες αὐτῶν· ὥσπερ[3] γέγραπται, «Ἐκάθισεν ὁ λαὸς φαγεῖν καὶ ⸀πιεῖν, καὶ ἀνέστησαν παίζειν.» 8 Μηδὲ πορνεύωμεν καθώς τινες αὐτῶν ἐπόρνευσαν, καὶ ἔπεσον

---

[1]26 δερων 𝕸𝕲, TR Cr vs δαιρων Mʳ
[2]27 υπωπιαζω Mᵖᵗ𝕲, TR Cr vs υποπιαζω Mᵖᵗ 𝔭⁴⁶
[3]7 ωσπερ 𝕸𝕲, Cr vs ως C, TR

---

23 ⸀παντα 𝕲 vs 𝕸   1 ⸀γαρ 𝕲 vs 𝕸
2 ⸀εβαπτισθησαν ℵAC vs MB; (εβαπτιζοντο 𝔭⁴⁶*)
3 ⸂213 𝔭⁴⁶ℵ*B vs 𝕸; (231 A)   4 ⸂¹231 𝕲 vs 𝕸
4 ⸂²ℵB vs 𝕸𝔭⁴⁶AC   7 ⸀πειν 𝔭⁴⁶ℵB* vs 𝕸AC

---

7 Ex. 32:6 26,28 Ps. 24:1; 50:12; 89:11

°ἐν μιᾷ ἡμέρᾳ εἴκοσι τρεῖς χιλιάδες. 9 Μηδὲ ἐκπειράζωμεν
τὸν Χριστὸν καθὼς °καί τινες αὐτῶν ἐπείρασαν, καὶ ὑπὸ
τῶν ὄφεων ⸀ἀπώλοντο. 10 Μηδὲ γογγύζετε ⸀καθὼς °καί
τινες αὐτῶν ἐγόγγυσαν, καὶ ἀπώλοντο ὑπὸ τοῦ
ὀλοθρευτοῦ. 11 ⸉Ταῦτα δὲ πάντα⸊ ⸀1τύποι ⸀2συνέβαινον
ἐκείνοις, ἐγράφη δὲ πρὸς νουθεσίαν ἡμῶν εἰς οὓς τὰ τέλη
τῶν αἰώνων ⸀3κατήντησεν. 12 Ὥστε ὁ δοκῶν ἑστάναι
βλεπέτω μὴ πέσῃ! 13 Πειρασμὸς ὑμᾶς οὐκ εἴληφεν εἰ μὴ
ἀνθρώπινος, πιστὸς[1] δὲ ὁ Θεὸς ὃς οὐκ ἐάσει ὑμᾶς
πειρασθῆναι ὑπὲρ ὃ δύνασθε, ἀλλὰ ποιήσει σὺν τῷ
πειρασμῷ καὶ τὴν ἔκβασιν τοῦ δύνασθαι °ὑμᾶς ὑπενεγκεῖν.

Flee from Idolatry

14 Διόπερ, ἀγαπητοί μου, φεύγετε ἀπὸ τῆς εἰδω-
λολατρείας. 15 Ὡς φρονίμοις λέγω· κρίνατε ὑμεῖς ὅ
φημι. 16 Τὸ ποτήριον τῆς εὐλογίας ὃ εὐλογοῦμεν, οὐχὶ
κοινωνία ⸂τοῦ αἵματος τοῦ Χριστοῦ ἐστι⸃? Τὸν ἄρτον ὃν
κλῶμεν, οὐχὶ κοινωνία τοῦ σώματος τοῦ Χριστοῦ ἐστιν?
17 Ὅτι εἷς ἄρτος, ἓν σῶμα οἱ πολλοί ἐσμεν· οἱ γὰρ πάντες
ἐκ τοῦ ἑνὸς ἄρτου μετέχομεν. 18 Βλέπετε τὸν Ἰσραὴλ
κατὰ σάρκα. ⸀Οὐχὶ οἱ ἐσθίοντες τὰς θυσίας κοινωνοὶ τοῦ
θυσιαστηρίου εἰσί? 19 Τί οὖν φημι? Ὅτι ⸂εἴδωλόν τί ἐστιν ἢ
ὅτι εἰδωλόθυτόν⸃ τί ἐστιν? 20 Ἀλλ᾽ ὅτι ἃ ⸀θύει ⸋τὰ ἔθνη,⸌
δαιμονίοις ⸉θύει καὶ οὐ Θεῷ.⸊ Οὐ θέλω δὲ ὑμᾶς κοινωνοὺς
τῶν δαιμονίων γίνεσθαι. 21 Οὐ δύνασθε ποτήριον Κυρίου
πίνειν καὶ ποτήριον δαιμονίων· οὐ δύνασθε τραπέζης
Κυρίου μετέχειν καὶ τραπέζης δαιμονίων. 22 Ἢ παρα-
ζηλοῦμεν τὸν Κύριον? Μὴ ἰσχυρότεροι αὐτοῦ ἐσμεν?

[1]13 πιστος MЄ, TR Cr vs δυνατος M[r]

8 °𝔓46א*B vs 𝔐AC 9 °Є (𝔓46vid) vs M
9 ⸀απολλυντο אB (απωλυντο 𝔓46Avid) vs 𝔐C
10 ⸀καθαπερ 𝔓46אB vs 𝔐AC 10 °Є vs M
11 ⸉ταυτα δε BA vs 𝔐C; (παντα δε ταυτα א)
11 ⸀1τυπικως Є (h.𝔓46) vs 𝔐 11 ⸀2συνεβαινεν 𝔓46vidאBC vs 𝔐A
11 ⸀3κατηντηκεν 𝔓46אB vs 𝔐AC 13 °Є vs 𝔐
16 ⸂51-4 𝔓46BA vs 𝔐אC 18 ⸀ουχ א*AC vs 𝔐𝔓46B
19 ⸂62-51 B vs 𝔐; (6 𝔓46vidא*AC*) 20 ⸀θυουσιν Є (𝔓46vid) vs 𝔐
20 ⸋B vs 𝔐Є 20 ⸉και ου Θεω θυουσιν Є (h.𝔓46), [Cr] vs 𝔐

Do All to the Glory of God

23 Πάντα °¹μοι ἔξεστιν, ἀλλ᾽ οὐ πάντα συμφέρει. Πάντα °²μοι ἔξεστιν, ἀλλ᾽ οὐ πάντα οἰκοδομεῖ. 24 Μηδεὶς τὸ ἑαυτοῦ ζητείτω ἀλλὰ τὸ τοῦ ἑτέρου °ἕκαστος. 25 Πᾶν τὸ ἐν μακέλλῳ πωλούμενον ἐσθίετε, μηδὲν ἀνακρίνοντες διὰ τὴν συνείδησιν. 26 «Τοῦ ˢγὰρ Κυρίου˻ ἡ γῆ καὶ τὸ πλήρωμα αὐτῆς.» 27 Εἰ °δέ τις καλεῖ ὑμᾶς τῶν ἀπίστων, καὶ θέλετε πορεύεσθαι, πᾶν τὸ παρατιθέμενον ὑμῖν ἐσθίετε, μηδὲν ἀνακρίνοντες διὰ τὴν συνείδησιν. 28 Ἐὰν δέ τις ὑμῖν εἴπῃ, "Τοῦτο ˹εἰδωλόθυτόν ἐστι," μὴ ἐσθίετε δι᾽ ἐκεῖνον ˹τὸν μηνύσαντα καὶ τὴν συνείδησιν, «Τοῦ γὰρ Κυρίου ἡ γῆ καὶ τὸ πλήρωμα αὐτῆς.»˻ 29 Συνείδησιν δὲ λέγω, οὐχὶ τὴν ἑαυτοῦ ἀλλὰ τὴν τοῦ ἑτέρου. Ἵνα τί γὰρ ἡ ἐλευθερία μου κρίνεται ὑπὸ ἄλλης συνειδήσεως? 30 Εἰ¹ ἐγὼ χάριτι μετέχω, τί βλασφημοῦμαι ὑπὲρ οὗ ἐγὼ εὐχαριστῶ? 31 Εἴτε οὖν ἐσθίετε εἴτε πίνετε, εἴτε τι ποιεῖτε, πάντα εἰς δόξαν Θεοῦ ποιεῖτε. 32 Ἀπρόσκοποι ˢγίνεσθε καὶ Ἰουδαίοις˻ καὶ Ἕλλησι καὶ τῇ ἐκκλησίᾳ τοῦ Θεοῦ, 33 καθὼς κἀγὼ πάντα πᾶσιν ἀρέσκω, μὴ ζητῶν τὸ ἐμαυτοῦ ˹συμφέρον ἀλλὰ τὸ τῶν πολλῶν, ἵνα σωθῶσι.

11 Μιμηταί μου γίνεσθε καθὼς κἀγὼ Χριστοῦ.

The Meaning of Head Coverings

2 Ἐπαινῶ δὲ ὑμᾶς, °ἀδελφοί, ὅτι πάντα μου μέμνησθε, καὶ καθὼς παρέδωκα ὑμῖν, τὰς παραδόσεις κατέχετε. 3 Θέλω δὲ ὑμᾶς εἰδέναι ὅτι παντὸς ἀνδρὸς ἡ κεφαλὴ ὁ Χριστός ἐστι, κεφαλὴ δὲ γυναικὸς ὁ ἀνήρ, κεφαλὴ δὲ ᵀΧριστοῦ ὁ Θεός. 4 Πᾶς ἀνὴρ προσευχόμενος ἢ

---

¹30 ει 𝔐 G, Cr vs + δε 𝔓⁴⁶, TR

23 ᵒ¹ ² G vs 𝔐   24 °G vs 𝔐   26 ˢℵBC vs 𝔐 𝔓⁴⁶A
27 °G vs 𝔐 C   28 ˹ιεροθυτον G vs 𝔐 C
28 ˹1-5 G vs 𝔐 ; (− 𝔓⁴⁶)   32 ˢ231 G vs 𝔐
33 ˹συμφορον G vs 𝔐   2 °G vs 𝔐   3 ᵀτου ℵBA vs 𝔐 𝔓⁴⁶C

28 Ps. 24:1; 50:12; 89:11

προφητεύων κατὰ κεφαλῆς ἔχων καταισχύνει τὴν κεφαλὴν αὐτοῦ. 5 Πᾶσα δὲ γυνὴ προσευχομένη ἢ προφητεύουσα ἀκατακαλύπτῳ τῇ κεφαλῇ καταισχύνει τὴν κεφαλὴν ᵣἑαυτῆς, ἐν γάρ ἐστι καὶ τὸ αὐτὸ τῇ ἐξυρημένῃ. 6 Εἰ γὰρ οὐ κατακαλύπτεται γυνή, καὶ κειράσθω. Εἰ δὲ αἰσχρὸν γυναικὶ τὸ κείρασθαι¹ ἢ ξυρᾶσθαι, κατακαλυπτέσθω. 7 Ἀνὴρ μὲν γὰρ οὐκ ὀφείλει κατακαλύπτεσθαι τὴν κεφαλήν, εἰκὼν καὶ δόξα Θεοῦ ὑπάρχων· ᵀ γυνὴ δὲ δόξα ἀνδρός ἐστιν. 8 Οὐ γάρ ἐστιν ἀνὴρ ἐκ γυναικός, ἀλλὰ γυνὴ ἐξ ἀνδρός. 9 Καὶ γὰρ οὐκ ἐκτίσθη ἀνὴρ διὰ τὴν γυναῖκα, ἀλλὰ γυνὴ διὰ τὸν ἄνδρα. 10 Διὰ τοῦτο ὀφείλει ἡ γυνὴ ἐξουσίαν ἔχειν ἐπὶ τῆς κεφαλῆς διὰ τοὺς ἀγγέλους. 11 Πλὴν οὔτε ᶠἀνὴρ χωρὶς γυναικός, οὔτε γυνὴ χωρὶς ἀνδρός,ᶻ ἐν Κυρίῳ. 12 Ὥσπερ γὰρ ἡ γυνὴ ἐκ τοῦ ἀνδρός, οὕτω καὶ ὁ ἀνὴρ διὰ τῆς γυναικός, τὰ δὲ πάντα ἐκ τοῦ Θεοῦ. 13 Ἐν ὑμῖν αὐτοῖς κρίνατε. Πρέπον ἐστὶ γυναῖκα ἀκατακάλυπτον τῷ Θεῷ προσεύχεσθαι; 14 °Ἡ οὐδὲ ᶠαὐτὴ ἡ φύσιςᶜ διδάσκει ὑμᾶς ὅτι ἀνὴρ μὲν ἐὰν κομᾷ, ἀτιμία αὐτῷ ἐστι; 15 Γυνὴ δὲ ἐὰν κομᾷ, δόξα αὐτῇ ἐστιν· ὅτι ἡ κόμη ἀντὶ περιβολαίου δέδοται.² 16 Εἰ δέ τις δοκεῖ φιλόνεικος εἶναι, ἡμεῖς τοιαύτην συνήθειαν οὐκ ἔχομεν, οὐδὲ αἱ ἐκκλησίαι τοῦ Θεοῦ.

Improper Conduct at the Lord's Supper

17 Τοῦτο δὲ παραγγέλλων οὐκ ἐπαινῶ, ὅτι οὐκ εἰς τὸ •¹κρεῖττον ἀλλ᾽ εἰς τὸ •²ἧττον συνέρχεσθε. 18 Πρῶτον μὲν γὰρ συνερχομένων ὑμῶν ἐν³ ἐκκλησίᾳ, ἀκούω σχίσματα ἐν ὑμῖν ὑπάρχειν, καὶ μέρος τι πιστεύω. 19 Δεῖ γὰρ καὶ αἱρέσεις ἐν ὑμῖν⁴ εἶναι, ἵνα ᵀ οἱ δόκιμοι φανεροὶ γένωνται ἐν

---

¹6 κειρασθαι 𝕸𝕲 (h.𝔭⁴⁶), TR Cr vs κειρεσθαι Mʳ
²15 δεδοται Mᵖᵗ𝔭⁴⁶ vs δεδοται αυτη MᵖᵗℵΒΑ, TR [Cr] vs αυτη δεδοται C
³18 εν 𝕸𝕲 (h.𝔭⁴⁶), Cr vs + τη TR
⁴19 αιρεσεις εν υμιν 𝕸𝕲, TR Cr vs εν υμιν αιρεσεις Mᶜ

---

5 ᵣαυτης ℵΑC vs ΜΒ   7 ᵀη ΒΑ vs 𝕸𝔭⁴⁶ℵ*C   11 ᶠ5-741-3 𝕲 vs 𝕸
14 °𝕲 vs 𝕸   14 ᶠη φυσις αυτη 𝕲 (αυτης for αυτη 𝔭⁴⁶) vs 𝕸
17 •¹κρεισσον 𝕲 (h.𝔭⁴⁶) vs 𝕸   17 •²ησσον 𝕲 (h.𝔭⁴⁶) vs 𝕸
19 ᵀκαι 𝔭⁴⁶Β, [Cr] vs 𝕸ℵΑC

ὑμῖν. **20** Συνερχομένων οὖν ὑμῶν ἐπὶ τὸ αὐτό, οὐκ ἔστι
Κυριακὸν Δεῖπνον φαγεῖν. **21** Ἕκαστος γὰρ τὸ ἴδιον
δεῖπνον προλαμβάνει ἐν τῷ φαγεῖν, καὶ ὃς μὲν πεινᾷ, ὃς δὲ
μεθύει. **22** Μὴ γὰρ οἰκίας οὐκ ἔχετε εἰς τὸ ἐσθίειν καὶ
πίνειν? Ἢ τῆς ἐκκλησίας τοῦ Θεοῦ καταφρονεῖτε, καὶ
καταισχύνετε τοὺς μὴ ἔχοντας? Τί ⸉ὑμῖν εἴπω⸊? Ἐπαινέσω
ὑμᾶς ἐν τούτῳ? Οὐκ ἐπαινῶ!

Institution of the Lord's Supper
(Mt. 26:26-30; Mk. 14:22-26; Lk. 22:14-20)

23 Ἐγὼ γὰρ παρέλαβον ἀπὸ τοῦ Κυρίου ὃ καὶ
παρέδωκα ὑμῖν, ὅτι ὁ Κύριος Ἰησοῦς ἐν τῇ νυκτὶ ᾗ
•παρεδίδοτο ἔλαβεν ἄρτον. **24** Καὶ εὐχαριστήσας ἔκλασε
καὶ εἶπε, "□Λάβετε, φάγετε·⸌ τοῦτό μού ἐστι τὸ σῶμα τὸ
ὑπὲρ ὑμῶν °κλώμενον· τοῦτο ποιεῖτε εἰς τὴν ἐμὴν
ἀνάμνησιν." **25** Ὡσαύτως καὶ τὸ ποτήριον μετὰ τὸ
δειπνῆσαι, λέγων, "Τοῦτο τὸ ποτήριον ἡ καινὴ διαθήκη
ἐστὶν ἐν τῷ ἐμῷ αἵματι. Τοῦτο ποιεῖτε, ὁσάκις ⸀ἂν πίνητε,
εἰς τὴν ἐμὴν ἀνάμνησιν." **26** Ὁσάκις γὰρ ⸀ἂν ἐσθίητε τὸν
ἄρτον τοῦτον, καὶ τὸ ποτήριον °[1]τοῦτο πίνητε, τὸν
θάνατον τοῦ Κυρίου καταγγέλλετε ἄχρις οὗ °[2]ἂν ἔλθῃ.

Examine Yourself Before Partaking

27 Ὥστε ὃς ἂν ἐσθίῃ τὸν ἄρτον °τοῦτον ἢ πίνῃ τὸ
ποτήριον τοῦ Κυρίου ἀναξίως τοῦ Κυριου[1] ἔνοχος ἔσται τοῦ
σώματος καὶ τοῦ[2] αἵματος τοῦ Κυρίου. **28** Δοκιμαζέτω δὲ
ἄνθρωπος ἑαυτόν, καὶ οὕτως ἐκ τοῦ ἄρτου ἐσθιέτω καὶ ἐκ
τοῦ ποτηρίου πινέτω. **29** Ὁ γὰρ ἐσθίων καὶ πίνων
°ἀναξίως, κρίμα ἑαυτῷ ἐσθίει καὶ πίνει, μὴ διακρίνων τὸ

---

[1]27 του Κυριου M^{pt}ℵ vs − M^{pt}Ͼ, **TR Cr**
[2]27 του **𝔐Ͼ**, **Cr** vs − **TR**

---

22 ⸉**Ͼ** vs **𝔐** **23** •παρεδιδετο **Ͼ** vs **𝔐** **24** □**Ͼ** vs **𝔐**
24 °**Ͼ** vs **𝔐** **25** ⸀εαν **Ͼ** ($\mathfrak{P}^{46 vid}$) vs **𝔐**; (−οσακις to αναμνησιν A)
26 ⸀εαν **Ͼ** (**h.**$\mathfrak{P}^{46}$) vs **𝔐** **26** °[1]**Ͼ** vs **𝔐**$\mathfrak{P}^{46}$ **26** °[2]**Ͼ** vs **𝔐**
27 °**Ͼ** vs **𝔐** **29** °**Ͼ** vs **𝔐**

σῶμα ᵒτοῦ Κυρίου.` 30 Διὰ τοῦτο ἐν ὑμῖν πολλοὶ ἀσθενεῖς
καὶ ἄρρωστοι, καὶ κοιμῶνται ἱκανοί. 31 Εἰ ⸃γὰρ ἑαυτοὺς
διεκρίνομεν, οὐκ ἂν ἐκρινόμεθα. 32 Κρινόμενοι δέ, ὑπὸ¹
Κυρίου παιδευόμεθα, ἵνα μὴ σὺν τῷ κόσμῳ κατακριθῶμεν.
33 Ὥστε, ἀδελφοί μου, συνερχόμενοι εἰς τὸ φαγεῖν,
ἀλλήλους ἐκδέχεσθε. 34 Εἰ ᵒδέ τις πεινᾷ, ἐν οἴκῳ ἐσθιέτω,
ἵνα μὴ εἰς κρίμα συνέρχησθε. Τὰ δὲ λοιπὰ ὡς ἂν ἔλθω
διατάξομαι.

Spiritual Gifts: Unity in Diversity

12 Περὶ δὲ τῶν πνευματικῶν, ἀδελφοί, οὐ θέλω ὑμᾶς
ἀγνοεῖν. 2 Οἴδατε ὅτι ὅτε² ἔθνη ἦτε, πρὸς τὰ εἴδωλα
τὰ ἄφωνα ὡς ἂν ἤγεσθε ἀπαγόμενοι. 3 Διὸ γνωρίζω ὑμῖν
ὅτι οὐδεὶς ἐν Πνεύματι Θεοῦ λαλῶν λέγει ἀνάθεμα
⸃Ἰησοῦν, καὶ οὐδεὶς δύναται εἰπεῖν ῾Κύριον Ἰησοῦν` εἰ μὴ ἐν
Πνεύματι Ἁγίῳ.
    4 Διαιρέσεις δὲ χαρισμάτων εἰσί, τὸ δὲ αὐτὸ Πνεῦμα.
5 Καὶ διαιρέσεις διακονιῶν εἰσι, καὶ ὁ αὐτὸς Κύριος. 6 Καὶ
διαιρέσεις ἐνεργημάτων εἰσίν, ὁ δὲ αὐτός ῾ἐστι Θεὸς ὁ
ἐνεργῶν` τὰ πάντα ἐν πᾶσιν. 7 Ἑκάστῳ δὲ δίδοται ἡ
φανέρωσις τοῦ Πνεύματος πρὸς τὸ συμφέρον. 8 ῟Ω μὲν
γὰρ διὰ τοῦ Πνεύματος δίδοται λόγος σοφίας, ἄλλῳ δὲ
λόγος γνώσεως κατὰ τὸ αὐτὸ Πνεῦμα, 9 ἑτέρῳ ᵒδὲ πίστις
ἐν τῷ αὐτῷ Πνεύματι, ἄλλῳ δὲ χαρίσματα ἰαμάτων ἐν τῷ
῾αὐτῷ Πνεύματι, 10 ἄλλῳ δὲ ἐνεργήματα δυνάμεων, ἄλλῳ
ᵒ¹δὲ προφητεία, ἄλλῳ ᵒ²δὲ διακρίσεις πνευμάτων, ἑτέρῳ
ᵒ³δὲ γένη γλωσσῶν, ἄλλῳ δὲ ἑρμηνεία γλωσσῶν.
11 Πάντα δὲ ταῦτα ἐνεργεῖ τὸ ἓν καὶ τὸ αὐτὸ Πνεῦμα,
διαιροῦν ἰδίᾳ ἑκάστῳ καθὼς βούλεται.

---

¹32 υπο 𝕸 𝔭⁴⁶A vs +του 𝕏BC, TR [Cr]
²2 οτε M𝕲 (h.𝔭⁴⁶), Cr vs −TR

29 ᵒ𝕲 vs 𝕸   31 ⸃δε 𝕲 vs 𝕸C   34 ᵒ𝕲 vs 𝕸
3 ⸃Ιησους 𝕲 vs 𝕸𝔭⁴⁶   3 ῾Κυριος Ιησους 𝕲 vs 𝕸
6 ῾2-4 𝕲 vs M; (⸃2-41 B)   9 ᵒ𝕏*B vs 𝕸𝔭⁴⁶AC
9 ῾εν τω ενι Πνευματι BA vs 𝕸𝕏; (−C*; εν τω Πνευματι 𝔭⁴⁶)
10 ᵒ¹ ²𝔭⁴⁶B vs 𝕸𝕏AC, [Cr]   10 ᵒ³𝔭⁴⁶𝕏*B vs 𝕸AC

Unity and Diversity in One Body

12 Καθάπερ γὰρ τὸ σῶμα ἕν ἐστι καὶ ʲμέλη ἔχει πολλά,ᴸ πάντα δὲ τὰ μέλη τοῦ σώματος ᑟτοῦ ἑνός,ˋ πολλὰ ὄντα, ἕν ἐστι σῶμα, οὕτω καὶ ὁ Χριστός. **13** Καὶ γὰρ ἐν ἑνὶ Πνεύματι ἡμεῖς πάντες εἰς ἓν σῶμα ἐβαπτίσθημεν, εἴτε Ἰουδαῖοι εἴτε Ἕλληνες, εἴτε δοῦλοι εἴτε ἐλεύθεροι, καὶ πάντες °εἰς ἓν Πνεῦμα ἐποτίσθημεν.¹ **14** Καὶ γὰρ τὸ σῶμα οὐκ ἔστιν ἓν μέλος ἀλλὰ πολλά. **15** Ἐὰν εἴπῃ ὁ πούς, "Ὅτι οὐκ εἰμὶ χείρ, οὐκ εἰμὶ ἐκ τοῦ σώματος," οὐ παρὰ τοῦτο οὐκ ἔστιν ἐκ τοῦ σώματος. **16** Καὶ ἐὰν εἴπῃ τὸ οὖς, "Ὅτι οὐκ εἰμὶ ὀφθαλμός, οὐκ εἰμὶ ἐκ τοῦ σώματος," οὐ παρὰ τοῦτο οὐκ ἔστιν ἐκ τοῦ σώματος. **17** Εἰ ὅλον τὸ σῶμα ὀφθαλμός, ποῦ ἡ ἀκοή; Εἰ ὅλον ἀκοή, ποῦ ἡ ὄσφρησις; **18** Νυνὶ δὲ ὁ Θεὸς ἔθετο τὰ μέλη ἓν ἕκαστον αὐτῶν ἐν τῷ σώματι καθὼς ἠθέλησεν. **19** Εἰ δὲ ἦν τὰ πάντα ἓν μέλος, ποῦ τὸ σῶμα; **20** Νῦν δὲ πολλὰ μὲν μέλη, ἓν δὲ σῶμα.

21 Οὐ δύναται δὲ ὁ² ὀφθαλμὸς εἰπεῖν τῇ χειρί, "Χρείαν σου οὐκ ἔχω," ἢ πάλιν ἡ κεφαλὴ τοῖς ποσί, "Χρείαν ὑμῶν οὐκ ἔχω." **22** Ἀλλὰ πολλῷ μᾶλλον τὰ δοκοῦντα μέλη τοῦ σώματος ἀσθενέστερα ὑπάρχειν ἀναγκαῖά ἐστι. **23** Καὶ ἃ δοκοῦμεν ἀτιμότερα εἶναι τοῦ σώματος, τούτοις τιμὴν περισσοτέραν περιτίθεμεν· καὶ τὰ ἀσχήμονα ἡμῶν εὐσχημοσύνην περισσοτέραν ἔχει. **24** Τὰ δὲ εὐσχήμονα ἡμῶν οὐ χρείαν ἔχει. Ἀλλ᾽ ὁ Θεὸς συνεκέρασε τὸ σῶμα, τῷ ʳὑστεροῦντι περισσοτέραν δοὺς τιμὴν **25** ἵνα μὴ ᾖ σχίσματα³ ἐν τῷ σώματι, ἀλλὰ τὸ αὐτὸ ὑπὲρ ἀλλήλων μεριμνῶσι τὰ μέλη. **26** Καὶ εἴτε πάσχει ἓν μέλος, συμπάσχει πάντα τὰ μέλη· εἴτε δοξάζεται °ἓν μέλος, συγχαίρει πάντα τὰ μέλη.

27 Ὑμεῖς δέ ἐστε σῶμα Χριστοῦ καὶ μέλη ἐκ μέρους. **28** Καὶ οὓς μὲν ἔθετο ὁ Θεὸς ἐν τῇ ἐκκλησίᾳ πρῶτον

---

¹13 Πνευμα εποτισθημεν Mᵖᵗ𝕲, TR Cr vs πομα εποτισθημεν Mᵖᵗ vs σωμα εσμεν A
²21 ο 𝕸𝕲, Cr vs − TR
³25 σχισματα Mᵖᵗℵ vs σχισμα Mᵖᵗ𝕲, TR Cr

ἀποστόλους, δεύτερον προφήτας, τρίτον διδασκάλους, ἔπειτα δυνάμεις, ˹εἶτα χαρίσματα ἰαμάτων, ἀντιλήψεις, κυβερνήσεις, γένη γλωσσῶν. 29 Μὴ πάντες ἀπόστολοι? Μὴ πάντες προφῆται? Μὴ πάντες διδάσκαλοι? Μὴ πάντες δυνάμεις? 30 Μὴ πάντες χαρίσματα ἔχουσιν ἰαμάτων? Μὴ πάντες γλώσσαις λαλοῦσι? Μὴ πάντες διερμηνεύουσι? 31 Ζηλοῦτε δὲ τὰ χαρίσματα τὰ ˹κρείττονα. Καὶ ἔτι καθ᾽ ὑπερβολὴν ὁδὸν ὑμῖν δείκνυμι.

Paul's Paean of Praise to Love

13 Ἐὰν ταῖς γλώσσαις τῶν ἀνθρώπων λαλῶ καὶ τῶν ἀγγέλων, ἀγάπην δὲ μὴ ἔχω, γέγονα χαλκὸς ἠχῶν ἢ κύμβαλον ἀλαλάζον. 2 Καὶ ἐὰν ἔχω προφητείαν καὶ εἰδῶ τὰ μυστήρια πάντα καὶ πᾶσαν τὴν γνῶσιν, καὶ ἐὰν ἔχω πᾶσαν τὴν πίστιν ὥστε ὄρη ˹μεθιστάνειν, ἀγάπην δὲ μὴ ἔχω, οὐθέν¹ εἰμι. 3 ˹Καὶ ἐὰν˺ ψωμίσω πάντα τὰ ὑπάρχοντά μου, καὶ ἐὰν παραδῶ τὸ σῶμά μου ἵνα ˹καυθήσωμαι, ἀγάπην δὲ μὴ ἔχω, οὐδὲν ὠφελοῦμαι.

4 Ἡ ἀγάπη μακροθυμεῖ, χρηστεύεται, ἡ ἀγάπη οὐ ζηλοῖ, ˹ἡ ἀγάπη οὐ περπερεύεται,˺ οὐ φυσιοῦται, 5 οὐκ ἀσχημονεῖ, οὐ ζητεῖ τὰ ἑαυτῆς, οὐ παροξύνεται, οὐ λογίζεται τὸ κακόν· 6 οὐ χαίρει ἐπὶ τῇ ἀδικίᾳ, συγχαίρει δὲ τῇ ἀληθείᾳ, 7 πάντα στέγει, πάντα πιστεύει, πάντα ἐλπίζει, πάντα ὑπομένει.

8 Ἡ ἀγάπη οὐδέποτε ˹ἐκπίπτει. Εἴτε δὲ προφητεῖαι, καταργηθήσονται· εἴτε γλῶσσαι, παύσονται· εἴτε γνῶσις, καταργηθήσεται. 9 Ἐκ μέρους δὲ² γινώσκομεν καὶ ἐκ μέρους προφητεύομεν. 10 Ὅταν δὲ ἔλθῃ τὸ τέλειον, °τότε τὸ ἐκ μέρους καταργηθήσεται. 11 Ὅτε ἤμην νήπιος, ˢ¹ὡς νήπιος ἐλάλουν,ˌ ˢ²ὡς νήπιος ἐφρόνουν,ˌ ˢ³ὡς νήπιος ἐλογιζόμην·ˌ ὅτε °δὲ γέγονα ἀνὴρ κατήργηκα τὰ τοῦ

---

¹2 ουθεν 𝔐G, Cr vs ουδεν TR ²9 δε 𝔐 vs γαρ G (h.C), TR Cr

28 ˹επειτα G vs 𝔐 31 ˹μειζονα G vs 𝔐
2 ˹μεθιστάναι 𝔓⁴⁶B vs 𝔐AC; (– γεγονα, verse 1, to μη εχω, verse
2 ℵ*) 3 ˹καν G vs 𝔐ℵ 3 ˹καυχησωμαι G vs 𝔐; (καυθησομαι C)
4 ˹ου περπερευεται B vs 𝔐ℵAC, [Cr] (ου περπερευεται η
αγαπη 𝔓⁴⁶) 8 ˹πιπτει G vs 𝔐 10 °G (h.C) vs 𝔐
11 ˢ¹312 ℵBA vs 𝔐𝔓⁴⁶ᵛⁱᵈ 11 ˢ² ³ 312 ℵBA vs 𝔐 11 °ℵ*BA vs 𝔐

νηπίου. 12 Βλέπομεν γὰρ ἄρτι δι᾽ ἐσόπτρου ἐν αἰνίγματι, τότε δὲ πρόσωπον πρὸς πρόσωπον. Ἄρτι γινώσκω ἐκ μέρους, τότε δὲ ἐπιγνώσομαι καθὼς καὶ ἐπεγνώσθην. 13 Νυνὶ δὲ μένει πίστις, ἐλπίς, ἀγάπη, τὰ τρία ταῦτα· μείζων δὲ τούτων ἡ ἀγάπη.

Comparing Prophecy and Tongues

14 Διώκετε τὴν ἀγάπην, ζηλοῦτε δὲ τὰ πνευματικά, μᾶλλον δὲ ἵνα προφητεύητε. 2 Ὁ γὰρ λαλῶν γλώσσῃ οὐκ ἀνθρώποις λαλεῖ ἀλλὰ °τῷ Θεῷ, οὐδεὶς γὰρ ἀκούει· πνεύματι δὲ λαλεῖ μυστήρια. 3 Ὁ δὲ προφητεύων ἀνθρώποις λαλεῖ οἰκοδομὴν καὶ παράκλησιν καὶ παραμυθίαν. 4 Ὁ λαλῶν γλώσσῃ ἑαυτὸν οἰκοδομεῖ, ὁ δὲ προφητεύων ἐκκλησίαν οἰκοδομεῖ. 5 Θέλω δὲ πάντας ὑμᾶς λαλεῖν γλώσσαις, μᾶλλον δὲ ἵνα προφητεύητε· μείζων ᵀγὰρ ὁ προφητεύων ἢ ὁ λαλῶν γλώσσαις, ἐκτὸς εἰ μὴ διερμηνεύει,¹ ἵνα ἡ ἐκκλησία οἰκοδομὴν λάβῃ.

Tongues Need to Be Translated

6 ᵀΝυνὶ δέ, ἀδελφοί, ἐὰν ἔλθω πρὸς ὑμᾶς γλώσσαις λαλῶν, τί ὑμᾶς ὠφελήσω, ἐὰν μὴ ὑμῖν λαλήσω ἢ ἐν ἀποκαλύψει ἢ ἐν γνώσει ἢ ἐν προφητείᾳ ἢ °ἐν διδαχῇ? 7 Ὅμως τὰ ἄψυχα φωνὴν διδόντα, εἴτε αὐλὸς εἴτε κιθάρα, ἐὰν διαστολὴν τοῖς φθόγγοις μὴ διδῷ,² πῶς γνωσθήσεται τὸ αὐλούμενον ἢ τὸ κιθαριζόμενον? 8 Καὶ γὰρ ἐὰν ἄδηλον ᶠφωνὴν σάλπιγξˣ δῷ, τίς παρασκευάσεται εἰς πόλεμον? 9 Οὕτω καὶ ὑμεῖς διὰ τῆς γλώσσης ἐὰν μὴ εὔσημον λόγον δῶτε, πῶς γνωσθήσεται τὸ λαλούμενον? Ἔσεσθε γὰρ εἰς ἀέρα λαλοῦντες. 10 Τοσαῦτα, εἰ τύχοι, γένη φωνῶν ᵀἐστιν ἐν κόσμῳ, καὶ οὐδὲν °αὐτῶν ἄφωνον. 11 Ἐὰν οὖν μὴ εἰδῶ τὴν δύναμιν τῆς φωνῆς, ἔσομαι τῷ λαλοῦντι βάρβαρος καὶ ὁ λαλῶν ἐν ἐμοὶ βάρβαρος. 12 Οὕτω καὶ ὑμεῖς, ἐπεὶ

---

¹5 διερμηνευει Mᵖᵗ vs διερμηνευη MᵖᵗG (h.C), TR Cr
²7 διδω Mᵖᵗ𝔭⁴⁶ vs δω MᵖᵗℵBA, TR Cr

2 °𝔭⁴⁶ℵ*B vs 𝔐A   5 ᵀδε G (h.C) vs 𝔐   6 ᵀ νυν ℵBA vs 𝔐
6 °𝔭⁴⁶ℵ* vs 𝔐BA, [Cr]   8 ᶠℵA (σαλπιξ φωνην 𝔭⁴⁶) vs 𝔐B
10 ᵀεισιν G (h.C) vs 𝔐   10 °G (h.C) vs 𝔐

ζηλωταί ἐστε πνευμάτων, πρὸς τὴν οἰκοδομὴν τῆς
ἐκκλησίας ζητεῖτε ἵνα περισσεύητε. 13 ᴦΔιόπερ ὁ λαλῶν
γλώσσῃ προσευχέσθω ἵνα διερμηνεύῃ. 14 Ἐὰν °γὰρ
προσεύχωμαι γλώσσῃ, τὸ πνεῦμά μου προσεύχεται, ὁ δὲ
νοῦς μου ἄκαρπός ἐστι. 15 Τί οὖν ἐστι? Προσεύξομαι τῷ
πνεύματι, προσεύξομαι δὲ καὶ τῷ νοΐ. Ψαλῶ τῷ πνεύματι,
ψαλῶ δὲ καὶ τῷ νοΐ. 16 Ἐπεὶ ἐὰν ᴦ¹εὐλογήσῃς ᴦ²τῷ
πνεύματι, ὁ ἀναπληρῶν τὸν τόπον τοῦ ἰδιώτου πῶς ἐρεῖ
τὸ "Ἀμὴν" ἐπὶ τῇ σῇ εὐχαριστίᾳ, ἐπειδὴ τί λέγεις οὐκ οἶδε?
17 Σὺ μὲν γὰρ καλῶς εὐχαριστεῖς, ἀλλ᾽ ὁ ἕτερος οὐκ
οἰκοδομεῖται. 18 Εὐχαριστῶ τῷ Θεῷ °μου, πάντων ὑμῶν
μᾶλλον γλώσσαις ᴦλαλῶν, 19 ἀλλ᾽ ἐν ἐκκλησίᾳ θέλω πέντε
λόγους ᶠδιὰ τοῦ νοός᷄ μου λαλῆσαι, ἵνα καὶ ἄλλους
κατηχήσω, ἢ μυρίους λόγους ἐν γλώσσῃ.

Tongues Are a Sign for Unbelievers

20 Ἀδελφοί, μὴ παιδία γίνεσθε ταῖς φρεσίν· ἀλλὰ τῇ
κακίᾳ νηπιάζετε, ταῖς δὲ φρεσὶ τέλειοι γίνεσθε. 21 Ἐν τῷ
νόμῳ γέγραπται ὅτι

«Ἐν ἑτερογλώσσοις
　Καὶ ἐν χείλεσιν ᴦἑτέροις
　Λαλήσω τῷ λαῷ τούτῳ,
　Καὶ οὐδ᾽ οὕτως εἰσακούσονταί μου,»

λέγει Κύριος. 22 Ὥστε αἱ γλῶσσαι εἰς σημεῖόν εἰσιν οὐ τοῖς
πιστεύουσιν ἀλλὰ τοῖς ἀπίστοις· ἡ δὲ προφητεία οὐ τοῖς
ἀπίστοις ἀλλὰ τοῖς πιστεύουσιν. 23 Ἐὰν οὖν συνέλθῃ ἡ
ἐκκλησία ὅλη ἐπὶ τὸ αὐτὸ καὶ πάντες ᶠγλώσσαις λαλῶσιν,᷄
εἰσέλθωσι δὲ ἰδιῶται ἢ ἄπιστοι, οὐκ ἐροῦσιν ὅτι μαίνεσθε?

---

13 ᴦδιο 𝕲 (h.C) vs 𝔐　　　14 °𝔭⁴⁶B vs 𝔐ℵA, [Cr]
16 ᴦ¹ ευλογης ℵBA vs 𝔐𝔭⁴⁶　　16 ᴦ²εν B, [Cr] vs 𝔐 ; (− 𝔭⁴⁶ℵ*A)
18 °𝕲 (h.C) vs 𝔐　　18 ᴦλαλω ℵB vs 𝔐 ; (λαλειν 𝔭⁴⁶; − A)
19 ᶠτω νοι ℵBA (+ εν before τω 𝔭⁴⁶) vs 𝔐
21 ᴦετερων ℵBA vs 𝔐𝔭⁴⁶
23 ᶠλαλωσιν γλωσσαις ℵBA (λαλησωσιν γλωσσαις 𝔭⁴⁶) vs 𝔐

---

21 Is. 28:11;12; Deut. 28:49

24 Ἐὰν δὲ πάντες προφητεύωσιν, εἰσέλθῃ δέ τις ἄπιστος ἢ ἰδιώτης, ἐλέγχεται ὑπὸ πάντων, ἀνακρίνεται ὑπὸ πάντων. **25** □Καὶ οὕτω‵ τὰ κρυπτὰ τῆς καρδίας αὐτοῦ φανερὰ γίνεται, καὶ οὕτω πεσὼν ἐπὶ πρόσωπον προσκυνήσει τῷ Θεῷ, ἀπαγγέλλων ὅτι "ʿΟ Θεὸς ὄντως ἐν ὑμῖν ἐστι[1]!"

Proper Order in the Church Meeting

26 Τί οὖν ἐστιν, ἀδελφοί; Ὅταν συνέρχησθε, ἕκαστος °ὑμῶν ψαλμὸν ἔχει, διδαχὴν ἔχει,[2] ʄγλῶσσαν ἔχει, ἀποκάλυψιν‵ ἔχει, ἑρμηνείαν ἔχει. Πάντα πρὸς οἰκοδομὴν γινέσθω.[3] **27** Εἴτε γλώσσῃ τις λαλεῖ, κατὰ δύο ἢ τὸ πλεῖστον τρεῖς, καὶ ἀνὰ μέρος, καὶ εἷς διερμηνευέτω. **28** Ἐὰν δὲ μὴ ᾖ διερμηνευτής, σιγάτω ἐν ἐκκλησίᾳ, ἑαυτῷ δὲ λαλείτω καὶ τῷ Θεῷ. **29** Προφῆται δὲ δύο ἢ τρεῖς λαλείτωσαν, καὶ οἱ ἄλλοι διακρινέτωσαν. **30** Ἐὰν δὲ ἄλλῳ ἀποκαλυφθῇ καθημένῳ, ὁ πρῶτος σιγάτω. **31** Δύνασθε γὰρ καθ᾽ ἕνα[4] πάντες προφητεύειν ἵνα πάντες μανθάνωσι καὶ πάντες παρακαλῶνται. **32** Καὶ πνεύματα προφητῶν προφήταις ὑποτάσσεται. **33** Οὐ γὰρ ἐστιν ἀκαταστασίας ὁ Θεὸς ἀλλὰ εἰρήνης.

Women Must Keep Silence in the Church

ʿΩς[5] ἐν πάσαις ταῖς ἐκκλησίαις τῶν ἁγίων, **34** αἱ γυναῖκες °ὑμῶν ἐν ταῖς ἐκκλησίαις σιγάτωσαν, οὐ γὰρ ˹1ἐπι-τέτραπται αὐταῖς λαλεῖν, ἀλλ᾽ ˹2ὑποτάσσεσθαι, καθὼς καὶ

---

[1]25 ο Θεος οντως εν υμιν εστι(ν) **M**, TR vs οντως ο Θεος εν υμιν εστι(ν) M′BA, Cr vs οντως Θεος εν υμιν εστιν ℵ* vs οντως εν υμιν εστιν ο Θεος 𝔭⁴⁶
[2]26 εχει **MG** (h.𝔭⁴⁶), TR Cr vs + προφητειαν εχει Mᶜ
[3]26 γινεσθω 𝔐 ℵBA, Cr vs γενεσθω TR vs γεινεσθω 𝔭⁴⁶
[4]31 ενα **MG** (h.C), TR Cr vs +εκαστος Mᶜ
[5]33 ως M𝔭⁴⁶ᵛⁱᵈℵBA, TR Cr vs +και Mᶜ

---

25 □G (h.C) vs 𝔐   26 °G (h.C) vs 𝔐
26 ʄ321 G (h.C) vs 𝔐   34 °ℵBA vs 𝔐
34 ˹1επιτρεπεται ℵBA vs 𝔐
34 ˹2υποτασσεσθωσαν ℵBA vs 𝔐

ὁ νόμος λέγει. 35 Εἰ δέ τι μαθεῖν θέλουσιν, ἐν οἴκῳ τοὺς ἰδίους ἄνδρας ἐπερωτάτωσαν, αἰσχρὸν γάρ ἐστι ᵀγυναιξὶν ˢἐν ἐκκλησίᾳ λαλεῖν.ˣ 36 ῍Η ἀφ᾽ ὑμῶν ὁ λόγος τοῦ Θεοῦ ἐξῆλθεν; ῍Η εἰς ὑμᾶς μόνους κατήντησεν; 37 Εἴ τις δοκεῖ προφήτης εἶναι ἢ πνευματικός, ἐπιγινωσκέτω ἃ γράφω ὑμῖν ὅτι¹ Κυρίου ˊεἰσὶν ἐντολαί.ˋ 38 Εἰ δέ τις ἀγνοεῖ, ᵀἀγνοείτω.

Let All Be Done Decently and in Order

39 ῞Ωστε, ἀδελφοίᵀ, ζηλοῦτε τὸ προφητεύειν, καὶ τὸ λαλεῖν ˊγλώσσαις μὴ κωλύετε.ˋ 40 Πάντα ᵀ εὐσχημόνως καὶ κατὰ τάξιν γινέσθω.

Christ Risen Is Fundamental to the Faith

15 Γνωρίζω δὲ ὑμῖν, ἀδελφοί, τὸ εὐαγγέλιον ὃ εὐηγγελισάμην ὑμῖν, ὃ καὶ παρελάβετε, ἐν ᾧ καὶ ἑστήκατε, 2 δι᾽ οὗ καὶ σῴζεσθε, τίνι λόγῳ εὐηγγελισάμην ὑμῖν, εἰ κατέχετε, ἐκτὸς εἰ μὴ εἰκῇ ἐπιστεύσατε. 3 Παρέδωκα γὰρ ὑμῖν ἐν πρώτοις ὃ καὶ παρέλαβον, ὅτι Χριστὸς ἀπέθανεν ὑπὲρ τῶν ἁμαρτιῶν ἡμῶν κατὰ τὰς Γραφάς, 4 καὶ ὅτι ἐτάφη, καὶ ὅτι ἐγήγερται ˊτῇ τρίτῃ ἡμέρᾳˋ κατὰ τὰς Γραφάς, 5 καὶ ὅτι ὤφθη Κηφᾷ, εἶτα τοῖς δώδεκα. 6 ῎Επειτα ὤφθη ἐπάνω πεντακοσίοις ἀδελφοῖς ἐφάπαξ, ἐξ ὧν οἱ ᵀπλείους μένουσιν ἕως ἄρτι, τινὲς δὲ ᴼκαὶ ἐκοιμήθησαν. 7 ῎Επειτα ὤφθη Ἰακώβῳ, εἶτα² τοῖς ἀποστόλοις πᾶσιν. 8 ῎Εσχατον δὲ πάντων, ὡσπερεὶ τῷ ἐκτρώματι, ὤφθη κἀμοί. 9 Ἐγὼ γάρ εἰμι ὁ ἐλάχιστος τῶν ἀποστόλων, ὃς οὐκ εἰμὶ ἱκανὸς καλεῖσθαι ἀπόστολος διότι

---

¹37 οτι 𝕸 𝕲 (h.C), Cr vs +του TR
²7 ειτα ΜΒ, TR Cr vs επειτα Μᶜ𝔭⁴⁶א*Α

35 ᵀγυναικι 𝕲 (h.C) vs 𝕸   35 ˢ312 𝕲 (h.C) vs 𝕸
37 ˊεστιν εντολη 𝔭⁴⁶ΒΑ (ˢא*) vs 𝕸
38 ᵀαγνοειται א*Aᵛⁱᵈ vs 𝕸𝔭⁴⁶Β   39 ᵀμου אΒ*Α, [Cr] vs Μ𝔭⁴⁶
39 ˊμη κωλυετε γλωσσαις א (+εν before γλωσσαις 𝔭⁴⁶Β) vs 𝕸
40 ᵀδε 𝕲 (h.C vs)Μ   4 ˊημερα τη τριτη 𝔭⁴⁶אΒΑ vs 𝕸
6 ᵀπλειονες אΒΑ vs 𝕸   6 ᴼ𝔭⁴⁶א*Β vs 𝕸Α

ἐδίωξα τὴν ἐκκλησίαν τοῦ Θεοῦ. 10 Χάριτι δὲ Θεοῦ εἰμι ὅ εἰμι, καὶ ἡ χάρις αὐτοῦ ἡ εἰς ἐμὲ οὐ κενὴ ἐγενήθη, ἀλλὰ περισσότερον αὐτῶν πάντων ἐκοπίασα, οὐκ ἐγὼ δέ, ἀλλ᾿ ἡ χάρις τοῦ Θεοῦ °ἡ σὺν ἐμοί. 11 Εἴτε οὖν ἐγὼ εἴτε ἐκεῖνοι, οὕτω κηρύσσομεν καὶ οὕτως ἐπιστεύσατε.

Christ Risen Is Fundamental to Our Hope

12 Εἰ δὲ Χριστὸς κηρύσσεται ὅτι ἐκ νεκρῶν ἐγήγερται, πῶς λέγουσί ᶠτινες ἐν ὑμῖν᷉ ὅτι ἀνάστασις νεκρῶν οὐκ ἔστιν? 13 Εἰ δὲ ἀνάστασις νεκρῶν οὐκ ἔστιν, οὐδὲ Χριστὸς ἐγήγερται. 14 Εἰ δὲ Χριστὸς οὐκ ἐγήγερται, κενὸν ἄρα[1] τὸ κήρυγμα ἡμῶν, κενὴ °δὲ καὶ ἡ πίστις ὑμῶν! 15 Εὑρισκόμεθα δὲ καὶ ψευδομάρτυρες τοῦ Θεοῦ ὅτι ἐμαρτυρήσαμεν κατὰ τοῦ Θεοῦ ὅτι ἤγειρε τὸν Χριστόν, ὃν οὐκ ἤγειρεν εἴπερ ἄρα νεκροὶ οὐκ ἐγείρονται. 16 Εἰ γὰρ νεκροὶ οὐκ ἐγείρονται, οὐδὲ Χριστὸς ἐγήγερται. 17 Εἰ δὲ Χριστὸς οὐκ ἐγήγερται, ματαία ἡ πίστις ὑμῶν· ἔτι ἐστὲ ἐν ταῖς ἁμαρτίαις ὑμῶν! 18 Ἄρα καὶ οἱ κοιμηθέντες ἐν Χριστῷ ἀπώλοντο. 19 Εἰ ἐν τῇ ζωῇ ταύτῃ ᶠἠλπικότες ἐσμὲν ἐν Χριστῷ᷉ μόνον, ἐλεεινότεροι πάντων ἀνθρώπων ἐσμέν!

Christ Risen Assures the Resurrection of All

20 Νυνὶ δὲ Χριστὸς ἐγήγερται ἐκ νεκρῶν, ἀπαρχὴ τῶν κεκοιμημένων °ἐγένετο. 21 Ἐπειδὴ γὰρ δι᾿ ἀνθρώπου °ὁ θάνατος, καὶ δι᾿ ἀνθρώπου ἀνάστασις νεκρῶν. 22 Ὥσπερ γὰρ ἐν τῷ Ἀδὰμ πάντες ἀποθνήσκουσιν οὕτω καὶ ἐν τῷ Χριστῷ πάντες ζωοποιηθήσονται. 23 Ἕκαστος δὲ ἐν τῷ ἰδίῳ τάγματι· ἀπαρχὴ Χριστός, ἔπειτα οἱ τοῦ[2] Χριστοῦ ἐν τῇ παρουσίᾳ αὐτοῦ. 24 Εἶτα τὸ τέλος, ὅταν ᶠπαραδῷ τὴν βασιλείαν τῷ Θεῷ καὶ Πατρί, ὅταν καταργήσῃ πᾶσαν ἀρχὴν καὶ πᾶσαν ἐξουσίαν καὶ δύναμιν. 25 Δεῖ γὰρ αὐτὸν

---

[1]14 αρα M^pt𝔭⁴⁶B, TR vs +και M^pt𝕏*A, Cr
[2]23 του 𝔐 G (h.C), Cr vs −TR

---

10 °𝕏*B vs 𝔐 𝔭⁴⁶A, [Cr]   12 ᶠ231 G vs 𝔐   14 °G (h.C) vs 𝔐
19 ᶠ3412 G (h.C) vs 𝔐   20 °G (h.C) vs 𝔐   21 °G (h.C) vs 𝔐
24 ᶠπαραδιδω 𝔭⁴⁶𝕏A (παραδιδοι B) vs 𝔐

βασιλεύειν ·ἄχρις οὗ °ἂν θῇ πάντας τοὺς ἐχθροὺς ὑπὸ τοὺς πόδας αὐτοῦ. **26** Ἔσχατος ἐχθρὸς καταργεῖται ὁ θάνατος. **27** «Πάντα γὰρ ὑπέταξεν ὑπὸ τοὺς πόδας αὐτοῦ.» Ὅταν δὲ εἴπῃ ὅτι πάντα ὑποτέτακται, δῆλον ὅτι ἐκτὸς τοῦ ὑποτάξαντος αὐτῷ τὰ πάντα. **28** Ὅταν δὲ ὑποταγῇ αὐτῷ τὰ πάντα, τότε °¹καὶ αὐτὸς ὁ Υἱὸς ὑποταγήσεται τῷ ὑποτάξαντι αὐτῷ τὰ πάντα, ἵνα ᾖ ὁ Θεὸς °²τὰ πάντα ἐν πᾶσιν.

The Consequences of Denying the Resurrection

29 Ἐπεὶ τί ποιήσουσιν οἱ βαπτιζόμενοι ὑπὲρ τῶν νεκρῶν? Εἰ ὅλως νεκροὶ οὐκ ἐγείρονται, τί καὶ βαπτίζονται ὑπὲρ ʼτῶν νεκρῶν?ʼ **30** Τί καὶ ἡμεῖς κινδυνεύομεν πᾶσαν ὥραν? **31** Καθ᾽ ἡμέραν ἀποθνήσκω, νὴ τὴν ὑμετέραν καύχησιν, ᵀἣν ἔχω ἐν Χριστῷ Ἰησοῦ τῷ Κυρίῳ ἡμῶν. **32** Εἰ κατὰ ἄνθρωπον ἐθηριομάχησα ἐν Ἐφέσῳ, τί μοι τὸ ὄφελος? Εἰ νεκροὶ οὐκ ἐγείρονται,

«Φάγωμεν καὶ πίωμεν,
Αὔριον γὰρ ἀποθνήσκομεν.»

33 Μὴ πλανᾶσθε· "Φθείρουσιν ἤθη χρηστὰ¹ ὁμιλίαι κακαί." **34** Ἐκνήψατε δικαίως καὶ μὴ ἁμαρτάνετε, ἀγνωσίαν γὰρ Θεοῦ τινες ἔχουσι. Πρὸς ἐντροπὴν ὑμῖν ʳλέγω.

The Resurrection Body Will Be Glorious

35 Ἀλλ᾽ ἐρεῖ τις, "Πῶς ἐγείρονται οἱ νεκροί? Ποίῳ δὲ σώματι ἔρχονται?" **36** ʳ˙Ἄφρον, σὺ ὃ σπείρεις οὐ ζωοποιεῖται ἐὰν μὴ ἀποθάνῃ. **37** Καὶ ὃ σπείρεις, οὐ τὸ σῶμα τὸ γενησόμενον σπείρεις, ἀλλὰ γυμνὸν κόκκον, εἰ

---

¹33 χρηστα 𝔐𝕲 (h.C), Cr vs χρησθ TR

25 ·αχρι 𝕲 (h.C) vs 𝔐	25 °𝕲 (h.C) vs 𝔐
28 °¹B vs 𝔐אA, [Cr]	28 °²BA vs 𝔐א, [Cr]
29 ʼαυτων 𝕲 (h.C) vs M	31 ᵀαδελφοι אBA, [Cr] vs 𝔐𝔭⁴⁶
34 ʳλαλω 𝔭⁴⁶אB vs MA	36 ʳαφρων 𝕲 (h.C) vs M

27 Ps. 8:6   32 Is. 22:13   33 Menander *Thais* (218)

τύχοι, σίτου ἤ τινος τῶν λοιπῶν. 38 Ὁ δὲ Θεὸς ᶠαὐτῷ δίδωσι˺ σῶμα καθὼς ἠθέλησε, καὶ ἑκάστῳ τῶν σπερμάτων ᵒτὸ ἴδιον σῶμα. 39 Οὐ πᾶσα σὰρξ ἡ αὐτὴ σάρξ, ἀλλὰ ἄλλη μὲν¹ ἀνθρώπων, ἄλλη δὲ σὰρξ κτηνῶν, ἄλλη δὲ ᶜἰχθύων, ἄλλη δὲ πτηνῶν.˺ 40 Καὶ σώματα ἐπουράνια, καὶ σώματα ἐπίγεια, ἀλλ᾽ ἑτέρα μὲν ἡ τῶν ἐπουρανίων δόξα, ἑτέρα δὲ ἡ τῶν ἐπιγείων. 41 Ἄλλη δόξα ἡλίου, καὶ ἄλλη δόξα σελήνης, καὶ ἄλλη δόξα ἀστέρων, ἀστὴρ γὰρ ἀστέρος διαφέρει ἐν δόξῃ. 42 Οὕτω καὶ ἡ ἀνάστασις τῶν νεκρῶν. Σπείρεται ἐν φθορᾷ, ἐγείρεται ἐν ἀφθαρσίᾳ. 43 Σπείρεται ἐν ἀτιμίᾳ, ἐγείρεται ἐν δόξῃ. Σπείρεται ἐν ἀσθενείᾳ, ἐγείρεται ἐν δυνάμει. 44 Σπείρεται σῶμα ψυχικόν, ἐγείρεται σῶμα πνευματικόν. ᵀἜστι σῶμα ψυχικὸν ᶜκαὶ ἔστι σῶμα˺ πνευματικόν. 45 Οὕτω καὶ γέγραπται, «Ἐγένετο ὁ πρῶτος ἄνθρωπος Ἀδὰμ εἰς ψυχὴν ζῶσαν»· ὁ ἔσχατος Ἀδὰμ εἰς πνεῦμα ζωοποιοῦν. 46 Ἀλλ᾽ οὐ πρῶτον τὸ πνευματικόν, ἀλλὰ τὸ ψυχικόν, ἔπειτα τὸ πνευματικόν. 47 Ὁ πρῶτος ἄνθρωπος ἐκ γῆς, χοϊκός· ὁ δεύτερος ἄνθρωπος ᵒὁ Κύριος˺ ἐξ οὐρανοῦ. 48 Οἷος ὁ χοϊκός, τοιοῦτοι καὶ οἱ χοϊκοί, καὶ οἷος ὁ ἐπουράνιος, τοιοῦτοι καὶ οἱ ἐπουράνιοι. 49 Καὶ καθὼς ἐφορέσαμεν τὴν εἰκόνα τοῦ χοϊκοῦ, φορέσωμεν² καὶ τὴν εἰκόνα τοῦ ἐπουρανίου.

The Coming of Christ
Is Our Final Victory over Death

50 Τοῦτο δέ φημι, ἀδελφοί, ὅτι σὰρξ καὶ αἷμα βασιλείαν Θεοῦ κληρονομῆσαι οὐ ᶠδύνανται, οὐδὲ ἡ φθορὰ τὴν ἀφθαρσίαν κληρονομεῖ. 51 Ἰδού, μυστήριον ὑμῖν λέγω·

---

¹39 μεν 𝔐 ℵΒΑ, Cr vs + σαρξ TR
²49 φορεσωμεν 𝔐 Ϭ vs φορεσομεν Β, TR Cr

---

38 ᶠϬ (h.C) vs 𝔐   38 ᵒℵ*ΒΑ vs 𝔐
39 ᶜσαρξ πτηνων αλλη δε ιχθυων ℵΒ (πετηνων 𝔓⁴⁶; − σαρξ Α) vs
𝔐   44 ᵀει Ϭ vs 𝔐   44 ᶜεστιν και Ϭ vs 𝔐
47 ᵒℵ*ΒC vs 𝔐Α; (πνευματικος 𝔓⁴⁶)   50 ᶠδυναται ℵΒ vs 𝔐ΑC

45 Gen. 2:7

Πάντες °μὲν οὐ κοιμηθησόμεθα, πάντες δὲ ἀλλαγησόμεθα
52 ἐν ἀτόμῳ, ἐν ῥιπῇ ὀφθαλμοῦ, ἐν τῇ ἐσχάτῃ σάλπιγγι.
Σαλπίσει γάρ, καὶ οἱ νεκροὶ ἐγερθήσονται ἄφθαρτοι, καὶ
ἡμεῖς ἀλλαγησόμεθα. 53 Δεῖ γὰρ τὸ φθαρτὸν τοῦτο
ἐνδύσασθαι ἀφθαρσίαν καὶ τὸ θνητὸν τοῦτο ἐνδύσασθαι
ἀθανασίαν. 54 Ὅταν δὲ τὸ φθαρτὸν τοῦτο ἐνδύσηται
ἀφθαρσίαν καὶ τὸ θνητὸν τοῦτο ἐνδύσηται ἀθανασίαν,
τότε γενήσεται ὁ λόγος ὁ γεγραμμένος,

«Κατεπόθη ὁ θάνατος εἰς νῖκος.»
55 «Ποῦ σου, θάνατε, τὸ ῾κέντρον?
    Ποῦ σου, Ἅιδη, τὸ νῖκος῾?»

56 Τὸ δὲ κέντρον τοῦ θανάτου ἡ ἁμαρτία, ἡ δὲ δύναμις τῆς
ἁμαρτίας ὁ νόμος. 57 Τῷ δὲ Θεῷ χάρις τῷ διδόντι ἡμῖν τὸ
νῖκος διὰ τοῦ Κυρίου ἡμῶν Ἰησοῦ Χριστοῦ! 58 Ὥστε,
ἀδελφοί μου ἀγαπητοί, ἑδραῖοι γίνεσθε, ἀμετακίνητοι,
περισσεύοντες ἐν τῷ ἔργῳ τοῦ Κυρίου πάντοτε, εἰδότες
ὅτι ὁ κόπος ὑμῶν οὐκ ἔστι κενὸς ἐν Κυρίῳ.

The Collection for the Saints

16 Περὶ δὲ τῆς λογίας τῆς εἰς τοὺς ἁγίους, ὥσπερ
διέταξα ταῖς ἐκκλησίαις τῆς Γαλατίας, οὕτω καὶ ὑμεῖς
ποιήσατε. 2 Κατὰ μίαν ῾ˡσαββάτων ἕκαστος ὑμῶν παρ᾽
ἑαυτῷ τιθέτω, θησαυρίζων ὅ τι ʳ²ἂν εὐοδῶται,ˡ ἵνα μὴ
ὅταν ἔλθω τότε λογίαι γίνωνται. 3 Ὅταν δὲ παραγένω-
μαι, οὓς ἐὰν δοκιμάσητε δι᾽ ἐπιστολῶν, τούτους πέμψω
ἀπενεγκεῖν τὴν χάριν ὑμῶν εἰς Ἰερουσαλήμ. 4 Ἐὰν δὲ ῾ἦ
ἄξιον῾ τοῦ κἀμὲ πορεύεσθαι, σὺν ἐμοὶ πορεύσονται.

ˡ2 ευοδωται **Mℵ*B**, TR Cr vs ευοδουται Mʳ vs ευοδωθη AC

51 °𝔭⁴⁶BC* vs 𝔐 ℵA
55 ῾νικος που σου θανατε το κεντρον **G** vs 𝔐; (κεν νικος A*)
2 ῾ˡσαββατου BAC vs 𝔐; (σαββατω ℵ*)   2 ʳ²εαν B vs 𝔐 ℵAC
4 ῾αξιον η **G** vs 𝔐ℵ*

54 Is. 25:8   55 Hos. 13:14

Paul's Personal Plans

5 Ἐλεύσομαι δὲ πρὸς ὑμᾶς ὅταν Μακεδονίαν διέλθω, Μακεδονίαν γὰρ διέρχομαι. 6 Πρὸς ὑμᾶς δὲ τυχὸν παραμενῶ, ἢ καὶ παραχειμάσω, ἵνα ὑμεῖς με προπέμψητε οὗ ἐὰν πορεύωμαι. 7 Οὐ θέλω γὰρ ὑμᾶς ἄρτι ἐν παρόδῳ ἰδεῖν, ἐλπίζω ⌐1δὲ χρόνον τινὰ ἐπιμεῖναι πρὸς ὑμᾶς ἐὰν ὁ Κύριος ⌐2ἐπιτρέπῃ. 8 Ἐπιμενῶ δὲ ἐν Ἐφέσῳ ἕως τῆς Πεντηκοστῆς. 9 Θύρα γάρ μοι ἀνέῳγε μεγάλη καὶ ἐνεργής, καὶ ἀντικείμενοι πολλοί. 10 Ἐὰν δὲ ἔλθῃ Τιμόθεος, βλέπετε ἵνα ἀφόβως γένηται πρὸς ὑμᾶς, τὸ γὰρ ἔργον Κυρίου ἐργάζεται ὡς ⌐καὶ ἐγώ.⌐ 11 Μή τις οὖν αὐτὸν ἐξουθενήσῃ. Προπέμψατε δὲ αὐτὸν ἐν εἰρήνῃ, ἵνα ἔλθῃ πρός με, ἐκδέχομαι γὰρ αὐτὸν μετὰ τῶν ἀδελφῶν.

12 Περὶ δὲ Ἀπολλὼ τοῦ ἀδελφοῦ, πολλὰ παρεκάλεσα αὐτὸν ἵνα ἔλθῃ πρὸς ὑμᾶς μετὰ τῶν ἀδελφῶν, καὶ πάντως οὐκ ἦν θέλημα ἵνα νῦν ἔλθῃ· ἐλεύσεται δὲ ὅταν εὐκαιρήσῃ.

Paul's Final Exhortations

13 Γρηγορεῖτε, στήκετε ἐν τῇ πίστει, ἀνδρίζεσθε, κραταιοῦσθε. 14 Πάντα ὑμῶν ἐν ἀγάπῃ γινέσθω.

15 Παρακαλῶ δὲ ὑμᾶς, ἀδελφοί (οἴδατε τὴν οἰκίαν Στεφανᾶ, ὅτι ἐστὶν ἀπαρχὴ τῆς Ἀχαΐας, καὶ εἰς διακονίαν τοῖς ἁγίοις ἔταξαν ἑαυτούς), 16 ἵνα καὶ ὑμεῖς ὑποτάσσησθε τοῖς τοιούτοις καὶ παντὶ τῷ συνεργοῦντι καὶ κοπιῶντι. 17 Χαίρω δὲ ἐπὶ τῇ παρουσίᾳ Στεφανᾶ καὶ •Φουρτουνάτου καὶ Ἀχαϊκοῦ, ὅτι τὸ ⌐ὑμῶν ὑστέρημα οὗτοι ἀνεπλήρωσαν. 18 Ἀνέπαυσαν γὰρ τὸ ἐμὸν πνεῦμα καὶ τὸ ὑμῶν· ἐπιγινώσκετε οὖν τοὺς τοιούτους.

His Greeting and Farewell

19 Ἀσπάζονται ὑμᾶς αἱ ἐκκλησίαι τῆς Ἀσίας. ⌐Ἀσπάζονται ὑμᾶς ἐν Κυρίῳ πολλὰ Ἀκύλας καὶ

---

7 ⌐1γαρ 𝕲 vs 𝔐   7 ⌐2επιτρεψη 𝕲 vs 𝔐
10 ⌐καγω 𝕂C vs 𝔐; (εγω 𝔭⁴⁶B)
17 •Φορτουνατου 𝕲 vs 𝔐   17 ⌐υμετερον BC vs 𝔐𝔭⁴⁶𝕂A
19 ⌐ασπαζεται 𝕂C vs 𝔐B; (−αι εκκλησιαι το υμας² 𝔭⁴⁶; −verse A)

•Πρίσκιλλα, σὺν τῇ κατ᾽ οἶκον αὐτῶν ἐκκλησίᾳ. 20 Ἀσπάζονται ὑμᾶς οἱ ἀδελφοὶ πάντες. Ἀσπάσασθε ἀλλήλους ἐν φιλήματι ἁγίῳ.

21 Ὁ ἀσπασμὸς τῇ ἐμῇ χειρὶ Παύλου. 22 Εἴ τις οὐ φιλεῖ τὸν Κύριον¹ □ Ἰησοῦν Χριστόν,﹨ ἤτω ἀνάθεμα. Μαρανα θα! 23 Ἡ χάρις τοῦ Κυρίου² Ἰησοῦ °Χριστοῦ μεθ᾽ ὑμῶν. 24 Ἡ ἀγάπη μου μετὰ πάντων ὑμῶν ἐν Χριστῷ Ἰησοῦ. ° Ἀμήν.

---

¹22 Κυριον M^{pt}𝔊 (h.C), TR Cr vs + ημων M^{pt}
²23 Κυριου M^{pt}אBC, TR Cr vs +ημων M^{pt}A

---

19 •Πρισκα א B (Πρεισκας 𝔭⁴⁶) vs 𝔐 C; (− verse A)
22 □𝔊 (h.𝔭⁴⁶) vs 𝔐   23 °א*B vs 𝔐 AC   24 °B vs 𝔐 אAC

ΠΡΟΣ ΚΟΡΙΝΘΙΟΥΣ Β

Paul Greets the Corinthians and All Achaia

ΑΥΛΟΣ, ἀπόστολος ˢ Ἰησοῦ Χριστοῦ᾽ διὰ θελήματος Θεοῦ, καὶ Τιμόθεος ὁ ἀδελφός,

Τῇ ἐκκλησίᾳ τοῦ Θεοῦ τῇ οὔσῃ ἐν Κορίνθῳ, σὺν τοῖς ἁγίοις πᾶσι τοῖς οὖσιν ἐν ὅλῃ τῇ Ἀχαΐᾳ·

2 Χάρις ὑμῖν καὶ εἰρήνη ἀπὸ Θεοῦ Πατρὸς ἡμῶν καὶ Κυρίου Ἰησοῦ Χριστοῦ.

God's Comfort in Suffering

3 Εὐλογητὸς ὁ Θεὸς καὶ Πατὴρ τοῦ Κυρίου ἡμῶν Ἰησοῦ Χριστοῦ, ὁ Πατὴρ τῶν οἰκτιρμῶν καὶ Θεὸς πάσης παρακλήσεως, 4 ὁ παρακαλῶν ἡμᾶς ἐπὶ πάσῃ τῇ θλίψει ἡμῶν, εἰς τὸ δύνασθαι ἡμᾶς παρακαλεῖν τοὺς ἐν πάσῃ θλίψει διὰ τῆς παρακλήσεως ἧς παρακαλούμεθα αὐτοὶ ὑπὸ τοῦ Θεοῦ. 5 Ὅτι καθὼς περισσεύει τὰ παθήματα τοῦ Χριστοῦ εἰς ἡμᾶς, οὕτω διὰ τοῦ[1] Χριστοῦ περισσεύει καὶ ἡ παράκλησις ἡμῶν. 6 Εἴτε δὲ θλιβόμεθα, ὑπὲρ τῆς ὑμῶν παρακλήσεως καὶ σωτηρίας, τῆς ἐνεργουμένης ἐν ὑπομονῇ τῶν αὐτῶν παθημάτων ὧν καὶ ἡμεῖς πάσχομεν. 7 Καὶ ἡ ἐλπὶς ἡμῶν βεβαία ὑπὲρ ὑμῶν, εἴτε παρακαλούμεθα, ὑπὲρ τῆς ὑμῶν παρακλήσεως καὶ σωτηρίας,[2] εἰδότες ὅτι ʳὥσπερ

In 2 Corinthians 𝕲 = 𝕡⁴⁶𝝦BAC

[1]5 του 𝕸𝕲, Cr vs − TR

[2]6-7 και σωτηριας της ενεργουμενης εν υπομονη των αυτων παθηματων ων και ημεις πασχομεν και η ελπις ημων βεβαια υπερ υμων ειτε παρακαλουμεθα υπερ της υμων παρακλησεως

1 ˢ𝕡⁴⁶𝝦B vs 𝕸 A   7 ʳως 𝕲 vs 𝕸; (− ων το παθηματων² 𝕡⁴⁶)

κοινωνοί ἐστε τῶν παθημάτων, οὕτω καὶ τῆς παρα-
κλήσεως.

God's Deliverance from Suffering

8 Οὐ γὰρ θέλομεν ὑμᾶς ἀγνοεῖν, ἀδελφοί, ὑπὲρ τῆς
θλίψεως ἡμῶν τῆς γενομένης °ἡμῖν ἐν τῇ ᾽Ασίᾳ, ὅτι
καθ᾽ ὑπερβολὴν ˢἐβαρήθημεν ὑπὲρ δύναμιν,ˡ ὥστε ἐξ-
απορηθῆναι ἡμᾶς καὶ τοῦ ζῆν. 9 ᾽Αλλὰ αὐτοὶ ἐν ἑαυτοῖς
τὸ ἀπόκριμα τοῦ θανάτου ἐσχήκαμεν, ἵνα μὴ πεποιθότες
ὦμεν ἐφ᾽ ἑαυτοῖς ἀλλ᾽ ἐπὶ τῷ Θεῷ τῷ ἐγείροντιˡ τοὺς
νεκρούς, 10 ὃς ἐκ τηλικούτου θανάτου ἐρρύσατο ἡμᾶς
ˊκαὶ ῥύεται,ˋ εἰς ὃν ἠλπίκαμεν °ὅτι καὶ ἔτι ῥύσεται,
11 συνυπουργούντων καὶ ὑμῶν ὑπὲρ ἡμῶν τῇ δεήσει, ἵνα
ἐκ πολλῶν προσώπων τὸ εἰς ἡμᾶς χάρισμα διὰ πολλῶν
εὐχαριστηθῇ ὑπὲρ ὑμῶν.²

Paul Defends His Sincerity

12 ῾Η γὰρ καύχησις ἡμῶν αὕτη ἐστί, τὸ μαρτύριον
τῆς συνειδήσεως ἡμῶν, ὅτι ἐν ἁπλότητι καὶ εἰλικρινείᾳ
ᵀˡΘεοῦ, ᵀ²οὐκ ἐν σοφίᾳ σαρκικῇ ἀλλ᾽ ἐν χάριτι Θεοῦ,
ἀνεστράφημεν ἐν τῷ κόσμῳ, περισσοτέρως δὲ πρὸς ὑμᾶς.

και σωτηριας 𝔐 vs και σωτηριας ειτε παρακαλουμεθα υπερ της
υμων παρακλησεως της ενεργουμενης εν υπομονη των αυτων
παθηματων ων και ημεις πασχομεν και η ελπις ημων βεβαια
υπερ υμων אAC (−ων to παθηματων² 𝔭⁴⁶), Cr vs της
ενεργουμενης εν υπομονη των αυτων παθηματων ων και ημεις
πασχομεν και η ελπις υμων βεβαια υπερ υμων ειτε
παρακαλουμεθα υπερ της υμων παρακλησεως και σωτηριας B vs
και σωτηριας της ενεργουμενης εν υπομονη των αυτων
παθηματων ων και ημεις πασχομεν ειτε παρακαλουμεθα υπερ
της υμων παρακλησεως και σωτηριας και η ελπις ημων βεβαια
υπερ υμων TR
¹9 εγειροντι M𝕲, TR Cr vs εγειραντι Mᶜ𝔭⁴⁶
²11 υμων M𝔭⁴⁶*B vs ημων אAC, TR Cr

---

8 °𝕲 (h.𝔭⁴⁶) vs 𝔐   8 ˊ231 𝕲 (h.𝔭⁴⁶) vs 𝔐
10 ˊκαι ρυσεται 𝕲 vs 𝔐; (−A)   10 °𝔭⁴⁶B vs 𝔐אAC, [Cr]
12 ᵀˡτου 𝕲 vs M   12 ᵀ²και 𝔭⁴⁶B, [Cr] vs 𝔐אAC

13 Οὐ γὰρ ἄλλα γράφομεν ὑμῖν ἀλλ᾽ ἢ ἃ ἀναγινώσκετε ἢ καὶ ἐπιγινώσκετε, ἐλπίζω δὲ ὅτι °καὶ ἕως τέλους ἐπιγνώσεσθε, 14 καθὼς καὶ ἐπέγνωτε ἡμᾶς ἀπὸ μέρους, ὅτι καύχημα ὑμῶν ἐσμεν, καθάπερ καὶ ὑμεῖς ἡμῶν, ἐν τῇ ἡμέρᾳ τοῦ Κυρίου¹ Ἰησοῦ.

Paul Defends His Change of Plans

15 Καὶ ταύτῃ τῇ πεποιθήσει ἐβουλόμην ἐλθεῖν πρὸς ὑμᾶς τὸ πρότερον,² ἵνα δευτέραν χάριν ⌐ἔχητε, 16 καὶ δι᾽ ὑμῶν διελθεῖν³ εἰς Μακεδονίαν, καὶ πάλιν ἀπὸ Μακεδονίας ἐλθεῖν πρὸς ὑμᾶς, καὶ ὑφ᾽ ὑμῶν προπεμφθῆναι εἰς τὴν Ἰουδαίαν. 17 Τοῦτο οὖν ⌐βουλευόμενος, μήτι ἄρα τῇ ἐλαφρίᾳ ἐχρησάμην; Ἢ ἃ βουλεύομαι, κατὰ σάρκα βουλεύομαι, ἵνα ᾖ παρ᾽ ἐμοὶ τὸ "Ναί, ναὶ" καὶ τὸ "Οὔ, οὔ"? 18 Πιστὸς δὲ ὁ Θεός, ὅτι ὁ λόγος ἡμῶν ὁ πρὸς ὑμᾶς οὐκ ⌐ἐγένετο "Ναὶ καὶ οὔ." 19 Ὁ ˢγὰρ τοῦ Θεοῦ˥ Υἱός, Ἰησοῦς Χριστός, ὁ ἐν ὑμῖν δι᾽ ἡμῶν κηρυχθείς – δι᾽ ἐμοῦ καὶ Σιλουανοῦ καὶ Τιμοθέου – οὐκ ἐγένετο "Ναὶ καὶ οὔ," ἀλλὰ "Ναὶ" ἐν αὐτῷ γέγονεν. 20 Ὅσαι γὰρ ἐπαγγελίαι⁴ Θεοῦ, ἐν αὐτῷ τὸ "Ναὶ" καὶ ἐν αὐτῷ⁵ τὸ "Ἀμὴν" τῷ Θεῷ πρὸς δόξαν δι᾽ ἡμῶν. 21 Ὁ δὲ βεβαιῶν ἡμᾶς σὺν ὑμῖν εἰς Χριστόν, καὶ χρίσας ἡμᾶς, Θεός, 22 ὁ καὶ σφραγισάμενος ἡμᾶς καὶ δοὺς τὸν ἀρραβῶνα τοῦ Πνεύματος ἐν ταῖς καρδίαις ἡμῶν.

23 Ἐγὼ δὲ μάρτυρα τὸν Θεὸν ἐπικαλοῦμαι ἐπὶ τὴν ἐμὴν ψυχὴν ὅτι φειδόμενος ὑμῶν οὐκέτι ἦλθον εἰς Κόρινθον. 24 Οὐχ ὅτι κυριεύομεν ὑμῶν τῆς πίστεως, ἀλλὰ συνεργοί ἐσμεν τῆς χαρᾶς ὑμῶν, τῇ γὰρ πίστει ἑστήκατε.

---

¹14 Κυριου 𝔐𝔭⁴⁶ᵛⁱᵈAC, TR vs +ημων 𝕸ᶜℵB, [Cr]

²15 ελθειν προς υμας το προτερον 𝕸 vs προτερον προς υμας ελθειν BAC, Cr vs προς υμας ελθειν ℵ* vs προς υμας ελθειν προτερον TR

³16 διελθειν 𝕸ℵBC, TR Cr vs ελθειν 𝕸ᶜ vs απελθειν A

⁴20 επαγγελιαι 𝕸𝕲, TR Cr vs +του 𝕸ᶜA

⁵20 και εν αυτω 𝕸, TR vs διο και δι αυτου 𝕸ᶜ𝕲, Cr vs και δι αυτου 𝔭⁴⁶

---

13 °𝕲 vs 𝕸   15 ⌐σχητε ℵBC vs 𝕸A
17 ⌐βουλομενος 𝕲 vs 𝕸   18 ⌐εστιν 𝕲 vs 𝕸
19 ˢ231 𝕲 vs 𝕸; (213 𝔭⁴⁶)

2 ῞Εκρινα ⌜δὲ ἐμαυτῷ τοῦτο, τὸ μὴ πάλιν ἐν λύπῃ πρὸς ὑμᾶς ἐλθεῖν.¹ 2 Εἰ γὰρ ἐγὼ λυπῶ ὑμᾶς, καὶ τίς °ἐστιν ὁ εὐφραίνων με εἰ μὴ ὁ λυπούμενος ἐξ ἐμοῦ;

Forgive and Encourage the Offender

3 Καὶ ἔγραψα °ὑμῖν τοῦτο αὐτὸ ἵνα μὴ ἐλθὼν λύπην² ⌜ἔχω ἀφ᾽ ὧν ἔδει με χαίρειν, πεποιθὼς ἐπὶ πάντας ὑμᾶς ὅτι ἡ ἐμὴ χαρὰ πάντων ὑμῶν ἐστιν. 4 Ἐκ γὰρ πολλῆς θλίψεως καὶ συνοχῆς καρδίας ἔγραψα ὑμῖν διὰ πολλῶν δακρύων, οὐχ ἵνα λυπηθῆτε, ἀλλὰ τὴν ἀγάπην ἵνα γνῶτε ἣν ἔχω περισσοτέρως εἰς ὑμᾶς.

5 Εἰ δέ τις λελύπηκεν, οὐκ ἐμὲ λελύπηκεν, ἀλλὰ ἀπὸ μέρους, ἵνα μὴ ἐπιβαρῶ πάντας ὑμᾶς. 6 Ἱκανὸν τῷ τοιούτῳ ἡ ἐπιτιμία αὕτη ἡ ὑπὸ τῶν πλειόνων, 7 ὥστε τοὐναντίον μᾶλλον ὑμᾶς χαρίσασθαι καὶ παρακαλέσαι, μή πως τῇ περισσοτέρᾳ λύπῃ καταποθῇ ὁ τοιοῦτος. 8 Διὸ παρακαλῶ ὑμᾶς κυρῶσαι εἰς αὐτὸν ἀγάπην. 9 Εἰς τοῦτο γὰρ καὶ ἔγραψα ἵνα γνῶ τὴν δοκιμὴν ὑμῶν, εἰ εἰς πάντα ὑπήκοοί ἐστε. 10 Ὧ δέ τι χαρίζεσθε, ⌜καὶ ἐγώ·⌝ καὶ γὰρ ἐγὼ ⌜²εἴ τι κεχάρισμαι, ᾧ⌝ κεχάρισμαι, δι᾽ ὑμᾶς ἐν προσώπῳ Χριστοῦ, 11 ἵνα μὴ πλεονεκτηθῶμεν ὑπὸ τοῦ Σατανᾶ, οὐ γὰρ αὐτοῦ τὰ νοήματα ἀγνοοῦμεν.

Triumph in Christ

12 Ἐλθὼν δὲ εἰς τὴν Τρῳάδα εἰς τὸ εὐαγγέλιον τοῦ Χριστοῦ, καὶ θύρας μοι ἀνεῳγμένης ἐν Κυρίῳ, 13 οὐκ ἔσχηκα ἄνεσιν τῷ πνεύματί μου, τῷ μὴ εὑρεῖν με Τίτον τὸν ἀδελφόν μου, ἀλλὰ ἀποταξάμενος αὐτοῖς ἐξῆλθον εἰς Μακεδονίαν.

---

¹1 εν λυπη προς υμας ελθειν 𝔐 𝕲, Cr vs εν λυπη ελθειν προς υμας 𝔭⁴⁶ᵛⁱᵈ vs ελθειν εν λυπη προς υμας TR
²3 λυπην 𝔐 𝕲, TR Cr vs + επι λυπην Μᶜ

---

1 ⌜γαρ 𝔭⁴⁶B vs 𝔐 אAC   2 °𝕲 (h.𝔭⁴⁶) vs 𝔐   3 °𝕲 vs 𝔐
3 ⌜σχω 𝕲 vs 𝔐C   10 ⌜¹καγω 𝕲 vs 𝔐C*
10 ⌜²ο κεχαρισμαι ει τι 𝕲 vs 𝔐

14 Τῷ δὲ Θεῷ χάρις τῷ πάντοτε θριαμβεύοντι ἡμᾶς ἐν τῷ Χριστῷ καὶ τὴν ὀσμὴν τῆς γνώσεως αὐτοῦ φανεροῦντι δι᾽ ἡμῶν ἐν παντὶ τόπῳ. 15 Ὅτι Χριστοῦ εὐωδία ἐσμὲν τῷ Θεῷ ἐν τοῖς σῳζομένοις καὶ ἐν τοῖς ἀπολλυμένοις, 16 οἷς μὲν ὀσμὴ ᵀ¹θανάτου εἰς θάνατον, οἷς δὲ ὀσμὴ ᵀ²ζωῆς εἰς ζωήν. Καὶ πρὸς ταῦτα τίς ἱκανός? 17 Οὐ γάρ ἐσμεν ὡς οἱ λοιποί,¹ καπηλεύοντες τὸν λόγον τοῦ Θεοῦ, ἀλλ᾽ ὡς ἐξ εἰλικρινείας, ἀλλ᾽ ὡς ἐκ Θεοῦ, ῾κατενώπιον τοῦ᾿ Θεοῦ, ἐν Χριστῷ λαλοῦμεν.

You Are Christ's Epistle

3 Ἀρχόμεθα πάλιν ἑαυτοὺς συνιστάνειν? Εἰ ² μὴ χρῄζομεν, ὥς τινες, συστατικῶν ἐπιστολῶν πρὸς ὑμᾶς ἢ ἐξ ὑμῶν °συστατικῶν? 2 Ἡ ἐπιστολὴ ἡμῶν ὑμεῖς ἐστε, ἐγγεγραμμένη ἐν ταῖς καρδίαις ἡμῶν, γινωσκομένη καὶ ἀναγινωσκομένη ὑπὸ πάντων ἀνθρώπων· 3 φανερούμενοι ὅτι ἐστὲ ἐπιστολὴ Χριστοῦ διακονηθεῖσα ὑφ᾽ ἡμῶν, ἐγγεγραμμένη οὐ μέλανι, ἀλλὰ Πνεύματι Θεοῦ ζῶντος, οὐκ ἐν πλαξὶ λιθίναις, ἀλλ᾽ ἐν πλαξὶ καρδίαις³ σαρκίναις.

The Spirit, Not the Letter

4 Πεποίθησιν δὲ τοιαύτην ἔχομεν διὰ τοῦ Χριστοῦ πρὸς τὸν Θεόν. 5 Οὐχ ὅτι ῾ἱκανοί ἐσμεν ἀφ᾽ ἑαυτῶν λογίσασθαί τι᾿ ὡς ἐξ ἑαυτῶν, ἀλλ᾽ ἡ ἱκανότης ἡμῶν ἐκ τοῦ Θεοῦ, 6 ὃς καὶ ἱκάνωσεν ἡμᾶς διακόνους καινῆς διαθήκης, οὐ γράμματος, ἀλλὰ Πνεύματος· τὸ γὰρ γράμμα ἀποκτένει,⁴ τὸ δὲ Πνεῦμα ζωοποιεῖ.

---

¹17 λοιποι 𝕸𝖕⁴⁶ vs πολλοι 𝕲, TR Cr
²1 ει 𝕸ᵖᵗA, TR vs η 𝕸ᵖᵗ𝕲, Cr
³3 καρδιαις 𝕸𝕲 (h.𝖕⁴⁶), Cr vs καρδιας TR
⁴6 αποκτενει 𝕸ᵖᵗ𝖕⁴⁶*AC vs αποκτεννει 𝕸ᵖᵗℵ, Cr vs αποκτεινει B, TR

---

16 ᵀ¹ ²εκ 𝕲 vs 𝕸   17 ῾κατεναντι 𝕲 vs 𝕸   1 °𝕲 vs 𝕸
5 ῾341256 ℵ (λογιζεσθαι for λογισασθαι C; − τι B) vs 𝕸 ; (125634 A)

The Glory of the New Covenant

7 Εἰ δὲ ἡ διακονία τοῦ θανάτου ἐν γράμμασιν ἐντετυπωμένη °ἐν λίθοις ἐγενήθη ἐν δόξῃ, ὥστε μὴ δύνασθαι ἀτενίσαι τοὺς υἱοὺς Ἰσραὴλ εἰς τὸ πρόσωπον Μωϋσέως διὰ τὴν δόξαν τοῦ προσώπου αὐτοῦ, τὴν καταργουμένην, **8** πῶς οὐχὶ μᾶλλον ἡ διακονία τοῦ Πνεύματος ἔσται ἐν δόξῃ? **9** Εἰ γὰρ ʳἡ διακονία τῆς κατακρίσεως δόξα, πολλῷ μᾶλλον περισσεύει¹ ἡ διακονία τῆς δικαιοσύνης °ἐν δόξῃ. **10** Καὶ γὰρ οὐ² δεδόξασται τὸ δεδοξασμένον ἐν τούτῳ τῷ μέρει, ἕνεκεν³ τῆς ὑπερβαλλούσης δόξης. **11** Εἰ γὰρ τὸ καταργούμενον διὰ δόξης, πολλῷ μᾶλλον τὸ μένον ἐν δόξῃ.

12 Ἔχοντες οὖν τοιαύτην ἐλπίδα, πολλῇ παρρησίᾳ χρώμεθα, **13** καὶ οὐ καθάπερ Μωϋσῆς ἐτίθει κάλυμμα ἐπὶ τὸ πρόσωπον ʳἑαυτοῦ πρὸς τὸ μὴ ἀτενίσαι τοὺς υἱοὺς Ἰσραὴλ εἰς τὸ τέλος τοῦ καταργουμένου. **14** Ἀλλ᾽ ἐπωρώθη τὰ νοήματα αὐτῶν. Ἄχρι γὰρ τῆς σήμερον⁴ τὸ αὐτὸ κάλυμμα ἐπὶ τῇ ἀναγνώσει τῆς Παλαιᾶς Διαθήκης μένει μὴ ἀνακαλυπτόμενον, ὅτι ἐν Χριστῷ καταργεῖται. **15** Ἀλλ᾽ ἕως σήμερον, ἡνίκα ᵀ ʳἀναγινώσκεται Μωϋσῆς, κάλυμμα ἐπὶ τὴν καρδίαν αὐτῶν κεῖται. **16** Ἡνίκα ʳδ᾽ ἂνˋ ἐπιστρέψῃ πρὸς Κύριον, περιαιρεῖται τὸ κάλυμμα. **17** Ὁ δὲ Κύριος τὸ Πνεῦμά ἐστιν· οὗ δὲ τὸ Πνεῦμα Κυρίου, °ἐκεῖ ἐλευθερία. **18** Ἡμεῖς δὲ πάντες, ἀνακεκαλυμμένῳ προσώπῳ τὴν δόξαν Κυρίου κατοπτριζόμενοι, τὴν αὐτὴν εἰκόνα μεταμορφούμεθα ἀπὸ δόξης εἰς δόξαν, καθάπερ ἀπὸ Κυρίου Πνεύματος.

---

¹9 περισσευει 𝕸𝕲, TR Cr vs περισσευσει Mᶜ
²10 ου 𝕸𝕲, Cr vs ουδε TR
³10 ενεκεν MC, TR vs εινεκεν M′𝕲, Cr
⁴14 σημερον M, TR vs +ημερας Mʳᵛⁱᵈ𝕲, Cr

---

7 °𝕲 vs 𝕸   9 ʳτη 𝕲 vs 𝕸 B   9 °𝕲 vs 𝕸
13 ʳαυτου BAC vs M𝕂   15 ʳαν 𝕲 (εαν 𝔭⁴⁶) vs 𝕸
15 ʳαναγινωσκηται 𝕲 vs 𝕸   16 ʳδε εαν 𝔭⁴⁶𝕂*A vs 𝕸 B; (δε C)
17 °𝕲 vs 𝕸

The Light of Christ's Gospel

4 Διὰ τοῦτο, ἔχοντες τὴν διακονίαν ταύτην, καθὼς ἠλεήθημεν, οὐκ ʳἐκκακοῦμεν, **2** ἀλλὰ ἀπειπάμεθα τὰ κρυπτὰ τῆς αἰσχύνης, μὴ περιπατοῦντες ἐν πανουργίᾳ μηδὲ δολοῦντες τὸν λόγον τοῦ Θεοῦ, ἀλλὰ τῇ φανερώσει τῆς ἀληθείας ʳσυνιστῶντες ἑαυτοὺς πρὸς πᾶσαν συνείδησιν ἀνθρώπων ἐνώπιον τοῦ Θεοῦ. **3** Εἰ δὲ καὶ ἔστι κεκαλυμμένον τὸ εὐαγγέλιον ἡμῶν, ἐν τοῖς ἀπολλυμένοις ἐστὶ κεκαλυμμένον, **4** ἐν οἷς ὁ θεὸς τοῦ αἰῶνος τούτου ἐτύφλωσε τὰ νοήματα τῶν ἀπίστων εἰς τὸ μὴ αὐγάσαι °αὐτοῖς τὸν φωτισμὸν τοῦ εὐαγγελίου τῆς δόξης τοῦ Χριστοῦ, ὅς ἐστιν εἰκὼν τοῦ Θεοῦ.¹ **5** Οὐ γὰρ ἑαυτοὺς κηρύσσομεν, ἀλλὰ ʃΧριστὸν Ἰησοῦνˡ Κύριον, ἑαυτοὺς δὲ δούλους ὑμῶν διὰ Ἰησοῦν. **6** Ὅτι ὁ Θεὸς ὁ εἰπὼν ἐκ σκότους φῶς ʳλάμψαι, ὃς ἔλαμψεν ἐν ταῖς καρδίαις ἡμῶν πρὸς φωτισμὸν τῆς γνώσεως τῆς δόξης τοῦ Θεοῦ ἐν προσώπῳ ° Ἰησοῦ Χριστοῦ.

Cast Down but Unconquered

7 Ἔχομεν δὲ τὸν θησαυρὸν τοῦτον ἐν ὀστρακίνοις σκεύεσιν, ἵνα ἡ ὑπερβολὴ τῆς δυνάμεως ᾖ τοῦ Θεοῦ καὶ μὴ ἐξ ἡμῶν· **8** ἐν παντὶ θλιβόμενοι, ἀλλ᾽ οὐ στενοχωρούμενοι· ἀπορούμενοι, ἀλλ᾽ οὐκ ἐξαπορούμενοι· **9** διωκόμενοι, ἀλλ᾽ οὐκ ἐγκαταλειπόμενοι· καταβαλλόμενοι, ἀλλ᾽ οὐκ ἀπολλύμενοι· **10** πάντοτε τὴν νέκρωσιν τοῦ °Κυρίου Ἰησοῦ ἐν τῷ σώματι περιφέροντες, ἵνα καὶ ἡ ζωὴ τοῦ Ἰησοῦ ἐν τῷ σώματι ἡμῶν φανερωθῇ. **11** Ἀεὶ γὰρ ἡμεῖς οἱ ζῶντες εἰς θάνατον παραδιδόμεθα διὰ Ἰησοῦν, ἵνα καὶ ἡ ζωὴ τοῦ Ἰησοῦ φανερωθῇ ἐν τῇ θνητῇ σαρκὶ ἡμῶν. **12** Ὥστε ὁ °μὲν θάνατος ἐν ἡμῖν ἐνεργεῖται, ἡ δὲ ζωὴ ἐν ὑμῖν. **13** Ἔχοντες

---

¹4 Θεου M^pt𝕲, TR Cr vs +του αορατου M^pt

---

1 ʳεγκακουμεν (𝔭⁴⁶) 𝕩BA vs 𝔐C
2 ʳσυνιστανοντες 𝔭⁴⁶B vs 𝔐; (συνισταντες 𝕩C)   4 °𝕲 vs 𝔐
5 ʃ𝕲 vs 𝔐B   6 ʳλαμψει 𝕲 vs 𝔐C   6 °BA vs 𝔐𝔭⁴⁶𝕩C, [Cr]
10 °𝕲 vs 𝔐   12 °𝕲 vs 𝔐

δὲ τὸ αὐτὸ πνεῦμα τῆς πίστεως, κατὰ τὸ γεγραμμένον, «Ἐπίστευσα, διὸ ἐλάλησα,» καὶ ἡμεῖς πιστεύομεν, διὸ καὶ λαλοῦμεν, **14** εἰδότες ὅτι ὁ ἐγείρας τὸν Κύριον Ἰησοῦν, καὶ ἡμᾶς ᵀδιὰ Ἰησοῦ ἐγερεῖ¹ καὶ παραστήσει σὺν ὑμῖν. **15** Τὰ γὰρ πάντα δι᾽ ὑμᾶς, ἵνα ἡ χάρις πλεονάσασα διὰ τῶν πλειόνων τὴν εὐχαριστίαν περισσεύσῃ εἰς τὴν δόξαν τοῦ Θεοῦ.

Seeing the Invisible

16 Διὸ οὐκ ᵀἐκκακοῦμεν, ἀλλ᾽ εἰ καὶ ὁ ἔξω ἡμῶν ἄνθρωπος διαφθείρεται,² ἀλλ᾽ ὁ ἔσωθεν³ ἀνακαινοῦται ἡμέρᾳ καὶ ἡμέρᾳ. **17** Τὸ γὰρ παραυτίκα ἐλαφρὸν τῆς θλίψεως ἡμῶν καθ᾽ ὑπερβολὴν εἰς ὑπερβολὴν αἰώνιον βάρος δόξης κατεργάζεται ἡμῖν, **18** μὴ σκοπούντων ἡμῶν τὰ βλεπόμενα, ἀλλὰ τὰ μὴ βλεπόμενα· τὰ γὰρ βλεπόμενα πρόσκαιρα, τὰ δὲ μὴ βλεπόμενα αἰώνια.

The Reassurance of the Resurrection

5 Οἴδαμεν γὰρ ὅτι ἐὰν ἡ ἐπίγειος ἡμῶν οἰκία τοῦ σκήνους καταλυθῇ, οἰκοδομὴν ἐκ Θεοῦ ἔχομεν, οἰκίαν ἀχειροποίητον, αἰώνιον ἐν τοῖς οὐρανοῖς. **2** Καὶ γὰρ ἐν τούτῳ στενάζομεν, τὸ οἰκητήριον ἡμῶν τὸ ἐξ οὐρανοῦ ἐπενδύσασθαι ἐπιποθοῦντες. **3** Εἴ γε καὶ ᵀἐνδυσάμενοι οὐ γυμνοὶ εὑρεθησόμεθα. **4** Καὶ γὰρ οἱ ὄντες ἐν τῷ σκήνει στενάζομεν βαρούμενοι, ἐφ᾽ ᾧ⁴ οὐ θέλομεν ἐκδύσασθαι, ἀλλ᾽ ἐπενδύσασθαι, ἵνα καταποθῇ τὸ θνητὸν ὑπὸ τῆς ζωῆς. **5** Ὁ δὲ κατεργασάμενος ἡμᾶς εἰς αὐτὸ τοῦτο Θεός, ὁ ᵒκαὶ δοὺς ἡμῖν τὸν ἀρραβῶνα τοῦ Πνεύματος. **6** Θαρροῦντες οὖν πάντοτε καὶ εἰδότες ὅτι ἐνδημοῦντες ἐν τῷ σώματι ἐκδημοῦμεν ἀπὸ τοῦ Κυρίου — **7** διὰ πίστεως

---

¹14 εγερει **MG** (h.A), TR Cr vs εξεγερει Mᶜ
²16 διαφθειρεται **MG** (h.A), TR Cr vs φθειρεται Mᶜ
³16 εσωθεν **M**, TR vs εσω ημων MᶜG (h.A), Cr
⁴4 εφ ω 𝔐 אBC, Cr vs επειδη TR

14 ᵀσυν G (h.A) vs 𝔐   16 ᵀεγκακουμεν (𝔭⁴⁶) אB vs 𝔐C
3 ᵀεκδυσαμενοι D* vs 𝔐G (h.A)   5 ᵒG (h.A) vs 𝔐

13 Ps. 116:10

γὰρ περιπατοῦμεν, οὐ διὰ εἴδους — 8 θαρροῦμεν δὲ καὶ εὐδοκοῦμεν μᾶλλον ἐκδημῆσαι ἐκ τοῦ σώματος καὶ ἐνδημῆσαι πρὸς τὸν Κύριον.

The Judgment Seat of Christ

9 Διὸ καὶ φιλοτιμούμεθα, εἴτε ἐνδημοῦντες εἴτε ἐκδημοῦντες, εὐάρεστοι αὐτῷ εἶναι. 10 Τοὺς γὰρ πάντας ἡμᾶς φανερωθῆναι δεῖ ἔμπροσθεν τοῦ βήματος τοῦ Χριστοῦ, ἵνα κομίσηται ἕκαστος τὰ διὰ τοῦ σώματος, πρὸς ἃ ἔπραξεν, εἴτε ἀγαθὸν εἴτε ʳκακόν.

11 Εἰδότες οὖν τὸν φόβον τοῦ Κυρίου ἀνθρώπους πείθομεν, Θεῷ δὲ πεφανερώμεθα. Ἐλπίζω δὲ καὶ ἐν ταῖς συνειδήσεσιν ὑμῶν πεφανερῶσθαι.

Be Reconciled to God

12 Οὐ °γὰρ πάλιν ἑαυτοὺς συνιστάνομεν ὑμῖν, ἀλλὰ ἀφορμὴν διδόντες ὑμῖν καυχήματος ὑπὲρ ἡμῶν, ἵνα ἔχητε πρὸς τοὺς ἐν προσώπῳ καυχωμένους καὶ ʳοὐ καρδίᾳ. 13 Εἴτε γὰρ ἐξέστημεν, Θεῷ· εἴτε σωφρονοῦμεν, ὑμῖν. 14 Ἡ γὰρ ἀγάπη τοῦ Χριστοῦ συνέχει ἡμᾶς, κρίναντας τοῦτο, ὅτι εἰ¹ εἷς ὑπὲρ πάντων ἀπέθανεν, ἄρα οἱ πάντες ἀπέθανον. 15 Καὶ² ὑπὲρ πάντων ἀπέθανεν ἵνα οἱ ζῶντες μηκέτι ἑαυτοῖς ζῶσιν, ἀλλὰ τῷ ὑπὲρ αὐτῶν³ ἀποθανόντι καὶ ἐγερθέντι. 16 Ὥστε ἡμεῖς ἀπὸ τοῦ νῦν οὐδένα οἴδαμεν κατὰ σάρκα· εἰ °δὲ καὶ ἐγνώκαμεν κατὰ σάρκα Χριστόν, ἀλλὰ νῦν οὐκέτι γινώσκομεν. 17 Ὥστε εἴ τις ἐν Χριστῷ, καινὴ κτίσις· τὰ ἀρχαῖα παρῆλθεν, ἰδοὺ γέγονε καινὰ τὰ πάντα.⁴ 18 Τὰ δὲ πάντα ἐκ τοῦ Θεοῦ τοῦ καταλλάξαντος

---

¹14 MᵖᵗC*, TR vs — Mᵖᵗ𝔭⁴⁶ℵ*B, Cr
²15 και M ℵBC, TR Cr vs + Χριστος Mᶜ vs −αρα, verse 14, to απεθανεν, verse 15 𝔭⁴⁶
³15 αυτων M𝕲 (h.A), TR Cr vs παντων Mᶜ
⁴17 καινα τα παντα Mᵖᵗ, TR vs τα παντα καινα Mᵖᵗ vs καινα 𝕲 (h.A), Cr

10 ʳφαυλον ℵC vs 𝔐 𝔭⁴⁶B   12 °𝕲 (h.A) vs 𝔐
12 ʳμη εν 𝔭⁴⁶ℵB vs 𝔐C   16 °𝔭⁴⁶ℵ*B vs 𝔐

ἡμᾶς ἑαυτῷ διὰ °'Ιησοῦ Χριστοῦ καὶ δόντος ἡμῖν τὴν διακονίαν τῆς καταλλαγῆς, 19 ὡς ὅτι Θεὸς ἦν ἐν Χριστῷ κόσμον καταλλάσσων ἑαυτῷ, μὴ λογιζόμενος αὐτοῖς τὰ παραπτώματα αὐτῶν, καὶ θέμενος ἐν¹ ἡμῖν τὸν λόγον τῆς καταλλαγῆς. 20 'Υπὲρ Χριστοῦ οὖν πρεσβεύομεν, ὡς τοῦ Θεοῦ παρακαλοῦντος δι' ἡμῶν· δεόμεθα ὑπὲρ Χριστοῦ, κατ- αλλάγητε τῷ Θεῷ. 21 Τὸν °γὰρ μὴ γνόντα ἁμαρτίαν, ὑπὲρ ἡμῶν ἁμαρτίαν ἐποίησεν, ἵνα ἡμεῖς γενώμεθα² δικαιοσύνη Θεοῦ ἐν αὐτῷ.

The Minister's Authentication

6 Συνεργοῦντες δὲ καὶ³ παρακαλοῦμεν μὴ εἰς κενὸν τὴν χάριν τοῦ Θεοῦ δέξασθαι ὑμᾶς − 2 λέγει γάρ,

«Καιρῷ δεκτῷ ἐπήκουσά σου,
Καὶ ἐν ἡμέρᾳ σωτηρίας ἐβοήθησά σοι.»

'Ιδού, νῦν «καιρὸς εὐπρόσδεκτος,» ἰδού, νῦν «ἡμέρα σωτηρίας» − 3 μηδεμίαν ἐν μηδενὶ διδόντες προσκοπήν, ἵνα μὴ μωμηθῇ ἡ διακονία, 4 ἀλλ' ἐν παντὶ ʳσυνιστῶντες ἑαυτοὺς ὡς Θεοῦ διάκονοι, ἐν ὑπομονῇ πολλῇ, ἐν θλίψεσιν, ἐν ἀνάγκαις, ἐν στενοχωρίαις, 5 ἐν πληγαῖς, ἐν φυλακαῖς, ἐν ἀκαταστασίαις, ἐν κόποις, ἐν ἀγρυπνίαις, ἐν νηστείαις, 6 ἐν ἁγνότητι, ἐν γνώσει, ἐν μακροθυμίᾳ, ἐν χρηστότητι, ἐν Πνεύματι 'Αγίῳ, ἐν ἀγάπῃ ἀνυποκρίτῳ, 7 ἐν λόγῳ ἀληθείας, ἐν δυνάμει Θεοῦ, διὰ τῶν ὅπλων τῆς δικαιοσύνης τῶν δεξιῶν καὶ ἀριστερῶν, 8 διὰ δόξης καὶ ἀτιμίας, διὰ δυσφημίας καὶ εὐφημίας· ὡς πλάνοι καὶ ἀληθεῖς, 9 ὡς ἀγνοούμενοι καὶ ἐπιγινωσκόμενοι, ὡς ἀποθνήσκοντες καὶ ἰδού, ζῶμεν, ὡς παιδευόμενοι καὶ μὴ θανατούμενοι, 10 ὡς

---

¹19 εν **M𝕲** (h.A), TR Cr vs −Mʳ
²21 γενωμεθα **𝕸𝕲** (h.A), Cr vs γινωμεθα TR
³1 και **M𝕲** (h.A), TR Cr vs −Mᶜ

18 °𝕲 (h.A) vs **𝕸**   21 °𝕲 (h.A) vs **𝕸**
4 ʳσυνισταντες 𝔭⁴⁶א*C vs **𝕸**; (συνιστανοντες B)

---

2 Is. 49:8

λυπούμενοι ἀεὶ δὲ χαίροντες, ὡς πτωχοὶ πολλοὺς δὲ πλουτίζοντες, ὡς μηδὲν ἔχοντες καὶ πάντα κατέχοντες.

The Unequal Yoke: Be Holy

11 Τὸ στόμα ἡμῶν ἀνέῳγε πρὸς ὑμᾶς, Κορίνθιοι, ἡ καρδία ἡμῶν πεπλάτυνται. **12** Οὐ στενοχωρεῖσθε ἐν ἡμῖν, στενοχωρεῖσθε δὲ ἐν τοῖς σπλάγχνοις ὑμῶν. **13** Τὴν δὲ αὐτὴν ἀντιμισθίαν — ὡς τέκνοις λέγω — πλατύνθητε καὶ ὑμεῖς.

14 Μὴ γίνεσθε ἑτεροζυγοῦντες ἀπίστοις· τίς γὰρ μετοχὴ δικαιοσύνῃ καὶ ἀνομίᾳ? ᵀΤίς δὲˋ κοινωνία φωτὶ πρὸς σκότος? **15** Τίς δὲ συμφώνησις ᵀΧριστῷ πρὸς Βελιάρ? Ἢ τίς μερὶς πιστῷ μετὰ ἀπίστου? **16** Τίς δὲ συγκατάθεσις ναῷ Θεοῦ μετὰ εἰδώλων? ᵀ¹ Ὑμεῖς γὰρ ναὸς Θεοῦ ᵀ²ἐστε ζῶντος, καθὼς εἶπεν ὁ Θεὸς ὅτι

«Ἐνοικήσω ἐν αὐτοῖς καὶ ἐμπεριπατήσω,
   Καὶ ἔσομαι αὐτῶν Θεός,
   Καὶ αὐτοὶ ἔσονταί ᵀ³μοι λαός.»
17   Διὸ «Ἐξέλθετε ἐκ μέσου αὐτῶν
   Καὶ ἀφορίσθητε,» λέγει Κύριος,
«Καὶ ἀκαθάρτου μὴ ἅπτεσθε·
   Κἀγὼ εἰσδέξομαι ὑμᾶς.»
18   Καὶ «Ἔσομαι ὑμῖν εἰς Πατέρα,
   Καὶ ὑμεῖς ἔσεσθέ μοι εἰς υἱοὺς καὶ θυγατέρας,
   λέγει Κύριος Παντοκράτωρ.»

7 Ταύτας οὖν ἔχοντες τὰς ἐπαγγελίας, ἀγαπητοί, καθαρίσωμεν ἑαυτοὺς ἀπὸ παντὸς μολυσμοῦ σαρκὸς καὶ πνεύματος, ἐπιτελοῦντες ἁγιωσύνην ἐν φόβῳ Θεοῦ.

---

14 ᵀἡ τις 𝕲 (h.A) vs 𝔐   15 ᵀΧριστου 𝕲 (h.A) vs 𝔐
16 ᵀ¹ημεις ℵ*B vs 𝔐 𝔭⁴⁶C   16 ᵀ²εσμεν ℵ*B vs 𝔐 𝔭⁴⁶C
16 ᵀ³ μου 𝕲 (h.A) vs 𝔐   17 ᵀ εξελθατε ℵB vs 𝔐

16 Lev. 26:12; Jer. 32:38; Ezek. 37:27   17 Is. 52:11; Ezek. 20:34,41   18 2 Sam. 7:8,14; Is. 43:6; Jer. 31:9

Paul Rejoices Over the Corinthians' Repentance

2 Χωρήσατε ἡμᾶς· οὐδένα ἠδικήσαμεν, οὐδένα ἐφθείραμεν, οὐδένα ἐπλεονεκτήσαμεν. 3 ʳΟὐ πρὸς κατάκρισιν˄ λέγω, προείρηκα γὰρ ὅτι ἐν ταῖς καρδίαις ἡμῶν ἐστε εἰς τὸ συναποθανεῖν καὶ συζῆν. 4 Πολλή μοι παρρησία πρὸς ὑμᾶς, πολλή μοι καύχησις ὑπὲρ ὑμῶν· πεπλήρωμαι τῇ παρακλήσει, ὑπερπερισσεύομαι τῇ χαρᾷ ἐπὶ πάσῃ τῇ θλίψει ἡμῶν.

5 Καὶ γὰρ ἐλθόντων ἡμῶν εἰς Μακεδονίαν οὐδεμίαν ἔσχηκεν ἄνεσιν ἡ σὰρξ ἡμῶν, ἀλλ᾽ ἐν παντὶ θλιβόμενοι· ἔξωθεν μάχαι, ἔσωθεν φόβοι. 6 Ἀλλ᾽ ὁ παρακαλῶν τοὺς ταπεινοὺς παρεκάλεσεν ἡμᾶς, ὁ Θεός, ἐν τῇ παρουσίᾳ Τίτου· 7 οὐ μόνον δὲ ἐν τῇ παρουσίᾳ αὐτοῦ, ἀλλὰ καὶ ἐν τῇ παρακλήσει ᾗ παρεκλήθη ἐφ᾽ ὑμῖν, ἀναγγέλλων ἡμῖν τὴν ὑμῶν ἐπιπόθησιν, τὸν ὑμῶν ὀδυρμόν, τὸν ὑμῶν ζῆλον ὑπὲρ ἐμοῦ, ὥστε με μᾶλλον χαρῆναι. 8 Ὅτι εἰ καὶ ἐλύπησα ὑμᾶς ἐν τῇ ἐπιστολῇ, οὐ μεταμέλομαι, εἰ καὶ μετεμελόμην. Βλέπω °γὰρ ὅτι ἡ ἐπιστολὴ ἐκείνη, εἰ καὶ πρὸς ὥραν, ἐλύπησεν ὑμᾶς. 9 Νῦν χαίρω, οὐχ ὅτι ἐλυπήθητε, ἀλλ᾽ ὅτι ἐλυπήθητε εἰς μετάνοιαν· ἐλυπήθητε γὰρ κατὰ Θεόν, ἵνα ἐν μηδενὶ ζημιωθῆτε ἐξ ἡμῶν. 10 Ἡ γὰρ κατὰ Θεὸν λύπη μετάνοιαν εἰς σωτηρίαν ἀμεταμέλητον ʳκατεργάζεται· ἡ δὲ τοῦ κόσμου λύπη θάνατον κατεργάζεται. 11 Ἰδοὺ γὰρ αὐτὸ τοῦτο, τὸ κατὰ Θεὸν λυπηθῆναι °¹ὑμᾶς, πόσην κατειργάσατο ὑμῖν σπουδήν, ἀλλὰ ἀπολογίαν, ἀλλὰ ἀγανάκτησιν, ἀλλὰ φόβον, ἀλλὰ ἐπιπόθησιν, ἀλλὰ ζῆλον, ἀλλὰ ἐκδίκησιν. Ἐν παντὶ συνεστήσατε ἑαυτοὺς ἁγνοὺς εἶναι °²ἐν τῷ πράγματι. 12 Ἄρα εἰ καὶ ἔγραψα ὑμῖν, οὐχ •¹εἵνεκεν τοῦ ἀδικήσαντος, οὐδὲ •²εἵνεκεν τοῦ ἀδικηθέντος, ἀλλ᾽ •³εἵνεκεν τοῦ φανερωθῆναι τὴν σπουδὴν ὑμῶν τὴν ὑπὲρ ἡμῶν πρὸς ὑμᾶς ἐνώπιον τοῦ Θεοῦ. 13 Διὰ τοῦτο παρακεκλήμεθα.

---

3 ʳ231 𝔊 (h.A) vs 𝔐   8 °𝔭⁴⁶B vs 𝔐ℵC, [Cr]
10 ʳεργαζεται 𝔊 (h.A) vs 𝔐   11 °¹𝔊 (h.A) vs 𝔐
11 °²ℵBC vs 𝔐   12 •¹ ² ενεκεν ℵBC vs 𝔐
12 •³ ενεκεν 𝔊 (h.A) vs 𝔐

Paul Rejoices Over the Joy of Titus

Ἐπὶ δὲ τῇ παρακλήσει ὑμῶν περισσοτέρως[1] μᾶλλον ἐχάρημεν ἐπὶ τῇ χαρᾷ Τίτου, ὅτι ἀναπέπαυται τὸ πνεῦμα αὐτοῦ ἀπὸ πάντων ὑμῶν. **14** Ὅτι εἴ τι αὐτῷ ὑπὲρ ὑμῶν κεκαύχημαι, οὐ κατῃσχύνθην, ἀλλ᾽ ὡς πάντα ἐν ἀληθείᾳ ἐλαλήσαμεν ὑμῖν, οὕτω καὶ ἡ καύχησις ἡμῶν ἡ ἐπὶ Τίτου ἀλήθεια ἐγενήθη. **15** Καὶ τὰ σπλάγχνα αὐτοῦ περισσοτέρως εἰς ὑμᾶς ἐστιν, ἀναμιμνῃσκομένου τὴν πάντων ὑμῶν ὑπακοήν, ὡς μετὰ φόβου καὶ τρόμου ἐδέξασθε αὐτόν. **16** Χαίρω ὅτι ἐν παντὶ θαρρῶ ἐν ὑμῖν.

Excel in the Grace of Giving

8 Γνωρίζομεν[2] δὲ ὑμῖν, ἀδελφοί, τὴν χάριν τοῦ Θεοῦ τὴν δεδομένην ἐν ταῖς ἐκκλησίαις τῆς Μακεδονίας, **2** ὅτι ἐν πολλῇ δοκιμῇ θλίψεως ἡ περισσεία τῆς χαρᾶς αὐτῶν καὶ ἡ κατὰ βάθους πτωχεία αὐτῶν ἐπερίσσευσεν εἰς ⸂τὸν πλοῦτον⸃ τῆς ἁπλότητος αὐτῶν. **3** Ὅτι κατὰ δύναμιν, μαρτυρῶ, καὶ ⸆ὑπὲρ δύναμιν αὐθαίρετοι, **4** μετὰ πολλῆς παρακλήσεως δεόμενοι ἡμῶν τὴν χάριν καὶ τὴν κοινωνίαν τῆς διακονίας τῆς εἰς τοὺς ἁγίους[3] — **5** καὶ οὐ καθὼς ἠλπίσαμεν, ἀλλ᾽ ἑαυτοὺς ἔδωκαν πρῶτον τῷ Κυρίῳ καὶ ἡμῖν διὰ θελήματος Θεοῦ, **6** εἰς τὸ παρακαλέσαι ἡμᾶς Τίτον, ἵνα καθὼς προενήρξατο, οὕτω καὶ ἐπιτελέσῃ εἰς ὑμᾶς καὶ τὴν χάριν ταύτην. **7** Ἀλλ᾽ ὥσπερ ἐν παντὶ περισσεύετε, πίστει καὶ λόγῳ καὶ γνώσει καὶ πάσῃ σπουδῇ καὶ τῇ ἐξ ⸂ὑμῶν ἐν ἡμῖν⸃ ἀγάπῃ, ἵνα καὶ ἐν ταύτῃ τῇ χάριτι περισσεύητε.

---

[1]13 επι δε τη παρακλησει υμων περισσοτερως M^pt vs επι τη παρακλησει υμων περισσοτερως δε M^pt, TR vs επι δε τη παρακλησει ημων περισσοτερως ℵB, Cr vs επι τη παρακλησει ημων περισσοτερως 𝔓^46 vs επι δε τη παρακλησει ημων περισσοτερον C*vid

[2]1 γνωριζομεν M^pt𝕲 (h.A), TR Cr vs γνωριζω M^pt

[3]4 αγιους M𝕲 (h.A), Cr vs +δεξασθαι ημας M^c, TR

---

2 ⸂το πλουτος 𝕲 (h.A) vs 𝔐   3 ⸆παρα ℵBC vs 𝔐

7 ⸂ημων εν υμιν 𝔓^46B vs 𝔐ℵC

Christ: Our Pattern for Generous Giving

8 Οὐ κατ᾽ ἐπιταγὴν λέγω, ἀλλὰ διὰ τῆς ἑτέρων σπουδῆς καὶ τὸ τῆς ὑμετέρας ἀγάπης γνήσιον δοκιμάζων. 9 Γινώσκετε γὰρ τὴν χάριν τοῦ Κυρίου ἡμῶν Ἰησοῦ Χριστοῦ, ὅτι δι᾽ ὑμᾶς[1] ἐπτώχευσε, πλούσιος ὤν, ἵνα ὑμεῖς τῇ ἐκείνου πτωχείᾳ πλουτήσητε. 10 Καὶ γνώμην ἐν τούτῳ δίδωμι. Τοῦτο γὰρ ὑμῖν συμφέρει, οἵτινες οὐ μόνον τὸ ποιῆσαι ἀλλὰ καὶ τὸ θέλειν προενήρξασθε ἀπὸ πέρυσι. 11 Νυνὶ δὲ καὶ τὸ ποιῆσαι ἐπιτελέσατε, ὅπως καθάπερ ἡ προθυμία τοῦ θέλειν, οὕτω καὶ τὸ ἐπιτελέσαι ἐκ τοῦ ἔχειν. 12 Εἰ γὰρ ἡ προθυμία πρόκειται, καθὸ ἐὰν ἔχῃ °τις, εὐπρόσδεκτος, οὐ καθὸ οὐκ ἔχει. 13 Οὐ γὰρ ἵνα ἄλλοις ἄνεσις, ὑμῖν °δὲ θλῖψις· 14 ἀλλ᾽ ἐξ ἰσότητος, ἐν τῷ νῦν καιρῷ τὸ ὑμῶν περίσσευμα εἰς τὸ ἐκείνων ὑστέρημα, ἵνα καὶ τὸ ἐκείνων περίσσευμα γένηται εἰς τὸ ὑμῶν ὑστέρημα, ὅπως γένηται ἰσότης· 15 καθὼς γέγραπται,

«Ὁ τὸ πολὺ οὐκ ἐπλεόνασε,
Καὶ ὁ τὸ ὀλίγον οὐκ ἠλαττόνησε.»

The Collection for the Saints in Judea

16 Χάρις δὲ τῷ Θεῷ τῷ διδόντι[2] τὴν αὐτὴν σπουδὴν ὑπὲρ ὑμῶν ἐν τῇ καρδίᾳ Τίτου. 17 Ὅτι τὴν μὲν παράκλησιν ἐδέξατο, σπουδαιότερος δὲ ὑπάρχων, αὐθαίρετος ἐξῆλθε πρὸς ὑμᾶς. 18 Συνεπέμψαμεν δὲ μετ᾽ αὐτοῦ τὸν ἀδελφὸν οὗ ὁ ἔπαινος ἐν τῷ εὐαγγελίῳ διὰ πασῶν τῶν ἐκκλησιῶν 19 — οὐ μόνον δέ, ἀλλὰ καὶ χειροτονηθεὶς ὑπὸ τῶν ἐκκλησιῶν συνέκδημος ἡμῶν σὺν τῇ χάριτι ταύτῃ τῇ διακονουμένῃ ὑφ᾽ ἡμῶν πρὸς τὴν °αὐτοῦ τοῦ Κυρίου δόξαν καὶ προθυμίαν ἡμῶν[3] — 20 στελλόμενοι τοῦτο, μή τις ἡμᾶς

---

[1]9 υμας M^{pt vid}𝔭^{46}אB, TR Cr vs ημας M^{pt vid}C
[2]16 διδοντι M^{pt}א*BC, TR vs δοντι M^{pt}𝔭^{46}, Cr
[3]19 ημων 𝕸אBC, Cr vs υμων TR vs — προς την αυτου to υφ ημων, verse 20 𝔭^{46}

---

12 °אBC* vs 𝕸   13 °א*BC vs 𝕸
19 °BC vs Mא,[Cr]; (— προς την αυτου to υφ ημων, verse 20 𝔭^{46})

---

15 Ex. 16:18

μωμήσηται ἐν τῇ ἁδρότητι ταύτῃ τῇ διακονουμένῃ ὑφ᾽ ἡμῶν· 21 ⌐προνοούμενοι ⌐καλὰ οὐ μόνον ἐνώπιον Κυρίου ἀλλὰ καὶ ἐνώπιον ἀνθρώπων. 22 Συνεπέμψαμεν δὲ αὐτοῖς τὸν ἀδελφὸν ἡμῶν ὃν ἐδοκιμάσαμεν ἐν πολλοῖς πολλάκις σπουδαῖον ὄντα, νυνὶ δὲ πολὺ σπουδαιότερον, πεποιθήσει πολλῇ τῇ εἰς ὑμᾶς. 23 Εἴτε ὑπὲρ Τίτου, κοινωνὸς ἐμὸς καὶ εἰς ὑμᾶς συνεργός· εἴτε ἀδελφοὶ ἡμῶν, ἀπόστολοι ἐκκλησιῶν, δόξα Χριστοῦ. 24 Τὴν οὖν ἔνδειξιν τῆς ἀγάπης ὑμῶν, καὶ ἡμῶν καυχήσεως ὑπὲρ ὑμῶν, εἰς αὐτοὺς ⌐ἐνδείξασθε¹ εἰς πρόσωπον τῶν ἐκκλησιῶν.

Faithful Brethren Administer the Gift

9 Περὶ μὲν γὰρ τῆς διακονίας τῆς εἰς τοὺς ἁγίους περισσόν μοί ἐστι τὸ γράφειν ὑμῖν. 2 Οἶδα γὰρ τὴν προθυμίαν ὑμῶν ἣν ὑπὲρ ὑμῶν καυχῶμαι Μακεδόσιν, ὅτι Ἀχαΐα παρεσκεύασται ἀπὸ πέρυσι, καὶ ⌐ὁ °ἐξ ὑμῶν ζῆλος ἠρέθισε τοὺς πλείονας. 3 Ἔπεμψα δὲ τοὺς ἀδελφούς, ἵνα μὴ τὸ καύχημα ἡμῶν τὸ ὑπὲρ ὑμῶν κενωθῇ ἐν τῷ μέρει τούτῳ, ἵνα καθὼς ἔλεγον, παρεσκευασμένοι ἦτε, 4 μή πως, ἐὰν ἔλθωσι σὺν ἐμοὶ Μακεδόνες καὶ εὕρωσιν ὑμᾶς ἀπαρασκευάστους, καταισχυνθῶμεν ἡμεῖς (ἵνα μὴ ⌐λέγωμεν ὑμεῖς!) ἐν τῇ ὑποστάσει ταύτῃ ▫τῆς καυχήσεως.⌐ 5 Ἀναγκαῖον οὖν ἡγησάμην παρακαλέσαι τοὺς ἀδελφούς, ἵνα προέλθωσιν εἰς ὑμᾶς καὶ προκαταρτίσωσι τὴν ⌐προκατηγγελμένην εὐλογίαν ὑμῶν, ταύτην ἑτοίμην εἶναι, οὕτως ὡς εὐλογίαν καὶ μὴ ὡς² πλεονεξίαν.

God Loves a Cheerful Giver

6 Τοῦτο δέ, ὁ σπείρων φειδομένως, φειδομένως καὶ θερίσει, καὶ ὁ σπείρων ἐπ᾽ εὐλογίαις, ἐπ᾽ εὐλογίαις καὶ

---

¹24 ενδειξασθε 𝕸 ℵBC, Cr vs +και TR
²5 ως 𝕸 𝕲 (h.A), Cr vs ωσπερ TR

21 ⌐προνοουμεν 𝔭⁴⁶ℵB vs 𝕸 C   21 ⌐γαρ 𝕲 (h.A) vs 𝕸
24 ⌐ενδεικνυμενοι B vs 𝕸 ℵC   2 ⌐το 𝔭⁴⁶ℵB vs 𝕸 C
2 °𝕲 (h.A) vs 𝕸   4 ⌐λεγω 𝔭⁴⁶C* vs 𝕸 ℵB   4 ▫𝕲 (h.A) vs 𝕸
5 ⌐προεπηγγελμενην 𝕲 (h.A) vs 𝕸

θερίσει. 7 Ἕκαστος καθὼς ⌜προαιρεῖται τῇ καρδίᾳ, μὴ ἐκ λύπης ἢ ἐξ ἀνάγκης, ἱλαρὸν γὰρ δότην ἀγαπᾷ ὁ Θεός. 8 ⌜Δυνατὸς δὲ ὁ Θεὸς πᾶσαν χάριν περισσεῦσαι εἰς ὑμᾶς, ἵνα ἐν παντὶ πάντοτε πᾶσαν αὐτάρκειαν ἔχοντες περισσεύητε εἰς πᾶν ἔργον ἀγαθόν, 9 καθὼς γέγραπται,

«Ἐσκόρπισεν, ἔδωκε τοῖς πένησιν·
Ἡ δικαιοσύνη αὐτοῦ μένει εἰς τὸν αἰῶνα.»

10 Ὁ δὲ ἐπιχορηγῶν ⌜¹σπέρμα τῷ σπείροντι καὶ ἄρτον εἰς βρῶσιν ⌜²χορηγήσαι, καὶ ⌜³πληθύναι τὸν σπόρον ὑμῶν καὶ ⌜⁴αὐξήσαι τὰ γενήματα⌝ τῆς δικαιοσύνης ὑμῶν· 11 ἐν παντὶ πλουτιζόμενοι εἰς πᾶσαν ἁπλότητα, ἥτις κατεργάζεται δι᾽ ἡμῶν εὐχαριστίαν τῷ Θεῷ. 12 Ὅτι ἡ διακονία τῆς λειτουργίας ταύτης οὐ μόνον ἐστὶ προσαναπληροῦσα τὰ ὑστερήματα τῶν ἁγίων, ἀλλὰ καὶ περισσεύουσα διὰ πολλῶν εὐχαριστιῶν τῷ Θεῷ, 13 διὰ τῆς δοκιμῆς τῆς διακονίας ταύτης δοξάζοντες τὸν Θεὸν ἐπὶ τῇ ὑποταγῇ τῆς ὁμολογίας ὑμῶν εἰς τὸ εὐαγγέλιον τοῦ Χριστοῦ, καὶ ἁπλότητι τῆς κοινωνίας εἰς αὐτοὺς καὶ εἰς πάντας, 14 καὶ αὐτῶν δεήσει ὑπὲρ ὑμῶν ἐπιποθούντων ὑμᾶς διὰ τὴν ὑπερβάλλουσαν χάριν τοῦ Θεοῦ ἐφ᾽ ὑμῖν. 15 Χάρις °δὲ τῷ Θεῷ ἐπὶ τῇ ἀνεκδιηγήτῳ αὐτοῦ δωρεᾷ!

Paul Defends His Authority

10 Αὐτὸς δὲ ἐγὼ Παῦλος παρακαλῶ ὑμᾶς διὰ τῆς ⸆πραότητος καὶ ἐπιεικείας τοῦ Χριστοῦ, ὃς κατὰ πρόσωπον μὲν ταπεινὸς ἐν ὑμῖν, ἀπὼν δὲ θαρρῶ εἰς ὑμᾶς. 2 Δέομαι δέ, τὸ μὴ παρὼν θαρρῆσαι τῇ πεποιθήσει ᾗ λογίζομαι τολμῆσαι ἐπί τινας τοὺς λογιζομένους ἡμᾶς ὡς

---

¹10 γενηματα 𝔐 𝕲 (h.A), Cr vs γεννηματα TR

---

7 ⌜προηρηται א𝐁𝐂 vs 𝔐   8 ⌜δυνατει 𝕲 (h.A) vs 𝔐
10 ⌜¹σπορον 𝔭⁴⁶𝐁 vs 𝔐א𝐂   10 ⌜²χορηγησει 𝕲 (h.A) vs 𝔐
10 ⌜³πληθυνει 𝔭⁴⁶א𝐁 (πληθυνη 𝐂) vs 𝔐
10 ⌜⁴αυξησει א*𝐁𝐂 vs 𝔐𝔭⁴⁶   15 °𝕲 (h.A) vs 𝔐
1 ⸆πραυτητος א*𝐁 vs 𝔐𝐂

---

9 Ps. 112:9

κατὰ σάρκα περιπατοῦντας. **3** Ἐν σαρκὶ γὰρ περι-
πατοῦντες, οὐ κατὰ σάρκα στρατευόμεθα, **4** τὰ γὰρ
ὅπλα τῆς στρατείας[1] ἡμῶν οὐ σαρκικά, ἀλλὰ δυνατὰ
τῷ Θεῷ πρὸς καθαίρεσιν ὀχυρωμάτων, **5** λογισμοὺς
καθαιροῦντες καὶ πᾶν ὕψωμα ἐπαιρόμενον κατὰ τῆς
γνώσεως τοῦ Θεοῦ, καὶ αἰχμαλωτίζοντες πᾶν νόημα εἰς τὴν
ὑπακοὴν τοῦ Χριστοῦ, **6** καὶ ἐν ἑτοίμῳ ἔχοντες ἐκδικῆσαι
πᾶσαν παρακοήν, ὅταν πληρωθῇ ὑμῶν ἡ ὑπακοή.

The Reality of Paul's Authority

7 Τὰ κατὰ πρόσωπον βλέπετε? Εἴ τις πέποιθεν ἑαυτῷ
Χριστοῦ εἶναι, τοῦτο λογιζέσθω πάλιν ⸀ἀφ᾽ ἑαυτοῦ, ὅτι
καθὼς αὐτὸς Χριστοῦ, οὕτω καὶ ἡμεῖς °Χριστοῦ. **8** Ἐάν
°¹τε γὰρ °²καὶ περισσότερόν τι καυχήσωμαι περὶ τῆς ἐξου-
σίας ἡμῶν, ἧς ἔδωκεν ὁ Κύριος °³ἡμῖν εἰς οἰκοδομὴν καὶ οὐκ
εἰς καθαίρεσιν ὑμῶν, οὐκ αἰσχυνθήσομαι, **9** ἵνα[2] μὴ δόξω
ὡς ἂν ἐκφοβεῖν ὑμᾶς διὰ τῶν ἐπιστολῶν. **10** Ὅτι, "Αἱ ⸉μὲν
ἐπιστολαί,⸊" φησί, "βαρεῖαι καὶ ἰσχυραί, ἡ δὲ παρουσία τοῦ
σώματος ἀσθενὴς καὶ ὁ λόγος ἐξουθενημένος." **11** Τοῦτο
λογιζέσθω ὁ τοιοῦτος, ὅτι οἷοί ἐσμεν τῷ λόγῳ δι᾽
ἐπιστολῶν ἀπόντες, τοιοῦτοι καὶ παρόντες τῷ ἔργῳ!

The Extent of Paul's Authority

12 Οὐ γὰρ τολμῶμεν ἐγκρῖναι ἢ συγκρῖναι ἑαυτούς τισι
τῶν ἑαυτοὺς συνιστανόντων, ἀλλὰ αὐτοὶ ἐν ἑαυτοῖς
ἑαυτοὺς μετροῦντες καὶ συγκρίνοντες ἑαυτοὺς ἑαυτοῖς, οὐ
⸀συνιοῦσιν. **13** Ἡμεῖς δὲ ⸀οὐχὶ εἰς τὰ ἄμετρα καυχησόμεθα,
ἀλλὰ κατὰ τὸ μέτρον τοῦ κανόνος οὗ ἐμέρισεν ἡμῖν ὁ Θεὸς
μέτρου, ἐφικέσθαι ἄχρι καὶ ὑμῶν. **14** Οὐ γὰρ ὡς μὴ
ἐφικνούμενοι εἰς ὑμᾶς ὑπερεκτείνομεν ἑαυτούς, ἄχρι γὰρ
καὶ ὑμῶν ἐφθάσαμεν ἐν τῷ εὐαγγελίῳ τοῦ Χριστοῦ· **15** οὐκ

---

[1]**4** στρατειας **M**^vid^ 𝔭⁴⁶, **TR Cr** vs στρατιας ℵB*C
[2]**9** ινα **M**𝔭⁴⁶ℵB, **TR Cr** vs + δε M^c^

---

7 ⸀εφ 𝔭⁴⁶ℵB vs 𝔐C   7 °Ɛ (h.A) vs 𝔐   8 °¹𝔭⁴⁶B vs 𝔐ℵC, [Cr]
8 °² ³Ɛ (h.A) vs 𝔐   10 ⸉ℵ*B vs 𝔐
12 ⸀συνιασιν 𝔭⁴⁶B vs 𝔐; (συνισασιν ℵ*)   13 ⸀ουκ 𝔭⁴⁶ℵB vs **M**

εἰς τὰ ἄμετρα καυχώμενοι ἐν ἀλλοτρίοις κόποις, ἐλπίδα δὲ ἔχοντες, αὐξανομένης τῆς πίστεως ὑμῶν, ἐν ὑμῖν μεγαλυνθῆναι κατὰ τὸν κανόνα ἡμῶν εἰς περισσείαν, **16** εἰς τὰ ὑπερέκεινα ὑμῶν εὐαγγελίσασθαι, οὐκ ἐν ἀλλοτρίῳ κανόνι εἰς τὰ ἕτοιμα καυχήσασθαι. **17** «Ὁ δὲ καυχώμενος, ἐν Κυρίῳ καυχάσθω.» **18** Οὐ γὰρ ὁ ἑαυτὸν ᵗσυνιστῶν, ἐκεῖνός ἐστι δόκιμος, ἀλλ᾽ ὃν ὁ Κύριος συνίστησιν.

Paul's Concern for Believers' Fidelity

11 Ὄφελον ἀνείχεσθέ μου μικρὸν ᵗτῇ ἀφροσύνῃ᾽· ἀλλὰ καὶ ἀνέχεσθέ μου. **2** Ζηλῶ γὰρ ὑμᾶς Θεοῦ ζήλῳ,¹ ἡρμοσάμην γὰρ ὑμᾶς ἑνὶ ἀνδρὶ παρθένον ἁγνὴν παραστῆσαι τῷ Χριστῷ. **3** Φοβοῦμαι δὲ μή πως ὡς ὁ ὄφις ᶠΕὔαν ἐξηπάτησενᶻ ἐν τῇ πανουργίᾳ αὐτοῦ, °οὕτω φθαρῇ τὰ νοήματα ὑμῶν ἀπὸ τῆς ἀπλότητος ᵀ τῆς εἰς τὸν Χριστόν. **4** Εἰ μὲν γὰρ ὁ ἐρχόμενος ἄλλον Ἰησοῦν κηρύσσει ὃν οὐκ ἐκηρύξαμεν, ἢ πνεῦμα ἕτερον λαμβάνετε ὃ οὐκ ἐλάβετε, ἢ εὐαγγέλιον ἕτερον ὃ οὐκ ἐδέξασθε, καλῶς ἀνείχεσθε.²

Paul Contrasted with False Apostles

5 Λογίζομαι γὰρ μηδὲν ὑστερηκέναι τῶν ὑπερλίαν ἀποστόλων. **6** Εἰ δὲ καὶ ἰδιώτης τῷ λόγῳ, ἀλλ᾽ οὐ τῇ γνώσει, ἀλλ᾽ ἐν παντὶ ᶠφανερωθέντες ἐν πᾶσιν εἰς ὑμᾶς. **7** Ἢ ἁμαρτίαν ἐποίησα ἐμαυτὸν ταπεινῶν ἵνα ὑμεῖς ὑψωθῆτε, ὅτι δωρεὰν τὸ τοῦ Θεοῦ εὐαγγέλιον εὐηγγελισάμην ὑμῖν? **8** Ἄλλας ἐκκλησίας ἐσύλησα λαβὼν ὀψώνιον πρὸς τὴν ὑμῶν διακονίαν, **9** καὶ παρὼν πρὸς ὑμᾶς καὶ ὑστερηθείς, οὐ κατενάρκησα •οὐδενός· τὸ γὰρ

---

¹2 Θεου ζηλω **𝕸ℵB**, **TR** **Cr** vs ζηλω Θεου **Mᶜ**
²4 ανειχεσθε Mᵖᵗℵ vs ηνειχεσθε Mᵖᵗ, **TR** vs ανεχεσθε 𝔓⁴⁶B, **Cr**

18 ᶠσυνιστανων 𝔓⁴⁶ℵB vs **M**   1 ᶠτι αφροσυνης 𝔓⁴⁶ᵛⁱᵈℵB vs 𝕸
3 ᶠℵB vs 𝕸   3 °𝔓⁴⁶ℵB vs 𝕸
3 ᵀκαι της αγνοτητος 𝔓⁴⁶ℵ*B, [Cr] vs 𝕸
6 ᶠφανερωσαντες ℵ*B vs 𝕸; (− αλλ εν παντι το υμας 𝔓⁴⁶)
9 •ουθενος ℵB vs 𝕸 𝔓⁴⁶

---

17 Jer. 9:24

ὑστέρημά μου προσανεπλήρωσαν οἱ ἀδελφοί, ἐλθόντες ἀπὸ Μακεδονίας. Καὶ ἐν παντὶ ἀβαρῆ ʳὑμῖν ἐμαυτὸνᶻ ἐτήρησα καὶ τηρήσω. 10 Ἔστιν ἀλήθεια Χριστοῦ ἐν ἐμοὶ ὅτι ἡ καύχησις αὕτη οὐ φραγήσεται εἰς ἐμὲ ἐν τοῖς κλίμασι τῆς Ἀχαΐας. 11 Διὰ τί; Ὅτι οὐκ ἀγαπῶ ὑμᾶς; Ὁ Θεὸς οἶδεν! 12 Ὃ δὲ ποιῶ, καὶ ποιήσω, ἵνα ἐκκόψω τὴν ἀφορμὴν τῶν θελόντων ἀφορμήν, ἵνα ἐν ᾧ καυχῶνται εὑρεθῶσι καθὼς καὶ ἡμεῖς. 13 Οἱ γὰρ τοιοῦτοι ψευδαπόστολοι, ἐργάται δόλιοι, μετασχηματιζόμενοι εἰς ἀποστόλους Χριστοῦ. 14 Καὶ οὐ ʳθαυμαστόν! Αὐτὸς γὰρ ὁ Σατανᾶς μετασχηματίζεται εἰς ἄγγελον φωτός. 15 Οὐ μέγα οὖν εἰ καὶ οἱ διάκονοι αὐτοῦ μετασχηματίζονται ὡς διάκονοι δικαιοσύνης, ὧν τὸ τέλος ἔσται κατὰ τὰ ἔργα αὐτῶν.

Paul Reluctantly Decides to Boast

16 Πάλιν λέγω, μή τίς με δόξῃ ἄφρονα εἶναι. Εἰ δὲ μή γε, κἂν ὡς ἄφρονα δέξασθέ με, ἵνα κἀγὼ μικρόν τιʹ καυχήσωμαι. 17 Ὃ λαλῶ, οὐ ˢλαλῶ κατὰ Κύριον,ᶻ ἀλλ᾽ ὡς ἐν ἀφροσύνῃ, ἐν ταύτῃ τῇ ὑποστάσει τῆς καυχήσεως. 18 Ἐπεὶ πολλοὶ καυχῶνται κατὰ °τὴν σάρκα, κἀγὼ καυχήσομαι. 19 Ἡδέως γὰρ ἀνέχεσθε τῶν ἀφρόνων, φρόνιμοι ὄντες. 20 Ἀνέχεσθε γὰρ εἴ τις ὑμᾶς καταδουλοῖ, εἴ τις κατεσθίει, εἴ τις λαμβάνει, εἴ τις ἐπαίρεται, εἴ τις ˢὑμᾶς εἰς πρόσωπονᶻ δέρει.² 21 Κατὰ ἀτιμίαν λέγω, ὡς ὅτι ἡμεῖς ʳἠσθενήσαμεν. Ἐν ᾧ δ᾽ ἄν τις τολμᾷ (ἐν ἀφροσύνῃ λέγω), τολμῶ κἀγώ.

Paul's Unsurpassed Sufferings for Christ

22 Ἑβραῖοί εἰσι; Κἀγώ. Ἰσραηλῖταί εἰσι; Κἀγώ. Σπέρμα Ἀβραάμ εἰσι; Κἀγώ. 23 Διάκονοι Χριστοῦ εἰσι; (Παραφρονῶν λαλῶ!) Ὑπὲρ ἐγώ. Ἐν κόποις περισσοτέρως,

---

¹16 καγω μικρον τι 𝔐 𝔭⁴⁶ℵB, Cr vs μικρον τι καγω TR
²20 δερει Mᵖᵗ𝔭⁴⁶ℵ*B, TR Cr vs δαιρει Mᵖᵗ

---

9 ˢ𝔭⁴⁶ℵ*B vs 𝔐   14 ʳθαυμα 𝔭⁴⁶ℵB vs 𝔐
17 ˢ231 𝔭⁴⁶ℵB vs M   18 °𝔭⁴⁶ℵ* vs MB
20 ˢ231 𝔭⁴⁶ℵB vs 𝔐   21 ʳησθενηκαμεν 𝔭⁴⁶ℵB vs 𝔐

ᶠἐν πληγαῖς ὑπερβαλλόντως, ἐν φυλακαῖς περισσοτέρως,ᶺ ἐν θανάτοις πολλάκις. 24 Ὑπὸ Ἰουδαίων πεντάκις •τεσσαράκοντα παρὰ μίαν ἔλαβον. 25 Τρὶς ἐραβδίσθην, ἅπαξ ἐλιθάσθην, τρὶς ἐναυάγησα, νυχθήμερον ἐν τῷ βυθῷ πεποίηκα. 26 Ὁδοιπορίαις πολλάκις, κινδύνοις ποταμῶν, κινδύνοις λῃστῶν, κινδύνοις ἐκ γένους, κινδύνοις ἐξ ἐθνῶν, κινδύνοις ἐν πόλει, κινδύνοις ἐν ἐρημίᾳ, κινδύνοις ἐν θαλάσσῃ, κινδύνοις ἐν ψευδαδέλφοις, 27 °ἐν κόπῳ καὶ μόχ- θῳ, ἐν ἀγρυπνίαις πολλάκις, ἐν λιμῷ καὶ δίψει, ἐν νηστείαις πολλάκις, ἐν ψύχει καὶ γυμνότητι. 28 Χωρὶς τῶν παρεκτός, ἡ ꜰ¹ἐπισύστασίς ꜰ²μου ἡ καθ᾽ ἡμέραν, ἡ μέριμνα πασῶν τῶν ἐκκλησιῶν. 29 Τίς ἀσθενεῖ, καὶ οὐκ ἀσθενῶ? Τίς σκανδαλίζεται, καὶ οὐκ ἐγὼ πυροῦμαι? 30 Εἰ καυχᾶσθαι δεῖ, τὰ τῆς ἀσθενείας μου καυχήσομαι. 31 Ὁ Θεὸς καὶ Πατὴρ τοῦ Κυρίου¹ Ἰησοῦ °Χριστοῦ οἶδεν, ὁ ὢν εὐλογητὸς εἰς τοὺς αἰῶνας, ὅτι οὐ ψεύδομαι. 32 Ἐν Δαμασκῷ ὁ ἐθνάρχης Ἀρέτα τοῦ βασιλέως ἐφρούρει τὴν ᶠΔαμασκηνῶν πόλιν,ᶺ πιάσαι με °θέλων, 33 καὶ διὰ θυρίδος ἐν σαργάνῃ ἐχα- λάσθην διὰ τοῦ τείχους καὶ ἐξέφυγον τὰς χεῖρας αὐτοῦ.

Paul's Sublime Vision of Paradise

12 Καυχᾶσθαι δὴ² οὐ ᶠσυμφέρει μοι.᷅ Ἐλεύσομαι ꜰγὰρ εἰς ὀπτασίας καὶ ἀποκαλύψεις Κυρίου. 2 Οἶδα ἄνθρωπον ἐν Χριστῷ πρὸ ἐτῶν δεκατεσσάρων — εἴτε ἐν σώματι οὐκ οἶδα, εἴτε ἐκτὸς τοῦ σώματος οὐκ οἶδα, ὁ Θεὸς οἶδεν — ἁρπαγέντα τὸν τοιοῦτον ἕως τρίτου οὐρανοῦ. 3 Καὶ οἶδα τὸν τοιοῦτον ἄνθρωπον — εἴτε ἐν σώματι, εἴτε ꜰἐκτὸς τοῦ σώματος οὐκ οἶδα, ὁ Θεὸς οἶδεν — 4 ὅτι ἡρπάγη εἰς τὸν

---

¹31 Κυριου Μ𝔭⁴⁶ᵛⁱᵈℵB, Cr vs +ημων TR
²1 δη Μᵖᵗ, TR vs δει Μᵖᵗ𝔭⁴⁶B, Cr vs δε ℵ

---

23 ᶠ4-61-3 𝔭⁴⁶B vs 𝔐 ; (126453 ℵ*)
24 •τεσσερακοντα 𝔭⁴⁶ℵB* vs 𝔐   27 °𝔭⁴⁶ℵ*B vs 𝔐
28 ꜰ¹επιστασις 𝔭⁴⁶ℵB vs 𝔐   28 ꜰ²μοι 𝔭⁴⁶ℵ*B vs 𝔐
31 °ℵB vs 𝔐   32 ᶠℵB vs 𝔐   32 °B vs 𝔐ℵ
1 ᶠσυμφερον μεν 𝔭⁴⁶ℵB vs 𝔐   1 ꜰδε 𝔭⁴⁶ℵ (δε και B) vs 𝔐
3 ꜰχωρις 𝔭⁴⁶B vs 𝔐ℵ

Παράδεισον καὶ ἤκουσεν ἄρρητα ῥήματα ἃ οὐκ ἐξὸν ἀνθρώπῳ λαλῆσαι. 5 Ὑπὲρ τοῦ τοιούτου καυχήσομαι, ὑπὲρ δὲ ἐμαυτοῦ οὐ καυχήσομαι εἰ μὴ ἐν ταῖς ἀσθενείαις ᵒμου. 6 Ἐὰν γὰρ θελήσω καυχήσασθαι, οὐκ ἔσομαι ἄφρων, ἀλήθειαν γὰρ ἐρῶ· φείδομαι δέ, μή τις εἰς ἐμὲ λογίσηται ὑπὲρ ὃ βλέπει με ἢ ἀκούει ᵒτι ἐξ ἐμοῦ.

Paul's Thorn in the Flesh

7 Καὶ τῇ ὑπερβολῇ τῶν ἀποκαλύψεων ᵀἵνα μὴ ὑπεραίρωμαι, ἐδόθη μοι σκόλοψ τῇ σαρκί, ἄγγελος ʳΣατᾶν ἵνα με κολαφίζῃ, ἵνα μὴ ὑπεραίρωμαι. 8 Ὑπὲρ τούτου τρὶς τὸν Κύριον παρεκάλεσα ἵνα ἀποστῇ ἀπ᾽ ἐμοῦ. 9 Καὶ εἴρηκέ μοι, "᾽Αρκεῖ σοι ἡ χάρις μου, ἡ γὰρ δύναμίς ᵒμου ἐν ἀσθενείᾳ ʳτελειοῦται." Ἥδιστα οὖν μᾶλλον καυχήσομαι ἐν ταῖς ἀσθενείαις μου, ἵνα ἐπισκηνώσῃ ἐπ᾽ ἐμὲ ἡ δύναμις τοῦ Χριστοῦ. 10 Διὸ εὐδοκῶ ἐν ἀσθενείαις, ἐν ὕβρεσιν, ἐν ἀνάγκαις, ἐν διωγμοῖς, ʳἐν στενοχωρίαις, ὑπὲρ Χριστοῦ. Ὅταν γὰρ ἀσθενῶ, τότε δυνατός εἰμι.

The Signs of an Apostle

11 Γέγονα ἄφρων ᵒκαυχώμενος· ὑμεῖς με ἠναγκάσατε! ᾽Εγὼ γὰρ ὤφειλον ὑφ᾽ ὑμῶν συνίστασθαι. Οὐδὲν γὰρ ὑστέρησα τῶν ὑπερλίαν ἀποστόλων, εἰ καὶ οὐδέν εἰμι. 12 Τὰ μὲν σημεῖα τοῦ ἀποστόλου κατειργάσθη ἐν ὑμῖν ἐν πάσῃ ὑπομονῇ, ᵒἐν σημείοις ᵀκαὶ τέρασι καὶ δυνάμεσι. 13 Τί γάρ ἐστιν ὃ ·ἡττήθητε ὑπὲρ τὰς λοιπὰς ἐκκλησίας, εἰ μὴ ὅτι αὐτὸς ἐγὼ οὐ κατενάρκησα ὑμῶν; Χαρίσασθέ μοι τὴν ἀδικίαν ταύτην!

---

5 ᵒ𝔭⁴⁶B vs 𝔐 ℵ   6 ᵒℵ*B vs 𝔐 𝔭⁴⁶, [Cr]
7 ᵀδιο ℵBA vs 𝔐 𝔭⁴⁶   7 ʳΣατανα 𝕲 (h.C) vs 𝔐
9 ᵒ𝔭⁴⁶ᵛⁱᵈℵ*B vs 𝔐 A   9 ʳτελειται ℵ*BA vs 𝔐
10 ʳκαι 𝔭⁴⁶ℵ*B vs 𝔐 A   11 ᵒ𝕲 (h.C) vs 𝔐
12 ᵒ𝕲 (h.C) vs 𝔐   12 ᵀτε 𝔭⁴⁶ℵ*B vs 𝔐 A
13 ·ησσωθητε 𝔭⁴⁶ℵ*B vs 𝔐 A

Paul's Unselfish Concern for the Corinthians

14 Ἰδού, τρίτον¹ ἑτοίμως ἔχω ἐλθεῖν πρὸς ὑμᾶς, καὶ οὐ καταναρκήσω °ὑμῶν. Οὐ γὰρ ζητῶ τὰ ὑμῶν, ἀλλὰ ὑμᾶς. Οὐ γὰρ ὀφείλει τὰ τέκνα τοῖς γονεῦσι θησαυρίζειν, ἀλλ᾽ οἱ γονεῖς τοῖς τέκνοις. **15** Ἐγὼ δὲ ἥδιστα δαπανήσω καὶ ἐκδαπανηθήσομαι ὑπὲρ τῶν ψυχῶν ὑμῶν, εἰ °καὶ περισσοτέρως ὑμᾶς ʳἀγαπῶν, ·ἧττον ἀγαπῶμαι. **16** Ἔστω δέ, ἐγὼ οὐ κατεβάρησα ὑμᾶς. Ἀλλ᾽ ὑπάρχων πανοῦργος, δόλῳ ὑμᾶς ἔλαβον! **17** Μή τινα ὧν ἀπέσταλκα πρὸς ὑμᾶς, δι᾽ αὐτοῦ ἐπλεονέκτησα ὑμᾶς? **18** Παρεκάλεσα Τίτον καὶ συναπέστειλα τὸν ἀδελφόν. Μήτι ἐπλεονέκτησεν ὑμᾶς Τίτος? Οὐ τῷ αὐτῷ Πνεύματι περιεπατήσαμεν? Οὐ τοῖς αὐτοῖς ἴχνεσι?

19 ʳΠάλιν δοκεῖτε ὅτι ὑμῖν ἀπολογούμεθα? ʿΚατενώπιον τοῦʾ Θεοῦ ἐν Χριστῷ λαλοῦμεν. Τὰ δὲ πάντα, ἀγαπητοί, ὑπὲρ τῆς ὑμῶν οἰκοδομῆς. **20** Φοβοῦμαι γὰρ μή πως ἐλθὼν οὐχ οἵους θέλω εὕρω ὑμᾶς, κἀγὼ εὑρεθῶ ὑμῖν οἷον οὐ θέλετε, μή πως ἔρεις,² ʳζῆλοι, θυμοί, ἐριθεῖαι, καταλαλιαί, ψιθυρισμοί, φυσιώσεις, ἀκαταστασίαι· **21** μὴ πάλιν ʿἐλθόντα μεʾ ταπεινώσει³ ᵀ ὁ Θεός μου πρὸς ὑμᾶς, καὶ πενθήσω πολλοὺς τῶν προημαρτηκότων καὶ μὴ μετανοησάντων ἐπὶ τῇ ἀκαθαρσίᾳ καὶ πορνείᾳ καὶ ἀσελγείᾳ ᾗ ἔπραξαν.

Paul Will Come with Authority

13 Τρίτον⁴ τοῦτο ἔρχομαι πρὸς ὑμᾶς. «Ἐπὶ στόματος δύο μαρτύρων καὶ τριῶν σταθήσεται πᾶν ῥῆμα.»

---

¹14 τριτον Mᵖᵗ, TR vs +τουτο Mᵖᵗ𝕲 (h.C), Cr
²20 ερεις MᵖᵗB, TR vs ερις Mᵖᵗ𝔭⁴⁶ℵA, Cr
³21 ταπεινωσει M𝔭⁴ᵇB vs ταπεινωση ℵA, TR Cr
⁴1 τριτον Mᵖᵗ𝔭⁴⁶ℵ*B, TR Cr vs ιδου τριτον MᵖᵗA

---

14 °𝕲 (h.C) vs 𝕸   15 °𝕲 (h.C) vs 𝕸
15 ʳαγαπω ℵ*A vs 𝕸𝔭⁴⁶B, [Cr]   15 ·ησσον 𝕲 (h.C) vs 𝕸
19 ʳπαλαι ℵ*BA (ου παλαι 𝔭⁴⁶) vs 𝕸
19 ʿκατεναντι 𝕲 (h.C) vs 𝕸   20 ʳζηλος 𝔭⁴⁶BA vs 𝕸ℵ
21 ʿελθοντος μου 𝕲 (h.C) vs 𝕸   21 ᵀμε 𝕲 (h.C) vs 𝕸

---

1 Deut. 19:15

2 Προείρηκα καὶ προλέγω, ὡς παρὼν τὸ δεύτερον, καὶ ἀπὼν νῦν °γράφω τοῖς προημαρτηκόσι καὶ τοῖς λοιποῖς πᾶσιν, ὅτι ἐὰν ἔλθω εἰς τὸ πάλιν, οὐ φείσομαι, 3 ἐπεὶ δοκιμὴν ζητεῖτε τοῦ ἐν ἐμοὶ λαλοῦντος Χριστοῦ, ὃς εἰς ὑμᾶς οὐκ ἀσθενεῖ, ἀλλὰ δυνατεῖ ἐν ὑμῖν. 4 Καὶ γὰρ εἰ¹ ἐσταυρώθη ἐξ ἀσθενείας, ἀλλὰ ζῇ ἐκ δυνάμεως Θεοῦ. Καὶ γὰρ ἡμεῖς ἀσθενοῦμεν ἐν αὐτῷ, ἀλλὰ ʳζησόμεθα σὺν αὐτῷ ἐκ δυνάμεως Θεοῦ εἰς ὑμᾶς. 5 Ἑαυτοὺς πειράζετε εἰ ἐστὲ ἐν τῇ πίστει, ἑαυτοὺς δοκιμάζετε. Ἢ οὐκ ἐπιγινώσκετε ἑαυτοὺς ὅτι Ἰησοῦς Χριστὸς ἐν ὑμῖν °ἐστιν — εἰ μήτι² ἀδόκιμοί ἐστε? 6 Ἐλπίζω δὲ ὅτι γνώσεσθε ὅτι ἡμεῖς οὐκ ἐσμὲν ἀδόκιμοι.

Paul Prefers Not to Press His Authority

7 ʳΕὔχομαι δὲ πρὸς τὸν Θεὸν μὴ ποιῆσαι ὑμᾶς κακὸν μηδέν, οὐχ ἵνα ἡμεῖς δόκιμοι φανῶμεν, ἀλλ᾽ ἵνα ὑμεῖς τὸ καλὸν ποιῆτε, ἡμεῖς δὲ ὡς ἀδόκιμοι ὦμεν. 8 Οὐ γὰρ δυνάμεθά τι κατὰ τῆς ἀληθείας, ἀλλ᾽ ὑπὲρ τῆς ἀληθείας. 9 Χαίρομεν γὰρ ὅταν ἡμεῖς ἀσθενῶμεν, ὑμεῖς δὲ δυνατοὶ ἦτε. Τοῦτο °δὲ καὶ εὐχόμεθα, τὴν ὑμῶν κατάρτισιν. 10 Διὰ τοῦτο ταῦτα ἀπὼν γράφω, ἵνα παρὼν μὴ ἀποτόμως χρήσωμαι, κατὰ τὴν ἐξουσίαν ἣν ˢἔδωκέ μοι ὁ Κύριος˺ εἰς οἰκοδομὴν καὶ οὐκ εἰς καθαίρεσιν.

Greetings and Benediction

11 Λοιπόν,³ ἀδελφοί, χαίρετε, καταρτίζεσθε, παρακαλεῖσθε, τὸ αὐτὸ φρονεῖτε, εἰρηνεύετε, καὶ ὁ Θεὸς τῆς

---

¹4 ει MA, TR vs − Mᶜℵ*B, Cr
²5 μητι MG (h.C), TR Cr vs + αρα Mᶜ
³11 λοιπον MG (h.C), TR Cr vs το λοιπον Mᶜ

---

2 °G (h.C) vs 𝕸   4 ʳζησομεν ℵBA vs 𝕸; (ζωμεν 𝔭⁴⁶ᵛⁱᵈ)
5 °𝔭⁴⁶B vs 𝕸ℵA   7 ʳευχομεθα G (h.C) vs 𝕸
9 °G (h.C) vs 𝕸   10 ˢ3412 G (h.C) vs 𝕸

ἀγάπης καὶ[1] εἰρήνης ἔσται μεθ᾽ ὑμῶν. **12** Ἀσπάσασθε
ἀλλήλους ἐν ἁγίῳ φιλήματι.[2]

13 Ἀσπάζονται ὑμᾶς οἱ ἅγιοι πάντες.

Ἡ χάρις τοῦ Κυρίου[3] Ἰησοῦ Χριστοῦ καὶ ἡ ἀγάπη τοῦ Θεοῦ καὶ ἡ κοινωνία τοῦ Ἁγίου Πνεύματος μετὰ πάντων ὑμῶν. °Ἀμήν.

---

[1]11 και M^{pt}Ͼ (h.C), **TR Cr** vs + της M^{pt}

[2]12 αγιω φιληματι **M**ℵB, **TR Cr** vs φιληματι αγιω M^{c}𝔓[46]A

[3]13 Κυριου **MϾ** (h.C), **TR Cr** vs + ημων M^{r}

---

13 °Ͼ (h.C) vs 𝔐

ΠΡΟΣ ΓΑΛΑΤΑΣ

Paul Greets the Galatians with Grace

ΠΑΥΛΟΣ, ἀπόστολος (οὐκ ἀπ᾽ ἀνθρώπων οὐδὲ δι᾽ ἀνθρώπου, ἀλλὰ διὰ ᾽Ιησοῦ Χριστοῦ, καὶ Θεοῦ Πατρὸς τοῦ ἐγείραντος αὐτὸν ἐκ νεκρῶν), **2** καὶ οἱ σὺν ἐμοὶ πάντες ἀδελφοί,

Ταῖς ἐκκλησίαις τῆς Γαλατίας·

3 Χάρις ὑμῖν καὶ εἰρήνη ἀπὸ Θεοῦ Πατρὸς ⌐καὶ Κυρίου ἡμῶν⌐ ᾽Ιησοῦ Χριστοῦ **4** τοῦ δόντος ἑαυτὸν περὶ¹ τῶν ἁμαρτιῶν ἡμῶν ὅπως ἐξέληται ἡμᾶς ἐκ τοῦ ⌐ἐνεστῶτος αἰῶνος⌐ πονηροῦ, κατὰ τὸ θέλημα τοῦ Θεοῦ καὶ Πατρὸς ἡμῶν, **5** ᾧ ἡ δόξα εἰς τοὺς αἰῶνας τῶν αἰώνων. ᾽Αμήν.

There Is Only One Gospel

6 Θαυμάζω ὅτι οὕτω ταχέως μετατίθεσθε ἀπὸ τοῦ καλέσαντος ὑμᾶς ἐν χάριτι °Χριστοῦ εἰς ἕτερον εὐαγγέλιον, **7** ὃ οὐκ ἔστιν ἄλλο· εἰ μή τινές εἰσιν οἱ ταράσσοντες ὑμᾶς καὶ θέλοντες μεταστρέψαι τὸ εὐαγγέλιον τοῦ Χριστοῦ. **8** ᾽Αλλὰ καὶ ἐὰν ἡμεῖς ἢ ἄγγελος ἐξ οὐρανοῦ εὐαγγελίζεται ὑμῖν² παρ᾽ ὃ εὐηγγελισάμεθα ὑμῖν, ἀνάθεμα ἔστω. **9** ῾Ως προειρήκαμεν, καὶ ἄρτι πάλιν λέγω, εἴ τις

In Galatians 𝕲 = 𝔭⁴⁶אBAC

¹4 περι Μ𝔭⁴⁶א*A vs υπερ B, TR Cr
²8 ευαγγελιζεται υμιν Μᵖᵗ vs ευαγγελιζηται υμιν Μᵖᵗ, TR [Cr] vs υμιν ευαγγελιζηται B vs ευαγγελισηται א* vs ευαγγελισηται υμιν A

---

3 ⌐312 אA vs Μ𝔭⁴⁶B
4 ⌐αιωνος του ενεστωτος 𝕲 (h.C) vs 𝔐
6 °𝔭⁴⁶ᵛⁱᵈ vs 𝔐 אBA, [Cr]

570

ὑμᾶς εὐαγγελίζεται παρ᾽ ὃ παρελάβετε, ἀνάθεμα ἔστω.
10 Ἄρτι γὰρ ἀνθρώπους πείθω, ἢ τὸν Θεόν; Ἢ ζητῶ
ἀνθρώποις ἀρέσκειν; Εἰ °γὰρ ἔτι ἀνθρώποις ἤρεσκον,
Χριστοῦ δοῦλος οὐκ ἂν ἤμην.

Paul's Call to Apostleship

11 Γνωρίζω ᶠδὲ ὑμῖν, ἀδελφοί, τὸ εὐαγγέλιον τὸ
εὐαγγελισθὲν ὑπ᾽ ἐμοῦ ὅτι οὐκ ἔστι κατὰ ἄνθρωπον.
12 Οὐδὲ γὰρ ἐγὼ παρὰ ἀνθρώπου παρέλαβον αὐτό, οὔτε
ἐδιδάχθην, ἀλλὰ δι᾽ ἀποκαλύψεως Ἰησοῦ¹ Χριστοῦ.
13 Ἠκούσατε γὰρ τὴν ἐμὴν ἀναστροφήν ποτε ἐν τῷ
Ἰουδαϊσμῷ, ὅτι καθ᾽ ὑπερβολὴν ἐδίωκον τὴν ἐκκλησίαν τοῦ
Θεοῦ καὶ ἐπόρθουν αὐτήν, 14 καὶ προέκοπτον ἐν τῷ
Ἰουδαϊσμῷ ὑπὲρ πολλοὺς συνηλικιώτας ἐν τῷ γένει μου,
περισσοτέρως ζηλωτὴς ὑπάρχων τῶν πατρικῶν μου
παραδόσεων. 15 Ὅτε δὲ εὐδόκησεν ᴰὁ Θεός,ˋ ὁ ἀφορίσας
με ἐκ κοιλίας μητρός μου καὶ καλέσας διὰ τῆς χάριτος
αὐτοῦ, 16 ἀποκαλύψαι τὸν Υἱὸν αὐτοῦ ἐν ἐμοὶ ἵνα
εὐαγγελίζωμαι αὐτὸν ἐν τοῖς ἔθνεσιν, εὐθέως οὐ
προσανεθέμην σαρκὶ καὶ αἵματι, 17 οὐδὲ ἀνῆλθον εἰς
Ἱεροσόλυμα πρὸς τοὺς πρὸ ἐμοῦ ἀποστόλους, ἀλλὰ
ἀπῆλθον εἰς Ἀραβίαν καὶ πάλιν ὑπέστρεψα εἰς Δαμασκόν.

Paul's Contacts at Jerusalem

18 Ἔπειτα μετὰ ἔτη τρία ἀνῆλθον εἰς Ἱεροσόλυμα
ἱστορῆσαι ᶠΠέτρον, καὶ ἐπέμεινα πρὸς αὐτὸν ἡμέρας
δεκαπέντε. 19 Ἕτερον δὲ τῶν ἀποστόλων οὐκ εἶδον εἰ μὴ
Ἰάκωβον τὸν ἀδελφὸν τοῦ Κυρίου. 20 Ἃ δὲ γράφω ὑμῖν,
ἰδοὺ ἐνώπιον τοῦ Θεοῦ, ὅτι οὐ ψεύδομαι. 21 Ἔπειτα ἦλθον
εἰς τὰ κλίματα τῆς Συρίας καὶ τῆς Κιλικίας. 22 Ἤμην δὲ
ἀγνοούμενος τῷ προσώπῳ ταῖς ἐκκλησίαις τῆς Ἰουδαίας
ταῖς ἐν Χριστῷ. 23 Μόνον δὲ ἀκούοντες ἦσαν ὅτι "Ὁ

---

¹12 Ιησου 𝕸𝕲 (h.C), TR Cr vs − Μʳ

---

10 °𝕲 (h.C) vs 𝔐   11 ᶠγαρ Β vs 𝔐 𝔭⁴⁶ℵ*A
15 ᴰ𝕲 𝔭⁴⁶Β vs 𝔐 ℵA, [Cr]   18 ᶠΚηφαν 𝕲 (h.C) vs 𝔐

διώκων ἡμᾶς ποτε νῦν εὐαγγελίζεται τὴν πίστιν ἥν ποτε ἐπόρθει." **24** Καὶ ἐδόξαζον ἐν ἐμοὶ τὸν Θεόν.

Paul Defends His Gospel at Jerusalem

2 ῎Επειτα διὰ δεκατεσσάρων ἐτῶν πάλιν ἀνέβην εἰς ᾿Ιεροσόλυμα μετὰ Βαρναβᾶ, συμπαραλαβὼν καὶ Τίτον. **2** ᾿Ανέβην δὲ κατὰ ἀποκάλυψιν καὶ ἀνεθέμην αὐτοῖς τὸ εὐαγγέλιον ὃ κηρύσσω ἐν τοῖς ἔθνεσι, κατ᾿ ἰδίαν δὲ τοῖς δοκοῦσι, μή πως εἰς κενὸν τρέχω ἢ ἔδραμον. **3** ᾿Αλλ᾿ οὐδὲ Τίτος ὁ σὺν ἐμοί, ῞Ελλην ὤν, ἠναγκάσθη περιτμηθῆναι· **4** διὰ δὲ τοὺς παρεισάκτους ψευδαδέλφους — οἵτινες παρεισῆλθον κατασκοπῆσαι τὴν ἐλευθερίαν ἡμῶν ἣν ἔχομεν ἐν Χριστῷ ᾿Ιησοῦ, ἵνα ἡμᾶς ⸀καταδουλώσωνται — **5** οἷς οὐδὲ πρὸς ὥραν εἴξαμεν τῇ ὑποταγῇ, ἵνα ἡ ἀλήθεια τοῦ εὐαγγελίου διαμείνῃ πρὸς ὑμᾶς. **6** ᾿Απὸ δὲ τῶν δοκούντων εἶναί τι — ὁποῖοί ποτε ἦσαν οὐδέν μοι διαφέρει· πρόσωπον ᵀΘεὸς ἀνθρώπου οὐ λαμβάνει — ἐμοὶ γὰρ οἱ δοκοῦντες οὐδὲν προσανέθεντο, **7** ἀλλὰ τοὐναντίον, ἰδόντες ὅτι πεπίστευμαι τὸ εὐαγγέλιον τῆς ἀκροβυστίας καθὼς Πέτρος τῆς περιτομῆς **8** (ὁ γὰρ ἐνεργήσας Πέτρῳ εἰς ἀποστολὴν τῆς περιτομῆς, ἐνήργησε καὶ ἐμοὶ[1] εἰς τὰ ἔθνη), **9** καὶ γνόντες τὴν χάριν τὴν δοθεῖσάν μοι, ᾿Ιάκωβος καὶ Κηφᾶς καὶ ᾿Ιωάννης, οἱ δοκοῦντες στῦλοι εἶναι, δεξιὰς ἔδωκαν ἐμοὶ καὶ Βαρναβᾷ κοινωνίας, ἵνα ἡμεῖς[2] εἰς τὰ ἔθνη, αὐτοὶ δὲ εἰς τὴν περιτομήν· **10** μόνον τῶν πτωχῶν ἵνα μνημονεύωμεν, ὃ καὶ ἐσπούδασα αὐτὸ τοῦτο ποιῆσαι.

Paul Resists a Return to the Law

11 ῞Οτε δὲ ἦλθε ⸀Πέτρος εἰς ᾿Αντιόχειαν, κατὰ πρόσωπον αὐτῷ ἀντέστην ὅτι κατεγνωσμένος ἦν. **12** Πρὸ τοῦ γὰρ ἐλθεῖν τινας ἀπὸ ᾿Ιακώβου, μετὰ τῶν ἐθνῶν

---

[1]**8** και εμοι MᵖᵗℵB, TR Cr vs καμοι Mᵖᵗ𝔭⁴⁶AC
[2]**9** ημεις Mᵖᵗℵ*B, TR Cr vs +μεν MᵖᵗAC

---

4 ⸀καταδουλωσουσιν 𝕲 vs 𝔐 ; (καταδουλωσωσιν 𝔭⁴⁶)
6 ᵀο 𝔭⁴⁶ℵA, [Cr] vs 𝕸BC   **11** ⸀Κηφας 𝕲 (h.𝔭⁴⁶) vs 𝔐

συνήσθιεν· ὅτε δὲ ἦλθον ὑπέστελλε καὶ ἀφώριζεν ἑαυτόν, φοβούμενος τοὺς ἐκ περιτομῆς. 13 Καὶ συνυπεκρίθησαν αὐτῷ °καὶ οἱ λοιποὶ Ἰουδαῖοι ὥστε καὶ Βαρναβᾶς συναπήχθη αὐτῶν τῇ ὑποκρίσει. 14 Ἀλλ᾽ ὅτε εἶδον ὅτι οὐκ ὀρθοποδοῦσι πρὸς τὴν ἀλήθειαν τοῦ εὐαγγελίου, εἶπον τῷ ʳ¹Πέτρῳ ἔμπροσθεν πάντων, "Εἰ σύ, Ἰουδαῖος ὑπάρχων, ἐθνικῶς 'ζῇς καὶ οὐκ Ἰουδαϊκῶς,` ʳ²τί τὰ ἔθνη ἀναγκάζεις Ἰουδαΐζειν? 15 Ἡμεῖς φύσει Ἰουδαῖοι, καὶ οὐκ ἐξ ἐθνῶν ἁμαρτωλοί, 16 εἰδότες¹ ὅτι οὐ δικαιοῦται ἄνθρωπος ἐξ ἔργων νόμου ἐὰν μὴ διὰ πίστεως Ἰησοῦ Χριστοῦ, καὶ ἡμεῖς εἰς Χριστὸν Ἰησοῦν ἐπιστεύσαμεν ἵνα δικαιωθῶμεν ἐκ πίστεως Χριστοῦ καὶ οὐκ ἐξ ἔργων νόμου, ʳδιότι ˢοὐ δικαιωθήσεται ἐξ ἔργων νόμουᶻ πᾶσα σάρξ. 17 Εἰ δὲ ζητοῦντες δικαιωθῆναι ἐν Χριστῷ εὑρέθημεν καὶ αὐτοὶ ἁμαρτωλοί, ἄρα Χριστὸς ἁμαρτίας διάκονος? Μὴ γένοιτο! 18 Εἰ γὰρ ἃ κατέλυσα, ταῦτα πάλιν οἰκοδομῶ, παραβάτην ἐμαυτὸν ʳσυνίστημι. 19 Ἐγὼ γὰρ διὰ νόμου νόμῳ ἀπέθανον ἵνα Θεῷ ζήσω. 20 Χριστῷ συνεσταύρωμαι· ζῶ δὲ οὐκέτι ἐγώ, ζῇ δὲ ἐν ἐμοὶ Χριστός· ὃ δὲ νῦν ζῶ ἐν σαρκί, ἐν πίστει ζῶ τῇ τοῦ Υἱοῦ τοῦ Θεοῦ τοῦ ἀγαπήσαντός με καὶ παραδόντος ἑαυτὸν ὑπὲρ ἐμοῦ. 21 Οὐκ ἀθετῶ τὴν χάριν τοῦ Θεοῦ· εἰ γὰρ διὰ νόμου δικαιοσύνη, ἄρα Χριστὸς δωρεὰν ἀπέθανεν."

Justification Is by Faith

3 Ὦ ἀνόητοι Γαλάται! Τίς ὑμᾶς ἐβάσκανε² ᐤτῇ ἀληθείᾳ μὴ πείθεσθαι,` οἷς κατ᾽ ὀφθαλμοὺς Ἰησοῦς Χριστὸς προεγράφη ἐν ὑμῖν³ ἐσταυρωμένος? 2 Τοῦτο μόνον

---

¹16 ειδοτες Mᵖᵗ𝔭⁴⁶A, TR vs + δε MᵖᵗℵBC, [Cr] vs + ουν Mᵖᵗ
²1 εβασκανε(ν) Mᵖᵗ𝔊 (h.𝔭⁴⁶), TR Cr vs εβασκηνε(ν) Mᵖᵗ
³1 εν υμιν 𝐌, TR vs − Mᶜ 𝔊 (h.𝔭⁴⁶), Cr

---

13 °𝔭⁴⁶B vs 𝔐 ℵAC, [Cr]   14 ʳ¹Κηφα 𝔊 vs 𝔐
14 ʳκαι ουχι Ιουδαικως ζης B (ουχ for ουχι ℵ*AC) vs 𝐌; (ζης 𝔭⁴⁶)
14 ʳ²πως 𝔊 vs 𝔐   16 ʳοτι 𝔊 vs 𝔐C   16 ˢ3-512 𝔊 vs 𝔐
18 ʳσυνιστανω 𝔊 vs 𝔐   1 ᐤ ℵBA vs 𝔐C

θέλω μαθεῖν ἀφ' ὑμῶν· Ἐξ ἔργων νόμου τὸ Πνεῦμα ἐλάβετε ἢ ἐξ ἀκοῆς πίστεως? 3 Οὕτως ἀνόητοί ἐστε? Ἐναρξάμενοι Πνεύματι, νῦν σαρκὶ ἐπιτελεῖσθε? 4 Τοσαῦτα ἐπάθετε εἰκῇ? Εἴ γε καὶ εἰκῇ. 5 Ὁ οὖν ἐπιχορηγῶν ὑμῖν τὸ Πνεῦμα καὶ ἐνεργῶν δυνάμεις ἐν ὑμῖν, ἐξ ἔργων νόμου ἢ ἐξ ἀκοῆς πίστεως? 6 Καθὼς Ἀβραὰμ «ἐπίστευσε τῷ Θεῷ, καὶ ἐλογίσθη αὐτῷ εἰς δικαιοσύνην.» 7 Γινώσκετε ἄρα ὅτι οἱ ἐκ πίστεως, οὗτοί ˢεἰσιν υἱοὶ˪ Ἀβραάμ. 8 Προϊδοῦσα δὲ ἡ Γραφὴ ὅτι ἐκ πίστεως δικαιοῖ τὰ ἔθνη ὁ Θεός, προευηγγελίσατο τῷ Ἀβραὰμ ὅτι «Ἐνευλογηθήσονται ἐν σοὶ πάντα τὰ ἔθνη.» 9 Ὥστε οἱ ἐκ πίστεως εὐλογοῦνται σὺν τῷ πιστῷ Ἀβραάμ.

The Law Brings a Curse

10 Ὅσοι γὰρ ἐξ ἔργων νόμου εἰσίν, ὑπὸ κατάραν εἰσί· γέγραπται γάρ, ᵀ«Ἐπικατάρατος πᾶς ὃς οὐκ ἐμμένει ᵒἐν πᾶσι τοῖς γεγραμμένοις ἐν τῷ βιβλίῳ τοῦ νόμου τοῦ ποιῆσαι αὐτά.» 11 Ὅτι δὲ ἐν νόμῳ οὐδεὶς δικαιοῦται παρὰ τῷ Θεῷ δῆλον, ὅτι «Ὁ δίκαιος ἐκ πίστεως ζήσεται.» 12 Ὁ δὲ νόμος οὐκ ἔστιν ἐκ πίστεως, ἀλλ' «Ὁ ποιήσας αὐτὰ ᵒἄνθρωπος ζήσεται ἐν αὐτοῖς.» 13 Χριστὸς ἡμᾶς ἐξηγόρασεν ἐκ τῆς κατάρας τοῦ νόμου γενόμενος ὑπὲρ ἡμῶν κατάρα, ῾γέγραπται γάρ,῾ «Ἐπικατάρατος πᾶς ὁ κρεμάμενος ἐπὶ ξύλου» — 14 ἵνα εἰς τὰ ἔθνη ἡ εὐλογία τοῦ Ἀβραὰμ γένηται ἐν Χριστῷ Ἰησοῦ, ἵνα τὴν ἐπαγγελίαν τοῦ Πνεύματος λάβωμεν διὰ τῆς πίστεως.

The Promise to Abraham Is Changeless

15 Ἀδελφοί, κατὰ ἄνθρωπον λέγω· Ὅμως ἀνθρώπου κεκυρωμένην διαθήκην οὐδεὶς ἀθετεῖ ἢ ἐπιδιατάσσεται. 16 Τῷ δὲ Ἀβραὰμ ἐρρέθησαν αἱ ἐπαγγελίαι καὶ τῷ

---

7 ˢ𝔭⁴⁶א*B vs 𝕸AC   10 ᵀοτι 𝕲 (τι 𝔭⁴⁶) vs 𝕸
10 ᵒ𝔭⁴⁶א*B vs 𝕸AC   12 ᵒ𝕲 (Aᵛⁱᵈ) vs 𝕸
13 ῾οτι γεγραπται 𝕲 vs 𝕸א

6 Gen. 15:6   8 Gen. 12:3; 18:18; 26:4; 28:14   10 Deut. 27:26
11 Hab. 2:4   12 Lev. 18:5   13 Deut. 21:23

σπέρματι αὐτοῦ. Οὐ λέγει, "Καὶ τοῖς σπέρμασιν," ὡς ἐπὶ πολλῶν, ἀλλ᾽ ὡς ἐφ᾽ ἑνός, «Καὶ τῷ σπέρματί σου,» ὅς ἐστι Χριστός. 17 Τοῦτο δὲ λέγω, διαθήκην προκεκυρωμένην ὑπὸ τοῦ Θεοῦ □εἰς Χριστὸν\ ὁ μετὰ ʄἔτη τετρακόσια καὶ τριάκοντα˫ γεγονὼς νόμος οὐκ ἀκυροῖ, εἰς τὸ καταργῆσαι τὴν ἐπαγγελίαν. 18 Εἰ γὰρ ἐκ νόμου ἡ κληρονομία, οὐκέτι ἐξ ἐπαγγελίας· τῷ δὲ ᾽Αβραὰμ δι᾽ ἐπαγγελίας κεχάρισται ὁ Θεός.

The Purpose of the Law

19 Τί οὖν ὁ νόμος? Τῶν παραβάσεων χάριν προσετέθη ἄχρις οὖ ἔλθῃ τὸ σπέρμα ᾧ ἐπήγγελται, διαταγεὶς δι᾽ ἀγγέλων ἐν χειρὶ μεσίτου. 20 Ὁ δὲ μεσίτης ἑνὸς οὐκ ἔστιν, ὁ δὲ Θεὸς εἷς ἐστιν. 21 Ὁ οὖν νόμος κατὰ τῶν ἐπαγγελιῶν □τοῦ Θεοῦ\? Μὴ γένοιτο! Εἰ γὰρ ἐδόθη νόμος ὁ δυνάμενος ζωοποιῆσαι, ὄντως ʄἂν ἐκ νόμου ἦν\ ἡ δικαιοσύνη. 22 ᾽Αλλὰ συνέκλεισεν ἡ Γραφὴ τὰ πάντα ὑπὸ ἁμαρτίαν ἵνα ἡ ἐπαγγελία ἐκ πίστεως ᾽Ιησοῦ Χριστοῦ δοθῇ τοῖς πιστεύουσι. 23 Πρὸ τοῦ δὲ ἐλθεῖν τὴν πίστιν, ὑπὸ νόμον ἐφρουρούμεθα, ʳσυγκεκλεισμένοι εἰς τὴν μέλλουσαν πίστιν ἀποκαλυφθῆναι. 24 Ὥστε ὁ νόμος παιδαγωγὸς ἡμῶν γέγονεν εἰς Χριστόν, ἵνα ἐκ πίστεως δικαιωθῶμεν. 25 ᾽Ελθούσης δὲ τῆς πίστεως, οὐκέτι ὑπὸ παιδαγωγόν ἐσμεν.

Sons and Heirs

26 Πάντες γὰρ υἱοὶ Θεοῦ ἐστε διὰ τῆς πίστεως ἐν Χριστῷ ᾽Ιησοῦ. 27 Ὅσοι γὰρ εἰς Χριστὸν ἐβαπτίσθητε, Χριστὸν ἐνεδύσασθε. 28 Οὐκ ἔνι ᾽Ιουδαῖος οὐδὲ Ἕλλην, οὐκ ἔνι δοῦλος οὐδὲ ἐλεύθερος, οὐκ ἔνι ἄρσεν καὶ θῆλυ· πάντες

---

17 □𝕲 vs 𝔐   17 ʄ2-41 𝕲 vs M   21 □𝔭⁴⁶B vs 𝔐 אAC, [Cr]
21 ʄ2314 AC vs M; (2341 א; εν νομω αν ην B; εν νομω ην αν 𝔭⁴⁶)
23 ʳσυγκλειομενοι 𝕲 vs 𝔐C

16 Gen. 13:15; 24:7

γὰρ ὑμεῖς εἷς ἐστε ἐν Χριστῷ Ἰησοῦ. 29 Εἰ δὲ ὑμεῖς Χριστοῦ, ἄρα τοῦ Ἀβραὰμ σπέρμα ἐστὲ °καὶ κατ᾽ ἐπαγγελίαν κληρονόμοι.

Sons versus Slaves

4 Λέγω δέ, ἐφ᾽ ὅσον χρόνον ὁ κληρονόμος νήπιός ἐστιν, οὐδὲν διαφέρει δούλου, κύριος πάντων ὤν, 2 ἀλλὰ ὑπὸ ἐπιτρόπους ἐστὶ καὶ οἰκονόμους ἄχρι τῆς προθεσμίας τοῦ πατρός. 3 Οὕτω καὶ ἡμεῖς, ὅτε ἦμεν νήπιοι, ὑπὸ τὰ στοιχεῖα τοῦ κόσμου ʳἦμεν δεδουλωμένοι. 4 Ὅτε δὲ ἦλθε τὸ πλήρωμα τοῦ χρόνου, ἐξαπέστειλεν ὁ Θεὸς τὸν Υἱὸν αὐτοῦ, γενόμενον¹ ἐκ γυναικός, γενόμενον ὑπὸ νόμον, 5 ἵνα τοὺς ὑπὸ νόμον ἐξαγοράσῃ, ἵνα τὴν υἱοθεσίαν ἀπολάβωμεν. 6 Ὅτι δέ ἐστε υἱοί, ἐξαπέστειλεν ὁ Θεὸς τὸ Πνεῦμα τοῦ Υἱοῦ αὐτοῦ εἰς τὰς καρδίας ʳὑμῶν, κρᾶζον, ʺἈββὰ ὁ Πατήρ!ʺ 7 Ὥστε οὐκέτι εἶ δοῦλος ἀλλ᾽ υἱός, εἰ δὲ υἱός, καὶ κληρονόμος ʿΘεοῦ διὰ Χριστοῦ.ˋ

Paul Fears for the Galatians' Spiritual Welfare

8 Ἀλλὰ τότε μέν, οὐκ εἰδότες Θεόν, ἐδουλεύσατε τοῖς ˢμὴ φύσειˋ οὖσι θεοῖς. 9 Νῦν δέ, γνόντες Θεόν, μᾶλλον δὲ γνωσθέντες ὑπὸ Θεοῦ, πῶς ἐπιστρέφετε πάλιν ἐπὶ τὰ ἀσθενῆ καὶ πτωχὰ στοιχεῖα οἷς πάλιν ἄνωθεν δουλεύειν θέλετε? 10 Ἡμέρας παρατηρεῖσθε καὶ μῆνας καὶ καιροὺς καὶ ἐνιαυτούς. 11 Φοβοῦμαι ὑμᾶς μή πως εἰκῆ κεκοπίακα εἰς ὑμᾶς.

12 Γίνεσθε ὡς ἐγώ, ὅτι κἀγὼ ὡς ὑμεῖς, ἀδελφοί, δέομαι ὑμῶν. Οὐδέν με ἠδικήσατε. 13 Οἴδατε δὲ ὅτι δι᾽ ἀσθένειαν τῆς σαρκὸς εὐηγγελισάμην ὑμῖν τὸ πρότερον. 14 Καὶ τὸν πειρασμόν ʳμου °τὸν ἐν τῇ σαρκί μου οὐκ ἐξουθενήσατε οὐδὲ ἐξεπτύσατε, ἀλλ᾽ ὡς ἄγγελον Θεοῦ ἐδέξασθέ με, ὡς Χριστὸν Ἰησοῦν. 15 ʳΤίς οὖν °¹ἦν ὁ μακαρισμὸς ὑμῶν?

---

¹4 γενομενον Mᵖᵗ𝔊, TR Cr vs γεννωμενον Mᵖᵗ

29 °𝔊 (h.𝕻⁴⁶) vs 𝔐   3 ʳημεθα 𝕻⁴⁶א vs 𝔐BAC
6 ʳημων 𝔊 vs 𝔐   7 ʿδια Θεου 𝔊 vs 𝔐
8 ˢ𝔊 vs M   14 ʳυμων א*BA vs 𝔐𝕻⁴⁶C*ᵛⁱᵈ
14 °𝔊 vs 𝔐C*ᵛⁱᵈ   15 ʳπου 𝔊 vs 𝔐   15 °¹𝔊 vs M

Μαρτυρῶ γὰρ ὑμῖν ὅτι, εἰ δυνατόν, τοὺς ὀφθαλμοὺς ὑμῶν ἐξορύξαντες °²ἂν ἐδώκατέ μοι. 16 Ὥστε ἐχθρὸς ὑμῶν γέγονα ἀληθεύων ὑμῖν? 17 Ζηλοῦσιν ὑμᾶς οὐ καλῶς· ἀλλὰ ἐκκλεῖσαι ὑμᾶς θέλουσιν ἵνα αὐτοὺς ζηλοῦτε. 18 Καλὸν δὲ °τὸ ζηλοῦσθαι ἐν καλῷ πάντοτε, καὶ μὴ μόνον ἐν τῷ παρεῖναί με πρὸς ὑμᾶς. 19 ⌜¹Τεκνία μου, οὓς πάλιν ὠδίνω ⌜²ἄχρις οὗ μορφωθῇ Χριστὸς ἐν ὑμῖν! 20 Ἤθελον δὲ παρεῖναι πρὸς ὑμᾶς ἄρτι καὶ ἀλλάξαι τὴν φωνήν μου, ὅτι ἀποροῦμαι ἐν ὑμῖν.

Sarah and Hagar: Two Covenants

21 Λέγετέ μοι, οἱ ὑπὸ νόμον θέλοντες εἶναι, τὸν νόμον οὐκ ἀκούετε? 22 Γέγραπται γὰρ ὅτι Ἀβραὰμ δύο υἱοὺς ἔσχεν, ἕνα ἐκ τῆς παιδίσκης καὶ ἕνα ἐκ τῆς ἐλευθέρας. 23 Ἀλλ᾽ ὁ μὲν ἐκ τῆς παιδίσκης κατὰ σάρκα γεγέννηται, ὁ δὲ ἐκ τῆς ἐλευθέρας ⌜διὰ τῆς⌝ ἐπαγγελίας, 24 ἅτινά ἐστιν ἀλληγορούμενα. Αὗται γάρ εἰσιν¹ δύο διαθῆκαι, μία μὲν ἀπὸ Ὄρους Σινᾶ, εἰς δουλείαν γεννῶσα, ἥτις ἐστὶν Ἁγάρ. 25 Τὸ ⌜γὰρ Ἁγὰρ⌝ Σινᾶ Ὄρος ἐστὶν ἐν τῇ Ἀραβίᾳ, συστοιχεῖ δὲ τῇ νῦν Ἰερουσαλήμ, δουλεύει ⌜δὲ μετὰ τῶν τέκνων αὐτῆς. 26 Ἡ δὲ ἄνω Ἰερουσαλὴμ ἐλευθέρα ἐστίν, ἥτις ἐστὶ μήτηρ °πάντων ἡμῶν. 27 Γέγραπται γάρ,

«Εὐφράνθητι, στεῖρα ἡ οὐ τίκτουσα·
Ῥῆξον καὶ βόησον ἡ οὐκ ὠδίνουσα·
Ὅτι πολλὰ τὰ τέκνα τῆς ἐρήμου
Μᾶλλον ἢ τῆς ἐχούσης τὸν ἄνδρα.»

28 ⌜¹Ἡμεῖς δέ, ἀδελφοί, κατὰ Ἰσαάκ, ἐπαγγελίας τέκνα

---

¹24 εισιν 𝔐 G, Cr vs + αι ℵ*, TR

---

15 °²G vs 𝔐   18 °G (h.𝔭⁴⁶) vs 𝔐
19 ⌜¹τεκνα ℵ*B vs 𝔐 AC   19 ⌜²μεχρις ℵ*B vs 𝔐 AC
23 ⌜δι G vs 𝔐 B   25 ⌜δε Αγαρ BA vs 𝔐 ; (γαρ ℵC; δε 𝔭⁴⁶)
25 ⌜γαρ G vs M   26 °G vs 𝔐 A   28 ⌜¹υμεις 𝔭⁴⁶B vs 𝔐 ℵAC

---

27 Is. 54:1

ᴵ²ἐσμέν. 29 Ἀλλ᾽ ὥσπερ τότε ὁ κατὰ σάρκα γεννηθεὶς ἐδίωκε τὸν κατὰ Πνεῦμα, οὕτω καὶ νῦν. 30 Ἀλλὰ τί λέγει ἡ Γραφή; «Ἔκβαλε τὴν παιδίσκην καὶ τὸν υἱὸν αὐτῆς, οὐ γὰρ μὴ ᴵκληρονομήσῃ ὁ υἱὸς τῆς παιδίσκης μετὰ τοῦ υἱοῦ» τῆς ἐλευθέρας. 31 ᴵ᾽Ἄρα, ἀδελφοί, οὐκ ἐσμὲν παιδίσκης τέκνα ἀλλὰ τῆς ἐλευθέρας.

Maintaining Christian Liberty

5 Τῇ ἐλευθερίᾳ ᴼοὖν ᾗ᾽ ᶠΧριστὸς ἡμᾶς᾽ ἠλευθέρωσε, στήκετε, ᵀ καὶ μὴ πάλιν ζυγῷ δουλείας ἐνέχεσθε. 2 Ἴδε, ἐγὼ Παῦλος λέγω ὑμῖν ὅτι ἐὰν περιτέμνησθε, Χριστὸς ὑμᾶς οὐδὲν ὠφελήσει. 3 Μαρτύρομαι δὲ πάλιν παντὶ ἀνθρώπῳ περιτεμνομένῳ ὅτι ὀφειλέτης ἐστὶν ὅλον τὸν νόμον ποιῆσαι. 4 Κατηργήθητε ἀπὸ ᴼτοῦ Χριστοῦ, οἵτινες ἐν νόμῳ δικαιοῦσθε· τῆς χάριτος ἐξεπέσετε.¹ 5 Ἡμεῖς γὰρ Πνεύματι ἐκ πίστεως ἐλπίδα δικαιοσύνης ἀπεκδεχόμεθα. 6 Ἐν γὰρ Χριστῷ Ἰησοῦ οὔτε περιτομή τι ἰσχύει οὔτε ἀκροβυστία, ἀλλὰ πίστις δι᾽ ἀγάπης ἐνεργουμένη.

Resuming the Christian Race

7 Ἐτρέχετε καλῶς· τίς ὑμᾶς ἐνέκοψεν² ᴼτῇ ἀληθείᾳ μὴ πείθεσθαι; 8 Ἡ πεισμονὴ οὐκ ἐκ τοῦ καλοῦντος ὑμᾶς. 9 Μικρὰ ζύμη ὅλον τὸ φύραμα ζυμοῖ. 10 Ἐγὼ πέποιθα εἰς ὑμᾶς ἐν Κυρίῳ ὅτι οὐδὲν ἄλλο φρονήσετε· ὁ δὲ ταράσσων ὑμᾶς βαστάσει τὸ κρίμα, ὅστις ᴵἂν ᾖ. 11 Ἐγὼ δέ, ἀδελφοί, εἰ περιτομὴν ἔτι κηρύσσω, τί ἔτι διώκομαι; Ἄρα

---

¹4 εξεπεσετε Mᵖᵗ vs εξεπεσατε Mᵖᵗ𝕲, TR Cr
²7 ενεκοψεν 𝔐 𝕲, Cr vs ανεκοψε TR

---

28 ᴵ²εστε 𝔭⁴⁶B vs 𝔐ℵAC   30 ᴵκληρονομησει 𝔭⁴⁶ℵB vs MAC
31 ᴵδιο ℵB vs 𝔐𝔭⁴⁶; (ημεις δε AC)   1 ᴼ𝕲 (h.𝔭⁴⁶) vs 𝔐
1 ᶠℵ*BA vs 𝔐C   1 ᵀουν 𝕲 (h.𝔭⁴⁶) vs 𝔐   4 ᴼ𝕲 vs 𝔐A
7 ᴼℵ*BA vs 𝔐𝔭⁴⁶C, [Cr]   10 ᴵεαν 𝕲 vs 𝔐

---

30 Gen. 21:10

κατήργηται τὸ σκάνδαλον τοῦ σταυροῦ. 12 Ὄφελον καὶ ἀποκόψονται οἱ ἀναστατοῦντες ὑμᾶς!

13 Ὑμεῖς γὰρ ἐπ' ἐλευθερίᾳ ἐκλήθητε, ἀδελφοί· μόνον μὴ τὴν ἐλευθερίαν εἰς ἀφορμὴν τῇ σαρκί, ἀλλὰ διὰ τῆς ἀγάπης δουλεύετε ἀλλήλοις. 14 Ὁ γὰρ πᾶς νόμος¹ἐν ἑνὶ λόγῳ ʳπληροῦται, ἐν τῷ, «Ἀγαπήσεις τὸν πλησίον σου ὡς σεαυτόν.»² 15 Εἰ δὲ ἀλλήλους δάκνετε καὶ κατεσθίετε, βλέπετε μὴ ·ὑπὸ ἀλλήλων ἀναλωθῆτε.

The Spirit and the Flesh

16 Λέγω δέ, Πνεύματι περιπατεῖτε καὶ ἐπιθυμίαν σαρκὸς οὐ μὴ τελέσητε. 17 Ἡ γὰρ σὰρξ ἐπιθυμεῖ κατὰ τοῦ Πνεύματος, τὸ δὲ Πνεῦμα κατὰ τῆς σαρκός, ταῦτα ʳ¹δὲ ˢἀντίκειται ἀλλήλοις,ᶻ ἵνα μὴ ἃ ʳ²ἂν θέλητε, ταῦτα ποιῆτε. 18 Εἰ δὲ Πνεύματι ἄγεσθε, οὐκ ἐστὲ ὑπὸ νόμον.

19 Φανερὰ δέ ἐστι τὰ ἔργα τῆς σαρκός, ἅτινά ἐστι· °μοιχεία, πορνεία, ἀκαθαρσία, ἀσέλγεια, 20 εἰδωλολατρεία, φαρμακεία, ἔχθραι, ἔρεις,³ ʳζῆλοι, θυμοί, ἐριθεῖαι, διχοστασίαι, αἱρέσεις, 21 φθόνοι, °¹φόνοι, μέθαι, κῶμοι, καὶ τὰ ὅμοια τούτοις· ἃ προλέγω ὑμῖν καθὼς °²καὶ προεῖπον ὅτι οἱ τὰ τοιαῦτα πράσσοντες βασιλείαν Θεοῦ οὐ κληρονομήσουσιν.

22 Ὁ δὲ καρπὸς τοῦ Πνεύματός ἐστιν ἀγάπη, χαρά, εἰρήνη, μακροθυμία, χρηστότης, ἀγαθωσύνη, πίστις,

---

¹14 νομος 𝕸𝕲, TR Cr vs λογος 𝕸ᶜ
²14 σεαυτον 𝕸ᵖᵗ 𝕲, Cr vs εαυτον 𝕸ᵖᵗ𝔭⁴⁶, TR
³20 ερεις 𝕸ᵖᵗC, TR vs ερις 𝕸ᵖᵗℵBA, Cr

---

14 ʳπεπληρωται 𝕲 vs 𝕸   15 ·υπ 𝔭⁴⁶ℵ*B vs 𝕸 AC
17 ʳ¹γαρ 𝔭⁴⁶ᵛⁱᵈℵ*B vs 𝕸AC   17 ˢBAC vs 𝕸 ℵ
17 ʳ²εαν ℵA vs 𝕸 B*; (−C*)   19 °𝕲 (h.𝔭⁴⁶) vs 𝕸
20 ʳζηλος B vs 𝕸ℵC   21 °¹𝔭⁴⁶ℵB vs 𝕸 AC
21 °²𝔭⁴⁶ℵ*B vs 𝕸 AC

---

14 Lev. 19:18

23 •πραότης, ἐγκράτεια − κατὰ τῶν τοιούτων οὐκ ἔστι νόμος. 24 Οἱ δὲ τοῦ Χριστοῦ ᵀ τὴν σάρκα ἐσταύρωσαν σὺν τοῖς παθήμασι καὶ ταῖς ἐπιθυμίαις. 25 Εἰ ζῶμεν Πνεύματι, Πνεύματι καὶ στοιχῶμεν. 26 Μὴ γινώμεθα κενόδοξοι, ἀλλήλο:ς προκαλούμενοι,¹ ἀλλήλοις² φθονοῦντες.

Bear and Share the Burdens

6 Ἀδελφοί, ἐὰν καὶ προληφθῇ ἄνθρωπος ἔν τινι παραπτώματι, ὑμεῖς οἱ πνευματικοὶ καταρτίζετε τὸν τοιοῦτον ἐν πνεύματι •πραότητος, σκοπῶν σεαυτὸν μὴ καὶ σὺ πειρασθῇς. 2 Ἀλλήλων τὰ βάρη βαστάζετε, καὶ οὕτως ᴵἀναπληρώσατε τὸν νόμον τοῦ Χριστοῦ. 3 Εἰ γὰρ δοκεῖ τις εἶναί τι, μηδὲν ὤν, ᶠἑαυτὸν φρεναπατᾷ.ᴸ 4 Τὸ δὲ ἔργον ἑαυτοῦ δοκιμαζέτω ἕκαστος, καὶ τότε εἰς ἑαυτὸν μόνον τὸ καύχημα ἕξει καὶ οὐκ εἰς τὸν ἕτερον. 5 Ἕκαστος γὰρ τὸ ἴδιον φορτίον βαστάσει.

Be Generous and Do Good

6 Κοινωνείτω δὲ ὁ κατηχούμενος τὸν λόγον τῷ κατηχοῦντι ἐν πᾶσιν ἀγαθοῖς. 7 Μὴ πλανᾶσθε, Θεὸς οὐ μυκτηρίζεται· ὃ γὰρ ἐὰν σπείρῃ ἄνθρωπος, τοῦτο καὶ θερίσει. 8 Ὅτι ὁ σπείρων εἰς τὴν σάρκα ἑαυτοῦ ἐκ τῆς σαρκὸς θερίσει φθοράν, ὁ δὲ σπείρων εἰς τὸ Πνεῦμα ἐκ τοῦ Πνεύματος θερίσει ζωὴν αἰώνιον. 9 Τὸ δὲ καλὸν ποιοῦντες μὴ ᴵἐκκακῶμεν, καιρῷ γὰρ ἰδίῳ θερίσομεν, μὴ ἐκλυόμενοι. 10 Ἄρα οὖν ὡς καιρὸν ἔχομεν, ἐργαζώμεθα³ τὸ ἀγαθὸν πρὸς πάντας, μάλιστα δὲ πρὸς τοὺς οἰκείους τῆς πίστεως.

---

¹26 προκαλουμενοι Mᵖᵗ𝕲, TR Cr vs προσκαλουμενοι Mᵖᵗ
²26 αλληλοις MᵖᵗℵAC, TR Cr vs αλληλους Mᵖᵗ𝔭⁴⁶B
³10 εργαζωμεθα MᵖᵗℵB*C, TR Cr vs εργαζομεθα MᵖᵗA vs εργασωμεθα 𝔭⁴⁶

---

23 •πραυτης 𝕲 vs 𝔐   24 ᵀΙησου 𝕲, [Cr] vs 𝔐𝔭⁴⁶
1 •πραυτητος 𝔭⁴⁶ℵB vs 𝔐AC
2 ᴵαναπληρωσετε B vs 𝔐ℵAC; (αποπληρωσετε 𝔭⁴⁶)
3 ᶠ𝕲 vs 𝔐   9 ᴵεγκακωμεν ℵ(B*) A vs 𝔐C

Glory Only in the Cross

11 Ἴδετε πηλίκοις ὑμῖν γράμμασιν ἔγραψα τῇ ἐμῇ χειρί! **12** Ὅσοι θέλουσιν εὐπροσωπῆσαι ἐν σαρκί, οὗτοι ἀναγκάζουσιν ὑμᾶς περιτέμνεσθαι, μόνον ἵνα ⸀μὴ τῷ σταυρῷ τοῦ Χριστοῦ⸀ διώκωνται. **13** Οὐδὲ γὰρ οἱ περιτετμημένοι[1] αὐτοὶ νόμον φυλάσσουσιν, ἀλλὰ θέλουσιν ὑμᾶς περιτέμνεσθαι ἵνα ἐν τῇ ὑμετέρᾳ[2] σαρκὶ καυχήσωνται. **14** Ἐμοὶ δὲ μὴ γένοιτο καυχᾶσθαι εἰ μὴ ἐν τῷ σταυρῷ τοῦ Κυρίου ἡμῶν Ἰησοῦ Χριστοῦ, δι᾽ οὗ ἐμοὶ κόσμος ἐσταύρωται κἀγὼ °τῷ κόσμῳ. **15** ⸀Ἐν γὰρ Χριστῷ Ἰησοῦ οὔτε⸀ περιτομή τι ⸀ἰσχύει οὔτε ἀκροβυστία, ἀλλὰ καινὴ κτίσις. **16** Καὶ ὅσοι τῷ κανόνι τούτῳ στοιχήσουσιν, εἰρήνη ἐπ᾽ αὐτοὺς καὶ ἔλεος, καὶ ἐπὶ τὸν Ἰσραὴλ τοῦ Θεοῦ.

Paul's Farewell of Grace

17 Τοῦ λοιποῦ, κόπους μοι μηδεὶς παρεχέτω, ἐγὼ γὰρ τὰ στίγματα τοῦ ⸀Κυρίου Ἰησοῦ⸀ ἐν τῷ σώματί μου βαστάζω. **18** Ἡ χάρις τοῦ Κυρίου ἡμῶν Ἰησοῦ Χριστοῦ μετὰ τοῦ πνεύματος ὑμῶν, ἀδελφοί. Ἀμήν.

---

[1]13 περιτετμημενοι M^pt𝔭^46B vs περιτεμνομενοι M^pt𝒦AC, TR Cr
[2]13 υμετερα 𝔐G, Cr vs ημετερα TR

12 ⸀2-51 𝒦AC vs 𝔐; (τω σταυρω του Χριστου Ιησου μη 𝔭^46B)
14 °G vs 𝔐   15 ⸀ουτε γαρ 𝔭^46B vs 𝔐𝒦AC
15 ⸀εστιν G vs 𝔐   17 ⸀Ιησου G vs 𝔐; (Κυριου Ιησου Χριστου 𝒦)

ΠΡΟΣ ΕΦΕΣΙΟΥΣ

Paul Greets the Saints in Ephesus

ΠΑΥΛΟΣ, ἀπόστολος ⌐'Ιησοῦ Χριστοῦ⌐ διὰ θελήματος Θεοῦ,

Τοῖς ἁγίοις τοῖς οὖσιν □ἐν Ἐφέσῳ`` καὶ πιστοῖς ἐν Χριστῷ Ἰησοῦ·

2 Χάρις ὑμῖν καὶ εἰρήνη ἀπὸ Θεοῦ Πατρὸς ἡμῶν καὶ Κυρίου Ἰησοῦ Χριστοῦ.

To the Praise of His Glory

3 Εὐλογητὸς ὁ Θεὸς καὶ Πατὴρ τοῦ Κυρίου ἡμῶν Ἰησοῦ Χριστοῦ, ὁ εὐλογήσας ἡμᾶς ἐν πάσῃ εὐλογίᾳ πνευματικῇ ἐν τοῖς ἐπουρανίοις ἐν Χριστῷ, **4** καθὼς ἐξελέξατο ἡμᾶς ἐν αὐτῷ πρὸ καταβολῆς κόσμου, εἶναι ἡμᾶς ἁγίους καὶ ἀμώμους κατενώπιον αὐτοῦ ἐν ἀγάπῃ **5** προορίσας ἡμᾶς εἰς υἱοθεσίαν διὰ Ἰησοῦ Χριστοῦ εἰς αὐτόν, κατὰ τὴν εὐδοκίαν τοῦ θελήματος αὐτοῦ, **6** εἰς ἔπαινον δόξης τῆς χάριτος αὐτοῦ ⌐ἐν ᾗ⌐ ἐχαρίτωσεν ἡμᾶς ἐν τῷ ἠγαπημένῳ,[1] **7** ἐν ᾧ ἔχομεν τὴν ἀπολύτρωσιν διὰ τοῦ αἵματος αὐτοῦ, τὴν ἄφεσιν τῶν παραπτωμάτων, κατὰ ⌐τὸν πλοῦτον⌐ τῆς χάριτος αὐτοῦ **8** ἧς ἐπερίσσευσεν εἰς ἡμᾶς ἐν πάσῃ σοφίᾳ καὶ φρονήσει **9** γνωρίσας ἡμῖν τὸ μυστήριον τοῦ θελήματος αὐτοῦ, κατὰ τὴν εὐδοκίαν αὐτοῦ ἣν προέθετο ἐν αὐτῷ

In Ephesians 𝕰 = 𝔭⁴⁶𝕏BAC

¹6 ηγαπημενω 𝕸 𝕰 (h.C), Cr vs αγαπημενω TR

1 ⌐𝔭⁴⁶B vs 𝕸 𝕏A   1 □𝔭⁴⁶𝕏*B* vs 𝕸A, [Cr]
6 ⌐ης 𝕰 (h.C) vs 𝕸   7 ⌐το πλουτος 𝕰 (h.C) vs 𝕸

10 εἰς οἰκονομίαν τοῦ πληρώματος τῶν καιρῶν, ἀνα-
κεφαλαιώσασθαι τὰ πάντα ἐν τῷ Χριστῷ, τὰ¹ ἐπὶ² τοῖς
οὐρανοῖς καὶ τὰ ἐπὶ τῆς γῆς· ἐν αὐτῷ, 11 ἐν ᾧ καὶ
ἐκληρώθημεν προορισθέντες κατὰ πρόθεσιν τοῦ τὰ πάντα
ἐνεργοῦντος κατὰ τὴν βουλὴν τοῦ θελήματος αὐτοῦ, 12 εἰς
τὸ εἶναι ἡμᾶς εἰς ἔπαινον³ δόξης αὐτοῦ τοὺς προηλπικότας
ἐν τῷ Χριστῷ· 13 ἐν ᾧ καὶ ὑμεῖς, ἀκούσαντες τὸν λόγον τῆς
ἀληθείας, τὸ εὐαγγέλιον τῆς σωτηρίας ὑμῶν, ἐν ᾧ καὶ
πιστεύσαντες ἐσφραγίσθητε τῷ Πνεύματι τῆς ἐπαγγελίας
τῷ Ἁγίῳ, 14 ⌜ὅς ἐστιν ἀρραβὼν τῆς κληρονομίας ἡμῶν, εἰς
ἀπολύτρωσιν τῆς περιποιήσεως, εἰς ἔπαινον τῆς δόξης
αὐτοῦ.

Paul Prays for the Ephesians'
Spiritual Perception

15 Διὰ τοῦτο κἀγώ, ἀκούσας τὴν καθ᾽ ὑμᾶς πίστιν ἐν τῷ
Κυρίῳ Ἰησοῦ καὶ τὴν ἀγάπην τὴν εἰς πάντας τοὺς ἁγίους,
16 οὐ παύομαι εὐχαριστῶν ὑπὲρ ὑμῶν, μνείαν °ὑμῶν
ποιούμενος ἐπὶ τῶν προσευχῶν μου, 17 ἵνα ὁ Θεὸς τοῦ
Κυρίου ἡμῶν Ἰησοῦ Χριστοῦ, ὁ Πατὴρ τῆς δόξης, δώῃ ὑμῖν
πνεῦμα σοφίας καὶ ἀποκαλύψεως ἐν ἐπιγνώσει αὐτοῦ,
18 πεφωτισμένους τοὺς ὀφθαλμοὺς τῆς καρδίας⁴ °¹ὑμῶν
εἰς τὸ εἰδέναι ὑμᾶς τίς ἐστιν ἡ ἐλπὶς τῆς κλήσεως αὐτοῦ
°²καὶ τίς ὁ πλοῦτος τῆς δόξης τῆς κληρονομίας αὐτοῦ ἐν
τοῖς ἁγίοις 19 καὶ τί τὸ ὑπερβάλλον μέγεθος τῆς δυνάμεως
αὐτοῦ εἰς ἡμᾶς τοὺς πιστεύοντας κατὰ τὴν ἐνέργειαν τοῦ
κράτους τῆς ἰσχύος αὐτοῦ 20 ἣν ἐνήργησεν ἐν τῷ Χριστῷ
ἐγείρας αὐτὸν ἐκ τῶν⁵ νεκρῶν, καὶ ⌜ἐκάθισεν ἐν δεξιᾷ αὐτοῦ
ἐν τοῖς ἐπουρανίοις 21 ὑπεράνω πάσης ἀρχῆς καὶ ἐξουσίας

---

¹10 τα 𝔐 𝕲 (h.C), Cr vs + τε TR
²10 επι Mᵖᵗ𝔭⁴⁶ℵ*B, Cr vs εν MᵖᵗA, TR
³12 επαινον 𝔐 ℵB, Cr vs + της A, TR
⁴18 καρδιας 𝔐 𝕲 (h.C), Cr vs διανοιας TR
⁵20 των Mᵖᵗ𝔭⁴⁶ vs − MᵖᵗℵBA, TR Cr

14 ⌜ο 𝔭⁴⁶BA vs Mℵ   16 °𝕲 (h.C) vs 𝔐   18 °¹𝔭⁴⁶B vs 𝔐ℵA, [Cr]
18 °²𝕲 (h.C) vs 𝔐   20 ⌜καθισας ℵBA vs 𝔐

καὶ δυνάμεως καὶ κυριότητος καὶ παντὸς ὀνόματος ὀνομαζομένου οὐ μόνον ἐν τῷ αἰῶνι τούτῳ ἀλλὰ καὶ ἐν τῷ μέλλοντι. **22** Καὶ πάντα ὑπέταξεν ὑπὸ τοὺς πόδας αὐτοῦ, καὶ αὐτὸν ἔδωκε κεφαλὴν ὑπὲρ πάντα τῇ ἐκκλησίᾳ, **23** ἥτις ἐστὶ τὸ σῶμα αὐτοῦ, τὸ πλήρωμα τοῦ τὰ¹ πάντα ἐν πᾶσι πληρουμένου.

You Are Saved by Grace Through Faith

2 Καὶ ὑμᾶς ὄντας νεκροὺς τοῖς παραπτώμασι καὶ ταῖς ἁμαρτίαις ᵀ, **2** ἐν αἷς ποτε περιεπατήσατε κατὰ τὸν αἰῶνα τοῦ κόσμου τούτου, κατὰ τὸν ἄρχοντα τῆς ἐξουσίας τοῦ ἀέρος, τοῦ πνεύματος τοῦ νῦν ἐνεργοῦντος ἐν τοῖς υἱοῖς τῆς ἀπειθείας· **3** ἐν οἷς καὶ ἡμεῖς πάντες ἀνεστράφημέν ποτε ἐν ταῖς ἐπιθυμίαις τῆς σαρκὸς ἡμῶν, ποιοῦντες τὰ θελήματα τῆς σαρκὸς καὶ τῶν διανοιῶν, καὶ ᴿἦμεν τέκνα φύσει ὀργῆς ὡς καὶ οἱ λοιποί· **4** ὁ δὲ Θεός, πλούσιος ὢν ἐν ἐλέει, διὰ τὴν πολλὴν ἀγάπην αὐτοῦ ἣν ἠγάπησεν ἡμᾶς, **5** καὶ ὄντας ἡμᾶς νεκροὺς τοῖς παραπτώμασι συνεζωοποίησε τῷ Χριστῷ — χάριτί ἐστε σεσωσμένοι — **6** καὶ συνήγειρε καὶ συνεκάθισεν ἐν τοῖς ἐπουρανίοις ἐν Χριστῷ Ἰησοῦ, **7** ἵνα ἐνδείξηται ἐν τοῖς αἰῶσι τοῖς ἐπερχομένοις ʿτὸν ὑπερβάλλοντα πλοῦτονˋ τῆς χάριτος αὐτοῦ ἐν χρηστότητι ἐφ᾽ ἡμᾶς ἐν Χριστῷ Ἰησοῦ. **8** Τῇ γὰρ χάριτί ἐστε σεσωσμένοι διὰ °τῆς πίστεως· καὶ τοῦτο οὐκ ἐξ ὑμῶν, Θεοῦ τὸ δῶρον· **9** οὐκ ἐξ ἔργων, ἵνα μή τις καυχήσηται. **10** Αὐτοῦ γάρ ἐσμεν ποίημα, κτισθέντες ἐν Χριστῷ Ἰησοῦ ἐπὶ ἔργοις ἀγαθοῖς οἷς προητοίμασεν ὁ Θεὸς ἵνα ἐν αὐτοῖς περιπατήσωμεν.

Brought Near by the Blood of Christ

11 Διὸ μνημονεύετε ὅτι ˢὑμεῖς ποτε᙮ τὰ ἔθνη ἐν σαρκί — οἱ λεγόμενοι ἀκροβυστία ὑπὸ τῆς λεγομένης περιτομῆς ἐν

---

¹23 τα 𝕸 𝔊 (h.C), Cr vs − TR

1 ᵀυμων 𝔭⁴⁶אB (εαυτων A*) vs 𝕸   3 ᴿημεθα 𝔭⁴⁶אB vs 𝕸A
7 ʿτο υπερβαλλον πλουτος 𝔭⁴⁶BA vs 𝕸; (− verse א*)
8 °אB vs 𝕸A   11 ˢ𝔊 (h.C) vs 𝕸

σαρκὶ χειροποιήτου — 12 ὅτι ἦτε °ἐν τῷ καιρῷ ἐκείνῳ χωρὶς Χριστοῦ, ἀπηλλοτριωμένοι τῆς πολιτείας τοῦ Ἰσραὴλ καὶ ξένοι τῶν διαθηκῶν τῆς ἐπαγγελίας, ἐλπίδα μὴ ἔχοντες καὶ ἄθεοι ἐν τῷ κόσμῳ. 13 Νυνὶ δὲ ἐν Χριστῷ Ἰησοῦ ὑμεῖς οἵ ποτε ὄντες μακρὰν ⸆ἐγγὺς ἐγενήθητε⸆ ἐν τῷ αἵματι τοῦ Χριστοῦ.

Christ Is Our Peace and Cornerstone

14 Αὐτὸς γάρ ἐστιν ἡ εἰρήνη ἡμῶν, ὁ ποιήσας τὰ ἀμφότερα ἓν καὶ τὸ μεσότοιχον τοῦ φραγμοῦ λύσας, 15 τὴν ἔχθραν, ἐν τῇ σαρκὶ αὐτοῦ, τὸν νόμον τῶν ἐντολῶν ἐν δόγμασι καταργήσας, ἵνα τοὺς δύο κτίσῃ ἐν ⸆ἑαυτῷ εἰς ἕνα καινὸν ἄνθρωπον, ποιῶν εἰρήνην, 16 καὶ ἀποκαταλλάξῃ τοὺς ἀμφοτέρους ἐν ἑνὶ σώματι τῷ Θεῷ διὰ τοῦ σταυροῦ, ἀποκτείνας τὴν ἔχθραν ἐν αὐτῷ. 17 Καὶ ἐλθὼν εὐηγγελίσατο εἰρήνην ὑμῖν¹ τοῖς μακρὰν καὶ ⸆ τοῖς ἐγγύς. 18 Ὅτι δι᾽ αὐτοῦ ἔχομεν τὴν προσαγωγὴν οἱ ἀμφότεροι ἐν ἑνὶ Πνεύματι πρὸς τὸν Πατέρα. 19 Ἄρα οὖν οὐκέτι ἐστὲ ξένοι καὶ πάροικοι, ἀλλὰ ⸆ συμπολῖται τῶν ἁγίων καὶ οἰκεῖοι τοῦ Θεοῦ, 20 ἐποικοδομηθέντες ἐπὶ τῷ θεμελίῳ τῶν ἀποστόλων καὶ προφητῶν, ὄντος ἀκρογωνιαίου ⸆αὐτοῦ Ἰησοῦ Χριστοῦ,⸄ 21 ἐν ᾧ πᾶσα² οἰκοδομὴ συναρμολογουμένη αὔξει εἰς ναὸν ἅγιον ἐν Κυρίῳ, 22 ἐν ᾧ καὶ ὑμεῖς συνοικοδομεῖσθε εἰς κατοικητήριον τοῦ Θεοῦ ἐν Πνεύματι.

Revelation of the Mystery

3 Τούτου χάριν ἐγὼ Παῦλος, ὁ δέσμιος τοῦ Χριστοῦ °Ἰησοῦ ὑπὲρ ὑμῶν τῶν ἐθνῶν 2 — εἴ γε ἠκούσατε τὴν

---

¹17 υμιν M^pt 𝕲 (h.C), TR Cr vs ημιν M^pt
²21 πασα 𝔐 ℵ*B, Cr vs +η AC, TR

12 °ℵBA vs 𝔐 𝔭⁴⁶*　　13 ⸆(𝔭⁴⁶)ℵBA vs 𝔐
15 ⸆αυτω 𝕲 (h.C) vs 𝔐　　17 ⸆ειρηνην 𝕲 (h.C) vs 𝔐
19 ⸆εστε 𝕲 (h.𝔭⁴⁶) vs 𝔐
20 ⸄αυτου Χριστου Ιησου BA vs 𝔐C; (του Χριστου ℵ*)
1 °ℵ* vs 𝔐𝕲, [Cr]

οἰκονομίαν τῆς χάριτος τοῦ Θεοῦ τῆς δοθείσης μοι εἰς ὑμᾶς, 3 ὅτι κατὰ ἀποκάλυψιν ⸀ἐγνώρισέ μοι τὸ μυστήριον, καθὼς προέγραψα ἐν ὀλίγῳ, 4 πρὸς ὃ δύνασθε ἀναγινώσκοντες νοῆσαι τὴν σύνεσίν μου ἐν τῷ μυστηρίῳ τοῦ Χριστοῦ, 5 ὃ¹ ἑτέραις γενεαῖς οὐκ ἐγνωρίσθη τοῖς υἱοῖς τῶν ἀνθρώπων, ὡς νῦν ἀπεκαλύφθη τοῖς ἁγίοις ἀποστόλοις αὐτοῦ καὶ προφήταις ἐν Πνεύματι,² 6 εἶναι τὰ ἔθνη συγκληρονόμα καὶ σύσσωμα καὶ συμμέτοχα τῆς ἐπαγγελίας °αὐτοῦ ἐν ⸀τῷ Χριστῷ⸃ διὰ τοῦ εὐαγγελίου, 7 οὗ ⸀ἐγενόμην διάκονος κατὰ τὴν δωρεὰν τῆς χάριτος τοῦ Θεοῦ, ⸀τὴν δοθεῖσάν⸃ μοι κατὰ τὴν ἐνέργειαν τῆς δυνάμεως αὐτοῦ.

Purpose of the Mystery

8 Ἐμοὶ τῷ ἐλαχιστοτέρῳ πάντων³ ἁγίων ἐδόθη ἡ χάρις αὕτη, °ἐν τοῖς ἔθνεσιν εὐαγγελίσασθαι ⸀τὸν ἀνεξιχνίαστον πλοῦτον⸃ τοῦ Χριστοῦ, 9 καὶ φωτίσαι °πάντας τίς ἡ οἰκονομία⁴ τοῦ μυστηρίου τοῦ ἀποκεκρυμμένου ἀπὸ τῶν αἰώνων ἐν τῷ Θεῷ τῷ τὰ πάντα κτίσαντι ⸂διὰ Ἰησοῦ Χριστοῦ,⸃ 10 ἵνα γνωρισθῇ νῦν ταῖς ἀρχαῖς καὶ ταῖς ἐξουσίαις ἐν τοῖς ἐπουρανίοις διὰ τῆς ἐκκλησίας ἡ πολυποίκιλος σοφία τοῦ Θεοῦ, 11 κατὰ πρόθεσιν τῶν αἰώνων ἣν ἐποίησεν ἐν ᵀ Χριστῷ Ἰησοῦ τῷ Κυρίῳ ἡμῶν, 12 ἐν ᾧ ἔχομεν τὴν παρρησίαν καὶ °τὴν προσαγωγὴν ἐν πεποιθήσει διὰ τῆς πίστεως αὐτοῦ. 13 Διὸ αἰτοῦμαι μὴ ⸀ἐκκακεῖν ἐν ταῖς θλίψεσί μου ὑπὲρ ὑμῶν, ἥτις ἐστὶ δόξα ὑμῶν.

---

¹5 ο 𝔐 𝕲, Cr vs +εν TR
²5 Πνευματι Μ𝕲, TR Cr vs +Αγιω Μᶜ
³8 παντων 𝔐 𝕲, Cr vs +των TR
⁴9 οικονομια 𝔐 𝕲, Cr vs κοινωνια TR

3 °𝔭⁴⁶B vs 𝔐ℵAC, [Cr]   3 ⸀εγνωρισθη 𝕲 vs 𝔐
6 °𝕲 vs 𝔐   6 ⸀Χριστω Ιησου 𝕲 vs 𝔐
7 ⸀εγενηθην 𝕲 vs 𝔐C   7 ⸀της δοθεισης 𝕲 vs 𝔐
8 °𝕲 vs 𝔐   8 ⸀το ανεξιχνιαστον πλουτος 𝕲 vs 𝔐
9 °ℵ*A vs 𝔐𝔭⁴⁶BC, [Cr]   9 ⸂𝕲 vs 𝔐   11 ᵀτω 𝕲 vs 𝔐ℵ*
12 °𝕲 vs 𝔐C   13 ⸀εγκακειν ℵ (𝔭⁴⁶) (B*) (A) vs 𝔐C

Appreciation of the Mystery

14 Τούτου χάριν κάμπτω τὰ γόνατά μου πρὸς τὸν Πατέρα □τοῦ Κυρίου ἡμῶν Ἰησοῦ Χριστοῦ,` **15** ἐξ οὗ πᾶσα πατριὰ ἐν οὐρανοῖς καὶ ἐπὶ γῆς ὀνομάζεται, **16** ἵνα ⌜δώῃ ὑμῖν, κατὰ ⌜τὸν πλοῦτον⌝ τῆς δόξης αὐτοῦ, δυνάμει κραταιωθῆναι διὰ τοῦ Πνεύματος αὐτοῦ εἰς τὸν ἔσω ἄνθρωπον, **17** κατοικῆσαι τὸν Χριστὸν διὰ τῆς πίστεως ἐν ταῖς καρδίαις ὑμῶν, ἐν ἀγάπῃ ἐρριζωμένοι καὶ τεθεμελιωμένοι, **18** ἵνα ἐξισχύσητε καταλαβέσθαι σὺν πᾶσι τοῖς ἁγίοις τί τὸ πλάτος καὶ μῆκος καὶ ⌜βάθος καὶ ὕψος,` **19** γνῶναί τε τὴν ὑπερβάλλουσαν τῆς γνώσεως ἀγάπην τοῦ Χριστοῦ, ἵνα πληρωθῆτε εἰς πᾶν τὸ πλήρωμα τοῦ Θεοῦ.

20 Τῷ δὲ δυναμένῳ ὑπὲρ πάντα ποιῆσαι ὑπερεκπερισσοῦ ὧν αἰτούμεθα ἢ νοοῦμεν, κατὰ τὴν δύναμιν τὴν ἐνεργουμένην ἐν ἡμῖν, **21** αὐτῷ ἡ δόξα ἐν τῇ ἐκκλησίᾳ ᵀ ἐν Χριστῷ Ἰησοῦ εἰς πάσας τὰς γενεὰς τοῦ αἰῶνος τῶν αἰώνων. Ἀμήν.

Walk in Unity

4 Παρακαλῶ οὖν ὑμᾶς ἐγώ, ὁ δέσμιος ἐν Κυρίῳ, ἀξίως περιπατῆσαι τῆς κλήσεως ἧς ἐκλήθητε, **2** μετὰ πάσης ταπεινοφροσύνης καὶ ∙πραότητος, μετὰ μακροθυμίας, ἀνεχόμενοι ἀλλήλων ἐν ἀγάπῃ, **3** σπουδάζοντες τηρεῖν τὴν ἑνότητα τοῦ Πνεύματος ἐν τῷ συνδέσμῳ τῆς εἰρήνης. **4** Ἕν σῶμα καὶ ἓν Πνεῦμα, καθὼς καὶ ἐκλήθητε ἐν μιᾷ ἐλπίδι τῆς κλήσεως ὑμῶν· **5** εἷς Κύριος, μία πίστις, ἓν βάπτισμα, **6** εἷς Θεὸς καὶ Πατὴρ πάντων, ὁ ἐπὶ πάντων καὶ διὰ πάντων καὶ ἐν πᾶσιν ἡμῖν.¹

---

¹6 ημιν 𝔐 vs − 𝕲, Cr vs υμιν TR

---

14 □𝕲 vs 𝔐   **16** ⌜δω 𝕲 vs 𝔐   **16** ⌜το πλουτος 𝕲 vs 𝔐
18 ⌜321 𝔭⁴⁶BC vs 𝔐ℵA   **21** ᵀκαι 𝕲 vs 𝔐
2 ∙πραυτητος ℵBC vs 𝔐A

Each Believer Has a Spiritual Gift

7 Ἑνὶ δὲ ἑκάστῳ ἡμῶν ἐδόθη ἡ χάρις κατὰ τὸ μέτρον τῆς δωρεᾶς τοῦ Χριστοῦ. 8 Διὸ λέγει,

«Ἀναβὰς εἰς ὕψος ᾐχμαλώτευσεν αἰχμαλωσίαν
°Καὶ ἔδωκε δόματα τοῖς ἀνθρώποις.»

9 Τὸ δὲ «Ἀνέβη,» τί ἐστιν εἰ μὴ ὅτι καὶ κατέβη °¹πρῶτον εἰς τὰ κατώτερα °²μέρη τῆς γῆς? 10 Ὁ καταβάς, αὐτός ἐστι καὶ ὁ ἀναβὰς ὑπεράνω πάντων τῶν οὐρανῶν, ἵνα πληρώσῃ τὰ πάντα. 11 Καὶ αὐτὸς ἔδωκε τοὺς μὲν ἀποστόλους, τοὺς δὲ προφήτας, τοὺς δὲ εὐαγγελιστάς, τοὺς δὲ ποιμένας καὶ διδασκάλους, 12 πρὸς τὸν καταρτισμὸν τῶν ἁγίων εἰς ἔργον διακονίας εἰς οἰκοδομὴν τοῦ σώματος τοῦ Χριστοῦ, 13 μέχρι καταντήσωμεν¹ οἱ πάντες εἰς τὴν ἑνότητα τῆς πίστεως καὶ τῆς ἐπιγνώσεως τοῦ Υἱοῦ τοῦ Θεοῦ, εἰς ἄνδρα τέλειον, εἰς μέτρον ἡλικίας τοῦ πληρώματος τοῦ Χριστοῦ, 14 ἵνα μηκέτι ὦμεν νήπιοι, κλυδωνιζόμενοι καὶ περιφερόμενοι παντὶ ἀνέμῳ τῆς διδασκαλίας, ἐν τῇ κυβείᾳ τῶν ἀνθρώπων, ἐν πανουργίᾳ, πρὸς τὴν μεθοδείαν τῆς πλάνης, 15 ἀληθεύοντες δὲ ἐν ἀγάπῃ αὐξήσωμεν εἰς αὐτὸν τὰ πάντα, ὅς ἐστιν ἡ κεφαλή, ῾ὁ Χριστός,᾿ 16 ἐξ οὗ πᾶν τὸ σῶμα συναρμολογούμενον καὶ συμβιβαζόμενον διὰ πάσης ἁφῆς τῆς ἐπιχορηγίας, κατ᾿ ἐνέργειαν ἐν μέτρῳ ἑνὸς ἑκάστου μέρους, τὴν αὔξησιν τοῦ σώματος ποιεῖται εἰς οἰκοδομὴν ἑαυτοῦ ἐν ἀγάπῃ.

Put on the New Man

17 Τοῦτο οὖν λέγω καὶ μαρτύρομαι ἐν Κυρίῳ, μηκέτι ὑμᾶς περιπατεῖν καθὼς καὶ τὰ °λοιπὰ ἔθνη περιπατεῖ ἐν ματαιότητι τοῦ νοὸς αὐτῶν, 18 ῾ἐσκοτισμένοι τῇ διανοίᾳ, ὄντες ἀπηλλοτριωμένοι τῆς ζωῆς τοῦ Θεοῦ, διὰ τὴν

---

¹13 καταντησωμεν Mᵖᵗ𝕲, TR Cr vs καταντησομεν Mᵖᵗ

8 °𝔭⁴⁶ℵ*A vs 𝔐BC*   9 °¹𝕲 vs 𝔐 B   9 °²𝔭⁴⁶ vs 𝔐 𝕲, [Cr]
15 ῾Χριστος 𝕲 vs 𝔐 (του Χριστου 𝔭⁴⁶)   17 °𝕲 (h.C) vs 𝔐
18 ῾εσκοτωμενοι 𝕲 (h.C) vs 𝔐

8 Ps. 68:18

ἄγνοιαν τὴν οὖσαν ἐν αὐτοῖς, διὰ τὴν πώρωσιν τῆς καρδίας αὐτῶν, **19** οἵτινες ἀπηλγηκότες ἑαυτοὺς παρέδωκαν τῇ ἀσελγείᾳ εἰς ἐργασίαν ἀκαθαρσίας πάσης ἐν πλεονεξίᾳ. **20** Ὑμεῖς δὲ οὐχ οὕτως ἐμάθετε τὸν Χριστόν, **21** εἴ γε αὐτὸν ἠκούσατε καὶ ἐν αὐτῷ ἐδιδάχθητε, καθώς ἐστιν ἀλήθεια ἐν τῷ Ἰησοῦ, **22** ἀποθέσθαι ὑμᾶς, κατὰ τὴν προτέραν ἀναστροφήν, τὸν παλαιὸν ἄνθρωπον τὸν φθειρόμενον κατὰ τὰς ἐπιθυμίας τῆς ἀπάτης, **23** ἀνανεοῦσθαι δὲ τῷ πνεύματι τοῦ νοὸς ὑμῶν, **24** καὶ ἐνδύσασθαι τὸν καινὸν ἄνθρωπον τὸν κατὰ Θεὸν κτισθέντα ἐν δικαιοσύνῃ καὶ ὁσιότητι τῆς ἀληθείας.

Do Not Grieve the Spirit of God

25 Διὸ ἀποθέμενοι τὸ ψεῦδος, «λαλεῖτε ἀλήθειαν ἕκαστος μετὰ τοῦ πλησίον αὐτοῦ,» ὅτι ἐσμὲν ἀλλήλων μέλη. **26** «Ὀργίζεσθε καὶ μὴ ἁμαρτάνετε·» ὁ ἥλιος μὴ ἐπιδυέτω ἐπὶ °τῷ παροργισμῷ ὑμῶν, **27** μηδὲ[1] δίδοτε τόπον τῷ διαβόλῳ. **28** Ὁ κλέπτων μηκέτι κλεπτέτω, μᾶλλον δὲ κοπιάτω, ἐργαζόμενος τὸ ἀγαθὸν ταῖς χερσίν,[2] ἵνα ἔχῃ μεταδιδόναι τῷ χρείαν ἔχοντι. **29** Πᾶς λόγος σαπρὸς ἐκ τοῦ στόματος ὑμῶν μὴ ἐκπορευέσθω, ἀλλ' εἴ τις ἀγαθὸς πρὸς οἰκοδομὴν τῆς χρείας, ἵνα δῷ χάριν τοῖς ἀκούουσι. **30** Καὶ μὴ λυπεῖτε τὸ Πνεῦμα τὸ Ἅγιον τοῦ Θεοῦ, ἐν ᾧ ἐσφραγίσθητε εἰς ἡμέραν ἀπολυτρώσεως. **31** Πᾶσα πικρία καὶ θυμὸς καὶ ὀργὴ καὶ κραυγὴ καὶ βλασφημία ἀρθήτω ἀφ' ὑμῶν, σὺν πάσῃ κακίᾳ. **32** Γίνεσθε °δὲ εἰς ἀλλήλους χρηστοί, εὔσπλαγχνοι, χαριζόμενοι ἑαυτοῖς, καθὼς καὶ ὁ Θεὸς ἐν Χριστῷ ἐχαρίσατο ἡμῖν.[3]

---

[1]27 μηδε 𝕸G (h.C), Cr vs μητε TR
[2]28 το αγαθον ταις χερσιν M^pt, TR vs το αγαθον ταις ιδιαις χερσιν M^pt vs ταις ιδιαις χερσιν το αγαθον ℵ*A, [Cr] vs ταις χερσιν το αγαθον 𝔓^46B
[3]32 ημιν MB vs υμιν 𝔓^46ℵA, TR Cr

---

26 °ℵ*BA vs 𝕸, [Cr]   32 °𝔓^46B vs 𝕸ℵA, [Cr]

---

25 Zech. 8:16   26 Ps. 4:4

Walk in Love

5 Γίνεσθε οὖν μιμηταὶ τοῦ Θεοῦ, ὡς τέκνα ἀγαπητά, 2 καὶ περιπατεῖτε ἐν ἀγάπῃ, καθὼς καὶ ὁ Χριστὸς ἠγάπησεν ἡμᾶς καὶ παρέδωκεν ἑαυτὸν ὑπὲρ ἡμῶν προσφορὰν καὶ θυσίαν τῷ Θεῷ εἰς ὀσμὴν εὐωδίας. 3 Πορνεία δὲ καὶ ˢπᾶσα ἀκαθαρσία˥ ἢ πλεονεξία μηδὲ ὀνομαζέσθω ἐν ὑμῖν, καθὼς πρέπει ἁγίοις, 4 καὶ αἰσχρότης καὶ μωρολογία ἢ εὐτραπελία, ʳτὰ οὐκ ἀνήκοντα,˥ ἀλλὰ μᾶλλον εὐχαριστία. 5 Τοῦτο γάρ ʳ¹ἐστε γινώσκοντες ὅτι πᾶς πόρνος ἢ ἀκάθαρτος ἢ πλεονέκτης, ʳ²ὅς ἐστιν εἰδωλολάτρης, οὐκ ἔχει κληρονομίαν ἐν τῇ βασιλείᾳ τοῦ Χριστοῦ καὶ Θεοῦ. 6 Μηδεὶς ὑμᾶς ἀπατάτω κενοῖς λόγοις, διὰ ταῦτα γὰρ ἔρχεται ἡ ὀργὴ τοῦ Θεοῦ ἐπὶ τοὺς υἱοὺς τῆς ἀπειθείας. 7 Μὴ οὖν γίνεσθε συμμέτοχοι αὐτῶν. 8 Ἦτε γάρ ποτε σκότος, νῦν δὲ φῶς ἐν Κυρίῳ.

Walk in Light

Ὡς τέκνα φωτὸς περιπατεῖτε — 9 ὁ γὰρ καρπὸς τοῦ ʳΠνεύματος ἐν πάσῃ ἀγαθωσύνῃ καὶ δικαιοσύνῃ καὶ ἀληθείᾳ — 10 δοκιμάζοντες τί ἐστιν εὐάρεστον τῷ Κυρίῳ. 11 Καὶ μὴ συγκοινωνεῖτε τοῖς ἔργοις τοῖς ἀκάρποις τοῦ σκότους, μᾶλλον δὲ καὶ ἐλέγχετε. 12 Τὰ γὰρ κρυφῇ γινόμενα ὑπ᾽ αὐτῶν αἰσχρόν ἐστι καὶ λέγειν. 13 Τὰ δὲ πάντα ἐλεγχόμενα ὑπὸ τοῦ φωτὸς φανεροῦται, πᾶν γὰρ τὸ φανερούμενον φῶς ἐστι. 14 Διὸ λέγει,

"Ἔγειρε¹, ὁ καθεύδων,
Καὶ ἀνάστα ἐκ τῶν νεκρῶν,
Καὶ ἐπιφαύσει σοι ὁ Χριστός."

Walk in Wisdom

15 Βλέπετε οὖν ˢπῶς ἀκριβῶς˥ περιπατεῖτε, μὴ ὡς ἄσοφοι, ἀλλ᾽ ὡς σοφοί, 16 ἐξαγοραζόμενοι τὸν καιρόν, ὅτι

---

¹14 εγειρε 𝕸 𝕲 (h.C), Cr vs εγειραι TR

3 ˢ𝕲 (h.C) vs 𝕸   4 ʳα ουκ ανηκεν 𝕲 (h.C) vs 𝕸
5 ʳ¹ιστε 𝕲 (h.C) vs M   5 ʳ²ο 𝔭⁴⁶𝕏B vs 𝕸A
9 ʳφωτος 𝕏BA vs 𝕸𝔭⁴⁶   15 ˢ𝔭⁴⁶𝕏*B vs 𝕸A

αἱ ἡμέραι πονηραί εἰσι. 17 Διὰ τοῦτο μὴ γίνεσθε ἄφρονες, ἀλλὰ ⸀συνιέντες τί τὸ θέλημα τοῦ Κυρίου. 18 Καὶ μὴ μεθύσκεσθε οἴνῳ, ἐν ᾧ ἐστιν ἀσωτία, ἀλλὰ πληροῦσθε ἐν Πνεύματι, 19 λαλοῦντες ἑαυτοῖς ᵀ ψαλμοῖς καὶ ὕμνοις καὶ ᾠδαῖς πνευματικαῖς, ᾄδοντες καὶ ψάλλοντες °ἐν τῇ καρδίᾳ ὑμῶν τῷ Κυρίῳ, 20 εὐχαριστοῦντες πάντοτε ὑπὲρ πάντων ἐν ὀνόματι τοῦ Κυρίου ἡμῶν Ἰησοῦ Χριστοῦ τῷ Θεῷ καὶ Πατρί, 21 ὑποτασσόμενοι ἀλλήλοις ἐν φόβῳ Θεοῦ.¹

Husbands and Wives Depict Christ and the Church

22 Αἱ γυναῖκες, τοῖς ἰδίοις ἀνδράσιν °ὑποτάσσεσθε, ὡς τῷ Κυρίῳ, 23 ὅτι² ἀνήρ ἐστι κεφαλὴ τῆς γυναικὸς ὡς καὶ ὁ Χριστὸς κεφαλὴ τῆς ἐκκλησίας, ⸀καὶ αὐτός ἐστι⸀ Σωτὴρ τοῦ σώματος. 24 Ἀλλ᾽ ⸀ὥσπερ ἡ ἐκκλησία ὑποτάσσεται τῷ Χριστῷ, οὕτω καὶ αἱ γυναῖκες τοῖς °ἰδίοις ἀνδράσιν ἐν παντί.

25 Οἱ ἄνδρες, ἀγαπᾶτε τὰς γυναῖκας °ἑαυτῶν, καθὼς καὶ ὁ Χριστὸς ἠγάπησε τὴν ἐκκλησίαν καὶ ἑαυτὸν παρέδωκεν ὑπὲρ αὐτῆς, 26 ἵνα αὐτὴν ἁγιάσῃ, καθαρίσας τῷ λουτρῷ τοῦ ὕδατος ἐν ῥήματι, 27 ἵνα παραστήσῃ ⸀αὐτὴν ἑαυτῷ ἔνδοξον τὴν ἐκκλησίαν, μὴ ἔχουσαν σπίλον ἢ ῥυτίδα ἤ τι τῶν τοιούτων, ἀλλ᾽ ἵνα ᾖ ἁγία καὶ ἄμωμος. 28 Οὕτως ⸀ὀφείλουσιν οἱ ἄνδρες⸀ ἀγαπᾶν τὰς ἑαυτῶν γυναῖκας ὡς τὰ ἑαυτῶν σώματα. Ὁ ἀγαπῶν τὴν ἑαυτοῦ γυναῖκα ἑαυτὸν ἀγαπᾷ. 29 Οὐδεὶς γάρ ποτε τὴν ἑαυτοῦ σάρκα ἐμίσησεν, ἀλλ᾽ ἐκτρέφει καὶ θάλπει αὐτήν, καθὼς καὶ ὁ ⸀Κύριος τὴν ἐκκλησίαν. 30 Ὅτι μέλη ἐσμὲν τοῦ

---

¹21 Θεου Mᵖᵗ, TR vs Χριστου Mᵖᵗ𝕲 (h.C), Cr
²23 οτι 𝔐𝕲 (h.C), Cr vs +ο TR

---

17 ⸀συνιετε 𝕲 (h.C) vs 𝔐　　19 ᵀεν 𝔭⁴⁶B vs 𝔐 אA
19 °𝔭⁴⁶א*B vs 𝔐A　　22 °𝔭⁴⁶B vs 𝔐 (υποτασσεσθωσαν אA)
23 ⸀αυτος 𝕲 (h.C) vs 𝔐　　24 ⸀ως אA vs 𝔐; (−B; οτι 𝔭⁴⁶)
24 °𝔭⁴⁶אB vs 𝔐A　　25 °אBA vs 𝔐　　27 ⸀αυτος 𝕲 (h.C) vs 𝔐
28 ⸀οφειλουσιν κατ οι ανδρες 𝔭⁴⁶B, [Cr] vs 𝔐א; (και οι ανδρες οφειλουσιν A)　　29 ⸀Χριστος 𝕲 (h.C) vs M

σώματος αὐτοῦ, □ἐκ τῆς σαρκὸς αὐτοῦ καὶ ἐκ τῶν ὀστέων αὐτοῦ.ヽ 31 «Ἀντὶ τούτου καταλείψει ἄνθρωπος °¹τὸν πατέρα °²αὐτοῦ καὶ °³τὴν μητέρα, καὶ προσκολληθήσεται πρὸς τὴν γυναῖκα αὐτοῦ, καὶ ἔσονται οἱ δύο εἰς σάρκα μίαν.» 32 Τὸ μυστήριον τοῦτο μέγα ἐστίν, ἐγὼ δὲ λέγω εἰς Χριστὸν καὶ εἰς¹ τὴν ἐκκλησίαν. 33 Πλὴν καὶ ὑμεῖς οἱ καθ᾽ ἕνα, ἕκαστος τὴν ἑαυτοῦ γυναῖκα οὕτως ἀγαπάτω ὡς ἑαυτόν, ἡ δὲ γυνὴ ἵνα φοβῆται τὸν ἄνδρα.

Filial Honor and Fatherly Nurture

6 Τὰ τέκνα, ὑπακούετε τοῖς γονεῦσιν ὑμῶν □ἐν Κυρίῳ,ヽ τοῦτο γάρ ἐστι δίκαιον. 2 «Τίμα τὸν πατέρα σου καὶ τὴν μητέρα,» ἥτις ἐστὶν ἐντολὴ πρώτη ἐν ἐπαγγελίᾳ, 3 «ἵνα εὖ σοι γένηται καὶ ἔσῃ μακροχρόνιος ἐπὶ τῆς γῆς.» 4 Καὶ οἱ πατέρες, μὴ παροργίζετε τὰ τέκνα ὑμῶν, ἀλλ᾽ ἐκτρέφετε αὐτὰ ἐν παιδείᾳ καὶ νουθεσίᾳ Κυρίου.

Servants, Masters, and the Master

5 Οἱ δοῦλοι, ὑπακούετε τοῖς ˢκυρίοις κατὰ σάρκαˣ μετὰ φόβου καὶ τρόμου, ἐν ἁπλότητι τῆς² καρδίας ὑμῶν, ὡς τῷ Χριστῷ, 6 μὴ κατ᾽ ὀφθαλμοδουλείαν ὡς ἀνθρωπάρεσκοι, ἀλλ᾽ ὡς δοῦλοι °τοῦ Χριστοῦ ποιοῦντες τὸ θέλημα τοῦ Θεοῦ ἐκ ψυχῆς, 7 μετ᾽ εὐνοίας δουλεύοντες ὡς³ τῷ Κυρίῳ καὶ οὐκ ἀνθρώποις, 8 εἰδότες ὅτι ἐάν τι ἕκαστος ποιήσῃ⁴ ἀγαθόν, τοῦτο ⌐κομιεῖται παρὰ °τοῦ Κυρίου, εἴτε δοῦλος εἴτε ἐλεύθερος.

---

¹32 εἰς M𝔭⁴⁶𝕏A, TR Cr vs − Mᶜ B
²5 της M𝔭⁴⁶BA, TR Cr vs − Mᶜ𝕏
³7 ως Mᵖᵗ𝕏BA, Cr vs − Mᵖᵗ, TR
⁴8 εαν τι εκαστος ποιηση M vs εκαστος ο εαν ποιηση A vs ο εαν τι εκαστος ποιηση TR vs εαν ποιηση εκαστος 𝕏* vs εκαστος εαν τι ποιηση B, Cr

30 □Ǥ (h.C) vs 𝔐   31 °¹ ³B vs 𝔐𝔭⁴⁶𝕏A, [Cr]
31 °²𝔭⁴⁶𝕏*B vs 𝔐A   1 □B vs 𝔐𝔭⁴⁶𝕏A, [Cr]
5 ˢ231 𝕏BA vs 𝔐𝔭⁴⁶   6 °𝕏BA vs 𝔐
8 ⌐κομισεται Ǥ (h.C) vs 𝔐   8 °Ǥ (h.C) vs M

31 Gen. 2:24   2, 3 Ex. 20:12; Deut. 5:16

9 Καὶ οἱ κύριοι, τὰ αὐτὰ ποιεῖτε πρὸς αὐτούς, ἀνιέντες τὴν ἀπειλήν, εἰδότες ὅτι καὶ ⸀ὑμῶν αὐτῶν⸃ ὁ Κύριός ἐστιν ἐν οὐρανοῖς, καὶ προσωπολημψία οὐκ ἔστι παρ᾽ αὐτῷ.

Put on the Panoply of God

10 ⸀¹Τὸ λοιπόν,⸃ ⸀²ἀδελφοί μου, ἐνδυναμοῦσθε⸃ ἐν Κυρίῳ καὶ ἐν τῷ κράτει τῆς ἰσχύος αὐτοῦ. 11 Ἐνδύσασθε τὴν πανοπλίαν τοῦ Θεοῦ πρὸς τὸ δύνασθαι ὑμᾶς στῆναι πρὸς τὰς μεθοδείας τοῦ διαβόλου. 12 Ὅτι οὐκ ἔστιν ἡμῖν ἡ πάλη πρὸς αἷμα καὶ σάρκα, ἀλλὰ πρὸς τὰς ἀρχάς, πρὸς τὰς ἐξουσίας, πρὸς τοὺς κοσμοκράτορας τοῦ σκότους ⸀τοῦ αἰῶνος⸃ τούτου, πρὸς τὰ πνευματικὰ τῆς πονηρίας ἐν τοῖς ἐπουρανίοις. 13 Διὰ τοῦτο ἀναλάβετε τὴν πανοπλίαν τοῦ Θεοῦ, ἵνα δυνηθῆτε ἀντιστῆναι ἐν τῇ ἡμέρᾳ τῇ πονηρᾷ, καὶ ἅπαντα κατεργασάμενοι στῆναι. 14 Στῆτε οὖν περιζωσάμενοι τὴν ὀσφὺν ὑμῶν ἐν ἀληθείᾳ, καὶ ἐνδυσάμενοι τὸν θώρακα τῆς δικαιοσύνης, 15 καὶ ὑποδησάμενοι τοὺς πόδας ἐν ἑτοιμασίᾳ τοῦ εὐαγγελίου τῆς εἰρήνης, 16 ⸀ἐπὶ πᾶσιν ἀναλαβόντες τὸν θυρεὸν τῆς πίστεως, ἐν ᾧ δυνήσεσθε πάντα τὰ βέλη τοῦ πονηροῦ ⸀τὰ πεπυρωμένα σβέσαι· 17 καὶ τὴν περικεφαλαίαν τοῦ σωτηρίου δέξασθαι¹, καὶ τὴν μάχαιραν τοῦ Πνεύματος, ὅ ἐστι ῥῆμα Θεοῦ, 18 διὰ πάσης προσευχῆς καὶ δεήσεως προσευχόμενοι ἐν παντὶ καιρῷ ἐν Πνεύματι, καὶ εἰς αὐτὸ ⸀τοῦτο ἀγρυπνοῦντες ἐν πάσῃ προσκαρτερήσει καὶ δεήσει περὶ πάντων τῶν ἁγίων, 19 καὶ ὑπὲρ ἐμοῦ, ἵνα μοι δοθῇ² λόγος ἐν ἀνοίξει τοῦ στόματός μου ἐν παρρησίᾳ γνωρίσαι τὸ μυστήριον τοῦ εὐαγγελίου 20 ὑπὲρ οὗ πρεσβεύω ἐν ἁλύσει, ἵνα ἐν αὐτῷ παρρησιάσωμαι ὡς δεῖ με λαλῆσαι.

---

¹17 δεξασθαι 𝔐 A vs δεξασθε 𝔭⁴⁶אB, TR Cr
²19 μοι δοθη 𝔐 BA, Cr vs δοθη μοι א* vs μοι δοθειη TR

---

9 ⸀αυτων και υμων 𝔭⁴⁶BA (εαυτων for αυτων א*) vs 𝔐
10 ⸀¹του λοιπου 𝕲 (h.C) vs 𝔐
10 ⸀²ενδυναμουσθε א* (δυναμουσθε 𝔭⁴⁶B) vs 𝔐 (ενδυναμουσθε αδελφοι A)   12 ⸀𝕲 (h.C) vs 𝔐
16 ⸀εν 𝔭⁴⁶אB vs 𝔐 A   16 ⸀𝔭⁴⁶B vs 𝔐 אA, [Cr]
18 ⸀אBA vs 𝔐

Paul's Greeting of Grace

21 Ἵνα δὲ εἰδῆτε καὶ ὑμεῖς τὰ κατ᾽ ἐμέ, τί πράσσω, πάντα ˢὑμῖν γνωρίσει˺ Τυχικὸς ὁ ἀγαπητὸς ἀδελφὸς καὶ πιστὸς διάκονος ἐν Κυρίῳ, 22 ὃν ἔπεμψα πρὸς ὑμᾶς εἰς αὐτὸ τοῦτο, ἵνα γνῶτε τὰ περὶ ἡμῶν καὶ παρακαλέσῃ τὰς καρδίας ὑμῶν.

23 Εἰρήνη τοῖς ἀδελφοῖς καὶ ἀγάπη μετὰ πίστεως ἀπὸ Θεοῦ Πατρὸς καὶ Κυρίου Ἰησοῦ Χριστοῦ. 24 Ἡ χάρις μετὰ πάντων τῶν ἀγαπώντων τὸν Κύριον ἡμῶν Ἰησοῦν Χριστὸν ἐν ἀφθαρσίᾳ. °Ἀμήν.

---

21 ˢ𝔭⁴⁶אB vs 𝔐 A   24 °𝕮 (h.C) vs 𝔐

ΠΡΟΣ ΦΙΛΙΠΠΗΣΙΟΥΣ

Paul Greets the Saints in Philippi

ΑΥΛΟΣ καὶ Τιμόθεος, δοῦλοι ⸆ Ἰησοῦ Χριστοῦ,⸆ Πᾶσι τοῖς ἁγίοις ἐν Χριστῷ Ἰησοῦ τοῖς οὖσιν ἐν Φιλίπποις, σὺν ἐπισκόποις καὶ διακόνοις· 2 Χάρις ὑμῖν καὶ εἰρήνη ἀπὸ Θεοῦ Πατρὸς ἡμῶν καὶ Κυρίου Ἰησοῦ Χριστοῦ.

Paul Thanks and Praises God for the Philippians

3 Εὐχαριστῶ τῷ Θεῷ μου ἐπὶ πάσῃ τῇ μνείᾳ ὑμῶν, 4 πάντοτε ἐν πάσῃ δεήσει μου ὑπὲρ πάντων ὑμῶν μετὰ χαρᾶς τὴν δέησιν ποιούμενος, 5 ἐπὶ τῇ κοινωνίᾳ ὑμῶν εἰς τὸ εὐαγγέλιον ἀπὸ ⸆ πρώτης ἡμέρας ἄχρι τοῦ νῦν, 6 πεποιθὼς αὐτὸ τοῦτο, ὅτι ὁ ἐναρξάμενος ἐν ὑμῖν ἔργον ἀγαθὸν ἐπιτελέσει ·ἄχρις ἡμέρας Χριστοῦ Ἰησοῦ·¹ 7 καθώς ἐστι δίκαιον ἐμοὶ τοῦτο φρονεῖν ὑπὲρ πάντων ὑμῶν, διὰ τὸ ἔχειν με ἐν τῇ καρδίᾳ ὑμᾶς, ἔν τε τοῖς δεσμοῖς μου καὶ ἐν² τῇ ἀπολογίᾳ καὶ βεβαιώσει τοῦ εὐαγγελίου, συγκοινωνούς μου τῆς χάριτος πάντας ὑμᾶς ὄντας. 8 Μάρτυς γάρ μού °ἐστιν ὁ Θεός, ὡς ἐπιποθῶ πάντας ὑμᾶς ἐν σπλάγχνοις ⸆ Ἰησοῦ Χριστοῦ.⸆ 9 Καὶ τοῦτο προσεύχομαι, ἵνα ἡ ἀγάπη ὑμῶν ἔτι μᾶλλον καὶ μᾶλλον περισσεύῃ ἐν ἐπιγνώσει καὶ πάσῃ αἰσθήσει, 10 εἰς τὸ δοκιμάζειν ὑμᾶς τὰ διαφέροντα,

---

In Philippians 𝕲 = 𝔭⁴⁶𝕏BAC

¹6 Χριστου Ιησου M^pt𝔭⁴⁶B, Cr vs Ιησου Χριστου M^pt𝕏A, TR
²7 εν 𝕸 𝔭⁴⁶𝕏B, Cr vs − A, TR

---

1 ⸆𝕏B vs 𝕸   5 ⸆της 𝕲 (h.C) vs 𝕸   6 ·αχρι 𝕲 (h.C) vs 𝕸
8 °𝔭⁴⁶𝕏*B vs 𝕸A   8 ⸆𝕲 (h.C) vs 𝕸

ἵνα ἦτε εἰλικρινεῖς καὶ ἀπρόσκοποι εἰς ἡμέραν Χριστοῦ, 11 πεπληρωμένοι ⌐1καρπῶν δικαιοσύνης ⌐2τῶν διὰ Ἰησοῦ Χριστοῦ εἰς δόξαν καὶ ἔπαινον Θεοῦ.

Christ Is Being Preached

12 Γινώσκειν δὲ ὑμᾶς βούλομαι, ἀδελφοί, ὅτι τὰ κατ᾽ ἐμὲ μᾶλλον εἰς προκοπὴν τοῦ εὐαγγελίου ἐλήλυθεν, 13 ὥστε τοὺς δεσμούς μου φανεροὺς ἐν Χριστῷ γενέσθαι ἐν ὅλῳ τῷ πραιτωρίῳ καὶ τοῖς λοιποῖς πᾶσι, 14 καὶ τοὺς πλείονας τῶν ἀδελφῶν ἐν Κυρίῳ, πεποιθότας τοῖς δεσμοῖς μου, περισσοτέρως τολμᾶν ἀφόβως τὸν λόγον λαλεῖν. 15 Τινὲς μὲν καὶ διὰ φθόνον καὶ ἔριν, τινὲς δὲ καὶ δι᾽ εὐδοκίαν τὸν Χριστὸν κηρύσσουσιν· 16 οἱ μὲν ˢἐξ ἐριθείας τὸν Χριστὸν καταγγέλλουσιν, οὐχ ἁγνῶς, οἰόμενοι θλῖψιν ⌐ἐπιφέρειν τοῖς δεσμοῖς μου, 17 οἱ δὲ ἐξ ἀγάπης, εἰδότες ὅτι εἰς ἀπολογίαν τοῦ εὐαγγελίου κεῖμαι.ˢ 18 Τί γάρ? Πλὴν ᵀ παντὶ τρόπῳ, εἴτε προφάσει εἴτε ἀληθείᾳ, Χριστὸς καταγγέλλεται, καὶ ἐν τούτῳ χαίρω, ἀλλὰ καὶ χαρήσομαι.

To Live Is Christ

19 Οἶδα γὰρ ὅτι τοῦτό μοι ἀποβήσεται εἰς σωτηρίαν διὰ τῆς ὑμῶν δεήσεως καὶ ἐπιχορηγίας τοῦ Πνεύματος Ἰησοῦ Χριστοῦ, 20 κατὰ τὴν ἀποκαραδοκίαν καὶ ἐλπίδα μου ὅτι ἐν οὐδενὶ αἰσχυνθήσομαι, ἀλλ᾽ ἐν πάσῃ παρρησίᾳ, ὡς πάντοτε, καὶ νῦν, μεγαλυνθήσεται Χριστὸς ἐν τῷ σώματί μου, εἴτε διὰ ζωῆς εἴτε διὰ θανάτου. 21 Ἐμοὶ γὰρ τὸ ζῆν Χριστὸς καὶ τὸ ἀποθανεῖν κέρδος. 22 Εἰ δὲ τὸ ζῆν ἐν σαρκί, τοῦτό μοι καρπὸς ἔργου· καὶ τί αἱρήσομαι οὐ γνωρίζω. 23 Συνέχομαι δὲ¹ ἐκ τῶν δύο, τὴν ἐπιθυμίαν ἔχων εἰς τὸ ἀναλῦσαι καὶ σὺν Χριστῷ εἶναι, πολλῷ ᵀμᾶλλον κρεῖσσον.

---

¹23 δε 𝔐 G (h.C), Cr vs γαρ TR

11 ⌐1καρπον G (h.C) vs M   11 ⌐2τον 𝔓⁴⁶אA vs M; (− B)
16-17 ˢ16-24 14 15 1-13 אBA vs 𝔐
16 ⌐εγειρειν אBA vs 𝔐   18 ᵀοτι G (h.C) vs 𝔐
23 ᵀγαρ G, [Cr] vs 𝔐א*

24 Τὸ δὲ ἐπιμένειν °ἐν τῇ σαρκὶ ἀναγκαιότερον δι᾽ ὑμᾶς. 25 Καὶ τοῦτο πεποιθώς, οἶδα ὅτι μενῶ καὶ ⌐συμπαραμενῶ πᾶσιν ὑμῖν εἰς τὴν ὑμῶν προκοπὴν καὶ χαρὰν τῆς πίστεως, 26 ἵνα τὸ καύχημα ὑμῶν περισσεύῃ ἐν Χριστῷ ᾽Ιησοῦ ἐν ἐμοὶ διὰ τῆς ἐμῆς παρουσίας πάλιν πρὸς ὑμᾶς.

Striving and Suffering for Christ

27 Μόνον ἀξίως τοῦ εὐαγγελίου τοῦ Χριστοῦ πο- λιτεύεσθε, ἵνα εἴτε ἐλθὼν καὶ ἰδὼν ὑμᾶς εἴτε ἀπών, ⌐ἀκούσω τὰ περὶ ὑμῶν, ὅτι στήκετε ἐν ἑνὶ πνεύματι, μιᾷ ψυχῇ συναθλοῦντες τῇ πίστει τοῦ εὐαγγελίου, 28 καὶ μὴ πτυρόμενοι ἐν μηδενὶ ὑπὸ τῶν ἀντικειμένων, ἥτις ᶜαὐτοῖς μέν ἐστιν᷆ ἔνδειξις ἀπωλείας, ⌐ὑμῖν δὲ σωτηρίας, καὶ τοῦτο ἀπὸ Θεοῦ. 29 Ὅτι ὑμῖν ἐχαρίσθη τὸ ὑπὲρ Χριστοῦ, οὐ μόνον τὸ εἰς αὐτὸν πιστεύειν, ἀλλὰ καὶ τὸ ὑπὲρ αὐτοῦ πάσχειν, 30 τὸν αὐτὸν ἀγῶνα ἔχοντες οἷον εἴδετε¹ ἐν ἐμοὶ καὶ νῦν ἀκούετε ἐν ἐμοί.

Unity Through Humility

2 Εἴ τις οὖν παράκλησις ἐν Χριστῷ, εἴ τι παραμύθιον ἀγάπης, εἴ τις κοινωνία Πνεύματος, εἴ τις² σπλάγχνα καὶ οἰκτιρμοί, 2 πληρώσατέ μου τὴν χαράν, ἵνα τὸ αὐτὸ φρονῆτε, τὴν αὐτὴν ἀγάπην ἔχοντες, σύμψυχοι, τὸ ἓν φρονοῦντες, 3 μηδὲν •κατὰ ἐριθείαν ⌐ἢ κενοδοξίαν, ἀλλὰ τῇ ταπεινοφροσύνῃ ἀλλήλους ἡγούμενοι ὑπερέχοντας ἑαυτῶν. 4 Μὴ τὰ ἑαυτῶν ἕκαστος ⌐¹σκοπεῖτε, ἀλλὰ °καὶ τὰ³ ἑτέρων ⌐²ἕκαστος.

---

¹30 ειδετε Mᵛⁱᵈ𝕲, Cr vs ιδετε TR
²1 τις 𝕸𝕲, Cr vs τινα TR
³4 τα Mᵖᵗ𝕲, TR Cr vs το Mᵖᵗ

---

24 °𝐀C vs M𝖕⁴⁶B, [Cr]　　25 ⌐παραμενω 𝕲 vs 𝕸
27 ⌐ακουω 𝖕⁴⁶𝐀*B vs 𝕸AC　　28 ᶜεστιν αυτοις 𝕲 (h.𝖕⁴⁶) vs 𝕸
28 ⌐υμων 𝐁BA vs M; (ημιν C*)　　3 •κατ 𝐁BC vs 𝕸𝖕⁴⁶A
3 ⌐μηδε κατα 𝕲 (−κατα 𝖕⁴⁶) vs 𝕸　　4 ⌐¹σκοπουντες 𝕲 vs 𝕸
4 °D* vs 𝕸𝕲, [Cr]　　4 ⌐²εκαστοι 𝕲 (h.C) vs 𝕸

The Example of the Humbled and Exalted Christ

5 Τοῦτο °γὰρ ⌜φρονείσθω ἐν ὑμῖν ὃ καὶ ἐν Χριστῷ Ἰησοῦ, 6 ὃς ἐν μορφῇ Θεοῦ ὑπάρχων, οὐχ ἁρπαγμὸν ἡγήσατο τὸ εἶναι ἴσα Θεῷ, 7 ἀλλ᾽ ἑαυτὸν ἐκένωσε μορφὴν δούλου λαβών, ἐν ὁμοιώματι ἀνθρώπων γενόμενος. 8 Καὶ σχήματι εὑρεθεὶς ὡς ἄνθρωπος, ἐταπείνωσεν ἑαυτὸν γενόμενος ὑπήκοος μέχρι θανάτου, θανάτου δὲ σταυροῦ. 9 Διὸ καὶ ὁ Θεὸς αὐτὸν ὑπερύψωσε καὶ ἐχαρίσατο αὐτῷ ᵀ ὄνομα τὸ ὑπὲρ πᾶν ὄνομα, 10 ἵνα ἐν τῷ ὀνόματι Ἰησοῦ πᾶν γόνυ κάμψῃ ἐπουρανίων καὶ ἐπιγείων καὶ καταχθονίων, 11 καὶ πᾶσα γλῶσσα ἐξομολογήσηται[1] ὅτι Κύριος Ἰησοῦς Χριστὸς εἰς δόξαν Θεοῦ Πατρός.

Holding Fast the Word of Life

12 Ὥστε, ἀγαπητοί μου, καθὼς πάντοτε ὑπηκούσατε, μὴ ὡς[2] ἐν τῇ παρουσίᾳ μου μόνον, ἀλλὰ νῦν πολλῷ μᾶλλον ἐν τῇ ἀπουσίᾳ μου, μετὰ φόβου καὶ τρόμου τὴν ἑαυτῶν σωτηρίαν κατεργάζεσθε, 13 °ὁ Θεὸς γάρ ἐστιν ὁ ἐνεργῶν ἐν ὑμῖν καὶ τὸ θέλειν καὶ τὸ ἐνεργεῖν ὑπὲρ τῆς εὐδοκίας. 14 Πάντα ποιεῖτε χωρὶς γογγυσμῶν[3] καὶ διαλογισμῶν, 15 ἵνα γένησθε ἄμεμπτοι καὶ ἀκέραιοι, τέκνα Θεοῦ ⌜ἀμώμητα ⌜ἐν μέσῳ⌝ γενεᾶς σκολιᾶς καὶ διεστραμμένης, ἐν οἷς φαίνεσθε ὡς φωστῆρες ἐν κόσμῳ, 16 λόγον ζωῆς ἐπέχοντες, εἰς καύχημα ἐμοὶ εἰς ἡμέραν Χριστοῦ, ὅτι οὐκ εἰς κενὸν ἔδραμον οὐδὲ εἰς κενὸν ἐκοπίασα. 17 Ἀλλ᾽ εἰ καὶ σπένδομαι ἐπὶ τῇ θυσίᾳ καὶ λειτουργίᾳ τῆς πίστεως ὑμῶν, χαίρω καὶ συγχαίρω πᾶσιν ὑμῖν. 18 Τὸ ·δ᾽ αὐτὸ καὶ ὑμεῖς χαίρετε καὶ συγχαίρετέ μοι.

---

[1]11 εξομολογησηται M^{pt}𝔭^{46}אB, TR Cr vs εξομολογησεται M^{pt}AC
[2]12 ως M𝕲, TR Cr vs − M^cB
[3]14 γογγυσμων M𝕲 (𝔭^{46vid}), TR Cr vs οργης M^c

---

5 °𝕲 vs 𝔐𝔭^{46}   5 ⌜φρονειτε 𝕲 vs 𝔐   9 ᵀτο 𝕲 vs 𝔐
13 °𝕲 (h.𝔭^{46}) vs 𝔐   15 ⌜αμωμα 𝕲 vs 𝔐
15 ⌜μεσον 𝕲 vs 𝔐^{vid}   18 ·δε 𝔭^{46}אB vs 𝔐AC

Paul Commends Timothy

19 Ἐλπίζω δὲ ἐν Κυρίῳ Ἰησοῦ Τιμόθεον ταχέως πέμψαι ὑμῖν, ἵνα κἀγὼ εὐψυχῶ γνοὺς τὰ περὶ ὑμῶν. 20 Οὐδένα γὰρ ἔχω ἰσόψυχον, ὅστις γνησίως τὰ περὶ ὑμῶν μεριμνήσει. 21 Οἱ πάντες γὰρ τὰ ἑαυτῶν ζητοῦσιν, οὐ τὰ¹ ʳΧριστοῦ Ἰησοῦ.ˡ 22 Τὴν δὲ δοκιμὴν αὐτοῦ γινώσκετε, ὅτι ὡς πατρὶ τέκνον σὺν ἐμοὶ ἐδούλευσεν εἰς τὸ εὐαγγέλιον. 23 Τοῦτον μὲν οὖν ἐλπίζω πέμψαι ὡς ἂν ·ἀπίδω τὰ περὶ ἐμέ, ἐξαυτῆς. 24 Πέποιθα δὲ ἐν Κυρίῳ ὅτι καὶ αὐτὸς ταχέως ἐλεύσομαι.

Paul Praises Epaphroditus

25 Ἀναγκαῖον δὲ ἡγησάμην Ἐπαφρόδιτον, τὸν ἀδελφὸν καὶ συνεργὸν καὶ συστρατιώτην μου, ὑμῶν δὲ ἀπόστολον καὶ λειτουργὸν τῆς χρείας μου, πέμψαι πρὸς ὑμᾶς, 26 ἐπειδὴ ἐπιποθῶν ἦν πάντας ὑμᾶς, καὶ² ἀδημονῶν διότι ἠκούσατε ὅτι ἠσθένησε. 27 Καὶ γὰρ ἠσθένησε παραπλήσιον θανάτῳ, ἀλλ᾽ ὁ Θεὸς ʳαὐτὸν ἠλέησεν,ˡ οὐκ αὐτὸν δὲ μόνον, ἀλλὰ καὶ ἐμέ, ἵνα μὴ λύπην ἐπὶ λύπην³ σχῶ. 28 Σπουδαιοτέρως οὖν ἔπεμψα αὐτόν, ἵνα ἰδόντες αὐτὸν πάλιν χαρῆτε, κἀγὼ ἀλυπότερος ὦ. 29 Προσδέχεσθε οὖν αὐτὸν ἐν Κυρίῳ μετὰ πάσης χαρᾶς, καὶ τοὺς τοιούτους ἐντίμους ἔχετε, 30 ὅτι διὰ τὸ ἔργον ⸀τοῦ Χριστοῦ⸀ μέχρι θανάτου ἤγγισε, ʳπαραβουλευσάμενος τῇ ψυχῇ, ἵνα ἀναπληρώσῃ⁴ τὸ ὑμῶν ὑστέρημα τῆς πρός με λειτουργίας.

---

¹21 τα 𝕸𝕲, Cr vs +του Mᶜ, TR
²26 και Mᵖᵗ𝔭⁴⁶B, TR Cr vs ιδειν και Mᵖᵗℵ*AC
³27 λυπην 𝕸 𝕲 (h.𝔭⁴⁶), Cr vs λυπη TR
⁴30 αναπληρωση M𝔭⁴⁶AC, TR Cr vs πληρωση M′B vs αναπληρωσει ℵ

---

21 ʳ𝕲 vs 𝕸B   23 ·αφιδω 𝕲 vs 𝕸C   27 ʳ𝕲 (h.𝔭⁴⁶) vs 𝕸
30 ⸀Χριστου 𝔭⁴⁶B vs M; (Κυριου ℵA; − C)
30 ʳπαραβολευσαμενος 𝕲 vs 𝕸C

True Circumcision and False

3 Τὸ λοιπόν, ἀδελφοί μου, χαίρετε ἐν Κυρίῳ. Τὰ αὐτὰ γράφειν ὑμῖν ἐμοὶ μὲν οὐκ ὀκνηρόν, ὑμῖν δὲ τὸ[1] ἀσφαλές. **2** Βλέπετε τοὺς κύνας, βλέπετε τοὺς κακοὺς ἐργάτας, βλέπετε τὴν κατατομήν! **3** Ἡμεῖς γάρ ἐσμεν ἡ περιτομή, οἱ Πνεύματι Θεοῦ[2] λατρεύοντες καὶ καυχώμενοι ἐν Χριστῷ Ἰησοῦ καὶ οὐκ ἐν σαρκὶ πεποιθότες, **4** καίπερ ἐγὼ ἔχων πεποίθησιν καὶ ἐν σαρκί.

That I May Know Him

Εἴ τις δοκεῖ ἄλλος πεποιθέναι ἐν σαρκί, ἐγὼ μᾶλλον· **5** περιτομῇ ὀκταήμερος, ἐκ γένους Ἰσραήλ, φυλῆς Βενιαμίν, Ἑβραῖος ἐξ Ἑβραίων, κατὰ νόμον Φαρισαῖος, **6** κατὰ ⌜ζῆλον διώκων τὴν ἐκκλησίαν, κατὰ δικαιοσύνην τὴν ἐν νόμῳ γενόμενος ἄμεμπτος. **7** ᵒἈλλ᾽ ἅτινα ἦν μοι κέρδη, ταῦτα ἥγημαι διὰ τὸν Χριστὸν ζημίαν. **8** Ἀλλὰ μενοῦν[3] καὶ ἡγοῦμαι πάντα ζημίαν εἶναι διὰ τὸ ὑπερέχον τῆς γνώσεως Χριστοῦ Ἰησοῦ[4] τοῦ Κυρίου μου, δι᾽ ὃν τὰ πάντα ἐζημιώθην, καὶ ἡγοῦμαι σκύβαλα ᵒεἶναι ἵνα Χριστὸν κερδήσω **9** καὶ εὑρεθῶ ἐν αὐτῷ, μὴ ἔχων ἐμὴν δικαιοσύνην τὴν ἐκ νόμου, ἀλλὰ τὴν διὰ πίστεως Χριστοῦ, τὴν ἐκ Θεοῦ δικαιοσύνην ἐπὶ τῇ πίστει· **10** τοῦ γνῶναι αὐτὸν καὶ τὴν δύναμιν τῆς ἀναστάσεως αὐτοῦ καὶ ᵒ¹τὴν κοινωνίαν ᵒ²τῶν παθημάτων αὐτοῦ, ⌜συμμορφούμενος τῷ θανάτῳ αὐτοῦ, **11** εἴ πως καταντήσω εἰς τὴν ἐξανάστασιν ⌜τῶν νεκρῶν.

---

[1] το Mᵖᵗ vs — Mᵖᵗ𝕲 (A*ᵛⁱᵈ), TR Cr
[2] 3 Θεου 𝔐𝕲, Cr vs Θεω TR vs — 𝔭⁴⁶
[3] 8 μενουν ΜΒ vs μενουνγε 𝔭⁴⁶ℵΑ, TR Cr
[4] 8 Χριστου Ιησου Μ𝔭⁴⁶ℵΒ, TR Cr vs Ιησου Χριστου ΜᶜΑ

---

6 ⌜ζηλος 𝕲 (h.C) vs 𝔐   7 ᵒ𝔭⁴⁶ℵ*Α vs 𝔐 (B), [Cr]
8 ᵒℵ*Β vs 𝔐 Α   10 ᵒ¹𝕲 (h.C) vs 𝔐   10 ᵒ²𝔭⁴⁶ℵ*Β vs 𝔐 Α, [Cr]
10 ⌜συμμορφιζομενος (ℵ*) Α (συμμορφιζομενος Β*) vs 𝔐; (— συμμορφουμενος τω θανατω αυτου 𝔭⁴⁶)
11 ⌜την εκ 𝕲 (h.C) vs 𝔐

Pressing On Toward the Goal

12 Οὐχ ὅτι ἤδη ἔλαβον ἢ ἤδη τετελείωμαι, διώκω δὲ εἰ καὶ καταλάβω ἐφ᾽ ᾧ καὶ κατελήφθην ὑπὸ °¹τοῦ Χριστοῦ °²Ἰησοῦ. **13** Ἀδελφοί, ἐγὼ ἐμαυτὸν οὐ¹ λογίζομαι κατειληφέναι· ἓν δέ, τὰ μὲν ὀπίσω ἐπιλανθανόμενος, τοῖς δὲ ἔμπροσθεν ἐπεκτεινόμενος, **14** κατὰ σκοπὸν διώκω ⌜ἐπὶ τὸ βραβεῖον τῆς ἄνω κλήσεως τοῦ Θεοῦ ἐν Χριστῷ Ἰησοῦ. **15** Ὅσοι οὖν τέλειοι, τοῦτο φρονῶμεν· καὶ εἴ τι ἑτέρως φρονεῖτε, καὶ τοῦτο ὁ Θεὸς ὑμῖν ἀποκαλύψει. **16** Πλὴν εἰς ὃ ἐφθάσαμεν, τῷ αὐτῷ στοιχεῖν □κανόνι, τὸ αὐτὸ φρονεῖν.⌟

Our Citizenship Is in Heaven

17 Συμμιμηταί μου γίνεσθε, ἀδελφοί, καὶ σκοπεῖτε τοὺς οὕτω περιπατοῦντας καθὼς ἔχετε τύπον ἡμᾶς. **18** Πολλοὶ γὰρ περιπατοῦσιν, οὓς πολλάκις ἔλεγον ὑμῖν, νῦν δὲ καὶ κλαίων λέγω, τοὺς ἐχθροὺς τοῦ σταυροῦ τοῦ Χριστοῦ, **19** ὧν τὸ τέλος ἀπώλεια, ὧν ὁ θεὸς ἡ κοιλία καὶ ἡ δόξα ἐν τῇ αἰσχύνῃ αὐτῶν, οἱ τὰ ἐπίγεια φρονοῦντες. **20** Ἡμῶν γὰρ τὸ πολίτευμα ἐν οὐρανοῖς ὑπάρχει, ἐξ οὗ καὶ Σωτῆρα ἀπεκδεχόμεθα, Κύριον Ἰησοῦν Χριστόν, **21** ὃς μετασχηματίσει τὸ σῶμα τῆς ταπεινώσεως ἡμῶν □εἰς τὸ γενέσθαι αὐτὸ⌟ σύμμορφον τῷ σώματι τῆς δόξης αὐτοῦ, κατὰ τὴν ἐνέργειαν τοῦ δύνασθαι αὐτὸν καὶ ὑποτάξαι ἑαυτῷ² τὰ πάντα.

4 Ὥστε, ἀδελφοί μου ἀγαπητοὶ καὶ ἐπιπόθητοι, χαρὰ καὶ στέφανός μου, οὕτω στήκετε ἐν Κυρίῳ, ἀγαπητοί.

---

¹13 ου M^pt𝔭⁴⁶B, TR Cr vs ουπω M^pt א
²21 εαυτω M^pt, TR vs αυτω M^pt א*BA, Cr

---

12 °¹𝕲 (h.C) vs **M**   12 °²B vs 𝔐𝔭⁴⁶אA, [Cr]
14 ⌜εις 𝕲 (h.C) vs 𝔐
16 □𝕲 (h.C) vs 𝔐   21 □אBA vs 𝔐

Be United, Joyful and in Prayer

2 Εὐοδίαν¹ παρακαλῶ καὶ Συντύχην παρακαλῶ τὸ αὐτὸ
φρονεῖν ἐν Κυρίῳ. 3 Ναί,² ἐρωτῶ καὶ σέ, ᶠσύζυγε γνήσιε,ᶻ
συλλαμβάνου αὐταῖς, αἵτινες ἐν τῷ εὐαγγελίῳ συνήθλησάν
μοι, μετὰ καὶ Κλήμεντος καὶ τῶν λοιπῶν συνεργῶν μου, ὧν
τὰ ὀνόματα ἐν Βίβλῳ Ζωῆς. 4 Χαίρετε ἐν Κυρίῳ πάντοτε. Πάλιν ἐρῶ, χαίρετε! 5 Τὸ
ἐπιεικὲς ὑμῶν γνωσθήτω πᾶσιν ἀνθρώποις. Ὁ Κύριος
ἐγγύς. 6 Μηδὲν μεριμνᾶτε, ἀλλ᾽ ἐν παντὶ τῇ προσευχῇ καὶ
τῇ δεήσει μετὰ εὐχαριστίας τὰ αἰτήματα ὑμῶν γνωριζέσθω
πρὸς τὸν Θεόν. 7 Καὶ ἡ εἰρήνη τοῦ Θεοῦ, ἡ ὑπερέχουσα
πάντα νοῦν, φρουρήσει τὰς καρδίας ὑμῶν καὶ τὰ νοήματα
ὑμῶν ἐν Χριστῷ Ἰησοῦ.

Think on These Things

8 Τὸ λοιπόν, ἀδελφοί, ὅσα ἐστὶν ἀληθῆ, ὅσα σεμνά, ὅσα
δίκαια, ὅσα ἁγνά, ὅσα προσφιλῆ, ὅσα εὔφημα − εἴ τις
ἀρετὴ καὶ εἴ τις ἔπαινος − ταῦτα λογίζεσθε. 9 Ἃ καὶ
ἐμάθετε καὶ παρελάβετε καὶ ἠκούσατε καὶ εἴδετε ἐν ἐμοί,
ταῦτα πράσσετε· καὶ ὁ Θεὸς τῆς εἰρήνης ἔσται μεθ᾽ ὑμῶν.

Paul Is Thankful for the Philippians' Generosity

10 Ἐχάρην δὲ ἐν Κυρίῳ μεγάλως ὅτι ἤδη ποτὲ
ἀνεθάλετε τὸ ὑπὲρ ἐμοῦ φρονεῖν, ἐφ᾽ ᾧ καὶ ἐφρονεῖτε,
ἠκαιρεῖσθε δέ. 11 Οὐχ ὅτι καθ᾽ ὑστέρησιν λέγω, ἐγὼ
γὰρ ἔμαθον ἐν οἷς εἰμι αὐτάρκης εἶναι. 12 Οἶδα καὶ³
ταπεινοῦσθαι, οἶδα καὶ περισσεύειν. Ἐν παντὶ καὶ ἐν πᾶσι
μεμύημαι καὶ χορτάζεσθαι καὶ πεινᾶν, καὶ περισσεύειν καὶ
ὑστερεῖσθαι. 13 Πάντα ἰσχύω ἐν τῷ ἐνδυναμοῦντί με
°Χριστῷ. 14 Πλὴν⁴ καλῶς ἐποιήσατε συγκοινωνήσαντές
μου τῇ θλίψει.

---

¹2 Ευοδιαν 𝕸𝕏ΒΑ, Cr vs Ευωδιαν TR
²3 ναι 𝕸𝔊 (h.C), Cr vs και TR
³12 και 𝕸𝔊 (h.C), Cr vs δε TR
⁴14 πλην 𝕸𝕏ΒΑ, TR Cr vs + και υμεις Mᶜ

3 ᶠℵ*Β (𝔭⁴⁶) (Α) vs Μ   13 °ℵ*ΒΑ vs 𝕸

15 Οἴδατε δὲ καὶ ὑμεῖς, Φιλιππήσιοι, ὅτι ἐν ἀρχῇ τοῦ εὐαγγελίου, ὅτε ἐξῆλθον ἀπὸ Μακεδονίας, οὐδεμία μοι ἐκκλησία ἐκοινώνησεν εἰς λόγον δόσεως καὶ λήψεως εἰ μὴ ὑμεῖς μόνοι. 16 Ὅτι καὶ ἐν Θεσσαλονίκῃ καὶ ἅπαξ καὶ δὶς εἰς τὴν χρείαν μοι ἐπέμψατε. 17 Οὐχ ὅτι ἐπιζητῶ τὸ δόμα, ἀλλ᾽ ἐπιζητῶ τὸν καρπὸν τὸν πλεονάζοντα εἰς λόγον ὑμῶν. 18 Ἀπέχω δὲ πάντα καὶ περισσεύω. Πεπλήρωμαι, δεξάμενος παρὰ Ἐπαφροδίτου τὰ παρ᾽ ὑμῶν, ὀσμὴν εὐωδίας, θυσίαν δεκτήν, εὐάρεστον τῷ Θεῷ. 19 Ὁ δὲ Θεός μου πληρώσει πᾶσαν χρείαν ὑμῶν κατὰ ⸀τὸν πλοῦτον⸃ αὐτοῦ ἐν δόξῃ ἐν Χριστῷ Ἰησοῦ. 20 Τῷ δὲ Θεῷ καὶ Πατρὶ ἡμῶν ἡ δόξα εἰς τοὺς αἰῶνας τῶν αἰώνων. Ἀμήν.

Paul's Greeting of Grace

21 Ἀσπάσασθε πάντα ἅγιον ἐν Χριστῷ Ἰησοῦ. Ἀσπάζονται ὑμᾶς οἱ σὺν ἐμοὶ ἀδελφοί. 22 Ἀσπάζονται ὑμᾶς πάντες οἱ ἅγιοι, μάλιστα δὲ οἱ ἐκ τῆς Καίσαρος οἰκίας. 23 Ἡ χάρις τοῦ Κυρίου¹ Ἰησοῦ Χριστοῦ μετὰ ⸀πάντων ὑμῶν. ° Ἀμήν.

---

¹23 Κυριου M⁽ᵖᵗ⁾ℵBA, Cr vs +ημων M⁽ᵖᵗ⁾𝔭⁴⁶, TR

19 ⸀το πλουτος 𝔊 (h.C) vs 𝔐   23 ⸀του πνευματος 𝔊 (h.C) vs 𝔐
23 °B vs 𝔐 𝔭⁴⁶ℵA

ΠΡΟΣ ΚΟΛΑΣΣΑΕΙΣ

Paul Greets His Brethren in Christ

ΠΑΥΛΟΣ, ἀπόστολος ᶠ Ἰησοῦ Χριστοῦᶻ διὰ θελήματος Θεοῦ, καὶ Τιμόθεος ὁ ἀδελφός,

2 Τοῖς ἐν ·Κολασσαῖς ἁγίοις καὶ πιστοῖς ἀδελφοῖς ἐν Χριστῷ·

Χάρις ὑμῖν καὶ εἰρήνη ἀπὸ Θεοῦ Πατρὸς ἡμῶν □καὶ Κυρίου Ἰησοῦ Χριστοῦ.`

He Thanks God for Their Faith in Christ

3 Εὐχαριστοῦμεν τῷ Θεῷ °καὶ Πατρὶ τοῦ Κυρίου ἡμῶν Ἰησοῦ Χριστοῦ πάντοτε περὶ ὑμῶν προσευχόμενοι, 4 ἀκούσαντες τὴν πίστιν ὑμῶν ἐν Χριστῷ Ἰησοῦ καὶ τὴν ἀγάπην ᶠτὴν εἰς πάντας τοὺς ἁγίους, 5 διὰ τὴν ἐλπίδα τὴν ἀποκειμένην ὑμῖν ἐν τοῖς οὐρανοῖς, ἣν προηκούσατε ἐν τῷ λόγῳ τῆς ἀληθείας τοῦ εὐαγγελίου 6 τοῦ παρόντος εἰς ὑμᾶς, καθὼς καὶ ἐν παντὶ τῷ κόσμῳ, °καί ἐστι καρποφορούμενον καὶ αὐξανόμενον,[1] καθὼς καὶ ἐν ὑμῖν, ἀφ᾽ ἧς ἡμέρας ἠκούσατε καὶ ἐπέγνωτε τὴν χάριν τοῦ Θεοῦ ἐν ἀληθείᾳ· 7 καθὼς °καὶ ἐμάθετε ἀπὸ Ἐπαφρᾶ τοῦ ἀγαπητοῦ συνδούλου ἡμῶν, ὅς ἐστι πιστὸς ὑπὲρ ὑμῶν διάκονος τοῦ Χριστοῦ, 8 ὁ καὶ δηλώσας ἡμῖν τὴν ὑμῶν ἀγάπην ἐν Πνεύματι.

In Colossians 𝕲 = 𝔭⁴⁶𝕏BAC

[1]6 και αυξανομενον Mᵖᵗ𝕲, Cr vs — Mᵖᵗ, TR

---

1 ᶠ𝕲 (h.C) vs 𝕸   2 ·Κολοσσαις 𝕏B vs 𝕸   2 □B vs M𝕏AC
3 °BC* vs 𝕸𝕏A   4 ᶠην εχετε 𝕏AC vs M; (−B)   6 °𝕲 vs 𝕸
7 °𝕲 vs 𝕸

Christ Preeminent

9 Διὰ τοῦτο καὶ ἡμεῖς, ἀφ᾽ ἧς ἡμέρας ἠκούσαμεν, οὐ παυόμεθα ὑπὲρ ὑμῶν προσευχόμενοι, καὶ αἰτούμενοι ἵνα πληρωθῆτε τὴν ἐπίγνωσιν τοῦ θελήματος αὐτοῦ ἐν πάσῃ σοφίᾳ καὶ συνέσει πνευματικῇ, **10** περιπατῆσαι °ὑμᾶς ἀξίως τοῦ Κυρίου εἰς πᾶσαν ἀρεσκείαν, ἐν παντὶ ἔργῳ ἀγαθῷ καρποφοροῦντες καὶ αὐξανόμενοι ⸆εἰς τὴν ἐπίγνωσιν⸅ τοῦ Θεοῦ, **11** ἐν πάσῃ δυνάμει δυναμούμενοι κατὰ τὸ κράτος τῆς δόξης αὐτοῦ εἰς πᾶσαν ὑπομονὴν καὶ μακροθυμίαν μετὰ χαρᾶς, **12** εὐχαριστοῦντες τῷ[1] Πατρὶ τῷ ἱκανώσαντι ⸆ἡμᾶς εἰς τὴν μερίδα τοῦ κλήρου τῶν ἁγίων ἐν τῷ φωτί, **13** ὃς ἐρρύσατο ἡμᾶς ἐκ τῆς ἐξουσίας τοῦ σκότους καὶ μετέστησεν εἰς τὴν βασιλείαν τοῦ Υἱοῦ τῆς ἀγάπης αὐτοῦ, **14** ἐν ᾧ ἔχομεν τὴν ἀπολύτρωσιν,[2] τὴν ἄφεσιν τῶν ἁμαρτιῶν· **15** ὅς ἐστιν εἰκὼν τοῦ Θεοῦ τοῦ ἀοράτου, πρωτότοκος πάσης κτίσεως, **16** ὅτι ἐν αὐτῷ ἐκτίσθη τὰ πάντα, °¹τὰ ἐν τοῖς οὐρανοῖς καὶ °²τὰ ἐπὶ τῆς γῆς, τὰ ὁρατὰ καὶ τὰ ἀόρατα, εἴτε θρόνοι εἴτε κυριότητες εἴτε ἀρχαὶ εἴτε ἐξουσίαι· τὰ πάντα δι᾽ αὐτοῦ καὶ εἰς αὐτὸν ἔκτισται, **17** καὶ αὐτός ἐστι πρὸ πάντων καὶ τὰ πάντα ἐν αὐτῷ συνέστηκε. **18** Καὶ αὐτός ἐστιν ἡ κεφαλὴ τοῦ σώματος, τῆς ἐκκλησίας· ὅς ἐστιν ἀρχή, πρωτότοκος ἐκ τῶν νεκρῶν, ἵνα γένηται ἐν πᾶσιν αὐτὸς πρωτεύων, **19** ὅτι ἐν αὐτῷ εὐδόκησε πᾶν τὸ Πλήρωμα κατοικῆσαι, **20** καὶ δι᾽ αὐτοῦ ἀποκαταλλάξαι τὰ πάντα εἰς αὐτόν, εἰρηνοποιήσας διὰ τοῦ αἵματος τοῦ σταυροῦ αὐτοῦ, δι᾽ αὐτοῦ,[3] εἴτε τὰ ἐπὶ τῆς γῆς εἴτε τὰ ἐπὶ[4] τοῖς οὐρανοῖς.

Reconciled Through Christ

21 Καὶ ὑμᾶς ποτε ὄντας ἀπηλλοτριωμένους καὶ ἐχθροὺς τῇ διανοίᾳ ἐν τοῖς ἔργοις τοῖς πονηροῖς, νυνὶ δὲ

---

[1]12 τω 𝕸ᵖᵗ𝕲, TR Cr vs +Θεω και 𝕸ᵖᵗ vs +Θεω ℵ

[2]14 απολυτρωσιν 𝕸ᵖᵗ𝕲 (h.𝔭⁴⁶), Cr vs + δια του αιματος αυτου 𝕸ᵖᵗ, TR

[3]20 δι αυτου 𝕸𝕲, TR [Cr] vs – 𝕸ᶜB

[4]20 επι 𝕸ᵖᵗ vs εν 𝕸ᵖᵗ𝕲, TR Cr

10 °𝕲 vs 𝕸　　　10 ⸆τη επιγνωσει 𝕲 vs 𝕸

12 ⸆υμας ℵB vs 𝕸 AC　　16 °¹ ²𝔭⁴⁶ℵ*B vs 𝕸 AC

ἀποκατήλλαξεν 22 ἐν τῷ σώματι τῆς σαρκὸς αὐτοῦ διὰ τοῦ θανάτου,¹ παραστῆσαι ὑμᾶς ἁγίους καὶ ἀμώμους καὶ ἀνεγκλήτους κατενώπιον αὐτοῦ, 23 εἴ γε ἐπιμένετε τῇ πίστει τεθεμελιωμένοι καὶ ἑδραῖοι καὶ μὴ μετακινούμενοι ἀπὸ τῆς ἐλπίδος τοῦ εὐαγγελίου οὗ ἠκούσατε, τοῦ κηρυχθέντος ἐν πάσῃ °τῇ κτίσει τῇ ὑπὸ τὸν οὐρανόν, οὗ ἐγενόμην ἐγὼ Παῦλος διάκονος.

Paul's Sacrificial Service for Christ

24 Νῦν χαίρω ἐν τοῖς παθήμασι² ὑπὲρ ὑμῶν, καὶ ἀντ-αναπληρῶ τὰ ὑστερήματα τῶν θλίψεων τοῦ Χριστοῦ ἐν τῇ σαρκί μου ὑπὲρ τοῦ σώματος αὐτοῦ, ὅ ἐστιν ἡ ἐκκλησία, 25 ἧς ἐγενόμην ἐγὼ διάκονος κατὰ τὴν οἰκονομίαν τοῦ Θεοῦ τὴν δοθεῖσάν μοι εἰς ὑμᾶς πληρῶσαι τὸν λόγον τοῦ Θεοῦ, 26 τὸ μυστήριον τὸ ἀποκεκρυμμένον ἀπὸ τῶν αἰώνων καὶ ἀπὸ τῶν γενεῶν − ⌜νυνὶ δὲ ἐφανερώθη τοῖς ἁγίοις αὐτοῦ, 27 οἷς ἠθέλησεν ὁ Θεὸς γνωρίσαι τί τὸ³ πλοῦτος τῆς δόξης τοῦ μυστηρίου τούτου ἐν τοῖς ἔθνεσιν, ⌜ὅς ἐστι Χριστὸς ἐν ὑμῖν, ἡ ἐλπὶς τῆς δόξης· 28 ὃν ἡμεῖς καταγγέλλομεν, νουθετοῦντες πάντα ἄνθρωπον καὶ διδάσκοντες πάντα ἄνθρωπον ἐν πάσῃ σοφίᾳ, ἵνα παραστήσωμεν πάντα ἄνθρωπον⁴ τέλειον ἐν Χριστῷ °Ἰησοῦ· 29 εἰς ὃ καὶ κοπιῶ, ἀγωνιζόμενος κατὰ τὴν ἐνέργειαν αὐτοῦ τὴν ἐνεργουμένην ἐν ἐμοὶ ἐν δυνάμει.

2 Θέλω γὰρ ὑμᾶς εἰδέναι ἡλίκον ἀγῶνα ἔχω ⌜¹περὶ ὑμῶν καὶ τῶν ἐν Λαοδικείᾳ καὶ ὅσοι οὐχ ⌜²ἑωράκασι τὸ πρόσωπόν μου ἐν σαρκί, 2 ἵνα παρακληθῶσιν αἱ καρδίαι αὐτῶν, ⌜συμβιβασθέντων ἐν ἀγάπῃ, καὶ εἰς ⌜πάντα

---

¹22 θανατου M^pt𝔭⁴⁶vidBC, TR Cr vs +αυτου M^pt𝔵A
²24 παθημασι 𝔐𝕮 (h.𝔭⁴⁶), Cr vs +μου, TR
³27 τι το M𝔭⁴⁶BA, Cr vs τις ο 𝔵C, TR
⁴28 παντα ανθρωπον M𝕮, TR Cr vs −M^c

---

23 °𝕮 vs 𝔐   26 ⌜νυν 𝔵BC vs 𝔐A   27 ⌜ο 𝔭⁴⁶BA, vs 𝔐𝔵C
28 °𝕮 vs 𝔐   1 ⌜¹υπερ 𝕮 vs 𝔐
1 ⌜²εορακαν 𝔭⁴⁶𝔵*C (εωρακαν BA) vs 𝔐
2 ⌜συμβιβασθεντες 𝔵*BA (𝔭⁴⁶) (C) vs 𝔐
2 ⌜παν πλουτος 𝔭⁴⁶𝔵*B (παν το πλουτος AC) vs 𝔐

πλοῦτον⌝ τῆς πληροφορίας τῆς συνέσεως, εἰς ἐπίγνωσιν
τοῦ μυστηρίου τοῦ Θεοῦ □καὶ Πατρὸς καὶ τοῦ\ Χριστοῦ, 3 ἐν
ᾧ εἰσι πάντες οἱ θησαυροὶ τῆς σοφίας καὶ °τῆς γνώσεως
ἀπόκρυφοι.

Walk in Christ, Not Philosophy

4 Τοῦτο °δὲ λέγω ἵνα ⌜μή τις⌝ ὑμᾶς παραλογίζηται ἐν
πιθανολογίᾳ. 5 Εἰ γὰρ καὶ τῇ σαρκὶ ἄπειμι, ἀλλὰ τῷ
πνεύματι σὺν ὑμῖν εἰμι, χαίρων καὶ βλέπων ὑμῶν τὴν τάξιν
καὶ τὸ στερέωμα τῆς εἰς Χριστὸν πίστεως ὑμῶν.
6 Ὡς οὖν παρελάβετε τὸν Χριστὸν Ἰησοῦν τὸν Κύριον,
ἐν αὐτῷ περιπατεῖτε, 7 ἐρριζωμένοι καὶ ἐποικοδομούμενοι
ἐν αὐτῷ καὶ βεβαιούμενοι ⌜ἐν τῇ⌝ πίστει, καθὼς ἐδιδάχθητε,
περισσεύοντες □ἐν αὐτῇ\ ἐν εὐχαριστίᾳ. 8 Βλέπετε μή τις
ὑμᾶς ἔσται ὁ συλαγωγῶν διὰ τῆς φιλοσοφίας καὶ κενῆς
ἀπάτης, κατὰ τὴν παράδοσιν τῶν ἀνθρώπων, κατὰ τὰ
στοιχεῖα τοῦ κόσμου καὶ οὐ κατὰ Χριστόν. 9 Ὅτι ἐν αὐτῷ
κατοικεῖ πᾶν τὸ Πλήρωμα τῆς Θεότητος σωματικῶς, 10 καί
ἐστε ἐν αὐτῷ πεπληρωμένοι, ὅς ἐστιν ἡ κεφαλὴ πάσης
ἀρχῆς καὶ ἐξουσίας, 11 ἐν ᾧ καὶ περιετμήθητε περιτομῇ
ἀχειροποιήτῳ ἐν τῇ ἀπεκδύσει τοῦ σώματος □τῶν
ἁμαρτιῶν\ τῆς σαρκός, ἐν τῇ περιτομῇ τοῦ Χριστοῦ,
12 συνταφέντες αὐτῷ ἐν τῷ ⌜βαπτίσματι, ἐν ᾧ καὶ
συνηγέρθητε διὰ τῆς πίστεως τῆς ἐνεργείας τοῦ Θεοῦ τοῦ
ἐγείραντος αὐτὸν ἐκ τῶν[1] νεκρῶν. 13 Καὶ ὑμᾶς, νεκροὺς
ὄντας ἐν[2] τοῖς παραπτώμασι καὶ τῇ ἀκροβυστίᾳ τῆς
σαρκὸς ὑμῶν, συνεζωοποίησε ὑμᾶς[3] σὺν αὐτῷ, χαρι-
σάμενος ἡμῖν πάντα τὰ παραπτώματα, 14 ἐξαλείψας
τὸ καθ᾽ ἡμῶν χειρόγραφον τοῖς δόγμασιν ὃ ἦν ὑπεναντίον
ἡμῖν, καὶ αὐτὸ ἦρκεν[4] ἐκ τοῦ μέσου προσηλώσας αὐτὸ τῷ

---

[1]12 των M^{pt}B, TR vs – M^{pt}Ϲ, Cr
[2]13 εν $M^{pt}𝔭^{46}$AC, TR [Cr] vs – M^{pt}א*B
[3]13 υμας M^{pt}א*AC, Cr vs ημας $M^{pt}𝔭^{46}$B vs – M^{pt}, TR
[4]14 ηρκεν MϹ, TR Cr vs ηρεν M^{c}

---

2 □$𝔭^{46}$B vs 𝔐 (Πατρος του AC; Πατρος א*) 3 °Ϲ vs 𝔐A
4 °Ϲ vs 𝔐C 4 ⌜μηδεις Ϲ (h.$𝔭^{46}$) vs 𝔐
7 ⌜τη B vs 𝔐א; (εν AC) 7 □א*AC vs 𝔐B 11 □Ϲ vs 𝔐
12 ⌜βαπτισμω $𝔭^{46}$B vs 𝔐א*AC

σταυρῷ· 15 ἀπεκδυσάμενος τὰς ἀρχὰς καὶ τὰς ἐξουσίας ἐδειγμάτισεν ἐν παρρησίᾳ, θριαμβεύσας αὐτοὺς ἐν αὐτῷ.

Follow Christ, Not Legalism

16 Μὴ οὖν τις ὑμᾶς κρινέτω ἐν βρώσει ⌐ἢ ἐν πόσει ἢ ἐν μέρει ἑορτῆς ἢ νουμηνίας ἢ σαββάτων, 17 ἅ ἐστι σκιὰ τῶν μελλόντων, τὸ δὲ σῶμα¹ Χριστοῦ. 18 Μηδεὶς ὑμᾶς καταβραβευέτω θέλων ἐν ταπεινοφροσύνῃ καὶ θρησκείᾳ τῶν ἀγγέλων, ἃ °μὴ ἑώρακεν ἐμβατεύων, εἰκῆ φυσιούμενος ὑπὸ τοῦ νοὸς τῆς σαρκὸς αὐτοῦ, 19 καὶ οὐ κρατῶν τὴν κεφαλήν, ἐξ οὗ πᾶν τὸ σῶμα, διὰ τῶν ἀφῶν καὶ συνδέσμων ἐπιχορηγούμενον καὶ συμβιβαζόμενον, αὔξει τὴν αὔξησιν τοῦ Θεοῦ.

20 Εἰ ἀπεθάνετε² σὺν³ Χριστῷ ἀπὸ τῶν στοιχείων τοῦ κόσμου, τί, ὡς ζῶντες ἐν κόσμῳ, δογματίζεσθε, 21 "Μὴ ἅψῃ μηδὲ⁴ γεύσῃ μηδὲ⁴ θίγης," 22 ἅ ἐστι πάντα εἰς φθορὰν τῇ ἀποχρήσει, κατὰ τὰ ἐντάλματα καὶ διδασκαλίας τῶν ἀνθρώπων? 23 Ἅτινά ἐστι λόγον μὲν ἔχοντα σοφίας ἐν ἐθελοθρησκείᾳ καὶ ταπεινοφροσύνῃ °καὶ ἀφειδίᾳ σώματος, οὐκ ἐν τιμῇ τινι πρὸς πλησμονὴν τῆς σαρκός.

Seek Christ, Not Carnality

3 Εἰ οὖν συνηγέρθητε τῷ Χριστῷ, τὰ ἄνω ζητεῖτε, οὗ ὁ Χριστός ἐστιν ἐν δεξιᾷ τοῦ Θεοῦ καθήμενος. 2 Τὰ ἄνω φρονεῖτε, μὴ τὰ ἐπὶ τῆς γῆς. 3 Ἀπεθάνετε γάρ, καὶ ἡ ζωὴ ὑμῶν κέκρυπται σὺν τῷ Χριστῷ ἐν τῷ⁵ Θεῷ. 4 Ὅταν ὁ Χριστὸς φανερωθῇ, ἡ ζωὴ ⌐ἡμῶν, τότε καὶ ὑμεῖς σὺν αὐτῷ φανερωθήσεσθε ἐν δόξῃ.

---

¹17 σωμα M𝔭⁴⁶ vs +του 𝔊, TR Cr
²20 απεθανετε M𝔭ᵗBAC, Cr vs ουν απεθανετε M𝔭ᵗ, TR vs απεθανετε ουν M𝔭ᵗ vs αποθανετε ουν א*
³20 συν 𝔐𝔊 (h.𝔭⁴⁶), Cr vs +τω TR
⁴21 μηδε M𝔊 (h.𝔭⁴⁶), TR Cr vs μη Mᶜ
⁵3 τω M𝔭ᵗ𝔊, TR Cr vs − M𝔭ᵗ

---

16 ⌐και 𝔭⁴⁶B vs 𝔐אAC   18 °𝔊 vs 𝔐C
23 °𝔭⁴⁶B vs 𝔐 אAC, [Cr]   4 ⌐υμων 𝔭⁴⁶אC vs MB

5 Νεκρώσατε οὖν τὰ μέλη ᵒὑμῶν τὰ ἐπὶ τῆς γῆς· πορνείαν, ἀκαθαρσίαν, πάθος, ἐπιθυμίαν κακήν, καὶ τὴν πλεονεξίαν ἥτις ἐστὶν εἰδωλολατρεία, 6 δι᾽ ἃ ἔρχεται ἡ ὀργὴ τοῦ Θεοῦ ᴰἐπὶ τοὺς υἱοὺς τῆς ἀπειθείας,ˋ 7 ἐν οἷς καὶ ὑμεῖς περιεπατήσατέ ποτε ὅτε ἐζῆτε ἐν ˹αὐτοῖς. 8 Νυνὶ δὲ ἀπόθεσθε καὶ ὑμεῖς τὰ πάντα· ὀργήν, θυμόν, κακίαν, βλασφημίαν, αἰσχρολογίαν ἐκ τοῦ στόματος ὑμῶν. 9 Μὴ ψεύδεσθε εἰς ἀλλήλους, ἀπεκδυσάμενοι τὸν παλαιὸν ἄνθρωπον σὺν ταῖς πράξεσιν αὐτοῦ, 10 καὶ ἐνδυσάμενοι τὸν νέον τὸν ἀνακαινούμενον εἰς ἐπίγνωσιν κατ᾽ εἰκόνα τοῦ κτίσαντος αὐτόν, 11 ὅπου οὐκ ἔνι Ἕλλην καὶ Ἰουδαῖος, περιτομὴ καὶ ἀκροβυστία, βάρβαρος, Σκύθης, δοῦλος, ἐλεύθερος, ἀλλὰ ᵒτὰ πάντα καὶ ἐν πᾶσι Χριστός.

The Characteristics of Christ

12 Ἐνδύσασθε οὖν ὡς ἐκλεκτοὶ τοῦ Θεοῦ, ἅγιοι καὶ ἠγαπημένοι, σπλάγχνα οἰκτιρμοῦ[1], χρηστότητα, ταπεινοφροσύνην, •πραότητα, μακροθυμίαν, 13 ἀνεχόμενοι ἀλλήλων καὶ χαριζόμενοι ἑαυτοῖς ἐάν τις πρός τινα ἔχῃ μομφήν· καθὼς καὶ ὁ ˹Χριστὸς ἐχαρίσατο ὑμῖν[2] οὕτω καὶ ὑμεῖς· 14 ἐπὶ πᾶσι δὲ τούτοις τὴν ἀγάπην, ˹ἥτις ἐστὶ σύνδεσμος τῆς τελειότητος. 15 Καὶ ἡ εἰρήνη τοῦ ˹Θεοῦ βραβευέτω ἐν ταῖς καρδίαις ὑμῶν, εἰς ἣν καὶ ἐκλήθητε ἐν ἑνὶ σώματι· καὶ εὐχάριστοι γίνεσθε. 16 Ὁ λόγος τοῦ Χριστοῦ ἐνοικείτω ἐν ὑμῖν πλουσίως, ἐν πάσῃ σοφίᾳ διδάσκοντες καὶ νουθετοῦντες ἑαυτοὺς ψαλμοῖς ᵒ¹καὶ ὕμνοις ᵒ²καὶ ᾠδαῖς πνευματικαῖς ἐν ᵀ χάριτι ᾄδοντες ἐν ˹τῇ καρδίᾳˋ ὑμῶν τῷ ˹Κυρίῳ. 17 Καὶ πᾶν ὅ τι ˹ἂν ποιῆτε ἐν λόγῳ ἢ ἐν

---

[1]12 οικτιρμου Mᵖᵗ𝕲 (h.𝔭⁴⁶), Cr vs οικτιρμων Mᵖᵗ, TR
[2]13 υμιν M𝕲 (h.𝔭⁴⁶), TR Cr vs ημιν Mᶜ

---

5 ᵒ𝕲 vs 𝔐A   6 ᴰ𝔭⁴⁶B vs 𝔐א AC, [Cr]   7 ˹τουτοις 𝕲 vs 𝔐
11 ᵒא*AC vs 𝔐B, [Cr]   12 •πραυτητα 𝕲 (h.𝔭⁴⁶) vs 𝔐
13 ˹Κυριος 𝔭⁴⁶BA vs 𝔐C; (Θεος א*)   14 ˹ο BAC (ος א*) vs 𝔐
15 ˹Χριστου 𝕲 (h.𝔭⁴⁶) vs 𝔐   16 ᵒ¹𝕲 vs 𝔐   16 ᵒ²𝕲 vs 𝔐A
16 ᵀτη 𝔭⁴⁶B, [Cr] vs 𝔐א*AC   16 ˹ταις καρδιαις 𝕲 vs 𝔐
16 ˹Θεω 𝕲 vs 𝔐   17 ˹εαν 𝔭⁴⁶B vs 𝔐א AC

ἔργῳ, πάντα ἐν ὀνόματι Κυρίου Ἰησοῦ, εὐχαριστοῦντες τῷ Θεῷ °καὶ Πατρὶ δι᾿ αὐτοῦ.

Serve Christ in Your Home

18 Αἱ γυναῖκες, ὑποτάσσεσθε τοῖς ἰδίοις[1] ἀνδράσιν, ὡς ἀνῆκεν ἐν Κυρίῳ. **19** Οἱ ἄνδρες, ἀγαπᾶτε τὰς γυναῖκας καὶ μὴ πικραίνεσθε πρὸς αὐτάς. **20** Τὰ τέκνα, ὑπακούετε τοῖς γονεῦσι κατὰ πάντα, τοῦτο γάρ ᶠἐστιν εὐάρεστον᷉ ἐν[2] Κυρίῳ. **21** Οἱ πατέρες, μὴ ἐρεθίζετε τὰ τέκνα ὑμῶν, ἵνα μὴ ἀθυμῶσιν. **22** Οἱ δοῦλοι, ὑπακούετε κατὰ πάντα τοῖς κατὰ σάρκα κυρίοις, μὴ ἐν ᴦ¹ὀφθαλμοδουλείαις ὡς ἀνθρωπάρεσκοι, ἀλλ᾿ ἐν ἁπλότητι καρδίας, φοβούμενοι τὸν ᴦ²Θεόν. **23** ʽΚαὶ πᾶν ὅ τι᷉ ἐὰν ποιῆτε, ἐκ ψυχῆς ἐργάζεσθε, ὡς τῷ Κυρίῳ καὶ οὐκ ἀνθρώποις, **24** εἰδότες ὅτι ἀπὸ Κυρίου λήψεσθε[3] τὴν ἀνταπόδοσιν τῆς κληρονομίας. Τῷ °γὰρ Κυρίῳ Χριστῷ δουλεύετε. **25** ʽΟ ᴦ¹δὲ ἀδικῶν ᴦ²κομιεῖται ὃ ἠδίκησε, καὶ οὐκ ἔστι προσωποληψία.

4 Οἱ κύριοι, τὸ δίκαιον καὶ τὴν ἰσότητα τοῖς δούλοις παρέχεσθε,[4] εἰδότες ὅτι καὶ ὑμεῖς ἔχετε Κύριον ἐν ᴦοὐρανοῖς.

Manifest Christlikeness

2 Τῇ προσευχῇ προσκαρτερεῖτε, γρηγοροῦντες ἐν αὐτῇ ἐν εὐχαριστίᾳ, **3** προσευχόμενοι ἅμα καὶ περὶ ἡμῶν, ἵνα ὁ Θεὸς ἀνοίξῃ ἡμῖν θύραν τοῦ λόγου, λαλῆσαι τὸ μυστήριον τοῦ Χριστοῦ, δι᾿ ὃ καὶ δέδεμαι, **4** ἵνα φανερώσω αὐτὸ ὡς δεῖ με λαλῆσαι. **5** Ἐν σοφίᾳ περιπατεῖτε πρὸς τοὺς ἔξω,

---

¹18 ιδιοις Mᵖᵗ, TR vs — MᵖᵗG, Cr
²20 εν 𝕸G, Cr vs τω TR
³24 λη(μ)ψεσθε 𝕸𝔭⁴⁶ vs απολη(μ)ψεσθε ℵ*BC*, TR Cr
⁴1 παρεχεσθε MᵖᵗℵBA, TR Cr vs παρεχετε MᵖᵗC

17 °G (𝔭⁴⁶ᵛⁱᵈ) vs 𝕸   20 ᶠG vs 𝕸
22 ᴦ¹οφθαλμοδουλια 𝔭⁴⁶BA vs MℵC   22 ᴦ²Κυριον G vs 𝕸𝔭⁴⁶
23 ᶠο G vs 𝕸   24 °G vs 𝕸   25 ᴦ¹γαρ G (h.𝔭⁴⁶) vs 𝕸
25 ᴦ²κομισεται B vs 𝕸ℵ*AC   1 ᴦουρανω G (h.𝔭⁴⁶) vs 𝕸

τὸν καιρὸν ἐξαγοραζόμενοι. 6 Ὁ λόγος ὑμῶν πάντοτε ἐν χάριτι, ἅλατι ἠρτυμένος, εἰδέναι πῶς δεῖ ὑμᾶς ἑνὶ ἑκάστῳ ἀποκρίνεσθαι.

Servants of Christ Send Greetings

7 Τὰ κατ᾽ ἐμὲ πάντα γνωρίσει ὑμῖν Τυχικός, ὁ ἀγαπητὸς ἀδελφὸς καὶ πιστὸς διάκονος καὶ σύνδουλος ἐν Κυρίῳ, 8 ὃν ἔπεμψα πρὸς ὑμᾶς εἰς αὐτὸ τοῦτο, ἵνα ⌐1γνῷ τὰ περὶ ⌐2ὑμῶν καὶ παρακαλέσῃ τὰς καρδίας ὑμῶν, 9 σὺν Ὀνησίμῳ, τῷ πιστῷ καὶ ἀγαπητῷ ἀδελφῷ, ὅς ἐστιν ἐξ ὑμῶν. Πάντα ὑμῖν ⌐γνωριοῦσι τὰ ὧδε.

10 Ἀσπάζεται ὑμᾶς Ἀρίσταρχος ὁ συναιχμάλωτός μου, καὶ Μᾶρκος ὁ ἀνεψιὸς Βαρναβᾶ (περὶ οὗ ἐλάβετε ἐντολάς, ἐὰν ἔλθῃ πρὸς ὑμᾶς, δέξασθε αὐτόν), 11 καὶ Ἰησοῦς ὁ λεγόμενος Ἰοῦστος, οἱ ὄντες ἐκ περιτομῆς· οὗτοι μόνοι συνεργοὶ εἰς τὴν βασιλείαν τοῦ Θεοῦ, οἵτινες ἐγενήθησάν μοι παρηγορία. 12 Ἀσπάζεται ὑμᾶς Ἐπαφρᾶς ὁ ἐξ ὑμῶν, δοῦλος Χριστοῦ ᵀ, πάντοτε ἀγωνιζόμενος ὑπὲρ ὑμῶν ἐν ταῖς προσευχαῖς, ἵνα ⌐1σταθῆτε τέλειοι καὶ ⌐2πεπληρωμένοι ἐν παντὶ θελήματι τοῦ Θεοῦ. 13 Μαρτυρῶ γὰρ αὐτῷ ὅτι ἔχει ⌐ζῆλον πολὺν⌐ ὑπὲρ ὑμῶν καὶ τῶν ἐν Λαοδικείᾳ καὶ τῶν ἐν Ἱεραπόλει. 14 Ἀσπάζεται ὑμᾶς Λουκᾶς ὁ ἰατρὸς ὁ ἀγαπητός, καὶ Δημᾶς. 15 Ἀσπάσασθε τοὺς ἐν Λαοδικείᾳ ἀδελφοὺς καὶ Νυμφᾶν καὶ τὴν κατ᾽ οἶκον ⌐αὐτοῦ ἐκκλησίαν. 16 Καὶ ὅταν ἀναγνωσθῇ παρ᾽ ὑμῖν ἡ ἐπιστολή, ποιήσατε ἵνα καὶ ἐν τῇ Λαοδικέων¹ ἐκκλησίᾳ ἀναγνωσθῇ, καὶ τὴν ἐκ Λαοδικείας ἵνα καὶ ὑμεῖς ἀναγνῶτε. 17 Καὶ εἴπατε Ἀρχίππῳ, "Βλέπε τὴν διακονίαν ἣν παρέλαβες ἐν Κυρίῳ, ἵνα αὐτὴν πληροῖς."

18 Ὁ ἀσπασμὸς τῇ ἐμῇ χειρὶ Παύλου. Μνημονεύετέ μου τῶν δεσμῶν. Ἡ χάρις μεθ᾽ ὑμῶν. ⌐Ἀμήν.

---

¹16 Λαοδικεων M^pt B, TR Cr vs Λαοδικαιων M^pt אAC

8 ⌐1γνωτε א*BA vs 𝔐 𝔭⁴⁶C   8 ⌐2ημων BA vs 𝔐 𝔭⁴⁶א*C
9 ⌐γνωρισουσιν 𝔭⁴⁶B vs 𝔐 א*AC   12 ᵀIησου 𝔊, [Cr] vs 𝔐 𝔭⁴⁶
12 ⌐1σταθητε 𝔭⁴⁶ᵛⁱᵈא*B vs 𝔐AC
12 ⌐2πεπληροφορημενοι 𝔊 vs 𝔐 𝔭⁴⁶
13 ⌐πολυν πονον 𝔊 (h.𝔭⁴⁶) vs 𝔐
15 ⌐αυτης B vs M, (αυτων אAC)   18 ⌐𝔊 (h.𝔭⁴⁶) vs 𝔐

ΠΡΟΣ ΘΕΣΣΑΛΟΝΙΚΕΙΣ Α

Paul Greets the Thessalonian Church

ΠΑΥΛΟΣ καὶ Σιλουανὸς καὶ Τιμόθεος,
Τῇ ἐκκλησίᾳ Θεσσαλονικέων ἐν Θεῷ Πατρὶ καὶ Κυρίῳ
Ἰησοῦ Χριστῷ·
Χάρις ὑμῖν καὶ εἰρήνη □ἀπὸ Θεοῦ Πατρὸς ἡμῶν καὶ Κυρίου
Ἰησοῦ Χριστοῦ.`

Paul Praises the Thessalonians' Example

2 Εὐχαριστοῦμεν τῷ Θεῷ πάντοτε περὶ πάντων ὑμῶν,
μνείαν °ὑμῶν ποιούμενοι ἐπὶ τῶν προσευχῶν ἡμῶν,
3 ἀδιαλείπτως μνημονεύοντες ὑμῶν τοῦ ἔργου τῆς πίστεως
καὶ τοῦ κόπου τῆς ἀγάπης καὶ τῆς ὑπομονῆς τῆς ἐλπίδος
τοῦ Κυρίου ἡμῶν Ἰησοῦ Χριστοῦ ἔμπροσθεν τοῦ Θεοῦ καὶ
Πατρὸς ἡμῶν, 4 εἰδότες, ἀδελφοὶ ἠγαπημένοι ὑπὸ ᵀΘεοῦ,
τὴν ἐκλογὴν ὑμῶν. 5 Ὅτι τὸ εὐαγγέλιον ἡμῶν οὐκ ἐγενήθη
εἰς ὑμᾶς ἐν λόγῳ μόνον, ἀλλὰ καὶ ἐν δυνάμει καὶ ἐν
Πνεύματι Ἁγίῳ °¹καὶ ἐν πληροφορίᾳ πολλῇ, καθὼς οἴδατε
οἷοι ἐγενήθημεν °²ἐν ὑμῖν δι' ὑμᾶς. 6 Καὶ ὑμεῖς μιμηταὶ ἡμῶν
ἐγενήθητε καὶ τοῦ Κυρίου, δεξάμενοι τὸν λόγον ἐν θλίψει
πολλῇ μετὰ χαρᾶς Πνεύματος Ἁγίου, 7 ὥστε γενέσθαι
ὑμᾶς ⌜τύπους πᾶσι τοῖς πιστεύουσιν ἐν τῇ Μακεδονίᾳ καὶ¹
τῇ² Ἀχαΐᾳ. 8 Ἀφ' ὑμῶν γὰρ ἐξήχηται ὁ λόγος τοῦ Κυρίου

In 1 Thessalonians 𝔊 = 𝔭⁴⁶𝘕BAC

¹7 και Mᵖᵗ ᵛⁱᵈ, TR vs + εν Mᵖᵗ ᵛⁱᵈ 𝔊 (h.𝔭⁴⁶), Cr
²7 τη Mᵖᵗ𝔊 (h.𝔭⁴⁶), TR Cr vs − Mᵖᵗ

---

1 □B vs 𝔐𝘕A   2 °𝘕*BA vs 𝔐C   4 ᵀτου 𝘕AC, [Cr] vs MB
5 °¹ 𝘕B vs 𝔐AC, [Cr]   5 °²𝘕AC vs 𝔐B, [Cr]   7 ⌜τυπον B vs 𝔐𝘕AC

612

οὐ μόνον ἐν τῇ Μακεδονίᾳ καὶ ἐν τῇ¹ Ἀχαΐᾳ, ἀλλὰ °καὶ ἐν παντὶ τόπῳ ἡ πίστις ὑμῶν ἡ πρὸς τὸν Θεὸν ἐξελήλυθεν, ὥστε μὴ χρείαν ⸂ἡμᾶς ἔχειν⸃ λαλεῖν τι. 9 Αὐτοὶ γὰρ περὶ ἡμῶν² ἀπαγγέλλουσιν ὁποίαν εἴσοδον ἔσχομεν³ πρὸς ὑμᾶς, καὶ πῶς ἐπεστρέψατε πρὸς τὸν Θεὸν ἀπὸ τῶν εἰδώλων δουλεύειν Θεῷ ζῶντι καὶ ἀληθινῷ, 10 καὶ ἀναμένειν τὸν Υἱὸν αὐτοῦ ἐκ τῶν οὐρανῶν, ὃν ἤγειρεν ἐκ τῶν⁴ νεκρῶν, Ἰησοῦν τὸν ῥυόμενον ἡμᾶς ⸀ἀπὸ τῆς ὀργῆς τῆς ἐρχομένης.

Paul's Conduct in Thessalonica

2 Αὐτοὶ γὰρ οἴδατε, ἀδελφοί, τὴν εἴσοδον ἡμῶν τὴν πρὸς ὑμᾶς ὅτι οὐ κενὴ γέγονεν. 2 Ἀλλὰ⁵ προπαθόντες καὶ ὑβρισθέντες, καθὼς οἴδατε, ἐν Φιλίπποις, ἐπαρρησιασάμεθα ἐν τῷ Θεῷ ἡμῶν λαλῆσαι πρὸς ὑμᾶς τὸ εὐαγγέλιον τοῦ Θεοῦ ἐν πολλῷ ἀγῶνι. 3 Ἡ γὰρ παράκλησις ἡμῶν οὐκ ἐκ πλάνης οὐδὲ ἐξ ἀκαθαρσίας ⸀οὔτε ἐν δόλῳ, 4 ἀλλὰ καθὼς δεδοκιμάσμεθα ὑπὸ τοῦ Θεοῦ πιστευθῆναι τὸ εὐαγγέλιον οὕτω λαλοῦμεν, οὐχ ὡς ἀνθρώποις ἀρέσκοντες, ἀλλὰ °τῷ Θεῷ τῷ δοκιμάζοντι τὰς καρδίας ἡμῶν. 5 Οὔτε γάρ ποτε ἐν λόγῳ κολακείας ἐγενήθημεν, καθὼς οἴδατε, οὔτε ἐν προφάσει πλεονεξίας, Θεὸς μάρτυς, 6 οὔτε ζητοῦντες ἐξ ἀνθρώπων δόξαν, οὔτε ἀφ᾽ ὑμῶν οὔτε ἀπὸ⁶ ἄλλων, δυνάμενοι ἐν βάρει εἶναι ὡς Χριστοῦ ἀπόστολοι, 7 ἀλλ᾽ ἐγενήθημεν ⸂¹ἤπιοι ἐν μέσῳ ὑμῶν, ὡς ⸂²ἂν τροφὸς θάλπῃ τὰ ἑαυτῆς τέκνα. 8 Οὕτως ὁμειρόμενοι⁷ ὑμῶν, εὐδοκοῦμεν μεταδοῦναι ὑμῖν οὐ μόνον

---

¹8 εν τη Μ*C, [Cr] vs − B, TR vs − αφ υμων to Αχαια A
²9 ημων Μ*AC, TR Cr vs υμων Μ'B
³9 εσχομεν 𝔐𝕲 (h.𝔭⁴⁶), Cr vs εχομεν TR
⁴10 των 𝔐*B, [Cr] vs − AC, TR
⁵2 αλλα 𝔐𝕲, Cr vs +και TR
⁶6 απο 𝔐 vs απ 𝕲 (h.𝔭⁴⁶), TR Cr
⁷8 ομειρομενοι 𝔐𝕲 (h.𝔭⁴⁶), Cr vs ιμειρομενοι TR

---

8 °𝕲 (h.𝔭⁴⁶) vs 𝔐   8 ⸀εχειν ημας *AC (εχειν υμας B*) vs M
10 ⸀εκ *BA vs 𝔐C   3 ⸀ουδε 𝕲 (h.𝔭⁴⁶) vs 𝔐
4 °*BC vs 𝔐A   7 ⸂¹νηπιοι *BC* vs 𝔐A   7 ⸂²εαν BC vs 𝔐*A

τὸ εὐαγγέλιον τοῦ Θεοῦ, ἀλλὰ καὶ τὰς ἑαυτῶν ψυχάς, διότι ἀγαπητοὶ ἡμῖν ᵉγεγένησθε. 9 Μνημονεύετε γάρ, ἀδελφοί, τὸν κόπον ἡμῶν καὶ τὸν μόχθον· νυκτὸς ᵒγὰρ καὶ ἡμέρας ἐργαζόμενοι πρὸς τὸ μὴ ἐπιβαρῆσαί τινα ὑμῶν, ἐκηρύξαμεν εἰς ὑμᾶς τὸ εὐαγγέλιον τοῦ Θεοῦ. 10 Ὑμεῖς μάρτυρες καὶ ὁ Θεός, ὡς ὁσίως καὶ δικαίως καὶ ἀμέμπτως ὑμῖν τοῖς πιστεύουσιν ἐγενήθημεν, 11 καθάπερ οἴδατε ὡς ἕνα ἕκαστον ὑμῶν ὡς πατὴρ τέκνα ἑαυτοῦ, παρακαλοῦντες ὑμᾶς καὶ παραμυθούμενοι καὶ μαρτυρόμενοι¹ 12 εἰς τὸ ᵉπεριπατῆσαι ὑμᾶς ἀξίως τοῦ Θεοῦ τοῦ καλοῦντος ὑμᾶς εἰς τὴν ἑαυτοῦ βασιλείαν καὶ δόξαν.

The Conversion of the Thessalonians

13ᵀΔιὰ τοῦτο καὶ ἡμεῖς εὐχαριστοῦμεν τῷ Θεῷ ἀδιαλείπτως, ὅτι παραλαβόντες λόγον ἀκοῆς παρ᾽ ἡμῶν τοῦ Θεοῦ, ἐδέξασθε οὐ λόγον ἀνθρώπων, ἀλλὰ καθὼς ἐστιν ἀληθῶς, λόγον Θεοῦ, ὃς καὶ ἐνεργεῖται ἐν ὑμῖν τοῖς πιστεύουσιν. 14 Ὑμεῖς γὰρ μιμηταὶ ἐγενήθητε, ἀδελφοί, τῶν ἐκκλησιῶν τοῦ Θεοῦ τῶν οὐσῶν ἐν τῇ Ἰουδαίᾳ ἐν Χριστῷ Ἰησοῦ, ὅτι τὰ αὐτὰ² ἐπάθετε καὶ ὑμεῖς ὑπὸ τῶν ἰδίων συμφυλετῶν καθὼς καὶ αὐτοὶ ὑπὸ τῶν Ἰουδαίων, 15 τῶν καὶ τὸν Κύριον ἀποκτεινάντων Ἰησοῦν καὶ τοὺς ᵒἰδίους προφήτας, καὶ ἡμᾶς³ ἐκδιωξάντων, καὶ Θεῷ μὴ ἀρεσκόντων, καὶ πᾶσιν ἀνθρώποις ἐναντίων, 16 κωλυόντων ἡμᾶς τοῖς ἔθνεσι λαλῆσαι ἵνα σωθῶσιν, εἰς τὸ ἀναπληρῶσαι αὐτῶν τὰς ἁμαρτίας πάντοτε. Ἔφθασε δὲ ἐπ᾽ αὐτοὺς ἡ ὀργὴ εἰς τέλος.

Paul Longs to See the Thessalonians

17 Ἡμεῖς δέ, ἀδελφοί, ἀπορφανισθέντες ἀφ᾽ ὑμῶν πρὸς καιρὸν ὥρας, προσώπῳ οὐ καρδίᾳ, περισσοτέρως

---

¹11 και μαρτυρομενοι 𝔐אB, Cr vs και μαρτυρουμενοι TR vs — A
²14 τα αυτα 𝔐אB, Cr vs ταυτα A, TR
³15 ημας 𝔐אBA, Cr vs υμας TR

---

8 ᵉεγενηθητε 𝕲 (h.C) vs 𝔐   9 ᵒאBA vs 𝔐
12 ᵉπεριπατειν אBA vs 𝔐   13 ᵀκαι אBA vs 𝔐   15 ᵒאBA vs 𝔐

ἐσπουδάσαμεν τὸ πρόσωπον ὑμῶν ἰδεῖν ἐν πολλῇ
ἐπιθυμίᾳ. 18 ᴦΔιὸ ἠθελήσαμεν ἐλθεῖν πρὸς ὑμᾶς, ἐγὼ μὲν
Παῦλος καὶ ἅπαξ καὶ δίς, καὶ ἐνέκοψεν ἡμᾶς ὁ Σατανᾶς.
19 Τίς γὰρ ἡμῶν ἐλπὶς ἢ χαρὰ ἢ στέφανος καυχήσεως? ῍Η
οὐχὶ καὶ ὑμεῖς, ἔμπροσθεν τοῦ Κυρίου ἡμῶν ᾿Ιησοῦ¹ ἐν τῇ
αὐτοῦ παρουσίᾳ? 20 ῾Υμεῖς γάρ ἐστε ἡ δόξα ἡμῶν καὶ ἡ
χαρά.

Paul's Anxiety in Athens

3 Διὸ μηκέτι στέγοντες, εὐδοκήσαμεν καταλειφθῆναι ἐν
᾿Αθήναις μόνοι, 2 καὶ ἐπέμψαμεν Τιμόθεον, τὸν
ἀδελφὸν ἡμῶν καὶ ᴦδιάκονον τοῦ Θεοῦ καὶ συνεργὸν ἡμῶν᾽
ἐν τῷ εὐαγγελίῳ τοῦ Χριστοῦ, εἰς τὸ στηρίξαι ὑμᾶς καὶ
παρακαλέσαι °ὑμᾶς ᴦπερὶ τῆς πίστεως ὑμῶν 3 τὸ² μηδένα
σαίνεσθαι ἐν ταῖς θλίψεσι ταύταις. Αὐτοὶ γὰρ οἴδατε ὅτι εἰς
τοῦτο κείμεθα. 4 Καὶ γὰρ ὅτε πρὸς ὑμᾶς ἦμεν, προελέγομεν
ὑμῖν ὅτι μέλλομεν θλίβεσθαι, καθὼς καὶ ἐγένετο καὶ οἴδατε.
5 Διὰ τοῦτο κἀγὼ μηκέτι στέγων, ἔπεμψα εἰς τὸ γνῶναι
τὴν πίστιν ὑμῶν, μή πως ἐπείρασεν ὑμᾶς ὁ πειράζων καὶ
εἰς κενὸν γένηται ὁ κόπος ἡμῶν.

Paul Is Encouraged Through Timothy

6 ῎Αρτι δὲ ἐλθόντος Τιμοθέου πρὸς ἡμᾶς ἀφ᾿ ὑμῶν καὶ
εὐαγγελισαμένου ἡμῖν τὴν πίστιν καὶ τὴν ἀγάπην ὑμῶν, καὶ
ὅτι ἔχετε μνείαν ἡμῶν ἀγαθὴν πάντοτε, ἐπιποθοῦντες
ἡμᾶς ἰδεῖν καθάπερ καὶ ἡμεῖς ὑμᾶς, 7 διὰ τοῦτο
παρεκλήθημεν, ἀδελφοί, ἐφ᾿ ὑμῖν ἐπὶ πάσῃ τῇ ᴦθλίψει καὶ
ἀνάγκῃᴸ ἡμῶν διὰ τῆς ὑμῶν πίστεως. 8 ῞Οτι νῦν ζῶμεν ἐὰν
ὑμεῖς στήκετε³ ἐν Κυρίῳ. 9 Τίνα γὰρ εὐχαριστίαν δυνάμεθα

¹19 Ιησου M^pt אBA, Cr vs + Χριστου M^pt, TR
²3 το 𝕸 אBA, Cr vs τω TR
³8 στηκετε 𝕸 BA, Cr vs στηκητε א*, TR

18 ᴦδιοτι אBA vs 𝕸
2 ᴦσυνεργον του Θεου D* vs 𝕸 ; (διακονον του Θεου אA; συνερ-
γον B)　　　2 °אBA vs 𝕸
2 ᴦυπερ אBA vs M　　　7 ⁵321 אBA vs 𝕸

τῷ Θεῷ ἀνταποδοῦναι περὶ ὑμῶν ἐπὶ πάσῃ τῇ χαρᾷ ᾗ χαίρομεν δι᾽ ὑμᾶς ἔμπροσθεν τοῦ Θεοῦ ἡμῶν, **10** νυκτὸς καὶ ἡμέρας ὑπερεκπερισσοῦ δεόμενοι εἰς τὸ ἰδεῖν ὑμῶν τὸ πρόσωπον καὶ καταρτίσαι τὰ ὑστερήματα τῆς πίστεως ὑμῶν;

Paul's Wish for the Thessalonians

11 Αὐτὸς δὲ ὁ Θεὸς καὶ Πατὴρ ἡμῶν, καὶ ὁ Κύριος ἡμῶν Ἰησοῦς °Χριστός, κατευθύναι τὴν ὁδὸν ἡμῶν πρὸς ὑμᾶς. **12** Ὑμᾶς δὲ ὁ Κύριος πλεονάσαι καὶ περισσεύσαι τῇ ἀγάπῃ εἰς ἀλλήλους καὶ εἰς πάντας, καθάπερ καὶ ἡμεῖς εἰς ὑμᾶς, **13** εἰς τὸ στηρίξαι ὑμῶν τὰς καρδίας ἀμέμπτους ἐν ἁγιωσύνῃ ἔμπροσθεν τοῦ Θεοῦ καὶ Πατρὸς ἡμῶν ἐν τῇ παρουσίᾳ τοῦ Κυρίου ἡμῶν Ἰησοῦ Χριστοῦ[1] μετὰ πάντων τῶν ἁγίων αὐτοῦ. ᵀ

Paul Pleads for Purity

4 Λοιπὸν[2] οὖν, ἀδελφοί, ἐρωτῶμεν ὑμᾶς καὶ παρακαλοῦμεν ἐν Κυρίῳ Ἰησοῦ ᵀ¹ καθὼς παρελάβετε παρ᾽ ἡμῶν τὸ πῶς δεῖ ὑμᾶς περιπατεῖν καὶ ἀρέσκειν Θεῷ, ᵀ² ἵνα περισσεύητε μᾶλλον. **2** Οἴδατε γὰρ τίνας παραγγελίας ἐδώκαμεν ὑμῖν διὰ τοῦ Κυρίου Ἰησοῦ. **3** Τοῦτο γάρ ἐστι θέλημα τοῦ Θεοῦ, ὁ ἁγιασμὸς ὑμῶν, ἀπέχεσθαι ὑμᾶς ἀπὸ τῆς πορνείας, **4** εἰδέναι ἕκαστον ὑμῶν τὸ ἑαυτοῦ σκεῦος κτᾶσθαι ἐν ἁγιασμῷ καὶ τιμῇ, **5** μὴ ἐν πάθει ἐπιθυμίας, καθάπερ καὶ τὰ ἔθνη τὰ μὴ εἰδότα τὸν Θεόν, **6** τὸ μὴ ὑπερβαίνειν καὶ πλεονεκτεῖν ἐν τῷ πράγματι τὸν ἀδελφὸν αὐτοῦ, διότι ἔκδικος °ὁ Κύριος περὶ πάντων τούτων, καθὼς καὶ προείπαμεν ὑμῖν καὶ διεμαρτυράμεθα.

---

[1]13 Χριστου Mᵖᵗ, TR vs — MᵖᵗℵBA, Cr

[2]1 λοιπον MᵖᵗℵB*A, Cr vs το λοιπον Mᵖᵗ, TR

11 °ℵBA vs 𝔐   13 ᵀ αμην ℵ*A, [Cr] vs 𝔐 B

1 ᵀ¹ινα B vs 𝔐 ℵA   1 ᵀ²καθως και περιπατειτε ℵBA vs M

6 °ℵ*BA vs 𝔐

7 Οὐ γὰρ ἐκάλεσεν ἡμᾶς[1] ὁ Θεὸς ἐπὶ ἀκαθαρσίᾳ, ἀλλ᾽ ἐν ἁγιασμῷ. 8 Τοιγαροῦν ὁ ἀθετῶν οὐκ ἄνθρωπον ἀθετεῖ, ἀλλὰ τὸν Θεὸν τὸν °καὶ ʳδόντα τὸ Πνεῦμα αὐτοῦ τὸ ῞Αγιον εἰς ὑμᾶς.[2]

A Brotherly and Orderly Life

9 Περὶ δὲ τῆς φιλαδελφίας οὐ χρείαν ἔχετε γράφειν ὑμῖν, αὐτοὶ γὰρ ὑμεῖς[3] θεοδίδακτοί ἐστε εἰς τὸ ἀγαπᾶν ἀλλήλους. 10 Καὶ γὰρ ποιεῖτε αὐτὸ εἰς πάντας τοὺς ἀδελφοὺς °τοὺς ἐν ὅλῃ τῇ Μακεδονίᾳ. Παρακαλοῦμεν δὲ ὑμᾶς, ἀδελφοί, περισσεύειν μᾶλλον, 11 καὶ φιλοτιμεῖσθαι ἡσυχάζειν καὶ πράσσειν τὰ ἴδια καὶ ἐργάζεσθαι ταῖς °ἰδίαις χερσὶν ὑμῶν, καθὼς ὑμῖν παρηγγείλαμεν, 12 ἵνα περιπατῆτε εὐσχημόνως πρὸς τοὺς ἔξω καὶ μηδενὸς χρείαν ἔχητε.

The Comfort of Christ's Coming

13 Οὐ θέλομεν[4] δὲ ὑμᾶς ἀγνοεῖν, ἀδελφοί, περὶ τῶν ʳκεκοιμημένων, ἵνα μὴ λυπῆσθε καθὼς καὶ οἱ λοιποὶ οἱ μὴ ἔχοντες ἐλπίδα. 14 Εἰ γὰρ πιστεύομεν ὅτι ᾽Ιησοῦς ἀπέθανε καὶ ἀνέστη, οὕτω καὶ ὁ Θεὸς τοὺς κοιμηθέντας διὰ τοῦ ᾽Ιησοῦ ἄξει σὺν αὐτῷ.

15 Τοῦτο γὰρ ὑμῖν λέγομεν ἐν λόγῳ Κυρίου, ὅτι ἡμεῖς οἱ ζῶντες οἱ περιλειπόμενοι εἰς τὴν παρουσίαν τοῦ Κυρίου οὐ μὴ φθάσωμεν τοὺς κοιμηθέντας. 16 ῞Οτι αὐτὸς ὁ Κύριος ἐν κελεύσματι, ἐν φωνῇ ἀρχαγγέλου καὶ ἐν σάλπιγγι Θεοῦ, καταβήσεται ἀπ᾽ οὐρανοῦ, καὶ οἱ νεκροὶ ἐν Χριστῷ ἀναστήσονται πρῶτον, 17 ἔπειτα ἡμεῖς οἱ ζῶντες οἱ περιλειπόμενοι, ἅμα σὺν αὐτοῖς ἁρπαγησόμεθα ἐν νεφέλαις εἰς ἀπάντησιν τοῦ Κυρίου εἰς ἀέρα. Καὶ οὕτω

---

[1]7 ημας **Mא**BA, TR Cr vs υμας Mᶜ
[2]8 υμας 𝕸אB, Cr vs ημας A, TR
[3]9 υμεις **Mא**BA, TR Cr vs — Mʳ
[4]13 θελομεν 𝕸אBA, Cr vs θελω TR

---

8 °BA vs 𝕸א, [Cr]   8 ʳδιδοντα א*B vs 𝕸A
10 °א*A vs 𝕸B, [Cr]   11 °B vs Mא*A, [Cr]
13 ʳκοιμωμενων אBA vs 𝕸

πάντοτε σὺν Κυρίῳ ἐσόμεθα. **18** Ὥστε παρακαλεῖτε
ἀλλήλους ἐν τοῖς λόγοις τούτοις.

The Day of the Lord

5 Περὶ δὲ τῶν χρόνων καὶ τῶν καιρῶν, ἀδελφοί, οὐ
χρείαν ἔχετε ὑμῖν γράφεσθαι. **2** Αὐτοὶ γὰρ ἀκριβῶς
οἴδατε ὅτι °ἡ ἡμέρα Κυρίου ὡς κλέπτης ἐν νυκτὶ οὕτως
ἔρχεται. **3** Ὅταν °γὰρ λέγωσιν, "Εἰρήνη καὶ ἀσφάλεια,"
τότε αἰφνίδιος αὐτοῖς ἐφίσταται ὄλεθρος, ὥσπερ ἡ ὠδὶν τῇ
ἐν γαστρὶ ἐχούσῃ, καὶ οὐ μὴ ἐκφύγωσιν. **4** Ὑμεῖς δέ,
ἀδελφοί, οὐκ ἐστὲ ἐν σκότει, ἵνα ἡ ἡμέρα ὑμᾶς ὡς κλέπτης
καταλάβῃ. **5** Πάντες ᵀὑμεῖς υἱοὶ φωτός ἐστε καὶ υἱοὶ ἡμέρας.
Οὐκ ἐσμὲν νυκτὸς οὐδὲ σκότους. **6** Ἄρα οὖν μὴ
καθεύδωμεν ὡς °καὶ οἱ λοιποί, ἀλλὰ γρηγορῶμεν καὶ
νήφωμεν. **7** Οἱ γὰρ καθεύδοντες νυκτὸς καθεύδουσι, καὶ οἱ
μεθυσκόμενοι νυκτὸς μεθύουσιν. **8** Ἡμεῖς δὲ ἡμέρας ὄντες,[1]
νήφωμεν, ἐνδυσάμενοι θώρακα πίστεως καὶ ἀγάπης καὶ
περικεφαλαίαν, ἐλπίδα σωτηρίας. **9** Ὅτι οὐκ ἔθετο ἡμᾶς ὁ
Θεὸς εἰς ὀργήν, ἀλλ' εἰς περιποίησιν σωτηρίας διὰ τοῦ
Κυρίου ἡμῶν Ἰησοῦ Χριστοῦ, **10** τοῦ ἀποθανόντος ὑπὲρ
ἡμῶν, ἵνα εἴτε γρηγορῶμεν[2] εἴτε καθεύδωμεν,[3] ἅμα σὺν
αὐτῷ ζήσωμεν. **11** Διὸ παρακαλεῖτε ἀλλήλους καὶ
οἰκοδομεῖτε εἰς τὸν ἕνα, καθὼς καὶ ποιεῖτε.

Various Exhortations

12 Ἐρωτῶμεν δὲ ὑμᾶς, ἀδελφοί, εἰδέναι τοὺς κοπιῶντας
ἐν ὑμῖν καὶ προϊσταμένους ὑμῶν ἐν Κυρίῳ καὶ νουθετοῦντας
ὑμᾶς, **13** καὶ ἡγεῖσθαι[4] αὐτοὺς ὑπερεκπερισσοῦ ἐν
ἀγάπῃ διὰ τὸ ἔργον αὐτῶν. Εἰρηνεύετε ἐν ἑαυτοῖς.[5]

---

[1]8 οντες **MℵBA**, TR Cr vs +υιοι Mᶜ
[2]10 γρηγορωμεν **MᵖᵗℵBA**, TR Cr vs γρηγορουμεν Mᵖᵗ
[3]10 καθευδωμεν **MᵖᵗℵBA**, TR Cr vs καθευδομεν Mᵖᵗ
[4]13 ηγεισθαι **MᵖᵗℵA**, TR Cr vs ηγεισθε MᵖᵗB
[5]13 εαυτοις **MᵖᵗBA**, TR Cr vs αυτοις Mᵖᵗℵ

2 °ℵB vs 𝔐 A   3 °ℵ*A vs 𝔐 ; (δε B)   5 ᵀγαρ ℵBA vs M
6 °ℵ*BA vs 𝔐

14 Παρακαλοῦμεν δὲ ὑμᾶς, ἀδελφοί, νουθετεῖτε τοὺς ἀτάκτους, παραμυθεῖσθε τοὺς ὀλιγοψύχους, ἀντέχεσθε τῶν ἀσθενῶν, μακροθυμεῖτε πρὸς πάντας. **15** Ὁρᾶτε μή τις κακὸν ἀντὶ κακοῦ τινι ἀποδῷ, ἀλλὰ πάντοτε τὸ ἀγαθὸν διώκετε καὶ εἰς ἀλλήλους καὶ εἰς πάντας. **16** Πάντοτε χαίρετε! **17** Ἀδιαλείπτως προσεύχεσθε! **18** Ἐν παντὶ εὐχαριστεῖτε! Τοῦτο γὰρ θέλημα Θεοῦ ἐν Χριστῷ Ἰησοῦ εἰς ὑμᾶς. **19** Τὸ Πνεῦμα μὴ σβέννυτε, **20** προφητείας μὴ ἐξουθενεῖτε. **21** Πάντα δὲ¹ δοκιμάζετε,² τὸ καλὸν κατέχετε. **22** Ἀπὸ παντὸς εἴδους πονηροῦ ἀπέχεσθε.

Paul's Greeting of Grace

23 Αὐτὸς δὲ ὁ Θεὸς τῆς εἰρήνης ἁγιάσαι ὑμᾶς ὁλοτελεῖς, καὶ ὁλόκληρον ὑμῶν τὸ πνεῦμα καὶ ἡ ψυχὴ καὶ τὸ σῶμα ἀμέμπτως ἐν τῇ παρουσίᾳ τοῦ Κυρίου ἡμῶν Ἰησοῦ Χριστοῦ τηρηθείη. **24** Πιστὸς ὁ καλῶν ὑμᾶς, ὃς καὶ ποιήσει.³

25 Ἀδελφοί, προσεύχεσθε ᵀ περὶ ἡμῶν.

26 Ἀσπάσασθε τοὺς ἀδελφοὺς πάντας ἐν φιλήματι ἁγίῳ. **27** ᶠ Ὁρκίζω ὑμᾶς τὸν Κύριον ἀναγνωσθῆναι τὴν ἐπιστολὴν πᾶσι τοῖς °ἁγίοις ἀδελφοῖς.

28 Ἡ χάρις τοῦ Κυρίου ἡμῶν Ἰησοῦ Χριστοῦ μεθ᾽ ὑμῶν. °Ἀμήν.

---

¹21 δε MᵖᵗB, Cr vs − Mᵖᵗℵ*A, TR
²21 δοκιμαζετε MᵖᵗℵBA, TR Cr vs δοκιμαζοντες Mᵖᵗ
³24 ποιησει MℵBA, TR Cr vs + την ελπιδα υμων βεβαιαν Mᶜ

25 ᵀκαι B, [Cr] vs 𝕸ℵA   27 ᶠενορκιζω 𝔭⁴⁶BA vs 𝕸ℵ
27 °ℵ*B vs 𝕸A   28 °B vs 𝕸ℵA

ΠΡΟΣ ΘΕΣΣΑΛΟΝΙΚΕΙΣ Β

Paul Greets the Thessalonian Church

ΠΑΥΛΟΣ καὶ Σιλουανὸς καὶ Τιμόθεος,
Τῇ ἐκκλησίᾳ Θεσσαλονικέων ἐν Θεῷ Πατρὶ ἡμῶν καὶ
Κυρίῳ ᾿Ιησοῦ Χριστῷ·
2 Χάρις ὑμῖν καὶ εἰρήνη ἀπὸ Θεοῦ Πατρὸς °ἡμῶν καὶ
Κυρίου ᾿Ιησοῦ Χριστοῦ.

God Will Judge the Persecutors

3 Εὐχαριστεῖν ὀφείλομεν τῷ Θεῷ πάντοτε περὶ ὑμῶν,
ἀδελφοί, καθὼς ἄξιόν ἐστιν, ὅτι ὑπεραυξάνει ἡ πίστις ὑμῶν
καὶ πλεονάζει ἡ ἀγάπη ἑνὸς ἑκάστου πάντων ὑμῶν εἰς
ἀλλήλους, 4 ὥστε ˢἡμᾶς αὐτοὺςˡ ἐν ὑμῖν ˹καυχᾶσθαι ἐν
ταῖς ἐκκλησίαις τοῦ Θεοῦ ὑπὲρ τῆς ὑπομονῆς ὑμῶν καὶ
πίστεως ἐν πᾶσι τοῖς διωγμοῖς ὑμῶν καὶ ταῖς θλίψεσιν αἷς
ἀνέχεσθε, 5 ἔνδειγμα τῆς δικαίας κρίσεως τοῦ Θεοῦ, εἰς τὸ
καταξιωθῆναι ὑμᾶς τῆς βασιλείας τοῦ Θεοῦ, ὑπὲρ ἧς καὶ
πάσχετε, 6 εἴπερ δίκαιον παρὰ Θεῷ ἀνταποδοῦναι τοῖς
θλίβουσιν ὑμᾶς θλῖψιν 7 καὶ ὑμῖν τοῖς θλιβομένοις ἄνεσιν
μεθ᾿ ἡμῶν ἐν τῇ ἀποκαλύψει τοῦ Κυρίου ᾿Ιησοῦ ἀπ᾿
οὐρανοῦ μετ᾿ ἀγγέλων δυνάμεως αὐτοῦ, 8 ἐν πυρὶ φλογός,
διδόντος ἐκδίκησιν τοῖς μὴ εἰδόσι[1] Θεὸν καὶ τοῖς μὴ
ὑπακούουσι τῷ εὐαγγελίῳ τοῦ Κυρίου ἡμῶν ᾿Ιησοῦ
Χριστοῦ,[2] 9 οἵτινες δίκην τίσουσιν, ὄλεθρον αἰώνιον ἀπὸ

In 2 Thessalonians 𝕲 = אBA

[1]8 ειδοσι(ν) Mᵖᵗ 𝕲, TR Cr vs +τον Mᵖᵗ
[2]8 Χριστου MᵖᵗאA, TR vs −MᵖᵗB,Cr

2 °B vs 𝕸אA, [Cr]   4 ˢאB vs 𝕸A   4 ˹εγκαυχασθαι א (B) (A) vs 𝕸

προσώπου τοῦ Κυρίου καὶ ἀπὸ τῆς δόξης τῆς ἰσχύος αὐτοῦ, 10 ὅταν ἔλθῃ ἐνδοξασθῆναι ἐν τοῖς ἁγίοις αὐτοῦ καὶ θαυμασθῆναι ἐν πᾶσι τοῖς πιστεύσασιν,[1] ὅτι ἐπιστεύθη τὸ μαρτύριον ἡμῶν ἐφ᾽ ὑμᾶς, ἐν τῇ ἡμέρᾳ ἐκείνῃ. 11 Εἰς ὃ καὶ προσευχόμεθα πάντοτε περὶ ὑμῶν, ἵνα ὑμᾶς ἀξιώσῃ τῆς κλήσεως ὁ Θεὸς ἡμῶν καὶ πληρώσῃ πᾶσαν εὐδοκίαν ἀγαθωσύνης καὶ ἔργον πίστεως ἐν δυνάμει, 12 ὅπως ἐνδοξασθῇ τὸ ὄνομα τοῦ Κυρίου ἡμῶν Ἰησοῦ[2] ἐν ὑμῖν, καὶ ὑμεῖς ἐν αὐτῷ, κατὰ τὴν χάριν τοῦ Θεοῦ ἡμῶν καὶ Κυρίου Ἰησοῦ Χριστοῦ.

The Man of Sin and the Restrainer

2 Ἐρωτῶμεν δὲ ὑμᾶς, ἀδελφοί, ὑπὲρ τῆς παρουσίας τοῦ Κυρίου ἡμῶν Ἰησοῦ Χριστοῦ καὶ ἡμῶν ἐπισυναγωγῆς ἐπ᾽ αὐτόν, 2 εἰς τὸ μὴ ταχέως σαλευθῆναι ὑμᾶς ἀπὸ τοῦ νοὸς ⌜μήτε θροεῖσθαι, μήτε διὰ πνεύματος μήτε διὰ λόγου μήτε δι᾽ ἐπιστολῆς ὡς δι᾽ ἡμῶν, ὡς ὅτι ἐνέστηκεν ἡ ἡμέρα τοῦ⌝²Χριστοῦ. 3 Μή τις ὑμᾶς ἐξαπατήσῃ κατὰ μηδένα τρόπον· ὅτι ἐὰν μὴ ἔλθῃ ἡ ἀποστασία πρῶτον καὶ ἀποκαλυφθῇ ὁ ἄνθρωπος τῆς ⌜ἁμαρτίας, ὁ υἱὸς τῆς ἀπωλείας, 4 ὁ ἀντικείμενος καὶ ὑπεραιρόμενος ἐπὶ πάντα λεγόμενον θεὸν ἢ σέβασμα, ὥστε αὐτὸν εἰς τὸν ναὸν τοῦ Θεοῦ ⸆ὡς Θεὸν⸉ καθίσαι, ἀποδεικνύντα[3] ἑαυτὸν ὅτι ἐστὶ Θεός. 5 Οὐ μνημονεύετε ὅτι ἔτι ὢν πρὸς ὑμᾶς ταῦτα ἔλεγον ὑμῖν? 6 Καὶ νῦν τὸ κατέχον οἴδατε, εἰς τὸ ἀποκαλυφθῆναι αὐτὸν ἐν τῷ ἑαυτοῦ καιρῷ. 7 Τὸ γὰρ μυστήριον ἤδη ἐνεργεῖται τῆς ἀνομίας· μόνον ὁ κατέχων ἄρτι ἕως ἐκ μέσου γένηται. 8 Καὶ τότε ἀποκαλυφθήσεται ὁ ἄνομος, ὃν ὁ Κύριος ⸆ ⌜ἀναλώσει τῷ πνεύματι τοῦ

---

[1]10 πιστευσασιν 𝔐 𝕲, Cr vs πιστευουσιν TR

[2]12 Ιησου MᵖᵗℵB, Cr vs + Χριστου MᵖᵗA, TR

[3]4 αποδεικνυντα MℵB, TR Cr vs αποδεικνυοντα Mᶜ vs αποδιγνυοντα A

---

2 ⌜¹μηδε 𝕲 vs 𝔐   2 ⌜²Κυριου 𝕲 vs M   3 ⌜ανομιας ℵB vs 𝔐 A
4 ⸆𝕲 vs 𝔐   8 ⸆Ιησους ℵA, [Cr] vs 𝔐 B
8 ⌜ανελει BA vs 𝔐; (αναλοι ℵ*)

στόματος αὐτοῦ καὶ καταργήσει τῇ ἐπιφανείᾳ τῆς παρουσίας αὐτοῦ, 9 οὗ ἐστιν ἡ παρουσία κατ᾽ ἐνέργειαν τοῦ Σατανᾶ ἐν πάσῃ δυνάμει καὶ σημείοις καὶ τέρασι ψεύδους 10 καὶ ἐν πάσῃ ἀπάτῃ °¹τῆς ἀδικίας °²ἐν τοῖς ἀπολλυμένοις, ἀνθ᾽ ὧν τὴν ἀγάπην τῆς ἀληθείας οὐκ ἐδέξαντο εἰς τὸ σωθῆναι αὐτούς. 11 Καὶ διὰ τοῦτο ⌐πέμψει αὐτοῖς ὁ Θεὸς ἐνέργειαν πλάνης εἰς τὸ πιστεῦσαι αὐτοὺς τῷ ψεύδει, 12 ἵνα κριθῶσι πάντες οἱ μὴ πιστεύσαντες τῇ ἀληθείᾳ ἀλλ᾽ εὐδοκήσαντες °ἐν τῇ ἀδικίᾳ.

Hold Fast to What You Were Taught

13 Ἡμεῖς δὲ ὀφείλομεν εὐχαριστεῖν τῷ Θεῷ πάντοτε περὶ ὑμῶν, ἀδελφοὶ ἠγαπημένοι ὑπὸ Κυρίου, ὅτι εἵλετο ὑμᾶς ὁ Θεὸς ⌐ἀπ᾽ ἀρχῆς⌐ εἰς σωτηρίαν ἐν ἁγιασμῷ Πνεύματος καὶ πίστει ἀληθείας, 14 εἰς ὃ ᵀἐκάλεσεν ὑμᾶς διὰ τοῦ εὐαγγελίου ἡμῶν, εἰς περιποίησιν δόξης τοῦ Κυρίου ἡμῶν Ἰησοῦ Χριστοῦ. 15 Ἄρα οὖν, ἀδελφοί, στήκετε, καὶ κρατεῖτε τὰς παραδόσεις ἃς ἐδιδάχθητε, εἴτε διὰ λόγου εἴτε δι᾽ ἐπιστολῆς ἡμῶν.

16 Αὐτὸς δὲ ὁ Κύριος ἡμῶν Ἰησοῦς Χριστός, καὶ °ὁ Θεὸς ⌐καὶ Πατὴρ ἡμῶν, ὁ ἀγαπήσας ἡμᾶς καὶ δούς¹ παράκλησιν αἰωνίαν καὶ ἐλπίδα ἀγαθὴν ἐν χάριτι, 17 παρακαλέσαι ὑμῶν τὰς καρδίας καὶ στηρίξαι °ὑμᾶς ἐν παντὶ ⌐λόγῳ καὶ ἔργῳ⌐ ἀγαθῷ.

Paul Asks Prayer for Spiritual Success and Safety

3 Τὸ λοιπόν, προσεύχεσθε, ἀδελφοί, περὶ ἡμῶν, ἵνα ὁ λόγος τοῦ Κυρίου τρέχῃ καὶ δοξάζηται καθὼς καὶ πρὸς ὑμᾶς, 2 καὶ ἵνα ῥυσθῶμεν ἀπὸ τῶν ἀτόπων καὶ πονηρῶν ἀνθρώπων· οὐ γὰρ πάντων ἡ πίστις. 3 Πιστὸς δέ ἐστιν ὁ Κύριος, ὃς στηρίξει ὑμᾶς καὶ φυλάξει ἀπὸ τοῦ πονηροῦ.

---

¹16 δους 𝔐𝕮, TR Cr vs διδους 𝔐ᶜ

10 °¹ ²𝕮 vs 𝔐   11 ⌐πεμπει 𝕮 vs 𝔐   12 °א*B vs 𝔐A
13 ⌐απαρχην B vs 𝔐א   14 ᵀκαι א, [Cr] vs 𝔐BA
16 °B vs 𝔐אA, [Cr]   16 ⌐ο אB vs 𝔐A   17 °𝕮 vs 𝔐
17 ⌐321 𝕮 vs M

4 Πεποίθαμεν δὲ ἐν Κυρίῳ ἐφ᾽ ὑμᾶς, ὅτι ἃ παραγγέλλομεν ⁰¹ὑμῖν ⁰²καὶ ποιεῖτε καὶ ποιήσετε. 5 Ὁ δὲ Κύριος κατευθύναι ὑμῶν τὰς καρδίας εἰς τὴν ἀγάπην τοῦ Θεοῦ καὶ εἰς τὴν ὑπομονὴν τοῦ Χριστοῦ.

Paul Warns Against Idleness

6 Παραγγέλλομεν δὲ ὑμῖν, ἀδελφοί, ἐν ὀνόματι τοῦ Κυρίου ⁰ἡμῶν Ἰησοῦ Χριστοῦ, στέλλεσθαι ὑμᾶς ἀπὸ παντὸς αδελφοῦ ἀτάκτως περιπατοῦντος καὶ μὴ κατὰ τὴν παράδοσιν ἣν παρέλαβον¹ παρ᾽ ἡμῶν. 7 Αὐτοὶ γὰρ οἴδατε πῶς δεῖ μιμεῖσθαι ἡμᾶς, ὅτι οὐκ ἠτακτήσαμεν ἐν ὑμῖν 8 οὐδὲ δωρεὰν ἄρτον ἐφάγομεν παρά τινος, ἀλλ᾽ ἐν κόπῳ καὶ μόχθῳ ῾νύκτα καὶ ἡμέραν᾽ ἐργαζόμενοι πρὸς τὸ μὴ ἐπιβαρῆσαί τινα ὑμῶν· 9 οὐχ ὅτι οὐκ ἔχομεν ἐξουσίαν, ἀλλ᾽ ἵνα ἑαυτοὺς τύπον δῶμεν ὑμῖν εἰς τὸ μιμεῖσθαι ἡμᾶς. 10 Καὶ γὰρ ὅτε ἦμεν πρὸς ὑμᾶς, τοῦτο παρηγγέλλομεν ὑμῖν ὅτι εἴ τις οὐ θέλει ἐργάζεσθαι μηδὲ ἐσθιέτω! 11 Ἀκούομεν γάρ τινας περιπατοῦντας ἐν ὑμῖν ἀτάκτως, μηδὲν ἐργαζομένους, ἀλλὰ περιεργαζομένους. 12 Τοῖς δὲ τοιούτοις παραγγέλλομεν καὶ παρακαλοῦμεν ῾διὰ τοῦ Κυρίου ἡμῶν Ἰησοῦ Χριστοῦ᾽ ἵνα μετὰ ἡσυχίας ἐργαζόμενοι τὸν ἑαυτῶν ἄρτον ἐσθίωσιν. 13 Ὑμεῖς δέ, ἀδελφοί, μὴ ῾ἐκκακήσητε καλοποιοῦντες. 14 Εἰ δέ τις οὐχ ὑπακούει τῷ λόγῳ ἡμῶν διὰ τῆς ἐπιστολῆς, τοῦτον σημειοῦσθε ⁰καὶ μὴ ῾συναναμίγνυσθε αὐτῷ, ἵνα ἐντραπῇ· 15 καὶ μὴ ὡς ἐχθρὸν ἡγεῖσθε, ἀλλὰ νουθετεῖτε ὡς ἀδελφόν.

---

¹6 παρελαβον 𝔐 vs παρελαβοσαν ℵ*Α, Cr vs παρελαβετε Β vs παρελαβε TR

---

4 ⁰¹ℵΒ vs 𝔐 Α   4 ⁰²ℵ*Α vs 𝔐 Β, [Cr]
6 ⁰Β vs 𝔐 ℵΑ, [Cr]
8 ῾νυκτος και ημερας ℵΒ vs 𝔐 Α
12 ῾εν Κυριω Ιησου Χριστω ℵ*ΒΑ vs 𝔐
13 ῾εγκακησητε ℵΑ (Β) vs 𝔐   14 ⁰Ϭ vs 𝔐
14 ῾συναναμιγνυσθαι Ϭ vs 𝔐

Benediction of Grace

16 Αὐτὸς δὲ ὁ Κύριος¹ τῆς εἰρήνης δῴη ὑμῖν τὴν εἰρήνην διὰ παντὸς ἐν παντὶ τρόπῳ. Ὁ Κύριος μετὰ πάντων ὑμῶν.

17 Ὁ ἀσπασμὸς τῇ ἐμῇ χειρὶ Παύλου, ὅ ἐστι σημεῖον ἐν πάσῃ ἐπιστολῇ· οὕτω γράφω· **18** ἡ χάρις τοῦ Κυρίου ἡμῶν Ἰησοῦ Χριστοῦ μετὰ πάντων ὑμῶν. ° Ἀμήν.

---

¹16 Κυριος **MG**, **TR** **Cr** vs Θεος Mᶜ

18 °ℵ*B vs 𝔐 A

ΠΡΟΣ ΤΙΜΟΘΕΟΝ Α

Paul Greets Timothy

ΠΑΥΛΟΣ, ἀπόστολος ⌐'Ιησοῦ Χριστοῦ⌐ κατ᾽ ἐπιταγὴν Θεοῦ¹ Σωτῆρος ἡμῶν καὶ² Κυρίου 'Ιησοῦ Χριστοῦ³ τῆς ἐλπίδος ἡμῶν,

2 Τιμοθέῳ, γνησίῳ τέκνῳ ἐν πίστει·

Χάρις, ἔλεος, εἰρήνη ἀπὸ Θεοῦ Πατρὸς °ἡμῶν καὶ Χριστοῦ 'Ιησοῦ τοῦ Κυρίου ἡμῶν.

Paul Warns of False Doctrine

3 Καθὼς παρεκάλεσά σε προσμεῖναι ἐν 'Εφέσῳ πορευόμενος εἰς Μακεδονίαν, ἵνα παραγγείλῃς τισὶ μὴ ἑτεροδιδασκαλεῖν 4 μηδὲ προσέχειν μύθοις καὶ γενεαλογίαις ἀπεράντοις, αἵτινες ⌐ζητήσεις παρέχουσι μᾶλλον ἢ οἰκονομίαν Θεοῦ τὴν ἐν πίστει· 5 τὸ δὲ τέλος τῆς παραγγελίας ἐστὶν ἀγάπη ἐκ καθαρᾶς καρδίας καὶ συνειδήσεως ἀγαθῆς καὶ πίστεως ἀνυποκρίτου, 6 ὧν τινες ἀστοχήσαντες ἐξετράπησαν εἰς ματαιολογίαν, 7 θέλοντες εἶναι νομοδιδάσκαλοι, μὴ νοοῦντες μήτε ἃ λέγουσι μήτε περὶ τίνων διαβεβαιοῦνται.

8 Οἴδαμεν δὲ ὅτι καλὸς ὁ νόμος ἐάν τις αὐτῷ νομίμως χρῆται, 9 εἰδὼς τοῦτο, ὅτι δικαίῳ νόμος οὐ κεῖται, ἀνόμοις

In 1 Timothy **Ϭ** = **ℵ**AC

¹1 Θεου **Μℵ**A, TR Cr vs +Πατρος και Mᶜ
²1 και **Μℵ**A, TR Cr vs −Mᶜ
³1 Κυριου Ιησου Χριστου **Μℵ**, TR vs Χριστου Ιησου MᶜA, Cr

1 ⌐ℵ vs 𝔐A   2 °ℵ*A vs 𝔐   4 ⌐εκζητησεις ℵA vs 𝔐

δὲ καὶ ἀνυποτάκτοις, ἀσεβέσι καὶ ἁμαρτωλοῖς, ἀνοσίοις καὶ βεβήλοις, πατρολῴαις καὶ μητρολῴαις,[1] ἀνδροφόνοις, 10 πόρνοις, ἀρσενοκοίταις, ἀνδραποδισταῖς, ψεύσταις, ἐπιόρκοις, καὶ εἴ τι ἕτερον τῇ ὑγιαινούσῃ διδασκαλίᾳ ἀντίκειται, 11 κατὰ τὸ εὐαγγέλιον τῆς δόξης τοῦ μακαρίου Θεοῦ, ὃ ἐπιστεύθην ἐγώ.

Glory to God for His Grace

12 ᴼΚαὶ χάριν ἔχω τῷ ἐνδυναμώσαντί[2] με Χριστῷ Ἰησοῦ τῷ Κυρίῳ ἡμῶν, ὅτι πιστόν με ἡγήσατο θέμενος εἰς διακονίαν, 13 ʳτὸν πρότερον ὄντα βλάσφημον καὶ διώκτην καὶ ὑβριστήν. Ἀλλὰ ἠλεήθην, ὅτι ἀγνοῶν ἐποίησα ἐν ἀπιστίᾳ, 14 ὑπερεπλεόνασε δὲ ἡ χάρις τοῦ Κυρίου ἡμῶν μετὰ πίστεως καὶ ἀγάπης τῆς ἐν Χριστῷ Ἰησοῦ. 15 Πιστὸς ὁ λόγος καὶ πάσης ἀποδοχῆς ἄξιος, ὅτι Χριστὸς Ἰησοῦς ἦλθεν εἰς τὸν κόσμον ἁμαρτωλοὺς σῶσαι, ὧν πρῶτός εἰμι ἐγώ. 16 Ἀλλὰ διὰ τοῦτο ἠλεήθην, ἵνα ἐν ἐμοὶ πρώτῳ ἐνδείξηται ˢἸησοῦς Χριστὸς˥ τὴν ʳπᾶσαν μακροθυμίαν, πρὸς ὑποτύπωσιν τῶν μελλόντων πιστεύειν ἐπ᾽ αὐτῷ εἰς ζωὴν αἰώνιον. 17 Τῷ δὲ Βασιλεῖ τῶν αἰώνων, ἀφθάρτῳ, ἀοράτῳ, μόνῳ ᴼσοφῷ Θεῷ, τιμὴ καὶ[3] δόξα εἰς τοὺς αἰῶνας τῶν αἰώνων. Ἀμήν.

Fight the Good Fight of Faith

18 Ταύτην τὴν παραγγελίαν παρατίθεμαί σοι, τέκνον Τιμόθεε, κατὰ τὰς προαγούσας ἐπί σε προφητείας, ἵνα στρατεύῃ ἐν αὐταῖς τὴν καλὴν στρατείαν, 19 ἔχων πίστιν καὶ ἀγαθὴν συνείδησιν, ἥν τινες ἀπωσάμενοι περὶ τὴν πίστιν

---

[1]9 πατρολωαις και μητρολωαις **M*A**, Cr vs πατραλοιαις και μητραλοιαις Mʳ vs πατραλωαις και μητραλωαις **TR**
[2]12 ενδυναμωσαντι **MA**, **TR** Cr vs ενδυναμουντι Mᶜ*א*
[3]17 και Mᵖᵗ*A*, **TR** Cr vs − Mᵖᵗ

---

12 ᴼא**A** vs 𝔐   13 ʳτο א**A** vs 𝔐   16 ˢ*A* vs 𝔐 א
16 ʳαπασαν א**A** vs 𝔐   17 ᴼא***A** vs 𝔐

ἐναυάγησαν· 20 ὧν ἐστιν Ὑμέναιος καὶ Ἀλέξανδρος, οὓς παρέδωκα τῷ Σατανᾷ ἵνα παιδευθῶσι μὴ βλασφημεῖν.

Pray for All Men

2 Παρακαλῶ οὖν πρῶτον πάντων ποιεῖσθαι δεήσεις, προσευχάς, ἐντεύξεις, εὐχαριστίας, ὑπὲρ πάντων ἀνθρώπων, 2 ὑπὲρ βασιλέων καὶ πάντων τῶν ἐν ὑπεροχῇ ὄντων, ἵνα ἤρεμον καὶ ἡσύχιον βίον διάγωμεν ἐν πάσῃ εὐσεβείᾳ καὶ σεμνότητι. 3 Τοῦτο °γὰρ καλὸν καὶ ἀπόδεκτον ἐνώπιον τοῦ Σωτῆρος ἡμῶν Θεοῦ, 4 ὃς πάντας ἀνθρώπους θέλει σωθῆναι καὶ εἰς ἐπίγνωσιν ἀληθείας ἐλθεῖν. 5 Εἷς γὰρ Θεός, εἷς καὶ Μεσίτης Θεοῦ καὶ ἀνθρώπων, ἄνθρωπος Χριστὸς Ἰησοῦς,[1] 6 ὁ δοὺς ἑαυτὸν ἀντίλυτρον ὑπὲρ πάντων, τὸ μαρτύριον καιροῖς ἰδίοις· 7 εἰς ὃ ἐτέθην ἐγὼ κῆρυξ καὶ ἀπόστολος — ἀλήθειαν λέγω □ἐν Χριστῷ,\ οὐ ψεύδομαι — διδάσκαλος ἐθνῶν ἐν πίστει καὶ ἀληθείᾳ.

Men and Women in the Church

8 Βούλομαι οὖν προσεύχεσθαι τοὺς ἄνδρας ἐν παντὶ τόπῳ, ἐπαίροντας ὁσίους χεῖρας χωρὶς ὀργῆς καὶ διαλογισμοῦ. 9 Ὡσαύτως °¹καὶ °²τὰς γυναῖκας ἐν καταστολῇ κοσμίῳ μετὰ αἰδοῦς καὶ σωφροσύνης κοσμεῖν ἑαυτάς, μὴ ἐν πλέγμασιν ⌜ἢ χρυσῷ[2] ἢ μαργαρίταις ἢ ἱματισμῷ πολυτελεῖ, 10 ἀλλ᾽ ὃ πρέπει γυναιξὶν ἐπαγγελλομέναις θεοσέβειαν, δι᾽ ἔργων ἀγαθῶν. 11 Γυνὴ ἐν ἡσυχίᾳ μανθανέτω ἐν πάσῃ ὑποταγῇ. 12 ⌜Γυναικὶ δὲ διδάσκειν⌝ οὐκ ἐπιτρέπω, οὐδὲ αὐθεντεῖν ἀνδρός, ἀλλ᾽ εἶναι ἐν ἡσυχίᾳ. 13 Ἀδὰμ γὰρ πρῶτος ἐπλάσθη, εἶτα Εὔα. 14 Καὶ Ἀδὰμ οὐκ ἠπατήθη, ἡ δὲ γυνὴ ⌜ἀπατηθεῖσα ἐν παραβάσει γέγονε. 15 Σωθήσεται δὲ διὰ τῆς τεκνογονίας, ἐὰν μείνωσιν ἐν πίστει καὶ ἀγάπῃ καὶ ἁγιασμῷ μετὰ σωφροσύνης.

---

[1]5 Χριστος Ιησους **M⁸A**, TR Cr vs Ιησους Χριστος M^r
[2]9 χρυσω **M⁸**, TR vs αργυριω και χρυσιω M^c vs χρυσιω A, Cr

---

3 °ℵ*A vs 𝔐   7 □A vs Mℵ*   9 °¹ℵ*A vs 𝔐, [Cr]
9 °²ℵA vs 𝔐   9 ⌜και ℵA vs 𝔐   12 ⌜321 ℵA vs M
14 ⌜εξαπατηθεισα ℵ*A vs 𝔐

Qualifications of Bishops

3 Πιστὸς ὁ λόγος· εἴ τις ἐπισκοπῆς ὀρέγεται, καλοῦ ἔργου ἐπιθυμεῖ. 2 Δεῖ οὖν τὸν ἐπίσκοπον ἀνεπίληπτον εἶναι, μιᾶς γυναικὸς ἄνδρα, νηφάλεον,[1] σώφρονα, κόσμιον, φιλόξενον, διδακτικόν, 3 μὴ πάροινον, μὴ πλήκτην, □μὴ αἰσχροκερδῆ,\ ἀλλ᾽ ἐπιεικῆ, ἄμαχον, ἀφιλάργυρον, 4 τοῦ ἰδίου οἴκου καλῶς προϊστάμενον, τέκνα ἔχοντα ἐν ὑποταγῇ μετὰ πάσης σεμνότητος· 5 (εἰ δέ τις τοῦ ἰδίου οἴκου προστῆναι οὐκ οἶδε, πῶς ἐκκλησίας Θεοῦ ἐπιμελήσεται;) 6 μὴ νεόφυτον, ἵνα μὴ τυφωθεὶς εἰς κρίμα ἐμπέσῃ τοῦ διαβόλου. 7 Δεῖ δὲ °αὐτὸν καὶ μαρτυρίαν καλὴν ἔχειν ἀπὸ τῶν ἔξωθεν, ἵνα μὴ εἰς ὀνειδισμὸν ἐμπέσῃ καὶ παγίδα τοῦ διαβόλου.

Qualifications of Deacons

8 Διακόνους ὡσαύτως σεμνούς, μὴ διλόγους, μὴ οἴνῳ πολλῷ προσέχοντας, μὴ αἰσχροκερδεῖς, 9 ἔχοντας τὸ μυστήριον τῆς πίστεως ἐν καθαρᾷ συνειδήσει. 10 Καὶ οὗτοι δὲ δοκιμαζέσθωσαν πρῶτον, εἶτα διακονείτωσαν, ἀνέγκλητοι ὄντες. 11 Γυναῖκας ὡσαύτως σεμνάς, μὴ διαβόλους, νηφαλέους,[2] πιστὰς ἐν πᾶσι. 12 Διάκονοι ἔστωσαν μιᾶς γυναικὸς ἄνδρες, τέκνων καλῶς προϊστάμενοι καὶ τῶν ἰδίων οἴκων. 13 Οἱ γὰρ καλῶς διακονήσαντες βαθμὸν ἑαυτοῖς καλὸν περιποιοῦνται καὶ πολλὴν παρρησίαν ἐν πίστει τῇ ἐν Χριστῷ Ἰησοῦ.

Magnum Mysterium

14 Ταῦτά σοι γράφω, ἐλπίζων ἐλθεῖν πρός σε ⌜τάχιον. 15 Ἐὰν δὲ βραδύνω, ἵνα εἰδῇς πῶς δεῖ ἐν οἴκῳ Θεοῦ

---

[1]2 νηφαλεον Μ^{pt}, TR vs νηφαλιον Μ^{pt}א*A, Cr vs νηφαλαιον Μ^{pt}
[2]11 νηφαλεους Μ^{pt},TR vs νηφαλιους Μ^{pt} 𝕲, Cr νηφαλαιους Μ^{pt}

---

3 □א A vs M   7 °א A vs 𝔐   14 ⌜εν ταχει AC vs 𝔐 א

ἀναστρέφεσθαι, ἥτις ἐστὶν ἐκκλησία Θεοῦ ζῶντος, στύλος καὶ ἑδραίωμα τῆς ἀληθείας. 16 Καὶ ὁμολογουμένως μέγα ἐστὶ τὸ τῆς εὐσεβείας μυστήριον·

ʳΘεὸς ἐφανερώθη ἐν σαρκί,
Ἐδικαιώθη ἐν Πνεύματι,
Ὤφθη ἀγγέλοις,
Ἐκηρύχθη ἐν ἔθνεσιν,
Ἐπιστεύθη ἐν κόσμῳ,
Ἀνελήφθη ἐν δόξῃ.

Doctrines of Demons

4 Τὸ δὲ Πνεῦμα ῥητῶς λέγει ὅτι ἐν ὑστέροις καιροῖς ἀποστήσονταί τινες τῆς πίστεως, προσέχοντες πνεύμασι πλάνοις καὶ διδασκαλίαις δαιμονίων, 2 ἐν ὑποκρίσει ψευδολόγων, ʳκεκαυτηριασμένων τὴν ἰδίαν συνείδησιν, 3 κωλυόντων γαμεῖν, ἀπέχεσθαι βρωμάτων ἃ ὁ Θεὸς ἔκτισεν εἰς μετάληψιν μετὰ εὐχαριστίας τοῖς πιστοῖς καὶ ἐπεγνωκόσι τὴν ἀλήθειαν. 4 Ὅτι πᾶν κτίσμα Θεοῦ καλόν, καὶ οὐδὲν ἀπόβλητον, μετὰ εὐχαριστίας λαμβανόμενον, 5 ἁγιάζεται γὰρ διὰ λόγου Θεοῦ καὶ ἐντεύξεως.

A Good Servant of Jesus Christ

6 Ταῦτα ὑποτιθέμενος τοῖς ἀδελφοῖς καλὸς ἔσῃ διάκονος Ἰησοῦ Χριστοῦ,¹ ἐντρεφόμενος τοῖς λόγοις τῆς πίστεως καὶ τῆς καλῆς διδασκαλίας ᾗ παρηκολούθηκας. 7 Τοὺς δὲ βεβήλους καὶ γραώδεις μύθους παραιτοῦ. Γύμναζε δὲ σεαυτὸν πρὸς εὐσέβειαν. 8 Ἡ γὰρ σωματικὴ γυμνασία πρὸς ὀλίγον ἐστὶν ὠφέλιμος, ἡ δὲ εὐσέβεια πρὸς πάντα ὠφέλιμός ἐστιν, ἐπαγγελίαν ἔχουσα ζωῆς τῆς νῦν καὶ τῆς μελλούσης. 9 Πιστὸς ὁ λόγος καὶ πάσης ἀποδοχῆς ἄξιος. 10 Εἰς τοῦτο γὰρ ᵒκαὶ κοπιῶμεν καὶ ʳὀνειδιζόμεθα, ὅτι

---

¹6 Ιησου Χριστου Mᵖᵗ, TR vs Χριστου Ιησου Mᵖᵗ 𝔊, Cr

16 ʳος 𝔊 vs 𝕸   2 ʳκεκαυστηριασμενων ℵA vs Mᶜ
10 ᵒ𝔊 vs 𝕸   10 ʳαγωνιζομεθα 𝔊 vs 𝕸

ἠλπίκαμεν ἐπὶ Θεῷ ζῶντι, ὅς ἐστι Σωτὴρ πάντων ἀνθρώπων, μάλιστα πιστῶν.

Take Heed to Yourself and Your Doctrine

11 Παράγγελλε ταῦτα καὶ δίδασκε. 12 Μηδείς σου τῆς νεότητος καταφρονείτω, ἀλλὰ τύπος γίνου[1] τῶν πιστῶν ἐν λόγῳ, ἐν ἀναστροφῇ, ἐν ἀγάπῃ, □ἐν πνεύματι,\ ἐν πίστει, ἐν ἁγνείᾳ. 13 Ἕως ἔρχομαι πρόσεχε τῇ ἀναγνώσει, τῇ παρακλήσει, τῇ διδασκαλίᾳ. 14 Μὴ ἀμέλει τοῦ ἐν σοὶ χαρίσματος, ὃ ἐδόθη σοι διὰ προφητείας μετὰ ἐπιθέσεως τῶν χειρῶν τοῦ πρεσβυτερίου. 15 Ταῦτα μελέτα, ἐν τούτοις ἴσθι, ἵνα σου ἡ προκοπὴ φανερὰ ᾖ °ἐν πᾶσιν. 16 Ἔπεχε σεαυτῷ καὶ τῇ διδασκαλίᾳ. Ἐπίμενε αὐτοῖς· τοῦτο γὰρ ποιῶν καὶ σεαυτὸν σώσεις καὶ τοὺς ἀκούοντάς σου.

How to Treat Other Believers

5 Πρεσβυτέρῳ μὴ ἐπιπλήξῃς, ἀλλὰ παρακάλει ὡς πατέρα, νεωτέρους ὡς ἀδελφούς, 2 πρεσβυτέρας ὡς μητέρας, νεωτέρας ὡς ἀδελφάς, ἐν πάσῃ ἁγνείᾳ.

How to Honor True Widows

3 Χήρας τίμα τὰς ὄντως χήρας. 4 Εἰ δέ τις χήρα τέκνα ἢ ἔκγονα ἔχει, μανθανέτωσαν πρῶτον τὸν ἴδιον οἶκον εὐσεβεῖν καὶ ἀμοιβὰς ἀποδιδόναι τοῖς προγόνοις, τοῦτο γάρ ἐστιν[2] ἀπόδεκτον ἐνώπιον τοῦ Θεοῦ. 5 Ἡ δὲ ὄντως χήρα καὶ μεμονωμένη ἤλπικεν ἐπὶ °τὸν Θεὸν καὶ προσμένει ταῖς δεήσεσι καὶ ταῖς προσευχαῖς νυκτὸς καὶ ἡμέρας. 6 Ἡ δὲ σπαταλῶσα, ζῶσα τέθνηκε. 7 Καὶ ταῦτα παράγγελλε, ἵνα ἀνεπίληπτοι ὦσιν. 8 Εἰ δέ τις τῶν ἰδίων καὶ μάλιστα °τῶν οἰκείων οὐ προνοεῖ, τὴν πίστιν ἤρνηται καὶ ἔστιν ἀπίστου χείρων. 9 Χήρα καταλεγέσθω μὴ ἔλαττον

---

[1]12 γινου **MG**, TR Cr vs γενου M[c]
[2]4 εστιν **MG**, Cr vs +καλον και M[cvid], TR

---

12 □**G** vs 𝔐A   15 °**G** vs 𝔐   5 °א*C vs 𝔐A
8 °א**A** vs 𝔐C

ἐτῶν ἑξήκοντα γεγονυῖα, ἑνὸς ἀνδρὸς γυνή, **10** ἐν ἔργοις καλοῖς μαρτυρουμένη, εἰ ἐτεκνοτρόφησεν, εἰ ἑξενοδόχησεν, εἰ ἁγίων πόδας ἔνιψεν, εἰ θλιβομένοις ἐπήρκεσεν, εἰ παντὶ ἔργῳ ἀγαθῷ ἐπηκολούθησε.

Counsel for Younger Widows

11 Νεωτέρας δὲ χήρας παραιτοῦ· ὅταν γὰρ καταστρηνιάσωσι τοῦ Χριστοῦ, γαμεῖν θέλουσιν, **12** ἔχουσαι κρίμα ὅτι τὴν πρώτην πίστιν ἠθέτησαν. **13** Ἅμα δὲ καὶ ἀργαὶ μανθάνουσι, περιερχόμεναι τὰς οἰκίας, οὐ μόνον δὲ ἀργαί, ἀλλὰ καὶ φλύαροι καὶ περίεργοι, λαλοῦσαι τὰ μὴ δέοντα. **14** Βούλομαι οὖν νεωτέρας¹ γαμεῖν, τεκνογονεῖν, οἰκοδεσποτεῖν, μηδεμίαν ἀφορμὴν διδόναι τῷ ἀντικειμένῳ λοιδορίας χάριν. **15** Ἤδη γάρ τινες ἐξετράπησαν ὀπίσω τοῦ Σατανᾶ. **16** Εἴ τις ᵒπιστὸς ἢ˅ πιστὴ ἔχει χήρας, ἐπαρκείτω αὐταῖς, καὶ μὴ βαρείσθω ἡ ἐκκλησία, ἵνα ταῖς ὄντως χήραις ἐπαρκέσῃ.

How to Honor the Elders

17 Οἱ καλῶς προεστῶτες πρεσβύτεροι διπλῆς τιμῆς ἀξιούσθωσαν, μάλιστα οἱ κοπιῶντες ἐν λόγῳ καὶ διδασκαλίᾳ. **18** Λέγει γὰρ ἡ Γραφή, «Βοῦν ἀλοῶντα οὐ φιμώσεις,» καί, «Ἄξιος ὁ ἐργάτης τοῦ μισθοῦ αὐτοῦ.» **19** Κατὰ πρεσβυτέρου κατηγορίαν μὴ παραδέχου, ἐκτὸς εἰ μὴ ἐπὶ δύο ἢ τριῶν μαρτύρων. **20** Τοὺς ἁμαρτάνοντας ἐνώπιον πάντων ἔλεγχε, ἵνα καὶ οἱ λοιποὶ φόβον ἔχωσι. **21** Διαμαρτύρομαι ἐνώπιον τοῦ Θεοῦ καὶ ῾Κυρίου ᾽Ιησοῦ Χριστοῦ˺ καὶ τῶν ἐκλεκτῶν ἀγγέλων, ἵνα ταῦτα φυλάξῃς χωρὶς προκρίματος, μηδὲν ποιῶν κατὰ πρόσκλησιν.² **22** Χεῖρας ταχέως μηδενὶ ἐπιτίθει, μηδὲ κοινώνει ἁμαρτίαις

---

¹14 νεωτερας 𝕸𝕲, TR Cr vs + χηρας 𝕸ᶜ
²21 προσκλησιν 𝕸 A vs προσκλισιν ℵ, TR Cr

---

16 ᵒ𝕲 vs 𝕸   21 ῾Χριστου Ιησου ℵA vs 𝕸

18 Deut. 25:4; Lk. 10:7; cf. Mt. 10:10

ἀλλοτρίαις. Σεαυτὸν ἁγνὸν τήρει. **23** Μηκέτι ὑδροπότει, ἀλλ᾽ οἴνῳ ὀλίγῳ χρῶ διὰ τὸν στόμαχόν °σου καὶ τὰς πυκνάς σου ἀσθενείας.

24 Τινῶν ἀνθρώπων αἱ ἁμαρτίαι πρόδηλοί εἰσι, προάγουσαι εἰς κρίσιν, τισὶ δὲ καὶ ἐπακολουθοῦσιν. **25** ῾Ωσαύτως καὶ τὰ ῾καλὰ ἔργα᾽ πρόδηλά °ἐστι, καὶ τὰ ἄλλως ἔχοντα κρυβῆναι οὐ δύνανται.¹

How to Honor Masters

6 ῞Οσοι εἰσὶν ὑπὸ ζυγὸν δοῦλοι, τοὺς ἰδίους δεσπότας πάσης τιμῆς ἀξίους ἡγείσθωσαν, ἵνα μὴ τὸ ὄνομα τοῦ Θεοῦ καὶ ἡ διδασκαλία βλασφημῆται. **2** Οἱ δὲ πιστοὺς ἔχοντες δεσπότας μὴ καταφρονείτωσαν, ὅτι ἀδελφοί εἰσιν· ἀλλὰ μᾶλλον δουλευέτωσαν, ὅτι πιστοί εἰσι καὶ ἀγαπητοὶ οἱ τῆς εὐεργεσίας ἀντιλαμβανόμενοι.

Of False Doctrine and Human Greed

Ταῦτα δίδασκε καὶ παρακάλει. **3** Εἴ τις ἑτεροδιδασκαλεῖ καὶ μὴ προσέρχεται ὑγιαίνουσι λόγοις, τοῖς τοῦ Κυρίου ἡμῶν ᾽Ιησοῦ Χριστοῦ, καὶ τῇ κατ᾽ εὐσέβειαν διδασκαλίᾳ, **4** τετύφωται, μηδὲν ἐπιστάμενος, ἀλλὰ νοσῶν περὶ ζητήσεις καὶ λογομαχίας, ἐξ ὧν γίνεται φθόνος, ἔρις, βλασφημίαι, ὑπόνοιαι πονηραί, **5** διαπαρατριβαὶ² διεφθαρμένων ἀνθρώπων τὸν νοῦν καὶ ἀπεστερημένων τῆς ἀληθείας, νομιζόντων πορισμὸν εἶναι τὴν εὐσέβειαν. □᾽Αφίστασο ἀπὸ τῶν τοιούτων.᾽ **6** ῎Εστι δὲ πορισμὸς μέγας ἡ εὐσέβεια μετὰ αὐταρκείας. **7** Οὐδὲν γὰρ εἰσηνέγκαμεν εἰς τὸν κόσμον, °δῆλον ὅτι οὐδὲ ἐξενεγκεῖν τι δυνάμεθα! **8** ῎Εχοντες δὲ διατροφὰς καὶ σκεπάσματα, τούτοις ἀρκεσθησόμεθα. **9** Οἱ δὲ βουλόμενοι πλουτεῖν ἐμπίπτουσιν εἰς πειρασμὸν καὶ παγίδα καὶ ἐπιθυμίας πολλὰς ἀνοήτους καὶ βλαβεράς, αἵτινες βυθίζουσι τοὺς

---

¹25 δυνανται MᵖᵗA, Cr vs δυναται Mᵖᵗ‭א‬, TR
²5 διαπαρατριβαι 𝔐‭א‬A, Cr vs παραδιατριβαι TR

---

23 °‭א‬A vs 𝔐   25 ῾εργα τα καλα ‭א‬A vs 𝔐   25 °‭א‬A vs M
5 □‭א‬A vs 𝔐   7 °‭א‬*A vs 𝔐

ἀνθρώπους εἰς ὄλεθρον καὶ ἀπώλειαν. 10 Ῥίζα γὰρ πάντων τῶν κακῶν ἐστὶν ἡ φιλαργυρία, ἧς τινες ὀρεγόμενοι ἀπεπλανήθησαν ἀπὸ τῆς πίστεως καὶ ἑαυτοὺς περιέπειραν ὀδύναις πολλαῖς.

The Man of God

11 Σὺ δέ, ὦ ἄνθρωπε °τοῦ Θεοῦ, ταῦτα φεῦγε. Δίωκε δὲ δικαιοσύνην, εὐσέβειαν, πίστιν, ἀγάπην, ὑπομονήν, ⌐πραότητα. 12 Ἀγωνίζου τὸν καλὸν ἀγῶνα τῆς πίστεως, ἐπιλαβοῦ τῆς αἰωνίου ζωῆς, εἰς ἣν¹ ἐκλήθης καὶ ὡμολόγησας τὴν καλὴν ὁμολογίαν ἐνώπιον πολλῶν μαρτύρων. 13 Παραγγέλλω °σοι ἐνώπιον τοῦ Θεοῦ τοῦ ⌐ζωοποιοῦντος τὰ πάντα καὶ Χριστοῦ Ἰησοῦ τοῦ μαρτυρήσαντος ἐπὶ Ποντίου Πιλάτου τὴν καλὴν ὁμολογίαν, 14 τηρῆσαί σε τὴν ἐντολὴν ἄσπιλον, ἀνεπίληπτον, μέχρι τῆς ἐπιφανείας τοῦ Κυρίου ἡμῶν Ἰησοῦ Χριστοῦ, 15 ἣν καιροῖς ἰδίοις δείξει ὁ μακάριος καὶ μόνος Δυνάστης, ὁ Βασιλεὺς τῶν βασιλευόντων καὶ Κύριος τῶν κυριευόντων, 16 ὁ μόνος ἔχων ἀθανασίαν, φῶς οἰκῶν ἀπρόσιτον, ὃν εἶδεν οὐδεὶς ἀνθρώπων οὐδὲ ἰδεῖν δύναται· ᾧ τιμὴ καὶ² κράτος αἰώνιον. Ἀμήν.

Instructions to the Rich

17 ⌐Τοῖς πλουσίοις ἐν τῷ νῦν αἰῶνι παράγγελλε μὴ ὑψηλοφρονεῖν μηδὲ ἠλπικέναι ἐπὶ πλούτου ἀδηλότητι, ἀλλ᾽ ⌐ἐν °τῷ Θεῷ ⌐τῷ ζῶντι,ˎ τῷ παρέχοντι ἡμῖν πάντα πλουσίως³ εἰς ἀπόλαυσιν, 18 ἀγαθοεργεῖν, πλουτεῖν

---

¹ 12 ην 𝕸 א A, Cr vs +και TR
² 16 και Μ א A, TR Cr vs − Μᶜ
³ 17 παντα πλουσιως 𝕸 א, Cr vs τα παντα πλουσιως A vs πλουσιως παντα TR

---

11 °א*A vs 𝕸   11 ⌐πραυπαθιαν א*A vs 𝕸
13 °א* vs 𝕸 A, [Cr]   13 ⌐ζωογονουντος A vs 𝕸 א
17 ⌐επι א A vs Μ   17 °א vs 𝕸 A   17 ⌐א A vs 𝕸

ἐν ἔργοις καλοῖς, εὐμεταδότους εἶναι, κοινωνικούς, **19** ἀπο-
θησαυρίζοντας ἑαυτοῖς θεμέλιον καλὸν εἰς τὸ μέλλον,
ἵνα ἐπιλάβωνται τῆς ᵗαἰνωίου ζωῆς.

Guard Your Heritage

20 Ὦ Τιμόθεε, τὴν παραθήκην¹ φύλαξον, ἐκτρεπόμενος
τὰς βεβήλους κενοφωνίας καὶ ἀντιθέσεις τῆς ψευδωνύμου
"γνώσεως," **21** ἥν τινες ἐπαγγελλόμενοι περὶ τὴν πίστιν
ἠστόχησαν.
Ἡ χάρις ᵗμετὰ σοῦ.ᵗ ° Ἀμήν.

---

¹**20** παραθηκην **MℵA, Cr** vs παρακαταθηκην M^{cvid}, **TR**

19 ᵗοντως ℵA vs 𝔐   **21** ᵗμεθ υμων ℵA vs 𝔐   **21** °ℵ*A vs 𝔐

ΠΡΟΣ ΤΙΜΟΘΕΟΝ Β

Paul Greets Timothy

ΑΥΛΟΣ, ἀπόστολος Χριστοῦ Ἰησοῦ¹ διὰ θελήματος Θεοῦ κατ' ἐπαγγελίαν ζωῆς τῆς ἐν Χριστῷ Ἰησοῦ, **2** Τιμοθέῳ, ἀγαπητῷ τέκνῳ·

Χάρις, ἔλεος, εἰρήνη ἀπὸ Θεοῦ Πατρὸς καὶ Χριστοῦ Ἰησοῦ τοῦ Κυρίου ἡμῶν.

Paul Thanks God for Timothy and His Maternal Forebears

3 Χάριν ἔχω τῷ Θεῷ, ᾧ λατρεύω ἀπὸ προγόνων ἐν καθαρᾷ συνειδήσει, ὡς ἀδιάλειπτον ἔχω τὴν περὶ σοῦ μνείαν ἐν ταῖς δεήσεσί μου νυκτὸς καὶ ἡμέρας, **4** ἐπιποθῶν σε ἰδεῖν, μεμνημένος σου τῶν δακρύων, ἵνα χαρᾶς πληρωθῶ,² **5** ὑπόμνησιν ʳλαμβάνων τῆς ἐν σοὶ ἀνυποκρίτου πίστεως, ἥτις ἐνῴκησε πρῶτον ἐν τῇ μάμμῃ σου Λωΐδι καὶ τῇ μητρί σου Εὐνίκῃ, πέπεισμαι δὲ ὅτι καὶ ἐν σοί. **6** Δι' ἣν αἰτίαν ἀναμιμνήσκω σε ἀναζωπυρεῖν τὸ χάρισμα τοῦ Θεοῦ, ὅ ἐστιν ἐν σοὶ διὰ τῆς ἐπιθέσεως τῶν χειρῶν μου. **7** Οὐ γὰρ ἔδωκεν ἡμῖν ὁ Θεὸς πνεῦμα δειλίας, ἀλλὰ δυνάμεως καὶ ἀγάπης καὶ σωφρονισμοῦ.

Do Not Be Ashamed of the Gospel

8 Μὴ οὖν ἐπαισχυνθῇς τὸ μαρτύριον τοῦ Κυρίου ἡμῶν μηδὲ ἐμὲ τὸν δέσμιον αὐτοῦ, ἀλλὰ συγκακοπάθησον τῷ

In 2 Timothy **𝕲** = **אAC**

¹1 Χριστου Ιησου **Mᵖᵗא**, **Cr** vs Ιησου Χριστου **MᵖᵗA**, **TR**
²4 πληρωθω **M𝕲**, **TR Cr** vs πλησθω **Mᶜ**

5 ʳλαβων **𝕲** vs **𝔐**

εὐαγγελίῳ κατὰ δύναμιν Θεοῦ, **9** τοῦ σώσαντος ἡμᾶς καὶ καλέσαντος κλήσει ἁγίᾳ, οὐ κατὰ τὰ ἔργα ἡμῶν, ἀλλὰ ᐧκατ᾿ ἰδίαν πρόθεσιν καὶ χάριν, τὴν δοθεῖσαν ἡμῖν ἐν Χριστῷ ᾿Ιησοῦ πρὸ χρόνων αἰωνίων, **10** φανερωθεῖσαν δὲ νῦν διὰ τῆς ἐπιφανείας τοῦ Σωτῆρος ἡμῶν ˢ᾿Ιησοῦ Χριστοῦ,ᶻ καταργήσαντος μὲν τὸν θάνατον, φωτίσαντος δὲ ζωὴν καὶ ἀφθαρσίαν διὰ τοῦ εὐαγγελίου, **11** εἰς ὃ ἐτέθην ἐγὼ κῆρυξ καὶ ἀπόστολος καὶ διδάσκαλος °ἐθνῶν. **12** Δι᾿ ἣν αἰτίαν καὶ ταῦτα πάσχω, ἀλλ᾿ οὐκ ἐπαισχύνομαι, οἶδα γὰρ ᾧ πεπίστευκα καὶ πέπεισμαι ὅτι δυνατός ἐστι τὴν παραθήκην¹ μου φυλάξαι εἰς ἐκείνην τὴν ἡμέραν.

Be Loyal to the Faith

13 ῾Υποτύπωσιν ἔχε ὑγιαινόντων λόγων ὧν παρ᾿ ἐμοῦ ἤκουσας, ἐν πίστει καὶ ἀγάπῃ τῇ ἐν Χριστῷ ᾿Ιησοῦ. **14** Τὴν καλὴν παραθήκην² φύλαξον διὰ Πνεύματος ῾Αγίου τοῦ ἐνοικοῦντος ἐν ἡμῖν.

15 Οἶδας τοῦτο, ὅτι ἀπεστράφησάν με πάντες οἱ ἐν τῇ ᾿Ασίᾳ, ὧν ἐστι Φύγελος³ καὶ ῾Ερμογένης. **16** Δῴη ἔλεος ὁ Κύριος τῷ ᾿Ονησιφόρου οἴκῳ, ὅτι πολλάκις με ἀνέψυξε καὶ τὴν ἅλυσίν μου οὐκ ἐπαισχύνθη,⁴ **17** ἀλλὰ γενόμενος ἐν ῾Ρώμῃ, ʳσπουδαιότερον ἐζήτησέ με καὶ εὗρε. **18** Δῴη αὐτῷ ὁ Κύριος εὑρεῖν ἔλεος παρὰ Κυρίου ἐν ἐκείνῃ τῇ ἡμέρᾳ! Καὶ ὅσα ἐν ᾿Εφέσῳ διηκόνησε, βέλτιον σὺ γινώσκεις.

Be Strong in Grace

2 Σὺ οὖν, τέκνον μου, ἐνδυναμοῦ ἐν τῇ χάριτι τῇ ἐν Χριστῷ ᾿Ιησοῦ. **2** Καὶ ἃ ἤκουσας παρ᾿ ἐμοῦ διὰ πολλῶν μαρτύρων, ταῦτα παράθου πιστοῖς ἀνθρώποις,

---

¹**12** παραθηκην 𝕸𝕲, TR Cr vs παρακαταθηκην Mᶜ
²**14** παραθηκην 𝕸𝕲, Cr vs παρακαταθηκην Mᶜ, TR
³**15** Φυγελος MᵖᵗℵC, Cr vs Φυγελλος MᵖᵗA, TR
⁴**16** επαισχυνθη 𝕸AC, Cr vs επησχυνθη ℵ*, TR

9 ᐧκατα 𝕲 vs 𝕸   **10** ˢℵ*A vs 𝕸C   **11** °ℵ*A vs 𝕸C
17 ʳσπουδαιως ℵC vs 𝕸; (σπουδαιοτερως A)

οἵτινες ἱκανοὶ ἔσονται καὶ ἑτέρους διδάξαι. 3 ⸀Σὺ οὖν κακοπάθησον⸃ ὡς καλὸς στρατιώτης ⸀'Ἰησοῦ Χριστοῦ.⸉ 4 Οὐδεὶς σρατευόμενος ἐμπλέκεται ταῖς τοῦ βίου πραγματείαις, ἵνα τῷ στρατολογήσαντι ἀρέσῃ. 5 Ἐὰν δὲ καὶ ἀθλῇ τις, οὐ στεφανοῦται ἐὰν μὴ νομίμως ἀθλήσῃ. 6 Τὸν κοπιῶντα γεωργὸν δεῖ πρῶτον τῶν καρπῶν μεταλαμβάνειν. 7 Νόει ⸀¹ἃ λέγω· ⸀²δώῃ γάρ σοι ὁ Κύριος σύνεσιν ἐν πᾶσι.

8 Μνημόνευε Ἰησοῦν Χριστὸν ἐγηγερμένον¹ ἐκ νεκρῶν, ἐκ σπέρματος Δαβίδ, κατὰ τὸ εὐαγγέλιόν μου· 9 ἐν ᾧ κακοπαθῶ μέχρι δεσμῶν ὡς κακοῦργος, ἀλλ᾽ ὁ λόγος τοῦ Θεοῦ οὐ δέδεται. 10 Διὰ τοῦτο πάντα ὑπομένω διὰ τοὺς ἐκλεκτούς, ἵνα καὶ αὐτοὶ σωτηρίας τύχωσι τῆς ἐν Χριστῷ Ἰησοῦ μετὰ δόξης αἰωνίου. 11 Πιστὸς ὁ λόγος·

Εἰ γὰρ συναπεθάνομεν,
   Καὶ συζήσομεν·
12 Εἰ ὑπομένομεν,
   Καὶ συμβασιλεύσομεν·
Εἰ ⸀ἀρνούμεθα,
   Κἀκεῖνος ἀρνήσεται ἡμᾶς·
13 Εἰ ἀπιστοῦμεν,
   Ἐκεῖνος πιστὸς μένει·
Ἀρνήσασθαι ⸀ ἑαυτὸν οὐ δύναται.

The Approved and the Disapproved Workers

14 Ταῦτα ὑπομίμνησκε, διαμαρτυρόμενος ἐνώπιον τοῦ ⸀¹Κυρίου μὴ λογομαχεῖν, ⸀²εἰς οὐδὲν χρήσιμον, ἐπὶ καταστροφῇ τῶν ἀκουόντων. 15 Σπούδασον σεαυτὸν δόκιμον παραστῆσαι τῷ Θεῷ, ἐργάτην ἀνεπαίσχυντον, ὀρθοτομοῦντα τὸν λόγον τῆς ἀληθείας. 16 Τὰς δὲ βεβήλους

ⁱ8 εγηγερμενον 𝔐 𝕲, Cr vs ηγηγερμενον TR

---

3 ⸀συγκακοπαθησον ℵ (A) (C*) vs 𝔐   3 ⸉𝕲 vs 𝔐
7 ⸀¹ο 𝕲 vs 𝔐   7 ⸀²δωσει 𝕲 vs 𝔐
12 ⸀αρνησομεθα 𝕲 vs 𝔐   13 ⸀γαρ ℵ*AᵛⁱᵈC vs M
14 ⸀¹Θεου ℵC vs 𝔐A   14 ⸀²επ 𝕲 vs 𝔐

κενοφωνίας περιΐστασο· ἐπὶ πλεῖον γὰρ προκόψουσιν ἀσεβείας, **17** καὶ ὁ λόγος αὐτῶν ὡς γάγγραινα νομὴν ἕξει· ὧν ἐστιν ῾Υμέναιος καὶ Φίλητος, **18** οἵτινες περὶ τὴν ἀλήθειαν ἠστόχησαν, λέγοντες °τὴν ἀνάστασιν ἤδη γεγονέναι, καὶ ἀνατρέπουσι τήν τινων πίστιν. **19** ῾Ο μέντοι στερεὸς θεμέλιος τοῦ Θεοῦ ἕστηκεν, ἔχων τὴν σφραγῖδα ταύτην· «῎Εγνω Κύριος τοὺς ὄντας αὐτοῦ,» καί, "᾿Αποστήτω ἀπὸ ἀδικίας πᾶς ὁ ὀνομάζων τὸ ὄνομα Κυρίου."¹ **20** ᾿Εν μεγάλῃ δὲ οἰκίᾳ οὐκ ἔστι μόνον σκεύη χρυσᾶ καὶ ἀργυρᾶ, ἀλλὰ καὶ ξύλινα καὶ ὀστράκινα, καὶ ἃ μὲν εἰς τιμήν, ἃ δὲ εἰς ἀτιμίαν. **21** ᾿Εὰν οὖν τις ἐκκαθάρῃ ἑαυτὸν ἀπὸ τούτων, ἔσται σκεῦος εἰς τιμήν, ἡγιασμένον °καὶ εὔχρηστον τῷ Δεσπότῃ, εἰς πᾶν ἔργον ἀγαθὸν ἡτοιμασμένον. **22** Τὰς δὲ νεωτερικὰς ἐπιθυμίας φεῦγε, δίωκε δὲ δικαιοσύνην, πίστιν, ἀγάπην, εἰρήνην, μετὰ τῶν ἐπικαλουμένων τὸν Κύριον ἐκ καθαρᾶς καρδίας. **23** Τὰς δὲ μωρὰς καὶ ἀπαιδεύτους ζητήσεις παραιτοῦ, εἰδὼς ὅτι γεννῶσι μάχας. **24** Δοῦλον δὲ Κυρίου οὐ δεῖ μάχεσθαι, ἀλλ᾿ ἤπιον εἶναι πρὸς πάντας, διδακτικόν, ἀνεξίκακον, **25** ἐν •πραότητι παιδεύοντα τοὺς ἀντιδιατιθεμένους, μήποτε ⸂δῷ αὐτοῖς ὁ Θεὸς μετάνοιαν εἰς ἐπίγνωσιν ἀληθείας, **26** καὶ ἀνανήψωσιν ἐκ τῆς τοῦ διαβόλου παγίδος, ἐζωγρημένοι ὑπ᾿ αὐτοῦ εἰς τὸ ἐκείνου θέλημα.

Perilous Times and Perilous Men

3 Τοῦτο δὲ γίνωσκε, ὅτι ἐν ἐσχάταις ἡμέραις ἐνστήσονται καιροὶ χαλεποί. **2** ῎Εσονται γὰρ οἱ ἄνθρωποι φίλαυτοι, φιλάργυροι, ἀλαζόνες, ὑπερήφανοι, βλάσφημοι, γονεῦσιν ἀπειθεῖς, ἀχάριστοι, ἀνόσιοι, **3** ἄστοργοι, ἄσπονδοι, διάβολοι, ἀκρατεῖς, ἀνήμεροι, ἀφιλάγαθοι, **4** προδόται, προπετεῖς, τετυφωμένοι, φιλήδονοι μᾶλλον ἢ φιλόθεοι, **5** ἔχοντες μόρφωσιν

---

¹19 Κυριου 𝔐 𝔊, Cr vs Χριστου TR

18 °א vs 𝔐 AC, [Cr]   21 °א*A vs 𝔐 C*
25 •πραυτητι 𝔊 vs 𝔐   25 ⸂δωη 𝔊 vs 𝔐

19 Num. 16:5

εὐσεβείας, τὴν δὲ δύναμιν αὐτῆς ἠρνημένοι. Καὶ τούτους ἀποτρέπου. 6 Ἐκ τούτων γάρ εἰσιν οἱ ἐνδύνοντες εἰς τὰς οἰκίας καὶ αἰχμαλωτεύοντες¹ γυναικάρια² σεσωρευμένα ἁμαρτίαις, ἀγόμενα ἐπιθυμίαις ποικίλαις, 7 πάντοτε μανθάνοντα καὶ μηδέποτε εἰς ἐπίγνωσιν ἀληθείας ἐλθεῖν δυνάμενα. 8 Ὃν τρόπον δὲ Ἰάννης καὶ Ἰαμβρῆς ἀντέστησαν Μωϋσεῖ, οὕτω καὶ οὗτοι ἀνθίστανται τῇ ἀληθείᾳ, ἄνθρωποι κατεφθαρμένοι τὸν νοῦν, ἀδόκιμοι περὶ τὴν πίστιν. 9 Ἀλλ᾽ οὐ προκόψουσιν ἐπὶ πλεῖον,³ ἡ γὰρ ἄνοια αὐτῶν ἔκδηλος ἔσται πᾶσιν, ὡς καὶ ἡ ἐκείνων ἐγένετο.

The Man of God and the Word of God

10 Σὺ δὲ ʳπαρηκολούθηκάς μου τῇ διδασκαλίᾳ, τῇ ἀγωγῇ, τῇ προθέσει, τῇ πίστει, τῇ μακροθυμίᾳ, τῇ ἀγάπῃ, τῇ ὑπομονῇ, 11 τοῖς διωγμοῖς, τοῖς παθήμασιν, οἷά μοι ἐγένετο ἐν Ἀντιοχείᾳ, ἐν Ἰκονίῳ, ἐν Λύστροις, οἵους διωγμοὺς ὑπήνεγκα. Καὶ ἐκ πάντων με ἐρρύσατο ὁ Κύριος. 12 Καὶ πάντες δὲ οἱ θέλοντες εὐσεβῶς ζῆν ἐν Χριστῷ Ἰησοῦ διωχθήσονται. 13 Πονηροὶ δὲ ἄνθρωποι καὶ γόητες προκόψουσιν ἐπὶ τὸ χεῖρον, πλανῶντες καὶ πλανώμενοι. 14 Σὺ δὲ μένε ἐν οἷς ἔμαθες καὶ ἐπιστώθης,⁴ εἰδὼς παρὰ ʳτίνος ἔμαθες, 15 καὶ ὅτι ἀπὸ βρέφους ᵒτὰ Ἱερὰ Γράμματα οἶδας, τὰ δυνάμενά σε σοφίσαι εἰς σωτηρίαν διὰ πίστεως τῆς ἐν Χριστῷ Ἰησοῦ. 16 Πᾶσα Γραφὴ θεόπνευστος καὶ ὠφέλιμος πρὸς διδασκαλίαν, πρὸς ʳἔλεγχον, πρὸς ἐπανόρθωσιν, πρὸς παιδείαν τὴν ἐν δικαιοσύνῃ, 17 ἵνα ἄρτιος ᾖ ὁ τοῦ Θεοῦ ἄνθρωπος, πρὸς πᾶν ἔργον ἀγαθὸν ἐξηρτισμένος.

---

¹6 αιχμαλωτευοντες Mᵖᵗ, TR vs αιχμαλωτιζοντες Mᵖᵗ 𝕲, Cr
²6 γυναικαρια 𝔐𝕲, Cr vs τα γυναικαρια TR
³9 πλειον Μ𝕲, TR Cr vs πλειστον Μᶜ
⁴14 επιστωθης Μ𝕲, TR Cr vs επιστευθης Μʳ

---

10 ʳπαρηκολουθησας 𝕲 vs 𝔐   14 ʳτινων 𝕲 vs 𝔐
15 ᵒא vs 𝔐 AC*, [Cr]   16 ʳελεγμον 𝕲 vs 𝔐

Preach the Word

4 Διαμαρτύρομαι □¹οὖν ἐγὼ⸜ ἐνώπιον τοῦ Θεοῦ, καὶ □²τοῦ Κυρίου⸜ ˢ Ἰησοῦ Χριστοῦ⸜ τοῦ μέλλοντος κρίνειν ζῶντας καὶ νεκροὺς ⸀κατὰ τὴν ἐπιφάνειαν αὐτοῦ καὶ τὴν βασιλείαν αὐτοῦ, **2** κήρυξον τὸν λόγον, ἐπίστηθι εὐκαίρως, ἀκαίρως, ἔλεγξον, ἐπιτίμησον, παρακάλεσον, ἐν πάσῃ μακροθυμίᾳ καὶ διδαχῇ. **3** Ἔσται γὰρ καιρὸς ὅτε τῆς ὑγιαινούσης διδασκαλίας οὐκ ἀνέξονται, ἀλλὰ κατὰ τὰς ⸀ἐπιθυμίας τὰς ἰδίας⸜ ἑαυτοῖς ἐπισωρεύσουσι διδασκάλους, κνηθόμενοι τὴν ἀκοήν, **4** καὶ ἀπὸ μὲν τῆς ἀληθείας τὴν ἀκοὴν ἀποστρέψουσιν, ἐπὶ δὲ τοὺς μύθους ἐκτραπήσονται. **5** Σὺ δὲ νῆφε ἐν πᾶσι, κακοπάθησον, ἔργον ποίησον εὐαγγελιστοῦ, τὴν διακονίⱭν σου πληροφόρησον.

Paul's Valedictory

6 Ἐγὼ γὰρ ἤδη σπένδομαι, καὶ ὁ καιρὸς τῆς ⸀ἐμῆς ἀναλύσεως⸜ ἐφέστηκε. **7** Τὸν ⸀ἀγῶνα τὸν καλὸν⸜ ἠγώνισμαι, τὸν δρόμον τετέλεκα, τὴν πίστιν τετήρηκα. **8** Λοιπόν, ἀπόκειταί μοι ὁ τῆς δικαιοσύνης στέφανος, ὃν ἀποδώσει μοι ὁ Κύριος ἐν ἐκείνῃ τῇ ἡμέρᾳ, ὁ δίκαιος Κριτής, οὐ μόνον δὲ ἐμοί, ἀλλὰ καὶ πᾶσι τοῖς ἠγαπηκόσι τὴν ἐπιφάνειαν αὐτοῦ.

Timothy Is Urged to Come

9 Σπούδασον ἐλθεῖν πρός με ταχέως. **10** Δημᾶς γάρ με ἐγκατέλιπεν, ἀγαπήσας τὸν νῦν αἰῶνα, καὶ ἐπορεύθη εἰς Θεσσαλονίκην, Κρήσκης εἰς Γαλατίαν, Τίτος εἰς Δαλματίαν. **11** Λουκᾶς ἐστι μόνος μετ᾽ ἐμοῦ. Μᾶρκον ἀναλαβὼν ἄγε¹ μετὰ σεαυτοῦ, ἔστι γάρ μοι εὔχρηστος εἰς διακονίαν. **12** Τυχικὸν δὲ ἀπέστειλα εἰς Ἔφεσον. **13** Τὸν φαιλόνην²

---

¹11 αγε **M**אC, TR Cr vs αγαγε MᶜA
²13 φαιλονην Mᵖᵗ, TR Cr vs φελονην Mᵖᵗ Ϭ

---

1 □¹ ² Ϭ vs 𝔐   1 ˢϬ vs 𝔐   1 ⸀και Ϭ vs 𝔐
3 ⸀ιδιας επιθυμιας Ϭ vs M   6 ⸀αναλυσεως μου Ϭ vs 𝔐
7 ⸀καλον αγωνα Ϭ vs 𝔐

ὃν ἀπέλιπον ἐν Τρῳάδι παρὰ Κάρπῳ, ἐρχόμενος φέρε, καὶ τὰ βιβλία, μάλιστα τὰς μεμβράνας. 14 Ἀλέξανδρος ὁ χαλκεὺς πολλά μοι κακὰ ἐνεδείξατο. ᵣἈποδώῃ αὐτῷ ὁ Κύριος κατὰ τὰ ἔργα αὐτοῦ· 15 ὃν καὶ σὺ φυλάσσου, λίαν γὰρ ᵣἀνθέστηκε τοῖς ἡμετέροις λόγοις.

The Lord Is Faithful

16 Ἐν τῇ πρώτῃ μου ἀπολογίᾳ οὐδείς μοι ᵣσυμπαρεγένετο, ἀλλὰ πάντες με ἐγκατέλιπον – μὴ αὐτοῖς λογισθείη! 17 Ὁ δὲ Κύριός μοι παρέστη καὶ ἐνεδυνάμωσέ με, ἵνα δι᾽ ἐμοῦ τὸ κήρυγμα πληροφορηθῇ καὶ ᵣἀκούσῃ πάντα τὰ ἔθνη, καὶ ἐρρύσθην ἐκ στόματος λέοντος. 18 ᵒΚαὶ ῥύσεταί με ὁ Κύριος ἀπὸ παντὸς ἔργου πονηροῦ καὶ σώσει εἰς τὴν βασιλείαν αὐτοῦ τὴν ἐπουράνιον, ᾧ ἡ δόξα εἰς τοὺς αἰῶνας τῶν αἰώνων. Ἀμήν.

Personalia and Paul's Farewell

19 Ἄσπασαι Πρίσκαν¹ καὶ Ἀκύλαν, καὶ τὸν Ὀνησιφόρου οἶκον. 20 Ἔραστος ἔμεινεν ἐν Κορίνθῳ, Τρόφιμον δὲ ἀπέλιπον ἐν Μιλήτῳ ἀσθενοῦντα. 21 Σπούδασον πρὸ χειμῶνος ἐλθεῖν. Ἀσπάζεταί σε Εὔβουλος καὶ Πούδης καὶ Λῖνος καὶ Κλαυδία καὶ οἱ ἀδελφοὶ πάντες.
22 Ὁ Κύριος Ἰησοῦς Χριστὸς᾽μετὰ τοῦ πνεύματός σου. Ἡ χάρις μεθ᾽ ὑμῶν. ᵒἈμήν.

---

¹19 Πρισκαν 𝕸𝕲, TR Cr vs Πρισκιλλαν Μᶜ

14 ᵣαποδωσει 𝕲 vs 𝔐   15 ᵣυντεστη 𝕲 vs 𝔐
16 ᵣπαρεγενετο 𝕲 vs 𝔐   17 ᵣακουσωσιν 𝕲 vs 𝔐
18 ᵒ𝕲 vs 𝔐   22 ᵣΚυριος ℵ* vs 𝔐C; (Κυριος Ιησους Α)
22 ᵒ𝕲 vs 𝔐

ΠΡΟΣ ΤΙΤΟΝ

Paul Greets Titus

ΑΥΛΟΣ, δοῦλος Θεοῦ, ἀπόστολος δὲ Ἰησοῦ Χριστοῦ κατὰ πίστιν ἐκλεκτῶν Θεοῦ καὶ ἐπίγνωσιν ἀληθείας τῆς κατ᾽ εὐσέβειαν **2** ἐπ᾽ ἐλπίδι ζωῆς αἰωνίου, ἣν ἐπηγγείλατο ὁ ἀψευδὴς Θεὸς πρὸ χρόνων αἰωνίων, **3** ἐφανέρωσε δὲ καιροῖς ἰδίοις τὸν λόγον αὐτοῦ ἐν κηρύγματι ὃ ἐπιστεύθην ἐγὼ κατ᾽ ἐπιταγὴν τοῦ Σωτῆρος ἡμῶν Θεοῦ,

4 Τίτῳ, γνησίῳ τέκνῳ κατὰ κοινὴν πίστιν·

Χάρις, ⌜ἔλεος, εἰρήνη ἀπὸ Θεοῦ Πατρὸς καὶ ʿΚυρίου Ἰησοῦ Χριστοῦ⌝ τοῦ Σωτῆρος ἡμῶν.

Qualified Elders Are Needed

5 Τούτου χάριν κατέλιπόν¹ σε ἐν Κρήτῃ, ἵνα τὰ λείποντα ἐπιδιορθώσῃ καὶ καταστήσῃς κατὰ πόλιν πρεσβυτέρους, ὡς ἐγώ σοι διεταξάμην· **6** εἴ τίς ἐστιν ἀνέγκλητος, μιᾶς γυναικὸς ἀνήρ, τέκνα ἔχων πιστά, μὴ ἐν κατηγορίᾳ ἀσωτίας ἢ ἀνυπότακτα. **7** Δεῖ γὰρ τὸν ἐπίσκοπον ἀνέγκλητον εἶναι ὡς Θεοῦ οἰκονόμον, μὴ αὐθάδη, μὴ ὀργίλον, μὴ πάροινον, μὴ πλήκτην, μὴ αἰσχροκερδῆ, **8** ἀλλὰ φιλόξενον, φιλάγαθον, σώφρονα, δίκαιον, ὅσιον, ἐγκρατῆ, **9** ἀντεχόμενον τοῦ κατὰ τὴν διδαχὴν πιστοῦ λόγου, ἵνα δυνατὸς ᾖ καὶ παρακαλεῖν ἐν τῇ διδασκαλίᾳ τῇ ὑγιαινούσῃ καὶ τοὺς ἀντιλέγοντας ἐλέγχειν.

In Titus 𝕲 = אAC

¹5 κατελιπον **M**, **TR** vs απελιπον Μʳא*, **Cr** vs απελειπον AC

4 ⌜και אC* vs 𝔐A   **4** ʿΧριστου Ιησου 𝕲 vs 𝔐

Problems Elders Must Face

10 Εἰσὶ γὰρ πολλοὶ °καὶ ἀνυπότακτοι, ματαιολόγοι καὶ φρεναπάται, μάλιστα οἱ ἐκ ᵀ περιτομῆς, **11** οὓς δεῖ ἐπιστομίζειν, οἵτινες ὅλους οἴκους ἀνατρέπουσι διδάσκοντες ἃ μὴ δεῖ αἰσχροῦ κέρδους χάριν. **12** Εἶπέ τις ἐξ αὐτῶν, ἴδιος αὐτῶν προφήτης, "Κρῆτες ἀεὶ ψεῦσται, κακὰ θηρία, γαστέρες ἀργαί." **13** Ἡ μαρτυρία αὕτη ἐστὶν ἀληθής. Δι᾽ ἣν αἰτίαν ἔλεγχε αὐτοὺς ἀποτόμως, ἵνα ὑγιαίνωσιν ἐν τῇ πίστει, **14** μὴ προσέχοντες Ἰουδαϊκοῖς μύθοις καὶ ἐντολαῖς ἀνθρώπων ἀποστρεφομένων τὴν ἀλήθειαν. **15** Πάντα °μὲν καθαρὰ τοῖς καθαροῖς· τοῖς δὲ ⸀μεμιασμένοις καὶ ἀπίστοις οὐδὲν καθαρόν, ἀλλὰ μεμίανται αὐτῶν καὶ ὁ νοῦς καὶ ἡ συνείδησις. **16** Θεὸν ὁμολογοῦσιν εἰδέναι, τοῖς δὲ ἔργοις ἀρνοῦνται, βδελυκτοὶ ὄντες καὶ ἀπειθεῖς καὶ πρὸς πᾶν ἔργον ἀγαθὸν ἀδόκιμοι.

Qualities of a Healthy Flock

2 Σὺ δὲ λάλει ἃ πρέπει τῇ ὑγιαινούσῃ διδασκαλίᾳ. **2** Πρεσβύτας νηφαλέους¹ εἶναι, σεμνούς, σώφρονας, ὑγιαίνοντας τῇ πίστει, τῇ ἀγάπῃ, τῇ ὑπομονῇ.

3 Πρεσβύτιδας ὡσαύτως ἐν καταστήματι ἱεροπρεπεῖς, μὴ διαβόλους, μὴ οἴνῳ πολλῷ δεδουλωμένας, καλοδιδασκάλους, **4** ἵνα σωφρονίζωσι τὰς νέας φιλάνδρους εἶναι, φιλοτέκνους, **5** σώφρονας, ἁγνάς, ⸀οἰκουρούς, ἀγαθάς, ὑποτασσομένας τοῖς ἰδίοις ἀνδράσιν, ἵνα μὴ ᵉ λόγος τοῦ Θεοῦ βλασφημῆται.

6 Τοὺς νεωτέρους ὡσαύτως παρακάλει σωφρο ⁄ⁿ, **7** περὶ πάντα σεαυτὸν παρεχόμενος τύπον καλῶν ⸂ων, ἐν τῇ διδασκαλίᾳ ⸀ἀδιαφθορίαν, σεμνότητα, °ἀφ⸝ραπη, **8** λόγον ὑγιῆ ἀκατάγνωστον, ἵνα ὁ ἐξ ἐναντίας μηδὲν ἔχων ⸀περὶ ἡμῶν² λέγειν⸜ φαῦλον.

---

¹2 νηφαλεους Μᵖᵗ vs νηφαλιους Μᵖᵗ 𝕲, TR Cᵗ vs ⸜
²8 ημων 𝔐 אC, Cr vs υμων A, TR

s 𝔐
⸝ R
10 °𝕲 vs M, [Cr]   10 ᵀτης א᷉ vs 𝔐A   𝕲 vs 𝔐
15 ⸀μεμιαμμενοις 𝕲 vs 𝔐   5 ⸀οικουρy
7 ⸀αφθοριαν 𝕲 vs 𝔐   7 °𝕲 vs 𝔐

9 Δούλους ἰδίοις δεσπόταις ὑποτάσσεσθαι ἐν πᾶσιν, εὐαρέστους εἶναι, μὴ ἀντιλέγοντας, 10 μὴ νοσφιζομένους, ἀλλὰ ⸂πίστιν πᾶσαν⸃ ἐνδεικνυμένους ἀγαθήν, ἵνα τὴν διδασκαλίαν ᵀ τοῦ Σωτῆρος ἡμῶν Θεοῦ κοσμῶσιν ἐν πᾶσιν.

Trained by Saving Grace

11 Ἐπεφάνη γὰρ ἡ χάρις τοῦ Θεοῦ ᵒἡ σωτήριος πᾶσιν ἀνθρώποις, 12 παιδεύουσα ἡμᾶς ἵνα ἀρνησάμενοι τὴν ἀσέβειαν καὶ τὰς κοσμικὰς ἐπιθυμίας σωφρόνως καὶ δικαίως καὶ εὐσεβῶς ζήσωμεν ἐν τῷ νῦν αἰῶνι, 13 προσδεχόμενοι τὴν μακαρίαν ἐλπίδα καὶ ἐπιφάνειαν τῆς δόξης τοῦ μεγάλου Θεοῦ καὶ Σωτῆρος ἡμῶν Ἰησοῦ Χριστοῦ, 14 ὃς ἔδωκεν ἑαυτὸν ὑπὲρ ἡμῶν, ἵνα λυτρώσηται ἡμᾶς ἀπὸ πάσης ἀνομίας καὶ καθαρίσῃ ἑαυτῷ λαὸν περιούσιον, ζηλωτὴν καλῶν ἔργων.

15 Ταῦτα λάλει καὶ παρακάλει καὶ ἔλεγχε μετὰ πάσης ἐπιταγῆς. Μηδείς σου περιφρονείτω.

Gracious Virtues for the Recipients of Grace

3 Ὑπομίμνησκε αὐτοὺς ἀρχαῖς ᵒκαὶ ἐξουσίαις ὑποτάσσεσθαι, πειθαρχεῖν, πρὸς πᾶν ἔργον ἀγαθὸν ἑτοίμους εἶναι, 2 μηδένα βλασφημεῖν, ἀμάχους εἶναι, ἐπιεικεῖς, πᾶσαν ἐνδεικνυμένους ⸱πραότητα πρὸς πάντας ἀνθρώπους. 3 Ἦμεν γάρ ποτε καὶ ἡμεῖς ἀνόητοι, ἀπειθεῖς, ᵀανώμενοι, δουλεύοντες ἐπιθυμίαις καὶ ἡδοναῖς ποικίλαις, ἐν κακίᾳ καὶ φθόνῳ διάγοντες, στυγητοί, μισοῦντες ἀλλ⸃ους. 4 Ὅτε δὲ ἡ χρηστότης καὶ ἡ φιλανθρωπία ἐπεφ⸃ η τοῦ Σωτῆρος ἡμῶν Θεοῦ, 5 οὐκ ἐξ ἔργων τῶν ἐν δικαιο⸃ η ⸃ῶν ἐποιήσαμεν ἡμεῖς ἀλλὰ κατὰ ⸂τὸν αὐτοῦ ἔλεον⸃ ωσεν ἡμᾶς διὰ λουτροῦ παλιγγενεσίας καὶ

---

10 ⸂21 AC
11 ᵒ𝔊 vs 𝔐 ℵ*)   10 ᵀτην 𝔊 vs 𝔐
2 ⸱πραυτητο𝔊 vs 𝔐
5 ⸂α 𝔊 vs 𝔐 𝔚 ; (σπουδην τα ℵ*)
        αυτου ελεος ℵA vs 𝔐

ἀνακαινώσεως Πνεύματος Ἁγίου, **6** οὗ ἐξέχεεν ἐφ᾽ ἡμᾶς πλουσίως διὰ Ἰησοῦ Χριστοῦ τοῦ Σωτῆρος ἡμῶν, **7** ἵνα δικαιωθέντες τῇ ἐκείνου χάριτι κληρονόμοι ᴦγενώμεθα κατ᾽ ἐλπίδα ζωῆς αἰωνίου.

Do Good and Avoid Dissension

8 Πιστὸς ὁ λόγος, καὶ περὶ τούτων βούλομαί σε διαβεβαιοῦσθαι, ἵνα φροντίζωσι καλῶν ἔργων προΐστασθαι οἱ πεπιστευκότες¹ Θεῷ. Ταῦτά ἐστι °τὰ καλὰ καὶ ὠφέλιμα τοῖς ἀνθρώποις. **9** Μωρὰς δὲ ζητήσεις καὶ γενεαλογίας καὶ ἔρεις καὶ μάχας νομικὰς περιΐστασο, εἰσὶ γὰρ ἀνωφελεῖς καὶ μάταιοι. **10** Αἱρετικὸν ἄνθρωπον μετὰ μίαν καὶ δευτέραν νουθεσίαν παραιτοῦ, **11** εἰδὼς ὅτι ἐξέστραπται ὁ τοιοῦτος καὶ ἁμαρτάνει, ὢν αὐτοκατάκριτος.

Personalia and Paul's Farewell

12 Ὅταν πέμψω Ἀρτεμᾶν πρὸς σὲ ἢ Τύχικον, σπούδασον ἐλθεῖν πρός με εἰς Νικόπολιν, ἐκεῖ γὰρ κέκρικα παραχειμάσαι. **13** Ζηνᾶν τὸν νομικὸν καὶ ·Ἀπολλὼ σπουδαίως πρόπεμψον, ἵνα μηδὲν αὐτοῖς λείπῃ. **14** Μανθανέτωσαν δὲ καὶ οἱ ἡμέτεροι καλῶν ἔργων προΐστασθαι εἰς τὰς ἀναγκαίας χρείας, ἵνα μὴ ὦσιν ἄκαρποι.

15 Ἀσπάζονταί σε οἱ μετ᾽ ἐμοῦ πάντες. Ἄσπασαι τοὺς φιλοῦντας ἡμᾶς ἐν πίστει.

Ἡ χάρις μετὰ πάντων ὑμῶν. ° Ἀμήν.

---

¹8 πεπιστευκοτες 𝔐 𝕲, Cr vs + τω TR

7 ᴦγενηθωμεν 𝕲 vs 𝔐   8 °𝕲 vs M   13 ·Απολλων ℵ vs 𝔐 C
15 °𝕲 vs 𝔐

ΠΡΟΣ ΦΙΛΗΜΟΝΑ

Paul Greets Philemon

ΠΑΥΛΟΣ, δέσμιος Χριστοῦ Ἰησοῦ, καὶ Τιμόθεος ὁ ἀδελφός,

Φιλήμονι τῷ ἀγαπητῷ καὶ συνεργῷ ἡμῶν **2** καὶ Ἀπφίᾳ τῇ ᵣἀγαπητῇ καὶ Ἀρχίππῳ τῷ συστρατιώτῃ ἡμῶν καὶ τῇ κατ᾽ οἶκόν σου ἐκκλησίᾳ·

3 Χάρις ὑμῖν καὶ εἰρήνη ἀπὸ Θεοῦ Πατρὸς ἡμῶν καὶ Κυρίου Ἰησοῦ Χριστοῦ.

Paul Commends Philemon's Love and Faith

4 Εὐχαριστῶ τῷ Θεῷ μου πάντοτε μνείαν σου ποιούμενος ἐπὶ τῶν προσευχῶν μου, **5** ἀκούων σου τὴν ἀγάπην καὶ τὴν πίστιν ἣν ἔχεις πρὸς τὸν Κύριον Ἰησοῦν καὶ εἰς πάντας τοὺς ἁγίους, **6** ὅπως ἡ κοινωνία τῆς πίστεώς σου ἐνεργὴς γένηται ἐν ἐπιγνώσει παντὸς[1]ἀγαθοῦ τοῦ ἐν ἡμῖν[2] εἰς Χριστὸν ⁰Ἰησοῦν. **7** ᵣΧάριν γὰρ ᵣἔχομεν πολλὴν˥ καὶ παράκλησιν ἐπὶ τῇ ἀγάπῃ σου, ὅτι τὰ σπλάγχνα τῶν ἁγίων ἀναπέπαυται διὰ σοῦ, ἀδελφέ.

Paul Intercedes for Onesimus

8 Διό, πολλὴν ἐν Χριστῷ παρρησίαν ἔχων ἐπιτάσσειν σοι τὸ ἀνῆκον, **9** διὰ τὴν ἀγάπην μᾶλλον παρακαλῶ, τοιοῦτος

In Philemon 𝕲 = 𝑪AC

[1]6 παντος Mᵖᵗ 𝕲, TR Cr vs + εργου Mᵖᵗ
[2]6 ημιν MAC, Cr vs υμιν 𝑪, TR

---

2 ᵣαδελφη 𝑪A vs 𝔐   6 ⁰𝕲 vs 𝔐   7 ᵣχαραν 𝕲 vs 𝔐
7 ᵣπολλην εσχον 𝕲 vs 𝔐

ὢν ὡς Παῦλος πρεσβύτης, νυνὶ δὲ καὶ δέσμιος ˢ' Ἰησοῦ Χριστοῦ.ᴸ 10 Παρακαλῶ σε περὶ τοῦ ἐμοῦ τέκνου, ὃν ἐγέννησα ἐν τοῖς δεσμοῖς ᵒμου, Ὀνήσιμον, 11 τόν ποτέ σοι ἄχρηστον, νυνὶ δὲ ᵀ σοὶ καὶ ἐμοὶ εὔχρηστον, 12 ὃν ἀνέπεμψα. ⸀Σὺ δὲ⸃ αὐτόν, τοῦτ' ἔστι τὰ ἐμὰ σπλάγχνα, ᵒπροσλαβοῦ· 13 ὃν ἐγὼ ἐβουλόμην πρὸς ἐμαυτὸν κατέχειν, ἵνα ὑπὲρ σοῦ ˢδιακονῇ μοιᴸ ἐν τοῖς δεσμοῖς τοῦ εὐαγγελίου. 14 Χωρὶς δὲ τῆς σῆς γνώμης οὐδὲν ἠθέλησα ποιῆσαι, ἵνα μὴ ὡς κατὰ ἀνάγκην τὸ ἀγαθόν σου ᾖ ἀλλὰ κατὰ ἑκούσιον. 15 Τάχα γὰρ διὰ τοῦτο ἐχωρίσθη πρὸς ὥραν ἵνα αἰώνιον αὐτὸν ἀπέχῃς, 16 οὐκέτι ὡς δοῦλον ἀλλ' ὑπὲρ δοῦλον, ἀδελφὸν ἀγαπητόν, μάλιστα ἐμοί, πόσῳ δὲ μᾶλλον σοὶ καὶ ἐν σαρκὶ καὶ ἐν Κυρίῳ.

Paul Encourages Philemon's Obedience

17 Εἰ οὖν με¹ ἔχεις κοινωνόν, προσλαβοῦ αὐτὸν ὡς ἐμέ. 18 Εἰ δέ τι ἠδίκησέ σε ἢ ὀφείλει, τοῦτο ἐμοὶ ⸀ἐλλόγει. 19 Ἐγὼ Παῦλος ἔγραψα τῇ ἐμῇ χειρί, "Ἐγὼ ἀποτίσω" – ἵνα μὴ λέγω σοι ὅτι καὶ σεαυτόν μοι προσοφείλεις! 20 Ναί, ἀδελφέ, ἐγώ σου ὀναίμην ἐν Κυρίῳ· ἀνάπαυσόν μου τὰ σπλάγχνα ἐν ⸀Κυρίῳ. 21 Πεποιθὼς τῇ ὑπακοῇ σου ἔγραψά σοι, εἰδὼς ὅτι καὶ ὑπὲρ ⸀ὃ λέγω ποιήσεις. 22 Ἅμα δὲ καὶ ἑτοίμαζέ μοι ξενίαν, ἐλπίζω γὰρ ὅτι διὰ τῶν προσευχῶν ὑμῶν χαρισθήσομαι ὑμῖν.

Paul's Farewell

23 ⸀Ἀσπάζονταί σε Ἐπαφρᾶς ὁ συναιχμάλωτός μου ἐν Χριστῷ Ἰησοῦ, 24 Μᾶρκος, Ἀρίσταρχος, Δημᾶς, Λουκᾶς, οἱ συνεργοί μου.

25 Ἡ χάρις τοῦ Κυρίου ᵒ¹ἡμῶν Ἰησοῦ Χριστοῦ μετὰ τοῦ πνεύματος ὑμῶν. ᵒ² Ἀμήν.

---

¹17 με 𝕸𝕲, Cr vs εμε Mᶜ TR

---

9 ˢ𝕲 vs 𝔐   10 ᵒℵ*A vs 𝔐C   11 ᵀκαι ℵ* [Cr] vs 𝔐AC
12 ⸀σοι 𝕲 vs 𝔐   12 ᵒℵ*A vs 𝔐C   13 ˢ𝕲 vs 𝔐
18 ⸀ελογγα 𝕲 vs 𝔐   20 ⸀Χριστω 𝕲 vs M   21 ⸀α 𝕲 vs 𝔐
23 ⸀ασπαζεται 𝕲 vs M   25 ᵒ¹ℵ vs 𝔐AC   25 ᵒ²A vs 𝔐ℵC

ΠΡΟΣ ΕΒΡΑΙΟΥΣ

The Son: God's Supreme Revelation

ΠΟΛΥΜΕΡΩΣ καὶ πολυτρόπως πάλαι ὁ Θεὸς λαλήσας τοῖς πατράσιν ἐν τοῖς προφήταις, **2** ἐπ᾽ ἐσχάτου[1] τῶν ἡμερῶν τούτων ἐλάλησεν ἡμῖν ἐν Υἱῷ, ὃν ἔθηκε κληρονόμον πάντων, δι᾽ οὗ καὶ ˢτοὺς αἰῶνας ἐποίησεν·ˡ **3** ὃς ὢν ἀπαύγασμα τῆς δόξης καὶ χαρακτὴρ τῆς ὑποστάσεως αὐτοῦ, φέρων τε τὰ πάντα τῷ ῥήματι τῆς δυνάμεως ʿαὐτοῦ, δι᾽ ἑαυτοῦˡ καθαρισμὸν ˢποιησάμενος τῶν ἁμαρτιῶνˡ ᵒἡμῶν, ἐκάθισεν ἐν δεξιᾷ[2] τῆς μεγαλωσύνης ἐν ὑψηλοῖς, **4** τοσούτῳ κρείττων γενόμενος τῶν ἀγγέλων ὅσῳ διαφορώτερον παρ᾽ αὐτοὺς κεκληρονόμηκεν ὄνομα.

The Son Exalted Above Angels

5 Τίνι γὰρ εἶπέ ποτε τῶν ἀγγέλων,

«Υἱός μου εἶ σύ,
᾽Εγὼ σήμερον γεγέννηκά σε»?

καὶ πάλιν,

« ᾽Εγὼ ἔσομαι αὐτῷ εἰς Πατέρα,
Καὶ αὐτὸς ἔσται μοι εἰς Υἱόν»?

In Hebrews 𝕲 = 𝔭⁴⁶𝕏BAC

¹2 εσχατου 𝕸𝕲 (h.C), Cr vs εσχατων TR
²3 δεξια 𝕸𝕲 (h.C), TR Cr vs + του θρονου Mᶜ

2 ˢ312 𝕲 (h.C) vs 𝕸   3 ʿαυτου 𝕏BA vs 𝕸; (δι αυτου 𝔭⁴⁶)
3 ˢ231 𝕲 (h.C) vs 𝕸   3 ᵒ𝕲 (h.C) vs 𝕸

5a Ps. 2:7   5b 2 Sam. 7:14; 1 Chron. 17:13

6 Ὅταν δὲ πάλιν εἰσαγάγῃ τὸν Πρωτότοκον εἰς τὴν οἰκουμένην, λέγει,

«Καὶ προσκυνησάτωσαν αὐτῷ πάντες ἄγγελοι Θεοῦ.»

7 Καὶ πρὸς μὲν τοὺς ἀγγέλους λέγει,

« Ὁ ποιῶν τοὺς ἀγγέλους αὐτοῦ πνεύματα
Καὶ τοὺς λειτουργοὺς αὐτοῦ πυρὸς φλόγα»·

8 πρὸς δὲ τὸν Υἱόν,

« Ὁ θρόνος σου, ὁ Θεός, εἰς τὸν αἰῶνα τοῦ αἰῶνος·
ᵀ Ῥάβδος ⸆εὐθύτητος ἡ ῥάβδος⸃ τῆς βασιλείας σου.
9 Ἠγάπησας δικαιοσύνην καὶ ἐμίσησας ἀνομίαν·
Διὰ τοῦτο ἔχρισέ σε ὁ Θεός, ὁ Θεός σου,
Ἔλαιον ἀγαλλιάσεως παρὰ τοὺς μετόχους σου»·

10 καί,

«Σὺ κατ᾽ ἀρχάς, Κύριε, τὴν γῆν ἐθεμελίωσας,
Καὶ ἔργα τῶν χειρῶν σού εἰσιν οἱ οὐρανοί·
11 Αὐτοὶ ἀπολοῦνται, σὺ δὲ διαμένεις·
Καὶ πάντες ὡς ἱμάτιον παλαιωθήσονται,
12 Καὶ ὡσεὶ περιβόλαιον ἑλίξεις αὐτοὺς
ᵀΚαὶ ἀλλαγήσονται.
Σὺ δὲ ὁ αὐτὸς εἶ
Καὶ τὰ ἔτη σου οὐκ ἐκλείψουσι.»

13 Πρὸς τίνα δὲ τῶν ἀγγέλων εἴρηκέ ποτε,

«Κάθου ἐκ δεξιῶν μου
Ἕως ἂν θῶ τοὺς ἐχθρούς σου ὑποπόδιον τῶν
ποδῶν σου»?

14 Οὐχὶ πάντες εἰσὶ λειτουργικὰ πνεύματα εἰς διακονίαν ἀποστελλόμενα διὰ τοὺς μέλλοντας κληρονομεῖν σωτηρίαν?

---

8 ᵀκαι η 𝕲 (h.C) vs 𝔐
8 ⸃της ευθυτητος ραβδος 𝔭⁴⁶BA vs 𝔐; (– ℵ*)
12 ᵀως ιματιον 𝕲 (h.C) vs 𝔐

6 Deut. 32:43 LXX, DSS; Ps. 97:7 7 Ps. 104:4 8,9 Ps. 45:6,7 10-12 Ps. 102:25-27 13 Ps. 110:1

First Warning: Do Not Neglect Salvation

2 Διὰ τοῦτο δεῖ περισσοτέρως ʃἡμᾶς προσέχειν˨ τοῖς ἀκουσθεῖσι, μήποτε ·παραρρυῶμεν. 2 Εἰ γὰρ ὁ δι᾽ ἀγγέλων λαληθεὶς λόγος ἐγένετο βέβαιος, καὶ πᾶσα παράβασις καὶ παρακοὴ ἔλαβεν ἔνδικον μισθαποδοσίαν, 3 πῶς ἡμεῖς ἐκφευξόμεθα τηλικαύτης ἀμελήσαντες σωτηρίας, ἥτις, ἀρχὴν λαβοῦσα λαλεῖσθαι διὰ τοῦ Κυρίου, ὑπὸ τῶν ἀκουσάντων εἰς ἡμᾶς ἐβεβαιώθη, 4 συνεπιμαρτυροῦντος τοῦ Θεοῦ σημείοις τε καὶ τέρασι καὶ ποικίλαις δυνάμεσι καὶ Πνεύματος Ἁγίου μερισμοῖς κατὰ τὴν αὐτοῦ θέλησιν?

The Son Made Lower than Angels

5 Οὐ γὰρ ἀγγέλοις ὑπέταξε τὴν οἰκουμένην τὴν μέλλουσαν, περὶ ἧς λαλοῦμεν. 6 Διεμαρτύρατο δέ πού τις λέγων,

«Τί ἐστιν ἄνθρωπος ὅτι μιμνῄσκῃ αὐτοῦ,
῍Η υἱὸς ἀνθρώπου ὅτι ἐπισκέπτῃ αὐτόν?
7　Ἠλάττωσας αὐτὸν βραχύ τι παρ᾽ ἀγγέλους,
Δόξῃ καὶ τιμῇ ἐστεφάνωσας αὐτόν,[1]
8　Πάντα ὑπέταξας ὑποκάτω τῶν ποδῶν αὐτοῦ.»

᾽Εν ʃγὰρ τῷ˨ ὑποτάξαι ᴼαὐτῷ τὰ πάντα οὐδὲν ἀφῆκεν αὐτῷ ἀνυπότακτον. Νῦν δὲ οὔπω ὁρῶμεν αὐτῷ τὰ πάντα ὑποτεταγμένα. 9 Τὸν δὲ "βραχύ τι παρ᾽ ἀγγέλους ἠλαττωμένον" βλέπομεν, Ἰησοῦν διὰ τὸ πάθημα τοῦ θανάτου "δόξῃ καὶ τιμῇ ἐστεφανωμένον," ὅπως χάριτι Θεοῦ ὑπὲρ παντὸς γεύσηται θανάτου.

---

[1]7 αυτον Mᵖᵗ𝔭⁴⁶B, Cr vs +και κατεστησας αυτον επι τα εργα των χειρων σου MᵖᵗℵAC, TR

---

1 ʃG (h.C) vs 𝔐 　　1 ·παραρυωμεν G (h.C) vs M
8 ʃℵB vs 𝔐𝔭⁴⁶AC 　　8 ᴼ𝔭⁴⁶B vs 𝔐ℵAC, [Cr]

6-8 Ps. 8:5-7 LXX

Bringing Many Sons to Glory

10 Ἔπρεπε γὰρ αὐτῷ, δι᾽ ὃν τὰ πάντα καὶ δι᾽ οὗ τὰ πάντα, πολλοὺς υἱοὺς εἰς δόξαν ἀγαγόντα, τὸν Ἀρχηγὸν τῆς σωτηρίας αὐτῶν διὰ παθημάτων τελειῶσαι. **11** Ὅ τε γὰρ ἁγιάζων καὶ οἱ ἁγιαζόμενοι ἐξ ἑνὸς πάντες· δι᾽ ἣν αἰτίαν οὐκ ἐπαισχύνεται ἀδελφοὺς αὐτοὺς καλεῖν, **12** λέγων,

«Ἀπαγγελῶ τὸ ὄνομά σου τοῖς ἀδελφοῖς μου,
Ἐν μέσῳ ἐκκλησίας ὑμνήσω σε»·

13 καὶ πάλιν,

«Ἐγὼ ἔσομαι πεποιθὼς ἐπ᾽ αὐτῷ»·

καὶ πάλιν,

«Ἰδοὺ ἐγὼ καὶ τὰ παιδία ἅ μοι ἔδωκεν ὁ Θεός.»

14 Ἐπεὶ οὖν τὰ παιδία κεκοινώνηκε ⸀σαρκὸς καὶ αἵματος,ᶻ καὶ αὐτὸς παραπλησίως μετέσχε τῶν αὐτῶν, ἵνα διὰ τοῦ θανάτου καταργήσῃ τὸν τὸ κράτος ἔχοντα τοῦ θανάτου, τοῦτ᾽ ἔστι τὸν διάβολον, **15** καὶ ἀπαλλάξῃ τούτους, ὅσοι φόβῳ θανάτου διὰ παντὸς τοῦ ζῆν ἔνοχοι ἦσαν δουλείας. **16** Οὐ γὰρ δήπου ἀγγέλων ἐπιλαμβάνεται, ἀλλὰ σπέρματος Ἀβραὰμ ἐπιλαμβάνεται. **17** Ὅθεν ὤφειλε κατὰ πάντα τοῖς ἀδελφοῖς ὁμοιωθῆναι, ἵνα ἐλεήμων γένηται καὶ πιστὸς ἀρχιερεὺς τὰ πρὸς τὸν Θεόν, εἰς τὸ ἱλάσκεσθαι τὰς ἁμαρτίας τοῦ λαοῦ. **18** Ἐν ᾧ γὰρ πέπονθεν αὐτὸς πειρασθείς, δύναται τοῖς πειραζομένοις βοηθῆσαι.

The Son Was Faithful

3 Ὅθεν, ἀδελφοὶ ἅγιοι, κλήσεως ἐπουρανίου μέτοχοι, κατανοήσατε τὸν Ἀπόστολον καὶ Ἀρχιερέα τῆς ὁμολογίας ἡμῶν Ἰησοῦν Χριστόν,¹ **2** πιστὸν ὄντα τῷ

---

¹1 Ιησουν Χριστον 𝔐 vs Ιησουν 𝕲, Cr vs Χριστον Ιησουν TR

14 ⸀321 𝕲 vs 𝔐

12 Ps. 22:22　13a Is. 8:17 LXX; 2 Sam. 22:3 LXX; Is. 12:2　13b Is. 8:18

ποιήσαντι αὐτὸν ὡς καὶ Μωϋσῆς ἐν °ὅλῳ τῷ οἴκῳ αὐτοῦ. 3 Πλείονος γὰρ ˢδόξης οὗτος˅ παρὰ Μωϋσῆν ἠξίωται καθ᾽ ὅσον πλείονα τιμὴν ἔχει τοῦ οἴκου ὁ κατασκευάσας αὐτόν. 4 Πᾶς γὰρ οἶκος κατασκευάζεται ὑπό τινος, ὁ δὲ °τὰ πάντα κατασκευάσας Θεός. 5 Καὶ Μωϋσῆς μὲν πιστὸς ἐν ὅλῳ τῷ οἴκῳ αὐτοῦ ὡς θεράπων εἰς μαρτύριον τῶν λαληθησομένων, 6 Χριστὸς δὲ ὡς Υἱὸς ἐπὶ τὸν οἶκον αὐτοῦ, οὗ οἶκός ἐσμεν ἡμεῖς, ˹ἐάνπερ τὴν παρρησίαν καὶ τὸ καύχημα τῆς ἐλπίδος ⸋μέχρι τέλους βεβαίαν˺ κατάσχωμεν.

Second Warning: Be Faithful

7 Διό, καθὼς λέγει τὸ Πνεῦμα τὸ Ἅγιον,

«Σήμερον ἐὰν τῆς φωνῆς αὐτοῦ ἀκούσητε,
8 Μὴ σκληρύνητε τὰς καρδίας ὑμῶν
Ὡς ἐν τῷ παραπικρασμῷ,
Κατὰ τὴν ἡμέραν τοῦ πειρασμοῦ ἐν τῇ ἐρήμῳ,
9 Οὗ ἐπείρασάν °με οἱ πατέρες ὑμῶν,
˹Ἐδοκίμασάν με˺ καὶ εἶδον τὰ ἔργα μου
•τεσσαράκοντα ἔτη.
10 Διὸ προσώχθισα τῇ γενεᾷ ˹ἐκείνῃ
Καὶ εἶπον, ᾽Αεὶ πλανῶνται τῇ καρδίᾳ·
Αὐτοὶ δὲ οὐκ ἔγνωσαν τὰς ὁδούς μου᾽·
11 Ὡς ὤμοσα ἐν τῇ ὀργῇ μου,
Εἰ εἰσελεύσονται εἰς τὴν κατάπαυσίν μου.᾽»

12 Βλέπετε, ἀδελφοί, μήποτε ἔσται ἔν τινι ὑμῶν καρδία πονηρὰ ἀπιστίας ἐν τῷ ἀποστῆναι ἀπὸ Θεοῦ ζῶντος· 13 ἀλλὰ παρακαλεῖτε ἑαυτοὺς καθ᾽ ἑκάστην ἡμέραν, ἄχρις οὗ τὸ "σήμερον" καλεῖται, ἵνα μὴ σκληρυνθῇ ἐξ ὑμῶν τις¹ ἀπάτῃ τῆς ἁμαρτίας. 14 Μέτοχοι γὰρ ˢγεγόναμεν τοῦ

---

¹13 εξ υμων τις 𝔐 B vs τις εξ υμων ℵAC, TR Cr

2 °B vs 𝔐 ℵAC, [Cr]   3 ˢ𝔊 (𝔭⁴⁶ᵛⁱᵈ) vs 𝔐   4 °𝔊 vs 𝔐
6 ˹εαν B vs 𝔐 𝔭⁴⁶AC, [Cr]; (καν ℵ*)   6 ⸋𝔭⁴⁶B vs 𝔐 ℵAC
9 °𝔊 vs 𝔐   9 ˹εν δοκιμασια 𝔊 vs 𝔐
9 •τεσσερακοντα 𝔊 vs 𝔐   10 ˹ταυτη 𝔊 vs 𝔐 C   14 ˢ231 𝔊 vs 𝔐

7-11 Ps. 95:7-11

Χριστοῦ,² ἐάνπερ τὴν ἀρχὴν τῆς ὑποστάσεως μέχρι τέλους βεβαίαν κατάσχωμεν, 15 ἐν τῷ λέγεσθαι,

«Σήμερον ἐὰν τῆς φωνῆς αὐτοῦ ἀκούσητε,
Μὴ σκληρύνητε τὰς καρδίας ὑμῶν
Ὡς ἐν τῷ παραπικρασμῷ.»

16 Τίνες γὰρ ἀκούσαντες παρεπίκραναν; Ἀλλ᾽ οὐ πάντες οἱ ἐξελθόντες ἐξ Αἰγύπτου διὰ Μωϋσέως; 17 Τίσι δὲ προσώχθισε ᵒτεσσαράκοντα ἔτη; Οὐχὶ τοῖς ἁμαρτήσασιν, ὧν τὰ κῶλα ἔπεσεν ἐν τῇ ἐρήμῳ; 18 Τίσι δὲ ὤμοσε μὴ εἰσελεύσεσθαι εἰς τὴν κατάπαυσιν αὐτοῦ εἰ μὴ τοῖς ἀπειθήσασι; 19 Καὶ βλέπομεν ὅτι οὐκ ἠδυνήθησαν εἰσελθεῖν δι᾽ ἀπιστίαν.

The Continuing Promise of Rest

4 Φοβηθῶμεν οὖν, μήποτε καταλειπομένης ἐπαγγελίας εἰσελθεῖν εἰς τὴν κατάπαυσιν αὐτοῦ, δοκῇ τις ἐξ ὑμῶν ὑστερηκέναι. 2 Καὶ γάρ ἐσμεν εὐηγγελισμένοι καθάπερ κἀκεῖνοι,¹ ἀλλ᾽ οὐκ ὠφέλησεν ὁ λόγος τῆς ἀκοῆς ἐκείνους, μὴ συγκεκραμένους² τῇ πίστει τοῖς ἀκούσασιν. 3 Εἰσερχόμεθα γὰρ εἰς ᵒτὴν κατάπαυσιν οἱ πιστεύσαντες, καθὼς εἴρηκεν,

«Ὡς ὤμοσα ἐν τῇ ὀργῇ μου,
Εἰ εἰσελεύσονται εἰς τὴν κατάπαυσίν μου,᾽»

καίτοι τῶν ἔργων ἀπὸ καταβολῆς κόσμου γενηθέντων. 4 Εἴρηκε γάρ που περὶ τῆς ἑβδόμης οὕτω, «Καὶ κατέπαυσεν ὁ Θεὸς ἐν τῇ ἡμέρᾳ τῇ ἑβδόμῃ ἀπὸ πάντων τῶν ἔργων αὐτοῦ»· 5 καὶ ἐν τούτῳ πάλιν, «Εἰ εἰσελεύσονται εἰς τὴν κατάπαυσίν μου.» 6 Ἐπεὶ οὖν ἀπολείπεται τινὰς εἰσελθεῖν εἰς αὐτήν, καὶ οἱ πρότερον εὐαγγελισθέντες οὐκ εἰσῆλθον δι᾽ ἀπείθειαν, 7 πάλιν τινὰ ὁρίζει ἡμέραν,

---

¹2 κακεινοι 𝕸𝕲, TR Cr vs εκεινοι Mᶜ
²2 συγκεκραμενους 𝔐 vs συγκεκερασμενους (𝔭⁴⁶) (B*) (A) C, Cr vs συνκεκερασμενος 𝕏 vs συγκεκραμενος TR

17 ᵒτεσσερακοντα 𝕲 vs 𝔐　　3 ᵒ𝔭⁴⁶B vs 𝔐𝕏AC, [Cr]

15 Ps. 95:7,8　3 Ps. 95:11　4 Gen. 2:2　5 Ps. 95:11

« Σήμερον,» ἐν Δαβὶδ λέγων μετὰ τοσοῦτον χρόνον, καθὼς ʳεἴρηται,

«Σήμερον ἐὰν τῆς φωνῆς αὐτοῦ ἀκούσητε,
Μὴ σκληρύνητε τὰς καρδίας ὑμῶν.»

8 Εἰ γὰρ αὐτοὺς¹ Ἰησοῦς κατέπαυσεν, οὐκ ἂν περὶ ἄλλης ἐλάλει μετὰ ταῦτα ἡμέρας. **9** Ἄρα ἀπολείπεται σαββατισμὸς τῷ λαῷ τοῦ Θεοῦ. **10** Ὁ γὰρ εἰσελθὼν εἰς τὴν κατάπαυσιν αὐτοῦ καὶ αὐτὸς κατέπαυσεν ἀπὸ τῶν ἔργων αὐτοῦ ὥσπερ ἀπὸ τῶν ἰδίων ὁ Θεός.

God's Word Discovers Our Condition

11 Σπουδάσωμεν οὖν εἰσελθεῖν εἰς ἐκείνην τὴν κατάπαυσιν, ἵνα μὴ ἐν τῷ αὐτῷ τις ὑποδείγματι πέσῃ τῆς ἀπειθείας.

12 Ζῶν γὰρ ὁ λόγος τοῦ Θεοῦ καὶ ἐνεργὴς καὶ τομώτερος ὑπὲρ πᾶσαν μάχαιραν δίστομον καὶ διϊκνούμενος ἄχρι μερισμοῦ ψυχῆς °τε καὶ πνεύματος, ἁρμῶν τε καὶ μυελῶν, καὶ κριτικὸς ἐνθυμήσεων καὶ ἐννοιῶν καρδίας. **13** Καὶ οὐκ ἔστι κτίσις ἀφανὴς ἐνώπιον αὐτοῦ, πάντα δὲ γυμνὰ καὶ τετραχηλισμένα τοῖς ὀφθαλμοῖς αὐτοῦ, πρὸς ὃν ἡμῖν ὁ λόγος.

Our Compassionate High Priest

14 Ἔχοντες οὖν Ἀρχιερέα μέγαν διεληλυθότα τοὺς οὐρανούς, Ἰησοῦν τὸν Υἱὸν τοῦ Θεοῦ, κρατῶμεν τῆς ὁμολογίας. **15** Οὐ γὰρ ἔχομεν ἀρχιερέα μὴ δυνάμενον συμπαθῆσαι ταῖς ἀσθενείαις ἡμῶν, ʳπεπειραμένον δὲ κατὰ πάντα καθ᾽ ὁμοιότητα χωρὶς ἁμαρτίας. **16** Προσερχώμεθα οὖν μετὰ παρρησίας τῷ θρόνῳ τῆς χάριτος, ἵνα λάβωμεν ʳἔλεον καὶ χάριν εὕρωμεν εἰς εὔκαιρον βοήθειαν.

---

¹8 αυτους 𝕸𝕲, TR Cr vs αυτος ο Mᶜ

---

7 ʳπροειρηται 𝕲 (προειρηκεν B) vs 𝕸   12 °𝕲 vs 𝕸
15 ʳπεπειρασμενον 𝔭⁴⁶ᵛⁱᵈℵBA vs 𝕸C   16 ʳελεος 𝕲 vs 𝕸

---

7 Ps. 95:7,8

The Qualifications for High-Priesthood

5 Πᾶς γὰρ ἀρχιερεὺς ἐξ ἀνθρώπων λαμβανόμενος ὑπὲρ ἀνθρώπων καθίσταται τὰ πρὸς τὸν Θεόν, ἵνα προσφέρῃ δῶρά τε καὶ θυσίας ὑπὲρ ἁμαρτιῶν, 2 μετριοπαθεῖν δυνάμενος τοῖς ἀγνοοῦσι καὶ πλανωμένοις, ἐπεὶ καὶ αὐτὸς περίκειται ἀσθένειαν. 3 Καὶ ⌜διὰ ταύτην⌝ ὀφείλει, καθὼς περὶ τοῦ λαοῦ, οὕτω καὶ περὶ ⌜¹ἑαυτοῦ προσφέρειν ⌜²ὑπὲρ ἁμαρτιῶν. 4 Καὶ οὐχ ἑαυτῷ τις λαμβάνει τὴν τιμήν, ἀλλ᾽ ὁ καλούμενος¹ ὑπὸ τοῦ Θεοῦ, ⌜καθάπερ καὶ² Ἀαρών.

Christ Is a Priest Forever

5 Οὕτω καὶ ὁ Χριστὸς οὐχ ἑαυτὸν ἐδόξασε γενηθῆναι ἀρχιερέα, ἀλλ᾽ ὁ λαλήσας πρὸς αὐτόν,

«Υἱός μου εἶ σύ,
Ἐγὼ σήμερον γεγέννηκά σε»·

καθὼς καὶ ἐν ἑτέρῳ λέγει,

6   «Σὺ ἱερεὺς εἰς τὸν αἰῶνα
     Κατὰ τὴν τάξιν Μελχισέδεκ»·

7 ὃς ἐν ταῖς ἡμέραις τῆς σαρκὸς αὐτοῦ, δεήσεις τε καὶ ἱκετηρίας πρὸς τὸν δυνάμενον σῴζειν αὐτὸν ἐκ θανάτου μετὰ κραυγῆς ἰσχυρᾶς καὶ δακρύων προσενέγκας, καὶ εἰσακουσθεὶς ἀπὸ τῆς εὐλαβείας, 8 καίπερ ὢν Υἱός, ἔμαθεν ἀφ᾽ ὧν ἔπαθε τὴν ὑπακοήν. 9 Καὶ τελειωθεὶς ἐγένετο ˢτοῖς ὑπακούουσιν αὐτῷ πᾶσιν˺ αἴτιος σωτηρίας αἰωνίου,

---

¹4 ο καλουμενος M^pt, **TR** vs καλουμενος M^ptℭ, **Cr**
²4 και 𝔐ℭ, **Cr** vs +ο **TR**

---

3 ⌜δι αυτην ℭ vs 𝔐   3 ⌜¹αυτου 𝔭⁴⁶B vs 𝔐ℵAC
3 ⌜²περι ℭ (h.𝔭⁴⁶ᵛⁱᵈ) vs 𝔐   4 ⌜καθωσπερ ℭ vs 𝔐; (καθως C*ᵛⁱᵈ)
9 ˢ41-3 ℭ vs 𝔐

---

5 Ps. 2:7 6 Ps. 110:4

10 προσαγορευθεὶς ὑπὸ τοῦ Θεοῦ 'Αρχιερεὺς κατὰ τὴν τάξιν Μελχισέδεκ.

Spiritual Immaturity

11 Περὶ οὗ πολὺς ἡμῖν ὁ λόγος καὶ δυσερμήνευτος λέγειν, ἐπεὶ νωθροὶ γεγόνατε ταῖς ἀκοαῖς. 12 Καὶ γὰρ ὀφείλοντες εἶναι διδάσκαλοι διὰ τὸν χρόνον, πάλιν χρείαν ἔχετε τοῦ διδάσκειν ὑμᾶς τίνα τὰ στοιχεῖα τῆς ἀρχῆς τῶν λογίων τοῦ Θεοῦ, καὶ γεγόνατε χρείαν ἔχοντες γάλακτος, °καὶ οὐ στερεᾶς τροφῆς. 13 Πᾶς γὰρ ὁ μετέχων γάλακτος ἄπειρος λόγου δικαιοσύνης, νήπιος γάρ ἐστι. 14 Τελείων δέ ἐστιν ἡ στερεὰ τροφή, τῶν διὰ τὴν ἕξιν τὰ αἰσθητήρια γεγυμνασμένα ἐχόντων πρὸς διάκρισιν καλοῦ τε καὶ κακοῦ.

The Peril of Not Progressing

6 Διό, ἀφέντες τὸν τῆς ἀρχῆς τοῦ Χριστοῦ λόγον, ἐπὶ τὴν τελειότητα φερώμεθα, μὴ πάλιν θεμέλιον καταβαλλόμενοι μετανοίας ἀπὸ νεκρῶν ἔργων, καὶ πίστεως ἐπὶ Θεόν, 2 βαπτισμῶν διδαχῆς, ἐπιθέσεώς τε χειρῶν, ἀναστάσεώς τε νεκρῶν, καὶ κρίματος αἰωνίου. 3 Καὶ τοῦτο ποιήσωμεν¹ ἐάνπερ ἐπιτρέπῃ ὁ Θεός.

4 'Αδύνατον γὰρ τοὺς ἅπαξ φωτισθέντας, γευσαμένους τε τῆς δωρεᾶς τῆς ἐπουρανίου καὶ μετόχους γενηθέντας Πνεύματος 'Αγίου 5 καὶ καλὸν γευσαμένους Θεοῦ ῥῆμα δυνάμεις τε μέλλοντος αἰῶνος 6 καὶ παραπεσόντας, πάλιν ἀνακαινίζειν εἰς μετάνοιαν, ἀνασταυροῦντας ἑαυτοῖς τὸν Υἱὸν τοῦ Θεοῦ καὶ παραδειγματίζοντας. 7 Γῆ γὰρ ἡ πιοῦσα τὸν ἐπ᾽ αὐτῆς ˢπολλάκις ἐρχόμενον˨ ὑετόν, καὶ τίκτουσα βοτάνην εὔθετον ἐκείνοις δι᾽ οὓς καὶ γεωργεῖται, μεταλαμβάνει εὐλογίας ἀπὸ τοῦ Θεοῦ· 8 ἐκφέρουσα δὲ ἀκάνθας καὶ τριβόλους, ἀδόκιμος καὶ κατάρας ἐγγύς, ἧς τὸ τέλος εἰς καῦσιν.

---

¹3 ποιησωμεν Mᵖᵗ AC vs ποιησομεν Mᵖᵗ 𝔭⁴⁶ אB, TR Cr

---

12 °𝔭⁴⁶ א*C vs 𝔐 B*A, [Cr]   7 ˢ𝔭⁴⁶ אB vs 𝔐 AC

A Better Estimate

9 Πεπείσμεθα δὲ περὶ ὑμῶν, ἀγαπητοί, τὰ κρείσσονα[1] καὶ ἐχόμενα σωτηρίας, εἰ καὶ οὕτω λαλοῦμεν. 10 Οὐ γὰρ ἄδικος ὁ Θεὸς ἐπιλαθέσθαι τοῦ ἔργου ὑμῶν καὶ ᵒτοῦ κόπουˋ τῆς ἀγάπης ἧς ἐνδείξασθε εἰς τὸ ὄνομα αὐτοῦ, διακονήσαντες τοῖς ἁγίοις καὶ διακονοῦντες. 11 Ἐπιθυμοῦμεν δὲ ἕκαστον ὑμῶν τὴν αὐτὴν ἐνδείκνυσθαι σπουδὴν πρὸς τὴν πληροφορίαν τῆς ἐλπίδος ἄχρι τέλους· 12 ἵνα μὴ νωθροὶ γένησθε, μιμηταὶ δὲ τῶν διὰ πίστεως καὶ μακροθυμίας κληρονομούντων τὰς ἐπαγγελίας.

God's Infallible Purpose in Christ

13 Τῷ γὰρ Ἀβραὰμ ἐπαγγειλάμενος ὁ Θεός, ἐπεὶ κατ᾽ οὐδενὸς εἶχε μείζονος ὀμόσαι, ὤμοσε καθ᾽ ἑαυτοῦ, 14 λέγων, «ʳἮ μὴνˋ εὐλογῶν εὐλογήσω σε καὶ πληθύνων πληθυνῶ σε.» 15 Καὶ οὕτω μακροθυμήσας ἐπέτυχε τῆς ἐπαγγελίας. 16 Ἄνθρωποι ᵒμὲν γὰρ κατὰ τοῦ μείζονος ὀμνύουσι, καὶ πάσης αὐτοῖς ἀντιλογίας πέρας εἰς βεβαίωσιν ὁ ὅρκος, 17 ἐν ᾧ περισσότερον βουλόμενος ὁ Θεὸς ἐπιδεῖξαι τοῖς κληρονόμοις τῆς ἐπαγγελίας τὸ ἀμετάθετον τῆς βουλῆς αὐτοῦ ἐμεσίτευσεν ὅρκῳ, 18 ἵνα διὰ δύο πραγμάτων ἀμεταθέτων, ἐν οἷς ἀδύνατον ψεύσασθαι ᵀΘεόν, ἰσχυρὰν παράκλησιν ἔχωμεν[2] οἱ καταφυγόντες κρατῆσαι τῆς προκειμένης ἐλπίδος· 19 ἣν ὡς ἄγκυραν ἔχομεν τῆς ψυχῆς, ἀσφαλῆ τε καὶ βεβαίαν καὶ εἰσερχομένην εἰς τὸ ἐσώτερον τοῦ καταπετάσματος, 20 ὅπου Πρόδρομος ὑπὲρ ἡμῶν εἰσῆλθεν Ἰησοῦς, κατὰ τὴν τάξιν Μελχισέδεκ Ἀρχιερεὺς γενόμενος εἰς τὸν αἰῶνα.

---

[1]9 κρεισσονα 𝕸𝕲, Cr vs κρειττονα TR
[2]18 εχωμεν 𝕸ᵖᵗ𝕲, TR Cr vs εχομεν 𝕸ᵖᵗ

10 ᵒ𝕲 vs 𝕸   14 ʳει μην 𝕲 vs 𝕸   16 ᵒ𝕲 vs 𝕸c
18 ᵀτον 𝕲, [Cr] vs 𝕸B

14 Gen. 22:17

Melchizedek, King of Righteousness

7 Οὗτος γὰρ ὁ Μελχισέδεκ, βασιλεὺς Σαλήμ, ἱερεὺς τοῦ Θεοῦ τοῦ ὑψίστου, ὁ συναντήσας Ἀβραὰμ ὑποστρέφοντι ἀπὸ τῆς κοπῆς τῶν βασιλέων καὶ εὐλογήσας αὐτόν, 2 ᾧ καὶ δεκάτην ἀπὸ πάντων ἐμέρισεν Ἀβραάμ, πρῶτον μὲν ἑρμηνευόμενος "βασιλεὺς δικαιοσύνης," ἔπειτα δὲ καὶ "βασιλεὺς Σαλήμ," ὅ ἐστι "βασιλεὺς εἰρήνης," 3 ἀπάτωρ, ἀμήτωρ, ἀγενεαλόγητος, μήτε ἀρχὴν ἡμερῶν μήτε ζωῆς τέλος ἔχων, ἀφωμοιωμένος δὲ τῷ Υἱῷ τοῦ Θεοῦ, μένει ἱερεὺς εἰς τὸ διηνεκές. 4 Θεωρεῖτε δὲ πηλίκος οὗτος, ᾧ °καὶ δεκάτην Ἀβραὰμ ἔδωκεν ἐκ τῶν ἀκροθινίων ὁ πατριάρχης. 5 Καὶ οἱ μὲν ἐκ τῶν υἱῶν Λευὶ τὴν ἱερατείαν λαμβάνοντες ἐντολὴν ἔχουσιν ἀποδεκατοῦν τὸν λαὸν κατὰ τὸν νόμον, τοῦτ᾽ ἔστι τοὺς ἀδελφοὺς αὐτῶν, καίπερ ἐξεληλυθότας ἐκ τῆς ὀσφύος Ἀβραάμ. 6 Ὁ δὲ μὴ γενεαλογούμενος ἐξ αὐτῶν δεδεκάτωκε °τὸν Ἀβραάμ, καὶ τὸν ἔχοντα τὰς ἐπαγγελίας εὐλόγηκε. 7 Χωρὶς δὲ πάσης ἀντιλογίας τὸ ἔλαττον ὑπὸ τοῦ κρείττονος εὐλογεῖται. 8 Καὶ ὧδε μὲν δεκάτας ἀποθνήσκοντες ἄνθρωποι λαμβάνουσιν, ἐκεῖ δὲ μαρτυρούμενος ὅτι ζῇ. 9 Καὶ ὡς ἔπος εἰπεῖν, ·διὰ Ἀβραὰμ καὶ Λευὶ ὁ δεκάτας λαμβάνων δεδεκάτωται. 10 Ἔτι γὰρ ἐν τῇ ὀσφύϊ τοῦ πατρὸς ἦν ὅτε συνήντησεν αὐτῷ °ὁ Μελχισέδεκ.

The Need for a New Priesthood

11 Εἰ μὲν οὖν τελείωσις διὰ τῆς Λευιτικῆς ἱερωσύνης ἦν (ὁ λαὸς γὰρ ἐπ᾽ ┌¹αὐτῇ ┌²νενομοθέτητο), τίς ἔτι χρεία κατὰ τὴν τάξιν Μελχισέδεκ ἕτερον ἀνίστασθαι ἱερέα καὶ οὐ κατὰ τὴν τάξιν Ἀαρὼν λέγεσθαι; 12 Μετατιθεμένης γὰρ τῆς ἱερωσύνης, ἐξ ἀνάγκης καὶ νόμου μετάθεσις γίνεται. 13 Ἐφ᾽ ὃν γὰρ λέγεται ταῦτα, φυλῆς ἑτέρας μετέσχηκεν, ἀφ᾽ ἧς οὐδεὶς προσέσχηκε τῷ θυσιαστηρίῳ. 14 Πρόδηλον

---

4 °𝔭⁴⁶B vs 𝕸 אAC, [Cr]   6 °𝕲 vs 𝕸 A   9 ·δι 𝔭⁴⁶אB vs 𝕸 AC

10 °𝕲 vs 𝕸 A   11 ┌¹αυτης 𝕲 vs M   11 ┌²νενομοθετηται 𝕲 vs 𝕸

γὰρ ὅτι ἐξ Ἰούδα ἀνατέταλκεν ὁ Κύριος ἡμῶν, εἰς ἣν φυλὴν οὐδὲν περὶ ἱερωσύνης Μωϋσῆς[1] ἐλάλησε. 15 Καὶ περισσότερον ἔτι κατάδηλόν ἐστιν, εἰ κατὰ τὴν ὁμοιότητα Μελχισέδεκ ἀνίσταται ἱερεὺς ἕτερος, 16 ὃς οὐ κατὰ νόμον ἐντολῆς σαρκικῆς[2] γέγονεν ἀλλὰ κατὰ δύναμιν ζωῆς ἀκαταλύτου. 17 ᵣΜαρτυρεῖ γὰρ ὅτι

«Σὺ[3] ἱερεὺς εἰς τὸν αἰῶνα
Κατὰ τὴν τάξιν Μελχισέδεκ.»

18 Ἀθέτησις μὲν γὰρ γίνεται προαγούσης ἐντολῆς διὰ τὸ αὐτῆς ἀσθενὲς καὶ ἀνωφελές. 19 Οὐδὲν γὰρ ἐτελείωσεν ὁ νόμος, ἐπεισαγωγὴ δὲ κρείττονος ἐλπίδος, δι᾽ ἧς ἐγγίζομεν τῷ Θεῷ.

The Greatness of the New Priest

20 Καὶ καθ᾽ ὅσον οὐ χωρὶς ὁρκωμοσίας, 21 οἱ μὲν γὰρ χωρὶς ὁρκωμοσίας εἰσὶν ἱερεῖς γεγονότες, ὁ δὲ μετὰ ὁρκωμοσίας διὰ τοῦ λέγοντος πρὸς αὐτόν,

«Ὤμοσε Κύριος
Καὶ οὐ μεταμεληθήσεται,
Σὺ ἱερεὺς εἰς τὸν αἰῶνα
ᵖΚατὰ τὴν τάξιν Μελχισέδεκ, ˎ′»

22 κατὰ ᵣτοσοῦτον ᵀ κρείττονος διαθήκης γέγονεν ἔγγυος Ἰησοῦς. 23 Καὶ οἱ μὲν πλείονές εἰσι γεγονότες ἱερεῖς διὰ τὸ θανάτῳ κωλύεσθαι παραμένειν. 24 Ὁ δέ, διὰ τὸ μένειν αὐτὸν εἰς τὸν αἰῶνα, ἀπαράβατον ἔχει τὴν ἱερωσύνην. 25 Ὅθεν καὶ σῴζειν εἰς τὸ παντελὲς δύναται τοὺς

---

[1]14 ουδεν περι ιερωσυνης Μω(υ)σης Μᵖᵗ TR vs ουδεν περι ιεροσυνης Μω(υ)σης Μᵖᵗ vs περι ιερεων ουδεν Μω(υ)σης BAC*, Cr vs περι ιερεων Μωυσης ουδεν 𝔭⁴⁶ℵ*
[2]16 σαρκικης Μᵖᵗ, TR vs σαρκινης ΜᵖᵗϾ, Cr
[3]17 συ ΜᵖᵗϾ, TR Cr vs +ει Μᵖᵗ𝔭⁴⁶

---

17 ᵣμαρτυρειται Ͼ vs 𝔐C   21ᵖ Ͼ vs 𝔐A
22 ᵣτοσουτο Ͼ vs 𝔐   22 ᵀκαι ℵ*BC*, [Cr] vs 𝔐𝔭⁴⁶A

17 Ps. 110:4b   21 Ps. 110:4

προσερχομένους δι᾽ αὐτοῦ τῷ Θεῷ, πάντοτε ζῶν εἰς τὸ ἐντυγχάνειν ὑπὲρ αὐτῶν. 26 Τοιοῦτος γὰρ ἡμῖν ᵀ ἔπρεπεν ἀρχιερεύς, ὅσιος, ἄκακος, ἀμίαντος, κεχωρισμένος ἀπὸ τῶν ἁμαρτωλῶν, καὶ ὑψηλότερος τῶν οὐρανῶν γενόμενος· 27 ὃς οὐκ ἔχει καθ᾽ ἡμέραν ἀνάγκην, ὥσπερ οἱ ἀρχιερεῖς, πρότερον ὑπὲρ τῶν ἰδίων ἁμαρτιῶν θυσίας ἀναφέρειν, ἔπειτα τῶν τοῦ λαοῦ· τοῦτο γὰρ ἐποίησεν ἐφάπαξ ἑαυτὸν ἀνενέγκας. 28 Ὁ νόμος γὰρ ἀνθρώπους καθίστησιν ἀρχιερεῖς ἔχοντας ἀσθένειαν, ὁ λόγος δὲ τῆς ὁρκωμοσίας τῆς μετὰ τὸν νόμον Υἱὸν εἰς τὸν αἰῶνα τετελειωμένον.

The New Priestly Service

8 Κεφάλαιον δὲ ἐπὶ τοῖς λεγομένοις· τοιοῦτον ἔχομεν Ἀρχιερέα, ὃς ἐκάθισεν ἐν δεξιᾷ τοῦ θρόνου τῆς Μεγαλωσύνης ἐν τοῖς οὐρανοῖς, 2 τῶν ἁγίων Λειτουργὸς καὶ τῆς σκηνῆς τῆς ἀληθινῆς, ἣν ἔπηξεν ὁ Κύριος, ᵒκαὶ οὐκ ἄνθρωπος. 3 Πᾶς γὰρ ἀρχιερεὺς εἰς τὸ προσφέρειν δῶρά τε καὶ θυσίας καθίσταται· ὅθεν ἀναγκαῖον ἔχειν τι καὶ τοῦτον ὃ προσενέγκῃ. 4 Εἰ μὲν ˹γὰρ ἦν ἐπὶ γῆς, οὐδ᾽ ἂν ἦν ἱερεύς, ὄντων □τῶν ἱερέων˹ τῶν προσφερόντων κατὰ ᵒτὸν νόμον τὰ δῶρα· 5 οἵτινες ὑποδείγματι καὶ σκιᾷ λατρεύουσι τῶν ἐπουρανίων, καθὼς κεχρημάτισται Μωϋσῆς μέλλων ἐπιτελεῖν τὴν σκηνήν, « Ὅρα,» γάρ φησι, «ποιήσεις¹ πάντα κατὰ τὸν τύπον τὸν δειχθέντα σοι ἐν τῷ ὄρει.» 6 ˹Νυνὶ δὲ διαφορωτέρας τέτυχε² λειτουργίας, ὅσῳ καὶ κρείττονός ἐστι διαθήκης Μεσίτης, ἥτις ἐπὶ κρείττοσιν ἐπαγγελίαις νενομοθέτηται.

---

¹5 ποιησεις 𝕸 ℵΒΑ, Cr vs ποιησης TR vs — 𝔭⁴⁶
²6 τετυχε(ν) Μᵖᵗ𝔭⁴⁶ℵ*Α, Cr vs τετευχε(ν) ΜᵖᵗΒ, TR vs τετυχηκε(ν) Μᵖᵗ

---

26 ᵀκαι 𝔭⁴⁶ΒΑ vs 𝕸 ℵC   2 ᵒ𝔭⁴⁶ℵ*Β vs 𝕸 Α
4 ˹ουν 𝕲 (h.C) vs 𝕸   4 □𝕲 (h.C) vs 𝕸
4 ᵒ𝕲 (h.C) vs 𝕸   6 ˹νυν 𝔭⁴⁶*Β vs 𝕸 ℵΑ, [Cr]

---

5 Ex. 25:40

A New Covenant

7 Εἰ γὰρ ἡ πρώτη ἐκείνη ἦν ἄμεμπτος, οὐκ ἂν δευτέρας ἐζητεῖτο τόπος. 8 Μεμφόμενος γὰρ ʳαὐτοῖς λέγει,

« Ἰδού, ἡμέραι ἔρχονται, λέγει Κύριος,
Καὶ συντελέσω ἐπὶ τὸν οἶκον Ἰσραὴλ
Καὶ ἐπὶ τὸν οἶκον Ἰούδα διαθήκην καινήν,
9 Οὐ κατὰ τὴν διαθήκην ἣν ἐποίησα τοῖς πατράσιν
αὐτῶν
Ἐν ἡμέρᾳ ἐπιλαβομένου μου τῆς χειρὸς αὐτῶν
Ἐξαγαγεῖν αὐτοὺς ἐκ γῆς Αἰγύπτου
Ὅτι αὐτοὶ οὐκ ἐνέμειναν ἐν τῇ διαθήκῃ μου,
Κἀγὼ ἠμέλησα αὐτῶν, λέγει Κύριος.
10 Ὅτι αὕτη ἡ διαθήκη ἣν διαθήσομαι τῷ οἴκῳ Ἰσραὴλ
Μετὰ τὰς ἡμέρας ἐκείνας, λέγει Κύριος,
Διδοὺς νόμους μου εἰς τὴν διάνοιαν αὐτῶν,
Καὶ ἐπὶ καρδίας αὐτῶν ἐπιγράψω αὐτούς,
Καὶ ἔσομαι αὐτοῖς εἰς Θεὸν
Καὶ αὐτοὶ ἔσονταί μοι εἰς λαόν.
11 Καὶ οὐ μὴ διδάξωσιν ἕκαστος τὸν πολίτην¹ αὐτοῦ
Καὶ ἕκαστος τὸν ἀδελφὸν αὐτοῦ, λέγων,
Γνῶθι τὸν Κύριον, ʹ
Ὅτι πάντες εἰδήσουσί με
Ἀπὸ μικροῦ °αὐτῶν ἕως μεγάλου αὐτῶν.
12 Ὅτι ἵλεως ἔσομαι ταῖς ἀδικίαις αὐτῶν,
Καὶ τῶν ἁμαρτιῶν αὐτῶν □καὶ τῶν ἀνομιῶν αὐτῶνˋ
Οὐ μὴ μνησθῶ ἔτι.»

13 Ἐν τῷ λέγειν "καινὴν" πεπαλαίωκε τὴν πρώτην. Τὸ δὲ παλαιούμενον καὶ γηράσκον ἐγγὺς ἀφανισμοῦ.

---

¹11 πολίτην 𝕸 G (h.C), Cr vs πλησιον TR

8 ʳαυτους ℵ*A vs M𝔭⁴⁶B   11 °G (h.C) vs 𝕸
12 □𝔭⁴⁶ℵ*B vs 𝕸 A

8-12 Jer. 31:31-34

The Features of the Earthly Sanctuary

9 Εἶχε μὲν οὖν °καὶ ἡ πρώτη¹ δικαιώματα λατρείας τό τε ἅγιον κοσμικόν. **2** Σκηνὴ γὰρ κατεσκευάσθη ἡ πρώτη ἐν ᾖ ἥ τε λυχνία καὶ ἡ τράπεζα καὶ ἡ πρόθεσις τῶν ἄρτων, ἥτις λέγεται Ἅγια· **3** μετὰ δὲ τὸ δεύτερον καταπέτασμα σκηνὴ ἡ λεγομένη Ἅγια Ἁγίων, **4** χρυσοῦν ἔχουσα θυμιατήριον καὶ τὴν κιβωτὸν τῆς διαθήκης περικεκαλυμμένην πάντοθεν χρυσίῳ, ἐν ᾖ στάμνος χρυσῆ ἔχουσα τὸ μάννα καὶ ἡ ῥάβδος Ἀαρὼν ἡ βλαστήσασα καὶ αἱ πλάκες τῆς διαθήκης, **5** ὑπεράνω δὲ αὐτῆς ·Χερουβὶμ δόξης κατασκιάζοντα τὸ ἱλαστήριον· περὶ ὧν οὐκ ἔστι νῦν λέγειν κατὰ μέρος.

The Limitations of the Earthly Service

6 Τούτων δὲ οὕτω κατεσκευασμένων, εἰς μὲν τὴν πρώτην σκηνὴν διὰ παντὸς εἰσίασιν οἱ ἱερεῖς τὰς λατρείας ἐπιτελοῦντες, **7** εἰς δὲ τὴν δευτέραν ἅπαξ τοῦ ἐνιαυτοῦ μόνος ὁ ἀρχιερεύς, οὐ χωρὶς αἵματος, ὃ προσφέρει ὑπὲρ ἑαυτοῦ καὶ τῶν τοῦ λαοῦ ἀγνοημάτων, **8** τοῦτο δηλοῦντος τοῦ Πνεύματος τοῦ Ἁγίου, μήπω πεφανερῶσθαι τὴν τῶν Ἁγίων ὁδόν, ἔτι τῆς πρώτης σκηνῆς ἐχούσης στάσιν, **9** ἥτις παραβολὴ εἰς τὸν καιρὸν τὸν ἐνεστηκότα, καθ᾽ ʳὸν δῶρά τε καὶ θυσίαι προσφέρονται μὴ δυνάμεναι κατὰ συνείδησιν τελειῶσαι τὸν λατρεύοντα, **10** μόνον ἐπὶ βρώμασι καὶ πόμασι καὶ διαφόροις βαπτισμοῖς °καὶ ʳδικαιώμασι σαρκός, μέχρι καιροῦ διορθώσεως ἐπικείμενα.

Christ's Service in the Heavenly Sanctuary

11 Χριστὸς δὲ παραγενόμενος Ἀρχιερεὺς τῶν ʳμελλόντων ἀγαθῶν διὰ τῆς μείζονος καὶ τελειοτέρας σκηνῆς οὐ χειροποιήτου, τοῦτ᾽ ἔστιν, οὐ ταύτης τῆς

---

¹1 πρωτη M^pt𝕲 (h.C), Cr vs +σκηνη M^pt, TR

1 °𝔭⁴⁶B vs 𝕸ℵA, [Cr]   **5** ·χερουβιν 𝔭⁴⁶ℵB vs 𝕸A
9 ʳην ℵBA vs 𝕸   **10** °𝔭⁴⁶ℵ*A vs 𝕸B
10 ʳδικαιωματα 𝕲 (h.C) vs 𝕸   **11** ʳγενομενων (𝔭⁴⁶) B vs 𝕸ℵA

κτίσεως, 12 οὐδὲ δι᾿ αἵματος τράγων καὶ μόσχων, διὰ δὲ τοῦ ἰδίου αἵματος, εἰσῆλθεν ἐφάπαξ εἰς τὰ ῞Αγια, αἰωνίαν λύτρωσιν εὑράμενος. 13 Εἰ γὰρ τὸ αἷμα ˢταύρων καὶ τράγων^z καὶ σποδὸς δαμάλεως ῥαντίζουσα τοὺς κεκοινωμένους ἁγιάζει πρὸς τὴν τῆς σαρκὸς καθαρότητα, 14 πόσῳ μᾶλλον τὸ αἷμα τοῦ Χριστοῦ, ὃς διὰ Πνεύματος Αἰωνίου ἑαυτὸν προσήνεγκεν ἄμωμον τῷ Θεῷ, καθαριεῖ τὴν συνείδησιν ὑμῶν[1] ἀπὸ νεκρῶν ἔργων εἰς τὸ λατρεύειν Θεῷ ζῶντι? 15 Καὶ διὰ τοῦτο διαθήκης καινῆς Μεσίτης ἐστίν, ὅπως, θανάτου γενομένου εἰς ἀπολύτρωσιν τῶν ἐπὶ τῇ πρώτῃ διαθήκῃ παραβάσεων τὴν ἐπαγγελίαν λάβωσιν οἱ κεκλημένοι τῆς αἰωνίου κληρονομίας.

The Mediator's Death Is Necessary

16 ῞Οπου γὰρ διαθήκη, θάνατον ἀνάγκη φέρεσθαι τοῦ διαθεμένου.[2] 17 Διαθήκη γὰρ ἐπὶ νεκροῖς βεβαία, ἐπεὶ μήποτε ἰσχύει ὅτε ζῇ ὁ διαθέμενος. 18 ῞Οθεν οὐδ᾿[3] ἡ πρώτη χωρὶς αἵματος ἐγκεκαίνισται. 19 Λαληθείσης γὰρ πάσης ἐντολῆς κατὰ ᵀνόμον ὑπὸ Μωϋσέως παντὶ τῷ λαῷ, λαβὼν τὸ αἷμα τῶν μόσχων ῾καὶ τράγων᾿ μετὰ ὕδατος καὶ ἐρίου κοκκίνου καὶ ὑσσώπου αὐτό τε τὸ βιβλίον καὶ πάντα τὸν λαὸν •ἐρράντισε, 20 λέγων, «Τοῦτο τὸ αἷμα τῆς διαθήκης ἧς ἐνετείλατο πρὸς ὑμᾶς ὁ Θεός.» 21 Καὶ τὴν σκηνὴν δὲ καὶ πάντα τὰ σκεύη τῆς λειτουργίας τῷ αἵματι ὁμοίως •ἐρράντισε. 22 Καὶ σχεδὸν ἐν αἵματι πάντα καθαρίζεται κατὰ τὸν νόμον, καὶ χωρὶς αἱματεκχυσίας οὐ γίνεται ἄφεσις.

The Greatnesss of the Sacrifice of Christ

23 ᾿Ανάγκη οὖν τὰ μὲν ὑποδείγματα τῶν ἐν τοῖς οὐρανοῖς, τούτοις καθαρίζεσθαι, αὐτὰ δὲ τὰ ἐπουράνια

---

[1]14 υμων **Mℵ**, TR vs ημων M^cA, Cr vs −καθαριει to Θεω 𝔭⁴⁶
[2]16 διαθεμενου **MℵAC**, TR Cr vs διατιθεμενου M^c
[3]18 ουδ M^ptℵ, TR vs ουδε M^ptAC, Cr vs ουθ 𝔭⁴⁶

---

13 ˢ321 𝕲 (h.C) vs 𝔐   19 ᵀτον 𝔭⁴⁶AC vs 𝔐ℵ*
19 ῾και των τραγων ℵ*AC, [Cr] vs M; (− 𝔭⁴⁶)
19,21•εραντισεν 𝕲 (h. B), U vs **M**, N

---

20 Ex. 24:8

κρείττοσι θυσίαις παρὰ ταύτας. **24** Οὐ γὰρ εἰς χειροποίητα ⸆ἅγια εἰσῆλθεν⸀ °ὁ Χριστός, ἀντίτυπα τῶν ἀληθινῶν, ἀλλ᾽ εἰς αὐτὸν τὸν οὐρανόν, νῦν ἐμφανισθῆναι τῷ προσώπῳ τοῦ Θεοῦ ὑπὲρ ἡμῶν· **25** οὐδ᾽ ἵνα πολλάκις προσφέρῃ ἑαυτόν, ὥσπερ ὁ ἀρχιερεὺς εἰσέρχεται εἰς τὰ Ἅγια κατ᾽ ἐνιαυτὸν ἐν αἵματι ἀλλοτρίῳ, **26** ἐπεὶ ἔδει αὐτὸν πολλάκις παθεῖν ἀπὸ καταβολῆς κόσμου· ⸀νῦν δὲ ἅπαξ ἐπὶ συντελείᾳ τῶν αἰώνων εἰς ἀθέτησιν ⸆ ἁμαρτίας διὰ τῆς θυσίας αὐτοῦ πεφανέρωται. **27** Καὶ καθ᾽ ὅσον ἀπόκειται τοῖς ἀνθρώποις ἅπαξ ἀποθανεῖν, μετὰ δὲ τοῦτο κρίσις, **28** οὕτω καὶ¹ ὁ Χριστός, ἅπαξ προσενεχθεὶς εἰς τὸ πολλῶν ἀνενεγκεῖν ἁμαρτίας, ἐκ δευτέρου χωρὶς ἁμαρτίας ὀφθήσεται τοῖς αὐτὸν ἀπεκδεχομένοις εἰς σωτηρίαν.

Animal Sacrifices Are Insufficient

10 Σκιὰν γὰρ ἔχων ὁ νόμος τῶν μελλόντων ἀγαθῶν, οὐκ αὐτὴν τὴν εἰκόνα τῶν πραγμάτων, κατ᾽ ἐνιαυτὸν ταῖς αὐταῖς θυσίαις ἃς προσφέρουσιν εἰς τὸ διηνεκὲς οὐδέποτε δύνανται² τοὺς προσερχομένους τελειῶσαι. **2** Ἐπεὶ οὐκ ἂν ἐπαύσαντο προσφερόμεναι, διὰ τὸ μηδεμίαν ἔχειν ἔτι συνείδησιν ἁμαρτιῶν τοὺς λατρεύοντας, ἅπαξ ⸀κεκαθαρμένους; **3** Ἀλλ᾽ ἐν αὐταῖς ἀνάμνησις ἁμαρτιῶν κατ᾽ ἐνιαυτόν. **4** Ἀδύνατον γὰρ αἷμα ταύρων καὶ τράγων ἀφαιρεῖν ἁμαρτίας.

Christ's Death Fulfills God's Will

5 Διὸ εἰσερχόμενος εἰς τὸν κόσμον λέγει,

«Θυσίαν καὶ προσφορὰν οὐκ ἠθέλησας,
Σῶμα δὲ κατηρτίσω μοι·
6 Ὁλοκαυτώματα καὶ περὶ ἁμαρτίας οὐκ εὐδόκησας.

---

¹28 καὶ 𝔐 𝕲 (h.B), Cr vs − TR
²1 δύνανται Μ𝘬AC vs δύναται 𝔭⁴⁶ TR Cr

---

24 ⸆𝔭⁴⁶𝘬A vs 𝔐C   24 °𝕲 (h.B) vs 𝔐
26 ⸀νυνι 𝘬AC vs 𝔐   26 ⸆της 𝘬A,[Cr] vs 𝔐𝔭⁴⁶C
2 ⸀κεκαθαρισμενους 𝔭⁴⁶𝘬 (κεκαθερισμενους AC) vs 𝔐

7 Τότε εἶπον, ''Ιδοὺ ἥκω,
'Εν κεφαλίδι βιβλίου γέγραπται περὶ ἐμοῦ,
Τοῦ ποιῆσαι, ὁ Θεός, τὸ θέλημά σου.'»

8 'Ανώτερον λέγων ὅτι «ʳΘυσίαν καὶ προσφορὰνˋ καὶ
ὁλοκαυτώματα καὶ περὶ ἁμαρτίας οὐκ ἠθέλησας οὐδὲ
εὐδόκησας» (αἵτινες κατὰ °τὸν νόμον προσφέρονται),
9 τότε εἴρηκεν, «'Ιδοὺ ἥκω τοῦ ποιῆσαι, ὁ Θεός, τὸ θέλημά
σου.»¹ 'Αναιρεῖ τὸ πρῶτον ἵνα τὸ δεύτερον στήσῃ. 10 'Εν ᾧ
θελήματι ἡγιασμένοι ἐσμὲν °οἱ διὰ τῆς προσφορᾶς τοῦ
σώματος² 'Ιησοῦ Χριστοῦ ἐφάπαξ.

Christ's Death Perfects the Sanctified

11 Καὶ πᾶς μὲν ἱερεὺς³ ἔστηκε καθ' ἡμέραν λειτουργῶν
καὶ τὰς αὐτὰς πολλάκις προσφέρων θυσίας, αἵτινες
οὐδέποτε δύνανται περιελεῖν ἁμαρτίας. 12 ʳΑὐτὸς δὲ μίαν
ὑπὲρ ἁμαρτιῶν προσενέγκας θυσίαν εἰς τὸ διηνεκὲς
ἐκάθισεν ἐν δεξιᾷ τοῦ Θεοῦ, 13 τὸ λοιπὸν ἐκδεχόμενος ἕως
τεθῶσιν οἱ ἐχθροὶ αὐτοῦ ὑποπόδιον τῶν ποδῶν αὐτοῦ.
14 Μιᾷ γὰρ προσφορᾷ τετελείωκεν εἰς τὸ διηνεκὲς τοὺς
ἁγιαζομένους.

15 Μαρτυρεῖ δὲ ἡμῖν καὶ τὸ Πνεῦμα τὸ ῞Αγιον· μετὰ γὰρ
τὸ ʳπροειρηκέναι,

16 «Αὕτη ἡ διαθήκη ἣν διαθήσομαι πρὸς αὐτοὺς
Μετὰ τὰς ἡμέρας ἐκείνας, λέγει Κύριος,
Διδοὺς νόμους μου ἐπὶ καρδίας αὐτῶν,
Καὶ ἐπὶ ʳτῶν διανοιῶνˋ αὐτῶν ἐπιγράψω αὐτούς,

---

¹9 ο Θεος το θελημα σου Mᵖᵗ, TR vs το θελημα σου MᵖᵗG (h.B), Cr
vs το θελημα σου ο Θεος μου Mᵖᵗ
²10 σωματος 𝔐 G (h.B), Cr vs +του TR
³11 ιερευς Mᵖᵗ𝔭⁴⁶א, TR Cr vs αρχιερευς MᵖᵗAC

---

8 ʳθυσιας και προσφορας א*AC vs 𝔐　　8 °G (h.B) vs 𝔐
10 °G (h.B) vs M　　12 ʳουτος G (h.B) vs 𝔐
15 ʳειρηκεναι G (h.B) vs 𝔐　　16 ʳτην διανοιαν G (h.B) vs 𝔐

5-7 Ps. 40:6-8

17 Καὶ τῶν ἁμαρτιῶν καὶ τῶν ἀνομιῶν αὐτῶν
Οὐ μὴ ᵗμνησθῶ ἔτι.»

18 Ὅπου δὲ ἄφεσις τούτων,¹ οὐκέτι προσφορὰ περὶ ἁμαρτίας.

Hold Fast the Confession of Your Hope

19 Ἔχοντες οὖν, ἀδελφοί, παρρησίαν εἰς τὴν εἴσοδον τῶν Ἁγίων ἐν τῷ αἵματι Ἰησοῦ, 20 ἣν ἐνεκαίνισεν ἡμῖν ὁδὸν πρόσφατον καὶ ζῶσαν διὰ τοῦ καταπετάσματος, τοῦτ᾽ ἔστι, τῆς σαρκὸς αὐτοῦ, 21 καὶ ἱερέα μέγαν ἐπὶ τὸν οἶκον τοῦ Θεοῦ, 22 προσερχώμεθα² μετὰ ἀληθινῆς καρδίας ἐν πληροφορίᾳ πίστεως, •¹ἐρραντισμένοι τὰς καρδίας ἀπὸ συνειδήσεως πονηρᾶς καὶ •²λελουμένοι τὸ σῶμα ὕδατι καθαρῷ. 23 Κατέχωμεν τὴν ὁμολογίαν τῆς ἐλπίδος ἀκλινῆ, πιστὸς γὰρ ὁ ἐπαγγειλάμενος. 24 Καὶ κατανοῶμεν ἀλλήλους εἰς παροξυσμὸν ἀγάπης καὶ καλῶν ἔργων, 25 μὴ ἐγκαταλείποντες τὴν ἐπισυναγωγὴν ἑαυτῶν, καθὼς ἔθος τισίν, ἀλλὰ παρακαλοῦντες, καὶ τοσούτῳ μᾶλλον ὅσῳ βλέπετε ἐγγίζουσαν τὴν ἡμέραν.

Fourth Warning: Do Not Cast
Away Your Confidence

26 Ἑκουσίως γὰρ ἁμαρτανόντων ἡμῶν μετὰ τὸ λαβεῖν τὴν ἐπίγνωσιν τῆς ἀληθείας, οὐκέτι περὶ ἁμαρτιῶν ἀπολείπεται θυσία, 27 φοβερὰ δέ τις ἐκδοχὴ κρίσεως καὶ πυρὸς ζῆλος ἐσθίειν μέλλοντος τοὺς ὑπεναντίους. 28 Ἀθετήσας τις νόμον Μωϋσέως χωρὶς οἰκτιρμῶν ἐπὶ δυσὶν ἢ τρισὶ μάρτυσιν ἀποθνήσκει. 29 Πόσῳ, δοκεῖτε, χείρονος ἀξιωθήσεται τιμωρίας ὁ τὸν Υἱὸν τοῦ Θεοῦ

---

¹18 τουτων **Μ𝔭⁴⁶AC**, TR Cr vs αυτων Mᶜ vs — ℵ*
²22 προσερχωμεθα **ΜℵAC**, TR Cr vs προσερχομεθα M¹𝔭⁴⁶*

---

17 ᵗμνησθησομαι ℵ*AC vs 𝕸 𝔭⁴⁶   22 •¹ρεραντισμενοι 𝕲 (h.B) vs 𝕸

22 •²λελουσμενοι ℵ vs 𝕸 𝔭⁴⁶AC

16,17 Jer. 31:33;34

καταπατήσας, καὶ τὸ αἷμα τῆς διαθήκης κοινὸν ἡγησάμενος ἐν ᾧ ἡγιάσθη, καὶ τὸ Πνεῦμα τῆς χάριτος ἐνυβρίσας;

30 Οἴδαμεν γὰρ τὸν εἰπόντα,

«᾽Εμοὶ ἐκδίκησις, ἐγὼ ἀνταποδώσω, ᵒλέγει Κύριος˅»·

καὶ πάλιν,

«ˢΚύριος κρινεῖ˄ τὸν λαὸν αὐτοῦ.»

31 Φοβερὸν τὸ ἐμπεσεῖν εἰς χεῖρας Θεοῦ ζῶντος!

32 ᾽Αναμιμνήσκεσθε δὲ τὰς πρότερον ἡμέρας, ἐν αἷς φωτισθέντες πολλὴν ἄθλησιν ὑπεμείνατε παθημάτων, 33 τοῦτο μὲν ὀνειδισμοῖς τε καὶ θλίψεσι θεατριζόμενοι, τοῦτο δὲ κοινωνοὶ τῶν οὕτως ἀναστρεφομένων γενηθέντες. 34 Καὶ γὰρ τοῖς ῾δεσμοῖς μου˅ συνεπαθήσατε καὶ τὴν ἁρπαγὴν τῶν ὑπαρχόντων ὑμῶν μετὰ χαρᾶς προσεδέξασθε, γινώσκοντες ἔχειν ἑαυτοῖς¹ κρείττονα ὕπαρξιν ᵒἐν οὐρανοῖς˅ καὶ μένουσαν. 35 Μὴ ἀποβάλητε οὖν τὴν παρρησίαν ὑμῶν, ἥτις ἔχει ˢμισθαποδοσίαν μεγάλην.˄ 36 ῾Υπομονῆς γὰρ ἔχετε χρείαν ἵνα τὸ θέλημα τοῦ Θεοῦ ποιήσαντες κομίσησθε τὴν ἐπαγγελίαν.

37 ῎Ετι γὰρ «μικρὸν ὅσον ὅσον, ῾Ο ἐρχόμενος ἥξει καὶ οὐ ʳχρονιεῖ.

38 ῾Ο δὲ δίκαιος ᵀ ἐκ πίστεως ζήσεται, Καὶ ἐὰν ὑποστείληται, Οὐκ εὐδοκεῖ ἡ ψυχή μου ἐν αὐτῷ.»

39 ῾Ημεῖς δὲ οὐκ ἐσμὲν ὑποστολῆς εἰς ἀπώλειαν, ἀλλὰ πίστεως εἰς περιποίησιν ψυχῆς.

---

¹34 εαυτοις M vs εαυτους 𝔓⁴⁶אA, Cr vs εν εαυτοις TR

---

30 ᵒ𝔓⁴⁶א* vs 𝕸A   30 ˢא*A vs 𝕸
34 ῾δεσμιοις A vs 𝕸א; (δεσμοις 𝔓⁴⁶)   34 ᵒ𝔓⁴⁶א*A vs 𝕸
35 ˢ𝔓⁴⁶אA vs 𝕸   37 ʳχρονισει 𝔓⁴⁶א* vs 𝕸A
38 ᵀμου 𝔓⁴⁶אA vs 𝕸

30a Deut. 32:35   30b Deut. 32:36   37,38 Hab. 2:3,4 LXX

By Faith We Understand

11 ῝Εστι δὲ πίστις ἐλπιζομένων ὑπόστασις, πραγμά-
των ἔλεγχος οὐ βλεπομένων. 2 Ἐν ταύτῃ γὰρ
ἐμαρτυρήθησαν οἱ πρεσβύτεροι. 3 Πίστει νοοῦμεν κατ-
ηρτίσθαι τοὺς αἰῶνας ῥήματι Θεοῦ, εἰς τὸ μὴ ἐκ
φαινομένων ῾τὰ βλεπόμενα᾿ γεγονέναι.

Faith at the Dawn of History

4 Πίστει πλείονα θυσίαν ῝Αβελ παρὰ Κάϊν προσήνεγκε
τῷ Θεῷ, δι᾿ ἧς ἐμαρτυρήθη εἶναι δίκαιος, μαρτυροῦντος ἐπὶ
τοῖς δώροις αὐτοῦ τοῦ Θεοῦ, καὶ δι᾿ αὐτῆς ἀποθανὼν ἔτι
῾λαλεῖται. 5 Πίστει ῾Ενὼχ μετετέθη τοῦ μὴ ἰδεῖν θάνατον,
καὶ «οὐχ •εὑρίσκετο διότι μετέθηκεν αὐτὸν ὁ Θεός»· πρὸ
γὰρ τῆς μεταθέσεως °αὐτοῦ μεμαρτύρηται εὐηρεστηκέναι[1]
τῷ Θεῷ. 6 Χωρὶς δὲ πίστεως ἀδύνατον εὐαρεστῆσαι,
πιστεῦσαι γὰρ δεῖ τὸν προσερχόμενον τῷ Θεῷ ὅτι ἔστι καὶ
τοῖς ἐκζητοῦσιν αὐτὸν μισθαποδότης γίνεται. 7 Πίστει
χρηματισθεὶς Νῶε περὶ τῶν μηδέπω βλεπομένων,
εὐλαβηθεὶς κατεσκεύασε κιβωτὸν εἰς σωτηρίαν τοῦ οἴκου
αὐτοῦ, δι᾿ ἧς κατέκρινε τὸν κόσμον, καὶ τῆς κατὰ πίστιν
δικαιοσύνης ἐγένετο κληρονόμος.

Faithful Abraham

8 Πίστει καλούμενος ᾿Αβραὰμ ὑπήκουσεν ἐξελθεῖν εἰς
°τὸν τόπον ὃν ἤμελλε[2] λαμβάνειν εἰς κληρονομίαν. Καὶ
ἐξῆλθε μὴ ἐπιστάμενος ποῦ ἔρχεται. 9 Πίστει παρῴκησεν[3]
εἰς[4] γῆν τῆς ἐπαγγελίας ὡς ἀλλοτρίαν, ἐν σκηναῖς
κατοικήσας μετὰ ᾿Ισαὰκ καὶ ᾿Ιακὼβ τῶν συγκληρονόμων
τῆς ἐπαγγελίας τῆς αὐτῆς. 10 ᾿Εξεδέχετο γὰρ τὴν τοὺς

---

[1]5 ευηρεστηκεναι M^pt 𝔭⁴⁶ℵ, TR vs ευαρεστηκεναι M^pt A, Cr
[2]8 ημελλε(ν) M^pt 𝔭⁴⁶ℵA, TR Cr vs εμελλε(ν) M^pt
[3]9 παρωκησεν M𝔭⁴⁶ℵA, TR Cr vs +Αβρααμ M^c
[4]9 εις M^pt 𝔭⁴⁶ℵA, Cr vs +την M^pt TR

---

3 ῾το βλεπομενον ℵA vs 𝔐   4 ῾λαλει 𝔭⁴⁶ℵA vs 𝔐
5 •ηυρισκετο 𝔭⁴⁶ℵA vs 𝔐   5 °𝔭⁴⁶ℵ*A vs 𝔐   8 °𝔭⁴⁶ℵ*A vs 𝔐

---

5 Gen. 5:24

θεμελίους ἔχουσαν πόλιν, ἧς τεχνίτης καὶ δημιουργὸς ὁ
Θεός. **11** Πίστει καὶ αὐτὴ Σάρρα[1] δύναμιν εἰς καταβολὴν
σπέρματος ἔλαβε καὶ παρὰ καιρὸν ἡλικίας °ἔτεκεν, ἐπεὶ
πιστὸν ἡγήσατο τὸν ἐπαγγειλάμενον. **12** Διὸ καὶ ἀφ᾿ ἑνὸς
ἐγεννήθησαν, καὶ ταῦτα νενεκρωμένου, καθὼς τὰ ἄστρα
τοῦ οὐρανοῦ τῷ πλήθει καὶ ὡς ἡ[2] ἄμμος ἡ παρὰ τὸ χεῖλος
τῆς θαλάσσης ἡ ἀναρίθμητος.

The Heavenly Hope of Faith

13 Κατὰ πίστιν ἀπέθανον οὗτοι πάντες, μὴ λαβόντες
τὰς ἐπαγγελίας, ἀλλὰ πόρρωθεν αὐτὰς ἰδόντες[3] καὶ
ἀσπασάμενοι, καὶ ὁμολογήσαντες ὅτι ξένοι καὶ παρε-
πίδημοί εἰσιν ἐπὶ τῆς γῆς. **14** Οἱ γὰρ τοιαῦτα λέγοντες
ἐμφανίζουσιν ὅτι πατρίδα ἐπιζητοῦσι. **15** Καὶ εἰ μὲν ἐκείνης
ἐμνημόνευον ἀφ᾿ ἧς ⸀ἐξῆλθον, εἶχον ἂν καιρὸν ἀνακάμψαι.
16 Νῦν[4] δὲ κρείττονος ὀρέγονται, τοῦτ᾿ ἔστιν, ἐπουρανίου.
Διὸ οὐκ ἐπαισχύνεται αὐτοὺς ὁ Θεὸς Θεὸς ἐπικαλεῖσθαι
αὐτῶν, ἡτοίμασε γὰρ αὐτοῖς πόλιν.

The Faith of the Patriarchs

17 Πίστει προσενήνοχεν Ἀβραὰμ τὸν Ἰσαὰκ πειρα-
ζόμενος, καὶ τὸν μονογενῆ προσέφερεν ὁ τὰς ἐπ-
αγγελίας ἀναδεξάμενος, **18** πρὸς ὃν ἐλαλήθη ὅτι «Ἐν
Ἰσαὰκ κληθήσεταί σοι σπέρμα,» **19** λογισάμενος ὅτι καὶ ἐκ
νεκρῶν ἐγείρειν δυνατὸς ὁ Θεός· ὅθεν αὐτὸν καὶ ἐν
παραβολῇ ἐκομίσατο. **20** Πίστει ⸆ περὶ μελλόντων
εὐλόγησεν Ἰσαὰκ τὸν Ἰακὼβ καὶ τὸν Ἠσαῦ. **21** Πίστει
Ἰακὼβ ἀποθνῄσκων ἕκαστον τῶν υἱῶν Ἰωσὴφ εὐλόγησε,
καὶ «προσεκύνησεν ἐπὶ τὸ ἄκρον τῆς ῥάβδου αὐτοῦ.»

---

[1] 11 Σαρρα Mpt ℵA, TR vs + στειρα ουσα Mpt vs + στειρα 𝔓46, Cr
[2] 12 ως η 𝔐 𝔓46ℵA, Cr vs ωσει TR
[3] 13 ιδοντες 𝔐 𝔓46ℵA, Cr vs + και πεισθεντες TR
[4] 16 νυν 𝔐 𝔓46ℵA, Cr vs νυνι TR

---

11 °𝔓46ℵ*A vs 𝔐 15 ⸀εξεβησαν 𝔓46vidℵ*A vs 𝔐
20 ⸆και 𝔓46A vs 𝔐ℵ

---

18 Gen. 21:12 21 Gen. 47:31 LXX

22 Πίστει Ἰωσὴφ τελευτῶν περὶ τῆς ἐξόδου τῶν υἱῶν Ἰσραὴλ ἐμνημόνευσε, καὶ περὶ τῶν ὀστέων αὐτοῦ ἐνετείλατο.

The Faith of Moses

23 Πίστει Μωϋσῆς γεννηθεὶς ἐκρύβη τρίμηνον ὑπὸ τῶν πατέρων αὐτοῦ, διότι εἶδον ἀστεῖον τὸ παιδίον, καὶ οὐκ ἐφοβήθησαν τὸ διάταγμα τοῦ βασιλέως. 24 Πίστει Μωϋσῆς μέγας γενόμενος ἠρνήσατο λέγεσθαι υἱὸς θυγατρὸς Φαραώ, 25 μᾶλλον ἑλόμενος συγκακουχεῖσθαι τῷ λαῷ τοῦ Θεοῦ ἢ πρόσκαιρον ἔχειν ἁμαρτίας ἀπόλαυσιν, 26 μείζονα πλοῦτον ἡγησάμενος τῶν Αἰγύπτου[1] θησαυρῶν τὸν ὀνειδισμὸν τοῦ Χριστοῦ, ἀπέβλεπε γὰρ εἰς τὴν μισθαποδοσίαν. 27 Πίστει κατέλιπεν Αἴγυπτον, μὴ φοβηθεὶς τὸν θυμὸν τοῦ βασιλέως, τὸν γὰρ Ἀόρατον ὡς ὁρῶν ἐκαρτέρησε. 28 Πίστει πεποίηκε τὸ Πάσχα καὶ τὴν πρόσχυσιν τοῦ αἵματος, ἵνα μὴ ὁ ὀλοθρεύων τὰ πρωτότοκα θίγῃ αὐτῶν. 29 Πίστει διέβησαν τὴν Ἐρυθρὰν Θάλασσαν ὡς διὰ ξηρᾶς[Τ], ἧς πεῖραν λαβόντες οἱ Αἰγύπτιοι κατεπόθησαν. 30 Πίστει τὰ τείχη Ἰεριχὼ [ʳ]ἔπεσε, κυκλωθέντα ἐπὶ ἑπτὰ ἡμέρας.

By Faith They Overcame

31 Πίστει Ῥαὰβ ἡ πόρνη οὐ συναπώλετο τοῖς ἀπειθήσασι, δεξαμένη τοὺς κατασκόπους μετ' εἰρήνης.

32 Καὶ τί ἔτι λέγω; Ἐπιλείψει [ʃ]γάρ με[ᶻ] διηγούμενον ὁ χρόνος περὶ Γεδεών, Βαράκ [ᵒ]τε καὶ[ˉ] Σαμψὼν [ᵒ]καὶ Ἰεφθάε, Δαβίδ τε καὶ Σαμουὴλ καὶ τῶν προφητῶν, 33 οἳ διὰ πίστεως κατηγωνίσαντο βασιλείας, εἰργάσαντο δικαιοσύνην, ἐπέτυχον ἐπαγγελιῶν, ἔφραξαν στόματα λεόντων, 34 ἔσβεσαν δύναμιν πυρός, ἔφυγον στόματα ·μαχαίρας, [ʳ]ἐνεδυναμώθησαν ἀπὸ ἀσθενείας, ἐγενήθησαν ἰσχυροὶ ἐν

---

[1]26 Αιγυπτου Mᵖᵗ ℵ, Cr vs εν Αιγυπτω Mᵖᵗ, TR vs εν Αιγυπτου A

29 ᵀγης 𝔭⁴⁶ℵA vs 𝔐   30 ʳεπεσαν ℵA vs 𝔐𝔭⁴⁶
32 ʃℵA vs 𝔐𝔭⁴⁶   32 ᵒ𝔭⁴⁶ℵA vs 𝔐   32 ᵒ𝔭⁴⁶ℵA vs 𝔐
34 ·μαχαιρης 𝔭⁴⁶ℵA vs 𝔐   34 ʳεδυναμωθησαν 𝔭⁴⁶ℵ*A vs 𝔐

πολέμῳ, παρεμβολὰς ἔκλιναν ἀλλοτρίων. **35** Ἔλαβον γυναῖκες ἐξ ἀναστάσεως τοὺς νεκροὺς αὐτῶν. Ἄλλοι δὲ ἐτυμπανίσθησαν, οὐ προσδεξάμενοι τὴν ἀπολύτρωσιν, ἵνα κρείττονος ἀναστάσεως τύχωσιν. **36** Ἕτεροι δὲ ἐμπαιγμῶν καὶ μαστίγων πεῖραν ἔλαβον, ἔτι δὲ δεσμῶν καὶ φυλακῆς. **37** Ἐλιθάσθησαν, ᵉἐπρίσθησαν, ἐπειράσθησαν,ᵓ ἐν φόνῳ ·μαχαίρας ἀπέθανον. Περιῆλθον ἐν μηλωταῖς, ἐν αἰγείοις δέρμασιν, ὑστερούμενοι, θλιβόμενοι, κακουχούμενοι, **38** ὧν οὐκ ἦν ἄξιος ὁ κόσμος, ᶝἐν ἐρημίαις πλανώμενοι καὶ ὄρεσι καὶ σπηλαίοις καὶ ταῖς ὀπαῖς τῆς γῆς·

We Also Are Heirs of Faith

39 Καὶ οὗτοι πάντες μαρτυρηθέντες διὰ τῆς πίστεως οὐκ ἐκομίσαντο τὴν ἐπαγγελίαν, **40** τοῦ Θεοῦ περὶ ἡμῶν κρεῖττόν τι προβλεψαμένου ἵνα μὴ χωρὶς ἡμῶν τελειωθῶσι.

Run the Race with Endurance

12 Τοιγαροῦν καὶ ἡμεῖς, τοσοῦτον ἔχοντες περικείμενον ἡμῖν νέφος μαρτύρων, ὄγκον ἀποθέμενοι πάντα καὶ τὴν εὐπερίστατον ἁμαρτίαν, δι᾽ ὑπομονῆς τρέχωμεν τὸν προκείμενον ἡμῖν ἀγῶνα, **2** ἀφορῶντες εἰς τὸν τῆς πίστεως Ἀρχηγὸν καὶ Τελειωτὴν Ἰησοῦν, ὃς ἀντὶ τῆς προκειμένης αὐτῷ χαρᾶς ὑπέμεινε σταυρόν, αἰσχύνης καταφρονήσας, ἐν δεξιᾷ τε τοῦ θρόνου τοῦ Θεοῦ κεκάθικεν[1].

Accept the Discipline of God

3 Ἀναλογίσασθε γὰρ[2] τὸν τοιαύτην ὑπομεμενηκότα ὑπὸ τῶν ἁμαρτωλῶν εἰς ᵉαὐτὸν ἀντιλογίαν, ἵνα μὴ κάμητε ταῖς ψυχαῖς ὑμῶν ἐκλυόμενοι. **4** Οὔπω μέχρις αἵματος

---

[1]2 κεκαθ(ι)κεν 𝕸 אA, Cr vs εκαθισεν 𝔭⁴⁶, TR
[2]3 γαρ Μ𝔭⁴⁶אA, TR Cr vs ουν Μᶜ

37 ᵉ1 𝔭⁴⁶ vs 𝕸A; (21 א)   37 ·μαχαιρης 𝔭⁴⁶אA vs 𝕸
38 ᶝεπι 𝔭⁴⁶אA vs 𝕸
3 ᵉεαυτον A vs 𝕸; (εαυτους א*; αυτους 𝔭⁴⁶)

ἀντικατέστητε¹ πρὸς τὴν ἁμαρτίαν ἀνταγωνιζόμενοι. 5 Καὶ ἐκλέλησθε τῆς παρακλήσεως, ἥτις ὑμῖν ὡς υἱοῖς διαλέγεται,

«Υἱέ μου, μὴ ὀλιγώρει παιδείας Κυρίου,
Μηδὲ ἐκλύου ὑπ᾿ αὐτοῦ ἐλεγχόμενος·
6 Ὃν γὰρ ἀγαπᾷ Κύριος παιδεύει,
Μαστιγοῖ δὲ πάντα υἱὸν ὃν παραδέχεται.»

7 Εἰς² παιδείαν ὑπομένετε· ὡς υἱοῖς ὑμῖν προσφέρεται ὁ Θεός. Τίς γάρ °ἐστιν υἱὸς ὃν οὐ παιδεύει πατήρ? 8 Εἰ δὲ χωρίς ἐστε παιδείας ἧς μέτοχοι γεγόνασι πάντες, ἄρα νόθοι ᶠἐστὲ καὶ οὐχ υἱοί.ᶻ 9 Εἶτα τοὺς μὲν τῆς σαρκὸς ἡμῶν πατέρας εἴχομεν παιδευτὰς καὶ ἐνετρεπόμεθα. Οὐ ᶜπολλῷ ᵀμᾶλλον ὑποταγησόμεθα τῷ Πατρὶ τῶν πνευμάτων καὶ ζήσομεν? 10 Οἱ μὲν γὰρ πρὸς ὀλίγας ἡμέρας κατὰ τὸ δοκοῦν αὐτοῖς ἐπαίδευον, ὁ δὲ ἐπὶ τὸ συμφέρον εἰς τὸ μεταλαβεῖν τῆς ἁγιότητος αὐτοῦ. 11 Πᾶσα δὲ παιδεία πρὸς μὲν τὸ παρὸν οὐ δοκεῖ χαρᾶς εἶναι ἀλλὰ λύπης, ὕστερον δὲ καρπὸν εἰρηνικὸν τοῖς δι᾿ αὐτῆς γεγυμνασμένοις ἀποδίδωσι δικαιοσύνης.

Renew Your Spiritual Vitality

12 Διὸ τὰς παρειμένας χεῖρας καὶ τὰ παραλελυμένα γόνατα ἀνορθώσατε, 13 καὶ τροχιὰς ὀρθὰς ᶜποιήσατε τοῖς ποσὶν ὑμῶν, ἵνα μὴ τὸ χωλὸν ἐκτραπῇ, ἰαθῇ δὲ μᾶλλον.

14 Εἰρήνην διώκετε μετὰ πάντων, καὶ τὸν ἁγιασμόν, οὗ χωρὶς οὐδεὶς ὄψεται τὸν Κύριον, 15 ἐπισκοποῦντες μή τις ὑστερῶν ἀπὸ τῆς χάριτος τοῦ Θεοῦ, μή τις ῥίζα πικρίας ἄνω φύουσα ἐνοχλῇ καὶ ᶜδιὰ ταύτηςᶜ μιανθῶσι πολλοί,

---

¹4 αντικατεστητε MᵖᵗℵA, TR Cr vs αντεκατεστητε Mᵖᵗ vs αντικατεστηκεν 𝔭⁴⁶
²7 εις MᵖᵗℵA, Cr vs ει Mᵖᵗ, TR (−μαστιγοι, verse 6, to παιδευει 𝔭⁴⁶)

7 °ℵ*A vs 𝔐 ; (−μαστιγοι, verse 6, to παιδευει, 𝔭⁴⁶)
8 ᶠ2-41 𝔭⁴⁶ℵA vs 𝔐   9 ᶜπολυ 𝔭⁴⁶ℵA vs 𝔐
9 ᵀδε 𝔭⁴⁶, [Cr] vs 𝔐ℵ*A   13 ᶜποιειτε 𝔭⁴⁶ℵ* vs 𝔐A
15 ᶜδι αυτης 𝔭⁴⁶A vs 𝔐ℵ

5,6 Prov. 3:11,12

16 μή τις πόρνος ἢ βέβηλος ὡς Ἠσαῦ, ὃς ἀντὶ βρώσεως μιᾶς ·ἀπέδοτο τὰ πρωτοτόκια ʳαὐτοῦ. 17 Ἴστε γὰρ ὅτι καὶ μετέπειτα θέλων κληρονομῆσαι τὴν εὐλογίαν ἀπεδοκιμάσθη, μετανοίας γὰρ τόπον οὐχ εὗρε, καίπερ μετὰ δακρύων ἐκζητήσας αὐτήν.

The Glorious Company

18 Οὐ γὰρ προσεληλύθατε ψηλαφωμένῳ ᵒὄρει καὶ κεκαυμένῳ πυρὶ καὶ γνόφῳ καὶ ʳσκότῳ καὶ θυέλλῃ 19 καὶ σάλπιγγος ἤχῳ καὶ φωνῇ ῥημάτων, ἧς οἱ ἀκούσαντες παρῃτήσαντο μὴ προστεθῆναι αὐτοῖς λόγον. 20 Οὐκ ἔφερον γὰρ τὸ διαστελλόμενον, «Κἂν θηρίον θίγῃ τοῦ ὄρους, λιθοβοληθήσεται.»[1] 21 Καί, οὕτω φοβερὸν ἦν τὸ φανταζόμενον, Μωϋσῆς εἶπεν, «Ἔκφοβός εἰμι καὶ ἔντρομος.» 22 Ἀλλὰ προσεληλύθατε Σιὼν Ὄρει καὶ πόλει Θεοῦ ζῶντος, Ἰερουσαλὴμ ἐπουρανίῳ, καὶ μυριάσιν ἀγγέλων, 23 πανηγύρει καὶ ἐκκλησίᾳ πρωτοτόκων ˢἐν οὐρανοῖς ἀπογεγραμμένων,ˡ καὶ Κριτῇ Θεῷ πάντων, καὶ πνεύμασι δικαίων τετελειωμένων, 24 καὶ διαθήκης νέας Μεσίτῃ Ἰησοῦ, καὶ αἵματι ῥαντισμοῦ κρεῖττον[2] λαλοῦντι παρὰ τὸ Ἄβελ.

Final Warning: Hear the Heavenly Voice

25 Βλέπετε μὴ παραιτήσησθε τὸν λαλοῦντα. Εἰ γὰρ ἐκεῖνοι οὐκ ʳˡἔφυγον, ˢτὸν ἐπὶ[3] γῆς παραιτησάμενοιˡ

---

[1]20 λιθοβοληθησεται 𝔐 𝕲 (h.B), Cr vs +η βολιδι κατατο-ξευθησεται TR
[2]24 κρειττον 𝔐 ℵAC, Cr vs κρειττονα 𝔭⁴⁶, TR
[3]25 επι 𝔐 𝕲 (h.B), Cr vs +της TR

---

16 ·απεδετο 𝔭⁴⁶AC vs 𝔐ℵ   16 ʳεαυτου ℵ*AC vs 𝔐; (−𝔭⁴⁶)
18 ᵒ𝕲 (h.B) vs 𝔐   18 ʳζοφω ℵ*AC vs 𝔐 (σκοτει 𝔭⁴⁶)
23 ˢ312 𝕲 (h.B) vs 𝔐   25 ʳˡεξεφυγον ℵ*AC vs 𝔐𝔭⁴⁶
25 ˢ2-41 ℵ*AC vs 𝔐𝔭⁴⁶*

---

20 Ex. 19:12,13   21 Deut. 9:19

χρηματίζοντα, ᵣ²πολλῷ μᾶλλον ἡμεῖς οἱ τὸν ἀπ᾽ οὐρανῶν¹ ἀποστρεφόμενοι· 26 οὗ ἡ φωνὴ τὴν γῆν ἐσάλευσε τότε, νῦν δὲ ἐπήγγελται λέγων, «Ἔτι ἅπαξ ἐγὼ ᵣσείω οὐ μόνον τὴν γῆν ἀλλὰ καὶ τὸν οὐρανόν.» 27 Τὸ δὲ "ἔτι ἅπαξ" δηλοῖ ᵣτῶν σαλευομένων τὴν᾿ μετάθεσιν ὡς πεποιημένων, ἵνα μείνῃ τὰ μὴ σαλευόμενα. 28 Διὸ βασιλείαν ἀσάλευτον παραλαμβάνοντες ἔχωμεν² χάριν, δι᾽ ἧς λατρεύομεν³ εὐαρέστως τῷ Θεῷ μετὰ ᵣαἰδοῦς καὶ εὐλαβείας.᾿ 29 Καὶ γὰρ ὁ Θεὸς ἡμῶν πῦρ καταναλίσκον.

Concluding Moral Instructions

13 Ἡ φιλαδελφία μενέτω. 2 Τῆς φιλοξενίας μὴ ἐπιλανθάνεσθε, διὰ ταύτης γὰρ ἔλαθόν τινες ξενίσαντες ἀγγέλους. 3 Μιμνήσκεσθε τῶν δεσμίων ὡς συνδεδεμένοι, τῶν κακουχουμένων ὡς καὶ αὐτοὶ ὄντες ἐν σώματι. 4 Τίμιος ὁ γάμος ἐν πᾶσι καὶ ἡ κοίτη ἀμίαντος, πόρνους ᵣδὲ καὶ μοιχοὺς κρινεῖ ὁ Θεός. 5 Ἀφιλάργυρος ὁ τρόπος, ἀρκούμενοι τοῖς παροῦσιν. Αὐτὸς γὰρ εἴρηκεν,

«Οὐ μή σε ἀνῶ,
Οὐδ᾽ οὐ μή σε ἐγκαταλείπω⁴»·

6 ὥστε θαρροῦντας ἡμᾶς λέγειν,

«Κύριος ἐμοὶ βοηθός,
°Καὶ οὐ φοβηθήσομαι·
Τί ποιήσει μοι ἄνθρωπος;»

---

¹25 ουρανων M𝔭⁴⁶AC, TR Cr vs ουρανου Mᶜℵ
²28 εχωμεν MAC, TR Cr vs εχομεν M'𝔭⁴⁶*ℵ
³28 λατρευομεν 𝔐ℵ vs λατρευωμεν A, TR Cr vs λατρευσωμεν 𝔭⁴⁶
⁴5 εγκαταλειπω M (𝔭⁴⁶) ℵAC vs εγκαταλιπω TR Cr

---

25 ᵣ²πολυ ℵAC vs 𝔐 𝔭⁴⁶   26 ᵣσεισω 𝔊 (h.B) vs 𝔐
27 ᵣ312 ℵ*AC, [Cr] vs 𝔐 ; (12 𝔭⁴⁶)
28 ᵣευλαβειας και δεους 𝔊 (h.B) vs 𝔐   4 ᵣγαρ 𝔭⁴⁶ℵA vs 𝔐C
6 °ℵ*C* vs 𝔐 𝔭⁴⁶A, [Cr]

---

26 Hag. 2:6   5 Deut. 31:6,8; Josh. 1:5   6 Ps. 118:6

Concluding Religious Instructions

7 Μνημονεύετε τῶν ἡγουμένων ὑμῶν, οἵτινες ἐλάλησαν ὑμῖν τὸν λόγον τοῦ Θεοῦ, ὧν ἀναθεωροῦντες τὴν ἔκβασιν τῆς ἀναστροφῆς μιμεῖσθε τὴν πίστιν. 8 Ἰησοῦς Χριστὸς ·χθὲς καὶ σήμερον ὁ αὐτός, καὶ εἰς τοὺς αἰῶνας. 9 Διδαχαῖς ποικίλαις καὶ ξέναις μὴ παραφέρεσθε.¹ Καλὸν γὰρ χάριτι βεβαιοῦσθαι τὴν καρδίαν, οὐ βρώμασιν, ἐν οἷς οὐκ ὠφελήθησαν οἱ ʳπεριπατήσαντες. 10 Ἔχομεν θυσιαστήριον ἐξ οὗ φαγεῖν οὐκ ἔχουσιν ἐξουσίαν οἱ τῇ σκηνῇ λατρεύοντες. 11 Ὧν γὰρ εἰσφέρεται ζῴων τὸ αἷμα περὶ ἁμαρτίας εἰς τὰ Ἅγια διὰ τοῦ ἀρχιερέως, τούτων τὰ σώματα κατακαίεται ἔξω τῆς παρεμβολῆς. 12 Διὸ καὶ Ἰησοῦς, ἵνα ἁγιάσῃ διὰ τοῦ ἰδίου αἵματος τὸν λαόν, ἔξω τῆς πύλης ἔπαθε. 13 Τοίνυν ἐξερχώμεθα πρὸς αὐτὸν ἔξω τῆς παρεμβολῆς, τὸν ὀνειδισμὸν αὐτοῦ φέροντες. 14 Οὐ γὰρ ἔχομεν ὧδε μένουσαν πόλιν, ἀλλὰ τὴν μέλλουσαν ἐπιζητοῦμεν. 15 Δι᾽ αὐτοῦ ᵒοὖν ἀναφέρωμεν θυσίαν αἰνέσεως διὰ παντὸς τῷ Θεῷ, τοῦτ᾽ ἔστι, καρπὸν χειλέων ὁμολογούντων τῷ ὀνόματι αὐτοῦ. 16 Τῆς δὲ εὐποιίας καὶ κοινωνίας μὴ ἐπιλανθάνεσθε, τοιαύταις γὰρ θυσίαις εὐαρεστεῖται ὁ Θεός.

17 Πείθεσθε τοῖς ἡγουμένοις ὑμῶν καὶ ὑπείκετε, αὐτοὶ γὰρ ἀγρυπνοῦσιν ὑπὲρ τῶν ψυχῶν ὑμῶν ὡς λόγον ἀποδώσοντες, ἵνα μετὰ χαρᾶς τοῦτο ποιῶσι καὶ μὴ στενάζοντες, ἀλυσιτελὲς γὰρ ὑμῖν τοῦτο.

The Writer Requests Prayer

18 Προσεύχεσθε περὶ ἡμῶν. ʳΠεποίθαμεν γὰρ ὅτι καλὴν συνείδησιν ἔχομεν, ἐν πᾶσι καλῶς θέλοντες ἀναστρέφεσθαι. 19 Περισσοτέρως δὲ παρακαλῶ τοῦτο ποιῆσαι, ἵνα τάχιον ἀποκατασταθῶ ὑμῖν.

---

¹9 παραφερεσθε 𝔐 G (h.B), Cr vs περιφερεσθε, TR

---

8 ·εχθες G (h.B) vs 𝔐   9 ʳπεριπατουντες 𝔭⁴⁶א*A vs 𝔐C
15 ᵒ𝔭⁴⁶א* vs 𝔐AC, [Cr]
18 ʳπειθομεθα 𝔭⁴⁶AC* vs 𝔐; (οτι καλην θα א*)

Benediction, Final Exhortation, and Farewell

20 Ὁ δὲ Θεὸς τῆς εἰρήνης, ὁ ἀναγαγὼν ἐκ νεκρῶν τὸν Ποιμένα τῶν προβάτων τὸν μέγαν ἐν αἵματι διαθήκης αἰωνίου, τὸν Κύριον ἡμῶν Ἰησοῦν,[1] 21 καταρτίσαι ὑμᾶς ἐν ⸆παντὶ ἔργῳ⸇ ἀγαθῷ εἰς, τὸ ποιῆσαι τὸ θέλημα αὐτοῦ, ποιῶν ἐν ὑμῖν[2] τὸ εὐάρεστον ἐνώπιον αὐτοῦ, διὰ Ἰησοῦ Χριστοῦ, ᾧ ἡ δόξα εἰς τοὺς αἰῶνας τῶν αἰώνων·[3] Ἀμήν.

22 Παρακαλῶ δὲ ὑμᾶς, ἀδελφοί, ἀνέχεσθε τοῦ λόγου τῆς παρακλήσεως, καὶ γὰρ διὰ βραχέων ἐπέστειλα ὑμῖν. 23 Γινώσκετε τὸν ἀδελφὸν ⸆ Τιμόθεον ἀπολελυμένον, μεθ᾽ οὗ, ἐὰν τάχιον ἔρχηται, ὄψομαι ὑμᾶς.

24 Ἀσπάσασθε πάντας τοὺς ἡγουμένους ὑμῶν καὶ πάντας τοὺς ἁγίους. Ἀσπάζονται ὑμᾶς οἱ ἀπὸ τῆς Ἰταλίας.

25 Ἡ χάρις μετὰ πάντων ὑμῶν. ° Ἀμήν.

---

[1]20 Ιησουν **MG** (h.B), TR Cr vs + Χριστον M^c

[2]21 υμιν M^pt C, TR vs ημιν M^pt 𝔭^46 ℵA, Cr

[3]21 των αιωνων M ℵA, TR [Cr] vs − M^c 𝔭^46 vs των αιωνας C*

---

21 ⸆παντι ℵ vs 𝔐 C; (παντι εργω και λογω A; παντι τω 𝔭^46)

23 ⸆ημων **G** (h.B) vs 𝔐   25 °𝔭^46 ℵ* vs 𝔐 AC

ΙΑΚΩΒΟΥ

James Greets the Twelve Tribes

Ι **ΑΚΩΒΟΣ**, Θεοῦ καὶ Κυρίου Ἰησοῦ Χριστοῦ δοῦλος, Ταῖς δώδεκα φυλαῖς ταῖς ἐν τῇ Διασπορᾷ· Χαίρειν.

Profiting from Trials

2 Πᾶσαν χαρὰν ἡγήσασθε, ἀδελφοί μου, ὅταν πειρασμοῖς περιπέσητε ποικίλοις, 3 γινώσκοντες ὅτι τὸ δοκίμιον ὑμῶν τῆς πίστεως κατεργάζεται ὑπομονήν. 4 Ἡ δὲ ὑπομονὴ ἔργον τέλειον ἐχέτω, ἵνα ἦτε τέλειοι καὶ ὁλόκληροι, ἐν μηδενὶ λειπόμενοι.

5 Εἰ δέ τις ὑμῶν λείπεται σοφίας, αἰτείτω παρὰ τοῦ διδόντος Θεοῦ πᾶσιν ἁπλῶς καὶ οὐκ[1] ὀνειδίζοντος, καὶ δοθήσεται αὐτῷ. 6 Αἰτείτω δὲ ἐν πίστει, μηδὲν διακρινόμενος, ὁ γὰρ διακρινόμενος ἔοικε κλύδωνι θαλάσσης ἀνεμιζομένῳ καὶ ῥιπιζομένῳ. 7 Μὴ γὰρ οἰέσθω ὁ ἄνθρωπος ἐκεῖνος ὅτι λήψεταί τι παρὰ τοῦ Κυρίου. 8 Ἀνὴρ δίψυχος ἀκατάστατος ἐν πάσαις ταῖς ὁδοῖς αὐτοῦ.

The Perspective of Rich and Poor

9 Καυχάσθω δὲ ὁ ἀδελφὸς ὁ ταπεινὸς ἐν τῷ ὕψει αὐτοῦ, 10 ὁ δὲ πλούσιος ἐν τῇ ταπεινώσει αὐτοῦ, ὅτι ὡς ἄνθος χόρτου παρελεύσεται. 11 Ἀνέτειλε γὰρ ὁ ἥλιος σὺν τῷ

In James 𝕲 = אBAC

[1]5 ουκ **M** vs μη 𝕲, TR **Cr**

καύσωνι καὶ ἐξήρανε τὸν χόρτον, καὶ τὸ ἄνθος αὐτοῦ ἐξέπεσε, καὶ ἡ εὐπρέπεια τοῦ προσώπου αὐτοῦ ἀπώλετο. Οὕτω καὶ ὁ πλούσιος ἐν ταῖς πορείαις αὐτοῦ μαρανθήσεται.

Loving God under Trials

12 Μακάριος ἀνὴρ ὃς ὑπομένει πειρασμόν, ὅτι δόκιμος γενόμενος λήψεται τὸν στέφανον τῆς ζωῆς ὃν ἐπηγγείλατο ᵒὁ Κύριοςˋ τοῖς ἀγαπῶσιν αὐτόν. **13** Μηδεὶς πειραζόμενος λεγέτω ὅτι "᾿Απὸ Θεοῦ¹ πειράζομαι," ὁ γὰρ Θεὸς ἀπείραστός ἐστι κακῶν, πειράζει δὲ αὐτὸς οὐδένα. **14** ῞Εκαστος δὲ πειράζεται, ὑπὸ τῆς ἰδίας ἐπιθυμίας ἐξελκόμενος καὶ δελεαζόμενος. **15** Εἶτα ἡ ἐπιθυμία συλλαβοῦσα τίκτει ἁμαρτίαν, ἡ δὲ ἁμαρτία ἀποτελεσθεῖσα ἀποκύει θάνατον. **16** Μὴ πλανᾶσθε, ἀδελφοί μου ἀγαπητοί. **17** Πᾶσα δόσις ἀγαθὴ καὶ πᾶν δώρημα τέλειον ἄνωθέν ἐστι, καταβαῖνον ἀπὸ τοῦ Πατρὸς τῶν φώτων, παρ᾿ ᾧ οὐκ ἔνι παραλλαγὴ ἢ τροπῆς ἀποσκίασμα. **18** Βουληθεὶς ἀπεκύησεν ἡμᾶς λόγῳ ἀληθείας, εἰς τὸ εἶναι ἡμᾶς ἀπαρχήν τινα τῶν αὐτοῦ κτισμάτων.

The Qualities Needed in Trials

19 ᴿ¹῞Ωστε, ἀδελφοί μου ἀγαπητοί, ᴿ²ἔστω πᾶς ἄνθρωπος ταχὺς εἰς τὸ ἀκοῦσαι, βραδὺς εἰς τὸ λαλῆσαι, βραδὺς εἰς ὀργήν· **20** ὀργὴ γὰρ ἀνδρὸς δικαιοσύνην Θεοῦ ᶠοὐ κατεργάζεται.ˋ

Practice Your Religion

21 Διὸ ἀποθέμενοι πᾶσαν ῥυπαρίαν καὶ περισσείαν κακίας, ἐν πραΰτητι δέξασθε τὸν ἔμφυτον λόγον τὸν

---

¹13 Θεου 𝔐 G, Cr vs του Θεου TR

12 ᵒG vs 𝔐; (Κυριος C)   19 ᴿ¹ιστε G (ιστω ℵ*) vs 𝔐
19 ᴿ²εστω δε G vs 𝔐; (και εστως Aᵛⁱᵈ)
20 ᶠουκ εργαζεται G vs 𝔐 C*

δυνάμενον σῶσαι τὰς ψυχὰς ὑμῶν. 22 Γίνεσθε δὲ ποιηταὶ λόγου καὶ μὴ μόνον ἀκροαταί, παραλογιζόμενοι ἑαυτούς. 23 ῞Οτι εἴ τις ἀκροατὴς λόγου ἐστὶ καὶ οὐ ποιητής, οὗτος ἔοικεν ἀνδρὶ κατανοοῦντι τὸ πρόσωπον τῆς γενέσεως αὐτοῦ ἐν ἐσόπτρῳ· 24 κατενόησε γὰρ ἑαυτὸν καὶ ἀπελήλυθε καὶ εὐθέως ἐπελάθετο ὁποῖος ἦν. 25 ῾Ο δὲ παρακύψας εἰς νόμον τέλειον τὸν τῆς ἐλευθερίας καὶ παραμείνας, °οὗτος οὐκ ἀκροατὴς ἐπιλησμονῆς γενόμενος ἀλλὰ ποιητὴς ἔργου, οὗτος μακάριος ἐν τῇ ποιήσει αὐτοῦ ἔσται.

26 Εἴ τις δοκεῖ θρησκὸς εἶναι ▢ἐν ὑμῖν,`μὴ χαλιναγωγῶν γλῶσσαν αὐτοῦ ἀλλὰ ἀπατῶν καρδίαν αὐτοῦ, τούτου μάταιος ἡ θρησκεία. 27 Θρησκεία καθαρὰ καὶ ἀμίαντος παρὰ[1] Θεῷ καὶ Πατρὶ αὕτη ἐστίν· ἐπισκέπτεσθαι ὀρφανοὺς καὶ χήρας ἐν τῇ θλίψει αὐτῶν, ἄσπιλον ἑαυτὸν τηρεῖν ἀπὸ τοῦ κόσμου.

Beware of Personal Favoritism

2 ᾽Αδελφοί μου, μὴ ἐν προσωποληψίαις ἔχετε τὴν πίστιν τοῦ Κυρίου ἡμῶν ᾽Ιησοῦ Χριστοῦ τῆς δόξης. 2 ᾽Εὰν γὰρ εἰσέλθῃ εἰς °τὴν συναγωγὴν ὑμῶν ἀνὴρ χρυσοδακτύλιος ἐν ἐσθῆτι λαμπρᾷ, εἰσέλθῃ δὲ καὶ πτωχὸς ἐν ῥυπαρᾷ ἐσθῆτι, 3 ῾καὶ ἐπιβλέψητε᾽ ἐπὶ τὸν φοροῦντα τὴν ἐσθῆτα τὴν λαμπρὰν καὶ εἴπητε °[1]αὐτῷ, "Σὺ κάθου ὧδε καλῶς," καὶ τῷ πτωχῷ εἴπητε, "Σὺ στῆθι ἐκεῖ" ἢ "Κάθου °[2]ὧδε ὑπὸ τὸ ὑποπόδιόν μου," 4 °καὶ οὐ διεκρίθητε ἐν ἑαυτοῖς καὶ ἐγένεσθε κριταὶ διαλογισμῶν πονηρῶν;

5 ᾽Ακούσατε, ἀδελφοί μου ἀγαπητοί. Οὐχ ὁ Θεὸς ἐξελέξατο τοὺς πτωχοὺς τοῦ κόσμου[2] πλουσίους ἐν

---

[1]27 παρα 𝔐 ℵ* vs + τω 𝔊, TR Cr
[2]5 του κοσμου 𝔐 vs τω κοσμω 𝔊, Cr vs του κοσμου τουτου TR

---

25 °𝔊 vs 𝔐   26 ▢𝔊 vs 𝔐   2 °𝔊 vs 𝔐 A
3 ῾επιβλεψητε δε BC vs 𝔐 ℵA   3 °[1]𝔊 vs 𝔐   3 °[2]𝔊 vs 𝔐 ℵ
4 °𝔊 vs 𝔐

πίστει καὶ κληρονόμους τῆς βασιλείας ἧς ἐπηγγείλατο τοῖς ἀγαπῶσιν αὐτόν? 6 Ὑμεῖς δὲ ἠτιμάσατε τὸν πτωχόν. Οὐχ οἱ πλούσιοι καταδυναστεύουσιν ὑμῶν, καὶ αὐτοὶ ἕλκουσιν ὑμᾶς εἰς κριτήρια? 7 Οὐκ αὐτοὶ βλασφημοῦσι τὸ καλὸν ὄνομα τὸ ἐπικληθὲν ἐφ᾽ ὑμᾶς? 8 Εἰ μέντοι νόμον τελεῖτε βασιλικὸν κατὰ τὴν Γραφήν, «Ἀγαπήσεις τὸν πλησίον σου ὡς σεαυτόν,» καλῶς ποιεῖτε. 9 Εἰ δὲ προσωποληπτεῖτε, ἁμαρτίαν ἐργάζεσθε, ἐλεγχόμενοι ὑπὸ τοῦ νόμου ὡς παραβάται. 10 Ὅστις γὰρ ὅλον τὸν νόμον ⌐1τηρήσει, ⌐2πταίσει δὲ ἐν ἑνί, γέγονε πάντων ἔνοχος. 11 Ὁ γὰρ εἰπών, «Μὴ μοιχεύσεις,[1]» εἶπε καί, «Μὴ φονεύσεις.[1]» Εἰ δὲ οὐ ⌐μοιχεύσεις, φονεύσεις⌐ δέ, γέγονας παραβάτης νόμου. 12 Οὕτω λαλεῖτε καὶ οὕτω ποιεῖτε ὡς διὰ νόμου ἐλευθερίας μέλλοντες κρίνεσθαι. 13 Ἡ γὰρ κρίσις ἀνέλεος[2] τῷ μὴ ποιήσαντι ἔλεος. Κατακαυχᾶται[3] ἔλεον[4] κρίσεως.

Faith Without Works Is Dead

14 Τί τὸ ὄφελος, ἀδελφοί μου, ἐὰν πίστιν λέγῃ τις ἔχειν, ἔργα δὲ μὴ ἔχῃ? Μὴ δύναται ἡ πίστις σῶσαι αὐτόν? 15 Ἐὰν °1δὲ ἀδελφὸς ἢ ἀδελφὴ γυμνοὶ ὑπάρχωσι καὶ λειπόμενοι °2ὦσι τῆς ἐφημέρου τροφῆς, 16 εἴπῃ δέ τις αὐτοῖς ἐξ ὑμῶν, "Ὑπάγετε ἐν εἰρήνῃ, θερμαίνεσθε καὶ χορτάζεσθε," μὴ δῶτε δὲ αὐτοῖς τὰ ἐπιτήδεια τοῦ

---

[1]11 μοιχευσεις ... φονευσεις M^(pt vid) vs μοιχευσης ... φονευσης M^(pt vid)BA, TR Cr vs μοιχευσις ... φονευσης ℵ vs φονευσης ... μοιχευσης C

[2]13 ανελεος M (ℵ) B (A) C, Cr vs ανιλεως TR

[3]13 κατακαυχαται 𝔐ℵ*BC*vid, Cr vs κατακαυχασθω δε A vs και κατακαυχαται TR

[4]13 ελεον 𝔐C vs ελεος 𝕲, TR Cr

---

10 ⌐1τηρηση 𝕲 vs 𝔐; (πληρωσει A) 10 ⌐2πταιση 𝕲 vs 𝔐
11 ⌐μοιχευεις φονευεις 𝕲 vs 𝔐 15 °1ℵB vs MAC
15 °2𝕲 vs 𝔐A

---

8 Lev. 19:18   11a Ex. 20:14; Deut. 5:18   11b Ex. 20:13; Deut. 5:17

σώματος, τί τὸ ὄφελος; 17 Οὕτω καὶ ἡ πίστις, ἐὰν μὴ ˢἔργα ἔχῃ,ᶻ νεκρά ἐστι καθ᾽ ἑαυτήν.

18 Ἀλλ᾽ ἐρεῖ τις, "Σὺ πίστιν ἔχεις, κἀγὼ ἔργα ἔχω. Δεῖξόν μοι τὴν πίστιν σου ʳἐκ τῶν ἔργων ᵒ¹σου, κἀγὼ ˢδείξω σοιᶻ ἐκ τῶν ἔργων μου τὴν πίστιν ᵒ²μου. 19 Σὺ πιστεύεις ὅτι ʳὁ Θεὸς εἷς ἐστί.ˋ Καλῶς ποιεῖς. Καὶ τὰ δαιμόνια πιστεύουσι – καὶ φρίσσουσι!"

20 Θέλεις δὲ γνῶναι, ὦ ἄνθρωπε κενέ, ὅτι ἡ πίστις χωρὶς τῶν ἔργων ʳνεκρά ἐστιν; 21 Ἀβραὰμ ὁ πατὴρ ἡμῶν οὐκ ἐξ ἔργων ἐδικαιώθη ἀνενέγκας Ἰσαὰκ τὸν υἱὸν αὐτοῦ ἐπὶ τὸ θυσιαστήριον; 22 Βλέπεις ὅτι ἡ πίστις συνήργει τοῖς ἔργοις αὐτοῦ, καὶ ἐκ τῶν ἔργων ἡ πίστις ἐτελειώθη; 23 Καὶ ἐπληρώθη ἡ Γραφὴ ἡ λέγουσα, «Ἐπίστευσε δὲ Ἀβραὰμ τῷ Θεῷ, καὶ ἐλογίσθη αὐτῷ εἰς δικαιοσύνην.» Καὶ φίλος Θεοῦ ἐκλήθη. 24 Ὁρᾶτε ᵒτοίνυν ὅτι ἐξ ἔργων δικαιοῦται ἄνθρωπος καὶ οὐκ ἐκ πίστεως μόνον. 25 Ὁμοίως δὲ καὶ Ῥαὰβ ἡ πόρνη οὐκ ἐξ ἔργων ἐδικαιώθη ὑποδεξαμένη τοὺς ἀγγέλους καὶ ἑτέρᾳ ὁδῷ ἐκβαλοῦσα; 26 Ὥσπερ γὰρ τὸ σῶμα χωρὶς πνεύματος νεκρόν ἐστιν, οὕτω καὶ ἡ πίστις χωρὶς ᵒτῶν ἔργων νεκρά ἐστι.

The Untamable Tongue

3 Μὴ πολλοὶ διδάσκαλοι γίνεσθε, ἀδελφοί μου, εἰδότες ὅτι μεῖζον κρίμα ληψόμεθα. 2 Πολλὰ γὰρ πταίομεν ἅπαντες. Εἴ τις ἐν λόγῳ οὐ πταίει, οὗτος τέλειος ἀνήρ, δυνατὸς χαλιναγωγῆσαι καὶ ὅλον τὸ σῶμα. 3 Ἴδε,¹ τῶν ἵππων τοὺς χαλινοὺς εἰς τὰ στόματα βάλλομεν ʳπρὸς τὸ πείθεσθαι αὐτοὺς ἡμῖν, καὶ ὅλον τὸ σῶμα αὐτῶν μετάγομεν. 4 Ἰδού, καὶ τὰ πλοῖα, τηλικαῦτα ὄντα καὶ ὑπὸ ˢσκληρῶν ἀνέμωνᶻ ἐλαυνόμενα, μετάγεται ὑπὸ ἐλαχίστου

---

¹3 ιδε **MC** vs ει δε **BA Cr** vs ιδου **TR** vs ειδε γαρ **ℵ***

17 ˢ**G** vs **M**   18 ʳχωρις **G** vs **𝔐**
18 ᵒ¹**G** vs **𝔐**C   18 ˢℵB vs **𝔐**AC   18 ᵒ²**G** vs **𝔐**A
19 ʳ3412 ℵA vs **M**; (324 B; 3124 C)   20 ʳαργη BC* vs **𝔐**ℵA
24 ᵒ**G** vs **𝔐**   26 ᵒℵB vs **𝔐**AC   3 ʳεις **G** vs **𝔐**A
4 ˢ**G** vs **M**A

---

23 Gen. 15:6

πηδαλίου ὅπου °ἂν ἡ ὁρμὴ τοῦ εὐθύνοντος ʳβούληται. 5 Οὕτω καὶ ἡ γλῶσσα μικρὸν μέλος ἐστὶ καὶ ʳˡμεγαλαυχεῖ. Ἰδού, ʳ²ὀλίγον πῦρ ἡλίκην ὕλην ἀνάπτει! 6 Καὶ ἡ γλῶσσα πῦρ, ὁ κόσμος τῆς ἀδικίας. °Οὕτως ἡ γλῶσσα καθίσταται ἐν τοῖς μέλεσιν ἡμῶν, ἡ σπιλοῦσα ὅλον τὸ σῶμα καὶ φλογίζουσα τὸν τροχὸν τῆς γενέσεως, καὶ φλογιζομένη ὑπὸ τῆς Γεέννης. 7 Πᾶσα γὰρ φύσις θηρίων τε καὶ πετεινῶν, ἑρπετῶν τε καὶ ἐναλίων, δαμάζεται καὶ δεδάμασται τῇ φύσει τῇ ἀνθρωπίνῃ. 8 Τὴν δὲ γλῶσσαν οὐδεὶς ˢδύναται ἀνθρώπων δαμάσαι.ˡ ʳἈκατάσχετον κακόν, μεστὴ ἰοῦ θανατηφόρου. 9 Ἐν αὐτῇ εὐλογοῦμεν τὸν ʳΘεὸν καὶ Πατέρα, καὶ ἐν αὐτῇ καταρώμεθα τοὺς ἀνθρώπους τοὺς καθ' ὁμοίωσιν Θεοῦ γεγονότας. 10 Ἐκ τοῦ αὐτοῦ στόματος ἐξέρχεται εὐλογία καὶ κατάρα. Οὐ χρή, ἀδελφοί μου, ταῦτα οὕτω γίνεσθαι. 11 Μήτι ἡ πηγὴ ἐκ τῆς αὐτῆς ὀπῆς βρύει τὸ γλυκὺ καὶ τὸ πικρόν? 12 Μὴ δύναται, ἀδελφοί μου, συκῆ ἐλαίας ποιῆσαι ἢ ἄμπελος σῦκα? Οὕτως οὐδεμία πηγὴ ἁλυκὸν καὶˀ γλυκὺ ποιῆσαι ὕδωρ.

Heavenly Versus Demonic Wisdom

13 Τίς σοφὸς καὶ ἐπιστήμων ἐν ὑμῖν? Δειξάτω ἐκ τῆς καλῆς ἀναστροφῆς τὰ ἔργα αὐτοῦ ἐν πραΰτητι σοφίας. 14 Εἰ δὲ ζῆλον πικρὸν ἔχετε καὶ ἐριθείαν ἐν τῇ καρδίᾳ ὑμῶν, μὴ κατακαυχᾶσθε καὶ ψεύδεσθε κατὰ τῆς ἀληθείας. 15 Οὐκ ἔστιν αὕτη ἡ σοφία ἄνωθεν κατερχομένη, ἀλλ' ἐπίγειος, ψυχική, δαιμονιώδης. 16 Ὅπου γὰρ ζῆλος καὶ ἐριθεία, ἐκεῖ ἀκαταστασία καὶ πᾶν φαῦλον πρᾶγμα. 17 Ἡ δὲ ἄνωθεν σοφία πρῶτον μὲν ἀγνή ἐστιν, ἔπειτα εἰρηνική, ἐπιεικής, εὐπειθής, μεστὴ ἐλέους καὶ καρπῶν ἀγαθῶν, ἀδιάκριτος

---

4 °אB vs 𝕸AC   4 ʳβουλεται אB vs 𝕸AC
5 ʳˡμεγαλα αυχει 𝕲 vs 𝕸א   5 ʳ²ηλικον אB (ηληκον Aᵛⁱᵈ) vs 𝕸C*
6 °𝕲 vs 𝕸   8 ˢ312 BC vs 𝕸; (132 אA)
8 ʳακαταστατον 𝕲 vs 𝕸C   9 ʳΚυριον 𝕲 vs 𝕸
12 ʳουτε αλυκον 𝕲 vs 𝕸; (ουτως ουδε αλυκον א)

°καὶ ἀνυπόκριτος. 18 Καρπὸς δὲ °τῆς δικαιοσύνης ἐν εἰρήνῃ σπείρεται τοῖς ποιοῦσιν εἰρήνην.

Worldly Pride Produces Conflict

4 Πόθεν πόλεμοι καὶ ⌜μάχαι ἐν ὑμῖν⌝? Οὐκ ἐντεῦθεν, ἐκ τῶν ἡδονῶν ὑμῶν τῶν στρατευομένων ἐν τοῖς μέλεσιν ὑμῶν? 2 Ἐπιθυμεῖτε καὶ οὐκ ἔχετε· φονεύετε καὶ ζηλοῦτε καὶ οὐ δύνασθε ἐπιτυχεῖν. Μάχεσθε καὶ πολεμεῖτε. Οὐκ ἔχετε¹ διὰ τὸ μὴ αἰτεῖσθαι ὑμᾶς. 3 Αἰτεῖτε καὶ οὐ λαμβάνετε διότι κακῶς αἰτεῖσθε, ἵνα ἐν ταῖς ἡδοναῖς ὑμῶν δαπανήσητε. 4 ⸆Μοιχοὶ καὶ⸅ μοιχαλίδες! Οὐκ οἴδατε ὅτι ἡ φιλία τοῦ κόσμου ἔχθρα τοῦ Θεοῦ ἐστιν? Ὃς ⌜ἂν οὖν βουληθῇ φίλος εἶναι τοῦ κόσμου, ἐχθρὸς τοῦ Θεοῦ καθίσταται. 5 Ἢ δοκεῖτε ὅτι κενῶς ἡ Γραφὴ λέγει, Πρὸς φθόνον ἐπιποθεῖ τὸ Πνεῦμα ὃ ⌜κατῴκησεν ἐν ἡμῖν? Μείζονα δὲ δίδωσι χάριν. Διὸ λέγει,

6 « Ὁ Θεὸς ὑπερηφάνοις ἀντιτάσσεται, Ταπεινοῖς δὲ δίδωσι χάριν.»

Humility Cures Worldliness

7 Ὑποτάγητε οὖν τῷ Θεῷ, ἀντίστητε δὲ² τῷ διαβόλῳ καὶ φεύξεται ἀφ᾽ ὑμῶν. 8 Ἐγγίσατε τῷ Θεῷ καὶ ἐγγιεῖ ὑμῖν. Καθαρίσατε χεῖρας, ἁμαρτωλοί, καὶ ἁγνίσατε καρδίας, δίψυχοι. 9 Ταλαιπωρήσατε καὶ πενθήσατε καὶ κλαύσατε! Ὁ γέλως ὑμῶν εἰς πένθος ⌜μεταστραφήτω καὶ ἡ χαρὰ εἰς κατήφειαν. 10 Ταπεινώθητε ἐνώπιον °τοῦ Κυρίου καὶ ὑψώσει ὑμᾶς.

---

¹2 ουκ εχετε **MBA**, Cr vs και ουκ εχετε **ℵ** vs ουκ εχετε δε **TR**
²7 δε **MG** (h.C), Cr vs − M⌐, TR

---

17 °G vs 𝔐   18 °G vs M
1 ⌜και ποθεν μαχαι εν υμιν G (εν υμιν και ποθεν μαχαι A) vs 𝔐
4 ⸆ G (h.C) vs 𝔐   4 ⌜εαν ℵ*B vs 𝔐A
5 ⌜κατωκισεν ℵB vs 𝔐; (κατωκεισεν A)
9 ⌜μετατραπητω B vs 𝔐ℵA   10 °G (h.C) vs M

---

6 Prov. 3:34 LXX

Humility Does Not Judge a Brother

11 Μὴ καταλαλεῖτε ἀλλήλων, ἀδελφοί. Ὁ καταλαλῶν ἀδελφοῦ ⌐καὶ κρίνων τὸν ἀδελφὸν αὐτοῦ καταλαλεῖ νόμου καὶ κρίνει νόμον. Εἰ δὲ νόμον κρίνεις, οὐκ εἶ ποιητὴς νόμου ἀλλὰ κριτής. **12** Εἷς ἐστιν °ὁ Νομοθέτης¹ ὁ δυνάμενος σῶσαι καὶ ἀπολέσαι. Σὺ δὲ² τίς εἶ ⌐ὃς κρίνεις⌐ τὸν ⌐ἕτερον?

Humility Does Not Boast about Tomorrow

13 Ἄγε νῦν, οἱ λέγοντες, "Σήμερον καὶ³ αὔριον πορευσώμεθα⁴ εἰς τήνδε τὴν πόλιν καὶ ⌐¹ποιήσωμεν ἐκεῖ ἐνιαυτὸν °ἕνα καὶ ⌐²ἐμπορευσώμεθα καὶ ⌐³κερδήσωμεν," — **14** οἵτινες οὐκ ἐπίστασθε τὸ τῆς αὔριον. Ποία °γὰρ ἡ ζωὴ ὑμῶν? Ἀτμὶς γὰρ ἔσται⁵ ἡ πρὸς ὀλίγον φαινομένη, ἔπειτα δὲ καὶ⁶ ἀφανιζομένη. **15** Ἀντὶ τοῦ λέγειν ὑμᾶς· "Ἐὰν ὁ Κύριος θελήσῃ, καὶ ⌐¹ζήσωμεν καὶ ⌐²ποιήσωμεν τοῦτο ἢ ἐκεῖνο." **16** Νῦν δὲ καυχᾶσθε ἐν ταῖς ἀλαζονείαις ὑμῶν. Πᾶσα καύχησις τοιαύτη πονηρά ἐστιν. **17** Εἰδότι οὖν καλὸν ποιεῖν καὶ μὴ ποιοῦντι, ἁμαρτία αὐτῷ ἐστιν.

Rich Oppressors Will Be Judged

5 Ἄγε νῦν, οἱ πλούσιοι, κλαύσατε ὀλολύζοντες ἐπὶ ταῖς ταλαιπωρίαις ὑμῶν ταῖς ἐπερχομέναις! **2** Ὁ πλοῦτος ὑμῶν σέσηπε καὶ τὰ ἱμάτια ὑμῶν σητόβρωτα γέγονεν. **3** Ὁ

---

¹12 νομοθετης **M**, **TR** vs +και κριτης **M¹G** (h.C), **Cr**
²12 δε 𝕸G (h.C), **Cr** vs — **TR**
³13 και 𝕸A vs η **אB**, **TR Cr**
⁴13 πορευσωμεθα **MᵖᵗA**, **TR** vs πορευσομεθα **MᵖᵗאB**, **Cr**
⁵14 ατμις γαρ εσται **Mᵖᵗ** vs ατμις γαρ εστιν **Mᵖᵗ**, **TR** vs ατμις γαρ εστε **B**, **Cr** vs ατμις εσται **A** vs — **א**
⁶14 δε και **Mᵖᵗ** vs και **Mᵖᵗ** G (h.C), **Cr** vs δε **TR**

---

11 ⌐η G (h.C) vs **M**   12 °B vs **MאA**, [**Cr**]
12 ⌐ο κρινων G (h.C) vs 𝕸   12 ⌐πλησιον G (h.C) vs𝕸
13 ⌐¹ποιησομεν B vs 𝕸אA   13 °אB vs 𝕸A
13 ⌐²εμπορευσομεθα G (h.C) vs **M**   13 ⌐³κερδησομεν G (h.C) vs **M**
14 °א*B vs 𝕸A   15 ⌐¹ζησομεν G (h.C) vs 𝕸
15 ⌐²ποιησομεν G (h.C) vs 𝕸

χρυσὸς ὑμῶν καὶ ὁ ἄργυρος κατίωται, καὶ ὁ ἰὸς αὐτῶν εἰς μαρτύριον ὑμῖν ἔσται καὶ φάγεται τὰς σάρκας ὑμῶν ὡς πῦρ. Ἐθησαυρίσατε ἐν ἐσχάταις ἡμέραις. 4 Ἰδού, ὁ μισθὸς τῶν ἐργατῶν τῶν ἀμησάντων τὰς χώρας ὑμῶν, ὁ ἀπεστερημένος ἀφ᾽ ὑμῶν, κράζει, καὶ αἱ βοαὶ τῶν θερισάντων εἰς τὰ ὦτα Κυρίου Σαβαὼθ εἰσεληλύθασιν. 5 Ἐτρυφήσατε ἐπὶ τῆς γῆς καὶ ἐσπαταλήσατε, ἐθρέψατε τὰς καρδίας ὑμῶν °ὡς ἐν ἡμέρᾳ σφαγῆς. 6 Κατεδικάσατε, ἐφονεύσατε τὸν δίκαιον. Οὐκ ἀντιτάσσεται ὑμῖν.

Be Patient and Persevering

7 Μακροθυμήσατε οὖν, ἀδελφοί, ἕως τῆς παρουσίας τοῦ Κυρίου. Ἰδού, ὁ γεωργὸς ἐκδέχεται τὸν τίμιον καρπὸν τῆς γῆς, μακροθυμῶν ἐπ᾽ αὐτὸν¹ ἕως² ⸀λάβη ὑετὸν⸃ ·πρώϊμον καὶ ὄψιμον. 8 Μακροθυμήσατε καὶ ὑμεῖς. Στηρίξατε τὰς καρδίας ὑμῶν, ὅτι ἡ παρουσία τοῦ Κυρίου ἤγγικε. 9 Μὴ στενάζετε ⸀κατ᾽ ἀλλήλων, ἀδελφοί,⸃ ἵνα μὴ κριθῆτε.³ Ἰδού, ὁ Κριτὴς πρὸ τῶν θυρῶν ἔστηκεν. 10 Ὑπόδειγμα λάβετε, ἀδελφοί μου, τῆς κακοπαθείας⁴ καὶ τῆς μακροθυμίας τοὺς προφήτας οἳ ἐλάλησαν ᵀ τῷ ὀνόματι Κυρίου. 11 Ἰδού, μακαρίζομεν τοὺς ⸀ὑπομένοντας. Τὴν ὑπομονὴν Ἰὼβ ἠκούσατε, καὶ τὸ τέλος Κυρίου εἴδετε,⁵ ὅτι πολύσπλαγχνός ἐστι⁶ καὶ οἰκτίρμων.

---

¹7 αυτον **M** vs αυτω **G** (h.C), **TR Cr**
²7 εως **MBA, Cr** vs +αν **ℵ, TR**
³9 κριθητε **𝔐G** (h.C), **Cr** vs κατακριθητε **TR**
⁴10 αδελφοι μου της κακοπαθειας **M** vs αδελφοι της κακο-παθειας **BA Cr** vs αδελφοι μου της καλοκαγαθιας **ℵ** vs της κακοπαθειας αδελφοι μου **TR**
⁵11 ειδετε **MᵖᵗℵB*, TR Cr** vs ιδετε **MᵖᵗA**
⁶11 εστι **𝔐** vs +ο Κυριος **ℵA, TR Cr** vs +Κυριος **B**

---

5 °**G** (h.C) vs **𝔐**   7 ⸀λαβη **B** vs **𝔐**A; (λαβη καρπον τον **ℵ***)
7 ·προιμον **G** (h.C) vs **𝔐**
9 ⸀αδελφοι κατ αλληλων **B** (+μου after αδελφοι A) vs **M** (κατα for κατ **ℵ**)   10 ᵀεν **ℵB** vs **MA**   11 ⸀υπομειναντας **G** (h.C) vs **𝔐**

Meeting Specific Needs

12 Πρὸ πάντων δέ, ἀδελφοί μου, μὴ ὀμνύετε, μήτε τὸν οὐρανὸν μήτε τὴν γῆν μήτε ἄλλον τινὰ ὅρκον. Ἤτω δὲ ὑμῶν τὸ Ναὶ ναὶ καὶ τὸ Οὒ οὔ, ἵνα μὴ εἰς ὑπόκρισιν[1] πέσητε. **13** Κακοπαθεῖ τις ἐν ὑμῖν? Προσευχέσθω. Εὐθυμεῖ τις? Ψαλλέτω. **14** Ἀσθενεῖ τις ἐν ὑμῖν? Προσκαλεσάσθω τοὺς πρεσβυτέρους τῆς ἐκκλησίας, καὶ προσευξάσθωσαν ἐπ᾽ αὐτόν, ἀλείψαντες °αὐτὸν ἐλαίῳ ἐν τῷ ὀνόματι τοῦ Κυρίου. **15** Καὶ ἡ εὐχὴ τῆς πίστεως σώσει τὸν κάμνοντα, καὶ ἐγερεῖ αὐτὸν ὁ Κύριος. Κἂν ἁμαρτίας ᾖ πεποιηκώς, ἀφεθήσεται αὐτῷ. **16** Ἐξομολογεῖσθε ᵀ ἀλλήλοις ⌜τὰ παραπτώματα⌝ καὶ εὔχεσθε ὑπὲρ ἀλλήλων, ὅπως ἰαθῆτε. Πολὺ ἰσχύει δέησις δικαίου ἐνεργουμένη. **17** Ἡλίας ἄνθρωπος ἦν ὁμοιοπαθὴς ἡμῖν, καὶ προσευχῇ προσηύξατο τοῦ μὴ βρέξαι, καὶ οὐκ ἔβρεξεν ἐπὶ τῆς γῆς ἐνιαυτοὺς τρεῖς καὶ μῆνας ἕξ. **18** Καὶ πάλιν προσηύξατο, καὶ ὁ οὐρανὸς ὑετὸν ἔδωκε καὶ ἡ γῆ ἐβλάστησε τὸν καρπὸν αὐτῆς.

Bring Back the Erring One

19 Ἀδελφοί ᵀ, ἐάν τις ἐν ὑμῖν πλανηθῇ ἀπὸ τῆς ἀληθείας, καὶ ἐπιστρέψῃ τις αὐτόν, **20** γινωσκέτω ὅτι ὁ ἐπιστρέψας ἁμαρτωλὸν ἐκ πλάνης ὁδοῦ αὐτοῦ σώσει ψυχὴν ⌜ἐκ θανάτου⌝ καὶ καλύψει πλῆθος ἁμαρτιῶν.

---

[1]12 εις υποκρισιν 𝔐 vs υπο κρισιν 𝕲 (h.C), TR Cr

14 °B vs 𝔐 ℵA, [Cr]   **16** ᵀουν 𝕲 (h.C) vs 𝔐
16 ⌜τας αμαρτιας 𝕲 (h.C) vs M   **19** ᵀμου 𝕲 (h.C) vs M
20 ⌜αυτου εκ θανατου ℵA (εκ θανατου αυτου B) vs 𝔐

ΠΕΤΡΟΥ Α

Peter Greets the Elect Pilgrims

ΠΕΤΡΟΣ, ἀπόστολος Ἰησοῦ Χριστοῦ,
Ἐκλεκτοῖς παρεπιδήμοις Διασπορᾶς Πόντου,
Γαλατίας, Καππαδοκίας, Ἀσίας, καὶ Βιθυνίας, 2 κατὰ
πρόγνωσιν Θεοῦ Πατρός, ἐν ἁγιασμῷ Πνεύματος, εἰς
ὑπακοὴν καὶ ῥαντισμὸν αἵματος Ἰησοῦ Χριστοῦ·
Χάρις ὑμῖν καὶ εἰρήνη πληθυνθείη.

New Life and Heavenly Inheritance

3 Εὐλογητὸς ὁ Θεὸς καὶ Πατὴρ τοῦ Κυρίου ἡμῶν Ἰησοῦ
Χριστοῦ, ὁ κατὰ τὸ πολὺ αὐτοῦ ἔλεος ἀναγεννήσας ἡμᾶς
εἰς ἐλπίδα ζῶσαν δι᾽ ἀναστάσεως Ἰησοῦ Χριστοῦ ἐκ
νεκρῶν, 4 εἰς κληρονομίαν ἄφθαρτον καὶ ἀμίαντον καὶ
ἀμάραντον, τετηρημένην ἐν οὐρανοῖς εἰς ὑμᾶς[1] 5 τοὺς ἐν
δυνάμει Θεοῦ φρουρουμένους διὰ πίστεως εἰς σωτηρίαν
ἑτοίμην ἀποκαλυφθῆναι ἐν καιρῷ ἐσχάτῳ. 6 Ἐν ᾧ
ἀγαλλιᾶσθε, ὀλίγον ἄρτι, εἰ δέον °ἐστί, λυπηθέντες ἐν
ποικίλοις πειρασμοῖς, 7 ἵνα τὸ δοκίμιον ὑμῶν τῆς πίστεως
ʳπολὺ τιμιώτερονˋ χρυσίου τοῦ ἀπολλυμένου, διὰ πυρὸς δὲ
δοκιμαζομένου, εὑρεθῇ εἰς ἔπαινον καὶ τιμὴν καὶ εἰς δόξαν[2]
ἐν ἀποκαλύψει Ἰησοῦ Χριστοῦ. 8 Ὃν οὐκ ʳεἰδότες

In 1 Peter **G** = 𝔓⁷²𝕏BAC

¹4 υμας 𝕸G, Cr vs ημας 𝔓⁷², TR
²7 τιμην και εις δοξαν M vs δοξαν και τιμην G, Cr vs τιμην και
δοξαν TR

---

6 °𝕏*B vs 𝕸𝔓⁷²AC, [Cr]   7 ʳπολυτιμοτερον G vs 𝕸
8 ʳιδοντες G vs 𝕸A

ἀγαπᾶτε, εἰς ὃν ἄρτι μὴ ὁρῶντες, πιστεύοντες δὲ ἀγαλλιᾶσθε χαρᾷ ἀνεκλαλήτῳ καὶ δεδοξασμένῃ, 9 κομιζόμενοι τὸ τέλος τῆς πίστεως °ὑμῶν, σωτηρίαν ψυχῶν.

10 Περὶ ἧς σωτηρίας ἐξεζήτησαν καὶ ·ἐξηρεύνησαν προφῆται οἱ περὶ τῆς εἰς ὑμᾶς χάριτος προφητεύσαντες, 11 ·ἐρευνῶντες εἰς τίνα ἢ ποῖον καιρὸν ἐδήλου τὸ ἐν αὐτοῖς Πνεῦμα Χριστοῦ προμαρτυρόμενον τὰ εἰς Χριστὸν παθήματα καὶ τὰς μετὰ ταῦτα δόξας· 12 οἷς ἀπεκαλύφθη ὅτι οὐχ ἑαυτοῖς, ὑμῖν¹ δὲ διηκόνουν αὐτά, ἃ νῦν ἀνηγγέλη ὑμῖν διὰ τῶν εὐαγγελισαμένων ὑμᾶς °ἐν Πνεύματι Ἁγίῳ ἀποσταλέντι ἀπ᾽ οὐρανοῦ, εἰς ἃ ἐπιθυμοῦσιν ἄγγελοι παρακύψαι.

Life in Relation to God Our Father

13 Διὸ ἀναζωσάμενοι τὰς ὀσφύας τῆς διανοίας ὑμῶν, νήφοντες, τελείως ἐλπίσατε ἐπὶ τὴν φερομένην ὑμῖν χάριν ἐν ἀποκαλύψει Ἰησοῦ Χριστοῦ. 14 Ὡς τέκνα ὑπακοῆς, μὴ συσχηματιζόμενοι ταῖς πρότερον ἐν τῇ ἀγνοίᾳ ὑμῶν ἐπιθυμίαις, 15 ἀλλὰ κατὰ τὸν καλέσαντα ὑμᾶς ἅγιον καὶ αὐτοὶ ἅγιοι ἐν πάσῃ ἀναστροφῇ γενήθητε, 16 διότι γέγραπται, ᵀ «Ἅγιοι γίνεσθε,² ὅτι ἐγὼ ἅγιός °εἰμι.» 17 Καὶ εἰ Πατέρα ἐπικαλεῖσθε τὸν ἀπροσωπολήπτως κρίνοντα κατὰ τὸ ἑκάστου ἔργον, ἐν φόβῳ τὸν τῆς παροικίας ὑμῶν χρόνον ἀναστράφητε, 18 εἰδότες ὅτι οὐ φθαρτοῖς, ἀργυρίῳ ἢ χρυσίῳ, ἐλυτρώθητε ἐκ τῆς ματαίας ὑμῶν ἀναστροφῆς πατροπαραδότου, 19 ἀλλὰ τιμίῳ αἵματι ὡς ἀμνοῦ ἀμώμου καὶ ἀσπίλου Χριστοῦ, 20 προεγνωσμένου μὲν πρὸ καταβολῆς κόσμου, φανερωθέντος δὲ ἐπ᾽

---

¹12 υμιν 𝔐 G, Cr vs ημιν TR
²16 γινεσθε M vs εσεσθε G, Cr vs γενεσθε TR

---

9 °B vs 𝔐 ℵAC, [Cr]   10 ·εξηραυνησαν G vs 𝔐 (εξερευνησαν C)
11 ·εραυνωντες G (h.C) vs 𝔐   12 °𝔭⁷²BA vs 𝔐 ℵC, [Cr]
16 ᵀοτι B, [Cr] vs 𝔐 G   16 °ℵB vs 𝔐 𝔭⁷²AC, [Cr]

---

16 Lev. 11:44,45; 19:2; 20:7

ʳἐσχάτων τῶν χρόνων δι᾽ ὑμᾶς 21 τοὺς δι᾽ αὐτοῦ ʳπιστεύοντας εἰς Θεὸν τὸν ἐγείραντα αὐτὸν ἐκ νεκρῶν καὶ δόξαν αὐτῷ δόντα, ὥστε τὴν πίστιν ὑμῶν καὶ ἐλπίδα εἶναι εἰς Θεόν.

Life in Relation to Our Brethren

22 Τὰς ψυχὰς ὑμῶν ἡγνικότες ἐν τῇ ὑπακοῇ τῆς ἀληθείας □διὰ Πνεύματοςˋ εἰς φιλαδελφίαν ἀνυπόκριτον, ἐκ °καθαρᾶς καρδίας ἀλλήλους ἀγαπήσατε ἐκτενῶς, 23 ἀναγεγεννημένοι οὐκ ἐκ σπορᾶς φθαρτῆς ἀλλὰ ἀφθάρτου, διὰ λόγου ζῶντος Θεοῦ καὶ μένοντος □εἰς τὸν αἰῶνα.ˋ 24 Διότι

«Πᾶσα σὰρξ ὡς χόρτος,
Καὶ πᾶσα δόξα ʳἀνθρώπου ὡς ἄνθος χόρτου.
Ἐξηράνθη ὁ χόρτος,
Καὶ τὸ ἄνθος °αὐτοῦ ἐξέπεσε,
Τὸ δὲ ῥῆμα Κυρίου μένει εἰς τὸν αἰῶνα.»

25 Τοῦτο δέ ἐστι τὸ ῥῆμα τὸ εὐαγγελισθὲν εἰς ὑμᾶς.

The Chosen Stone and His Chosen People

2 Ἀποθέμενοι οὖν πᾶσαν κακίαν καὶ πάντα δόλον καὶ ὑποκρίσεις καὶ φθόνους καὶ πάσας καταλαλιάς, 2 ὡς ἀρτιγέννητα βρέφη, τὸ λογικὸν ἄδολον γάλα ἐπιποθήσατε, ἵνα ἐν αὐτῷ αὐξηθῆτε ᵀ, 3 ʳεἴπερ ἐγεύσασθε ὅτι χρηστὸς ὁ Κύριος. 4 Πρὸς ὃν προσερχόμενοι, λίθον ζῶντα, ὑπὸ ἀνθρώπων μὲν ἀποδεδοκιμασμένον, παρὰ δὲ Θεῷ ἐκλεκτόν, ἔντιμον, 5 καὶ αὐτοὶ ὡς λίθοι ζῶντες οἰκοδομεῖσθε οἶκος πνευματικός, ᵀ ἱεράτευμα ἅγιον, ἀνενέγκαι

---

20 ʳεσχατου 𝕲 vs 𝔐 𝔭⁷²   21 ʳπιστους ΒΑ vs 𝔐 𝔭⁷²κC
22 □𝕲 vs 𝔐   22 °ΒΑ vs 𝔐 𝔭⁷²κC, [Cr]   23 □𝕲 vs 𝔐
24 ʳαυτης 𝕲 (αυτου κ*) vs 𝔐   24 °𝕲 vs 𝔐 C
2 ᵀεις σωτηριαν 𝕲 (ει σωτηριαν 𝔭⁷²) vs Μ   3 ʳει 𝕲 vs 𝔐 C
5 ᵀεις 𝕲 vs 𝔐

24,25 Is. 40:6-8

πνευματικὰς θυσίας εὐπροσδέκτους °τῷ Θεῷ διὰ ᾽Ιησοῦ
Χριστοῦ. 6 Διότι¹ περιέχει ᾽ἐν τῇ᾽ Γραφῇ,
   «᾽Ιδού, τίθημι ἐν Σιὼν
   Λίθον ἀκρογωνιαῖον, ἐκλεκτόν, ἔντιμον,
   Καὶ ὁ πιστεύων ἐπ᾽ αὐτῷ οὐ μὴ καταισχυνθῇ.»

7 ῾Υμῖν οὖν ἡ τιμὴ τοῖς πιστεύουσιν, ┌¹ἀπειθοῦσι δέ,

   «┌²Λίθον ὃν ἀπεδοκίμασαν οἱ οἰκοδομοῦντες,
   Οὗτος ἐγενήθη εἰς κεφαλὴν γωνίας»
8 καὶ
   «Λίθος προσκόμματος
   Καὶ πέτρα σκανδάλου»·

οἳ προσκόπτουσι τῷ λόγῳ ἀπειθοῦντες, εἰς ὃ καὶ
ἐτέθησαν.

9 ῾Υμεῖς δὲ «γένος ἐκλεκτόν, βασίλειον ἱεράτευμα,
ἔθνος ἅγιον, λαὸς εἰς περιποίησιν, ὅπως τὰς ἀρετὰς
ἐξαγγείλητε» τοῦ ἐκ σκότους ὑμᾶς καλέσαντος εἰς τὸ
θαυμαστὸν αὐτοῦ φῶς· 10 οἵ ποτε οὐ λαός, νῦν δὲ λαὸς
Θεοῦ, οἱ οὐκ ἠλεημένοι, νῦν δὲ ἐλεηθέντες.

Life in Relation to the World

11 ᾽Αγαπητοί, παρακαλῶ ὡς παροίκους καὶ παρε-
πιδήμους ἀπέχεσθαι τῶν σαρκικῶν ἐπιθυμιῶν, αἵτινες
στρατεύονται κατὰ τῆς ψυχῆς· 12 τὴν ἀναστροφὴν ὑμῶν
ἔχοντες καλὴν ἐν τοῖς ἔθνεσιν,² ἵνα, ἐν ᾧ καταλαλοῦσιν³

---

¹6 διοτι 𝔐 Ϭ, Cr vs διο και TR
²12 εχοντες καλην εν τοις εθνεσιν 𝔐 vs εν τοις εθνεσιν εχοντες
καλην 𝕏AC, TR Cr vs εν τοις εθνεσιν καλην εχοντες 𝔭⁷² vs εν τοις
εθνεσιν καλην B
³12 καταλαλουσιν Mᵖᵗ Ϭ, TR Cr vs καταλαλωσιν Mᵖᵗ

---

5 °Ϭ vs 𝔐𝔭⁷², [Cr]   6 ᾽εν Ϭ vs 𝔐; (η C)
7 ┌¹απιστουσιν Ϭ vs 𝔐A   7 ┌²λιθος 𝔭⁷²BAC*ᵛⁱᵈ vs 𝔐𝕏*

---

6 Is. 28:16 7 Ps. 118:22 8 Is. 8:14 9 Ex. 9:16 ; Is. 43:20,21

ὑμῶν ὡς κακοποιῶν, ἐκ τῶν καλῶν ἔργων ʳἐποπτεύσαντες δοξάσωσι τὸν Θεὸν ἐν ἡμέρᾳ ἐπισκοπῆς.

Submission to Government

13 Ὑποτάγητε °οὖν πάσῃ ἀνθρωπίνῃ κτίσει διὰ τὸν Κύριον· εἴτε βασιλεῖ ὡς ὑπερέχοντι, 14 εἴτε ἡγεμόσιν ὡς δι᾽ αὐτοῦ πεμπομένοις εἰς ἐκδίκησιν κακοποιῶν,¹ ἔπαινον δὲ ἀγαθοποιῶν. 15 Ὅτι οὕτως ἐστὶ τὸ θέλημα τοῦ Θεοῦ, ἀγαθοποιοῦντας φιμοῦν τὴν τῶν ἀφρόνων ἀνθρώπων ἀγνωσίαν· 16 ὡς ἐλεύθεροι, καὶ μὴ ὡς ἐπικάλυμμα ἔχοντες τῆς κακίας τὴν ἐλευθερίαν, ἀλλ᾽ ὡς ʳδοῦλοι Θεοῦ.ᶻ 17 Πάντας τιμήσατε. Τὴν ἀδελφότητα ἀγαπήσατε². Τὸν Θεὸν φοβεῖσθε. Τὸν βασιλέα τιμᾶτε.

Submission to Masters

18 Οἱ οἰκέται, ὑποτασσόμενοι ἐν παντὶ φόβῳ τοῖς δεσπόταις, οὐ μόνον τοῖς ἀγαθοῖς καὶ ἐπιεικέσιν, ἀλλὰ καὶ τοῖς σκολιοῖς. 19 Τοῦτο γὰρ χάρις, εἰ διὰ συνείδησιν Θεοῦ ὑποφέρει τις λύπας, πάσχων ἀδίκως. 20 Ποῖον γὰρ κλέος εἰ ἁμαρτάνοντες καὶ κολαφιζόμενοι ὑπομενεῖτε; Ἀλλ᾽ εἰ ἀγαθοποιοῦντες καὶ πάσχοντες ὑπομενεῖτε, τοῦτο χάρις παρὰ Θεῷ. 21 Εἰς τοῦτο γὰρ ἐκλήθητε, ὅτι καὶ Χριστὸς ἔπαθεν ὑπὲρ ʳἡμῶν, ὑμῖν³ ὑπολιμπάνων ὑπογραμμὸν ἵνα ἐπακολουθήσητε τοῖς ἴχνεσιν αὐτοῦ, 22 ὃς

«Ἁμαρτίαν οὐκ ἐποίησεν,
　Οὐδὲ εὑρέθη δόλος ἐν τῷ στόματι αὐτοῦ»·

23 ὃς λοιδορούμενος οὐκ ἀντελοιδόρει, πάσχων οὐκ ἠπείλει, παρεδίδου δὲ τῷ κρίνοντι δικαίως· 24 ὃς τὰς

---

¹14 κακοποιων 𝕸𝕲, Cr vs μεν κακοποιων C, TR
²17 αγαπησατε 𝕸 vs αγαπατε 𝕲, TR Cr
³21 υμιν 𝕸𝕲, Cr vs ημιν TR

---

12 ʳεποπτευοντες 𝕲 vs 𝕸 A　　13 °𝕲 vs 𝕸
16 ʳ𝕲 vs 𝕸 A　　21 ʳυμων 𝕲 vs 𝕸

22 Is. 53:9

ἁμαρτίας ἡμῶν αὐτὸς ἀνήνεγκεν ἐν τῷ σώματι αὐτοῦ ἐπὶ τὸ ξύλον, ἵνα ταῖς ἁμαρτίαις ἀπογενόμενοι, τῇ δικαιοσύνῃ ζήσωμεν· «οὗ τῷ μώλωπι °αὐτοῦ ἰάθητε.» 25 Ἦτε γὰρ ὡς πρόβατα ⸀πλανώμενα, ἀλλ᾽ ἐπεστράφητε νῦν ἐπὶ τὸν Ποιμένα καὶ Ἐπίσκοπον τῶν ψυχῶν ὑμῶν.

Submission to Husbands

3 Ὁμοίως, °αἱ γυναῖκες, ὑποτασσόμεναι τοῖς ἰδίοις ἀνδράσιν, ἵνα καὶ εἴ τινες ἀπειθοῦσι τῷ λόγῳ, διὰ τῆς τῶν γυναικῶν ἀναστροφῆς ἄνευ λόγου κερδηθήσονται,[1] 2 ἐποπτεύσαντες τὴν ἐν φόβῳ ἁγνὴν ἀναστροφὴν ὑμῶν. 3 Ὧν ἔστω οὐχ ὁ ἔξωθεν ἐμπλοκῆς τριχῶν καὶ περιθέσεως χρυσίων ἢ ἐνδύσεως ἱματίων κόσμος, 4 ἀλλ᾽ ὁ κρυπτὸς τῆς καρδίας ἄνθρωπος ἐν τῷ ἀφθάρτῳ τοῦ ⸀πραέος καὶ ἡσυχίου⸀ πνεύματος, ὅ ἐστιν ἐνώπιον τοῦ Θεοῦ πολυτελές. 5 Οὕτω γάρ ποτε καὶ αἱ ἅγιαι γυναῖκες αἱ ἐλπίζουσαι ἐπὶ[2] Θεὸν ἐκόσμουν ἑαυτάς, ὑποτασσόμεναι τοῖς ἰδίοις ἀνδράσιν, 6 ὡς Σάρρα ὑπήκουσε τῷ Ἀβραάμ, κύριον αὐτὸν καλοῦσα, ἧς ἐγενήθητε τέκνα, ἀγαθοποιοῦσαι καὶ μὴ φοβούμεναι μηδεμίαν πτόησιν.

A Word to Husbands

7 Οἱ ἄνδρες ὁμοίως, συνοικοῦντες κατὰ γνῶσιν ὡς ἀσθενεστέρῳ σκεύει τῷ γυναικείῳ, ἀπονέμοντες τιμὴν ὡς καὶ ⸀συγκληρονόμοι χάριτος ζωῆς, εἰς τὸ μὴ ἐγκόπτεσθαι[3] τὰς προσευχὰς ὑμῶν.

---

[1] 1 κερδηθησονται 𝔐 𝕲, Cr vs κερδηθησωνται TR
[2] 5 επι Μ vs εις 𝕲, Cr vs επι τον ℵ, TR
[3] 7 εγκοπτεσθαι Μ (ℵ) ΒΑ, Cr vs εκκοπτεσθαι (𝔭⁷²), TR

---

24 °𝕲 vs Μℵ*   25 ⸀πλανωμενοι ℵΒΑ vs 𝔐 𝔭⁷²C
1 °ℵ*ΒΑ vs 𝔐 (𝔭⁷²) C, [Cr]
4 ⸀πραεως και ησυχιου 𝔭⁷² (⸐321 Β; πραεως ησυχιους ℵ*) vs ΜΑC
7 ⸀συγκληρονομοις (𝔭⁷²) (Β) vs 𝔐 (Α) (C); (συνκληρονομους ℵ*)

24 Is. 53:5

Life in Relation to Suffering

8 Τὸ δὲ τέλος, πάντες ὁμόφρονες, συμπαθεῖς, φιλάδελφοι, εὔσπλαγχνοι, ʳφιλόφρονες, 9 μὴ ἀποδιδόντες κακὸν ἀντὶ κακοῦ ἢ λοιδορίαν ἀντὶ λοιδορίας, τοὐναντίον δὲ εὐλογοῦντες, ᵒεἰδότες ὅτι εἰς τοῦτο ἐκλήθητε ἵνα εὐλογίαν κληρονομήσητε.

10 «ʽΟ γὰρ θέλων ζωὴν ἀγαπᾶν
    Καὶ ἰδεῖν ἡμέρας ἀγαθάς,
    Παυσάτω τὴν γλῶσσαν ᵒ¹αὐτοῦ ἀπὸ κακοῦ
    Καὶ χείλη ᵒ²αὐτοῦ τοῦ μὴ λαλῆσαι δόλον·
11 Ἐκκλινάτω ᵀ ἀπὸ κακοῦ καὶ ποιησάτω ἀγαθόν·
    Ζητησάτω εἰρήνην καὶ διωξάτω αὐτήν.
12 Ὅτι¹ ὀφθαλμοὶ Κυρίου ἐπὶ δικαίους
    Καὶ ὦτα αὐτοῦ εἰς δέησιν αὐτῶν,
    Πρόσωπον δὲ Κυρίου ἐπὶ ποιοῦντας κακά.»

13 Καὶ τίς ὁ κακώσων ὑμᾶς ἐὰν τοῦ ἀγαθοῦ ʳμιμηταὶ γένησθε? 14 Ἀλλ᾽ εἰ καὶ πάσχοιτε διὰ δικαιοσύνην, μακάριοι. «Τὸν δὲ φόβον αὐτῶν μὴ φοβηθῆτε μηδὲ ταραχθῆτε.» 15 Κύριον δὲ τὸν ʳΘεὸν ἁγιάσατε ἐν ταῖς καρδίαις ὑμῶν, ἕτοιμοι ʳδὲ ἀεὶ πρὸς ἀπολογίαν παντὶ τῷ αἰτοῦντι ὑμᾶς λόγον περὶ τῆ ς ἐν ὑμῖν ἐλπίδος, ᵀ μετὰ πραΰτητος καὶ φόβου, 16 συνείδησιν ἔχοντες ἀγαθήν, ἵνα ἐν ᾧ καταλαλῶσιν² □ὑμῶν ὡς κακοποιῶν,＼ καταισχυνθῶσιν οἱ ἐπηρεάζοντες ὑμῶν τὴν ἀγαθὴν ἐν Χριστῷ ἀναστροφήν.

---

¹12 οτι 𝕸 𝕲, Cr vs + οι TR
²16 καταλαλωσιν M vs καταλαλουσιν ℵAC, TR vs καταλαλεισθε 𝕻⁷²B, Cr

---

8 ʳταπεινοφρονες 𝕲 vs M   9 ᵒ𝕲 vs 𝕸   10 ᵒ¹𝕲 vs 𝕸ℵ
10 ᵒ²𝕲 vs 𝕸   11 ᵀδε 𝕲 vs 𝕸ℵ   13 ʳζηλωται 𝕲 vs M
15 ʳΧριστον 𝕲 vs 𝕸   15 ʳαει 𝕲 vs M; (δε A)
15 ᵀαλλα 𝕲 vs 𝕸   16 □𝕻⁷²B vs 𝕸ℵAC

10-12 Ps. 34:12-16   14 Is. 8:12

Suffering in Identification with Christ

17 Κρεῖττον γὰρ ἀγαθοποιοῦντας, εἰ θέλοι¹ τὸ θέλημα τοῦ Θεοῦ, πάσχειν ἢ κακοποιοῦντας. **18** Ὅτι καὶ Χριστὸς ἅπαξ περὶ ἁμαρτιῶν ἔπαθε, δίκαιος ὑπὲρ ἀδίκων, ἵνα ὑμᾶς² προσαγάγῃ τῷ Θεῷ, θανατωθεὶς μὲν σαρκί, ζῳοποιηθεὶς δὲ³ πνεύματι· **19** ἐν ᾧ καὶ τοῖς ἐν φυλακῇ πνεύμασι πορευθεὶς ἐκήρυξεν, **20** ἀπειθήσασί ποτε, ὅτε ἀπεξεδέχετο⁴ ἡ τοῦ Θεοῦ μακροθυμία ἐν ἡμέραις Νῶε, κατασκευαζομένης κιβωτοῦ, εἰς ἣν ʳὀλίγαι, τοῦτ᾽ ἔστιν ὀκτὼ ψυχαί, διεσώθησαν δι᾽ ὕδατος· **21** ὃ⁵ ἀντίτυπον νῦν καὶ ἡμᾶς⁶ σῴζει βάπτισμα, οὐ σαρκὸς ἀπόθεσις ῥύπου, ἀλλὰ συνειδήσεως ἀγαθῆς ἐπερώτημα εἰς Θεόν, δι᾽ ἀναστάσεως Ἰησοῦ Χριστοῦ, **22** ὅς ἐστιν ἐν δεξιᾷ ᵒτοῦ Θεοῦ, πορευθεὶς εἰς οὐρανόν, ὑποταγέντων αὐτῷ ἀγγέλων καὶ ἐξουσιῶν καὶ δυνάμεων.

4 Χριστοῦ οὖν παθόντος ᵖὑπὲρ ἡμῶνˇ σαρκί, καὶ ὑμεῖς τὴν αὐτὴν ἔννοιαν ὁπλίσασθε, ὅτι ὁ παθὼν ἐν⁷ σαρκὶ πέπαυται ἁμαρτίας, **2** εἰς τὸ μηκέτι ἀνθρώπων ἐπιθυμίαις, ἀλλὰ θελήματι Θεοῦ τὸν ἐπίλοιπον ἐν σαρκὶ βιῶσαι χρόνον. **3** Ἀρκετὸς γὰρ ὑμῖν⁸ ὁ παρεληλυθὼς χρόνος ᵖτοῦ βίουˇ τὸ ʳ¹θέλημα τῶν ἐθνῶν ʳ²κατεργάσασθαι, πεπορευμένους ἐν ἀσελγείαις, ἐπιθυμίαις, οἰνοφλυγίαις, κώμοις, πότοις, καὶ ἀθεμίτοις εἰδωλολατρείαις. **4** Ἐν ᾧ ξενίζονται, μὴ συντρεχόντων ὑμῶν εἰς τὴν αὐτὴν τῆς

¹17 θελοι 𝕸 𝕲, Cr vs θελει TR
²18 υμας M𝔭⁷²BC, Cr vs ημας A, TR vs — ℵ*
³18 δε 𝕸 𝕲, Cr vs + τω TR vs + εν 𝔭⁷²
⁴20 απεξεδεχετο 𝕸 𝕲, Cr vs απαξ εξεδεχετο TR
⁵21 ο 𝕸 BAC, Cr vs — 𝔭⁷²ℵ* vs ω TR
⁶21 αντιτυπον νυν και ημας M vs και υμας αντιτυπον νυν 𝔭⁷²BA, Cr vs και ημας αντιτυπον νυν C, TR vs και υμας νυν αντιτυπον ℵ
⁷1 εν M, TR vs — M¹ 𝕲, Cr
⁸3 υμιν Mᵖᵗ ℵ* vs ημιν Mᵖᵗ C, TR vs — 𝔭⁷²BA, Cr

20 ʳολιγοι 𝕲 vs 𝕸 C   22 ᵒℵ*B vs 𝕸 𝔭⁷²AC, [Cr]
1 ᵖ𝔭⁷²BC vs 𝕸 A (υπερ υμων ℵ*)   3 ᵖ𝕲 vs 𝕸   3 ʳ¹βουλημα 𝕲 vs 𝕸
3 ʳ²κατειργασθαι 𝕲 vs 𝕸 (κατειργασασθαι C*)

ἀσωτίας ἀνάχυσιν, βλασφημοῦντες· 5 οἳ ἀποδώσουσι λόγον τῷ ἑτοίμως ἔχοντι κρῖναι ζῶντας καὶ νεκρούς. 6 Εἰς τοῦτο γὰρ καὶ νεκροῖς εὐηγγελίσθη, ἵνα κριθῶσι μὲν κατὰ ἀνθρώπους σαρκί, ζῶσι δὲ κατὰ Θεὸν πνεύματι.

Serving for God's Glory

7 Πάντων δὲ τὸ τέλος ἤγγικε. Σωφρονήσατε οὖν καὶ νήψατε εἰς °τὰς προσευχάς. 8 Πρὸ πάντων °δὲ τὴν εἰς ἑαυτοὺς ἀγάπην ἐκτενῆ ἔχοντες, ὅτι¹ ἀγάπη ⸀καλύψει πλῆθος ἁμαρτιῶν· 9 φιλόξενοι εἰς ἀλλήλους ἄνευ ⸀γογγυσμῶν· 10 ἕκαστος καθὼς ἔλαβε χάρισμα, εἰς ἑαυτοὺς αὐτὸ διακονοῦντες ὡς καλοὶ οἰκονόμοι ποικίλης χάριτος Θεοῦ. 11 Εἴ τις λαλεῖ, ὡς λόγια Θεοῦ. Εἴ τις διακονεῖ, ὡς ἐξ ἰσχύος, ὡς² χορηγεῖ ὁ Θεός, ἵνα ἐν πᾶσι δοξάζηται ὁ Θεὸς διὰ Ἰησοῦ Χριστοῦ, ᾧ ἐστιν ἡ δόξα καὶ τὸ κράτος εἰς τοὺς αἰῶνας τῶν αἰώνων. Ἀμήν.

Suffering for God's Glory

12 Ἀγαπητοί, μὴ ξενίζεσθε τῇ ἐν ὑμῖν πυρώσει πρὸς πειρασμὸν ὑμῖν γινομένῃ, ὡς ξένου ὑμῖν συμβαίνοντος, 13 ἀλλὰ καθὸ κοινωνεῖτε τοῖς τοῦ Χριστοῦ παθήμασι, χαίρετε, ἵνα καὶ ἐν τῇ ἀποκαλύψει τῆς δόξης αὐτοῦ χαρῆτε ἀγαλλιώμενοι. 14 Εἰ ὀνειδίζεσθε ἐν ὀνόματι Χριστοῦ, μακάριοι, ὅτι τὸ τῆς δόξης καὶ τὸ τοῦ Θεοῦ Πνεῦμα ἐφ᾽ ὑμᾶς ἀναπαύεται.³ ⸀Κατὰ μὲν αὐτοὺς βλασφημεῖται, κατὰ δὲ ὑμᾶς δοξάζεται.⸜ 15 Μὴ γάρ τις ὑμῶν πασχέτω ὡς φονεὺς .ἢ κλέπτης ἢ κακοποιὸς ἢ ὡς ·ἀλλοτριοεπίσκοπος·

---

¹8 οτι 𝕸Ꮆ (h.C), Cr vs +η TR
²11 ως Μ vs ης Ꮆ (h.C), TR Cr
³14 αναπαυεται Μᵖᵗℵ*B, TR Cr vs αναπεπαυται Μᵖᵗ vs επαναπαυεται Α vs επαναπεπαυται (𝔭⁷²)

---

7 °Ꮆ (h.C) vs Μ   8 °𝔭⁷²ℵΒΑᵛⁱᵈ vs 𝕸   8 ⸀καλυπτει ΒΑ vs Μ𝔭⁷²ℵ
9 ⸀γογγυσμου ℵΒΑ (γογυζμου 𝔭⁷²) vs Μ   14 ⸀Ꮆ (h.C) vs 𝕸
15 ·αλλοτριεπισκοπος ℵΒ vs 𝕸; (αλλοτριος επισκοπος Α; αλλοτριοις επισκοπος 𝔭⁷²)

16 εἰ δὲ ὡς Χριστιανός, μὴ αἰσχυνέσθω, δοξαζέτω δὲ τὸν Θεὸν ἐν τῷ ⌜μέρει τούτῳ. **17** Ὅτι °ὁ καιρὸς τοῦ ἄρξασθαι τὸ κρίμα ἀπὸ τοῦ οἴκου τοῦ Θεοῦ· εἰ δὲ πρῶτον ἀφ᾽ ἡμῶν, τί τὸ τέλος τῶν ἀπειθούντων τῷ τοῦ Θεοῦ εὐαγγελίῳ? **18** Καὶ «Εἰ ὁ δίκαιος μόλις σώζεται,
　　Ὁ ἀσεβὴς καὶ ἁμαρτωλὸς ποῦ φανεῖται?»

19 Ὥστε καὶ οἱ πάσχοντες κατὰ τὸ θέλημα τοῦ Θεοῦ °ὡς πιστῷ Κτίστῃ παρατιθέσθωσαν τὰς ψυχὰς αὐτῶν[1] ἐν ἀγαθοποιΐᾳ.

Elders Are to Pastor the Flock

5 Πρεσβυτέρους ⌜τοὺς ἐν ὑμῖν παρακαλῶ ὁ συμπρεσβύτερος καὶ μάρτυς τῶν τοῦ Χριστοῦ παθημάτων, ὁ καὶ τῆς μελλούσης ἀποκαλύπτεσθαι δόξης κοινωνός· **2** ποιμάνατε τὸ ἐν ὑμῖν ποίμνιον τοῦ Θεοῦ, °ἐπισκοποῦντες μὴ ἀναγκαστῶς, ἀλλ᾽ ἑκουσίως, ᵀ μηδὲ αἰσχροκερδῶς, ἀλλὰ προθύμως, **3** μηδὲ[2] ὡς κατακυριεύοντες τῶν κλήρων, ἀλλὰ τύποι γινόμενοι τοῦ ποιμνίου. **4** Καὶ φανερωθέντος τοῦ Ἀρχιποίμενος, κομιεῖσθε τὸν ἀμαράντινον τῆς δόξης στέφανον.

Submit to God and Resist the Devil

5 Ὁμοίως, νεώτεροι, ὑποτάγητε πρεσβυτέροις. Πάντες δὲ ἀλλήλοις °¹ὑποτασσόμενοι, τὴν ταπεινοφροσύνην ἐγκομβώσασθε, ὅτι

«°²Ὁ Θεὸς ὑπερηφάνοις ἀντιτάσσεται,
　　Ταπεινοῖς δὲ δίδωσι χάριν.»

---

[1]19 αυτων 𝔐 𝔭⁷²ℵA, Cr vs εαυτων TR vs − B
[2]3 μηδε 𝐌𝔭⁷² vs μηδ ℵA, TR Cr vs − verse B

16 ⌜ονοματι 𝕲 (h.C) vs 𝔐　　**17** °ℵA vs 𝔐𝔭⁷²B, [Cr]
19 °𝕲 (h.C) vs 𝔐　　**1** ⌜ουν 𝔭⁷²BA vs 𝔐; (ουν τους ℵ)
2 °ℵ*B vs 𝔐𝔭⁷²A, [Cr]　　**2** ᵀκατα Θεον 𝔭⁷²ℵA vs 𝔐B
5 °¹𝕲 (h.C) vs 𝔐　　**5** °²𝔭⁷²B vs 𝔐ℵA, [Cr]

18 Prov. 11:31 LXX　　5 Prov. 3:34 LXX

6 Ταπεινώθητε οὖν ὑπὸ τὴν κραταιὰν χεῖρα τοῦ Θεοῦ, ἵνα ὑμᾶς ὑψώσῃ ἐν καιρῷ, 7 πᾶσαν τὴν μέριμναν ὑμῶν ⸃ἐπιρρίψαντες ἐπ᾽ αὐτόν, ὅτι αὐτῷ μέλει περὶ ὑμῶν. 8 Νήψατε, γρηγορήσατε!¹ ῾Ο ἀντίδικος ὑμῶν διάβολος ὡς λέων ὠρυόμενος περιπατεῖ ζητῶν °τίνα ⸀καταπίῃ· 9 ᾧ ἀντίστητε στερεοὶ τῇ πίστει, εἰδότες τὰ αὐτὰ τῶν παθημάτων τῇ ἐν ᵀ κόσμῳ ὑμῶν ἀδελφότητι ἐπιτελεῖσθαι. 10 ῾Ο δὲ Θεὸς πάσης χάριτος, ὁ καλέσας ὑμᾶς² εἰς τὴν αἰώνιον αὐτοῦ δόξαν ἐν Χριστῷ °¹᾽Ιησοῦ, ὀλίγον παθόντας αὐτὸς ⸀καταρτίσαι °²ὑμᾶς – στηρίξει, σθενώσει, θεμελιώσει.³ 11 Αὐτῷ ⸀¹ἡ δόξα καὶ⸜ τὸ κράτος εἰς τοὺς αἰῶνας ⸀²τῶν αἰώνων.⸜ ᾽Αμήν.

Peter's Farewell of Peace

12 Διὰ Σιλουανοῦ ὑμῖν τοῦ πιστοῦ ἀδελφοῦ, ὡς λογίζομαι, δι᾽ ὀλίγων ἔγραψα, παρακαλῶν καὶ ἐπιμαρτυρῶν ταύτην εἶναι ἀληθῆ χάριν τοῦ Θεοῦ εἰς ἣν ⸀ἑστήκατε. 13 ᾽Ασπάζεται ὑμᾶς ἡ ἐν Βαβυλῶνι συνεκλεκτή, καὶ Μᾶρκος ὁ υἱός μου. 14 ᾽Ασπάσασθε ἀλλήλους ἐν φιλήματι ἀγάπης.

Εἰρήνη ὑμῖν πᾶσι τοῖς ἐν Χριστῷ □᾽Ιησοῦ. ᾽Αμήν.⸜

---

¹8 γρηγορησατε 𝔐 ℵ*BA, Cr vs + οτι 𝔓⁷², TR
²10 υμας 𝔐 G (h.C), Cr vs ημας TR
³10 στηριξει σθενωσει θεμελιωσει 𝔐 ℵ, Cr vs στηριξαι σθενωσαι θεμελιωσαι TR vs στηριξει σθενωσει BA vs στηριξει θεμελιωσει 𝔓⁷²

---

7 ⸃επιριψαντες ℵB*A vs 𝔐; (απεριψαντες 𝔓⁷²)
8 °B vs 𝔐 𝔓⁷²ℵA, [Cr]   8 ⸀καταπιειν B (καταπιν ℵ*) vs Μ𝔓⁷²A
9 ᵀτω 𝔓⁷²ℵB vs 𝔐A   10 °¹ℵB vs 𝔐 𝔓⁷²A, [Cr]
10 ⸀καταρτισει G (h.C) vs 𝔐   10 °²G (h.C) vs 𝔐
11 ⸀¹𝔓⁷²BA vs 𝔐 ℵ   11 ⸀²𝔓⁷²B vs 𝔐 ℵA
12 ⸀στητε G (h.C) vs 𝔐   14 □BA vs 𝔐 ℵ; (– ειρηνη το αμην 𝔓⁷²)

ΠΕΤΡΟΥ Β

Peter Greets the Faithful

ΣΥΜΕΩΝ Πέτρος, δοῦλος καὶ ἀπόστολος Ἰησοῦ Χριστοῦ,

Τοῖς ἰσότιμον ἡμῖν λαχοῦσι πίστιν ἐν δικαιοσύνῃ τοῦ Θεοῦ ἡμῶν καὶ Σωτῆρος Ἰησοῦ Χριστοῦ· 2 Χάρις ὑμῖν καὶ εἰρήνη πληθυνθείη ἐν ἐπιγνώσει τοῦ Θεοῦ καὶ Ἰησοῦ τοῦ Κυρίου ἡμῶν.

Fruitful Growth in the Faith

3 Ὡς πάντα ἡμῖν τῆς θείας δυνάμεως αὐτοῦ τὰ πρὸς ζωὴν καὶ εὐσέβειαν δεδωρημένης, διὰ τῆς ἐπιγνώσεως τοῦ καλέσαντος ἡμᾶς ʽδιὰ δόξης καὶ ἀρετῆς,ʼ 4 δι᾽ ὧν τὰ τίμια ἡμῖν καὶ μέγιστα ἐπαγγέλματα[1] δεδώρηται, ἵνα διὰ τούτων γένησθε θείας κοινωνοὶ φύσεως, ἀποφυγόντες τῆς ἐν ᵀκόσμῳ ἐν ἐπιθυμίᾳ φθορᾶς. 5 Καὶ αὐτὸ τοῦτο δέ,[2] σπουδὴν πᾶσαν παρεισενέγκαντες, ἐπιχορηγήσατε ἐν τῇ πίστει ὑμῶν τὴν ἀρετήν, ἐν δὲ τῇ ἀρετῇ τὴν γνῶσιν, 6 ἐν δὲ τῇ γνώσει τὴν ἐγκράτειαν, ἐν δὲ τῇ ἐγκρατείᾳ τὴν ὑπομονήν, ἐν δὲ τῇ ὑπομονῇ τὴν εὐσέβειαν, 7 ἐν δὲ τῇ εὐσεβείᾳ τὴν φιλαδελφίαν, ἐν δὲ τῇ φιλαδελφίᾳ τὴν

In 2 Peter **G** = 𝔭⁷²𝝡BAC

[1]4 τιμια ημιν και μεγιστα επαγγελματα **M𝝡** vs τιμια και μεγιστα ημιν επαγγελματα B, Cr vs μεγιστα και τιμια ημιν επαγγελματα C vs μεγιστα ημιν και τιμια επαγγελματα TR vs μεγιστα και τιμια υμιν επαγγελματα A vs τιμια και μεγιστα επαγγελματα ημιν 𝔭⁷²
[2]5 τουτο δε Mᵖᵗ𝔭⁷²BC*, TR Cr vs δε τουτο Mᵖᵗ𝝡 vs δε A

3 ʽιδια δοξη και αρετη 𝝡AC vs 𝕸 𝔭⁷²B   4 ᵀτω **G** vs 𝕸C

698

ἀγάπην. **8** Ταῦτα γὰρ ὑμῖν ὑπάρχοντα καὶ πλεονάζοντα, οὐκ ἀργοὺς οὐδὲ ἀκάρπους καθίστησιν εἰς τὴν τοῦ Κυρίου ἡμῶν Ἰησοῦ Χριστοῦ ἐπίγνωσιν. **9** Ὧ γὰρ μὴ πάρεστι ταῦτα, τυφλός ἐστι, μυωπάζων, λήθην λαβὼν τοῦ καθαρισμοῦ τῶν πάλαι αὐτοῦ ἁμαρτιῶν. **10** Διὸ μᾶλλον, ἀδελφοί, σπουδάσατε βεβαίαν ὑμῶν τὴν κλῆσιν καὶ ἐκλογὴν ποιεῖσθαι, ταῦτα γὰρ ποιοῦντες οὐ μὴ πταίσητέ ποτε. **11** Οὕτω γὰρ πλουσίως ἐπιχορηγηθήσεται ὑμῖν ἡ εἴσοδος εἰς τὴν αἰώνιον βασιλείαν τοῦ Κυρίου ἡμῶν καὶ Σωτῆρος Ἰησοῦ Χριστοῦ.

Peter's Approaching Death

12 Διὸ ⌜οὐκ ἀμελήσω⌝ ἀεὶ ὑμᾶς ὑπομιμνήσκειν περὶ τούτων,[1] καίπερ εἰδότας, καὶ ἐστηριγμένους ἐν τῇ παρούσῃ ἀληθείᾳ. **13** Δίκαιον δὲ ἡγοῦμαι, ἐφ᾽ ὅσον εἰμὶ ἐν τούτῳ τῷ σκηνώματι, διεγείρειν ὑμᾶς ἐν ὑπομνήσει, **14** εἰδὼς ὅτι ταχινή ἐστιν ἡ ἀπόθεσις τοῦ σκηνώματός μου, καθὼς καὶ ὁ Κύριος ἡμῶν Ἰησοῦς Χριστὸς ἐδήλωσέ μοι. **15** Σπουδάσω δὲ καὶ ἑκάστοτε ἔχειν ὑμᾶς μετὰ τὴν ἐμὴν ἔξοδον τὴν τούτων μνήμην ποιεῖσθαι.

The Trustworthy Prophetic Word

16 Οὐ γὰρ σεσοφισμένοις μύθοις ἐξακολουθήσαντες ἐγνωρίσαμεν ὑμῖν τὴν τοῦ Κυρίου ἡμῶν Ἰησοῦ Χριστοῦ δύναμιν καὶ παρουσίαν, ἀλλ᾽ ἐπόπται γενηθέντες τῆς ἐκείνου μεγαλειότητος. **17** Λαβὼν γὰρ παρὰ Θεοῦ Πατρὸς τιμὴν καὶ δόξαν, φωνῆς ἐνεχθείσης αὐτῷ τοιᾶσδε ὑπὸ τῆς μεγαλοπρεποῦς δόξης, ⌜"Οὗτός ἐστιν ὁ Υἱός μου ὁ ἀγαπητὸς⌝ εἰς ὃν ἐγὼ εὐδόκησα" **18** — καὶ ταύτην τὴν φωνὴν ἡμεῖς ἠκούσαμεν ἐξ οὐρανοῦ ἐνεχθεῖσαν, σὺν αὐτῷ

---

[1]12 αει υμας υπομιμνησκειν περι τουτων **M𝔭⁷²BC**, **Cr** vs υμας αει υπομιμνησκειν περι τουτων **A**, **TR** vs αει περι τουτων υπομιμνησκειν υμας **ℵ**

---

12 ⌜μελλησω 𝕲 vs 𝔐 ; (ου μελλησω 𝔭⁷²)
17 ⌜ο Υιος μου ο αγαπητος μου ουτος εστιν 𝔭⁷²B vs 𝔐ℵAC

ὄντες ἐν τῷ ῾ὄρει τῷ ἁγίῳ.᾽ **19** Καὶ ἔχομεν βεβαιότερον τὸν προφητικὸν λόγον, ᾧ καλῶς ποιεῖτε προσέχοντες, ὡς λύχνῳ φαίνοντι ἐν αὐχμηρῷ τόπῳ, ἕως οὗ ἡμέρα διαυγάσῃ καὶ φωσφόρος ἀνατείλῃ ἐν ταῖς καρδίαις ὑμῶν, **20** τοῦτο πρῶτον γινώσκοντες, ὅτι πᾶσα προφητεία Γραφῆς ἰδίας ἐπιλύσεως οὐ γίνεται. **21** Οὐ γὰρ θελήματι ἀνθρώπου ἠνέχθη ῾ποτὲ προφητεία,᾽ ἀλλ᾽ ὑπὸ Πνεύματος ῾Αγίου φερόμενοι ἐλάλησαν ἅγιοι Θεοῦ[1] ἄνθρωποι.

Destructive Doctrines of False Teachers

2 ᾽Εγένοντο δὲ καὶ ψευδοπροφῆται ἐν τῷ λαῷ, ὡς καὶ ἐν ὑμῖν ἔσονται ψευδοδιδάσκαλοι, οἵτινες παρεισάξουσιν αἱρέσεις ἀπωλείας, καὶ τὸν ἀγοράσαντα αὐτοὺς Δεσπότην ἀρνούμενοι, ἐπάγοντες ἑαυτοῖς ταχινὴν ἀπώλειαν. **2** Καὶ πολλοὶ ἐξακολουθήσουσιν αὐτῶν ταῖς ἀσελγείαις,[2] δι᾽ οὓς ἡ ὁδὸς τῆς ἀληθείας βλασφημηθήσεται. **3** Καὶ ἐν πλεονεξίᾳ πλαστοῖς λόγοις ὑμᾶς ἐμπορεύσονται, οἷς τὸ κρίμα ἔκπαλαι οὐκ ἀργεῖ, καὶ ἡ ἀπώλεια αὐτῶν οὐ νυστάξει.[3]

Doom of the False Teachers

4 Εἰ γὰρ ὁ Θεὸς ἀγγέλων ἁμαρτησάντων οὐκ ἐφείσατο, ἀλλὰ σειραῖς ζόφου ταρταρώσας παρέδωκεν εἰς κρίσιν τηρουμένους,[4] **5** καὶ ἀρχαίου κόσμου οὐκ ἐφείσατο, ἀλλ᾽ ὄγδοον Νῶε δικαιοσύνης κήρυκα ἐφύλαξε, κατακλυσμὸν κόσμῳ ἀσεβῶν ἐπάξας, **6** καὶ πόλεις Σοδόμων καὶ Γομόρρας τεφρώσας °καταστροφῇ κατέκρινεν, ὑπόδειγμα

---

[1]21 αγιοι Θεου **Mℵ** vs απο Θεου **𝔭⁷²B**, Cr vs απο Θεου αγιοι **C** vs αγιοι του Θεου **A** vs οι αγιοι Θεου **TR**
[2]2 ασελγειαις **𝔐G**, Cr vs απωλειαις **TR**
[3]3 νυσταξει **M** vs νυσταζει **G**, TR Cr
[4]4 τηρουμενους **𝔐𝔭⁷²BC***, Cr vs κολαζομενους τηρειν **ℵA** vs τετηρημενους **TR**

---

18 ῾αγιω ορει **𝔭⁷²BC*** vs **𝔐ℵA**
21 ῾21 **BC**vid (η προφητεια ποτε **𝔭⁷²**) vs **𝔐ℵA**
6 °**𝔭⁷²BC*** vs **𝔐ℵA**, [Cr]

μελλόντων ⸀ἀσεβεῖν τεθεικώς, 7 καὶ δίκαιον Λώτ, καταπονούμενον ὑπὸ τῆς τῶν ἀθέσμων ἐν ἀσελγείᾳ ἀναστροφῆς, ἐρρύσατο 8 (βλέμματι γὰρ καὶ ἀκοῇ ὁ δίκαιος, ἐγκατοικῶν ἐν αὐτοῖς, ἡμέραν ἐξ ἡμέρας ψυχὴν δικαίαν ἀνόμοις ἔργοις ἐβασάνιζεν)· 9 οἶδε Κύριος εὐσεβεῖς ἐκ πειρασμοῦ ῥύεσθαι, ἀδίκους δὲ εἰς ἡμέραν κρίσεως κολαζομένους τηρεῖν, 10 μάλιστα δὲ τοὺς ὀπίσω σαρκὸς ἐν ἐπιθυμίᾳ μιασμοῦ πορευομένους, καὶ κυριότητος καταφρονοῦντας.

Depravity of the False Teachers

Τολμηταί, αὐθάδεις, δόξας οὐ τρέμουσι βλασφημοῦντες, 11 ὅπου ἄγγελοι, ἰσχύϊ καὶ δυνάμει μείζονες ὄντες, οὐ φέρουσι κατ᾽ αὐτῶν ⸀παρὰ Κυρίῳ⸃ βλάσφημον κρίσιν. 12 Οὗτοι δέ, ὡς ἄλογα ζῷα φυσικὰ γεγενημένα[1] εἰς ἅλωσιν καὶ φθοράν, ἐν οἷς ἀγνοοῦσι βλασφημοῦντες, ἐν τῇ φθορᾷ αὐτῶν καὶ καταφθαρήσονται,[2] 13 ⸀κομιούμενοι μισθὸν ἀδικίας, ἡδονὴν ἡγούμενοι τὴν ἐν ἡμέρᾳ τρυφήν, σπίλοι καὶ μῶμοι, ἐντρυφῶντες ἐν ταῖς ἀπάταις αὐτῶν συνευωχούμενοι ὑμῖν, 14 ὀφθαλμοὺς ἔχοντες μεστοὺς μοιχαλίδος καὶ ἀκαταπαύστους ἁμαρτίας, δελεάζοντες ψυχὰς ἀστηρίκτους, καρδίαν γεγυμνασμένην πλεονεξίας[3] ἔχοντες, κατάρας τέκνα, 15 ⸀καταλιπόντες εὐθεῖαν[4] ὁδὸν ἐπλανήθησαν, ἐξακολουθήσαντες τῇ ὁδῷ τοῦ Βαλαὰμ τοῦ Βοσόρ, ὃς μισθὸν ἀδικίας ἠγάπησεν, 16 ἔλεγξιν δὲ ἔσχεν ἰδίας παρανομίας· υποζύγιον ἄφωνον, ἐν ἀνθρώπου φωνῇ φθεγξάμενον, ἐκώλυσε τὴν του προφήτου παραφρονίαν.

---

[1]12 φυσικα γεγενημενα 𝔐 vs γεγεννημενα φυσικα ΒΑ*C, Cr vs γεγενημενα φυσικα ℵ vs φυσικα γεγεννημενα TR vs φυσικα 𝔭⁷²
[2]12 και καταφθαρησονται 𝔐 vs και φθαρησονται G, Cr vs και και φθαρησονται 𝔭⁷² vs καταφθαρησονται TR
[3]14 πλεονεξιας 𝔐G, Cr vs πλεονεξιαις TR
[4]15 ευθειαν 𝔐G, Cr vs την ευθειαν TR

---

6 ⸀ασεβεσιν 𝔭⁷²B, [Cr] vs 𝔐ℵAC
11 ⸀παρα Κυριου 𝔭⁷² vs 𝔐ℵBC; (−A)
13 ⸀αδικουμενοι 𝔭⁷²ℵ*B vs 𝔐AC
15 ⸀καταλειποντες ℵB*A vs 𝔐𝔭⁷²C

17 Οὗτοί εἰσι πηγαὶ ἄνυδροι, ᵀ ʳνεφέλαι ὑπὸ λαίλαπος ἐλαυνόμεναι, οἷς ὁ ζόφος τοῦ σκότους εἰς αἰῶνα¹ τετήρηται.

Deceptions of the False Teachers

18 Ὑπέρογκα γὰρ ματαιότητος φθεγγόμενοι, δελεάζουσιν ἐν ἐπιθυμίαις σαρκός, ἀσελγείαις, τοὺς ʳ¹ὄντως ʳ²ἀποφυγόντας τοὺς ἐν πλάνῃ ἀναστρεφομένους, 19 ἐλευθερίαν αὐτοῖς ἐπαγγελλόμενοι, αὐτοὶ δοῦλοι ὑπάρχοντες τῆς φθορᾶς· ᾧ γάρ τις ἥττηται, τούτῳ °καὶ δεδούλωται. 20 Εἰ γὰρ ἀποφυγόντες τὰ μιάσματα τοῦ κόσμου ἐν ἐπιγνώσει τοῦ Κυρίου ᵀ καὶ Σωτῆρος Ἰησοῦ Χριστοῦ, τούτοις δὲ πάλιν ἐμπλακέντες ἡττῶνται, γέγονεν αὐτοῖς τὰ ἔσχατα χείρονα τῶν πρώτων. 21 Κρεῖττον γὰρ ἦν αὐτοῖς μὴ ἐπεγνωκέναι τὴν ὁδὸν τῆς δικαιοσύνης, ἢ ἐπιγνοῦσιν ʳἐπιστρέψαι ἐκ˺ τῆς παραδοθείσης αὐτοῖς ἁγίας ἐντολῆς. 22 Συμβέβηκε °δὲ αὐτοῖς τὸ τῆς ἀληθοῦς παροιμίας,

«Κύων ἐπιστρέψας ἐπὶ τὸ ἴδιον ἐξέραμα,»

καί,

"Ὗς λουσαμένη εἰς ʳκύλισμα βορβόρου."

God's Promise Is Not Slack

3 Ταύτην ἤδη, ἀγαπητοί, δευτέραν ὑμῖν γράφω ἐπιστολήν, ἐν αἷς διεγείρω ὑμῶν ἐν ὑπομνήσει τὴν εἰλικρινῆ διάνοιαν, 2 μνησθῆναι τῶν προειρημένων ῥημάτων

---

¹17 εις αιωνα MAC, TR vs εις αιωνας M' vs — 𝔭⁷²אB, Cr

---

17 ᵀκαι G vs M   17 ʳομιχλαι G vs 𝔐
18 ʳ¹ολιγως 𝔭⁷²BA vs 𝔐א*C
18 ʳ²αποφευγοντας G (αποφθευγοντας 𝔭⁷²) vs 𝔐
19 °𝔭⁷²א*B vs 𝔐AC   20 ᵀημων G, [Cr] vs 𝔐B
21 ʳυποστρεψαι εκ (𝔭⁷²) BC vs M; (εις τα οπισω ανακαμψαι απο
אA)   22 °G vs 𝔐C   22 ʳκυλισμον 𝔭⁷²BC* vs 𝔐אA

---

22 Prov. 26:11

ὑπὸ τῶν ἁγίων προφητῶν, καὶ τῆς τῶν ἀποστόλων ὑμῶν[1] ἐντολῆς τοῦ Κυρίου καὶ Σωτῆρος· 3 τοῦτο πρῶτον γινώσκοντες, ὅτι ἐλεύσονται ἐπ᾽ ᾿ἐσχάτου τῶν ἡμερῶν ᾿ἐμπαῖκται, κατὰ τὰς ἰδίας ἐπιθυμίας αὐτῶν[2] πορευόμενοι, 4 καὶ λέγοντες, "Ποῦ ἐστιν ἡ ἐπαγγελία τῆς παρουσίας αὐτοῦ? ᾿Αφ᾽ ἧς γὰρ οἱ πατέρες ἐκοιμήθησαν, πάντα οὕτω διαμένει ἀπ᾽ ἀρχῆς κτίσεως." 5 Λανθάνει γὰρ αὐτοὺς τοῦτο θέλοντας, ὅτι οὐρανοὶ ἦσαν ἔκπαλαι, καὶ γῆ ἐξ ὕδατος καὶ δι᾽ ὕδατος συνεστῶσα, τῷ τοῦ Θεοῦ λόγῳ, 6 δι᾽ ὧν ὁ τότε κόσμος ὕδατι κατακλυσθεὶς ἀπώλετο· 7 οἱ δὲ νῦν οὐρανοὶ καὶ ἡ γῆ τῷ ᾿αὐτοῦ λόγῳ τεθησαυρισμένοι εἰσὶ πυρὶ τηρούμενοι εἰς ἡμέραν κρίσεως καὶ ἀπωλείας τῶν ἀσεβῶν ἀνθρώπων.

8 ῞Εν δὲ τοῦτο μὴ λανθανέτω ὑμᾶς, ἀγαπητοί, ὅτι μία ἡμέρα παρὰ Κυρίῳ ὡς χίλια ἔτη καὶ χίλια ἔτη ὡς ἡμέρα μία. 9 Οὐ βραδύνει ᵒὁ Κύριος τῆς ἐπαγγελίας, ὥς τινες βραδύτητα ἡγοῦνται, ἀλλὰ μακροθυμεῖ εἰς ᾿ἡμᾶς, μὴ βουλόμενός τινας ἀπολέσθαι, ἀλλὰ πάντας εἰς μετάνοιαν χωρῆσαι.

The Day of the Lord Shall Come

10 ῞Ηξει δὲ ᵒἡ ἡμέρα Κυρίου ὡς κλέπτης ᴼἐν νυκτί,﹨ ἐν ᾗ οἱ[3] οὐρανοὶ ῥοιζηδὸν παρελεύσονται, στοιχεῖα δὲ καυσούμενα ᶜ¹λυθήσονται, καὶ γῆ καὶ τὰ ἐν αὐτῇ ἔργα ᶜ²κατακαήσεται. 11 Τούτων ᶜοὖν πάντων λυομένων, ποταποὺς δεῖ ὑπάρχειν ᵒὑμᾶς ἐν ἁγίαις ἀναστροφαῖς καὶ εὐσεβείαις, 12 προσδοκῶντας καὶ σπεύδοντας τὴν

---

¹2 υμων 𝕸𝕲, Cr vs ημων TR
²3 επιθυμιας αυτων 𝐌𝐁𝐂, Cr vs αυτων επιθυμιας 𝐀, TR vs επιθυμιας 𝔭⁷²
³10 οι 𝕸𝕲, TR Cr vs − 𝐌'𝐀

---

3 ᶜεσχατων 𝕲 vs 𝐌; (εσχατω C*)
3 ᵀεν εμπαιγμονη 𝐀𝐁𝐀 (− εν 𝔭⁷²C) vs 𝕸
7 ᶜαυτω 𝔭⁷²𝐁𝐀 vs 𝕸𝐀𝐂   9 ᵒ𝕲 vs 𝕸   9 ᶜυμας 𝕲 vs 𝕸
10 ᵒ𝔭⁷²𝐁𝐂 vs 𝕸𝐀   10 ᴼ𝕲 vs 𝐌𝐂   10 ᶜ¹λυθησεται 𝕲 vs 𝕸𝐀
10 ᶜ²ευρεθησεται 𝔭⁷²𝐀𝐁 vs 𝕸𝐀; (αφανισθησονται C)
11 ᶜουτως 𝔭⁷²𝐁 (δε ουτως C) vs 𝐌𝐀𝐀
11 ᵒ𝔭⁷²*𝐁 vs 𝕸𝐀𝐂 (ημας 𝐀*), [Cr]

παρουσίαν τῆς τοῦ Θεοῦ ἡμέρας, δι᾽ ἣν οὐρανοὶ πυρούμενοι λυθήσονται, καὶ στοιχεῖα καυσούμενα τήκεται? 13 Καινοὺς δὲ οὐρανοὺς καὶ γῆν καινὴν κατὰ τὸ ἐπάγγελμα αὐτοῦ προσδοκῶμεν, ἐν οἷς δικαιοσύνη κατοικεῖ.

Be Steadfast Till He Comes

14 Διό, ἀγαπητοί, ταῦτα προσδοκῶντες, σπουδάσατε ἄσπιλοι καὶ ἀμώμητοι αὐτῷ εὑρεθῆναι ἐν εἰρήνῃ. 15 Καὶ τὴν τοῦ Κυρίου ἡμῶν μακροθυμίαν σωτηρίαν ἡγεῖσθε, καθὼς καὶ ὁ ἀγαπητὸς ἡμῶν ἀδελφὸς Παῦλος κατὰ τὴν ⸂αὐτῷ δοθεῖσαν⸃ σοφίαν ἔγραψεν ὑμῖν, 16 ὡς καὶ ἐν πάσαις °ταῖς ἐπιστολαῖς, λαλῶν ἐν αὐταῖς περὶ τούτων, ἐν ⸀οἷς ἐστι δυσνόητά τινα, ἃ οἱ ἀμαθεῖς καὶ ἀστήρικτοι στρεβλοῦσιν, ὡς καὶ τὰς λοιπὰς Γραφάς, πρὸς τὴν ἰδίαν αὐτῶν ἀπώλειαν. 17 Ὑμεῖς οὖν, ἀγαπητοί, προγινώσκοντες φυλάσσεσθε, ἵνα μή, τῇ τῶν ἀθέσμων πλάνῃ συναπαχθέντες, ἐκπέσητε τοῦ ἰδίου στηριγμοῦ. 18 Αὐξάνετε δὲ ἐν χάριτι καὶ γνώσει τοῦ Κυρίου ἡμῶν καὶ Σωτῆρος Ἰησοῦ Χριστοῦ. Αὐτῷ ἡ δόξα καὶ νῦν καὶ εἰς ἡμέραν αἰῶνος. °Ἀμήν.

---

15 ⸂𝕲 vs M   16 °𝕲 vs 𝔐 ℵ   16 ⸀αις 𝕲 vs MC
18 °B vs 𝔐 𝕲, [Cr]

ΙΩΑΝΝΟΥ Α

Prologue

Ο **ΗΝ** ἀπ᾽ ἀρχῆς, ὃ ἀκηκόαμεν, ὃ ἑωράκαμεν τοῖς ὀφθαλμοῖς ἡμῶν, ὃ ἐθεασάμεθα, καὶ αἱ χεῖρες ἡμῶν ἐψηλάφησαν περὶ τοῦ λόγου τῆς ζωῆς — 2 καὶ ἡ ζωὴ ἐφανερώθη, καὶ ἑωράκαμεν καὶ μαρτυροῦμεν καὶ ἀπαγγέλλομεν ὑμῖν τὴν ζωὴν τὴν αἰώνιον ἥτις ἦν πρὸς τὸν Πατέρα καὶ ἐφανερώθη ἡμῖν — 3 ὃ ἑωράκαμεν καὶ ἀκηκόαμεν, ἀπαγγέλλομεν ᵀ ὑμῖν, ἵνα καὶ ὑμεῖς κοινωνίαν ἔχητε μεθ᾽ ἡμῶν. Καὶ ἡ κοινωνία δὲ ἡ ἡμετέρα μετὰ τοῦ Πατρὸς καὶ μετὰ τοῦ Υἱοῦ αὐτοῦ Ἰησοῦ Χριστοῦ. 4 Καὶ ταῦτα γράφομεν ⸆ὑμῖν, ἵνα ἡ χαρὰ ἡμῶν¹ ᾖ πεπληρωμένη.

Principles of Fellowship with Him

5 Καὶ ἔστιν αὕτη² ἡ ἀγγελία³ ἣν ἀκηκόαμεν ἀπ᾽ αὐτοῦ καὶ ἀναγγέλλομεν ὑμῖν, ὅτι ὁ Θεὸς φῶς ἐστι καὶ σκοτία ἐν αὐτῷ οὐκ ἔστιν οὐδεμία. 6 Ἐὰν εἴπωμεν ὅτι κοινωνίαν ἔχομεν μετ᾽ αὐτοῦ, καὶ ἐν τῷ σκότει περιπατῶμεν, ψευδόμεθα καὶ οὐ ποιοῦμεν τὴν ἀλήθειαν. 7 Ἐὰν δὲ ἐν τῷ φωτὶ περιπατῶμεν ὡς αὐτός ἐστιν ἐν τῷ φωτί, κοινωνίαν ἔχομεν μετ᾽ ἀλλήλων, καὶ τὸ αἷμα Ἰησοῦ ᴼΧριστοῦ τοῦ Υἱοῦ αὐτοῦ καθαρίζει ἡμᾶς ἀπὸ πάσης ἁμαρτίας. 8 Ἐὰν

In 1 John 𝕲 = ℵBAC

¹4 ημων **Μℵꓐ, Cr** vs υμων AC, **TR**
²5 εστιν αυτη **Μ𝕲, Cr** vs αυτη εστιν A, **TR**
³5 αγγελια **ΜꓐΑ, Cr** vs επαγγελια C, **TR** vs απαγγελιας ℵ*

---

3 ᵀκαι 𝕲 vs 𝔐   4 ⸆ημεις ℵꓐ vs 𝔐AC   7 ᴼ𝕲 vs 𝔐A

εἴπωμεν ὅτι ἁμαρτίαν οὐκ ἔχομεν, ἑαυτοὺς πλανῶμεν καὶ ἡ ἀλήθεια οὐκ ἔστιν ἐν ἡμῖν. 9 Ἐὰν ὁμολογῶμεν τὰς ἁμαρτίας ἡμῶν, πιστός ἐστι καὶ δίκαιος ἵνα ἀφῇ ἡμῖν τὰς ἁμαρτίας καὶ καθαρίσῃ ἡμᾶς ἀπὸ πάσης ἀδικίας. 10 Ἐὰν εἴπωμεν ὅτι οὐχ ἡμαρτήκαμεν, ψεύστην ποιοῦμεν αὐτὸν καὶ ὁ λόγος αὐτοῦ οὐκ ἔστιν ἐν ἡμῖν.

2 Τεκνία μου, ταῦτα γράφω ὑμῖν ἵνα μὴ ἁμάρτητε. Καὶ ἐάν τις ἁμάρτῃ, Παράκλητον ἔχομεν πρὸς τὸν Πατέρα, Ἰησοῦν Χριστὸν δίκαιον. 2 Καὶ αὐτὸς ἱλασμός ἐστι περὶ τῶν ἁμαρτιῶν ἡμῶν, οὐ περὶ τῶν ἡμετέρων δὲ μόνον ἀλλὰ καὶ περὶ ὅλου τοῦ κόσμου.

Principles of Knowing Him

3 Καὶ ἐν τούτῳ γινώσκομεν ὅτι ἐγνώκαμεν αὐτόν, ἐὰν τὰς ἐντολὰς αὐτοῦ τηρῶμεν. 4 Ὁ λέγων[Τ], "Ἔγνωκα αὐτόν," καὶ τὰς ἐντολὰς αὐτοῦ μὴ τηρῶν, ψεύστης ἐστί, καὶ ἐν τούτῳ ἡ ἀλήθεια οὐκ ἔστιν. 5 Ὃς δ᾽ ἂν τηρῇ αὐτοῦ τὸν λόγον, ἀληθῶς ἐν τούτῳ ἡ ἀγάπη τοῦ Θεοῦ τετελείωται. Ἐν τούτῳ γινώσκομεν ὅτι ἐν αὐτῷ ἐσμεν. 6 Ὁ λέγων ἐν αὐτῷ μένειν ὀφείλει καθὼς ἐκεῖνος περιεπάτησε καὶ αὐτὸς [ο]οὕτω περιπατεῖν.

7 [Γ]Ἀδελφοί, οὐκ ἐντολὴν καινὴν γράφω ὑμῖν, ἀλλ᾽ ἐντολὴν παλαιὰν ἣν εἴχετε ἀπ᾽ ἀρχῆς. Ἡ ἐντολὴ ἡ παλαιά ἐστιν ὁ λόγος ὃν ἠκούσατε [□]ἀπ᾽ ἀρχῆς.` 8 Πάλιν ἐντολὴν καινὴν γράφω ὑμῖν, ὅ ἐστιν ἀληθὲς ἐν αὐτῷ καὶ ἐν ὑμῖν, ὅτι ἡ σκοτία παράγεται, καὶ τὸ φῶς τὸ ἀληθινὸν ἤδη φαίνει. 9 Ὁ λέγων ἐν τῷ φωτὶ εἶναι καὶ τὸν ἀδελφὸν αὐτοῦ μισῶν, ἐν τῇ σκοτίᾳ ἐστὶν ἕως ἄρτι. 10 Ὁ ἀγαπῶν τὸν ἀδελφὸν αὐτοῦ ἐν τῷ φωτὶ μένει, καὶ σκάνδαλον ἐν αὐτῷ οὐκ ἔστιν. 11 Ὁ δὲ μισῶν τὸν ἀδελφὸν αὐτοῦ ἐν τῇ σκοτίᾳ ἐστὶ καὶ ἐν τῇ σκοτίᾳ περιπατεῖ, καὶ οὐκ οἶδε ποῦ ὑπάγει, ὅτι ἡ σκοτία ἐτύφλωσε τοὺς ὀφθαλμοὺς αὐτοῦ.

---

4 [Τ]οτι 𝕲 vs 𝕸C   6 [ο]ΒΑ vs 𝕸אC, [Cr]
7 [Γ]αγαπητοι 𝕲 vs 𝕸   7 [□]𝕲 vs 𝕸

The Spiritual State of John's Readers

12 Γράφω ὑμῖν, τεκνία,
    Ὅτι ἀφέωνται ὑμῖν αἱ ἁμαρτίαι διὰ τὸ ὄνομα αὐτοῦ.

13 Γράφω ὑμῖν, πατέρες,
    Ὅτι ἐγνώκατε τὸν ἀπ᾽ ἀρχῆς·
    Γράφω ὑμῖν, νεανίσκοι,
    Ὅτι νενικήκατε τὸν πονηρόν.
    ʳΓράφω ὑμῖν, παιδία,
    Ὅτι ἐγνώκατε τὸν Πατέρα.

14 Ἔγραψα ὑμῖν, πατέρες,
    Ὅτι ἐγνώκατε τὸν ἀπ᾽ ἀρχῆς·
    Ἔγραψα ὑμῖν, νεανίσκοι,
    Ὅτι ἰσχυροί ἐστε καὶ ὁ λόγος τοῦ Θεοῦ ἐν ὑμῖν
    μένει καὶ νενικήκατε τὸν πονηρόν.

Do Not Love the World

15 Μὴ ἀγαπᾶτε τὸν κόσμον μηδὲ τὰ ἐν τῷ κόσμῳ. Ἐάν
τις ἀγαπᾷ τὸν κόσμον, οὐκ ἔστιν ἡ ἀγάπη τοῦ Πατρὸς ἐν
αὐτῷ. 16 Ὅτι πᾶν τὸ ἐν τῷ κόσμῳ — ἡ ἐπιθυμία τῆς
σαρκὸς καὶ ἡ ἐπιθυμία τῶν ὀφθαλμῶν καὶ ἡ ἀλαζονεία τοῦ
βίου — οὐκ ἔστιν ἐκ τοῦ Πατρὸς ἀλλ᾽ ἐκ τοῦ κόσμου ἐστί.
17 Καὶ ὁ κόσμος παράγεται καὶ ἡ ἐπιθυμία αὐτοῦ, ὁ δὲ
ποιῶν τὸ θέλημα τοῦ Θεοῦ μένει εἰς τὸν αἰῶνα.

The Deceptions of the Last Hour

18 Παιδία, ἐσχάτη ὥρα ἐστί, καὶ καθὼς ἠκούσατε ὅτι °ὁ
Ἀντίχριστος ἔρχεται, καὶ νῦν ἀντίχριστοι πολλοὶ γεγόνασιν,
ὅθεν γινώσκομεν ὅτι ἐσχάτη ὥρα ἐστίν. 19 Ἐξ ἡμῶν
ἐξῆλθον, ἀλλ᾽ οὐκ ἦσαν ἐξ ἡμῶν, εἰ γὰρ ˢἦσαν ἐξ ἡμῶνˡ
μεμενήκεισαν ἂν μεθ᾽ ἡμῶν, ἀλλ᾽ ἵνα φανερωθῶσιν ὅτι οὐκ
εἰσὶ πάντες ἐξ ἡμῶν. 20 Καὶ ὑμεῖς χρῖσμα ἔχετε ἀπὸ τοῦ
Ἁγίου, καὶ οἴδατε ʳπάντα. 21 Οὐκ ἔγραψα ὑμῖν ὅτι οὐκ

---

13 ʳεγραψα 𝐆 vs 𝕸   18 °𝐆 vs 𝕸A   19 ˢ231 BC vs 𝕸אA
20 ʳπαντες אB vs 𝕸AC

οἴδατε τὴν ἀλήθειαν, ἀλλ᾽ ὅτι οἴδατε αὐτήν, καὶ ὅτι πᾶν ψεῦδος ἐκ τῆς ἀληθείας οὐκ ἔστι.

22 Τίς ἐστιν ὁ ψεύστης εἰ μὴ ὁ ἀρνούμενος ὅτι ᾽Ιησοῦς οὐκ ἔστιν ὁ Χριστός? Οὗτός ἐστιν ὁ ἀντίχριστος, ὁ ἀρνούμενος τὸν Πατέρα καὶ τὸν Υἱόν. **23** Πᾶς ὁ ἀρνούμενος τὸν Υἱὸν οὐδὲ τὸν Πατέρα ἔχει ᵀ. **24** ῾Υμεῖς ᵒοὖν ὃ ἠκούσατε ἀπ᾽ ἀρχῆς, ἐν ὑμῖν μενέτω.

Let the Truth Abide in You

᾽Εὰν ἐν ὑμῖν μείνῃ ὃ ἀπ᾽ ἀρχῆς ἠκούσατε, καὶ ὑμεῖς ἐν τῷ Υἱῷ καὶ ἐν τῷ Πατρὶ μενεῖτε. **25** Καὶ αὕτη ἐστὶν ἡ ἐπαγγελία ἣν αὐτὸς ἐπηγγείλατο ἡμῖν, τὴν ζωὴν τὴν αἰώνιον. **26** Ταῦτα ἔγραψα ὑμῖν περὶ τῶν πλανώντων ὑμᾶς. **27** Καὶ ὑμεῖς, τὸ χρῖσμα ὃ ἐλάβετε ἀπ᾽ αὐτοῦ ῾ἐν ὑμῖν μένει,᾽ καὶ οὐ χρείαν ἔχετε ἵνα τις διδάσκῃ ὑμᾶς, ἀλλ᾽ ὡς τὸ ⌐¹αὐτὸ χρῖσμα διδάσκει ὑμᾶς περὶ πάντων, καὶ ἀληθές ἐστι, καὶ οὐκ ἔστι ψεῦδος, καὶ καθὼς ἐδίδαξεν ὑμᾶς, ⌐²μενεῖτε ἐν αὐτῷ.

The Children of God

28 Καὶ νῦν, τεκνία, μένετε ἐν αὐτῷ, ἵνα ⌐¹ὅταν φανερωθῇ, ⌐²ἔχωμεν παρρησίαν καὶ μὴ αἰσχυνθῶμεν ἀπ᾽ αὐτοῦ ἐν τῇ παρουσίᾳ αὐτοῦ. **29** ᾽Εὰν εἰδῆτε ὅτι δίκαιός ἐστι, γινώσκετε ὅτι ᵀ πᾶς ὁ ποιῶν τὴν δικαιοσύνην ἐξ αὐτοῦ γεγέννηται.

3 ῎Ιδετε ποταπὴν ἀγάπην δέδωκεν ἡμῖν ὁ Πατήρ, ἵνα τέκνα Θεοῦ κληθῶμεν. ᵀ Διὰ τοῦτο ὁ κόσμος οὐ γινώσκει ὑμᾶς¹ ὅτι οὐκ ἔγνω αὐτόν. **2** ᾽Αγαπητοί, νῦν τέκνα Θεοῦ ἐσμεν, καὶ οὔπω ἐφανερώθη τί ἐσόμεθα. Οἴδαμεν ᵒδὲ

---

¹1 υμας **Mℵ*C** vs ημας **BA**, **TR Cr**

23 ᵀο ομολογων τον Υιον και τον Πατερα εχει 𝕲 vs **M**
24 ᵒ𝕲 vs 𝔐   27 ῾μενει εν υμιν 𝕲 (ημιν for υμιν **A*ᵛⁱᵈ**) vs 𝔐
27 ⌐¹αυτου 𝕲 vs **MA**   27 ⌐²μενετε 𝕲 vs **M**   28 ⌐¹εαν 𝕲 vs 𝔐
28 ⌐²σχωμεν 𝕲 vs 𝔐ℵ*   29 ᵀκαι 𝕲 vs 𝔐B
1 ᵀκαι εσμεν 𝕲 vs **M**   2 ᵒ𝕲 vs 𝔐

ὅτι ἐὰν φανερωθῇ, ὅμοιοι αὐτῷ ἐσόμεθα, ὅτι ὀψόμεθα αὐτὸν καθώς ἐστι. 3 Καὶ πᾶς ὁ ἔχων τὴν ἐλπίδα ταύτην ἐπ᾽ αὐτῷ ἁγνίζει ἑαυτόν, καθὼς ἐκεῖνος ἁγνός ἐστι.

Sin and the Child of God

4 Πᾶς ὁ ποιῶν τὴν ἁμαρτίαν καὶ τὴν ἀνομίαν ποιεῖ, καὶ ἡ ἁμαρτία ἐστὶν ἡ ἀνομία. **5** Καὶ οἴδατε ὅτι ἐκεῖνος ἐφανερώθη ἵνα τὰς ἁμαρτίας °ἡμῶν ἄρῃ, καὶ ἁμαρτία ἐν αὐτῷ οὐκ ἔστι. **6** Πᾶς ὁ ἐν αὐτῷ μένων οὐχ ἁμαρτάνει· πᾶς ὁ ἁμαρτάνων οὐχ ἑώρακεν αὐτὸν οὐδὲ ἔγνωκεν αὐτόν.

7 Τεκνία, μηδεὶς πλανάτω ὑμᾶς· ὁ ποιῶν τὴν δικαιοσύνην δίκαιός ἐστι, καθὼς ἐκεῖνος δίκαιός ἐστιν. **8** Ὁ ποιῶν τὴν ἁμαρτίαν ἐκ τοῦ διαβόλου ἐστίν, ὅτι ἀπ᾽ ἀρχῆς ὁ διάβολος ἁμαρτάνει. Εἰς τοῦτο ἐφανερώθη ὁ Υἱὸς τοῦ Θεοῦ, ἵνα λύσῃ τὰ ἔργα τοῦ διαβόλου. **9** Πᾶς ὁ γεγεννημένος ἐκ τοῦ Θεοῦ ἁμαρτίαν οὐ ποιεῖ, ὅτι σπέρμα αὐτοῦ ἐν αὐτῷ μένει, καὶ οὐ δύναται ἁμαρτάνειν, ὅτι ἐκ τοῦ Θεοῦ γεγέννηται. **10** Ἐν τούτῳ φανερά ἐστι τὰ τέκνα τοῦ Θεοῦ καὶ τὰ τέκνα τοῦ διαβόλου.

The Imperative of Love

Πᾶς ὁ μὴ ποιῶν δικαιοσύνην οὐκ ἔστιν ἐκ τοῦ Θεοῦ, καὶ ὁ μὴ ἀγαπῶν τὸν ἀδελφὸν αὐτοῦ. **11** Ὅτι αὕτη ἐστὶν ἡ ἀγγελία ἣν ἠκούσατε ἀπ᾽ ἀρχῆς, ἵνα ἀγαπῶμεν ἀλλήλους, **12** οὐ καθὼς Κάϊν ἐκ τοῦ πονηροῦ ἦν καὶ ἔσφαξε τὸν ἀδελφὸν αὐτοῦ. Καὶ χάριν τίνος ἔσφαξεν αὐτόν; Ὅτι τὰ ἔργα αὐτοῦ πονηρὰ ἦν, τὰ δὲ τοῦ ἀδελφοῦ αὐτοῦ δίκαια.

13 ᵀΜὴ θαυμάζετε, ἀδελφοί °μου, εἰ μισεῖ ὑμᾶς ὁ κόσμος. **14** Ἡμεῖς οἴδαμεν ὅτι μεταβεβήκαμεν ἐκ τοῦ θανάτου εἰς τὴν ζωήν, ὅτι ἀγαπῶμεν τοὺς ἀδελφούς. Ὁ μὴ ἀγαπῶν ᵒτὸν ἀδελφὸνˋ μένει ἐν τῷ θανάτῳ. **15** Πᾶς ὁ μισῶν τὸν ἀδελφὸν αὐτοῦ ἀνθρωποκτόνος ἐστί, καὶ οἴδατε ὅτι πᾶς ἀνθρωποκτόνος οὐκ ἔχει ζωὴν αἰώνιον ἐν ἑαυτῷ¹ μένουσαν.

---

¹15 εαυτω Mᵛⁱᵈ 𝕲 vs αυτω B, TR Cr

---

5 °BA vs 𝕸 אC   **13** ᵀκαι אCᵛⁱᵈ, [Cr] vs 𝕸BA   **13** °𝕲 vs 𝕸
14 ᵒ𝕲 vs 𝕸C

The Outworking of Love

16 Ἐν τούτῳ ἐγνώκαμεν τὴν ἀγάπην, ὅτι ἐκεῖνος ὑπὲρ ἡμῶν τὴν ψυχὴν αὐτοῦ ἔθηκε. Καὶ ἡμεῖς ὀφείλομεν ὑπὲρ τῶν ἀδελφῶν τὰς ψυχὰς ⌐τιθέναι. **17** Ὃς δ᾽ ἂν ἔχῃ τὸν βίον τοῦ κόσμου καὶ θεωρῇ[1] τὸν ἀδελφὸν αὐτοῦ χρείαν ἔχοντα καὶ κλείσῃ τὰ σπλάγχνα αὐτοῦ ἀπ᾽ αὐτοῦ, πῶς ἡ ἀγάπη τοῦ Θεοῦ μένει ἐν αὐτῷ? **18** Τεκνία °μου, μὴ ἀγαπῶμεν λόγῳ μηδὲ τῇ[2] γλώσσῃ, ἀλλ᾽ ἐν[3] ἔργῳ καὶ ἀληθείᾳ. **19** °Καὶ ἐν τούτῳ ⌐γινώσκομεν ὅτι ἐκ τῆς ἀληθείας ἐσμέν, καὶ ἔμπροσθεν αὐτοῦ πείσομεν ⌐τὰς καρδίας⌐ ἡμῶν, **20** ὅτι ἐὰν καταγινώσκῃ ἡμῶν ἡ καρδία, ὅτι μείζων ἐστὶν ὁ Θεὸς τῆς καρδίας ἡμῶν καὶ γινώσκει πάντα. **21** Ἀγαπητοί, ἐὰν ἡ καρδία °1ἡμῶν μὴ καταγινώσκῃ °2ἡμῶν, παρρησίαν ἔχομεν πρὸς τὸν Θεόν, **22** καὶ ὃ ἐὰν αἰτῶμεν, λαμβάνομεν ⌐παρ᾽ αὐτοῦ, ὅτι τὰς ἐντολὰς αὐτοῦ τηροῦμεν καὶ τὰ ἀρεστὰ ἐνώπιον αὐτοῦ ποιοῦμεν. **23** Καὶ αὕτη ἐστὶν ἡ ἐντολὴ αὐτοῦ, ἵνα πιστεύσωμεν τῷ ὀνόματι τοῦ Υἱοῦ αὐτοῦ Ἰησοῦ Χριστοῦ καὶ ἀγαπῶμεν ἀλλήλους, καθὼς ἔδωκεν ἐντολήν[4].

The Spirit of Truth and the Spirit of Error

24 Καὶ ὁ τηρῶν τὰς ἐντολὰς αὐτοῦ ἐν αὐτῷ μένει καὶ αὐτὸς ἐν αὐτῷ. Καὶ ἐν τούτῳ γινώσκομεν ὅτι μένει ἐν ἡμῖν, ἐκ τοῦ Πνεύματος οὗ ἡμῖν ἔδωκεν.

4 Ἀγαπητοί, μὴ παντὶ πνεύματι πιστεύετε, ἀλλὰ δοκιμάζετε τὰ πνεύματα εἰ ἐκ τοῦ Θεοῦ ἐστιν, ὅτι

---

[1]17 θεωρη 𝔐ᵖᵗ𝔊, TR Cr vs θεωρει 𝔐ᵖᵗ
[2]18 τη 𝔐𝔊, Cr vs – ℵ, TR
[3]18 εν 𝔐ᵛⁱᵈ 𝔊, Cr vs – TR
[4]23 εντολην 𝔐 vs +ημιν 𝔊, TR Cr

---

16 ⌐θειναι 𝔊 vs 𝔐   18 °𝔊 vs 𝔐   19 °BA vs 𝔐ℵC, [Cr]
19 ⌐γνωσομεθα 𝔊 vs Μ   19 ⌐την καρδιαν BA* vs 𝔐ℵC
21 °1BA vs 𝔐ℵC, [Cr]   21 °2BC vs 𝔐ℵA   22 ⌐απ 𝔊 vs 𝔐

πολλοὶ ψευδοπροφῆται ἐξεληλύθασιν εἰς τὸν κόσμον. **2** Ἐν τούτῳ γινώσκεται[1] τὸ Πνεῦμα τοῦ Θεοῦ· πᾶν πνεῦμα ὃ ὁμολογεῖ Ἰησοῦν Χριστὸν ἐν σαρκὶ ἐληλυθότα ἐκ τοῦ Θεοῦ ἐστι, **3** καὶ πᾶν πνεῦμα ὃ μὴ ὁμολογεῖ[2] Ἰησοῦν °Χριστὸν □ἐν σαρκὶ ἐληλυθότα` ἐκ τοῦ Θεοῦ οὐκ ἔστι. Καὶ τοῦτό ἐστι τὸ τοῦ ἀντιχρίστου, ὃ ἀκηκόατε ὅτι ἔρχεται, καὶ νῦν ἐν τῷ κόσμῳ ἐστὶν ἤδη. **4** Ὑμεῖς ἐκ τοῦ Θεοῦ ἐστε, τεκνία, καὶ νενικήκατε αὐτούς, ὅτι μείζων ἐστὶν ὁ ἐν ὑμῖν ἢ ὁ ἐν τῷ κόσμῳ. **5** Αὐτοὶ ἐκ τοῦ κόσμου εἰσί· διὰ τοῦτο ἐκ τοῦ κόσμου λαλοῦσι, καὶ ὁ κόσμος αὐτῶν ἀκούει. **6** Ἡμεῖς ἐκ τοῦ Θεοῦ ἐσμεν· ὁ γινώσκων τὸν Θεὸν ἀκούει ἡμῶν· ὃς οὐκ ἔστιν ἐκ τοῦ Θεοῦ οὐκ ἀκούει ἡμῶν. Ἐκ τούτου γινώσκομεν τὸ πνεῦμα τῆς ἀληθείας καὶ τὸ πνεῦμα τῆς πλάνης.

Knowing God Through Love

7 Ἀγαπητοί, ἀγαπῶμεν ἀλλήλους, ὅτι ἡ ἀγάπη ἐκ τοῦ Θεοῦ ἐστι, καὶ πᾶς ὁ ἀγαπῶν ἐκ τοῦ Θεοῦ γεγέννηται καὶ γινώσκει τὸν Θεόν. **8** Ὁ μὴ ἀγαπῶν οὐκ ἔγνω τὸν Θεόν, ὅτι ὁ Θεὸς ἀγάπη ἐστίν. **9** Ἐν τούτῳ ἐφανερώθη ἡ ἀγάπη τοῦ Θεοῦ ἐν ἡμῖν, ὅτι τὸν Υἱὸν αὐτοῦ τὸν μονογενῆ ἀπέσταλκεν ὁ Θεὸς εἰς τὸν κόσμον ἵνα ζήσωμεν δι᾽ αὐτοῦ. **10** Ἐν τούτῳ ἐστὶν ἡ ἀγάπη, οὐχ ὅτι ἡμεῖς ʳἠγαπήσαμεν τὸν Θεόν, ἀλλ᾽ ὅτι αὐτὸς ἠγάπησεν ἡμᾶς καὶ ἀπέστειλε τὸν Υἱὸν αὐτοῦ ἱλασμὸν περὶ τῶν ἁμαρτιῶν ἡμῶν. **11** Ἀγαπητοί, εἰ οὕτως ὁ Θεὸς ἠγάπησεν ἡμᾶς, καὶ ἡμεῖς ὀφείλομεν ἀλλήλους ἀγαπᾶν.

Seeing God Through Love

12 Θεὸν οὐδεὶς πώποτε τεθέαται. Ἐὰν ἀγαπῶμεν ἀλλήλους, ὁ Θεὸς ἐν ἡμῖν μένει καὶ ἡ ἀγάπη αὐτοῦ

---

¹2 γινωσκεται M vs γινωσκετε 𝕲, TR Cr vs γινωσκομεν ℵ*
²3 ομολογει Mℵ vs + τον BA, TR Cr

---

3 °BA vs 𝔐 (Κυριον ℵ)   **3** □BA vs 𝔐ℵ
10 ʳηγαπηκαμεν B vs 𝔐A; (ηγαπησε ℵ*)

ᶠτετελειωμένη ἐστὶν ἐν ἡμῖν.ᶻ 13 (Ἐν τούτῳ γινώσκομεν ὅτι ἐν αὐτῷ μένομεν καὶ αὐτὸς ἐν ἡμῖν, ὅτι ἐκ τοῦ Πνεύματος αὐτοῦ δέδωκεν ἡμῖν.) 14 Καὶ ἡμεῖς τεθεάμεθα καὶ μαρτυροῦμεν ὅτι ὁ Πατὴρ ἀπέσταλκε τὸν Υἱὸν Σωτῆρα τοῦ κόσμου. 15 Ὃς ᶠἂν ὁμολογήσῃ ὅτι Ἰησοῦς ἐστιν ὁ Υἱὸς τοῦ Θεοῦ, ὁ Θεὸς ἐν αὐτῷ μένει, καὶ αὐτὸς ἐν τῷ Θεῷ. 16 Καὶ ἡμεῖς ἐγνώκαμεν καὶ πεπιστεύκαμεν τὴν ἀγάπην ἣν ἔχει ὁ Θεὸς ἐν ἡμῖν. Ὁ Θεὸς ἀγάπη ἐστί, καὶ ὁ μένων ἐν τῇ ἀγάπῃ ἐν τῷ Θεῷ μένει, καὶ ὁ Θεὸς ἐν αὐτῷ μένει.[1]

The Consummation of Love

17 Ἐν τούτῳ τετελείωται ἡ ἀγάπη μεθ᾽ ἡμῶν, ἵνα παρρησίαν ἔχωμεν ἐν τῇ ἡμέρᾳ τῆς κρίσεως, ὅτι καθὼς ἐκεῖνός ἐστι, καὶ ἡμεῖς ἐσμεν ἐν τῷ κόσμῳ τούτῳ. 18 Φόβος οὐκ ἔστιν ἐν τῇ ἀγάπῃ, ἀλλ᾽ ἡ τελεία ἀγάπη ἔξω βάλλει τὸν φόβον, ὅτι ὁ φόβος κόλασιν ἔχει. Ὁ δὲ φοβούμενος οὐ τετελείωται ἐν τῇ ἀγάπῃ. 19 Ἡμεῖς ἀγαπῶμεν °αὐτὸν ὅτι αὐτὸς πρῶτος ἠγάπησεν ἡμᾶς.

Keeping God's Command by Faith

20 Ἐάν τις εἴπῃ ὅτι "Ἀγαπῶ τὸν Θεόν," καὶ τὸν ἀδελφὸν αὐτοῦ μισῇ,[2] ψεύστης ἐστίν· ὁ γὰρ μὴ ἀγαπῶν τὸν ἀδελφὸν αὐτοῦ ὃν ἑώρακε, τὸν Θεὸν ὃν οὐχ ἑώρακε ᶠπῶς δύναται ἀγαπᾶν; 21 Καὶ ταύτην τὴν ἐντολὴν ἔχομεν ἀπ᾽ αὐτοῦ, ἵνα ὁ ἀγαπῶν τὸν Θεὸν ἀγαπᾷ καὶ τὸν ἀδελφὸν αὐτοῦ.

5 Πᾶς ὁ πιστεύων ὅτι Ἰησοῦς ἐστιν ὁ Χριστός, ἐκ τοῦ Θεοῦ γεγέννηται, καὶ πᾶς ὁ ἀγαπῶν τὸν γεννήσαντα ἀγαπᾷ °καὶ τὸν γεγεννημένον ἐξ αὐτοῦ. 2 Ἐν τούτῳ

---

[1]16 μενει 𝕸אB, Cr vs − 𝕸ᶜA, TR
[2]20 μιση 𝕸ᵖᵗ 𝕲 (h.C), TR Cr vs μισει 𝕸ᵖᵗ

12 ᶠ3412 A, vs 𝕸; (1342 אB)   15 ᶠεαν B vs 𝕸אA
19 °BA vs 𝕸; (τον Θεον א)   20 ᶠου אB vs 𝕸A
1 °B vs 𝕸אA, [Cr]

γινώσκομεν ὅτι ἀγαπῶμεν τὰ τέκνα τοῦ Θεοῦ, ὅταν τὸν Θεὸν ἀγαπῶμεν καὶ τὰς ἐντολὰς αὐτοῦ ⌜τηρῶμεν. 3 Αὕτη γάρ ἐστιν ἡ ἀγάπη τοῦ Θεοῦ, ἵνα τὰς ἐντολὰς αὐτοῦ τηρῶμεν. Καὶ αἱ ἐντολαὶ αὐτοῦ βαρεῖαι οὐκ εἰσίν, 4 ὅτι πᾶν τὸ γεγεννημένον ἐκ τοῦ Θεοῦ νικᾷ τὸν κόσμον· καὶ αὕτη ἐστὶν ἡ νίκη ἡ νικήσασα τὸν κόσμον, ἡ πίστις ὑμῶν.¹ 5 Τίς ⌜ἐστιν ὁ νικῶν τὸν κόσμον εἰ μὴ ὁ πιστεύων ὅτι Ἰησοῦς ἐστιν ὁ Υἱὸς τοῦ Θεοῦ?

The Certainty of God's Witness

6 Οὗτός ἐστιν ὁ ἐλθὼν δι᾽ ὕδατος καὶ αἵματος, Ἰησοῦς² Χριστός, οὐκ ἐν τῷ ὕδατι μόνον, ἀλλ᾽ ἐν τῷ ὕδατι καὶ ᵀτῷ αἵματι. Καὶ τὸ Πνεῦμά ἐστι τὸ μαρτυροῦν, ὅτι τὸ Πνεῦμά ἐστιν ἡ ἀλήθεια. 7 Ὅτι τρεῖς εἰσιν οἱ μαρτυροῦντες·³ 8 τὸ Πνεῦμα καὶ τὸ ὕδωρ καὶ τὸ αἷμα, καὶ οἱ τρεῖς εἰς τὸ ἕν εἰσιν. 9 Εἰ τὴν μαρτυρίαν τῶν ἀνθρώπων λαμβάνομεν, ἡ μαρτυρία τοῦ Θεοῦ μείζων ἐστίν· ὅτι αὕτη ἐστὶν ἡ μαρτυρία τοῦ Θεοῦ ⌜ἣν μεμαρτύρηκε περὶ τοῦ Υἱοῦ αὐτοῦ. 10 Ὁ πιστεύων εἰς τὸν Υἱὸν τοῦ Θεοῦ ἔχει τὴν μαρτυρίαν ἐν αὐτῷ⁴· ὁ μὴ πιστεύων τῷ Θεῷ ψεύστην πεποίηκεν αὐτόν, ὅτι οὐ πεπίστευκεν εἰς τὴν μαρτυρίαν ἣν μεμαρτύρηκεν ὁ Θεὸς περὶ τοῦ Υἱοῦ αὐτοῦ. 11 Καὶ αὕτη ἐστὶν ἡ μαρτυρία, ὅτι ζωὴν αἰώνιον ἔδωκεν ἡμῖν ὁ Θεός, καὶ αὕτη ἡ ζωὴ ἐν τῷ Υἱῷ αὐτοῦ ἐστιν. 12 Ὁ ἔχων τὸν Υἱὸν ἔχει τὴν ζωήν· ὁ μὴ ἔχων τὸν Υἱὸν τοῦ Θεοῦ τὴν ζωὴν οὐκ ἔχει.

---

¹4 υμων M^{pt} vs ημων M^{pt} 𝕲 (h.C), TR Cr
²6 Ιησους 𝔐𝕲 (h.C), Cr vs +ο TR
³7 – 8 μαρτυρουντες 𝔐𝕲 (h.C), Cr vs +εν τω ουρανω ο Πατηρ ο Λογος και το Αγιον Πνευμα και ουτοι οι τρεις εν εισι 8 και τρεις εισιν οι μαρτυρουντες εν τη γη TR
⁴10 αυτω M^{pt vid} BA vs εαυτω M^{pt vid} ℵ, TR Cr

---

2 ⌜ποιωμεν B vs 𝔐ℵA   5 ⌜δε εστιν ℵ, (εστιν δε B) [Cr] vs 𝔐A
6 ᵀεν BA vs Mℵ   9 ⌜οτι 𝕲 (h.C) vs 𝔐

13 Ταῦτα ἔγραψα ὑμῖν τοῖς πιστεύουσιν εἰς τὸ ὄνομα τοῦ Υἱοῦ τοῦ Θεοῦ, ἵνα εἰδῆτε ὅτι ζωὴν αἰώνιον ἔχετε, καὶ ἵνα πιστεύητε εἰς τὸ ὄνομα τοῦ Υἱοῦ τοῦ Θεοῦ.[1]

Confidence and Compassion in Prayer

14 Καὶ αὕτη ἐστὶν ἡ παρρησία ἣν ἔχομεν πρὸς αὐτόν, ὅτι ἐάν τι αἰτώμεθα κατὰ τὸ θέλημα αὐτοῦ, ἀκούει ἡμῶν. 15 Καὶ ἐὰν οἴδαμεν ὅτι ἀκούει ἡμῶν, ὃ ἐὰν[2] αἰτώμεθα, οἴδαμεν ὅτι ἔχομεν τὰ αἰτήματα ἃ ᾐτήκαμεν ⌐παρ᾽ αὐτοῦ. 16 Ἐάν τις ἴδῃ τὸν ἀδελφὸν αὐτοῦ ἁμαρτάνοντα ἁμαρτίαν μὴ πρὸς θάνατον, αἰτήσει, καὶ δώσει αὐτῷ ζωὴν τοῖς ἁμαρτάνουσι μὴ πρὸς θάνατον. Ἔστιν ἁμαρτία πρὸς θάνατον· οὐ περὶ ἐκείνης λέγω ἵνα ἐρωτήσῃ. 17 Πᾶσα ἀδικία ἁμαρτία ἐστί, καὶ ἔστιν ἁμαρτία οὐ πρὸς θάνατον.

Epilogue: Knowing Reality and Rejecting Idols

18 Οἴδαμεν ὅτι πᾶς ὁ γεγεννημένος ἐκ τοῦ Θεοῦ οὐχ ἁμαρτάνει, ἀλλ᾽ ὁ γεννηθεὶς ἐκ τοῦ Θεοῦ τηρεῖ ⌐ἑαυτόν, καὶ ὁ πονηρὸς οὐχ ἅπτεται αὐτοῦ. 19 Οἴδαμεν ὅτι ἐκ τοῦ Θεοῦ ἐσμεν, καὶ ὁ κόσμος ὅλος ἐν τῷ πονηρῷ κεῖται. 20 Οἴδαμεν δὲ ὅτι ὁ Υἱὸς τοῦ Θεοῦ ἥκει καὶ δέδωκεν ἡμῖν διάνοιαν ἵνα γινώσκωμεν[3] τὸν ἀληθινόν· καί ἐσμεν ἐν τῷ

---

[1]13 τοις πιστευουσιν εις το ονομα του Υιου του Θεου ινα ειδητε οτι ζωην αιωνιον εχετε και ινα πιστευητε εις το ονομα του Υιου του Θεου M^vid, (αιωνιον after εχετε TR) vs ινα ειδητε οτι ζωην εχετε αιωνιον τοις πιστευουσιν εις το ονομα του Υιου του Θεου B (αιωνιον before εχετε א*; οι πιστευοντες for τοις πιστευουσιν A), Cr

[2]15 εαν 𝔐 א, Cr vs αν BA, TR
[3]20 γινωσκωμεν M^pt, TR Cr vs γινωσκομεν M^pt G (h.C)

---

15 ⌐απ אB vs 𝔐A
18 ⌐αυτον BA* vs 𝔐 א

ἀληθινῷ, ἐν τῷ Υἱῷ αὐτοῦ ᾿Ιησοῦ Χριστῷ. Οὗτός ἐστιν ὁ
ἀληθινὸς Θεὸς καὶ ἡ ζωὴ ἡ᾽ αἰώνιος.

21 Τεκνία, φυλάξατε ⸂ἑαυτοὺς ἀπὸ τῶν εἰδώλων.
°᾽Αμήν.

'20 η ζωη η M^pt vs ζωη M^pt 𝕲 (h.C), Cr vs η ζωη M^pt TR

---

21 ⸂εαυτα ℵ*B vs M^vid A
21 °𝕲 (h.C) vs M

ΙΩΑΝΝΟΥ Β

The Elder Greets the Elect Lady

Ο **ΠΡΕΣΒΥΤΕΡΟΣ,**
᾽Εκλεκτῇ κυρίᾳ καὶ τοῖς τέκνοις αὐτῆς, οὓς ἐγὼ ἀγαπῶ ἐν ἀληθείᾳ, καὶ οὐκ ἐγὼ μόνος, ἀλλὰ καὶ πάντες οἱ ἐγνωκότες τὴν ἀλήθειαν, **2** διὰ τὴν ἀλήθειαν τὴν μένουσαν ἐν ἡμῖν καὶ μεθ᾽ ἡμῶν ἔσται εἰς τὸν αἰῶνα. **3** ῎Εσται μεθ᾽ ἡμῶν¹ χάρις, ἔλεος, εἰρήνη παρὰ Θεοῦ Πατρὸς καὶ παρὰ °Κυρίου ᾽Ιησοῦ Χριστοῦ τοῦ Υἱοῦ τοῦ Πατρός, ἐν ἀληθείᾳ καὶ ἀγάπη.

Walk in Christ's Commandments

4 ᾽Εχάρην λίαν ὅτι εὕρηκα ἐκ τῶν τέκνων σου περιπατοῦντας ἐν ἀληθείᾳ, καθὼς ἐντολὴν ἐλάβομεν παρὰ τοῦ Πατρός. **5** Καὶ νῦν ἐρωτῶ σε, κυρία, οὐχ ὡς ἐντολὴν ˢγράφων σοι καινήν,ˡ ἀλλὰ ἣν εἴχομεν² ἀπ᾽ ἀρχῆς, ἵνα ἀγαπῶμεν ἀλλήλους. **6** Καὶ αὕτη ἐστὶν ἡ ἀγάπη, ἵνα περιπατῶμεν κατὰ τὰς ἐντολὰς αὐτοῦ. Αὕτη ˢἐστὶν ἡ ἐντολή,ˡ καθὼς ἠκούσατε ἀπ᾽ ἀρχῆς, ἵνα ἐν αὐτῇ περιπατῆτε.

Beware of Antichrist Deceivers

7 ῞Οτι πολλοὶ πλάνοι ʳεἰσῆλθον εἰς τὸν κόσμον, οἱ μὴ ὁμολογοῦντες ᾽Ιησοῦν Χριστὸν ἐρχόμενον ἐν σαρκί. Οὗτός ἐστιν ὁ πλάνος καὶ ὁ ἀντίχριστος. **8** Βλέπετε ἑαυτούς, ἵνα

In 2 John 𝔊 = אBA

¹3 εσται μεθ ημων MᵖᵗאB, **Cr** vs εσται μεθ υμων Mᵖᵗ, **TR** vs − A
²5 ειχομεν M𝔊, **TR Cr** vs εχομεν Mʳ

3 °BA vs 𝔐א   5 ˢ312 אA vs 𝔐B   6 ˢ231 BA vs 𝔐א
7 ʳεξηλθον 𝔊 vs 𝔐

μὴ ⌐¹ἀπολέσωμεν ἃ εἰργασάμεθα, ἀλλὰ μισθὸν πλήρη
⌐²ἀπολάβωμεν.

9 Πᾶς ὁ ⌐παραβαίνων καὶ μὴ μένων ἐν τῇ διδαχῇ □τοῦ
Χριστοῦ` Θεὸν οὐκ ἔχει· ὁ μένων ἐν τῇ διδαχῇ τοῦ Χριστοῦ,
οὗτος καὶ τὸν Πατέρα καὶ τὸν Υἱὸν ἔχει. **10** Εἴ τις ἔρχεται
πρὸς ὑμᾶς καὶ ταύτην τὴν διδαχὴν οὐ φέρει, μὴ λαμβάνετε
αὐτὸν εἰς οἰκίαν, καὶ "Χαίρειν" αὐτῷ μὴ λέγετε· **11** ὁ ˢγὰρ
λέγων˄ αὐτῷ "Χαίρειν" κοινωνεῖ τοῖς ἔργοις αὐτοῦ τοῖς
πονηροῖς.

John's Farewell Greeting

12 Πολλὰ ἔχων ὑμῖν γράφειν, οὐκ ἐβουλήθην¹ διὰ
χάρτου καὶ μέλανος, ἀλλὰ ἐλπίζω ⌐ἐλθεῖν πρὸς ὑμᾶς καὶ
στόμα πρὸς στόμα λαλῆσαι, ἵνα ἡ χαρὰ ἡμῶν ⌐ἦ
πεπληρωμένη.˄

13 Ἀσπάζεταί σε τὰ τέκνα τῆς ἀδελφῆς σου τῆς
ἐκλεκτῆς. °Ἀμήν.

---

¹12 εβουληθην **MϹ**, Cr vs ηβουληθην **TR**

---

8 ⌐¹απολεσητε **BA** (απολησθε **א***) vs **M**   8 ⌐²απολαβητε **Ϲ** vs **M**
9 ⌐προαγων **Ϲ** vs **𝔐**   9 □**Ϲ** vs **𝔐**   11 ˢ**Ϲ** vs **𝔐**
12 ⌐γενεσθαι **Ϲ** vs **M**
12 ⌐πεπληρωμενη η **B** (ην for η **א**) vs **𝔐A**   13 °**Ϲ** vs **𝔐**

ΙΩΑΝΝΟΥ Γ

The Elder Greets Gaius

ΠΡΕΣΒΥΤΕΡΟΣ, Γαΐῳ τῷ ἀγαπητῷ, ὃν ἐγὼ ἀγαπῶ ἐν ἀληθείᾳ.

2 Ἀγαπητέ, περὶ πάντων εὔχομαί σε εὐοδοῦσθαι καὶ ὑγιαίνειν, καθὼς εὐοδοῦταί σου ἡ ψυχή. **3** Ἐχάρην γὰρ λίαν, ἐρχομένων ἀδελφῶν καὶ μαρτυρούντων σου τῇ ἀληθείᾳ, καθὼς σὺ ἐν ἀληθείᾳ περιπατεῖς. **4** Μειζοτέραν τούτων οὐκ ἔχω χαράν, ἵνα ἀκούω τὰ ἐμὰ τέκνα ἐν ᵀ ἀληθείᾳ περιπατοῦντα.

Gaius Is Commended for Generosity

5 Ἀγαπητέ, πιστὸν ποιεῖς ὃ ἐὰν ἐργάσῃ εἰς τοὺς ἀδελφοὺς καὶ ⸀εἰς τοὺς⸃ ξένους, **6** οἳ ἐμαρτύρησάν σου τῇ ἀγάπῃ ἐνώπιον ἐκκλησίας, οὓς καλῶς ποιήσεις προπέμψας ἀξίως τοῦ Θεοῦ. **7** Ὑπὲρ γὰρ τοῦ Ὀνόματος ἐξῆλθον, μηδὲν λαμβάνοντες ἀπὸ τῶν ⸀ἐθνῶν. **8** Ἡμεῖς οὖν ὀφείλομεν ⸀ἀπολαμβάνειν τοὺς τοιούτους ἵνα συνεργοὶ γινώμεθα τῇ ἀληθείᾳ.

Diotrephes Is Criticized and Demetrius Commended

9 Ἔγραψά ᵀ τῇ ἐκκλησίᾳ, ἀλλ᾽ ὁ φιλοπρωτεύων αὐτῶν Διοτρέφης οὐκ ἐπιδέχεται ἡμᾶς. **10** Διὰ τοῦτο, ἐὰν ἔλθω, ὑπομνήσω αὐτοῦ τὰ ἔργα ἃ ποιεῖ, λόγοις πονηροῖς

In 3 John 𝕲 = 𝖝BAC

4 ᵀτη 𝕲 vs 𝕸𝖝   **5** ⸀τουτο 𝕲 vs 𝕸   **7** ⸀εθνικων 𝕲 vs 𝕸
8 ⸀υπολαμβανειν 𝕲 vs 𝕸   **9** ᵀτι 𝕲 vs Μ𝖈

φλυαρῶν ἡμᾶς. Καὶ μὴ ἀρκούμενος ἐπὶ τούτοις, οὔτε αὐτὸς ἐπιδέχεται τοὺς ἀδελφούς, καὶ τοὺς βουλομένους κωλύει, καὶ ἐκ τῆς ἐκκλησίας ἐκβάλλει. 11 Ἀγαπητέ, μὴ μιμοῦ τὸ κακόν, ἀλλὰ τὸ ἀγαθόν. Ὁ ἀγαθοποιῶν ἐκ τοῦ Θεοῦ ἐστιν· ὁ¹ κακοποιῶν οὐχ ἑώρακε τὸν Θεόν. 12 Δημητρίῳ μεμαρτύρηται ὑπὸ πάντων, καὶ ·ὑπ᾽ αὐτῆς τῆς ἀληθείας. Καὶ ἡμεῖς δὲ μαρτυροῦμεν, καὶ ˹οἴδατε ὅτι ἡ μαρτυρία ἡμῶν ἀληθής ἐστι.

John's Farewell Greeting

13 Πολλὰ εἶχον ˹γράφειν, ἀλλ᾽ οὐ θέλω διὰ μέλανος καὶ καλάμου ˹σοι γράψαι.˺ 14 Ἐλπίζω δὲ εὐθέως ˢἰδεῖν σε,˩ καὶ στόμα πρὸς στόμα λαλήσομεν.

Εἰρήνη σοι. Ἀσπάζονταί σε οἱ φίλοι. Ἀσπάζου τοὺς φίλους κατ᾽ ὄνομα.

---

¹11 o 𝔐 G, Cr vs +δε TR

12 ·υπο ℵC vs 𝔐 BA   12 ˹οιδας G vs M
13 ˹γραψαι σοι G vs M   13 ˹σοι γραφειν G (ˢ A) vs 𝔐
14 ˢG vs 𝔐ℵ

ΙΟΥΔΑ

Jude Greets the Called

Ι
ΟΥΔΑΣ, Ἰησοῦ Χριστοῦ δοῦλος, ἀδελφὸς δὲ Ἰακώβου, Τοῖς ἐν Θεῷ Πατρὶ ʳἡγιασμένοις καὶ Ἰησοῦ Χριστῷ τετηρημένοις κλητοῖς· 2 Ἔλεος ὑμῖν καὶ εἰρήνη καὶ ἀγάπη πληθυνθείη.

Jude's Reason for Writing

3 Ἀγαπητοί, πᾶσαν σπουδὴν ποιούμενος γράφειν ὑμῖν περὶ τῆς κοινῆς ᵀ σωτηρίας, ἀνάγκην ἔσχον γράψαι ὑμῖν παρακαλῶν ἐπαγωνίζεσθαι τῇ ἅπαξ παραδοθείσῃ τοῖς ἁγίοις πίστει. 4 Παρεισέδυσαν γάρ τινες ἄνθρωποι, οἱ πάλαι προγεγραμμένοι εἰς τοῦτο τὸ κρίμα, ἀσεβεῖς, τὴν τοῦ Θεοῦ ἡμῶν ʳχάριν μετατιθέντες εἰς ἀσέλγειαν καὶ τὸν μόνον Δεσπότην °Θεὸν καὶ Κύριον ἡμῶν Ἰησοῦν Χριστὸν ἀρνούμενοι.

Old and New Apostates

5 Ὑπομνῆσαι δὲ ὑμᾶς βούλομαι, εἰδότας °ὑμᾶς ʳἅπαξ τοῦτο, ὅτι ὁ Κύριος,ˋ λαὸν ἐκ γῆς Αἰγύπτου σώσας, τὸ δεύτερον τοὺς μὴ πιστεύσαντας ἀπώλεσεν. 6 Ἀγγέλους τε τοὺς μὴ τηρήσαντας τὴν ἑαυτῶν ἀρχήν, ἀλλὰ

In Jude **Ϭ** = 𝔭⁷²אΒΑϹ

---

1 ʳἠγαπημενοις **Ϭ** (h.C) vs 𝔐   3 ᵀημων **Ϭ** (h.C) vs 𝔐
4 ʳχαριτα 𝔭⁷²ΒΑ vs 𝔐אϹ   4 °**Ϭ** vs 𝔐   5 °𝔭⁷²ΑϹ vs ΜאΒ U [Ν]
5 ʳπαντα οτι ο Κυριος απαξ Ϲ*,(−ο א), [Ϲr] vs 𝔐; (απαξ παντα οτι Ιησους ΒΑ; απαξ παντας οτι Θεος Χριστος 𝔭⁷²)

ἀπολιπόντας τὸ ἴδιον οἰκητήριον, εἰς κρίσιν μεγάλης ἡμέρας δεσμοῖς ἀϊδίοις ὑπὸ ζόφον τετήρηκεν. **7** Ὡς Σόδομα καὶ Γόμορρα, καὶ αἱ περὶ αὐτὰς πόλεις, τὸν ὅμοιον ˢτούτοις τρόπον˪ ἐκπορνεύσασαι καὶ ἀπελθοῦσαι ὀπίσω σαρκὸς ἑτέρας, πρόκεινται δεῖγμα, πυρὸς αἰωνίου δίκην ὑπέχουσαι. **8** Ὁμοίως μέντοι καὶ οὗτοι ἐνυπνιαζόμενοι σάρκα μὲν μιαίνουσι, κυριότητα δὲ ἀθετοῦσι, δόξας δὲ βλασφημοῦσιν. **9** Ὁ δὲ Μιχαὴλ ὁ ἀρχάγγελος, ὅτε τῷ διαβόλῳ διακρινόμενος διελέγετο περὶ τοῦ Μωσέως σώματος, οὐκ ἐτόλμησε κρίσιν ἐπενεγκεῖν βλασφημίας, ἀλλ᾽ εἶπεν, "Ἐπιτιμήσαι σοι Κύριος!"

10 Οὗτοι δὲ ὅσα μὲν οὐκ οἴδασι βλασφημοῦσιν, ὅσα δὲ φυσικῶς ὡς τὰ ἄλογα ζῶα ἐπίστανται, ἐν τούτοις φθείρονται. **11** Οὐαὶ αὐτοῖς!

Ὅτι τῇ ὁδῷ τοῦ Κάϊν ἐπορεύθησαν
Καὶ τῇ πλάνῃ τοῦ Βαλαὰμ μισθοῦ ἐξεχύθησαν
Καὶ τῇ ἀντιλογίᾳ τοῦ Κορὲ ἀπώλοντο.

The Apostates Are Depraved and Doomed

12 Οὗτοί εἰσιν ᵀἐν ταῖς ἀγάπαις ὑμῶν σπιλάδες, συνευωχούμενοι ἀφόβως, ἑαυτοὺς ποιμαίνοντες, νεφέλαι ἄνυδροι ὑπὸ ἀνέμων παραφερόμεναι,¹ δένδρα φθινοπωρινά, ἄκαρπα, δὶς ἀποθανόντα, ἐκριζωθέντα, **13** κύματα ἄγρια θαλάσσης ἐπαφρίζοντα τὰς ἑαυτῶν αἰσχύνας, ἀστέρες πλανῆται οἷς ὁ ζόφος τοῦ σκότους εἰς² αἰῶνα τετήρηται.

14 Προεφήτευσε δὲ καὶ τούτοις ἕβδομος ἀπὸ Ἀδὰμ Ἐνώχ, λέγων, "Ἰδού, ἦλθε Κύριος ἐν ἁγίαις μυριάσιν³ αὐτοῦ **15** ποιῆσαι κρίσιν κατὰ πάντων καὶ ἐλέγξαι⁴

---

¹12 παραφερομεναι 𝕸ℵAC, Cr vs παραφερομενοι 𝔭⁷²*B vs περιφερομεναι TR

²13 εις 𝕸G, Cr vs +τον TR

³14 αγιαις μυριασιν 𝕸BA, Cr vs μυριασιν αγιαις C, TR vs μυριασιν αγιων αγγελων ℵ vs αγιων αγγελων μυριασιν 𝔭⁷²

⁴15 ελεγξαι 𝕸 (𝔭⁷²) G, Cr vs εξελεγξαι TR

7 ˢG vs 𝕸   12 ᵀοι 𝔭⁷²BA vs Mℵ*

ⁿπάντας τοὺς ἀσεβεῖςˋ °αὐτῶν περὶ πάντων τῶν ἔργων ἀσεβείας αὐτῶν ὧν ἠσέβησαν, καὶ περὶ πάντων τῶν σκληρῶν ὧν ἐλάλησαν κατ᾽ αὐτοῦ ἁμαρτωλοὶ ἀσεβεῖς."

The Apostates Were Predicted

16 Οὗτοί εἰσι γογγυσταί, μεμψίμοιροι, κατὰ τὰς ἐπιθυμίας ⁿαὐτῶν πορευόμενοι, καὶ τὸ στόμα αὐτῶν λαλεῖ ὑπέρογκα, θαυμάζοντες πρόσωπα ὠφελείας χάριν.

17 Ὑμεῖς δέ, ἀγαπητοί, μνήσθητε τῶν ῥημάτων τῶν προειρημένων ὑπὸ τῶν ἀποστόλων τοῦ Κυρίου ἡμῶν Ἰησοῦ Χριστοῦ, **18** ὅτι ἔλεγον ὑμῖν °ὅτι ⁿἐν ἐσχάτῳˋ ⁿχρόνῳ ἔσονται ἐμπαῖκται κατὰ τὰς ἑαυτῶν ἐπιθυμίας πορευόμενοι τῶν ἀσεβειῶν.

Maintain Your Spiritual Life

19 Οὗτοί εἰσιν οἱ ἀποδιορίζοντες, ψυχικοί, Πνεῦμα μὴ ἔχοντες.

20 Ὑμεῖς δέ, ἀγαπητοί, ⁿτῇ ἁγιωτάτῃ ὑμῶν πίστει ἐποικοδομοῦντες ἑαυτούς,ˋ ἐν Πνεύματι Ἁγίῳ προσευχόμενοι, **21** ἑαυτοὺς ἐν ἀγάπῃ Θεοῦ τηρήσατε, προσδεχόμενοι τὸ ἔλεος τοῦ Κυρίου ἡμῶν Ἰησοῦ Χριστοῦ εἰς ζωὴν αἰώνιον. **22** Καὶ οὓς μὲν ⁿἐλεεῖτε, ⁿδιακρινόμενοι· **23** οὓς δὲ ἐν φόβῳ σῴζετε, ἐκ¹ πυρὸς ἁρπάζοντες,ˋ μισοῦντες καὶ τὸν ἀπὸ τῆς σαρκὸς ἐσπιλωμένον χιτῶνα.

---

¹23 εκ 𝔐𝕲, Cr vs +του TR

15 ⁿπασαν ψυχην 𝔭⁷²ℵ vs 𝔐 BAC   **15** °𝕲 vs 𝐌
16 ⁿεαυτων C vs 𝐌ℵBA; (−κατα το πορευομενοι 𝔭⁷²*)
18 °ℵB vs 𝔐𝔭⁷²AC, U [N]
18 ⁿεπ εσχατου 𝕲 vs 𝔐
18 ⁿτου χρονου ℵA (− του 𝔭⁷²BC), [Cr] vs 𝔐
20 ⁿεποικοδομουντες εαυτους τη αγιωτατη υμων πιστει ℵBA (ημων for υμων C) vs 𝔐; (τη εαυτων αγιοτητι πιστει ανοικοδομεισθαι 𝔭⁷²)
22 ⁿελεατε ℵB vs 𝔐; (ελεγχετε AC*; − 𝔭⁷²)
22-23 ⁿδιακρινομενους ους δε σωζετε εκ πυρος αρπαζοντες ους δε ελεατε εν φοβω (A) (− ους δε¹ B; − ους δε ελεατε C) vs 𝐌; (εκ πυρος αρπασατε διακρινομενους δε ελεειτε εν φοβω 𝔭⁷²)

God Is Able

24 Τῷ δὲ δυναμένῳ φυλάξαι ⌜αὐτοὺς ἀπταίστους,
Καὶ στῆσαι κατενώπιον τῆς δόξης αὐτοῦ
Ἀμώμους ἐν ἀγαλλιάσει,
25 Μόνῳ °¹σοφῷ Θεῷ Σωτῆρι ἡμῶν,
ᵀ Δόξα °²καὶ μεγαλωσύνη,
ˊΚράτος καὶ ἐξουσία,⌐
Καὶ νῦν καὶ εἰς πάντας τοὺς αἰῶνας! Ἀμήν.

---

24 ⌜υμας אBC (ημας A) vs **M**; (− 𝔭⁷²)   25 °¹**G** vs 𝔐
25 ᵀδια Ιησου Χριστου του Κυριου ημων BAC (+ ω after ημων א*;
+ αυτω δοξα κρατος τιμη before δια and + αυτω after ημων 𝔭⁷²)
vs **M**   25 °²**G** vs 𝔐 𝔭⁷²
25 ˊκρατος και εξουσια προ παντος του αιωνος **G** vs **M**; (− 𝔭⁷²)

ΑΠΟΚΑΛΥΨΙΣ

Introduction and Benediction

Α ΠΟΚΑΛΥΨΙΣ ᾿Ιησοῦ Χριστοῦ ἣν ἔδωκεν αὐτῷ ὁ Θεὸς δεῖξαι τοῖς δούλοις αὐτοῦ ἃ δεῖ γενέσθαι ἐν τάχει. Καὶ ἐσήμανεν ἀποστείλας διὰ τοῦ ἀγγέλου αὐτοῦ τῷ δούλῳ αὐτοῦ ᾿Ιωάννη, **2** ὃς ἐμαρτύρησε τὸν λόγον τοῦ Θεοῦ καὶ τὴν μαρτυρίαν ᾿Ιησοῦ Χριστοῦ, ὅσα[1] εἶδε.[2]

3 Μακάριος ὁ ἀναγινώσκων, καὶ οἱ ἀκούοντες τοὺς λόγους τῆς προφητείας καὶ τηροῦντες τὰ ἐν αὐτῇ γεγραμμένα· ὁ γὰρ καιρὸς ἐγγύς.

John Greets the Seven Churches of the Province of Asia

4 ᾿Ιωάννης,

Ταῖς ἑπτὰ ἐκκλησίαις ταῖς ἐν τῇ ᾿Ασίᾳ·

Χάρις ὑμῖν καὶ εἰρήνη ἀπὸ Θεοῦ,[3] ὁ ὢν καὶ ὁ ἦν καὶ ὁ ἐρχόμενος, καὶ ἀπὸ τῶν ἑπτὰ Πνευμάτων ἃ[4] ἐνώπιον τοῦ θρόνου αὐτοῦ, **5** καὶ ἀπὸ ᾿Ιησοῦ Χριστοῦ, ὁ μάρτυς ὁ πιστός, ὁ πρωτότοκος[5] τῶν νεκρῶν καὶ ὁ ἄρχων τῶν βασιλέων τῆς γῆς.

In Revelation 𝕲 = ℵAC
[1]2 οσα 𝕸 𝕲, Cr vs + τε M^ept, TR
[2]2 ειδε(ν) Mᵃ ᵇ 𝕲, TR Cr vs +και ατινα εισι(ν) και ατινα χρη γενεσθαι μετα ταυτα Mᵈ ᵉᵖᵗ (−μετα ταυτα M^ept; α for ατινα[2] Mᶜ)
[3]4 Θεου Mᵃ ᵇ vs −Mᶜ ᵈ ᵉ 𝕲, Cr vs του TR
[4]4 α Mᵃ ᵇ C, Cr vs α εστιν Mᶜ ᵉ, TR vs των Mᵈ ℵA
[5]5 πρωτοτοκος Mᵃ ᵇ ᵈ 𝕲, Cr vs + εκ Mᶜ ᵉ, TR

Τῷ ἀγαπῶντι[1] ἡμᾶς
Καὶ λούσαντι[2] ἡμᾶς ἀπὸ[3] τῶν ἁμαρτιῶν ἡμῶν ἐν τῷ
　αἵματι αὐτοῦ,
6　Καὶ ἐποίησεν ἡμᾶς βασιλείαν,[4] ἱερεῖς τῷ Θεῷ καὶ
　Πατρὶ αὐτοῦ,
Αὐτῷ ἡ δόξα καὶ τὸ κράτος
Εἰς τοὺς αἰῶνας τῶν αἰώνων.[5] Ἀμήν.

7　«Ἰδού, ἔρχεται μετὰ τῶν νεφελῶν,»
Καὶ «ὄψεται αὐτὸν πᾶς ὀφθαλμός,
Καὶ οἵτινες αὐτὸν ἐξεκέντησαν.
Καὶ κόψονται ἐπ᾽ αὐτὸν πᾶσαι αἱ φυλαὶ τῆς γῆς.»
Ναί, ἀμήν!

8　"Ἐγώ εἰμι τὸ Ἄλφα[6] καὶ τὸ Ὦ,"[7]
Λέγει Κύριος ὁ Θεός,[8]
"Ὁ ὢν καὶ ὁ ἦν καὶ ὁ ἐρχόμενος,
Ὁ Παντοκράτωρ."

John's Vision of the Son of Man

9 Ἐγὼ Ἰωάννης, ὁ[9] ἀδελφὸς ὑμῶν καὶ κοινωνὸς[10] ἐν τῇ
θλίψει καὶ[11] βασιλείᾳ καὶ ὑπομονῇ ἐν Χριστῷ Ἰησοῦ,[12]
ἐγενόμην ἐν τῇ νήσῳ τῇ καλουμένῃ Πάτμῳ διὰ τὸν λόγον

---

[1]5 τω αγαπωντι Mᵃ 𝕲, Cr vs τω αγαπησαντι Mᶜ ᵈ ᵉ, TR vs ος
ηγαπησεν Mᵇ
[2]5 λουσαντι Mᵃ ᶜ, TR vs λυσαντι Mᵈ ᵉ 𝕲, Cr vs ελουσεν Mᵇ
[3]5 απο 𝕸, TR vs εκ Mᵈ ᵉ 𝕲, Cr
[4]6 βασιλειαν 𝕸𝕲, Cr vs βασιλεις και Mᵈ ᵉ, TR
[5]6 των αιωνων 𝕸 אC, TR [Cr] vs − Mᵈ A
[6]8 Αλφα 𝕸𝕲, Cr vs A Mᵉ, TR
[7]8 Ω Mᵃ ᶜ AC, Cr vs +Αρχη και Τελος Mᵇ ᵉ א*, TR vs +η Αρχη και
το Τελος Mᵈ
[8]8 Κυριος ο Θεος 𝕸𝕲, Cr vs ο Κυριος TR
[9]9 ο 𝕸𝕲, Cr vs +και TR
[10]9 κοινωνος Mᵃ ᶜ vs συγκοινωνος Mᵇ ᵈ ᵉ A (א) (C), TR Cr
[11]9 και 𝕸𝕲, Cr vs +εν τη Mᵉ, TR
[12]9 εν Χριστω Ιησου 𝕸 vs Ιησου Χριστου Mᵈ ᵉ, TR vs εν Ιησου א*C,
Cr vs εν Χριστω A

7a Dan. 7:13　7b Zech. 12:10

τοῦ Θεοῦ καὶ διὰ[1] τὴν μαρτυρίαν Ἰησοῦ Χριστοῦ.[2] 10 Ἐγενόμην ἐν Πνεύματι ἐν τῇ Κυριακῇ ἡμέρᾳ καὶ ἤκουσα φωνὴν ὀπίσω μου μεγάλην[3] ὡς σάλπιγγος, 11 λεγούσης,[4] "Ὃ[5] βλέπεις γράψον εἰς βιβλίον καὶ πέμψον ταῖς ἑπτὰ ἐκκλησίαις·[6] εἰς Ἔφεσον καὶ εἰς Σμύρναν καὶ εἰς Πέργαμον καὶ εἰς Θυάτειρα[7] καὶ εἰς Σάρδεις καὶ εἰς Φιλαδέλφειαν καὶ εἰς Λαοδίκειαν." 12 Καὶ ἐκεῖ[8] ἐπέστρεψα βλέπειν τὴν φωνὴν ἥτις ἐλάλει[9] μετ' ἐμοῦ. Καὶ ἐπιστρέψας εἶδον ἑπτὰ λυχνίας χρυσᾶς, 13 καὶ ἐν μέσῳ τῶν ἑπτὰ[10] λυχνιῶν ὅμοιον Υἱὸν[11] Ἀνθρώπου, ἐνδεδυμένον ποδήρη καὶ περιεζωσμένον πρὸς τοῖς μαστοῖς[12] ζώνην χρυσῆν.[13] 14 Ἡ δὲ κεφαλὴ αὐτοῦ καὶ αἱ τρίχες λευκαί, καὶ ὡς[14] ἔριον λευκόν, ὡς χιών· καὶ οἱ ὀφθαλμοὶ αὐτοῦ ὡς φλὸξ πυρός. 15 Καὶ οἱ πόδες αὐτοῦ ὅμοιοι χαλκολιβάνῳ, ὡς ἐν καμίνῳ πεπυρωμένοι,[15] καὶ ἡ φωνὴ αὐτοῦ ὡς φωνὴ ὑδάτων πολλῶν, 16 καὶ ἔχων ἐν τῇ δεξιᾷ αὐτοῦ χειρὶ[16] ἀστέρας ἑπτά, καὶ ἐκ τοῦ στόματος αὐτοῦ ῥομφαία δίστομος ὀξεῖα ἐκπορευομένη,

---

[1]9 δια Mᵃ ᶜ ᵉ ℵ, TR vs —Mᵇ ᵈ AC, Cr
[2]9 Χριστου M, TR vs —Mᵈᵖᵗ ᵉᵖᵗ 𝕲, Cr
[3]10 φωνην οπισω μου μεγαλην Mᵃ ᵇᵖᵗ ᶜ vs φωνης οπισω μου μεγαλης Mᵇᵖᵗ vs οπισω μου φωνην μεγαλην Mᵈ ᵉ ℵC, TR Cr vs φωνην μεγαλην οπισθεν μου A
[4]11 λεγουσης 𝕸 𝕲, Cr vs +εγω ειμι το Α και το Ω ο Πρωτος και ο Εσχατος και Mᵉ (— οˡ ² Mᵉᵖᵗ), TR
[5]11 ο Mᵃ ᶜ ᵈ ᵉᵖᵗ 𝕲, TR Cr vs α Mᵇ ᵉᵖᵗ
[6]11 εκκλησιαις 𝕸 𝕲, Cr vs +ταις εν Ασια TR
[7]11 εις Θυατειρα Mᵃ ᶜ ᵈ ℵ, TR Cr vs εις Θυατειραν Mᵇ vs εν Θυατειροις Mᵉᵖᵗ vs εις Θυατιραν AC
[8]12 εκει Mᵃ ᶜ vs —Mᵇ ᵈ ᵉ 𝕲, TR Cr
[9]12 ελαλει 𝕸 ℵC, Cr vs ελαλησε(ν) Mᵉᵖᵗ, TR vs λαλει A
[10]13 επτα Mℵ, TR vs —Mᵈ ᵉᵖᵗ AC, Cr
[11]13 Υιον Mᵃᵖᵗ ᵇ ℵ, Cr vs Υιω Mᵃᵖᵗ ᶜ ᵈ ᵉ AC, TR
[12]13 μαστοις Mᵃ ᵇ ᵉ C, TR Cr vs μαζοις Mᶜ ᵈ A vs μασθοις ℵ
[13]13 χρυσην 𝕸, TR vs χρυσαν 𝕲, Cr
[14]14 και ως Mᵃᵖᵗ ᵇ vs ως Mᵃᵖᵗ ℵA, Cr vs ωσει Mᶜ ᵈ ᵉᵖᵗ C, TR vs και ωσει Mᵉᵖᵗ
[15]15 πεπυρωμενοι 𝕸, TR vs πεπυρωμενης AC, Cr vs πεπυρωμενω ℵ
[16]16 αυτου χειρι Mᵃ, TR vs χειρι αυτου Mᵇ ᶜ ᵈ ᵉᵖᵗ 𝕲, Cr vs αυτου φησιν Mᵉᵖᵗ

καὶ ἡ ὄψις αὐτοῦ ὡς ὁ ἥλιος φαίνει ἐν τῇ δυνάμει αὐτοῦ.
17 Καὶ ὅτε εἶδον αὐτόν, ἔπεσα[1] πρὸς τοὺς πόδας αὐτοῦ ὡς νεκρός.

Καὶ ἔθηκε[2] τὴν δεξιὰν αὐτοῦ[3] ἐπ᾽ ἐμέ, λέγων,[4] "Μὴ φοβοῦ· ἐγώ εἰμι ὁ Πρῶτος καὶ ὁ Ἔσχατος, 18 καὶ ὁ ζῶν, καὶ ἐγενόμην νεκρός, καὶ ἰδού, ζῶν εἰμι εἰς τοὺς αἰῶνας τῶν αἰώνων. Ἀμήν.[5] Καὶ ἔχω τὰς κλεῖδας[6] τοῦ Θανάτου καὶ τοῦ Ἅιδου.[7] 19 Γράψον οὖν[8] ἃ εἶδες, καὶ ἃ εἰσι, καὶ ἃ μέλλει γίνεσθαι[9] μετὰ ταῦτα. 20 Τὸ μυστήριον τῶν ἑπτὰ ἀστέρων ὧν[10] εἶδες ἐπὶ τῆς δεξιᾶς μου, καὶ τὰς ἑπτὰ λυχνίας τὰς χρυσᾶς· Οἱ ἑπτὰ ἀστέρες ἄγγελοι τῶν ἑπτὰ ἐκκλησιῶν εἰσι, καὶ αἱ λυχνίαι αἱ ἑπτὰ[11] ἑπτὰ[12] ἐκκλησίαι εἰσί.

The Letter to Ephesus: The Loveless Church

2 "Τῷ ἀγγέλῳ τῆς ἐν Ἐφέσῳ[13] ἐκκλησίας γράψον,
Τάδε λέγει ὁ κρατῶν τοὺς ἑπτὰ ἀστέρας ἐν τῇ δεξιᾷ αὐτοῦ, ὁ περιπατῶν ἐν μέσῳ τῶν ἑπτὰ λυχνιῶν τῶν χρυσῶν·

2 Οἶδα τὰ ἔργα σου καὶ τὸν κόπον σου[14] καὶ τὴν ὑπομονήν σου, καὶ ὅτι οὐ δύνῃ βαστάσαι κακούς. Καὶ ἐπείρασας[15] τοὺς λέγοντας ἑαυτοὺς ἀποστόλους εἶναι[16]

---

[1]17 επεσα M^{apt} ᵇ ᶜ ᵉᵖᵗ 𝕲, TR Cr vs επεσον M^{apt} ᵈ ᵉᵖᵗ

[2]17εθηκε(ν) Mᵃ ᵇ AC, Cr vs επεθηκε(ν) Mᶜ ᵈ ᵉ ℵ, TR

[3]17 αυτου Mᵃ ᵇ 𝕲, Cr vs +χειρα Mᶜ ᵈ ᵉ, TR

[4]17 λεγων 𝔐𝕲, Cr vs +μοι M^{ept}, TR

[5]18 αμην 𝔐, TR vs —Mᵉ 𝕲, Cr

[6]18 κλειδας Mᵃ ℵ vs κλεις Mᵇ ᶜ ᵈ ᵉ AC, TR Cr

[7]18 Θανατου και του Αιδου M𝕲, Cr vs Αιδου και του Θανατου Mᵈ ᵉ, TR

[8]19 ουν 𝔐𝕲, Cr vs —M^{ept}, TR

[9]19 γινεσθαι Mᵃ ᵇ ᵉᵖᵗ, TR vs γενεσθαι Mᶜ ᵈ ᵉᵖᵗ ℵ*C, Cr vs γεινεσθαι A

[10]20 ων 𝔐, TR vs ους Mᵉ 𝕲, Cr

[11]20 αι λυχνιαι αι επτα Mᵃ A, Cr vs αι επτα λυχνιαι Mᵇ ᶜ ᵈ ᵉᵖᵗ, TR vs επτα λυχνιαι M^{ept} ℵ vs αι λυχνιαι επτα C

[12]20 επτα Mᵃ 𝕲, Cr vs αι επτα Mᵇ vs ας ειδες επτα Mᶜ ᵈ ᵉ, TR

[13]1 εν Εφεσω 𝔐𝕲, Cr vs Εφεσιων M^{ept} vs Εφεσινης TR

[14]2 σου Mᵃ ᵇ ᵉ ℵ, TR vs —Mᶜ ᵈ AC, Cr

[15]2 επειρασας 𝔐𝕲, Cr vs επειρασω TR

[16]2 λεγοντας εαυτους αποστολους ειναι 𝔐 vs λεγοντας εαυτους αποστολους 𝕲, Cr vs φασκοντας ειναι αποστολους TR

καὶ οὐκ εἰσί, καὶ εὗρες αὐτοὺς ψευδεῖς· 3 καὶ ὑπομονὴν ἔχεις καὶ ἐβάστασας[1] διὰ[2] τὸ ὄνομά μου καὶ οὐκ ἐκοπίασας.[3]

4 'Ἀλλὰ[4] ἔχω κατὰ σοῦ, ὅτι τὴν ἀγάπην σου τὴν πρώτην ἀφῆκας.[5]

5 'Μνημόνευε οὖν πόθεν πέπτωκας[6] καὶ μετανόησον καὶ τὰ πρῶτα ἔργα ποίησον· εἰ δὲ μή, ἔρχομαί σοι ταχὺ[7] καὶ κινήσω τὴν λυχνίαν σου ἐκ τοῦ τόπου αὐτῆς — ἐὰν μὴ μετανοήσῃς. 6 'Ἀλλὰ τοῦτο ἔχεις, ὅτι μισεῖς τὰ ἔργα τῶν Νικολαϊτῶν, ἃ κἀγὼ μισῶ.

7 ''Ο ἔχων οὖς ἀκουσάτω τί τὸ Πνεῦμα λέγει ταῖς ἐκκλησίαις. Τῷ νικῶντι δώσω αὐτῷ φαγεῖν ἐκ τοῦ ξύλου τῆς ζωῆς, ὅ ἐστιν ἐν τῷ Παραδείσῳ[8] τοῦ Θεοῦ μου.'[9]

The Letter to Smyrna: The Persecuted Church

8 ''Καὶ τῷ ἀγγέλῳ τῆς ἐν Σμύρνῃ ἐκκλησίας[10] γράψον,

'Τάδε λέγει ὁ Πρῶτος καὶ ὁ ''Εσχατος, ὃς[11] ἐγένετο νεκρὸς καὶ ἔζησεν·

9 'Οἶδά σου τὰ ἔργα καὶ[12] τὴν θλῖψιν καὶ τὴν πτωχείαν (ἀλλὰ πλούσιος[13] εἶ), καὶ τὴν βλασφημίαν ἐκ[14] τῶν λεγόντων 'Ιουδαίους εἶναι ἑαυτοὺς καὶ οὐκ εἰσίν, ἀλλὰ συναγωγὴ τοῦ Σατανᾶ.

---

[1]3 υπομονην εχεις και εβαστασας M^{a b} AC, Cr vs εβαστασας και υπομονην εχεις M^{c d ept}, TR vs εβαπτισας και υπομονην εχεις M^{ept} vs υπομονην εχις και θλιψις πασας και εβαστασας ℵ*

[2]3 δια 𝔐 G, Cr vs και δια TR

[3]3 και ουκ εκοπιασας 𝔐ℵ vs και κεκοπιακας M^{ept} vs και ου κεκοπιακες AC, Cr vs κεκοπιακας και ου κεκμηκας TR

[4]4 αλλα Mℵ, Cr vs αλλ M^{d e} AC,TR

[5]4 αφηκας 𝔐A, TR vs αφηκες ℵ*C, Cr

[6]5 πεπτωκας M^{a b} AC (ℵ), Cr vs εκπεπτωκας M^{c d e}, TR

[7]5 ταχυ 𝔐, TR vs — G, Cr

[8]7 τω παραδεισω M^a G, Cr vs μεσω του παραδεισου M^{b c d e}, TR

[9]7 μου M vs —M^{d e} G,TR Cr

[10]8 εν Σμυρνη εκκλησιας 𝔐C, Cr vs Σμυρναιων εκκλησιας M^d vs εν Σμυρνης εκκλησιας A vs εν Ζμυρνην εκκλησιας ℵ^{vid} vs εκκλησιας Σμυρναιων TR

[11]8 ος M^{b c d e} G, TR Cr vs —M^a

[12]9 τα εργα και 𝔐ℵ, TR vs — AC, Cr

[13]9 αλλα πλουσιος 𝔐 G, Cr vs πλουσιος δε TR

[14]9 εκ M^{a b ept} AC, Cr vs την εκ ℵ vs —M^{c d ept}, TR

10 Ἀηδὲν φοβοῦ ἃ μέλλεις παθεῖν.¹ Ἰδοὺ δή,² μέλλει βαλεῖν³ ὁ διάβολος ἐξ ὑμῶν⁴ εἰς φυλακήν, ἵνα πειρασθῆτε, καὶ ἕξετε θλῖψιν ἡμέρας⁵ δέκα. Γίνου πιστὸς ἄχρι θανάτου, καὶ δώσω σοι τὸν στέφανον τῆς ζωῆς.

11 Ὁ ἔχων οὖς ἀκουσάτω τί τὸ Πνεῦμα λέγει ταῖς ἐκκλησίαις. Ὁ νικῶν οὐ μὴ ἀδικηθῇ ἐκ τοῦ θανάτου τοῦ δευτέρου.

The Letter to Pergamos: The Compromising Church

12 Καὶ τῷ ἀγγέλῳ τῆς ἐν Περγάμῳ ἐκκλησίας γράψον,
Τάδε λέγει ὁ ἔχων τὴν ῥομφαίαν τὴν δίστομον τὴν ὀξεῖαν·

13 Οἶδα τὰ ἔργα σου καὶ⁶ ποῦ κατοικεῖς, ὅπου ὁ θρόνος τοῦ Σατανᾶ. Καὶ κρατεῖς τὸ ὄνομά μου, καὶ οὐκ ἠρνήσω τὴν πίστιν μου⁷ ἐν ταῖς ἡμέραις αἷς⁸ Ἀντίπας ὁ μάρτυς μου ὁ πιστός,⁹ ὃς ἀπεκτάνθη παρ᾽ ὑμῖν, ὅπου ὁ Σατανᾶς κατοικεῖ.¹⁰

14 Ἀλλὰ¹¹ ἔχω κατὰ σοῦ ὀλίγα, ὅτι ἔχεις ἐκεῖ κρατοῦντας τὴν διδαχὴν Βαλαάμ, ὃς ἐδίδαξε¹² τὸν Βαλὰκ¹³ βαλεῖν σκάνδαλον ἐνώπιον τῶν υἱῶν Ἰσραὴλ καὶ¹⁴ φαγεῖν

---

¹10 παθειν Mᵃ vs πασχειν Mᵇ ᶜ ᵈ ᵉ 𝕲, TR Cr
²10 δη Mᵃ ᶜ ᵈ vs − Mᵇ ᵈ ᵉ 𝕲, TR Cr
³10 βαλειν Mᵃ ᶜ ᵈ, TR vs βαλλειν Mᵇ ᵉ AC, Cr vs βαλλειν βαλιν ℵ*
⁴10 ο διαβολος εξ υμων 𝔐AC, Cr vs εξ υμων ο διαβολος Mᵉᵖᵗ ℵ, TR
⁵10 ημερας Mᵃ vs ημερων Mᵇ ᶜ ᵈ ᵉ 𝕲, TR Cr
⁶13 τα εργα σου και 𝔐, TR vs − 𝕲, Cr
⁷13 μου 𝔐ℵ vs +και AC, TR Cr
⁸13 αις Mᵃ vs εν αις Mᵇ ᶜ ᵈ ᵉ, TR vs εν ταις ℵ* vs − AC, Cr
⁹13 πιστος 𝔐ℵ, TR vs +μου AC, Cr vs +οτι πας μαρτυς πιστος Mᵉ
¹⁰13 ο Σατανας κατοικει 𝔐𝕲, Cr vs κατοικει ο Σατανας TR
¹¹14 αλλα Mᵃ ᵉᵖᵗ vs αλλ Mᵇ ᶜ ᵈ ᵉᵖᵗ 𝕲, TR Cr
¹²14 εδιδαξε(ν) M vs εδιδασκε(ν) Mᵈ ᵉ 𝕲, TR Cr
¹³14 τον Βαλακ 𝔐 vs τω Βαλακ A (C), TR Cr vs εν τω Βαλαακ Mᵉᵖᵗ vs εν τω Βαλααμ τον Βαλακ Mᵉᵖᵗ vs − ℵ*
¹⁴14 και Mᵃ ᵇ vs − Mᶜ ᵈ ᵉ 𝕲, TR Cr

εἰδωλόθυτα καὶ πορνεῦσαι. 15 Οὕτως ἔχεις καὶ σὺ κρατοῦντας τὴν διδαχὴν¹ Νικολαϊτῶν ὁμοίως.²

16 'Μετανόησον οὖν!³ Εἰ δὲ μή, ἔρχομαί σοι ταχὺ καὶ πολεμήσω μετ᾽ αὐτῶν ἐν τῇ ῥομφαίᾳ τοῦ στόματός μου.

17 'Ὁ ἔχων οὓς ἀκουσάτω τί τὸ Πνεῦμα λέγει ταῖς ἐκκλησίαις. Τῷ νικῶντι δώσω αὐτῷ τοῦ μάννα⁴ τοῦ κεκρυμμένου. Καὶ δώσω αὐτῷ ψῆφον λευκήν, καὶ ἐπὶ τὴν ψῆφον ὄνομα καινὸν γεγραμμένον, ὃ οὐδεὶς οἶδεν⁵ εἰ μὴ ὁ λαμβάνων.'

The Letter to Thyatira: The Corrupt Church

18 'Καὶ τῷ ἀγγέλῳ τῆς ἐν Θυατείροις⁶ ἐκκλησίας γράψον,

'Τάδε λέγει ὁ Υἱὸς τοῦ Θεοῦ, ὁ ἔχων τοὺς ὀφθαλμοὺς αὐτοῦ ὡς φλόγα πυρός, καὶ οἱ πόδες αὐτοῦ ὅμοιοι χαλκολιβάνῳ·

19 Οἶδά σου τὰ ἔργα καὶ τὴν ἀγάπην καὶ τὴν πίστιν καὶ τὴν διακονίαν⁷ καὶ τὴν ὑπομονήν σου· καὶ τὰ ἔργα σου⁸ τὰ ἔσχατα πλείονα τῶν πρώτων.

20 'Ἀλλὰ⁹ ἔχω κατὰ σοῦ¹⁰ ὅτι ἀφεῖς¹¹ τὴν γυναῖκά σου¹² 'Ιεζάβελ,¹³ ἣ λέγει¹⁴ ἑαυτὴν προφῆτιν, καὶ διδάσκει καὶ

¹15 διδαχην Mᵃ ᵇ AC vs +των Mᶜ ᵈ ᵉ ℵ, TR [Cr]
²15 ομοιως 𝔐 G, Cr vs ο μισω TR vs ην μισω Mᵉᵖᵗ vs ομοιως ο μισω Mᵉᵖᵗ
³16 ουν Mᵃ ᵇ AC, Cr vs −Mᶜ ᵈ ᵉ ℵ, TR
⁴17 αυτω του μαννα Mᵃ AC, Cr vs αυτω του μαννα φαγειν Mᵇ vs αυτω φαγειν απο του μαννα Mᶜ ᵈ ᵉ, TR vs αυτω εκ του μαννα ℵ
⁵17 οιδεν 𝔐 G, Cr vs εγνω TR
⁶18 Θυατειροις Mᵃᵖᵗ ᵇ ᶜ ᵉᵖᵗ ℵ, TR Cr vs Θυατειρη Mᵃᵖᵗ vs Θυατηροις Mᵈᵖᵗ ᵉᵖᵗ vs Θυατιροις AC
⁷19 την αγαπην και την πιστιν και την διακονιαν 𝔐 A (−την² C), Cr vs την διακονιαν και την αγαπην και την πιστιν Mᵉᵖᵗ vs την αγαπην και την πιστιν ℵ* vs την αγαπην και την διακονιαν και την πιστιν TR
⁸19 σου 𝔐 G, Cr vs +και TR
⁹20 αλλα Mᵃ ᵇ A, Cr vs αλλ Mᶜ ᵈ ᵉ ℵC, TR
¹⁰20 σου MAC, Cr vs +πολυ Mᵉᵖᵗ ℵ vs +πολλα Mᵈ vs +ολιγα TR
¹¹20 οτι αφεις Mᵃ ᵇᵖᵗ ᶜ ᵈ ᵉᵖᵗ G, Cr vs οτι αφιης Mᵇᵖᵗ vs −Mᵉᵖᵗ vs οτι εας TR
¹²20 σου 𝔐 vs σου την A vs −Mᵉ ℵC, TR Cr
¹³20 Ιεζαβελ 𝔐 AC, Cr vs Ιαζαβελ ℵ* vs Ιεζαβηλ TR
¹⁴20 η λεγει 𝔐 vs η λεγουσα G, Cr vs την λεγουσαν Mᵉ, TR

πλανᾷ τοὺς[1] ἐμοὺς δούλους πορνεῦσαι καὶ φαγεῖν
εἰδωλόθυτα.[2] 21 Καὶ ἔδωκα αὐτῇ χρόνον ἵνα μετανοήσῃ, καὶ
οὐ θέλει μετανοῆσαι[3] ἐκ τῆς πορνείας αὐτῆς.[4] 22 ᾿Ιδού,[5]
βάλλω αὐτὴν εἰς κλίνην, καὶ τοὺς μοιχεύοντας μετ᾿ αὐτῆς
εἰς θλῖψιν μεγάλην, ἐὰν μὴ μετανοήσωσιν ἐκ τῶν ἔργων
αὐτῆς.[6] 23 Καὶ τὰ τέκνα αὐτῆς ἀποκτενῶ ἐν θανάτῳ. Καὶ
γνώσονται πᾶσαι αἱ ἐκκλησίαι ὅτι ἐγώ εἰμι ὁ ἐρευνῶν[7]
νεφροὺς καὶ καρδίας. Καὶ δώσω ὑμῖν ἑκάστῳ κατὰ τὰ ἔργα
ὑμῶν.

24 ‟῾Υμῖν δὲ λέγω, τοῖς λοιποῖς[8] τοῖς ἐν Θυατείροις, ὅσοι
οὐκ ἔχουσι τὴν διδαχὴν ταύτην,[9] οἵτινες οὐκ ἔγνωσαν τὰ
βαθέα[10] τοῦ Σατανᾶ, ὡς λέγουσιν, οὐ βάλλω[11] ἐφ᾿ ὑμᾶς
ἄλλο βάρος. 25 Πλὴν ὃ ἔχετε κρατήσατε ἄχρις[12] οὗ ἂν
ἥξω.[13] 26 Καὶ ὁ νικῶν καὶ ὁ τηρῶν ἄχρι τέλους τὰ ἔργα μου,

«Δώσω αὐτῷ ἐξουσίαν ἐπὶ τῶν ἐθνῶν –
27 Καὶ ποιμανεῖ αὐτοὺς ἐν ῥάβδῳ σιδηρᾷ·
῾Ως τὰ σκεύη τὰ κεραμικὰ[14] συντριβήσεται »[15] –

28 ὡς κἀγὼ εἴληφα παρὰ τοῦ Πατρός μου. Καὶ δώσω αὐτῷ
τὸν ἀστέρα τὸν πρωϊνόν.

---

[1]20 και διδασκει και πλανα τους 𝔐ℵA^{vid}C, **Cr** vs διδασκειν και πλανασθαι **TR**
[2]20 φαγειν ειδωλοθυτα 𝔐Є, **Cr** vs ειδωλοθυτα φαγειν M^{ept}, **TR**
[3]21 και ου θελει μετανοησαι 𝔐C (ουκ ηθελησεν for ου θελει A), **Cr** vs – M^{e} ℵ*, **TR**
[4]21 αυτης 𝔐AC, **Cr** vs ταυτης ℵ* vs +και ου μετενοησεν M^{ept}, **TR**
[5]22 ιδου 𝔐Є, **Cr** vs +εγω **TR**
[6]22 αυτης MℵC, **Cr** vs αυτων $M^{d\ ept}$ A, **TR**
[7]23 ερευνων 𝔐ℵ, **TR** vs εραυνων AC, **Cr**
[8]24 τοις λοιποις 𝔐AC, **Cr** vs τοις εν λοιποις ℵ* vs και λοιποις **TR**
[9]24 ταυτην 𝔐Є, **Cr** vs +και **TR**
[10]24 βαθεα MAC, **Cr** vs βαθη $M^{d\ e}$ ℵ, **TR**
[11]24 βαλλω 𝔐AC, **Cr** vs βαλω M^{c} ℵ, **TR**
[12]25 αχρις 𝔐, **TR** [**Cr**] vs αχρι ℵC vs εως A
[13]25 αν ηξω $M^{b\ c\ d\ e}$ Є, **TR Cr** vs ανοιξω M^{a}
[14]27 κεραμικα $M^{apt\ b\ c\ d\ e}$ Є, **TR Cr** vs κεραμεικα M^{apt}
[15]27 συντριβησεται 𝔐 vs συντριβεται M^{ept} Є, **TR Cr**

---

27 Ps. 2:8,9

29 ῾Ο ἔχων οὖς ἀκουσάτω τί τὸ Πνεῦμα λέγει ταῖς ἐκκλησίαις.᾽

The Letter to Sardis: The Dead Church

3 ῞Καὶ τῷ ἀγγέλῳ τῆς ἐν Σάρδεσιν ἐκκλησίας γράψον, ᾽Τάδε λέγει ὁ ἔχων τὰ ἑπτὰ Πνεύματα τοῦ Θεοῦ καὶ τοὺς ἑπτὰ ἀστέρας·

῾Οἶδά σου τὰ ἔργα, ὅτι[1] ὄνομα ἔχεις, καὶ[2] ζῇς καὶ νεκρὸς εἶ. 2 Γίνου γρηγορῶν, καὶ τήρησον[3] τὰ λοιπὰ ἃ ἔμελλες ἀποβάλλειν,[4] οὐ γὰρ εὕρηκά σου τὰ ἔργα πεπληρωμένα ἐνώπιον τοῦ Θεοῦ μου.[5]

3 Μνημόνευε οὖν πῶς εἴληφας καὶ ἤκουσας, καὶ τήρει,[6] καὶ μετανόησον. ᾽Εὰν οὖν μὴ γρηγορήσῃς, ἥξω ἐπί σε[7] ὡς κλέπτης, καὶ οὐ μὴ γνώσῃ[8] ποίαν ὥραν ἥξω ἐπί σε. 4 ᾽Αλλ᾽[9] ὀλίγα ἔχεις[10] ὀνόματα[11] ἐν Σάρδεσιν ἃ οὐκ ἐμόλυναν τὰ ἱμάτια αὐτῶν· καὶ περιπατήσουσι μετ᾽ ἐμοῦ ἐν λευκοῖς, ὅτι ἄξιοί εἰσιν. 5 ῾Ο νικῶν, οὗτος[12] περιβαλεῖται ἐν ἱματίοις λευκοῖς, καὶ οὐ μὴ ἐξαλείψω τὸ ὄνομα αὐτοῦ ἐκ τῆς Βίβλου τῆς Ζωῆς, καὶ ὁμολογήσω[13] τὸ ὄνομα αὐτοῦ ἐνώπιον τοῦ Πατρός μου καὶ ἐνώπιον τῶν ἀγγέλων αὐτοῦ.

6 ῾Ο ἔχων οὖς ἀκουσάτω τί τὸ Πνεῦμα λέγει ταῖς ἐκκλησίαις.᾽

---

[1]1 οτι 𝕸 G, Cr vs +το TR

[2]1 και Mᵃ vs οτι Mᵇ ᶜ ᵈ ᵉ G, TR Cr

[3]2 τηρησον Mᵃᵖᵗ ᵈ vs στηρισον Mᵃᵖᵗ ᶜ AC, Cr vs στηριξον Mᵇ ᵉ ℵ, TR

[4]2 εμελλες αποβαλλειν Mᵃᵖᵗ vs ημελλες αποβαλλειν Mᵃᵖᵗ ᵉᵖᵗ vs εμελλες αποβαλειν Mᶜ vs εμελλον αποθανειν Mᵇ ᵉᵖᵗ G, Cr vs εμελλον αποθνησκειν Mᵈ vs μελλει αποθανειν TR

[5]2 μου 𝕸 G, Cr vs −Mᵉ, TR

[6]3 και ηκουσας και τηρει Mᵇ ᶜ ᵉ G, TR Cr vs και ηκουσας τηρει Mᵈ vs −Mᵃ

[7]3 επι σε M ℵ, TR vs −Mᵈ ᵉᵖᵗ AC, Cr

[8]3 γνωση Mᵃ ᵇ ℵ vs γνως Mᶜ ᵈ ᵉ AC, TR Cr

[9]4 αλλ 𝕸 vs αλλα G, Cr vs −Mᵉᵖᵗ, TR

[10]4 ολιγα εχεις M vs εχεις ολιγα Mᵈ ᵉᵖᵗ AC (εχις ℵ), TR Cr

[11]4 ονοματα 𝕸 G, Cr vs +και Mᵉᵖᵗ, TR

[12]5 ουτος 𝕸, TR vs ουτως Mᶜ G, Cr

[13]5 ομολογησω 𝕸 ℵAᵛⁱᵈ C, Cr vs εξομολογησομαι TR

The Letter to Philadelphia: The Faithful Church

7 ''Καὶ τῷ ἀγγέλῳ τῆς ἐν Φιλαδελφείᾳ[1] ἐκκλησίας γράψον,

Τάδε λέγει ὁ ἅγιος, ὁ ἀληθινός, ὁ ἔχων τὴν κλεῖν[2] τοῦ[3] Δαβίδ, ὁ ἀνοίγων καὶ οὐδεὶς κλείσει αὐτὴν εἰ μὴ ὁ ἀνοίγων, καὶ οὐδεὶς ἀνοίξει.[4]

8 Οἶδά σου τὰ ἔργα. Ἰδού, δέδωκα ἐνώπιόν σου θύραν ἀνεῳγμένην,[5] ἣν[6] οὐδεὶς δύναται κλεῖσαι αὐτήν· ὅτι μικρὰν ἔχεις δύναμιν καὶ ἐτήρησάς μου τὸν λόγον καὶ οὐκ ἠρνήσω τὸ ὄνομά μου. **9** Ἰδού, δίδωμι[7] ἐκ τῆς συναγωγῆς τοῦ Σατανᾶ, τῶν λεγόντων ἑαυτοὺς Ἰουδαίους εἶναι καὶ οὐκ εἰσίν, ἀλλὰ ψεύδονται — ἰδού, ποιήσω αὐτοὺς ἵνα ἥξωσι[8] καὶ προσκυνήσωσιν[9] ἐνώπιον τῶν ποδῶν σου καὶ γνῶσιν ὅτι[10] ἠγάπησά σε. **10** Ὅτι ἐτήρησας τὸν λόγον τῆς ὑπομονῆς μου, κἀγώ σε τηρήσω ἐκ τῆς ὥρας τοῦ πειρασμοῦ τῆς μελλούσης ἔρχεσθαι ἐπὶ τῆς οἰκουμένης ὅλης, πειράσαι τοὺς κατοικοῦντας ἐπὶ τῆς γῆς.

11 ''Ἔρχομαι[11] ταχύ. Κράτει ὃ ἔχεις, ἵνα μηδεὶς λάβῃ τὸν στέφανόν σου. **12** Ὁ νικῶν, ποιήσω αὐτὸν στύλον ἐν τῷ

---

[1]7 Φιλαδελφεια M^apt b c d ept, **TR Cr** vs Φιλαδελφια M^apt ept ℵC vs Φιλαδελφιας A

[2]7 κλειν **M**, **Cr** vs κλιν 𝔊 vs κλειδα M^d e, **TR**

[3]7 του 𝔐ℵ, **TR** vs − AC, **Cr**

[4]7 και ουδεις κλεισει αυτην ει μη ο ανοιγων και ουδεις ανοιξει M^a c vs και ουδεις κλεισει και κλειων και ουδεις ανοιξει M^b vs και ουδεις κλειων και ο κλειων και ουδεις ανοιγων M^dpt vs και ουδεις κλεισει και ο κλειων και ουδεις ανοιγει M^ept vs και ουδεις κλειει και κλειων και ουδεις ανοιγει M^ept vs και ουδεις κλισει και κλειει και ουδεις ανοιγει C*vid vs και ουδεις κλισει κλειων και ουδεις ανοιγει A vs και ουδις κλισει και κλειων και ουδις ανυξει ℵ vs και ουδεις κλειει και κλειει και ουδεις ανοιγει **TR** vs και ουδεις κλεισει και κλειων και ουδεις ανοιγει **Cr**

[5]8 ανεωγμενην 𝔐 AC, **TR** vs ηνεωγμενην M^b ℵ, **Cr**

[6]8 ην 𝔐𝔊, **Cr** vs και M^ept, **TR**

[7]9 διδωμι 𝔐, **TR** vs διδω AC, **Cr** vs δεδωκα ℵ

[8]9 ηξουσι(ν) M^a b cpt ept, **TR** vs ηξουσι(ν) M^cpt d ept 𝔊, **Cr**

[9]9 προσκυνησωσιν 𝔐, **TR** vs προσκυνησουσιν M^dpt 𝔊, **Cr**

[10]9 οτι **M** vs + εγω M^d e 𝔊, **TR Cr**

[11]11 ερχομαι 𝔐𝔊, **Cr** vs ιδου ερχομαι M^d, **TR**

ναῷ τοῦ Θεοῦ μου, καὶ ἔξω οὐ μὴ ἐξέλθῃ ἔτι. Καὶ γράψω ἐπ᾽ αὐτὸν τὸ ὄνομα τοῦ Θεοῦ μου καὶ τὸ ὄνομα τῆς πόλεως τοῦ Θεοῦ μου, τῆς· καινῆς Ἰερουσαλήμ, ἣ καταβαίνει[1] ἀπὸ[2] τοῦ οὐρανοῦ ἀπὸ τοῦ Θεοῦ μου, καὶ τὸ ὄνομά μου[3] τὸ καινόν.
13 ʼʼΟ ἔχων οὖς ἀκουσάτω τί τὸ Πνεῦμα λέγει ταῖς ἐκκλησίαις.ʼ

The Letter to Laodicea: The Lukewarm Church

14 ʼʼΚαὶ τῷ ἀγγέλῳ τῆς ἐν Λαοδικείᾳ ἐκκλησίας[4] γράψον, ʼΤάδε λέγει ὁ Ἀμήν, ὁ μάρτυς ὁ πιστὸς καὶ ἀληθινός, ἡ ἀρχὴ τῆς κτίσεως τοῦ Θεοῦ·
15 Ὀῖδά σου τὰ ἔργα, ὅτι οὔτε ψυχρὸς εἶ οὔτε ζεστός. Ὄφελον ψυχρὸς ἦς ἢ ζεστός.[5] **16** Οὕτως ὅτι χλιαρὸς εἶ, καὶ οὐ[6] ζεστὸς οὔτε ψυχρός,[7] μέλλω σε ἐμέσαι ἐκ τοῦ στόματός μου. **17** Ὅτι λέγεις,[8] ʼʼΠλούσιός εἰμι, καὶ πεπλούτηκα, καὶ οὐδενὸς[9] χρείαν ἔχω,ʼʼ καὶ οὐκ οἶδας ὅτι σὺ εἶ ὁ ταλαίπωρος καὶ ὁ[10] ἐλεεινὸς καὶ πτωχὸς καὶ τυφλὸς καὶ γυμνός, **18** συμβουλεύω σοι ἀγοράσαι χρυσίον παρ᾽ ἐμοῦ[11] πεπυρωμένον ἐκ πυρός, ἵνα πλουτήσῃς, καὶ ἱμάτια λευκά, ἵνα περιβάλῃ, καὶ μὴ φανερωθῇ ἡ αἰσχύνη τῆς

---

[1]12 καταβαινει **M**, **TR** vs καταβαινουσα M^{d e} **Ǥ**, **Cr**
[2]12 απο M^{a b} vs εκ M^{c d e} **Ǥ**, **TR Cr**
[3]12 μου M^{b c d e} **Ǥ**, **TR Cr** vs — M^a
[4]14 εν Λαοδικεια εκκλησιας 𝔐**Ǥ**, **Cr** vs εκκλησιας Λαοδικεων **TR**
[5]15 οφελον ψυχρος ης η ζεστος 𝔐ℵC, **Cr** vs οφελον ψυχρος ειης η ζεστος **TR** vs — M^{ept} A
[6]16 ου **M** vs ουτε M^{d e} **Ǥ**, **TR Cr**
[7]16 ζεστος ουτε ψυχρος 𝔐C, **Cr** vs ψυχρος ουτε ζεστος A, **TR** vs ζεστρος ουτε ψυχρος ει ℵ*
[8]17 λεγεις M^{a c e} ℵ vs +οτι M^{b d} AC, **TR Cr**
[9]17 ουδενος 𝔐ℵ, **TR** vs ουδεν M^{ept} AC, **Cr**
[10]17 ο MA vs — M^{d e} ℵC, **TR Cr**
[11]18 χρυσιον παρ εμου M^{a c} vs παρ εμου χρυσιον M^{d e} **Ǥ**, **TR Cr** vs χρυσιον M^b

γυμνότητός σου· καὶ κολλύριον¹ ἵνα ἐγχρίσῃ² τοὺς ὀφθαλμούς σου, ἵ ·α βλέπῃς. 19 Ἐγὼ ὅσους ἐὰν φιλῶ, ἐλέγχω καὶ παιδεύω. Ζήλευε³ οὖν καὶ μετανόησον. 20 ''Ἰδού, ἕστηκα ἐπὶ τὴν θύραν καὶ κρούω. Ἐάν τις ἀκούσῃ τῆς φωνῆς μου καὶ ἀνοίξῃ τὴν θύραν, καὶ⁴ εἰσελεύσομαι πρὸς αὐτὸν καὶ δειπνήσω μετ᾽ αὐτοῦ, καὶ αὐτὸς μετ᾽ ἐμοῦ. 21 Ὁ νικῶν, δώσω αὐτῷ καθίσαι μετ᾽ ἐμοῦ ἐν τῷ θρόνῳ μου, ὡς κἀγὼ ἐνίκησα καὶ ἐκάθισα μετὰ τοῦ Πατρός μου ἐν τῷ θρόνῳ αὐτοῦ. 22 ''Ὁ ἔχων οὖς ἀκουσάτω τί τὸ Πνεῦμα λέγει ταῖς ἐκκλησίαις.' ''

John Sees the Throne Room of Heaven

4 Μετὰ ταῦτα εἶδον, καὶ ἰδού, θύρα ἀνεῳγμένη⁵ ἐν τῷ οὐρανῷ, καὶ ἡ φωνὴ ἡ πρώτη ἣν ἤκουσα ὡς σάλπιγγος λαλούσης μετ᾽ ἐμοῦ, λέγων,⁶ '' Ἀνάβα ὧδε, καὶ δείξω σοι ἃ δεῖ γενέσθαι μετὰ ταῦτα.'' 2 Εὐθέως⁷ ἐγενόμην ἐν Πνεύματι, καὶ ἰδού, θρόνος ἔκειτο ἐν τῷ οὐρανῷ (καὶ ἐπὶ τὸν θρόνον⁸ καθήμενος) 3 ὅμοιος⁹ ὁράσει λίθῳ ἰάσπιδι καὶ σαρδίῳ,¹⁰ καὶ ἴρις κυκλόθεν τοῦ θρόνου, ὁμοίως ὅρασις σμαραγδίνων.¹¹ 4 Κυκλόθεν¹² τοῦ θρόνου θρόνοι¹³ εἴκοσι

---

¹18 κολλυριον Mᵃ ᵇ ᵉᵖᵗ ℵC vs κολλουριον Mᶜ ᵉᵖᵗ A, TR [Cr] vs κουλουριον Mᵈ
²18 ινα εγχριση Mᵃ ᵇ vs ινα εγχρισαι AC vs εγχρισαι (ℵ), Cr vs εγχρισον Mᵉ, TR vs εγχρισον επι Mᶜ vs εχρισε Mᵈᵖᵗ
³19 ζηλευε Mᵃ ᵇ AC, Cr vs ζηλωσον Mᶜ ᵈ ᵉ ℵ, TR
⁴20 και Mℵ, [Cr] vs −Mᵈ ᵉ A, TR
⁵1 ανεωγμενη 𝔐 vs ηνεωγμενη Mᵉᵖᵗ ℵA, TR Cr
⁶1 λεγων Mᵃ ᵇ ℵ*A, Cr vs λεγουσα Mᶜ ᵈ ᵉ, TR
⁷2 ευθεως Mᵃ ℵ*A, Cr vs και ευθεως Mᵇ ᶜ ᵈ ᵉ, TR
⁸2 τον θρονον Mᵃ ᵇ ℵA, Cr vs του θρονου M ᶜ ᵈ ᵉ, TR
⁹3 ομοιος 𝔐 vs και ο καθημενος ομοιος ℵA, Cr vs και ο καθημενος ην ομοιος TR
¹⁰3 σαρδιω 𝔐ℵA, Cr vs σαρδινω Mᵉ, TR
¹¹3 ομοιως ορασις σμαραγδινων Mᵃ vs ομοιος ορασει σμαραγδινω Mᵈ ᵉ A, Cr vs ομοια ορασει σμαραγδω Mᵇ vs ομοια ορασει σμαραγδινω Mᶜ, TR vs −ομοιως ορασις σμαραγδινω κυκλοθεν του θρονου ℵ*
¹²4 κυκλοθεν Mᵃ vs και κυκλοθεν Mᵇ ᶜ ᵉ A, TR Cr vs και κυκλω Mᵈ
¹³4 θρονοι 𝔐ℵA, TR vs θρονους Mᵇ, Cr

τέσσαρες,[1] καὶ ἐπὶ τοὺς θρόνους τοὺς εἴκοσι τέσσαρας[2] πρεσβυτέρους καθημένους, περιβεβλημένους ἐν ἱματίοις λευκοῖς, καὶ[3] ἐπὶ τὰς κεφαλὰς αὐτῶν στεφάνους χρυσοῦς. 5 Καὶ ἐκ τοῦ θρόνου ἐκπορεύονται ἀστραπαὶ καὶ φωναὶ καὶ βρονταί.[4] Καὶ ἑπτὰ λαμπάδες πυρὸς καιόμεναι ἐνώπιον τοῦ θρόνου αὐτοῦ,[5] αἵ εἰσιν[6] ἑπτὰ[7] Πνεύματα τοῦ Θεοῦ· 6 καὶ ἐνώπιον τοῦ θρόνου ὡς[8] θάλασσα ὑαλίνη, ὁμοία κρυστάλλῳ. Καὶ ἐν μέσῳ τοῦ θρόνου καὶ κύκλῳ τοῦ θρόνου τέσσαρα ζῷα γέμοντα ὀφθαλμῶν ἔμπροσθεν καὶ ὄπισθεν. 7 Καὶ τὸ ζῷον τὸ πρῶτον ὅμοιον λέοντι, καὶ τὸ δεύτερον ζῷον ὅμοιον μόσχῳ, καὶ τὸ τρίτον ζῷον ἔχον[9] πρόσωπον ἀνθρώπου,[10] καὶ τὸ τέταρτον[11] ὅμοιον ἀετῷ πετομένῳ.[12] 8 Καὶ τὰ[13] τέσσαρα ζῷα, ἓν καθ᾽ ἓν[14] ἔχον[15] ἀνὰ πτέρυγας ἓξ κυκλόθεν, καὶ ἔσωθεν γέμουσιν[16] ὀφθαλμῶν. Καὶ

---

[1]4 εικοσι τεσσαρες Μ^apt ept vs κδ Μ^apt bpt cpt dpt ept vs εικοσι και τεσσαρες Μ^bpt אA, TR vs εικοσι τεσσαρας Cr

[2]4 και επι τους θρονους τους εικοσι τεσσαρας Μ^apt vs και επι τους θρονους τους κδ Μ^apt bpt vs και επι τους θρονους ειδον τους εικοσι και τεσσαρα Μ^cpt, TR vs και επι τους θρονους ειδον τους κδ Μ^cpt vs και επι τους θρονους κδ Μ^dpt vs και επι τους θρονους εικοσι τεσσαρας Μ^ept, Cr vs και επι τους εικοσι τεσσαρας θρονους Α vs και א

[3]4 και 𝔐אA, Cr vs +εσχον TR

[4]5 φωναι και βρονται 𝔐אA, Cr vs βρονται και φωναι TR

[5]5 αυτου 𝔐 vs −Μ^ept אA, TR Cr

[6]5 αι εισιν 𝔐, TR vs α εισι(ν) Μ^ept, Cr vs α εστιν Α vs −αι εισιν επτα Πνευματα του Θεου και ενωπιον του θρονου א*

[7]5 επτα Μ vs τα επτα Μ^d ept Α, TR Cr vs −αι εισι(ν) επτα Πνευματα του Θεου και ενωπιον του θρονου א*

[8]6 ως 𝔐אA, Cr vs −Μ^ept, TR

[9]7 εχον 𝔐א, TR vs εχων Μ^ept Α, Cr

[10]7 προσωπον ανθρωπου Μ^a b vs το προσωπον ως ανθρωπος Μ^c d e, TR vs το προσωπον ως ανθρωπου Α, Cr vs το προσωπον ως ομοιον ανθρωπω א

[11]7 τεταρτον Μ^a b vs +ζωον Μ^c d e אA, TR Cr

[12]7 πετομενω 𝔐אA, Cr vs πετωμενω TR

[13]8 τα Μ^apt b c d אA, Cr vs −Μ^apt e, TR

[14]8 εν Μ^a ept vs εν αυτων Μ^c d ept אA, Cr vs εν αυτων εστως Μ^b vs εαυτω TR

[15]8 εχον Μ^a bpt c ept vs εχων Μ^bpt ept Α, Cr vs εχει Μ^d vs ειχον א, TR

[16]8 γεμουσιν 𝔐אA, Cr vs γεμοντα Μ^ept, TR

ἀνάπαυσιν οὐκ ἔχουσιν ἡμέρας καὶ νυκτός, λέγοντες,[1]

" Ἅγιος, ἅγιος, ἅγιος,
 Ἅγιος, ἅγιος, ἅγιος,
 Ἅγιος, ἅγιος, ἅγιος,[2]
 Κύριος ὁ Θεὸς ὁ Παντοκράτωρ,
 Ὁ ἦν καὶ ὁ ὢν καὶ ὁ ἐρχόμενος!"

9 Καὶ ὅταν δῶσι[3] τὰ ζῷα δόξαν καὶ τιμὴν καὶ εὐχαριστίαν τῷ καθημένῳ ἐπὶ τοῦ θρόνου,[4] τῷ ζῶντι εἰς τοὺς αἰῶνας τῶν αἰώνων, 10 πεσοῦνται οἱ εἴκοσι τέσσαρες[5] πρεσβύτεροι ἐνώπιον τοῦ καθημένου ἐπὶ τοῦ θρόνου καὶ προσκυνήσουσι τῷ ζῶντι εἰς τοὺς αἰῶνας τῶν αἰώνων, καὶ βαλοῦσι τοὺς στεφάνους αὐτῶν ἐνώπιον τοῦ θρόνου, λέγοντες,

11 " Ἄξιος εἶ,
 Ὁ Κύριος καὶ ὁ Θεὸς ἡμῶν,
 Ὁ Ἅγιος,[6]
 Λαβεῖν τὴν δόξαν καὶ τὴν τιμὴν καὶ τὴν δύναμιν,
 Ὅτι σὺ ἔκτισας[7] πάντα,
 Καὶ διὰ τὸ θέλημά σου ἦσαν[8] καὶ ἐκτίσθησαν!"

The Lamb Takes the Scroll

5 Καὶ εἶδον ἐπὶ τὴν δεξιὰν τοῦ καθημένου ἐπὶ τοῦ θρόνου βιβλίον γεγραμμένον ἔσωθεν καὶ ἔξωθεν[9] κατεσφραγισμένον σφραγῖσιν ἑπτά.

---

[1]8 λεγοντες 𝕸 ℵΑ, Cr vs λεγοντα Μ^{cpt}, TR
[2]8 αγιος (9 times) Μ^{apt b c} vs αγιος (8 times) ℵ* vs αγιος (3 times) Μ^{apt d e} Α, TR Cr
[3]9 δωσι(ν) 𝕸 vs δωσωσι(ν) Μ^{ept} ℵ vs δωσουσι(ν) Μ^d Α, TR Cr
[4]9 του θρονου 𝕸, TR vs τω θρονω ℵΑ, Cr
[5]10 εικοσι τεσσαρες Μ^{apt b ept} ℵΑ, Cr vs κδ Μ^{apt c d ept} vs εικοσι και τεσσαρες TR
[6]11 ο Κυριος και ο Θεος ημων ο Αγιος Μ vs ο Κυριος και ο Θεος ημων Α, Cr vs Κυριε ο Κυριος και Θεος ημων ℵ vs Κυριε ο Θεος ημων Μ^{d e} vs Κυριε TR
[7]11 εκτισας Μ^{a b} vs +τα Μ^{c d e} ℵΑ, TR Cr
[8]11 ησαν Μ^aℵΑ, Cr vs εισι(ν) Μ^{b c d e}, TR
[9]1 εσωθεν κ^cι εξωθεν 𝕸 vs εσωθεν και οπισθεν Μ^{ept} Α, TR Cr vs εμπροσθεν και οπισθεν ℵ

2 Καὶ εἶδον ἄγγελον ἰσχυρὸν κηρύσσοντα ἐν¹ φωνῇ μεγάλῃ, "Τίς ἄξιός ἐστιν² ἀνοῖξαι τὸ βιβλίον καὶ λῦσαι τὰς σφραγῖδας αὐτοῦ?" 3 Καὶ οὐδεὶς ἐδύνατο³ ἐν τῷ οὐρανῷ ἄνω⁴ οὔτε⁵ ἐπὶ τῆς γῆς οὔτε⁵ ὑποκάτω τῆς γῆς ἀνοῖξαι τὸ βιβλίον οὔτε⁵ βλέπειν αὐτό. 4 Καὶ ἐγὼ⁶ ἔκλαιον πολύ,⁷ ὅτι οὐδεὶς ἄξιος εὑρέθη ἀνοῖξαι⁸ τὸ βιβλίον οὔτε βλέπειν αὐτό. 5 Καὶ εἷς ἐκ τῶν πρεσβυτέρων λέγει μοι, "Μὴ κλαῖε. Ἰδού, ἐνίκησεν ὁ λέων ὁ⁹ ἐκ τῆς φυλῆς Ἰούδα, ἡ ῥίζα Δαβίδ, ὁ ἀνοίγων¹⁰ τὸ βιβλίον καὶ¹¹ τὰς ἑπτὰ σφραγῖδας αὐτοῦ." 6 Καὶ εἶδον¹² ἐν μέσῳ τοῦ θρόνου καὶ τῶν τεσσάρων ζῴων, καὶ ἐν μέσῳ τῶν πρεσβυτέρων, Ἀρνίον ἑστηκὸς¹³ ὡς ἐσφαγμένον, ἔχον¹⁴ κέρατα ἑπτὰ καὶ ὀφθαλμοὺς ἑπτά, ἅ¹⁵ εἰσι τὰ ἑπτὰ¹⁶ Πνεύματα τοῦ Θεοῦ¹⁷ ἀποστελλόμενα¹⁸ εἰς πᾶσαν τὴν γῆν. 7 Καὶ ἦλθε καὶ εἴληφεν¹⁹ ἐκ τῆς δεξιᾶς τοῦ καθημένου ἐπὶ τοῦ θρόνου.

¹2 εν Mᵃ ᵇ ᵉᵖᵗ ℵA, Cr vs — Mᶜ ᵈ ᵉᵖᵗ, TR
²2 αξιος εστιν Mᵃ ᵇ ᵈ ᵉᵖᵗ vs αξιος Mᶜ ᵉᵖᵗ ℵA, Cr vs εστιν αξιος TR
³3 εδυνατο Mℵ, Cr vs ηδυνατο Mᵈ ᵉᵖᵗ A, TR
⁴3 ανω Mᵃ ᵇ ᵉᵖᵗ vs — Mᶜ ᵈ ᵉᵖᵗ ℵA, TR Cr
⁵3 ουτε . . . ουτε . . . ουτε Mᵃ ᵇ ᵉᵖᵗ vs ουδε . . . ουδε . . . ουδε Mᶜ ᵈ ᵉᵖᵗ, TR vs ουδε . . . ουδε . . . ουτε A, Cr vs ουτε . . . (−ουτε υποκατω της γης) . . . ουτε ℵ
⁶4 εγω 𝔐, TR vs — Mᵉᵖᵗ ℵ, Cr vs − verse A
⁷4 πολυ 𝔐ℵ, Cr vs πολλα TR vs − verse A
⁸4 ανοιξαι Mᵃ ᵇ ᵈ ᵉᵖᵗ ℵ, Cr vs +και αναγνωναι Mᶜ ᵉᵖᵗ, TR vs − verse A
⁹5 ο 𝔐A, Cr vs − ℵ vs ο ων TR
¹⁰5 ο ανοιγων Mᵃ ᵇ vs ανοιξαι Mᶜ ᵈ ᵉ ℵA, TR Cr
¹¹5 και 𝔐A, Cr vs +λυσαι ℵ, TR
¹²6 ειδον 𝔐ℵ, Cr vs ιδου και A vs ειδον και ιδου Mᵇ, TR
¹³6 εστηκος Mᵃ ᵇᵖᵗ ᶜ ᵈ ᵉᵖᵗ A, TR Cr vs εστηκως Mᵇᵖᵗ ᵉᵖᵗ ℵ
¹⁴6 εχον 𝔐, TR vs εχων Mᵉᵖᵗ ℵA, Cr
¹⁵6 α 𝔐 vs οι Mᵉ ℵA, TR
¹⁶6 επτα 𝔐ℵ, TR [Cr] vs — Mᵉᵖᵗ A
¹⁷6 Πνευματα του Θεου 𝔐ℵA Cr vs του Θεου Πνευματα Mᵉᵖᵗ, TR
¹⁸6 αποστελλομενα M vs απεσταλμενα ℵ vs απεσταλμενοι A, Cr vs τα απεσταλμενα Mᵈ ᵉᵖᵗ, TR vs τα αποστελλομενα Mᵉᵖᵗ
¹⁹7 ειληφεν 𝔐ℵA, Cr vs +το βιβλιον TR vs +το βιβλιον after θρονου Mᵉᵖᵗ

Worthy Is the Lamb

8 Καὶ ὅτε ἔλαβε τὸ βιβλίον, τὰ τέσσαρα ζῷα καὶ οἱ εἴκοσι τέσσαρες[1] πρεσβύτεροι ἔπεσον[2] ἐνώπιον τοῦ ᾿Αρνίου, ἔχοντες ἕκαστος κιθάραν,[3] καὶ φιάλας χρυσᾶς γεμούσας θυμιαμάτων, αἵ εἰσι[4] προσευχαὶ[5] τῶν ἁγίων. 9 Καὶ ᾄδουσιν ᾠδὴν καινήν, λέγοντες,

" "Αξιος εἶ λαβεῖν τὸ βιβλίον
Καὶ ἀνοῖξαι τὰς σφραγῖδας αὐτοῦ·
῞Οτι ἐσφάγης,
Καὶ ἠγόρασας τῷ Θεῷ ἡμᾶς[6] ἐν τῷ αἵματί σου
᾿Εκ πάσης φυλῆς καὶ γλώσσης καὶ λαοῦ καὶ ἔθνους·
10   Καὶ ἐποίησας αὐτοὺς[7] τῷ Θεῷ ἡμῶν βασιλεῖς
       καὶ ἱερεῖς,[8]
Καὶ βασιλεύσουσιν[9] ἐπὶ τῆς γῆς."

11 Καὶ εἶδον, καὶ ἤκουσα ὡς[10] φωνὴν ἀγγέλων πολλῶν κύκλῳ[11] τοῦ θρόνου καὶ τῶν ζῴων καὶ τῶν πρεσβυτέρων. Καὶ ἦν ὁ ἀριθμὸς αὐτῶν μυριάδες μυριάδων, καὶ χιλιάδες χιλιάδων, 12 λέγοντες φωνῇ μεγάλῃ,

" "Αξιόν ἐστι τὸ ᾿Αρνίον τὸ ἐσφαγμένον
Λαβεῖν τὴν δύναμιν καὶ τὸν[12] πλοῦτον καὶ σοφίαν καὶ
       ἰσχὺν
Καὶ τιμὴν καὶ δόξαν καὶ εὐλογίαν!"

---

[1]8 εικοσι τεσσαρες M^apt b ept אA, TR Cr vs κδ M^apt c d ept
[2]8 επεσον 𝔐, TR vs επεσαν אA, Cr
[3]8 κιθαραν M^a b d ept אA, Cr vs κιθαρας M^c ept, TR
[4]8 εισι(ν) M^a b ept א⁺ vs + αι M^c d επι A, TR Cr
[5]8 προσευχαι M^apt b c d e אA, TR Cr vs προσευχων M^apt
[6]9 τω Θεω ημας M^a c d ept א, TR vs ημας τω Θεω M^b vs ημας M^ept vs τω Θεω A, Cr
[7]10 αυτους 𝔐 אA, Cr vs ημας TR
[8]10 βασιλεις και ιερεις 𝔐, TR vs βασιλειαν και ιερεις A, Cr vs βασιλιαν και ιερατειαν א
[9]10 βασιλευσουσιν M^apt b c dpt ept א, Cr vs βασιλευουσιν M^apt dpt ept A vs βασιλευσομεν TR
[10]11 ως Mא vs − M^d ept A, TR Cr
[11]11 κυκλω 𝔐 אA, Cr vs κυκλοθεν TR
[12]12 τον M^a b vs − M^c d e אA, TR Cr

13 Καὶ πᾶν κτίσμα ὃ[1] ἐν τῷ οὐρανῷ καὶ ἐπὶ τῆς γῆς[2] καὶ ὑποκάτω τῆς γῆς καὶ ἐπὶ τῆς θαλάσσης ἐστί,[3] καὶ τὰ ἐν αὐτοῖς, πάντας[4] ἤκουσα λέγοντας,

"Τῷ καθημένῳ ἐπὶ τῷ θρόνῳ,[5]
Καὶ τῷ Ἀρνίῳ,
Ἡ εὐλογία καὶ ἡ τιμὴ καὶ ἡ δόξα καὶ τὸ κράτος
Εἰς τοὺς αἰῶνας τῶν αἰώνων. Ἀμήν!"[6]

14 — καὶ τὰ τέσσαρα ζῷα λέγοντα τὸ[7] Ἀμήν.
Καὶ οἱ[8] πρεσβύτεροι ἔπεσον[9] καὶ προσεκύνησαν.[10]

First Seal: The Conqueror

6 Καὶ εἶδον ὅτι[11] ἤνοιξε τὸ Ἀρνίον μίαν ἐκ τῶν ἑπτὰ σφραγίδων,[12] καὶ ἤκουσα ἑνὸς ἐκ τῶν τεσσάρων ζῴων λέγοντος, ὡς φωνὴ[13] βροντῆς, "Ἔρχου καὶ ἴδε." 2 Καὶ ἰδού,[14] ἵππος λευκός, καὶ ὁ καθήμενος ἐπ' αὐτὸν[15] ἔχων τόξον. Καὶ ἐδόθη αὐτῷ στέφανος, καὶ ἐξῆλθε νικῶν, καὶ ἵνα νικήσῃ.

---

[1]13 ο M[a] אA, Cr vs +εστιν M[b c d e], TR
[2]13 επι της γης MאA, Cr vs επι γης M[d] vs εν τη γη M[ept], TR
[3]13 εστι(ν) M[a] A vs οσα εστι M[b] vs α εστι(ν) M[c e], TR vs — M[d] א, Cr
[4]13 παντας M[a c ept] vs και παντας M[d] vs παντα και M[b] א vs παντα M[ept] A, TR Cr
[5]13 τω θρονω M[apt b] A, Cr vs του θρονου M[apt c d e] א, TR
[6]13 αμην 𝔐 vs — M[b], TR Cr
[7]14 λεγοντα το M[a c] vs ελεγεν το M[b] vs ελεγον M[d e] אA, TR Cr
[8]14 οι 𝔐אA, Cr vs +εικοσι τεσσαρες TR
[9]14 επεσον 𝔐 vs επεσαν M[b] אA, TR Cr
[10]14 προσεκυνησαν 𝔐G, Cr vs +ζωντι εις τους αιωνας των αιωνων TR
[11]1 οτι M vs οτε M[d e] G, TR Cr
[12]1 επτα σφραγιδων MAC, Cr vs σφραγιδων M[d ept], TR vs επτα א*
[13]1 φωνη MAC, Cr vs φωνης M[ept], TR vs φωνην א vs transpose ως φωνη βροντης after ερχου M[d]
[14]1,2 και ιδε και ιδου M[a b ept] vs και ειδον και ιδου M[c d ept], Cr vs και ιδον και ιδου AC vs και ιδε και ειδον και ιδου א vs και βλεπε και ειδον και ιδου TR
[15]2 αυτον 𝔐G, Cr vs αυτω TR

Second Seal: Conflict on Earth

3 Καὶ ὅτε ἤνοιξε τὴν δευτέραν σφραγῖδα,[1] ἤκουσα τοῦ δευτέρου ζῴου λέγοντος, "Ἔρχου!" **4** Καὶ[2] ἐξῆλθεν ἄλλος ἵππος πυρός,[3] καὶ τῷ καθημένῳ ἐπ᾽ αὐτὸν[4] ἐδόθη αὐτῷ λαβεῖν τὴν εἰρήνην ἐκ[5] τῆς γῆς,[6] ἵνα ἀλλήλους σφάξωσι·[7] καὶ ἐδόθη αὐτῷ μάχαιρα μεγάλη.

Third Seal: Scarcity on Earth

5 Καὶ ὅτε ἤνοιξε τὴν σφραγῖδα τὴν τρίτην,[8] ἤκουσα τοῦ τρίτου ζῴου λέγοντος, "Ἔρχου καὶ ἴδε." Καὶ ἰδού,[9] ἵππος μέλας, καὶ ὁ καθήμενος ἐπ᾽ αὐτὸν[10] ἔχων ζυγὸν ἐν τῇ χειρὶ αὐτοῦ.

6 Καὶ ἤκουσα[11] φωνὴν ἐν μέσῳ τῶν τεσσάρων ζῴων λέγουσαν, "Χοῖνιξ σίτου δηναρίου, καὶ τρεῖς χοίνικες κριθῆς[12] δηναρίου· καὶ τὸ ἔλαιον καὶ τὸν οἶνον μὴ ἀδικήσῃς."

---

¹3 την δευτεραν σφραγιδα M^{a c dpt}, TR vs την β σφραγιδα M^{dpt} vs την σφραγιδα την δευτεραν M^{b e} 𝕲, Cr

²3,4 ερχου και 𝕸 AC, Cr vs ερχου και ιδε και ειδον και ιδου M^{b} vs ερχου και ιδε και ιδον και ιδου ℵ vs ερχου και βλεπε και TR

³4 πυρος M^{a b dpt ept} A vs πυρρος M^{c dpt ept}ℵ, TR Cr

⁴4 αυτον 𝕸 𝕲, Cr vs αυτω M^{e}, TR

⁵4 εκ 𝕸ℵC, Cr vs απο M^{ept}, TR vs −M^{ept} A

⁶4 γης M^{a o d} vs +και M^{b e} 𝕲, TR Cr

⁷4 σφαξωσι(ν) 𝕸ℵ, TR vs σφαξουσιν AC, Cr vs κατασφαξωσι(ν) M^{d}

⁸5 την σφραγιδα την τριτην M𝕲, Cr vs την τριτην σφραγιδα M^{ept}, TR vs ανεωγμενης της τριτης σφραγιδος after ηκουσα, −οτε ηνοιξε M^{d}

⁹5 και ιδε και ιδου M^{a b} vs και ειδον και ιδου M^{c d ept} C, Cr vs και ιδον και ιδου A vs και ιδου M^{ept} vs και ιδε και ειδον και ιδου ℵ vs και βλεπε και ειδον και ιδου TR

¹⁰5 αυτον 𝕸𝕲, Cr vs αυτω TR

¹¹6 ηκουσα 𝕸, TR vs +ως M^{ept} 𝕲, Cr

¹²6 κριθης 𝕸, TR vs κριθων M^{e} 𝕲, Cr

Fourth Seal: Widespread Death on Earth

7 Καὶ ὅτε ἤνοιξε τὴν σφραγῖδα τὴν τετάρτην, ἤκουσα[1] τοῦ τετάρτου ζῴου λέγοντος,[2] "῎Ερχου καὶ ἴδε." **8** Καὶ ἰδού,[3] ἵππος χλωρός, καὶ ὁ καθήμενος ἐπάνω αὐτοῦ, ὄνομα αὐτῷ ὁ Θάνατος,[4] καὶ ὁ ῞Αιδης ἠκολουθεῖ[5] αὐτῷ.[6] Καὶ ἐδόθη αὐτῷ[7] ἐξουσία ἐπὶ τὸ τέταρτον τῆς γῆς ἀποκτεῖναι[8] ἐν ῥομφαίᾳ καὶ ἐν λιμῷ καὶ ἐν θανάτῳ καὶ ὑπὸ τῶν θηρίων τῆς γῆς.

Fifth Seal: The Cry of the Martyrs

9 Καὶ ὅτε ἤνοιξε τὴν πέμπτην σφραγῖδα, εἶδον ὑποκάτω τοῦ θυσιαστηρίου τὰς ψυχὰς[9] τῶν ἐσφαγμένων διὰ τὸν λόγον τοῦ Θεοῦ καὶ διὰ τὴν μαρτυρίαν τοῦ ᾽Αρνίου[10] ἣν εἶχον.

10 Καὶ ἔκραξαν[11] φωνὴν μεγάλην,[12] λέγοντες, "῞Εως πότε, ὁ Δεσπότης, ὁ ἅγιος καὶ[13] ἀληθινός, οὐ κρίνεις καὶ ἐκδικεῖς τὸ αἷμα ἡμῶν ἐκ[14] τῶν κατοικούντων ἐπὶ τῆς γῆς?"

---

[1]7 ηκουσα M^{a b ept} C vs + φωνην M^{c d ept} ℵA, TR Cr

[2]7 λεγοντος 𝔐𝕲, Cr vs λεγουσαν TR

[3]7,8 και ιδε και ιδου M^{a b ept} vs και ειδον και ιδου M^{c d ept}, Cr vs και ιδον και ιδου A vs ιδον και ιδου C vs και ιδε και ιδον και ιδου ℵ vs και βλεπε και ειδον και ιδου TR

[4]8 ο Θανατος 𝔐, TR [Cr] vs Θανατος M^c ℵC vs ο Αθανατος A

[5]8 ηκολουθει M^{a b} C, Cr vs ηκολουθη M^{ept} vs ηκολουθι ℵ vs ακολουθει M^{c d ept}, TR

[6]8 αυτω M^{a b ept} ℵ vs μετ αυτου M^{c d ept} AC, TR Cr

[7]8 αυτω M vs αυτοις M^{d ept} 𝕲, TR Cr

[8]8 επι το τεταρτον της γης αποκτειναι 𝔐ℵA (-κτιναι C) Cr vs επι το τεταρτον μερος της γης αποκτειναι M^d vs αποκτειναι επι το τεταρτον της γης TR

[9]9 ψυχας M^{a b d} AC, TR Cr vs + των ανθρωπων M^{c e} ℵ

[10]9 του Αρνιου M^{a c ept} vs Ιησου Χριστου M^b vs − M^{d ept} 𝕲, TR Cr

[11]10 εκραξαν M𝕲, Cr vs εκραζον M^{d e}, TR

[12]10 φωνην μεγαλην M^{a b} vs φωνη μεγαλη M^{c d e} 𝕲, TR Cr

[13]10 και 𝔐𝕲, Cr vs + ο M^{dpt}, TR

[14]10 εκ M𝕲, Cr vs απο M^{d e}, TR

11 Καὶ ἐδόθη[1] αὐτοῖς[2] στολὴ λευκή,[3] καὶ ἐρρέθη αὐτοῖς ἵνα
ἀναπαύσωνται[4] ἔτι χρόνον,[5] ἕως[6] πληρώσωσι[7] καὶ οἱ
σύνδουλοι αὐτῶν καὶ οἱ ἀδελφοὶ αὐτῶν καὶ[8] οἱ μέλλοντες
ἀποκτένεσθαι[9] ὡς καὶ αὐτοί.

Sixth Seal: Cosmic Disturbances

12 Καὶ εἶδον[10] ὅτε ἤνοιξε τὴν σφραγῖδα τὴν ἕκτην, καὶ[11]
σεισμὸς μέγας ἐγένετο· καὶ ὁ ἥλιος μέλας ἐγένετο[12] ὡς
σάκκος τρίχινος, καὶ ἡ σελήνη ὅλη[13] ἐγένετο ὡς αἷμα. 13 Καὶ
οἱ ἀστέρες τοῦ οὐρανοῦ ἔπεσον[14] εἰς τὴν γῆν ὡς συκῆ
βαλοῦσα[15] τοὺς ὀλύνθους αὐτῆς, ὑπὸ ἀνέμου μεγάλου[16]
σειομένη. 14 Καὶ ὁ οὐρανὸς ἀπεχωρίσθη ὡς βιβλίον
ἑλισσόμενος,[17] καὶ πᾶν ὄρος καὶ νῆσος ἐκ τῶν τόπων
αὐτῶν ἐκινήθησαν.

---

[1] 11 εδοθη 𝔐Ϭ, **Cr** vs εδοθησαν **TR**

[2] 11 αυτοις M^{a} vs αυτοις εκαστω $M^{b\ c\ e}$ Ϭ, **Cr** vs εκαστω αυτων M^{d} vs εκαστοις **TR**

[3] 11 στολη λευκη 𝔐Ϭ, **Cr** vs στολαι λευκαι **TR**

[4] 11 αναπαυσωνται **M**ℵC, **TR** vs αναπαυσονται $M^{dpt\ ept}$ **A**, **Cr**

[5] 11 ετι χρονον **M** vs ετι χρονον μικρον $M^{d\ e}$ C, **TR Cr** vs χρονον ετι μικρον **A** vs επι χρονον μικρον ℵ

[6] 11 εως $M^{a\ b}$ Ϭ, **Cr** vs +ου $M^{c\ d\ e}$, **TR**

[7] 11 πληρωσωσι(ν) 𝔐ℵ vs πληρωσουσι M^{d} vs πληρωθωσι(ν) **AC**, **TR Cr**

[8] 11 και $M^{a\ ept}$ vs $-M^{b\ c\ d\ ept}$ Ϭ, **TR Cr**

[9] 11 αποκτενεσθαι $M^{apt\ c\ d}$ vs αποκτεννεσθαι $M^{apt\ b}$ ℵC, **Cr** vs αποκτεινεσθαι M^{ept}**A**, **TR** vs αποκταινεσθαι M^{ept}

[10] 12 ειδον $M^{a\ b\ d\ ept}$ Ϭ, **TR Cr** vs +και $M^{c\ ept}$

[11] 12 και 𝔐ℵC, **Cr** vs +ιδου **A**, **TR**

[12] 12 μελας εγενετο **M**ℵ vs εγενετο μελας $M^{d\ e}$ **AC**, **TR Cr**

[13] 12 ολη $M^{a\ d}$ Ϭ, **Cr** vs $-M^{b\ c\ e}$, **TR**

[14] 13 επεσον 𝔐 vs επεσαν Ϭ, **TR Cr**

[15] 13 βαλουσα $M^{a\ ept}$ vs βαλλουσα M^{b} ℵ vs βαλλει $M^{c\ ept}$ **AC**, **TR Cr** vs αποβαλλει M^{d}

[16] 13 ανεμου μεγαλου $M^{a\ b\ ept}$ **AC** (μεμειγαλου for μεγαλου ℵ), **Cr** vs μεγαλου ανεμου $M^{c\ d\ ept}$, **TR**

[17] 14 ελισσομενος M^{a} ℵ vs ειλισσομενος M^{d} vs ελισσομενον $M^{b\ c}$ **AC**, **Cr** vs ειλισσομενον M^{e}, **TR**

15 Καὶ οἱ βασιλεῖς τῆς γῆς καὶ οἱ μεγιστᾶνες καὶ οἱ χιλίαρχοι καὶ οἱ πλούσιοι[1] καὶ οἱ ἰσχυροὶ[2] καὶ πᾶς δοῦλος καὶ ἐλεύθερος[3] ἔκρυψαν ἑαυτοὺς εἰς τὰ σπήλαια καὶ εἰς τὰς πέτρας τῶν ὀρέων. 16 Καὶ λέγουσι τοῖς ὄρεσι καὶ ταῖς πέτραις, "Πέσετε ἐφ᾽ ἡμᾶς καὶ κρύψατε ἡμᾶς ἀπὸ προσώπου τοῦ καθημένου ἐπὶ τῷ θρόνῳ[4] καὶ ἀπὸ τῆς ὀργῆς τοῦ Ἀρνίου! 17 Ὅτι ἦλθεν ἡ ἡμέρα ἡ μεγάλη τῆς ὀργῆς αὐτοῦ,[5] καὶ τίς δύναται σταθῆναι?"

The Sealed of Israel

7 Καὶ[6] μετὰ τοῦτο[7] εἶδον τέσσαρας ἀγγέλους ἑστῶτας ἐπὶ τὰς τέσσαρας γωνίας τῆς γῆς, κρατοῦντας τοὺς τέσσαρας ἀνέμους τῆς γῆς, ἵνα μὴ πνέῃ ἄνεμος ἐπὶ τῆς γῆς, μήτε ἐπὶ τῆς θαλάσσης, μήτε ἐπί τι δένδρον.[8] 2 Καὶ εἶδον ἄλλον ἄγγελον ἀναβαίνοντα[9] ἀπὸ ἀνατολῆς ἡλίου, ἔχοντα σφραγῖδα Θεοῦ ζῶντος.

Καὶ ἔκραξε φωνῇ μεγάλῃ τοῖς τέσσαρσιν ἀγγέλοις, οἷς ἐδόθη αὐτοῖς ἀδικῆσαι τὴν γῆν καὶ τὴν θάλασσαν, 3 λέγων, "Μὴ ἀδικήσητε τὴν γῆν, μήτε τὴν θάλασσαν, μήτε τὰ δένδρα, ἄχρις οὗ[10] σφραγίσωμεν τοὺς δούλους τοῦ Θεοῦ ἡμῶν ἐπὶ τῶν μετώπων αὐτῶν." 4 Καὶ ἤκουσα τὸν ἀριθμὸν τῶν ἐσφραγισμένων, ἑκατὸν καὶ τεσσαράκοντα τέσσαρες

---

[1]15 οι χιλιαρχοι και οι πλουσιοι 𝔐G, Cr vs οι πλουσιοι και οι χιλιαρχοι Mᵉ, TR
[2]15 και οι ισχυροι 𝔐AC, Cr vs και ισχυροι ℵ vs − Mᵉᵖᵗ vs και οι δυνατοι TR
[3]15 και ελευθερος Mᵃ ᵇ AC, Cr vs και πας ελευθερος Mᶜ ᵈ ᵉ, TR vs − ℵ*
[4]16 τω θρονω Mᵃ ᵇ ℵ vs του θρονου Mᶜ ᵈ ᵉ AC, TR Cr
[5]17 αυτου 𝔐A, TR vs αυτων ℵC, Cr
[6]1 και 𝔐ℵ, TR vs − AC, Cr
[7]1 τουτο MG, Cr vs ταυτα Mᵈ ᵉ, TR
[8]1 τι δενδρον Mᵃ ᵇ C vs παν δενδρον Mᶜ ᵈ ᵉ ℵ, TR Cr vs δενδρον A
[9]2 αναβαινοντα 𝔐G, Cr vs αναβαντα TR
[10]3 αχρις ου M, TR vs αχρι Mᵉᵖᵗ AC, Cr vs αχρις ℵ vs αχρις αν Mᵈ

χιλιάδες¹ ἐσφραγισμένων² ἐκ πάσης φυλῆς υἱῶν ᾿Ισραήλ·

5 ᾿Εκ φυλῆς ᾿Ιούδα δώδεκα³ χιλιάδες ἐσφραγισμέναι,⁴
  ᾿Εκ φυλῆς ῾Ρουβὶμ⁵ δώδεκα⁶ χιλιάδες,⁷
  ᾿Εκ φυλῆς Γὰδ δώδεκα⁸ χιλιάδες,⁷
6 ᾿Εκ φυλῆς ᾿Ασὴρ δώδεκα⁸ χιλιάδες,⁷
  ᾿Εκ φυλῆς Νεφθαλεὶμ⁹ δώδεκα⁸ χιλιάδες,⁷
  ᾿Εκ φυλῆς Μανασσῆ δώδεκα⁸ χιλιάδες,⁷
7 ᾿Εκ φυλῆς Συμεὼν δώδεκα¹⁰ χιλιάδες¹¹
  ᾿Εκ φυλῆς Λευὶ δώδεκα⁸ χιλιάδες,⁷
  ᾿Εκ φυλῆς ᾿Ισαχὰρ¹² δώδεκα⁸ χιλιάδες,⁷
8 ᾿Εκ φυλῆς Ζαβουλὼν δώδεκα⁸ χιλιάδες,⁷
  ᾿Εκ φυλῆς ᾿Ιωσὴφ δώδεκα¹³ χιλιάδες,⁷
  ᾿Εκ φυλῆς Βενιαμὶν δώδεκα¹⁴ χιλιάδες ἐσφραγισμέναι.¹⁵

---

¹4 εκατον και τεσσαρακοντα τεσσαρες χιλιαδες M$^{apt\ b\ c}$ vs ρμδ χιλιαδες M^{dpt}, TR vs εκατον τεσσαρακοντα δ χιλιαδες A vs εκατον και τεσσερακοντα τεσσαρες χιλιαδες C vs εκατον τεσσερακοντα χιλιαδες ℵ vs εκατον τεσσερακοντα τεσσαρας χιλιαδας M^{ept} vs εκατον τεσσερακοντα τεσσαρες χιλιαδες Cr vs − M^{apt}
²4 εσφραγισμενων M$^{apt\ b\ dpt}$ vs εσφραγισμενοι M$^{c\ dpt\ e}$ G, TR Cr vs − M^{apt}
³5 δωδεκα M$^{apt\ b\ dpt\ e}$ G, Cr vs ιβ M$^{apt\ c\ dpt}$, TR
⁴5 εσφραγισμεναι M^a vs εσφραγισμενοι M$^{b\ c\ d\ e}$ G, TR Cr
⁵5 Ρουβιμ M$^{apt\ cpt\ d\ e}$ vs Ρουβειμ M$^{bpt\ cpt}$ vs Ρουβειν M^{bpt} vs Ρουβην G, TR Cr
⁶5 δωδεκα M$^{apt\ b\ dpt\ ept}$ G, Cr vs ιβ M$^{apt\ c\ dpt\ ept}$, TR
⁷5 χιλιαδες MG, Cr vs + εσφραγισμενοι M$^{d\ e}$, TR
⁸5 δωδεκα M$^{apt\ b\ ept}$ G, Cr vs ιβ M$^{apt\ c\ d\ ept}$, TR
⁹6 Νεφθαλειμ M$^{apt\ b\ c\ d\ e}$ C, TR vs Νεφθαλιμ A, Cr vs Νεφθαλι ℵ
¹⁰7 δωδεκα M$^{apt\ b\ ept}$ AC, Cr vs ιβ M$^{apt\ c\ d\ ept}$, TR vs − εκ φυλης Συμεων δωδεκα ℵ
¹¹7 χιλιαδες MAC, Cr vs + εσφραγισμενοι TR vs − ℵ
¹²7 Ισαχαρ 𝔐C, TR vs Ισσαχαρ ℵA, Cr
¹³8 Ιωσηφ δωδεκα M$^{apt\ b\ ept}$ AC, Cr vs Ιωσηφ ιβ M$^{apt\ c\ d\ ept}$, TR vs Βενιαμιν ιβ ℵ
¹⁴8 Βενιαμιν δωδεκα M$^{apt\ b\ ept}$ C, Cr vs Βενιαμειν δωδεκα A vs Βενιαμιν ιβ M$^{apt\ c\ d\ ept}$, TR vs Ιωσηφ ιβ ℵ
¹⁵8 εσφραγισμεναι M^a vs εσφραγισμενοι M$^{b\ c\ d\ e}$ G, TR Cr

A Multitude from the Great Tribulation

9 Μετὰ ταῦτα εἶδον, καὶ ἰδού, ὄχλος πολὺς ὃν ἀριθμῆσαι[1] οὐδεὶς ἐδύνατο,[2] ἐκ παντὸς ἔθνους καὶ φυλῶν καὶ λαῶν καὶ γλωσσῶν, ἑστῶτας[3] ἐνώπιον τοῦ θρόνου καὶ ἐνώπιον τοῦ ᾿Αρνίου, περιβεβλημένους[4] στολὰς λευκάς, καὶ φοίνικας[5] ἐν ταῖς χερσὶν αὐτῶν. **10** Καὶ κράζουσι[6] φωνῇ μεγάλῃ, λέγοντες,

"῾Η σωτηρία τῷ Θεῷ ἡμῶν
Τῷ καθημένῳ ἐπὶ τῷ θρόνῳ,[7]
Καὶ τῷ ᾿Αρνίῳ!"

11 Καὶ πάντες οἱ ἄγγελοι εἱστήκεισαν[8] κύκλῳ τοῦ θρόνου καὶ τῶν πρεσβυτέρων καὶ τῶν τεσσάρων ζῴων, καὶ ἔπεσον[9] ἐνώπιον τοῦ θρόνου αὐτοῦ[10] ἐπὶ τὰ πρόσωπα[11] αὐτῶν καὶ προσεκύνησαν τῷ Θεῷ, **12** λέγοντες,

"᾿Αμήν! ῾Η εὐλογία καὶ ἡ δόξα καὶ ἡ σοφία
Καὶ ἡ εὐχαριστία καὶ ἡ τιμὴ καὶ ἡ δύναμις καὶ ἡ ἰσχὺς
Τῷ Θεῷ ἡμῶν εἰς τοὺς αἰῶνας τῶν αἰώνων. ᾿Αμήν."

13 Καὶ ἀπεκρίθη εἷς ἐκ τῶν πρεσβυτέρων, λέγων μοι, "Οὗτοι οἱ περιβεβλημένοι τὰς στολὰς τὰς λευκάς, τίνες εἰσί, καὶ πόθεν ἦλθον?"
14 Καὶ εἶπον[12] αὐτῷ, "Κύριέ μου,[13] σὺ οἶδας."

---

[1]9 αριθμησαι 𝔐 vs + αυτον M^{ept} 𝕲, TR Cr
[2]9 εδυνατο M^{a c} 𝕲, Cr vs ηδυνατο M^{b d e}, TR
[3]9 εστωτας M^{a b d} vs εστωτες M^{c ept} ℵA, TR Cr vs εστωτων M^{ept} C
[4]9 περιβεβλημενους M^{a b ept} 𝕲, Cr vs περιβεβλημενοι M^{c d ept}, TR
[5]9 φοινικας M^{a c d} ℵ* vs φοινικες M^{b e} AC, TR Cr
[6]10 κραζουσι(ν) 𝔐 𝕲, Cr vs κραζοντες TR
[7]10 τω θρονω M^{a b c ept} 𝕲, Cr vs του θρονου M^{d ept}, TR
[8]11 ειστηκεισαν 𝔐, Cr vs ιστηκεισαν A vs εστηκισαν C vs ιστηκισαν ℵ vs εστηκεσαν TR
[9]11 επεσον 𝔐, TR vs επεσαν 𝕲, Cr
[10]11 αυτου M^{a b} vs − M^{c d e} 𝕲, TR Cr
[11]11 τα προσωπα 𝔐𝕲, Cr vs προσωπον TR
[12]14 ειπον M vs ειρηκα M^{d e} ℵA, TR Cr
[13]14 μου 𝔐ℵC, Cr vs − M^{ept} A, TR

Καὶ εἶπέ μοι,

"Οὗτοί εἰσιν οἱ ἐρχόμενοι ἐκ τῆς θλίψεως τῆς μεγάλης,
Καὶ ἔπλυναν¹ τὰς στολὰς αὐτῶν
Καὶ ἐλεύκαναν² ἐν τῷ αἵματι τοῦ ᾽Αρνίου.

15 Διὰ τοῦτό εἰσιν ἐνώπιον τοῦ θρόνου τοῦ Θεοῦ,
Καὶ λατρεύουσιν αὐτῷ ἡμέρας καὶ νυκτὸς ἐν τῷ ναῷ
αὐτοῦ.
Καὶ ὁ καθήμενος ἐπὶ τῷ θρόνῳ³ σκηνώσει ἐπ᾽ αὐτούς.

16 Οὐ πεινάσουσιν ἔτι,
Οὐδὲ διψήσουσιν ἔτι,⁴
Οὐδ᾽ οὐ⁵ μὴ πέσῃ ἐπ᾽ αὐτοὺς ὁ ἥλιος,
Οὐδὲ πᾶν καῦμα.

17 ῞Οτι τὸ ᾽Αρνίον τὸ ἀνὰ μέσον τοῦ θρόνου ποιμαίνει⁶
αὐτοὺς
Καὶ ὁδηγεῖ⁷ αὐτοὺς ἐπὶ ζωῆς⁸ πηγὰς ὑδάτων.
Καὶ ἐξαλείψει ὁ Θεὸς πᾶν δάκρυον ἐκ⁹ τῶν
ὀφθαλμῶν αὐτῶν."

Seventh Seal: Prelude to the Seven Trumpets

8 Καὶ ὅτε¹⁰ ἤνοιξε τὴν σφραγῖδα τὴν ἑβδόμην, ἐγένετο
σιγὴ ἐν τῷ οὐρανῷ ὡς ἡμιώριον. 2 Καὶ εἶδον τοὺς
ἑπτὰ ἀγγέλους οἳ ἐνώπιον τοῦ Θεοῦ ἑστήκασι, καὶ
ἐδόθησαν αὐτοῖς ἑπτὰ σάλπιγγες.

3 Καὶ ἄλλος ἄγγελος ἦλθε καὶ ἐστάθη ἐπὶ τοῦ
θυσιαστηρίου,¹¹ ἔχων λιβανωτὸν χρυσοῦν. Καὶ ἐδόθη αὐτῷ
θυμιάματα πολλά, ἵνα δώσει¹² ταῖς προσευχαῖς τῶν ἁγίων

---

¹14 επλυναν M^{apt b c d e} ℵA, TR Cr vs επλατυναν M^{apt}

²14 ελευκαναν M^{a b} vs +αυτας M^{c d e} ℵA. Cr vs +στολας αυτων TR

³15 τω θρονω M^{a c} vs του θρονου M^{b d e} ℵA, TR Cr

⁴16 ετι M^{a c d} G, TR Cr vs −M^{b e}

⁵16 ουδ ου M vs ουδε M^{d ept} ℵA, TR Cr

⁶17 ποιμαινει M^{a b} vs ποιμανει M^{c d e} ℵA, TR Cr

⁷17 οδηγει M^{a b} vs οδηγησει M^{c d e} ℵA, TR Cr

⁸17 ζωης 𝔐ℵA, Cr vs ζωσας M^{ept}, TR

⁹17 εκ 𝔐AC, Cr vs απο M^d ℵ, TR

¹⁰1 οτε 𝔐ℵ, TR vs οταν AC, Cr

¹¹3 του θυσιαστηριου 𝔐ℵ, Cr vs το θυσιαστηριον M^e A, TR vs του θυσιαστηριον C

¹²3 δωσει M^{apt b c d} G, Cr vs δωση M^{apt e}, TR

πάντων ἐπὶ τὸ θυσιαστήριον τὸ χρυσοῦν τὸ ἐνώπιον τοῦ θρόνου. **4** Καὶ ἀνέβη ὁ καπνὸς τῶν θυμιαμάτων ταῖς προσευχαῖς τῶν ἁγίων ἐκ χειρὸς τοῦ ἀγγέλου ἐνώπιον τοῦ Θεοῦ. **5** Καὶ εἴληφεν ὁ ἄγγελος τὸν λιβανωτὸν καὶ ἐγέμισεν αὐτὸν ἐκ τοῦ πυρὸς τοῦ θυσιαστηρίου καὶ ἔβαλεν εἰς τὴν γῆν. Καὶ ἐγένοντο βρονταὶ καὶ φωναὶ καὶ ἀστραπαὶ[1] καὶ σεισμός.

6 Καὶ οἱ ἑπτὰ ἄγγελοι οἱ ἔχοντες τὰς ἑπτὰ σάλπιγγας ἡτοίμασαν ἑαυτοὺς[2] ἵνα σαλπίσωσι.

First Trumpet: Vegetation Struck

7 Καὶ ὁ πρῶτος[3] ἐσάλπισε, καὶ ἐγένετο χάλαζα καὶ πῦρ μεμιγμένα ἐν[4] αἵματι, καὶ ἐβλήθη εἰς τὴν γῆν· καὶ τὸ τρίτον τῆς γῆς κατεκάη[5] καὶ τὸ τρίτον τῶν δένδρων κατεκάη καὶ πᾶς χόρτος χλωρὸς κατεκάη.

Second Trumpet: The Seas Struck

8 Καὶ ὁ δεύτερος ἄγγελος ἐσάλπισε, καὶ ὡς ὄρος μέγα[6] καιόμενον ἐβλήθη εἰς τὴν θάλασσαν, καὶ ἐγένετο τὸ τρίτον τῆς θαλάσσης αἷμα. **9** Καὶ ἀπέθανε τὸ τρίτον τῶν κτισμάτων[7] ἐν τῇ θαλάσσῃ, τὰ ἔχοντα ψυχάς. Καὶ τὸ τρίτον τῶν πλοίων διεφθάρη.[8]

Third Trumpet: The Waters Struck

10 Καὶ ὁ τρίτος ἄγγελος ἐσάλπισε, καὶ ἔπεσεν ἐκ τοῦ οὐρανοῦ ἀστὴρ μέγας καιόμενος ὡς λαμπάς, καὶ ἔπεσεν ἐπὶ τὸ τρίτον τῶν ποταμῶν καὶ ἐπὶ τὰς πηγὰς τῶν

---

15 βρονται και φωναι και αστραπαι M^{a b} ℵ, Cr vs φωναι και βρονται και αστραπαι M^{c d e}, TR vs βρονται και αστραπαι και φωναι A

26 εαυτους 𝔐, TR vs αυτους ℵ*A, Cr

37 πρωτος M𝔐ℵA, Cr vs + αγγελος M^{d e}, TR

47 εν 𝔐ℵA, Cr vs −M^e, TR

57 και το τριτον της γης κατεκαη 𝔐ℵA, Cr vs − TR

68 μεγα M^{a c} vs + πυρι M^{b d e} ℵA, TR Cr

79 κτισματων M^{a c d ept} vs + των M^{b ept} ℵA^{vid}, TR Cr

89 διεφθαρη M^{a b ept}, TR vs διεφθαρησαν M^{c d ept} ℵA^{vid}, Cr

ὑδάτων. **11** Καὶ τὸ ὄνομα τοῦ ἀστέρος λέγεται ὁ ῍Αψινθος.[1] Καὶ ἐγένετο[2] τὸ τρίτον τῶν ὑδάτων εἰς ἄψινθον, καὶ πολλοὶ τῶν ἀνθρώπων ἀπέθανον ἐκ τῶν ὑδάτων ὅτι ἐπικράνθησαν.

Fourth Trumpet: The Heavens Struck

12 Καὶ ὁ τέταρτος ἄγγελος ἐσάλπισε, καὶ ἐπλήγη τὸ τρίτον τοῦ ἡλίου καὶ τὸ τρίτον τῆς σελήνης καὶ τὸ τρίτον τῶν ἀστέρων, ἵνα σκοτισθῇ τὸ τρίτον αὐτῶν καὶ τὸ τρίτον αὐτῆς μὴ φάνη ἡ ἡμέρα,[3] καὶ ἡ νὺξ ὁμοίως.

13 Καὶ εἶδον, καὶ ἤκουσα ἑνὸς ἀετοῦ[4] πετομένου[5] ἐν μεσουρανήματι, λέγοντος φωνῇ μεγάλῃ,[6] "Οὐαί, οὐαί, οὐαὶ τοὺς κατοικοῦντας[7] ἐπὶ τῆς γῆς, ἐκ τῶν λοιπῶν φωνῶν τῆς σάλπιγγος τῶν τριῶν ἀγγέλων τῶν μελλόντων σαλπίζειν!"

Fifth Trumpet: The Locusts from the Abyss

9 Καὶ ὁ πέμπτος ἄγγελος ἐσάλπισε, καὶ εἶδον ἀστέρα ἐκ τοῦ οὐρανοῦ πεπτωκότα εἰς τὴν γῆν. Καὶ ἐδόθη αὐτῷ ἡ κλεὶς τοῦ φρέατος τῆς ἀβύσσου. **2** Καὶ ἤνοιξε τὸ φρέαρ τῆς ἀβύσσου,[8] καὶ ἀνέβη καπνὸς ἐκ τοῦ φρέατος ὡς καπνὸς καμίνου καιομένης.[9] Καὶ ἐσκοτίσθη[10] ὁ ἥλιος καὶ ὁ ἀὴρ ἐκ τοῦ καπνοῦ τοῦ φρέατος. **3** Καὶ ἐκ τοῦ καπνοῦ ἐξῆλθον ἀκρίδες εἰς τὴν γῆν. Καὶ ἐδόθη αὐταῖς ἐξουσία, ὡς

---

[1]11 ο Αψινθος 𝕸 A, Cr vs Αψινθος Mᵉ, TR vs Αψινθιον ℵ*
[2]11 εγενετο 𝕸Aᵛⁱᵈ, Cr vs γινεται Mᵉᵖᵗ, TR vs λεγεται και εγενετο ℵ*
[3]12 το τριτον αυτης μη φανη η ημερα Mᵃᵖᵗ vs το τριτον αυτων μη φανη η ημερα Mᵃᵖᵗ vs η ημερα μη φανη το τριτον αυτης ℵ, Cr vs η ημερα μη φανη το τεταρτον αυτης A vs η ημερα μη φαινη το τριτον αυτης Mᶜ ᵉᵖᵗ, TR vs η ημερα μη φαινη Mᵉᵖᵗ vs η ημερα ινα μη φαινη το τριτον αυτης Mᵈ vs η ημερα ουκ εφαινε(ν) το τριτον αυτης Mᵇ
[4]13 αετου MℵA, Cr vs αγγελου Mᵈ ᵉ, TR
[5]13 πετομενου 𝕸ℵA, Cr vs πετωμενου TR
[6]13 μεγαλη Mᵃ ᵇ ᵉ ℵA, TR Cr vs + τρις Mᶜ ᵈ
[7]13 τους κατοικουντας Mᵃ ᵇ ℵ, Cr vs τοις κατοικουσιν Mᶜ ᵈ ᵉ A, TR
[8]2 και ηνοιξε(ν) το φρεαρ της αβυσσου Mᵇ ᶜ ᵈ ᵉ A, TR Cr vs − Mᵃ ℵ
[9]2 καιομενης M vs μεγαλης Mᵈ ᵉ ℵA, TR Cr
[10]2 εσκοτισθη 𝕸ℵ, TR vs εσκοτωθη A, Cr

ἔχουσιν ἐξουσίαν οἱ σκορπίοι τῆς γῆς. 4 Καὶ ἐρρέθη αὐταῖς ἵνα μὴ ἀδικήσωσι[1] τὸν χόρτον τῆς γῆς οὐδὲ πᾶν χλωρὸν οὐδὲ πᾶν δένδρον, εἰ μὴ τοὺς ἀνθρώπους[2] οἵτινες οὐκ ἔχουσι τὴν σφραγῖδα τοῦ Θεοῦ ἐπὶ τῶν μετώπων αὐτῶν.[3] 5 Καὶ ἐδόθη αὐταῖς[4] ἵνα μὴ ἀποκτείνωσιν αὐτούς, ἀλλ᾽ ἵνα βασανισθῶσι[5] μῆνας πέντε. Καὶ ὁ βασανισμὸς αὐτῶν ὡς βασανισμὸς σκορπίου ὅταν παίσῃ[6] ἄνθρωπον. 6 Καὶ ἐν ταῖς ἡμέραις ἐκείναις ζητήσουσιν οἱ ἄνθρωποι τὸν θάνατον καὶ οὐ μὴ εὑρήσουσιν[7] αὐτόν· καὶ ἐπιθυμήσουσιν ἀποθανεῖν, καὶ φεύξεται[8] ἀπ᾽ αὐτῶν ὁ θάνατος.[9] 7 Καὶ τὰ ὁμοιώματα τῶν ἀκρίδων ὅμοια ἵπποις ἡτοιμασμένοις εἰς πόλεμον, καὶ ἐπὶ τὰς κεφαλὰς αὐτῶν ὡς στέφανοι χρυσοῖ,[10] καὶ τὰ πρόσωπα αὐτῶν ὡς πρόσωπα ἀνθρώπων. 8 Καὶ εἶχον τρίχας ὡς τρίχας γυναικῶν, καὶ οἱ ὀδόντες αὐτῶν ὡς λεόντων ἦσαν. 9 Καὶ εἶχον θώρακας ὡς θώρακας σιδηροῦς, καὶ ἡ φωνὴ τῶν πτερύγων αὐτῶν ὡς φωνὴ ἁρμάτων ἵππων πολλῶν τρεχόντων εἰς πόλεμον. 10 Καὶ ἔχουσιν οὐρὰς ὁμοίας σκορπίοις, καὶ κέντρα. Καὶ[11] ἐν ταῖς οὐραῖς αὐτῶν ἐξουσίαν ἔχουσι τοῦ[12] ἀδικῆσαι τοὺς ἀνθρώπους

---

[1]4 αδικησωσι(ν) 𝕸𝕉, TR vs αδικησουσιν A, Cr

[2]4 ανθρωπους 𝕸𝕉A, Cr vs +μονους Mᶜ, TR

[3]4 αυτων M, TR vs −Mᵈ ᵉᵖᵗ 𝕉A, Cr

[4]5 αυταις 𝕸, TR vs αυτοις Mᵉᵖᵗ 𝕉A, Cr

[5]5 βασανισθωσι(ν) 𝕸, TR vs βασανισθησονται Mᵉ 𝕉A, Cr

[6]5 παιση 𝕸, TR Cr vs πληξη Mᶜᵖᵗ vs πεση 𝕉A

[7]6 ου μη ευρησουσιν Mᵃ ᶜ ᵉᵖᵗ 𝕉, Cr vs ου μη ευρωσιν Mᵇ ᵈ ᵉᵖᵗA vs ουχ ευρησουσιν TR

[8]6 φευξεται 𝕸, TR vs φευγει Mᵉ A, Cr vs φυγη 𝕉

[9]6 απ αυτων ο θανατος M vs ο θανατος απ αυτων Mᵈ ᵉ 𝕉A, TR Cr

[10]7 χρυσοι Mᵃ ᶜ vs ομοιοι χρυσω Mᵇ ᵈ ᵉ 𝕉A, TR Cr

[11]10 και Mᵃ ᶜ 𝕉A, Cr vs −Mᵇ ᵈ ᵉ vs ην TR

[12]10 εξουσιαν εχουσι(ν) του Mᵃ ᶜ vs και εξουσιαν εχουσιν Mᵈᵖᵗ vs και η εξουσια αυτων Mᵉ, TR vs η εξουσια αυτων Mᵇ 𝕉A, Cr

μῆνας πέντε, **11** ἔχουσαι βασιλέα ἐπ᾽ αὐτῶν ἄγγελον τῆς ἀβύσσου·[1] ὄνομα αὐτῷ ῾Εβραϊστὶ ᾽Αββαδών,[2] ἐν δὲ[3] τῇ ῾Ελληνικῇ ὄνομα ἔχει ᾽Απολλύων. **12** ῾Η οὐαὶ ἡ μία ἀπῆλθεν. ᾽Ιδού, ἔρχεται[4] ἔτι δύο οὐαὶ μετὰ ταῦτα.

Sixth Trumpet: The Angels from the Euphrates

13 Καὶ ὁ ἕκτος ἄγγελος ἐσάλπισε, καὶ ἤκουσα φωνὴν μίαν ἐκ τῶν τεσσάρων[5] κεράτων τοῦ θυσιαστηρίου τοῦ χρυσοῦ τοῦ ἐνώπιον τοῦ Θεοῦ, **14** λέγοντος[6] τῷ ἕκτῳ ἀγγέλῳ, ὁ ἔχων[7] τὴν σάλπιγγα, "Λῦσον τοὺς τέσσαρας ἀγγέλους τοὺς δεδεμένους ἐπὶ τῷ ποταμῷ τῷ μεγάλῳ Εὐφράτῃ." **15** Καὶ ἐλύθησαν οἱ τέσσαρες ἄγγελοι οἱ ἡτοιμασμένοι εἰς τὴν ὥραν καὶ εἰς τὴν ἡμέραν[8] καὶ μῆνα καὶ ἐνιαυτόν, ἵνα ἀποκτείνωσι τὸ τρίτον τῶν ἀνθρώπων. **16** Καὶ ὁ ἀριθμὸς τῶν[9] στρατευμάτων τοῦ ἵππου[10] μυριάδες

---

[1]11 εχουσαι βασιλεα επ αυτων αγγελον της αβυσσου M[a c] vs και εχουσι βασιλεα επ αυτων αγγελον της αβυσσου M[b] vs και εχουσιν επ αυτων βασιλεα τον αγγελον της αβυσσου M[d e] vs εχουσιν επ αυτων βασιλεα τον αγγελον της αβυσσου 𝔓[47], Cr vs εχουσιν επ αυτων βασιλεα τον αρχοντα της αβυσσου τον αγγελον A vs εχουσιν εαυτων τον βασιλεα τον αγγελον της αβυσσου ℵ vs και εχουσιν εφ αυτων βασιλεα τον αγγελον της αβυσσου TR

[2]11 Αββαδων M[apt cpt d e] vs Αββαδδων M[cpt] vs Αββααδων M[b] vs Αβαδδων ℵA, TR Cr vs Βαττων 𝔓[47]

[3]11 εν δε 𝔐 vs και εν M[e] 𝔓[47]ℵA, TR Cr

[4]12 ερχεται M[a c] 𝔓[47]ℵ*A, Cr vs ερχονται M[b d e], TR

[5]13 τεσσαρων 𝔐, TR [Cr] vs −M[d] 𝔓[47]A vs −μιαν εκ των τεσσαρων κερατων ℵ*

[6]14 λεγοντος M[a] vs λεγουσαν M[b c d e] 𝔓[47], TR vs λεγοντα ℵ*A, Cr

[7]14 ο εχων 𝔐𝔓[47]ℵA, Cr vs τω εχοντι M[b] vs ος ειχε TR

[8]15 και εις την ημεραν M[a b] vs και την ημεραν M[c d] vs και ημεραν M[e] 𝔓[47]A, TR Cr vs − ℵ

[9]16 των 𝔐𝔓[47]ℵA, Cr vs − TR

[10]16 ιππου M vs ιππικου M[d e] 𝔓[47]ℵA, TR Cr

μυριάδων·[1] ἤκουσα[2] τὸν ἀριθμὸν αὐτῶν. 17 Καὶ οὕτως εἶδον τοὺς ἵππους ἐν τῇ ὁράσει καὶ τοὺς καθημένους ἐπ᾽ αὐτῶν, ἔχοντας θώρακας πυρίνους καὶ ὑακινθίνους καὶ θειώδεις. Καὶ αἱ κεφαλαὶ τῶν ἵππων ὡς κεφαλαὶ λεόντων, καὶ ἐκ τῶν στομάτων αὐτῶν ἐκπορεύεται πῦρ καὶ καπνὸς καὶ θεῖον. 18 Ὑπὸ τῶν τριῶν πληγῶν τούτων[3] ἀπεκτάνθησαν τὸ τρίτον τῶν ἀνθρώπων, ἀπὸ[4] τοῦ πυρὸς καὶ[5] τοῦ καπνοῦ καὶ[6] τοῦ θείου τοῦ ἐκπορευομένου ἐκ τῶν στομάτων αὐτῶν. 19 Ἡ γὰρ ἐξουσία τῶν ἵππων[7] ἐν τῷ στόματι αὐτῶν ἐστι[8] καὶ ἐν ταῖς οὐραῖς αὐτῶν· αἱ γὰρ οὐραὶ αὐτῶν ὅμοιαι ὄφεων[9] ἔχουσαι κεφαλάς, καὶ ἐν αὐταῖς ἀδικοῦσι.

20 Καὶ οἱ λοιποὶ τῶν ἀνθρώπων, οἳ οὐκ ἀπεκτάνθησαν ἐν ταῖς πληγαῖς ταύταις, οὐ[10] μετενόησαν ἐκ τῶν ἔργων τῶν χειρῶν αὐτῶν, ἵνα μὴ προσκυνήσωσι[11] τὰ δαιμόνια, καὶ τὰ εἴδωλα[12] τὰ χρυσᾶ καὶ τὰ ἀργυρᾶ καὶ τὰ χαλκᾶ[13] καὶ τὰ λίθινα καὶ τὰ ξύλινα, ἃ οὔτε βλέπειν δύναται[14] οὔτε ἀκούειν οὔτε περιπατεῖν· 21 καὶ οὐ μετενόησαν ἐκ τῶν φόνων αὐτῶν οὔτε ἐκ τῶν φαρμάκων[15] αὐτῶν οὔτε ἐκ τῆς πορνείας αὐτῶν οὔτε ἐκ τῶν κλεμμάτων αὐτῶν.

---

[1]16 μυριαδες μυριαδων **M** vs δυο μυριαδες μυριαδων **M**^dpt $\mathfrak{p}$^47vid, **TR** vs δυο μυριαδων μυριαδας **א** vs δις μυριαδες μυριαδων **M**^ept **A**, **Cr** vs μυριαδας **M**^dpt

[2]16 ηκουσα 𝔐 $\mathfrak{p}$^47**א**, **Cr** vs και ηκουσα **TR**

[3]18 απο των τριων πληγων τουτων 𝔐 **AC**, **Cr** vs απο των τριων τουτων **M**^ept vs απο των πληγων τουτων **א** vs h. των γ̱ πληγων $\mathfrak{p}$^47 vs υπο των τριων πληγων τουτων **TR**

[4]18 απο **M**^a b vs εκ **M**^c d e $\mathfrak{p}$^47**G**, **TR Cr**

[5]18 και **Mא**A, **Cr** vs + εκ **M**^e $\mathfrak{p}$^47**C**. **TR**

[6]18 και 𝔐 **G**, **Cr** vs + εκ **M**^d e $\mathfrak{p}$^47, **TR**

[7]19 η γαρ εξουσια των ιππων 𝔐**אC**, **Cr** vs η γαρ εξουσια των τοπων **A** vs ην γαρ η εξουσια των ιππων $\mathfrak{p}$^47 vs αι γαρ εξουσιαι αυτων **TR**

[8]19 εστι(ν) 𝔐 $\mathfrak{p}$^47**G**, **Cr** vs εισι **TR**

[9]19 οφεων **M**^a b ept vs οφεσιν **M**^c d ept $\mathfrak{p}$^47**G**, **TR Cr**

[10]20 ου 𝔐**C** vs ουτε **M**^e **A**, **TR** vs ουδε $\mathfrak{p}$^47**א**, **Cr**

[11]20 προσκυνησωσι(ν) 𝔐, **TR** vs προσκυνησουσιν $\mathfrak{p}$^47**G**, **Cr**

[12]20 και τα ειδωλα 𝔐 **G**, **Cr** vs και ειδωλα **TR** vs − $\mathfrak{p}$^47

[13]20 και τα χαλκα **M**^b c d e $\mathfrak{p}$^47**AC** (**א**), **TR Cr** vs − **M**^a

[14]20 δυναται **M**^a c $\mathfrak{p}$^47, **TR** vs δυνανται **M**^b d e **G**, **Cr**

[15]21 φαρμακων **M**^a b $\mathfrak{p}$^47**אC**, **Cr** vs φαρμακειων **M**^c d e, **TR** vs φαρμακιων **A**

The Mighty Angel with the Scroll

10 Καὶ εἶδον[1] ἄγγελον ἰσχυρὸν καταβαίνοντα ἐκ τοῦ οὐρανοῦ, περιβεβλημένον νεφέλην, καὶ ἡ ἶρις[2] ἐπὶ τῆς κεφαλῆς αὐτοῦ,[3] καὶ τὸ πρόσωπον αὐτοῦ ὡς ὁ ἥλιος, καὶ οἱ πόδες αὐτοῦ ὡς στύλοι πυρός, 2 καὶ ἔχων[4] ἐν τῇ χειρὶ αὐτοῦ βιβλίον[5] ἀνεῳγμένον.[6] Καὶ ἔθηκε τὸν πόδα αὐτοῦ τὸν δεξιὸν ἐπὶ τῆς θαλάσσης,[7] τὸν δὲ εὐώνυμον ἐπὶ τῆς γῆς,[7] 3 καὶ ἔκραξε φωνῇ μεγάλῃ ὥσπερ λέων μυκᾶται. Καὶ ὅτε ἔκραξεν, ἐλάλησαν αἱ ἑπτὰ βρονταὶ τὰς ἑαυτῶν φωνάς. 4 Καὶ ὅτε ἐλάλησαν αἱ ἑπτὰ βρονταί,[8] ἔμελλον[9] γράφειν.

Καὶ ἤκουσα φωνὴν ἐκ τοῦ οὐρανοῦ, λέγουσαν,[10] "Σφράγισον ἃ ἐλάλησαν αἱ ἑπτὰ βρονταί, καὶ μὴ αὐτὰ γράψῃς."[11] 5 Καὶ ὁ ἄγγελος ὃν εἶδον ἑστῶτα ἐπὶ τῆς θαλάσσης καὶ ἐπὶ τῆς γῆς ἦρε τὴν χεῖρα αὐτοῦ τὴν δεξιὰν[12] εἰς τὸν οὐρανὸν 6 καὶ ὤμοσε[13] τῷ ζῶντι εἰς τοὺς αἰῶνας τῶν αἰώνων, ὃς ἔκτισε τὸν οὐρανὸν καὶ τὰ ἐν αὐτῷ, καὶ τὴν γῆν καὶ τὰ ἐν αὐτῇ, καὶ τὴν θάλασσαν καὶ τὰ ἐν αὐτῇ, ὅτι χρόνος οὐκέτι ἔσται·[14] 7 ἀλλ᾽[15] ἐν ταῖς ἡμέραις

---

[1] 1 ειδον Mᵃ ᶜ ᵈ ᵉᵖᵗ vs +αλλον Mᵇ ᵉᵖᵗ 𝔭⁴⁷𝕲, TR Cr

[2] 1 η ιρις M𝔭⁴⁷, Cr vs ιρις Mᵉ, TR vs ιριν Mᵈ vs η ιρης C vs η ιρεις A vs η θριξ א*

[3] 1 αυτου 𝕸𝔭⁴⁷𝕲, Cr vs − TR

[4] 2 εχων Mᵃ ᵇ 𝕲, Cr vs ειχεν Mᶜ ᵈ ᵉ, TR

[5] 2 βιβλιον Mᵃ ᵇ𝔭⁴⁷ᵛⁱᵈ vs βιβλιδαριον Mᶜ ᵈ C* vs βιβλαριδιον Mᵉᵖᵗא*A, TR Cr

[6] 2 ανεῳγμενον Mᵃ ᶜ ᵈ, TR vs ηνεῳγμενον Mᵇ ᵉ 𝔭⁴⁷ᵛⁱᵈאC, Cr vs − A

[7] 2 της θαλασσης . . . της γης 𝕸𝔭⁴⁷𝕲, Cr vs την θαλασσαν . . . την γην TR

[8] 4 βρονται 𝕸𝔭⁴⁷𝕲, Cr vs +τας φωνας εαυτων TR

[9] 4 εμελλον Mᵃᵖᵗ ᵇ ᶜ ᵈ ᵉᵖᵗ א, TR vs ημελλον Mᵃᵖᵗ ᵉᵖᵗ AC, Cr vs και ημελλον αυτα 𝔭⁴⁷

[10] 4 λεγουσαν 𝕸𝕲, Cr vs λεγουσης 𝔭⁴⁷ vs +μοι TR

[11] 4 μη αυτα γραψῃς Mᵃ ᵇ 𝕲, Cr vs μη αυτας γραψις 𝔭⁴⁷ᵛⁱᵈ vs μετα ταυτα γραφεις Mᶜ ᵈ ᵉᵖᵗ vs μη ταυτα γραψης Mᵉᵖᵗ, TR

[12] 5 την δεξιαν 𝕸𝔭⁴⁷אC, Cr vs − Mᵉᵖᵗ A, TR

[13] 6 ωμοσε(ν) Mᵃ ᵇ ᵉᵖᵗ 𝔭⁴⁷א* vs +εν Mᶜ ᵈ ᵉᵖᵗ AC, TR Cr

[14] 6 ουκετι εσται 𝕸𝔭⁴⁷ᵛⁱᵈAC, Cr vs ουκετι εστιν א* vs ουκ εσται ετι Mᵉᵖᵗ, TR

[15] 7 αλλ 𝕸𝔭⁴⁷𝕲, Cr vs αλλα TR

τῆς φωνῆς τοῦ ἑβδόμου ἀγγέλου, ὅταν μέλλῃ σαλπίζειν,
καὶ ἐτελέσθη[1] τὸ μυστήριον τοῦ Θεοῦ, ὡς[2] εὐηγγέλισε[3]
τοὺς δούλους αὐτοῦ τοὺς προφήτας.[4]

John Consumes the Scroll

8 Καὶ ἡ φωνὴ ἣν ἤκουσα ἐκ τοῦ οὐρανοῦ, πάλιν λαλοῦσα[5]
μετ᾽ ἐμοῦ καὶ λέγουσα,[6] "῞Υπαγε, λάβε τὸ βιβλιδάριον[7] τὸ
ἀνεῳγμένον[8] ἐν τῇ χειρὶ τοῦ[9] ἀγγέλου τοῦ ἑστῶτος ἐπὶ
τῆς θαλάσσης καὶ ἐπὶ τῆς γῆς." **9** Καὶ ἀπῆλθον[10] πρὸς τὸν
ἄγγελον, λέγων αὐτῷ δοῦναί[11] μοι τὸ βιβλιδάριον.[12]

Καὶ λέγει μοι, "Λάβε καὶ κατάφαγε αὐτό· καὶ πικρανεῖ
σου τὴν κοιλίαν, ἀλλ᾽ ἐν τῷ στόματί σου ἔσται γλυκὺ ὡς
μέλι." **10** Καὶ ἔλαβον τὸ βιβλίον[13] ἐκ τῆς χειρὸς τοῦ ἀγγέλου
καὶ κατέφαγον αὐτό, καὶ ἦν ἐν τῷ στόματί μου ὡς μέλι
γλυκύ. Καὶ ὅτε ἔφαγον αὐτό, ἐπικράνθη ἡ κοιλία μου.

11 Καὶ λέγουσί[14] μοι, "Δεῖ σε πάλιν προφητεῦσαι ἐπὶ
λαοῖς καὶ ἐπὶ[15] ἔθνεσι καὶ γλώσσαις καὶ βασιλεῦσι πολλοῖς."

---

17 και ετελεσθη Mᵃ ᵇ 𝔭⁴⁷ᵛⁱᵈ𝕲, Cr vs και τελεσθη Mᵈ ᵉ, TR vs
τελεσθη Mᶜ
27 ως Mᵃ ᵇ ᵉ 𝔭⁴⁷𝕲, TR Cr vs ο Mᶜ ᵈ
37 ευηγγελισε(ν) Mᵃ ᵇ ᵉᵖᵗ 𝕲, TR Cr vs ευηγγελισατο Mᶜ ᵈ vs
ευηγγελησε Mᵉᵖᵗ
47 τους δουλους αυτου τους προφητας M vs τοις αυτου δουλοις
τοις προφηταις Mᵈ vs τους εαυτου δουλους τους προφητας Mᵉ
AC, Cr vs τους εαυτου δουλους και τους προφητας 𝔭⁴⁷ᵛⁱᵈ𝐀 vs τοις
εαυτου δουλοις τοις προφηταις TR
58 λαλουσα 𝔐, TR vs λαλουσαν Mᵉᵖᵗ 𝕲, Cr
68 λεγουσα 𝔐, TR vs λεγουσαν Mᵉᵖᵗ 𝕲, Cr
78 βιβλιδαριον 𝔐 vs βιβλαριδιον Mᵉ 𝐀, TR vs βιβλιον AC, Cr
88 ανεῳγμενον Mᵃ ᶜ ᵈ ᵉᵖᵗ 𝔭⁴⁷ vs ηνεῳγμενον Mᵇ ᵉᵖᵗ 𝕲, TR Cr
98 του 𝔐𝕲, Cr vs − TR
109 απηλθον 𝔐𝐀C, TR vs απηλθα 𝔭⁴⁷A, Cr
119 δουναι Mᵃ ᵇ 𝔭⁴⁷𝕲, Cr vs δος Mᶜ ᵈ ᵉ, TR
129 βιβλιδαριον 𝔐 vs βιβλαριδιον Mᵉ C, TR Cr vs βιβλιον 𝔭⁴⁷𝐀 vs
βιβλαριον A*
1310 βιβλιον Mᵃ ᵇ 𝐀 vs βιβλιδαριον Mᶜ ᵈ vs βιβλαριδιον Mᵉ A, TR Cr
vs βιβλιδιον 𝔭⁴⁷
1411 λεγουσι(ν) Mᵃ ᵇ 𝔭⁴⁷𝐀A, Cr vs λεγει Mᶜ ᵈ ᵉ, TR
1511 επι 𝔐 vs − Mᵉ 𝔭⁴⁷𝕲, TR Cr

God Empowers His Two Witnesses

11 Καὶ ἐδόθη μοι κάλαμος ὅμοιος ῥάβδῳ, λέγων[1] "Ἔγειρε[2] καὶ μέτρησον τὸν ναὸν τοῦ Θεοῦ καὶ τὸ θυσιαστήριον καὶ τοὺς προσκυνοῦντας ἐν αὐτῷ. **2** Καὶ τὴν αὐλὴν τὴν ἔξωθεν[3] τοῦ ναοῦ ἔκβαλε ἔξω,[4] καὶ μὴ αὐτὴν μετρήσῃς, ὅτι ἐδόθη τοῖς ἔθνεσι. Καὶ τὴν πόλιν τὴν ἁγίαν πατήσουσι μῆνας τεσσαράκοντα καὶ δύο.[5] **3** Καὶ δώσω τοῖς δυσὶ μάρτυσί μου, καὶ προφητεύσουσιν ἡμέρας χιλίας διακοσίας ἑξήκοντα περιβεβλημένοι σάκκους."

4 Οὗτοί εἰσιν αἱ δύο ἐλαῖαι καὶ αἱ[6] δύο λυχνίαι αἱ ἐνώπιον τοῦ Κυρίου[7] τῆς γῆς ἑστῶτες.[8] **5** Καὶ εἴ τις αὐτοὺς θέλει[9] ἀδικῆσαι, πῦρ ἐκπορεύεται ἐκ τοῦ στόματος αὐτῶν καὶ κατεσθίει τοὺς ἐχθροὺς αὐτῶν. Καὶ εἴ τις θέλει αὐτοὺς ἀδικῆσαι,[10] οὕτως[11] δεῖ αὐτὸν ἀποκτανθῆναι. **6** Οὗτοι ἔχουσι τὸν οὐρανὸν ἐξουσίαν κλεῖσαι,[12] ἵνα μὴ ὑετὸς βρέχῃ

---

[1]1 λεγων Mᵃ ᵉ 𝔭⁴⁷A, TR Cr vs και ειστηκει ο αγγελος λεγων Mᵇ ᶜ vs και φωνη λεγουσα Mᵈ vs λεγει ℵ*

[2]1 εγειρε Mᵃᵖᵗ ᵇᵖᵗ ᵈᵖᵗ ᵉ 𝔭⁴⁷ℵA, Cr vs εγειραι Mᵃᵖᵗ ᵇᵖᵗ ᶜ ᵈᵖᵗ, TR

[3]2 εξωθεν Mᵃ ᶜ ᵈ ᵉᵖᵗ 𝔭⁴⁷A, TR Cr vs εσωθεν Mᵇ ᵉᵖᵗ ℵ*

[4]2 εξω Mᵃ ᵉᵖᵗ 𝔭⁴⁷, TR vs εξωθεν Mᵇ ᶜ ᵈ ᵉᵖᵗ A, Cr vs εσω ℵ*

[5]2 τεσσαρακοντα και δυο Mᵃ vs τεσσαρακοντα δυο Mᵇ, TR vs μβ Mᶜ ᵈ ᵉ 𝔭⁴⁷ vs τεσσερακοντα δυο ℵ vs τεσσερακοντα και δυο A, [Cr]

[6]4 αι δυο ελαιαι και αι Mᵃ ᶜ ᵈ ᵉᵖᵗ, TR Cr vs αι δυο ελαιαι και Mᵇ vs οι δυο ελαιαι και ℵ* vs αι Mᵉᵖᵗ vs αι δυο αυλαιαι και αι A vs αι δυο αλαιαι και αι C

[7]4 του Κυριου MℵC, Cr vs του Θεου Mᵈ ᵉ, TR vs Κυριου A

[8]4 εστωτες Mᵃ ᵇ G, Cr vs εστωσαι Mᶜ ᵈ ᵉ, TR

[9]5 αυτους θελει 𝔐AC, Cr vs θελει αυτους Mᵇ ℵ vs αυτους θελησει 𝔭⁴⁷ vs αυτους θελη TR

[10]5 θελει αυτους αδικησαι MC vs θελει αυτους αποκτειναι Mᵈ vs θεληση αυτους αδικησαι A, Cr vs θεληση αδικησαι αυτους ℵ vs θελησει αδικησαι αυτους 𝔭⁴⁷ vs αυτους θελει αδικησαι Mᵉ vs αυτους θελη αδικησαι TR

[11]5 ουτως 𝔐𝔭⁴⁷ℵC, Cr vs ουτω TR vs −A

[12]6 τον ουρανον εξουσιαν κλεισαι Mᵃ ᵇ vs εξουσιαν κλεισαι τον ουρανον Mᶜ ᵈ ᵉ ℵ, TR vs την εξουσιαν κλεισαι τον ουρανον 𝔭⁴⁷AC, Cr

τὰς ἡμέρας τῆς προφητείας αὐτῶν·[1] καὶ ἐξουσίαν ἔχουσιν ἐπὶ τῶν ὑδάτων στρέφειν αὐτὰ εἰς αἷμα, καὶ πατάξαι τὴν γῆν ὀσάκις ἐὰν θελήσωσιν ἐν πάσῃ πληγῇ.[2]

The Beast Kills the Witnesses

7 Καὶ ὅταν τελέσωσι τὴν μαρτυρίαν αὐτῶν, τὸ Θηρίον τὸ ἀναβαῖνον ἐκ τῆς ἀβύσσου ποιήσει μετ᾽ αὐτῶν πόλεμον[3] καὶ νικήσει αὐτοὺς καὶ ἀποκτενεῖ αὐτούς. 8 Καὶ τὸ πτῶμα[4] αὐτῶν ἐπὶ τῆς πλατείας τῆς πόλεως τῆς μεγάλης ἥτις καλεῖται πνευματικῶς Σόδομα καὶ Αἴγυπτος, ὅπου καὶ[5] ὁ Κύριος αὐτῶν[6] ἐσταυρώθη. 9 Καὶ βλέπουσιν[7] ἐκ τῶν λαῶν καὶ φυλῶν καὶ γλωσσῶν καὶ ἐθνῶν τὸ πτῶμα[8] αὐτῶν ἡμέρας τρεῖς[9] ἥμισυ, καὶ τὰ πτώματα αὐτῶν οὐκ ἀφήσουσι[10] τεθῆναι εἰς μνῆμα.[11] 10 Καὶ οἱ κατοικοῦντες ἐπὶ τῆς γῆς χαίρουσιν[12] ἐπ᾽ αὐτοῖς καὶ εὐφρανθήσονται[13]καὶ δῶρα δώσουσιν[14]ἀλλήλοις, ὅτι οὗτοι οἱ δύο προφῆται ἐβασάνισαν τοὺς κατοικοῦντας ἐπὶ τῆς γῆς·

---

[1]6 υετος βρεχη τας ημερας της προφητειας αυτων 𝕸 𝔭⁴⁷𝕲, Cr vs υετος βρεχει τας ημερας της προφητειας αυτων Mᵈ vs βρεχη υετος εν ταις ημεραις αυτων της προφητειας Mᵉᵖᵗ vs βρεχη υετος εν ημεραις αυτων της προφητειας TR

[2]6 οσακις εαν θελησωσιν εν παση πληγη Mᵃ ᵇ vs εν παση πληγη οσακις εαν θελησωσι(ν) Mᶜ ᵈ ᵉᵖᵗ ℵA, Cr vs εν παση πληγη ωσακις εαν θελησωσιν Mᵉᵖᵗ vs εν παση πληγη οσακις αν θελησουσιν C vs παση πληγη οσακις εαν θελωσιν 𝔭⁴⁷ vs παση πληγη οσακις εαν θελησωσι TR

[3]7 μετ αυτων πολεμον 𝕸 𝔭⁴⁷ᵛⁱᵈ𝕲, Cr vs πολεμον μετ αυτων Mᵉᵖᵗ, TR vs πολεμον Mᵉᵖᵗ

[4]8 το πτωμα Mᵃ AC, Cr vs τα πτωματα Mᵇ ᶜ ᵈ ᵉ 𝔭⁴⁷ℵ, TR

[5]8 και Mᵃ ᶜ ᵈ 𝕲, TR Cr vs − Mᵇ ᵉ 𝔭⁴⁷

[6]8 αυτων 𝕸 AC, Cr vs ημων TR vs − 𝔭⁴⁷ℵ*

[7]9 βλεπουσιν 𝕸 𝔭⁴⁷ᵛⁱᵈ𝕲, Cr vs βλεψουσιν TR

[8]9 το πτωμα Mᵃ ᵇ 𝔭⁴⁷ᵛⁱᵈℵC, Cr vs τα πτωματα Mᶜ ᵈ ᵉ, TR

[9]9 τρεις 𝕸 vs τρεις και Mᵈ 𝔭⁴⁷ᵛⁱᵈℵ, TR Cr vs τρις και AC

[10]9 αφησουσι(ν) M, TR vs αφιουσι(ν) Mᵈ ᵉ 𝕲, Cr

[11]9 μνημα 𝕸 ℵ*, Cr vs μνημιον C vs μνηματα TR

[12]10 χαιρουσιν 𝕸 𝔭⁴⁷ℵC, Cr vs χαρουσιν TR

[13]10 ευφρανθησονται M, TR vs ευφραινονται Mᵈ ᵉ 𝔭⁴⁷ℵAᵛⁱᵈ C, Cr

[14]10 δωσουσιν Mᵃ ᵇ vs πεμψουσιν Mᶜ ᵉ AC, TR Cr vs πεμπουσιν Mᵈ ℵ*

The Witnesses Are Resurrected

11 Καὶ μετὰ τὰς¹ τρεῖς ἡμέρας καὶ ἥμισυ, πνεῦμα ζωῆς ἐκ τοῦ Θεοῦ εἰσῆλθεν εἰς αὐτούς,² καὶ ἔστησαν ἐπὶ τοὺς πόδας αὐτῶν, καὶ φόβος μέγας ἔπεσεν³ ἐπὶ τοὺς θεωροῦντας αὐτούς. **12** Καὶ ἤκουσα⁴ φωνὴν μεγάλην⁵ ἐκ τοῦ οὐρανοῦ, λέγουσαν⁵ αὐτοῖς, "'Ανάβητε⁶ ὧδε." Καὶ ἀνέβησαν εἰς τὸν οὐρανὸν ἐν τῇ νεφέλῃ, καὶ ἐθεώρησαν αὐτοὺς οἱ ἐχθροὶ αὐτῶν. **13** 'Εν⁷ ἐκείνῃ τῇ ἡμέρᾳ⁸ ἐγένετο σεισμὸς μέγας, καὶ τὸ δέκατον τῆς πόλεως ἔπεσε, καὶ ἀπεκτάνθησαν ἐν τῷ σεισμῷ ὀνόματα ἀνθρώπων, χιλιάδες ἑπτά. Καὶ οἱ λοιποὶ ἔμφοβοι ἐγένοντο καὶ ἔδωκαν δόξαν τῷ Θεῷ τοῦ οὐρανοῦ. **14** Ἡ οὐαὶ ἡ δευτέρα ἀπῆλθεν. Ἡ οὐαὶ ἡ τρίτη, ἰδού, ἔρχεται⁹ ταχύ.

Seventh Trumpet: The Kingdom Proclaimed

15 Καὶ ὁ ἕβδομος ἄγγελος ἐσάλπισε, καὶ ἐγένοντο φωναὶ μεγάλαι ἐν τῷ οὐρανῷ, λέγοντες,¹⁰

---

¹11 τας Mᵃ ᵇ ᵈᵖᵗ 𝔓⁴⁷AC, TR Cr vs − Mᶜ ᵈᵖᵗ ᵉ ℵ
²11 εις αυτους Mᵃ ᵇ 𝔓⁴⁷ℵ vs επ αυτους Mᶜ, TR vs εν αυτοις Mᵈ A, Cr vs αυτοις Mᵉ C
³11 μεγας επεσεν Mᵃ ᵇ ᵉᵖᵗ 𝔓⁴⁷ℵ, TR vs μεγας επεπεσεν Mᶜ ᵉᵖᵗ AC, Cr vs επεπεσε μεγας Mᵈ
⁴12 ηκουσα 𝔐𝔓⁴⁷ vs ηκουσαν 𝕲, TR Cr
⁵12 φωνην μεγαλην . . . λεγουσαν Mᵃ ᵇ A, TR vs φωνης μεγαλης . . . λεγουσης Mᶜ ᵈ ᵉ 𝔓⁴⁷ℵC, Cr
⁶12 αναβητε 𝔐, TR vs αναβατε 𝔓⁴⁷𝕲, Cr
⁷13 εν Mᵃ vs και εν Mᵇ ᶜ ᵈ ᵉ 𝔓⁴⁷𝕲, TR Cr
⁸13 ημερα 𝔐 vs ωρα Mᵉ 𝕲, TR Cr
⁹14 η ουαι η τριτη ιδου ερχεται Μ vs ιδου η ουαι η τριτη ερχεται MᵉᵖᵗAC, TR Cr vs ιδου η τριτη ουαι ερχεται Mᵈ vs η τριτη ιδου ερχεται Mᵉᵖᵗᵛⁱᵈ vs ιδου ερχεται η ουαι η τριτη ℵ vs ειδου ερχεται η ουαι η τριτη 𝔓⁴⁷ᵛⁱᵈ
¹⁰15 λεγοντες MᵃᵖᵗA, Cr vs λεγουσαι Mᵃᵖᵗ ᵇ ᶜ ᵈ ᵉ 𝔓⁴⁷ℵC, TR

"Ἐγένετο ἡ βασιλεία[1] τοῦ κόσμου,
Τοῦ Κυρίου ἡμῶν καὶ τοῦ Χριστοῦ αὐτοῦ,
Καὶ βασιλεύσει[2] εἰς τοὺς αἰῶνας τῶν αἰώνων!"

16 Καὶ οἱ εἴκοσι τέσσαρες[3] πρεσβύτεροι οἱ[4] ἐνώπιον τοῦ θρόνου[5] τοῦ Θεοῦ οἳ κάθηνται[6] ἐπὶ τοὺς θρόνους αὐτῶν, ἔπεσον[7] ἐπὶ τὰ πρόσωπα αὐτῶν καὶ προσεκύνησαν τῷ Θεῷ, 17 λέγοντες,

"Εὐχαριστοῦμέν σοι,
Κύριε ὁ Θεὸς ὁ Παντοκράτωρ,
Ὁ ὢν καὶ ὁ ἦν,[8]
Ὅτι εἴληφας τὴν δύναμίν σου τὴν μεγάλην καὶ
ἐβασίλευσας.
18 Καὶ τὰ ἔθνη ὠργίσθησαν,
Καὶ ἦλθεν ἡ ὀργή σου,
Καὶ ὁ καιρὸς τῶν νεκρῶν κριθῆναι,
Καὶ δοῦναι τὸν μισθὸν τοῖς δούλοις σου τοῖς προφήταις
Καὶ τοῖς ἁγίοις καὶ τοῖς φοβουμένοις τὸ ὄνομά σου,
Τοῖς μικροῖς καὶ τοῖς μεγάλοις,[9]
Καὶ διαφθεῖραι τοὺς διαφθείροντας[10] τὴν γῆν."

---

[1]15 εγενετο η βασιλεια 𝕸 𝔭⁴⁷AC (βασιλια ℵ), Cr vs εγενοντο αι βασιλειαι Mᵉ, TR
[2]15 βασιλευσει Mᵃ ᵇᵖᵗ ᶜ ᵉ 𝔭⁴⁷G, TR Cr vs βασιλευει Mᵇᵖᵗ ᵈ
[3]16 οι εικοσι τεσσαρες Mᵃᵖᵗ ᵇ ᵉᵖᵗ C, Cr vs οι κδ Mᵃᵖᵗ ᶜ ᵈ ᵉᵖᵗ 𝔭⁴⁷ vs εικοσι τεσσαρες ℵ*A vs οι εικοσι και τεσσαρες TR
[4]16 οι 𝕸 ℵC, TR [Cr] vs − Mᵉ 𝔭⁴⁷A
[5]16 του θρονου Mᵃ ᵇ vs − Mᶜ ᵈ ᵉ 𝔭⁴⁷G, TR Cr
[6]16 οι καθηνται Mᵃ ᵇ ℵ* vs καθημενοι Mᶜ ᵈ ᵉ A, TR Cr vs καθηνται 𝔭⁴⁷C
[7]16 επεσον Mᵃᵖᵗ ᵇ ᶜ ᵈ ᵉᵖᵗ vs επεσαν Mᵃᵖᵗ ᵉᵖᵗ 𝔭⁴⁷G, TR Cr
[8]17 ην Mᵃ ᵇ ᵉ A, Cr vs +και 𝔭⁴⁷ℵ*C vs +και ο ερχομενος Mᶜ ᵈ, TR
[9]18 τοις μικροις και τοις μεγαλοις 𝕸, TR vs τους μικρους και τους μεγαλους G, Cr vs τους μεικρους και τους μεγαλους 𝔭⁴⁷ᵛⁱᵈ
[10]18 διαφθειροντας Mᵃ ᵈ 𝔭⁴⁷ℵA, TR Cr vs διαφθειραντας Mᵇ ᶜ C vs φθειροντας Mᵉᵖᵗ

19 Καὶ ἠνοίχθη[1] ὁ ναὸς τοῦ Θεοῦ[2] ἐν τῷ οὐρανῷ, καὶ ὤφθη ἡ κιβωτὸς τῆς διαθήκης τοῦ Κυρίου[3] ἐν τῷ ναῷ αὐτοῦ. Καὶ ἐγένοντο ἀστραπαὶ καὶ φωναὶ καὶ βρονταὶ[4] καὶ χάλαζα μεγάλη.

The Woman, the Child and the Dragon

12 Καὶ σημεῖον μέγα ὤφθη ἐν τῷ οὐρανῷ· γυνὴ περιβεβλημένη τὸν ἥλιον, καὶ ἡ σελήνη ὑποκάτω τῶν ποδῶν αὐτῆς, καὶ ἐπὶ τῆς κεφαλῆς αὐτῆς στέφανος ἀστέρων δώδεκα. **2** Καὶ ἐν γαστρὶ ἔχουσα,[5] ἔκραζεν ὠδίνουσα[6] καὶ βασανιζομένη τεκεῖν. **3** Καὶ ὤφθη ἄλλο σημεῖον ἐν τῷ οὐρανῷ· καὶ ἰδού, δράκων πυρὸς μέγας[7] ἔχων κεφαλὰς ἑπτὰ καὶ κέρατα δέκα, καὶ ἐπὶ τὰς κεφαλὰς αὐτοῦ ἑπτὰ διαδήματα.[8] **4** Καὶ ἡ οὐρὰ αὐτοῦ σύρει τὸ τρίτον τῶν ἀστέρων τοῦ οὐρανοῦ καὶ ἔβαλεν αὐτοὺς εἰς τὴν γῆν. Καὶ ὁ δράκων ἔστηκεν ἐνώπιον τῆς γυναικὸς τῆς μελλούσης τεκεῖν, ἵνα ὅταν τέκῃ, τὸ Τέκνον αὐτῆς καταφάγῃ. **5** Καὶ ἔτεκεν Υἱὸν ἄρρενα[9] ὃς μέλλει ποιμαίνειν πάντα τὰ ἔθνη ἐν ῥάβδῳ σιδηρᾷ. Καὶ ἡρπάσθη τὸ Τέκνον αὐτῆς πρὸς τὸν Θεὸν καὶ πρὸς[10] τὸν θρόνον αὐτοῦ. **6** Καὶ ἡ

---

[1]19 ηνοιχθη Μ^a vs ηνοιγη Μ^{b c d e} 𝔓^{47vid}AC, TR Cr vs ηνυγη ℵ

[2]19 Θεου Μ^{a c d e} 𝔓⁴⁷ℵ, TR vs + ο Μ^bAC, Cr

[3]19 του Κυριου Μ^{a c} 𝔓⁴⁷ vs του Θεου ℵ vs αυτου Μ^{b d e} AC, TR Cr

[4]19 αστραπαι και φωναι και βρονται Μ^{a c} vs αστραπαι και φωναι και βρονται και σεισμος Μ^e ℵAC, TR Cr vs αστραπαι και βρονται και φωναι και σεισμος Μ^d vs αστραπαι και βρονται και φωναι και σεισμοι Μ^b

[5]2 εχουσα 𝔐 A, TR vs εχουσα και ℵC, Cr vs εχουσαν και 𝔓⁴⁷

[6]2 εκραζεν ωδινουσα Μ vs εκραζεν ωδεινουσα C vs κραζει ωδινουσα Μ^{d ept} ℵ, TR Cr vs κραζει και ωδινουσα A vs κραδει ωδεινουσα 𝔓⁴⁷ vs ωδινουσα κραζει Μ^{ept}

[7]3 πυρος μεγας Μ^{a b} C vs πυρρος μεγας 𝔓⁴⁷ℵ vs μεγας πυρος Μ^{dpt ept} vs μεγας πυρρος Μ^{c dpt ept} A, TR Cr

[8]3 επτα διαδηματα 𝔐 (ζ for επτα 𝔓⁴⁷) 𝕲, Cr vs διαδηματα Μ^{ept} vs διαδηματα επτα TR

[9]5 αρρενα 𝔐 𝔓⁴⁷ℵ, TR vs αρσεν AC, Cr vs αρσενα Μ^{ept}

[10]5 προς 𝔐 𝕲 Cr vs − Μ^e, TR

γυνὴ ἔφυγεν εἰς τὴν ἔρημον ὅπου ἔχει ἐκεῖ[1] τόπον ἡτοιμασμένον ὑπὸ[2] τοῦ Θεοῦ, ἵνα ἐκεῖ ἐκτρέφωσιν[3] αὐτὴν ἡμέρας χιλίας διακοσίας ἑξήκοντα.

Satan Thrown Out of Heaven

7 Καὶ ἐγένετο πόλεμος ἐν τῷ οὐρανῷ· ὁ Μιχαὴλ καὶ οἱ ἄγγελοι αὐτοῦ πολεμῆσαι[4] μετὰ[5] τοῦ δράκοντος· καὶ ὁ δράκων ἐπολέμησε, καὶ οἱ ἄγγελοι αὐτοῦ, **8** καὶ οὐκ ἴσχυσεν,[6] οὐδὲ[7] τόπος εὑρέθη αὐτῷ[8] ἔτι ἐν τῷ οὐρανῷ. **9** Καὶ ἐβλήθη ὁ δράκων ὁ μέγας, ὁ ὄφις ὁ ἀρχαῖος, ὁ καλούμενος Διάβολος καὶ[9] Σατανᾶς, ὁ πλανῶν τὴν οἰκουμένην ὅλην· ἐβλήθη εἰς τὴν γῆν, καὶ οἱ ἄγγελοι αὐτοῦ μετ᾽ αὐτοῦ ἐβλήθησαν. **10** Καὶ ἤκουσα φωνὴν μεγάλην ἐν τῷ οὐρανῷ λέγουσαν,[10]

" " Ἄρτι ἐγένετο ἡ σωτηρία καὶ ἡ δύναμις
    Καὶ ἡ βασιλεία τοῦ Θεοῦ ἡμῶν
    Καὶ ἡ ἐξουσία τοῦ Χριστοῦ αὐτοῦ,
    Ὅτι ἐβλήθη[11] ὁ κατήγορος[12] τῶν ἀδελφῶν ἡμῶν,
   ᾿Ο κατηγορῶν αὐτῶν[13] ἐνώπιον τοῦ Θεοῦ ἡμῶν
    ἡμέρας καὶ νυκτός.

---

[1]6 εκει 𝕸 אA, Cr vs − M^{ept} C, TR
[2]6 υπο M^{a b d} vs απο M^{c e} 𝕲, TR Cr
[3]6 εκτρεφωσιν M^{a c} vs τρεφωσιν M^{b d e} A, TR Cr vs τρεφουσιν אC
[4]7 πολεμησαι 𝕸 𝔭⁴⁷א vs του πολεμησαι M^c AC, Cr vs επολεμησαν TR
[5]7 μετα 𝕸 𝔭⁴⁷𝕲, Cr vs κατα TR
[6] ισχυσεν ΜΑ, Cr vs ισχυσαν M^{d e} 𝔭⁴⁷C, TR vs ισχυσαν προς αυτον א
[7]8 ουδε 𝕸 𝔭⁴⁷𝕲, Cr vs ουτε M^e, TR
[8]8 ευρεθη αυτω Μ vs ευρεθη αυτων M^e AC, TR Cr vs αυτων ευρεθη M^d 𝔭⁴⁷ vs ευρεθη א*
[9]9 και 𝕸 𝔭⁴⁷ vs + ο M^e 𝕲, TR Cr
[10]10 εν τω ουρανω λεγουσαν 𝕸 𝔭⁴⁷𝕲, Cr vs λεγουσαν εν τω ουρανω M^{ept}, TR
[11]10 εβληθη M^{a b d} 𝔭⁴⁷𝕲, Cr vs κατεβληθη M^{c e}, TR
[12]10 κατηγορος 𝕸 𝔭⁴⁷אC, TR vs κατηγωρ A, Cr
[13]10 αυτων ΜאC, TR vs αυτους M^{d ept} 𝔭⁴⁷A, Cr

11 Καὶ αὐτοὶ ἐνίκησαν αὐτὸν διὰ τὸ αἷμα τοῦ Ἀρνίου
Καὶ διὰ τὸν λόγον τῆς μαρτυρίας αὐτῶν,
Καὶ οὐκ ἠγάπησαν τὴν ψυχὴν αὐτῶν ἄχρι θανάτου.

12 Διὰ τοῦτο εὐφραίνεσθε,[1] οὐρανοί,
Καὶ οἱ ἐν αὐτοῖς σκηνοῦντες!
Οὐαὶ τῇ γῇ καὶ τῇ θαλάσσῃ![2]
Ὅτι κατέβη ὁ διάβολος πρὸς ὑμᾶς, ἔχων θυμὸν μέγαν,
Εἰδὼς ὅτι ὀλίγον καιρὸν ἔχει."

The Dragon Persecutes the Woman and Her Seed

13 Καὶ ὅτε εἶδεν ὁ δράκων ὅτι ἐβλήθη εἰς τὴν γῆν, ἐδίωξε τὴν γυναῖκα ἥτις ἔτεκε τὸν ἄρρενα.[3] 14 Καὶ ἐδόθησαν τῇ γυναικὶ[4] δύο πτέρυγες τοῦ ἀετοῦ τοῦ μεγάλου, ἵνα πέτηται εἰς τὴν ἔρημον εἰς τὸν τόπον αὐτῆς, ὅπως τρέφηται[5] ἐκεῖ καιρὸν καὶ καιροὺς καὶ ἥμισυ καιροῦ, ἀπὸ προσώπου τοῦ ὄφεως. 15 Καὶ ἔβαλεν ὁ ὄφις ἐκ τοῦ στόματος αὐτοῦ ὀπίσω τῆς γυναικὸς[6] ὕδωρ ὡς ποταμόν, ἵνα αὐτὴν ποταμοφόρητον ποιήσῃ.[7] 16 Καὶ ἐβοήθησεν ἡ γῆ τῇ γυναικί, καὶ ἤνοιξεν ἡ γῆ τὸ στόμα αὐτῆς καὶ κατέπιε τὸν ποταμὸν ὃν ἔβαλεν ὁ δράκων ἐκ τοῦ στόματος αὐτοῦ. 17 Καὶ ὠργίσθη ὁ δράκων ἐπὶ τῇ γυναικί, καὶ ἀπῆλθε ποιῆσαι πόλεμον μετὰ τῶν λοιπῶν τοῦ σπέρματος αὐτῆς τῶν τηρούντων τὰς ἐντολὰς τοῦ Θεοῦ καὶ ἐχόντων τὴν μαρτυρίαν Ἰησοῦ.[8]

---

[1]12 ευφραινεσθε Mᵃ ᵇ אC vs + οι Mᶜ ᵈ ᵉ A, TR [Cr]

[2]12 τη γη και τη θαλασση M vs την γην καὶ την θαλασσαν Mᵈ ᵉᵖᵗ C, Cr vs τοις κατοικουσι την γην και την θαλασσαν Mᵉᵖᵗ, TR vs εις την γην και την θαλασσαν א vs την αγαπην και την θαλασσαν A

[3]13 αρρενα 𝔐 𝔭⁴⁷, TR vs αρσενα אC, Cr vs αρσεναν A

[4]14 γυναικι M𝔭⁴⁷א, TR vs + αι Mᵈ ᵉ AC, Cr

[5]14 οπως τρεφηται M vs οπου τρεφεται Mᵈ ᵉ 𝔭⁴⁷ᷓ, TR Cr

[6]15 εκ του στοματος αυτου οπισω της γυναικος 𝔐 (απο for εκ 𝔭⁴⁷) ᷓ, Cr vs οπισω της γυναικος εκ του στοματος αυτου Mᵉᵖᵗ, TR

[7]15 αυτην ποταμοφορητον ποιηση 𝔐𝔭⁴⁷אA, Cr vs ταυτην ποταμοφορητον ποιηση Mᵉ, TR vs ποιηση αυτην ποταμοφορητον C

[8]17 Ιησου 𝔐𝔭⁴⁷AC, Cr vs του Ιησου Mᵉᵖᵗ vs του Θεου א* vs του Ιησου Χριστου TR

The Beast from the Sea

13 Καὶ ἐστάθην[1] ἐπὶ τὴν ἄμμον τῆς θαλάσσης. Καὶ εἶδον ἐκ τῆς θαλάσσης Θηρίον ἀναβαῖνον, ἔχον κέρατα δέκα καὶ κεφαλὰς ἑπτά,[2] καὶ ἐπὶ τῶν κεράτων αὐτοῦ δέκα διαδήματα, καὶ ἐπὶ τὰς κεφαλὰς αὐτοῦ ὀνόματα[3] βλασφημίας. 2 Καὶ τὸ Θηρίον ὃ εἶδον ἦν ὅμοιον[4] παρδάλει καὶ οἱ πόδες αὐτοῦ ὡς ἄρκου[5] καὶ τὸ στόμα αὐτοῦ ὡς στόμα λέοντος. Καὶ ἔδωκεν αὐτῷ ὁ δράκων τὴν δύναμιν αὐτοῦ καὶ τὸν θρόνον αὐτοῦ καὶ ἐξουσίαν μεγάλην. 3 Καὶ[6] μίαν ἐκ[7] τῶν κεφαλῶν αὐτοῦ ὡσεὶ[8] ἐσφαγμένην εἰς θάνατον, καὶ ἡ πληγὴ τοῦ θανάτου αὐτοῦ ἐθεραπεύθη. Καὶ ἐθαύμασεν[9] ὅλη ἡ γῆ ὀπίσω τοῦ Θηρίου.

4 Καὶ προσεκύνησαν τῷ δράκοντι[10] τῷ δεδωκότι[11] τὴν[12] ἐξουσίαν τῷ Θηρίῳ· καὶ προσεκύνησαν τῷ Θηρίῳ,[13] λέγοντες, "Τίς ὅμοιος τῷ Θηρίῳ; Τίς[14] δύνατος[15] πολεμῆσαι μετ᾽ αὐτοῦ;" 5 Καὶ ἐδόθη αὐτῷ στόμα λαλοῦν μεγάλα καὶ βλασφημίαν,[16] καὶ ἐδόθη αὐτῷ ἐξουσία πόλεμον ποιῆσαι[17]

---

[1]1 εσταθην 𝔐, TR vs εσταθη 𝔭⁴⁷G, Cr
[2]1 κερατα δεκα και κεφαλας επτα 𝔐G, Cr vs κεφαλας επτα και κερατα δεκα TR
[3]1 ονοματα MA, [Cr] vs ονομα Mᵈ ᵉ 𝔭⁴⁷אC, TR
[4]2 ην ομοιον Mᵃ ᶜ G, TR Cr vs ομοιον ην Mᵇ ᵈ vs ομοιον Mᵉ 𝔭⁴⁷
[5]2 αρκου 𝔐𝔭⁴⁷G, Cr vs αρκτου Mᶜ, TR
[6]3 και 𝔐𝔭⁴⁷G, Cr vs +ειδον TR
[7]3 εκ 𝔐𝔭⁴⁷G, Cr vs −Mᵉ, TR
[8]3 ωσει M vs ως Mᵈ ᵉ 𝔭⁴⁷G, TR Cr
[9]3 εθαυμασεν Mא, TR vs εθαυμασθη Mᵈ ᵉ 𝔭⁴⁷ᵛⁱᵈA, Cr vs εθαυμαστωθη C
[10]4 τω δρακοντι 𝔐𝔭⁴⁷AC, Cr vs τον δρακοντα א, TR
[11]4 τω δεδωκοτι Mᵃ ᶜ vs οτι εδωκε(ν) Mᵇ ᵈ ᵉᵖᵗ 𝔭⁴⁷G, Cr vs ος εδωκεν TR
[12]4 την 𝔐𝔭⁴⁷G, Cr vs −TR
[13]4 και προσεκυνησαν τω θηριω MאC, Cr vs και προσεκυνησαν το θηριον MᵈA, TR vs −Mᵉᵖᵗ vs −και προσεκυνησαν τω θηριω λεγοντες τις ομοιος θηριω 𝔭⁴⁷
[14]4 τις Mᵃ, TR vs και τις Mᵇ ᶜ ᵈ ᵉ 𝔭⁴⁷G, Cr
[15]4 δυνατος Mᵃ ᶜ vs δυναται Mᵇ ᵈ ᵉ 𝔭⁴⁷G, TR Cr
[16]5 βλασφημιαν Mᵃ ᶜ ᵉᵖᵗ vs βλασφημα Mᵇ ᵈ A vs βλασφημιας Mᵉᵖᵗ 𝔭⁴⁷ אC, TR Cr
[17]5 εξουσια πολεμον ποιησαι M, TR vs εξουσια ποιησαι Mᵈ ᵉ 𝔭⁴⁷AC, Cr vs ποιησαι ο θελει א

μῆνας τεσσαράκοντα δύο.¹ 6 Καὶ ἤνοιξε τὸ² στόμα αὐτοῦ
εἰς βλασφημίαν³ πρὸς τὸν Θεόν, βλασφημῆσαι τὸ ὄνομα
αὐτοῦ καὶ τὴν σκηνὴν αὐτοῦ, τοὺς ἐν τῷ οὐρανῷ
σκηνοῦντας.⁴ 7 Καὶ ἐδόθη αὐτῷ ποιῆσαι πόλεμον⁵ μετὰ
τῶν ἁγίων καὶ νικῆσαι αὐτούς. Καὶ ἐδόθη αὐτῷ ἐξουσία ἐπὶ
πᾶσαν φυλὴν καὶ λαὸν⁶ καὶ γλῶσσαν καὶ ἔθνος. 8 Καὶ
προσκυνήσουσιν αὐτὸν⁷ πάντες οἱ κατοικοῦντες ἐπὶ τῆς
γῆς, ὧν οὐ⁸ γέγραπται τὸ ὄνομα⁹ ἐν τῷ Βιβλίῳ¹⁰ τῆς Ζωῆς
τοῦ Ἀρνίου τοῦ ἐσφαγμένου ἀπὸ καταβολῆς κόσμου.
9 Εἴ τις ἔχει οὖς, ἀκουσάτω.
10   Εἴ τις ἔχει αἰχμαλωσίαν, ὑπάγει·¹¹
      Εἴ τις ἐν μαχαίρᾳ, δεῖ αὐτὸν ἀποκτανθῆναι.¹²
      Ὧδέ ἐστιν ἡ ὑπομονὴ καὶ ἡ πίστις τῶν ἁγίων.

---

¹5 τεσσαρακοντα δυο **M**, TR vs μβ M^d 𝔭⁴⁷ vs τεσσερακοντα δυο
ℵC vs τεσσερακοντα και δυο A, [Cr]

²6 το M^apt b c d e 𝔭⁴⁷𝕲, TR Cr vs − M^apt

³6 εις βλασφημιαν 𝕸, TR vs εις βλασφημιας M^b 𝕲, Cr vs
βλασφημησαι 𝔭⁴⁷

⁴6 τους εν τω ουρανω σκηνουντας M𝕲, Cr vs και τους εν τω
ουρανω σκηνουντας M^d e, TR vs εν τω ουρανω 𝔭⁴⁷

⁵7 ποιησαι πολεμον M^a c d ℵ, Cr vs πολεμον ποιησαι M^b, TR vs
−και εδοθη αυτω ποιησαι πολεμον μετα των αγιων και νικησαι
αυτους M^e 𝔭⁴⁷A C

⁶7 και λαον M^a b d ℵA, Cr vs και λαους C vs − M^c ept 𝔭⁴⁷, TR vs
+και λαον after εθνος M^ept

⁷8 αυτον M^a b d 𝔭⁴⁷vid AC, Cr vs αυτω M^c e ℵ, TR

⁸8 ων ου M^apt b c d e 𝔭⁴⁷, TR vs ων ουτε M^apt vs ου ου C, Cr vs ων ℵ*
vs ουαι A

⁹8 το ονομα **M** vs το ονομα αυτου AC, Cr vs τα ονοματα M^d e, TR
vs τα ονοματα αυτων 𝔭⁴⁷vid ℵ*

¹⁰8 τω βιβλιω 𝕸A, Cr vs βιβλιω C vs βιβλω ℵ* vs τη βιβλω M^opt
𝔭⁴⁷vid, TR

¹¹10 εχει αιχμαλωσιαν υπαγει M^a c vs εις αιχμαλωσιαν απαγει εις
αιχμαλωσιαν υπαγει M^b vs εις αιχμαλωσιαν υπαγει M^d ept ℵC vs
αιχμαλωσιαν συναγει M^ept vs εις αιχμαλωσιαν εις αιχμαλωσιαν
υπαγει A, Cr vs αιχμαλωσιαν συναγει εις αιχμαλωσιαν υπαγει TR

¹²10 εν μαχαιρα δει αυτον αποκτανθηναι M^a vs εν μαχαιρα
αποκτενει δει αυτον εν μαχαιρα αποκτανθηναι M^c e, TR vs εν
μαχαιρα αποκτεννει δει αυτον εν μαχαιρα αποκτανθηναι M^bpt vs
εν μαχαιρα αποκτεινει δει αυτον εν μαχαιρα αποκτανθηναι M^d vs
εν μαχαιρη αποκτεινει δει αυτον εν μαχαιρη αποκτανθηναι ℵ vs
εν μαχαιρη αποκτενει δει αυτον εν μαχαιρη αποκτανθηναι C vs
εν μαχαιρη αποκτανθηναι αυτον εν μαχαιρη αποκτανθηναι A, Cr

The Beast from the Land

11 Καὶ εἶδον ἄλλο θηρίον ἀναβαῖνον ἐκ τῆς γῆς, καὶ εἶχε κέρατα δύο¹ ὅμοια ἀρνίῳ καὶ ἐλάλει ὡς δράκων. 12 Καὶ τὴν ἐξουσίαν τοῦ πρώτου Θηρίου πᾶσαν ποιεῖ ἐνώπιον αὐτοῦ, καὶ ἐποίει² τὴν γῆν καὶ τοὺς ἐν αὐτῇ κατοικοῦντας³ ἵνα προσκυνήσωσι⁴ τὸ Θηρίον τὸ πρῶτον, οὗ ἐθεραπεύθη ἡ πληγὴ τοῦ θανάτου αὐτοῦ. 13 Καὶ ποιεῖ σημεῖα μεγάλα, καὶ πῦρ ἵνα ἐκ τοῦ οὐρανοῦ καταβαίνῃ⁵ ἐπὶ τὴν γῆν⁶ ἐνώπιον τῶν ἀνθρώπων. 14 Καὶ πλανᾷ τοὺς ἐμοὺς⁷ τοὺς κατ-οικοῦντας ἐπὶ τῆς γῆς διὰ τὰ σημεῖα ἃ ἐδόθη αὐτῷ ποιῆσαι ἐνώπιον τοῦ Θηρίου, λέγων τοῖς κατοικοῦσιν ἐπὶ τῆς γῆς ποιῆσαι εἰκόνα τῷ Θηρίῳ ὃ εἶχε⁸ πληγὴν⁹ — καὶ ἔζησεν! — ἀπὸ τῆς μαχαίρας.¹⁰ 15 Καὶ ἐδόθη αὐτῷ πνεῦμα δοῦναι¹¹ τῇ εἰκόνι τοῦ Θηρίου, ἵνα καὶ λαλήσῃ ἡ εἰκὼν τοῦ

---

¹11 δυο Μᵇ ᶜ ᵈ ᵉ (β 𝔭⁴⁷) 𝕲, TR Cr vs − Μᵃ

²12 εποιει Μᵃ ᶜ vs ποιησει Μᵇ vs ποιει Μᵈ ᵉ 𝔭⁴⁷𝕲, TR Cr

³12 τους εν αυτη κατοικουντας 𝕸 𝔭⁴⁷ℵΑ, Cr vs τους κατοι-κουντας εν αυτη C, TR

⁴12 ινα προσκυνησωσι(ν) 𝕸, TR vs ινα προσκυνησουσιν 𝔭⁴⁷ΑC, Cr vs προσκυνιν ℵ

⁵13 και πυρ ινα εκ του ουρανου καταβαινη Μᵃ ᶜ vs ινα και πυρ ποιηση εκ του ουρανου καταβηναι Μᵇ 𝔭⁴⁷ vs ινα και πυρ ποιη καταβαινειν εκ του ουρανου Μᵉᵖᵗ ℵ, TR vs ινα και πυρ ποιει καταβαινειν εκ του ουρανου Μᵉᵖᵗ vs ινα εν πλανη ποιη πυρ εκ του ουρανου καταβαινειν Μᵈ vs ινα και πυρ ποιη εκ του ουρανου καταβαινειν Α (C), Cr

⁶13 επι την γην Μᵃ ᶜ 𝔭⁴⁷ vs εις την γην Μᵇ ᵈ ᵉᵖᵗ 𝕲, TR Cr vs επι την γην after ενωπιον των ανθρωπων Μᵉᵖᵗ

⁷14 τους εμους Μᵃ ᶜ vs − Μᵇ ᵈ ᵉ 𝔭⁴⁷𝕲, TR Cr

⁸14 ο ειχε(ν) Μᵃ ᶜ vs ος εχει Μᵇ ᵈ ᵉᵖᵗ 𝔭⁴⁷ΑC, Cr vs ο εχει Μᵉᵖᵗ ℵ, TR

⁹14 πληγην Μᵃ vs την πληγην Μᵇ ᶜ ᵈ ᵉ 𝔭⁴⁷ΑC, TR Cr vs πληγης ℵ

¹⁰14 και εζησεν απο της μαχαιρας Μᵃ vs της μαχαιρας και εζησε(ν) Μᵇ ᶜ ᵈ ᵉ, TR vs της μαχαιρης και εζησεν 𝕲, Cr vs της μαχαιρης και ζησας 𝔭⁴⁷ᵛⁱᵈ

¹¹15 πνευμα δουναι 𝕸 vs δουναι πνευμα Μᵈ ᵉᵖᵗ ℵΑ, TR Cr vs πνευμα C

Θηρίου καὶ ποιήσῃ¹ ὅσοι² ἐὰν³ μὴ προσκυνήσωσι τῇ εἰκόνι⁴ τοῦ Θηρίου ἀποκτανθῶσι.⁵ 16 Καὶ ποιεῖ πάντας, τοὺς μικροὺς καὶ τοὺς μεγάλους, καὶ τοὺς πλουσίους καὶ τοὺς πτωχούς, καὶ τοὺς ἐλευθέρους καὶ τοὺς δούλους, ἵνα δώσωσιν⁶ αὐτοῖς χαράγματα⁷ ἐπὶ τῆς⁸ χειρὸς αὐτῶν τῆς δεξιᾶς ἢ ἐπὶ τὸ μέτωπον⁹ αὐτῶν, 17 καὶ ἵνα μή τις δύναται¹⁰ ἀγοράσαι ἢ πωλῆσαι εἰ μὴ ὁ ἔχων τὸ χάραγμα, τὸ ὄνομα τοῦ Θηρίου¹¹ ἢ τὸν ἀριθμὸν τοῦ ὀνόματος αὐτοῦ. 18 Ὧδε ἡ σοφία ἐστίν. Ὁ ἔχων νοῦν¹² ψηφισάτω τὸν ἀριθμὸν τοῦ Θηρίου, ἀριθμὸς γὰρ ἀνθρώπου ἐστίν. Ὁ ἀριθμὸς αὐτοῦ,¹³ χξϛ΄.¹⁴

---

¹15 ποιηση Mᵃ ᵇᵖᵗ ᶜ ᵈᵖᵗ ᵉ A, TR Cr vs ποιησει Mᵇᵖᵗ ᵈᵖᵗ ℵ vs −ινα και λαληση η εικων του θηριου και ποιηση οσοι εαν μη προσκυνησωσι τη εικονι του θηριου C

²15 οσοι 𝔐 ℵ, TR vs ινα οσοι A, [Cr]

³15 εαν MA, Cr vs αν Mᵈ ᵉ ℵ, TR

⁴15 τη εικονι 𝔐 ℵ, Cr vs την εικονα Mᵉᵖᵗ A, TR

⁵15 αποκτανθωσι(ν) Mᵃ ᵇ ᵈ ᵉᵖᵗ 𝔓⁴⁷ᵛⁱᵈ 𝔊, Cr vs ινα αποκτανθωσι(ν) Mᶜ ᵉᵖᵗ, TR

⁶16 δωσωσιν Mᵃᵖᵗ ᵈ vs δωσουσιν Mᵃᵖᵗ vs δωσιν Mᵇ ᶜ ᵉᵖᵗ 𝔊, Cr vs δωση TR

⁷16 χαραγματα Mᵃ ᶜ 𝔓⁴⁷* vs χαραγμα Mᵇ ᵈ ᵉ 𝔊, TR Cr

⁸16 της Mᵇ ᶜ ᵈ ᵉ 𝔓⁴⁷𝔊, TR Cr vs −Mᵃ

⁹16 το μετωπον Mᵃᵖᵗ ᵇ ℵA, Cr vs των μετωπων Mᶜ ᵈ ᵉ 𝔓⁴⁷, TR vs του μετωπου C

¹⁰17 δυναται Mᵃᵖᵗ ᵈ ᵉ vs δυνηται Mᵃᵖᵗ ᵇ ᶜ 𝔓⁴⁷𝔊, TR Cr

¹¹17 το ονομα του θηριου 𝔐 A, Cr vs η το ονομα του θηριου 𝔓⁴⁷, TR vs του ονοματος του θηριου Mᵉᵖᵗ C vs του θηριου η το ονομα αυτου ℵ

¹²18 νουν 𝔐 AC, Cr vs τον νουν Mᵉᵖᵗ, TR vs ουν 𝔓⁴⁷ vs ους ℵ*

¹³18 εστιν ο αριθμος αυτου Mᵃ ᵇ vs εστι(ν) και ο αριθμος αυτου A, TR Cr vs εστι(ν) και ο αριθμος αυτου εστι(ν) Mᶜ ᵈ ᵉᵖᵗ C vs εστι(ν) Mᵉᵖᵗ ℵ vs εστιν εστιν δε 𝔓⁴⁷

¹⁴18 χξϛ 𝔐 𝔓⁴⁷, TR vs εξακοσιοι εξηκοντα εξ A, Cr vs εξακοσιαι εξηκοντα εξ ℵ vs χξ και ϛ Mᵉᵖᵗ vs εξακοσιαι δεκα εξ, C

The Lamb and the 144,000 on Mount Zion

14 Καὶ εἶδον, καὶ ἰδού, τὸ[1] Ἀρνίον ἑστηκὸς[2] ἐπὶ τὸ Ὄρος Σιών, καὶ μετ᾽ αὐτοῦ ἀριθμός,[3] ρμδ ΄[4] χιλιάδες, ἔχουσαι τὸ ὄνομα αὐτοῦ καὶ[5] τὸ ὄνομα τοῦ Πατρὸς αὐτοῦ γεγραμμένον ἐπὶ τῶν μετώπων αὐτῶν. 2 Καὶ ἤκουσα φωνὴν ἐκ τοῦ οὐρανοῦ, ὡς φωνὴν ὑδάτων πολλῶν, καὶ ὡς φωνὴν βροντῆς μεγάλης. Καὶ ἡ φωνὴ ἣν ἤκουσα ὡς[6] κιθαρῳδῶν κιθαριζόντων ἐν ταῖς κιθάραις αὐτῶν. 3 Καὶ ᾄδουσιν[7] ᾠδὴν καινὴν ἐνώπιον τοῦ θρόνου καὶ ἐνώπιον τῶν τεσσάρων ζῴων καὶ τῶν πρεσβυτέρων· καὶ οὐδεὶς[8] ἐδύνατο[9] μαθεῖν τὴν ᾠδὴν εἰ μὴ αἱ ρμδ ΄[10] χιλιάδες οἱ ἠγορασμένοι ἀπὸ τῆς γῆς. 4 Οὗτοί εἰσιν οἳ μετὰ γυναικῶν οὐκ ἐμολύνθησαν, παρθένοι γάρ εἰσιν. Οὗτοί εἰσιν[11] οἱ ἀκολουθοῦντες τῷ Ἀρνίῳ ὅπου ἐὰν[12] ὑπάγῃ. Οὗτοι ὑπὸ Ἰησοῦ[13] ἠγοράσθησαν ἀπὸ τῶν ἀνθρώπων, ἀπαρχὴ τῷ Θεῷ καὶ τῷ Ἀρνίῳ. 5 Καὶ οὐχ εὑρέθη ἐν τῷ στόματι αὐτῶν[14] ψεῦδος,[15] ἄμωμοι γάρ[16] εἰσι.[17]

---

[1]1 το M^{a dpt} 𝕲, Cr vs −M^{b c dpt e} 𝔭⁴⁷, TR

[2]1 εστηκος M^{a c}, TR vs εστος M^{dpt} 𝕲, Cr vs εστως M^{b dpt e} 𝔭⁴⁷

[3]1 αριθμος M^{a b} vs −M^{c d e} 𝔭⁴⁷𝕲, TR Cr

[4]1 ρμδ M^{a c d ept} 𝔭⁴⁷ vs εκατον τεσσαρακοντα τεσσαρες M^{b ept}, TR vs εκατον τεσσερακοντα τεσσαρες 𝕲, Cr

[5]1 το ονομα αυτου και 𝕸𝔭⁴⁷𝕲, Cr vs −TR

[6]2 η φωνη ην ηκουσα ως M𝕲, Cr vs φωνην ηκουσα ως M^d vs φωνην ηκουσα M^e, TR vs φωνην ηκουσα ως φωνην 𝔭⁴⁷

[7]3 αδουσιν 𝕸𝔭⁴⁷א vs +ως M^{d e} AC, TR [Cr]

[8]3 ουδεις M^{apt b c d e} 𝔭⁴⁷אA, TR Cr vs ουδε εις M^{apt} vs ουδις C

[9]3 εδυνατο M^{a c} 𝔭⁴⁷𝕲, Cr vs ηδυνατο M^{b d e}, TR

[10]3 ρμδ M^{a bpt c d ept}𝔭⁴⁷ vs εκατον μδ M^{ept} vs εκατον τεσσαρακοντα τεσσαρες M^{bpt}, TR vs εκατον τεσσερακοντα τεσσαρες A, Cr vs εκατον τεσσερακοντα μιαν א* vs εκατον τεσσερακοντα C

[11]4 εισιν M, TR vs −M^{d e} 𝕲, Cr

[12]4 εαν M^a vs αν M^{b c d e} 𝕲, TR Cr

[13]4 υπο Ιησου M^{a c} vs −M^{b d e} 𝔭⁴⁷𝕲, TR Cr

[14]5 ουχ ευρεθη εν τω στοματι αυτων M^{a b} vs εν τω στοματι αυτων ουχ ευρεθη M^{c d e} 𝔭⁴⁷vid𝕲, TR Cr

[15]5 ψευδος 𝕸𝔭⁴⁷vid𝕲, Cr vs δολος M^{ept}, TR

[16]5 γαρ 𝕸𝔭⁴⁷א, TR vs −M^{ept} AC, Cr

[17]5 εισι(ν) 𝕸𝔭⁴⁷𝕲, Cr vs +ενωπιον του θρονου του Θεου, TR

The Proclamations of Three Angels

6 Καὶ εἶδον ἄγγελον[1] πετόμενον[2] ἐν μεσουρανήματι, ἔχοντα εὐαγγέλιον αἰώνιον εὐαγγελίσαι[3] τοὺς καθημένους[4] ἐπὶ τῆς γῆς, καὶ ἐπὶ[5] πᾶν ἔθνος καὶ φυλὴν καὶ γλῶσσαν καὶ λαόν, 7 λέγων[6] ἐν φωνῇ μεγάλῃ, "Φοβήθητε τὸν Κύριον[7] καὶ δότε αὐτῷ δόξαν, ὅτι ἦλθεν ἡ ὥρα τῆς κρίσεως αὐτοῦ, καὶ προσκυνήσατε αὐτὸν τὸν ποιήσαντα[8] τὸν οὐρανὸν καὶ τὴν γῆν καὶ τὴν[9] θάλασσαν καὶ πηγὰς ὑδάτων."

8 Καὶ ἄλλος δεύτερος[10] ἄγγελος ἠκολούθησε, λέγων, "Ἔπεσε[11] Βαβυλὼν ἡ μεγάλη.[12] Ἐκ[13] τοῦ οἴνου τοῦ θυμοῦ τῆς πορνείας αὐτῆς[14] πεπότικε πάντα τὰ ἔθνη."[15]

9 Καὶ ἄλλος ἄγγελος τρίτος[16] ἠκολούθησεν αὐτοῖς, λέγων ἐν φωνῇ μεγάλῃ, "Εἴ τις προσκυνεῖ τὸ Θηρίον[17] καὶ τὴν

---

[1]6 αγγελον 𝔐ᵃ ᵉ 𝔭⁴⁷ℵ* vs αλλον αγγελον 𝔐ᶜ ᵈ AC, TR Cr vs αγγελον αλλον 𝔐ᵇ

[2]6 πετομενον 𝔐𝔭⁴⁷AC, Cr vs πεταμενον ℵ vs πετωμενον TR

[3]6 ευαγγελισαι 𝔐ᵃ ᵉAC, TR Cr vs ευαγγελισασθαι 𝔐ᵇ ᶜ ᵈ 𝔭⁴⁷ vs ευαγγελισασθε ℵ

[4]6 τους καθημενους 𝔐ᵃ ᶜ vs επι τους καθημενους 𝔐ᵇ 𝔭⁴⁷C, Cr vs τους κατοικουντας 𝔐ᵈ, TR vs τους καθημενους τους κατοικουντας 𝔐ᵉ vs επι τους κατοικουντας A

[5]6 επι 𝔐𝔭⁴⁷ℭ, Cr vs − 𝔐ᵈ ᵉ, TR

[6]7 λεγων 𝔐AC, Cr vs λεγοντα 𝔭⁴⁷, TR vs − ℵ

[7]7 Κυριον 𝔐ᵃ ᵇ vs Θεον 𝔐ᶜ ᵈ ᵉ 𝔭⁴⁷ℭ, TR Cr

[8]7 αυτον τον ποιησαντα 𝔐ᵃ ᵈ vs τω ποιησαντι 𝔐ᵇ ᶜ ᵉ 𝔭⁴⁷ℭ, TR Cr

[9]7 την 𝔐𝔭⁴⁷ℵ vs − 𝔐ᵉᵖᵗ AC, TR Cr

[10]8 δευτερος αγγελος 𝔐ᵃ ᵇ ᵉᵖᵗ A vs αγγελος δευτερος 𝔐ᶜ ᵈ ᵉᵖᵗ, Cr vs αγγελος δευτερον C vs δευτερος (β 𝔭⁴⁷) ℵ* vs αγγελος TR

[11]8 επεσε(ν) 𝔐ᵃ ᵇ C vs επεσεν επεσε(ν) 𝔐ᶜ ᵈ ᵉ 𝔭⁴⁷A, TR Cr vs − λεγων επεσε(ν) Βαβυλων η μεγαλη εκ του οινου του θυμου της πορνειας αυτης πεποτικε παντα τα εθνη και αλλος αγγελος τριτος ηκολουθησε(ν) ℵ*

[12]8 Βαβυλων η μεγαλη 𝔐𝔭⁴⁷AC, Cr vs η μεγαλη Βαβυλων 𝔐ᵉᵖᵗ vs Βαβυλων η πολις η μεγαλη, TR

[13]8 εκ 𝔐ᵃ ᶜ ᵈ ᵉᵖᵗ 𝔭⁴⁷ vs η εκ 𝔐ᵇ AC, Cr vs οτι εκ 𝔐ᵉᵖᵗ, TR

[14]8 αυτης 𝔐ᵃᵖᵗ ᵇ ᶜ ᵉ𝔭⁴⁷AC, TR Cr vs ταυτης 𝔐ᵃᵖᵗ vs αυτης ης 𝔐ᵈ

[15]8 παντα τα εθνη 𝔐𝔭⁴⁷ AC, Cr vs τα εθνη παντα 𝔐ᵈ vs παντα εθνη TR

[16]9 αλλος αγγελος τριτος 𝔐𝔭⁴⁷ᵛⁱᵈAC, Cr vs αλλος τριτος αγγελος 𝔐ᵉᵖᵗ vs τριτος αγγελος, TR

[17]9 προσκυνει το θηριον 𝔐𝔭⁴⁷ᵛⁱᵈ (προσκυνι ℵ), Cr vs το θηριον προσκυνει 𝔐ᵉᵖᵗ, TR vs προσκυνει τω θηριω C vs προσκυνει το θυσιαστηριον A

εἰκόνα αὐτοῦ, καὶ λαμβάνει[1] χάραγμα ἐπὶ τοῦ μετώπου αὐτοῦ ἢ ἐπὶ τὴν χεῖρα αὐτοῦ, 10 καὶ αὐτὸς πίεται ἐκ τοῦ οἴνου τοῦ θυμοῦ τοῦ Θεοῦ, τοῦ κεκερασμένου ἀκράτου ἐν τῷ ποτηρίῳ τῆς ὀργῆς αὐτοῦ. Καὶ βασανισθήσεται ἐν πυρὶ καὶ θείῳ ἐνώπιον τῶν ἁγίων ἀγγέλων[2] καὶ ἐνώπιον τοῦ Ἀρνίου. 11 Καὶ ὁ καπνὸς τοῦ βασανισμοῦ αὐτῶν εἰς αἰῶνας αἰώνων ἀναβαίνει·[3] καὶ οὐκ ἔχουσιν ἀνάπαυσιν ἡμέρας καὶ νυκτός, οἱ προσκυνοῦντες τὸ Θηρίον καὶ τὴν εἰκόνα αὐτοῦ, καὶ εἴ τις λαμβάνει τὸ χάραγμα τοῦ ὀνόματος αὐτοῦ."

12 Ὧδε ἡ[4] ὑπομονὴ τῶν ἁγίων ἐστίν, οἱ τηροῦντες[5] τὰς ἐντολὰς τοῦ Θεοῦ καὶ τὴν πίστιν Ἰησοῦ.[6] 13 Καὶ ἤκουσα φωνῆς ἐκ τοῦ οὐρανοῦ λεγούσης,[7] "Γράψον· 'Μακάριοι οἱ νεκροὶ οἱ ἐν Κυρίῳ ἀποθνήσκοντες ἀπ' ἄρτι,' λέγει ναὶ[8] τὸ Πνεῦμα, 'ἵνα ἀναπαύσωνται[9] ἐκ τῶν κόπων αὐτῶν, τὰ δὲ[10] ἔργα αὐτῶν ἀκολουθεῖ μετ' αὐτῶν.' "

Reaping the Earth's Harvest

14 Καὶ εἶδον, καὶ ἰδού, νεφέλη λευκή, καὶ ἐπὶ τὴν νεφέλην καθήμενον ὅμοιον[11] Υἱὸν[12] Ἀνθρώπου, ἔχων ἐπὶ τῆς

---

[1]9 λαμβανει Mᵃ ᶜ ᵉ 𝔓⁴⁷𝕲, TR Cr vs + το Mᵇ ᵈ

[2]10 των αγιων αγγελων 𝔐, TR vs αγγελων αγιων Mᵉ ℵC, Cr vs των αγγελων A

[3]11 εις αιωνας αιωνων αναβαινει M𝔓⁴⁷A, Cr vs εις αιωνα αιωνος αναβαινει Mᵈ C vs εις αιωνα αιωνων αναβαινων Mᵉᵖᵗ vs εις αιωνα αιωνων αναβαινων Mᵉᵖᵗ vs εις εωνας των αιωνων αναβαινει ℵ vs αναβαινει εις αιωνας αιωνων TR

[4]12 η 𝔐 𝔓⁴⁷𝕲, Cr vs − TR

[5]12 οι τηρουντες Mᵃ ᵇ 𝔓⁴⁷AC, Cr vs των τηρουντων ℵ vs ωδε οι τηρουντες Mᶜ ᵈ ᵉ, TR

[6]12 Ιησου Mᵃ ᵇ ᵉ 𝔓⁴⁷𝕲, TR Cr vs του Ιησου Mᶜ vs Ιησου Χριστου Mᵈ

[7]13 εκ του ουρανου λεγουσης Mᵃ ᵇ 𝔓⁴⁷A, Cr vs λεγουσης εκ του ουρανου ℵ vs εκ του ουρανου λεγουση C* vs εκ του ουρανου λεγουσης μοι Mᶜ ᵈ ᵉ, TR

[8]13 λεγει ναι Mᵃ ᶜ vs ναι λεγει Mᵇ ᵈ ᵉ AC, TR Cr vs λεγει 𝔓⁴⁷ℵ*

[9]13 αναπαυσωνται 𝔐, TR vs αναπαυσονται Mᵉ vs αναπαησονται 𝔓⁴⁷𝕲, Cr

[10]13 δε 𝔐, TR vs γαρ 𝔓⁴⁷𝕲, Cr

[11]14 καθημενον ομοιον Mᵃ ᵇ ᶜᵖᵗ ᵈ 𝕲, Cr vs καθημενος ομοιος Mᶜᵖᵗ ᵉ TR vs καθημενος ομοιον 𝔓⁴⁷

[12]14 Υιον Mᵃᵖᵗ ᵈ ℵA, Cr vs Υιω Mᵃᵖᵗ ᵇ ᶜ ᵉᵖᵗ 𝔓⁴⁷C, TR vs Υιος Mᵉᵖᵗ

κεφαλῆς αὐτοῦ στέφανον χρυσοῦν, καὶ ἐν τῇ χειρὶ αὐτοῦ δρέπανον ὀξύ.

15 Καὶ ἄλλος ἄγγελος ἐξῆλθεν ἐκ τοῦ ναοῦ¹ κράζων ἐν φωνῇ μεγάλῃ² τῷ καθημένῳ ἐπὶ τῆς νεφέλης, "Πέμψον τὸ δρέπανόν σου καὶ θέρισον, ὅτι ἦλθεν ἡ ὥρα θερίσαι,³ ὅτι ἐξηράνθη ὁ θερισμὸς τῆς γῆς." 16 Καὶ ἔβαλεν ὁ καθήμενος ἐπὶ τὴν νεφέλην⁴ τὸ δρέπανον αὐτοῦ ἐπὶ τὴν γῆν, καὶ ἐθερίσθη ἡ γῆ.

Reaping the Grapes of Wrath

17 Καὶ ἄλλος ἄγγελος ἐξῆλθεν ἐκ τοῦ ναοῦ τοῦ ἐν τῷ οὐρανῷ, ἔχων καὶ αὐτὸς δρέπανον ὀξύ.

18 Καὶ ἄλλος ἄγγελος ἐξῆλθεν⁵ ἐκ τοῦ θυσιαστηρίου, ἔχων⁶ ἐξουσίαν ἐπὶ τοῦ πυρός, καὶ ἐφώνησεν ἐν κραυγῇ⁷ μεγάλῃ τῷ ἔχοντι τὸ δρέπανον τὸ ὀξύ, λέγων, "Πέμψον σου τὸ δρέπανον τὸ ὀξὺ καὶ τρύγησον τοὺς βότρυας τῆς ἀμπέλου τῆς γῆς, ὅτι ἤκμασεν ἡ σταφυλὴ τῆς γῆς.⁸ 19 Καὶ ἐξέβαλεν⁹ ὁ ἄγγελος τὸ δρέπανον αὐτοῦ εἰς τὴν γῆν καὶ ἐτρύγησε τὴν ἄμπελον τῆς γῆς, καὶ ἔβαλεν εἰς τὴν ληνὸν τοῦ θυμοῦ τοῦ Θεοῦ τὸν μέγαν.¹⁰ 20 Καὶ ἐπατήθη ἡ ληνὸς

---

¹15 ναου MAC, TR Cr vs ναου αυτου ℵ vs ουρανου Mᵈ ᵉ

²15 εν φωνη μεγαλη 𝕸G, Cr vs φωνη μεγαλη 𝔭⁴⁷ vs εν μεγαλη φωνη TR

³15 ηλθεν η ωρα θερισαι Mᵃ ᵇ ᵈ AC, Cr vs ηλθεν η ωρα του θερισαι Mᶜ vs ηλθε(ν) σου η ωρα θερισαι Mᵉᵖᵗ vs ηλθε σου η ωρα του θερισαι Mᵉᵖᵗ vs ηλθεν η ωρα του θερισμου ℵ vs εξηλθεν ο θερισμος 𝔭⁴⁷ᵛⁱᵈ vs ηλθε σοι η ωρα του θερισαι TR

⁴16 την νεφελην Mᵃᵖᵗ ᵇ ᵒ ᵈ ᵉ C, TR vs τη νεφελη Mᵃᵖᵗ vs της νεφελης ℵA, Cr

⁵18 εξηλθεν 𝕸ℵC, TR [Cr] vs − 𝔭⁴⁷ᵛⁱᵈA

⁶18 εχων 𝕸𝔭⁴⁷ℵ, TR vs ο εχων AC, [Cr]

⁷18 εν κραυγη Mᵃᵖᵗ ᵇ ᵉᵖᵗ vs κραυγη Mᵃᵖᵗ ᶜ ᵈ ᵉᵖᵗ C, TR vs κραυη 𝔭⁴⁷ vs φωνη ℵA, Cr

⁸18 ηκμασεν η σταφυλη της γης Mᵃ ᵇ vs ηκμασαν αι σταφυλαι αυτης Mᶜ ᵈ ᵉ 𝔭⁴⁷ℵ (A) C, TR Cr

⁹19 εξεβαλεν Mᵃ ᵇ vs εβαλεν Mᶜ ᵈ ᵉ 𝔭⁴⁷G, TR Cr

¹⁰19 του θυμου του Θεου τον μεγαν Mᵃ ᶜ ᵉ C, Cr vs την μεγαλην του θυμου του Θεου Mᵇ vs του θυμου του Θεου την μεγαλην Mᵈ ℵ, TR vs του θυμου του Θεου τον μεγα A vs του θυμου του Θεου του μεγαλου 𝔭⁴⁷

ἔξωθεν[1] τῆς πόλεως, καὶ ἐξῆλθεν αἷμα ἐκ τῆς ληνοῦ ἄχρι τῶν χαλινῶν τῶν ἵππων, ἀπὸ σταδίων χιλίων ἑξακοσίων.[2]

Prelude to the Bowl Judgments

15 Καὶ εἶδον ἄλλο σημεῖον ἐν τῷ οὐρανῷ μέγα καὶ θαυμαστόν· ἀγγέλους ἑπτὰ ἔχοντας πληγὰς· ἑπτὰ τὰς ἐσχάτας, ὅτι ἐν αὐταῖς ἐτελέσθη ὁ θυμὸς τοῦ Θεοῦ.

2 Καὶ εἶδον ὡς θάλασσαν ὑαλίνην[3] μεμιγμένην πυρί, καὶ τοὺς νικῶντας ἐκ τοῦ Θηρίου καὶ ἐκ τῆς εἰκόνος αὐτοῦ[4] καὶ[5] ἐκ τοῦ ἀριθμοῦ τοῦ ὀνόματος αὐτοῦ, ἑστῶτας ἐπὶ τὴν θάλασσαν τὴν ὑαλίνην,[6] ἔχοντας τὰς[7] κιθάρας τοῦ Θεοῦ. **3** Καὶ ᾄδουσι τὴν ᾠδὴν Μωϋσέως,[8] τοῦ[9] δούλου τοῦ Θεοῦ, καὶ τὴν ᾠδὴν τοῦ Ἀρνίου, λέγοντες,

"Μεγάλα καὶ θαυμαστὰ τὰ ἔργα σου,
    Κύριε ὁ Θεὸς ὁ Παντοκράτωρ!
    Δίκαιαι καὶ ἀληθιναὶ αἱ ὁδοί σου,
    Ὁ Βασιλεὺς τῶν ἐθνῶν![10]
4   Τίς οὐ μὴ φοβηθῇ σε,[11] Κύριε,

---

[1]20 εξωθεν **M𝔓⁴⁷AC**, Cr vs εξω Mᵈ ᵉ **ℵ**, TR
[2]20 χιλιων εξακοσιων Mᵃᵖᵗ ᵇ ᶜ ᵉᵖᵗ (χειλιων 𝔓⁴⁷) AC*, TR Cr vs αχ Mᵃᵖᵗ ᵉᵖᵗ vs αχϚMᵈ vs χιλιων διακοσιων **ℵ***
[3]2 υαλινην Mᵃᵖᵗ ᵇ ᵈ ᵉᵖᵗ **G**, TR Cr vs υελινην Mᵃᵖᵗ ᶜ ᵉᵖᵗ 𝔓⁴⁷
[4]2 εκ του θηριου και εκ της εικονος αυτου Mᵇ ᶜ ᵈ ᵉ AC, TR Cr vs εκ του θηριου και της εικονος αυτου 𝔓⁴⁷ᵛⁱᵈℵ vs εκ της εικονος και εκ του θηριου αυτου Mᵃ
[5]2 και Mᵃ ᶜ 𝔓⁴⁷ᵛⁱᵈ**G**, Cr vs +εκ του χαραγματος αυτου και Mᵇ ᵈ ᵉ vs +εκ του χαραγματος αυτου TR
[6]2 υαλινην Mᵃ ᵇ ᵈ ᵉᵖᵗ **G**, TR Cr vs υελινην Mᶜ ᵉᵖᵗ 𝔓⁴⁷ᵛⁱᵈ
[7]2 τας Mᵃ ᵇ vs —Mᶜ ᵈ ᵉ 𝔓⁴⁷**G**, TR Cr
[8]3 Μωυσεως Mᵃᵖᵗ ᵇ ᵉᵖᵗ **ℵA**, Cr vs Μωυσεος Mᵃᵖᵗ ᶜ vs Μωσεως Mᵈ ᵉᵖᵗ 𝔓⁴⁷*, TR vs —την ωδην Μωυσεως του δουλου του Θεου C
[9]3 του 𝔐𝔓⁴⁷ℵA, Cr vs —Mᵇ, TR
[10]3 εθνων 𝔐A, Cr vs αιωνων 𝔓⁴⁷ℵ*C vs αγιων TR
[11]4 ου μη φοβηθη σε M, TR vs ου μη φοβηθη Mᵈ ᵉ AC, Cr vs σε ου μη φοβηθη 𝔓⁴⁷ vs σε ου φοβηθη ℵ

Καὶ δοξάσῃ[1] τὸ ὄνομά σου;
Ὅτι μόνος ἅγιος·[2]
Ὅτι πάντες[3] ἥξουσι καὶ προσκυνήσουσιν ἐνώπιόν σου·
Ὅτι τὰ δικαιώματά σου ἐφανερώθησαν."

5 Καὶ μετὰ ταῦτα εἶδον, καὶ[4] ἠνοίγη ὁ ναὸς τῆς σκηνῆς τοῦ μαρτυρίου ἐν τῷ οὐρανῷ. 6 Καὶ ἐξῆλθον οἱ ἑπτὰ ἄγγελοι οἱ[5] ἔχοντες τὰς ἑπτὰ πληγὰς[6] οἳ ἦσαν[7] ἐνδεδυμένοι λίνον καθαρὸν λαμπρόν,[8] καὶ περιεζωσμένοι περὶ τὰ στήθη ζώνας χρυσᾶς. 7 Καὶ ἓν ἐκ τῶν τεσσάρων ζῴων ἔδωκε τοῖς ἑπτὰ ἀγγέλοις ἑπτὰ φιάλας χρυσᾶς γεμούσας τοῦ θυμοῦ τοῦ Θεοῦ τοῦ ζῶντος εἰς τοὺς αἰῶνας τῶν αἰώνων. 8 Καὶ ἐγεμίσθη ὁ ναὸς ἐκ τοῦ[9] καπνοῦ ἐκ τῆς δόξης τοῦ Θεοῦ καὶ ἐκ τῆς δυνάμεως αὐτοῦ, καὶ οὐδεὶς ἐδύνατο[10] εἰσελθεῖν εἰς τὸν ναὸν ἄχρι τελεσθῶσιν αἱ ἑπτὰ πληγαὶ τῶν ἑπτὰ[11] ἀγγέλων.

16 Καὶ ἤκουσα φωνῆς μεγάλης[12] ἐκ τοῦ ναοῦ [13] λεγούσης τοῖς ἑπτὰ ἀγγέλοις, "Ὑπάγετε καὶ[14] ἐκχέατε τὰς ἑπτὰ[15] φιάλας τοῦ θυμοῦ τοῦ Θεοῦ εἰς τὴν γῆν."

---

[1]4 δοξαση M^{apt b c ept} ℵ, TR vs δοξασει M^{apt d ept} AC, Cr vs δοξισει 𝔭^{47 vid}

[2]4 αγιος M^{a b} vs αγιος ει M^c vs οσιος M^{d e} 𝕲, TR Cr vs ει 𝔭^{47}

[3]4 παντες M^{a b} vs παντα τα εθνη M^{c d e} 𝔭^{47}𝕲, TR Cr

[4]5 και 𝔐 𝔭^{47}𝕲, Cr vs +ιδου TR

[5]6 οι 𝔐 AC, [Cr] vs −M^d 𝔭^{47}ℵ, TR

[6]6 πληγας M^{a b} vs +εκ του ουρανου M^c vs +εκ του ναου M^{d e} 𝔭^{47} 𝕲, TR Cr

[7]6 οι ησαν M vs −M^{d ept} 𝔭^{47}𝕲, TR Cr

[8]6 λινον καθαρον λαμπρον 𝔐, Cr vs λινουν καθαρον λαμπρον 𝔭^{47} vs καθαρους λινους λαμπρους ℵ vs λιθον καθαρον λαμπρον AC vs λινον καθαρον και λαμπρον TR

[9]8 εκ του M^{a b} 𝔭^{47 vid} vs −M^{c d e} 𝕲, TR Cr

[10]8 εδυνατο M^a AC, Cr vs ηδυνατο M^{b c d e} ℵ, TR

[11]8 επτα M^{a b} 𝕲, TR Cr vs −M^{c d e}

[12]1 φωνης μεγαλης M^{apt b c d e} ℵ, TR vs μεγαλης φωνης M^{apt} AC, Cr

[13]1 εκ του ναου M^{b c d e} 𝕲, TR Cr vs −M^a

[14]1 και M^{a b ept} 𝕲, TR Cr vs −M^{c d ept}

[15]1 επτα M^{a b} 𝕲, Cr vs −M^{c d e}, TR

First Bowl: Malignant Sores

2 Καὶ ἀπῆλθεν ὁ πρῶτος[1] καὶ ἐξέχεε τὴν φιάλην αὐτοῦ εἰς[2] τὴν γῆν, καὶ ἐγένετο ἕλκος κακὸν καὶ πονηρὸν ἐπὶ[3] τοὺς ἀνθρώπους τοὺς ἔχοντας τὸ χάραγμα τοῦ Θηρίου καὶ τοὺς προσκυνοῦντας τῇ εἰκόνι αὐτοῦ.[4]

Second Bowl: The Sea Turns to Blood

3 Καὶ ὁ δεύτερος ἄγγελος ἐξέχεε[5] τὴν φιάλην αὐτοῦ εἰς τὴν θάλασσαν, καὶ ἐγένετο αἷμα ὡς νεκροῦ· καὶ πᾶσα ψυχὴ[6] ἀπέθανεν ἐν τῇ θαλάσσῃ.[7]

Third Bowl: The Waters Turn to Blood

4 Καὶ ὁ τρίτος[8] ἐξέχεε τὴν φιάλην αὐτοῦ εἰς τοὺς ποταμοὺς καὶ εἰς[9] τὰς πηγὰς τῶν ὑδάτων, καὶ ἐγένετο αἷμα.

5 Καὶ ἤκουσα τοῦ ἀγγέλου τῶν ὑδάτων λέγοντος,

"Δίκαιος[10] εἶ,
Ὁ ὢν καὶ ὁ ἦν, ὅσιος,[11]

---

[1] 2 πρωτος Mᵃ ᶜ ᵉ𝔓⁴⁷𝕲, TR Cr vs +αγγελος Mᵇ ᵈ
[2] 2 εις Mᵃ ᵇ 𝔓⁴⁷AC, Cr vs επι Mᶜ ᵈ ᵉ, TR vs −και απηλθεν ο πρωτος και εξεχεε την φιαλην εις την γην ℵ*
[3] 2 επι Mᵃ ᵇ ᵉᵖᵗ 𝔓⁴⁷𝕲, Cr vs εις Mᶜ ᵈ ᵉᵖᵗ, TR
[4] 2 τους προσκυνουντας τη εικονι αυτου M𝔓⁴⁷AC, Cr vs προσκυνουντας τη εικονι αυτου Mᵈ vs τους την εικονα προσκυνουντας αυτου Mᵉᵖᵗ vs τους προσκυνουντας την εικονα αυτου ℵ vs τους τη εικονι αυτου προσκυνουντας TR
[5] 3 και ο δευτερος αγγελος εξεχεε(ν) 𝔐, TR vs και ο δευτερος εξεχεεν (β for δευτερος 𝔓⁴⁷) AC, Cr vs εις ℵ*
[6] 3 ψυχη Mᵃ ᵇ vs ψυχη ζωσα Mᶜ ᵈ ᵉ 𝔓⁴⁷ℵ, TR vs ψυχη ζωης C, Cr vs ψυχης ζωης A
[7] 3 απεθανεν εν τη θαλασση M, TR vs απεθανον εν τη θαλασση 𝔓⁴⁷ᵛⁱᵈ vs απεθανεν επι της θαλασσης ℵ vs εν τη θαλασση απεθανε(ν) Mᵈ vs απεθανεν τα εν τη θαλασση AC, Cr
[8] 4 τριτος Mᵃ (γ 𝔓⁴⁷) 𝕲, Cr vs +αγγελος Mᵇ ᶜ ᵈ ᵉ, TR
[9] 4 εις Mᵃ ᵇ ᵉᵖᵗ, TR vs επι 𝔓⁴⁷ vs −Mᶜ ᵈ ᵉᵖᵗ 𝕲, Cr
[10] 5 δικαιος 𝔐 𝔓⁴⁷𝕲, Cr vs +Κυριε TR
[11] 5 ο ην οσιος Mᵃ ᵖᵗ ᵇ AC vs ος ην οσιος Mᵃᵖᵗ vs ος ην και οσιος 𝔓⁴⁷ vs ο ην ο οσιος Mᵃᵖᵗ ᶜ ᵈ ᵉᵖᵗ ℵ, Cr vs ο ην και οσιος Mᵉᵖᵗ vs ο ην και ο οσιος Mᵉᵖᵗ, TR

῎Οτι ταῦτα ἔκρινας.

6 ῎Οτι αἷμα ἁγίων καὶ προφητῶν ἐξέχεαν,
Καὶ αἷμα αὐτοῖς ἔδωκας¹ πιεῖν.
῎Αξιοί² εἰσι.''

7 Καὶ ἤκουσα³ τοῦ θυσιαστηρίου λέγοντος,

''Ναί, Κύριε ὁ Θεὸς ὁ Παντοκράτωρ,
᾽Αληθιναὶ καὶ δίκαιαι αἱ κρίσεις σου.''

Fourth Bowl: Men Are Scorched

8 Καὶ ὁ τέταρτος⁴ ἐξέχεε τὴν φιάλην αὐτοῦ ἐπὶ τὸν ἥλιον, καὶ ἐδόθη αὐτῷ καυματίσαι ἐν πυρὶ τοὺς ἀνθρώπους.⁵ 9 Καὶ ἐκαυματίσθησαν οἱ ἄνθρωποι καῦμα μέγα, καὶ ἐβλασφήμησαν οἱ ἄνθρωποι⁶ τὸ ὄνομα τοῦ Θεοῦ τοῦ ἔχοντος⁷ ἐξουσίαν ἐπὶ τὰς πληγὰς ταύτας. Καὶ οὐ μετενόησαν δοῦναι αὐτῷ δόξαν.

Fifth Bowl: Darkness and Pain

10 Καὶ ὁ πέμπτος⁸ ἐξέχεε τὴν φιάλην αὐτοῦ ἐπὶ τὸν θρόνον τοῦ Θηρίου, καὶ ἐγένετο ἡ βασιλεία αὐτοῦ ἐσκοτωμένη· καὶ ἐμασῶντο⁹ τὰς γλώσσας αὐτῶν ἐκ τοῦ πόνου. 11 Καὶ ἐβλασφήμησαν τὸν Θεὸν τοῦ οὐρανοῦ ἐκ τῶν πόνων αὐτῶν καὶ ἐκ τῶν ἑλκῶν αὐτῶν. Καὶ οὐ μετενόησαν ἐκ τῶν ἔργων αὐτῶν.

---

¹6 αιμα αυτοις εδωκας 𝕸 𝔭⁴⁷, TR vs αιμα εδωκας αυτοις ℵ vs αιμα αυτοις δεδωκας AC, [Cr]

²6 αξιοι 𝕸 𝔭⁴⁷AC, Cr vs οπερ αξιοι ℵ vs αξιοι γαρ TR

³7 ηκουσα 𝕸 𝔭⁴⁷G, Cr vs + εκ Mᵉᵖᵗ vs + αλλου εκ TR

⁴8 τεταρτος Mᵃ (δ 𝔭⁴⁷)AC, Cr vs + αγγελος Mᵇ ᶜ ᵈ ᵉ ℵ, TR

⁵8 εν πυρι τους ανθρωπους Mᵃ ᵇ ᵉᵖᵗ vs τους ανθρωπους εν πυρι Mᶜ ᵈ ᵉ AC, TR Cr vs τους ανθρωπους πυρι ℵ

⁶9 οι ανθρωποι M vs − Mᵈ ᵉᵖᵗ G, TR Cr

⁷9 εχοντος Mᵃ ᵇ ᵈ ᵉᵖᵗ C, TR vs + την Mᶜ ᵉᵖᵗ ℵA, Cr

⁸10 πεμπτος Mᵃ G, Cr vs + αγγελος Mᵇ ᶜ ᵈ ᵉ, TR

⁹10 εμασωντο Mᵃᵖᵗ ᶜ ᵈᵖᵗ G, Cr vs εμασσωντο Mᵃᵖᵗ ᵇ ᵈᵖᵗ ᵉ, TR

Sixth Bowl: Euphrates Dried Up

12 Καὶ ὁ ἕκτος¹ ἐξέχεε τὴν φιάλην αὐτοῦ² ἐπὶ τὸν ποταμὸν τὸν μέγαν³ Εὐφράτην, καὶ ἐξηράνθη τὸ ὕδωρ αὐτοῦ, ἵνα ἑτοιμασθῇ ἡ ὁδὸς τῶν βασιλέων τῶν ἀπὸ ἀνατολῆς⁴ ἡλίου. **13** Καὶ εἶδον ἐκ τοῦ στόματος τοῦ δράκοντος καὶ ἐκ τοῦ στόματος τοῦ Θηρίου καὶ ἐκ τοῦ στόματος τοῦ Ψευδοπροφήτου πνεύματα ἀκάθαρτα τρία⁵ ὡς βάτραχοι.⁶ **14** Εἰσὶ γὰρ πνεύματα δαιμονίων⁷ ποιοῦντα σημεῖα, ἃ ἐκπορεύεται⁸ ἐπὶ τοὺς βασιλεῖς⁹ τῆς οἰκουμένης ὅλης, συναγαγεῖν αὐτοὺς εἰς τὸν¹⁰ πόλεμον τῆς ἡμέρας ἐκείνης τῆς μεγάλης¹¹ τοῦ Θεοῦ τοῦ Παντοκράτορος. **15** "Ἰδού, ἔρχομαι ὡς κλέπτης. Μακάριος ὁ γρηγορῶν καὶ τηρῶν τὰ ἱμάτια αὐτοῦ, ἵνα μὴ γυμνὸς περιπατῇ καὶ βλέπωσι τὴν ἀσχημοσύνην αὐτοῦ."

16 Καὶ συνήγαγεν αὐτοὺς εἰς τὸν τόπον τὸν καλούμενον Ἑβραϊστὶ Μαγεδών.¹²

Seventh Bowl: The Earth Utterly Shaken

17 Καὶ ὁ ἕβδομος¹³ ἐξέχεε τὴν φιάλην αὐτοῦ ἐπὶ¹⁴ τὸν ἀέρα, καὶ ἐξῆλθε φωνὴ μεγάλη ἀπὸ¹⁵ τοῦ ναοῦ τοῦ

---

¹12 εκτος Mᵃ ᵉᵖᵗ (S 𝔓⁴⁷) 𝔊, Cr vs +αγγελος Mᵇ ᶜ ᵈ ᵉᵖᵗ, TR
²12 την φιαλην αυτου Mᵃᵖᵗ ᵇ ᶜ ᵈ ᵉ 𝔓⁴⁷𝔊, TR Cr vs αυτου την φιαλην Mᵃᵖᵗ
³12 μεγαν Mᵃ ᶜ ᵉᵖᵗ ℵ vs +τον Mᵇ ᵈ ᵉᵖᵗ 𝔓⁴⁷AC, TR Cr
⁴12 ανατολης Mᵃ ᵇ 𝔓⁴⁷ ℵC, Cr vs ανατολων Mᶜ ᵈ ᵉ A, TR
⁵13 ακαθαρτα τρια Mᵃᵇ vs τρια ακαθαρτα Mᶜ ᵈ ᵉᵖᵗ 𝔓⁴⁷𝔊, TR Cr vs ακαθαρτα Mᵉᵖᵗ
⁶13 ως βατραχοι 𝔐A, Cr vs ομοια βατραχοις C, TR vs ωσει βατραχους 𝔓⁴⁷ vs ειωσει βατραχους ℵ* vs −Mᵉᵖᵗ
⁷14 δαιμονιων Mᵃ ᵇ 𝔓⁴⁷ ℵA, Cr vs δαιμονων Mᶜ ᵈ ᵉ, TR
⁸14 α εκπορευεται MA, Cr vs εκπορευεσθαι Mᵈ ᵉ 𝔓⁴⁷ℵ*, TR
⁹14 βασιλεις 𝔐𝔓⁴⁷A, Cr vs +της γης Mᵉᵖᵗ vs +της γης και TR
¹⁰14 τον 𝔐ℵA, Cr vs −Mᵉ 𝔓⁴⁷, TR
¹¹14 της ημερας εκεινης της μεγαλης 𝔐, TR vs της ημερας της μεγαλης ℵ, Cr vs της μεγαλης ημερας 𝔓⁴⁷A
¹²16 Μαγεδων Mᵃ ᵈ vs Αρμαγεδων Mᵇ ᶜ ᵉᵖᵗ ℵA, Cr vs Αρμαγεδδων TR
¹³17 ο εβδομος Mᵃ A, Cr vs ο εβδομος αγγελος Mᵇ ᶜ ᵈ ᵉ, TR vs οτε ℵ*
¹⁴17 επι Mᵃ ᵇ ℵA, Cr vs εις Mᶜ ᵈ ᵉ, TR
¹⁵17 απο 𝔐, TR vs εκ Mᵉ ℵA, Cr

οὐρανοῦ, ἀπὸ τοῦ θρόνου,[1] λέγουσα, "Γέγονε!" **18** Καὶ ἐγένοντο ἀστραπαὶ καὶ βρονταὶ καὶ φωναὶ[2] καὶ σεισμὸς[3] μέγας, οἷος οὐκ ἐγένετο ἀφ' οὗ οἱ ἄνθρωποι ἐγένοντο[4] ἐπὶ τῆς γῆς, τηλικοῦτος σεισμός, οὕτω μέγας. **19** Καὶ ἐγένετο ἡ πόλις ἡ μεγάλη εἰς τρία μέρη, καὶ αἱ πόλεις τῶν ἐθνῶν ἔπεσον.[5] Καὶ Βαβυλὼν ἡ μεγάλη ἐμνήσθη ἐνώπιον τοῦ Θεοῦ, δοῦναι αὐτῇ τὸ ποτήριον τοῦ οἴνου τοῦ θυμοῦ τῆς ὀργῆς αὐτοῦ. **20** Καὶ πᾶσα νῆσος ἔφυγε, καὶ ὄρη οὐχ εὑρέθησαν. **21** Καὶ χάλαζα μεγάλη, ὡς ταλαντιαία, καταβαίνει ἐκ τοῦ οὐρανοῦ ἐπὶ τοὺς ἀνθρώπους. Καὶ ἐβλασφήμησὰν οἱ ἄνθρωποι τὸν Θεὸν ἐκ τῆς πληγῆς τῆς χαλάζης, ὅτι μεγάλη ἐστὶν ἡ πληγὴ αὕτη[6] σφόδρα.

The Scarlet Woman and the Scarlet Beast

17 Καὶ ἦλθεν εἷς ἐκ τῶν ἑπτὰ ἀγγέλων τῶν ἐχόντων τὰς ἑπτὰ φιάλας καὶ ἐλάλησε μετ' ἐμοῦ, λέγων,[7] "Δεῦρο, δείξω σοι τὸ κρίμα τῆς πόρνης τῆς μεγάλης τῆς καθημένης ἐπὶ τῶν ὑδάτων τῶν πολλῶν,[8] **2** μεθ' ἧς ἐπόρνευσαν οἱ βασιλεῖς τῆς γῆς, καὶ ἐμεθύσθησαν οἱ κατοικοῦντες τὴν γῆν ἐκ τοῦ οἴνου τῆς πορνείας αὐτῆς."[9] **3** Καὶ ἀπήνεγκέ με εἰς

---

[1]17 του ναου του ουρανου απο του θρονου **M**, **TR** vs του ουρανου απο του θρονου **M**^{d} ^{e} vs του ναου απο του θρονου 𝔓^{47vid}**A**, **Cr** vs του ναου του Θεου **ℵ**

[2]18 αστραπαι και βρονται και φωναι **M**𝔓^{47} vs αστραπη και φωναι και βρονται **M**^{dpt} vs φωναι και βρονται και αστραπαι **M**^{ept}, **TR** vs αστραπαι και βρονται **M**^{ept} vs αστραπαι και φωναι και βρονται **M**^{dpt} **A**, **Cr** vs βρονται και αστραπαι και φωναι και βρονται **ℵ***

[3]18 σεισμος **M**^{a} ^{b} vs σεισμος εγενετο **M**^{c} ^{d} ^{e} 𝔓^{47} (σισμος **ℵA**), **TR Cr**

[4]18 οι ανθρωποι εγενοντο **M**, **TR** vs ανοι εγενοντο **M**^{d} ^{ept} **ℵ** vs ανθρωπος εγενετο **A**, **Cr** vs ανθρωπος εγενοντο 𝔓^{47vid}

[5]19 επεσον **M**^{a} ^{b} ^{cpt} ^{ept}, **TR** vs επεσαν **M**^{cpt} ^{d} ^{ept} 𝔓^{47}**A**, **Cr** vs επεσεν **ℵ***

[6]21 αυτη **M**^{ept} ^{bpt} ^{d} ^{ept} vs αυτης **M**^{ept} ^{bpt} ^{c} ^{ept} 𝔓^{47vid}**G**, **TR Cr**

[7]1 λεγων **M**𝔓^{47}**ℵA**, **Cr** vs +μοι **M**^{d} ^{e}, **TR**

[8]1 των υδατων των πολλων **M**^{a} ^{c}, **TR** vs υδατων των πολλων 𝔓^{47vid} vs υδατων πολλων **M**^{b} ^{d} ^{e} **ℵA**, **Cr**

[9]2 οι κατοικουντες την γην εκ του οινου της πορνειας αυτης 𝔐**A** (οικου for οινου **ℵ***), **Cr** vs εκ του οινου της πορνειας αυτης οι κατοικουντες την γην **M**^{ept}, **TR**

ἔρημον ἐν[1] Πνεύματι. Καὶ εἶδον γυναῖκα καθημένην ἐπὶ Θηρίον τὸ[2] κόκκινον γέμον ὀνόματα[3] βλασφημίας, ἔχον[4] κεφαλὰς ἑπτὰ καὶ κέρατα δέκα. 4 Καὶ ἡ γυνὴ ἦν[5] περιβεβλημένη πορφυροῦν[6] καὶ κόκκινον,[7] κεχρυσωμένη[8] χρυσίῳ[9] καὶ λίθῳ τιμίῳ καὶ μαργαρίταις, ἔχουσα ποτήριον χρυσοῦν[10] ἐν τῇ χειρὶ αὐτῆς γέμον βδελυγμάτων καὶ τὰ ἀκάθαρτα τῆς πορνείας τῆς γῆς.[11] 5 Καὶ ἐπὶ τὸ μέτωπον αὐτῆς ὄνομα γεγραμμένον·

MΥΣΤΗΡΙΟΝ
ΒΑΒΥΛΩΝ Η ΜΕΓΑΛΗ
Η ΜΗΤΗΡ ΤΩΝ ΠΟΡΝΩΝ
ΚΑΙ ΤΩΝ ΒΔΕΛΥΓΜΑΤΩΝ ΤΗΣ ΓΗΣ.

6 Καὶ εἶδον τὴν γυναῖκα μεθύουσαν τοῦ αἵματος[12] τῶν ἁγίων,[13] ἐκ τοῦ αἵματος τῶν μαρτύρων Ἰησοῦ. Καὶ ἐθαύμασα, ἰδὼν αὐτήν, θαῦμα μέγα.

The Meaning of the Woman and the Beast

7 Καὶ εἶπέ μοι ὁ ἄγγελος, "Διὰ τί ἐθαύμασας; Ἐγὼ ἐρῶ σοι[14] τὸ μυστήριον τῆς γυναικὸς καὶ τοῦ Θηρίου τοῦ

---

[1]3 εν M[b c d ept] אA, TR Cr vs τω M[ept] vs − M[a]

[2]3 το M[a bpt] vs − M[bpt c d e] אA, TR Cr

[3]3 γεμον ονοματα M[a ept] vs γεμοντα (or, γεμον τα) ονοματα א*A, [Cr] vs γεμον ονοματων M[b c d ept], TR vs γεμων ονοματων M[ept]

[4]3 εχον 𝔐, TR vs εχων A, Cr vs εχοντα א

[5]4 ην 𝔐אA, Cr vs η TR

[6]4 πορφυρουν M[a bpt] אA, Cr vs πορφυραν M[bpt c d e] vs πορφυρα TR

[7]4 κοκκινον 𝔐אA, Cr vs κοκκινω TR

[8]4 κεχρυσωμενη M[a c d ept] vs περικεχρυσωμενη M[b] vs και κεχρυσωμενη אA, TR Cr vs και κεχρυσομενη M[ept]

[9]4 χρυσιω M[a b] A, Cr vs χρυσω M[c d e] א, TR

[10]4 ποτηριον χρυσουν M[a b] אA, Cr vs χρυσουν ποτηριον M[c d e], TR

[11]4 τα ακαθαρτα της πορνειας της γης M[a] vs τα ακαθαρτα της πορνειας αυτης M[b c d e] A, Cr vs τα ακαθαρτα της πορνιας αυτης και της γης א vs ακαθαρτητος πορνειας αυτης TR

[12]6 του αιματος M[a bpt] vs τω αιματι א* vs εκ του αιματος M[bpt c d e] TR Cr

[13]6 αγιων M[a b] vs +και M[c d e] אA, TR Cr

[14]7 ερω σοι M[a] bA, Cr vs σοι ερω M[c d e] א, TR

βαστάζοντος αὐτήν, τοῦ ἔχοντος τὰς ἑπτὰ κεφαλὰς καὶ τὰ δέκα κέρατα. 8 Τὸ[1] Θηρίον ὃ εἶδες ἦν, καὶ οὐκ ἔστι, καὶ μέλλει ἀναβαίνειν ἐκ τῆς ἀβύσσου καὶ εἰς ἀπώλειαν ὑπάγειν.[2] Καὶ θαυμάσονται[3] οἱ κατοικοῦντες τὴν γῆν,[4] ὧν οὐ γέγραπται τὸ ὄνομα[5] ἐπὶ τοῦ Βιβλίου[6] τῆς Ζωῆς ἀπὸ καταβολῆς κόσμου, βλεπόντων[7] ὅτι ἦν τὸ Θηρίον,[8] καὶ οὐκ ἔστι, καὶ παρέσται.[9]

9 "Ὧδε ὁ νοῦς ὁ ἔχων σοφίαν· Αἱ ἑπτὰ κεφαλαὶ ἑπτὰ ὄρη εἰσὶν[10] ὅπου ἡ γυνὴ κάθηται ἐπ᾽ αὐτῶν. 10 Καὶ βασιλεῖς εἰσιν ἑπτά.[11] Οἱ πέντε ἔπεσον,[12] ὁ[13] εἷς ἔστιν, ὁ ἄλλος οὔπω ἦλθε. Καὶ ὅταν ἔλθῃ, ὀλίγον δεῖ αὐτὸν μεῖναι![14] 11 Καὶ τὸ Θηρίον ὃ ἦν, καὶ οὐκ ἔστι, καὶ οὗτος ὄγδοός[15] ἐστι, καὶ ἐκ τῶν ἑπτά ἐστι, καὶ εἰς ἀπώλειαν ὑπάγει. 12 Καὶ τὰ δέκα κέρατα ἃ εἶδες δέκα βασιλεῖς εἰσιν οἵτινες βασιλείαν οὔπω ἔλαβον, ἀλλ᾽[16] ἐξουσίαν ὡς βασιλεῖς μίαν ὥραν λαμβάνουσι μετὰ τοῦ Θηρίου. 13 Οὗτοι μίαν ἔχουσι γνώμην,[17] καὶ τὴν δύναμιν καὶ[18] ἐξουσίαν αὐτῶν[19] τῷ Θηρίῳ

---

[1]8 το 𝔐 ℵA, Cr vs − TR

[2]8 υπαγειν 𝔐 ℵ, TR vs υπαγει A, Cr

[3]8 θαυμασονται 𝔐 ℵ, TR vs θαυμασθησονται A, Cr

[4]8 την γην Mᵃ ᵇᵖᵗ ᵉᵖᵗ vs επι της γης Mᵇᵖᵗ ᶜ ᵈ ᵉᵖᵗ ℵA, TR Cr

[5]8 το ονομα Mᵃ ᵇᵖᵗ A, Cr vs τα ονοματα Mᵇᵖᵗ ᶜ ᵈ ᵉ ℵ, TR

[6]8 επι του βιβλιου Mᵃ ᵇᵖᵗ vs επι το βιβλιον Mᵇᵖᵗ ᶜ ᵉ ℵA, TR Cr vs εν βιβλω Mᵈ

[7]8 βλεποντων Mᵃ ᵇ ᵈ ᵉᵖᵗ ℵA, Cr vs βλεποντες Mᶜ ᵉᵖᵗ, TR

[8]8 οτι ην το θηριον Mᵃ ᵇ ᵉᵖᵗ vs το θηριον οτι ην Mᶜ ᵈ ᵉᵖᵗ ℵA, TR Cr

[9]8 και παρεσται ΜA, Cr vs και παρεστι(ν) Mᵈ ᵉᵖᵗ vs και παλιν παρεστε ℵ* vs καιπερ εστιν TR

[10]9 επτα ορη εισιν 𝔐 ℵA, Cr vs ορη εισιν επτ᾽α Mᵉⁿᵗ, TR

[11]10 βασιλεις εισιν επτα Mᵃ ᵇ vs βασιλεις επτα εισιν Mᶜ ᵈ ᵉ A, TR Cr vs επτα βασιλεις εισιν ℵ

[12]10 επεσον Mᵃᵖᵗ ᵇ ᶜᵖᵗ vs επεσαν Mᵃᵖᵗ ᶜᵖᵗ ᵈ ᵉ ℵA, TR Cr

[13]10 ο 𝔐 ℵA, Cr vs και ο TR

[14]10 δει αυτον μειναι Mᵃ ᵇ vs αυτον δει μειναι Mᶜ ᵈ ᵉ A, TR Cr vs αυτον μινε ζει ℵ*

[15]11 και ουτος ογδοος Mᵃ ᵇᵖᵗ vs και αυτος ογδοος Mᵇᵖᵗ ᶜ ᵈ ᵉ A, TR Cr vs ουτος ο ογδοος ℵ

[16]12 αλλ 𝔐, TR vs αλλα ℵA, Cr

[17]13 εχουσι(ν) γνωμην Mᵃ ᵇ vs γνωμην εχουσι(ν) Mᶜ ᵈ ᵉ ℵA, TR Cr

[18]13 και Mᵃ ᵇᵖᵗ A, Cr vs +την Mᵇᵖᵗ ᶜ ᵈ ᵉ ℵ, TR

[19]13 αυτων 𝔐 ℵA, Cr vs εαυτων TR

διδόασιν.¹ **14** Οὗτοι μετὰ τοῦ ᾽Αρνίου πολεμήσουσι, καὶ τὸ ᾽Αρνίον νικήσει αὐτούς, ὅτι Κύριος κυρίων ἐστὶ καὶ Βασιλεὺς βασιλέων· καὶ οἱ μετ᾽ αὐτοῦ κλητοὶ καὶ ἐκλεκτοὶ καὶ πιστοί." **15** Καὶ λέγει μοι, "Τὰ ὕδατα ἃ εἶδες, οὗ ἡ πόρνη κάθηται, λαοὶ καὶ ὄχλοι εἰσί, καὶ ἔθνη καὶ γλῶσσαι. **16** Καὶ τὰ δέκα κέρατα ἃ εἶδες, καὶ² τὸ Θηρίον, οὗτοι μισήσουσι τὴν πόρνην καὶ ἠρημωμένην³ ποιήσουσιν αὐτὴν καὶ γυμνὴν ποιήσουσιν αὐτὴν⁴ καὶ τὰς σάρκας αὐτῆς φάγονται καὶ αὐτὴν κατακαύσουσιν ἐν πυρί. **17** Ὁ γὰρ Θεὸς ἔδωκεν εἰς τὰς καρδίας αὐτῶν ποιῆσαι τὴν γνώμην αὐτοῦ καὶ ποιῆσαι γνώμην μίαν⁵ καὶ δοῦναι τὴν βασιλείαν αὐτῶν τῷ Θηρίῳ ἄχρι τελεσθῶσιν οἱ λόγοι⁶ τοῦ Θεοῦ. **18** Καὶ ἡ γυνὴ ἣν εἶδες ἐστὶν ἡ πόλις ἡ μεγάλη ἡ ἔχουσα βασιλείαν ἐπὶ τῶν βασιλέων ἐπὶ τῆς γῆς."⁷

Babylon the Great Is Fallen

18 Μετὰ⁸ ταῦτα εἶδον ἄλλον ἄγγελον⁹ καταβαίνοντα ἐκ τοῦ οὐρανοῦ, ἔχοντα ἐξουσίαν μεγάλην, καὶ ἡ γῆ ἐφωτίσθη ἐκ τῆς δόξης αὐτοῦ. **2** Καὶ ἔκραξε ἰσχυρᾷ φωνῇ,¹⁰ λέγων,

---

¹13 διδοασιν **M*A**, Cr vs δωσουσιν M^d vs δεδωκασιν M^ept vs διαδιδωσσουσιν TR

²16 και 𝔐*A, Cr vs επι TR

³16 ηρημωμενην M^a b cpt ept *A, TR Cr vs ερημωμενην M^cpt d ept

⁴16 και γυμνην ποιησουσιν αυτην **M** vs και γυμνην M^d ept *A, TR Cr vs —M^ept

⁵17 και ποιησαι γνωμην μιαν M^a bpt c vs και ποιησαι μιαν γνωμην M^ept (ποιησε *), TR Cr vs και ποιησαι γνωμην αυτων M^bpt vs —M^d A

⁶17 τελεσθωσιν οι λογοι M^a b ept vs τελεσθησονται οι λογοι M^c d ept *A, Cr vs τελεσθη τα ρηματα TR

⁷18 επι της γης M^a vs της γης M^b c d e *A, TR Cr

⁸1 μετα M^a *A, Cr vs και μετα M^b c d e, TR

⁹1 αλλον αγγελον M^a bpt c d ept *A, TR Cr vs αγγελον αλλον M^bpt ept

¹⁰2 ισχυρα φωνη M^a b * vs εν ισχυρα φωνη M^c d A, Cr vs εν ισχυρα φωνη μεγαλη M^ept vs ισχυρα φωνη μεγαλη M^ept vs εν ισχυι φωνη μεγαλη TR

" Ἔπεσεν[1] Βαβυλὼν ἡ μεγάλη,
  Καὶ ἐγένετο κατοικητήριον δαιμόνων,[2]
  Καὶ φυλακὴ παντὸς πνεύματος ἀκαθάρτου,
  Καὶ φυλακὴ παντὸς ὀρνέου ἀκαθάρτου καὶ
    μεμισημένου.[3]

3 Ὅτι ἐκ τοῦ οἴνου τοῦ θυμοῦ τῆς πορνείας αὐτῆς[4]
  Πεπώκασι[5] πάντα τὰ ἔθνη,
  Καὶ οἱ βασιλεῖς τῆς γῆς μετ᾽ αὐτῆς ἐπόρνευσαν,
  Καὶ οἱ ἔμποροι τῆς γῆς ἐκ τῆς δυνάμεως τοῦ
    στρήνους αὐτῆς ἐπλούτησαν."

4 Καὶ ἤκουσα ἄλλην φωνὴν ἐκ τοῦ οὐρανοῦ λέγουσαν,

" Ἔξελθε[6] ἐξ αὐτῆς, ὁ λαός μου,[7]
  Ἵνα μὴ συγκοινωνήσητε ταῖς ἁμαρτίαις αὐτῆς,
  Καὶ ἐκ τῶν πληγῶν αὐτῆς ἵνα μὴ λάβητε.[8]

5 Ὅτι ἐκολλήθησαν[9] αὐτῆς αἱ ἁμαρτίαι ἄχρι τοῦ οὐρανοῦ,
  Καὶ ἐμνημόνευσεν αὐτῆς[10] ὁ Θεὸς τὰ ἀδικήματα αὐτῆς.

6 Ἀπόδοτε αὐτῇ ὡς καὶ αὐτὴ ἀπέδωκεν,[11]

---

[1]2 επεσε(ν) Mᵃ ᵇᵖᵗ ℵ vs επεσεν επεσε(ν) Mᵇᵖᵗ ᶜ ᵈ ᵉ A, TR Cr

[2]2 δαιμονων 𝔐, TR vs δαιμονιων ℵA, Cr

[3]2 και φυλακη παντος ορνεου ακαθαρτου και μεμισημενου Mᵃ ᵇᵖᵗ ᶜ ℵ, TR vs και φυλακη παντος θηριου ακαθαρτου και μεμεισημενου A vs και φυλακη παντος ορνεου ακαθαρτου και μεμισημενου και φυλακη παντος θηριου ακαθαρτου Mᵇᵖᵗ vs και φυλακη παντος ορνεου ακαθαρτου και φυλακη παντος θηριου ακαθαρτου και μεμισημενου [Cr] vs και μεμισημενου Mᵈ ᵉ

[4]3 του οινου του θυμου της πορνειας αυτης Mᵃ ᵇᵖᵗ ℵ, TR Cr vs του θυμου του οινου της πορνειας αυτης Mᵇᵖᵗ ᶜ ᵈ ᵉ vs του θυμου της πορνειας αυτης A vs της πορνιας του θυμου αυτης C

[5]3 πεπωκασι Mᵃᵖᵗ ᵇ vs πεπτωκασι(ν) Mᵃᵖᵗ ℵ vs πεπτωκαν AC vs πεπωκε Mᶜ ᵉᵖᵗ, TR vs πεποτικε Mᵈ vs πεπωκαν Cr

[6]4 εξελθε Mᵃ ᵇ C vs εξελθετε Mᶜ ᵈ ᵉ, TR vs εξελθατε A, Cr vs εξελθαται ℵ

[7]4 εξ αυτης ο λαος μου 𝔐A, TR vs εξ αυτης λαος μου Mᵉᵖᵗ vs ο λαος μου Mᵉᵖᵗ vs ο λαος μου εξ αυτης ℵC, Cr

[8]4 και εκ των πληγων αυτης ινα μη λαβητε MA (ℵ) (C), Cr vs και εκ των πληγων αυτης ινα μη βλαβητε Mᵈ vs ινα μη λαβητε Mᵉᵖᵗ vs ινα μη λαβητε εκ των πληγων αυτης TR

[9]5 εκολληθησαν 𝔐 G, Cr vs ηκολουθησαν TR

[10]5 αυτης Mᵃᵖᵗ ᵇᵖᵗ ᶜ vs — Mᵃᵖᵗ ᵇᵖᵗ ᵈ ᵉ G, TR Cr

[11]6 απεδωκε(ν) Mᵃ ᵇ G, Cr vs + υμιν Mᶜ ᵈ ᵉ, TR

Καὶ διπλώσατε τὰ διπλᾶ ὡς καὶ αὐτή,
Καὶ[1] κατὰ τὰ ἔργα αὐτῆς·
Ἐν τῷ ποτηρίῳ αὐτῆς[2] ᾧ ἐκέρασε, κεράσατε
αὐτῇ διπλοῦν.

7 Ὅσα ἐδόξασεν αὐτὴν[3] καὶ ἐστρηνίασε,
Τοσοῦτον δότε αὐτῇ βασανισμὸν καὶ πένθος·[4]
Ὅτι ἐν τῇ καρδίᾳ αὐτῆς λέγει ὅτι[5]
'Κάθημαι[6] βασίλισσα, καὶ χήρα οὐκ εἰμί,
Καὶ πένθος οὐ μὴ ἴδω.'

8 Διὰ τοῦτο ἐν μιᾷ ἡμέρᾳ ἥξουσιν αἱ πληγαὶ αὐτῆς —
Θάνατος,[7] πένθος, καὶ λιμός.
Καὶ ἐν πυρὶ κατακαυθήσεται,
Ὅτι ἰσχυρὸς Κύριος ὁ Θεὸς ὁ κρίνας[8] αὐτήν.

The World Mourns Babylon's Fall

9 "Καὶ κλαύσουσι[9] καὶ κόψονται ἐπ᾽ αὐτὴν[10] οἱ βασιλεῖς τῆς γῆς οἱ μετ᾽ αὐτῆς πορνεύσαντες καὶ στρηνιάσαντες, ὅταν βλέπωσι τὸν καπνὸν τῆς πυρώσεως αὐτῆς, 10 ἀπὸ μακρόθεν ἑστηκότες διὰ τὸν φόβον τοῦ βασανισμοῦ αὐτῆς, λέγοντες,

'Οὐαί, οὐαί,[11] ἡ πόλις ἡ μεγάλη Βαβυλών,
Ἡ πόλις ἡ ἰσχυρά!
Ὅτι μιᾷ ὥρᾳ[12] ἦλθεν ἡ κρίσις σου.'

---

[1]6 τα διπλα ως και αυτη και Μ^{apt} vs αυτη διπλα Μ^{apt b c d e}, TR vs τα διπλα אC, Cr vs διπλα A
[2]6 αυτης Μ^{a bpt} א vs —Μ^{bpt c d e} AC, TR Cr
[3]7 αυτην Μ^{a ept} 𝕲, Cr vs εαυτην Μ^{b c d ept}, TR
[4]7 και πενθος Μ^{a b d ept} 𝕲, TR Cr vs —Μ^{c ept}
[5]7 οτι 𝔐𝕲, Cr vs —Μ^{ept} TR
[6]7 καθημαι Μ^{apt c d e}, TR Cr vs εγω καθημαι Μ^b vs καθως Μ^{apt}
[7]8 θανατος Μ^{a b} vs +και Μ^{c d e} 𝕲, TR Cr
[8]8 Κυριος ο Θεος ο κρινας Μ^{a bpt c ept} C, Cr vs Κυριος ο Θεος ο κρινων Μ^{bpt ept}, TR vs Κυριος ο Θεος ο Παντοκρατωρ ο κρινων Μ^d vs ο Θεος ο κρινας A vs ο Θεος ο Κυριος ο κρινας א*
[9]9 κλαυσουσι(ν) ΜC, Cr vs κλαυσονται אA vs κλαυσουσιν αυτην Μ^d vs κλαυσονται αυτην Μ^{ept}, TR
[10]9 αυτην ΜאC, Cr vs αυτη Μ^{d e} A, TR
[11]10 ουαι ουαι Μ^{a c d ept} 𝕲, TR Cr vs ουαι ουαι ουαι Μ^b vs ουαι Μ^{ept}
[12]10 μια ωρα 𝔐אC, Cr vs μιαν ωραν A vs εν μια ωρα Μ^{ept}, TR

Heaven Exults over the Judgment of Babylon

19 Μετὰ[1] ταῦτα ἤκουσα ὡς[2] φωνὴν μεγάλην ὄχλου πολλοῦ[3] ἐν τῷ οὐρανῷ, λεγόντων,[4]

" Ἀλληλούϊα!
Ἡ σωτηρία καὶ ἡ δύναμις καὶ ἡ δόξα[5] τοῦ Θεοῦ[6] ἡμῶν!

2 Ὅτι ἀληθιναὶ καὶ δίκαιαι αἱ κρίσεις αὐτοῦ,
Ὅτι ἔκρινε τὴν πόρνην τὴν μεγάλην
Ἥτις διέφθειρε[7] τὴν γῆν ἐν τῇ πορνείᾳ αὐτῆς·
Καὶ ἐξεδίκησε τὸ αἷμα τῶν δούλων αὐτοῦ ἐκ[8]
χειρὸς αὐτῆς."

3 Καὶ δεύτερον εἴρηκεν,[9]

" Ἀλληλούϊα!
Καὶ ὁ καπνὸς αὐτῆς ἀναβαίνει[10] εἰς τοὺς αἰῶνας
τῶν αἰώνων!"

4 Καὶ ἔπεσον[11] οἱ πρεσβύτεροι οἱ εἴκοσι τέσσαρες[12] καὶ τὰ τέσσαρα ζῷα καὶ προσεκύνησαν τῷ Θεῷ τῷ καθημένῳ

---

[1]1 μετα Mᵃ ᵇ 𝕲, Cr vs και μετα Mᶜ ᵈ ᵉ, TR
[2]1 ως 𝔐 𝕲, Cr vs — Mᵉ, TR
[3]1 φωνην μεγαλην οχλου πολλου Mᵃ ᵇ 𝕲, Cr vs φωνην οχλου πολλου μεγαλην Mᶜ, TR vs φωνην οχλου πολλου Mᵉ vs φωνης οχλου πολλου Mᵈ
[4]1 λεγοντων 𝔐 𝕲, Cr vs λεγοντος TR
[5]1 η δυναμις και η δοξα M vs η δοξα και η δυναμις Mᵈ ᵉᵖᵗ AC, Cr vs η δοξα και η τιμη και η δυναμις Mᵉᵖᵗ, TR vs η δυναμις ℵ*
[6]1 του Θεου 𝔐 𝕲, Cr vs Κυριω τω Θεω Mᵉᵘˡ, TR
[7]2 διεφθειρε(ν) Mᵃ ᵇᵖᵗ ᶜ vs εφθειρε(ν) Mᵇᵖᵗ ᵈ ᵉᵖᵗ C, TR Cr vs εφθιρεν ℵ vs εκρινεν A vs — ητις διεφθειρε(ν) την γην Mᵉᵖᵗ
[8]2 εκ M𝕲, Cr vs + της Mᵈ ᵉ, TR
[9]3 δευτερον ειρηκεν Mᵃ ᶜ vs δευτερον ειρηκαν Mᵈ ᵉ ℵA, TR Cr vs δευτερον ειπαν C vs εκ δευτερου ειρηκαν Mᵇᵖᵗ vs εκ δευτερου ειρηκασι(ν) Mᵇᵖᵗ
[10]3 αναβαινει Mᵃ ᵇᵖᵗ ᶜ ᵉᵖᵗ 𝕲, TR Cr vs ανεβαινεν Mᵇᵖᵗ vs ανεβη Mᵈ
[11]4 επεσον Mᵃ ᵇ ᵈᵖᵗ, TR vs επεσαν Mᶜ ᵈᵖᵗ ᵉ 𝕲, Cr
[12]4 οι πρεσβυτεροι οι εικοσι τεσσαρες Mᵃᵖᵗ ᵇ ᵉᵖᵗ ℵC, Cr vs οι πρεσβυτεροι οι κδ Mᵃᵖᵗ ᶜ ᵉᵖᵗ vs οι κδ πρεσβυτεροι Mᵈ vs οι εικοσι τεσσαρες πρεσβυτεροι A vs οι πρεσβυτεροι οι εικοσι και τεσσαρες TR

---

11 "Καὶ οἱ ἔμποροι τῆς γῆς κλαύσουσι καὶ πενθήσουσιν[1] ἐπ᾽ αὐτῇ,[2] ὅτι τὸν γόμον αὐτῶν οὐδεὶς ἀγοράζει οὐκέτι· 12 γόμον χρυσοῦ καὶ ἀργύρου, καὶ λίθου τιμίου καὶ μαργαρίτου,[3] καὶ βυσσίνου[4] καὶ πορφυροῦ,[5] καὶ σηρικοῦ καὶ κοκκίνου,[6] καὶ πᾶν ξύλον θύϊνον, καὶ πᾶν σκεῦος ἐλεφάντινον, καὶ πᾶν σκεῦος ἐκ ξύλου τιμιωτάτου καὶ χαλκοῦ καὶ σιδήρου καὶ μαρμάρου, 13 καὶ κινάμωμον[7] καὶ[8] θυμιάματα, καὶ μύρον καὶ λίβανον, καὶ οἶνον καὶ ἔλαιον, καὶ σεμίδαλιν[9] καὶ σῖτον, καὶ πρόβατα καὶ κτήνη,[10] καὶ ἵππων καὶ ῥαιδῶν,[11] καὶ σωμάτων καὶ ψυχὰς ἀνθρώπων. 14 Καὶ ἡ ὀπώρα τῆς ἐπιθυμίας τῆς ψυχῆς σου[12] ἀπῆλθεν ἀπὸ σοῦ, καὶ πάντα τὰ λιπαρὰ καὶ τὰ λαμπρὰ ἀπώλετο[13] ἀπὸ σοῦ, καὶ οὐκέτι αὐτὰ οὐ μὴ εὕρῃς.[14] 15 Οἱ ἔμποροι τούτων, οἱ

---

[1]11 κλαυσουσι(ν) και πενθησουσιν Mᵃ ᵇ vs κλαιουσι(ν) και πενθουσιν Mᶜ ᵉ ℵA (κλεουσιν C), TR Cr vs κλαυσονται Mᵈᵖᵗ
[2]11 επ αυτη Mᵃ ᶜ, TR vs επ αυτην Mᵇᵖᵗ ℵC, Cr vs επ αυτης Mᵇᵖᵗ vs εφ εαυτους Mᵉᵖᵗ vs εφ εαυτοις Mᵉᵖᵗ vs εν εαυτοις Mᵈᵖᵗ vs εν αυτη A
[3]12 μαργαριτου 𝔐, TR vs μαργαριτων Mᵇᵖᵗ ℵ, Cr vs μαργαριτας C vs μαργαριταις A
[4]12 βυσσινου Mᵃ ᵇ AC, Cr vs βυσσινων ℵ vs βυσσου Mᶜ ᵈ ᵉ, TR
[5]12 και πορφυρου 𝔐 vs και πορφυρας Mᵇ ℵC, TR Cr vs — A
[6]12 σηρικου και κοκκινου 𝔐, TR vs σιρικου και κοκκινου 𝕲, Cr vs κοκκινου και συρικου Mᵉᵖᵗ
[7]13 κιναμωμον Mᵉᵖᵗ ᵇ ᶜ ᵈ ᵉ ℵ, TR vs κιναμωμου Mᵉᵖᵗ vs κινναμωμον A C, Cr
[8]13 και Mᵃ ᶜ ᵉᵖᵗ, TR vs και αμωμον και Mᵇ ᵈ ᵉᵖᵗ 𝕲, Cr
[9] 13 οινον και ελαιον και σεμιδαλιν Mᶜ ᵈ ᵉ ℵA (ελεον for ελαιον C), TR Cr vs σεμιδαλιν και οινον και ελαιον Mᵇᵖᵗ vs ελαιον και οινον και σεμιδαλιν Mᵇᵖᵗ vs ελαιον και σεμιδαλιν Mᵃ
[10]13 προβατα και κτηνη Mᵃ ᵇ vs.κτηνη και προβατα Mᶜ ᵈ ᵉ 𝕲, TR Cr
[11]13 ραιδων Mᵉᵖᵗ ᵇᵖᵗ ᶜ vs ρεδων Mᵉᵖᵗ ᵇᵖᵗ ᵈ ᵉ 𝕲, TR Cr
[12]14 της επιθυμιας της ψυχης σου 𝔐, TR vs σου της επιθυμιας της ψυχης σου Mᵇᵖᵗ vs σου της επιθυμιας της ψυχης 𝕲, Cr
[13]14 απωλετο Mᵃ ᵇᵖᵗ AC, Cr vs απωλοντο Mᵇᵖᵗ ᶜ ℵ vs απηλθεν Mᵈ ᵉ, TR
[14]14 αυτα ου μη ευρης Mᵃ vs ου μη ευρης αυτα Mᵈ vs ου μη αυτα ευρησουσιν Mᵇᵖᵗ ℵA, Cr vs ου μη ευρησουσιν αυτα Mᵇᵖᵗ vs ου μη ευρησεις αυτα Mᶜ ᵉᵖᵗ vs ου μη ευρησης αυτα Mᵉᵖᵗ, TR vs αυτα ου μη ευρησουσιν C

πλουτήσαντες ἀπ᾽ αὐτῆς, ἀπὸ μακρόθεν στήσονται διὰ
τὸν φόβον τοῦ βασανισμοῦ αὐτῆς, καὶ[1] κλαίοντες καὶ
πενθοῦντες 16 καὶ λέγοντες,[2]

> Οὐαί, οὐαί,[3] ἡ πόλις ἡ μεγάλη,
> Ἡ περιβεβλημένη βύσσον,[4] καὶ πορφυροῦν καὶ
>   κόκκινον,
> Καὶ κεχρυσωμένη χρυσίῳ[5] καὶ λίθῳ τιμίῳ καὶ
>   μαργαρίταις![6]

17 Ὅτι μιᾷ ὥρᾳ ἠρημώθη ὁ τοσοῦτος πλοῦτος.᾽

Καὶ πᾶς κυβερνήτης καὶ πᾶς ὁ ἐπὶ τόπον πλέων[7] καὶ
ναῦται καὶ ὅσοι τὴν θάλασσαν ἐργάζονται, ἀπὸ μακρόθεν
ἔστησαν 18 καὶ ἔκραζον, βλέποντες[8] τὸν καπνὸν τῆς
πυρώσεως αὐτῆς, λέγοντες, ῾Τίς ὁμοία τῇ πόλει τῇ μεγάλῃ!᾽
19 Καὶ ἔβαλον χοῦν ἐπὶ τὰς κεφαλὰς αὐτῶν καὶ ἔκραζον
κλαίοντες καὶ πενθοῦντες καὶ[9] λέγοντες,

> Οὐαί, οὐαί, ἡ πόλις ἡ μεγάλη,
> Ἐν ᾗ ἐπλούτησαν πάντες οἱ ἔχοντες τὰ[10] πλοῖα
>   ἐν τῇ θαλάσσῃ
> Ἐκ τῆς τιμιότητος αὐτῆς!
> Ὅτι μιᾷ ὥρᾳ ἠρημώθη.᾽

20 Εὐφραίνου ἐπ᾽ αὐτῇ,[11] οὐρανέ,
>   Καὶ οἱ ἅγιοι καὶ οἱ[12] ἀπόστολοι καὶ οἱ προφῆται,
>   Ὅτι ἔκρινεν ὁ Θεὸς τὸ κρίμα ὑμῶν ἐξ αὐτῆς!᾽

---

[1]15 και Mᵃ vs —Mᵇ ᶜ ᵈ ᵉ 𝕲, TR Cr
[2]16 και λεγοντες Mᵃᵖᵗ ᵇ ᶜ ᵈ ᵉᵖᵗ, TR vs λεγοντες Mᵃᵖᵗ 𝕲, Cr vs —Mᵉᵖᵗ
[3]16 ουαι ουαι Mᶜ ᵈ ᵉ 𝕲, TR Cr vs ουαι ουαι ουαι Mᵇ vs ουαι Mᵃ
[4]16 βυσσον Mᵃ vs βυσσινον Mᵇ ᶜ ᵈ ᵉ 𝕲, TR Cr
[5]16 χρυσιω Mᵃ ᵇ A vs εν χρυσω Mᶜ ᵈ ᵉ 𝕏, TR vs εν χρυσιω C, [Cr]
[6]16 μαργαριταις 𝕴, TR vs μαργαριτη 𝕲, Cr
[7]17 ο επι τοπον πλεων Mᵃ ᵇᵖᵗ AC, Cr vs ο επι τον τοπον πλεων 𝕏
vs ο επι των πλοιων πλεων Mᵇᵖᵗ ᶜ vs επι των πλοιων πλεων Mᵈ
ᵉᵖᵗ vs επι των πλοιων ομιλος Mᵉᵖᵗ vs επι των πλοιων ο ομιλος TR
[8]18 βλεποντες 𝕴 𝕲, Cr vs ορωντες Mᵉᵖᵗ, TR
[9]19 κλαιοντες και πενθουντες και Mᵃ ᵇᵖᵗ ᶜ ᵉᵖᵗ vs κλαιοντες και
πενθουντες Mᵇᵖᵗ ᵈ ᵉᵖᵗ 𝕏C, TR Cr vs —A
[10]19 τα Mᵃ ᵇᵖᵗ ᶜ ᵉᵖᵗ 𝕲, Cr vs —Mᵇᵖᵗ ᵈ ᵉᵖᵗ, TR
[11]20 επ αυτη Mᵃ ᵇᵖᵗ ᶜ 𝕏C, Cr vs επ αυτην Mᵇᵖᵗ ᵈ ᵉ, TR vs εν αυτη A
[12]20 και οι 𝕴 𝕏A, Cr vs —Mᵉ C, TR

Finality of Babylon's Fall

21 Καὶ ἦρεν εἷς ἄγγελος ἰσχυρὸς λίθον ὡς μύλον[1] μέγαν
καὶ ἔβαλεν εἰς τὴν θάλασσαν, λέγων,

> Οὕτως ὁρμήματι βληθήσεται Βαβυλὼν ἡ μεγάλη
>   πόλις,
> Καὶ οὐ μὴ εὑρεθῇ ἔτι.

22 Καὶ φωνὴ κιθαρῳδῶν καὶ μουσικῶν καὶ αὐλητῶν
>   καὶ σαλπιστῶν
> Οὐ μὴ ἀκουσθῇ ἐν σοὶ ἔτι.
> Καὶ πᾶς τεχνίτης πάσης τέχνης
> Οὐ μὴ εὑρεθῇ ἐν σοὶ ἔτι.
> Καὶ φωνὴ μύλου
> Οὐ μὴ ἀκουσθῇ ἐν σοὶ ἔτι.

23 Καὶ φῶς λύχνου
> Οὐ μὴ φανῇ ἐν σοὶ ἔτι.[2]
> Καὶ φωνὴ νυμφίου καὶ νύμφης
> Οὐ μὴ ἀκουσθῇ ἐν σοὶ ἔτι.
> Οἱ[3] ἔμποροί σου ἦσαν οἱ μεγιστᾶνες τῆς γῆς,
> Ὅτι ἐν τῇ φαρμακείᾳ[4] σου ἐπλανήθησαν πάντα
>   τὰ ἔθνη.

24 Καὶ ἐν αὐτῇ αἵματα[5] προφητῶν καὶ ἁγίων εὑρέθη,
>   Καὶ πάντων τῶν ἐσφαγμένων ἐπὶ τῆς γῆς.᾽᾽

---

[1]21 μυλον 𝕴, TR vs μυλινον A, Cr vs μυλικον C vs λιθον 𝕏
[2]22, 23 και φωνη μυλου ου μη ακουσθη εν σοι ετι και φως
ου μη φανη εν σοι ετι Mᵃᵖᵗ ᶜ ᵉᵖᵗ (—εν after φανη C), TR Cr
φωνη μυλου ου μη φανη εν σοι ετι Mᵇᵖᵗ vs και φως λυχνο
φανη εν σοι ετι Mᵃᵖᵗ 𝕏 vs και φωνη μυλου ου μη ακουσθη ε
(also —και φωνη νυμφιου και νυμφης ου μη ακουσθη εν σο
A vs και φως λυχνου ου μη ευρεθη εν σοι ετι Mᵉᵖᵗ vs —Mᵇ
[3]23 οι Mᵃ vs οτι οι Mᵇ ᶜ ᵈ ᵉ 𝕲, TR Cr
[4]23 φαρμακεια Mᵃ ᵇᵖᵗ ᶜ ᵈ ᵉᵖᵗ, TR Cr vs φαρμακια Mᵇᵖᵗ ᵉᵖᵗ 𝕲
[5]24 αιματα 𝕴 vs αιμα Mᵈ 𝕲, TR Cr

ἐπὶ τῷ θρόνῳ,[1] λέγοντες,

"'Αμήν! 'Αλληλούϊα!"

5 Καὶ φωνὴ ἀπὸ τοῦ θρόνου ἐξῆλθε,[2] λέγουσα,

"Αἰνεῖτε τὸν Θεὸν[3] ἡμῶν,
Πάντες οἱ δοῦλοι αὐτοῦ καὶ[4] οἱ φοβούμενοι αὐτόν,[5]
Οἱ μικροὶ καὶ οἱ μεγάλοι!" ·

6 Καὶ ἤκουσα ὡς[6] φωνὴν ὄχλου πολλοῦ καὶ ὡς φωνὴν ὑδάτων πολλῶν καὶ ὡς φωνὴν βροντῶν ἰσχυρῶν, λέγοντες,[7]

"'Αλληλούϊα!
῞Οτι ἐβασίλευσε Κύριος ὁ Θεὸς ἡμῶν,[8] ὁ Παντοκράτωρ!

7   Χαίρωμεν καὶ ἀγαλλιώμεθα[9] καὶ δῶμεν[10] τὴν δόξαν
          αὐτῷ,[11]
῞Οτι ἦλθεν ὁ γάμος τοῦ 'Αρνίου,
Καὶ ἡ γυνὴ αὐτοῦ ἡτοίμασεν ἑαυτήν."

8 Καὶ ἐδόθη αὐτῇ ἵνα περιβάληται βύσσινον λαμπρὸν καὶ καθαρόν,[12] τὸ γὰρ βύσσινον τὰ δικαιώματα τῶν ἁγίων ἐστί.[13]

9 Καὶ λέγει μοι, "Γράψον· 'Μακάριοι οἱ εἰς τὸν[14] δεῖπνον τοῦ γάμου τοῦ 'Αρνίου κεκλημένοι!' " Καὶ λέγει μοι, "Οὗτοι οἱ

---

[1]4 τω θρονω M^a b G, Cr vs του θρονου M^c d e, TR

[2]5 φωνη απο του θρονου εξηλθε(ν) M^a b AC, Cr vs φωνη εκ του θρονου εξηλθε(ν) M^c d e, TR vs φωναι εξηλθον εκ του θρονου ℵ*

[3]5 τον Θεον 𝔐, TR vs τω Θεω M^dpt G, Cr

[4]5 και 𝔐A, TR [Cr] vs − ℵC

[5]5 αυτον 𝔐G, Cr vs + και M^ept, TR

[6]6 ως M^a bpt c d ℵA, TR Cr vs − M^bpt e

[7]6 λεγοντες M^a bpt vs λεγοντων M^bpt d A, Cr vs λεγοντας M^c e, TR vs λεγουσων ℵ

[8]6 Κυριος ο Θεος ημων 𝔐, [Cr] vs Κυριος ο Θεος A, TR vs ο Θεος ο Κυριος ημων ℵ* vs ο Θεος ημων M^ept

[9]7 αγαλλιωμεθα M^a bpt c ept, TR vs αγαλλιωμεν M^bpt d ept ℵA, Cr

[10]7 δωμεν Mℵ*, TR vs δωσωμεν M^d ept, Cr vs δωσομεν A

[11]7 αυτω M^a bpt c d A, TR Cr vs αυτου M^bpt e vs αυτων ℵ*

[12]8 λαμπρον και καθαρον M vs λαμπρον καθαρον ℵA, Cr vs καθαρον λαμπρον M^d ept vs καθαρον και λαμπρον M^ept, TR

[13]8 των αγιων εστι(ν) 𝔐ℵA, Cr vs εστι των αγιων M^ept, TR

[14]9 τον M^apt bpt vs το M^apt bpt c d e ℵA, TR Cr

λόγοι ἀληθινοὶ τοῦ Θεοῦ εἰσι.[1]" **10** Καὶ ἔπεσα[2] ἔμπροσθεν τῶν ποδῶν αὐτοῦ προσκυνῆσαι αὐτῷ. Καὶ λέγει μοι, " "Ορα μή! Σύνδουλός σού εἰμι καὶ τῶν ἀδελφῶν σου τῶν ἐχόντων τὴν μαρτυρίαν[3] Ἰησοῦ. Τῷ Θεῷ προσκύνησον! Ἡ γὰρ μαρτυρία τοῦ[4] Ἰησοῦ ἐστι τὸ πνεῦμα τῆς προφητείας."

Christ Comes on a White Horse

11 Καὶ εἶδον τὸν οὐρανὸν ἀνεῳγμένον,[5] καὶ ἰδού, ἵππος λευκός, καὶ ὁ καθήμενος ἐπ᾽ αὐτόν, καλούμενος Πιστὸς καὶ Ἀληθινός,[6] καὶ ἐν δικαιοσύνῃ κρίνει καὶ πολεμεῖ. **12** Οἱ δὲ ὀφθαλμοὶ αὐτοῦ[7] φλὸξ πυρός, καὶ ἐπὶ τὴν κεφαλὴν αὐτοῦ διαδήματα πολλά, ἔχων ὀνόματα γεγραμμένα, καὶ ὄνομα γεγραμμένον ὃ οὐδεὶς οἶδεν[8] εἰ μὴ αὐτός, **13** καὶ περιβεβλημένος ἱμάτιον βεβαμμένον αἵματι, καὶ κέκληται[9] τὸ ὄνομα αὐτοῦ, Ὁ Λόγος τοῦ Θεοῦ. **14** Καὶ τὰ στρατεύματα τὰ[10] ἐν τῷ οὐρανῷ ἠκολούθει αὐτῷ ἐπὶ ἵπποις λευκοῖς,[11] ἐνδεδυμένοι βύσσινον λευκὸν[12] καθαρόν. **15** Καὶ ἐκ τοῦ στόματος αὐτοῦ ἐκπορεύεται ῥομφαία δίστομος[13] ὀξεῖα, ἵνα ἐν αὐτῇ πατάξῃ[14] τὰ ἔθνη. Καὶ αὐτὸς

---

[1]9 του Θεου εισι(ν) Μ[a] [b] A, Cr vs εισι(ν) του Θεου Μ[c] [d] [e] א*, TR
[2]10 επεσα Μ[apt] [bpt] [d] [e] א A, Cr vs επεσον Μ[apt] [bpt] [c], TR
[3]10 μαρτυριαν 𝕸 א A, Cr vs + του TR
[4]10 του Μ TR vs − Μ[d] [e] א A, Cr
[5]11 ανεωγμενον 𝕸, TR vs ηνεωγμενον א A, Cr
[6]11 καλουμενος Πιστος και Αληθινος Μ, TR [Cr] vs Πιστος και Αληθινος Μ[d] [ept] A vs Πιστος και Αληθινος καλουμενος Μ[ept] vs Πιστος καλουμενος και Αληθινος א
[7]12 αυτου Μ[a] [c] [d] [ept] א vs + ως Μ[b] [ept] A, TR [Cr]
[8]12 ονοματα γεγραμμενα και ονομα γεγραμμενον ο ουδεις οιδεν Μ[apt] [b] [c] [ept] vs ονομα γεγραμμενον ο ουδεις οιδεν Μ[apt] [d] [ept] A, TR Cr vs ονομα οιδεν א*
[9]13 κεκληται Μ[a] [bpt] A, Cr vs καλειται Μ[bpt] [c] [d] [e] א*, TR
[10]14 τα Μ[apt] [bpt] [c], TR [Cr] vs − Μ[apt] [bpt] [d] [e] א A
[11]14 επι ιπποις λευκοις Μ vs εφ ιπποις λευκοις Μ[ept] א A, TR Cr vs εφιπποι πολλοι Μ[d] [ept]
[12]14 βυσσινον λευκον 𝕸, Cr vs λευκον βυσσινον A vs βυσσινον λευκον και Μ[ept] א, TR
[13]15 διστομος Μ vs − Μ[d] [ept] א A, TR Cr
[14]15 παταξη 𝕸 A, Cr vs παταξει א vs πατασση TR

ποιμανεῖ αὐτοὺς ἐν ῥάβδῳ σιδηρᾷ. Καὶ αὐτὸς πατεῖ τὴν ληνὸν τοῦ οἴνου τοῦ θυμοῦ τῆς ὀργῆς¹ τοῦ Θεοῦ τοῦ Παντοκράτορος. 16 Καὶ ἔχει ἐπὶ τὸ ἱμάτιον καὶ ἐπὶ τὸν μηρὸν αὐτοῦ² ὄνομα γεγραμμένον·

ΒΑΣΙΛΕΥΣ ΒΑΣΙΛΕΩΝ
ΚΑΙ ΚΥΡΙΟΣ ΚΥΡΙΩΝ.

The Beast and His Armies Are Defeated

17 Καὶ εἶδον ἄγγελον³ ἑστῶτα ἐν τῷ ἡλίῳ· καὶ ἔκραξεν ἐν⁴ φωνῇ μεγάλῃ, λέγων πᾶσι τοῖς ὀρνέοις τοῖς πετομένοις⁵ ἐν μεσουρανήματι, "Δεῦτε συνάχθητε⁶ εἰς τὸν⁷ δεῖπνον τὸν μέγαν τοῦ⁸ Θεοῦ, 18 ἵνα φάγητε σάρκας βασιλέων καὶ σάρκας χιλιάρχων καὶ σάρκας ἰσχυρῶν καὶ σάρκας ἵππων καὶ τῶν καθημένων ἐπ᾽ αὐτῶν καὶ σάρκας πάντων, ἐλευθέρων τε⁹ καὶ δούλων, καὶ μικρῶν τε¹⁰ καὶ μεγάλων."

19 Καὶ εἶδον τὸ Θηρίον καὶ τοὺς βασιλεῖς τῆς γῆς καὶ τὰ στρατεύματα αὐτῶν συνηγμένα ποιῆσαι τὸν¹¹ πόλεμον μετὰ τοῦ καθημένου ἐπὶ τοῦ ἵππου καὶ μετὰ τοῦ στρατεύματος αὐτοῦ. 20 Καὶ ἐπιάσθη τὸ Θηρίον, καὶ ὁ μετ᾽ αὐτοῦ¹² Ψευδοπροφήτης, ὁ ποιήσας τὰ σημεῖα ἐνώπιον αὐτοῦ, ἐν οἷς ἐπλάνησε τοὺς λαβόντας τὸ χάραγμα τοῦ

¹15 του θυμου της οργης MA, Cr vs της οργης του θυμου א vs του θυμου και της οργης Mᵈ ᵉ, TR
²16 αυτου 𝔐אA, Cr vs + το Mᵉᵖᵗ, TR
³17 αγγελον Mᵃ ᵈ vs ενα αγγελον Mᶜ ᵉ A, TR Cr vs αλλον αγγελον א vs ενα αλλον αγγελον Mᵇ
⁴17 εν Mᵃᵖᵗ ᵇᵖᵗ א, [Cr] vs −Mᵃᵖᵗ ᵇᵖᵗ ᶜ ᵈ ᵉ A, TR
⁵17 πετομενοις 𝔐אA, Cr vs πετωμενοις Mᵉᵖᵗ, TR
⁶17 συναχθητε 𝔐אA, Cr vs και συναγεσθε TR vs −Mᵉᵖᵗ
⁷17 τον Mᵃᵖᵗ ᵇ ᵈ vs το Mᵃᵖᵗ ᶜ ᵉ אA, TR Cr
⁸17 τον μεγαν του Mᵃᵖᵗ ᵇ vs το μεγα του Mᵃᵖᵗ ᶜ אA, Cr vs του μεγαλου Mᵈ ᵉ, TR
⁹18 τε 𝔐אA, Cr vs −Mᵉᵖᵗ, TR
¹⁰18 τε Mᵃ ᶜ vs −Mᵇ ᵈ ᵉ אA, TR Cr
¹¹19 τον Mᵃᵖᵗ אA, Cr vs −Mᵃᵖᵗ ᵇ ᶜ ᵈ ᵉ, TR
¹²20 ο μετ αυτου Mᵃ ᵇ vs οι μετ αυτου ο A vs μετ αυτου ο Mᶜ ᵈ ᵉᵖᵗ א, Cr vs μετα τουτου ο Mᵉᵖᵗ, TR

Θηρίου καὶ τοὺς προσκυνοῦντας τῇ εἰκόνι αὐτοῦ. Ζῶντες ἐβλήθησαν οἱ δύο εἰς τὴν λίμνην τοῦ πυρὸς τὴν καιομένην[1] ἐν[2] θείῳ. 21 Καὶ οἱ λοιποὶ ἀπεκτάνθησαν ἐν τῇ ῥομφαίᾳ τοῦ καθημένου ἐπὶ τοῦ ἵππου τῇ ἐξελθούσῃ[3] ἐκ τοῦ στόματος αὐτοῦ. Καὶ πάντα τὰ ὄρνεα ἐχορτάσθησαν ἐκ τῶν σαρκῶν αὐτῶν.

Satan Is Bound for 1000 Years

20 Καὶ εἶδον ἄγγελον καταβαίνοντα ἐκ τοῦ οὐρανοῦ, ἔχοντα τὴν κλεῖν[4] τῆς ἀβύσσου καὶ ἅλυσιν μεγάλην ἐπὶ τὴν χεῖρα αὐτοῦ. 2 Καὶ ἐκράτησε τὸν δράκοντα, τὸν ὄφιν τὸν ἀρχαῖον[5] ὅς ἐστι διάβολος καὶ ὁ[6] Σατανᾶς, ὁ πλανῶν τὴν οἰκουμένην ὅλην,[7] καὶ ἔδησεν αὐτὸν χίλια ἔτη· 3 καὶ ἔβαλεν αὐτὸν εἰς τὴν ἄβυσσον καὶ ἔκλεισε[8] καὶ ἐσφράγισεν ἐπάνω αὐτοῦ ἵνα μὴ πλανᾷ[9] ἔτι τὰ ἔθνη[10] ἄχρι τελεσθῇ τὰ χίλια ἔτη. Μετὰ[11] ταῦτα δεῖ λυθῆναι αὐτὸν[12] μικρὸν χρόνον.

The Saints Reign with Christ for 1000 Years

4 Καὶ εἶδον θρόνους, καὶ ἐκάθισαν ἐπ᾽ αὐτούς, καὶ κρίμα ἐδόθη αὐτοῖς, καὶ τὰς ψυχὰς τῶν πεπελεκισμένων διὰ τὴν μαρτυρίαν Ἰησοῦ καὶ διὰ τὸν λόγον τοῦ Θεοῦ, καὶ οἵτινες οὐ

---

[1]20 την καιομενην 𝔐, TR vs της καιομενης A, Cr vs της κεομενης ℵ

[2]20 εν Mᵃ ᶜ ℵA, Cr vs +τω Mᵇ ᵈ ᵉ, TR

[3]21 εξελθουση 𝔐ℵA, Cr vs εκπορευομενη TR

[4]1 κλειν 𝔐ℵA, Cr vs κλειδα Mᵉᵖᵗ, TR

[5]2 τον οφιν τον αρχαιον 𝔐ℵ, TR vs ο οφις ο αρχαιος A, Cr

[6]2 ο Mᵃᵖᵗ ᵇ ᶜ ᵈ ℵA, Cr vs −Mᵃᵖᵗ ᵉ, TR

[7]2 ο πλανων την οικουμενην ολην M vs −Mᵈ ᵉ ℵA, TR Cr

[8]3 εκλεισε(ν) MℵA, Cr vs εδησε(ν) Mᵈ ᵉᵖᵗ vs εκλεισεν αυτον TR

[9]3 πλανα M vs πλανηση Mᵈ ᵉᵖᵗ A, TR Cr vs πλανησει ℵ

[10]3 ετι τα εθνη 𝔐ℵA, Cr vs τα εθνη Mᵉᵖᵗ vs τα εθνη ετι TR

[11]3 μετα Mᵃ ᵇᵖᵗ ℵA, Cr vs και μετα Mᵇᵖᵗ ᶜ ᵈ ᵉ, TR

[12]3 λυθηναι αυτον Mᵃ ᵇᵖᵗ A, Cr vs αυτον λυθηναι Mᵇᵖᵗ ᶜ ᵈ ᵉ ℵ, TR

προσεκύνησαν τὸ Θηρίον¹ οὐδὲ² τὴν εἰκόνα³ αὐτοῦ, καὶ οὐκ ἔλαβον τὸ χάραγμα ἐπὶ τὸ μέτωπον⁴ καὶ ἐπὶ τὴν χεῖρα αὐτῶν. Καὶ ἔζησαν καὶ ἐβασίλευσαν μετὰ τοῦ⁵ Χριστοῦ τὰ⁶ χίλια ἔτη. 5 Καὶ οἱ λοιποὶ τῶν νεκρῶν οὐκ ἔζησαν ἄχρι τελεσθῇ τὰ χίλια ἔτη.⁷ Αὕτη ἡ ἀνάστασις ἡ πρώτη. 6 Μακάριος καὶ ἅγιος ὁ ἔχων μέρος ἐν τῇ ἀναστάσει τῇ πρώτῃ. Ἐπὶ τούτων ὁ δεύτερος θάνατος⁸ οὐκ ἔχει ἐξουσίαν, ἀλλ᾽ ἔσονται ἱερεῖς τοῦ Θεοῦ καὶ τοῦ Χριστοῦ, καὶ βασιλεύσουσι μετ᾽ αὐτοῦ⁹ χίλια¹⁰ ἔτη.

The Last Satanic Rebellion Is Crushed

7 Καὶ μετὰ¹¹ τὰ χίλια ἔτη, λυθήσεται ὁ Σατανᾶς ἐκ τῆς φυλακῆς αὐτοῦ 8 καὶ ἐξελεύσεται πλανῆσαι τὰ ἔθνη τὰ ἐν ταῖς τέσσαρσι γωνίαις τῆς γῆς, τὸν Γὼγ καὶ τὸν¹² Μαγώγ, συναγαγεῖν¹³ αὐτοὺς εἰς τὸν¹⁴ πόλεμον, ὧν ὁ ἀριθμὸς

---

¹4 το θηριον Mᵃ ᵇᵖᵗ ᵈ ℵA, Cr vs τω θηριω Mᵇᵖᵗ ᶜ ᵉ, TR

²4 ουδε Mᵃ ᵇᵖᵗ ℵA, Cr vs ουτε Mᵇᵖᵗ ᶜ ᵈ ᵉ, TR

³4 την εικονα Mᵃ ᵇ ᵈ ᵉᵖᵗ ℵA, Cr vs τη εικονι Mᶜ ᵉᵖᵗ, TR

⁴4 το μετωπον Mᵃ ᵇ ℵA, Cr vs το μετωπον αυτων Mᶜ ᵉ, TR vs των μετωπων αυτων Mᵈᵖᵗ

⁵4 του 𝔐 ℵA, Cr vs — Mᵉᵖᵗ, TR

⁶4 τα Mᵃ ᵇᵖᵗ vs — Mᵇᵖᵗ ᶜ ᵈ ᵉ ℵA, TR Cr

⁷5 και οι λοιποι των νεκρων ουκ εζησαν αχρι τελεσθη τα χιλια ετη Mᵇᵖᵗ ᶜ ᵉᵖᵗ vs οι δε λοιποι των νεκρων ουκ εζησαν αχρι τελεσθη τα χιλια ετη Mᵇᵖᵗ vs και οι λοιποι των νεκρων ουκ εζησαν αχρι τελεσθωσι τα χιλια ετη Mᵈ vs και οι λοιποι των νεκρων ουκ ανεστησαν αχρι τελεσθη τα χιλια ετη Mᵉᵖᵗ vs οι λοιποι των νεκρων ουκ εζησαν αχρι τελεσθη τα χιλια ετη A, Cr vs οι δε λοιποι των νεκρων ουκ ανεζησαν εως τελεσθη τα χιλια ετη TR vs — Mᵃ ℵ

⁸6 ο δευτερος θανατος MℵA, Cr vs ο θανατος ο δευτερος Mᵈ ᵉᵖᵗ, TR

⁹6 μετ αυτου Mᵇ ᶜ ᵈ ᵉ ℵA, TR Cr vs μετα ταυτα Mᵃ

¹⁰6 χιλια 𝔐 A, TR vs τα χιλια ℵ, [Cr]

¹¹7 μετα Mᵃ vs οταν τελεσθη Mᵇ ᶜ ᵈ ᵉᵖᵗ ℵA, TR Cr vs οτε ετελεσθησαν Mᵉᵖᵗ

¹²8 τον M, TR vs — Mᵈ ᵉ ℵ*A, Cr

¹³8 συναγαγειν Mᵃ ᵇᵖᵗ ᶜ ᵉᵖᵗ A, TR Cr vs και συναγαγειν Mᵇᵖᵗ ᵈ ᵉᵖᵗ ℵ

¹⁴8 τον Mᵃ ᵇᵖᵗ ᶜ ℵA, Cr vs — Mᵇᵖᵗ ᵈ ᵉ, TR

αὐτῶν[1] ὡς ἡ[2] ἄμμος τῆς θαλάσσης. 9 Καὶ ἀνέβησαν ἐπὶ τὸ πλάτος τῆς γῆς καὶ ἐκύκλευσαν[3] τὴν παρεμβολὴν τῶν ἁγίων καὶ τὴν πόλιν τὴν ἠγαπημένην. Καὶ κατέβη πῦρ ἐκ τοῦ οὐρανοῦ ἀπὸ τοῦ Θεοῦ[4] καὶ κατέφαγεν αὐτούς. 10 Καὶ ὁ Διάβολος, ὁ πλανῶν αὐτούς, ἐβλήθη εἰς τὴν λίμνην τοῦ πυρὸς καὶ[5] θείου ὅπου καὶ[6] τὸ Θηρίον καὶ ὁ Ψευδοπροφήτης. Καὶ βασανισθήσονται ἡμέρας καὶ νυκτὸς εἰς τοὺς αἰῶνας τῶν αἰώνων.

The Great White Throne Judgment

11 Καὶ εἶδον θρόνον μέγαν λευκὸν[7] καὶ τὸν καθήμενον ἐπ᾽ αὐτόν,[8] οὗ ἀπὸ[9] προσώπου ἔφυγεν ἡ γῆ καὶ ὁ οὐρανός. Καὶ τόπος οὐχ εὑρέθη αὐτοῖς. 12 Καὶ εἶδον τοὺς νεκρούς, τοὺς μεγάλους καὶ τοὺς μικρούς, ἑστῶτας[10] ἐνώπιον τοῦ θρόνου,[11] καὶ βιβλία ἤνοιξαν.[12] Καὶ ἄλλο Βιβλίον ἠνεῴχθη,[13] ὅ ἐστι τῆς Ζωῆς. Καὶ ἐκρίθησαν οἱ νεκροὶ ἐκ τῶν

---

[1]8 αυτων M^a ^{bpt} $\aleph$A, Cr vs —M^{bpt} $^{c d e}$, TR
[2]8 ως η M^{apt} $^{b c d ept}$ $\aleph$A, TR Cr vs ωσει M^{apt} ^{ept}
[3]9 εκυκλευσαν M^a ^{c} A, Cr vs εκυκλωσαν M^b $^{d e}$ $\aleph$, TR
[4]9 πυρ εκ του ουρανου απο του Θεου M vs πυρ εκ του ουρανου M^d A, Cr vs πυρ εκ Θεου απο του ουρανου M^{ept} vs εκ του Θεου πυρ απο του ουρανου M^{ept} vs πυρ απο του Θεου εκ του ουρανου TR vs —πυρ εκ του ουρανου απο του Θεου και κατεφαγεν αυτους και ο διαβολος ο πλανων αυτους εβληθη εις την λιμνην $\aleph$*
[5]10 και M^a $^{c e}$ A, TR Cr vs +του M^b ^{d} $\aleph$
[6]10 και $\mathfrak{M}$ A, Cr vs —M^e $\aleph$, TR
[7]11 μεγαν λευκον M^a ^{bpt} ^{c} $\aleph$A, Cr vs λευκον μεγαν M^{bpt} $^{d e}$, TR
[8]11 επ αυτον $\mathfrak{M}$, Cr vs επ αυτου A, TR vs επανω αυτου $\aleph$
[9]11 απο $\mathfrak{M}$, TR vs +του $\aleph$A, Cr
[10]12 τους μεγαλους και τους μικρους εστωτας M^{bpt} $^{c d e}$ A, Cr vs εστωτας τους μικρους και τους μεγαλους M^{bpt} vs και μεγαλους και τους μικρους εστωτας $\aleph$* vs εστωτας M^a vs μικρους και μεγαλους εστωτας TR
[11]12 ενωπιον του θρονου $\mathfrak{M}$A, Cr vs επι του θρονου $\aleph$* vs ενωπιον του θρονου του Θεου M^{ept} vs ενωπιον του Θεου TR
[12]12 ηνοιξαν M^a vs ηνοιχθησαν M^b ^{d} A, Cr vs ανεωχθησαν M^c vs ηνεωχθησαν M^e, TR vs ηνεωχθη $\aleph$
[13]12 και αλλο βιβλιον ηνεωχθη M^a ^{bpt} vs και αλλο βιβλιον ανεωχθη M^c vs και αλλο βιβλιον ηνοιχθη M^{bpt} ^{d} ^{ept} A, Cr vs και βιβλιον αλλο ηνεωχθη TR vs —$\aleph$*

γεγραμμένων ἐν τοῖς βιβλίοις, κατὰ τὰ ἔργα αὐτῶν. 13 Καὶ ἔδωκεν ἡ θάλασσα τοὺς νεκροὺς τοὺς ἐν αὐτῇ,[1] καὶ ὁ Θάνατος καὶ ὁ Ἅιδης ἔδωκαν τοὺς νεκροὺς τοὺς ἐν αὐτοῖς.[2] Καὶ ἐκρίθησαν ἕκαστος κατὰ τὰ ἔργα αὐτοῦ.[3] 14 Καὶ ὁ Θάνατος καὶ ὁ Ἅιδης ἐβλήθησαν εἰς τὴν λίμνην τοῦ πυρός. Οὗτος ὁ θάνατος ὁ δεύτερός ἐστιν,[4] ἡ λίμνη τοῦ πυρός.[5] 15 Καὶ εἴ τις οὐχ εὑρέθη ἐν τῷ Βιβλίῳ τῆς Ζωῆς γεγραμμένος,[6] ἐβλήθη εἰς τὴν λίμνην τοῦ πυρός.

All Things Are Made New

21 Καὶ εἶδον οὐρανὸν καινὸν καὶ γῆν καινήν, ὁ γὰρ πρῶτος οὐρανὸς καὶ ἡ πρώτη γῆ ἀπῆλθον.[7] Καὶ ἡ θάλασσα οὐκ ἔστιν ἔτι. 2 Καὶ[8] τὴν πόλιν τὴν ἁγίαν, Ἰερουσαλὴμ Καινήν, εἶδον[9] καταβαίνουσαν ἐκ τοῦ οὐρανοῦ ἀπὸ τοῦ Θεοῦ,[10] ἡτοιμασμένην ὡς νύμφην κεκοσμημένην τῷ ἀνδρὶ αὐτῆς.

3 Καὶ ἤκουσα φωνῆς μεγάλης ἐκ τοῦ οὐρανοῦ[11] λεγούσης, "Ἰδού, ἡ σκηνὴ τοῦ Θεοῦ μετὰ τῶν ἀνθρώπων, καὶ σκηνώσει μετ᾽ αὐτῶν, καὶ αὐτοὶ λαὸς[12] αὐτοῦ ἔσονται, καὶ

[1]13 τους νεκρους τους εν αυτη M^a ^b ^d אA, Cr vs τους εν αυτη νεκρους M^c ^{ept}, TR vs τους εαυτης νεκρους M^{ept}
[2]13 τους νεκρους τους εν αυτοις M^a ^b ^d אA, Cr vs τους εν αυτοις νεκρους M^c ^e, TR
[3]13 αυτου M^{apt} ^b vs αυτων M^{apt} ^c ^d ^e אA, TR Cr
[4]14 ουτος ο θανατος ο δευτερος εστιν M^a ^b ^{ept} A, Cr vs ουτος εστιν ο θανατος ο δευτερος M^c vs ουτος ο θανατος δευτερος εστιν M^d vs και ουτος ο δευτερος θανατος εστιν א vs ουτος εστιν ο δευτερος θανατος TR vs — M^{ept}
[5]14 η λιμνη του πυρος 𝔐 אA, Cr vs — M^{ept}, TR
[6]15 εν τω βιβλιω της ζωης γεγραμμενος M^a ^b vs εν τη βιβλω της ζωης γεγραμμενος M^c ^{ept} אA, TR Cr vs εις την βιβλον της ζωης εγγεγραμμενος M^{ept} vs γεγραμμενος εν τη βιβλω της ζωης M^d
[7]1 απηλθον M^a ^{bpt} vs απηλθε(ν) M^{bpt} vs απηλθαν אA, Cr vs παρηλθε(ν) M^c ^d ^e, TR
[8]2 και 𝔐 אA, Cr vs +εγω Ιωαννης ειδον TR
[9]2 ειδον 𝔐 אA, Cr vs — TR
[10]2 εκ του ουρανου απο του Θεου M^a ^b אA, Cr vs απο του Θεου εκ του ουρανου M^c ^d ^e, TR
[11]3 ουρανου 𝔐, TR vs θρονου אA, Cr
[12]3 λαος M vs λαοι M^d ^e אA, TR Cr

αὐτὸς ὁ Θεὸς μετ᾽ αὐτῶν ἔσται.¹ 4 Καὶ ἐξαλείψει ἀπ᾽ αὐτῶν² πᾶν δάκρυον ἀπὸ³ τῶν ὀφθαλμῶν αὐτῶν, καὶ ὁ θάνατος οὐκ ἔσται ἔτι, οὔτε πένθος οὔτε κραυγὴ οὔτε πόνος οὐκ ἔσται ἔτι, ὅτι τὰ πρῶτα⁴ ἀπῆλθεν."⁵ 5 Καὶ⁶ εἶπεν ὁ καθήμενος ἐπὶ τῷ θρόνῳ,⁷ "'Ιδού, πάντα καινὰ ποιῶ."⁸ Καὶ λέγει,⁹ "Γράψον, ὅτι οὗτοι οἱ λόγοι πιστοὶ καὶ ἀληθινοὶ τοῦ Θεοῦ εἰσι."¹⁰ 6 Καὶ εἶπέ μοι, "Γέγονα¹¹ τὸ "Αλφα¹² καὶ τὸ Ὦ καὶ ἡ Ἀρχὴ καὶ τὸ Τέλος.¹³ Ἐγὼ τῷ διψῶντι δώσω αὐτῷ¹⁴ ἐκ τῆς πηγῆς τοῦ ὕδατος τῆς ζωῆς δωρεάν. 7 Ὁ νικῶν δώσω αὐτῷ ταῦτα,¹⁵ καὶ ἔσομαι αὐτῷ

---

¹3 μετ αυτων εσται Μᵃ ᵇᵖᵗ vs εσται μετ αυτων Μᵇᵖᵗ ᶜ ᵉᵖᵗ ℵ vs εσται μετ αυτων Θεος αυτων Μᵈ ᵉᵖᵗ, TR vs μετ αυτων εσται αυτων Θεος Α, [Cr]

²4 απ αυτων Μᵃ ᵇᵖᵗ vs ο Θεος Μᵉᵖᵗ Α, TR vs − Μᵇᵖᵗ ᶜ ᵈ ᵉᵖᵗ ℵ, Cr

³4 απο 𝕸, TR vs εκ ℵΑ, Cr

⁴4 ετι οτι τα πρωτα Μ,TR [Cr] vs ετι τα γαρ πρωτα Μᵈ vs ετι τα πρωτα Μᵉᵖᵗ Α vs ετι τα προβατα ℵ*

⁵4 απηλθεν Μᵃ ᵇᵖᵗ ℵ vs απηλθον Μᵇᵖᵗ ᶜ ᵈ ᵉ, TR vs απηλθαν Α, Cr

⁶5 και Μᵃᵖᵗ ᵇ ᶜ ᵈ ᵉ ℵΑ, TR Cr vs − Μᵃᵖᵗ

⁷5 ο καθημενος επι τω θρονω Μᵃ ᵇᵖᵗ ᵉᵖᵗ ℵΑ, Cr vs ο καθημενος επι του θρονου Μᶜ ᵉᵖᵗ, TR vs ο καθημενος εν τω θρονω Μᵇᵖᵗ vs ο εν τω θρονω καθημενος Μᵈ

⁸5 παντα καινα ποιω Μᵃ ᵇᵖᵗ vs καινα ποιω παντα Μᵇᵖᵗ ᶜ Α, Cr vs καινοποιω παντα Μᵈ ᵉᵖᵗ vs καινα παντα ποιω Μᵉᵖᵗ, TR vs κενα ποιω παντα ℵ

⁹5 λεγει Μᵃᵖᵗ ᵇᵖᵗ Α, Cr vs +μοι Μᵃᵖᵗ ᵇᵖᵗ ᶜ ᵈ ᵉ ℵ, TR

¹⁰5 ουτοι οι λογοι πιστοι και αληθινοι του Θεου εισι(ν) Μᵃ ᵇᵖᵗ vs ουτοι οι λογοι αληθινοι και πιστοι εισι του Θεου Μᵇᵖᵗ vs ουτοι οι λογοι αληθινοι και πιστοι εισι(ν) Μᶜ ᵈ ᵉᵖᵗ, TR vs οι λογοι ουτοι αληθινοι και πιστοι εισι Μᵉᵖᵗ vs ουτοι οι λογοι πιστοι και αληθινοι εισιν Αℵ, Cr

¹¹6 γεγονα Μᵃ ᶜ vs γεγονε Μᵉᵖᵗ vs γεγονα εγω Μᵇ ᵈ ᵉᵖᵗ ℵ vs γεγοναν εγω ειμι Α, [Cr] vs γεγονε εγω ειμι TR

¹²6 Αλφα 𝕸ℵΑ, Cr vs Α TR

¹³6 και η αρχη και το τελος Μᵃ ᵉᵖᵗ vs η αρχη και το τελος Μᵇ ᵈ ℵΑ, TR Cr vs αρχη και τελος Μᶜ ᵉᵖᵗ

¹⁴6 αυτω Μᵃ ᵇ vs −Μᶜ ᵈ ᵉ ℵΑ, TR Cr

¹⁵7 δωσω αυτω ταυτα Μᵃ ᵇ vs κληρονομησει ταυτα Μᶜ ᵈ ᵉᵖᵗ ℵΑ, Cr vs κληρονομησει παντα Μᵉᵖᵗ, TR

Θεός, καὶ αὐτὸς ἔσται μοι υἱός.[1] 8 Τοῖς δὲ δειλοῖς[2] καὶ ἀπίστοις καὶ ἁμαρτωλοῖς καὶ[3] ἐβδελυγμένοις καὶ φονεῦσι καὶ πόρνοις καὶ φαρμάκοις[4] καὶ εἰδωλολάτραις καὶ πᾶσι τοῖς ψευδέσι, τὸ μέρος αὐτῶν ἐν τῇ λίμνῃ τῇ καιομένῃ πυρὶ καὶ θείῳ, ὅ ἐστιν ὁ θάνατος ὁ δεύτερος."[5]

John Describes the New Jerusalem

9 Καὶ ἦλθεν[6] εἷς ἐκ[7] τῶν ἑπτὰ ἀγγέλων τῶν ἐχόντων τὰς ἑπτὰ φιάλας γεμούσας τῶν[8] ἑπτὰ πληγῶν τῶν ἐσχάτων καὶ ἐλάλησε μετ᾽ ἐμοῦ, λέγων, "Δεῦρο, δείξω σοι τὴν γυναῖκα τὴν νύμφην τοῦ Ἀρνίου.[9] 10 Καὶ ἀπήνεγκέ με ἐν Πνεύματι ἐπ᾽[10] ὄρος μέγα καὶ ὑψηλόν, καὶ ἔδειξέ μοι τὴν πόλιν τὴν ἁγίαν[11] Ἰερουσαλήμ, καταβαίνουσαν ἐκ τοῦ οὐρανοῦ ἐκ[12] τοῦ Θεοῦ, 11 ἔχουσαν τὴν δόξαν τοῦ Θεοῦ. Ὁ[13] φωστὴρ αὐτῆς ὅμοιος λίθῳ τιμιωτάτῳ, ὡς λίθῳ

---

[1]7 αυτος εσται μοι υιος 𝔐×, Cr vs αυτοι εσονται μοι υιοι 𝔐ᵈ ᵉ vs εσται μοι υιος A vs αυτος εσται μοι ο υιος TR

[2]8 τοις δε δειλοις 𝔐A, Cr vs δειλοις δε 𝔐ᵉᵖᵗ, TR vs τοις δε ως διλοις ×*ᵛⁱᵈ

[3]8 και αμαρτωλοις και 𝔐 vs και ×A, TR Cr vs − 𝔐ᵈ ᵉᵖᵗ

[4]8 φαρμακοις 𝔐×A, Cr vs φαρμακευσι TR

[5]8 ο εστιν ο θανατος ο δευτερος 𝔐×A, Cr vs ο εστι θανατος δευτερος 𝔐ᵈ vs ο εστιν ο δευτερος θανατος 𝔐ᵉᵖᵗ vs ο εστι δευτερος θανατος TR vs − 𝔐ᵉᵖᵗ

[6]9 ηλθεν 𝔐×A, Cr vs + προς με TR

[7]9 εκ 𝔐ᵃ ᵇᵖᵗ ᶜ ×A, Cr vs − 𝔐ᵇᵖᵗ ᵈ ᵉ, TR

[8]9 γεμουσας των 𝔐ᵃ ᵇᵖᵗ ᶜ vs τας γεμουσας των 𝔐ᵉᵖᵗ, TR vs των γεμοντων των 𝔐ᵉᵖᵗ ×*A, Cr vs των γεμοντων 𝔐ᵈ vs τας εχουσας των 𝔐ᵇᵖᵗ

[9]9 την γυναικα την νυμφην του αρνιου 𝔐ᵃ ᶜ vs την νυμφην την γυναικα του αρνιου 𝔐ᵇ ×A, Cr vs την νυμφην του αρνιου την γυναικα 𝔐ᵈ ᵉ, TR

[10]10 επ 𝔐, TR vs επι 𝔐ᵇᵖᵗ ×A, Cr

[11]10 την αγιαν 𝔐ᵃ ᵇᵖᵗ ×A, Cr vs την μεγαλην την αγιαν 𝔐ᶜ, TR vs την μεγαλην και αγιαν 𝔐ᵇᵖᵗ ᵈ ᵉ

[12]10 εκ του ουρανου εκ 𝔐ᵃ ᵇᵖᵗ vs απο του ουρανου εκ 𝔐ᵇᵖᵗ vs εκ του ουρανου απο 𝔐ᶜ ᵈ ᵉᵖᵗ ×A, TR Cr vs εκ του ουρανου και απο 𝔐ᵉᵖᵗ

[13]11 ο 𝔐ᵃ ᵇᵖᵗ ᶜ ᵈ ᵉᵖᵗ × (but − εχουσαν την δοξαν του Θεου A), Cr vs και ο 𝔐ᵇᵖᵗ ᵉᵖᵗ, TR

ἰάσπιδι κρυσταλλίζοντι,[1] 12 ἔχουσα[2] τεῖχος μέγα καὶ
ὑψηλόν, ἔχουσα[3] πυλῶνας δώδεκα, καὶ ἐπὶ τοῖς πυλῶσιν
ἀγγέλους δεκαδύο,[4] καὶ ὀνόματα ἐπιγεγραμμένα, ἅ ἐστι
ὀνόματα[5] τῶν δώδεκα φυλῶν υἱῶν[6] Ἰσραήλ· 13 ἀπὸ
ἀνατολῶν[7] πυλῶνες τρεῖς καὶ ἀπὸ βορρᾶ[8] πυλῶνες τρεῖς,
καὶ ἀπὸ νότου[9] πυλῶνες τρεῖς καὶ ἀπὸ δυσμῶν[10] πυλῶνες
τρεῖς. 14 Καὶ τὸ τεῖχος τῆς πόλεως ἔχον[11] θεμελίους
δώδεκα, καὶ ἐπ᾽ αὐτῶν[12] δώδεκα[13] ὀνόματα τῶν δώδεκα
ἀποστόλων τοῦ Ἀρνίου. 15 Καὶ ὁ λαλῶν μετ᾽ ἐμοῦ εἶχε
μέτρον,[14] κάλαμον χρυσοῦν, ἵνα μετρήσῃ τὴν πόλιν καὶ τοὺς
πυλῶνας αὐτῆς καὶ τὸ τεῖχος αὐτῆς.[15] 16 Καὶ ἡ πόλις
τετράγωνος κεῖται, καὶ τὸ μῆκος αὐτῆς ὅσον[16] τὸ πλάτος.
Καὶ ἐμέτρησε τὴν πόλιν[17] τῷ καλάμῳ ἐπὶ σταδίους[18]

---

[1]11 κρυσταλλιζοντι M^apt bpt ept אA, TR Cr vs κρυσταλιζοντι M^apt bpt c d ept

[2]12 εχουσα M^a bpt c d ept A, Cr vs εχουσαν M^bpt vs εχουσα τε M^ept vs εχοντι א vs εχουσαν τε TR

[3]12 εχουσα 𝔐A, Cr vs εχουσαν M^bpt, TR vs εχοντας א*

[4]12 δεκαδυο M^apt bpt vs δωδεκα M^apt bpt c d e, TR Cr vs ιβ א vs −και επι τοις πυλωσιν αγγελους δεκαδυο M^ept A

[5]12 ονοματα M^a bpt vs τα ονοματα M^bpt A, [Cr] vs −M^c d e א, TR

[6]12 υιων M^a b אA, Cr vs των υιων M^c e, TR vs του M^d

[7]13 απο ανατολων M vs απο ανατοληs M^d אA, Cr vs απ ανατοληs M^ept, TR

[8]13 και απο βορρα M^apt bpt c אA, Cr vs απο βορρα M^d ept, TR vs απο βορα M^ept

[9]13 και απο νοτου M^apt b c d, Cr vs απο νοτου M^ept, TR vs απο δυσμων M^ept vs και απο δυσμων A vs και απο βορρα א*

[10]13 και απο δυσμων M^apt b c d, Cr vs απο δυσμων M^ept, TR vs απο μεσημβριας M^ept vs και απο νοτου A vs και απο νοτου א*

[11]14 εχον 𝔐, TR vs εχων M^ept A, Cr vs −א*

[12]14 επ αυτων 𝔐אA, Cr vs εν αυτοις TR

[13]14 δωδεκα MA, Cr vs ιβ M^dpt ept א vs −TR

[14]15 μετρον Mא*A, Cr vs −M^d e, TR

[15]15 και το τειχος αυτης M^b d e אA, TR Cr vs −M^a c

[16]16 οσον 𝔐א vs και M^e vs οσον και A, [Cr] vs τοσουτον εστιν οσον και TR

[17]16 πολιν M^a bpt c אA, TR Cr vs +εν M^bpt d e

[18]16 σταδιους M^a bpt c A^vid vs σταδιων M^bpt d e א*, TR Cr

δεκαδύο χιλιάδων δώδεκα.¹ Τὸ μῆκος καὶ τὸ πλάτος καὶ τὸ ὕψος αὐτῆς ἴσα ἐστί. 17 Καὶ² τὸ τεῖχος αὐτῆς ἑκατὸν τεσσαράκοντα τεσσάρων³ πηχῶν, μέτρον ἀνθρώπου, ὅ ἐστιν ἀγγέλου. 18 Καὶ ἦν⁴ ἡ ἐνδόμησις⁵ τοῦ τείχους αὐτῆς ἴασπις· καὶ ἡ πόλις χρυσίον καθαρόν, ὅμοιον⁶ ὑέλῳ⁷ καθαρῷ. 19 Οἱ⁸ θεμέλιοι τοῦ τείχους τῆς πόλεως παντὶ λίθῳ τιμίῳ κεκοσμημένοι· ὁ θεμέλιος ὁ πρῶτος ἴασπις, ὁ δεύτερος σάπφειρος,⁹ ὁ τρίτος χαλκηδών,¹⁰ ὁ τέταρτος σμάραγδος, 20 ὁ πέμπτος σαρδόνυξ,¹¹ ὁ ἕκτος σάρδιον,¹² ὁ ἕβδομος χρυσόλιθος, ὁ ὄγδοος βήρυλλος, ὁ ἔνατος¹³ τοπάζιον, ὁ δέκατος χρυσόπρασος,¹⁴ ὁ ἑνδέκατος ὑάκινθος, ὁ δωδέκατος ἀμέθυσος.¹⁵

21 Καὶ οἱ δώδεκα πυλῶνες δώδεκα μαργαρῖται, ἀνὰ εἷς ἕκαστος τῶν πυλώνων ἦν ἐξ ἑνὸς μαργαρίτου. Καὶ ἡ πλατεῖα τῆς πόλεως χρυσίον καθαρόν, ὡς ὕελος¹⁶ διαυγής.¹⁷

---

¹16 δεκαδυο χιλιαδων δωδεκα Mᵃ ᵇᵖᵗ vs δωδεκα χιλιαδων δωδεκα Mᶜ vs δωδεκα χιλιαδων Mᵇᵖᵗ ᵉ ℵA, TR Cr vs δωδεκα χιλιαδων αυτης Mᵈ
²17 και Mᵃ ᵇ vs +εμετρησε(ν) Mᶜ ᵈ ᵉ ℵA, TR Cr
³17 εκατον τεσσαρακοντα τεσσαρων Mᵃᵖᵗ ᵇ ᵈ ᵉᵖᵗ, TR vs ρμδ Mᵃᵖᵗ ᶜ ᵉᵖᵗ vs εκατον μδ ℵ vs δ και εκατον τεσσερακοντα A vs εκατον τεσσερακοντα τεσσαρων Cr
⁴18 ην 𝔐ℵ*, TR vs −Mᵉᵖᵗ A, Cr
⁵18 η ενδομησις 𝔐, TR vs η ενδωμησις A, Cr vs εν δωμασι ℵ*
⁶18 ομοιυν Mℵᴧ, Cr vs ομοια Mᵈ ᵉ, TR
⁷18 υελω Mᵃᵖᵗ ᵇᵖᵗ ᶜ ᵉᵖᵗ ℵA vs υαλω Mᵃᵖᵗ ʰᵖᵗ ᵈ ᵉᵖᵗ, TR Cr
⁸19 οι Mᵃ ᵇᵖᵗ A, Cr vs και οι Mᵇᵖᵗ ᶜ ᵈ ᵉ ℵ*, TR
⁹19 σαπφειρος 𝔐ℵA, TR vs σαπφιρος Cr
¹⁰19 χαλκηδων Mᵃ ᶜ ᵈ ℵA, TR Cr vs καλκιδων Mᵉᵖᵗ vs καρχηδων Mᵇᵖᵗ
¹¹20 σαρδονυξ Mᵃ ᵇᵖᵗ ᶜᵖᵗ ᵉ ℵ, TR Cr vs σαρδωνυξ Mᵇᵖᵗ ᶜᵖᵗ ᵈ vs σαρδιωνυξ A
¹²20 σαρδιον Mᵃ ᵇᵖᵗ ℵA, Cr vs σαρδιος Mᵇᵖᵗ ᶜ ᵈ ᵉ, TR
¹³20 ενατος MA, Cr vs εννατος Mᵈᵖᵗ ᵉ, TR vs εθ ℵ*
¹⁴20 χρυσοπρασος Mᵃᵖᵗ ᵇ ᶜ ᵈ ᵉ ℵ*, TR Cr vs χρυσοπασος Mᵃᵖᵗ vs χρυσοπρασον A
¹⁵20 αμεθυσος 𝔐 vs αμεθυστος MᵇᵖᵗA, Cr, TR vs αμεθυστινος ℵ*
¹⁶21 υελος Mᵃ ᵇᵖᵗ ᶜ ᵉᵖᵗ vs υαλος Mᵇᵖᵗ ᵈ ᵉᵖᵗ ℵA, TR Cr
¹⁷21 διαυγης 𝔐ℵᵛⁱᵈA, Cr vs διαφανης TR

The Glory of the New Jerusalem

22 Καὶ ναὸν οὐκ εἶδον ἐν αὐτῇ, ὁ γὰρ Κύριος ὁ Θεὸς ὁ
Παντοκράτωρ ναὸς αὐτῆς ἐστι, καὶ τὸ ᾿Αρνίον. **23** Καὶ ἡ
πόλις οὐ χρείαν ἔχει τοῦ ἡλίου οὐδὲ τῆς σελήνης ἵνα
φαίνωσιν, αὐτὴ γὰρ ἡ δόξα[1] τοῦ Θεοῦ ἐφώτισεν αὐτήν, καὶ
ὁ λύχνος αὐτῆς τὸ ᾿Αρνίον. **24** Καὶ περιπατήσουσι τὰ ἔθνη
διὰ τοῦ φωτὸς αὐτῆς,[2] καὶ οἱ βασιλεῖς τῆς γῆς φέρουσιν
αὐτῷ δόξαν καὶ τιμὴν τῶν ἐθνῶν εἰς αὐτήν.[3]

25 Καὶ οἱ πυλῶνες αὐτῆς οὐ μὴ κλεισθῶσιν ἡμέρας, νὺξ
γὰρ οὐκ ἔσται ἐκεῖ. **26** Καὶ οἴσουσι τὴν δόξαν καὶ τὴν τιμὴν
τῶν ἐθνῶν εἰς αὐτὴν ἵνα εἰσελθῶσι.[4] **27** Καὶ οὐ μὴ εἰσέλθῃ
εἰς αὐτὴν πᾶν κοινὸν[5] καὶ ὁ ποιῶν[6] βδέλυγμα καὶ ψεῦδος, εἰ
μὴ οἱ γεγραμμένοι ἐν τῷ Βιβλίῳ τῆς Ζωῆς τοῦ ᾿Αρνίου.

John Is Shown the River of Life

22 Καὶ ἔδειξέ μοι ποταμὸν[7] ὕδατος ζωῆς, λαμπρὸν ὡς
κρύσταλλον,[8] ἐκπορευόμενον ἐκ τοῦ θρόνου τοῦ Θεοῦ
καὶ τοῦ ᾿Αρνίου. **2** ᾿Εν μέσῳ τῆς πλατείας αὐτῆς, καὶ τοῦ
ποταμοῦ ἐντεῦθεν καὶ ἐκεῖθεν ξύλον ζωῆς,[9] ποιοῦν

---

[1]23 αυτη γαρ η δοξα M^{a} vs αυτη η γαρ δοξα $M^{b\ e}$ א*A, **Cr** vs εν αυτη η γαρ δοξα M^{c}, **TR** vs αυτην η γαρ δοξα M^{d}

[2]24 περιπατησουσι(ν) τα εθνη δια του φωτος αυτης 𝔐 אA, **Cr** vs τα εθνη των σωζομενων τω φωτι αυτης περιπατησουσι τα εθνη δια του φωτος αυτης M^{ept} vs τα εθνη των σωζομενων εν τω φωτι αυτης περιπατησουσι **TR**

[3]24 φερουσιν αυτω δοξαν και τιμην των εθνων εις αυτην M^{a} vs φερουσι την δοξαν και την τιμην των εθνων εις αυτην M^{b} vs φερουσι την δοξαν και την τιμην αυτων εις αυτην M^{c}, **TR** vs φερουσι την δοξαν αυτων εις αυτην $M^{d\ ept}$ אA, **Cr** vs φερουσι την δοξαν αυτων εις αυτην και την τιμην των εθνων M^{ept}

[4]26 ινα εισελθωσι(ν) $M^{a\ ept}$ vs – $M^{b\ c\ d\ ept}$ אA, **TR Cr**

[5]27 κοινον 𝔐 א, **Cr** vs κοινουν **TR**

[6]27 ο ποιων M^{a} א*vid, [**Cr**] vs ποιων M^{bpt} **A** vs ποιουν $M^{bpt\ c\ d\ e}$, **TR**

[7]1 ποταμον $M^{a\ bpt}$ אA, **Cr** vs ποταμον καθαρον $M^{bpt\ c\ d\ e}$ vs καθαρον ποταμον **TR**

[8]1 κρυσταλλον $M^{a\ bpt\ cpt\ d\ ept}$ אA, **TR Cr** vs κρυσταλον $M^{bpt\ cpt\ ept}$

[9]2 εντευθεν και εκειθεν ξυλον ζωης $M^{a\ bpt}$ **A**, **Cr** vs εντευθεν και εντευθεν ξυλον ζωης $M^{bpt\ c\ d\ e}$, **TR** vs ενθεν και א*

καρποὺς δώδεκα, κατὰ μῆνα ἀποδιδοὺς ἕκαστον¹ τὸν καρπὸν αὐτοῦ. Καὶ τὰ φύλλα τοῦ ξύλου εἰς θεραπείαν τῶν ἐθνῶν. 3 Καὶ πᾶν κατάθεμα² οὐκ ἔσται ἔτι,³ καὶ ὁ θρόνος τοῦ Θεοῦ καὶ τοῦ Ἀρνίου ἐν αὐτῇ ἔσται, καὶ οἱ δοῦλοι αὐτοῦ λατρεύουσιν⁴ αὐτῷ. 4 Καὶ ὄψονται τὸ πρόσωπον αὐτοῦ, καὶ τὸ ὄνομα αὐτοῦ ἐπὶ τῶν μετώπων αὐτῶν. 5 Καὶ νὺξ οὐκ ἔσται,⁵ καὶ οὐ χρεία λύχνου καὶ φωτός,⁶ ὅτι Κύριος ὁ Θεὸς φωτιεῖ⁷ αὐτούς. Καὶ βασιλεύσουσιν εἰς τοὺς αἰῶνας τῶν αἰώνων.

The Time Is Near

6 Καὶ λέγει⁸ μοι, "Οὗτοι οἱ λόγοι πιστοὶ καὶ ἀληθινοί. Καὶ⁹ Κύριος ὁ Θεὸς τῶν πνευμάτων τῶν¹⁰ προφητῶν ἀπέστειλε τὸν ἄγγελον αὐτοῦ δεῖξαι τοῖς δούλοις αὐτοῦ¹¹ ἃ δεῖ γενέσθαι ἐν τάχει."
7 "Καὶ¹² ἰδου, ἔρχομαι ταχύ! Μακάριος ὁ τηρῶν τοὺς λόγους τῆς προφητείας τοῦ βιβλίου τούτου."

---

¹2 αποδιδους εκαστον M^{apt bpt} vs αποδιδους εκαστος M^{apt} vs εκαστον αποδιδους M^{c dpt}ℵ vs εκαστον αποδιδον M^{bpt} vs εκαστον αποδιδουν M^{dpt}A, Cr vs ενα εκαστον αποδιδουν M^{ept}, TR
²3 καταθεμα 𝕸A, Cr vs καταγμα ℵ* vs καταναθεμα TR
³3 ετι M^{a bpt} A, TR Cr vs εκει M^{bpt c d e}, vs — ℵ*
⁴3 λατρευουσιν M^{apt bpt} vs λατρευσουσιν M^{apt bpt c d e} ℵA, TR Cr
⁵5 εσται M^a vs + ετι M^{bpt} ℵA, Cr vs + εκει M^{bpt c d e}, TR
⁶5 ου χρεια λυχνου και φωτος M^a vs χρειαν ουκ εχουσι λυχνου και φωτος ηλιου M^{bpt c ept}, TR vs χρειαν ουκ εχουσι λυχνου και φως ηλιου M^{ept} vs χρειαν ουκ εχουσι φως λυχνου και φως ηλιου M^{dpt} vs ουκ εχουσιν χρειαν φωτος λυχνου και φωτος ηλιου ℵ, Cr vs ουχ εξουσιν χρειαν φωτος λυχνου και φως ηλιου A
⁷5 φωτιει M^{a bpt c e} ℵ vs φωτιζει M^{bpt d}, TR vs φωτισει A, Cr
⁸6 λεγει M^{a bpt c} vs ειπε(ν) M^{bpt d e} ℵA, TR Cr
⁹6 και 𝕸, TR vs + ο ℵA, Cr
¹⁰6 πνευματων των M^{a c} ℵA, Cr vs πνευματων των αγιων M^b vs αγιων M^{d e}, TR
¹¹6 δειξαι τοις δουλοις αυτου M^{apt b c e} ℵA, TR Cr vs διδαξαι τους δουλους αυτου M^d vs — M^{apt}
¹²7 και M^{a bpt d} ℵA, Cr vs — M^{bpt c e}, TR

8 Κἀγὼ¹ ᾿Ιωάννης ὁ ἀκούων καὶ βλέπων ταῦτα.² Καὶ ὅτε ἤκουσα καὶ ὅτε εἶδον,³ ἔπεσον⁴ προσκυνῆσαι ἔμπροσθεν τῶν ποδῶν τοῦ ἀγγέλου τοῦ δεικνύντος⁵ μοι ταῦτα. 9 Καὶ λέγει μοι, "῞Ορα μή. Σύνδουλός σού⁶ εἰμι καὶ τῶν ἀδελφῶν σου τῶν προφητῶν, καὶ⁷ τῶν τηρούντων τοὺς λόγους τοῦ βιβλίου τούτου. Τῷ Θεῷ προσκύνησον."

10 Καὶ λέγει μοι, "Μὴ σφραγίσης τοὺς λόγους τῆς προφητείας τοῦ βιβλίου τούτου, ὁ καιρὸς γὰρ⁸ ἐγγύς ἐστιν. 11 ῾Ο ἀδικῶν ἀδικησάτω ἔτι, καὶ ὁ ρυπαρὸς ρυπαρευθήτω ἔτι,⁹ καὶ ὁ δίκαιος δικαιοσύνην ποιησάτω¹⁰ ἔτι, καὶ ὁ ἅγιος ἁγιασθήτω ἔτι."

Jesus Testifies to the Churches

12 "᾿Ιδού,¹¹ ἔρχομαι ταχύ, καὶ ὁ μισθός μου μετ᾿ ἐμοῦ, ἀποδοῦναι ἑκάστῳ ὡς τὸ ἔργον ἔσται αὐτοῦ.¹² 13 ᾿Εγὼ¹³ τὸ ῎Αλφα¹⁴ καὶ τὸ ῍Ω, ὁ Πρῶτος καὶ ὁ ῎Εσχατος, ἡ ᾿Αρχὴ καὶ τὸ Τέλος.¹⁵

---

¹8 καγω Mᵃ ᵇᵖᵗ ᶜ אA, Cr vs και εγω Mᵇᵖᵗ ᵈ ᵉ, TR
²8 ακουων και βλεπων ταυτα Mᵃ ᵇᵖᵗ ᶜ A, Cr vs βλεπων και ακουων ταυτα Mᵇᵖᵗ ᵈ ᵉ א vs βλεπων ταυτα και ακουων TR
³8 οτε ειδον Mᵃᵖᵗ vs ειδον Mᵇᵖᵗ vs εβλεψα Mᵇᵖᵗ ᶜ ᵈ ᵉ א, TR Cr vs εβλεπον A
⁴8 επεσον Mᵃ ᵇᵖᵗ ᶜ ᵈ ᵉᵖᵗ vs επεσα Mᵇᵖᵗ ᵉᵖᵗ אA, TR Cr
⁵8 δεικνυντος Mᵃᵖᵗ ᶜ vs δεικνυοντος Mᵃᵖᵗ ᵇ ᵈ ᵉ, TR Cr vs δικνυντος א vs διγνυοντος A
⁶9 σου 𝔐אA, Cr vs +γαρ TR
⁷9 και Mᵃ ᵇ ᵈ ᵉᵖᵗ אA, TR Cr vs —Mᶜ ᵉᵖᵗ
⁸10 ο καιρος γαρ Mᵃ ᵇ אA, Cr vs ο γαρ καιρος Mᵈ vs οτι ο καιρος Mᶜ ᵉ, TR
⁹11 και ο ρυπαρος ρυπαρευθητω ετι Mᵃ ᶜ ᵈ ᵉ vs και ο ρυπαρος ρυπανθητω ετι א, Cr vs ο ρυπων ρυπωσατω ετι TR vs —Mᵇ A
¹⁰11 δικαιοσυνην ποιησατω 𝔐אA, Cr vs δικαιωθητω Mᵈ, TR
¹¹12 ιδου 𝔐אA, Cr vs και ιδου Mᵉᵖᵗ, TR
¹²12 ως το εργον εσται αυτου Mᵃ ᵇᵖᵗ ᶜ vs ως το εργον εστιν αυτου אA, Cr vs ως ως το εργον αυτου εσται Mᵇᵖᵗ ᵉ, TR vs κατα τα εργα αυτου Mᵈ
¹³13 εγω 𝔐אA, Cr vs +ειμι TR
¹⁴13 Αλφα MאA, Cr vs A Mᵈ ᵉ, TR
¹⁵13 ο Πρωτος και ο Εσχατος η Αρχη και το Τελος Mᵃ ᵇ א, Cr vs Πρωτος και Εσχατος η Αρχη και το Τελος A vs Αρχη και Τελος ο Πρωτος και ο Εσχατος Mᶜ ᵈ ᵉᵖᵗ, TR vs ο Πρωτος και ο Εσχατος Mᵉᵖᵗ

14 ''Μακάριοι οἱ ποιοῦντες τὰς ἐντολὰς αὐτοῦ,[1] ἵνα ἔσται ἡ ἐξουσία αὐτῶν ἐπὶ τὸ ξύλον τῆς ζωῆς, καὶ τοῖς πυλῶσιν εἰσέλθωσιν εἰς τὴν πόλιν. **15** ῞Εξω[2] οἱ κύνες καὶ οἱ φάρμακοι καὶ οἱ πόρνοι καὶ οἱ φονεῖς καὶ οἱ εἰδωλολάτραι καὶ πᾶς ὁ φιλῶν καὶ ποιῶν[3] ψεῦδος. **16** '' Ἐγὼ Ἰησοῦς ἔπεμψα τὸν ἄγγελόν μου μαρτυρῆσαι ὑμῖν ταῦτα ἐπὶ ταῖς ἐκκλησίαις. Ἐγώ εἰμι ἡ Ῥίζα καὶ τὸ Γένος[4] Δαβίδ, ὁ[5] Ἀστὴρ ὁ λαμπρὸς ὁ πρωϊνός.''[6] **17** Καὶ τὸ Πνεῦμα καὶ ἡ νύμφη λέγουσιν, '' ῎Ερχου!''[7] Καὶ ὁ ἀκούων εἰπάτω, '' ῎Ερχου!''[7] Καὶ ὁ διψῶν ἐρχέσθω.[8] Ὁ θέλων, λαβέτω[9] ὕδωρ ζωῆς δωρεάν.

A Warning

18 Μαρτυρῶ ἐγὼ[10] παντὶ τῷ[11] ἀκούοντι τοὺς λόγους τῆς προφητείας τοῦ βιβλίου τούτου, ἐάν τις ἐπιθῇ ἐπ᾽ αὐτά,[12] ἐπιθήσαι[13] ὁ Θεὸς ἐπ᾽ αὐτὸν[14] τὰς[15] πληγὰς τὰς

---

[1]14 ποιουντες τας εντολας αυτου 𝔐, TR vs πλυνοντες τας στολας αυτων ℵA, Cr

[2]15 εξω 𝔐ℵA, Cr vs +δε TR

[3]15 ο φιλων και ποιων M^{d e}, TR vs φιλων και ποιων M^{a c} A, Cr vs ο ποιων και φιλων M^{bpt} vs ο ποιων και ο φιλων M^{bpt} vs ποιων και φιλων ℵ

[4]16 γενος 𝔐ℵA, Cr vs +του TR

[5]16 ο M^{a c} ℵA, TR Cr vs και ο M^{b d e}

[6]16 ο λαμπρος ο πρωινος M^{a bpt c d ept} ℵ, Cr vs ο λαμπρος και ο προινυς A vs ο λαμπρος ο πρωινος ο αυτος M^{ept} vs ο λαμπρος και ορθρινος TR

[7]17 ερχου . . . ερχου 𝔐ℵA, Cr vs ελθε . . . ελθε TR

[8]17 ερχεσθω 𝔐ℵA, Cr vs ελθετω και TR

[9]17 λαβετω 𝔐ℵA, Cr vs λαβειν M^{ept} vs λαμβανετω το TR

[10]18 μαρτυρω εγω 𝔐A, Cr vs μαρτυρομαι εγω M^{bpt} vs η μαρτυρω εγω ℵ vs συμμαρτυρομαι γαρ TR

[11]18 τω M^{a b ept} ℵA, Cr vs −M^{c d ept}, TR

[12]18 επιθη επ αυτα MA, Cr vs επιθηση επ αυτα M^d vs επιτιθη προς ταυτα TR vs −ℵ*

[13]18 επιθησαι M^{a c} vs επιθησει M^{bpt dpt e} ℵ*A, TR Cr vs επιθησεται M^{bpt} vs επιθηση M^{dpt}

[14]18 ο Θεος επ αυτον M^{a bpt}, TR Cr vs επ αυτον ο Θεος M^{bpt c ept} ℵ* vs επ αυτω ο Θεος M^d vs ο Θεος αυτω M^{ept} vs ο Θεος A

[15]18 τας M^{a bpt d} ℵA, TR Cr vs +επτα M^{bpt c ept} vs +ζ M^{ept}

γεγραμμένας ἐν τῷ[1] βιβλίῳ τούτῳ. **19** Καὶ ἐάν τις ἀφέλῃ[2] ἀπὸ τῶν λόγων τοῦ βιβλίου τῆς προφητείας ταύτης,[3] ἀφέλοι[4] ὁ Θεὸς τὸ μέρος αὐτοῦ ἀπὸ τοῦ ξύλου[5] τῆς ζωῆς καὶ ἐκ τῆς Πόλεως τῆς Ἁγίας,[6] τῶν γεγραμμένων ἐν τῷ[7] βιβλίῳ τούτῳ.

I Am Coming Quickly

20 Λέγει ὁ μαρτυρῶν ταῦτα, "Ναί, ἔρχομαι ταχύ." Ἀμήν. Ναί,[8] ἔρχου, Κύριε Ἰησοῦ.[9]

21 Ἡ χάρις τοῦ Κυρίου Ἰησοῦ Χριστοῦ[10] μετὰ πάντων τῶν ἁγίων.[11] Ἀμήν.[12]

---

[1]18 τω 𝔐 אA, Cr vs − TR
[2]19 αφελη 𝔐 אA, Cr vs αφεληται Mᵉᵖᵗ vs αφαιρη TR
[3]19 του βιβλιου της προφητειας ταυτης MA, Cr vs τουτων του βιβλιου της προφητιας ταυτης א vs της προφητειας του βιβλιου τουτου Mᵈ ᵉᵖᵗ vs βιβλου της προφητειας ταυτης TR
[4]19 αφελοι Mᵃᵖᵗ ᵇᵖᵗ ᶜ vs αφελει Mᵇᵖᵗ ᵈ ᵉ A, Cr vs αφελι א vs αφαιρησει TR
[5]19 του ξυλου 𝔐 אA, Cr vs βιβλου TR
[6]19 αγιας 𝔐 אA, Cr vs +και TR
[7]19 τω 𝔐 אA, Cr vs − TR
[8]20 ναι Mᵃ ᵇᵖᵗ ᶜ ᵈ, TR vs − Mᵇᵖᵗ ᵉ אA, Cr
[9]20 Ιησου MאA, TR Cr vs +Χριστε Mᵈ ᵉ
[10]21 Κυριου Ιησου Χριστου 𝔐 vs Κυριου Ιησου אA, Cr vs Κυριου ημων Ιησου Χριστου TR
[11]21 παντων των αγιων 𝔐 vs των αγιων א vs παντων A, Cr vs παντων υμων TR
[12]21 αμην Mא, TR vs − Mᵈ ᵉᵖᵗ A, Cr

SELECT BIBLIOGRAPHY

Aland, Kurt; Black, Matthew; Martini, Carlo M.; Metzger, Bruce M.; Wikgren, Allen, eds. *The Greek New Testament*, 3rd ed. New York: United Bible Societies, 1975.

Aland, Kurt. *Die griechischen Handschriften des Neuen Testaments in Materialen zur neutestamentlichen Handschriftenkunde*. Berlin: Walter de Gruyter und Co., 1969.

————. *Kurzgefasste Liste der griechischen Handschriften des Neuen Testaments*. Berlin: Walter de Gruyter und Co., 1963.

————. "Neue Neutestamentliche Papyri." *New Testament Studies* 3 (Nov. 1956–July 1957): 261ff.

————. "Neue Neutestamentliche Papyri III." *New Testament Studies* 22 (Oct. 1975–July 1976): 375–396.

————. "The Present Position of New Testament Textual Criticism." *Studia Evangelica*. Edited by F. L. Cross and others. Berlin: Akademie—Verlag, 1959, pp. 717–31.

————. *Repertorium der griechischen christlichen Papyri*. Vol. 1. *Biblische Papyri*. Berlin: Walter de Gruyter, 1976.

————. "The Significance of the Papyri for Progress in New Testament Research," *The Bible in Modern Scholarship*. Edited by J. P. Hyatt. New York: Abingdon Press, 1965, pp. 325–46.

Amundsen, Leiv, ed. "Christian Papyri from the Oslo Collection." In *Symbolae Osloenses*, pp. 121–147. Edited by S. Eitrem and E. Skard. Fasc. 24, Osloae: A. W. Brøgger, 1945.

Arndt, William F. and Gingrich, F. Wilbur, eds. *A Greek-English Lexicon of the New Testament and Other Early Christian Literature*. Chicago: University of Chicago Press, 1957.

Barnabitae, Caroli Vercellone Sodales and Basiliani, Iosephi Cozza Monachi. *Bibliorum Sacrorum Graecus Codex Vaticanus*. Rome: Congregationis de Propaganda Fide, 1868.

Barns, John W. B. "Papyrus Bodmer II, Some Corrections and Remarks." *Revue d'Études Orientales* 75, 1962.

Bibelen, eller den Hellige Skrift. Revidert oversettelse av 1930. Oslo: Det Norske Bibelselskaps Forlag, 1958.

Bilabel, Friedrich, ed. *Veröffentlichungen aus den badischen Papyrus-Sammlungen*. Heft 4 *Griechische Papyri*. Heidelberg: Im Selbstverlag des Verfassers, 1924.

Birdsall, J. N. *The Bodmer Papyrus of the Gospel of John*. London, 1960.

————. "The Text of the Gospels in Photius," in *Journal of Theological Studies* n.s. 7 (Ap&Oct, 1956): 42-55, 190-198; "The Text of the Acts and Epistles in Photius," *JTS* n.s. 9 (October, 1958): 278-291.

Blass, F. and DeBrunner, A. *A Greek Grammar of the New Testament and Other Early Christian Literature*. Translated and Revised by Robert W. Funk. Chicago: University of Chicago Press, 1961.

Burgon, John William. *The Causes of Corruption of the Traditional Text of the Holy Gospels*. London: George Bell and Sons, 1896.

SELECT BIBLIOGRAPHY

————. *The Last Twelve Verses of the Gospel According to S. Mark.* Oxford: J. Parker and Co., 1871.

————. *The Revision Revised.* London: J. Murray, 1883.

————. *The Traditional Text of the Holy Gospels.* London: George Bell and Sons, 1896.

Carder, Muriel M. "A Caesarean Text in the Catholic Epistles?" *New Testament Studies* 16 (Oct. 1969–July 1970).

Carson, D. A. *The King James Version Debate.* Grand Rapids: Baker Book House, 1979.

Champlin, Russell. *Family E and Its Allies in Matthew. Studies and Documents* 28. Salt Lake City: University of Utah Press, 1966.

————. *Family Π in Matthew. Studies and Documents* 24. Salt Lake City: University of Utah Press, 1964.

Clark, K. W. "The Effect of Recent Textual Criticism upon New Testament Studies." *The Background of the New Testament and Its Eschatology.* Edited by W. D. Davies and D. Daube. Cambridge: The Cambridge University Press, 1956, pp. 27–51.

————. "The Manuscripts of the Greek New Testament." *New Testament Manuscript Studies.* Edited by M. M. Parvis and A. P. Wikgren. Chicago: The University of Chicago Press, 1950, pp. 1–24.

————. "The Theological Relevance of Textual Variation in Current Criticism of the Greek New Testament." *Journal of Biblical Literature* (1966).

————. "Today's Problems with the Critical Text of the New Testament." *Transitions in Biblical Scholarship.* Edited by J. C. R. Rylaarsdam. Chicago: The University of Chicago Press, 1968.

The Codex Alexandrinus in Reduced Photographic Facsimile. Oxford: Oxford University Press, 1909.

Codex Sinaiticus Petropolitanus. Edited by Helen and Kirsopp Lake. Oxford: Clarendon Press, 1922.

Colwell, Ernest Cadman. "The Complex Character of the Late Byzantine Text of the Gospels." *Journal of Biblical Literature* 54 (1935): 211–21.

————. "External Evidence and New Testament Criticism." *Studies in the History and Text of the New Testament.* Edited by B. L. Daniels and M. J. Suggs. Salt Lake City: University of Utah Press, 1967.

————. "Genealogical Method: Its Achievements and Its Limitations," *Journal of Biblical Literature* 66 (1947): 109–33.

————. "The Origin of Texttypes of New Testament Manuscripts." *Early Christian Origins.* Edited by Allen Wikgren. Chicago: Quadrangle Books, 1961, pp. 128–38.

————. "Scribal Habits in Early Papyri: A Study in the Corruption of the Text." *The Bible in Modern Scholarship.* Edited by J. P. Hyatt. New York: Abingdon Press, 1965, pp. 370–89.

————. "The Significance of Grouping of New Testament Manuscripts." *New Testament Studies* 4 (1957–1958): 73–92.

————. *Studies in Methodology in Textual Criticism of the New Testament.* Leiden: E. J. Brill, 1969.

Colwell, Ernest Cadman and Riddle, Donald W., eds. *Studies in the Lectionary Text of the Greek New Testament: Volume I, Prolegomena to the Study of the Lectionary Text of the Gospels.* Chicago: The University of Chicago Press, 1933.

SELECT BIBLIOGRAPHY

Colwell, E. C. and Tune, E. W. "The Quantitative Relationships between MS Text-Types." *Biblical and Patristic Studies in Memory of Robert Pierce Casey.* Edited by J. N. Birdsall and R. W. Thomson. Freiberg: Herder, 1963.

Daniels, B. L. and Suggs, M. J., eds. *Studies in the History and Text of the New Testament in Honor of Kenneth Willis Clark, Ph.D. Studies and Documents,* 29. Salt Lake City: University of Utah Press, 1967.

Daris, Sergio. "Papiri Letterare dell' Università Cattolica di Milano." *Aegyptus* 52 (1972): 67–118.

Edwards, Sarah Alexander. "P^{75} Under the Magnifying Glass." *Novum Testamentum* 18 (1976): 190–212.

Elliott, J. K. *The Greek Text of the Epistles to Timothy and Titus. Studies and Documents* 36. Salt Lake City, Utah: University of Utah Press, 1968.
————. "The Third Edition of the United Bible Societies' Greek New Testament." *Novum Testamentum* 20 (1978): 242–77.
————. "The United Bible Societies' Textual Commentary Evaluated." *Novum Testamentum* 17 (1975): 130–50.

Engelmann, Helmut; Hagerdorn, Dieter; Koenen, Ludwig; Merkelbach, Reinhold, eds. *Zeitschrift für Papyrologie und Epigraphik* 14 (1974): 37–40.

Epp, E. J. "The Claremont Profile Method for Grouping New Testament Minuscule Manuscripts." *Studies in the History and Text of the New Testament in Honor of Kenneth Willis Clark, Ph.D. Studies and Documents* 29. Edited by B. L. Daniels and M. J. Suggs. Salt Lake City: University of Utah Press, 1967.

Farmer, W. R. *The Last Twelve Verses of Mark.* Cambridge: Cambridge University Press, 1974.

Fee, Gordon. "Corrections of Papyrus Bodmer II and the Nestle Greek Testament." *Journal of Biblical Literature* 84 (1965): 66–72.
————. "A Critique of W. N. Pickering's *The Identity of the New Testament Text:* A Review Article." *The Westminster Theological Journal* 41 (Spring 1979).
————. "Modern Text Criticism and the Synoptic Problem." *J. J. Griesbach: Synoptic and Text-Critical Studies 1776–1976.* Edited by B. Orchard and T. R. W. Longstaff. Cambridge: Cambridge University Press, 1978.
————. *Papyrus Bodmer II (P^{66}): Its Textual Relationships and Scribal Characteristics.* Salt Lake City: University of Utah Press, 1968.

Gabalda, J. et al., ed. "Nouveaux Fragments du Papyrus 4." *Revue Biblique* 47 (1938): 1–22.

Gamble, Harry. *The Textual History of the Letter to the Romans. Studies and Documents* 42. Grand Rapids: Wm. B. Eerdmans, 1977.

Geerlings, Jacob. *Family E and Its Allies in Luke. Studies and Documents* 35. Salt Lake City, Utah: University of Utah Press, 1968.
————. *Family E and Its Allies in Mark. Studies and Documents* 31. Salt Lake City, Utah: University of Utah Press, 1968.
————. *Family Π in John. Studies and Documents* 23. Salt Lake City, Utah: University of Utah Press, 1963.
————. *Family 13 (The Ferrar Group), The Text According to John. Studies and Documents* 21. Salt Lake City, Utah: University of Utah Press, 1962.
————. *The Lectionary Text of Family 13 According to Cod. Vat. Gr. 1217. Studies and Documents* 18. Salt Lake City, Utah: University of Utah Press, 1959.

SELECT BIBLIOGRAPHY

———. *Family Π in Luke. Studies and Documents* 22. Salt Lake City, Utah: University of Utah Press, 1962.

———. *Family 13 (The Ferrar Group), The Text According to Luke. Studies and Documents* 20. Salt Lake City, Utah: University of Utah Press, 1961.

———. *Family 13—The Ferrar Group, The Text According to Matthew. Studies and Documents* 19. Salt Lake City, Utah: University of Utah Press, 1961.

Geerlings, Jacob and New, Silva. "Chrysostom's Text of the Gospel of Mark." *Harvard Theological Review* 24 (1931): 122–42.

Gerstinger, Hans. "Ein Fragment des Chester Beatty Evangelienskodex in der Papyrussammlung der Nationalbibliothek in Wien." *Aegyptus* 13 (1933): 66–72.

Gesenius' Hebrew Grammar as Edited and Enlarged by E. Kautzsch. Revised by A. E. Cowley. Oxford: Clarendon Press, 1910.

Gregory, Caspar René. *Textkritik des Neuen Testamentes.* Leipzig: J. C. Henricks sehe Brechhandlung, 1907.

Grenfell, Bernard P. and Hunt, Arthur S. *The Oxyrhynchus Papyri.* Vol. 1. London: Egypt Exploration Fund, Graeco-Roman Branch, 1898.

———. Vol. 2, 1899.

———. Vol. 3, 1903.

———. Vol. 4, 1904.

———. Vol. 10, 1914.

———. Vol. 11, 1915.

———. Vol. 13, 1919.

———. Vol. 15, 1922.

Hatch, William H. P. and Welles, C. Bradford. "A Hitherto Unpublished Fragment of the Epistle to the Ephesians." *Harvard Theological Review* 51 (1958): 33–37.

Hills, E. F. "Harmonizations in the Caesarean Text of Mark." *Journal of Biblical Literature* 46 (1947): 135–52.

Hodges, Zane Clark. "The Ecclesiastical Text of Revelation—Does It Exist?" *Bibliotheca Sacra* 118 (1961): 113–22.

———. "The Greek Text of the King James Version." *Bibliotheca Sacra* 125 (October–December 1968).

Hoskier, Herman Charles. *Codex B and Its Allies.* London: B. Quaritch, 1914.

———. *Concerning the Genesis of Versions of the New Testament.* London: B. Quaritch, 1910–11.

———. *Concerning the Text of the Apocalypse.* London: Bernard Quaritch, 1929.

Hunt, Arthur S., ed. *Catalogue of the Greek Papyri in the John Rylands Library, Manchester.* Vol. 1. Manchester: Manchester University Press, 1911.

———. *The Oxyrhynchus Papyri.* Vol. 7. London: Egypt Exploration Fund, Graeco-Roman Branch, 1910.

———. Vol. 8, 1911.

———. Vol. 9, 1912.

Hutton, Edward Ardson. *An Atlas of Textual Criticism.* London: The Cambridge University Press, 1911.

Ingrams, L.; Kingston, P.; Parsons, P.; Rea, J., eds. *The Oxyrhynchus Papyri.* Vol. 34. London: Egypt Exploration Society, 1968.

SELECT BIBLIOGRAPHY

Kenyon, Sir Frederick George. *The Chester Beatty Biblical Papyri*. London: E. Walker, Ltd. Fasc. 2, 1934. Fasc. 3, 1937.

————. *Recent Developments in the Textual Criticism of the Greek Bible*. London: Oxford University Press, 1933.

Kilpatrick, G. D. "Atticism and the Text of the Greek New Testament." *Neutestamentliche Aufsatze*. Regensburg: Verlag Friedrich Pustet, 1963.

————. "The Greek New Testament Text of Today and the *Textus Receptus*." *The New Testament in Historical and Contemporary Perspective*. Edited by H. Anderson and W. Barclay. Oxford: Basil Blackwell, 1965.

————. "Some Thoughts on Modern Textual Criticism and the Synoptic Gospels." *Novum Testamentum* 19 (1977): 275–92.

————. "The Transmission of the New Testament and Its Reliability." *The Bible Translator* 9 (1958): 127–36.

Klijn, A. F. J. *A Survey of the Researches into the Western Text of the Gospels and Acts, part two 1949–1969*. Leiden: E. J. Brill, 1969.

Kubo, Sakae. *P⁷² and the Codex Vaticanus*. Studies and Documents 27. Salt Lake City, Utah: University of Utah Press, 1965.

Lake, Kirsopp; Blake, R. P.; and New, Silva. "The Caesarean Text of the Gospel of Mark." *Harvard Theological Review* 21 (1928): 207–404.

Lake, Kirsopp and Silva. *Family 13 (The Ferrar Group), The Text According to Mark*. Studies and Documents 11. Philadelphia: University of Pennsylvania Press, 1941.

Lake, Kirsopp and New, Silva. *Six Collations of New Testament Manuscripts*. Cambridge: Harvard University Press, 1932.

Lake, Silva. *Family II and the Codex Alexandrinus*. Studies and Documents 5. London: Christophers, 1936.

Legg, S. C. E. *Novum Testamentum Graece secundum Textum Westcotto-Hortianum. Evangelium secundum Marcum*. Oxford: The Clarendon Press, 1935.

————. *Novum Testamentum Graece secundum Textum Westcotto-Hortianum. Evangelium secundum Matthaeum*. Oxford: The Clarendon Press, 1940.

Liddell, Henry George and Scott, Robert. *A Greek-English Lexicon*. New York: Harper and Brothers, 1946.

Lobel, E.; Roberts, C. H.; Wegner, E. P., eds. *The Oxyrhynchus Papyri*, Vol. 18. London: Egypt Exploration Society, 1941.

————; Roberts, C. H.; Turner, E. G.; Barns, J. W. B., eds. *The Oxyrhynchus Papyri*. Vol. 24. London: Egypt Exploration Society, 1957.

Lyon, R. W. "A Re-Examination of Codex Ephraemi Rescriptus." *New Testament Studies* 5 (Oct. 1958–July 1959): 266–72.

Martin, Victor, ed. *Papyrus Bodmer II*. Cologny-Genève, Switzerland: Bibliotheca Bodmeriana, 1956.

Martin, Victor and Barns, J. W. B., eds. *Papyrus Bodmer II Supplement. Évangile de Jean 14–21. Nouvelle édition augmentée et corrigée avec reproduction photographique*. Cologny-Genève, Switzerland: Bibliotheca Bodmeriana, 1962.

Martin, Victor and Kasser, Rodolphe, eds. *Papyrus Bodmer XIV*. Cologny-Genève, Switzerland: Bibliotheca Bodmeriana, 1961.

SELECT BIBLIOGRAPHY

Martini, Carlo M. "Is There a Late Alexandrian Text of the Gospels?" *New Testament Studies* 24 (Oct. 1977–July 1978): 285–96.

Merk, A. "Zum Textband Hermanns von Soden." *Biblica* 4 (1923): 180–89.

Metzger, Bruce M. "Patristic Evidence and the Textual Criticism of the New Testament." *New Testament Studies* 18 (Oct. 1971–July 1972): 379–400.

———. *The Early Versions of the New Testament.* Oxford: Clarendon Press, 1977.

———. "The Evidence of the Versions for the Text of the N.T." *New Testament Manuscript Studies.* Edited by M. M. Parvis and A. P. Wikgren. Chicago: The University of Chicago Press, 1950, pp. 25–68.

———. "Explicit References in the Works of Origen to Variant Readings in N.T. MSS." *Biblical and Patristic Studies in Memory of Robert Pierce Casey.* Edited by J. N. Birdsall and R. W. Thomson. New York: Herder, 1963, pp. 78–95.

———. *Manuscripts of the Greek Bible. An Introduction to Greek Palaeography.* New York: Oxford University Press, 1981.

———. "St. Jerome's Explicit References to Variant Readings in Manuscripts of the New Testament." *Text and Interpretation: Studies in the New Testament Presented to Matthew Black.* Edited by Best and McL. Wilson. Cambridge: University Press, 1979.

———. *A Textual Commentary on the Greek New Testament.* London: United Bible Societies, 1971.

Milne, H. J. M. and Skeat, T. C. *Scribes and Correctors of the Codex Sinaiticus.* Oxford: Oxford University Press, 1938.

Monumenta Palaeographica Vetera. First Series. *Dated Greek Minuscule Manuscripts to the Year 1200.* Boston: American Academy of Arts and Sciences, 1945.

Moulton, James Hope. *Grammar of New Testament Greek.* Edinburgh: T. & T. Clark, 1929.

Nestle, Eberhard; Nestle, Erwin; Aland, Kurt, eds. *Novum Testamentum Graece.* 25th ed. New York: American Bible Society, 1963.

Nestle, Eberhard; Nestle, Erwin; Aland, Kurt; Black, Matthew; Martini, Carlo M.; Metzger, Bruce M.; Wikgren, Allen, eds. *Novum Testamentum Graece.* 26th ed. Stuttgart: Deutsche Bibelstiftung, 1979.

New King James Bible, New Testament. Nashville: Thomas Nelson, Inc., 1979.

O'Callaghan, J. "Papiros neotestamentarios en la cueva 7 de Qumran?" *Biblica* 53 (1972).

Oliver, H. H. "Present Trends in the Textual Criticism of the New Testament." *The Journal of Bible and Religion* 30 (1962): 308–20.

Papiri Greci e Latini. Vol. 14. Firenze: Della Società Italiana, 1957.

Parvis, Merrill M. and Wikgren, A. P., eds. *New Testament Manuscript Studies.* Chicago: The University of Chicago Press, 1950.

Pickering, Wilbur N. *The Identity of the New Testament Text.* Nashville, Thomas Nelson, Inc., 1980.

Rahlfs, Alfred, ed. *Septuaginta.* Editio Sexta. Stuttgart: Privilegierte Württembergische Bibelanstalt, n.d.

Richards, W. Z. *The Classification of the Greek Manuscripts of the Johannine Epistles.* Society of Biblical Literature Dissertation Series, no. 35. Edited by

SELECT BIBLIOGRAPHY

Howard C. Kee and Douglas A. Knight. Missoula, Montana: Scholars Press, 1977.

Roberts, C. H., ed. *Catalogue of the Greek and Latin Papyri in the John Rylands Library at Manchester:* Vol. 3. *Theological and Literary Texts.* Manchester: Manchester University Press., 1938.

——. *An Unpublished Fragment of the Fourth Gospel in the John Rylands Library.* Manchester: Manchester University Press, 1935.

Roberts, Colin. "An Early Papyrus of the First Gospel." *Harvard Theological Review* 46 (1953): 233–37.

Robertson, A. T. *A Grammar of the Greek New Testament in the Light of Historical Research.* New York: Hodder & Stoughton, 1914.

Roca-Puig, R. "Nueva publicación del papiro numero uno de Barcelona." *Helmantica* 12 (1961): 103–22.

La sainte Bible. Louis Segond. Nouvelle édition revue avec parallèles. Paris, 1954.

Salmon, George. *Some Thoughts on the Textual Criticism of the New Testament.* London: n.p., 1897.

Sanders, Henry A. "An Early Papyrus Fragment of the Gospel of Matthew in the Michigan Collection." *Harvard Theological Review* 19 (1926): 215–26.

——. "A Papyrus Fragment of Acts in the Michigan Collection." *Harvard Theological Review* 20 (1927): 1–19.

——. "A Third Century Papyrus of Matthew and Acts." *Quantulacumque—Studies Presented to Kirsopp Lake by Pupils, Colleagues, and Friends.* Edited by Robert P. Casey, Silva Lake, and Agnes K. Lake. London: Christophers, 1937, pp. 151–61.

Schmid, Josef. *Studien zur Geschichte des griechischen Apokalypse-Textes.* 1. Teil: *Der Apokalypse-Kommentar des Andreas von Kaisareia, Text* (Munich, 1955); *Einleitung* (Munich, 1956); 2. Teil: *Die alten Stämme* (Munich, 1955). Karl Zink Verlag.

——. "Untersuchungen zur Geschichte des griechischen Apokalypsetextes. Der K-Text," *Biblica* 17 (1936): 11-44, 167-201, 273-293, 429-460.

Schwartz, J. "Fragment d'Évangile sur Papyrus." *Zeitschrift für Papyrologie und Epigraphik* 3 (1968): 157–58.

——. "Papyrus et tradition manuscrite." *Zeitschrift für Papyrologie und Epigraphik* 4 (1969): 181–82.

Scrivener, Frederick Henry Ambrose. *Adversaria Critica Sacra.* Cambridge: University Press, 1893.

——. ed. *Bezae Codex Cantabrigiensis.* Cambridge: Deighton, Bell and Co., 1864.

——. *An Exact Transcript of the Codex Augiensis.* Cambridge: Deighton, Bell and Co., 1859.

——. *A Full and Exact Collation of about Twenty Greek Manuscripts of the Holy Gospels (hitherto unexamined) Deposited in the British Museum.* Cambridge: University Press, 1853.

Seeber, B. and Harrassowitz, O., eds. *Papiri Greci e Latini.* Vol. 1. Firenze: La Società Italiana per la ricerca del Papiri greci e latini in Egitto, 1912.

Skeat, J. C. "The Lilies of the Field." *Zeitung für Neutestamentliche Wissenschaft* 37 (1938): 211–14.

SELECT BIBLIOGRAPHY

Soden, Hermann von. *Die Schriften des Neuen Testaments in ihrer ältesten erreichbaren Textgestalt.* Teil 1, Berlin: Verlag von Alexander Duncker, 1902–1910; Teil 2, Göttingen: Vandenhoeck und Ruprecht, 1913.

Stegmüller, Otto von. "Ein Bruchstück aus dem griechischen Diatessaron." *Zeitschrift für die Neutestamentliche Wissenschaft* 38 (1939): 223–29.

Sturz, Harry A. *The Byzantine Text-Type and New Testament Textual Criticism.* Nashville: Thomas Nelson Publishers, 1984.

Suggs, M. J. "The Use of Patristic Evidence in the Search for a Primitive New Testament." *New Testament Studies* 4 (Oct. 1957–July 1958): 139–47.

Tasker, R. V. G. "The Text of the 'Corpus Paulinum.' " *New Testament Studies* 1 (Sept. 1954–March 1955): 180–91.

Teeple, Howard M. and Walker, F. Allyn. "Notes on the Plates in Papyrus Bodmer II." *Journal of Biblical Literature* 78 (1959): 148–52.

Testuz, Michel. *Papyrus Bodmer VIII, Les deux Épîtres de Pierre.* Cologny-Genève, Switzerland: Bibliotheca Bodmeriana, 1959.

Tischendorf, Constantinus, ed. *Codex Ephraemi Syri Rescriptus.* Lipsiae: Bernh. Tauchnitz (Jun. 1845).

———. *Novum Testamentum Graece.* 8th ed. 2 vols. Lipsiae: Giesecke and Devrient, 1869–72.

Tregelles, Samuel Prideaux. *An Account of the Printed Text of the Greek New Testament; with Remarks on its Revision upon Critical Principles. Together with a Collation of the Critical Texts of Griesbach, Scholz, Lachmann, and Tischendorf, with that in Common Use.* London: Samuel Bagster and Sons, 1854.

———. *The Greek New Testament Edited from Ancient Authorities.* London: n.p., 1857–79.

Van Bruggen, Jakob. *The Ancient Text of the New Testament.* Winnipeg: Premier, 1976.

———. *The Future of the Bible.* Nashville: Thomas Nelson, 1978.

Walters, P. *The Text of the Septuagint. Its Corruptions and Their Emendation.* Edited by D. W. Gooding. Cambridge: University Press, 1973.

Wessely, Carl, ed. *Studien zur Paleographie und Papyruskunde.* Vol. 15. Leipzig: Halssels Verlag, 1914.

Westcott, Brooke Foss and Hort, Fenton John Anthony. *The New Testament in the Original Greek.* New York: Harper and Brothers, 1882.

Wikgren, Allen. "Chicago Studies in the Greek Lectionary of the New Testament." *Biblical and Patristic Studies in Memory of Robert Pierce Casey.* Edited by J. N. Birdsall and R. W. Thomson. New York: Herder, 1963, pp. 96–121.

Williams, Charles S. C. *Alterations to the Text of the Synoptic Gospels and Acts.* Oxford: Basil Blackwell, 1951.

Zuntz, Gunther. "The Byzantine Text in New Testament Criticism." *Journal of Theological Studies* 43 (1942): 25–30.

———. *The Text of the Epistles.* London: Oxford University Press, 1953.